西方经济学圣经译丛（超值白金版）
晏智杰◎主编

Institutional Economics its Place in Political Economy

制度经济学（上）

［美］康芒斯◎著
赵　睿◎译

图书在版编目（CIP）数据

制度经济学：全二册 /（美）约翰·R. 康芒斯(John R. Commons) 著；赵睿译. -- 北京：华夏出版社，2017.1
（西方经济学圣经译丛）
ISBN 978-7-5080-9082-5

Ⅰ. ①制… Ⅱ. ①约… ②赵… Ⅲ. ①制度经济学 Ⅳ. ①F019.8

中国版本图书馆 CIP 数据核字(2016)第 306151 号

制度经济学（上、下）

作　　者	[美] 约翰·R. 康芒斯
译　　者	赵　睿
责任编辑	李雪飞
出版发行	华夏出版社
经　　销	新华书店
印　　刷	三河市少明印务有限公司
装　　订	三河市少明印务有限公司
版　　次	2017 年 1 月北京第 1 版 2017 年 1 月北京第 1 次印刷
开　　本	880×1230　1/32 开
印　　张	48.5
字　　数	894 千字
定　　价	59.80 元（全二册）

华夏出版社　地址：北京市东直门外香河园北里 4 号　邮编：100028
电话：(010) 64663331（转）　网址：www.hxph.com.cn
若发现本版图书有印装质量问题，请与我社营销中心联系调换。

《西方经济学圣经译丛》序

翻译出版西方经济学名著,如以1882年上海美华书馆印行《富国策》[英国经济学家 H. 福西特(1833~1884)《政治经济学指南》(1863年)中译本]为开端,迄今为止已有一百多年历史。回顾这段不算很长然而曲折的历程,不难看出它同中国社会百多年来的巨大深刻的变迁密切相关,它在一定程度上是中国思想界特别是经济思想界潮流和走向的某种折射和反映。单就中华人民共和国成立以来对西方经济学名著的翻译出版来说,窃以为明显呈现出各有特点的两个阶段。改革开放以前几十年间,翻译出版西方经济学著作不仅数量较少,而且其宗旨在于提供批判的对象和资料。对于出现这种局面的不可避免发生及其长短是非,人们的看法和评价可能不尽一致,但此种局面不能再原封不动地维持下去已是大多数人的共识。改革开放以来,对西方经济学著作的翻译出版进入到一个新阶段,短短二十多年间,翻译出版数量之巨,品种之多,速度之快,影响之广,均前所未有,呈现出一派生机勃勃的繁荣景象。这是中国社会改革发展的需要,也是历史的进步,主流无疑是好的;但也难免有选材不够精当和译文质量欠佳之嫌。

华夏出版社推出这套新的《西方经济学圣经译丛》,可谓正逢其时。在全面建设小康社会的新时期,随着社会主义市场经济体制改革的深入,随着中国经济学队伍的建设和壮大,我们需要更多更准确更深入地了解西方经济学;而以往几十年翻译出版西方经济学所积累的经验教训,也正在变成宝贵的财富,使我们将翻译出版西方经济学名著这项事业,得以在过去已有成就的基础上,百尺竿头,更进一步。我们会以实践为标准,比以往更恰当地把握选材范围和对象,尽可能全面准确地反映西方经济学的优秀成果,将各历史时期最有代表性和影响力的著作纳入视野；我们对译文质量会以人所共知的"信、达、雅"相要求，尽力向读者推出上乘之译作。我们还会认真听取广大读者和学者的任何批评和建议，在分批推出过程中不断加以改进和提高。

在西方经济学迄今的发展中，涌现了数量不少的重要著作，其中亚当·斯密《国富论》（初版于1776年）、马歇尔《经济学原理》（初版于1890年）和凯恩斯《就业、利息和货币通论》（1936年），是公认的三部划时代著作。《国富论》为古典经济自由主义奠定了基础；《经济学原理》作为新古典经济学的代表作，为经济自由主义做了总结；《就业、利息和货币通论》则标志着经济自由主义的终结和现代国家干预主义的开端，故将它们同时首批推出。其他名著将陆续问世。

晏智杰
北京大学经济学院
2004年11月15日

目 录 Contents

前 言 1

第1章 观 点 1

第2章 方 法 17

一、约翰·洛克 17
 （一）观 念 19
 （二）价 值 31
 （三）习 俗 48

二、交易和企业 61
 （一）从公司到运行中的机构 61
 （二）从交换到交易 64
  1. 买卖交易 68
  2. 管理交易 74
  3. 限额交易 78
  4. 制度 79
  5. 资产与财富 84
  6. 自由与承受风险 87
  7. 时间 92
  8. 交易的价值意义 94
  9. 履约（performance）、展期（forbearance）和废止（avoidance） 97
  10. 关键交易和日常交易 99
  11. 谈判心理学 100

三、观 念 103

四、利益的冲突 118

五、历史的经济中枢　132

第3章　魁奈　137
　　一、自然秩序　137
　　二、道德秩序　147

第4章　休谟与佩尔斯　153
　　一、稀缺性　153
　　二、从习惯到习俗　158
　　三、实用主义　164
　　四、从自然到运行中的机构　173

第5章　亚当·斯密　175
　　一、利己与互利　175
　　二、自由、安全、平等、财产　180
　　三、劳动痛苦、劳动力、劳动节省　188
　　　（一）价值起因　192
　　　　1. 使用价值的起因　193
　　　　2. 稀缺价值的起因　211
　　　（二）价值的调节者　221
　　　（三）价值尺度　229
　　　（四）社会效用　234

第6章　边沁与布莱克斯顿　237

第7章　马尔萨斯　265

第8章　效率和稀缺　273
　　一、物资和所有权　273
　　二、真实价值与名义价值　283
　　三、平均数　290
　　四、投入—产出，支出—收入　299
　　五、从流通到重复　319
　　六、能力和机会　326
　　　（一）物质的和法律的占有　326

（二）选　择　328
　　（三）机　会　331
　　　　1. 服务成本和产品成本　331
　　　　2. 服务价值和产品价值　335
　　　　3. 难以企及的选择对象——自由意愿和自由选择　342
　　　　4. 从劳动分工到劳动联合及其公共目的　351
　　　　5. 替代法则　355
　　　　6. 强迫的限度　358
　　　　7. 从鲁滨逊到运行中的机构　363
　　　　8. 讨价还价的能力　369
七、李嘉图和马尔萨斯　375
八、马克思和蒲鲁东　394
九、门格尔、维塞尔、费希尔、费特　407
十、从绝对论到相对论　415

前　言

　　本书仿效了自然科学教科书的写作手法。对于书中涉及的每个观点，我首先溯及至其创始者，然后是探讨为发展这一观点所作的修正，以及更早时期能够将这一观点区分出来的双重或多重含义，直到每个观点能够以单纯的含义与我所构想的政治经济学的其他内容结合起来，就如同这门学科自第一次世界大战以来正在发展变化的情形一样。在革命战争前后（也就是我所谓的"战争周期"），就已经出现了新观念和新理论的创始者。由于我的分析是建立在英美习惯法的基础之上的，所以我首先从1689年的英国革命入手，接下来是1789年法国革命引致的世界大战，还有1861年的美国革命——这是1848年欧洲革命被镇压之后的结果，然后是自1914年开始的多次革命战争。

　　正如我在自传中已经解释过的那样，我经历了革命周期的两个组成部分：一个是废除了奴隶制的美国革命；另外一个是过去二十年的世界革命。支配我的第一部著作《财富的分配》(The Distribution of Wealth, 1893)的是十九世纪后半叶的流行理论，而我的《资本主义的法律基础》(Legal Foundations of Capitalism, 1924)和这本《制度经济学》(Institutional Economics, 1934)则受到了我们目前所经历的革命周期中正在出现的各种学说的深刻影响。

　　过去二十五年里，我得到了众多学生和助手的帮助，其中安娜·康贝尔·戴维斯（Anna Campbell Davis）女士曾在七年的时间里协助我进行有关法律和经济案例的研究，而瑞本·斯巴克曼（Reuben Sparkman）先生则用了四年的时间协助我研究经济案例。经济系的同事们给了我极其宝贵的帮助，还有其他经济学者，包括过去和现在的学生，在写作和改写的过程中，我曾把手稿交给他们，他们找出了不少缺点，也帮助我克服了不少困难。

约翰·康芒斯
1934年于威斯康星州麦迪逊

第1章 观　点

我的观点根植于我所参加过的集体活动，从这些活动中，我得出了这一理论体系中"集体行动（collective action）左右个体行为"这部分的内容。这一认识可能符合也可能不符合其他人有关制度经济学的观念。曾经看过我所著的《资本主义的法律基础》和有关制度经济学的各种油印本和修订本的读者及学生发表过一些评论和批评意见，面对他们既不懂我的理论也不知我意之所指，而且认为我的理论是自说自话的结果，也许会让人觉得没有谁能理解它们。不过这反倒让我把抑制自我的想法抛在了脑后，得以在五十年的时间里，以一种"客观自我"的态度对待自己，参与了多种形式的集体行动（collective action）。

在第一章里，还有在有关意外事故和失业问题的章节中，① 我都要介绍这种参与的过程。我坚持认为，这本书与其说是针对我自己个人的理论，还不如说是与集体行动中的许多经验相符合的理论。因此，这一理论需要与过去二百年中关于个人主义和集体主义的种种理论协调一致。

我参与集体行动始于1883年加入俄亥俄州克利夫兰地方的印刷工会。我是带着"乡下印刷工"所具有的淳朴和好奇走近这份工作的，那时候，我已经在印第安纳州乡间小村落中的一家小报馆和办公室经过了七年全方位的训练。每天工作十二小时、每周工作七天、周薪大概十五美元左右的新的经历，以及工会在一家大的报社对雇

---

① 见后文。

主和印刷工人双方进行控制时所取得的成绩，再加上1886年之前我作为临时印刷工的流离奔波，这一切彻底改变了我想让自己成为一名记者的模糊意识，转而盘算尽我所能地从各个方向研究整个经济学的问题。

在经济学理论方面，我读的第一本书是亨利·乔治（Henry George）① 具有个人主义和神学色彩的《进步与贫困》（Progress and Poverty），这是由我的一位印刷工同事推荐给我的。我绝不会像乔治那样用演绎法得出结论。他对工会的谴责让我感到不满，② 我自己的例子让我明白，就就业条件而言，我们这类有工会组织的企业要强于对面街头的自由雇佣制企业。③

我首次接触法律和经济学之间的关系问题，是在约翰·霍普金斯大学伊利④教授的课堂上。1899年，我替全美产业委员会（United States Industrial Commission）调查移民问题，这项工作实际上给了我一个跑遍所有全国性工会总部的机会，也让我加深了对资本家和劳工组织制约产出问题的研究。1901年之后，我参与了代表"劳工、雇主和公众"进行劳动仲裁的全国公民联合会的工作，1906年又与同一机构一起调查了市营和私营公用事业的运营情况。

1905年，受威斯康星州州长罗伯特·M·拉·福莱特（Robert M. La Follette）之邀，我起草了一项行政事务法规，1907年又起草了一项公用事业法。这项公用事业法的宗旨就是要让当地的公用事业公司确认并维持合理的价值和合理的惯例。1906年和1907年，我和其他人一道为拉塞尔·塞奇基金会（Russell Sage Foundation）调查了匹兹堡钢铁工业的劳工状况。1910年到1911年，当社会主义者在密尔沃基市（Milwaukee）掌权的时候，我为他们组建了一个"经济与

---

① 亨利·乔治（1839~1897），美国经济学家。——译者注
② 亨利·乔治：《进步与贫困》。参见其《亨利·乔治全集》（1906~1911）。
③ 既雇用工会会员也雇用非工会会员的企业。——译者注
④ 参见理查德·伊利（Richard T. Ely）：《财产契约在财富分配中的关系》，1914年版。

效益局"。1911年,出于探索和实施合理的劳资关系法规与措施的目的,我为威斯康星州起草了一个《产业委员会条例》,并用了两年的时间参与具体的管理工作。1913年到1915年,我担任了威尔逊总统任命的"产业关系委员会"的委员。1923年,费特(Fetter)教授、瑞普雷(Ripley)教授和我代表西部四州出席了联邦商业委员会的会议,会议对美国钢铁公司实行的带有歧视性质的"匹兹堡附加案"进行了处理。

1923年到1924年,我以国家货币委员会主席的身份在纽约和华盛顿对联邦储备体制进行了调研。接下来,我协助来自堪萨斯州的斯特朗(Strong)众议员向众议院"货币流通委员会"提交了物价稳定法案。

其间,在1924年到1926年的两年间,我作为主席为芝加哥制衣业协会管理了一个自愿性质的失业保险计划。这项计划和我先前在1923年设计的法规相似。这项计划经过完善后,最终于1932年由威斯康星州制定为法律。

如果像这样经历过五十年参与实验的历程,任何人都难免不归结出这样两点结论:利益冲突和集体行动。甚至连国家和城市最后也被证明不过是那些握有统治权的人的集体行动。①

同时,我还必须研究许许多多的判例,这些判例主要来自于美国最高法院和劳动与商业仲裁法庭。研究这些判例主要是为了发现法庭在判决利益纷争时所采取的原则——法庭是在宪法有关"合理法律程序"、"私有财产和自由的获得"以及"法律的平等保护"的原则下行为的。这些判例我会在拙著《资本主义的法律基础》(1924)中加以讨论,相对那本书而言,现在的这部著作是一部与经济学家的各种理论有关的研究。我发现,很少有经济学家采用这里所形成的观点,也很少见到他们对法律制度与经济学之间可能的一致做出过什么贡献,更别说在将其纳入美国司法主权的宪法框架方

---

① 《美洲经济评论》主编特许我引用该刊1932年6月号上的一篇文章,内容如下文所述。同时见约瑟夫·谢佛教授在该刊早些时候的有关评论,正是因为这篇评论才引出了我个人的观点。

面有什么作为了。

1907年，在与律师们一道起草公用事业法规的时候，我就注意到了一个重要问题，这个问题是受1890年之后美国最高法院对"财产"一词释义变化的影响产生的。这个变化就是，在较早期的1872年"屠宰场案例（Slaughter House Case）"和1876年"玛恩案例（Munn Case）"的"有形（corporeal）"财产的意义之外，1890之后法庭给财产这个词加上了"无形（intangible）"财产这个新的涵义。1897年到1904年的几个判例把这一补充的涵义完全固定了下来。

根据这些判例以及我自《资本主义的法律基础》出版之后对其涵义的进一步发展，所谓"无形财产"，就是"通过掌握他人需要但又不拥有的内容而规定价格的权利"。无形财产也包括自由的含义在内，但以前这个问题是分开来探讨的。人们会发现，自1890年以来，所有法院关于合理价值（reasonable value）的判决，其关键都在于无形财产的这一含义，以及与此相关的引发诉讼的利益冲突。

索尔斯坦·凡勃伦（Thorstein Veblen）①的重大贡献就在于1900年之后的一段时期，他把同样的无形财产的概念引入了经济学当中，他也因此以"制度"经济学家闻名遐迩。但有所不同的是，凡勃伦是从1900年前在美国产业委员会作证的金融寡头那里获得案例材料的，所以他的无形财产概念最后归结为了马克思主义者的榨取和剥削。而我的材料来源是我所参与的集体行动、所起草的法案以及在参与这些活动时对最高法院有关时期的判例所进行的必要的研究，所以我关于无形财产的概念最后落脚在了习惯法的合理价值概念上。

在分析这个概念的时候，我不仅分析了最高法院的案例，而且还分析了集体议价、劳动仲裁和商业仲裁的案例。我发现，这些法

---

① 索尔斯坦·凡勃伦（Thorstein Veblen，1857~1929），美国经济学家和社会哲人，1892年帮助创立了《政治经济学月刊》，1892~1905年任该刊编辑，著述有《有闲阶级论》(*The Theory of the Leisure Class*, 1899)、《商业企业论》(*The Theory of Business Enterprise*, 1904)、《创造性劳动的本能》(*The Instinct of Workmanship*, 1914)、《和平本质探索》(*An Inquiry Into the Nature of Peace*, 1917) 等。——译者注

庭的判决理所当然地从利益冲突开始，然后会考虑发生冲突的利益彼此之间存在依存性的显而易见的观念，然后由最高权威机构——最高法院或者劳动和商业仲裁法庭——达成判决，其目的不是为了带来利益的和谐，而是为了从利益冲突中产生秩序，这就是法庭上的所谓"合法程序（due process of law）"。

与此同时，我还在试图寻找什么能作为研究单位，这一单位应该包含有冲突、依存和秩序这三种成分。经过多年的努力，我得出的结论是，它们只有在"交易（transaction）"这个词的表述中才能结合在一起，交易这个概念与商品、劳动、欲望、个体以及交换等这些旧的概念都不相同。

所以我把"交易"这个概念作为经济研究的最基本单位，这是一种合法控制权转移的单位。这个单位使我能够对法院和仲裁法庭的所有经济判决进行分类，这种分类是按照其在交易中所实际涉及的经济因素变量进行的。这样的分类具备了一种历史性发展的可能性，这一发展揭示了法院和仲裁法庭在当时的条件下如何驳斥了它们认为在交易中达成的强迫的和不合理的价值，也揭示了在当时情形下又如何同意了它们认为的有说服力的交易和合理的价值。

回顾从约翰·洛克（John Locke）① 到今天正统学派经济学家的观点，我发现在"财富"的涵义上，他们持有两种相互矛盾的观点，即他们一方面认为财富是一种**物质**的东西，另一方面又认为它是这种东西的**所有权**。但至少就无形财产的现代含义而言，所有权意味的是为了维持价格而**限制**丰裕度的权力，而物质的东西则是利用生产效率（有时甚至是生产过剩的效率）来**增加**东西丰裕度的权力进而产生的。因此，所有权便变成了制度经济学的基础，但物质的东西却是古典和享乐主义经济学的基础，他们关于财产的"有形"意义相当于所拥有的物质的东西。

直到十九世纪中叶，当一些非正统派的经济学家，如马克思

---

① 约翰·洛克（John Locke, 1632~1704），英国经验主义哲学家，著有《人类理解论》（*An Essay Concerning Human Understanding*, 1690）一书。——译者注

（Marx）、蒲鲁东（Proudhon）、① 凯雷（Carey）、② 巴师夏（Bastiat）、③ 麦克劳德（MacLeod）模模糊糊地觉得所有权和物质不是一回事的时候，制度经济学才开始萌芽。这些经济学家之所以模糊，原因在于他们所抱的是旧的"有形"财产的观念（甚至现在的经济学家都保留着这种观念），这一观念把所有权和所拥有的物质看成是一回事，或者仅仅把"有形财产"与契约或债务角度的"无形财产"进行了区分。所以直到十九世纪后期，在惯例和工商巨头的实际用语中产生了新的"无形财产"的观念后，凡勃伦和最高法院才能作出新的区分：不仅是清清楚楚地把实物所有权和债务所有权区分开来，而且是清清楚楚地把它与谋利的预期机会的所有权区分了开来，这种预期的机会是指通过把持供给直到诱导性地或胁迫性地达成价格。这种预期机会的所有权就是"无形"财产。

所以，制度经济学的有一部分内容是由对几百年前的法庭判例进行追溯构成的。这些判例中的集体行动不仅包括立法判决，而且还包括解释立法的习惯法判决（美国最高法院的习惯法方法达到了一个顶峰）。依靠这些判决，判例中集体行动得以接受商业或劳动习惯法。无论如何，法庭似乎都是按照是否有利于公众或私人权利来支持或限制个人行为的。这样的解释还要追溯从洛克到二十世纪经济学家的著作，看他们是否曾谈到过集体行动。集体行动和个体行动一样，始终都是存在的；但从斯密到二十世纪它一直被排斥或忽略了，除非是作为对工会的攻击或是作为有关伦理或公共政策文章的附言。现在的问题不是创造一种不同的经济学——脱离以前学派的"制度"经济学，而是如何在整个经济学理论中给各种形式的集体行动一个合适的位置。

在我看来，这种集体对个人交易的控制，是制度经济学对从整

---

① 蒲鲁东（Pierre Josehp Proudhon，1809~1865），法国无政府主义者和政治哲学家，无政府主义之父。——译者注
② 凯雷（Henry Charles Carey，1793~1879），美国经济学家。——译者注
③ 巴师夏（Claude Frederic Bastiat，1801~1850），法国自由主义经济学家。——译者注

体上完善政治经济学理论所作的贡献，这将包含自约翰·洛克以来的所有经济学理论，还有如何对它们正确定位的问题。正是约翰·洛克率先为劳动价值论和现代资本主义奠定了理论基础。

头一个使得利益冲突在经济学中成为一般概念的是经济学家大卫·休谟（David Hume）①在其**稀缺性**理论中的论述，而不是洛克和斯密对天赐**丰裕**的论述。但休谟和后来的马尔萨斯（Malthus）②也把稀缺性作为合作、同情、正义和财产的基础：假如一切东西都是无限丰裕的，那就不会有自私，不会有正义，不会有财产权，也不会有伦理。

只有稀缺的东西（无论是实际稀缺还是预期稀缺）人们才会短缺或想望。因为它们稀缺，取得它们就要受集体行动的约束，集体行动创造了财产和自由的权利义务，没有这些权利义务就会出现无政府状态。由于经济学家承认稀缺性这个事实，所以在他们关于需求和欲望的基本概念中就已经假定了财产制度。制度经济学家公开地承认稀缺性，而不是将其视为当然；而且，在一个存在稀缺性、私有财产并导致冲突的世界里，他们对集体行动在解决冲突和维持秩序方面的作用给了一个适当的地位。

我让利益冲突在交易关系中占据了突出地位。但我的结论是不能让这一点成为唯一的原则，因为还有相互依赖性以及通过集体行动维持秩序这两方面的问题。像其他经济学家一样，我把从稀缺性出发作为一切经济理论的共同基础，然后我像休谟和马尔萨斯所做的那样，进一步揭示稀缺性不仅产生冲突，同时还产生由于相互依赖性而建立秩序的集体行动。

秩序，或者说是我称之为集体行动运行规则的内容（其中一个特例就是"合法程序"），在制度史上是相当善变的；而且我发现这种秩序具体表现在各种限额交易中，但在一个丰裕社会中则没有什

---

① 大卫·休谟（David Hume，1711～1776），苏格兰历史学家和哲学家，著有《人性论》（1739）、《人类理解探索》（1748）。——译者注
② 托马斯·罗伯特·马尔萨斯（Thomas Robert Malthus，1766～1834），英国经济学家和政治哲学家，著有《人口原理》（1798）。——译者注

么必要。

正是出于稀缺性的这一原因，我同时把效率作为了普遍的原则，因为它可以通过合作克服稀缺。但合作并非像老一辈经济学家所认为的那样是产生于**预先假设**的利益和谐。在渴望合作者之间的利益冲突中，产生了创造**新的利益和谐**的需要（如果和谐不可能达到的话，至少是秩序的需要）。这就是说服、威胁和强迫的谈判心理。在实际的合作中，美国最了不起的杰作就是控股公司（近来的声誉可不怎么好），这种公司在说服无效的情况下会对冲突采取压制措施。共产主义、法西斯主义或纳粹主义则主张更为普遍的合作，它们都在以秩序的化身压制冲突。它们各有一套消除利益冲突的方法。因此，和谐不是经济学的假定前提，它是集体行动的后果，这种集体行动的目的就是维持管制冲突的规则。

如果共产主义、法西斯主义或者纳粹主义要废除有历史意义的资本主义，所要做的只需废除讨价还价的交易关系而代之以管制和配给的计划经济就行了。

我之所以把正统经济学、共产主义工程经济学、奥地利家政经济学都归于**未来**，而提出把谈判心理作为现在的合法控制权在未来的生产、消费或劳动过程中发挥作用的转换形式，原因就在于此。如果不首先取得合法控制权，生产和消费就不能进行。也许这会改变因果观念，但它肯定会把因果作用置于未来，而不是像洛克和正统的以及共产主义经济学家的劳动学说那样，把因果作用置于过去；也不像自边沁（Bentham）[①] 时代以来的享乐主义经济学家那样，把它置于现在生产和消费的苦乐感受中。它变成了一种**意志化**的理论，这一理论讨论的是关于现在进行的谈判和合法控制权转移对未来因果关系的影响作用，它们决定着生产是该继续、减缓或者停止，还是决定着未来的消费是该扩大、缩小或者是缺乏。

也许问题在于需求和欲望这两个术语所暗含的是心理的**类别**。

[①] 边沁（Jeremy Bentham 1748～1832），英国法理学家、哲学家、法律改革家，功利主义创始人，著有《道德与立法原则导论》（1789）。——译者注

如果我与实际参与交易的人一起观察甚至参与其中——就如同法院在分析或推断当事人动机时所做的那样——我就会发现未来性存在其中，这种存在不是在生产或消费中，而是在买卖交易的说服或胁迫中，在管理交易的命令服从中，在限额交易的争论辩解中，这些内容终将决定生产和消费。在作为制度经济学要素的谈判与决策中，处于险境的总是**未来的**生产和**未来的**消费。因为谈判所决定的合法控制必须先于实物控制进行。

如果像其他人所说的那样，这种谈判心理改变了经济学的所有因果关系问题以及所有关于需求和欲望的定义的话，那我只能说这就是实际情况，而且应该将其解释为经济学家需要注意的多重因果关系之一。我想大家正在这样做，但那些老旧学派及其固步自封的现代信徒在创建其理论时，都试图选择像劳动或欲望这样单一的原则，但现代理论却是多重因果关系的学说，这是毫无疑问的。因此我不认为"制度因果关系"就排斥其他的因果关系，但在着眼于未来因果关系的所有交易关系中，起作用的是意志经济学（volitional economic）。制度经济学的定位就是关于权利、义务、自由和方向的所有权的经济学，这就像我自始至终想要努力证明的那样，在经济理论中要给集体行动一个适当的地位。

我不认为这样的分析有任何标新立异之处。这本书里所有的内容在两百年来杰出经济学家的著作中都能找到渊源，它不过是略有不同的观点，所改变的不过是解释、重点以及对构成世界经济过程的千百万要素中的不同要素所赋予的权重。所有这一切，都可以追根溯源到经济学家面对重大政治经济问题时所处的时代及写作的地点，还有他们对两个世纪以来不断变化的利益冲突所抱的社会哲学观。

我一直在努力尝试的就是设计出一套思想体系，这套思想体系在我用个人的经历进行修正后，能够给所有经济理论应有的权重。过去三十年来，我都生活在令人振奋的威斯康星州。这个州有个人主义者罗伯特·拉·福莱特和社会主义者维克多·伯杰（Victor Berger）这样两位领袖人物，有该州人民慷慨支持的这所出类拔萃的大学，没有这一切，要完成这样的任务是根本不可能的。威斯康星州是世界范围利益冲突的一个缩影,也是人们研究如何在经济冲突中获得合理价值和合理措施所作努力的缩影。没有拉·福莱特州长坚持的早期的行政事务法规的延续性,这样的努力是不可行的,但由于民主党将要主政,这样的努力已经陷入了困境。然而,这个州的主动权已经受到了限制,部分是由于最高法院的判例,部分是由于国家行政机构在州一级事务中的管辖权限,最近还有我们大家都正在参与的、史无前例的国家主义的实验。

我承认这本书重复之处不少,但在这一点上我也是迫不得已而为之。部分原因是考虑到学生和读者对这个问题的新内容不够熟悉;部分原因是因为在这一需要对多重因果关系的众多来源进行合理权衡的理论体系中,每当一个单独的概念或原理受到变化多端的原因挑战的时候都需要重新提及。如果先前提到的是我认为已经说明过了的某个原因,但在对同一事物从不同视角审视时却省略或忘记了,那么该原因的正确权重就会被曲解,于是读者和学生就会提请我注意。出于这一原因我不得不再重复一遍。所以作为一名经验主义者,我的观点跟仲裁人、立法者、法官、行政人员颇有几分相像,那就是竭力去解决争端,在一个具有冲突性原则、因果关系或目的的多方矛盾的利益中,只要有可能,就必须让其和平相处。

我在从事实验的这些年中早期发表的文章和著作,尤其是1899年之后的内容(许多都是跟我的学生和实际参与者合作的成果)为本书的理论提供了大部分资料。主要目录如下:

论 文

1. 《州对城市的管理》(*State Supervision for Cities*),《美国政治与社会科学院年鉴》,1895年5月号,第37~53页。
2. 《芝加哥和费城的赋税》(*Taxation in Chicago and Philadelphia*),《政治经济杂志》,1895年9月号,第434~460页。
3. 《市政工程中的临时工和契约制度的比较》(*A Comparison of Day Labor and Contract Systems on Municipal Works*),《美国联邦主义者》杂志,1897年1月至1898年1月,第三、四卷,共十三篇论文。
4. 《工作的权利》(*The Right to Work*),《竞技场》杂志,1899年第

21号，第132~141页。

5. 《经济理论和政治道德》(*Economic Theory and Political Morality*)，《美国经济学协会学报》，1899年，第62~80页。

6. 《主权的社会学观点》(*A Sociological View of Sovereignty*)，《美国社会学杂志》，1899~1900年，第5号，第1~15、155~171、347~366、544~552、683~695、814~825页；第6号，第67~89页。

7. 《解决劳动纠纷的新方法》(*A New Way of Settling Labor Disputes*)，《美国评论月刊》，1901年3月号。

8. 《美国产业委员会报告》，《美国政府报告》，《移民和教育》(*Immigration and Education*)，1901年第15号，第1~41页；《最后的报告》(*Final Reporter*)，1903年第19号，第1977~1030、1085~1113页。

9. 《产量的调节和限制》(*Regulation and Restriction*)，《劳动局长第11号特别报告》，1904年；《众议院文件》，第734号，第五十八届国会，第二次大会。

10. 《纽约的建筑业》(*The New York Building Trades*)，《经济学季刊》，1904年第18号，第409~436页。

11. 《肉品罐头业劳动状况和最近的工潮》(*Labor Conditions in Meat Packing and the Recent Strike*)，《经济学季刊》，1904年第19号，第1~32页。

12. 《美国劳工工会的类型：芝加哥的卡车司机》(*Types of American Labor Unions: The Teamsters of Chicago*)，《经济学季刊》，1905年第19号，第400~436页。

13. 《美国劳工工会的类型：五大湖的码头装卸工人》(*Types of American Labor Unions: The Longshoremen of the Great Lakes*)，《经济学季刊》，1905年第20号，第59~85页。

14. 《工会工厂政策的起因》(*Causes of the Union – Shop Policy*)，《美国经济学协会文丛》，第三编，1905年第6号，第140~159页。

15. 康芒斯和费雷：《火炉业的调解》(*Conciliation in the Stove Industry*)，《美国政府报告》，商业与劳工部，载《劳工局公报》，

1906 年 1 月第 62 号，第 124~196 页。

16. 《美国劳工工会的类型：圣路易和纽约的音乐师》（*Types of American Labor Unions: The Musicians of St. Louis and New York*），《经济学季刊》，1906 年第 20 号，第 419~442 页。

17. 《关于公有和公营问题致全国公民联合委员会的报告》（*Report to the National Civic Federation Commission on Public Ownership and Operation*）1907 年，共三卷，见《劳工报告》，第 1 号，第 60~112 页。

18. 《阶级冲突在美国是否正在增长且不可避免》（*Is Class Conflict in America Growing and Is It Inevitable*），《美国社会学杂志》，1908 年 5 月第 13 号。

19. 《匹兹堡的雇佣劳动者》（*Wage Earners of Pittsburgh*），《慈善与平民》，1909 年 3 月 6 日第 21 号，第 1051~1064 页。

20. 《1648~1895 年的美国制鞋工人：产业进化概略》（*American Shoemakers, 1648~1895: A Sketch of Industrial Evolution*），《经济学季刊》，1909 年第 24 号，第 39~83 页。

21. 《霍莱斯·格瑞莱及共和党的工人阶级起源》（*Horace Greeley and the Working Class Origins of the Republican Party*），《政治学季刊》，1909 年第 24 号，第 468~488 页。

22. 《密尔沃基市经济和效率局十八个月的工作》（*Eighteen Months' Work of the Milwaukee Bureau of Economy and Efficiency*），该局 1912 年第 19 期公报。

23. 《威斯康星的产业委员会；组织与方法》（*The Industrial Commission of Wisconsin; Its Organization and Methods*），1914 年该会发表。

24. 《美国产业关系委员会，提交国会的最后报告和证词》（*U. S. Commission on Industrial Relations, Final Report and Testimony Submitted to Congress*），1916 年第十一卷第 1 号，第二部分，第 169~230 页。

25. 《失业——补偿与防止》（*Unemployment - Compensation and Prevention*），《调查杂志》，1921 年 10 月 1 日第 47 号，第 5~9 页。

26. 《美国工会发展的趋势》（*Tendencies in Trade Union Development in*

the United States),《国际劳工评论》,1922年第5号,第855~887页。

27. 《荒地价值的累进税》(A Progressive Tax on Bare Land Values),《政治学季刊》,1922年第37号,第41~68页。

28. 康芒斯等:《长期趋势和商业周期:学说的分类》(Secular Trend and Business Cycles: A Classification of Theories),《经济和统计评论》,1922年第4号,第244~263页。

29. 《失业——防止和保险》(Unemployment - Prevention and Insurance),艾迪编:《商业的稳定》,1923年版,第164~205页。

30. 《工资学说和工资政策》(Wage Theories and Wage Policies),《美国经济学协会第三十五届年会报告与公报》,载《美国经济评论增刊》,1923年,第110~117页。

31. 《钢铁市场交货价格惯例》(The Delivered Price Practice in the Steel Market),《美国经济评论》,1924年第14号,第505~519页。

32. 《法律和经济学》(Law and Economics),《耶鲁法学杂志》,1925年2月第34号,第371~382页。

33. 《萨缪尔·高普斯的终结》(The Passing of Samuel Gompers),《现代史杂志》,1925年2月。

34. 《物价和商业的稳定》(The Stabilization of Prices and Business),《美国经济评论》,1925年第15号,第43~52页。

35. 《失业保险的真正范围》(The True Scope of Unemployment Insurance),《美国劳工立法评论》,1925年3月第15号,第33~34页。

36. 《今日马克思:资本主义和社会主义》(Marx Today: Capitalism and Socialism),《大西洋月刊》,1925年第136号,第682~693页。

37. 《卡尔·马克思和萨缪尔·高普斯》(Karl Marx and Samuel Gompers),《政治科学季刊》,1926年第41号,第281~286页。

38. 《众议院金融和货币委员会关于稳定通货的听证》(Stabilization Hearings, House Committee on Banking and Currency),《众议院文件》,1927年第7895号,第1074~1121页。《众议院文件》,

1928 年第 11806 号，第 56~104、423~444 页。
39. 《稳定物价与联邦储备制度》(*Price Stabilization and the Federal Reserve System*)，《年鉴编者》，1927 年 4 月 1 日第 29 号，第 459~462 页。
40. 《储备银行对一般物价水平的控制：一项反驳》(*Reserve Bank Control of the General Price Level：A Rejoinder*)，《年鉴编者》，1927 年 7 月 18 日（第 30 号），第 43~44 页。
41. 康芒斯等：《法律的和经济的工作分析》(*Legal and Economic Job Analysis*)，《耶鲁法学杂志》，1927 年第 37 号，第 139~178 页。
42. 《田地价格和黄金价值》(*Farm Prices and the Value of Gold*)，《北美评论》，1928 年第 225 号，第 27~41、196~211 页。
43. 《管辖权的争议》(*Jurisdictional Disputes*)，《关于产业关系的讲座》，哈佛大学出版社，1929 年，第 93~123 页。
44. 《关于美国失业问题的听证》(*Unemployment in the United States，Hearings*)，参议院教育和劳动委员会，《参院报告》，1929 年第 219 号，第 212~236 页。
45. 《制度经济学》(*Institutional Economics*)，《美国经济评论》，1931 年第 21 号，第 648~657 页。

著　作

1. 《财富的分配》(*The Distribution of Wealth*)，1893 年版。
2. 《社会改革与教会》(*Social Reform and the Church*)，1894 年版。
3. 《比例代表制度》(*Proportional Representation*)，1896 年版，1907 年再版。
4. 《产量的调节和限制》(*Regulation and Restriction of Output*)，《美国政府报告》，《劳动局局长第 11 号特别报告》，《众议院文件第 734 号》，1904 年，第五十八届国会，第二次大会。
5. 《工会主义和劳工问题》(*Trade Unionism and Labor Problems*)，1905 年。
6. 《美洲的人种和移民》(*Races and Immigrants in America*)，1907 年。
7. 康芒斯等：《美国工业社会文献史》(*A Documentary History of A-*

merican Industrial Society），1910 年版，共十卷。

8. 《劳工和管理》（Labor and Administration），1907 年版。
9. 康芒斯等：《劳动立法的原则》（Principles of Labor Legislation），1916 年版，1920 年、1927 年重版。
10. 康芒斯等：《美国劳工史》（History of Labor in the United States），1918 年版，共两卷。
11. 《产业信誉》（Industrial Goodwill），1919 年版。
12. 《产业管理》（Industrial Government），1924 年版。
13. 《资本主义的法律基础》（Legal Foundation of Capitalism），1924 年版。
14. 康芒斯等：《企业能阻止失业么？》（Can Business Prevent Unemployment?），1925 年版。

第2章 方 法

一、约翰·洛克

约翰·洛克是十七世纪英国革命的产物。在两次革命中,他所反对的人和他所拥护的人都对他冷酷相待。三十年间,他发表作品要么是匿名的,要么由政客们署名,或者仅仅是给人家大量作注。五十七岁之前,他没有在英国公开发表过文章,直至1689年的革命之后,他才有了这个权利。这场革命不但让他从流放地回到了家园,而且建立了现代资本主义。

他的阅历之广之丰富,堪称那个世纪之最。他受过清教徒的训练,又在牛津获得了终身教职,但清教徒当权让他噤若寒蝉,国王主政又让他丢了饭碗。他的命运随着国务大臣沙夫茨伯里①起伏跌宕,他住在沙夫茨伯里家里,为沙夫茨伯里撰写有关宗教、科学和政治的文章,并追随沙夫茨伯里流放。他目睹了大大小小的各类人物被教会、国王、清教徒和法官砍头的砍头,下狱的下狱,没收财产的没收财产,而且他们的言论还受到压制。他是从牛顿到列文赫克②这类新时代科学家的朋友和同事,一个"新知识"的刻苦探索

---

① 沙夫茨伯里(Shaftesbury)英国政治家。开始是保皇派,后来在英国内战中反对查理二世,被认为是辉格党的创始人。——译者注
② 列文赫克(Leeuwenhoek,1632~1723),荷兰博物学家,显微镜创制者。——译者注

者，也是"实验促知皇家协会"① 的成员之一。

就洛克本人而言，他的成果就是用怀疑主义取代了知识，用可能性取代了必然性，用理性取代了权威，用深入研究取代了教条主义，用立宪政府取代了专制主义，他还主张凭借司法独立来维护财产、自由和宽容。在所有的学科分支中，他都是十七世纪的缩影和十八世纪的主导。在十九和二十世纪，当哲学家和心理学家抛弃了制度和心理的概念之后，他又主宰了正统经济学家的制度和心理概念。

他的《人类理解论》(*Essay Concerning Human Understanding*) 一文激发了柏克莱②的理想主义、休谟的怀疑主义、法国的唯物主义以及康德③的*先验知识*形式与范畴，但洛克的本意只在于一切事物的合理性。他的《两论国民政府》(*Two Treatises on Civil Government*) 为1689年的革命据理辩护，引领了美国革命和法国革命走向主张人的自然权利高于法律、习俗和君王的方向，但洛克的本意只是想在1689年用英国人的习惯法权利取代所谓的亚当后裔的帝王的神圣权利。同一论述使得劳动成为了政治学和经济学的基础，而且确立了亚当·斯密④以劳动痛苦作为自然价值尺度的学说、李嘉图以劳动力作为标准价值尺度的学说，以及马克思以社会劳动作为剥削尺度的学说。但洛克关于劳动的观念却是这样的：个人自己劳动的成果是私有财产，他的用意只是为了反对**君王**不经独立的司法听证和审判就攫取财产。关于对人类理解力的局限和政府在限制思想、言论、集会自由方面局限的疑虑，在他的《论宽容书》(*Letters on Toleration*) 中进行了总结。在三十多年的时间里，上述所有文章他一直都是匿名或在国外撰写、修订或部分发表的，但在君主立宪取代君主

---

① 1662年由查理二世批准设立。
② 柏克莱 (Berkeley, 1685~1753)，爱尔兰主教及哲学家。——译者注
③ 康德 (Kant, 1724~1805)，德国哲学家，古典唯心主义的创始人。——译者注
④ 亚当·斯密 (Adam Smith, 1723~1790)，苏格兰经济学家和哲学家，放任主义经济政策的提倡者，现代经济学之父著有《道德情操论》(1759)、《国富论》(1776)。——译者注

专制的那十二个月里，他在国内公开发表了这些论述。

(一) 观　念

洛克的《人类理解论》是从探讨人的智力到底有多少是可知、有多少是不可知的入手的。这个问题缘起于导致困惑、褊狭和内战的十七世纪的纷争和教条主义。

> 他写道:"……五六个朋友聚集在我的房间里谈论起这个遥不可及的问题，他们很快就发现自己陷入了僵局，困难来自各个层面。一筹莫展片刻之后，对于困扰我们的这些疑问还是得不出任何进一步的解决方案，这让我顿然醒悟: 我们所走的方向没对! 看来在将自身置于对此本质进行探询之前，很有必要审视一下我们自己的能力，看看自己的理解力到底适合于弄明白哪类问题。"①

这就是洛克的"新思维": 在探索我们所研究的心智工具之先，要先搞清楚这些工具的功效。这一点认识表现出了他的创造天赋，也最终催生了这篇关于**观念**、**用词**和**可能性**的文章。

按照洛克的说法，心智中的观念是人唯一真正清楚又能用词语对外表达的对象。"普遍接受的学说"一直以来都认为人"与生俱来的观念，原始的本性，有生之初就左右了他们的心智"。洛克条分缕析地批驳了这一学说，然后进一步论述道:"让我们……假定心智起初的存在如同我们所言是张白纸，既空无一切秉性，又没有任何观念，那它到底是被怎样描绘装裱的呢? 对于这个问题的答案我只有一句话: 源于经验。"②

洛克说，经验既是感觉又是反应。五种感官转化为心智中的"粒子"，在那里这些粒子被反应为存在于外在对象中的可感知的特性，而这些特性则用不同的符号表达出来，比如说"黄"、

---

① 引自《洛克全集》的《人类理解论》中的《致读者书》(1812 年十卷本第十一版)。所有关于洛克的参考资料都引自这个版本。
② 《洛克全集》，第一卷，第一编，第 1 章，第 1、2 节。

"热"、"硬"等词语；反应如同一面镜子，它是"我们自身心智的内在作用，就像它本身在运用它所获得的观念一样"。不过相伴相随的是各种"由各种想法产生出来的满足或不安"的情绪。这些作用"在灵魂进行反应和思索的时候，会用另外一套观念来武装理解力，这不可能从虚无中获得"，而是"完全在他自身"。① 它们"也许可以被恰如其分地称为内在感受"，而源自于这一内在感受的观念即"感知、保持、注意、重复、辨别、比较、组合以及命名"。

以上所说的感觉及对它们的反应是"简单观念"的两个源泉，而理解力"如果不受感觉和反应两者之一的惠泽，就不会有一丝思想的光芒"。② 这些简单观念经进一步反应，就是**快乐**和**痛苦**的意识，这里提出的是"在两种思想和行为中择其一的理由"；**力**（power）的观念，观察我们自己，就是对自己身体的移动，观察自然体，就是能够在其他物体中产生运动；**存在**的观念，是我们心灵中开始真正思索生命或开始真正思索我们外在的事物的时候；而**一统**的观念，是当我们考虑"归一（无论是真实存在的归一，还是观念的归一）"的时候；**承继**的观念，则是"在我们心灵里忽略又不断被提及的内容"。③

由这些简单观念组合而成的是复杂观念，它们是简单观念的"集合"，就是**本体**（substance），譬如人或空气；就是**关系**，譬如夫妻关系；就是**模式**（mode），譬如空间、时间、善恶、公正、谋害、恐惧等。这些简单和复杂的观念是我们所了解的唯一的东西。"……心智，在其所有的思想和推理形式中，除了其自身的观念外没有其他任何直接的对象，对于这些观念心智本身就在思索或能够进行思索……而**知识**不过是对我们所具有的观念之间的关系、一致性或不一致性乃至矛盾性的感知而已"。④

---

① 《洛克全集》，第一卷，第一编，第1章，第4节。
② 同①，第5节。
③ 同①，第7章。
④ 《洛克全集》，第二卷，第四编，第1章，第1、2节。

因此洛克把内在的心智和外在的世界完全分离开来了。心智关注的是某些观念的作用，这些观念是由简单观念组合或重组而成的更高一层的复杂概念，如本体、动机、效果、道德、神律和民法。

把心智作为一种内在机制与它所复制的作为外在机制的世界分离开来，这是从洛克到十九世纪末经济学的一大特点。对于经济学理论而言，有必要脱离这种二元论，代之以建立一种内在心智和外在世界之间功能关系的概念体系，这项工作直到1871年才由门格尔①用"效用递减"一词完成。② 人对于适于满足其不同需求的各种外在的东西都有一种依赖感，而这个"效用递减"概念解决的就是关于这种依赖感的一个观念问题，这种感觉的强度会随着这些商品的丰富程度而降低。直到1888年，庞巴维克（Böhm-Bawerk）才提出了未来商品的当前价值缩小的观点。因此后来才需要提出"稀缺性"和"未来性"来完善这一功能观念，以便反应心灵和肉体对于现在和未来的外在世界依赖性的变化程度。这个观念取代了洛克及其信徒把内在心智和外在世界分离开来的思想。不过即便如此，这些享乐主义的经济学家还是步了洛克关于感知和观念的微粒理论的后尘。

洛克关于心智的机械观念是一种被动接受的观念，即外部事物以牛顿的微粒的形式到达，然后从内心反映出来。这也是以卡尔·马克思为巅峰的唯物主义经济学家的特点，他们把个人的意识削减到了仅仅是财富生产和获取的翻版的程度。为了在预期的重复交易中把洛克的感知、反映和意志微粒的观念统一起来，就需要进一步把心智概念深化为整个身体的行为，而不是作为来自身体的某一种特别感知的行为来看待，在考虑到预期的各种后果的情况下，整个身体就是一种能够前瞻未来、同时也可以应对外部世界和其他人的

---

① 门格尔（Karl Menger, 1840~1921)，奥地利经济学家，奥地利经济学派的创始人。——译者注
② 在他之前有戈森（Gossen, 1854）和杰文斯（Jevons, 1871），之后独有瓦尔拉斯（Walras, 1874）。

*创造性*的力量。这一观点还有待最新的心理学和经济学来完成。①

然而洛克走的却是这样一条道路,这条道路是由他的**经验**学说和他对所有观念都来自于五种感官的证明铺就的,这仅仅给了我们一幅不那么完整的画面,而不是这个世界固有的或确定的知识。现代心理学和经济学要求的仅仅是放弃他的物质性的心智概念,按照当时流行的物理学、光学、天文学这类较为完善的科学进行类推,并且要代之以适用于心理学、历史学和经济学研究的同样的实验法的概念(这种方法他和他同时代的人曾用于对自然科学的研究)。

考虑到这个目的,似乎只要把"意义"这个情感术语加在洛克的"观念"这个理智术语上,就可以得出他脑子里所想过的东西。不过这里面却没有对脑子中飘忽不定的主观微粒的机械比喻,而且跟外部世界是分隔开的。"意义"这个术语用在这里表示的是情感方面的内容,而观念则是纯粹理智方面的内容。它同时包含了意志性过程中主观和客观两个方面的内容,这个过程是作用和反作用于不断变化的外在的和内在的世界的。

"意义"这个概念把洛克的"观念"概念从仅仅是镜子里的被动拷贝改变成了主动的心理观念的构建,这种心理观念的构建就是在内心中进行选择和转化,目的是为了探索和理解外部活动中难以处理的其他方面的复杂性。据认为,红色是由每秒四百万亿次的振动构成的,而紫色则是由每秒八百万亿次的振动构成的。② 我们看到红色,但那只不过是我们赋予世界上某种机理重复的意义,这种重复根本就不是红的,因此不是拷贝,它可能意味着一桩谋杀案,或许意味着一朵玫瑰花。它是我们对已经发生的事情的论断,或是我

---

① 实用主义,形态心理学,制度经济学。请同时参阅瑞西巴赫(Reichenbach)、汉斯(Hans)和艾伦(Allen)等合著的《原子与宇宙》(*Atoms and Cosmos*)、《现代物理世界》(*the World of Modern Physics*)(1933年修订)中有关近来人们将粒子和光波理论结合起来的努力。又见怀特黑德(Whitehead A. N.)《观念的冒险》(*Adventures of Ideas*)一书,尤其是第9章《论客观和主观》。

② 琼斯·詹姆斯爵士(Jeans. Sir James):《环绕我们的宇宙》(*The Universe around Us*),1929年版,第108页。

们对即将发生的事情的预期,所有这一切都基于经验、重复、记忆以及我们对所发生的事情的兴趣。它是我们给予每秒四百万亿次振动的不同意义。所以它具备了自然、人性和我们自己主观的观念和情感等每一方面的内容。从理智方面讲,我们的知识不是复制物,而是实际产生于内心的观念;从情感方面讲,是意义把观念和感知联系到了一起;从权衡选择方面讲,这就是评估过程;而从意志方面讲,这就是行为和交易。

因为"意义"这个术语是一种观念的名称,而我们构建这种观念是为了让它表达存在于经验的各个部分与整体之间的关系模式,因此它勾画的内容与情感和情绪是分不开的。此后,当其到了开始要转化为行为的地步的时候,我们就称之为价值,这是一种客观地赋予外部事物于相对的重要性,以及通过我们与自然界和周围的其他人打交道,它就会真实而且明显地表现出来的东西。

这意味着"意义"包含有预期的意思。"意义"这个词的含义要比所谓的观念的内容要丰富,它意味着由观念所引起的预期。洛克的"观念"仅仅是对外部正在发生的某些事情的内在拷贝,是内在纯粹理智思维的作用,而"意义"这个术语则意味着那些观念对当前或今后行为的重要性。

从这个方面讲,"意义"这个词表现了与评估、选择和行为不可分割的内容。洛克的"价值"一词完全是指一种外在性质,也就是一种存在于物质之中但又反映为内在"观念"的使用价值。但现代的用法是把名词"价值"转化为动词"评估",而评估这个词是由当前或预期事件所引起的意义以及相对重要性的感觉构成的。所以意义与评估彼此是分不开的,一个强调的是内在,一个强调的是外在,这是作用与反作用于周围世界的同样的意志过程。

所以,意义与评估与选择密不可分,这就是所赋予的意义和被归因的价值的外在证据。洛克的力的观念给他带来了不少麻烦,所以在第二版的时候进行了修订。① 要解释是很容易的,他把心智作为一个内在的被动机制,与作为主动机制的外部世界分割开了,这就

---

① 洛克:《论力量》,见《人类理解论》,第一编,第21章。

使得他的"力"一词丧失了意志的含义。他只看到了推动外部事物的内在心智的物理过程,这就如同他看到的是其他物体对其他事物的推动一样。因此,**意愿**就变成了一个跟光、热或化学作用相类似的东西,这样一来,就没有给他在不同事物间进行选择的观念留下空间。后者在自然科学中是根本不会发生的,演变为新经济学的基础也仅仅是过去三十年内的事情。实际上,洛克在讨论"**力**"的时候绝口未提选择现象。对他而言,选择只与快乐和痛苦的观念有关系。假如他用的是心理学中的实验法而不是内省法的话(就如同他和他同时代的人当时在物理学中所采取的方法那样),那么他对意愿的解释就不会得出物理学的类比,他也许会注意到,**意愿**(在他的观念中叫**力**)是一种对当时实际上可以获得的最佳的选择对象不断进行选择和采取行动的过程。这些选择对象的活动、意义和相对的重要性也是不断变化的。同样的情况在物理学、光学和天文学中是不会发生的。如果改用**意愿**一词,他的**力**的含义就变成了整个生命体与外部世界之间的功能关系。在这种关系中,**意愿**本身是一个针对世界和其他人的不同的力度进行选择的过程,这种选择的依据就是那些意义和归因于可获得的选择对象的相对重要性的评估过程。①

事实上,这一有关选择的功能概念也涉及物理过程,但这与物理学是完全不同的两码事。它把实施、废止及延缓三个方面合而为一了:实施是指朝着一个方向运用物质或经济的力量;废止是放弃实施中次优的选择;而延缓则是在实际的实施中选择较低程度而不是较高程度的力。

物质和经济力量的这三个维度在物理学中是闻所未闻的,这是意愿在其全部行为中所表现出的方方面面,经济和法律理论就建立在这个基础之上。② 这是一个主动的选择过程,既然这是一个区别于无生命行为的有生命行为的特点,我们就常常应该把"选择"这个词当成"价值"、"行为"、"行动"、"交易"这样的词一样来用,这恰好也是洛克"力"的一词的意思。选择的三个方面(实施、废止、

---

① 见后文关于能力与机遇的论述。
② 康芒斯:《资本主义的法律基础》,1924年版,第69页。

延缓）并不为洛克所知，在他对心智的物理类比中你找不到这三方面的一席之地；同样，在"被动的内在机制拷贝外部世界机制"或"像物理学那样比喻为对外部事物的一种直接作用"这两种说法中也找不到这三个方面的内容。

然而，当把它们理解为人类行为的物质和经济特性的时候，**观念**、**意义**、**评估**和**行动**这四个词，是与人在与自然和人类世界打交道的行为中的理智、情感和意志过程分不开的，我们不能像洛克那样把内在世界的机制和外在世界的机制分割开来。后面我们会把物质力与经济力、道德力区别开来。

但是"意义"这个词还是含有洛克赋予自己的"观念"一词的同样涵义，因为它所代表的并非确定的知识（那简直可以说是无穷无尽的），而是通常基于幻象知识的实际感觉，但实际上人就是靠着这种感觉在行为，在诱导他人的行动，并同样地在逐渐改变自己的行动习惯。因此，我们在使用"观念"这个词的时候要把它当成是一个纯粹人为的理智"构造"，这是人们为了研究的目的创造的，而且我们要把观念和观念的 *意义* 区别开来，后者既是情感的也是理智的。

对于洛克来说，词语当然是智力拷贝的符号。他说，一个词如果用得恰当，就应该"在听者心中唤起与言者脑子里所代表的同样的观念"。① 但这样的情况是不会出现的。他说，就自己的经验来说，词语唤起的是不同的观念：

> "……要是认真考虑一下由于词语错用散布在这个世界上的误差与含混、错误与混淆，你就会有理由怀疑我们一直在使用的语言到底是促进了还是阻碍了知识在人类间的传播。② ……我想，在这方面至少可以说，假如我们能够把词语仅仅作为观念的符号而不是事物本身的话，那么这个世界上要少不知道多少纷争。"③

---

① 见《洛克全集》，第二卷，第三编，第 9 章，第 4 节。
② 同①，第 11 章，第 4 节。
③ 同①，第 10 章，第 15 节。

洛克对**词语滥用**的修正措施是：没有所代表的观念，就不要谈什么名称；如果是简单观念，如"黄"、"白"，观念本身必须清晰明了；如果是那些简单观念的集合，如"公正"、"法律"，在"在自然界中没有固定的对象"，那就要准确地确定。词语必须按照"尽可能接近通用法附加给它们的观念"加以运用。但由于通用法没有"明显地给词语附加任何含义"，所以有必要"声明其意义"。此外，"要是人们不愿意费事去声明自己话语的意义的话"，那么他们"至少应该坚持按照同样的意义使用同样的词"。如果能够这样做，那么"许多引发纠纷的争论就会终结"。[①]

因此，洛克的《人类理解论》与其说是怀疑主义哲学——像人们所理解的那样，还不如说是在实践问题上谋求一致意见的指南。这是关于词语意义的论述，在它的基础上我们再加上观念自身的意义，就可以作为研究、赞同和行动的工具。他的著作可以说是一部"研究方法论"。

如果知识只跟观念有关，而观念仅是事物的拷贝而不是事物本身，以致即便"事物自身也都只是简单观念的集合"，[②] 那么知识还能具有什么确定性呢？根据洛克的观点，唯有数理、逻辑和演绎性质的知识才具有确定性，这种特点你要么立刻就能感知，要么通过观念间的联系、一致和不一致以及矛盾就能证明。如果能够直接感知，就如同黄就是黄，或者说黄不是白，那么这就是"直觉的"知识，或者我们应该说这是"直觉的"意义。如果是通过证明间接感知的，就如同三角形的三角之和等于两个直角，那么这就是"理性的"知识。这两者共同构成了理性的智力基础，在这个范围内它们构成了毫无疑问的确定知识。这也适用于我们有关永恒、极有力、极精明、智慧而无形存在的知识，其存在可以很自然地从我们知识的每个方面推断出来。因此，让我们确信了这种**存在**的证明是可推断的，这种证明源自因果观念，而果不能大于因。果就是世界，因就是**上帝**。

---

① 见《洛克全集》，第二卷，第三编，第11章，第26节。
② 见《洛克全集》，第三卷，第四编，第11章，第1、2节。

这一观念导致两种结论：其一，既然人的智力是"果"之一，那么自然的结论即原始无极的"因"也同样必定是永恒的智慧；其二，在万物伊始的时候，如果没有一种愿意看到秩序、和谐、美好的永恒的情感和智慧的话，那么"我们在自然界中看到的一切秩序、和谐、美好"都不可能产生，因而这一情感在自身中包含了"从此以后能够永存的一切完美"。

这一关于永恒智慧的观念，恰恰也是一种完美的观念，让我们确信存在永恒的道德律，这套律法有自己的"责罚分寸"。这套律法"对于一个理性动物和法律的研究者而言，是与国家的成文法一样清晰明了的；不仅如此，说不定要更易于理解一些，这差不多就像理性要比人的幻想和复杂的发明更容易被理解一样。因为后者的字里行间中置入了各种各样相对或隐含的利益"。[①]

因此，洛克的**理性**概念并不仅仅是一个理智过程，他赋予了它终极目的这样一个情感意义（我们称之为**幸福**）。为了达到这一目的，他还加入了自然法则这一工具意义（我们称之为**理由**）。他认为**理性、上帝、自然法则、人类幸福**是同一的，这一点到了他的《政府论》一文中，就演变成了仁慈的天意：永恒不灭，无穷无尽，亘古不变。其用意就是在和谐、平等、和平、丰裕以及维护生命、自由、财产的原则下谋求人类的福祉。

由于这一原因，他在哲学上一直被冠以功利主义的帽子。他的功利主义是无上的主宰，而非边沁的世俗立法。对于这种无上主宰的意图，他有确定的知识，也可用证明推导在这个基础上他建立了自己的自然法则、天赋权利学说、价值学说，以及他对财产和自由的辩解。**上帝、自然、理性**是同一的，它们证明了 1689 年革命的理由。

因此，我们可以看出洛克个人主义的基点。人类并非其所处时代地点的习俗的产物，而像他自己一样，是理智的单位。人类通过运用理性，就有可能确认宇宙无尽仁慈的理性，以及为了到达这一理性而设的自然法则。天地间只有一个无尽的理性，一个无穷的因，

---

① 《政府论》，《洛克全集》，第五卷，第二编，第 2 章，第 12 节。

这个道理尽人皆知。因为它们自己都是这个因所生的果,所以这一无穷的理性让洛克自己的理性成了永恒不变的东西。他从自己个人的心灵开始认识宇宙中心,而不是从事件、惯例、交易这类重复性的东西开始去认识,这些东西在他脑子中早已习以为常,以致它们似乎成了自然、合理、神圣的。

由于这个原因,他就需要在必然性和或然性之间作出区分。自从他那个时代以来,科学就一直在作这种区分。因为科学只跟或然性打交道。但他缺乏相对性、时间和运动的现代概念,所以追求的是某些固定的东西,比如个人的灵魂、无穷的理性、理性的宇宙"框架",在这中间所有的变化与或然性都有可能涉及。

然而,即便洛克本人也不过是关于他自己的一系列变化着的事件的变化经历的过程,并且每个人都这样。毕竟洛克的必然性只是他脑子中的一个观念,就像数学和逻辑的必然性一样,它们并不是科学,而是研究的智力工具。就如同他所证明的,这些工具在外部世界并不存在。因此,凡是来自外界的东西都缺乏数理知识,就外部世界而言,"至少从一切普遍真理的角度来看,不过是一种*信心*或*看法*,而不是知识"。①

如果真是这样,那么被看做是外部世界知识的东西就只是或然性。或然性补充了知识的缺陷,"在知识失效的地方给我们以指导",并且它"总是跟命题密切相关,在这方面我们没有任何确定性,有的只是一些准备把它们当成真实情况加以接受的诱因"。或然性的范围是"事物与我们的知识、观察和经验的一致点",以及"别人在申明自己观察和经验时所做的佐证"。② 或然性的程度是变化的,而心智

> "在合理运转的时候,应该验证或然性的所有范围,在赞成或反对之前,看看它们对命题的支持或反对的程度;要对整个命题给予合理的权衡,然后再决定是拒绝还是接受它。另外一方面,对于更大范围的或然性占优势的方面

---

① 见《洛克全集》,第二卷,第四编,第2章,第14节。
② 见《洛克全集》,第三卷,第四编,第15章,第4节。

则要给予相应的认可。"①

这样一来，如果或然性、信心、意见和经验代替了确定的知识的位置的话，那就不是为怀疑主义奠定基础，而是为了在"理性"与"合理"之间作出区分。**理性**带给我们的可能是**上帝**、**自然**、**完美**的不变法则，而**合理性**则让我们彼此认可对或然性在人生事件中的优势。流传至今的是洛克的**合理性**学说，而非**理性**学说。在这里，我们无需对两个世纪以来追随洛克物理方法的哲学讨论进行回顾，这种方法把观念当成是可以通过内省加以观察并且可以如各种机制一样进行讨论的原子。用柏克莱的话说，这就意味着除了观念以外我们一无所知，而且对于我们来说我们的世界仅仅是上帝的观念。用休谟的话说，这就意味着甚至我们自身也仅仅是一种观念。用康德的话说，则意味着我们出于自己的自由意愿为宇宙和我们自己创建了理性法则。这些都是**理性**的学说，而非**合理性**的学说。它们是观念，而不是观念的意义。

另外一方面，如果我们用"意义"这个词作为洛克"观念"一词的情感附加，那么从或然性和合理性不断变化的意义的角度讲，意义就是事件和惯例的可变含义。这个词如果按山塔亚纳②的意思，也许可以用"本质"一词代替；③ 这不是柏拉图④所说的永恒先在、纯粹观念的本质，而是通常意义上归因于事物的我们自己变化的意义和价值，山塔亚纳称其为"动物的信心"，相当于洛克所说的"信心或意见"。这里所用的"意义"一词，带有山塔亚纳的"本质"的意思，但却没有柏拉图那种物质的隐喻，后者暗示本质存在于心

---

① 见《洛克全集》，第三卷，第四编，第15章，第15节。
② 山塔亚纳（George Santayana, 1863～1752），西班牙裔的美国哲学家。——译者注
③ 乔治·山塔亚纳：《怀疑论与动物的信心：哲学体系引论》（*Skepticism and Animal Faith; Introduction to a System of Philosophy*）（1923），《本质范畴》（*Realm of Essence*）（1927）。
④ 柏拉图（Plato，公元前427～347），古希腊哲学家，苏格拉底的弟子，亚里士多德的老师。——译者注

智之外。如果我们这样来理解观念、概念和本质,不仅对词语,还包括对物体和事件,甚至对洛克的观念,都只看我们所赋予的意义和价值,我们就有了各种各样的术语,这些术语不仅适合于对事件和词语进行不断变化的解释,而且还适应观念自身的变化,这不但见诸于经济学家的著作,更重要的是还伴随着商人、劳动者、法官和立法者的行为,其意义、价值和选择正是经济学家的论述对象。所有这些人的自己的行动,也诱导其他人的行动,他们依据的基础不是知识,而是他们据以构建自己观念的意义和价值。

最为重要的是,"意义"这个词的含义是说,感觉或者是知觉、观念,并不是依照化学上的"结合律",① 像一个与其他观念相对立的孤立分子或原子那么抽象地存在,而是作为记忆、预期和行动这样一个复杂的整体运动过程中起作用的部分而存在的。观念的意义远远超过了洛克所谓的观念——它们对行为而言是可重复可变化的指南,当行为自身因时、因人、因年、因代重复变化的时候,它们也在不停地重复变化。洛克的"观念"是永远、永恒、不变的本质,但观念的意义则是事物的一种变化功能,这种功能是按照"脱离记忆中的过去,伴随现在的行为,进入预期的未来"这样一个时间流程进行的。②

因此,能够加以观察并适合进行研究和实验的恰恰是意义。在赋予词语的意义和赋予观念、事件的意义之间可以作出重要的区分。按照洛克通常的评论,在经济行为中,词语可以用来隐瞒思想并给人以误导,也可以用来展示思想并引导人们走向正确的方向。生意人、劳动者、法官、管理者、政客等,真实的意图不是在于他们说什么,甚至不在于他们想什么,而是在于他们做什么。关于**上帝**、**自然**、财产、自由,在这些方面他们所说的甚至所想的,只是词语表面的含义以及用词语来表达的观念,而他们所做的才是他们的真正意义,这种意义源自于他们的记忆、行动、预期、愿望和选择。

---

① 从字面上理解,李嘉图的朋友詹姆斯·穆勒在其《人类心灵现象分析》(1828)中就是这样解释的,这完全就是一种"化学"观念观。
② 见本书第4章:《休谟与佩尔斯》。

因此，意义可以根据行动来进行科学研究，不过这样的研究不以观念和本质为对象。因为这些仅仅是智力模式，除了它们所表达的意义、价值和选择外，缺乏任何外部参照。

也许我们可以用这样的说法进行概括，也可以说是一种预期：洛克的基本理论，跟追随他的经济学家的理论一样，是一种有关"个人认识论和价值论"的理论，或者说是个人如何能够认识事物并评判其价值的理论；而我们的理论则是有关多个个人在所有交易活动中的联合行动和价值的理论，通过这些活动，参与者彼此相互诱导，以便在意见和行动上取得一致。这不是洛克的**理性**学说，而是其**合理性**学说。①

(二) 价 值

约翰·洛克用"劳动"这个单一概念把**法学**、**经济学**和**伦理学**联系在了一起。事情起因于他对1689年革命所作的辩护。托马斯·费尔默（Thomas Filmer）爵士1680年出版了他的《家长制》，这本书早在克伦威尔（Cromwell）② 专政时期就已经写成了，不过那时是在私下流传。在这本书中，他赞同把"帝王神权"看成是一种能够主宰其臣民生命、自由和财产的天然权利，帝王的这一权利得自上帝，因此这样的权利只对**上帝**负责。

洛克答之以劳动神权。洛克说"英国廷臣"费尔默这一"油腔滑调的胡言乱语近来已经开始公开充斥讲坛"，而且被奉为"时代圭臬"。针对政治权力的这一神权学说，洛克创建了"生命、自由和财产的天然权利"，这是由劳动之于其自身产品的权利推演而来的。两者的差异在于，费尔默的观点可以类比为有机体，部分要服从于整体；而洛克的观点则可以类比为机械体，整体是部分之和。

这样的类比适用于个人和财富。用费尔默的观点看，个人被自己初始的遗传法则和社会属性维系在一起，就像家庭一样。而用洛

---

① 见本书第4章：《休谟与佩尔斯》。
② 克伦威尔（Oliver Cromwell, 1599~1658），英国将军和政治家。——译者注

克的观点看,个人为了彼此的便利走到了一起,就像集会似的。在费尔默看来,国家的财富是社会的产品,但洛克却认为那是个人产品的总和。在费尔默看来,个人对财产的所有权得自君王,但洛克却认为私有财产先于君权。因此在费尔默看来,上帝和造化通过把义务加诸于臣民而赋予世俗的君王以权利;而在洛克看来,则是上帝和造化通过把义务加诸于君王而赋予了个人以权利。两个人都把自己的推理看成是上帝和造化的永恒推论。

洛克的观念是建立在**劳动**是价值的唯一源泉的理论之上的,检验一下你就会发现,他的**劳动价值**观是一个"复合观念"的化身,这个观念认为物质产品的私有权由劳动产生。由这个复合概念,他分解了工厂主、农场主、商人和地主的有益惯例。由于洛克是他所在时代的产物,所以我们需要找到这一关于劳动、设备和所有权的复合观念的根源。

在洛克的《政府论》出版一百二十年前,托马斯·史密斯爵士(Thomas Smith)就给"国家"这个专有名词赋予了一层政治意义。① 作为伊丽莎白女王派往大陆的使者,他对绝对君权或者说独裁专制感到震惊。因为在英国,老百姓可以参加**议会**,还可以在法庭依照习惯法进行听证。在英国,参加的阶级有贵族和绅士,这两个阶级都是"四体不勤"者;还有自耕农、农场主和地产保有人,在习惯法法庭的保护下,他们"辛辛苦苦地服务于"国家,胜过"所有其他的人"。而第四个阶级,即"无产阶级",则是那些"没有任何自由土地"的人,比如劳工、技工、根据官册享有土地者,甚至包括寸土皆无的商人和小贩。这些人"在我们国家既无声响也无权威,没有人重视他们,他们治于人而非治人"。②

托马斯·史密斯 1565 年在拥有土地的阶级和没有土地的阶级之间所作的这一区分,一直是在"国家"的政治意义上保持着主导地位的区分,这在英国持续了三百多年,在殖民地和农业化的美洲也

---

① 托马斯·史密斯爵士:《英国共和制》,写于 1565 年前后,1583 年出版。
② 见康芒斯:《资本主义的法律基础》,第 222~224 页。

超过了二百五十年。关于这一意义的争论，在 1647 年国王垮台之后马上就在共和国军队中出现了。平均派成员（Leveller）要求所有的士兵无论有产无产都要有参政权，但克伦威尔和艾尔顿（Ireton）①却决定，在代表国家永久利益方面，只有那些有土地利益的人才足以信任。这就是约翰·洛克共和的政治意义。政治上的共和就是那些对土地拥有永久利益的人在政府中的参与。

共同财富的经济意义始自于政治意义，它产生于对修道院的没收、牧场向可耕地的转换以及对共有土地的圈占。那些从亨利八世手中获得没收土地的人不但提高了地租，还撵走了佃户。1540 年，拉蒂莫（Latimer）②主教公开指责说，这些人把"共同的财富变成了共同的苦难"。他们则回击自己的攻击者，斥责他们为"共同财富分子"，那意思就相当于现代的共产主义者，其领袖和先知就是"被称为拉蒂莫的共同财富分子"，后者在玛丽女王统治时期以主教的身份反过来斥责他们是"准地主和提租者"。一百年后，在共和国军队里，对新国家的参政权问题进行了长期的争论，尽管克伦威尔和艾尔顿要求参政权必须限制在有产者手中，但平均派成员却要求参政权要普遍。③平均派成员，后来被称为"掘地派成员"，④是美洲"擅自占住者"、自耕农和采矿者的先驱，他们把共同财富的意义扩大到了公共土地，开始的时候他们准备在这些土地上种植庄稼和建造小屋，但他们却遭到了法庭和克伦威尔军队的镇压。⑤

---

① 艾尔顿（Henry Ireton，1611~1651），英国政治家、军人，克伦威尔之子。——译者注
② 拉蒂莫（Hugh Latimer，1485~1555），英国新教徒殉教者、宗教改革家，被玛丽女王处决。——译者注
③ 《克拉克文件》，第一集，凯登协会（Camden Society）1891 年出版，第二辑，第四十九卷。这些文件都是国王被捕后克伦威尔军中争议的速记稿。
④ 十七世纪资产阶级革命时期代表无地、少地农民利益的一个急进派别。——译者注
⑤ 见康芒斯：《资本主义的法律基础》，第 204~225 页；参阅古奇：《十七世纪英国民主观》，1927 年出版，第 214~219 页；托尼：《宗教与资本主义的兴起》，1926 年出版，第 255~261 页。

与此同时，共同财富的经济意义被习惯法的法庭扩展到了制造和买卖领域。区别系于一个人藉以致富的手段。如果他的富裕靠的是国王在制造或买卖上赐予的特权，那么他的财富就是对共同财富的扣减，他这部分就没有相应的贡献。但如果他的致富是由于从事制造、推销、零售、从国外进口商品或在自己的土地上生产作物等活动，那么他的私人财富就相当于他对共同财富的贡献。共同财富就是私人财富的总和。这类私人财富只能靠勤劳和节俭获得，而另外一类的财富则靠的是垄断和压迫。这一点变成了亚当·斯密关于国家财富的观念。财富是可以被所有但不能被独占的物质的东西，这演变成了财富的双重意义，支配了从约翰·洛克时代到现代的正统经济学。

因此，有一个裁缝同业公会，尽管是由国王批准设立的，但在1599年当它在竞争中设立会员相对于非会员的优先权时，仍被最高法院判定为非法，因为这样的规则"于臣民的自由不利，于国家不利"。1602年，同一法庭宣布，伊丽莎白女王授予一位朝臣的专利权"不利于国家"，原因在于被授予者没有任何机械制造方面的技能，因此对于拥有"有益于国家"的技艺的其他人而言，就没有理由让他拥有禁止与之竞争的法律权利。还有一个例子，在1610年，国王在未经议会同意的情况下向商人贝茨额外征收了一笔进口税，加重了他的负担。贝茨拒绝支付，他的律师在最高法院辩护时说，外国商品进商所获得的财富相当于国家财富的增加，但这一辩护未获支持。

其他法学家都没有像最高法院院长库克那样深化这一经济意义，即在没有垄断的情况下，私人财富等于共同财富。库克1616年被国王免职，而他的免职成了洛克所主张的"司法要独立于国王的专制控制"观点的历史基础。伴随着1689年的革命，这一条在1700年被写进了《嗣位法》。

同样的"私人财富等同于共同财富"的观点被清教徒的神学家进一步发展，到了理查德·巴克斯特（Richard Baxter）① 那里表现

---

① 理查德·巴克斯特（Richard Baxter, 1615~1691），英国作家、清教徒。——译者注

到了极点，作为约翰·洛克同时代的人，他转变了基德明斯特（Kidderminster）村粗鄙的生活方式，使之成为了一个勤劳节俭的社会。

巴克斯特说："公共福利，或者说是多数人的利益应该比我们自己的利益更受重视。因此，每个人必须尽自己所能做对他人有益的事情，特别是要做对教会和国家有益的事情。这不是靠游手好闲做到的，靠的是劳动。就像蜜蜂辛辛苦苦地充实它们的蜂巢一样，人作为社会动物，也必须为他所属的社会的利益劳作。因为这个社会也包含了他那一部分利益……如果上帝给你指明了一条道路，在这条道路上，你能够合法地比另外一条道路获得更多的收益（在无损于你自己和其他人的灵魂的前提下），但你却拒绝走这条路，而是选择了那条收获较少的路，那你就错过了你的一项职业目标，拒绝成为仆人，拒绝接受他赐予的礼物，从而拒绝在上帝要求的时候为他利用它们；你可以为了上帝的目的而劳动致富，但却不能为了肉欲和罪恶去这样做……作为首选的应该是最有益于公共利益的职业……如果两种职业对公共利益同样都有益，但其中一种却有益于致富，另外一种更有益于你的灵魂，那就必须优先考虑后者；在贴近于公共利益方面，是否有益于你的灵魂这个标准须指引你的选择……要优先考虑能够传之后代的长远利益，而舍弃短暂的利益……压迫者是反基督反上帝的……他们不仅是魔鬼的代言人，而且是他的化身。"自私的个人灵魂"只要他自己可能从中获利，就根本不考虑共同财富受了什么损失"。①

---

① 理查德·巴克斯特：《基督教指南》，1838 年再版。马克斯·韦伯最先发现巴克斯特理论的经济意义。见马克斯·韦伯：《宗教社会学论辑》，1922 年版，第一卷，第164页，该书的部分被译为《清教徒伦理与资本主义精神》，1930 年出版；康芒斯：《论托尼〈宗教与资本主义的兴起〉》，《美国经济评论》，1927 年第17期，第63～68页；鲍韦克

巴克斯特无法让这样一些人赞同他关于教会和共同财富的观点，这些人是些靠工资吃饭的人、熟练工人、学徒和村里的醉鬼，因为他们没有财产；拥有土地的乡村贵族也一样，因为他们拥有的财产要远大于他们所能生产的东西。在他看来，这两个阶级是联合起来反对教会跟共同财富的。正如托尼（Tawney）①指出的，尽管巴克斯特和班岩（Bunyan）②"总是坚持认为高物价不道德，但他们很少想过把自己的原则用到工资这个问题上"。巴克斯特反驳说，作为地主对立面的不是靠工资吃饭的人，而是佃户，后者"没有必要辛苦劳作、小心翼翼和节制欲望，把他们弄得像是个奴隶而不是自由人"。但他又说，作为挣工资的人，他们需要"一个能够在他们中间建立起道德约束的主人，如果这些人只为自己做事的话，那他们是不会有这些约束的"。③

在由于物质财富变得富裕而对共同财富做出更多贡献的方面，巴克斯特的典型案例是托马斯·福雷（Thomas Foley）："通过经营铁厂，此公从几乎一无所有到了岁入五千英镑以上的收入。他非常公正，让人无可指责。据我所知，与他打过交道的人都交口称赞他那非同寻常的正直和诚实，在这方面无人能提出什么疑问。"因此，能够体现清教徒精神的经济理想，并且能够代表洛克获得其思想所处的环境的，必须是通过勤劳、正直、节俭和良好的管理获得的财富，而且这些财富还要服从于教会和共同财富。

在《宗教和资本主义的兴起》一书中，托尼很好地描述了1660

（Powicke）：《理查德·巴克斯特的一生（1651~1691）》，1925年出版，第158~159页；珍妮特·托尼（Jeannette Tawney）：《基督教指南节选》，1925年出版；托尼：《宗教与资本主义的兴起》，1926年出版；托尼：《巴克斯特传》，1696年编，1924年出版；康芒斯与珀尔曼（Perlman）：《论桑巴特〈现代资本主义〉》，《美国经济评论》，1929年第19期，第78~88页。

① 托尼（Richard Tawney，1880~1962），英国经济学家、历史学家，基督教社会主义的创始人。——译者注
② 班岩（John Bunyan，1628~1688），英国作家、牧师。——译者注
③ 托尼：《宗教与资本主义的兴起》，第268页。

年之后的革命，这场革命既反对清教徒的专制，也反对斯图亚特王朝的专制，我们也已经看到洛克是如何参与这场革命的。结果是提出了这样的诉求，即在使私人财富服从于教会和共同财富方面，政府不应该进行干预。通过自己对人类理解的怀疑主义以及劳动是价值源泉的理论，洛克对支持这一诉求作了很充分的准备。然而，他脑子里想的是库克和巴克斯特所说的那种劳动：忙碌而节俭的佃户、世袭地的保有者、零售商、习惯法和清教徒意义上的所有者，他们的工作和储蓄不受强迫，并且积累了地产、制成品和商品。这不是现代或马克思意义上的无产阶级工人的劳动，而是福雷和他的铁厂、贝茨和他的商品这个意义上的劳动。

洛克和他同时代的清教徒都没有对地租、利息、利润和工资进行现代经济学意义上的区分。他们针对的是人，而不是分配中的经济积累。分配中的所有这些积累都被归结为了一个简单的观念——劳动的个人补偿，这里的个人是指小农场主、小雇主和商人，这些人是业主，但跟自己的雇工和学徒一样，还没有脱离体力工作。地租还没有像来自垄断和专利的收入那样变成"不劳而获的收入"，直到洛克之后一百二十年的李嘉图（Ricardo）① 时代才有这样的变化。只有被地主强索的超额地租以及他们不公正的圈地才被巴克斯特列为"有损于共同财富"的压迫者和垄断者。在理论上还没有对利润和利息加以区分。实际上，差不多是在洛克之后二百年的庞巴维克时代才对两者进行了区分。② 只有高利贷、被暴虐的借贷者索取的超额利息，才被认为有害于共同财富，而因一个人的财产被其他人使用（本来他有可能自己使用的）而收取的适当的利息，则被视为是

---

① 李嘉图（David Ricardo, 1772～1823），英国经济学家，清楚地表述了工资铁律，著有《政治经济学及赋税原理》（1817）。——译者注
② 甚至西尼尔（Senior）在1834年提出"节欲"观念的时候也没有把利息区别为节欲的报酬。对他来说，利润和利息都是对节欲的奖赏。他说："节欲表现为放弃把资本用作非生产性用途的行为（消费），也表现为一个人把劳动用于远期而非即期结果的生产的类似行为。这样行为的人就是资本家，他们的行为的报酬就是利润。"见那索·西尼尔：《政治经济学》，1872年第六版，第89页。

利润。在将利润视为是农场主、小雇主和商人为自己的劳动而得的报酬的地方，利润和工资是很难区分的。因为这些人虽然拥有财产，但他们为了利润比他们的雇工为了工资要工作得更辛苦。甚至七十余年后的亚当·斯密时代，对雇主和劳动者、利润和工资都没有进行区分。正如托尼所言，如果利润超过了通常的报酬，那也是程度上的不同，而非种类的差别。①

因此，洛克的价值论发源于其同时代的清教徒，其理论是建立在劳动的意义之上的，劳动的这种意义认为，劳动补偿是对自耕农、小雇主或商人勤俭的通常回报，他们这些人没有谁是不劳而获的，他们由于对产品的所有权而获得的个人收入，有点像后来演变成地租、利息、利润和工资这类非个人收入的东西。对他和他同时代的人来说，重要的是个人而不是功能。

更进一步地讲，对洛克及同时代的清教徒而言，所有个人都有工作和积累的义务——这是源自于对亚当和夏娃罪孽进行惩罚而施加的义务，只有那些实实在在工作和积累并因此而服务于共同财富的人，才尽了他们对上帝的义务。劳动是对罪孽的惩罚，超过个人需要而消耗财富不但是减损共同财富，而且也违背了上帝的意志。清教徒之所以工作和积累，那是因为自己对上帝有义务。

这是那种"产生了价值"的劳动者。洛克的价值的意义，是指增加共同财富的生产和积累，而不是减少共同财富而产生的稀缺性。因此，他的私人财产的观念就是生产、有用和幸福的观念，每一点都是建立在合法所有权的观念之上的，这个合法所有权要么是作为生产者来自己使用，要么是作为消费者来享受；这不是相互把别人需要而不拥有的东西把握在手里的交易的观念，也不是诱使人工作的稀缺性这样一种经济的观念，因此有别于劳动是对罪孽的惩罚这一观念。稀缺性象征的是对人类在"丰裕乐园"中原罪的惩罚。然而，在马尔萨斯时代之后，正是稀缺性这一功能性的观念让人们提出了地租、利息、利润和工资相互之间的区别问题。

由于垄断和压迫被排除在了君主专制统治所导致的问题之外，

---

① 托尼：《宗教和资本主义的兴起》，第207页。

同时由于财产和劳动的稀缺性观念又象征罪孽，因此很显然，价值的生产力观念与私人财富和共同财富就是同一回事了，任何只能在生产力意义上出现的增加私人财富的内容都是共同财富的增加，而共同财富就是所有私人财富的总和。

洛克《政府论》中的每一个基本观点，都是建立在这一生产力的价值观、财产的所有权意义以及道德的罪孽观之上的。在"劳动"这一单一而又复杂的观念里，他赋予了**上帝**、**自然**、**理性**、**完美**、**公平**、**自由**、**幸福**、**丰裕**、**有用**及**罪孽**等许多观念的要素。上帝的意志是丰裕，但人的罪孽却迫使自己得用劳作去获取丰裕。因此他说：

> "自然的理性告诉我们，人一诞生就有生存权，因此就有权吃香的喝辣的，享有自然供给他们所需的东西的权利；而《启示录》则告诉我们，上帝给世上的赐予是由于亚当、诺亚及其子孙的缘故。无论我们考虑不考虑，非常清楚的一点就是，如大卫王所言（《旧约·诗篇》第一百一十五篇第16节），上帝'将地给了世人'，是将地赐给人类共有，（而不是像费尔默所说的）是给亚当和他的继承人，而把他的其他后裔排除在外。"①

当洛克说上帝的礼物是给人类共有的时候，理所当然，他的意思既不是指历史意义上的原始部落共产主义的共同所有制，也不是指现代马克思主义的共产制度，更谈不上是在一个有组织的团体中给每个个人定量配给他那一份。如果是那样的话，就不仅是屈从于费尔默的论点，认为族长有作为独裁者分配个人积累的天赋职权，而且还会与他自己关于这种原始丰裕的观点相触——他认为个人所有权对他人不会有什么伤害，因此，有可能妨害自由的个人所有制的任何具体所有制都是没有道理的。由于稀缺性的原因，洛克的"共同"一词的含义并不是指共同所有制，而是由于丰裕的原因指普遍程度上的机会均等。

---

① 《政府论》，见《洛克全集》，第五卷，第二编，第25节。

这一丰裕的观念，是他"吃香的喝辣的"天赋所有权观念的前提。他的天赋所有权观念不是来自稀缺性，而是来自丰裕性。任何人都可以从上帝所赐的丰裕中获取自己的所需，他没有必要用征服或不公平交换的方式从他人那里巧取豪夺。

人可以取得的东西非常丰裕，不会为了独占这种丰裕而冲突或竞争，但不要干涉人们去获取这种丰裕的集体责任靠谁来承担呢？如果它像空气和阳光一样丰富的话，那么权利的观念就毫无意义可言了。因为这样一来，任何人都不可能排斥其他人按需使用。然而这也是洛克对香的、辣的和生存品的观念。最初的时候，甚至是现在，在自然状态下，上帝所赐的天然资源是如此丰富，以致从来没有强迫任何人要得到其他人的同意才可以使用。你要做的一切就是取你所需。这个"取"只是以香的、辣的以及生存品的形式表现出的"劳动"。但这不仅仅是体力劳动，它还包括智力。对于你取自自然丰裕的任何东西，合理的劳动都赋予了所有的权利，因为资源很丰富。因此，这一所有权并没有剥夺其他人也希望从这种丰裕中获取的权利。

"上帝把世界赐予给人类共有，他同时也给了人类理性，以便他们能够利用它来获得生活的最大优势和便利。大地以及地上的一切也给了人类，这是为了支持和帮助他们生存。尽管地上自然产生的所有果实和繁育的所有牲畜都归人类共有，就如同它们是大自然天生之手生产的一样；尽管没有人对其中的任何东西原本就有排他的私人支配权，就如同它们是处于自然状态一样；但既然是让人利用，那么在使用之前，或让其在本质上有益于特定的人之前，就必须要有这样那样的方法将它们划出来以作特殊用途。未开化的印第安人不懂得圈占，他们还处在共同占有状态，但滋养他们的果实和野味在维持某个人的生活从而对他产生益处之前，必须先成为他的东西，也就是说，要成为他的一部分，这样其他人就对这些东西不享有权利了。

"虽然大地以及所有的低等生物归人类共有，但每个人自身还是有一种财产：除了他本人之外，其他任何人对这样财产都不具有权利。我们可以说,他身体的劳动和他双手的工作是完全属于他的。所以不管是什么东西,只要他变动了自然所提供的状态,让其发生了变化,那他就已经把自己的劳动混合了进去,在其中增添了新的内容,从而使其成为了自己的财产。是他改变了该物的自然状态,在其上附加了劳动的属性,从而排斥了其他人的共同权利。因为这一劳动是这个劳动者无可争议的财产,只有他拥有一种权利。因为除了他之外,没有任何人曾经加入过什么内容,至少在那些有既充分又好的东西留给其他人共有的地方是如此。"①

所以,洛克为亚当·斯密开辟了道路。洛克的"自然丰裕"观念,同时也是他天赋自由与财产权的前提。"每个人都有他自己的财产,除了他本人之外,没有人对此拥有任何权利"。因此,他的劳动观念不仅是体力劳动和理性劳动,不仅是一个生产的观念,它还是自由和所有权的观念。劳动者拥有随心所欲地利用自己的身体做事情的自然权利,其他人则有义务听凭他这样做,而他则从自然无限的供给中取得自己对吃喝及生活必需品的所有权。洛克的"劳动"不是奴隶的劳动,它是**自由的劳动**,而这自由劳动是在自由土地上进行的,劳动者也因此把自由土地变成了他自己的财产。

在克伦威尔军队获胜的时代,掘地派成员,还有其他反对地主圈占附近共有土地的人,都主张由自己来占有共有土地,他们主张的依据就是人为的机会相对于劳动而言不足。洛克对圈地进行了辩护,他的观点是建立在土地天然丰裕以及私有财产的生产力基础之上的。

"……凭自己的劳动将土地据为己有的人,不是减少而是增加了人类的积累;由一英亩圈占并耕作过的土地所出产的供人类生活所用的产物,(谨慎地说)是同样肥沃但撂荒的共有土地出产的十倍。因此,一个人从十英亩圈占土

---

① 见《洛克全集》,第五卷,第二编,第26、27节。

地上获得的产品，要比他从一百英亩撂荒土地上获得的产品还要多，也许真的可以这么说：他给人类贡献了九十英亩土地，因为他的劳动现在从十英亩土地上供给他的给养，相当于一百英亩共有土地提供的产品。在这里我把改良后的土地估得非常低，只让其出产为十之比一，实际上差不多接近一百比一。"①

这是 1862 年美国《移民授田法》的观点。② 因此，自由劳动者在自由土地上的生产力与劳动者的私有财产是一回事。根据洛克的观点，这既是神的法则，又是自然的法则。

"上帝把世界赐给人类共有……他赐予土地是为了给勤劳和理性的人使用……他所拥有的土地跟那些已经被人占有的土地一样好，但需要改良，这些人无须抱怨，也不该乱动已经由其他人的劳动改良过的土地……上帝已有旨意，而你自己的需求会迫使你劳动。只要是你劳作过的东西，那就是你的财产，别人就不能夺取。因此我们认为开辟或耕作土地与所有权是联系在一起的，彼此给了相应的权利。因此，上帝在授命你开垦土地的同时也就给了你占有土地的职权：既然人类生活的条件需要劳动和劳动对象，这就必须实行私人占有。"③

通过改良而占有任何一片土地并不会"对其他任何人造成损害，原因是还有足够的肥沃土地剩下来，而且要多于没有生活来源的人可以使用的数量。实际上，因为他为自己占地而减少了留给其他人的土地的情况是绝对不会发生的：只要你留下的土地足够其他人使用，那就跟完全没有占用一样。"④

---

① 见《洛克全集》，第五卷，第二编，第 37 节。
② 约翰·康芒斯等：《美国劳工史》，1918 年版，第一编，第 562 页。
③ 《政府论》，《洛克全集》，第五卷，第二编，第 34、35 节。
④ 《洛克全集》，第五卷，第二编，第 33 节。

于是洛克把**法学**、**经济学**和**伦理学**都统一到了土地的非稀缺性概念里。就当时英国稀少的人口和伊丽莎白女王之后世界范围内的征服而言，你不能说他没有道理。问题在于，这样一个劳动者可以获得多少作为私有财产呢？洛克给出了两个答案，到底是哪一个，取决于货币采用之前和之后的情况。在货币采用之前，财产的范围是：

"由人们劳动的范围以及生活的便利程度确定的：任何人的劳动都不可能开辟或占有所有的土地，他的享受能够消费的也不过是一小部分……这个标准的确把每个人的所有物限制在了一个很小的范围内。"①　"这一方法带给我们财产，但同样的自然法则的确也限制了财产的范围。'……上帝已把百物厚赐给了我们'（《提摩太前书》，第6章，第17节），这一理性的声音因感召而更为坚定。但他赐给我们到什么程度呢？到享受的程度。人可以利用财产做任何有益于生活的事情，但你不能暴殄天物，以此为度，在这个限度内，你可以凭借自己的劳动确定一种产权；在此限度之外，那多于自己积累的部分，就是属于其他人的。上帝为人创造的东西，没有一样是用来糟蹋或破坏的。因此，考虑到自然供给的丰富在这个世界上已经有相当长的时间了，而挥金如土的人毕竟是那么少；考虑到靠人的勤劳能扩展这种供给的部分是多么少，更别说独占它用来损害别人了；特别是考虑到按照理智把它确定在满足某人需要的范围之内，那么关于财产是怎么确立的就没有什么可以争论的余地了。"②

下面这个人口不足的论点是用来反驳费尔默的。若是上帝让君王成为大地的唯一所有者，那么，一个君王

"在其他人不承认他的君权、不服从他的意志的时候，

---

① 《洛克全集》，第五卷，第二编，第36节。
② 同①，第31节。

就可以拒绝给其他所有的人食粮,任意饿死他们。"但"更合理的想法是,既然上帝应允人类增长和繁衍,就宁愿自己给他们衣食和其他生活用度的权利,这些东西他已经非常充裕地提供给了他们,他不会让他们依赖于一个人的意志来求生存。"①

因此在货币引入之前的规则便是"每个人都该各得所需"。但"同样的所有权原则"在"更大的财产"因为"货币发明"的原因被引入时并没有被破坏。在这里出现了遭到魁奈(Quesnay)②和亚当·斯密诟病的洛克的重商主义观点,但实际上这个观点甚至时至今日都没有被推翻。根据他的观点,货币的获得既是私人财富也是等值的共同财富。

所以,有了"货币的发明",一个人可以拥有的,就可以在不侵害其他人的情况下,远超过自己的个人劳动所能开辟的范围。由于"默契","一小块能够久储藏而不损耗或腐烂的黄色的金属,应该值一大块肉,或是一整堆谷子"。假如他大量保存的是其他商品,那他就"浪费了共同的财富",因为它们会"在他手里白白地烂掉"。但如果他用它们来交换货币或同样持久的东西,那他就让出了一部分,避免让它们作为自己的财产白白地坏掉,"与此同时,他就有可能任意积累这些耐用的东西",而且不可能伤害任何人,"他的合法财产是否超过限度不在于他的私有财产的大小,而在于有没有什么东西在他手里无效地毁掉"。

货币对于作为重商主义者的洛克而言的意义,在于其物理上的耐久性。因为他说:"因此产生了货币的使用,有些耐久的东西人们保存的时候不容易坏,在彼此同意的情况下,大家都可以用它们来交换真正有用但容易坏掉的维持生活的东西。"

此后,由于货币的使用和商业的缘故,大宗的财产才变得有利可图,"所以我要这样问,要是没有跟世界上的其他地方通商的机

---

① 《洛克全集》,第五卷,第一编,第 41 节。
② 魁奈(Francois Quesnay,1694~1774),法国经济学家、医生,重农主义学派的创始人。——译者注

会，从而可以靠出售自己的产品赚钱的话，那么对一个人而言，在美洲腹地拥有一万或十万英亩耕作得不错又满是牲畜的良田又有什么价值呢？那就不值得圈地了"。因此，"由交换过剩产品得到的"这种货币有可能"在不损害任何人的情况下聚集起来；在所有者的手上，这些金属既不会坏也不会烂"。因而私人财富跟重商主义者的国家财富一样，是靠交换商品获得的货币积累起来的。

按照洛克的估计，货币的引入并不意味着自由土地的消失。通过商业和货币获得的大宗财富并不减少土地的丰裕性，这跟货币引入前是一样的。

因此，劳动、物资和私有财产就构成了洛克价值理论和政府理论的核心，他的前提就是丰裕的土地由一位仁慈的造物主无偿地赐给了人类共有，附带的义务是工作和繁衍。"丰裕"这个经济术语跟洛克的神学术语"仁慈"是一回事。

有了丰裕这个前提，在物质的东西和这些东西的所有权之间就不可能再有什么矛盾了。在此之前，财产意味着稀缺跟劳动意味着丰裕的矛盾是不会出现的。

采用金银作为货币，让洛克有必要对两种价值进行区分，然而这两者都是建立在劳动之上的。金银的价值就是"由于默契或赞同而产生的价值"，但"事物的内在价值"只取决于"其对人类生活的有用性"。这一点我们以后将分别区别为稀缺性价值和使用价值。但对于洛克而言，这两种价值都决定于劳动量，正是这一点直接导致了卡尔·马克思的价值理论。内在价值量（也就是使用价值量）与劳动量差不多完全相等。洛克重复了他过去的观点，即

> "……因为赋予每种东西不同价值的确实是劳动；一英亩地种上烟草或甜菜、小麦或大麦，跟同样一英亩不加任何耕作的土地，只要任何人想想这两者之间有什么差别，他就会发现，劳动的改良构成了价值的绝大部分。我认为，仅仅凭最谨慎的估计就可以说，地球上对人类生活有用的产品十分有九分都是劳动的结果；不仅如此，如果在使用的时候正确地加以估计，把它们的各种费用加起来，哪些纯粹是自然的原因，哪些是由于劳动，那么我们就会发现，

大多数东西百分之九十九要完全归功于劳动。"①

魁奈和斯密都没有走这么远,但却给自然也赋予了生产的属性。麦卡洛克(McCulloch)和卡尔·马克思都坚持了洛克的观点。

但金银也都还有一种主要由劳动量决定的价值。"从衣食住行的角度而言",它们的确"对人类的生活没有什么用处"。它们仅有的是"凭空想象的价值,自然根本没有赋予它们这样的价值"。② 因为这个缘故,它们的价值便不是内在的,而"仅仅是由于人们的认同而具有的"。但是,劳动在很大程度上却构成了"其价值尺度"。

因此,洛克在一个"复杂观念"中把他在其他地方证明了的所有内容都结合进去了,也就是在他的《人类理解论》和讨论政府及容忍问题的论文中涉及的与**上帝**、**自然**、**理性**、**财产**、**平等**、**自由**、**幸福**、**丰裕**、**有用**及**罪孽**等方面相关的内容,他把它们都体现在了劳动的意义里。**上帝**、**自然**、**理性**是同一的,因为尽管这样的推理是洛克自己的理性在发挥作用,但他的推理能力是拜赐自于上帝的自身的能力的,他了解上帝的理性,并且能够表达上帝的意志,这不是被看作为一种或然性,而是被看作为必然性——一种不是来自于直觉而是来自于证明的必然性,就如同永恒不灭的数学真理。它的意旨是:**上帝**与**自然**和永恒的**理性**具有同一性,他同样地对待所有的人;所有的人都将享有让自己的需求得到满足的幸福,这种幸福来自于自然赐予的有用特质;这些有用特质在赐予的时候就是丰裕的,所以在对其排他的占有方面不会产生竞争或争执;这一丰裕是上帝仁慈意旨的证明;有了这种丰裕和平等的待遇,每个人在取得他可以用于自身的一切东西方面都具有同等的自由,因为在那以后还有足够多的东西可以留给其他人。因此,在丰裕的各种条件下,生命、自由和财产要么被认定为自然权利、神权,要么被作为理性所证实的权利,因为理智是来自于上帝普遍恩惠的一种合乎逻辑的正当理由。

这样问题就来了,如果上帝、自然和永恒的理性用丰裕提供了

---

① 《洛克全集》,第五卷,第二编,第40节。
② 同①,第50节。

一切，就像空气、阳光、吃的、喝的和生活资料，那为什么还有对**劳动**的需要呢？洛克的答案是清教徒似的答复：罪孽。是**罪孽**而不是**稀缺**在迫使人工作。人因违反了上帝的旨意而受到责罚，所以就有了工作谋生的责任，也有了罪孽较大的人服从罪孽较小的人的责任。他所采用的事实与费尔默相同，但解释却不一样。

> "（在逐出伊甸园时说的）这番话是上帝对那个妇人的诅咒，为的是那第一次也是最大胆的一次不服从……夏娃作为诱惑的帮凶（同时也是犯罪的同伙）被置于丈夫的管辖之下，以致他意外地获得了一种高过她的地位，这是对她更大的惩罚……很难想象，上帝在让他成为主宰全人类的普天下的君王的同时（像费尔默所主张的那样），又让他成为了终身按日劳作的劳工；把他逐出'天堂到地上'（《创世纪》第3章第23节），与此同时又提前给他个君王的宝座，以及无上权威的所有特权和逸乐……上帝规定他必须靠劳作来维持生活，似乎就应该给他把铲子去垦地，而不是给他君王的节杖去统治臣民。'你必汗流满面才得以糊口'"。①

这样，稀缺被看成了罪孽的化身，而贫困则被认为是罪有应得。罪孽被描述为上帝发怒的判决，执行的结果就是以逐出"神的丰裕乐园"作为惩罚。这变成了亚当·斯密的学说；并且，在洛克以后的一百五十年，人们证明美国奴隶制的合法性时就说是对罪孽的惩罚；但在一百年的时间里，美国的所有劳动立法、童工立法和工会主义一直都在被迫对罪孽的惩罚和由稀缺造成的压迫进行区分。

所以，洛克的**价值**的意义是伦理学、法学和经济学的综合，具体体现在**劳动**中，在引入物质的计量时，包含有三种意义，但所有意义都排除了稀缺这一功能性的概念，而对这些意义，在亚当·斯密那里都进行了完善。其内容可以总结如下：

第一，有用特质的体现是具体的、客观的（后来被区分为**使用**

---

① 《洛克全集》，第五卷，第一编，第44、45节。

价值），它们对生产或消费是有用的，但其功用并不取决于稀缺性，因此既不会随着供给的增加而减少，也不会随着供给的减少而增加。这些有用特质的总和就是共同财富和私人财富的经济意义。私人使用价值和公共使用价值是相同的。

第二，**价值**的起因和计量是在自由土地上工作的自由劳动者的自由意志，但他注定要工作并且为将来而节衣缩食，这是由于他故意违背了上帝的旨意，而不是由于其他人对其身体、工作机会或劳动产品的占有而造成的稀缺性。

第三，与他所尽的工作和节约的义务相应的，是他对自己劳动和节约的产品，以及通过买卖和货币从其他自由劳动者那里获得的产品的私有权。就权利而言，他从自由土地上获得的个人产品与他通过自由交换获得的产品是一样的。

（三）习　俗

1922年，在费城举行了一次有八百名实业家参加的午餐会，当时讨论的主题是雇主与雇员关系，会议一致通过了一项关于"事实"的声明，并且作为宣传品发给了大家，其中有一段是这么说的："我们都是劳动者；合众国是我们的联盟；我们首先忠于上帝，其次忠于这个联盟。我们的国家是对造物主的信仰的生动表现。自由是我们的天赋人权。"

1922年关于天赋自由和财产权利的声明，可以追溯到1689年约翰·洛克的观点。[①] 我们在上文中已经说过，洛克关于上帝、自然、理性的观念，实际上是让他自己的观念成为永恒不变的东西，就跟数学似的。根据他的《人类理解论》，虽然这只存在于他的心里，然而却是"必然的"。问题是，它为什么会在他的心里存在呢？他的哲学意义上的回答是：神的恩惠就等于是世俗的丰裕。因为哲学上的有限就是经济学上的稀缺，而哲学上的无限呢，就是经济学上的丰裕。但要在重商主义者的"货币具有稀缺性"的前提下得出洛克的

---

① 参见汉密尔顿：《洛克所谓的财产》，《耶鲁法学杂志》，1932年4月，第41期，第864~880页。

丰裕理论，那是很困难的。类似恩惠与丰裕的观念，以前存在于费尔默和牧师们的心中，以后存在于法国的魁奈、苏格兰的亚当·斯密、美国的林肯和费城雇主们的心里。显而易见，在天赋自由和财产权利的假设中，如果关于上帝的观念认为上帝是"稀缺的"（如同后来马尔萨斯所持的观点）而不是"丰裕的"，那就必须得在经济学或者哲学之外去寻找天赐权利和自然权利的源头。我们在习俗中找到了。

如同洛克所主张的，财产和自由的天赋权利来自于经验，但洛克从中获取意义的这些经验，是他自己认为是良好的习俗且愿意与之相联系的经验。费尔默和费城的雇主也都一样。当时费尔默的《族长制》在神职人员和詹姆斯国王的其他拥戴者中很流行，这导致了洛克以特别的方式出版了他关于**上帝**、**自然**和**理性**同一性的著述，在这一著述中，**上帝**、**自然**和**理性**与费尔默所认为的良好且自己愿意与之联系的习俗是同一的。

费尔默写这本书是在克伦威尔专政时代，他有两个利用相似观点反对他的敌对集团，他必须靠主张查尔斯国王的神权来反对他们。一边是教皇，一边是清教徒，他们都认为**上帝**、**自然**、**理性**与人民的权利是一致的，人民有权推翻国王。而且他们一方面主张教会有天赋的权利管理国王，另外一方面又主张小财产所有者拥有选择国王并用法律限制国王行为的天赋权利。

费尔默写道：

"自从学院神学盛行以来，神学家和其他一些潜心研究的学问家都抱有一个共同的见解，他们认为——

"'人类生来自然就有不受任何压制的自由，并且可以按照自己的意愿选择政府的形式；任何一个人高于其他人的权力起初都是根据大众的判断力赋予的。'"

费尔默说：

"这一信念最初是在学院酝酿的，而且一直受到支持虔诚神学的后继的天主教徒的培养。改革后的教会的牧师们也接受这个看法，各地的普通民众更是认为它好像接近于实际，衷心拥护它。因为它毫不吝惜地把自由分给了群众中最低贱的那部分人，这些人把自由夸大到了这样的高度，以至于好像人类的幸福只有在自由中寻找到，从来也不记得让亚当堕落的首要原因恰恰是对自由的渴望。"①

接下来费尔默详细应答了那些"狡诈的经院学者"，特别是对红衣主教贝拉明（Bellarmine）和耶稣会的苏雷士（Suzrez）作了答复："这些人一心想把国王置于教皇之下，认为把人民提升到国王之上是最稳妥的方针，这样一来教皇的权力就有可能取代帝王的权力。"他继续说道："经院学者的这一学说有悖于《圣经》的教训和历史、所有历代国王的一贯做法以及自然法则中最基本的原则。"很难说它在神学上的谬误和政策上的危险孰大孰小，因为它是"天赋自由和人类平等"的学说，"引发大众暴乱的巨大动力的整个结构"② 都是建立在这一学说之上的。

费尔默所赞同的君权神授的学说固然比对立的学说陈旧，但诚如菲吉斯（Figgis）所指出的，既不基于神训的观念，又不基于对《圣经》引经据典，费尔默是第一人，他的学说是建立在由**造物主**为人在社会中生存而构建的人性的基础之上的。③ 因此，他认为神的法则与自然法则和人性是同一的，由此帝王神权就变成了他们的自然权利。魁奈为地主和国王们做了同样的工作，而洛克、斯密及费城的雇主们则为工厂主们做了同样的工作。

但费尔默给了人性一个生物学的意义。他说，人性的基本事实并非平等和自由，而是遗传和服从。婴孩从父亲那里获得生命，因此费尔默主张他们旋即就陷入了父亲的绝对父权之下，在生死、自由和财产等所有问题上，他可以按照自己的意愿来处置他们。无论他们自己拥有什么，都得自于恩惠，而非权利。他们天生就是奴隶状态，他们可以像在罗马那样遭到遗弃，或者是如同费尔默引证的

---

① 罗伯特·费尔默爵士：《族长制还是帝王的天赋权利》，第1章，第1节；见洛克《政府论》，1887年摩莱版，第1页。
② 洛克：《政府论》，1887年摩莱版，第1、2页。
③ 菲吉斯：《帝王神权论》，第一版，第149页。

原始社会的许多历史案例中那样被出卖,但作为父亲的在这样做的时候却不会受到任何惩罚。但要是父亲没有这样做,而是保护了自己的子女,那不是因为自然所强加的责任,而是因为他爱自己的孩子。

费尔默认为,国也好,家也好,都有同样的情况。对于一个国家而言是"天无二日",就像一个家庭只能有一个父亲一样。菲吉斯说,费尔默"整个论点都取决于王国和家庭、王权和父权的一致"。① 他对这个比喻是很认真的。就如同菲吉斯所说的:"这比通常引自《圣经》的大杂烩要实质得多",而且"此书的流行就更进一步证明了,对于大多数人来讲,这一观念是具有发现的力量的"。②

这个发现就是将**上帝**和**生物学**视为同一,而**生物学**又与古代家庭、部落和国家的原始习俗,还有英国国王和王室事业的追随者的现代习俗被视为是同一的。历史地看,费尔默的观点要比洛克更为接近正确。他说得很对,英国习惯法不仅仅是一种"共同习俗",因为

> "对于每个习俗而言,总有一段时间它不成其为习俗,我们现在所有的第一个前例在其开始的时候是没有前例的;凡是每个习俗开始的时候,都有一些习俗之外的内容让它具备合法性,否则所有习俗在开始的时候都是不合法的。习俗最初变得合法,只有在开始的时候得到上面的命令或首肯才行……习惯法本身,或者是这个国家的共同习俗,原本都是国王未成文的法规或命令"。建立了习惯法的法官们其实"都是从国王那里获得授权的,然后以他的权利和名义,依据古代的规矩和前例进行判决"。③

费尔默给出了几段引证。

> 成文法也是这样。"国王也是它们唯一的直接制定者、

---

① 菲吉斯:《帝王神权论》,第一版,第149页。
② 同①,第151页。
③ 费尔默:《族长制》,第3章,第9节。

修正者和调节者"。国王按照自己的意愿召集和解散议会。它们并非建立在"对人民的任何天赋自由的运用上;因为议会所主张的那些自由都来自国王的恩赐,对人民来说不是天赋的自由;自由若是天赋的,那就给了群众在需要的时间和地点集会并被授予统治权的权力,而且可以通过协定来限制并指导其实施……人民是不能自行集会的,除非国王一纸命令把他们招之即来,让他们到自己想让他们去的地方;然后国王又会在一念之间让他们挥之即去,这样做除了显示自己的意志之外没有任何理由可言"。因而成文法不是由议会而是"由国王一个人按照人民提案的形式"① 制定的。

根据费尔默这个观点,所有这一切都应该是理所当然的,否则的话,国家就会因暴乱和内战而四分五裂。

"……虽然国王的确会根据法律来规范自己所有的行为,但只要是出于自己的良好愿望及树立典范的缘故,或者是在国家安全的普遍法则范围内,这一点自然就约束不了他;因为在这种情况下,可以说是只有成文法约束着国王,并不是由于它是成文的,而是因为对于维护国家而言,它们天然就是最佳或者说是唯一的手段。所有的君王,甚至是暴君和征服者,都受到这一手段的束缚,必须保护自己臣民的土地、财物、自由和生命,这不是由于这片土地上的任何一条法律,而是作为父亲的自然法则——在臣民公共利益必需的事情上,这个法则约束了他们,使他们不得不认可其祖先和前任的行为。"

因此,费尔默和洛克一样,都成了费城工厂主们的先知。他们都同意,在建立国王的神权和自然权利方面,根据英国从亚当到查尔斯的所有国王,以及其后所有雇主对雇工的被认为是惯例的东西来看——这些惯例无论是好是坏,**上帝**、**自然**和**理性**都是一致且相

---

① 费尔默:《族长制》,第3章,第11~15节。

同的。

费尔默显然把帝王神权一览无余又不可救药地暴露在了洛克敏锐的心灵面前，后者轻松幽默地玩弄着费尔默遣词造句与事实之间的矛盾含义。菲吉斯说，就费尔默对于这一学说的重要性而言，"的确功不可没"，原因是"他值得后世纪念，不过并不是作为这一学说的最完美的倡导者，而是其衰微的先兆"。他的缺陷正是《人类理解论》睿智的作者所要找寻的荒谬，后者这样做的目的就是为了把帝王的神权转化为财产所有者的神权。而洛克的修正之所以没有那么荒谬，原因仅仅是因为他是在为"成者"代言，而费尔默则是在为"败者"说话。

洛克跟费尔默持一致的看法，即**上帝**、**自然**和**理性**是同一的，但意义却大相径庭。因为在这些习俗之外，他在1689年农场主、工厂主、商人和资本家获胜的习俗上构建了自己的意义；而费尔默的意义呢，则是建立在原始部落、古代文明、教皇制度的拥戴者的腐朽的习俗之上的，也是建立在英国国王、封建领主、王室追随者失败的习俗之上的。

因为习俗只是惯例和交易的重复、复制和变化，任何重复都不会与其原有的事物完全一样，任何复制也不会与其同时代的东西完全一致，因此，习俗在相继的时代及同时代总会有种变化。在历史的进程中，这些变化会引进新的习俗作为先前或现在习俗的变化或替代；总有旧的或竞争的习俗衰微甚至被剧烈地消灭，让位给新的或不同的习俗。于是，对习俗所进行的持续不断的选择总在进行，结果便是有一些习俗被保留了下来，以适应变化着的经济状况和变化着的政治经济优势。由于这一切是按照人类意志的作用发生的，所以跟达尔文（Darwin）① 进化论中的人为选择很类似，只不过这一切应用在了适应社会状况变化的惯例和交易上，而不是应用在达尔文关于生命有机体适应地理环境变化的结构与机能上。

---

① 达尔文（Charles Robert Darwin，1809～1882）：英国生物学家、博物学家、医生，自然选择的发现者，著有《物种起源》（1859）、《人的遗传》（1871）。——译者注

物种进化与习俗进化两者都是人为选择的结果，两者之间非常相似性，这足以证明了这样一个观点，即存在一种我们称之为**意愿**的相似力量在发挥作用，这种作用的发挥不但是有意识的，而且还是习惯性的。习俗不可能发生极端的或突然的改变，因为它们产生于生物最基本的特征：**本能**与**习惯**。在为维护生命、享受和生存的竞争努力中，经验会找到一些行为，本能与习惯不过是这些行为的重复，这种重复会代代相传，在这方面习俗与遗传是相似的。

但习俗的内涵却比习惯丰富，它是引起个人习惯的社会习惯。我们不是以孤立的个人开始自己的人生的，我们从受纪律与服从约束的孩提时代开始，继之以作为业已存在的关系中的一员，目的都是为了与反复、重复的惯例取得一致（这就是业已存在的关系的全部含义），要想轻松、安全、为大家认可地获得生命、自由和财产，这是唯一的途径。我们也不能按照洛克"自然的本来状态"所假定的那样，作为理智的生命开始和继续我们的人生。靠着重复、常规和令人厌倦的单调，一句话，靠着习俗，我们开始并继续着自己的生活。理智本身既是对行为、记忆和预期的重复，也是对那些我们生命、自由、财产所依所靠的人的行为、记忆与预期的模仿，或者干脆就说是复制。

如果存在一种能够让这些重复与复制继续下去的感觉，也许可以把它描述为那种"习以为常"、"良好声望"和"社会责任"的感觉。如果大家发现这些重复与预期基本上没有什么变化，因而感到非常熟悉，而且在不遵守的时候很有强迫性；或者大家觉得承担一个良好的社会声望能够给有利的预期提供保障，那么这些重复与预期在事前就会人格化为一种命令。因此，就我们所了解的其作用方式而言，它们只不过是对同样的有利的行为将进行重复的一种预期。对"良好"习俗的这种人格化，显然是费尔默和洛克的心理过程，他们把自己对熟悉且觉得确有把握的自然和人类本性预期中的重复，描绘成了**自然**、**上帝**、**理性**三者不灭、永恒、预设、不变的法则。

然而，它们并非亘古不变，它们会随着经济与政治的环境而变迁。费尔默和洛克所熟悉的习俗，是封建制度下地主、佃农和国王重复的惯例与交易关系；还有就是通过商业和革命而形成的资本主义扩张时期商人、工厂主、农场主的惯例和交易关系。

但这些在洛克看来近似于神授和天生的习俗,虽然比他本人要老一些,但从历史的角度看却近在眼前。因此,尽管国王的法庭执行这些自愿的契约顶多也不过一百五十年,但洛克却把这种惯例预设回溯到了社会的起源时期,且在这个基础上建立了对政府服从的义务,这种义务早已经被作为"原始契约"设定了。

将司法惯例理解为隐含当事人行为意义的一种暗含的法律契约,这有点像是十六世纪"约定(assumpsit)"学说中的习惯法的起源,源自于法庭有可能通过他们的行为已经假定了当事人的意图;但洛克却把自己的学说建立在了他所说的"明确表述与默许同意的常见区别"之上,也就是假定,人们在远古时代就已经制定了与他所处的时代类似的那些强制性的默认契约。总而言之,洛克的默许同意学说现在看来实际上就是习俗,他的《政府论》差不多就是以此为基础的。从最原始的时代起,所有习俗都可以理解为是一种默许同意的惯例,甚至包括奴隶制都是这样;但洛克是以自己是否熟悉及是否觉得有利于他所支持的人来赞同那些默许来划定界限的。

根据英国人的习俗,子女的财产继承权是子女的自然权利,"凡是惯例具有普遍性的地方,就有理由将它看成是自然的"。①

在英国,妇女要服从自己的丈夫,这是建立在上帝对夏娃的惩罚之上的,而且是建立在"人类法则和民族习俗"之上的,以致存在一种"有关这个问题的自然基础"。她的服从是与夫权相关联的神圣的自然义务,因为在洛克的观点中这是熟悉而有益的。他反对的只是费尔默把"习俗的神圣"当成是"一种主宰她生死的政治权力"的观点,洛克说,由"婚姻权力"的神圣就得出把她作为财产的观点是不对的。②

按照1689年实行的习惯法,最为重要的是关于私有财产的习俗,在其意义中包括了"生命、自由和产业"。然而,根据洛克的观点,财产在社会组织之前就已经存在了,"因此,人们结合成国家,

---

① 《政府论》,《洛克全集》第五卷,第二编,第6章,第88节。
② 《洛克全集》第五卷,第二编,第6章,第83节。

将自己置于政府之下，最主要的目的就是为了保护自己的财产"。①

如果习俗改变或者是环境改变了，那就必须在各种习俗之间作出选择，决定这种选择的是理性与自身利益之间的矛盾。好的习俗应该择取，坏的习俗应该抛弃。谈到英国议会所代表的"有名无实的选区"时，洛克说："这个世界上的事情就是这样不断变迁的，没有任何事物可以历久不变……可事物的变化并不总是公正的，尽管其存在的理由已经终了了，但私利却常常让习俗和特权保留了下来……当存在的理由弃它而去时，紧随其后的习俗会导致非常荒谬的情形，"所以我们可以看到议会中这些有名无实的选区的不公平的代表权。② 从洛克时代以来，许多被他看做是神圣、自然、永恒的习俗都发生了这样的变化，它们已经或多或少地腐朽衰落了。

另外一个方面，那些当时被认为是好惯例的习俗，在经过几个世纪的慢慢选择之后，在洛克时代已经被英国的司法官发展成了习惯法，这些习俗在"自然状态"下是没有的。洛克所描述的"自然状态"指的是这样一种状态：习俗还没有被发展成为习惯法，但其参与者是无论如何都对习俗有所了解的理性动物，这些人动手组织起一个国家，以使其得以明确并实施。

这时候需要的是在自然状态下找不到的新惯例，根据洛克的观点，首先是：

"一种确立、固定、大家都知道的法律，大家要一致同意接受它并将它作为是非曲直的准绳；作为决定人们之间所有争执的共同准则。因为尽管自然的法则虽然对于所有理性动物而言是明白易解的，但人们受自身利益偏见的左右，同时又忽略了对其的研究要求，所以在适用于自己的特定案例时，他们会倾向于不让它成为束缚自己的法则。"③ 因此就有了对司法独立的需求。

"其次，在自然状态下，需要有一位大家公认且公平的

---

① 《洛克全集》第五卷，第二编，第6章，第123、124节。
② 同①，第157、158节。
③ 同①，第124节。

法官，他具有根据业已确立的法律判决分歧的权威。因为在这样的状态下，每个人既是自然法则的判决者又是执行者，大家会偏向自己，在处理自己的案例时，情感和报复心理很容易让他们远离事实且过于激动；而在对待他工时又让他们不负责任，疏忽大意且漠不关心。"① 因此，这又有了对司法独立的需求。

"再者，在自然状态下往往需要支持正确判决的权力，而且要让它正当地执行。任何被不公正所冒犯的人，只要有可能，都很少会放过利用自己的不公正暴力的机会。对于试图使用它的人来说，这种抵抗经常会让处罚变得危险，而且往往具有破坏性。"② 因此，需要有一位立宪君主来执行司法判决。

因此，所谓自然状态就是像洛克自己那样的孤立但有理智的人的原始状态，这些人没有英国的习惯法，没有司法的独立，没有立宪的君主，也没有从属于司法部的行政司法长官。

相反，"战争状态"则是一种"理性习惯法约束"的状态（这里没有任何有权威的共同的法官），而且在这里人们可以"出于杀死一只狼或一头狮子的同样理由"去毁灭一个人。在自然状态下，不存在任何向一位不偏不倚的世俗法官申述的情况；遇到一位拒绝遵守法律的不公正的法官的话，也会是同样的情况。王室的义务是服从**上帝**和**自然**的法则。③

所以在任何情况下，都只剩下一个"向天申诉"的办法，由此所有当事人执行这种神授和自然法则的努力除了"战争状态"就别无选择了。由于独立、公正司法的缺位，或者是由于缺少一位服从于法律的执行者，自然状态就变成了战争状态。"在世上设一位审判官"就能让"人类从自然状态进入国家状态"，因此，洛克认为1689 年的革命是正当的，他把考验的担子压在了失败的国王头上。

---

① 《洛克全集》第五卷，第二编，第 6 章，第 125 节。
② 同①，第 126 节。
③ 同①，第 16 节。

没有自然和神授法则的权威,国王对暴力的使用"总是把使用它的人推到战争状态并成为侵略者,而且让他很容易因此而受到处置"。"在这方面人民没有任何其他补偿,就如同他们在地上没有审判官的其他情况一样,他们除了向天申诉别无他法"。①

政府的真正起源是"自然状态"而非战争征服。因为自然状态是没有强迫的自愿协约。在这里洛克颠倒了英国的历史,但却为1689年的革命和废除奴隶制的美国内战进行了辩护。

> "尽管政府最初在上述起源之外不可能有其他任何起源,尽管没有人民的同意政治就没有任何建立的基础,然而这个世界一直充斥着无序的野心,在战争的叫嚣中,人类历史的相当大的一部分根本就没有注意到这种同意,所以许多人才会误把武装力量当成是人民的同意,把征服猜想为政府的起源之一。但征服绝对建立不了任何政府,就如同拆房子根本不是在原地上建新房子一样。的确,通过对前者的破坏往往会为一个国家新的框架让道,但没有人民的同意,就永远建立不起一个新国家。"②

因为反对意见认为,人民生来就在业已存在的政府之下,在先前个人存在的分离状态下他们不可能自愿地走到一起,洛克就为自己原始的自然状态找出了历史的例子。他提到的是罗马、威尼斯和美洲印第安部落的起源。

我们可以引证一个更近一点的例子。最近的与洛克的自然状态接近的记录,是辛(Shinn)③ 所描述的加利福尼亚发现金矿的头一年半期间的采矿营地的情况,这也是他所说的丰裕状态。在这十八个月里,矿工们没有政府,也没有犯罪;在打桩标出采掘地的时候他们有平等的主张权利;他们有个人的自由,可以得到靠自己劳动所能够获得的所有金子;在能够靠劳动获得的东西上他们有完全的

---

① 《洛克全集》第五卷,第二编,第6章,第16章。
② 同①,第175节。
③ 查尔斯·霍华德·辛:《矿区土地法》,见约翰·霍普金斯大学的《历史与政治科学研究》,1884年,第二编,第12页。

私有权；在从西班牙人手里征服过来并用于防备印第安人的公共领地方面，他们又有共同的产权。他们是克伦威尔时期的掘地者，但却不会受到克伦威尔军队的驱逐。

如果想要找寻对他们的自然状态的解释，我们会发现这正是约翰·洛克所谓的丰裕状态。一个靠自己劳动的淘金者一天有可能赚到多达一千美元的金子。按照矿工的惯例，准许新来的人在先前别人得到过的土地的旁边得到土地，大小限于他们劳动能力的范围内。没有任何人会干涉其他人的要求，因为对于大家来说土地是丰裕的。没有人需要为工资而工作，因此每个人都是他自己的劳工、雇主、地主，是自己产品的所有者，正如同约翰·洛克1689年所解释的劳动的意义一样。没有犯罪、侵害、偷窃的事情发生，因为当淘金可以挣到更多的钱的时候，这样做有什么用呢？第二年，随着找金子的人的涌入，这样的时候就过去了，丰裕变成了稀缺。接着偷窃、犯罪、侵害、法庭、行政官和绞刑都出现了，"自然状态"就变成了加利福尼亚州。

因此，洛克推理的谬误是颠倒前后顺序的历史性谬误。他把时间因素搞颠倒了。他把像自己一样的理智人和来自现代文明的加利福尼亚的矿工都送回到了原始时期。他把自己所习惯且希望看到其永存的惯例，倒推成了今后约束人们改变的永恒理性。他认为是过去命令的东西，其实是对未来的一种预期。因此他把一种原始的自然状态与自愿协议搞颠倒了，后者是几百年来强大的政府和国王的司法机关已经使之成为英国习惯法的东西。他在思想上给一个稀缺与暴力的时代构建了一个属于丰裕与平和时代的概念。

在另外一个方面，在抵制那些对他而言其存在已经超越了合理基础，仅仅是作为一种不平等特权延续的习俗的时候，洛克意识到了习俗的真正历史过程。理性已经离开了这些习俗，因为它们看起来不怎么样。好的习俗是神性的、自然的、永恒的，而坏的习俗则是人性的、非自然的、暂时的。

然而，洛克对"有名无实的选区"所说过的话对一切习俗都适用。它们是作为人类行为对新情况的适应开始的，但在"它们的理由"已经消失之后它们还存在了下来。费尔默关于习惯法所说的话也是正确的。习俗在法庭依照其来判决争端之前是不成其为法律的。在人类安全预期的意义上,它们是"自然的",但如果按照现代人自认为应该的那样去看待亘古的过去发出的不可改变的诫命,那么在神的意义上就不是"自然的"了。

洛克的财产神圣的观念也是一样的。他像费城的工厂主们一样,通过使用**自然**这个专有名词,得以把自由和财产当成一个"事实",尽管它们实际上只是他认为它们应该如此的一种理由。"真正的事实"是,财产只是管理的、买卖的、限额交易关系的一种预期中的重复,同变化着的条件和变化着的意义一样变化不定;它不是神发出的、与现代的受惠者现在认为应该不变的那些内容相一致的不变的诫命。从洛克把勤劳节俭的农场主、工场主和商人的习俗人格化为神关于不变的自然和理性的诫命,到财产无形中通过合法的信用、管理上的法人制度、世界范围的机会稀缺在普天下控制了劳动者和消费者的时候为止,财产的意义已经发生了巨大的变化。洛克的"向天申诉"是他对1689年革命的辩护,针对的是国王对自己臣民的神圣权利。费城的工厂主在1922年"向天申诉",是他们对财产所有者针对自己雇工的神圣权利的辩护。

这种精神工具也许很适合用来宣传,但对于经济环境的研究而言则没有什么益处。它是一种渎神的言辞,甚至是那些无神论者都敢说的话。也就是说,在上帝的名义下,他们把自己所认为的事实当成了事实,并且让它盖过了所有其他人的研究、调查和意见。因此,我们必须着手构建一套新的观念,这也许有可能成为一套不错的研究工具。

约翰·洛克是把英国从封建主义改变为资本主义的革命的代言人。我们发现,在经济学和法学理论方面,其他的革命性变化不是其他革命的先兆,就是紧随其发生。法国大革命采用了亚当·斯密的全部理论;而在这场革命之后的世界大战和恢复时期,古典政治经济学发起于马尔萨斯和李嘉图的争论。俄国的共产主义革命则采用了马克思的理论,而我们现在正处于一场经济理论的革命之中,这场革命是从又一次世界大战中发展起来的。

洛克提出劳动价值论的目的,主要不是作为经济学的基础,他主要是为了给用财产权代替君权的革命进行辩护。他把私有财富和共同财富看成是一样的，从而扩大了这些财产权。但重商主义的这一哲学起到的作用是把经济理论分化为货币与非货币两个方向。

货币论经过魁奈、杜尔哥（Turgot）、①马尔萨斯的发展，到麦克劳德（MacLeod）、维克塞尔（Wicksell）、②卡塞尔（Cassell）、纳普（Knapp）、霍特里（Hawtrey）、凯恩斯（Keynes）③那里已经演变成为了信用理论，而世界大战前后的其他一些理论研究的是纯粹的信用问题。

劳动论是通过斯密、李嘉图、蒲鲁东和马克思来发展的，这些人试图用工作和牺牲的实际价值代替货币的名义价值，进而预示了过去不为人所知的劳动力，而劳动力决定着战争得以进行的条件。因此，最近这次世界大战的未了问题，把劳工争取获得经济与政治权力的一致行动摆在了面前，这是洛克、斯密和李嘉图所不了解的；经济理论也从相互竞争的个人财产所有者的物质均衡，演变成了通过资本家和劳工双方各自的联合体对经济交易关系和政府进行共同管理的理论。为了给有关交易关系、行为准则和运行中的机构（going concern）的现代理论奠定基础，我们将会从一些细节入手去理解经济理论的这些历史性变迁。

二、交易和企业④

（一）从公司到运行中的机构

1893年，印第安纳州人民要求立法机构对大型公用事业公司（如贯穿全国的铁路企业）的财产税进行调整，使其跟农场主、工厂

---

① 杜尔哥（Anne Robert Jacques Turgot，1727~1781），法国财长，重农主义经济学家。——译者注
② 维克塞尔（Knut Wicksell，1851~1926），瑞典经济学家。——译者注
③ 凯恩斯（John Maynard Keynes，1883~1946），英国经济学家，著有《货币论》（1930）、《就业、利息与货币通论》（1936）。——译者注
④ 本节可以作为序言或大纲看待，在后面的章节会进一步讨论。

主和商人的财产负担平等的税赋。当时，财产的含义是指有形和无形的财产，包括土地、建筑、铁路、手中的存货等具体的商品，以及个人和公司所拥有的债权和股份。无形财产逃过了估税员的眼睛，部分是因为隐匿不报，部分是因为征税对象的地点是随着所有者的居住地而转移的，在公司法人的案例中，这个*地点*被视为是公司获准注册并且被要求在那里设立合法办公机构所在的州。作为对这一要求的反馈，印第安纳州的立法机构改变了对这些公司的估税办法，不再估算它们在印第安纳州的有形财产，而改为估算其在纽约股票交易所买卖的股票和债券总的市场价值，然后根据印第安纳州所占的英里数在全国总英里数中的份额，按比例分配这一价值。

产生的影响就是，一个当时仅在其组建公司的州具有法律存在性质的公司，仅因为在法律的考量中它是一个无形的法律实体，现在变成了一个存在于公司的交易活动中的、经济上的运行中的机构，无论在哪里，只要企业在那里做生意并因此获得了净收入（这些净收入让它的股票和债券在证券市场上获得了价值），就算是企业的交易活动。

俄亥俄州照搬了这条立法，1897年，在这条立法从俄亥俄州提交到美国最高法院的时候，它又获得了支持。最高法院发现，亚当斯快运公司在俄亥俄州的所有有形财产总共只有两万三千四百美元；但按英里数计算，俄亥俄州的这部分资产所有的股票和债券总的市场价值是四十五万美元，无形财产的价值是有形财产的十二倍。① 亚当斯快运公司已经不是一家坐落于纽约的公司，而是变成了一家存在于任何它做生意的地方的运行中的机构。

1920年，最高法院在解散美国钢铁公司一案中，作了同样一次从法律到经济意义上的转化。这家公司是在新泽西州组建的一家控股公司。司法部对该控股公司提起诉讼，要求将其解散，理由是说它违反了《反托拉斯法》，但最高法院调查了这家公司在全国各地的分支机构的业务，发现它们在生意中有合理的控制。这些业务惯例中的一项，也就是所谓的"匹兹堡盈余（Pittsbrugh Plus）"这一不公

---

① 见康芒斯：《资本主义的法律基础》，第172页。

平的业务惯例,在 1920 年之前并没有向法院提出来,但应影响广泛的"西部轧钢消费者协会"的请求,在 1923 年的时候提交给了联邦贸易委员会。这项业务惯例的内容是:无论钢在什么地方生产,所有钢材都得按照匹兹堡的价格再加上由匹兹堡到交货地点的运费来报价。根据这项合同,买家无法在匹兹堡获得对钢材的权利,他只能在钢材的使用地取得权利。起诉方的律师提出,这一惯例在控股公司法律上的所在地新泽西州造成了一种垄断。如果这项主张是正确的,那么补救的措施就是将其作为一种逃避《反托拉斯法》的欺骗手段看待,进而解散这家控股公司。这方面的依据是,在美孚石油和烟草公司的案例中已经发出过类似的解散令。

但"匹兹堡盈余"一案中的经济学家费特(Fetter)、瑞普雷(Ripley)和康芒斯则认为,这是一种不公平,不是垄断,无论公司在什么地方做生意,这种不公平都是存在的,所以恰当的补救办法不是解散,而是产品的法律权利在生产钢材的任意地点(不管是在匹兹堡,还是在芝加哥、德卢斯、伯明翰)的转移。这家公司在上述所有地方都有工厂,在芝加哥生产再运到与匹兹堡反方向的爱荷华;与在匹兹堡生产再运到爱荷华相比,其产品成本加上运费也许要更少一些。但芝加哥的工厂如果在匹兹堡价格的基础上再加上从匹兹堡算起的运费进行报价的话,那么爱荷华的消费者就没有享受到因成本更低且托运距离更短而带来的好处。再说了,芝加哥工厂如果给匹兹堡售货,那么它向自己的消费者索要的包括运费在内的价格,就要少于它向在匹兹堡附近使用钢材的消费者索要的价格。这是一种"倾销"的做法,或者说是它在把产品卖给远方市场的时候,索要的价格比在当地市场上索要的价格还低。问题是,按照钢铁企业三十年的惯例,有数以千计的地方被指定为向消费者具体交货的地点,这些地方被当成是*交割合法控制权*的地方,在这样的情况之下,是否还存在一个自由竞争的市场呢?还有一个问题就是,机会均等和自由竞争的最终目的是否要求*合法控制权*应当在生产地点转移呢?

根据这种解释,联邦贸易委员会命令停止把匹兹堡作为基本的定价地点,取而代之的是把实际的产地作为报价的基本地点。这个命令并没有完全采用这些经济学家的解释,即法律权利应该在生产地点转移给消费者，目的是为了让所有的消费者都有可能在这个地点获得*对合法控制权进行竞争*的平等机会，但它大体上达到了经济学家们的目的。①

然而，重要的一点是，在上文提到的亚当斯快运和美国钢铁公司的案例中，法院或联邦贸易委员会②并没有认为公司的驻在地就在它所创建的地方，它们把只在法律上存在的法定公司，转变成了在一切它做生意的地方都存在的经济上正在运营的企业。

在其他的许多案例中一直都在进行着这种意义上的转化，这还涉及了另外一种转变，即从老派经济学家把"交换"当成是商品的实际转移的意义，转变到了将其当成是所有权的法律转移这样一个制度上的意义。决定价格和准许竞争的是所有权，决定竞争是公平还是带有歧视性的是所有权的转移，而不是具体的交换。

(二) 从交换到交易

约翰·洛克关于**劳动**的意义是他的**法学、经济学、伦理学**的人格化。在他看来，劳动意味着所有权以及被所有权占有的物质形态的东西的存在是合理的。作为正统经济学家所接受的意义，**所有权**和**物质财富**的这一双重意义已经持续了二百多年了，它们也因此掩盖了制度经济学的领域。对**财富**双重意义中所有权一面的掩盖激怒了从十九世纪中叶的马克思、蒲鲁东到二十世纪初叶的索雷尔(Sorel)③等非正统的经济学家。我们将对这两种意义进行区分，并找出物质与所有权之间的相关性，但我们不是在洛克的**劳动**人格化中去寻找，而是在*经济活动的单位*——**交易**中去找，在那种对有利交易的预期里去找，后者是一种更大的经济活动单位，一个"运行

---

① 参见康芒斯：《钢铁市场上的交货价格制度》，载于《美国经济评论》，1924年第14期，第505页。弗兰克·A. 费特在其重要著作《垄断的面具》1931年版中研究了这个问题及其对许多美国企业和法庭判决的经济影响。见本书后文关于稀缺、丰裕与稳定对这方面的论述。

② 美国钢铁公司没有向最高法院上诉。

③ 索雷尔（Georges Sorel, 1847~1922），法国工团主义政治哲学家，著有《关于暴力的反思》(1908)。——译者注

中的机构"。

这与下面这个类比是一致的,即相互独立的物理学、化学、天文学,由于发现了一个共同的活动单位,① 就会发生一种新的相互关系。大体上说,物理学的早期单位一直是分子,化学的单位一直是原子,而天文学的单位一直是行星和恒星。使这些单位运行的"能量"是热力、电力、化学亲和力、重力。但在今天,"能量"的概念消失了,对于它们而言,共同的单位是一种活动单位——微粒子波长的相互作用。在人的意识中,每秒四百万亿次的振动是红色,但在物理学、化学和天文学里,它们就是波长。

这个类比大致说明了法学、经济学和伦理学相互关联的问题,问题就在于找到一个它们共同的活动单位。

在经济学领域里,这些单位起初一直是洛克和李嘉图物质的"被占有的商品"和占有商品的"个人",而"能量"则是人类的*劳动*。后来,这种单位仍然是同样或类似的具体商品以及对它们的所有权,但个人却变成了那些消费商品的人,而"能量"则变成了*欲望*的刺激,这种刺激取决于所需商品的数量和种类。前者有客观的一面,也有与个人和自然力量同样相关的主观的另外一面,但后者在物质形态上则是由个人所占有的。所谓的"交换"是一个转移和接收商品的劳动过程,或者说是一种"主观的交换价值"。无论如何,用过去的自然科学作比喻,劳动与欲望这两种相对的能量,在放大为供给与需求的"弹性"后,可以按唯物论的比喻自然地联系起来,这个比喻就是:商品就好比是大海中的水原子一样,在彼此的交换中会自然趋于均衡,不过它们的表现形式是在李嘉图的"耕作边际"或门格尔的"边际效用"中"找寻其标准"的。这种均衡是由马歇尔②领导的"新古典学派"在1890年完成的。

---

① 后面几页的摘要和详尽的内容发表在祝贺兰西大学民法学教授杰尼院长的50周年纪念专刊上。该刊编辑允许我使用这篇文章。同时参阅《机能主义》及参考书目,载《社会科学百科全书》。
② 马歇尔(Alfred Marshall, 1842~1924):英国经济学家,创造了经济意义上的"弹性"一词,凯恩斯的老师。——译者注

不需要与法学和伦理学更深一步的相互关系，实际上后两者必定不会包括在内。因为构成经济单位的关系是人与自然之间的关系，而不是人与人之间的关系。一种是李嘉图所说的人类劳动与相对应的自然力量之间的关系；另外一种是门格尔所说的人对自然力量所要求的数量与有可能得到的数量之间的关系。成文法、伦理学、习俗以及司法判决跟这些关系都不相干；或者更恰当地说，通过假定所有权与所拥有的东西是一回事，所有这些都可以省略掉，目的是为了把一种纯粹的经济学理论完全构建在物质与服务具体交换的基础上。

后面说的这一点已经做到了。关于所有权和物资的同一性，人们没有进行什么研究就作为习俗接受了。他们假设所有商品都被人所有，但还假定所有权与被占有的具体东西是同一的，因此有些内容就理所当然地被忽略了。这些理论都是为具体的东西设计出来的，省略了任何跟财产权利有关的内容，因为它们是"自然的"。

罗寿（Roscher）、施姆勒（Schmoller），还有其他一些主导历史的人以及伦理学派的经济学家，反对这种抛弃所有权的做法。李克特（Rickert）和马克斯·韦伯（Max Weber）① 提出的"理想类型"是他们这些人所到达的巅峰状态。但即便是在巅峰状态下，他们也从来没能把从李嘉图和门格尔那里推导出来的经济原理，与仅仅是历史过程中说明的或主观理想的东西结合起来。但如果我们能够找到一种法学、经济学和伦理学共同的活动单位，那么这一点是能够做到的。

如果政治经济学的主题不仅仅是个人和自然的力量，而是人类彼此通过财产权利的相互转移获得自己的生计，那么我们就必将在法学和伦理学中找到人类活动的这个关键的转折点。

法院所处理的人类活动不是人相对于自然的关系，而是人对自然的*所有权*方面的关系，但它们只在某个特定的点上与这种活动打交道，这个点就是原告与被告的*利益冲突*点。而古典经济学理论的基础是人与自然的关系，在其研究单位里不存在任何的利益冲突，

---

① 马克斯·韦伯（Max Weber, 1864~1920）：德国社会学家。——译者注

因为它的研究单位是*商品*与*个人*,所有权被略去了。事实上,这些基本单位随同均衡的比喻,都是在一种利益的*和谐*而非利益的*冲突*中进行的。因此,在法学、经济学、伦理学相联系的问题上,我们要找的基本单位应该是一种利益的所有权冲突的单位。

但这还不够,活动的基本单位还必须是*相互依赖的利益*的单位。人与人的关系是一种既互相依赖又相互冲突的关系。

更进一步地讲,这个基本单位不仅是变化性的不断重复自己的单位,而且参与者还要预期这种重复能够继续下去,这种重复将来跟它们现在和过去差不多是类似的。这个单位含有预期的确定性,这种预期我们称之为**秩序**。

秩序的这种意义是从这样一个事实中推演出来的:除非基于从过去经验中总结出来的可靠的推论,否则未来就是完全不确定的。它也来自于这样一个事实,那就是我们也许可以恰当地这样说:人生活在未来,但行动于现在。由于这些原因,这个活动单位包含了一个表示预期的要素,或者照字面的意义说,倘若预期是靠得住的,那么这个行为事先就应该抓住限制性或是关键性的要素,如果现在对它们进行控制,那么就可以预期到,并对它们将来的结果差不多也能够进行控制。这确实是人类活动的显著特征,在这方面它区别于所有的自然科学。后面我们将把它抽象地分离出来,概括地称之为**未来性**(futurity)。但所有经济学家在"安全性(secruity)"名义下假设的有规则的预期,都只是**未来性**的普遍原则下的一个特例,我们出于当前的目的,简单地称之为**秩序**。

因此,将法学、经济学和伦理学联系起来的这个基本活动单位,必须本身含有"冲突、依存和秩序"三大原则。这个单位就是**交易**。交易,连同它的参与者,就是制度经济学的最小单位。交易介于古典经济学家的劳动生产与享乐主义经济学家的消费快乐之间,原因很简单,因为按照秩序的规则,控制自然力的所有权以及与自然力接近机会的是社会。因此,按照定义,交易不是具体的"交货"意义上的"商品的交换",它是个人之间对具体东西未来所有权的*权利*转让与获得,这是由社会的集体运转规则决定的。在劳动能够进行生产,或者消费者能够消费,或者商品被实际地送到别人手里之前,这些权利的转移必须按照社会的运转规则在相关的各方之间进行谈判。

交易即所有权的转移,在对它进行分析时,我们发现它有三种类型,这三种类型可以区分为"买卖交易(bargaining transaction)"、"管理交易(managerial transaction)"和"限额交易(rationing transaction)"。这些交易都是机能上的相互依赖,它们共同构成了我们称之为"运行中的机构"的整体。运行中的机构是对有利的买卖交易、管理交易和限额交易的联合预期,这些交易能够维持在一起,靠的是"运转规则",以及对容易变化的关键性或"限制性"要素(还指望这些要素控制其他的要素呢)的控制。当这个预期终止的时候,企业将不再运转,生产也就停止了。

运行中的机构本身是一个比较大的单位,可以比作费尔默的生物学上的"有机体",或者是洛克的物理学上的"机制",但它的成分既不是活的细胞,也不是电子或原子,其成分是**交易**。

在这里,我们要预先考虑一下后面研究要用到的试验方法,通过建立买卖交易的公式提出历史研究法的结论,然后再指出它跟管理交易和限额交易公式的区别。

1. **买卖交易**。根据法院的判决来研究一下经济学家的理论,我们会发现,议价单位由四方构成,即两个买家和两个卖家,在法律上判决纠纷的司法当局对他们是平等相待的。作为结果的公式可以根据参与方的出价描述如下:两个买家分别出价100美元和90美元,而两个卖家分别要价110美元和120美元。[①]

买卖交易公式——法律上平等的人

B(买家)100美元	B(买家)90美元
S(卖家)110美元	S(卖家)120美元

另外一方面,在法律上和经济上管理和限额交易都是一种上级对下级的关系。在管理交易中,上级是个人或由个人组成的特权阶级,它发号施令,下级必须服从,就如同工头对工人、州长对平民、管理者与被管理者之间的关系。但在限额交易中,上级是一个集体

---

① 康芒斯:《资本主义的法律基础》,第66页。

的上级，或者是它的正式代表，它有各种不同的类型，如公司的董事会、立法机关、法院、仲裁法庭、法西斯政府、卡特尔、工会、税务机构，它们在下级之间分派这个机构的责任与利益。因此，管理或限额交易的公式可以描述为一种两方而不是四方的关系：

  管理和限额交易公式
  法律上的上级
  法律上的下级

  脑子中应该记住的是，交易公式并非自然或现实的拷贝，它只是经济理论最小单位的思想结构，这是一种研究的单位，靠它可以更好地理解现实。

  在这里，首先要理解和区别的是**交换**这个词的双重甚至三重意义，在上文中已经提及了早期经济学家的用法，这种用法把讨价还价的市场过程对劳动的管理过程、限额配给的命令过程隐瞒了，同时它还把法律对经济过程隐瞒了。

  交换这个概念有其历史根源，它起源于前资本主义时期的市场与集市。那时候的商人就是小贩，他们携带自己的货物或钱币到市场上去，用它们与其他商人亲自进行交换。他实际上在自己身上把两种完全不同的活动结合到了一起，这是经济学家没有利用的两种活动：具体送货和收货的劳动活动，货物所有权转让与获取的法律活动。一种是具体交出对商品或金属货币的实际控制权，另外一种是合法控制权在法律上的转移。一种是**交换**，另一种是**交易**。

  这个区别是很根本的，但却没有被纳入到经济理论的范畴，原因是没有把物资与它们的所有权区分开来。个人不转移所有权，只有国家或者是中世纪的"公开市场"，才在交易中通过运用法庭所理解的法律，靠着对交易中参与方意图的解读来进行所有权的转移。在资本主义产业中，这两种转移已经被分离开了。法律意义上的转移是像在纽约、伦敦、巴黎这样的资本主义中心进行的，但具体控制权的转移，却是由劳动者在那些具有合法控制权的人的指挥之下进行的。这样的转移发生在世界的每个角落。合法控制权的转移是**买卖交易**的结果，商品运输和实际控制权的移交，则是给物质的东西附加"地点效用（place utility）"的劳动过程。从法律的观点看，我们把这个劳动过程区分为**管理交易**。

个人主义经济学家必然会把他们对相互授予（mutual grant）的考虑附加到**交换**的意义中去，但他们主观地把这一方面当成是在商品之间所进行的一种苦乐选择，而不是作为所有权的转让来客观地对待；然而，从法律上的买卖观点看，法律上认为人与人之间是平等自由的，这是在他们之间所进行的劝说和强制的意志谈判。结果就是，对于万一发生争执时法院会怎样处理人们会有一种预期，在这样一种预期之下，通过对现行法律的运用，会完成商品和货币 *合法控制权* 的相互转移。

十六世纪英国的习惯法法官在他们对发生冲突的商人的判决中所认可的，正是**交换**的后一种意义，他们接受了商人们在市场上的议价习俗，然后按照与这些习俗一致的原则来判决争议。迄今为止，他们采用的都是这些习俗。这些习俗在被法庭采用之后，学术上就变成了英美法系中著名的"约定（assumpsit）"与"支付合理报酬（quantum meruit）"原则。①

下面大致解释一下这些原则。我们可以推断，在通常的交易过程中，根据商人的习俗，当一个人从另外一个人那里获得商品或货币的时候，他并没有抢夺、偷窃或欺骗的意图，而是打算在交换中履行对其付款的义务，或者是履行移交商品或服务的义务（*默认约定*）；② 更进一步地讲，他也没打算通过经济上的胁迫或实际的威胁来征服其他人的意志，以作为所有权转移的条件，而是准备付款或履行公平合理的内容（支付合理报酬）。③

---

① "约定"与"支付合理报酬"有一段从许多不同种类的案例中发展起来的专门的法学史，初期的争议大多是关于地租、服务或工资方面的，但最后成了现代意义上契约方面的争议。
② 斯拉德（Slade）案例是上个世纪关于约定特殊性方面判决的一个缩影，这开始发展成了合同法，已经取代了以前的债务诉讼。
③ 这些原则的历史发展，也许可以在法律著作中找到，特别参见佩奇（W. H. Page）的《合同法》（1905 年三卷本）；安娜·C. 戴维斯（Anna C. Davis）正在对它们的起源进行研究，将来会发表。

当事人会接受付款或履约的责任和道德义务,对这种意图的推断是必要的。因为在有争议的情况下,人们会要求法庭建立一种法律义务,这种法律义务会让当事人强制遵守谈判中包含的付款和履约的内容。这不但适用于延期履约或付款——这通常被认为是债务,同样也适用于立刻履约或付款——这通常被认为是销售或现金交易。在考虑到当事人会付款或履约的情况下,我们把这些谈判和合法所有权预期的转让与获得称之为**买卖交易**,把实际的"交换"留给了劳动过程的正是买卖交易,这个过程我们称为实际交货,必要的时候要靠"管理交易"的法律来实施。

与"约定"和"支付合理报酬"的原则相并行,在从强制中形成法律自由的时候,法庭构建了一个关于"愿买愿卖"的伦理标准,这个标准是通过对参与者脑子里所想的内容进行推论来确定的。从此这种意愿就一直被确立为了一种标准,用于判决买卖交易中产生的争端,无论这种契约是生产市场上的商品契约、劳动市场上的工资契约、证券交易所的股票和债券契约、货币市场的利息契约,还是房地产市场上的地租和土地契约。在所有这些契约中,"约定"、"支付合理报酬"和"强迫"的原则在所有权的转移问题上都有一种明显的或暗含的影响力。①

实际上,习惯法是从无数个法庭判决中衍生出来的。那么,经济学家是如何构建一种买卖交易的活动单位,使它与习惯法的这种演进相符合的呢?我们发现,经济学家早已构建了上述适用于市场的公式。这种议价由四方构成,即两个是买家和两个是卖家,但如果利益冲突达到危机的程度的话,②那么法庭会在产生争议的情况下进行判决,这种判决可以是先前的判决,也可以是预期中的判决,这种判决左右着它们中的各方。这样就可以构建一个普遍的规则,

---

① 见康芒斯:《资本主义的法律基础》,第57页。
② 格莱瑟(M. G. Glaeser)的《公用经济学大纲》1927版第105、107页用了"收益契约(income bargain)"和"成本契约(cost bargain)"两个术语。他的收益契约相当于我们的卖家契约,而成本契约则相当于我们的买家契约。

让这个规则的范围把四个参与方对转移所有权的报价涵盖进去，而且要按照与法律判决所认可的习俗一致的原则发挥作用，从中可以推演出人与人之间的四种经济法律关系；这种关系结合得太密切了，只要其中一方发生变化，就会让其他三方中的一个或多个发生数值上的变化。它们是从每个买卖交易潜伏的四重利益冲突中推导出来的问题，美国法院对经济纠纷的判决可以很容易地按照这四个方向进行分类。每项判决的目的就是建立行为准则，让它作为判例，在利益冲突中，判例会带来对相互关系和秩序的预期。但这一切只与物资的所有权相关，与物资本身无关。

（1）第一个问题是**机会平等不平等**的问题，也就是**合理的差别与不合理的歧视**这样一个法律原则。每个买家都是从两个卖家中选择一家最合适的，同样，每个卖家也都是从两个买家中选出一家最合适的。如果有一个卖家，我们可以假设它是一家铁路公司、电报公司或者是钢铁公司，向一个买家要较高的价钱，因而也就是向这个买家的竞争者要了较低的价钱，而提供的服务却差不多是完全相同的，那么对第一个买家而言就是不合理的歧视，在现在利润边际很薄的情况下，它最终也许会破产。但是，如果歧视有一个合理的基础，比如在数量、成本、质量上有差别，那么这种歧视就是合理的，因此也是合法的。同样的原则也出现在许多劳动和商事仲裁的案例中。

（2）第二个问题跟第一个问题是密不可分的，那就是**公平竞争与不公平竞争**。两个买家是竞争者，两个卖家也是竞争者，在竞争中他们有可能采用不公平的方法。三百年来，关于不公平竞争的判决在现代已经为良好的声誉建立了一笔资产，这是现代商业最大的一笔资产。[1]

（3）第三个问题与其他两个问题也是分不开的，就是**价格或价值合理不合理**。两个买家中的一家要从两个卖家之中的一家买东西。购买的价格取决于三个经济条件：**选择的机会**，买家与买家和卖家

---

[1] 康芒斯：《资本主义的法律基础》，第162页；参见后文关于经济阶段的论述。

与卖家之间的**竞争**,实际的买家与实际的卖家之间**议价能力**之间是**平等还是不平等**——尽管他们在法律上是平等的。在具有继承性的法庭思想中,这种合理的价格是在**公平机会**、**公平竞争**、**议价能力平等**①这三个前提之上逐渐建立起来的。

(4)最后,在美国的判例中,出现了**合法程序**这样一个重要问题。我们把这个问题称之为"行为准则(working rule)",它负责对个人交易进行调整。美国最高法院已经获得了权力,可以在法院认为"未经合法程序"剥夺个人或公司的财产与自由的所有案件中,驳回州立法机构、国会和所有行政长官的决定。法律的合法程序是最高法院现行的行为准则,它会随着习俗与主导阶级、法官、法官的意见以及财产与自由的习惯意义的变化而变化。如果在一项交易中,州立法机构、下级法院、行政主管,剥夺四个参与方中的任何一方的平等的选择机会、竞争的自由或者是确定价格的议价能力,那么这种剥夺行为就是对他的财产与自由的"夺取"。如果这种剥夺不能提出让法院满意的正当理由,那么它就是*未经合法程序对财产与自由的剥夺*,因此就不符合宪法,也是无效的,而且将会被禁止。②

因此,如果在经济学家和法学家两者的心里,买卖交易的公式

---

① 康芒斯:《议价能力》,载《社会科学百科全书》,第二册,又见《资本主义的法律基础》,第54页。

② 参见康芒斯:《资本主义的法律基础》;伏格林(Erich Voegelin)主编:《论美国精神的形式》,1928年版,第172~238页;克郎诺(Hermann Kröner):《约翰·康芒斯及其经济理论的基本观点》,第六编;迪尔(K. Diehl):《国民经济学理论研究》,1930年版;卢埃林(K. N. Llewellyn):《法律制度对经济学的影响》,《美国经济评论》,1925年第15期,第665~683页;卢埃林:《价格契约释义》,《耶鲁法学杂志》,1931年3月第40号,第704~751页;格兰特(J. A. C. Grant):《合法程序的自然法律背景》,《哥伦比亚法学评论》,1931年第31号,第56~81页;斯威舍(C. B. Swisher):《法学巨子斯蒂芬·菲尔德》,1930年版;康芒斯的评论见《政治经济杂志》,1931年第39号,第828~831页。

的构建是正确的，并且具有最高法院规定的四个参与方，且具有冲突、依赖和秩序（合法程序）这些基本特征——就如同物理学、化学和天文学中正在重新构建的原子和恒星的公式，这些公式具有质子、电子、放射性活动等要素——被构建的也是这样一种活动单位，那么这种活动单位对法学、经济学、政治学以及社会伦理学就都是共通的。

2. **管理交易**。但还有其他两个不可分割的活动单位：管理的交易和限额的交易，每种交易都表现了一种法律、经济和伦理上的相关性。

管理交易是从两个人而不是从四个人之间的关系中产生出来的。尽管买卖交易背后的惯常假定是愿买愿卖双方的平等性，但管理交易背后的假定却是两者的上下级关系。一个人是法律上的上级，他有发布命令的合法权利；另外一个人是法律上的下级，只要这种关系持续，他就要在法律上接受服从义务的约束。工头和工人、州长和平民、管理者和被管理者、主人和仆人、奴隶主和奴隶之间就是这样的关系，上级发出命令，下级必须服从。

从经济的观点来说，管理交易是一种以财富的生产为目的的交易，包括我们已经命名过的作为**交换**的自然意义的那部分内容，还要考虑加上商品运输和移交的"地点效用"；而买卖交易的目的却是财富的分配，还有对财富生产和移交的诱导。买卖交易的普遍原则是稀缺性，而管理交易的普遍原则却是效率。①

从心理学和伦理学的角度说，管理交易也有别于买卖交易。伦理心理学（或者我们称之为买卖交易中的谈判心理的东西）就是买卖交易中的劝诱和强迫，这决定于机遇、竞争和议价能力。因为，尽管我们可以认为各方在法律上是平等的，但他们在经济上却有可能是不平等的（强迫）或者也可能是平等的（劝诱）。管理交易的谈判心理就是*命令*与*服从*，原因是其中的一方在法律和经济上都处于劣势。

就劳动而言，这种管理交易与买卖交易既密不可分又可以加以

---

① 参见本书第8章关于效率与稀缺性的论述。

区别。我们认为，作为议价者，现代挣工资的人在法律上跟他的雇主是*平等的*，劝诱和强迫导致他们参加这种交易；但一旦被允许处于雇用的地位，他就变成了法律上的*下级*，导致他必须服从要求他做到的命令。如果把这两套术语加以区分，用议价的术语说是雇主和雇员，或者更准确地说是所有者和挣工资的人，用管理的术语说是工头、监工和工人，那么这种区别是很明显的。

基于未能利用议价和管理之间的区别，这里又出现了历史上"交换"一词的双重意义。在现代企业中，经营者具有两方面的代表性，代理人和工头通常集中在他一人身上。按照**代理**原则，在法律上代理人被认为是其行为受其委托人（雇主）约束的人，这个原则早在*契约与支付合理报酬*原则之前就开始了，但它有一个同样的基本原则，就是暗含着财产所有权转移的意思。对于某项重要目的（例如雇主对意外事故的责任，或者是雇主接受雇员产品的责任）而言，工头是一个代理人，在这方面他的行为把雇主跟假定的债务绑在了一起。他是一个代理人，但同样他也只是一个被置于负责技术程序地位的另外一个雇员。现代"劳动人事部门"和"生产部门"之间的差异已经让这个区别很明显了。劳动人事部门受委托代理法则的支配，而生产部门则受的是管理者与被管理者法则的支配。

从历史上看，经济学家之所以在他们的理论中未能搞清楚代理人与雇员之间的区别，这要追溯到雇主与雇员、主人与仆人、奴隶主与奴隶这些术语在法律和技术上的双重意义。但两个部门的这种现代差异却给我们提供了线索，让我们得以回过头去总结出这一历史意义的差异。

因此，在传统经济学"交换"一词的意义中，没有给这种制度性的区别留下余地是显而易见的。所以，现在我们发现了"交换"这个词所具有的第三种含义——劳动者产品与工头的"交换"，这既是命令之下产品的实际移交，也是劳动者产品与雇主之间所有权的转移，这是通过雇员的代理人进行的，对于劳动者的报酬就是经营者或者他的代理人把货币所有权转移给他。后一种所有权的转移是买卖交易中的一个细节，其原则就是劝诱或强迫，而劳动者则是一个挣工资的人。前者是命令与服从的管理交易，而劳动者只是李嘉图和马克思所说的体力劳动能力的集合。①

自从引入"科学管理"之后,近来的经济理论奉献了两对术语、两套计量单位,使得我们可以将上述"交换"的双重价值清楚地区别开来。计量的单位是工时和美元。两对术语是投入—产出和支出—收入。科学管理重建了李嘉图和马克思的劳动理论,不过这种重建是在**效率**的名义下进行的。每小时的产出(物质的使用价值)与每小时的投入(平均劳动)的比率就是对效率的衡量尺度。这根本就不是"交换"(我们是说工人和监工之间),这是在管理监督之下克服自然阻力的自然过程。对效率的计量单位是工时。

但在买卖交易中的计量单位是美元,它衡量的是支出收入比。支出是所有权的让渡,收入是所有权的获得。于是美元就是买卖交易中相对稀缺性的计量标准,而工时则是管理交易中相对效率的计量标准。

在习惯法中,有很多的案例确定了这类管理交易的权利义务,并使之区别于买卖交易。② 当一个人进入到一个所有者的房产中去的时候,无论这个人是顾客、参观者、非法侵入者还是雇员,他们可能都会被这个所有者控制这些进入者行为的更为普遍的规则所制服。因此,对于雇员来说,管理交易由上级和下级组成,各自受命令与服从法则的约束,这种法则是用习惯法的方法创造的,习惯法的方法就是通过对管理交易中产生的争议的判决来制定新的法律。

近年来,对科学管理的研究让管理交易日益引人注目。即便在法律上它只是以上级的意志为基础的,但它跟买卖交易一样,同样也涉及一定量的谈判。这种谈判倾向产生自现代社会的劳动自由权,有了这种自由,劳动者可以不必说明理由就辞工了。在这样一种制度结构下,管理交易中的有些事情看起来像是讨价还价,这是不可避免的。尽管在相伴随的买卖交易的谈判中这是很重要的一个方面,

---

① 参见康芒斯:《资本主义的法律基础》。我们认为,上文的分析作为带有修辞色彩的抗辩理由被写进了《克莱顿法案》,即"劳动不是商品"。作为一个交易者,劳动者出卖的是自己的劳动能力,这种关系是一种劝诱、胁迫或强迫的关系。作为劳动者他不出卖任何具体的东西,他只通过提供自己的体力使用价值来服从命令。

② 参见本书第8章关于投入—产出和支出—收入的分析。

但这是管理，而不是讨价还价。① 有家大公司的一位优秀经理比喻说："我们从不发号施令；我们把主意卖给那些必须执行它的人。"在《管理的工作分析》一文中，亨利·丹尼森（Henry S. Dennison）先生从自己的管理经验出发，对现代的管理交易进行了最为详尽的分析。在管理交易的意义方面，他的提纲对科学管理的最新进展提供了一种适当的思想。②

管理工作分析

了解
- 观察：
  （观看操作和监督工作，包括选择观察对象和记录方式，这可以是记在心里的方式，也可以是具体的记录方式。）
- 评价：
  （对观察到的事实进行解释，将它们与其他事实和政策联系起来；决定相对的重要性。）

计划
- 构思：
  （想象各种可能性——目标。）
- 分析：
  （对目标和可能性进行分析；此外，将观察对象和评估后的事实联系起来。）
- 设计：
  （决定方法、手段、激励措施、工人。）

说服
- 指挥：
  （发布命令——从严格意义上讲不是管理，而是运作。）
- 教育：
  （建立对目标、手段、方法和激励措施的必要理解。）
- 诱导：
  （鼓励——"灌输期望"；找到起教育作用的热情的合作者。）

---

① 参见康芒斯：《资本主义的法律基础》，第 283~312 页中关于工资谈判的分析。
② 参见亨利·丹尼森（Henry S. Dennison）：《谁能雇用管理层？》，载《泰勒学会简报》，1924 年第 9 期，第 101~110 页。

3. 限额交易。最后,限额交易与议价和管理交易的区别在于,这类交易是在几个参与方之间达成协议的谈判。这里的参与方是指有权在合作企业成员中对利益和负担进行分派的人。介乎于两者之间的是关于合作企业分担未来负担和利益的合伙交易的案例。比较清楚点的是公司董事会编制来年预算的活动。有点相近但更为特殊的是立法机构成员在税捐分摊或就保护性关税达成一致的活动,这就是美国有名的"滚木头(log rolling)"。① 所谓的"集体议价"或者是"劳资协议",就是雇主联合会和雇员联合会之间或者是任意一个买家团体和卖家团体之间的限额交易。专政和像卡特尔那样控制产量的一切团体就是一系列的限额交易。经济纠纷的判决是对一定量的国家财富或者是等值购买力的一种配给活动,对一个人来说,就是强制性地把它从另外一个人手中拿过来。在这些情况下不存在任何买卖活动,如果有,那就成了贿赂了;② 也没有任何管理活动,那些活动都留给下一级的管理人员去做了。在这里只有时而称之为"政策影响"、时而称之为"公正"的东西,但如果变为经济上的量时,就是一种财富或购买能力的限额配给,这不是由地位平等的各方决定的,而是由一位在法律上高过他们的权威来决定的。

我们可以区分两类限额:一种是产量限额,另一种是价格限额。规定分配给各方的数量但不规定价格,这是产量限额;规定价格但让数量由买卖双方的意愿决定,这是价格限额。苏联以及很多卡特尔都会限定产量,但在苏联的许多"国营托拉斯"中,譬如邮局,国家同时也会规定价格,把对数量的决定留给个人去做。范围广泛的税收领域是一种价格限额,税收就是就教育或高速公路这样的公共服务的花费向纳税人收费,但这中间不会给纳税人任何讨价还价的余地,跟他接受公共服务获得的个人利益也没有任何关系。③

---

① 资产阶级政客间相互投赞成票以通过对彼此都有利的提案。——译者注
② 贿赂法庭进而成为非法的行为是在1621年巴肯勋爵的悲惨经历之后,那以后国家用薪俸代替了由诉讼人支付的费用。
③ 也许会有辩论和申诉,但这不是讨价还价,因为纳税人在法律上没有不纳税的权力。见后文关于警察的税收权的论述。

这三个活动单位包罗了经济科学中的所有活动。买卖交易通过法律上平等者的自愿协议实现了财富*所有权的转移*；管理交易靠法律上的上级的命令*创造财富*；限额交易对按法律上的上级的*旨意*创造财富时的负担和利益进行分配。由于它们是平等的各方或上下级之间社会活动的单位，所以同时具有伦理、法律和经济的特性。

4. **制度**。这三种类型的交易合在一起就成了经济研究中的一个更大的单位，在英美的实践中被称为**运行中的机构**（going concern）。正是这些运行中的机构，加上维持其运行的业务规则，再加上从家庭、公司、工会、行会一直到国家本身的所有这一切，我们称之为**制度**。静态概念就是"团体"，动态概念就是"运行中的机构"。

给所谓的**制度经济学**定义范围，其困难在于制度这个词的意义的不确定性。制度有时候似乎可以比作一幢建筑，一种以法律和规则为框架的建筑，个人在这幢建筑中的行为就像是里面的住户。有时候它似乎又意味着住户自己的"行为"；有时候只要是能够对传统经济学或享乐主义经济学起到补充或批评作用的东西就是制度；有时候呢，只要是"动态"而不是"静态"，是"程序"而不是商品，是活动而不是感觉，是管理而不是平衡，是控制而不是放任的东西，这些似乎就是制度经济学。①

毫无疑问，所有这些概念都涉及制度经济学，但也许只能说它们是比喻或描述，而一门经济行为的*科学*不但要对规律进行分析——所谓规律就是因果或者目的的相似性——而且还要把它们综合成一个统一的规律体系。更进一步地说，制度经济学也不能把自己跟那些作为先驱的古典经济学家、心理学派经济学家的非凡发现和洞见割裂开来。另外，它还应该把共产主义、无政府主义、工团主义、法西斯主义、合作主义和工会主义经济学家同样重要的发现囊括进去。毫无疑问，制度经济学之所以有五花八门、无可名状、

---

① 参见：《美国经济学学会四十三次大会会刊》，1931年第21期，第66~80页；艾特金斯（W. E. Atkins）等的《经济行为：一种制度的方法》，1931年版，两卷本。这部分的摘要参见《制度经济学》一文，载《美国经济评论》，1931年第21期，第648~657页。

仅仅具有描述性特征这样的名声，根子就在于人们试图靠列举的方法来包罗所有这些互不协调的活动的努力。

如果想找到一种普遍的规律，让它适用于所有已知的制度性的行为，那么我们就可以把制度定义为**集体行动对个人行动的控制**。

集体行动涵盖的范围从无组织的**习俗**一直到众多有组织的**运行中的机构**，譬如家庭、公司、控股公司、行会、工会、联邦储备银行、"联营股权集团（group of affiliated interest）"以及国家，都包含在其范围之内。对它们大家都通用的原则基本上就是集体行动对个人行动的控制。

这种对个人行为进行控制导致的结果，或者说是打算取得的结果，总是会有利于其他的个人的。如果这种控制是执行一项合同，那么债务就恰好跟所产生的对其他人有利的债权相等。债务是一种可以被集体执行的义务，而债权则是由产生义务所形成的相等的权利。导致的社会关系就是一种"经济状况（economic status）"，这种经济状况由指导各方经济行为的预期构成。从债务和义务的角度看，它是一种对集体行动服从的地位。从债权和权利的角度看，它是由上述服从预期形成**担保**的一种状况。这就是著名的"无形的"财产。①

或者，集体控制会采取一种禁忌或禁止某种行为（比如说干涉、侵害、非法侵入）的形式，这种禁止形成了让这个人不受影响的**自由**的经济状况。但与一个人的自由相伴随的，有可能是对另外一个相关的人而言是预期利益或损害的内容，所以这种经济状况会造成其他人**承受自由的风险**。雇主会承受雇员工作或辞职的自由带来的风险，而雇员则得承受雇主聘用或解雇的自由带来的风险。这种"承受风险—自由"关系逐渐显现出"无形的"财产的特征，像企业商誉、企业特许权、专利、商标等等，范围非常广泛。

行为准则为个人决定了这些相关和交互的经济关系的界限，这些行为准则的规定者和实施者可以是公司、卡特尔、控股公司、合作社联盟、工会、雇主联合会、由两个协会形成的联合贸易协定、

---

① 参见后文的经济社会关系公式图解。

证券交易所、同业公会、政党或者是国家本身,在美国的制度中,这种规定和实施是通过最高法院来进行的。实际上,涉及私人利害关系的经济上的集体行动,有时候要比涉及政治利害关系(国家)的集体行动更有力量。

从下文将会详细论述的伦理和法律的角度来说,所有集体行动建立的都是"有权利就有义务、没权利则没义务"的社会关系。从个人行为的角度来说,集体行动要求个人所做的是执行、废止和忍耐。从由此导致的个人经济状况的角度来说,它们所提供的是**安全**、**服从**、**自由**和**风险承担**。从因果或目的的角度来说,贯穿整个经济行为的共同原则是**稀缺性**、**效率**、**未来性**、集体行动的**行为准则**、**统治权**,它们是限制且互补的相互依赖关系。从行为准则对个人行为作用的角度来说,它们是用个人"能与不能、必须还是不必、可以还是不可以"这样的助动词来表达的。他"能"还是"不能"的根子在于集体行动愿不愿意给他提供帮助;他"必须"还是"不必"的原因在于集体行动会强迫他;他"可以",是因为集体行动会准许且保护他,他"不可以",是因为集体行动会阻止他。

正是因为有了这些行动主义的助动词,"行为准则"这个为大家所熟悉的术语才适合于表示因果、目的这一普遍原则,对一切集体行动而言,这都是共同的。包括国家和所有私人团体在内,行为准则在制度的历史上都是不断变化的,它们会因制度的不同而不同。有时候它们是大家所知道的行为*准则*。亚当·斯密把它们叫做*课税原则*,最高法院把它们称为*理性法规*或者是*合法程序*。但是,不管它们的差异是什么、有多少不同的名称,它们在这一点上是相同的,那就是它们通过**集体约束**表明了个人能做还是不能做、必须做还是不必做、可以做还是不可以做的事情。

对这些集体约束的分析完善了经济学、法学和伦理学之间的相互关系,这是制度经济学的先决条件。大卫·休谟在稀缺性原理和由此导致的利益冲突中找到了社会科学的统一。亚当·斯密在神的眷顾、世间丰裕和由此导致的利益和谐的前提下把经济学给孤立了。制度经济学可以追溯到休谟。休谟和现代产生的"商业伦理"这样的名词启发了我们,伦理学研究的是行为规则,这些规则由利益的冲突引起，而实施靠的是反映集体意见的*道德*约束。经济学研究的是同样的行为规则，但规则的实施靠的是*获利*或*损失*这样的集体经济约束。法学研究同样的规则，但规则的实施靠的是*自然力量*有组织的约束。制度经济学一直在研究这三类约束的相对价值。

集体行动对个人行为的控制是通过不同类型的约束实现的，从这一普遍规律中产生了权利与义务、无权利与无义务这些伦理和法律的关系，由此产生的经济关系不但有**安全**、**服从**、**自由**和**风险承担**，而且还有**资产与负债**。实际上，制度经济学的大部分论据和方法来自于企业财务领域——这个领域具有变化多端的资产与负债，而不是来自于个人的欲望与劳动、痛苦与快乐、财富与幸福、效用或负效用。制度经济学关注的是**运行中的机构的资产与负债**，相对而言，亚当·斯密关注的是**国家财富**。在国与国之间，这就是国际收支平衡中的**贷方**与**借方**。

集体行动在无组织的**习俗**形式中比它在有组织的**机构**形式中更为普遍。但是，甚至运行中的机构也是一种**习俗**。习俗并不像亨利·梅恩（Henry Maine）① 爵士所声称的那样，已经让位给了自由契约与竞争。② 习俗只会随着经济条件的变化而变化，也许在今天它们仍然那么具有强制性，甚至独裁者都拿它们没有办法。商人如果拒绝或者不能利用信用制度这一现代习俗，就会拒绝接受或发出有偿付能力的银行的支票（虽然支票仅仅是私人协议而不是法定货币），那他就完全无法通过进行交易来继续生意。这些工具是习惯上的货币，而不是法定货币，它们受利润、亏损和竞争的强有力约束，这些约束会强迫人们服从。也许值得一提的还有其他一些强制性的习俗，如早上七点上班、晚上六点下班，还有就是惯常的生活标准。

但这些惯常的标准总是在变化，它们缺乏准确性，因此会引发在利益冲突方面的争执。如果这样的争执产生，那么有组织的团体（例如信用社、公司管理层、证券交易所、商会、商事或劳动仲裁

---

① 亨利·梅恩（Henry Maine，1822~1888）：英国法理学家。——译者注
② 亨利·梅恩：《古代法：与早期社会历史的联系及与现代观念的关系》，1861年版。

人，最终是直至美国最高法院的法庭）的负责人就要让习俗精确化，并增添条理化的法律或经济上的约束。

这是通过**依靠纠纷判决来制定法律**的**习惯法方法**来完成的。由于变成了先例，判决对于特定的有组织的团体就暂时变为了行为规则。英美法系中具有历史意义的"习惯法"只是普遍原则适用于一切现有团体的一个特例，在这个特例中，通过对利益冲突的判决形成了新的法律，这样就给习俗、伦理这类无组织的行为准则赋予了更大的准确性和条理化的强制性。习惯法 方法 在所有集体行动中都是普遍的，但英国和美国法律专家专指的"习惯法"却是可以回溯到封建时代的一系列判例。总而言之，习惯法方法或者说行为方式，本身就是一种具有变动性的习俗，这方面跟其他习俗没有什么两样，它是一切运行中的机构的集体行动在发生冲突时对个人行为发生作用的方式。它与成文法的不同之处在于，在判决争议的时候，它是由法官所制定的法律。

集体行动不仅是对个人行动的控制，就真正的控制行为而言，正如助动词所表示的，它是把个人行动从胁迫、压制、歧视和不公平竞争中*解放*出来了，这是通过对其他个人施加限制的手段来实现的。

而且，集体行动还不仅是对个人行动的限制与解放，它是个人意志的*扩张*，它把个人意志扩张到了他自身微不足道的行为远不能及的地方。一个大公司的首脑发出命令后，远在天涯海角都有人执行他的意志。

由于对有些人而言，解放和扩张在于为了他们自己的利益而对其他人加以限制，而制度简明扼要的定义就是集体行动对个人行动的控制，那么推衍出来的定义就是：集体行动对个人行动的限制、解放和扩张。

这些个人行动是真正意义上的**交互行为**，也就是说，是个人之间的行动，也是个人之间的行为。这种从商品、个人、交换到交易和集体行动的行为规则的改变，标志着经济思想从古典学派和享乐主义学派转到了制度学派。这种改变是经济研究根本单位的变化，即从商品和个人变化到了个人之间的交易。

如果考虑到这一点，即个人毕竟是重要的，那么我们所研究的就是具有**制度化心灵**的个人。① 个人始自婴孩，他们要学习的是语言的习俗，与他人合作的习俗，为共同目标工作的习俗，通过谈判消除利益冲突的习俗，服从他们所在的众多团体的行为规则的习俗。他们彼此相遇，不是作为受腺体驱使的生理学上的身体，也不是作为受痛苦与快乐驱使的"欲望的水珠"，② 而是或多或少在习惯的训练下，受习俗压力的诱导，从事那些由人类集体意志创造的完全人为的交易。在物理学、生物学或是德国的格式塔心理学中都发现不了他们，但是在人与人之间的冲突、依赖和秩序是谋生的初步手段的地方可以发现他们。这些参与者不是个人，而是运行中的机构的公民。他们不是自然的力量，而是人性的力量。他们不是享乐主义经济学家所说的欲望的机械式的统一，而是千变万化的人格。他们不是自然状态的孤立的个人，他们一直是交易的参与者，来来往往的利害关系中的成员，制度的公民——这种制度先于他们诞生，并且还会后于他们存在。

5. **资产与财富**。经济、法律和伦理三个方面，我们先尽力加以区分，然后再把它们在"运行中的机构"这个概念中相互联系起来，这三个方面开启了**财产**与**自由**的经济意义。我们将把**财产**的经济意义确认为**资产**，把资产的法律意义确认为**财产**。**财富**与**资产**之间的这一区别被古典经济学家们给掩盖了，他们把财富定义为物质及所有权。所有权不是财富，它是资产。

关于被作为财产来主张的对象，个人和社会可以自由地采取行动或不采取行动，或者这些行动是按要求采取或不采取的；除非对所有这些活动进行定义，否则就无法定义"财产"这个术语。这些活动就是三种类型的交易。在一切交易的谈判中，之所以要对所有权提出主张，唯一的理由就是预期中的稀缺性。大卫·休谟最先指出了财产与稀缺性之间的同一性。由于预期的稀缺性，现在甚至无线电波长都被限额交易变成了财产，限额交易对利用波长的人员、

---

① 约旦（E. Jordan）：《个性形式：人类关系范围探索》，1927年版。
② 参阅本书后文《凡勃伦》一章。

方式和时间都进行了规定。但稀缺性也是经济学的一个基本概念。涉及有限的自然资源，在所要求的劳动和所获得的满足方面，李嘉图的劳动价值论和门格尔的效用递减价值论都是稀缺性的化身。

我们用**稀缺**这个词代替供求。供求这个词是商人们的用语，在他们身外，有无数他们自己不能掌控的不同的力量，他们称这些力量为"供给与需求"，而且也就到此为止了。但我们却被迫分析隐藏在供求背后的各种力量和特性，所以给了它们稀缺性这个更为宽泛的名称，以满足它的无数用途。

如果稀缺规律是法律、经济和伦理关系最基本的规律，那么接下来财产一词就有了双重意义：经济意义上的稀缺性，经济学家们称之为"经济数量"；法学家们称为"*实体*"或"*财产——物体*"。法律或伦理意义上的*财产权*，才是法学家所说的"财产"的意义。但后一种意义我们定义为*行为规则*，在与稀缺或预期稀缺相关的交易中，这是社会强加给个人的行为规则。① 经济意义上的稀缺性与预见结合起来，就可以用资产与负债来表示；而法律与伦理意义上的财产是权利、义务、权力、责任，等等，就如同本书第 82 页的公式图解所描述的那样。②

基于经济、法律、伦理方面的稀缺性，这个术语的用途见于美国最高法院赋予**财产**与**自由**的扩展意义中，后两个词被用于联邦《宪法》这一国家最高大法。这个《宪法》，包括"第五修正案"（1791 年）与"南北战争修正案"（特别是第十四条，1868 年），包含了所有州与联邦的立法与行政当局的三项规定，实际上是这样的：

第一，私有财产未经合理补偿不得收归公用。

第二，各州不得制定任何有损契约义务的法律。

第三，未经合法程序不得剥夺任何个人的生命、自由或财产。

从上述几个词——如《宪法》中所用的财产、自由、人、合法程序——的扩展意义中，产生了现在被区分出来的财产的三个意义，

---

① 这些区别是从大卫·休谟关于法律、经济、伦理在稀缺性方面的共同规律的统一性中推演出来的。参见文中有关章节。

② 同时见康芒斯：《资本主义的法律基础》，第 80 页。

这是从*权利*意义上而言的。这三个意义中的每一个意义都是经济的、法律的、伦理的。"人"这个词可以意味着一个拥有资产的法人，也可以指变成公民的过去的奴隶；财产（实体）这个词，在**屠宰场案例**（1872年）① 的判决中，意味着"有形的"财产，也就是土地、机器和奴隶；"自由"则意味着对从前的奴隶而言的新的"有形的"自由。财产还有"无实体的（incorporeal）"财产的意义，即债务的责任和可转让性。而财产的第三种意义，在屠宰场案例中虽未获多数承认，但现在却以"无形的（intangible）"财产著称，区别于"无实体的（incorporeal）"财产，而它最初是在三百年前的商誉案中出现的，还出现于最高法院的判决中，最高法院根据《宪法》第五和第十四修正案禁止立法机构削减企业的要价。靠制定立法来降价，在现在看来就是"剥夺"财产，尽管它夺取的只是财产的*价值*。自1890年以来，② 只有在经最高法院核准符合"合法程序"的范围内才可以这样做；合法程序的意义是指现在的意义，但这个意义是可以改变的。③

因此，作为一种经济上的资产，美国关于财产的三种意义产生于英美法院的惯例。在这个惯例中，英美法院接受了它们认为是可行且有益的各私有方的现存习俗，而且赋予了它们统治权意义上的自然约束力。在封建时代和农业时代，财产主要是有形的形式。在重商主义时代（十七世纪的英国），财产变成了可转让债务这样的无形体的财产。④ 在资本主义时期的过去四十年中，财产又变成了无形财产，这是按照买家和卖家能够得到的任意价格自由确定的。从1872年到1879年，在解释《宪法》的时候，最高法院在一系列判例中对财产与自由的这些意义进行了革命；这一革命在于扩大了的财产与自由的意义，从自然的商品和人的身体扩大到了买卖交易和个

---

① 同时见康芒斯：《资本主义的法律基础》，第2章。
② 见康芒斯：《资本主义的法律基础》，第15页。
③ 关于"合法程序"可改变的意义，见康芒斯：《资本主义的法律基础》，第333~342页。
④ 见康芒斯：《资本主义的法律基础》，第235~246页。

人与法人的资产。

其实,在封建主义时代,所有这些意义就一直存在,只是以不同的名称在不同的经济条件下存在罢了。"无形体的世袭",如征收税费或劳役的特权,就与无形体的财产相类似。分封采邑就是对土地出产物的权利。有形体的财产不是绝对的,而是受到这些无形体的财产的限制的,最终决定于从实际耕种土地的佃户的产物或劳役中获得的地租。这一切在最早期的法律中就存在,不过在后来的日子里,美国法院按照资本主义的新时期选择了不同的名称。

6. 自由与承受风险。在经济上把财产作为资产与负债的等价物,这些意义上的变化,已经使得我们有必要对法学上所采用的"权利"这个词的意义进行更为深入的分析。1913年,耶鲁大学法学院的霍菲尔德(Hohfeld)教授大大地推进了这一分析,在发展霍菲尔德的分析时,该院的教授们也做出了同样的贡献。① 以他们的分析为基础,我们建立了下面的图解,这个图解表示的是一种集体的、经济的、社会的关系,这种关系处于最高法院的司法权限之内,适用于与经济数量相关联的交易的三种类型。"社会关系"是从霍菲尔德的"法律关系"中衍生出来的,但扩展后包含了经济和道德的关系,还有国家——也就是霍菲尔德所谓的政治或法律的关系。"经济状况"与经济上的资产与负债相关;"行为规则"是被集体行动所控制、解放和扩展的个人行动。

在考虑这个图解的时候,首先要求搞清楚的是**诱因**和**约束**之间的区别。诱因是个人之间提供的个人刺激——在买卖交易的情况下指劝诱或强迫,在管理交易的情况下指命令或服从,而在限额交易的情况下则指恳求或辩护。约束是机构施加给个人的集体刺激,机构可以通过控制、解放以及加强他们个人的行动来进行这种刺激,这是靠劝诱、胁迫、命令、服从、辩护和恳求来实现的。

这些约束可以区分为道德、经济和法律的约束,到底是哪一类,取决于实施控制的机构的类型。法律的约束是暴力或者是暴力威胁,实施的机构是国家。其他约束是"法律之外的"约束。道德或伦理

---

① 同时见康芒斯:《资本主义的法律基础》,第91页。

的约束仅仅是意见,这是由教会、社会性的俱乐部以及由商人们的众多"同业协会"这样的伦理协会来实施的。在同业协会中,商人们建立了一种"伦理规则",如果没有得到经济或法律上的奖惩措施的支持,则其实施完全取决于成员的集体意见。经济约束由工会、企业法人、卡特尔这类的组织通过利润或损失、就业或失业以及其他一些经济上的得失来实施,但在这中间是没有暴力成分的。

经济与社会关系公式图解

最高法院

(道德的、经济的、法律的) 约束				诱因	(道德的、经济的、法律的) 约束			
集体行动	行为规则	经济状态	社会关系	交易	社会关系	经济状态	行为规则	集体行动
权力 无能力 免除 责任	能 不能 可以 应当 不应当	安全 承受风险 自由 服从	权利 无权利 无义务* 义务	经济数量的买卖、管理、限额	义务 无义务* 无权利 权利	服从 自由 承受风险 安全	应当 不应当 可以 不能 能	责任 免除 无能力 权力

*相当于霍菲尔德的"特免"。

这些约束往往是重叠的,按照通常的分析方法,我们在这里先选取具备每种约束特殊性的极端案例进行分析,然后我们会在它们所产生的特别的纠纷中把它们结合起来,这种结合是按照它们在那些纠纷中所采用的相对"权重"进行的。

在诸如"异端审判"、"商事仲裁"或"劳动仲裁"的名义下,这些道德机构和经济机构往往也有自己的"法庭"判决各种特殊的纠纷,"法庭"所起的作用类似于司法法庭的作用,不过这样的"法庭"没有司法机关强行使用暴力那样的具体约束。总而言之,无论它采取道德机构、经济机构还是政治机构的形式,这一图解均适用于一切控制、解放或扩展个体行动的集体行动。但是,只要是在需要国家的有形暴力来解决不能用道德或经济约束来决定的纠纷的时候,习惯法法庭都会从集体控制、解放、扩展个体行动的这个一般公式中衍生出自己的惯用假定。

由于上述这样那样的原因，法律、道德、经济关系的公式*并不意味着*在法律关系与道德或经济关系之间存在着一种*同一性*。无论在这些特殊的纠纷中债务、自由权、承受风险等的大小，或者是道德、经济、法律约束的相对*权重*有多大，它都只意味着同样的法律关系适用于所有的经济惯例。因此，它并不意味着个人或道德、经济机构的实践就完全符合司法机关在判决中定下的任何僵硬的规则或"标准"。这个公式所代表的，只是法官或仲裁者在特殊的纠纷中实际决定特定当事人能做和不能做的事情的准确关系。在这些纠纷之外，是从来也不会闹到法庭或仲裁人面前的变化万端的各种交易。这个公式只是一个概括性的公式，是一种理智的创造，目的是为了在对道德、法律和经济关系的分析中给理智提供帮助。然而，如果当事人果真闹到了法庭或仲裁人面前，这个公式所包含的一切可能的法律、经济或社会关系，是可以用来达成对案件的判决的；或者这样说，法官或仲裁人可以从无数变化多端的交易或实践中找到这些可能的关系，并从中得出自己的推理。

这是因为还存在我们称之为**习俗**的*无组织*和*不明确*的集体行动，同样的公式也适用于习俗，在用习惯法方法使这些关系变得更为准确的过程中，所有法庭都可以从中得出自己的惯用假定。习俗在强制性和缺乏准确性的程度上变化的范围是很大的，有的仅仅是不具有任何约束效果的可变化的*惯例*，有的则是*强制性*的习俗。银行支票的使用在法律上不是强制性的，但生意人如果拒绝开出或接受有偿付能力的银行流通票据的话，那么他就无法继续自己的生意。这个习俗虽然不准确，但通过最强有力的约束——能够带来利润和损失的经济约束，它就能够变成具有强制性的。强制性的习俗无论是不是像运行中的机构那样无组织或有组织，都会明确或不明确地告知某个人哪些事情是他应当做的和不应当做的，哪些事情是能够做的和不能够做的，哪些事情又是可以做的和不可以做的。

从普遍的原则、因果的相似性或者目的中，我们可以得出对个人行动进行集体控制、解放和扩展的所有观察资料，不管它是一个运行中的机构还是一种习俗，我们都称之为"行为规则"。在美国法院的判决中，被归纳为"合法程序"或"合理法规"的正是这些行为规则。它们不像约翰·洛克和法学界的自然权利学派所假设的那样，是预先设定的永恒的或者是天赐的什么东西，它们只是可变的规则，有时候我们称之为"标准"，考虑到社会经济状况的变化，法庭或仲裁人在一起诉讼中可以暂时接受下来，以发布自己对当事人的命令。

根据霍菲尔德法学学派的分析和专有名词所详细阐述的内容，我们可以从意志上区分出这些命令的四个方面，每个方面让对方产生针对纠纷的一种集体的能力（collective capacity）或集体的无能力（collective incapacity）。如果法庭或仲裁人命令当事人履行一种服务和偿付一项债务，或者是避免对原告的侵扰，"应当（must）"或"不应当（must not）"这样的助动词针对的就是被告。相关联地，这意味着原告拥有"权力"或"能力"，可以要求集体行动帮助自己，按照他的意愿，强制被告应当这样做或不应当这样做。从意志的角度讲，这一权力是用"能（can）"这个助动词来标明的。

另一方面，如果法庭拒绝强迫被告作为或不作为，那么原告就"不能"要求实施体现自己意愿的集体行动。用术语讲这就是"无能力"。相应地，在有关的问题上，被告就处于他"可以（may）"按照自己满意的方式做事的地位。这是一种免除（immunity）。

然而，由于交易各方之间存在一种有来有往的关系，所以原告也"可以"在有关问题的其他方面按照自己满意的方式做事，而被告则"不能"在那些方面得到集体行动的帮助，把自己的意愿强加给原告。但如果原告也被命令在交易的他这一方履行服务、偿付债务或避免侵扰，那么就跟前面一样，助动词"应当"或"不应当"跟助动词"能"就是相关的了。

按照这样的方式，一个机构多变的行为规则在用于机构的约束时，可以作为法庭或仲裁人的意见表达出来，在决定交易的每一方能做什么不能做什么、可以做什么、应当做什么或不应当做什么方面，它所起起的作用要比习俗更为准确。

把这些意志决定转化为相应的经济等价物，个人在交易中就可以处于四种经济地位，每种地位都把他置于了与其他当事人方相关的某种经济状况中：集体机构为他建立（1）**安全**预期，并且要求

（2）其他当事人方面**服从**这些预期。如果法庭或仲裁人保留对集体约束的帮助，那么一方当事人就有（3）做他想做的事情的**自由**，而另外一方当事人就要（4）**承受风险**，获利或损失的大小与其他当事人实施自由的程度相当。因此，如上文举例所说明的，雇主要承受雇员离职还是不离职的自由的风险，而工人则要承受雇主"雇用不雇用"的自由的风险。

当我们进一步转向相关的社会术语的时候，"权利"就是表示个人"能够"或是拥有"权力"（有时候称为"能力"或"资格"）从国家或其他集体机构那里要求安全预期，它们可以通过某种类型的命令，强加服从的义务，原因就在于他是公民；反之，如果给任何一方都不强加义务，那么社会关系在危急状况下就是彼此相对的自由且要承受风险，这在经济上就是"自由竞争"。

这种相互关系可以让我们区分出财产的三种意义，在美国最高法院过去六十年的判例中，这些意义已经得到了长足的发展。美国《宪法》（"第五修正案"和"第十四修正案"）禁止国家和各州的立法机构未经合法程序"剥夺"生命、自由和财产。在1872年的一个最重要的案例中，① 最高法院认为财产的意义就是有形体的财产，而自由的意义就是脱离奴隶制的自由。在当时，"剥夺"财产或自由意味的是暂时的行为规则，也就是说，国家不得剥夺一个人按照自己的意愿处置有形体的物品或自己的身体（他的"有形体的"身体）的安全。这是有形体财产的一种自然的意义，然而它同时也有经济的价值。

"剥夺"财产在当时还意味着剥夺一个人的权利，使他不能要求国家对一种经济量（economic magnitude）实施履行或偿付的义务，与此相关的就是**信用**或资产、**债务**或负债。这种"无形体的财产"或契约也是一种"经济量"。②

无形资产就大不相同了，这是另外一种"经济量"（比如商誉、专利、特许权等），其意义是在1890年后才进入美国的判例的。如

---

① 《议会案例》，1872年。
② 参见后文关于麦克劳德及其"经济量"的意义。

果在有争议的情况下判决的是*无义务*（霍菲尔德所谓的"特免"），当然就有了*无权利*。无义务在经济上的相关状态是*自由*，而*无权利*在经济上的相关状态与其他人在*自由*面前*承受的风险*是相当的。对于经济上的损益，商人承受的风险是"经济量"，或者是消费者自由购买或拒绝购买的商品；对于消费者而言，他承受的风险是商人"非特定价格不卖"的自由带来的损益。

因而，如果平等地对待各方，就存在自由和风险承受的交互作用，如公式所示。这就是决定价格或工资的买卖交易的意义，是"无形资产"的意义，它区别于"无形体的"资产。在这些交易中，最高法院认可的无形资产是所有未来的有利交易的预期，一般知道的有企业的商誉、良好的信用、良好的声誉，或者是近来以"产业商誉"[①] 著称的靠工资生活的人的商誉，所有这一切过去都称为是"自由"，但现在也称为财产，因为它们是有价值的经济量。根据 1890 年的这些判决，[②] 如果一个州或国会削减一家铁路公司所要求的*价格*，或者废除差别待遇，或者努力让雇主与雇员之间的买卖能力得到平衡，那么对价格的这种削减，或者对选择机遇的这种干预，或者对讨价还价权力的这种剥夺，就是一种对财产的"剥夺"，所剥夺或削减的其实是财产的*价值*，或者是参与者的*行为*，而不是实体的财产。

因此，"财产"的意义，正如其在《宪法》中的用法，从有形体的商品扩大到了买卖的权力，而"自由"的意义则从身体运动的自由扩大到了一切经济交易中选择的自由和讨价还价权力的自由。

7. 时间。最后，出现了这么一个问题，自洛克、斯密和李嘉图时代以来，人们所用的传统的商品概念变成了什么？他们的商品的双重意义是物质与所有权。1856 年，麦克劳德（MacLeod）努力建立了一个完全基于所有权的政治经济体系。但所有经济学家都抛弃了他的理论，因为他们认为他把同一个事物计算了两次，一次是作

[①] 参见康芒斯：《产业商誉》，1919 年版；同时见后文有关合理价值的论述。

[②] 参见康芒斯：《资本主义的法律基础》，第 15、36 页。

为一种*物质的*东西，一次是作为这种东西的*权利*。但实际上这些经济学家却早在他们关于商品的双重意义中把它作为物质和有形体的财产计算了两次。

传统经济学的困难在于**时间**这个概念。麦克劳德虽然前后并不一致，但他却是第一个指出"现在"是未来收入和过去支出之间的一个零点的人。① 从"现在"这个运动着的角度看，所有权（正如我们所修正过的麦克劳德的观点）总是注重未来，而物质注重的则是能够生产它们的过去的劳动。但交易是在现在这个时点发生的，在这时候所有权的权利被转移了。在经济理论从商品转变到交易之前，**时间**概念是不可能重要的，因为**时间**是活动单位的要素。

于是，在交易之后，如果有争议产生，当大家从当时各方的目的进行推论，或者从立法机关的目的进行推论，或者从公共政策自身的实用主义哲学进行推论的时候，那么法庭就曲解了前述的交易，法庭进行这种推论依靠的手段是各种伦理教条（合在一起我们称之为*惯常假定*②）、对未来的某些预期、相关的商品、价格、货币或者其他经济量。我们在现在所重视的正是这些未来的量，它们是资产和负债、财产的预期安全、服从、自由和风险承受，以及预期的个人履约、展期和废止。

这一心理过程，在讨论*约定*和*支付合理报酬*时我们已经提过了，现代契约学说中有一部分就是从那里发源的。一旦被一个判例所确定，那么根据先前的原则，这些惯常假定就变成了所有各方关于其现在交易的未来经济后果的预期。这只不过是预期或预测原则的一个特例，我们称之为未来性原则，这是所有人类活动的一个特性。③

后面这个问题一直都在提，而且总会被提起，那就是能不能有一种"未来性的科学"。我们的回答是，只要人类活动是科学的主题，那就*必定*存在这样一门科学。从最早的占卜者、术士、巫医、

---

① 见后文中的麦克劳德关于时间的论述。
② 见后文关于惯常假定的论述
③ 见前文和后文关于新法制定的习惯法方法的论述。

经过所有科学阐明的一切假定,直到现代商业的悲观主义和乐观主义,以及现代的经济预测专业,支配人类活动的始终是**未来性**原则。也许形成一门关于未来性的科学是不可能的,然而交易和预测的行为科学,在经过对其成败的观察检验后,就是一门人类行为的科学。实际上,我们也许可以这样说:人生活在未来但却活动在现在。我们必须考虑到这一点:① 甚至自然科学都有相当广泛的无知、偏见或过分强调的部分,但它们是科学,因为其预测**方法**是科学的。

对关于所有权和交易的科学来说,这就更正确了,它们本身就是对未来的预测。

8. 交易的价值意义。价值和资本的概念已经经过了三个历史阶段,从每一阶段今天的实际结果来看,我们可以称为工程经济学阶段、家政经济学阶段、制度经济学阶段。

工程经济学阶段始于李嘉图,由卡尔·马克思加以完善,到弗雷德里克·泰勒(Frederick Taylor)②的**科学管理**达到了巅峰。在这里,**价值**和**资本**运用的概念是**使用价值**,或者是商品和服务的技术品质,其单位价值不随供求而增减,而是随着劳动以及生产它所要求的独创性而增加,随着折旧或磨损的量而减少,或者是"用光"。**使用价值**也随着文明的变化而变化,如弓箭让位给火药或炸药,带裙撑的裙子让位给裸腿。由于发明或时尚的这些变化,使用价值也可以称为受**废弃**和**发明**两方面影响的**文明价值**。如果使用价值被积蓄起来,以供将来进一步生产之用,按照这个词传统的意义讲,积蓄的就是**资本**,我们称之为技术资本,其属性是使用价值。

使用价值或者**技术资本**,是靠劳动产生的,如同马克思在"社会必要劳动"名义下所主张的那样,劳动是**体力**、**脑力**和**管理性劳动**的联合。在变成度量单位之后它就变成"科学的"了。这种度量是弗雷德里克·泰勒的胜利,这个工程师和他的信徒们把生产**使用**

---

① 参见沙普莱(Shapley)、哈洛(Harlow):《逃离混沌:探索从原子到星系的物质体系》。
② 弗雷德里克·泰勒(Frederick Taylor,1856~1915),美国效率与管理学家,科学管理之父。——译者注

价值所需要的物质计量单位分为了三类：第一类是物质的数量，如*蒲式耳*或*吨*；第二种是物质的质量，如一等、二等；第三种是生产物质所要的*单位如工时*。

在工时这个复合名词下引入时间因素后，工程经济学产生了**效率**这个概念，在现代的工学院和农学院里对**效率**科学有专门的研究。

家政经济学阶段是从戈森（Gossen）、杰文斯（Jevons）、① 门格尔（Menger）、② 庞巴维克（Böhm - Bawerk）等人的享乐主义或快乐—痛苦学派开始的；在他们的理论里没有货币的使用，个人按比例分配自己的各种衣食住行、土地、设备以及其他的生产用品和生活用品，以便从各自所掌握的有限的物质资料中获得最大的总满足。在这里，**价值**是一个物资的单位效用*递减*的概念——随着所得数量的增加而递减，或者是一个物资的单位效用*递增*的概念——随着所得数量的减少而递增。由于这种效用跟使用价值不一样，不是一种客观的存在，而是个人的主观心理或感觉，所以一般把它归在心理经济学的范畴。但现代对它的专门研究是在家政经济学或消费经济学里进行的，孤立的农民生产出来供自己使用的东西也包括在这个范围之内。在这些情况下，目的是为了把从各种物资商品中得到的人的满足最大化，然而就每种物资商品自身而言，每单位所产生的满足强度是随着数量的增加而递减以及随着数量的减少而递增的。

然而，由于这一心理价值是普遍的**稀缺性**规律的一个特例，所以我们可以把它简单地称之为**稀缺价值**，与**使用价值**相对。

在这方面，稀缺价值可以从心理经济学转化为制度经济学，在制度经济学里，所有权依靠交易转让与获得。在这里，稀缺性的度量单位是另外一种制度——货币，而*所有权*的名称是价格，不是"边际效用"这一心理名称。

因此，每单位的商品或服务有两方面可计量的价值，其使用价

---

① 杰文斯（William Jevons，1835 ~ 1882）：英国经济学家和逻辑学家。——译者注

② 门格尔（Karl Menger，1840 ~ 1921）：奥地利经济学家，奥地利学派的创始人。——译者注

值既不会因丰裕而按单位减少,也不会因稀缺而按单位增加;而其稀缺价值则会因丰裕而按单位减少,或者因稀缺而按单位增加。

最后,所有的商品和服务在估价的时候,都是在眼前或遥远的将来,这样一来,由于或长或短的预期等待、或大或小的预期风险,大家都认为在价值上未来的量要少于现在同类同等的量。关于人类本性的这一普遍事实的心理基础,庞巴维克作过精心的解释,① 他是在为制度经济学的普遍事实找寻一个心理基础。这种普遍事实在任何市场上都会出现,在所有权转移的谈判中它是一个因素,它也是信用和银行体系的基础。与预期的一面相比,价值现在的这一面就是价值和资本意义的第三个面,如果在将来增加,通常称之为利息或升水;如果在现在减少,就称之为折扣。

因此,价值的交易意义或所有权意义有三个方面,由于自身的原因,每一方面都极易变化:使用价值是由李嘉图和马克思的工程经济学转化而来的,稀缺价值是从心理经济学转化而来的,而交易价值也是从心理经济学转化而来的。在某个时间点上,所有这些都结合在现在的交易的所有权预期中,我们按照麦克劳德的观点,称之为一个"经济量",而不是一个物质的量。因为**未来性**是三方面之一,所有三方面合在一起构成了资本的现代意义。

古典学派和享乐主义学派的物资商品并没有消失,它们只是通过所有权制度转移到了未来。事实上,未来也许太短,根本不值得计量,但它毕竟是未来的事物。交易基于眼前或遥远的未来,构成财产制度的集体行动是其保障,只有在以交易为结果的谈判完成之后才会有交易。在法律和习俗的作用下,对经济量的*合法控制权*的获得和转让就是交易,包括对劳动和管理的合法控制,这两者将在后来生产商品,并把它们交付给最终的消费者。

因此,制度经济学或者说所有权经济学,并没有与古典学派和心理学派的经济学家脱离,而是把他们的理论转向了*未来*,未来作为现在交易的结果将生产、交付或消费具体的商品。然而,它把*法律上的控制*与实际的占有分开了。所有权转移的是现在的交易,发

---

① 庞巴维克:《资本实证论》,1891年版。

生在永存、运动的时点上，未来的结果也许是古典经济学家和共产主义经济学家有关生产的工程经济学，或者是享乐主义经济学家的家政经济学，两者靠的都是*实际*的控制。但制度经济学是对商品、劳动或其他经济量在*法律上的*控制，而古典理论和享乐主义理论只涉及实际控制。*法律上的控制就是未来的实际控制*。在有关委托、财务清算、托管等作为法律上受益人的问题上，这一点也许会被修改，但这些都不影响交易本身，这其中受使用、稀缺和未来性三方面限制的就是法律上的控制。①

如果说有价值的是法律上的控制而不是实际的控制，那这似乎跟正统经济学家的假定就完全相反了。对他们而言，实际控制对于财富的创造和消费是必需的。在这方面他们达成了一个明显的结论，但他们却没有把法律上的控制——即*未来的*实际控制这个观念——并入自己的理论。通过庞巴维克的心理学方法，他们把未来性引入了经济学，但未来性一直是作为财产权利存在的，而这是心理学派的经济学家所不能接受的。不过庞巴维克做出了一项杰出的贡献，他把未来性从消费的未来心理回溯到了现在的劳动，而现在劳动是为了获得对未来使用的实际控制。我们把它进一步回溯到了谈判心理，谈判心理的结果就是交易，交易会获得法律上的控制，这是先于实际控制的。②

9. 履约（performance）、展期（forbearance）和废止（avoidance）③ 但法律上控制的不只是经济量，它是对未来个人行为的控制，那个经济量的方方面面将有赖于个人的未来行为。

在人类意志的所有活动中，能够将经济学与自然科学区别开来的特殊属性，是在可供选择的对象之间进行选择的。这个选择可能是自愿的，也可能是被另外一个个人或集体行动强加的非自愿选择。无论如何，这样的选择都是整个身心在行动（也就是说是意志在行动），这种行动要么是财富生产与消费中它与自然力的物质作用与反

---

① 参见本书关于货币与价值的交易理论的论述。
② 参见本书关于从心理经济学到制度经济学的论述。
③ 参见康芒斯：《资本主义的法律基础》，第69页。

作用，要么是相互之间诱导其他人加入交易的谈判活动。

每项选择，只要分析一下，就可以显示出是一种三方面的行动，如同对引起争议的问题的观察可以看到的那样，这三个方面就是履约、展期和废止。履约（包括支付在内）是针对自然或其他人运用的能力，表现为一种物质或经济量的获得或移交；展期是朝着一个方向而不是朝着紧接着可以利用的那个方向运用的能力；废止所运用的并不是*全部的*能力（危机状态或受强迫的情况除外），而是一个人有限度地运用*可能的*道德、物质或经济的能力。因此，展期是对履约施加的限制；履约是实际的履行；废止是从放弃或撤销履行中两者择其一——所有这一切都合而为一，且处在同一个时点上。

展期和废止一般是跟法律名词"不作为"连在一起的，但由于这个名词没有告诉我们"不作为"的是什么，所以在分析它的时候，我们分析的不是展期就是废止。

合理性原则就是从选择的这三个方面中产生的。履约意味着实施一项服务，或者是迫使实施一项服务，或者是偿付一项债务。废止是对履约、展期或者对其他人的废止不进行干涉。展期是对履约的"合理"运用。每个方面都可能是义务或自由，连带就有其他人相应的权利或承受的风险；根据当时特定机构的行为准则，每个方面都可能是被集体行动所强迫、准许或限制。

通过法律或仲裁程序，一切的集体强制会在行动中作用于意志的这三个方面，这完全不同于洛克的权力概念。履约的命令与法律上的*支付合理报酬*具有相似的含义，就是指一个人有权获得的经济量。在美国，对公共服务公司所提供的服务和价格的管理实践中，你可以看到这一点。废止命令是所有集体命令中最原始也是最普遍的，它创造了所有的财产权利和个人自由，从原始的禁忌、摩西十诫，一直到现代所有种类有形体的、无形体的和无形的财产。它对第三方，甚至是对第一方或者第二方，都产生了不干涉其预期的义务，这些预期要么是对土地和物资的使用（有形体的），要么是履行服务和偿付债务（无形体的），再不就是在一般商誉名义保护下的预期中的有益交易（无形的）。

当立法和行政当局未经合法程序就试图剥夺财产、财产的价值或者是自由的时候,美国最高法院命令它们遵守的就是这些展期或废止的义务。从经济学的立场看,不管是履约、展期还是废止,所有这些集体命令所指的就是被称为资产与负债的那些变化着的经济量;从法律的立场看,它们是财产;从集体行动的立场看,它们是行为规则;从经济地位的立场看,它们是安全、服从、自由和风险;从运行中的机构自身的立场来看,在其对个人的控制中,它们是**权力、责任、无行为能力、豁免**。

10. **关键交易和日常交易**。一百多年来,经济学家一直在致力于发展一种关于补充的"商品"学说,其最近的形式演变成了一种关于限制性和补充性因素的学说。然而,从利益冲突中人类意志活动的观点看,我把它命名为**关键交易和日常交易**的学说。① 为了简单起见,我会用"关键"或"限制"这两个字眼,在限制和补充因素的同一关系中,"关键"这个词指的是意志的方面,而"限制"这个词则指的是客观的方面。

人类意志具有一种奇特但又常见的能力,在成百上千个复杂的因素中,它能对某个单一因素发挥作用,按照这样一种方式,其他因素将会依靠其自身内在的力量产生预期的结果。只要是限制因素,稍许一点碳酸钾就能让土地的出产从每英亩五蒲式耳增加到三十蒲式耳。稍微操纵一下加速器,就会让汽车的速度达到每小时五十英里。对于一大群劳动者中处于关键位置的那个人稍稍施加点管理,就会让一群乌合之众变成一个运行中的机构。那些缓慢增加的因素——譬如土地方面,在人口聚集的中心,无数的生意人和劳动者都在为它的使用而竞争——对其供给的合法控制提供一点保障,就会迫使土地的使用者从其利润、利息或工资中扣除出足够的部分,用来支付缺席的所有者的租金。

更进一步地说,限制性和补充性的因素总是在变换位置,某一时点上起促进作用的内容到了下一个时点也许就变成了关键性的因素。在一个时点上也许是碳酸钾,到后一个时点上却是水;在一个时点上也许它是加速器,到了另外一个时点上也许它是火花塞;在

---

① 见后文关于关键交易和日常交易的论述。

一个时间上也许它是地的问题,这是在地租谈判的时候;另外一个时间也许它是熟练技工甚或是罢工工人的问题,这是在工资谈判的时候;当商业信用是限制因素的时候也许它是银行家;在另外的时间,当律师得到判决之前一切别的事情都有可能停下来的时候,也许它是法院或者是最高法院。这就是关键性因素和促进性因素所具有的无穷的变异性。在获得一个人未来想得到的东西的时候,通过操作,在特定的时间和地点对特定量的东西或者提供供给,或者是拒不供给,这就是限制性因素的内容,这样一来,整个复杂的宇宙也许就得听命于肉体上微不足道的人类。

当然,如果所有的补充因素在某一时点都变成了限制性因素的话,那它们中间就没有谁是关键的了,整个事情就没有希望了。这个机构就会在破产或革命中瓦解。因此,一般而言,限制性因素不是在一个时点上*累积的*,它们是在一个时间序列中*连续的*。就如同我们将要看到的,在对人生经济活动的所有研究中,最重要也是最困难的是对关键性和补充性因素的研究。只有在经济学演变成了一门关于人类意志的所有活动的科学时,活动中的人类意志的普遍规律才会羽翼丰满并显现出来——这样的规律在约翰·洛克跟物理学相类似的被动思想的概念中是不会出现的。

11. 谈判心理学。如果制度经济学因此而成为意志的经济学的话,那么它就会要求一种意志的心理学来与之相伴。这是交易的心理,我们可以恰当地称之为交易心理学或谈判心理学。差不多所有老一点的心理学派都是个人主义的,因为它们关注的都是个人对自然或者对其他的"自然"个体的关系。个人没有被看做是拥有权利的*公民*,而是自然的物质或生物*对象*。这种自然主义的个人主义符合洛克的模仿心理学、柏克莱(Berkeley)的唯心心理学、休谟的感性心理学、边沁的苦乐心理学、享乐主义的边际效用心理学、詹姆斯(James)的实用主义、沃森(Watson)的行为主义,还有最近的完形心理学。所有这些都是个人主义的,只有杜威(Dewey)关于习俗的社会心理学有可能成为谈判心理学。

交易心理是关于谈判和所有权转移的社会心理学。交易中的每个参与方都致力于影响其他人,让他们去履约、展期和废止。每个人都或多或少地会修正其他人的行为。因此，每个人都在努力改变要转移的经济价值的各个方面。这是商业的心理学、习俗的心理学、立法的心理学、法庭的心理学、行业协会的心理学、工会的心理学。按照惯用的说法，它涉及买卖交易中的劝诱和胁迫、广告和宣传，涉及管理交易中的命令和服从，涉及限额交易中的辩护和恳求。所有这些都是谈判心理。也许可以把它们视为行为主义心理学的一个特例，其所关注的是所有权的创造和转移。

但这些只是描述。对谈判心理的科学理解把它分解为了最小的几种普遍规律，或者是关于因果或目的的相似性，这些在所有的谈判中都可以找到，但程度是变化的。

首先是交易中参与方的个性。参与者享受不到经济理论所假定的平等，他们所享受和忍受的是所有可以见到的人类差别，这些差别体现在他们的劝诱能力上，也体现在他们对劝诱和制裁的反应上。

再者，还有人物所处环境的相似和差异。其一就是选择的稀缺或丰裕程度。这与效率或者是促使事情发生的能力是密不可分的。在所有情形下，谈判指向的都是未来的时间——未来性的普遍规律。考虑行为规则的时候总是要比较清晰或默契，因为当集体行动控制、解放或扩张的时候，它们是对参与者能够做、必须做或可以做的事情的预期。其二是在每桩交易中总会有一个限制性因素，精明的谈判者、售货员、经理、体力劳动者或者是政客对它在关键时刻的控制，将会决定补充因素在当前或遥远的未来的结果。

因此，谈判心理就是交易心理，以货币变动的估值为标准，它为经济量的所有权的转移提供诱因和制裁，依据的是谈判所涉及的易变的人性，以及当时稀缺性、效率、未来性、行为规则和限制因素的情况。

从历史的角度看，这一交易心理可以看做是已经发生了变化，而且不断地在变化，所以资本主义、法西斯主义、纳粹主义或共产主义的各种哲学都是它的变种。在习惯法的判决中，劝诱、胁迫或强迫之间变化着的特性的改变是显而易见的；劝诱被认为是机会平等，或是公平竞争，或是买卖能力平等，或是合法程序等合理状态的结果。但是经济胁迫和体力强迫是对这些经济理想的否定，在这样的情况下，差不多每个经济冲突的案例都变成了劝诱、胁迫或强迫心理学的假定或研究，甚至管理和限额的交易也受这一制度变化规则的制约。因为命令和服从的心理是随着服从、安全、自由或承受风险的状态的变化而变化的。现代"人事管理"就是对谈判心理的这种变化的一种诠释，就如在前述公式中亨利·丹尼森所作的解释那样。①

所有这一切都停留在我们作为每种交易所固有的三种社会关系所区分过的内容里：冲突、依存和秩序的关系。由于普遍的稀缺规律，各方都涉及利益的冲突，但因为要相互转让别人想要但却没有的东西的所有权，因此他们又彼此依靠。行为规则并非像神权或自然权利的假定所假设的那样，或者是古典或享乐学派的机械平衡那样，是注定的利益和谐，实际上，它是从利益冲突、一种对财产和自由的可实行的相互关系和有序预期中创造出来的。因此，冲突、依存和秩序就变成了制度经济学的领域。这是建立在稀缺、效率、未来性、行为规则和关键因素的规律基础之上的，但却是在集体行动控制、解放和扩张个人行动的现代理念下建立了相互联系。

因此，可以看出，经济学家和法学家的"自然权利"观念如何创造了一个相似的框架，假定这个框架是过去创造的，但却假定现在的个人要在这个范围内活动。这是因为经济学家和法学家没有研究集体行动和谈判心理。他们假定现存的财产权利和自由权利是固定不变的，但如果安全、服从、自由和承受风险都只是所有类型集体行动面向未来的、可变的行为规则，那么实际的集体行动在控制、解放和扩张当前或遥远未来的财富生产、交换和消费这样的个人行动时，框架的类比就不过是一种修饰了。②

因此，制度经济学所趋向的最终的社会哲学——我们把它定义为有关人性及目的的信仰，并不是什么由神权或自然的"权利"，或唯物主义的均衡，或"自然的法则"所注定的东西，它有可能是共产主义、法西斯主义、纳粹主义、资本主义。如果管理和限额的交易是哲学的出发点，那么终点就是共产主义、法西斯主义或纳粹主

---

① 参见前文关于管理工作的分析。
② 见后文关于从天赋权利到合理价值的论述。

义的命令与服从。如果买卖的交易是研究的单位，那么趋势就是倾向机会均等、公平竞争、买卖能力平等、合法程序、自由主义哲学和管制的资本主义等理想。也许会有各种程度的结合，因为在集体行动和永恒变化的世界里，这三种交易是相互依赖和变化不定的。这就是制度经济学难以确定的未来世界。

三、观 念

约翰·洛克的"观念"始自于物质对象的简单复制。在经济学里，这些对象就是商品和个人。于是，由于被动的观念联想，关于本体（substance）、关系和模式的较为复杂的观念变成了观念的"集合"。两百年来，这些内容一直都是经济理论的概念。

但是，如果心灵本身是一个活动的单位的话，那么它实际上就创造了自己的观念。观念不是现实的复制品，它是一种有用的想象，我们靠它生活或致富。由于谋取生活涉及活动的单位，所以需要更为复杂的观念分类。

我们将竭力维护以上对洛克的"观念"和"意义"所作的区分，不仅是从字面上，而且是从观念上。观念是我们借以研究的智力工具。为了让它们符合我们的学科内容，我们将对熟悉的观念层次进行重构。这一学科内容就是人类通过合作、冲突以及控制、解放、扩张个人交易的行为规则而生产和获取财富的各种交易。这些外在的活动首先仅仅是作为感觉来到我们面前的，而且同样地，我们不能确定它们是由发生在我们身体之外的变化所引起的，还是由发生在身体内部的变化所引起的。一旦内部的感觉归因于外部发生的一些事情，那么我们就称之为**感知**。感知是我们赋予感觉的意义。

但是到这一步为止，我们还没有超越动物或婴孩。下一步是获得语言，通过语言，我们可以把自己的知觉叫做"张三"或"爸爸"，然后再根据相似性、相异性以及数量对它们进行分类。

出于我们的目的，从洛克的"简单"观念（就是知觉）到他的最为复杂的观念层次，共产生出了五种相似性和相异性。但我们建立的五种心理研究工具不是他的关于"本体、关系和模式"的复杂观念,而是从简单观念到高度复杂的观念。

最简单的观念(或工具)是概念,它是从*属性的相似性*中衍生出来的,如人、马、**使用价值**、**稀缺价值**。

复杂一点的是*原则*,这里我们指的是假定的*行动的相似性*。概念不涉及时间要素,但时间流程对于原则观念是最基本的。从原则这一观念里可以衍生出许多特殊的情形,如法则、因果、目的。所谓的"供求法则"并非是一种法律,它是稀缺性原则的一种特殊情况,而且因为原则涉及时间顺序,所以它是一种*因、果或目的的相似性*。例如,稀缺性原则也许是活动的原因,或者是活动的结果,还有可能是活动者图谋的目的。所以有了其他的原则,我们也许可以把所谓的政治经济学"法则"分解为一切经济活动的因、果或目的,譬如效率、未来性、集体行动的行为规则和限制性因素,这样控制限制性因素就会控制补充性因素。①

每种科学都会努力将自己的复杂活动归纳为最简单且最普遍的原则。如果我们对政治经济学做同样的工作,把它作为社会科学的一个分支与物理和生物科学区分开来,那么最简单的因此也是最不特殊的因、果或目的的相似性就是**自愿**(**willingness**)。自愿不是"意志",也不是洛克的"本体"、"存在"或"权力"——我们只是把它假设为因、果或目的的相似性,是从人类行为的经验中衍生出来的。

然而,因为**自愿**的意义中包含了心理学和经济学之间充满争议而且有可能无法逾越的鸿沟,所以我们将采取奥格登(Ogden)② 的"两种语言假设",他用这种方法完成了从生理学到心理学的类似跨越。③ 奥格登能用两种语言描述同一事物,例如,"记忆"是心理学的语言,而"保持力"则是生理学的语言。就如何从无意识的生理学变成有意识的心理学而言,这一双语手段解决不了洛克和现代

---

① 参见:《牛津英语词典》中关于"法则"和"原则"两词的条目。第一个向我提到"行为规则"的是伊利教授(R. T. Ely)。
② 奥格登(C. K. Ogden, 1889~1957):英国教育和心理学家,《简明英语》的发明者和支持者。——译者注
③ 参见奥格登:《心理学意义》,1926年版。

"行为主义者"无法解决的问题,但它让奥格登按照需要从一面转到了另外一面,没有让自己不可挽回地束缚于任何一方。

在**自愿**的经济学中,我们需要的不只是两种语言的假设;我们需要心理学、法学和经济学这三种语言的假设。事实上,如果我们肯像奥格登那样容纳生理学上的行为主义者的话,那就是四种语言的假设。① 我们研究疲劳和推销术的时候需要生理学。我们关于自愿的四种语言假设是心理学、法学、经济学和生理学。在心理学方面它是观念、意义和评价;在经济学方面它是构成交易的经济量和营运中机构的估价、选择、行动和预测;在法学方面它是关于习俗、政治以及习惯法和成文法的集体行动,这一集体行动控制、解放或扩张了交易和机构;在生理学方面它是腺体、分泌和神经,它们让身体进行活动或停止活动。

关于意志的四种语言假设承认二元论和怀疑论,通过把观念作为内部世界对外部世界的拷贝,洛克把这两论注入了所有的科学;但通过把他的"观念"这个词解释为意义、评价、选择,以及对习俗和法律这样的社会规则的服从与不服从这样一种手段,它又超越了他的二元论。

自愿的这四种语言假设的统一在于未来时间的意义。未来性同时具有心理学方面的预期、现代经济理论中可计量的数量、法律上的未来的实现,以及伴随诱因和制裁的生理学上的分泌反应的意思。

因此,自愿变成了因、果或目的普遍原则,常见于运动的某种模式,决定于由于预期事件而赋予词语和事件的意义;运动的模式决定于那些期待事件的人们在其心中所产生的相对重要的感觉;运动模式是受我们称之为制度的集体行动约束、解放和扩张的。运动本身是由于这些意义、评价和限制而反复进行的交易,因此,**自愿**的意义是与意义、评价、交易和管理活动分不开的。其中,"意义"是半理性的语言,"评价"主要是感情语言,"交易"是经济语言,而伦理、法律和财产则是集体的或制度的行为规则语言。

---

① 参见沃森:《行为主义》,1925年版;《行为——比较心理学导论》,1914年版。同时,他关于"行为主义",见《大英百科全书》,第十四版。

这四种语言的假设让我们避免了处于形而上学难题的境地，而且可以让我们为非物质的内容找到一个空间，也就是与交易和运行中的机构不可分离的预期。对于形而上学，我们代之以未来性。

它还允许我们对贯穿于一切思想的**类比**的两种意义加以区分（我们将反复进行这样的区分），与此同时，我们还可以如自然科学所允许的那样，利用带修辞色彩的类比——这样的类比充斥于所有的语言，而不用引入不熟悉的词汇和符号。因为类比只不过是发现相似性的方法。正确的类比是真正的相似。错误的类比已经在经济思想史中出现了，这种类比是通过把从自然科学中衍生出来的意义转移到经济学中产生的，正如我们已经看到的，洛克从牛顿的天文学和光学，从最近的关于有机体的生物科学，甚至从人类意志本身所进行的衍生进行推论。这些错误的类比常常是用"实质化"、"实体化"、"具体化"、"生动化"、"人格化"、"永恒化"、"万物有灵论"、"唯物主义"这样的术语来表示的。①

错误的类比可以缩写成机械论、有机论和人格化这三种类比，因为它们把在物理学、生理学和个人心理学中恰当使用的观念转移到了经济学里。我们认为，通过用交易和运行中的机构这两种观念来进行替代，这些都是可以避免的；而且我们承认，在说到这些内容的时候，我们是用心理学、法学、经济学和生理学这四种语言来表示同一行为的四个方面。这些运行中的机构和交易对于经济学，就如同怀特黑德（Whitehead）②的"有机机制"和"现象"对于物理学，③生理学家的"有机体"和"新陈代谢"对于生理学，或者是完形心理学的整个人格对于意志的特别行动。④尽管由于语言的

---

① 参见弗兰克（L. K. Frank）：《经济事务中的无序与不和谐原则》，载《政治学季刊》，1932年第47号，第515~525页。
② 怀特黑德（A. N. Whitehead，1861~1947）：1924年移居美国的英国哲学家、数学家。——译者注
③ 怀特黑德：《科学和现代世界》，1925年版。
④ 参见科勒（Köhler）：《猿的智力》，1917年版；《完形心理学》，1929年版；考夫卡（Koffka）：《心的成长：儿童心理学导论》，1924年译本；皮特曼（Petermann）、布鲁诺（Bruno）：《完形理论与结构问题》，1932年译本。

贫乏，我们往往被迫通过所允许的生动类比来使用它们，但只要有一两个从机械论、有机论和个人心理学迁徙来的意义悄悄混入，我们就认为作为结果的理性工具对于经济研究是不适合的。

比原则更复杂的是由心灵勾画出来研究部分与整体之间关系的**公式**。在纯数学中，它在关于虚构的线段和数字方面达到了惊人的成功。我们构建的其他的心理公式有：买卖双方对于其参与的交易的关系；交易自身对它们作为组成部分的运行中的机构的关系；个人对社会、公民对国家的关系；还有无穷无尽的种种关系。然而，不管公式是简单还是复杂，它总是关于部分与整体的心理图画。

马克斯·韦伯在桑巴特（Sombart）之后和李克特（Rickert）之前创立了类似公式的东西，他把它命名为"理想类型（ideal typus）"。其目的是为了消除主观因素，提供一种最严格的客观公式，这个公式包含研究和理解一切社会事实关系最基本的东西。因此，他的理想类型不包含任何是非关系。但是，即便如此，正如克朗诺（Kröner）和谢尔廷（Schelting）所指出的那样，不同的研究者对于什么是基本的东西看法是不同的，或者他们在给予不同要素的**权重**方面是有差异的。因此，韦伯创立了"资本主义精神"或"手工业精神"的理想类型。这一理想类型对于研究者是固定不变的，如果事实与之不符，那也不会去改变理想类型以便让它与事实一致，而是把事实作为"摩擦（friction）"在后来提出来，尽管各种摩擦与类型同样重要。但关于交易和机构的公式避免了这些难题，因为它是从实际行为而不是从几种感觉或"精神"出发的。要解释行为的相似性的话，没有必要去找像资本主义精神这样的内在原则。当原则是从一个机构的行为规则中衍生出来的时候，这一原则本身就是客观的。①

最复杂的观念是社会哲学，通常是加上*主义*这样一个后缀进行描述的，譬如个人主义、社会主义、共产主义、无政府主义、法西

---

① 参见克朗诺、亚历山大·冯·谢尔廷：《论马克斯·韦伯的厂史的文化与科学逻辑理论》，载《社会科学与社会政策文献》，1922年第49号，第623~752页。另见本书后文关于理想的类型的论述。

斯主义、资本主义、平均地权主义、工会主义的哲学。在欧洲的经济学家用"意识形态"这个词的地方，我们用的是"社会哲学"。我们认为，意识形态是纯粹理性的，它没有感情，没有行动，没有力量。但社会哲学有两个主要的关系极点——它以与人性有关的伦理感情为基础，而且它为未来确立了渴望的目标。在这里它让自己居于所有概念、原则和公式的次要地位，主要突出的是目的的相似性。哲学并非总是清晰的观念，它通常是潜意识的。如果一个人站出来证明一件事情，那他如何选择证明它的事实是很有意思的，无意识中为我们事实和定义的就是我们的社会哲学。然而，出于研究的目的，一种社会哲学只是一个复合的概念，如同洛克所说的公正、法律或上帝，它"在自然界中没有确定的对象"，但可以从其他一切观念中推导出来。

霍布森（E. W. Hobson）给科学下的定义是"适合知觉对象的概念框架"，我们的"观念"跟他的这个定义有点相似。[①] 但对于我们来说，学科对象是不同的，我们这门科学的对象是人，人们自己有自己的"概念框架"。因此，经济科学家有两个"概念框架"，一个是他自己的，用来构建其学科；一个是他的学科对象，关于人的，人们会为了自己的种种目的构建他们的框架。

因此，通过我们称之为**理论化**的过程，我们在心里反复构思了五种用来研究和理解的心理工具，我们把它们合在一起，命名为**观念及其意义**。观念作为意义来解释，就是**知觉对象**、**概念**、**原则**、**公式和社会哲学**，它们是密不可分的；由于它们的依赖性，我们创立了第六种观念，我们称之为**学说**。

更准确点说，学说是主动的理论化过程，而理论化是思想的方法。各种各样的理论化方法已经对经济理论产生了重要的影响。哲学家黑格尔把它说成是正、反、合。"正"是最初的主张，"反"是它的对立面，"合"是在更大程度上前两者的调和。黑格尔把这一公

---

① 参见霍布森：《自然科学的领域》，1923 年版。关于科学，明显相对的是科恩（Morris R. Cohen）的观点。参见：《理性与自然：论科学方法的意义》（1931 年版）以及《法与社会秩序》、《论法哲学》，1933 年版。

式运用到了日耳曼民族政治进化所体现的"世界精神"的进化上；马克思把它运用在了唯物主义的社会进化上；蒲鲁东把它运用在了效率和稀缺的经济矛盾中。一个心理公式被赋予了客观的存在。①

既然外部世界的*进化*显而易见是公式的一部分，那么思想的过程就被描述为分析、溯源、综合。分析是归类的过程，通过这种方法我们可以比较相似点，区分差异点，而且能够把学科对象划分为概念、原则、公式和哲学。溯源是对所有因素中不断进行的变化进行分析，达尔文称之为**自然选择**。综合是把分析和溯源结合成一个关于部分与整体不断变化关系的公式。因此，通过分析，我们进行分类、细分，对价值的各种概念赋予意义，或给效率和稀缺的各种原则赋予意义；通过溯源，我们揭示价格的变化、早期习俗到大量的现代习俗的演变，以及从石器时代到无线电时代各种发明的演进；通过综合，我们把变化的部分联合成了一个变化的整体。

这一关于世界经济事实的思想公式的引入，在后来的十九世纪后半叶，导致了对静态学和动态学的区分，这是从较早的物理科学接收过来的。如果检验其思想方法中被描述为"静态"的经济学家所做的工作，我们会发现，其方法是：除了被研究的那一个因素的改变外，他们假定其他所有的因素都是不变的。在实验室的科学中，这一方法是行得通的，而且在这些学科中已经获得了许多重大的发现。因为通过设计精巧的各种装置，除了被研究的因素外，其他所有的因素确实可以保持不变，而且被研究的学科对象不会发出任何抗议，也不会进行任何个体的或集体的抵制。但在经济科学中，研究对象是活生生的人，他们的行动是个别的和集体的，而且他们不会被准许进行那种实验室的试验。所以，静态分析必须只是一种心理假定，其基础仅仅是其他因素保持不变的假设；要想通过让他们中间的任何一个人真正保持不变来对学说进行检验是绝无可能的。

在早期经济学家著述的时候，还不存在研究复杂变化问题所必需的统计和数学理论。事实上，这些统计学和数理理论直到战后的研究中才比较容易获得，尤其在美国更是如此。所有的因素都在同

---

① 参阅后文关于马克思与蒲鲁东的论述。

时变化,而且划分成更小的因素,同时也与其他所有因素发生着相关变化。复杂变化问题是世界范围的:许多国家的数理经济学家都在努力工作,好让变化的部分与变化的整体之间可量度的关系问题形成综合性的结论。

可是,在这里出现了"动态学"这个词在意义上的区别。我们把它区分为"复合的变化"和"复合的因果关系"。在自然科学中,因果关系被整个去除了,因为学科对象根本没有自己的意志。数理经济学家必须设法用类似的方法处理经济科学,把因果关系抛在一边。因、果和目的的观念严格限于人类;它们来自于人类意志在个人和集体活动中所作的努力,这些活动是为了控制和征服对人类意志而言的所有其他的人类和非人类因素,或者是为了抵制这样的控制与征服。通过利益和谐的假设,老派经济学家考虑把所有这些人类因素作为"摩擦"消除掉,就如同数理经济学家在其有关复合变化的理论中所做的那样。但除非所形成的关于活动中的人类意志的理论能够适应这些任性的、无法解释的、强烈的、打仗似的人类活动,否则就不能说整个政治经济学化为了一门可行的经济科学。

这一点我们想通过关键和日常交易公式来尽量做到。在创立部分与整体的关系公式时,人类在探索找出什么是限制因素,对这个因素进行关键控制将会让其他因素产生变化,它们中的每一个因素都是靠自己的力量在行动。这就是因、果和目的的发端;物理学中的复合变化理论变成了经济学中的复合因果关系的理论。

尽管在这个过程中可以使用"综合"这个词,但还是需要一个更确切的术语。马克斯·韦伯给它起的名称是"理解(understanding)",埃克雷(Akeley)院长给它起的名称是"洞察(insight)"。我们依从埃克雷的术语,把思想方法分类为分析、溯源和洞察。

如果我们对五十年来经济学家们关于"演绎"和"归纳"两种研究方法的论战做个检验的话,**洞察**的意义就显现出来了。演绎法似乎就是三段论法,有了大前提和小前提,就会得出一个必然的结论。于是,人是会死的——大前提,苏格拉底是人——小前提,所以苏格拉底会死——必然的结论。

然而，如同埃克雷说过的，① 我们想知道的是，现在躺在手术台上的这个特定的苏格拉底会不会死在外科医生的手里，以及会在什么时候死。

在经济学里就是这样。我们正在研究的是大前提本身，并且试图发现眼下是不是能够控制它们。"供求法则"，或者我们应该说是**稀缺性原则**，是必然的，千真万确的，并且像死亡和引力定律一样，不可能避免。但我们想做的是控制——只要能够做到，或者是找出控制、死亡、引力和供给或需求的对象。如果我把一个人从十层楼的窗子扔出去，他是被我还是被引力干掉的呢？如果就同样的商品和服务，一家大公司向自己的一些消费者要了高价，同时向他们的竞争者要了低价，让这些高价消费者破产的是"供求法则"，还是因为公司不公平地运用了**稀缺性**原则？我们需要的正是*洞察*。

因此，"归纳"这个词，或者说是归纳研究法，具有双重意义，这也涉及演绎。归纳也许是小前提例证的集合，这些例证汇集起来仅仅是对大前提的重申。在这种情况下，我们就是用循环论证法在推理。或者，像埃克雷所说的那样，归纳也许是一种关于大小前提复杂性的新的*洞察*，所有这些必须根据已经发生或有可能发生的情况及后果进行权衡。

这种归纳就是埃克雷用来代替综合的东西。综合不仅仅是演绎或归纳——在一个变化和不断发现的世界中，它是对整体状况中限制与补充的各部分之间关系的洞察。它是**阐明**、**理解**和一种对事物

---

① 见南达科他大学工学院院长埃克雷（Lewis E. Akeley）的文章，载《哲学杂志》，1925年10月22号，第561页；1927年10月第24号，第589页；1930年2月第27号，第85页；《工程教育杂志》，1928年4月第18号，第807~822页；本书后文关于李克特和马克斯·韦伯的论述；类似的关于法学方法的文章见库克（W. W. Cook）的《科学方法与法》，还有《约翰·霍普金斯校友杂志》，1927年第15号，第3页；参见《大英百科全书》关于"类比"、"因果关系"、"逻辑"、"科学方法"的条目；《沃尔夫》、《科学方法要义》，1930年版；康芒斯：《现代经济理论》，第三编，第313页；《英美法及经济理论》中关于门格尔（Menger）和施姆勒（Schmoller）的部分。

适应性的**情感认识**。当它成为行动的时候，就是战略。在经济思想的进程中，重大和新颖的洞察已经留下了痕迹。从他们那里推演出当今学说的每位经济学家都贡献了新的洞察，这些洞察以前是看不到的，或者是看得不那么明确的。在获得**洞察**与**理解**的伟大运动中，老的关于演绎和归纳的论战消失了。这个进程永远也不会结束，有足够的空间留给更多的洞察。旧的洞察对于它们的时代和环境是奇妙而重要的，决不会被遗忘或抛在一边。我们需要新的洞察，而且它们需要老的洞察的帮助。因为"世界的经济困境"[①]比以往任何时候都让人困惑，而类似的困境在过去已经出现过了。

因此，理论，按照我们对这个词的用法来说，是一种关于**分析**、**溯源**和**洞察**的复杂活动，这是心灵为了理解、预测和控制未来而积极创立的。"理论"或者是"理论的"这个字眼，往往是声称只与事实打交道的实践家发出的责难的代名词。对于"哲学"这个字眼他往往不像这样反对。研究者不应该问他什么是他的"理论"，而应该问他什么是他的"哲学"。毫无疑问，他用这个词是指洞察和理解。但是，当实践家预测股票的价格会升而且因此尽其所能购买的时候，他就成了理论家；相反，如果价格跌了，他破产了，这不是因为他是注重实践的，而是因为他的理论是错的。他没有分析所有的事实，没有考虑到正在发生的所有变化，没有把分析和溯源结合成关于变化中的种种复合关系的正确洞察。换句话说，他没有用正确的理论指导自己的实践，他是个差劲的理论化者。因此，理论意味着一种限制和补充因素之间关系的正确或不正确的洞察；如果正确，就是将适应所有未来事实所需要的洞察；如果不正确，就是一种谬误，需要纠正。

但是理论这个词还有另外一个意义，就是**纯理论**。刚才给出的是**实用主义的理论**，是佩尔斯（Peirce）所说的*科学*的意义。[②] 经济学家可以区分为**纯理论学家**，只要他们所进行的和欣赏的推理是基于他们正好可以接受的假设，与他们的推论在通过实验进行检验的

---

① 参见帕特森（E. M. Patterson）同名的重要著作，1930年版。
② 参见后文：《休谟与佩尔斯》。

时候是不是起作用无关；他们也可以区分为**实用主义**或**科学的理论学家**，只要他们注重自己的推理对于理解、实验、冒险和在未来指导他们自己和其他参与者的价值。纯理论必定从假定开始，也就是说，普遍规律被他们视为是理所当然的。给定这些假设，逻辑上理论必然会自己解决一切。

所有科学都要作这样的区分，数学就可以说明这一点。纯数学不是科学，而是一种**公式**，它是靠数字语言在脑子中构建的。在任何假设的基础上，任何前后一致、可以在脑子中把数字结合起来的方法就是一个正确的公式，这个公式有时候就可能管用。欧几里得认为自己的假设或公理都是不证自明的，因此得出了一个肯定的推论，就是经过一个确定的点不能作出两条平行的线。他把假设与外部现实搞混淆了。但是罗巴切夫斯基（Lobachevski）1829年凭着一个新的洞察，作出了一项同样一致的公式。这个公式表明经过一个给定的点能够作出两条与一条给定的直线平行的线。两者都是纯理论，但他们是从不同的假设出发的：欧几里得的出发点是平面和静止的点，而罗巴切夫斯基或他的后继者的出发点是动态的空间和相对时间。每种理论都是前后一致的，因为它们都是从其开始的假设中正确地得出的。罗巴切夫斯基之后七十五年，利用介于其间的数学家们所作的修正，爱因斯坦把到当时为止都一无用处的公式运用于在宇宙中飞速运动的光点，以代替在地球上假定静止的点，据说，他是通过对每项假设提出质疑而作出自己的发现的。后来实验证明，这个公式对于一种新的事实秩序是有用的。这是我们称之为科学的实用主义理论的一个例子。①

在经济学中也是如此。经济思想的每个学派都对纯理论有所贡献，这些贡献是从它自己关于有限数量的事实或公理中衍生出来的，或是从这些概念、原则、公式和社会哲学可能最终被作为理论化、研究、发明、实验、计划和行动的思想工具中推导衍生出来的。

但是，经济学中的纯理论不可能与自然科学中的纯理论完全相同，因为自然物质没有目的、意志或利益。经济学家本身就是他这

---

① 参见后文关于休谟与佩尔斯、凡勃伦、绝对与相对等的论述。

门有目的的学科的对象的一部分，除非他被一场危机所迫，要在冲突的利益中进行选择，否则这一点有可能表现不出来；这时候也许会发现他的纯理论中包含了左右其选择的种种假设。

上述是根据纯观念作为感知对象、概念、原则、公式、哲学和理论的*主观*意义所进行的分类。观念也可以根据其*客观属性*的相似性（如使用价值、稀缺性价值、人、伦理、价值）进行分类，或者也可以根据*社会关系*的相似性进行分类。我们将要使用的原则是买卖的、管理的和限额的交易、习俗和统治权。

分类的这三个原则我们可以称之为概念的分类，有时候叫做"静止状态"，在其中没有出现时间和因果关系的问题。但当我们把它们作为活动单位看待时，有时候通过与过去物理学的比较而叫做"动力学"，那就要求根据时间顺序对观念进行临时的或有目的的分类。这就是根据因、果、目的或所谓的"法则"（但我们称之为"原则"）的相似性进行的分类。这些原则可以归纳为稀缺性、效率、未来性、行为规则和关键因素五种相似性。为了便于参考，我们把观念的分类列表如下。必须注意的是，这些观念实际上并不是真正可分的，它们只是出于研究的目的必须在某种程度上结合起来的思想工具。

观念的分类

1. 按*思想工具*的相似性划分
    (1) 感知对象(感觉的意义)
    (2) 概念(观念、属性和关系的相似性)
    (3) 原则(因、果、目的的相似性)
    (4) 公式(部分与整体的关系)
    (5) 社会哲学(人性与终极目标)
    (6) 理论(洞察和实验)
2. 按*客观属性*的相似性(概念)划分
    (1) 使用价值(文明价值)
    (2) 稀缺性价值(需求与供给)
    (3) 未来价值(现在的贴现价值)
    (4) 人的价值(善和恶)

3. 按社会关系的相似性(概念)划分
   (1) 买卖的交易
   (2) 管理的交易
   (3) 限额的交易
   (4) 习俗(法律之外的控制)
   (5) 统治权(法律的控制)
4. 按因、果或目的的相似性(原则)划分
   (1) 稀缺性(买卖)
   (2) 效率(管理)
   (3) 未来性(预测、等待、冒险、计划)
   (4) 行为规则(限额、运行中的机构、习俗、统治权)
   (5) 关键和日常的交易(意志控制)

最后，**高见就是永无止息的变化**，两个世纪带来了从洛克的观念到二十世纪的观念的最终的差异。这是学科对象从*实物*到*活动*的转变。实物有属性和关系，但人的活动具有因、果、目的、关键的和补充的因素。我们通过研究活动来代替仅仅研究属性和关系。我们通过研究交易和运行中的机构来代替对个人和物质的东西的研究。我们通过构建关于期望和不期望的原则、公式和哲学来代替洛克的概念、实体、关系和模式。

我们发现上述关于观念的分类在后面的章节中是很有用的，可以通过与其他体系的比较总结如下：

首先，反映外部世界的被动思想的观念是从约翰·洛克通过十八和十九世纪的经济思想传承下来的，直到达尔文阐明了其生存竞争的学说之后很久，这种观念才开始让位给出于研究和洞察的目的明确地表达自己观念的主动思想的观念。在优胜权的争斗中，观念是人类为战胜自然和其他人所作的最伟大的发明。把过去纯粹理性的哲学和逻辑观念，跟在利益冲突中维持生存和优胜权的情感和活动结合起来的，正是最近从心理学引入的"意义"和"评价"这样的术语。

但生存不仅是个人的生存，而是集体的生存。尽管这一事实是

众所周知的,但直到始自奥古斯特·孔德(Auguste Comte)① 的社会学兴起和最近经罗斯②(E. A. Ross)加以修正和总结之后,才开始在经济学中找到它的位置。但这一社会心理学延伸到了整个人口,而我们的"社会哲学"只延伸到依靠分享公民权利从事"有报酬的职业"的四千八百万人。社会心理学所说的就是我们的集体行动的意思,这种集体行动通过一切集体行动所需的各种行为规则控制着个人行动。

就我们讨论相关的范围而言,个人主义的心理学采取三种形式:两个世纪以来的经济个人主义,最近的"行为主义"心理学,以及"完形"心理学。

经济学上的个人主义总是可以看做是"净收入"经济学。个人被刻画成对一种净收入的接受,这种净收入由他的工作或货币上的支出与他的享乐和货币上的收入之间的差额决定。让个人隔离并隐瞒利益冲突的正是这一点。但我们的交易经济学始终是对所有权权利的转移,这种转移总是造成两种债务:一种是履约的债务,一种是支付的债务。它是总收入和总支出,不是个人的净收入。一个人的总支出跟交易中对方的一个或几个人的总收入是相等的,引起利益冲突的正是这一"支出—收入"的*规模*。在每项交易中都有两种所有权的转移:一种是物质的东西或服务的所有权,一种是另外的"东西"——支付保证——的所有权。假如我们不是从产生债务的活动出发,那么也许可以把它称为由集体行动实施的一种债务经济,使得本身就是一种社会心理学的交易心理或谈判心理的引入成为可能,它导致了所有权的双重转移和债务的双重产生。

这一谈判心理按照交易的三种类型采取三种形式:买卖交易中的劝诱、胁迫或强迫的心理;管理交易中的命令和服从心理;限额交易中的恳求和辩护心理。

这是一种行为主义的社会心理学,这一事实要求把它与个人主

---

① 奥古斯特·孔德(1798~1857):法国哲学家,逻辑实证主义的创始人,创造了"社会学"一词。——译者注
② 参见罗斯:《社会心理学》,1931年版。

义的行为心理学作出区分。那些人完全抛弃了观念，认为那是主观的，不能度量，他们把自己的心理学建立在了腺体、肌肉、神经和血液循环等等的基础上。谈判心理学严格意义上就是关于观念、意义和通常的计量单位的心理学。

谈判心理学跟"完形"心理学比较接近，但后者显然是一种个人主义的心理学，关注的是个人从婴孩开始的心理成长。这种相似在于这样一个事实：完形心理学是关于部分与整体的心理学，其中每一个特殊的行动都与个人所有行动的整体组合相关。但心理概念是一种"公式"，我们把它作为研究这种社会含义中的部分整体关系的工具加以利用。通过公式的构建，经济研究者或社会研究者学会了最佳的研究方法，它主要把自己分解成了一种建设性的访谈方法。①

社会学的创始人奥古斯特·孔德把理论化的方法划分为三个历史演变的阶段，他称之为**神学的阶段、形而上学的阶段、实证的阶段**。② 通过对从洛克到今天的经济学家的研究，让我们得出了类似的三个阶段，我们称之为**人格化、唯物主义、实证主义**的阶段。

在人格化阶段，为了符合孔德的分类，实际上需要两个人格化的阶段：第一个是**迷信**的阶段，或者是假设存在各种专断的意志，与人类意志等量齐观，支配着人间万事。这是孔德的"神学"阶段，人类学家称之为"万物有灵论"。第二个是理性主义阶段，或是孔德的"形而上学"阶段，这个阶段假设的是非专断的、仁慈的、合理的意志支配着人间万事。这个阶段洛克、魁奈、斯密和十八与十九世纪大量的经济与法律论证都作过说明。

在接下来的唯物主义的阶段——一种非仁慈的形而上学，李嘉图、卡尔·马克思和供求理论者都已经作了说明——也是通过类比

---

① 例如，参见宾汉姆（W. V. D. Bingham）和摩尔（B. V. Moore）的《如何访谈》，1931 年版；《访谈、访谈者及社会案例工作中的访谈》，美国家庭福利协会，1931 年版；林德曼（E. C. Lindeman）的《社会发现》，1924 年版。
② 奥古斯特·孔德：《实证哲学概论》，1892 年版。

发现了原因，就是某些先天注定的"力量"或是"法则"，或是自然属性的自动"均衡"，在假定必然的世界里，它们独立于人类的意志在起作用。但是，往往很难决定这个形而上学的经济学家是仁慈的理性主义者，还是非仁慈的唯物主义者。

孔德的"实证"阶段保留了人格化、形而上学和宿命论（fore-ordination）的东西。我们没有篇幅来发扬这一主张，但通过观察经济学家和相关人士在思想和行动方面的冲突方式，特别是战后以来的情况，我们就可以把第三阶段看成是不断研究和实验的阶段，按照佩尔斯的说法，我们命名为**实用主义**。在**实用主义**阶段，我们回到了一个不确定的变化的世界中，没有宿命论或形而上学，也无论仁慈还是不仁慈，在这个世界里，我们自己和周围的世界都不断地处在变化的利益冲突中。像洛克那样，我们研究自己的心理和周围的世界在人类社会中实际上是如何行为的，坦率地说，我们认为人类社会是不可预测的，但通过洞察和集体行动，可以在一定程度上加以控制。

我们认为这是**制度经济学**的问题。制度经济学不是什么新东西，它一直是所有经济理论明显的伴随物。由于这个原因，往往可以把它看成是肤浅的东西，因为它太普通太熟悉了。但可能这正是它需要研究以及它最难研究的原因。一切科学的整个进程一直是从最遥远的对象——甚至远在数千光年之外——到最熟悉的内容，这就是我们自己在行动中的意志。科学的进程不仅是从简单到复杂，而且是从遥不可及到普普通通。①

四、利益的冲突

政治经济学一直在极端个人主义和极端集体主义之间徘徊。尽管每个经济学派都是从利益冲突中崛起的，但它们都已经把自己发端的冲突作为非自然、人为和暂时的东西抛弃掉了，甚至集体主义的专政都图谋要把利益冲突消灭掉。个人主义学派期望的是个人财

---

① 参见后文关于从绝对到相对的论述。

产基础上的利益和谐；集体主义者期望的是基于集体财产的未来和谐。因此，我们可以把所有这些经济理论都作为未来和谐的理想（idealisation）来看待，而不是作为科学研究来看待——这种科学研究的是现存的冲突以及从冲突中产生秩序的方法。

十八和十九世纪的个人主义者的理想主义有几个理由。首先是天赐恩惠和世界丰裕的假定——如果神的法则没有世俗罪孽的阻碍的话，就不会存在任何利益冲突。

另外一个理由是净收入的概念代替了总收入的概念。净收入是一个人总收入与总支出之间的差额。但一个人的总收入是另外一个人的总支出，而一个人的总支出则是另外一个人的总收入。在净收入的概念中是不存在利益冲突的；冲突是从对于一个人而言的总收入和对于另外一个人而言相等的总支出中产生的。

这种利益的和谐与冲突，起源于研究的基本单位。商品等同于有形体的财产——物资的所有权——因此，产生利益冲突的所有权被遗漏了。当不得不考虑无形体的财产或债务时，也是用与商品同样的方式对待它们的，它们的买卖只是一种获得净收入的手段。直到引入了交易的概念（这意味着两种所有权的转移，随之发生的是两种债务的产生），总收入才被清楚地与净收入区分开来。但我们不仅把交易分解为了利益冲突，而且也分解为了相互依赖和从冲突中带来秩序的集体努力。

因此，政治经济学这门科学是从利益冲突、从把利益冲突转化为一种理想主义的利益和谐中产生的。经济冲突变成了政治冲突和战争，这都是由于稀缺性产生的；经济上的阶级是利益的相似性中产生的，这种相似性来自于获取和保持对世界上有限供给的财富的所有权的积累，并不是像马克思所主张的那样只有两个阶级，在利益的相似性上有多少差异，就有多少经济上的阶级。最广泛的分类一直是基于财富生产者和消费者之间的差异进行的，但这些人作为所有者，可以划分为买家、卖家、借贷者、贷款者、农民、工人、资本家、地主；这些人还可以分为麦农、棉农、银行家、制造商、商人、熟练和非熟练工人、矿主、铁路所有人，这样一来，就可以无穷无尽地划分出阶级、子阶级和子阶级再分后的部分。

对这些经济阶级及其冲突进行研究而不是理想化,其重要性在于这样一个事实:为了共同的行动,这些阶级一直是按照其经济利益的相似性组织和统一起来的。有无数个这样的组织出现和消失,有些是全国甚或是国际范围的,拥有总部设在纽约、华盛顿、伦敦、巴黎这样的经济或政治中心的战略;有些是在一地或一区,依据的是在这个区域范围内其利益的相似。① 按照利益相似性的或宽或窄,每个地方都发生了集体行动的起起落落;从这些冲突中产生的,要么是可行的利益和谐,要么是停滞或崩溃,这就要求同时还是另外一种集体行动的高压手段——实际的政治和战争,这些手段带来的不是**和谐**,而是**冲突中出现的秩序**。

自从经济学的研究开始跟哲学、神学、自然科学区分开来的时候,研究者所采取的观点就是由当时最主要的冲突的性质,以及研究者对发生冲突的各种利益的态度决定的。被称为经济思想"学派"的正是经济学家的这些分歧,我们可以在这里对它们概述一下,然后在后面的章节里再对它们进行全面的详述。

第一个学派是十三世纪和以后的经院派经济学家,其领军人物是教会的神父,特别是圣·托马斯·阿奎奈(St. Thomas Aquinas, 1225~1274)。② 他们生活在一个封建主义和绝对暴力的时代,然而,当时的商人阶级已经开始了从贵族和教会的统治下争取自由的努力。新的经济问题变成了买家和卖家、借贷者和放贷者之间的冲突。圣·托马斯·阿奎奈对从《罗马法》中承袭下来的《民法》和借钱给外帮人的《希伯来法》都进行了抨击。按照《罗马法》,高于其所值出卖东西和低于其所值购买东西都是合法的;按照《罗马法》和《希伯来法》(后者只限借钱给外邦人),为了赚钱借出高利贷都是合法的。圣·托马斯·阿奎奈建立了教会神父的神圣法律,大意是说,由于所有人类都是兄弟,高于其"价值"出卖东西或低于其"价值"购买东西都会犯欺骗的罪过;为了用钱而要价会犯出卖并不存在的东西的罪过,因此会导致有悖于公正的不平等。他建立了**四**

---

① 联邦贸易委员会已经出版了有数千家这种社团的名录。
② 圣·托马斯·阿奎奈:意大利中世纪神学家和经院学家。——译者注

海之内皆兄弟的信念（brotherhood）来代替**冲突**，以之作为经济理论的最终目的。

即便是今天，当我们考虑若是在经济生活中消灭了高压政治、秘密状态和不平等后什么才是公平和合理的问题的时候，解决利益冲突的这种方法就会重现。为了解决这个问题，人们已经创造出了铁路委员会、市场委员会、商事仲裁、劳动仲裁、公正法庭等各种各样的机构。因为阿奎奈合理价值的观念是以劳动成本为基础的，所以他的理论是劳动价值论的开端。

接下来出现的是重商主义学派，这个学派伴随的是封建主义的衰败和从前受歧视的商人阶级掌握政治权力的兴起。重商主义者的目的是为了向君主或立法机构揭示如何通过增进商人的利益才能最好地增进国家的利益，这些手段包括保护性税则、出口补贴、合股公司的垄断特权、航海法规、对殖民地和他们自己的农场经营者的剥削；这样就产生了一种出口超过进口的顺差，就会以其他国家的利益为代价让金银流入国内。重商主义在十七世纪盛极一时，到约翰·洛克和1689年英国革命的时候达到了巅峰。实际上，它们今天还很兴旺，不过这个学派的现代名称是**国家主义**、**保护主义**、**法西斯主义**、**纳粹主义**或者共和党。

第一个对重商主义提出抗议的是法国的重农主义者，在他们的时代，这些人被称为"真正的经济学家"。从1753年开始，他们的领袖弗朗索瓦·魁奈就认为重商主义的政策对法国这样的农业国是破坏性的，这个政策偏向的是制造商、商人、银行家和他们的公司，但这些阶级都是非生产性的，只有自然的力量才是生产性的。再说，金银不是财富，它们只是财富交换的流通媒介；如果没有政府的干预，这一财富就会像血液一样自然流动到商品交换所需要的任何地方。

从与血液的生理学类比中，魁奈和他的追随者们推演出了自由贸易的学说——让**自然**自行其道，不用政府插手商业。因为自然被认为是仁慈的以及能生产财富的，不需要为了商人和制造商的利益制造人为的稀缺。重商主义者歧视农业——这是唯一一个**自然**出产多于生产者消费的行业，剩余将归于非生产性的阶级。美国农民声称，他们为世界提供了衣食，但却无法维持生活或保持地力，因为工商阶级（他们称为"资本家"）控制了政府，而且还歧视农业。重农主义在今日又被重提了。重农主义在法国兴旺了三十年，并且这个学派在**平均地权主义**、**农业经济学**、**单一税**、**改良主义**的名义下还在繁荣，直到最近的**民主党**。

再后来是古典学派的经济学家。从1776年以来的七十年间，其领袖人物是颇有分歧的亚当·斯密、托马斯·马尔萨斯、大卫·李嘉图和约翰·斯图亚特·穆勒。[①]

斯密接受了重农主义的自由贸易学说以及他们反对重商主义的观点，但他的祖国属于一个在制造业方面引领世界潮流的国家。因此，对他和他的信徒来说，自由贸易会保持英国制造业和运输业利益的领导地位，把原材料和粮食的生产留给其他国家。他代表了重商主义和产业主义之间的矛盾，就像重农主义代表了重商主义和平均地权主义之间的冲突一样。因此，他抛弃了重农主义学说所坚持的自然单独生产财富的部分，回归到了阿奎奈和约翰·洛克的理论。现在，具有生产性的是劳动。虽然他对重农主义作了让步，认为在农业领域自然的恩惠扩大了劳动的成效，但他认为制造业、商业和运输业的劳动也生产财富。

与此同时，马尔萨斯在其著名的《人口原理》（1798）中证明，人口的增加要比自然和劳动生产力的增加更快，他把稀缺、情欲、愚昧、穷困作为基本原理引入了经济科学。后来达尔文把这些都接受了过来，并且在他的《物种起源》（1859）中扩大到了所有生物。

1817年，李嘉图，一个精明的资本家，接受了马尔萨斯的稀缺性理论，用自然的吝啬代替了十八世纪**上帝**和自然的恩惠。自然不助人，它抗拒人，甚至在农业方面也是这样。从这个变化了的自然观出发，李嘉图提出了地主的利益与资本家和工人利益的相冲突的观点。人口压力迫使劳动和资本在表面上降低粗放的耕种边际，或者向下降低粗放的生产边际，以致总有一种把工资和利润减到最小

[①] 约翰·斯图亚特·穆勒（1806~1873）：英国逻辑学、经济学家。——译者注

的趋势，这跟从这些最低边际中能够获得的量是相等的。然后，竞争会使全国的利润和工资平均化，这样资本和劳动在自然阻力较小的、较好的土地上获得的收入，也并不比从在最差的土地上获得的收入更多。这就留下了李嘉图称为地租的剩余（穆勒称为不劳而获的收入）的观点，这些地租完全属于土地所有者，而在他们这一方却不需要花费任何劳动和经营。在英国，这种地租由于粮食的保护性税则进一步增大了。因此，李嘉图提供了基础，使得三十年后（1846年）制造商们得以在议会战胜地主的抵制，废除了由地主们为了维持粮食价格而制定的保护性税则。

李嘉图和马尔萨斯的"人口过剩会导致工资和利润递减"的悲观理论，引发了社会主义者、共产主义者、无政府主义者、土地国有化者、单一税者、工团主义者的各种学派的产生。

共产主义学派——这是卡尔·马克思1846年在他与无政府主义者蒲鲁东的论战中提出来的——保留了李嘉图的利益冲突，但却拒绝了他对土地和资本所作的区分。李嘉图的分析把资本家和工人团结在了一起，在税则问题上反对地主。但马克思让地主和资本家在利益上取得了一致，他把他们都定义为纯粹的财产所有者，他们对政府的共同控制是为了用来剥削工人——非财产所有者的无产阶级。矫正的办法是未来的利益和谐，即为了把资本家变成无产阶级而开始没收所有的私人所有权。这一点，在列宁和斯大林的重申和领导下，在1917年的**俄国革命**中取得了意外的成功。共产主义的反作用在德国发展成了纳粹主义。

当马克思和共产主义者代表挣工资的人的利益说话的时候，蒲鲁东和无政府主义者是代表小自耕农的利益说话的，他们反对的是大土地所有者，代表的是小生意人、小工场主或承包商、零售商，反对的是大批发商、中间商以及与控制货币和信用的银行家结成的联盟。蒲鲁东的剥削者是**商人资本家**，而马克思的剥削者则是**雇主资本家**。从蒲鲁东的小经营者的互助论和他的代表劳动力的纸币中，已经产生了合作生产、合作销售、信用合作社、美钞主义（greenbackism）、民粹主义，所有这些都是为了通过农民、工人和小工商业者的合作或政治行动来取代中间商和银行家。

最后，在二十世纪初叶，在工团主义的名义下，索雷尔影响了马克思的共产主义和蒲鲁东的无政府主义的结合，对此的反应结果是在意大利发展成了法西斯主义。

李嘉图悲观主义的另外一个结果是土地国有化学派，在十九世纪后半叶，约翰·斯图亚特·穆勒和亨利·乔治（Henry George）是这一派的领袖。穆勒虽然位列古典经济学家行列，但他跟他们有一点重要的不同，正是他抛弃了李嘉图的劳动价值论，代之以将货币作为价值尺度。他接受了李嘉图的地租理论，为了避免没收，他提出了对所有**未来**自然获得的地租增量的国家所有权。亨利·乔治更为正确地追随了李嘉图，建议**对地租征收单一税**，并且取消对资本和劳动的一切税捐。美国人虽然没有经济理论的帮助，但在自然获得的增量方面已经对这一原则作了一次特殊的运用，在公路、街道和灌溉渠建设的支付中，规定了对土地所有者的特别税捐，这种税捐只到改进措施增加土地价值的程度，而且不会超过改进措施的成本的程度。

与此同时，导致了共产主义和无政府主义的李嘉图悲观主义的结论，在后来又导致了工团主义、法西斯主义和纳粹主义；在长时间的严重失业期间（这种严重失业在 1848 年**欧洲革命**达到了顶点），他的悲观主义一直与被称为**乐观主义**的利益和谐学派有矛盾。在这个世纪的中叶，这个学派的领袖是美国人亨利·C·凯雷（Henry C. Carey）和法国人弗雷德里克·巴师夏（Frederic Bastiat）。凯雷赞成符合美国制造业主利益的保护性税则，而巴师夏赞成的却是符合法国财产所有者利益的自由竞争。在与无政府主义者蒲鲁东的长期论战中，巴师夏明确表述了自己的理论。

凯雷和巴师夏的观点与李嘉图、共产主义者和无政府主义者的观点相反，他们认为地主和资本家给社会提供的服务与劳动者提供的服务一样多。假如雇主或劳动者没有向地主支付地租，或者是没有向资本家支付利润和利息的时候，这种服务的价值就是强迫他支付的可选择的价格。他为优良土地付出地租，其境况会强于使用不需要付地租的耕作边际（margin of cultivation），他给资本家支付利润和利息，境况会强过为没有获利的边际资本家工作。乐观主义理论还残存于对私有财产的辩护里,残存于美国法庭的价值理论里,残存于机会选择的理论里。然而,它们得到了更为现代的机会均等和议价能力平等学说的修正。

尽管我们将会看到,乐观主义者的理论是美国法庭的理论,但古典经济学家却认为他们很肤浅。然而,经济学家认为财产权利是不证自明的,不需要辩护或研究,因此,他们把自己的理论建立在了物资和物资的所有权这一相互矛盾的财富定义之上。凯雷和巴师夏是现代*无形资产*观念的真正的发明人,但经济学家只有*有形体*的财产的学说。因此,他们把所有权的一面跟物质的一面当成是一回事,所以不需要研究,他们把自己的理论建立在了物质的东西的生产成本之上,他们自己专心致力于对财富生产、消费、冒险和交换的物质条件的分析。

之后不久,麦克劳德(Macleod)走向了把"商品"这个词作为财富及其所有权的双重意义的相反的极端。他试图完全排除物质的东西,把政治经济学完全建立在债务和其他财产权利的流通性概念之上。但经济学家们提出了反对意见,他们认为财产权利是肤浅的,而且涉及把同一个东西算两遍的这种情况。因为麦克劳德在利用英美法的一项谬误时争辩说,如果一个农场值一万美元,那么抵押农场获得的五千美元的债务就是一笔额外的"财产",这就让总价值变成了一万五千美元,但它只值一万美元。正统经济学家认为必须忽略财产权利,只对由劳动所提供的物质的东西和服务的生产、交换和消费进行分析。

这种明确排除财产权利的做法是心理经济学家这一新学派的方法,这个学派是在1848年欧洲革命之后出现的,在三十年的时间里,其创立者是名不见经传的戈森(Gossen,1854)和闻名遐迩的杰文斯(Jevons)、门格尔(Menger,1871)和瓦尔拉斯(Walras,1874)。后来庞巴维克(1884)、克拉克(J. B. Clark)、费特(Fetter)把经济学的心理学派搬到了新近的时代。在对心理学派进行分析后,我们发现它是制度经济学派最近的先驱。

在十九世纪,所谓的历史学派在德国兴起了[罗寿(Roscher)、希尔德布兰德(Hildebrand)、克尼斯(Knies)],这个学派否定了其他学派的所有论证方法,他们把历史研究的方法引入了经济学,直到现在它都一直是一种重要的方法。他们把现存的生产和消费体系解释为了过去变换的环境强加给现在的演变。这一学派把**习俗**、**财产**和利益冲突的概念带入了经济科学,这一直是古典和心理学派公然排斥的。历史学派导致了伦理和制度学派(施姆勒、凡勃伦),这两个学派强调习俗、立法、财产权、公正和不公正,并且把这些内容作为经济科学的重要因素。

在一个完全相对的方向,还从心理学派中兴起了数理经济学派。但数学和统计学已经变成了研究的工具,而不是问题的解决办法,任何一个学派都能够根据其作为数学计算假设的假定运用这两种工具。

二十世纪是资本主义的第三个繁荣阶段,我们称之为**金融资本主义**。上面我们已经提到了蒲鲁东和马克思之间的冲突——蒲鲁东为小有产者、熟练工人、小自耕农代言,反对控制信用和市场渠道的大商业资本家和银行家;马克思则为雇主资本家工厂里的工薪阶层代言。马克思研究的是资本主义的科技阶段,在这个阶段雇主变成了资本家,伴随的是适应市场扩大之后的大规模生产,这个市场是先前由运输形成的,由商人控制。

通过查找专利授予的记录,我们就能够大致确定美国从商人资本主义转入雇主资本主义的日期。这个日期是从1850年到1870年的二十年间。在这二十年间,专利的数量从每年不到一千件飞跃到了每年超过一万两千件。这个时期是铁路造就全国性市场和专利办公室造就工厂体系的时期。

第三个阶段,金融资本主义,这个阶段的前兆是持续数十年的商人资本主义的商业金融,伴随的是其商品销售所需要的短期信用。但在二十世纪,与商业银行联系密切的银行辛迪加或投资银行家在产业合并、证券销售和董事会控制方面上升到了支配地位,他们一直在销售那些公司的证券,按想象他们也应该对其负责。他们在经济萧条的时候挽救了拖欠债务的商业机构,把它们接管过来,然后在繁荣好转的时候为其提供资金。现在,数百万散户投资者把自己自动归入了所信任的银行家之下,他们把自己的储蓄的管理权转移给了这些银行家。一家公司就有近六十万股东,产业基本上被一大群看不见的投资者所有,而这些投资者是由看不见的银行辛迪加控制的。通过国际合并,辛迪加变成了世界的银行家。每个国家都建立了一个**中央**银行,在这方面,美国最近的办法是**联邦储备制度**。各个国家、各个地方、各种产业和工人都服从于这种官方和半官方的控制;二十世纪的经济学变成了银行家集体行动的制度经济学,这些银行家在世界范围内控制着商人、雇主、雇员甚至国家。

因此,战后的政治经济科学是七个世纪的经济冲突和几十种作为其结果的经济思想学派的遗产,它在某种程度上回归到了圣·托马斯·阿奎奈的合理价值论。但它是一个跟全世界全部的经济冲突一样复杂的主题,由于世界大战和战前的历史,这些冲突已经呈现在了面前。紧随1789年**法国革命**的前一次世界大战,在二十五年间开启了十九世纪的各种经济思想学派。然后,1848年革命之前的长期萧条带来了无政府主义、共产主义、社会主义和乐观主义等非正统的经济学家。现在,新的世界大战和其中的**俄国革命**、**意大利法西斯主义**、**德国纳粹主义**和**金融资本主义**,已经在世界范围内发动了数以千计的经济学家,对经济科学的基础进行另外一次修正。

因此,按照他们对现今处在繁荣和萧条波动中的财富以及处在贫困不平等之中的千百万人的意见进行划分后,根据这些状况和前述理论的符合程度,我们可以对前述的经济学家的学派重新分类。有**放任主义**的主张:对此我们无能为力,它是不可避免的;有**剥削**的主张:一切都靠不正当的手段从其他人那里获取,不用给多少回报;还有就是**实用主义**的主张:让我们进行研究,就应该做什么、能够做什么达成默契,然后共同行动,如果可能,就建立一套合理准则和合理价值的制度。

或者,这些经济学家的学派还可以按照其基本的研究单位的观点进行分类,他们的理论始自这些观点,例如,**商品论者**、**心理论者和交易论者**。但心理论者也是商品论者,我们也把他们称为正统经济学家,因为他们关于商品的观念是"物质的东西等于东西的所有权"这一矛盾的观念。忽略所有权的一面,一件商品(譬如一块面包)可以从客观与主观两个立场看待。*客观地*讲,它是*劳动*的产品，劳动已经给另外一些无法控制的自然力量附加了有用的属性。对于这些属性，我们赋予的名称是李嘉图和卡尔·马克思使用过的**使用价值**，这是**财富**的正确意义。但*主观地*讲，同一件商品是在特定的时间地点满足特定个人*欲望*的手段。这个个人想要的既不用太多，也不用太少，而是恰到好处。对于供给与需求之间的这种个人主义的关系，我们赋予了一个**稀缺性价值**或*资产*的名称。因为它在商品的稀缺与丰裕中转变，与财产权相等。

但是，对于交易论者，基本的单位是经济活动，处理的是未来物质的东西的所有权和产生的债务，我们称之为交易。我们还把交易区分为管理的、买卖的和限额的交易，这三种类型的交易是我们的基本活动单位，一切经济关系都能够归结为这三种交易。

因此，按照他们所用的基本的研究单位，我们把经济学家区别为两种类型：*商品*经济学家，又分为客观与主观两个学派——前者以商品的有用性（使用价值，客观的）为基本的研究单位，后者以依赖于商品的感觉（递减效用，主观的）为基本的研究单位；*交易*经济学家，以各种类型的交易作为他们的研究单位。

但交易是一种财产关系——**人与人**之间的关系，而商品，如果从定义中略去了所有权，那就是**人与自然**之间的关系——要么是财富生产的物资关系，要么是需求满足的心理关系。因此，交易作为财产权或制度的研究单位，本身就包含了经济学家产生分歧的所有问题。这些问题我们称为**冲突**、**依靠**和**秩序**。

在每一项经济交易中都有**利益冲突**，因为每个参与者都想尽可能地多取少予。但除非在管理的、买卖的、限额的交易中**依靠**其他人所做的事情，否则就没有人能够生活和发达。因此，他们必须达成可行的协议，而且由于这样的协议并非总是可以自愿达成的，所以总有某种形式的集体强制来判决纠纷。如果这些判决被作为前例接受，并且在后来的交易中大家都自然遵守，那么判决当局就不需要干涉，一般也不会干涉，除非原告和被告之间的纠纷冲突又一次达到了危机的程度。这一过程我们称为按照**纠纷判决来制定法律的习惯法方法**。对于整个过程，我们起的名字是**运行中的机构的行为规则**，它的目的是从**冲突**中带来**秩序**。

按照他们用作基本单位的交易类型，还可以进行学派的第三种分类，每个学派的社会哲学都是建立在这种基本单位之上的。这一分类把经济学家区分为**买卖学派**、**管理学派**和**集体学派**。第一个学派以买卖交易为其单位，这个学派的极端是无政府主义，它完全拒绝管理和限额活动。第二个学派是以管理和限额交易为基本单位的，极端的情况是共产主义哲学。第三个学派把限额、管理和买卖活动按照集体行动的层次结合起来了，它的现代结果就是各种社会主义（有别于共产主义），例如基尔特社会主义、国家社会主义、法西斯主义、纳粹主义（国家社会主义），还有工会组织主义、多元主义、工团主义、金融资本主义。

这又引起了经济学家们根据他们看待社会和社会中的集体行动的方式所进行的另外一种交叉分类，要么是**机械论**、**机器论**、**有机论**，要么是**运行中的机构**。

如果是机械论的理论，或者是用了帕累托（Pareto）①的"分子社会理论"②的说法，那么理论家遵循的就是物理学和化学的类比，其中社会只不过是一群人口，而不是一个社会，盲目的自然力量无因、无果、无目的地在发挥作用，就像海浪或者恒星、行星一样。这些学派倾向于**放任主义**的观点。

与**机械论**的类比大不相同的是机械的**类比**。机械是人设计的人工装置，而机械论是原子、波浪、旋涡或者它们产生的任意东西的"自然"运动。但机械是"人工的"，与社会作类比，可以作为机械论的哲学设计出来，由于**工程师**在**机器时代的**商业与政治中的优势，它变得引人注目起来。如果我们把轮船、电信和无线电考虑进来，那么机器就变成了我们所谓的国家，甚至是世界的一个**生产厂**，它有自己产生原动力的能量、传输能量的电池以及原料、劳动和产品的组织，可以适应作为整体的"社会机器"。所有这一切都受现代科

---

① 帕累托（Vilfredo Pareto，1848~1923）：法国出生的意大利经济与社会学家，其著作对"在不使其他人的情况变坏的情况下就没有人的情况能够改善"的最优状况进行了研究。——译者注

② 见后文关于从个人到制度的论述。

学家和科技工程师的技术能力的支配。这一类比演变成了经济学家的管理学派，他们倾向于不同形式的独裁，无论是共产主义的、法西斯的，还是资本主义的，或者是倾向于**国家经济计划委员会**的，或者是更近的**技术统治论**的，或者更普遍的，倾向于我们所谓的**工程经济学**。这种类比决不倾向于放任的观点，它的倾向是相反的：一切事情都靠科学和科学管理来完成。

接下来的是**有机论**的类比，有某种程度的相似性，但却是从生物学而不是从物理学中衍生出来的。在这里，社会受像"社会意志"、"社会价值"这样的中枢力量的支配，通过"社会劳动力"发挥作用，它的一切都类似于人类意志。它的评价和活动以及所有的个人，都消失在了专门的手、耳、眼、胃中，服从一个单一意志的指令。这些学派倾向于较早的托马斯·费尔默的理论，或者是各种类型的独裁社会主义（像法西斯主义或纳粹主义），甚或是倾向于金融资本主义的霸权。

但这些都是从其他科学中得出的类比，我们称其为**戏剧化**或**诗歌化**的类比，与每个研究者建立的、限于他们自己的特殊科学范围的**科学化**的类比相对。在"社会"中出现的类似于物理科学中的**机械论**或**机器论**，或者类似于生物科学中的**有机论**的内容，变成了直接从商业的惯用语言和法庭判决接受来的内容，在英国和美国被称为**运行中的机构**。这些有着自己行为规则的集体行动的运行中的机构，有无限的变化，每一个都面向未来，并且控制着个人的行动，我们并没有把它们当成是从其他科学中衍生出来的类比，而是当成我们正在研究的真正的内容。他们谈的是诗歌，我们说的是散文。

从机械论、有机论、机器和运行中的机构得出这些见解后，经济思想的学派又可以按照观念的因、果或目的进行分类，例如均衡论、过程论和制度论，希望它们能够对发生的事情进行解释。不应该认为这些术语是排他的，因为它们在所有理论中都有不同程度的出现。

"均衡"理论，或者干脆说是自然机制的自动均衡或分子理论，通过拟人化，注入一个*目的*，就会像"寻找自己水平面"的海浪，或者是伴随"天籁之音"的"宇宙和谐"。它们的模式就是艾萨克·牛顿爵士在其《自然哲学的数学*原理*》(1687) 中所说的"运动定律"。它们倾向于利益和谐理论,把法律及其冲突视为是"不合理的",不属于经济学说的范畴。

"过程"理论把它们的注意力转向了*各种变化*,以及由极小的但却*无意识的*或*偶然*的变化所产生的进化。它们的模式就是查尔斯·达尔文在其《*物种起源*》(1859) 中所说的"自然选择"。在这本书里他详细说明了遗传、种群过剩、变异、生存竞争和适者生存的五重过程,整个过程是从马尔萨斯的**稀缺性**原则中衍生出来的。

制度理论,或者按我们对它们的叫法,运行中的机构的理论,是建立在均衡和过程理论两者之上的。然而,它们的注意力指向的是*有意*或*有目的*的变化,是一种*管理的*均衡,而不是*自动的*均衡。这一有目的的控制被达尔文称为"人为选择",意思是说,人的心灵通过个人或集体行动,按照他们自己的适应观念,对进化本身进行控制。这些理论已经在社会学这门新兴学科中产生了,在美国开创这门学科的先驱是罗斯(E. A. Ross),他在自己的著作《社会控制》(1901) 中完成了这项工作。

这样,我们就有了对经济思想流派的好几种交叉分类:第一,关于其出于阶级冲突的历史起源的分类。第二,关于其放任主义、剥削或实用性的社会哲学的分类。第三,关于其研究的基本单位的分类——无论商品、感觉,还是交易。第四,关于其哲学所基于的交易类别的分类,例如买卖、管理或限额的交易。第五,关于其方法或类比的分类——无论机械论、机器论、有机论、运行中的机构,还是均衡论、过程、集体行动。

经济学研究中,各种相互冲突的学派和主张得出了不同的结论,在这一迷津中,我们无法从普遍接受的假设出发,然后用演绎的方法把它们的实际运用推及到我们面前的各种问题。我们还不如从头开始,像约翰·洛克在十七世纪神学和政治教条主义的类似迷津中所做的那样去做,那些教条主义曾导致了混乱、不容异说和内战。为了发现我们究竟真正知道多少,我们在研究和理解中可用的思想工具到底是什么,我们应该对自己的思路进行检验。我们的学科对象是通过合作、冲突和游戏规则在生产、获取和限额分配财富中的人类交易。这些活动最初仅仅是作为感觉出现在我们面前的。这样一来，我们就无法肯定它们是仅仅由我们内在的倾向和社会哲学引起的，还是由外在的活动引起的。只有对我们称之为**习惯性假设**①的倾向进行仔细的检验，我们才能让自己为研究和理解作好准备。正如我们从约翰·洛克开始的那样，要做到这一点的最佳办法，就是继续对各种经济思想流派自己特定的已经或尚未注入其理论的社会哲学进行检验。我们将继续这样的方法，不过不是对所有的经济学家和哲学家都进行检验，而是对那些我们称为**新见识的先驱者**进行检验。他们中的每个人都有一些贡献，在总结中，必须对与之冲突或矛盾的所有其他人的看法给予合理的权重。我们把这种合理权重称为**合理价值**。

五、历史的经济中枢

近代史上的**集体行动**从**封建主义**起，在英国1689年的**革命**中走向了**商人资本主义**，然后在十九世纪中叶走向了**雇主资本主义**，然后是二十世纪的**金融资本主义**。但这一制度发展伴随的是货币的发展，从金属货币到纸币，然后是信用货币，债务、税赋、价格以及任何可卖的东西都是按照它来规定的，而且只要需要，就可以由法律来实施。

尽管批发价格的变化只是众多因素中的一个，但从历史的角度看，它们如此突出，以致按照生物学的类比，可以称它们为历史的经济中枢（见图2-1）。价格理论的变迁是"货币的"还是"非货币的"无关紧要，② 不过在一个货币与信用的世界里，所有个人和阶级衡量自己的成功与失败都得依靠价格，而且批发价格占据着控制地位。因为它们是被生产者所接受的价格，工资、利息、利润和地租的大部分都是从中支付的。"社会"凝结在一起还是分崩离析，取决于这一"金钱关系"或金钱失调。

---

① 见后文关于习惯性假设的论述。
② 见后文关于世界工资社会的论述。

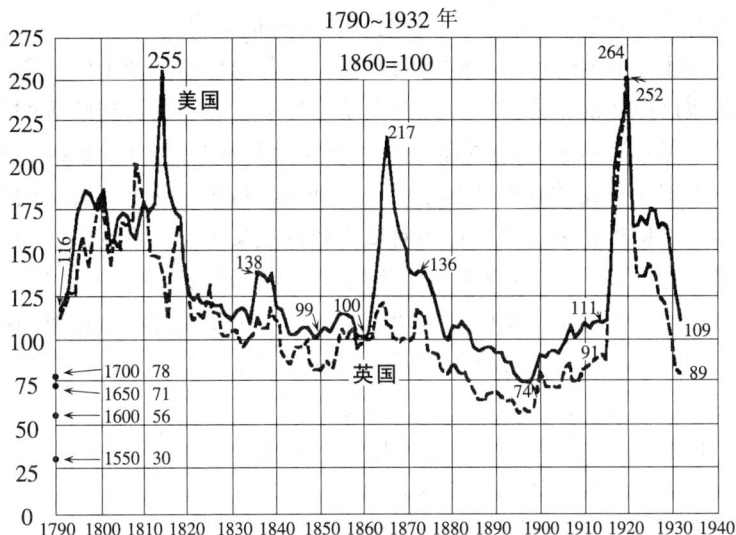

图 2-1　美国和英国的批发价格

批发价格从 1500 年到 1790 年相对变化的计算是由垂直线按五十年的时间间隔表示的。对上几个世纪的这些估算以 1860 年为 100，通过检验阿瑟（Abbott Payson Usher）收集的数据完成（见 1931 年 8 月号第 13 期第 103 页《经济统计学评论》中的《1259~1930 年英国的小麦价格和商品价格指数》一文）。英国从 1792 年到 1933 年的计算是由杰文斯（S. Jevons，1791~1860）、绍尔倍克（A. Sauerbeck，1860~1920）和经济部（1920~1933）完成的。对美国的计算是由罗尔瑟（H. V. Roelse，1791~1801，见《美国统计学会会刊》，1917 年 11 月第 15 期，第 804~846 页）、汉森（Alvin H. Hansen，1801~1891，《美国统计学会会刊》，1915 年 11 月第 14 期，第 804~812 页）和福克纳（R. P. Falkner，1840~1891，载《奥尔德利希报告》，第 52 届国会《参议院报告》卷三）完成的；1861 年至今的数据见《美国劳动统计局 284 号公告》和其后的公告。

如果不参考物价水平变化的历史，那么要理解经济学家的各种理论和利益冲突就没那么容易了。从发现美洲、君主们紧缩通货，到伊丽莎白统治的中期，物价上涨了三倍，这与资本家、农场主、商人和制造商阶级的兴起有很大的关系，原因是大幅度减少了他们的地租、债务和税收负担。但与此同时，劳动阶级的状况却由于从农奴身份到现金工资的制度性变化而大大降低了。①

到了十七世纪约翰·洛克的时代，随着物价的持续上涨，资本家阶级已经变得非常富裕，足以发动一场反对腐朽的封建阶级的革命——尽管法国的这场革命是在一百年之后才发生的。直到 1732 年，大卫·休谟才在经济学中引入了静止物价水平与上下波动的物价水平之间的重要差别，作为对**商人资本主义**下业已发生的变化的解释。这一新近认识到的世界范围内的物价变动的因素太惹人烦了，以致古典派和快乐主义的经济学家，从亚当·斯密开始，在他们的理论中就仅以"名义价值"提及，而且代之以他们认为似乎更为实际的劳动的苦乐和劳动力作为"真实价值"的尺度。

在洛克的学说在十七世纪末出现的时候，物价指数在两百年间已经上涨了三倍，休谟的学说出现在 1732 年，魁奈的学说出现在 1758 年，斯密和边沁的学说出现在 1776 年。可是，马尔萨斯和李嘉图的劳动学说是在 1815 年后的十年中才出现的，当时物价正在猛跌，而马克思、蒲鲁东、巴师夏和美国的凯雷等非正统的学说是在经过物价长期持续的下跌后，在十九世纪四十年代出现的。他们也在寻找比表面的物价变动更根本的东西。心理学派的经济学家如杰文斯、门格尔和瓦尔拉斯也在寻找比物价更基本的东西，他们出现于十九世纪七十年代的十年间，当时物价的下跌又一次成为了一个烦人的因素。但关心物价本身变化的统计学派和制度学派的经济学家直到二十世纪才有了影响，特别是在 1920 年的物价下跌之后。

因此，从十八到十九世纪的整个时期，对于一般物价运动的这些表面和名义上的变化，各个流派的经济学家都未能加入到其关于自然和人类的更为基本的学说中去。关于货币、信用和一般物价变化的理论来自于另外一个不同的方向，也就是统计学和数学，跟劳动、痛苦或快乐没有什么关系。直到二十世纪，特别是世界大战之后，统计学才获得了它自己的理论基础和术语体系，如果这门学科

---

① 雅各布（William Jacob）：《贵金属生产与消费的历史探索》，1832 年版，第 261 页。就我所见，制度史由于资本家阶级的兴起而并没有给雅各布的货币理论多高的评价。

是完善的，那么也许衡量、关联和预测一些重大的社会变迁过程就有可能，譬如物价的变化、继续经营与破产、繁荣与萧条、就业与失业、乐观主义与悲观主义、财富分配的变化，甚至是从**封建主义**到后继的**资本主义**各阶段的重大制度变迁。这种范围广泛的物价变迁，不管是批发价格还是其他物价，将不再仅仅是"名义"价值，而会变成**制度经济学里**真正的实际价值。

第3章 魁 奈

一、自然秩序

　　弗朗索瓦·魁奈是重农学派的创始人，无论对于法国人还是对于亚当·斯密而言，他都是"不言而喻的经济学家"。他是理性导向的物质类比法的先驱，这方面他甚至要比洛克更胜一筹。洛克把自己的经济学建立在"劳动"、"自然恩惠"以及"金属货币积累"的基础之上，魁奈则略去了"劳动"，把自己的经济学建立在了"自然恩惠"和"货币流通"的基础之上。而后，斯密在"劳动分工"的基础上建立了自己的经济学。现代经济学回归到了货币，但既不是作为物质商品，也不是作为流通，而是作为一种交易的重复。① 重商主义有一种货币谬论，它认为通过压低一类人的价格让另一类人致富，或者在国外向外国人抛售，这样所获得的贸易顺差就可以让这个国家不断地积累金属货币资金。大卫·休谟在1752年即揭穿了这一谬论，魁奈步其后尘，在1758年将货币还原为了流通，而不是一种积累。

　　虽然洛克在1692年把"个人"作为了出发点，但魁奈却在1758年把"商品"作为出发点。现在，对于"商品"而言，"个人"成了一种舵轮，指引着它沿着"上帝"、"自然"、"丰裕"的同一条慈悲为怀的康庄大道前行。但魁奈发现的一些东西有别于洛克发现的

---

① 参见后文关于交易的货币和价值理论的论述。

东西，这些东西妨害了这种命中注定的"幸福"。他所谴责的不是洛克的君主专制，而是洛克的重商主义。君主理当专制——对于魁奈和费尔默而言，这是既自然又神圣的。但他们应该用上帝牢固树立于"人类理性"中的自然秩序指引自己，而不应该以农业为代价，为了商人和工厂主的利益，让关税、津贴、公司和其他一些特权牵住自己的鼻子。

在1758年后的二十年间，魁奈的《经济表》对于法国知识界产生的令人惊讶的影响，只有1859年之后达尔文的《物种起源》在科学界的影响可以与之相提并论。老米拉波（Mirabeau）把魁奈的发现抬高到了与文字和货币这两大文明发现相当的高度。① 它的创造性在于把机制引入了经济学。后来达尔文用遗传变异、物竞天择、适者生存这样一种无目的的机制取代了上帝的旨意，而魁奈则在这些地方把专制君主置于了"自然"、"理性"、"上帝"的慷慨赐予的机制之下。为了积累金属货币，重商主义试图任意控制价格，而魁奈则代之以货币在一个方向的自然流转和商品在反方向上的流转，在他的理论中，价格是留给"自然"来调节的。

魁奈本人是个地主，同时又是路易十五的宫廷御医。他信仰君主专制，在针对无能的专制政权进行管理方面，他的理论起到了教导作用，后者未能遵循"自然法则"。② 由哈维（Harvey）③ 在1628年所创造的生理科学是魁奈必须利用的唯一科学，哈维当时证明了

---

① 亚当·斯密：《国富论》，1904年版，第二篇，第177页。
② 弗朗索瓦·魁奈：《经济表》，1758年版；《农业国政府经济的一般原则》，1763年版。引文源自奥古斯特·昂肯主编的《魁奈经济与哲学著作》（以下简称《魁奈》），1888年版。并参见德莱的《重农学派》，1846年版，以及N·J·威尔《论重农学派》的重要论文，载《美国经济评论》，1931年第21号，第607~619页。该文主要针对的是魁奈的追随者，而非魁奈本人。经济学家常将杜尔哥当成是重农学派的代表，但他的理论在一些重要观点上与重农学派是截然不同的。见下文关于杜尔哥的章节。
③ 哈维（William Harvey，1578~1657）：英国内科医师，1616年发现了血液循环。——译者注

血液循环。作为自然哲学一个分支的血液循环，现在可以用来解释财富的生产与流通，因为财富对于社会有机体的作用，就如同血液对于动物有机体的作用一样。血液循环可以当成是物理学的一个分支，现在可以用它来解释财富的生产和流通。所谓社会有机体，就是指一个农业王国像动物有机体一样，会从土地、空气、阳光雨露中汲取衣食、木材和矿藏，并且利用和消化它们，然后再让它们流通到社会躯体的所有组成部分去。躯体的每个部分都按照自己的生活所需吸取内容，而整体则不断地从大地母亲那里获得补充。庞巴维克恰如其分地把魁奈的理论命名为"果实论（fructification theory）"。① 这是一种"生命力"理论，在这一理论中，财富的生产不过是生命力在"量"上的扩大，这中间的"流通"不具有生产性，因为它仅仅是把能量输送给了系统中的各个成员，而在这个过程中还会有很多的消耗。商人和厂家也是非生产性的，因为他们要么是把商品全部都消费掉了，无法让它们再回到流通中去，要么只是把自己消费掉的东西再以产品的形式等量地送回到流通中去。由于他们无法送回更多的东西，因此也就不能产生剩余。

魁奈认为，只有"生命力"才具有生产性，原因在于它的能力使它不单是把一些东西与原来的东西等量地**再生产**出来，而且还可以让这个量**增加**。这种增加是一种剩余，即"纯粹的产物"，只有这种增加才是生产性的，而等量的再生产行为则是非生产性的。其他力量，包括劳动力在内，只是以不同形式等量生产了他们所消费的内容。生命力却不是这样，它还生产自身的那种能力的剩余。其他力量是再生产性的。生命力是生产性的。所以再生产行为没有什么结果，而生产行为则具有生长或发展的能力。因此，只有土地的耕

---

① 庞巴维克：《资本与利息》，1891年译本，第63页（论杜尔哥对魁奈理论的运用）。杜尔哥说明矿山生产力用的是地质过程："土地每年都可以产出果实，但矿山则不会产生任何果实，因为矿山本身就是贮藏的果实。"吉德和李斯特在《经济学说史》的第14页引用了这句话（1913年译本，第二版）。魁奈坚持认为，有建设性的不是农学家，而是像流通着的资本一样的农学家的生计手段。

作者才具有生产性，所有的商人、工匠、制造业工人和知识分子都是非生产性的；这并不是因为只有耕作者才生产*使用价值*（魁奈承认其他人也生产使用价值，但这些使用价值只是事物形式的改变，而不是量的扩大）。而量的扩大只是交换价值量的扩大。

但实际上，说土地耕作者本身是生产性的只是客气起见的结果。他们只是对自然界中真正生产性的生命力起到了协助作用，只有后者才有能力扩大事物的量。耕作者其实生产不了什么，因为他们并不增加事物的量。他们只不过把种子撒到地里，繁殖牲口，给牲畜喂喂食，其他的事情都得靠自然。他们自己的食物和生计是生产性的，但他们的*劳动*并非生产性的。只有我们称为"生命"的力量（不管这种力量是在人体里，还是在自然界中）是生产性的，因为唯有它能够让一粒麦种增大到五十粒，让牛犊长成为奶牛，让婴儿长大成为一个雇农。正是这种量的扩大构成了魁奈著名的农业"净产值"。

但非常奇怪的是，魁奈的这种净产值并不是使用价值的产物，而是交换价值的产物。

这里出现了对"财富"和"资产"的混淆，也就是对物资及其所有权的混淆，这种情况在大多数经济学理论中延续了差不多有两百年的时间。几乎可以这样说，要是魁奈和早期的经济学家懂得企业财务制度方面的学问的话（也就是说，懂得资产与负债的相等、财务净值），许多混淆和观念冲突就可以避免了。对我们来说，财富是使用价值，它随着丰裕而*增加*；而资产是稀缺价值的所有权，它随着丰裕而*减少*。我们将会发现，在一百五十年的理论化过程中，这样的混淆一直存在，是魁奈给了我们第一次机会，使我们可以发现这种混淆是怎么发生的，他还使我们注意到有些方法将财富和财富所有权这两个截然相反的概念混为了一谈。

必须要说明一下的是，如果从偏心点的角度说，不仅是在魁奈时代，甚至从远古时代到现在，流行的"价值"概念一直就是指"能力"、"实力"、"勇猛"、"活力"、"分量"、"影响"、"力量"、"效力"这类内容。因此，"交换价值"是这种意义在商业中的扩展。交换价值是"交换的能力"、"购买的能力"、对其他人的商品和服务的"支配能力"。当一个生意人或普通人说"我的汽车值多少?它的实际价值是什么?"的时候,他想着的是它在交换中的支配能力,特别是指值多少钱。在商业化的国度里,所有的人都是天生的重商主义者。实际上,识破了这些常识性、经验性、直觉性思维的真相,证明"真正的交换价值"的实质不是"对钱的支配能力",而是由于自己的商品和服务而形成的"在交换中对商品和服务的支配能力",这是魁奈和他的追随者——那些重农主义的经济学家——最大的贡献,实际上,这也是经济理论最难也永无止境的贡献。在魁奈之前,一直不曾有人能够对交换价值作出一个确切的解释。教会和道学家们慷慨激昂地抨击金钱的罪恶,大家对跟钱打交道和会挣钱的人存在一种成见,而且在伦理上树立了与金钱相对的有效性、使用价值、福利、服务等概念。但过去一直没有人能够用实实在在的、数量化的术语揭示出大家所需要的这种机制,这种机制可以推论出交换价值的隐含本质,因此,才会出现热衷于魁奈的《经济表》的现象。

魁奈舍弃了使用价值,他认为使用价值只不过是个人的使用价值,这种价值也许是个体对自己取自流通的具体东西的解释。他把注意力集中到了交换价值上面,交换价值被看成是交换中一种对商品而不是对货币的支配能力:通过增加具有这种交换能力的具体东西的数量,就可以让一个国家的"财富"扩大。

这种**能力**的扩大来自何处?魁奈说,它来自于慷慨的自然力量,这种力量扩大了物资的数量,这些物资以后可以用于衣食住行的生产。正是通过自然力对物资的这种扩大,才有了交换价值量上的扩大,因此也有了国力的增强。价值与交换价值是同一的,它是一种交换的能力,这是大家都认同的共识。但这种能力的根源是农业,而不是制造业或商业。

那么,如果只有通过农业这种充足的能力才能为人类生产丰富的衣食住行所需要的东西的话,那为什么法国的农业会如此萧条呢?魁奈的答案是:重商主义政策造成的人为稀缺,这种政策使得交换价值没有可能与价值仁慈的扩大相一致。农业受到了法国重商主义政策的抑制。政府把市场交易的种种特殊优惠给了商人和制造业主中的垄断者和行会,在错误的理念下,政府认为农产品应该廉价地供应给他们，目的是为了让他们有可能把工业制成品销往国外，把白花花的银子换回家来。自然是仁爱的力量，它能扩大这个国家的命脉，它增加自己的出产，而耕作者所做的不过是把自己的生计跟它结合到一起，把取之于自然的东西还给自然。因此，一切取自耕作者又被商人和制造业主消耗掉的东西都是纯粹的浪费，因为后两种人仅仅是从事运输和使用物资，但却没有扩大它的量；即便如此，在这样做的时候，他们还是通过改变其种类、形式和地点从而增加了物资的使用价值。的确，就商人和制造业主把工具、肥料和食品送还给耕作者以解决困难而言，他们也是有生产性的，但相对于他们消耗的程度，或者是相对于他们转送给其他同样非生产性的人去消耗的东西而言，他们是"不事稼穑"的。

耕作者、商人和制造业主都必须具有最低限度的生活资料。事实上，这就是魁奈时代所有的耕作者（农民）所过的生活；但是，虽然不事生产的阶级的生活对生产力的恢复没有任何贡献，但耕作者的生活的确是有贡献的，所以也就是生产性的。因此，具有生产性的就是那些以流动财富和固定财富的形式回馈到农业中的东西。流动财富（*年垫付*）就是种子、肥料、磨损机器的修复，还有农民的生活资料。固定财富有两种：一种是农民的*原始垫付*，譬如机器和设备；另外一种是*土地垫付*，或者说是地主的固定设备，譬如栅栏、排水沟、建筑物，还有生产力的改良。

这些固定财富的所有者诚然有权获得利息，但这并不是因为其固定设备整体都具有生产性。固定设备能够创造净产值的只是那些可以区分为损耗、折旧或消耗的部分，所以，按照定义，这一部分可以和种子、肥料以及耕作者的生活资料一道列入流通财富。唯有这些流通的东西才会产生在数量上超过自身的净产值，原因是它们参与了土地的耕作，经营者和君主获得的收入就是从这些净产值中产生的。不事生产的阶级的人数增加，会相应地减少来年的净产值，因为这样就占用了本来可以作为流通产品回馈给土地的那部分循环。① 总之，魁奈的《经济表》正合美国农民的心意，后者抱怨经

---

① 汉尼（L. H. Haney）：《经济思想史》，1911年版，第175、176页。

纪人、工厂主和城市居民把他们的产品拿去得太多了，以致他们都无法维持土地的改良和生产力的提高，最后不得不抛弃田地，迁往城市。可以说魁奈是最早的农业经济学家。

魁奈的困难在于，他对这些与保护自然资源有关的具体概念的使用，跟与商品交换价值有关的稀缺概念的用法是一样的。他使得"财富"变成了财富的交换价值，或者是在交换中支配商品的能力，但那是资产，不是财富。这样他就排斥了相对稀缺这个理念，从而肯定了在观念上排除货币的经济理论，因为货币是度量稀缺性的手段。他回归到了自然的物物交换经济。根据他的观点，国家的财富是否丰裕，取决于与其他商品相比具有高交换价值的物品，而不是像重商主义者所认为的那样，取决于货币的高稀缺性价值和商品的低稀缺性价值。重农主义者看重的是商品，要大量获取这些商品，只有在一个国家的商品不但丰富而且具有高交换价值的时候才有可能。货币仅仅只是名义价值，它是交换和度量的工具，以此为依据，我们可以知道我们的商品是否具有较高的交换价值。必须要注意的是，当魁奈说"价格"的时候，他指的是按其他商品计算的交换价值，而不是指按货币计算的交换价值。

所以说，货币是商品交换价值的度量制度。但对于魁奈而言，度量和流通并不产生财富，它们只是按照事前决定的交换价值来调节背后的商品流，这种交换价值是按照商品计算的。因此，他声称，财富不是货物的丰裕，而是有个好价钱的货物的丰裕，也就是说，不是使用价值的丰裕，而是交换价值的丰裕。路易斯安那没有开化的民众拥有大量的货物，像水、木材、猎获物、地里出产的作物等，但在这些东西获得法国、英国、西班牙等国的交换价值之前，也就是说，在这些东西进行流通并换回其他商品之前，这些东西变不成财富。[①]

国家需要大量具有较高单位交换价值的商品，以便从其他国家换回别的商品。国家的纯产品不是商品的使用价值，而是充足的商品交换价值。重商主义者相信国家的实力在于拥有大量的现钱，这

---

① 《魁奈》，第353页。

就要求有低交换价值的原材料,目的是为了鼓励制成品的出口,从而通过对外贸易赚回钱来。这就意味着货币的交换价值高,农产品的交换价值低。但在魁奈看来,国家的实力在于掌握大量在国内市场和对外贸易中都有高交换价值的原材料,这样就可以增加纯产品,因为税捐就是从这里面支付的。

在流通过程中,这些交换价值越是遵循"自然秩序"(这是丰裕的秩序),也就是说,越不受政府任意压制和特许权利的干扰——这种干扰为制造业主和商人压低了农产品价格——国家的农业产品在国际和国内贸易中就越能够赚钱,这样就能使农民更能恢复地力,让农业获得成功——农业是全国人口和各阶层的工资所依。

但法国的政策恰好相反。商人和制造业主增加自己的实力靠的是低价买进农产品,然后就可以利用较高的农产品出口价格换回金银。要是让魁奈来制定政策,他会通过高价销售农产品来增加国家的实力。商人阶级从农民那里低价买进,然后以高价卖出,他们的利益与一个农业国家的利益是对立的。农业国家的经营者为了扩大农业应该高价销售,这样就可以扩大产品的流通,商业本身的长远利益正依赖于此。① 人们不应该为了给出口提供廉价原材料就在王国范围内压低供应品的交换价值,因为如果这样做了的话,那么在跟外国人的贸易中最终还是没有什么好处。如果交换价值高,收入也就高。这样就会导致魁奈的悖论:"没有交换价值的丰裕不成其为财富。高价但稀缺就是贫穷,丰裕而价高才是富裕。"② 如果自然是慷慨的,而稀缺是政府强加的人为稀缺,那么这就不是悖论。

自然,或者干脆说"自然秩序"(这是仁慈的丰裕秩序),如果听凭它自己,将会产生较高的交换价值。因为"自然秩序"包含着每个人的自身利益,这一利益受影响农业的同一仁慈秩序的影响,这就意味着,在**自然**预先提供了较高交换价值和丰裕的方面,每个人都会选择那样的行动路线。

---

① 汉尼(L. H. Haney):《经济思想史》,1911年版,第322~324,344页。
② 汉尼(L. H. Haney):《经济思想史》,1911年版,第335页;吉德与李斯特,第14页及以下各页。

魁奈最终看到了窘境。他曾经消除了重商主义者谋算通过国外贸易顺差来增加国家贵金属输入的谬误，但却陷入了增大农业商品的供给但却没有减少其交换价值的谬误。这一窘境让他在1765年，也就是自己的《经济表》问世七年后，实质上放弃了早年对生产阶级和非生产阶级所作的区分。①

因为从节约资源的角度看，显然农产品的*绝对*丰裕程度越大，国家的财富就越多；但从商业和市场的角度看，农产品的*相对*丰裕程度越大，它们的交换价值就越小，因此国家的财富也就越少。因此，1765年，当魁奈面对这一困境的时候，他修正了自己关于非生产阶级和生产阶级的区别。现在他说"非生产的"阶级并非不事生产，除非它们生产的产品多于农场经营者愿意用合适的价格获得的产品。但只要它们生产的产品多于农民在交换中获得的产品，那它们就是非生产的。在那种情况下，过剩的产品就是"虚幻的财富"。换句话说，与财富相关的不是商品的使用价值，而是它们的交换价值，由此得出的结论是，只要非生产的阶级不要生产得太多，它们就的确生产了财富。他的"*虚幻财富*"是资产，而非财富。

在新的分析中，魁奈接着说，对农民也是同样的道理。如果他们生产的原材料过多，以致无法让这个国家的其他人以对农民自己有利的交换价值去购买，那么他们所生产的就不是财富，而是"虚幻财富"。因此，按照魁奈1765年的说法，非生产的阶级只是相对的非生产，而不是绝对非生产，而生产的阶级只是相对的生产，生产还是非生产取决于每个阶级生产出来与其他阶级交换的相对量。只要所生产的不多于在总量中所占的适当比例，那么每个阶级都是生产的。对于这一点，他强调说："我说的是要和全国的财富成适当的比例。"②

所以，在最初的时候，生产的阶级已经被定义为那些在商品的总流通量中通过自然恩赐让物质量的纯剩余有所增加的阶级，而非生产的阶级则是那些不增加物质的阶级。魁奈发现，当他忠实地面

---

① 见《自然权利》一章，《魁奈》，第359页。
② 《魁奈》，第359、391页。

对物质的东西（我们把这些东西称为"使用价值"或财富）与"稀缺价值"（我们称为资产）之间的差异时，他真正的意思是说，只要其使用价值的量按照其相对稀缺性彼此有适当的比例，那么所有的阶级在一定程度上就都是生产的。只要比例是适当的，那么这些产品的具有使用价值的产品就是真正的财富，因为这些产品具有有利的交换价值；但只要一种商品供给过量，它就变成了"虚幻财富"，因为它很少或根本没有交换价值。他从物质概念——增加物质的使用价值以扩大具体商品或财富的流通，转向了稀缺的概念，也就是通过防止某些产品因降低价格和稀缺性而过量，从而导致其他产品提高价格，这样各种使用价值就有了最恰当的比例，目的是为了稳定稀缺价值。他的"虚幻财富"指的是资产。

然而，魁奈却坚持他对非生产阶级最初的定义，他的信徒们也追随了这个观点，以致他在1765年所作的修正明显地没有引起后来的批评家的注意。他试图把农业丰裕的物质概念与农产品的高交换价值调和在一起，他很肯定地说，非生产阶级所扮演的"自然"部分的角色简直太小了，在自然、丰富的世界秩序中，政府不能照顾非生产阶级什么，所以它们对交换价值几乎没有任何影响，可以忽略不计。这就好像是说"小恶非恶"一样！

根据魁奈的观点，自然生产力的天然稀缺可以认为是理所当然的，倘若不考虑重商主义者的人为的或集体的稀缺性，可以因为它在决定其他价值方面没有任何能够发挥作用的重要性而忽略它。这与这样一个事实是一致的：按照"自然秩序"，那些在获取财产方面拥有自由的人总喜欢进入制造业而不是农业，原因是前者没有后者那么辛苦，而城里的生活又比乡下的生活优越。尽管农产品是丰裕的，但假如不是因为政府的妨害与特权对农业的损害，那么结果就会是个人让他们自己"自然地"按照农产品交换价值较高的这样一种适当的比例分布。① 另外，他的这种调和还受到他在1765年的一种说法的影响，他说，他所谓的非生产阶级仅指那部分以生产奢侈品为业的人。

---

① 《魁奈》第359页，第391、392页。

然而，物质的概念与稀缺性的概念是矛盾的。一个说的是财富，另一个说的是资产。使用价值的物质概念是说，一种商品每一个单位所包含的有价值的能量不会随供给的增加而减少。水能止渴，一千加仑的水的作用是一加仑水的一千倍。这就是使用价值，其单位使用价值不会因数量的增加而减少。魁奈的交换价值也是这样的。对他来说，除非受人为稀缺性或政府造成的稀缺性的干扰，否则交换价值就是体现在商品中的预先确定的自然物质力量的物质流通，它具有支配其他商品的能力。这就是说，一百万蒲式耳麦子的交换价值应该是一蒲式耳的一百万倍。这个极端的例子让这样的论点显得很荒谬，但魁奈的"自然秩序"不允许出现荒谬。

魁奈的哲学因为他的"非生产阶级"这个名词而受到怀疑，亚当·斯密在某种程度上纠正了这一点，他部分地用**劳动**替代了**自然**。但后来被卡尔·马克思吸收的是他关于"流通"和交换价值的物质概念，而不是斯密对劳动的划分。有两种流通体系，一种是货币流通，一种是商品流通。后者把来自自然的商品送到体系的各个部分，前者把每个人已经传递给其他人的交换价值取了回来。流通没有增加任何内容，它只是把先前自然已经创造出来的东西转移给了其他人。按照能力的观点，先前创造的就是价值——是丰富但却隐藏着的自然力量。如果留给自然进程去处理，流通展现的仅仅是交换价值，后者先前早已作为自然的恩惠体现过了。

杜尔哥、亚当·斯密和马克思给魁奈的"年垫支"和"土地垫支"起了个"资本"的名称：资本是以流动和固定商品两种形式出现的储蓄，也就是说，是供出售的商品。在李嘉图和马克思的理论中，商品的流通和可销售性又产生了一个物质的概念，即交换价值。但这个概念相当于一种不同的具体化能量，即劳动的能力，而不是魁奈的自然能力。

二、道德秩序

如同我们已经看到的那样，魁奈承认了物质概念和稀缺概念之间的矛盾，于是就用自己的"自然秩序"的观念来弥合，自然秩序是不允许出现矛盾的。对魁奈而言，为地主和君王收入辩护的是**自然秩序**的另外一个分支。亚当·斯密完全吸取了魁奈**自然秩序**的这个分支，但他是用它来给资本家而不是给地主和君王辩护的。因为魁奈是这样辩解的：怎么能够证明地主和君王按照固定资产收取利息并且拿走全部纯产品是合理的呢？事实上，产生剩余的并不是他们的全部固定资产，而只是其中"流通"的那一部分，即固定资产的磨损、折旧或损耗，① 这其中包括了耕作者的生活资料在内。他们有权取走自己的投入，就是相当于上面定义过的他们的流通商品，正如现在耕作者和非生产阶级所做的那样。可是对于固定资产留在他们手里还没有使用，既没有转化给自然也没有扩大增加，同时也没有用于再生产流通的那一部分，为什么他们还要取得利息和纯产品呢？既然生产纯产品的是耕作者的生活资料而不是地主的所有权，为什么就不应该让耕作者取得全部纯产品而把地主给淘汰掉呢？——实际上在法国革命中，当农民接管了庄园后他们就是这样做的。

魁奈用"自然秩序"和"自然权利"来证明耕作者阶级和非生产阶级的合理性。耕作者和非生产阶级从地主和君王那里得到了他们赖以生存的生活资料。他们所得到的与他们所投入的相等——这跟物理学的任何规律一样，是很自然的。②

但是，自然秩序还有另外一个分支——"道德秩序"。就如同物质秩序对人类的约束一样，这是自然对人类的约束。正是道德秩序证明地主和君王取得地租、利息和税收等纯产品是正当的。

然而，这里所谓的道德秩序只不过是1758年法国地主盛行的习俗。重农主义的国家观就是从君王那里享受特权的大土地所有者的国家观，这些大地主跟他们的君主一样，拥有自己的采邑朝廷，可以统治自己的臣民。魁奈没有区分统治和私有财产，在他脑子里的是1758年的法国和德国，这些国家有它们的封建领地（这也是君

---

① 参见后文关于平均数的论述。
② 参见他为有别于奢侈阶级的非生产阶级的收入所作的辩护。《魁奈》，第390~391页。

权），有它们的采邑法庭和武装官吏。领主就是君主，通过执行其权力的官吏来起作用。① 他的臣民十个有九个是农业工人和小自耕农，其他的是手工工人，他们在自己的小作坊里处理羊毛、皮革、猪肉，这些都是农业工人转给他们的；或者就是家庭仆役，照字面的意义说，即*手工*制造者（manu‑facturer），他们可以熟练地处理主人交给他们的产品。他们不是国家的公民。享有统治权的领主之所以有份，并不是因为他们生产了什么，而是因为他们在魁奈所熟悉的道德秩序中所处的地位。他们是贵族，仅仅因为是贵族，所以他们在道德权利上就至高无上。缺了他们就什么也不能干，因为他们的祖先最早提供了土地，而他们自己则为耕作者和非生产阶级提供了庇护和衣食。

魁奈所希望的并非是通过宪法或所有权方面的限制来剥夺地主和君王。他希望的只是地主和君王在行使其统治权的时候应该遵循"自然秩序"，不要试图把他们无知的命令强加于财富的生产与流通。他们靠道德秩序保持着自己的地位，但却没有遵从自然秩序。

因为自然是聪慧、慈悲、丰富的，就如同约翰·洛克的**自然**，所以照魁奈的观点，物质规律就是"以明显*最有利于人类的*自然秩序所调整的所有物质事件的进程"。具有同一慈悲根源的道德秩序则是"在道德秩序方面符合*最有利于人类的*自然秩序的一切人类行动的规则"。自然权利缘起于这些自然法则。魁奈说，自然权利是"一个人让事物符合其幸福的权利"；公正——决定自然权利的自然法则的准绳——是"一种为理性所认可的自然而至高无上的准则，这个准则*明确地*决定什么属于自己、什么属于他人"。②

包含**道德秩序**的**自然秩序**的这些定义，让魁奈能够调和哲学家们关于自然法则、自然权利和自然公正的所有相互矛盾的观念。因为他的自然权利观念是适应任何时间地点下的各类情况的有弹性的观念，但因此也导致"自然权利"变成了它们的自然荒谬。因此，与*显而易见*真实的时间和环境相关的时候，所有哲学家所说的各种

---

① 吉德和李斯特：《经济学说史》，第19页。
② 见《自然权利》一章，《魁奈》第359、365页。斜体为作者所加。

明显矛盾的自然权利就都是真实的了。因此，杰斯提尼安（Justinian）所坚持的一个观点是正确的：自然权利就是自然揭示给动物的东西，*前提*是它们是动物。因此，在孤立状态下，个人的自然权利就是他靠自身的力量和智慧所得到的任何东西，前提是个人是孤立的。甚至霍布斯（Hobbes）所说的"每个人反对每个人"的无限权利都是对的，前提是一种无政府状态。*假定*我们正在讨论的是拥有控制全体人民的统治权威的国家，那么那些说自然权利是普遍且至高无上的人同样也是正确的。同样，那些坚持自然权利不是绝对的而是要受默许或明确的契约限制的人也是正确的，*前提*是这样的契约是基于习俗的。甚至那些完全否认自然权利的人也是正确的，前提是他们所说的是对自然权利毫无知识的人。知识是"光"，没有知识理性就是睁眼瞎，在像法国这样的国家，自然秩序只对那些既有理性又有知识的人存在。

因此，对魁奈和重农主义者来说，君王要制定的基本的成文法就是在法律上就自然秩序进行教育的成文法，让大家明白自然秩序是"理性之光"。让百姓蒙昧无知是最大的犯罪，因为指引理性去维护权威、财产、丰裕以及地主和波旁王朝安全的正是关于自然法则的知识。

总之，魁奈关于自然法则、自然权利、自然秩序的观念仅仅是当时当地的**习俗**，这与君主的法令是有区别的。习俗是自然的；君主是重商主义的。但对于魁奈来说，习俗变成了健康的启蒙意识，一种经过教育的常识，一种明白的直觉；如果事物是惯例，那么它会让事物看着比较自然，要是国家进行干预就不自然了。习俗是利益的协调，是劳动和资源的和谐均衡，只要统治权不加干预，这种和谐均衡就会从自然恩惠的实际中产生，它会导致个人流入自然最慷慨的渠道，它不会让个人流入其他渠道，在那些渠道中个人要从流通而不是从自然恩惠的自我均衡中进行榨取。如果他们遵从这一自然秩序，那么政府就不会鼓励从自然吝啬的地方生产太多的产品，从而就不会对自然丰裕的地方的产品有多少损害。总而言之，自然秩序被魁奈看做是健康的经济，而人为秩序则是重商主义者和路易十五所支持的不健康的经济。

根据魁奈的观点，如此被理性之光所感知的自然法则，具有智慧和慈善两重特性，因为它们是由一位**智慧的上帝**为人类的幸福制定的。因此，它们是"永恒不变、颠扑不破、可能存在的最好法则"。① 在魁奈的脑子里，与此相对的是欧洲专断的统治者成文的因而也是人为的法律。这些成文法与自然法则的不同在于，成文法制造的是稀缺，而自然法产生的是丰裕。这种区别是在成文法有可能是错误的、腐败的、强迫的、多变的因而会违反自然法则的情况下产生的，而另外一方面，自然法则却是永恒的、智慧的、慈善的和慷慨的。因此，照魁奈这样一个1758年路易宫廷中智慧且仁慈的地主的理解，应该让自然秩序和道德秩序的这些自然法则成为成文法的美妙定则。

因此，在洛克曾经把自然法则视为针对国王和地主替制造业主和商人进行辩护的地方，魁奈则看做是针对制造业主和商人替国王和地主进行的辩护。他们都把上帝、自然、理性和丰裕看成是一样的。他们的区别在于受惠者不同。

这似乎是自相矛盾的：当魁奈用自然秩序和道德秩序为地主的地租辩护的时候，应该得出的实际结论就是一切的税赋都应该施加在地主的地租上，其他所有的税赋都应该取消。对此有两方面的解释：

他的可征税的"纯产品"既没有包括地主对生产力的*维护*，也没有包括地主对生产力的*改良*。如果希望地主恢复*原始*的生产力，那么就绝不能向地主的这些"预付"征税。只有来自于原始生产力的纯产品才应该征税。②

另外一种解释是，他脑子里只有农业地租和像销售税、进口税、公路税这类的主要税种。在当时的法国，不仅要对国外的进口征税，而且还要对从农场到城市的国内输入、公路上被强迫的劳动都要征税。这些税赋妨碍了商品的流通，压迫了农民。它们增加了农产品的成本，减少了销售农产品所得的纯收入。取消这些税赋，农业地

---

① 《魁奈》，第359、375页。
② 参见本书关于李嘉图和警察的征税权的论述。

租就会大大增加，这些增加的地租就可以成为增税的对象。魁奈主张，拥有统治权的阶级，那些地主和垄断制造业主和商人的行会，应该主动放弃自己的特权，相信整个国家生产力的增加也会有利于他们的，实际上这样的情况也是经常发生的。后来当杜尔哥在其中的一个省取消这些针对商业的障碍时，他证明了魁奈理论的正确性，增进了这个省的繁荣。但是，当杜尔哥试图在国家层面试行类似的改革时，贵族们却让他丢了乌纱帽（1776 年），因为他们有自己的自然秩序观念。[1] 人们往往说也许杜尔哥重农主义的改革阻碍了法国革命，但事实上那些受益者看不到那么远。这场革命把他们的庄园分给了农民，同时还取消了商人和制造业主的行会。

在魁奈之后四十年，马尔萨斯用自然的稀缺替代了自然的丰裕。魁奈之后六十年，李嘉图在克服自然资源的天然稀缺的同时，创立了关于劳动力价值的观念。魁奈之后九十年，卡尔·马克思接受了魁奈的流通、李嘉图的劳动、自然的稀缺，淘汰了地主、君王和资本家。魁奈之后一百二十年，亨利·乔治（Henry George）接受了魁奈的自然权利和自然丰裕、李嘉图的地租，提出了自己的单一税主张。其间，在魁奈之后十八年，亚当·斯密部分地舍弃了他的自然生产力，回归到了约翰·洛克的劳动论。但是，在斯密甚至是在魁奈之前，大卫·休谟已经用稀缺取代了丰裕，不仅以此作为经济学的基础，而且以此作为财产权利的起源，只是两个人谁也没有注意到谁罢了。

---

[1] 参见后文关于杜尔哥的论述。

第4章 休谟与佩尔斯

一、稀缺性

洛克和魁奈是在丰裕原则的基础上把法学、经济学和伦理学联系起来的，而大卫·休谟则是在稀缺性的原则上把它们联系在了一起。亚当·斯密说他是"这个时代迄今为止最杰出的哲学家和历史学家"，但斯密否定了他的理论基础，回到了休谟所反对的洛克那里。休谟在1739年说：

> "在相当多的情况下，人的环境都倒转了：不是产生极度的丰裕就是极度的贫困；灌输进人的胸怀的……是人性或者全然的贪婪和恶意……由于导致公正一无用处，你们破坏了其本质，延缓了它加在人类头上的义务……没有什么享受是从自然开放而慷慨的手里给我们的；但是通过技术、劳动和勤奋，我们能够大量地获得享受。因此财产观念在一切文明社会变成了必需；因此公正把自己的用处推及公众，并且因此单独产生了其价值和道德义务。"[①]

休谟的"效用"是指公共效用——相当于现代的"社会效用"——或者是公共福利，或者是社会利益。后来边沁的意思是私人

[①] 格林（T. H. Green）和格罗斯（T. H. Grose）主编：《大卫·休谟哲学著作》，1875年版，1898年再版，第四卷，第183页。引文出自再版本。

效用或者是个人的苦乐。休谟的公共效用对个人的影响是让自利的动机从属于它,边沁的私人效用则是自利的,他认为这与公共效用是一致的。①

对休谟来说,如果公共或社会效用是公正的唯一源泉和其价值的唯一基础,那它用什么办法对个人发挥作用呢?——按照后来边沁的说法,对于个人只有他们自己的苦乐是有作用的。休谟的回答是,靠**稀缺**的程度和**人的品性**。

> 他说:"让我们假设一下,如果这一性质已经把所有外部便利的丰裕都非常丰富地赐给了人类,在这件事上没有任何的不确定,不需要我们这一方任何的操心或费力,那么每个人就都会发现,无论他自己饕餮的胃口想要的是什么,奢侈想象中的期望或欲念是什么,都已经完全得到了满足……很明显,在这样的一个幸福状态下,其他的社会美德都会盛行起来,得到十倍的提高;但绝对不会有人梦想公正所具有的谨慎和忠实的德行。在一个每个人都已经富裕有余的地方,出于什么目的要分割财物呢?在不会有任何损害的可能性的地方,为什么要提所有权呢?既然在另外一个人夺取这件东西的时候,我只要一伸手就有同等价值的东西属于我,那么为什么还要说这东西是*我的*呢?在那样的情况下,毫无用处的公正只会是一种没有价值的形式,绝对没有可能在美德中占据一席之地。"这种丰裕的状态是"黄金时代的诗意小说"和"自然状态的哲学想象"。②

因此,**公正和私有财产**是由*相对稀缺性*引起的。但他接下去说,共产主义是由*完全稀缺性*引起的。

> "假定一个社会陷入了对所有普通必需品的短缺,以致最大限度的节俭和勤劳也无法保护芸芸苍生免于一死和让

---

① 参见后文:《边沁与布莱克斯通》。
② 参见:《休谟哲学著作》,第四卷,第 179、180、184 页。

整个社会免于穷困，那么我相信，大家很容易承认，在这样一个紧要关头，严苛的公正法则会暂缓下来，让位给更强烈的必需和自我保护的动机。船只失事的时候，一个人如果没有考虑先前的所有权限制，抓住任何能够抓住的安全手段或设备，是不是犯罪呢？……美德（公正）的有效性和倾向是通过维护社会的秩序来保障幸福和安定的，但在社会即将因极度短缺而灭亡的时候，就不用再担心暴力和不公正是更大的罪恶了……甚至短缺即便是没有到这么紧迫的程度，公众也可以不经所有者的同意就开仓放粮……在饥荒中均分面包，即便是用权力甚至暴力来实施，会被认为是一种犯罪或侵害吗？"①

然后休谟从罗马的《斯巴达法》和《土地均分法》中举了些历史上的例子，但结论是，在他所在的时代，对公众而言，英国人的财产习俗，譬如一个人对自己产品的所有权，经过同意的转让、合同的执行、继承权，与共同的所有权或平均的所有权相比，一般要更为有益，因此也就更为公正了。

然而，争论却从洛克的**自然法则**和**神的理性**的**丰裕**状态转变到了休谟的**稀缺**状态中的短缺和便利。

> 休谟说："检验那样探讨自然法则的作者，你就会发现，无论他们从什么样的原则开始，最后一定会在这里结束，而且把人类的便利和短缺选定为他们所建立的每项规则的基本理由。反对并因此而曲解制度，要比贯彻制度更有权威。"②

人类品性中类似的极端性，使得公共效用和公正成为了变化和相对的事情。

> "……假设，人类的短缺像现在这个样子持续下去，但心胸开阔了，充满了友爱与慷慨，个人都以最大的亲切面

---

① 《休谟哲学著作》，第四卷，第182页。
② 同①，第189页。

对每个人，关心同伴的利益胜于自己的利益，在这样的情况下，显而易见，似乎公正的有效性会因这样的善行而搁置，也就不会再想到财产和义务的划分与障碍了……当我的心里对我们的利益已经不再有什么区分的时候，为什么还要在我的田地与邻里的田地之间树起界标呢？……整个人类会成为一个单一的大家庭，在这个家庭里，一切共有，自由使用，根本无涉所有权。"①

休谟所提到的尊敬、慷慨、勇敢、尽责、真诚等种种美德，亚当·斯密后来都包含在了**同情心**（sympathy）这个词中，而且把自己的伦理学和经济学建立在了人格和稀缺这两个原则之上。他试图靠这些原则反驳洛克和霍布斯的伦理学说，认为"这些人主张的是自私的道德体系"，②他还反驳了亚当·斯密、边沁和一百多年来的经济学家取自他们两个人的经济和伦理学说，这些人把自己的经济学建立在了自利的基础上。

他说："我们发现了一些例子，在这些例子中私人利益与公共利益是分开的，甚至是相反的。但我们观察到，尽管有这样的利益分裂，但道德情操还继续存在。只要是在这些利益区别明显地共同起作用的地方，我们总会发现这种情操有显著的增加，而且对美德有更强烈的倾向，更为厌恶恶行……这些例子，迫使我们必须抛弃用利己主义原则解释每种道德情操的理论。我们必须采取更为公共的情感，而且承认社会利益并非对我们完全无关紧要，即便是为他们自己考虑也应如此。有效性只是某种目的的一种倾向，任何事情都作为手段满足目的，而目的自身却没有办法影响我们，这样的说法毫无疑问是自相矛盾的。因此，如果有效性（公共效用或社会效用）是道德情操的源泉，而且这种有效性并不总是为涉及自己而考虑，那么就会得

---

① 《休谟哲学著作》，第四卷，第 180、181 页。
② 同①，第 267 页。

出这样的结论：一切对社会福祉有所贡献的事情都会直接获得我们的嘉许和善意的欢迎。"①

亚当·斯密后来否定了这一点。但如果熟悉现代工会"伦理"和工业、商业和银行业的生意"伦理"的话，那我们将发现，恰好是休谟的机会稀缺及其作为结果的利益冲突，才在冲突中引发了诚实守信、公平竞争、合理行使经济权力、机会均等、和平共存、良好善意及合理价值等一切的经济美德，这些美德让自我的眼前利益服从于与其他人共享有限的机会，这样才会使交易和运行中的机构的平和实施成为可能。如同休谟所说，稀缺性所起的作用既是自私自利的又是自我牺牲的，只有基于休谟稀缺性的经济学才有可能是经济学、伦理学和法学的联合；然而遵循亚当·斯密和约翰·洛克关于丰裕和天赐恩惠假设的利己主义经济学，让经济学与伦理学和法学脱离了开来。出于这一原因，我们使得**稀缺性**而不是供求或利己主义的"法则"成为了经济学和法学两者的普遍原则。

> "同样，假设一个善良的人命中注定要落入无赖的社会……不管剑与盾属于谁，先抢过来把自己武装起来，除此之外他没有其他任何权宜之计；要预先安排好一切抵御与安全的手段；他对公正的特别关注对他自身和其他人的安全都不再有什么用处，他必须只考虑自卫的要求，而不再关心那些不值得他关心和注意的人。"②

后来休谟放弃了这些极端的案例，进入了历史社会的实际的复杂性。他说："社会的普遍情形是所有这些极端之间的中间状态。"③它们不会像极端的案例那样发挥作用。它们伴随着极端的复杂性和变异性在发挥作用，依据的是品性和环境。他说，为了发现公共效用和公正的历史差异，我们必须求助于"法规、习俗、程序、类比和许多其他的情况，其中有些是固定不变的，有些是变化不

---

① 《休谟哲学著作》，第四卷，第207页。
② 同①，第182~183页。
③ 同①，第183页。

定的"。①

所有这些可以从另外一种观点归纳为休谟的三种观念:重复、变化和未来性。他是以习俗的名称陈述这些观念的。

二、从习惯到习俗

休谟与洛克的区别在于,他把所有的观念都只是归纳为主观感情,而不把它们作为智力的模仿和理性的反映。柏克莱主教早已为此开辟了道路,休谟把他的学说归于"最伟大和最有价值的发现之一",后来休谟采纳了他的观点。②

柏克莱曾指出了洛克学说中"观念"的双重意义——一个是*感觉*,一个是*被感觉*的主体,而且还证明,仅仅作为知觉,感觉产生不了宇宙间的秩序、一致和统一的关系。洛克的"事物的观念"只不过是"观念",而观念只不过是感觉;但对于柏克莱来说,它必须是感觉之间有秩序、连贯的关系。因此,被感觉主体的真实性对于柏克莱而言完全消失了,只有上帝的真实性是保留的,我们直接把上帝感知为一种有秩序、连贯、仁慈的意志,这一意志指导着我们和世界。

但休谟更进了一步,坚持认为心灵本身不是洛克或柏克莱所谓的知道自己感觉的"灵魂",而只是感觉本身的连续性,它们是不可能知道自己的。③ "心灵不是物质",是一种有观念的持续的器官;心灵只是一系列观念的抽象名称;"感知、记忆和感觉就是心灵;在思想过程的背后不存在任何可见的'灵魂'"。④ 因此,休谟形成了他最根本的怀疑主义,认为世界仅仅是感觉的连续,心灵作为理智

---

① 《休谟哲学著作》,第四卷,第191页。不该将休谟的"公共效用(public utility)"与这个词在现代范围内更为狭窄的用法相混淆,比如"公用事业公司(public utility corpora)"。
② 《休谟哲学著作》,第一卷,第325页。
③ 同②,第326页;亦见格林关于柏克莱与休谟的综述,第1章,第149页。
④ 杜兰特(W. Durant):《哲学故事》,1926年版,第281页。

绝对不可能感知到这些感觉之间的任何真正联系。

实际上,接下去休谟是把观念作为"摹本"来说的,但它们不是洛克干巴巴的外部对象的图像,它们是重复着的更为栩栩如生的各种感觉的模糊的感觉。"同一对象的两种观念只可能因不同的感觉而不同"。① "我们的感觉是我们的印象的摹本",而且"它们彼此的不同只在于影响力或生动的程度不同"。②

因此,按照休谟的说法,每种印象或感知,无论是外部的还是内部的,无论是物体的体积、运行、硬度,还是它们的色彩、味道、气味、冷热,或是由其产生的苦乐,最初都有同样的基础——都是印象。这些印象是内在的、正在消灭的存在,我们不了解它们,是因为涉及持续存在的外部实体,或是涉及保持其特性的内在灵魂。灵魂不会说自己在感受这些印象,灵魂只是正在消灭的各种感觉自身的连续。

因此,从哲学的角度看,休谟到达了绝对的怀疑主义。但实际情况并不是如此。休谟的解释是**行动**与**习俗**。③ 行动给我们经验,经验是具有相似性、连续性和因果关系的观念的联合。因果关系是广泛的,呈现于动与力这两种关系之中。动是由一个对象在另外一个对象中产生的,但力是产生这种运动的能力。动是现实的,力是潜在的。因此,因和果、现实的或潜在的,是

> "一切利益和责任关系的源泉,由于这一源泉,人们在社会中彼此影响,而且被置于统治与服从的关系之中。主人是这样一种人,由于其要么因势力、要么因协定而产生的境况,他拥有在某种特定行动中指挥他人(我们称为奴仆)的权力。法官是这样一种人,在一切纠纷案件中,他可以按照自己的主张决定社会成员之间任何东西的归属或所有权。当一个人拥有任何权力的时候,就不再对将权力

---

① 《休谟哲学著作》,第一卷,第560页。
② 同①,第396页。在第560页的附录中,他通过省略了"只"这个词修正了这一说法,但并没有坚持感觉的差别就是观念的唯一差别的说法。
③ 休谟认为习惯和习俗是相同的,但这方面我们是区别开了的。

转化为行动有更多的要求,他只要运用意志就行了。"①

因此,意志就是行动,权力是因意志作用而形成的改变的能力。但由于休谟未能对**选择**进行分析,他重复了洛克的物理类比。②

作为观念,这些同样的经验是熟悉但不那么清晰的感觉,这些感觉是最初的经验之后残留下来或被重现的东西,因此它们是各种印象的"反映",我们是靠记忆和想象来理解它们的。观念是外部印象的内在重现,这些印象能够产生新的类型的印象——一种**反映**的印象,这也是感觉,但主要面对的是未来,例如欲望、厌恶、希望、恐惧。

构成休谟**主张**和**信念**概念的正是这些反映的感觉,我们称为**意义**。信念不能从现在的感觉中产生,但没有现在的感觉它也不可能产生。它和重复是密不可分的,休谟称之为习惯或习俗。③

"……现在的印象凭自身恰当的力量和效力,作为一种单一的感知,在单独考虑的时候受限于现在的时刻,是没有这个作用的。我发现自己不能从一个第一次出现的印象中得出什么结论,当我对其通常的结果有了经验之后,它才可以变成信念的基础。我们必须每次都在过去的事例中观察到同样的印象,而且已经发现它总是与其他的一些印象联系在一起的……信念,伴随着现在的印象,是由许多过去的印象和联系产生的……(它)立刻就可以产生,不需要任何新的理由或想象的作用。这一点我可以肯定,因为我从来不知道这样的作用,而且在它作为基础的这个问题上也没有什么新发现。现在当我们把什么东西都叫做习俗④的时候(这些习俗来自于过去的重现,没有什么新的推理或结论),我们就可以把这一点确定为一种必然的真理:紧随现在印象的所有信念都完全是从印象中起源的。当我们习惯于看到两种印象联系在一起的时候,出现一种

---

① 《休谟哲学著作》,第一卷,第 320~321 页。
② 参见后文关于选择与机会的论述。
③ 参见鲍克(O. F. Boucke)《经济学评论》,1922 年版,第 151~152 页。
④ 或习惯。

观念立即就会让我们产生另外一种观念。"①

然后他把自己的实验反了过来,他发现,如果观念存在,那么就没有现在的印象,那么在这样的情况下,

> "尽管习惯向相关观念的转化仍然保持着,但实际上并没有任何信念,也没有任何说服力。所以现在的印象对于整体的作用绝对是必不可少的。此后我把印象与观念进行了比较,发现它们唯一的区别在于力量和效力程度上的差别,于是我得出了全部的结论:信念是比观念更生动、更广泛的概念,这是由它跟现在的印象的关系而产生的。"②

因此,主张或信念是"与现在印象相关联的活生生的观念"。③我们可以说,它是印象的意义。

因此,休谟变换了"自然法则"的观念,这种变换不仅来自于洛克和魁奈的所谓神早已发出的命令,来自于他们那种和谐的自然法则观念,而且来自于因果之间存在的必要联系的观念,来自于任何种类的"争论"。他使自然法则成为了单纯的预期,这些预期"完全是从习惯中衍生出来的,通过习惯,我们可以决定对相同未来对象的状态的预期,这是我们已经习惯了的。这种把过去转化为未来的习惯或决定是完善的,因此,在这类推理中,想象最初的推动被赋予了与预期同样的性质"。倘若过去的实验存在矛盾,那么这种"最初的推动是……在这里被打破的",而且我们判断,"当它们真的出现的时候,就会在同样的部分里混在一起,跟过去一样"。这里的结果可能性较小,但无论如何,"*未来与过去相似*的假设……完全是从习惯中衍生出来的"。④

> "因此,所有可能的推论不过是各种感觉。不仅在诗歌和音乐方面我们必须听从我们的爱好和情绪,而且在哲学

---

① 《休谟哲学著作》,第一卷,第 402~403 页。
② 同①,第 403 页。
③ 同①,第 396 页。
④ 同①,第 431、432 页。

方面也是如此。当我确信任何原则的时候,那不过是一种观念,这个观念更为强烈地打动了我。当我偏爱一系列论点胜于另外一系列论点的时候,我只不过是从自己的感觉出发决定了它们的影响力优势。事物没有任何显露出来的相互联系;除了习惯,没有其他任何原则可以作用于想象力,这样我们从一种事物的出现就可以推论出另外一种事物的存在。"这种成见是无意识的。"我们关于因果的所有判断都依赖于过去的经验,它可以以不知不觉的方式作用于我们的心灵,以致其作用从来都没被注意过,在某种程度上,我们甚至有可能一无所知。"①

他承认,有时候反映似乎可以在没有习俗的情况下产生信念。我们甚至能够"仅仅根据一次实验就获得对一种特定原因的认识",心灵因而可以就原因或结果"作出一种推论"。如果注意到有无数的实验可以让我们相信"*同样的对象在同样的情况下,总会产生同样的结果*"这一原理,那么这些表面上的困难就会消失。因此,我们的经验可以转化为我们没有任何经验的情况,这种转化不是清楚地、直接地、悄悄地进行的,就是间接地②进行的。

因此,如同我们对休谟的理解,在我们所有的事情中,无论是日常生活还是科学、哲学,就像洛克所坚持的那样,它不是我们的智力,而是我们过去感觉的重复,这种感觉决定着"与现在印象相关或相联系的活生生的观念",所以这种观念不是理智的认识,而是个人的成见,这就是归因于外部印象的个人的各种意义。

同样的说法也适用于休谟的道德观念。马乐布朗奇(Malebranche)、③ 卡德沃斯(Cudworth)、④ 克拉克(Clarke)⑤ 把道德关

---

① 《休谟哲学著作》,第一卷,第403~404页。
② 同①,第405页。
③ 马乐布朗奇(Nicolas de Malebranche, 1638—1775),法国形而上学哲学家。——译者注
④ 卡德沃斯(Ralph Cudworth, 1617—1688),英国哲学家。——译者注
⑤ 克拉克(Charles Cowden Clarke, 1787—1877),英国莎士比亚学者。——译者注

系当成纯粹的理智来解释，休谟却说这些理智关系只是同义反复的命题，像在数学中那样，是感觉不到的；然后如同我们已经知道的，他把自己的伦理学建立在了对社会效用和稀缺性的感觉之上。①

休谟著作的编辑者、**黑格尔学派**的格林（T. H. Green）②在1875年著文反对对自然和道德法则的这种颠倒，认为这样就将它们关于普遍理智的旧的基础，颠倒为了休谟基于个人感觉的和预期的基础：

"把自然秩序归纳为预期程度的学说，恰恰颠倒了在实际的科学程序中各自赋予信念和现实的地位。这一学说竟然一直被科学界的人士当成他们自己的学说在表面上接受了下来……如果这个学说因此被无根无据地提出来或一直被坚持下去，那就太让人无法解释了……预期是'反映的印象'，如果因与果的关系不过是预期，那么这样一来，似乎是一种最强烈地抗拒成为感觉的东西竟然一直被当成了感觉……在一种组成这类预期的预期中，没有什么东西能满足在归纳的科学中自然统一的概念实际上所能满足的目的……由于'自然的疑问'在一种好像只要我们找到了就会存在的统一性的保证下，我们实际上是硬要自然承认一种它不会自动提供的法则……现象之间的统一关系既不是印象也不是观念，它只会因为思想而存在。"③

从这一段引用中，格林得出了这样的结论："如果因与果的关系仅仅是习俗，那就还得继续说明怎样才能靠它来扩展认识；熟悉的各种感觉的重现预期和归纳科学之间的鸿沟还得填平；洛克'自然科学是不可能的'的'怀疑'不但克服不了，反而会被详细阐述为一种体系。"④

杜兰特表达了与格林同样的反对意见。

"……休谟不满足于通过破除灵魂的概念来破坏正统的

---

① 《休谟哲学著作》，第四卷，第190页。
② 格林（T. H. Green，1836~1882），英国唯心主义哲学家。——译者注
③ 《休谟哲学著作》，第一卷，第275、276~277、286页。
④ 同③，第285页。

信仰,他还提出通过废除法律的概念来破坏科学。自布鲁诺和伽利略以来,科学和哲学一样,一直在理解自然法则,这种自然法则就是顺序上因在果之上的'必然性';斯宾诺莎(Spinoza)① 曾在这个引以为豪的观念上树立起了他那宏伟的形而上学。休谟说,观察一下,我们从来没有感觉到原因或法则,我们感觉到的是事物和连续性,推断的是原因和必然性;法则不是事物所隶属的永恒而必需的法令,仅仅是我们五花八门的经验的心理总结和速记;我们没有任何保证迄今观察到的连续性会一成不变地重新出现在未来的经验里。'**法则**'是在事物的连续性中观察到的习俗,但在习俗中没有任何'必然性'。

"只有数学公式里有必然性,只有它们是固有而不变的真实;仅仅因为这样的公式是同义反复——谓语已经包含在主语里了;'3×3 =9'是永恒而必然的真理,只因为'3×3和9'是同一事物的不同表达形式而已。"②

然而,现代科学所做的恰恰是休谟在习惯和习俗名义下所解释的内容。休谟对两种心灵概念进行了区分,一种是洛克和格林所接受的被动的概念,一种是主动的概念,是心灵为了研究和行动而构建的它自己的工具,包括法则、原因、结果、必然性等思想工具。如果心灵是被动的,那它就感受不到其"正在消灭的各种感觉"。但如果心灵是主动的,那么它实际上就会在正在消灭的各种感觉的部分与整体之间的假设关系上创造、感觉和行动。休谟的怀疑主义所破坏的是被动的心灵观念,他所预言的是主动的心灵观念。

三、实用主义

1878 年,通过创立主动的心灵观念,美国实用主义的创始人佩

---

① 斯宾诺莎(Baruch Spinoza,1632~1677),荷兰唯物主义哲学家。——译者注
② 杜兰特:《哲学故事》,第 281 页。

尔斯消除了休谟的怀疑主义。作为参与联邦政府地质勘测工作的一名自然科学家,他深入研究了休谟在考虑实际事务时所求助的**习惯**和**习俗**。佩尔斯实际上是把习惯和习俗而不是理智和感觉作为一切科学的基础。他把自己的体系命名为**实用主义**,但这样做的时候他的意思仅仅指科学研究的方法。按照这种方法,他避免了休谟心理学中被动心灵的那种极端怀疑主义和休谟批评者那种预先注定的"自然秩序"。正因为自然科学家佩尔斯解释了所有科学研究的心理,所以我们才会努力追随他并接受**实用主义**为研究方法的名称,并试图把它运用于本书的经济学当中。

我们并没有忘记从休谟到佩尔斯①的一百四十年间哲学上的实用主义先驱,如杜格尔德·斯图尔特(Dugald Stewart)、②威廉·霍奇森(William Hodgson)。我们只是觉得佩尔斯的方法对我们的目的更为有用。我们既没有忘记佩尔斯之后五十年像威廉·詹姆斯(William James)、③约翰·杜威(John Dewey)④和席勒(Schiller)⑤等人,也没有忘记科勒(Köhler)和考夫卡(Koffka)⑥的完形心理学。⑦佩尔

---

① 特别参见艾里奇·伏格林(Erich Voegelin)的《论美国精神的形式》,1928年版,第19页。
② 杜格尔德·斯图尔特(Dugald Stewart,1753~1828),苏格兰哲学家。——译者注
③ 威廉·詹姆斯(William James,1842~1910),美国实用主义哲学家和心理学家,基本经验主义创始人,著有《心理学原理》一书(1890)。——译者注
④ 约翰·杜威(John Dewey,1859~1952),美国哲学家、教育家。——译者注
⑤ 席勒(Johann Christoph Friedrich von Schiller,1759~1805),德国诗人及剧作家。——译者注
⑥ 考夫卡(Kurt Koffka,1886~1941),在美国的德国心理学家,完形心理学派的先驱。——译者注
⑦ 威廉·詹姆斯:《实用主义》,1906年版;《极端经验主义论》,1912年版。特别参见约翰·杜威:《确定性探索:知与行的关系研究》,1929年版;席勒:《人道主义》,1903年版;关于科勒和考夫卡,参见本书上文。

斯后来反对詹姆斯和席勒对待他的"实用主义"这个词的用法，他说自己的实用主义是关于认识论和真理检验的学说，而他们的实用主义是关于生活、价值或欲望的哲学。他说，詹姆斯把对一个观念的真理检验解释为不仅看它是否导致预期的后果，而且还要看它是否导致理想的后果，例如个人的幸福，或者是杜威的理想社会的后果。①

因此，我们被迫区别和使用两种意义的实用主义：一种是佩尔斯的纯粹作为科学研究方法的意义，这是他从自然科学中推论出来的，但对我们的经济交易和机构也适用；一种是参与这些交易的各方自己假设的各种社会哲学的意义。因此，在后一种意义方面，我们追随最紧密的是杜威的社会实用主义；而在研究方法上我们追随的是佩尔斯的实用主义：一种是科学的实用主义——一种研究的方法；另外一种是人类的实用主义——经济科学的学科对象。

在他的科学实用主义里，佩尔斯一开始就清晰地进行了区分，并且把知觉之间的关系并入了感觉本身，这是休谟所反对的，因为他不能把它们作为感觉来解释。②佩尔斯是通过对有意识感觉的两种要素的回顾来解释这一方法的。"在一首音乐作品里有独立的音符，也有曲调"。休谟的印象和观念是"音符"，那是在独立的时间点上的孤立感觉，但这不是"曲调"，因为那是一种穿越时间流的感觉的连续。

> 佩尔斯说："单个的音调可以延长到一小时或一天，它在这段时间中每一秒的存在，跟合在一起的整体一样完美；所以，只要响着，它就会显现在感官的面前——在感官中，过去的一切事情是完全不会显现的，就如同未来本身不会

---

① 参见佩尔斯载于《一元论》杂志上的论文，1905 年第 15 号，第 161~181、481~499 页；1906 年第 16 号，第 147~151、492~546 页。
② 参见佩尔斯 1877 年至 1878 年发表在《通俗科学月刊》中的六篇系列论文之一的《如何使我们的观念清晰》，第 12 号，第 286~302、604~615、705~718 页；第 13 号，第 203~217、470~482 页。1923 年在《机会、爱情与逻辑》中再版。引文见再版。

显现一样。但曲调就不同了，它的演奏会占用一定的时间，在各部分时间里演奏的只是曲调的各个部分。它存在于一种声音连续的秩序中，这些声音会在不同的时间里传进耳朵；要感受到曲调，就必须存在意识的某种连贯性，这些意识会让一段时间的事件显现给我们，但不能说我们直接就能听到曲调。因为我们只能听见那一瞬间出现的内容，而一种连续的秩序是不可能存在于一个瞬间的。这两种对象——一种是我们*直接*意识到的内容，一种是我们*间接*意识到的内容——在一切意识中都可以见到。有些要素（知觉）只要存在就会在每一时刻都完全显现出，而其他一些要素（像思想）是有始、有中、有终的作用存在于流过心灵的知觉连续的一致性中，它们不能立即显现给我们，必须经过过去或未来的某一部分才行。思想是一曲穿越我们知觉连续性的优美的旋律。"①

因此，正如佩尔斯所认为的那样，思想本身不是一种纯粹理智的抽象观念，也不是一系列的知觉，像柏克莱和休谟所认为的那样；它是我们称为"意义"的那种东西，它是贯穿知觉重奏的记忆与预期的感觉伴音。佩尔斯说，思想与其他的关系体系（比如音乐）的不同在于，"它唯一的动机、观念和作用是产生"对"信念"的感觉，而不是产生理智的知识。信念有四种特性：

"……它是我们所知道的某种东西……它平息了疑惑的怒气……它涉及在我们的本性中建立一种行动规则，或者简而言之，一种*习惯*……思考的*最终*结果是意志的运用……思想的整体作用是产生各种习惯和行动，而且……凡是与思想有关但与其目的无关的内容，都是增加之物，而不是它的一个部分……因此，要揭示其意义，我们只需确定它产生了什么样的习惯就行了。因为一件事物的意义就是它所牵涉的习惯的内容……习惯是什么，这取决于它

---

① 佩尔斯：《如何使我们的观念清晰》，第39、40页。

引起我们行动的*时间*和*方式*。至于时间，行动的每一促进因素都是从感觉中衍生出来的；至于方式，行动的每一目的都要产生一些可感觉到的结果。因此，我们这就涉及什么是确实而合乎实际的东西，"出于这个原因，佩尔斯给了它实用主义的名称，"作为思想的每一真实特性的根源，而不管它会有多么微妙……我们对任何事物的观念就是我们对其可感觉到的效果的观念。"①

而且他总结出了我们在观念上如何获得科学的可易理解度的规则。"考虑一下什么在发挥作用，什么东西具有令人信服的实际意义，我们就可以设想我们的概念对象所具有的内容。那么我们对这些作用的概念，就是我们对这个对象的全部概念"。换句话说，**实用主义**就是**未来性**。

然而，在这里，这个暂时的结局只是休谟的个人成见，这种成见因不同人的不同感觉而不同。为了得到没有偏见的科学的信念，佩尔斯更进了一步。这是一个真实性的问题，并且是我们作为**习惯**与**习俗**之间的差异进行区分的内容。

因为，佩尔斯对最终的、基本的真实性的形而上问题的解决办法，不是把它变成一种个人偏见，而是变成了一种社会的一致意见。这种真实的特性跟人认为它们可能是什么没有什么关系。"注定最终会被所有研究它的人同意的意见，就是我们所谓的真理，② 这一意见所代表的对象就是真实的。这就是我所选择的对真实性的解释方法"。③

形而上学的意义因此被改变了，它不再是一个像洛克、柏克莱和休谟所认为的关于根本真实性的个人理智认识的问题，它成了一个预期的问题。预期是那些胜任研究工作的人在预测世界上的事物时所取得的一致意见，这是他们对未来采取类似的行动时觉得有把握的内容，这种把握到了他们继续保持一致的程度。这不仅仅是休

---

① 佩尔斯：《如何使我们的观念清晰》，第41、43、44、45页。
② 作为一名科学家，佩尔斯所说的不是终极真理，他指的是随着更进一步的真理而变换的知识的现状。
③ 同①，第57页。

谟有偏见的信念——它是科学的信念，而且是没有偏见的意义的意义。为了获得"除此之外别无怀疑或质问的空间"，休谟不得不回归到他能够看到或记着的个人经验；① 而佩尔斯只要求社会的认可就行了，这种认可是所有能看到的、记着的人和实验证明所给予的，为的是不存在怀疑和质问的空间。这是我们将要在偏见与科学、**习惯**与**习俗**之间作出的区别。偏见是个人的意见，科学是一致同意的意见；习惯是个人的重复，习俗是一种由那些感觉和行动相似的人的集体意见强加给个人的社会强制。

因此，佩尔斯揭露了休谟的缺点。首先，休谟关于心灵的观念跟洛克一样，仅仅是外部印象的被动容器，只存在于一个时点上；② 而佩尔斯的观念是一种主动的、持续的组织者（organizer）和印象的再组织者。其次，各种印象的存在比休谟的数学时点要长。因为它们保留了过去的印象（即记忆），它们的重复和变化发生在动态的现在，而且它们在最近的未来预期一种感觉，而这种未来总会变成现在。对于休谟来说，时间是连续的数学上的时点，每个点都没有持续。对于佩尔斯来说，时间本身就包含过去、现在、未来的时间*瞬息*。因此，休谟是一个感觉论者，而佩尔斯则是实用主义者。

由于佩尔斯的心灵概念是那种主动的印象组织者，而休谟的"印象"本身现在是在活动的"部分与整体、过去与未来"的外部关系中被加以利用的，而不是作为只与相似性、密切性和连续性相关的个别的印象对心灵起作用。心灵不是等待印象，它一直在寻找印象，把它们分成各个部分，再把它们重组为新的感觉。这些新的感觉不是休谟的被动印象，而是佩尔斯的为了未来行动而向前延伸的主动信念。它是部分与整体的关系，是过去经验与未来预期的关系，这种预期会变成我们的交易和运行中的机构的心理。

佩尔斯还使我们看到，休谟的怀疑主义是从他的个人主义和对他所在的时代的大哲学家的独立思考中得出的，他们没有得到科学研究者的合作与批评。休谟的怀疑主义在于，他不相信仅仅以个人

---

① 《休谟哲学著作》，第一卷，第384页。
② 杜兰特：《哲学故事》，第295页。

理智为工具就可以发现事物形而上学的根本真实性,就像他以前的洛克和大多数哲学家所依赖的那样。因此,他否定了理智,把它看作是从感觉和社会中抽象出来的东西。他的理智的意义是感觉之间的空洞间隔,因此是无。休谟在怀疑主义方面是足够坦率的。

> "在我自己的哲学中,我所被置于的那种绝望的孤独状态,首先让我感到的是恐怖和疑惑……我所走的每一步都伴随着忧郁,每一次新的反省都让我担心自己的推理存在错误和谬误……我能够确信背离已经确立的主张是在追寻真理吗?……有两个原则,这两个原则我是不能放弃一贯性的,我也没有能力放弃它们中的任何一个,即我们所有独特的感知就是独特的存在,以及心灵绝对感觉不到独特存在之间的真正联系……最为幸运的是,虽然理性不能消除这些疑云,但碰巧自然本身可以满足这个目的……我大快朵颐,我玩双陆,① 我神聊,与朋友们在一起我很快乐……"②

这样,在变成实用主义的时候,休谟忘记了自己的怀疑主义。

格林对休谟的批评在一方面是合理的,而在另外一方面又是不合理的。休谟的观念是个人经验绝对不会成为科学的基础,这个结论是合理的,因为个人经验只是一个人不协调的经验,那是偏见,不是科学。但格林坚持认为科学需要一种注定的一致性,目的是为了具有一种自然的"法则"。在这方面格林错了,科学所要求的只是佩尔斯所说的对那些有能力进行研究的人的部分预期的一致性,因而这种一致性对于个人研究者具有习俗的约束作用。

休谟勇敢的怀疑主义是他所在时代的个人主义和一个先驱者的孤立状态,而佩尔斯的真实性则是科学研究界多数人的意见。这被休谟的教育观念所证实。他把一切信念和推理都归因于习俗,但他没有把**习俗**与**习惯**区分开来。因此在谈到教育的时候,他把它视为

---

① 西洋双陆棋。——译者注
② 《休谟哲学著作》,第一卷,第544、545、548、559页。

"一种人为的而非自然的原因",虽然它"作用于心灵的方式与感觉、记忆或理性是相同的"。①

但是,如果我们把习俗从习惯中区分出来,那么习俗不是别的,正是教育。因为它是周围的人始自孩提时的重复印象,它会把服从的习惯性假设强加给个人,但是休谟的习俗跟个人的习惯是一回事,一个人可以从自然本性的重复或其他人的重复中获得这种习惯,而不受集体意见的道德压力的影响。习惯实际上是个人主义的术语,它受个人经验、感觉和预期的限制,而习俗则是从按照同样的方式共同行动的其他人的那部分经验、感觉和预期中衍生出来的,这就是从最广泛的意义上讲的教育。习惯是由于个人的重复,习俗则是持续存在的团体(这个团体中的人员是变化的)的重复,它对个人有一种强迫的作用。教育并不是像休谟所主张的那样,只占"人类盛行的那些意见的大半",实际上它占了这些意见的全部。因此,教育不是随意决定的,它是获得各种习惯的通常的社会过程,这些习惯的形成要靠一生中反复与其他人打交道,以及集体行动强化其服从的必要性。教育靠服从习俗获得习惯。佩尔斯的意见一致也是这样。科学家产生的信念的一致性,在为个人创造新的习惯方面具有习俗的力量。

这样,通过休谟在1739年、佩尔斯在1878年所做的工作,我们接近了意义的意义。但这个意义对于我们的经济目的而言还是不完全的,因为休谟是一个个人主义者和感觉论者,而佩尔斯的研究领域是自然科学。到了约翰·杜威,我们才发现佩尔斯被扩展到了伦理学;到了制度经济学,我们才发现它被扩展到了交易、运行中的机构和**合理价值**。然而,正如佩尔斯所解释的,休谟的"信念"正是我们所谓的意义的内容。

信念,或者说**意义**,首先是偏见。休谟说:"在经过最为准确和严格的推论之后,我仍然说不出为什么我应该赞同它的理由,只觉得有一种强烈的倾向,要彻底地按照它们显现给我的那种见解考虑对象。"他说:"我的感觉总是有偏向的,因此在理智上我是怀疑的,

---

① 《休谟哲学著作》,第一卷,第416页。

但我有偏向的感觉仍然是我赋予表面现象的意义。"

这些意义是从经验中产生的。"经验是一种原则,它通过来自于过去的几种对象关联教导了我"。他说,这些对象的关联就是相似性、连续性和因果关系。

重复过的经验就变成了习惯。"习惯是另外一个原则,它决定我会对未来作出同样的预期"。

经验和习惯变成了想象。"两者联合作用于想象,使我以比其他人更为确定和真实的方式形成一定的观念,他们具有同样的优势但却没有留意到这一点……因此,记忆、感觉和理解,所有这一切都基于想象或我们观念的活力"。

但是,所有这些感觉只有在一种外部印象激发它们的时候才会存在,而它们从这一印象中得出的推论就是信念。"因此,可以最为准确定义的一种意见或信念,它是与现在的印象相关或相联系的生动的观念"。这些信念我们将称之为习惯性假设。①

这种信念"是观念更为生动和深刻的见解",而且按照与之相伴随的热情、痛苦和欢乐相比较的相对强度,它会"驱使意志"。

因此,按照休谟的说法,信念是个人对于事物的有偏见的意义,它会更进一步地需要佩尔斯所说的所有胜任研究的人的一致同意的信念,目的是为了消除偏见,获得科学对预期的信心。

因此,佩尔斯的**实用主义**不是别的,而是研究的科学方法。人们往往会诟病其所谓**实用主义**的"哲学",认为它基于"凡起作用的"就是真的、对的这样一个谬误。如果一个生意人成功了,他就是对的;如果一个打劫银行的人把东西弄走了,他就是正当的。但佩尔斯的意义不是这样的。他的意思是,如果一种*理论*经过实验的检验和其他人的证明"起作用",那么就现有的相关知识和所包含的所有已知事实的范围而言,这一*理论*就是真实的和正确的。②

---

① 见后文关于习惯性假设的论述。
② 关于实用主义的进一步发展,见盖耶(D. L. Geyer)的《佩尔斯、詹姆斯、杜威所发展的实用主义理论真理》,1914年版。参见后文关于凡勃伦的论述。

四、从自然到运行中的机构

在经济科学的检验中有些类似的东西，就如佩尔斯在自然科学中所发现的那样，但根本的区别在于：自然科学研究的是关于宇宙体范围内的各种活动的知识，包括作为自然对象的人；而经济学研究的是个人作为公民所被赋予的权利、义务、自由和所承担的风险。这些都是由各种机构按照变化的程度施加给他们的。正是因为这一特性，才要求不同于历史上的各种心理学，甚至不同于现在广为人知的社会心理学的谈判心理学，它的领域是集体行动的行为规则范围内的谈判、管理和限额活动。历史上的心理学是个人主义的，实际上它们也必须如此。因为其学科对象是作为自然对象的人，而不是作为公民或运行中机构成员的人。佩尔斯的实用主义运用于制度经济学中，就是关于公民与公民之间这些经济关系的科学研究，其学科对象是整个机构，而个人只是这个机构的成员，所研究的活动是由完全不同的规则支配着的他们的各种交易；这种规则不是自然规则，而是一种暂时的集体行动的行为规则。

第5章 亚当·斯密

一、利己与互利

大卫·休谟用**稀缺性**和**公共效用**替代了洛克的**丰裕**和**共同财富**，亚当·斯密正是在公共产品或社会效用的意义上理解休谟的**效用**的意义的。但是，在赞同休谟的公共效用的同时，斯密作为哲学家在其1759年出版的《道德情操论》中却否定了它作为人类共有的"情操"对个人能起的作用。他说，这个观念是从一个"哲学家的反省"中得出来的，它不是个人要维护公正的直接动机。"心灵意向的用处在起初的时候很少成为我们认可的基础"，也不会成为我们自己或社会的基础，但不用深思反省我们就可直观地欣赏我们自己和其他人身上所具有的人类高尚品质，如理性、善解人意、自我克制、仁爱、公正、慷慨、公益心，"根本不会考虑它们对社会的效用"；我们很直接地反对与憎恶那些相反的品质，如贪婪、自私和恶习，也不会考虑它们对社会整体的影响。关于所有这类品质对公众的用处的观念，"完全是事后产生的想法，不会起初就使它们让我们认可"。①

因此，斯密用固有的情感替代了洛克的固有观念。他把洛克从反省中得出的"复杂观念"，变成了一种并非得自深思反省的同情与反感的复杂情感。这些复杂的感觉他称之为"情操"，而不是"反

---

① 亚当·斯密：《道德情操论》，1759年版，引文根据1882年版，散见于第205、216、217页。

省"。反省是"哲学家的事后回想"。

所有情感最高形式的混合物是"正当的感觉（sense of propriety）",也许相当于我们的"适当的感觉"或"洞察"的观念。这种正当的感觉是我们真实的本质中所固有的,是一切情感的总和,其特殊的例子是同情、反感、良心和责任感。从休谟的"生动的观念"中获得启发,斯密用"生动的想象"代替了洛克冷冰冰的推理。他说,实际上我们感觉不到跟其他人同样的情感,这是当然的,我们通过一种"生动的想象"把自己置于了其他人的位置,在这样做的时候,我们对他们的行为和我们自己的行为正当还是不正当实施了判断。这种正当的情感于是可以被拟人化为一个"公平的观众",一个"心里的人",一个"我们行为的伟大的评判员和仲裁者",一个"天意的代理人",他使我们的行为服从我们于所同情的美德,让我们反对我们所憎恶的恶习。

这样,在1759年卫护了**国家的道德**之后,斯密在1776年对**国家的财富**进行了卫护。这里也有一个不需要教会、国家或任何集体行动帮助的神的天意的代理人,它是"人性中某种以物易物、物物交换、用一件东西交换另外一件东西的倾向"。这种固有的倾向放在那里变成了一个原因,它并非像人们一直假定的那样,是一种劳动分工的结果。

> 他说:"劳动生产力方面最大的改进,以及在任何地方都被支配或运用的绝大部分技巧、熟练程度和判断能力,还有大多数的机器,似乎一直都是劳动分工的作用……在一个管理良好的社会,由于劳动分工的缘故,一切不同技术的生产力的大幅度提高,会引起延伸至最底层人民的普遍的富裕……这种从中衍生出这么多好处的劳动分工,原本不是任何人类智慧的作用,它预见和扩展了其引起的普遍富裕……（但却是）某种以物易物、物物交换、用一件东西交换另外一件东西的倾向的结果……一种推理和语言本领的结果。"[①]

---

① 亚当·斯密:《国民财富的性质与原因的研究》,1776年版,1904年由坎南（Cannan）编校,引文根据坎南版,第一卷,第5、12、15页。

尽管有时候斯密由于不顾后果歌颂利己主义而受到指责,但跟洛克和魁奈一样,他的利己观念是服从于其天赐恩惠观念的。正是这种根植于人心的互利的本能,被他称为"正当的情感",这种情感接下来导致了劳动分工、交换和世间的丰裕。在看不见的上帝的意图中,利己是服从于自我牺牲的。尽管个人有意识地只追求增进自己的私利,但由于这种天赋本能的指引,他无意中增进了普遍的财富,就像蜂巢中的蜜蜂一样。如果他事后思考一下,就像哲学家的反思一样,那么那只是他的一个借口,一种他有意识的自私自利导致他所做的事情的伪善的辩解。

> 斯密说:"由于每个个人必然尽他最大的努力用自己的资本支持国内产业,而且去管理那一产业,以便它的产品可以有最大的价值;每个个人必然尽自己的可能努力缴纳社会的岁入。实际上,一般情况下他既不打算增进公共利益,也不清楚他增进了多少公共利益。之所以宁愿支持国内产业而不是外国产业,他只是为自己的安全打算;之所以按照让其产品具有最大价值的方式管理那个产业,也只是为自己的利润打算,他在这种情况下跟在许多其他情况下一样,受一只看不见的手引导,促进了一个根本不是其目的一部分的目标。它不是目的的一个部分,这对社会而言并不总是很糟糕。在追求他自己的利益的时候,他往往更为有效地增进了社会的利益,比他真的打算增进社会利益的时候还要有效一些。我不知道那些假装为公共利益而进行贸易的人做过多少好事。那是一种假装,实际上在商人中也很不普遍,所以也用不着多费口舌劝阻他们那样做。"[①]

这种有意识的利己主义打算,动物是不会懂得的,它们只按自己的无意识的本能行动。但在人类,"推理和语言本领"造成了私有财产和易货以及交换的本性。这些本性是

---

① 亚当·斯密:《国民财富的性质与原因的研究》,第一卷,第421页。

"人类所共有的，在其他种类的动物中看不到的，动物似乎对这样那样的契约一无所知……不曾有人见过一个动物用动作和自然的叫声向另外一个动物表示，这是我的，那是你的，我愿意用这个换那个……但人差不多总是需要其同胞的帮助，如果期望他们只凭慈悲做到这一点，那这对他来说就是愚蠢的。如果他能够按照自己的偏爱引起他们自爱的兴趣，向他们说明为了他的利益而按照他所要求的去做，那这也是为了他们自己的利益，他会更容易成功。要做到这一点，无论谁都要为任意类型的一笔买卖给另外一个人出价：给我我想要的，你会得到你想要的，这就是每一笔这类出价的意义。正是按照这样的方式，我们从其他人那里获得了比我们日常需要的帮助还要大很多的帮助。我们别指望从屠户、酿酒师或面包师的慈悲中获得我们的晚餐，晚餐是从他们对自己利益的关心中获得的……除了乞丐，没有人会选择主要靠其同胞的恩惠来过活的生活方式。"①

因此，不管是同情还是利己主义，无论在哪种情况下都是互利的，这是从正当的情感中产生的，这是由神的**天意**培植在那儿的。那些认为斯密的《国民财富的性质与原因的研究》与《道德情操论》自相矛盾的人忽略了他的天赐恩惠的神学，在洛克和魁奈的理论中，这相当于世间的丰裕。休谟从**稀缺性**中得出了利己主义和公正，但斯密、洛克、魁奈则是从**丰裕性**中得出这两点的。如果自然资源的丰裕是存在的，那么人们在获取自己所能够得到的一切东西时就不会损害到别人的利益只要他是通过用自己的劳动交换其他人的劳动来做到这一点的。如果对所提供的交换条件不满意，那么其他人还可以求之于其他的选择对象，他们在这方面也具有丰裕性，而且出价的一方也不会受什么损害，因为他们在供选择的办法方面也具有丰裕性。总有足够的东西留给其他人，他们可以用类似的方式尽

---

① 同 177 页注释①，第 15、16 页。

自己所能去获取。正如洛克已经证明的，在一个丰裕的世界里，利己主义不会伤害任何人；尽管在一个稀缺的世界里利己主义的确会伤害其他人，这也是休谟已经证明的，但斯密的世界不是**稀缺**的世界。

现代经济社会已经给了我们一个手段去检验休谟和斯密。一个繁荣的周期就是斯密的**丰裕**；一个萧条的周期就是休谟的**稀缺**。

因此，斯密在其《道德情操论》和《国民财富的性质与原因的研究》中是始终如一的。在前一部书里，他研究的是在一个丰裕的世界里，*因为*美德而对于其他人的欲望所作的自我牺牲；在后一部书里，他研究的还是在一个丰裕的世界里，*无论*其善恶而对于其他人欲望的自我牺牲。因为，同情和交易倾向这两种情感都服从于一个更高的代理人——"正当的情感"。在一个丰裕的世界里，这是一种合宜、良知与和谐的神圣情感。同情通过自我牺牲来促进那些其美德获得赞许的人的福利，但交换的倾向甚至会让那些恶人也获益，而我们憎恶的情感是反对这些人的。它们彼此补充，并不矛盾。两者都要求自我牺牲，但在一个注定丰裕的世界里，牺牲在两种情况下都不重要。①

---

① 詹姆斯·博纳（James Bonar）把斯密的观念追溯到了曼德维尔（Mandeville）的《私人的恶习，公共的美德》。参见博纳：《哲学与政治经济学中的历史关系》，1893年版，第154页。这一所谓的溯源是似是而非的，但因为斯密交换的倾向胜于对他人恶习的憎恶，正如在一个丰裕的世界里会漠视他人的同情所具有的美德一样。雅各布·维纳（Jacob Viner）坚持认为，斯密在其《道德情操论》中赋予"善行"一个经济事务中的"次要角色"。参见维纳：《亚当·斯密与放任主义》，《政治经济学杂志》，1927年第35号，第198、206页。但是，如我们在上面所指出的，在斯密的价值论中实际上是奚落善行的，甚至于在经济事务中给了它一个伪善的角色。他可以始终不变地这样做，因为无论是哪种情况，个人的善行和个人的利己主义都不会增进"公共效用"。如同魁奈所认为的那样，在促进公共福利方面，把道德秩序视为与恰好相对的经济秩序一体的，正是神的善行和相应的世间的丰裕。如同我们将要看到的，在放弃了所有集体行动之后，他求助神学来提供世间的丰裕以满足共同福利的需要。

可是，这种注定的丰裕不符合历史事实。假若斯密按照库克（Coke）和布莱克斯顿（Blackstone）的解释对英国习惯法的发展作过研究，假若他接受了休谟把稀缺原则作为解释并代替现在自然神论的恩惠与丰裕，他也许会发现其"推理与语言本领"的一个不同的结果。他一定会发现，真正的互利本身不是根植在个人心中的天赋本性，而是集体行动在利益冲突中实际创造利益互利的过程的历史产物。他一定会发现，不是有一只看不见的手在引导个人的利己主义走向普遍的福利，而是习惯法法庭看得见的手接受了认为不错的当时当地的习俗，并把这些良好的习俗施加给难以控制的个人，让他们服从休谟的"公共效用"。在集体行动控制并同时解放和扩展个人行动的社会慈善事业性质的历史范围内，他一定会发现，在他所处的十八世纪的英国，人这种动物为什么已经到达了这样一个阶段，在这个阶段他可以说，"这是我的，那是你的，我愿意用这个东西换那个东西"。

但是斯密并没有求助于习惯法，无意识中，他把他那个时代的习惯法人格化和永恒化为了在社会生活中存在的正当和适当的情感。他有意识的注意力是集中在成文法上的，他在用**神的天意**的成文法替代**重商主义**的成文法。如同约翰·洛克的情况一样，他熟悉的是现代习惯法和习俗，因此，他让它们成为了跟神的法则相等的东西。

二、自由、安全、平等、财产

按照斯密的理解，重商主义的政策所发挥的作用，从直接方面讲是靠它所做的事情，从间接方面讲是靠它所允许的事情。直接的方面讲，它是政府帮助私人企业的政策、保护性税则、各种补贴、殖民和航海法规、公司的各种特权；间接方面讲，是考虑了私人集体安排的一种许可，通过这种安排，个人采纳了规则，或遵循了限制个人进行无限制竞争这种绝对自由的习俗。而且，按照他的说法，政府在维护一种自然的自由体系时，唯一的职责是"保护这个社会免受来自其他独立社会的暴力和侵害"，保护"这个社会的每个成员免受这个社会的其他任何成员的权利侵害或压迫，或者是建立严格的司法行政的义务",包括个人而不是集体合约的执行;"一种建立和维护某种公共事业和某种公共制度的义务……因为利润永远也补偿不了个人或少数个人机构经营这些事业的费用"。① 这就排除了所有补贴、保护性税则、公司的各种特权、贸易规章、劳动立法和童工法等内容。

然而,他关于政府的观念并非完全是放任主义的,像后来无政府主义者所主张的那样。政府认真坚持的是每个个人与其他的个人保持距离。用人类学的语言说,每个个人都是**禁忌**,但每个个人又都可以短时间地自愿唤起这种**禁忌**,② 而且可以准许政府在他自己身上为了其他人的好处而实施他的诺言。如果这一点做到了,那么每一个人就有"完全的自由"。这一完全的自由的意思是,他可以自由地按照自己喜欢的任何方式去追求他自己的利益。他可以自由地选择怎样处置自己的身体、他拥有的自然物、他的劳动产品,以及他在交换中得到的其他人的劳动产品,而国家会给予物质的力量来实施他的个人意愿。虽然自由在实施的时候得到了国家的帮助,但天生的"正当的情感"足以防止自由的滥用。

这种自由的利己主义的概念,以法律为后盾,与**安全**的概念是分不开的。因为,如果对于禁止其他人将来或眼下会有不利于自己的行为缺乏肯定的预期,或者对其他人会按照他们所保证的那样去做缺乏肯定的预期,那么像人这样一种靠预期活着的动物,就没有什么动机去生产、储蓄与交换了。

这也意味着机会的**平等**。因为,假如禁止有些个人有不利于他人的行为,但却不禁止后者有不利于前者的行为,那么前者就是不自由的,而后者是自由的。如果这就是逻辑上的结果,那么我们所得到的就正是他所谴责的重商主义或地主所有制的结果。因为它授权或准许特权阶级侵害那些勤劳而节约的商人、工厂主和农民的自由,而在生产、节约和交换方面他所指望的正是这些人。

---

① 亚当·斯密:《国民财富的性质与原因的研究》,第二卷,第185页。
② 参见劳伦斯·弗兰克(Lawrence K. Frank)的《经济学的解放》,载《美国经济评论》,1924年第14号,第17~38页。

总之，通过禁止其他人有不利的行为并通过契约把他们联在一起，就达到了个人的利己主义，因而每个人都可以朝着认为对自己最为有利的方向行动。斯密利己主义的意义不完全是一种放任主义政府的那种意义，它是一种习惯法意义上的自由、安全、平等、财产，由洛克的独立司法来实施。实际上，这意味着司法的统治权，而非立法的统治权。

但立法并不是干预自由和平等的唯一集体行动。按照斯密的说法，作出安排、制定规则或君子协定来限制个人竞争的所有习俗和一切私人联合，都同样地应该禁止。他说："同一行业的人很少聚在一起，即便是娱乐和消遣都不在一起，但在一起会谈的结果就是共谋对大众不利的勾当，或者是想法抬高价格。"因此，他对行业协会和现代商业伦理中"对己对人皆宽"的默契进行了谴责。这些都与一种"完全自由"的状态相抵触。尽管为了与"自由和公正"一致，不可能去阻止这些聚会，但法律应该"不给集会提供任何便利，更不能让它们成为必需"。如果是生活在现代，那他会取消一切城市姓名地址录和电话簿。因为他认为甚至不应该存在对他们名字的任何"公开记录"，这会把"否则的话彼此绝对不可能认识的个人联系起来"。有了地址录和电话簿的帮助，他们就有可能同意放弃自己完全的自由，并且受缚于规则。同样，有些规定让"那些在同一个行业中的人们为了照顾他们的贫、病、寡、孤的生活而使自己承受负担，通过管理一种共同的利益而放弃这类必要的集会"。① 所以，甚至慈善组织和互助保险都会妨碍自由。

雇主和他们的工人也是同样的情况。"雇主的人数很少，能够非常容易地联合起来……实际上，我们很少听说这样的联合。因为这是很平常的，人们可以说，事情的自然状态就是这样的，所以不曾有人听说过"。这些联合"甚至把劳动者的工资压低到了（自然）率之下"，② 假如雇主不放弃他们完全的自由，服从于自己制定的规则，那么这样的事情就不会发生。

---

① 亚当·斯密：《国民财富的性质与原因的研究》，第一卷，第130页。
② 同①，第68、69页。

但是，在对利己主义的完全自由的所有制约中，最让人生厌的是"在行动上使全体服从多数"的规定。在一个自由的行业中，除非获得每个从业者的一致同意，否则就不能建立有效的联合，而且除非每个从业者继续同样的想法，否则联合也持续不下去。但公司中的多数派能够制定一种具有恰当惩罚措施的议事程序，这种程序会比任何类型的自愿联合更有效、更持久地限制竞争。"公司是更好的管理必不可少的形式，这个借口是毫无根据的。对工人起作用的真实而有效的纪律不是他所在的公司的纪律，而是其顾客的纪律"。①

因此，斯密在恢复一切个人完全的自由与平等的神圣权利时，对于习俗的本质、公司的议事程序、运行中的机构的行为规则、我们现在以"商业伦理"著称的强制做法、商业的稳定措施、公平竞争的宽容政策、现代制定价格方面的"仿效"办法、工厂的工会规则等没有任何的误解。通过对个人按照自己的意愿做事的自由的集体控制，所有这一切对个人的产量施加了限制。因此，斯密自由的意义不仅仅是没有由立法施加的法律强制，而且也没有由习俗、行业惯例施加的任何一种道德或经济的强制，就如同今天对削价者、工贼、破坏罢工的工人的谴责，这些人从有限的资源或消费者有限的购买力中攫取了多于自己应得份额的利益。斯密的劳动是不为任何世人所知的自由劳动。

对此的解释是，他的学说是理想主义的**神赐恩惠**、**普遍的丰裕**、**理性的时代**和**正当的情感**，所以就不会存在任何不均衡的生产过剩，也没有任何由公司或其他集体行动所造成的人为的稀缺。有了这一丰裕、恩惠和正当的理论，他像魁奈一样，对所有政府的法律规章、所有的关税、所有的习俗束缚都进行了责难，甚至对支持义务教育税及附属的政见都提出了质疑。② 通过废除束缚个人的习俗和行为规则，他建立了一套纯粹个人主义的自利和完全自由的神圣法则；他用慷慨的**天意**及其正当情感的代理人的手的指向，代替了欧洲的

---

① 亚当·斯密：《国民财富的性质与原因的研究》，第一卷，第130、131页。他所谓的公司包括同业公会和类似的行业协会，还有股份公司。
② 同①，第131~136、437~462页；第二卷，第249~299页。

全部管理政策，甚至宣称反对同情这一共同的情感——同情是把人们团结为一个团体去关心他们的贫、病、寡、孤的生活。在这方面他表达了那个时代的情感。法国革命通过废除教会、地主、协会和工会而贯彻了他的主张。① 差不多可以说，拿破仑的独裁所能允许的**"无政府主义时代"**是斯密造就的。

如果抛弃了经济事务中的一切集体行动，那么斯密的理想主义不可能会是其他的方式。如果集体行动被抛弃了，那么理论家们就必须在个人的心中找到一系列的本能来维持社会的运行。这些本能必须是由旨在人类福利的某些外在的力量置于那里的。这种外在的力量就是**上帝**。只有三种本能是其目的所必需的——同情、交换和交易、正当的情感。这三者取代了经济事务中的所有集体行动。

对于斯密而言，对于财产的看法跟洛克一样，是法律对劳动者的保护，保护其劳动的物质成果是为他自己独自使用而拥有，这是针对世界上所有人的保护。这是物质的、殖民时代的或者农业时代的*有形财产*的概念，在洛克和魁奈的学说中也可以见到，不是基于任何稀缺的概念，而是基于对具有使用价值的东西的物质占有。斯密不可能像休谟所主张的那样，把**财产**建立在稀缺原则的基础之上，因为那会导致对上帝权威的否认，为重商主义的垄断或优待的惯例而辩护，后者的借口正是限制供给会有利于大众。但他的自由的定义已经把个人财产所包含的意义都包括在内了。自由包括一个人为了自己使用的目的而排他的占有，这里所占有的是他可以按照自己的意愿使用或滥用的物质的东西，它包括卖不卖那个财产的自由、尽自己所能要价的自由、未来的安全以及在法律面前与其他个人的平等。

但这一私有财产是严格意义上的个人财产，而且他的意义跟法人财产、联合财产以及任何所有者对习俗、行业惯例、议事程序的服从意志是精心区别开的。因此，如果我们用了"个人财产"这个术语，我们就有了表面上有分歧的"劳动"、"个人"、"利己主义"、"交换"、"生产力"、"节约"、"商品"甚至"国家财富"这些术语

---

① 见1791年制定的一些法规。

中斯密所指的基本观念。他的劳动者一直是有形财产的个人所有者，他的商品总是个人所有的，他的**国家财富**是个人财富的总和。因此，他让财富具有物资及其所有权的双重意义。他的利己主义是一种无节制的个人所有者的自由意志。总之，斯密的生产财富并以之与其他人交换的个人意愿的观念，是"个人的有形财产"这个术语，而不仅仅有可能是法人财产的私有财产。

在解释《宪法》的"第十四条的修正案"时，美国最高法院采用了财产的这一意义，但却不像斯密那样只限于个人财产，或像他那样把法人财产排除在外。① 后来最高法院更进了一步，出于把现代商业惯例引入财产和自由的意义而不受立法机关干涉的愿望，它给交易和定价自由本身赋予了财产的意义。法院遵循了约翰·洛克和亚当·斯密的**上帝**、**自然**和**理性**的观念，但把财产的意义扩大为包括法人、交易甚至未组成社团的协会，还有在交易中按固定的价格买卖的权利。意义的这一扩展是无形资产的基础，而无形资产又是运行中的机构的观念的基础，运行中的机构的存亡就是各种有益交易的预期。在美国，这可以说是《宪法》上的财产的意义，直到1890年之后它才达到了这一步。它不仅包括斯密的个人主义的私利，而且还包括了联合的权利。这是斯密排除在外的。财产的意义变成了法人组织的自利，这种自利，是一种股票持有人和债券持有人在所有稀缺的东西排他的使用中人格化的联合。因此，财产的意义包括法人组织从别人那里扣留的自由、法人组织让与他人的自由、法人组织从他人那里获取的自由，以及法人组织与其他人联合的自由。这些权利和自由中的每一项不仅适用于物质的东西，而且还适用于其所有权。这样，财产的意义就变成了个人和机构间交易的预期。

因此，财产的意义从物质的东西扩大为了交易和预期的交易的重复，从使用价值扩大到了以价格表示的稀缺性价值。在其财产和自由的意义中，斯密既没有包含交易，也没有包含稀缺性价值。后者是重商主义的罪恶，前者已经包含在自由中了。他面对的是重商主义的理论和实践，而这些理论和实践的基础完全是稀缺性的事实

---

① 康芒斯：《资本主义的法律基础》，1924年版，第11页。

和公共效用的托词。他说,尽管为了一个人自己的私利而劳动和积累的完全的个人自由是照顾公共利益的诚实的方法,但用作对个人交易进行联合控制理由的这一托词却是伪善的。对他来说,稀缺性的原则把经济理论留给了物质自然的专横或是政府的政治控制,或是同业公会和公司的垄断习惯,而所有这些都已经包含在了他的"重商主义"的意义里了。

针对我们可以称为集体稀缺或一致稀缺(concerted scarcity)的错误教条,他建立了一个个人生产力的学说,个人生产力发挥作用不是通过个人财产的制度,而是通过个人财产的自然法则,它不受政府、法人、习俗或者其他任何联合行动的控制。所以他的三个主要议题:生产力、节约和有效需求,把他的受完全自由诱导的个人意志转向了丰裕世界的生产、积累和交换。这就变成了个人的有形财产,与之相对的是任何形式的法人的、集体的、政府的财产,或者是在一个人为的稀缺世界里重商主义或社团主义①政策所施加的控制。

这样,在以其个人财产代替法人财产或集体控制的过程中,斯密抛弃了休谟基于稀缺的现实主义的财产基础,但像洛克一样,把它建立在了自然秩序、神的恩惠和丰裕的基础上。因此,他所做的实际上是用产生于财产习惯法的个人稀缺,代替产生于规章和约束的集体稀缺,这些规章和约束是由成文法授权或准许的君主、社团、法人制定的。他认为,财产所基于的基础不在于稀缺的*事实*,也不在于习俗的*事实*,而在于他所谓的一个人自己的劳动产品的所有权的*正当理由*。跟洛克一样,他把事实与其正当理由混为了一谈。

但我们在财产物、财产权和财产的正当理由之间找出了差别,这是斯密没有找出来的,不过在当时这种情况是不可避免的。因为他的社会哲学是宇宙的道德秩序的哲学,其中习俗及其正当理由是密不可分的。总之,他的理性观念跟洛克一样,把快乐与其正当理由混为一谈了。

---

① 社团主义:把整个社会纳入极权国家指挥下的各种组合的理论与实践。——译者注

如果我们作出这些区别，那么财产作为有形体的事实就是对物质东西的排他的占有，因为它们是稀缺的；而财产的各种权利是伴随着这种排他占有的集体的安全、强制、自由和风险承担。这些权利由斯密在劳动的基础上证明是正当的，但财产本身（或者干脆说是资产，包括有形体的、无形的和无形体的财产，跟权利和理性两者是有区别的）不过是个人的稀缺状况，它按照普遍的规则决定着他们与其他个人的交易。斯密不可能估计到集体财产的后来的发展状况；无论是法人组织，还是个人自由与个人财产服从于机构的集体规则的统一运动，任何一种形式他都没有估计到。尽管按照休谟的理解，稀缺性最终是衣、食、住和土地的稀缺，但对于商人、工人、债权人、债务人、地主和佃户来说，稀缺是一种所有者的稀缺。这些所有者是占有或有占有期望的买家、卖家、贷款人、借款人、地主、佃户。价格是支付给所有权的稀缺的，而且价格不是衣、食、住或土地的价格，如同麦克劳德后来在1856年所断言的那样，① 那是支付给权利的价格，这种权利是为了让政府把其他人排除在上述的衣、食、住和土地之外。稀缺性作为商业的直接事实和经济学的学科对象，是那些具有合法控制权的人的稀缺，而不是商品的稀缺。稀缺只有对野兽的需要而言才是食物的稀缺，对于人类的需要而言，稀缺是食物实际和潜在所有者的稀缺，这些所有者愿意发布命令给代理人，以便让他们转让所有权，或者给劳动者让他们生产使用价值。

这一区别与亚当·斯密时代作为常识的内容背道而驰了。但现代的遥有制度（absentee ownership）、法人组织、辛迪加、工会、高级理财（high financing）、批发经营已经改变了对于斯密而言是常识的内容。商品有物质的方面，这由劳动者来处理，但所有权有稀缺性的方面，这由生意人来谈判。生意人是稀缺性方面的专家。在小制造业主、小商人和小农民的时期，他们进行着自己的工作、积累和交换，这一区别既不明显也没有那么重要。

---

① 见后文关于麦克劳德的论述。

三、劳动痛苦、劳动力、劳动节省

在给劳动所赋予的重要性方面,斯密要比约翰·洛克更进了一步。他不但像洛克一样,从自由劳动者对他自己的产品的权利中得出了财产权利,而且他赋予了劳动三种他认为同等的意义。但后来这三种意义把经济学家分成了三派:关于**劳动力**的**李嘉图—马克思学派**,关于**劳动节省**的**凯雷—巴师夏学派**,以及关于**劳动痛苦**的新古典学派。

这三种意义见于他关于商品的真实价格及名义价格的那一章里:

"一切东西的真实价格,也就是说想获得此物的人的真实花费,亦即获得此物的辛苦和艰难。对于已经获得此物的人,以及想处理它或用它来交换别的东西的人来说,每样东西真正的价值,即此物能够给他节省下来的辛苦和艰难,可以因此转加到别人的头上。用钱或用物购买的东西是由劳动获得的,跟我们通过自己身体的辛苦得到的差不多。那些钱或物的确免除了我们的这种辛苦,它们包含有一定的劳动量的价值,我们用它们跟当时假定包含等量价值的东西交换。劳动是第一位的价格,是可以支付一切东西的原始购买货币。最初购买世间一切财富的不是金、不是银,而是劳动,所以这件东西的价值,对于那些拥有它或想拿它交换某些新产品的人来说,恰好等于它能让他们购买或支配的劳动量。"①

既然斯密认为劳动痛苦(辛苦和艰难)、劳动力和劳动节省三者在量上是相等的,那么它们都可以用作价值尺度。虽然斯密没有接受休谟在稀缺背景下对财产的解释,而且既然对供给的一切形式的

---

① 斯密:《国民财富的性质与原因的研究》,第一卷,第32~33页。有意义的是,乔治·西默(Georg Simmel,《货币哲学》,1900年版)用自然建立了类似"交换"的观念。这个观念可以追溯到十七世纪的威廉·配第爵士那里;参见帕尔格雷夫:《政治经济学辞典》。

集体控制都被他作为重商主义的人为价值给否定了，那么他便在劳动痛苦中建立了一种自动的产出限制原则。痛苦是他对稀缺的人格化。

伊里·哈勒威（Elie Halévy）提出了一个伦理方面的原因，说明为什么斯密把价值定义为劳动的作用，而不是稀缺的作用。① 他说，普芬道夫（Pufendorf）认为，一件东西的价值是它适宜满足各种需求的一种作用，并且认为其价格是稀缺性的作用。斯密的老师休切森（Hutcheson）认为，价值是产生快乐的适宜程度和获取难度的作用，后者被他视为与稀缺性是相同的。我们注意到，用后来边沁学派经济学家简明的术语说，这些意义就会被表述为效用和稀缺。但我们也注意到，斯密追随的是约翰·洛克。在洛克的脑子里有一种关于财产权利和自由的法律理论，这种理论与1689年革命前英国君主的专制主张是对立的。他用一种生产力的劳动力理论和作为罪孽惩罚的劳动痛苦理论为权利进行了辩护。

斯密同意这种"自然且不可侵犯的"财产权利，但应该注意到，当他把价值定义为一种劳动痛苦的作用而不是稀缺的作用时，他已经把稀缺人格化为劳动痛苦了，这相当于休切森的"获取的难度"。劳动痛苦是某种使自己立刻就会让劳动者感觉到的东西——他感觉不到稀缺也感觉不到自己的劳动力——他感觉到的是随着自然资源的稀缺而增加、随着自然资源的丰裕而减少的劳动痛苦。如果稀缺性是哲学家的事后回想，那么痛苦就是斯密的人类感觉。

斯密把劳动②视为**痛苦**和**力**的两种意义，这在后来变成了马尔萨斯和李嘉图之间分歧的背景。马尔萨斯采用了斯密的**劳动痛苦**，李嘉图则采用了斯密的**劳动力**。③ 它们是同一种**稀缺性**人格化后的主观主义和唯物主义的意义。但是，在马尔萨斯和李嘉图之后的一

---

① 伊里·哈勒威：《哲学中激进主义的形成》，1901年版，共三卷，第一卷，第172页。
② 斯密的第三种意义即"劳动节省"，在1837年变成了凯雷的对稀缺性的人格化。参见后文关于服务的价值的论述。
③ 参见后文关于李嘉图和马尔萨斯的论述。

百年间，这些差异大大加深了。唯物主义的力的意义变成了针对自然的力量，在被卡尔·马克思采用后，导致了俄国革命；然而，我们将会发现，它所导致的仅仅是非人格化的**效率**原则。主观主义意义上的**痛苦**，在斯密和马尔萨斯两人的手中，是**价格**的人格化；当后来的经济学家用货币（也就是斯密的"名义"价值）替代了**劳动**之后，货币变得不再是支付给**自然**的一种代价，而是一种非人格化的购买力，这种购买力可以支配他人的服务，终结为一种作为**稀缺性**尺度的制度原则。

由于斯密在其劳动的人格化中差不多包含了后继学派得出的所有概念和原则，所以我们在分析斯密的**劳动**的意义时，就必须分析他们的种种理论。惠特克（A. C. Whitaker）已经指出，早期的劳动经济学家把价值**起因**、价值**调节者**和价值**尺度**三种观念搞混淆了，他所作的区别部分基于维塞尔（Wieser）①的建议，认为亚当·斯密把两种理论组合在了一起：一种是哲学的理论，一种是经验的理论。这两者是相互矛盾的。② 然而，斯密的"哲学的"见解并非是哲学，而是人格化。它跟劳动与自然的人格化是一致的；正是这种人格化支配了他的经验主义观点，引导他走向了这样一个悖论，即欧洲经济政策真实的历史发展恰恰是背离"自然秩序"的。自然秩序的人格化是一种会让历史符合神圣理性的原则，这种神圣理性旨在物品的丰裕和人类的幸福，而他所谓的经验主义和历史的内容，其目的是为了揭示人类如何通过集体行动颠倒自然秩序。他所谓的"归纳"的方法并非归纳，那是一种例证的汇集，为的是揭示人类已经违反的事物的自然顺序。"自然"始自自由、安全、平等、财产，但人类的过去却是从奴役、不安全以及个人对集体行动的服从开始的。

这就是斯密对劳动的人格化。劳动被设想为与仁慈的自然所进

---

① 维塞尔（Friedrich von Wieser, 1851～1926），奥地利政治经济学家。——译者注
② 惠特克：《英国政治经济学中劳动价值论的历史与评述》，载《哥伦比亚大学历史、经济学、公共法律研究》，1904 年，第十九卷，第 2 号；维塞尔：《自然价值》，1893 年译本。

行的交换，而仁慈的自然是与人类合作的，于是劳动者彼此交换其产品，不是按照自然的秩序，而是按在违反自然秩序的情况下的集体行动的规则进行的。出于这些原因，他对劳动和自然的人格化是一种对我们已经注意到的所有买卖、管理和限额交易的人格化，但不包含任何集体行动，他认为集体行动是人为的，与自然相对的。正是这些人格化使得他的理论成为了一种人与自然关系的经济学，而不再是人与人之间的关系的经济学。

按照这样的方法，斯密的**价值起因**是个体的人的意志对由慷慨的神的意志供给的各种物资的安排；他的价值调节者是神的统治观念为处理自然与人的关系而定下的各种法则，如果集体行动没有用自己的行为规则来代替自然秩序，那么这种法则早就实现了；而他的被用作价值尺度的劳动，如果没有受到货币和集体行为的干涉，那就会是一种稳定的尺度化身。

要把起因、调节者和尺度这三种观念分开是不可能的，因为如果起因或调节者被从数量上加以描述，那么这种描述只有按照计量的方法进行。现代自然科学已经放弃了起因和调节者，只满足于重复与计量方法。受数学的影响，这也在变成经济学的态度，而我们认为这样做是错误的。

因为很显然，如果经济学被认为是一门人类意志的科学，那么起因与调节者是不能省略的。起因、调节者，甚至计量方法，都是从人类的目的所得出的观念，这是自然科学肯定要试图消除的。但如果经济学研究的是人类的交易，那么这些目的所指向的未来就是研究的学科的对象。洛克、魁奈和斯密探寻起因是没有错误的，他们的错误在于他们把自然与劳动人格化为了起因、调节者和尺度，实际上他们应该到交易、习俗和集体行动的行为规则中去找它。他们把*因果关系*置于神的**天意**中，但他们其实应该像休谟和佩尔斯那样，把这种关系放在人类的目的中。他们寻找一种终极或基本的起因作为*调节者*，这对于洛克、魁奈和斯密而言就是仁慈宇宙的自然法则；而他们按照这一终极的、自然的起因所寻找的*尺度*，就是受神的恩惠指引的劳动和自然。然而，计量方法是一种习俗和法律纯粹人为的集体的手段，这种方法构造出任意的单位，根据这种单位，宇宙和人类的活动就可以简化为数字语言了。

(一) 价值起因

斯密说:"据观察,价值一词有两种不同的意义,有时候表述为某种特定物体的效用,有时候表述为占有这种物体而表示的对其他商品的购买力。前者可以称为'使用价值',后者可以称为'交换价值'。具有最大使用价值的东西往往很少或根本没有交换价值;相反,那些具有最大交换价值的东西往往很少或根本没有使用价值。没有什么东西比水更有用了,但它买不到任何东西,大概也不会拿任何东西去交换它;相反,钻石简直没有什么使用价值,但却往往可以用它交换到大量的其他商品。"①

因为这些原因,斯密及其后继者在经济学理论中摒弃了使用价值,而且认为经济科学必须只研究交换价值。但现代科学管理将使用价值带回了经济学,而斯密一定有一种不同的使用价值的意义,这种意义导致他放弃了它。实际上,我们发现斯密实际上在他所有的推论中都使用了使用价值的观念。其实,他所有的哲学都是基于一种使用价值的理论,我们会按照他阐明使用价值的各种方法进行分析的。

正如我们已经暗示过的,这就要求对他的**价值**这个术语按照其使用价值和稀缺性价值这两个组成部分进行分析。② 正如同我们从统计学要求中所知的那样,因为价值是一种使用价值的量,按照它自己的物质单位进行计量,再*乘以*按货币计量的单位稀缺价值。例如,一定量的被称为小麦的*使用价值*的*价值*,是蒲式耳的数*乘以*价格,或者是乘以每蒲式耳的稀缺价值。③ 既然斯密从神的恩惠和人的罪孽的假设中开始着手他的分析,那么我们将从这些假设中发现他的使用价值和稀缺性价值的意义。

---

① 斯密:《国民财富的性质与原因的研究》,第一卷,第30页。
② 在后文的《未来性》一章中可以看到第三个组成部分。
③ 参见欧文·费希尔(Irving Fisher)的《资本与收入的性质》,1906年版,第13页。

1. **使用价值的起因**。我们已经用了劳动痛苦这个术语作为斯密"辛苦艰难"的等价物,而且把它跟劳动力区别开了。斯密并没有单独发展劳动力学说或使用价值学说,因为他的理论是从自然恩惠中产生的,他的劳动痛苦学说作为洛克的罪孽惩罚的等价物,不需要一种克服自然抗拒的力的学说,如同李嘉图后来在考虑自然吝啬时所要求的那样。然而,通过检验斯密的生产与交换学说,我们可以推断他以劳动力作为使用价值的起因的意思是什么,这样就可以推断,他的使用价值的观念就是约翰·洛克的内在心灵模仿外部世界的二元观念。外部的物质世界是使用价值,内在的心理世界是幸福。

但对于斯密来说,他的劳动痛苦的量等于劳动力的量,因此,由劳动力创造的产品量伴随着等量的内在痛苦的量。这种等值即洛克的模仿理论,我们可以把这种等值称为**心理对应**(psychological parallelism),以区别于我们将命名为**功能心理学**和**交易心理学**的类似的东西。**心理对应**遵从的是洛克的内在心灵模仿外部世界的观念。

我们画了四个图表(图5-1、图5-2、图5-3、图5-4)来解释我们所认为的亚当·斯密的原始价值公式,并且用它来说明后继的经济学家的流派。每个图表在适当的地方将会更为全面地加以说明,但所有四个图表都基于同一个经济概念:稀缺—丰裕。出于说明的目的,这一基线可以说成是商品小麦的稀缺或丰裕,以蒲式耳计量。如箭头所示,当基线上的点向右移动时,小麦的量趋向于向丰裕增加;当点向左移动时,小麦的量趋向于向稀缺移动。向右则丰裕增加,向左则稀缺"增加"。所以,丰裕是递减的稀缺,稀缺是递减的丰裕。

按照斯密和李嘉图的说法(图5-1),产品量的增加即使用价值量的增加,这就相当于人类幸福的增加。这背后的假设是人的欲望一般是无限的,而斯密放弃了使用价值。因为对于他来说,使用价值意味着无限制的*主观的*幸福,而不是并行的*客观的*使用价值。

但这种*客观的*使用价值与产品的量是同一的,因为产品只不过是使用价值的量。因此,对他来说,产品量的增加就等于劳动痛苦或劳动力在量上的等量增加,同时也是使用价值的量在其*主观的*幸福的意义上的等量增加。这种心理对应并不真是恰好相等的,因为

194 制度经济学

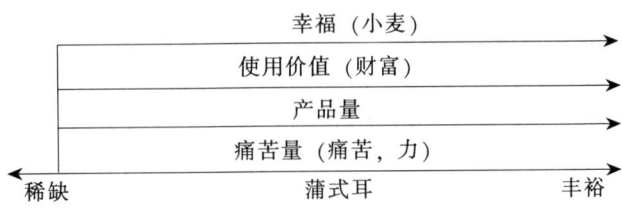

图 5-1 **心理对应**（斯密，李嘉图）

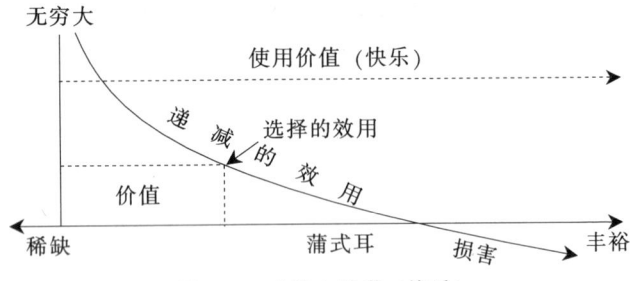

图 5-2 **功能心理学**（快乐）

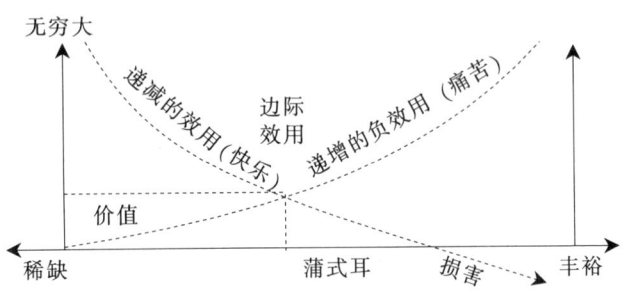

图 5-3 **功能心理学**（快乐，痛苦）

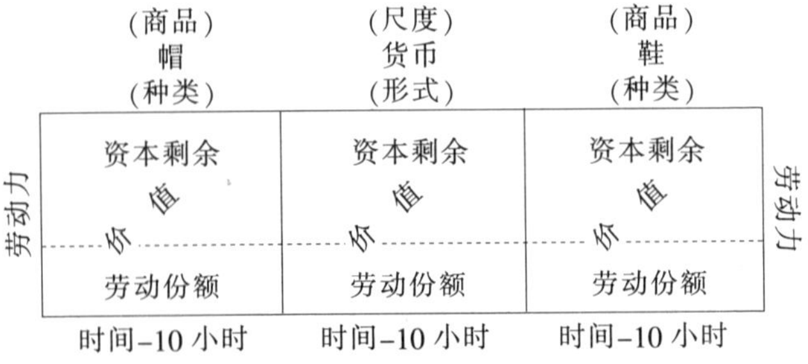

图 5-4 **马克思的价值公式**

幸福也会因神的恩惠而无偿地增加。

图5-1的目的是为了证明，在斯密之后四十年，李嘉图是如何简单地抛弃了斯密的劳动痛苦，而只采用了斯密的劳动力。实际上，这一改变涉及了关于**自然**的基本哲学的一次深刻变化，这就是马尔萨斯在1798年提出的从自然的神赐恩惠到自然的人口过剩和吝啬。但这一变化却不涉及在使用价值和幸福对应方面的任何改变。丰裕的增加即生产它所要求的劳动力在量上的增加，这就等于是其属性为小麦的使用价值的物质产品按照同样的速率在量上的增加，这种速率也是人类幸福增大的速率。

这种对应的理由是很明显的，与图5-2比较一下就可以看出来。斯密和李嘉图都没有*单位*效用递减的概念，这种效用递减我们称之为功能心理，原因在于它取决于稀缺和丰裕。心理的这一方面内容是在本世纪中叶以后由戈森、杰文斯、瓦尔拉斯和门格尔各自独立发现的。现在证明，主观的幸福（快乐）不是无限的（对于某一特定的产品而言），但它会随着丰裕程度的增加而*按单位*递减，随着稀缺程度的"增加"而*按单位*递增。在丰裕的方向，它可以变成一种"损害"，就像一股洪水会淹了水库一样。向着稀缺的方向，在没有水的沙漠上，水可以变成事关生死的"无限"效用。

斯密和李嘉图是不清楚这种功能心理的，因此，除了一般意义的幸福之外，不能赋予使用价值任何意义。然而，斯密有一种关于使用价值及其相应的幸福的意义，这不是别的，正是他的"国家财富"。为了证实使用价值的这一意义，我们引用一下埃德温·坎南（Edwin Cannan）的论述。

坎南指出，在辞源学意义上，财富（wealth）这个术语不过是"福利（weal）"[①]这个词的一种较长的表达形式，而且财富较古老的意义表示的是这样一种福利（welfare），这种福利"太依赖于对某种外部东西（如面包、肉类、衣服或货币）的占有，或太依赖于定期收入，以致这个词被用到了这些东西本身以及身心在获得这些东西后所产生的状态上"。当亚当·斯密采用了财富（wealth）这个词

---

① 参见图5-1。

之后，其意义已经成为了这一外部的东西，而不再是主观的福利（weal），而且"已经变得非常普通，以致辞典编纂者忘了提及其较古老的意义了"。①

这与我们观察到的十六世纪和十七世纪的情况是一致的，这在约翰·洛克那里达到了巅峰。**公共福利**（common weal）和**公共财富**（common wealth）作为经济量在当时是可以交替使用的，而且这两个词在政治上都还有一种的政府的意义。② 到了亚当·斯密时代，他所摒弃的"使用价值"这个词有类似的意义，福利与"财富—福利"，即幸福或福利这一主观的使用价值，对应于客观的使用价值或财富，如我们在图5-1中所示的。

但坎南也指出，到了亚当·斯密、李嘉图和所有的自然经济学家的时代（劳德戴尔除外），财富已经开始指交换价值③了，这种意义的扩展是很致命的。因为正是价值作为福利、财富和交换的这三重意义，变成了被蒲鲁东、马克思和美国的美钞论者所理解的荒谬的意义。实际上，所有要求货币供给与所生产或所占有的价值（使用价值）的丰裕程度相等的纸币论者都是这样理解的。④

从上述内容中我们可以得出这样的结论，即与斯密和李嘉图的心理上的使用价值相应的，是一种以蒲式耳、加仑等物质单位计量的物质上的使用价值，相当于他们的**社会财富**或**国家财富**的意义。其特性是不会因丰裕程度而*按单位*递减的，也不会因稀缺程度而*按单位*递增，这与后来的因丰裕程度而*按单位*递减、因稀缺程度而*按*

---

① 埃德温·坎南：《1776年至1848年英国政治经济学生产与分配的学说史》，1894年版，第一卷，第2页。

② 在《英王国公共福利论述》一书中，这些意义的交替使用是很明显的。这本书最初于1581年出版。1893年由伊丽莎白·拉蒙德（Elizabeth Lamond）根据手稿编辑再版。一般认为作者是W.S，但W.S是谁这一点无从考证。

③ 坎南：《1776年至1848年英国政治经济学生产与分配的学说史》，1894年版，第一卷，第5页。厄尔·劳德戴尔（Earl Lauderdale）：《公共财富的性质与起源的研究》，1804年出版。

④ 参见后文关于凯洛格（Kellogg）的世界偿付社会的论述。

单位递增的效用递减的意义是相反的。使用价值是丰裕性价值，但功能价值是稀缺性价值。简而言之，使用价值是他客观的所谓的商品和财富的主观意义，它随着丰裕程度而增加。

如果果真如此，那么使用价值，或者说是商品，就可以描述为一种随着物质与文化的差异而不是随着供给或需求变动的价值。物质的差异是种类方面的差异，比如鞋或小麦；是质量方面的差异，如春小麦或冬小麦，一级、二级；是变质、损坏或消耗、磨损方面的差异。我们把文化的变动区分为文明价值。因为它们不是供给与需求方面的变化，而是在风格或时尚、信仰或道德以及发明与发现方面的变动；后者把期望的对象从弓箭变成了炸药，从马变成了汽车，从画变成了电影。这些文明价值递减的使用价值被区别为**废弃**，而它递增的使用价值则是**发明**。

换句话说，使用价值是物质的或者文明的属性，不是事或人的一种稀缺性的属性；但是，跟稀缺性一样，它也有一种心理学术语。① 其心理价值取决于其物质质量而不取决于其数量；取决于幸福而不取决于稀缺；取决于现有文明而不取决于供给与需求。因此，使用价值应该按照与物体的颜色、形状、重量、体积或容积同样的方式来定义。使用价值的确有数量方面的内容，但这些是物质的量，有它们自己的物质计量单位，如布以码为单位，木材以考得②为单位，电以千瓦时为单位。③

我们将会看到，在物质的使用价值这一意义中，尽管它有客观的和心理的两种术语，因此是一种满足人类需要和需要本身的事物

---

① 现代经济学家受享乐主义经济学家的影响，总是重复他们关于效用递减的使用价值的早期意义。当这样做的时候，他们就赋予了效用双重的意义，早期的意义是不随着递增的丰裕程度而按单位递减的，而后期的意义则是随着递增的丰裕程度而按单位递减的。我们坚持认为后一种意义既不为古典经济学家也不为其追随者卡尔·马克思所知。
② 量木材等的体积单位，合 8×4×4 立方英尺。——译者注
③ 庞巴维克在《资本实证理论》（1891 年译本）中，将这些"技术"关系从政治经济学中省略了，但在这些关系中我们发现了效率和管理交易的概念。

之间关系的观念,但却没有个人真正就依赖于眼下拥有更多或更少数量的特定使用价值的意思。那是约翰·洛克的二元观念,我们称之为心理对应,但它同时也是与福利与财富的双术语假设相似的假设——幸福的心理术语叫福利,而财富的丰裕则是经济学的术语。

斯密关心的是*不同*商品交换价值的差异,而不是在不同的条件下或按照不同的数量生产*同一*商品所需要增加的痛苦。生产一蒲式耳小麦所要求的痛苦的量(或等量的力),要大于生产一蒲式耳土豆所要求的量。因此,两三蒲式耳的土豆才换一蒲式耳的小麦。李嘉图在从劳动痛苦转换到斯密等量的劳动力时,脑子里想的是同样的交换价值。小麦包含的劳动力是土豆的两到三倍,这说明了小麦与土豆的交换率。

在享乐主义经济学家注意到同一商品数量增加时效用会*按单位*递减之后(见图5-2),出现了一个不同的问题,即如果*每单位*的效用随着供给增加而递减,那么负效用或者痛苦也会随着疲劳的增加而增加吗?——这种疲劳是生产一种增加的供给所要求的。这一疏漏一直是奥地利享乐主义学派的一个缺陷。他们认为,随着机器代替劳动,我们已经度过了斯密所描述的原始时代的"痛苦经济",进入了一种"快乐经济"。但是,痛苦仍然存在,并且随着生产同一商品增加的产量所要增加的努力而增加。所以,古典经济学作为新古典主义又回来了,其公式图解可以如图5-3所示。如果根本没有任何供给,那么以水这样的东西为例,效用(不是使用价值)就可以提高到无穷大,而且生产它显然没有任何痛苦。但如果劳动增加,那么劳动的痛苦强度会*按单位*增加,而快乐则会*按单位*减少。

但树再长也够不着天。在某一点,比如说边际效用点,供给会因为递减的快乐等于递增的痛苦而停止增加。

因此,有两种边际效用的说法——奥地利享乐主义学派和新古典学派的说法。在前者没有痛苦的经济中,一种商品逐渐缩小的快乐会达到一个递减的点,在这一点上,另外一种作为选择对象的商品的快乐会超过它。因此,在所有商品一切递减的效用中进行选择时就会达到一种均衡(图5-2)。在各种选择对象间选择的这个点公平地确定了所有商品的边际,并且变成了均衡点。这一说法1890

年在庞巴维克那里是作为"边际成本"学说出现的，或者说，这是在可选择的对象中"择善而选之"所获得的边际收益。①

但是，在新古典主义的说法中，边际效用是同一种商品持续生产的痛苦与持续消费的快乐之间取得均衡的一个平衡点（见图5-3）。

因此，在十九世纪的时候，斯密的对应已经变成了功能心理，这种转变是通过把使用价值变成递减的效用、把痛苦的意义变成递增的负效用而实现的。**价值**的概念跟过去一样，一直是二维的概念，这一次是边际效用或稀缺效用*乘以*产品或使用价值的量，而过去一直是劳动痛苦*乘以*使用价值的量。

在斯密的经济的理论化过程中为什么找不到使用价值的空间，还有另外一个理由，即个人的服务。这些服务显然是无形的，一经实施马上就消失了。但它们肯定是有用的，而且它们的有效性在实施之后还会继续。斯密及其信徒满足于区分"生产"与"非生产"的劳动。内科或外科医生、律师、政治家或政客、牧师或教士、教师、音乐家或演员、科学家、家庭仆役、主妇都是"非生产的"。因为其劳动的有效性没有呈现在一种商品中，这种商品是可储存的并且可以在市场上销售的，或者是可以直接用于交换其他商品或其他人的劳动的。唯一可以计量这类服务价值的方式是按照货币计算的工资和薪金，或者是按照用它们直接交换的商品来计算。由于这一原因，劳动本身就只能作为一种商品来对待，其价值就是其使用价值。个人服务具有交换价值，其使用价值只在他人的幸福中出现，但却没有像吨和码这样的计量单位可以量度幸福。

这与劳动"包含"在商品中是不同的。劳动赋予商品一种附加的价值，但既然连其"使用价值"都被看做是心理的，那么附加价值也只能是作为一种附加的交换价值来度量。

一百五十年的经济的理论化过程对如何赋予个人服务一个适当的地位大费周折。如果它们是使用价值，那么除了货币之外，我们如何能计量它们？但货币所量度的是其稀缺性价值，而不是其使用价值；它量度的是其供给与需求，或者其购买力，或者是习俗的力

---

① 见后文关于服务成本与产品成本的论述。

量，而非其有效性。这一个半世纪的理论化引入了各种概念和手段，通过这些概念和手段，在一种使用价值的一般概念上，个人服务的有效性可以比作为"生产"劳动的有效性。其中一个概念就是由卡尔·马克思提出并且在科学管理理论中被赋予精确含义的"平均工时"。另外一个概念是用工时来量度的"间接"劳动，这种劳动不能给任何特定的商品附加使用价值，但却把自己附加在了一个运行中的机构所生产的全部商品中。这一间接概念是现代部分与整体关系公式的一种特例。另外一个概念是科学家、发明家和工程师的脑力劳动，在一个特定的机构中这种劳动看起来是"间接"劳动，但结果却是所有类型的劳动中最具生产力的。因为它扩大了创造使用价值产量的能力，这种能力比其他所有人的能力合起来还要多。与此一起的是可以被区分为国家间接劳动的内容，如教师、大臣、牧师、政治家、政客、警察等的间接劳动，不管他们接受的报酬是从税收中还是其他什么来源中得来的，但他们的工作作为一个整体还是扩大了这个国家作为整体增加使用价值产出的能力。

另外一个概念是对使用价值这个词本身作为基本的、形式的、时间的以及地点的"效用"① 这四重意义的分析。基本的效用是必须利用的自然的力量，而它们的利用就是形式、时间、地点的改变——如何需要、什么时间需要、什么地点需要——而不管其交换价值或所支付的价格或工资。所谓内科医生、外科医生、家庭仆役、家庭主妇，甚至是音乐家和演员的个人服务，是用于自然要素上的形式、时间、地点的附加物，否则就一无用处。它们直接增加了事物的自然使用价值，但对于这些服务所接受的报酬却处在完全不同的领域，取决于讨价还价的能力、习俗、稀缺性、机会、选择以及服务实施在时间和地点上的经济相关性或独立性等一切情况。

把经济学家分成了各种学派的，正是对别人的服务与对别人的力之间、生产与获取之间、使用价值与稀缺性价值之间的这一差异，但斯密却因为对个人主义与重商主义这一件事情的关注而让这一差异悬而未决。

---

① 即使用价值。

没有下一世纪中才提出的这些明确表达，那么亚当·斯密使用价值根源的概念会是什么呢？是增加丰裕性的任何东西。对于斯密来说，有五个因素增加了这种丰裕性，区别于限制丰裕性的劳动痛苦。这五个因素是：**劳动力**、**劳动分工**、**交换**、**储蓄**以及农业中的**自然恩惠**。

后来卡尔·马克思把洛克和斯密所指的那种劳动力详细地描述为体力、脑力和管理的能力。如果我们试图让它们进一步精确，那么就应该把它们变成运动的术语，在这种情况下，体力的意思是指利用神经、肌肉、骨骼移动自己的身体或其他物质体的力量。确切地说，它是物质的力量，而不是"体"力。那是靠直接冲击来移动东西、自己或其他人的物质力量。它是物质力，而且有可能是暴力。

但脑力是在空间或未来的时间上从远处间接推动事物的能力，其方式是直接推动其他的物体，后者在运转中再调整它们自己的物质力量。工具、机器、发动机、飞机都源自于脑力。

管理的能力，同样按照运动来说，是驱动其他人用他们的体力、脑力以及人格的力量去推动事物和人的能力。

能力的这三个方面合在一起，可以更恰当地称为人力，这实际上就是洛克、斯密和马克思所使用的劳动的意义。因为他们的劳动者显而易见是体力、脑力和管理的劳动者。增加使用价值丰裕度和国家财富的正是人力。

但这种人力最大的生产力是由**劳动分工**产生的，劳动分工为专业化提供了机会，并且要求进行交换。斯密全部的工作就是评述通过多种劳动分工所增加的生产力，这种分工是从工场分工开始的，然后进行劳动的产业、地区和国际分工，所有这些分工都要求进行产品交换。

因此，**交换价值**被斯密看做是劳动力通过专业化来生产最大量的使用价值时所必须采用的"形式"。如果劳动力是使用价值的根源，那么它就只能在一种文明的环境下起作用，这种文明的环境决定着其使用价值的产品将会采取的种类和形式。

卡尔·马克思后来把斯密的使用价值观念中所包含的起源、种类、形式的暗示都明确地表达出来了（见图5-4）。按照洛克和马克思的说法,起源或"实质"是劳动力。使用价值的种类决定于物质和文明的情况,如帽和鞋。对于斯密来说,价值的形式有两种,即生产性的和非生产性的劳动,前者是旨在交换的产品的根源,后者是用于立即消费的产品的根源。两者都有用处,但生产性劳动以交换价值的形式创造使用价值,而非生产性劳动是以立即消费的形式创造使用价值。

因此,重复马克思的学说,生产性劳动的形式就是劳动分工强加给交换价值的形式,而非生产性劳动的形式则是没有任何交换价值的消费品的形式。前者就是"商品"所指的意思,即商品是一种采取交换价值形式的使用价值。① 任何没有成本但促进交换价值的东西都扩大了生产,由于这一原因,银行制度和纸币以一种无需付出什么代价的媒介代替了贵重的黄金,因而扩大了生产。②

在这里斯密跟魁奈是不一样的。魁奈属于一个农业社会,对他来说,这个社会的繁荣系于具有较高交换价值的农产品的丰裕。但斯密跟洛克一样,属于一个农业和制造业都比较发达的国家,这个国家的繁荣系于农产品与工业产品的交换。魁奈把这种情形描述为一种商品的流动,而斯密则把它作为劳动的地区和职业分工来描述。

> 斯密说,承认各国的收入在于"其工业所能生产的生活资料的数量",但以"贸易和制造业为手段,每年可以让更大数量的生活资料进口到特定国家,这个数量要比这个国家自己的土地在实际的耕作状态下能够提供的生活资料的数量大。尽管城市居民自己往往不占有任何土地,但通过他们的勤劳,还是可以把大量其他人土地上的原产物吸取过来的,不但供给他们工作的原料,而且供给他们生活资料的储备。一个城市与其邻近农村的关系,往往即一个独立国家与其他独立国家的关系……少量的制成品可以买到大量的原材料;相反,一个没有贸易和制造业的国家,

---

① 参见卡尔·马克思:《资本论》(1909年,三卷本)第一卷,第1章。见后文关于效率和稀缺的分析。
② 斯密:《国民财富的性质与原因的研究》,第一卷,第279~283页。

一般不得不以自己的大部分原材料为代价，去购买很小一部分其他国家的制成品。"①

然而，如同魁奈所争论过的，假定不存在人为稀缺的干预，那么这些低交换价值的农产品和高交换价值的工业品并不会使农民受到压迫。它们是自动的，因而是自然的交换价值，这些交换价值是通过专业化和交换实现的劳动分工和扩大的劳动生产力的结果。如果农民不得不从事自己的制造业，那么他们的谷物就会减产。通过劳动的地区分工，他们增加的生产力使得其产品的低交换价值对农民自己有利。他们由于扩大生产力而获得的补偿，要多于他们由于低价格而遭受的损失。斯密对于城乡贸易、国际贸易以及国家与其殖民地之间的贸易进行了杰出的、历史性的研究，目的在于证明允许交换价值符合劳动生产力的差异时可以获得互惠的好处。

但这是生产力意义的一种改变。魁奈已经使得生产力指向了具有交换价值的商品的*数量*，而且只有自然的活力才能够增加这个数量。但斯密却使得生产力的意义指向了具有交换价值的商品的使用价值，而劳动力会在不扩大这个数量的前提下把*使用价值*加到自然所生产的原材料上去。因此，关于财富是在于具有交换价值的商品的数量，还是在于使用价值在这个数量上的增加额，他们的观点是有差异的，实际上正是这一差异使得斯密和魁奈在生产劳动与非生产劳动意义上有部分的一致，但却有相当大的不一致。对于斯密来说，生产性的劳动者是那些为跟其他人交换而生产的人；魁奈的**自然**生产力也是为交换而生产。非生产性的劳动者是那些为自己和他人的*消费*而生产的人，对于魁奈来说，这一点使得自然也是非生产性的。要成为生产性的，对于魁奈而言，是**自然**必须增加具有*交换价值*的事物的量；但对于斯密而言，是劳动力必须增加具有交换价值的事物的*使用价值*。②

因此，斯密认为生产性劳动是以交换价值形式生产使用价值的劳动。对他来说，只有交换价值构成国家的财富，因为这些价值只有在

---

① 斯密：《国民财富的性质与原因的研究》，第一卷，第175页。
② 同①，第30页；第二卷，第161页。

劳动分工正在扩大具有交换价值的使用价值的丰裕度的地方才存在。

但交换价值的*形式*除了是一种增加使用价值丰裕性的形式外，毫无其他意义。在他与重商主义的斗争中，斯密的交换价值观念给他提供了一个最重要的发现：有效需求与货币需求之间的区别。有效需求在于用于交换的商品的生产，不在于对货币的占有，而且这种生产除非是采取交换价值的形式，否则就不是有效的需求。重商主义者曾经争辩说，通过增加货币的供给，就能够获得需求的增加。但斯密证明，货币在国家与地区间的分布只与用于交换的商品（使用价值）的生产成比例。为劳动和商品创造有效需求的不是货币，而是商品。商品不是货币创造的，是劳动创造的，因而以交换价值形式生产使用价值的生产性的劳动，对于其他的生产劳动而言才是有效的需求。因此交换价值不仅仅是物质事物的形式，而且还是生产性劳动阶层彼此提供以增加其生产力的诱因。但当我们讲到诱因的意义时，就把意义转向了货币价格，这是斯密所排斥的。①

斯密的有效需求的观念系于他的**劳动分工**，这就把货币和效用递减两者都给排除了。正是劳动分工把魁奈的流通转化成了一种"有效需求"关系。魁奈不可能以自然为依据构造这样一种观念。他有两种流通——货币流通是一个方向；商品流通是相反的方向。但斯密在其交换价值的意义中排除了货币。根据魁奈的说法，通过重商主义的特权，商人和制造业者只是在商品流通进行的时候任意地榨取一定的数量。但按照斯密的说法，制造业者积累而不是消费商品的使用价值，因此创造了一种有效需求，那是一种在交换中不仅支配其他的商品而且也支配劳动的能力。靠劳动增加的具有交换价值形式的使用价值，变成了一种对劳动本身和由劳动生产的其他使用价值的需求。既然消费者想要的是使用价值而不是大量的物资，由此可以得出结论，对劳动的总需求就是使用价值的总增加，这种使用价值是由资本家积累起来提供给劳动者作为生活资料和生活费用的，用以交换由他们生产的更多的使用价值。对劳动的有效需求

---

① 斯密：《国民财富的性质与原因的研究》，见于后文第9章关于商业供求法则的论述之中。

和对其他产品的有效需求——当然包括从国外的进口,都受制于由资本家积累并且可用于交换的使用价值的数量。如同斯密也说到过的,一生产出来立即就被消费掉的使用价值没有留下这样的支配能力或有效需求。这种使用价值已经消灭掉或不存在了,理所当然,其交换价值,或者说诱导他人生产商品的能力,也随之消失了。但是,以运输和流通形式创造的使用价值却变成了一种对劳动和其他商品的有效需求,它实际出现于市场,可以看成是一种需求的表现;而那些被消费但却没有留下什么等量的再生产在市场上出现的,则是非生产性的。

因此,斯密所用的"生产性"一词等于有效需求,而"非生产性"一词则指未能创造有效需求。所以,为商品和劳动创造有效需求的不是货币而是商品,不是稀缺性而是丰裕性,不是分配而是生产,而且只有通过交换价值的形式它才能做到这一点。①

从斯密有效需求的观念得出的这一结论,后来由詹姆斯·穆勒进行了完善,这个结论就是:不可能存在"生产过剩"② 这样的事情。这个结论是从不会随着丰裕而按单位递减的使用价值概念中得来的逻辑结论。对于斯密来说,如果在一个注定和谐和丰裕的世界里存在过剩,那么它也是对于神的恩惠的不公平的反映。直到效用递减被发现以及货币在经济理论中恢复地位,实际上,直到马尔萨斯先创造出了关于上帝的一种新观念后,才有可能对于丰裕中因失业而挨饿的状况作出一个合理的解释。

正是有效需求这一观念,通过交换价值、劳动分工、生产性劳动,为斯密提供了其使用价值丰裕的另外一个重大原因——**节约、不浪费、储蓄**。这里斯密遵循了杜尔哥的学说,③ 为一百五十年的经济科学建立了储蓄过程的物质和法律的等价物。④

---

① 斯密:《国民财富的性质与原因的研究》,第一卷,第313页。
② 见后文第8章关于李嘉图与马尔萨斯的论述。
③ 见后文第9章关于资本与资金的论述。
④ 这一推论是建立在省略货币的基础之上的。它是物质储蓄的概念,不是金钱投资或债务。后来作出的物质储蓄与金钱投资同一性的假设受到了维克塞尔的信徒们的质疑。见后文关于边际生产与资本收益的论述。

储蓄的法律等价物是私有财产。按照斯密的说法，物质的等价物在于保存劳动和农业的产出，哪怕是只保存几天。储蓄不是储蓄货币，而是储蓄使用价值。商人以商品的形式储蓄，农民以蔬菜、谷物和牲畜的形式储蓄，工厂主以机器和商品的形式储蓄。尽管法律的等价物是所有权，但物质的等价物不是货币，而是商品、各种改良的机器。这些东西被储蓄，是因为它们或它们的预期产品具有交换价值，因此在商品或服务的形式上，具有对其他使用价值的有效需求。

在李嘉图之后，经济学家把生产视为了克服自然抗拒并产生满足需要的任何服务的努力。但斯密在其由财产引起的意愿这个概念中已经涵盖了那个观念。因此，他的"生产性"劳动是创造可用金钱购买的商品的劳动，这种商品可以储存起来，此后可以构成一种对于其使用价值范围的有效需求。另外一种类型的劳动力是"非生产性的"，在这种劳动力中它只创造一种马上就会灭失的服务；或者，如果那是一种物质产品的话，那么它在家里就灭失了，没有表现出它在市场上可能的有效性。他的使用价值是未来交换的商品存货，不受货币的干预。因此，生产对于他来说不仅仅是使用价值的生产。对于他而言，一种使用价值是一种具体存在的属性，可以积累起来，并且可以在交换中转让。生产是交换价值的生产，这似乎是一种悖论，但如果我们考虑到斯密最担心的既不是稀缺性又不是货币的话，那它就不是悖论了。让他担心的是为了其有效需求而为其他国家的商品和服务创造使用价值丰裕性的意愿。① 这是靠生产、节约和交换等手段来完成的，而不是靠仅仅是愿望或仅仅是货币购买力的非有效需求。对于斯密而言，商品是用商品而不是用货币来购买的。

因此，生产性劳动是有效需求的生产，但非生产性劳动灭失的时候，没有留下任何东西可以让资本家能够为其有效需求而把它储蓄起来。因此，生产、效率和劳动力的技术问题，在后来的报酬递减与递增、要素的均衡、劳动管理以及通货膨胀与紧缩的信用与货

---

① 正是这一悖论引起了蒲鲁东和马克思之间的争论。见后文。

币问题等几个意义中,对于斯密而言都没有发生。对于他来说,生产与积累仅仅是工作、储蓄和交换意愿的结果,因此,会增加使用价值的丰裕程度——以货币作为一种苍白的媒介。

　　节约学说标志着魁奈与斯密之间的主要区别。积累对于魁奈是自然产生的物质量的积累,而对于斯密则是劳动附加给这些物质量的使用价值的积累。一个是自然资源的保存,另外一个是节约。因此,尽管在关于所有家庭仆役、政府官员、君主、职员阶层、音乐家、陆军、海军等的非生产性方面斯密与魁奈是一致的,承认他们的工作是有用的,而且具有交换价值,但斯密认为它们非生产性的理由却有别于魁奈。对于斯密来说,这些阶层的劳动"在实施的那一刻就灭失了","因此无法储蓄"。对于魁奈来说,他们的工作没有增加物质性的东西的总量,实际上还从总量中减少了其交换价值的量。魁奈把同样的推论运用到了"工匠、工厂主、商人"头上。他们是非生产的,因为他们没有增加物质总量,反而从总量中减少了。但对于斯密而言,他们的工作是生产性的,因为他们生产了一种额外的使用价值,这种使用价值具有与他们所消费的使用价值相等的额外的交换价值。积累在于以商品的形式储蓄这种额外的使用价值,这种商品可以用于交换,以便带回相等的使用价值。①

　　例如,自然以一蒲式耳种子生产了五十蒲式耳小麦,但当小麦以面粉的形态从磨坊主那里出来的时候,农民发现他要付出几蒲式耳的小麦来换一蒲式耳小麦磨成的面粉。魁奈是把农民小麦的这种减少作为磨坊主非生产性劳动的交换价值加以指责的,而斯密却把它抬高为磨坊主生产性劳动贡献的一种额外使用价值的交换价值。对于魁奈来说,磨坊主是非生产的,因为他的小麦消费减少了市场上小麦的总量。对于斯密来说,磨坊主是生产性的,因为交换农民的小麦时给予了他的面粉增加的使用价值,与农民给予磨坊主的小麦的较少的使用价值是相等的。磨坊主把高于小麦使用价值的额外

---

① 斯密:《国民财富的性质与原因的研究》,第一卷,第314页;第二卷,第173~175页。如前所述,我们把使用价值这个词当做了斯密的"财富"等价物来使用。

的使用价值储蓄了起来，到了他可以卖给农民的程度，而不是用于自己消费了。这样，如果产生了与农民交换的使用价值，那他的劳动就是生产性的。

因此，斯密的储蓄学说与他的劳动力、劳动分工、交换价值和使用价值学说是密不可分的。对于斯密来说，魁奈的流通过程本身是一个储蓄过程，而不是一个从商品总量中的扣除过程。因为它是一个以增加的交换价值形式增加使用价值的过程，当这样增加的时候就"储蓄起来，以备其他某些需要的时候运用"。储蓄的不是东西的整体，而是具有交换价值的使用价值的增加物。

因此，具有交换价值的剩余价值的储蓄，不仅区分了生产劳动和非生产劳动，而且也区分了生产消费与非生产消费、积累与消费、财富与贫穷、有效需求与愿望或货币。生产劳动是通过储蓄活动积累具有交换价值的使用价值的劳动。使用价值的生产消费，是至少由一种来自生产劳动的使用价值的等价积累代替的消费。这种积累仅仅是储蓄，而财富却不仅仅是使用价值的丰裕，而是具有交换价值的使用价值以被储蓄的商品、各种改良的机器的形式表现的丰裕。只有当愿望得到具有交换价值的商品支持的时候，有效需求才会出现，这就是斯密的"生产劳动"的意义。

这些商品本身的积累最终会产生可消费的使用价值，而且这些改良的机器会扩大使用价值从而扩大交换价值，这是被视为理所当然的。但这些最终的使用价值（其丰裕会给人带来幸福）到来的时候将是心理上的，会因消费者的爱好而分化。因此，斯密在经济学中排除了使用价值。与此同时，重要的价值是它们储蓄起来的具有交换价值形式的使用价值，也就是它们持久的有效需求力。使用价值以交换价值的形式增加，最终消费者的使用价值可以留给个人心理去处理。

这一概念与现在仍然流行的常识观念很相像。直到今天，一个国家的"生产"劳动都被认为是在市场上生产具有交换价值商品的劳动，而那些为家庭或农田生产的劳动是非生产性的。

但这与斯密的交换观念有一点不同。斯密跟魁奈一样，在其交换价值的意义中排除了货币，货币仅仅是一种不稳定的价值尺度。

但现代的生活和债务引发了为货币而销售的活动,它是资产和负债的膨胀与紧缩。把货币作为某种表面的东西排除在外留给经济学一个悖论,使得它无法面对现代经济。

然而,斯密从魁奈那里保留了一个不寻常的遗迹,一个同时也被现代常识和"农业经济学家"所保留的遗迹,一种约翰·洛克深邃见识的故态复萌。洛克曾认为,在农业中,**劳动**生产了总价值的百分之九十九的量,**自然**只生产了其中的百分之一。魁奈则认为,在农业中国家生产的总价值的百分之百都是**自然**生产的,**劳动**什么也没生产。仅仅因为在其经济学理论中排除了使用价值(后来李嘉图是包括在内的①),斯密未能看到是劳动(不如说人力)独自生产了使用价值。同样,因为他继承了*自然*恩惠和丰裕的假设,与马尔萨斯和李嘉图恰恰相反,因而他没有完全区分出由人力所生产的使用价值和由自然所生产的物质体。

> 他说:"在农业中,自然与人共同劳动;尽管它的劳动没有什么成本,但它的产物与最昂贵的工人的产物一样,具有其价值……地租……可以认为是那些自然力的产物,地主把其效用租给了农民……任何用于制造业的等量的生产劳动都无法引起如此大规模的再生产。在制造业中自然是无为的,人做了一切……因此,与任何用于制造业的等量资本相比,用在农业上的资本不仅仅是在运转中投入了更大量的生产劳动,而且也与它所运用的生产劳动的量是相称的,它给了这个国家的土地和劳动以年产物,给其居民的真实财富和收入增加了更大的价值。"②

因此,斯密在关于农业具有更大的生产力方面对魁奈所作的让步,就是对约翰·洛克的一种放弃。洛克已经使得劳动成为了全部价值百分之九十九的生产者。斯密承认农业劳动比制造业劳动更具

---

① 麦卡洛克(McCulloch):《李嘉图著作集》,1888年版,第169页;见后文关于效率与稀缺的论述。
② 斯密:《国民财富的性质和原因的研究》,第一卷,第343、344页。

生产性，但他拒绝说魁奈说过的那种话，即前者是完全"生产性的"，而后者是完全"非生产性的"。他说："就如同供养三个孩子的婚姻肯定要比只供养两个孩子的婚姻更有生产性；农民的劳动和乡村的劳动者肯定要比商人、工匠和制造业主的劳动更具生产性。然而，一个种类更高一级的产物，并不能使其他种类变成无益的或变成非生产性的。"①

然而，与魁奈和斯密两人相反，我们得出的结论是：劳动生产的不是躯体，而是躯体的效用。自然繁衍的是躯体，但它也许宁愿繁衍杂草而非粮食。是自然增加了许许多多的小麦，还是人通过利用自然的某些力量并且清除了其他的力量而增加了许许多多的小麦？自然增加小麦的力量，是不是比自然以每小时三十英里的速度移动一艘海轮或以每小时两百英里的速度移动一架飞机的力量更具生产性？或者说，是人类独创性的生产做了某些自然从来没有想过的事情？甚至在农业方面，为了要驳斥斯密所谓的"自然在农业方面要比在制造业方面更具生产性"的谬论，就需要李嘉图从自然丰裕到自然抗拒的转变，因此，就要回归到约翰·洛克的学说中去。这个谬误在于，自然增加的是躯体，而人类是指引自然资源去增加使用价值，这两者之间存在混淆。

斯密之后七十多年，卡尔·马克思遵循李嘉图的学说，对劳动力和使用价值作出了其唯物主义的分析。但时至今日，躯体与使用价值之间的混淆也只是在被清除的过程中，因为效率的社会意义在于取代自然力量的生产力概念。②

通过其劳动分工和随之发生的产品交换，斯密得到了一种更进一步的伦理上的财产辩护。洛克的辩护只做到了证明由劳动者个人生产的东西的所有权是正当的，但在证明由货币介入并由交换获得的*其他人*的产品的所有权的正当性时，却遇到了困难。斯密以其没有货币介入的劳动分工提供了辩护：如果在产品交换中存在完全的自由，那么劳动者就会看到，他们所放弃的劳动的量，会与他们在

---

① 斯密：《国民财富的性质与原因的研究》，第一卷，第173页。
② 见后文第8章关于效率与稀缺的论述。

交换中所接受的东西完全相等，或者是"假定相等"，因而在没有让其他人同样富裕的情况下，是没有人会变得富裕的。因为一个人的劳动积累投入于交换，会等于其他人的劳动在交换中所接受的积累。在这里，斯密的理论又错了，因为他省略了货币、信用和讨价还价的能力，有些人借此靠榨取他人的财富而变得富裕。但由于货币的省略，他的劳动分工和完全的自由，还有洛克的丰裕和神的恩惠，不仅证明了在个人自己的产品中的私有财产，同时也证明了在其他人通过交换手段获得的产品中的私有财产。

对于休谟的稀缺性和公共效用的概念，也是同样的道理。随着丰裕性代替了稀缺性，休谟的"公共效用"或公共福利作为个人行动的动机就完全消失了。而且由于排除了集体行动，个人完全自由的结果就是只有通过让其他人同样富裕起来自己才能变得富裕，于是只应该准许国家在极端例外和紧急的情况下才进行干预。① 假若背离了这一完全自由的自然状态和自然丰裕，那么每个个体就只有以自己的辛劳作为自己的产品和其他人同等的产品的衡量尺度了。这就不需要公共效用或公共福利的概念了，因为上帝那只看不见的手，通过丰裕和交易与交换的本能作用，对于公共利益已经足够了。斯密的哲学是**丰裕**的哲学，不是休谟的**稀缺**的哲学。

2. 稀缺价值的起因。（1）*心理与所有权的稀缺*。我们已经详细阐述了劳动作为**痛苦**与**力**的双重意义，这一双重意义后来使李嘉图和李嘉图的继承者马克思与斯密和马尔萨斯形成了分歧。李嘉图学派通常以唯物主义经济学家著称，而斯密和马尔萨斯则属于一般的心理学派的经济学家。但我们在这两个学派之间作了更为恰当的区分，分别将他们称为心理学派和所有权学派的经济学家。考虑到劳动痛苦的时候，"真实价格"是辛劳和艰难的量；考虑到劳动力的时候，"真实价格"则是由劳动者*拥有*并且*出卖*给雇主的力的量。前者是心理的，后者是所有权的。

斯密的劳动被描绘为劳动者有一定限度的"悠闲、自由和快

---

① 斯密：《国民财富的性质与原因的研究》，第二卷，第32、43、83、184～185页，关于战争、公路等的论述。

乐",其中有一部分他在与自然拟人化的交换中"放弃"了。这是必须付给自然的"真实的价格"、"原始的价格"和"真实的成本",它给一切事物赋予了价值。对于斯密来说,这不是人格化,而这是"真实的"。

但后来李嘉图和马克思对于劳动者的看法跟习惯法一直以来的看法是一样的,作为自由的劳动者,他除了拥有自己的身体之外,或者干脆说,他拥有自己的体力、脑力和管理能力,他可以在公开市场上出卖这些能力的使用。这种劳动力也是一种有限的储存,储存的不是快乐——即痛苦的牺牲,而是生产商品和服务的能力,一种所有权转让的牺牲。这也是约翰·洛克的观念,他是从习惯法中吸取这个观念的。他的劳动者是拥有自己劳动力的自由劳动者,当这个劳动者将能力与自然资源"混合"起来的时候,结果产生的就是只要他愿意就能够出卖给他人的自己的私有财产。

从斯密到李嘉图和马克思的意义转变,源自于从斯密到洛克的不同的**自然哲学**。从自然恩惠到自然吝啬的转变,带来了马尔萨斯的人口过剩理论。① 在李嘉图和马克思那里,这是一种从神学到唯物主义的转变,而奥古斯特·孔德则会把这种转变说成是从神学到形而上学的转变,② 它涉及稀缺价值自然起因的意义改变。李嘉图在自然对劳动力的抗拒中,客观地发现了这一自然起因;但对于斯密来说,自然意味着丰裕,他主观地认为稀缺价值的起因在于人性对于辛劳和艰难的抗拒。

到了卡尔·马克思时代,由李嘉图所暗示的内容变得明确了:劳动者是自由的,因此拥有自己的劳动力。但他不是把它出卖给斯密人格化的自然,而是出卖给李嘉图所理解的雇主。

这正如习惯法一直以来的财产概念。习惯法在处理所有权转移时,根本不关心痛苦或快乐,它只关心意愿。劳动者是不是打算出卖自己的劳动力给雇主?他希望在交换中获得多少东西?意图的逻辑性不是从痛苦或快乐中得出的,而是从习俗以及习俗在当时当地

---

① 参见后文第 7 章关于马尔萨斯的论述。
② 参见上文第 2 章关于孔德的论述。

的目前用途中得出的，所依据的是早期的*约定*和*等值交换*原则。

这种稀缺性价值，我们称为是所有权的稀缺，① 在稀缺的意义方面我们有三个历史性的阶段：斯密的劳动者抗拒劳动痛苦的心理阶段；李嘉图的自然对斯密的劳动力的唯物主义的抗拒阶段；马克思的自由劳动者反对以低工资出卖自己劳动力的所有权的抗拒阶段。

在每个阶段的背后，实际上是各个阶段所源自的来源，这个来源是十八世纪习惯法的自由工人的概念，这些工人不完全是无产的，而是可以拥有和出卖自己人力的工人，这种人力是按照当时当地市场上他所能得到的任意价格出卖的。再远一些，是奥古斯特·孔德的观念本身进化所经历的历史阶段，我们把它修正以后意指斯密的人格化阶段、李嘉图和马克思的唯物主义阶段，以及制度实际作用方式的交易阶段。

亚当·斯密不加研究就采纳了常识的观念，即人类的欲念是无限的，因此人类的幸福只受为满足这些欲望所生产的使用价值总量的限制。尽管斯密让使用价值等于"特定对象的效用"，但他没有在所有有用对象的丰裕性和单个有用对象的丰裕性之间作出区分，也没有对使用价值的主观和客观意义进行区分。

然而，斯密的观念是另外一种常识性的观念，为所有的自然经济学家所了解。当然，只是没有包含在他们的分析里，因为他们没有对整体和组成整体的部分进行区分。差不多到了斯密之后一百年，后来心理学派的经济学家才进行了这种区分。大家都知道，对于特定对象的欲望不是无限的，这种欲望随着当时当地可得到的量的增加而递减，到后来往往会变成一种损害而不是效用，一种痛苦而不是快乐。大家也都清楚，这种欲望的主观强度，会随着在某个时间地点可以获得的量的*减少*而增加，直到事关生死的地步。个人对一种特定对象的这种依赖——我们所谓的稀缺性价值，可以恰当地

---

① 参见卢埃林（K. N. Llewellyn）：《法律制度对经济学的影响》，《美国经济学评论》，1925年第15号，第665~683页。卢埃林跟休谟一样，让所有权的稀缺成为了其法律与经济学关系的基础。克尼斯（Knies）和伊利（Ely）以前也提出过类似的观点。

区分为一种功能心理,这种心理是流传甚广的洛克关于心灵的内在与外在世界的二元论所没有注意到的。因此,自然经济学家要么忽视这一功能事实,要么贬低它——如同魁奈对其"虚幻财富"的做法,要么是代之以人格化或唯物主义。

但斯密的观念也引常识为证。尽管劳动力是使用价值的起因,趋向于丰裕和更低的价格,但劳动痛苦引起了对使用价值供给的限制,趋向于稀缺和更高的价格。劳动力和劳动痛苦之间的差异,是一种因丰裕而增加的使用价值的起因与一种因稀缺而增加的使用价值起因之间的差异;劳动力引起使用价值,劳动痛苦引起稀缺价值。如果一切增加丰裕性的东西就是使用价值的起因的话,那么一切限制丰裕性的东西就是稀缺性价值的起因。

因此,斯密的稀缺性价值部分是公开承认的,部分则是暗示的。他公开承认稀缺性价值是限制产出的人为垄断,其根源是阻碍个人进入特权行业的集体行动。他所*暗示的*稀缺性价值是个人在不存在任何集体行动的自然状态下对产出的限制,这种自然的稀缺性价值的根源是劳动痛苦。

他把自己公开承认的稀缺性价值和垄断看成是一样的,把垄断与集体行动看成是一样的,而不管这种集体行动是国家的还是私人的联合。这是他的重商主义的意义。"实际上,这种或那种垄断似乎就是重商主义体系的唯一动力"。① 因此,斯密就不能跟休谟一样,把私有财产归因于稀缺性,因为他把稀缺性和重商主义的集体行动看成是一样的。集体行动是稀缺性的人为根源,因为它限制个人的产出。但是,因为稀缺是一个明显的事实,所以他必须找到由神的力量栽培到每个个人心中的根源。

在这方面斯密只是遵循了常识。按照通俗与经验的考虑,稀缺性就是获得的难度,无论引起这种难度的原因是什么。因此,稀缺的程度越大,劳动的痛苦就越大,不管是按照更大的努力程度还是按照更长的工作时间来说,都是如此。交换价值也是这样。为了在交换中获得某种稀缺的东西而生产某种丰裕的东西的痛苦,跟稀缺

---

① 斯密:《国民财富的性质与原因的研究》,第二卷,第129页。

对象生产所要求的痛苦的量要相等。因此，劳动——可以理解为获得的痛苦、努力、辛劳、麻烦、困难——随着自然的稀缺而增加以及随着自然的丰裕而减少。如果产品是丰裕的，像空气或水一样，那么其获得基本上没有或完全没有痛苦与之相关，因此，它的价值就小。如果它是稀缺的，像鞋和帽子，那么相关的痛苦量，无论是从强度上还是从持续的时间上都有所要求，其价值就大。因此，如果我们能够消除所有的人为稀缺，就如同我们在消除无论是私人的还是政府的集体行动时所做的那样，那么想得到的对象的自然稀缺程度，就与通过交换直接或间接得到的对象所要求的劳动痛苦的量相等。稀缺性越大，劳动痛苦就越大；丰裕性越大，劳动痛苦就越少。劳动痛苦是稀缺性常识上人格化和稀缺性价值的起因，正是这一点让每个个人立刻就会"欢迎它"。因此，斯密用稀缺性的人格化代替了休谟的稀缺性的"哲学的事后回想"。

但休谟的"事后回想"不是心理上的稀缺，它是所有权的稀缺。从所有权的观点和心理的观点可以得出相似的收入对产出的稀缺比率，这是很显然的。如果劳动者被视为是自由劳动者，拥有自己的身体，包括体力、脑力和管理能力，那么他的拥有就是非常有限的、特别的、稀缺的劳动力储备。现在他的支出，不是他所受的劳动痛苦，而是他所转让的劳动力，就是他有限的人力供给的扣除。因为这种人力是稀缺的，所以就有资格获得一切稀缺对象所拥有的排他性的名称——财产。这是约翰·洛克的观念。洛克的劳动者是拥有自己劳动力的自由劳动者，当他把劳动力与自然的丰富资源混合起来的时候，结果就是使用价值的收入，这种收入变成了他财产的一种扩大，用以补偿其财产的等量支出。然而，洛克没有像更具现实主义的休谟所做的那样，把稀缺观念注入其财产的意义中去，因为他专注于神赐的丰裕和人的原罪。他也没有像斯密那样回归于心理的根源。

休谟的理解要更为正确一些。在简单的稀缺观念之下，他把可以区分为财产、法律和伦理的内容结合到了一起。斯密把它们分割成了他的三个观念：一具有使用价值的物质对象；二作为恩惠和丰裕的自然的人格化，跟洛克一样；三就是洛克的伦理辩护。

然而，无论是私有财产还是联合的财产，如果我们视之为一种预期的交易重复，那么财产就如休谟所主张的那样，是一种完全的稀缺性功能，除非是作为一种稀缺或预期稀缺的东西，否则财产权利就不存在。① 财产的价值总是一种稀缺性的价值。无论是个体还是集体，人类在稀缺性推动下获得所有权的努力，都是本能性的，如同生命本身，而它的三重意义可以区分为财产的**对象**、财产的**本能**和财产的**习惯法**。本能可以是对他人的损害，就如同它可以是对自身的保护一样，而"本能"这个词是足够恰当的，因为它可以解释为所有生物——无论是动物还是人类——就资源的稀缺性所驱动的行为。财产的本能是稀缺性的本能，而财产的对象是本身稀缺的事物。

因此，每个持久的人类社会都建立了规则，以此来管理个人对稀缺东西这种排他性所有的追求；而这些直接产生于重复的惯例和纠纷判决的规则，在得到可信的判决的时候，就因此而变成了一种财产的习惯法。斯密跟洛克和魁奈一样，根本没有看到主观上就打算给予劳动一种稀缺权利的仁慈上帝，与习俗或法律给予它的历史事实，这之间是存在区别的。休谟确实把事实及其理由区分开了：事实是稀缺性的作用，理由是人自己关于公共效用、公共福利或者公共需要的观念。但只有到了科学与神学区分开来的时候，才能够将事实与其理由区分开来。今天所作的这种区分，可以追溯到洛克、魁奈和斯密时代。理由被声称为事实，亚当·斯密让我们看到了这是怎么做到的。

如同洛克所主张的，事实只是一种用语言来表达的心理解释，目的是为了向其他人传达关于所发生的事情的信息。但是，如果是这样的话，那么说服力这个要素就是事实的组成部分。事实的说服力在于引起他人接受的能力。既然事实是通过从非常复杂的经验中选择某种特性所达成的心理解释，那么事实的这种说服力就伴随着对让大家相信的特性的选择。斯密选择劳动痛苦作为他自己关于获

---

① 直到麦克劳德的时候，也就是斯密之后八十年，这一区别才被指出。见后文第9章关于麦克劳德的内容。

取和积累的说服的意义。劳动痛苦十分模糊,把所有的经济、法律和伦理的意义都包含在内了,而且在达成一致方面很有吸引力。它可以让每个人都把它当成是人性的一个基本事实,可以作为一切活动的基础。它具有与许多自然、稀缺及所有权意义密不可分的伦理的魅力。简而言之,劳动痛苦是一个事实,一种稀缺性的人格化,一种斯密用个人劳动代替重商主义一致行动的理由。

上述的那种习惯法的**所有权的稀缺性**,我们称为**讨价还价的能力**,斯密本人也注意到了这一点:

> "正如霍布斯所言,财富即权力。但获得或继承大笔财富的人,不会必然获得或继承任何民事或军事上的政治权力。也许他的财富可以负担得起获得这二者的财力,但仅仅拥有财富不会必然让他获得任何一种权力。这种占有直接传达给他的权力是购买力,一种对所有的劳动或者对当时市场上所有的劳动产品确定的支配权。"①

斯密所评论过的所有权的稀缺性,一直是一个尚在争论中的问题。疑问自然产生了,从斯密和最早的"古典"经济学家到如今的新古典派,其间超过一百年的时间里,为什么他把稀缺性人格化为痛苦的说法一直是经济理论的基础呢?答案必须在重商主义的问题和在个人主义*相对于*集体主义的所有问题中去找。集体交易引起人为的稀缺,劳动痛苦引起自然的稀缺。斯密的劳动痛苦,通过劳动分工与完善的个人自由发挥作用,这是他对重商主义的学说与惯例和所有集体行动的代替。重商主义,无论是政治的还是通过私人联合的,都人为地限制了供给;劳动痛苦则是自然地限制了供给。

然而,已经发生的情况是,斯密的重商主义,通过集体控制的各种形式,例如政党、税则、私人公司、辛迪加或工会,已经比斯密所能想象的更占优势。稀缺性是由被他斥为重商主义人为垄断的同样的政治与所有权的集体行动所造成的,而不是由劳动痛苦的人格化所造成的,劳动痛苦被他宣称为神的公平法则。今天的经济学

---

① 斯密:《国民财富的性质与原因的研究》,第一卷,第33页。

是修正的重商主义，一个相对稀缺的世界中的所有权稀缺性，而不是一个丰裕世界里把稀缺性作为劳动痛苦的无效的人格化。

(2) *自由与丰裕*。斯密的缺陷在于其词语的双重意义——一种是伦理的意义；一种是经济的意义。他的伦理意义是，如果没有集体行动就会获得公平，不公平实际上是由于集体行动形成的；他的经济意义是，没有集体行动就会得到的自然丰裕，而人为稀缺实际上是由集体行动强加的。

这样，他的"自由"一词就有经济和伦理的两重意义：经济自由是丰裕；伦理自由是免于集体强制。自然的状态就是自由的状态。因为它是一种自由的状态，不是集体行动。他的稀缺的意义也是一样的。他的稀缺的伦理意义是作为合理价值调节者的劳动痛苦，他的经济意义是集体行动的人为稀缺。

因此，对斯密来说，与痛苦相对的不是快乐而是自由。自由随着痛苦的减少而*增加*，因为自由意味着可供选择的东西的丰裕。自由因为痛苦的增加而*减少*，因为痛苦意味着可供选择的东西的稀缺。这是自由的经济意义，千真万确。但对于斯密来说，同样的自由是与集体行动相对的：自由因为集体行动的增加而减少，或者因为集体行动的减少而增加，因为自由是免于集体强制的。这就是他的自由的伦理意义。

斯密的根本缺陷在于，他把所有权的稀缺性人格化为心理的稀缺性。所有权的稀缺性是调节财产所有者安全与自由的习惯法和成文法，财产所有者包括仅仅拥有自己劳动力的被解放了的所有者。个人不会在自然提供的事物之间进行选择，他们是在所有者提供的事物间进行选择的。你不能在一条街上一路走去，然后把你想要的东西与其边际效用成比例地据为己有，所有者与警察虎视眈眈地站在那儿呢。劳动者不能根据痛苦量来选择工作，他们工作或不工作，依据的是按照习俗和法律准许所有者所提供或保留的选择，财产的价值在于其稀缺性的价值。因此，所有者在自由竞争的条件下（这意味着免于集体行动的自由）可以自由拒绝一种商品的生产，或则在它生产的时候可以自由保留其效用不让其他人利用。这是在交换过程中他能够维持商品稀缺性价值的唯一途径。

因此，即便是在一切集体强制都被消除，因而习惯法意义上的所有权的自由非常完善的时候，情况仍然是所有权的稀缺。这在于自由提供和接受诱导的两种情形：一种是通过生产创造丰裕的诱导；一种是限制过多丰裕的诱导。但可供选择的*出卖者*的丰裕构成了对*购买者*的所有权的自由，而可供选择的购买者的丰裕则构成了对出卖者的所有权的自由。工作的人和工作的提供者有平等的*所有权*自由，在这种自由中，每一方都有工作与不工作、雇用与不雇用的平等的自由，他们不但要求政府官员要把自己的手拿开，而且要让其他人别去干预。但双方却有可能不具备平等的*经济*自由。因为工人可选择的，也许是扩大其总的劳动痛苦的繁重的选择，作为他必须支付的代价；而对于雇主，可选择的也许只是上述的成百上千的劳动者之一在填补其机构中的工作时的不重要的选择。①

其他类似的解释也许可以在购买者和出卖者、地主和佃户、金融家和生意人的所有交易中举出。为了做到这一点，也许得有"完善的自由"，不仅必须没有法律的义务，而且还必须存在经济机会的丰裕。

某种程度上与所有权自由反向变化的所有权稀缺性的这么多实例，在亚当·斯密的私有财产的概念中都没有被考虑到。因为他假定，一旦依赖于重商主义的法律强制的稀缺性被消除，而且具有经济强制性的所有联合财产和不平等被消除之后，那么平等的个人之间的劳动分工就会通过生产、节俭和交换创造极大程度的丰裕，以致不会把麻烦的选择留给任何人。在斯密之后七十五年，这一观念被凯雷（Carey）和巴师夏（Bastiat）这样的乐观主义者所接受。②

因此，斯密跟魁奈一样，脑子里考虑的是由集体行动造成的稀缺性的重商主义的立法政策。在这方面，斯密与之形成对照的自动稀缺的观念，是因为他未能把立法意义上对自由的剥夺与习惯法意

---

① 康芒斯：《资本主义的法律基础》，第58页；参见后文第8章关于强制的限度的论述。

② 见后文第8章关于服务价值与产品价值的论述。

义对自由的剥夺区分开来。想要成为竞争者的人的选择自由,在立法造成稀缺的情况下,受到控制竞争的法律责任的限制;想要成为消费者或生产者的人的选择自由,会由于被以前的生产者所提供的商品或原材料的稀缺而受到限制。斯密假设,要是这种立法的稀缺被消除了,那么所有的稀缺就会被消除,变得与劳动痛苦的量一致。当立法自由形成的时候,接下来就会形成经济的自由。

但私有财产本身的习惯法是建立在资源稀缺性的基础之上的,斯密却认为它是建立在一个人自身劳动产品的自然权利的基础之上的。财产稀缺性的意义还是被保留了,作为相对于其他人的欲望而稀缺的东西的扣缴。如果赋予自由是在丰裕的、可达到的事物之间进行选择的经济意义,那么无论这种丰裕是来自于没有上级权威施加的压力,还是来自于自动的劳动分工,自由与稀缺都会反向变化。如果存在完全的选择自由,那么就不存在什么稀缺,因为想要的对象像空气一样丰裕时,所有选择的意识都会在供给的丰裕性中消失。如果存在完全的稀缺,这表示根本没有任何供给,那么就不存在自由。这就是休谟的"事后回想"。

然而,斯密的看法是对这个问题常识的、经验的见解。当工人发现除了繁重的工作就没有任何工作提供给自己时,他是不会在工作的稀缺与自由的丧失之间作什么区分的。实际上,他有所有权的自由,可以拒绝工作,因为他拥有自己的劳动力。而机会的所有者则有拒绝雇用他的相应的所有权自由。每一方都有伦理意义上的自由;相反,正是在这种区分的基础上,社会主义者和共产主义者发明了"工资奴隶制"这个词。

但是,在所有权自由的背后是自由的经济意义。工人的选择的自由随着工作的丰裕度而增加,随着工作的稀缺度而减少;相反,他的作为结果的劳动痛苦随着工作的丰裕度而减少,随着稀缺度而增加。但是,起调节作用的是财产的习惯法,而不是自然恩惠的丰裕度。这种调节也许好也许坏,也许明智也许愚昧,也许公正也许不公正。它可以扩大自由,甚至多于它对自由的抑制,但它不是痛苦,而是运行中机构的集体行动。

（二）价值的调节者

大家所了解的作为重商主义的各种经验政策，是随着反对封建主义的君主政体和市场的兴起，随着与兴起相伴随的经验发展而来的，这种经验就是交换价值作为制造业主和商人的谋生手段，取决于供给或需求的控制。在英国，一个中央集权的政府，为外国和殖民地市场，以及国内市场上制造业主和商人的当地行会，提供了这种控制。在公共福利的基础上，这种调节总会被证明是合理的，但按照斯密的观点，这却是一种伪善的合理。因为它总是有利于享有特权的少数人，这些人所代表的私人福利被说成是跟公共福利一致的东西。约翰·洛克用议会代替君主来实施这种集体控制，但亚当·斯密实际上不只是在哲学体系上用司法代替了君主和议会。

两个人都把自己的观点建立在对神赐恩惠的自然法则的回归上，对于洛克而言是代替了国王对供求的任意调节，对于斯密而言是代替了议会和行会对供求的任意调节。因此，斯密要求的是供求的自然调节者而不是集体行动，而且他不是在习惯法的法庭上，而是在每个勤劳而节俭的制造业主和商人的心中去寻找这个调节者的。

> "……个人的私有利益和情感，自然会让他们把自己的储备转向在通常情况下最有利于社会的用途。但如果从这种自然倾向出发，他们转向那些用途的东西若是过多的话，那么其利润的下降和其他人利润的提高会让他们立即改变这种错误的分配。因此，用不着任何法律的干预，人的私有利益和情感自然会导致他们对每个社会的储备进行划分与分配，这种划分与分配是在储备所承担的不同用途之间进行的，基本上会尽可能地按照最符合整个社会利益的比例进行。"[①]

因此，在关于虚幻财富这个问题上，斯密是赞同魁奈的意见的。**虚幻财富**会纠正自己，因为如果需要的话，那么个人就会被迫违反

---

① 斯密：《国民财富的性质与原因的研究》，第二卷，第129页。

自己的自然倾向，把他们的劳动从正在跌价的产品转到正在涨价的产品上。尽管魁奈因为自然生产财富把这个问题作为不合逻辑的内容而不予考虑，但斯密还是证明了在劳动生产财富的情况下这一点是如何做到的。

斯密说，首先，这种自然状态是一种完全自由、安全、平等、有财产、有流动性的状态，不存在货币和债务的任何干预。每个人都可以让自己迅速地从一个行业转到另外一个行业，他不受习俗、习惯、担忧或任何集体限制的束缚。正如帕累托后来所言，它是一种"分子"的社会概念。

其次，作为整体的社会需求是无限的。这个假设有两方面的用途，要么是从需求的方面，要么是从供给的方面。斯密两个方面都用了。需求方面可以以他的有效需求的观念为基础，供给方面可以以劳动痛苦的观念为基础。两者合起来的结果是趋于均衡，不再需要集体的行动。

尽管穆勒除了澄清斯密外并没有增加什么内容，但需求与供给的均衡后来由詹姆斯·穆勒用公式作了表示，[①] 后继者是李嘉图。用我们自己的话的意思重新叙述，就是如果人的需求是无限的，那么通过创造更为丰裕的使用价值，他的幸福就可以达到难以想象的程度。因此，当新的需求一旦呈现，不同种类的使用价值成比例地增加的话，那么交换价值就不会有任何的下降。每种产品都扩大了对其他种类产品的需求，只要准许生产扩张到它的最大极限，就不可能存在什么生产过剩。例如，通过劳动分工（假定有完全的流动性，而且忽略时间因素），劳动力的生产力增加了一倍，而且每种物质产品也可以增加一倍，于是每种数量增加了一倍的东西对其他每种东西的有效需求也会增加一倍，并且数量也会增加一倍，这样它们的单位交换价值就不会有什么改变。

但即便是这种无限需求的理论，也要求有一种因素能够在特定

---

① 詹姆斯·穆勒：《为商业辩护》，1807年版，在《政治经济学概要》（1821年版，第186~195页）中重申了这一点。先前吉恩·萨伊在《政治经济学》（1803年版，英译本第四版，第76页）中提出过这个观点。

产品变得过于丰裕时有效地抑制其供给，在短缺时扩大其供给，以便所有的价格能够按照每种东西所包含的这一调节因素的比例得到调节。后来李嘉图在边际劳动者中找到了这一因素。斯密在所有劳动者的辛劳和艰难中找到了它。他的劳动痛苦作为稀缺性价值的*根源*起着限制产量的作用；他的劳动痛苦作为稀缺性价值的*调节者*起着在不同的行业之间分摊产量的作用，目的是为了使所有行业的劳动痛苦均衡。作为稀缺价值的*根源*，当大家认为相对于痛苦的量收入过低时，产量就会受到抑制。作为稀缺价值的*调节者*，在某些收入相对大于痛苦的职业中，产量就会被扩大；在另外一些收入相对低于痛苦的产业中，产量就会被抑制，这样是为了让每单位收入的痛苦平均化。因此，尽管痛苦作为稀缺性的*根源*只是对特定的产业起作用，但作为*调节者*却是对所有的产业起作用。

按照李嘉图的说法，调节价值的边际劳动者是最不具生产性的劳动者，这符合其自然咨啬理论。边际劳动者是顶着自然的最大阻力工作的人。在市场自由和劳动可以流动的情况下，这个劳动者可以通过竞争来调节自然更为多产的地方的其他劳动者的产品的交换价值，同时也可以调节所有产品的交换价值，因为所有的劳动者都是从低工资的行业向高工资的行业转移的。效率最低的劳动者的生产力调节着所有劳动者产品的交换价值。

但斯密的价值调节者不是效率最低的劳动，而是最痛苦的劳动。人类注定要劳动，由于原罪的缘故，这是正确的。为了让物品可以生产出来，他被迫放弃了一部分悠闲、自由和快乐。但这应该做得公平。在为大家的利益生产、积累和交换使用价值的活动中，没有人该被迫比其他任何人受更多的苦。现行的重商主义的状态不仅缺乏效率，而且还不公平。在这种状态中，个人被集体行动专横地控制着，没有让他们任那只看不见的手自动地加以调节，那只手在每个人的心里放置了一个与痛苦相适应的公平分配的原则。

这个原则是使用价值的收入与劳动痛苦的产出之间的比率。也就是说，是支付给使用价值的"真实价格"。人的私利和财产会让他们把自己的劳动在不同的工作中进行分配，不需要集体行动的帮助，按照这种比例，收入与痛苦的这一比率对所有的人总会是相当平等的。

然而，为了完成这一调节的目的，斯密不得不排除他作为起点的孤立的个人，而代之以所有个人在所有的时间和地点的*平均劳动痛苦*。在这样做的时候，他的平均劳动痛苦就变成了价值的调节者和价值的尺度，如下所说：

> "等量劳动，无论何时何地，可以说对于劳动者具有同样的价值。① 在其通常的健康、体力和精神状态下，在其通常的技术与熟练程度下，他必须放弃同样比例的悠闲、自由和快乐。无论他所接受的回报的商品的量是什么，他必须支付的价格总是一样的。事实上，在这些商品中，有时候可以购买的要多一些，有时候可以购买的要少一些，但这是它们的价值在变，而不是购买它们的劳动的价值在变。在任何时间地点，难以得到或要求耗费很多劳动的东西就贵（稀缺）；很容易就拥有或所用劳动很少的东西就便宜（丰裕）。因此，劳动自身绝对不会改变自己的价值，唯有劳动是根本的、真实的标准；通过劳动，所有商品的价值在任何时间和地点都可以估算和比较。劳动是它们的真实价格，货币只是它们的名义价格。"②

这里，在一种集体行动被排除的自然状态下，价值调节者和价值尺度两者都变成了平均的劳动痛苦。斯密排除了由于个性差异而产生的人的差异，也排除了由于疲劳程度的不同而产生的重复差别。时间的历史变迁也没有干扰他的平均痛苦。中世纪的痛苦跟十八世纪的痛苦是一样的。在相似的时间单位里，任何时间地点的平均劳动以同样的比例放弃其悠闲、自由和快乐。它是平均的痛苦，不管个人、工时、疲劳程度、时间、地点或人种。因此，它既是自然状态下的价值调节者，也是一种在任何社会状态下度量价值的稳定单

---

① 坎南（Cannan）指出，斯密在第一版中是这样写的："等量劳动无论何时何地必须是……"
② 斯密：《国民财富的性质与原因的研究》，第一卷，第35页。

位。劳动痛苦不是任何特定人物的特殊痛苦,它是赋予辛劳和艰难的一种数学公式。

必须注意到,斯密没有李嘉图的差别观念,但却让自己满足于这些平均数。如果他有李嘉图的这种差别,他也许会得出一种类似的结果。作为价值根源、调节者和尺度的李嘉图的劳动力,是最没有效率的劳动力——边际劳动者。但斯密不是在用差别发挥影响,他是在用平均在发挥影响,而这些平均值既可以用于劳动痛苦,也可以用于劳动力。若是这样,那么就可以认为,每单位劳动痛苦按平均数计算,等于按平均数计算的每单位劳动力。这似乎是他一向的观念——每平均单位的劳动力伴随着等量的平均单位的劳动痛苦。换句话说,增加使用价值量的一个单位的劳动力,伴随着同样一个单位的抗拒劳动力实施的痛苦。它既是人格化的,也是唯物论。

当然,如果让这个问题停留在一个点上,事物就会静止,什么也不可能生产。但除了在劳动者懒惰、年老、年幼的情况下,它们不会被留在那儿。典型的斯密的劳动者受私有财产保障的引诱,具有工作、积累和交换的雄心,压倒了痛苦的阻力。因此,没有理论体系的大变动,斯密也可以从劳动力过渡到劳动痛苦。因为所有财产创造的工作意愿克服了工作的痛苦。但这种意愿不是没有限度的。痛苦最终坚持了自己的权利,反对进一步增加悠闲、自由和快乐的支出。

斯密不遗余力地致力于他的劳动痛苦的平均化过程,这实际上是必要的。因为他打算让它成为合理价值的调节者和真实价值的稳定尺度。让一般的劳动者"在通常的健康、体力和精神状态下"迅速地从一个行业转移到另外一个行业的,正是这种平均的劳动痛苦,这样就趋向于减少了由于行业上的差异而强加的痛苦上的差异。这也趋向于使得不同行业的不平等平均化,以便"弥补某些行业中微不足道的金钱收益,抵消其他行业中的巨大的金钱收益"。他提到的行业差异,是工作的艰辛、干净或肮脏、体面或不体面、学习业务的难易、职业规律或不规律、寄予工人的信任是大是小、成功是有可能的还是没可能的。① 所有这些都伴随着金钱收入的差别,不是工

---

① 斯密:《国民财富的性质与原因的研究》,第一卷,第102页。

资就是利润,但这些金钱上的差别被斯密省略了。因为他省略了货币,直接代之以商品之间的交换价值。然而,只要它们与平均劳动痛苦的差异相符,那么这些交换价值就是有道理的。通过限制痛苦较多的行业的劳动供给,扩大痛苦较少的行业的供给,这种平均的劳动痛苦调节着交换价值的差异,以使其与痛苦的差异相符。

所以,他的调节是在不准许集体行动和货币干预的前提下的一种"真实价值"的调节者。如果这种集体行动被排除,那就会出现神的恩惠、丰裕、完全的自由、完全的平等以及安全,这样一来,交换价值就将会按照其真实价值被调节。

斯密的这一"真实价值"是"合理的价值",但却缺乏合理价值的主要成分,即集体行动、稀缺性、货币、习俗和集体意见。合理价值如同在法庭、陪审团、委员会、仲裁调解等惯例中形成的一样,是一种以货币表示的集体行动的概念,是由合理的人达成的一致意见。这里的"合理",就是说,他们是些服从时代主导惯例的人。合理价值随着环境与集体控制的新组合而变化,处在一个通过效率、稀缺性、习俗、政治和支配利益的变化而演进的过程中。但斯密的真实价值以劳动痛苦表示,是一个永远的自动原则,它为了人类的利益调节行为,但却没有集体行动。这是他把圣·托马斯·阿奎奈的"公平价格"和法庭与仲裁的集体行动的相同意义的人格化。

合理价值两种意义间的区别系于意愿的两个概念,即运行中的机构的集体意志和私人财产的个人意志。斯密想象得很对,在一个丰裕的世界里,个人财产受到完全的保护,不受暴力的侵犯,在稀缺性方面的冲突是不会发生的。因此,在这样一个世界里,在丰裕性的分配中,只要有个人的意愿和神的恩惠就可以解决合理价值的问题。

在把稀缺性价值的自动调节者看成跟劳动痛苦量一样之后,斯密进一步探讨了在现存的条件下,为什么劳动市场上的劳动价格(交换价值)与产品交换中付出的劳动痛苦的量是不相符合的。我们将发现,所有这些差别都受习俗、国家统治权或其他集体行动控制的人为稀缺的各个方面的调节,而不是劳动痛苦量的自动调节。诚如我们已经提及的，它们是由出自集体主义原则并与完全自由原则相冲突的国家统治权所强加的人为的或集体的稀缺。在这些限制中，有公司（行会）享有的排他特权、长时间的学徒期、竞争者之间的谅解、公众负担的义务教育、国家的工资规章、同业协议售价、税则、为了保持贸易顺差而征收的津贴，以及《济贫法》造成的对劳动、股票（资本）自由流通的阻碍。①

但即便是重商主义者对自由的干扰消除了，仍然有另外两种产权的主张者——地主和资本家雇主，即便是在完全自由的条件下，也会阻碍劳动痛苦与工资之间的准确比例关系。这些主张者带来了所有权稀缺的因素，是**私有财产习惯法**的实例。"国家的土地一旦变成了私有财产之后，这个地主就会像所有其他的人一样，热衷于在没有播种的地方收割，甚至对自然的出产都要收地租"。"如果把地租看成是使用土地支付的价格，这自然就是一种垄断价格"。② 因此，凡是支付地租的地方，它就是价格由所有权的稀缺性规定而与劳动痛苦无关的证明。

斯密的利润概念是同样的情况。它们只由供给和所有者之间对资本的需求决定。这里没有任何劳动痛苦或劳动力的问题，甚至没有所谓的"监督与指挥"的劳动。利润"与所谓的监督和指挥劳动的数量、难易或技巧不成任何比例"。③ 它们受两种办法的管制，这两种办法都被证明是所有权稀缺性的特例：第一，决定于所用储蓄的价值；第二，决定于雇主压低工资的共谋。④

储蓄的价值是原材料和工人生活资料的数量，也就是"流通的商品"，要求与雇员的数量相关。在斯密所给的解释中，范围从每个雇员三十五英镑到三百六十英镑之间。⑤ 在斯密后来提到的例子中，

---

① 斯密：《国民财富的性质与原因的研究》，第一卷，第120、437页；第二卷，第141页。
② 同①，第51、146页。
③ 同①，第59页。
④ 同①，第68、69页。
⑤ 同①，第50页。

在利润率相同的前提下,每个雇员的利润显然会超过前一个例子的十倍。

在利润的决定中,第二个稀缺性因素是集体的稀缺性。利润率也是随着雇主联合起来共同控制其财产的能力和意愿变动的,这是一种通常高于劳动者的意愿与能力的意愿和能力。①

然而,涉及工资,有第三个可以让工资总是高于自然价格的原则。在自然资源与人口相比比较丰裕的条件下,因为财富增长的缘故,对劳动力的需求也日益增大,比如北美存在着大量的"人手稀缺",与之形成对比的是中国这类差不多静止不变的国家。②

因此,甚至在一种完全自由的状态下,交换价值也不会跟劳动痛苦成比例,原因在于地租和利润这类的因素源自于没有劳动的私有财产,却能够在其交换价值之外挣得自己的份额;而工资本身的差异却是因为人口压力的差异,而不是因为劳动痛苦的差异。

但这些问题也都还不是所有的情况。在这样的情况下,即便处于完全自由的状态,交换价值也是由所有权的稀缺性,而不是由劳动痛苦的数量来决定的。为了使商品价格与每种工作的劳动痛苦的量有可能相等,需要有三个更为一般的条件:"第一,这种工作在邻近地区必须众所周知,而且久已建立;第二,它们必须处于一般状态,或许可以称其为自然状态;第三,它们必须是那些从业者的唯一或主要工作"。③ 也就是说,为了让工资可以和这种辛劳和艰难相符,即便是在忽略了所有权的地租和利润以及人口压力之后,也必须有公开性、正常性和独立性,每种特性都会假借习俗和贸易惯例引入稀缺性的集体调节。

斯密说,即便他们有完全的流动自由,但公开性的缺乏,也就是说**秘密状态**,也会阻碍竞争者进入工资和利润高的领域。正常性或者"自然状态",是一种对源于自然力量的生物稀缺性变化的忽略。因为,按照斯密的说法,"正常性"是缺乏需求的季节波动和农

---

① 斯密:《国民财富的性质与原因的研究》,第一卷,第68、69页。
② 同①,第73页。
③ 同①,第116~118页。

业上丰歉变动的状态。

"独立性"的要求忽略了所有的补充产品或综合的经常性工作，靠这些补充产品或综合的经常性工作，劳动者可以在没有改变其用在自己主要产品的劳动用途上的情况下维持自己的生活，例如家庭工人、佃农的产品、家庭从寄宿者那里收取的房租、地主户外仆役的劳动。换句话说，在所有的稀缺性、季节波动和补充产品及综合的经常性工作的例子里，即便是存在习惯法所允许的个人的完全自由，但工资也是由稀缺性决定的，而与痛苦无关。①

那么，如果斯密承认各种例外的所有这些情况，那么问题还会存在：决定劳动本身和商品的价值终究是不是包括习俗在内的集体行动呢？斯密只是通过"假设"把集体行动给排除了。他的完全自由的条件"假设"，不存在任何干预、任何例外、任何贸易惯例、任何习俗、任何习惯、任何秘密、任何季节、任何补充商品或综合的经常性工作、任何货币或集体履约，这样一来，每个劳动者就是一个受痛苦增量指引的物理单位。这样一些劳动原子，会像水流一样准确而迅速地转移自己的劳动力，从价格较低的产品（相对于痛苦而言）转移到价格较高的产品，这就趋向于提高前者的价格而降低后者的价格，而且会带来一种均衡，以便两者的供给量上得到这样的调节，使得投入一种产品的一个单位的平均劳动痛苦，会得到与投入其他任何产品的一个单位的劳动痛苦一样的报酬。

这种人格化使人性分解为物质的分子，为无政府主义者和边沁、李嘉图以及十九世纪的享乐主义经济学家铺平了道路。

（三）价值尺度

但斯密有一些非常真实的东西呈现在眼前——当集体行动应该

---

① 斯密：《国民财富的性质与原因的研究》，第一卷，第 116~120 页。在与上文提及的文章中，维纳（Viner）认为斯密在"自然秩序"中包括了这许多的例外，而我认为他是把这些*例外*排除在"自然秩序"之外的。我坚持认为斯密忽略了习俗、所有的集体行动、所有不以劳动痛苦解释的例外。这些都是"人为的"，不是"自然的"。

被忽略的时候的一种稳定了的尺度。"不管他作为其回报所接受的商品的量可能是什么,他所支付(以辛劳和艰难形式)的价格必须始终一样。当然,实际上它有时候购买的量大一些,有时候购买的量小一些,但变动的是它们的价值,不是购买它们的劳动的价值"。①

因此,尽管劳动痛苦是斯密运用于自然状态的价值调节者,但现在作为一种价值尺度,他把它用到了多方面的集体行动和现存货币价格的实际状态中。通过这种稳定了的平均劳动痛苦,他衡量的将不仅是不平等、不公正和现实社会的种种意外事件,而且是隐藏在货币价格背后的地租、利润和工资。

> "必须注意到,价格的所有的不同组成部分的真实价值是由劳动量来衡量的,它们中间的每一个部分都是他们能够购买的或支配的。劳动衡量的不仅是把它自身分解为劳动的那部分的价值,而且是把它自身分解为地租、分解为利润的那部分价值。"②

如果所有的劳动都变得更有效率,或者货币变得更为稀缺,那么所有的货币价格都可能下降。如果所有的劳动都变得更没有效率,或者货币变得更为丰裕,或者以纸币代之,那么所有的货币价格都可能上涨。有些价格可能会上涨,其他的会下降。垄断会造成高价,竞争会带来低价。价格可能会过高,也可能会合理。劳动痛苦将衡量它们对合理的价值的偏离或是符合的程度。偏离的是*它们的*价值,不是劳动痛苦的价值,而这种偏离是由购买它们所需要的劳动痛苦的大小来衡量的。

因此,斯密的价值尺度系于他的真实价格与名义价格的区别。真实价格是痛苦的支出,名义价格是货币的支出,区别存在于个人感觉与大家集体认可的人为的衡量单位之间。

如果我们对这些人为单位进行考查,就会发现它们已经被习俗或法律标准化了,目的是为了把经济科学中要运用的各个方面都归

---

① 斯密:《国民财富的性质与原因的研究》,第一卷,第35页。

② 同①,第52页及注释。斜体是我加的。

纳为数字，如使用价值的量、稀缺程度、生产率、时间的流逝等等。实际上，所有这些东西的背后都是强烈的人类感觉：幸福、苦难、快乐、痛苦、希望、恐惧、公正、不公正，而这些才是人类的真正价值。但对于这些感觉，我们却缺乏经过习俗或法律标准化的计量单位。

因此，所有的计量都跟货币一样，是名义上的，就如同所有的计量单位都是人为的一样，它们是一种语言的形式——数字语言。固然，它们也许是一些表明强烈的感觉正在发生的符号，但它们并不量度这些感觉，它们度量的是表面的行为。亚当·斯密希望创造出一种情感的单位，这个单位可以量度经济生活中的公正与不公正。当涉及生活中的实际事务时，他发现自己在用长度、面积、重量、稀缺性、生产力和时间在量度交易，所有这一切都是名义上的，没有一项是真实的。

但是，只要冲突和合作的经济行为是名义上的，并且唯有个人感觉是真实的，那么这种说法就是正确的。在经济学中，计量单位是用于量度交易的集体手段，目的是为了准确、安全和公正这三大社会理由。如果社会和交易是真实的，那么这些量度单位就是真实的。

每项交易都用了三种类型的量度方法：一种是物理的计量；一种是稀缺性的计量；一种是时间的计量。物理的计量有两种，即商品数量与产出率或收益率。稀缺性的计量是时间的两个方面，即现在这一刻的时间与未来时间的推移。直到卡尔·马克思和科学管理出现之后，产出率才被归纳为可计量的内容；直到庞巴维克以后，未来时间的推移才作为可量度的内容分离出来。

每种计量单位都必须与被量度的特性属于同一性质。使用价值是期望中的"物品"的用途，这些是用吨、码、蒲式耳等物质单位来量度的。稀缺性价值是物品的价格，这是用稀缺性的单位"美元"来量度的。你会发现，在所有的交易中，两者都是连在一起的。一蒲式耳小麦两美元，棉布每码十美分，生铁每吨三十美元。蒲式耳、码、吨量度的是使用价值的量。美元和美分量度的是其稀缺性的价值。我们不会用物质元素的单位来量度小麦的稀缺性。小麦的价格只是按照价值的稀缺标准"美元"来表示的小麦的稀缺性特性，而小麦的使用价值属性是按照容积标准"蒲式耳"来表示的，质量则以小麦的某种质量标准来表示。

各种单位由习俗或法律加以标准化，作为交易中准确、安全和公正的首要条件。如果发生纠纷需要法庭裁决，那么法庭也是在被认为合法的物质单位和稀缺性单位的基础上进行判决的，后者也是按照法律创造的。这些法定单位是法定货币和履约的尺度。法律上小麦交货的履约单位是若干合法的蒲式耳，法定货币的支付单位是若干合法的"美元"，或者法庭认为等值的东西。亚当·斯密的自然状态不存在法定货币或法律上的计量单位，因为这些都是人为的单位。

有一种商品——黄金，已经被习俗和法律在其物质特性上标准化了，但在其稀缺性特性上并没有标准化。它的物质特性是二十三点二二格令①纯金值一美元，它的稀缺性特性是市场上的一般购买力。这两种特性是可以分开的，而且往往是被宣布法定货币的法律分开的。法定货币的纸币作为相对稀缺性的尺度，代替了黄金的物理量。但在斯密的个人感觉意识中，纸币的特性和黄金的格令都不是真实价值或名义价值的尺度，它们是经济交易的合法尺度，在经济交易中需要的是准确、安全和公正。它们所量度的，不是孤立的个人与自然力量打交道意义上的真实价值，它们是物理与稀缺特性的人为单位，是由习俗、法律和法庭的集体行动强加的。当斯密以劳动痛苦量度合理价值时，他是在量度心理上的稀缺，但货币量度的是所有权的稀缺。痛苦的单位也许量度的是自然状态中的主观感觉，但货币量度的是在政治、法律或其他形式的集体行动中的经济能力、机会均等、公平和不公平的竞争、合理和不合理的价值。合理价值是按照货币计量的稀缺性价值。

斯密的错误在于，他是从事物的时间或基本的起点出发的，而不是从运行中的机构的所有的复杂性在某个时点上的截面出发的，

---

① 格令：美国惯用体系的重量单位，一常衡单位等于0.002285盎司（0.065克）。——译者注

无论如何，这个截面已经靠自然增长从过去就建立起来了，它正在向尚未结束但还在变化的未来发展。

斯密的努力跟洛克和魁奈的努力一样，是一种在事物的本性和神的理性中找到某种根本的东西的努力，这种根本的东西已经具有永远的不变性和稳定性。但就我们所知，没有任何这样的稳定性适合于人类的目的。一切事物都是杂乱无章的并来去匆匆的，根本不管人的安全和预期。我们所知道的唯一的稳定性就是人本身是由集体行动创造的。计量单位是稳定性的工具之一，但这些单位在自然界中是不存在的。它们是人为了准确和安全而设计的人为的东西。斯密无法找到他的痛苦单位，因为人类以前没有人为地制造这样一个单位。然而，随着时间的推移，人类已经通过集体行动制造出了一种稀缺性的单位——法定货币或法庭认为等值的东西。经济学家看到这个问题的重要性，是斯密之后一百年的事情了，那时他们才设法让纯粹人为的、集体的而且是"名义的"度量尺度稳定了下来，这就是货币的稀缺性价值。这种稳定的理由是社会的理由，即让当前和预期的交易更为准确、安全和公正。尽管黄金的物理属性在重量方面已经由约翰·洛克和艾萨克·牛顿归入了一种稳定的计量单位，但人们试图让黄金的稀缺性属性在购买力方面稳定下来时，时间已经过去了近两百年。实际发生的情况是，人们发现，在一个不是个人而是集体行动规范个人行动的世界里，斯密所谓的非常表面化的名义价值尺度，对于变化的稀缺性而言，是一个非常关键的尺度。

由此人们认识到，交易中所使用的这些稀缺性价值，存在于千百年的习俗、所有权与国家主权中，必须被当做是为一个已经在运行中的机构构筑的；试验的结果，有的是让人愉快的，有的是破坏性的，但都能够被人为量度，于是就有可能被集体行动稳定下来。

因此，不能说斯密的*平均劳动痛苦*是荒谬的，它是平均购买力的人格化。这样的方法是一个平均化的过程，继之而来的就是现代相当成功地编制了平均的价格运动的"指数"——不管这种价格运动是商品、工资、股票，还是债券的运动。在这些指数中，单位是非人格化的购买力单位"美元"，而不是劳动的痛苦。经过平均编制后，平均指数在现代情形下，就成了货币的稀缺性相对于商品、工资或证券等各种稀缺性的平均。在斯密的用法中，它是以生产的平均痛苦为依据的商品稀缺性的平均。平均原则本身仅仅作为一种运行规则是非常合理的，但他的错误在于他把货币作为平均劳动痛苦而人格化了。

错误来自于他试图根据人类的艰辛程度来得到一种真实价值的稳定尺度，而不是以货币的形式来获得一种稳定的稀缺性的尺度。他希望代之以"自然的"或"福利的"经济，从而避免"金钱的"经济。这个意图非常好，但却过于基本了。一个更为浅显但却更加实际的办法是继续历史上的实验，在一个金钱的经济中，通过稳定稀缺性尺度的手段来获得合理价值。因为毕竟合理价值才是"福利经济"。

现在，如果我们对维塞尔和惠特克对价值起因、调节者和尺度的分析进行一番比较的话，那么就会看出它们如何密不可分（见本章上文）。计量与调节不可分，因为调节是通过计量手段完成的。起因不是预设的，它是人类的目的，靠计量和调节来实现。虽然斯密勾画的价值起因是从一种恩惠和公正的目的推衍出来的，这种目的支配着人和自然的运转，但他的价值起因实际上是他转移于自然身上的自己的目的。他的调节者是他的一种公正调节价值的理想，这种调节没有集体行动，但却具有自由、安全、平等和财产。他的价值衡量是他的合理价值的衡量，适用于对现行重商主义人为、任意价值的批评，也适用于对金、银、纸币变幻无常行为的批评。

(四) 社会效用

斯密认为，休谟关于公共效用的观念是一种哲学家的事后回想，不是个人支持公道的直接动机。因此，他必须在每个人的心里找到某种东西，这种东西会自动地激发公共福利，而且这种东西还不能是任何形式的集体行动置于那里的。因为在他的道德和经济学框架中，实际上必须排除一切种类的集体行动。

因此，这种东西必须一直由一位外在的神的天意放置在人的心中，这一天意旨在人类的和谐与幸福。但它必须是无意识地放在那儿的，这样一来，个人自己就不知道它在那儿是为了那个目的，以便他能够有意识地只按照自己感觉所倾向的好恶前进，或者是通过劝说他人来寻找自己的利益；他会劝别人相信，他所提供的买卖对他们自我利益的促进，要胜于对他自己自我利益的促进。

当要寻找斯密凭神的力量植于人心的这些动机的时候，我们发现，经过他归纳的有不下六种动机：同情心、自利心、规矩感、交换倾向、通过防止生产过剩而放在那儿调节产量的劳动痛苦，以及一种神的或自然的权利——除了对欺诈和暴力的惩罚或者是国家的自卫外，这种权利几乎不受任何一种集体行动的限制。

在每个人心中，当他与其他具有类似假定的个人打交道的时候，这些牢固树立的本能或动机采取的差不多都是清晰的意见或假定的形式。且看斯密关于劳动痛苦的假定：

> 他说：货币和商品"包含有某种量的劳动，这种劳动我们用于与当时假定包含有等量价值的东西进行交换……但是，尽管劳动是一切商品可交换价值的真实尺度，但通常估计它们的价值并不是靠它。要确定两种不同劳动量之间的比例往往是很困难的。花在两种不同类型的工作上的时间一般不是由这种比例单独决定的。所承受困难的不同程度，以及所实施的独创性的不同程度，都必须同样考虑到。一个小时的困难工作中的劳动，有可能比两个小时简单工作中的劳动要多；一个需要花十年劳动学习的行业中的一个小时的努力，比在一个平常且明显的行业中的一个月的勤奋还要多。但要找到困难和独创性的准确尺度可不那么容易。实际上，在交换中，不同类型劳动彼此间的不同的比例一般在这两方面都要作某些考虑。然而，它不是由什么准确的尺度进行调整的，而是靠市场上的讨价还价进行调整的。根据大致的量进行调节固然不那么精确，但对于日常生活中的事情已经足够了。"[1]

---

[1] 斯密：《国民财富的性质与原因的研究》，第一卷，第32、33页。

那么，看来在交换中决定价值的毕竟不是劳动痛苦，而是交易，交易也许是劝诱性的，也许是强迫性的，这取决于这样一些判断：一方是否比另外一方更加贫困；或没有对方那么聪明；或是更加有效率，或更加没有效率；或没有比所提供的选择更好的选择；或受到的竞争比其他方受到的竞争更为激烈。然而，这些不平等在自然状态下都被排除了。在自然状态下，每一方与其他方都是完全自由、完全平等的。斯密在对自然状态的陈述中放弃了他的劳动痛苦标准。劳动痛苦只是一种个人的意见。不管是休谟主观的公共效用，还是斯密所谓的同情心、自利心、规矩感、交换倾向、自然权利，唯有在交易中（无论是买卖的交易、管理的交易，还是限额的交易）才能进行研究；还有就是在集体行动中才能进行研究，这种集体行动是指成文法或习惯法、习俗、政党、商业机构、工会、农业合作社、银行等，实际上就是所有提供各种社会条件的社团，个人是在这些社会条件的范围内进行商品的生产、定价和消费活动的。

我们可以把斯密和一百五十年来他的仿效者的理论称为是"原教旨主义"。他们把自己的立场停留在人和上帝的感情上。交易和习俗太表面、太行为主义、太熟悉、太平凡了。对他们来说，经济学必须在某种程度上回归到某些更基本的东西上去，也即回到上帝、自然、理性、本能、物理学、生物学的一种最终本质上去，最熟悉的事情根本不需要研究。

然而，关系个人和国家工资、利润、利息、地租、就业、失业、福利、苦难的，正是这些由集体行动所控制的熟悉的交易。

只有在集体行动控制个人行动的范围内，休谟的以行为主义形式出现的公共效用才能被观察和量度，斯密替代公共效用的几点内容才能发生从原教旨主义到交易主义的转化。

与此同时，在斯密的《国富论》出版的同一年，边沁为后来的一百多年建立了一种方法论，靠着这一方法论，经济学家得以不考虑法律和习俗，并且得以把斯密的几种替代统一为对集体行动单一的替代——快乐。

第6章　边沁与布莱克斯顿

把经济学从法律与习俗中分离出来的是边沁。"精彩纷呈"的1776年产生了边沁的《政府论》、斯密的《国富论》、瓦特的蒸汽机和杰弗逊的《独立宣言》。头一个是幸福的哲学，第二个是丰裕的哲学，第三个丰裕的技术，第四个是幸福在治理中的革命性运用。十一年前，威廉·布莱克斯顿（William Blackstone）①爵士出版了他的《英国法律评说》，他赞同斯密的**神源说**（divine origins），不过他是在英国习惯法中寻找其尘世的完美的。边沁的《政府论》是对布莱克斯顿的批判，书中用**最大幸福**和**立法规范**代替了**神源说**和**习惯法**。② 随后，在1780年他发表了《道德与立法》，在1789年的修订版中，他省略了义务，并且从幸福中推导出了伦理。自此以后，经过一百多年，政治经济学让自己跟法律分离开来，而法律则让自己跟幸福分离开来。③ 法律停留在过去的习俗和神的公正上，经济学则

---

① 威廉·布莱克斯顿（William Blackstone，1723～1780）：英国法理学家，著有四卷本的《英国法律评说》（1765～1769）。——译者注
② 边沁不是最大幸福原则的原创者，他最初是从布里斯特莱（Priestley）那里得到这个原则的。参见边沁的《道义论》一书中的包林（Browing）的《最大幸福原则的历史》一文，或包林编著的《道德学》（1834），第一卷，第298页。
③ 参见詹姆斯·博纳：《哲学与政治经济学中的某些历史关系》（1893年版），第218页；约翰·卡特（Hohn C. Carter）：《法律及其起源、成长与功用》（1907年版），第233～240页，这本书揭示了他所在时代的最主要的律师反对边沁的幸福原则的背景。卡特赞成与较早的《反托拉斯法》相对的大公司合并的新习俗。

停留在现在的幸福和个人的愿望上。边沁教导了詹姆斯·穆勒,詹姆斯·穆勒教导了李嘉图,所以边沁说李嘉图是他精神上的孙子。①他的重孙是一百年后的那些享乐主义的经济学家。边沁实际上是十九世纪经济学的创始人,这个时期的经济学与法律、习俗和伦理脱离了关系。

按照边沁的说法,布莱克斯顿不但证实而且公开宣称自己是英国法律改革"坚定且不屈不挠"的敌人,这一改革是应"最大幸福"基本原理的要求进行的。他不是阐述法律,而是为法律"辩护",他认为法律是从支持习俗的"权威"中衍生出来的,或者是从人民服从君主的"原始契约"方面衍生出来的。边沁说,布莱克斯顿"毅然让自己为它的利益陈述理由……理由这个观念本身就是表示一种嘉许"。甚至当他正式采用别人的理由的时候,"他都把那些理由说成是自己的理由"。假如布莱克斯顿按照其促进或阻碍人民幸福的倾向来检验英国的法律,那么他的"理由"就不会导致一种"人格化的类型……好像这一法律是一种有生命的东西",或者导致一种"机械的古老崇拜",按照这样的方式,"当一种法律正确的时候为其辩护的价值,据认为应该比它错误的时候批判它的价值要大"。②

这样,边沁认为习俗就是得到权威支持的传统,并且因为这样的理由否定了它:对每一种行为的评判,不是看它是否符合古代习俗,而是要看它对普遍幸福的作用。边沁声称他的《政府论》是"在法律领域引起人们普遍挣脱权威和先人智慧桎梏的开山之作"。

如果习俗被否定了,那么边沁将从哪里去寻找他对法律的辩护呢?他将在自己的*愿望*里找到这种辩护。他说,布莱克斯顿也是从那里发现他的辩护的。布莱克斯顿仅仅是*希望*法律能够维持现状。

边沁说,布莱克斯顿对《国内法》的定义不是权利义务的说明,而是一种对是与非的主张。按照布莱克斯顿的说法,《国内法》是"由国家的最高权力所规定的一种公民行为准则,它命令大家做正确

---

① 包林编著:《边沁全集》,1843年版,第一卷,第498页。
② 同①,第229、230页。

的事情，禁止大家做错误的事情"。① 边沁认为，布莱克斯顿把这一主张建立在了自然法则的基础之上，而自然法则是受一位具有无限的能力、智慧和善行的上帝支配的。但实际上那只是布莱克斯顿的愿望。边沁说："很多人一直在不断地讲自然法则，然后会进一步给出他们关于是与非的观点；而你该理解，这些观点形成了如此之多的自然法则的章节。"②

因此，如果布莱克斯顿希望的是遵循先哲的智慧的话，那么边沁希望的就是促进普遍的幸福。

"当我说全社会③最大的幸福应该成为各个法律部分所追求的目的或目标时……我表述的是什么意思？其实就是这个意思，没有别的什么意思。也就是说，看到在这个社会中政府的实际当权者在探讨的时候能够这样认为，这就是我的愿望、我的想望……我作这个声明是我对相关事实问题的一个陈述。也就是说，在探讨的时候这一点已经深入了我的内心；但关于这一陈述到底在何种程度上是正确的，那是属于读者的问题，只要它值得花点时间去思考以形成自己的判断就行。"④

边沁说，布莱克斯顿的愿望隐含在了他关于"非"这个词的双重意义中：一个是与伦理上的"是"相对的伦理上的"非"；一个是与意义上相当的合法权利*有关的*法律义务。但是，如边沁所言，法律上的"是"也许是伦理上的"非"，而法律上的"非"也许是伦理上的"是"。*是非*是良心的谴责，而*权利*则是法律上的强制。奴

---

① 布莱克斯顿：《英国法律评论》，《导论》，第 2 节，第 44 页（库勒编辑于 1884 年；第一版于 1765 年出版）。布莱克斯顿的习惯法理论在我的《资本主义的法律基础》中有详细讨论，本章主要是研究十九世纪经济学的创始人边沁。
② 参阅本书第 3 章关于魁奈的论述。
③ 边沁看到了"最大多数的"最大幸福也许会导致多数人的专制，因此他代之以全体的最大幸福。
④ 包林编著：《边沁全集》，1843 年版，第四卷，《宪法法典绪论》。

隶制的历史揭示了这一矛盾。实际上，布莱克斯顿没有提出任何能够起作用的有关变化、过程、新事物、历史的概念以作为**习惯法**的基本特征。法律总是存在于神的理性中，这就是他的自然法则的意义，而法官的作用就是找出这种理性，然后把它运用于手头特定的案件中。在判决纠纷的时候，法官并不创造新的法律，新的法律会因此改变法律本身；他仅仅是找出自然的公正，自然的公正一直都存在，只是争论者和法官过去不知晓罢了。布莱克斯顿的概念是洛克被动心灵的拷贝。

但是，边沁对于作为习惯法基本特征的历史过程或变化也是一无所知的。他从来都是按照自己的普遍幸福原则建立法律的*法规*。因此，他在关于布莱克斯顿和他自己的根本分析中忽略历史是合乎逻辑的。各种法规和习惯法都是建立在愿望的基础上的。布莱克斯顿希望法律如他想象的那样，这对于他来说似乎是神圣而自然的。边沁希望它有所不同，而且也是这样表述的。对于一个关于变化和实验的学说而言，这只是一种可供选择的办法。因为以基于习俗方面新的变化和对其他变化的实验性适应学说的历史研究替代之后（其中变化本身就是研究和实验的对象），留给法学和经济学的基础就只有愿望了。布莱克斯顿和边沁是愿望家，不是科学家。

法规和习惯法的区别，可以追溯到法学和经济学中演绎法和实验法思维的区别。法规的方式与演绎法的相似之处在于，两者都是从一种固定的社会组织框架出发的，来自这一框架的所有的个案都是变化的结果；而实验法则是从一种一般的稳定规则范围内的变化与新事物出发的。在法规的方式中，每个特定的案例都是其自身独立的变化，它的决定不会让法规发生任何改变。按照其特性处理了一个特定的案例之后，这个案例不会作为判例而产生任何持续的影响。在下一个案例中，法官的脑子又会回到法规清晰原始的效力中去。

但实验法是法官在每个特定的案例中形成的一种习惯法方法，当判决之后，本身就变成了法规、宪法、法令的一种变化，因为它作为判例具有持续的影响。那么，当一个新案例出现时，事情就不仅仅是回到法学或经济学中业已存在的一种固定的法规或者原始规则上去的问题，甚至不是去发现先前不为人所知但可以运用于此案例的神的意志的问题。它是一个从许多相互矛盾的判例和经验中去推导的问题，其中一些推导会导致倾向于案例的一个方面的决定，一些推导会产生倾向于案例相反方面的决定。因此，在一个习惯法的国家里，法规、成文法或宪法本身通过实验的方法，随着人民的实践和纠纷的判决的变化而变化。①

边沁说得很清楚，他的思想方法是自上而下强加给人民的成文法的法规方法，不是来自于人民的习惯法的实验方法。这遵循的是他基本的"效用原则"和对习俗的否定。习惯法产生自人民变化的习俗，但他的效用概念则是统治者赞同或不赞同的一种情感。效用是一种"心灵的行为"，一种"精神的作用"，将它"运用于一种行动的时候，会肯定其效用，因为它的用于衡量满意还是不满意的这一特性，被用在了它应该被支配的事情上"。大家所讨论的行动的特性，是它"扩大还是减少其利益还有待讨论的一方的幸福的倾向……这不仅是指私人的每一项行动，也是指政府的每一项措施"。② 因此，边沁的"效用原则"并不仅仅是他关于快乐和痛苦作为人类至高无上的主宰的宣言，而且是他的一项主张，他主张君主应该让臣民服从于他们为臣民规定的幸福观。习俗与习惯法的判例与对君主的限制没有任何关系。

边沁从个人偏好出发，通过指责习惯法法庭同样专断的论点，与认为他的法规具有专断性的推论进行了论战。当他们诉诸假定变更的法律的时候，鼓舞他们的还是"愿望"。在律师的眼中，假定是习惯法方面"进步"的表现，而在边沁看来，这是法庭对创造法规的立法权力的任意"篡夺"。如同习惯法律师声称的，诉诸假定是为了促进公正。法庭限于对现行法令、法规和规定的管理。在英国的制度中，他们缺乏变更这些规定的立法权力。因此，他们往往

"为了公正而假定现有的事实与其真实情况不同，从而

---

① 参阅本书第10章关于解析的、功能的法学和经济学的论述。
② 包林编著：《边沁全集》，《道德和立法》导言，1843年版，第一卷，第1页及脚注。

避免了他们将这些规定应用于现有事实时可能引起的不公正……假定的运用是习惯法公正性的一个独特例证，习惯法绝对没有隐瞒或假装隐瞒这样一个事实，那就是一项法规的字面意思虽然保持不变，但法规本身却已经发生了变更。"①

但边沁声称：

"法律上的假定可以定义为一种任意的谎言，其目的是为了窃取立法权力，这是他们不能或不敢公开主张的……而且，除非由此产生谬见，否则他们也无法行使这种权力……因此在任何情况下，它都是靠谎言、篡夺来建立、行使和巩固的。"②

因此，边沁有意识地否定了习惯法根据经验制定法律的方法（斯密不过是忽略了这一点），而且把自己的信心寄托在了立法主权上。

布莱克斯顿依据的假定之一是一种原始契约的假定。边沁说："人民从他们的角度保证对国王有一种普遍的服从；国王从他的角度，则保证用一种总是有助于人民幸福的特殊态度来统治人民。"但是，真正的考验在于决定人民在反抗服从中在哪些点上是正当的，以及这时候为什么还需要这样一个假定呢？

"……总之，只要服从所带来的可能的危害少于抵抗所带来的可能的危害，他们就应该服从……作为一个整体来考虑，只要符合他们的*利益*，服从就是他们的义务……假设遵守诺言通常而普遍的结果是产生危害，那么人们难道还有可能遵守它们吗？那么制定法律并用惩罚的方法强迫人们去遵守，这还能算是正确的吗？……现在，另外一个

---

① 见鲍维尔（Bouvier）《法律辞典》中的"假定"条目。在美国，比较简单而普遍的做法是那种常识性的办法，即改变法令或《宪法》中的用词的意义。
② 《边沁全集》，1843年版，第一卷，第243页。

原则出现在了我们面前，除了效用原则，还能有其他的原则吗？这个原则给我们提供的是唯一不依赖于任何更高层次的理由，但对于无论什么习惯的每一点而言，它本身就是唯一且充分的理由。"①

因此，边沁对法规依赖的结果就是*革命*，而当在特殊的案例中发现会产生不公正时，习惯法的方法会逐渐取消契约的执行。

那么，代替实验建立法规的**效用**的意义究竟是什么呢？边沁修正了休谟的公共效用或社会效用的观念。按照边沁的说法，休谟在使用这个词的时候有几方面的意义。有时候这种意义是"作为一种目的考虑的有效性，而不管这种目的是什么"；有时候这种意义是"存在于物质手段（譬如说一台机器、一幢房子或一件家具）中的一种性质，在这里效用是有益于其所追寻的目的的"；有时候它是指"以快乐为目的"，但却从来没有表明痛苦的避免也是一种快乐，而且从来也没有暗示"幸福的观念与效用的观念应该是密不可分的"，休谟既没有从"效用"中推导出一个"是非"的标准，也没有对"'什么是该做的、什么是不该做的'这个问题给出一个答案"。因此，休谟没有把效用的*来源*与效用*应该是*什么区分开来。休谟列举的种种德行只是一种分类，并没有表示"在其中它们会有益于幸福的那种平衡……按照一种极端混乱的方式提出了快乐、痛苦、欲望、情绪、感情、热情、兴趣、德行、邪恶和其他一些存在的事实，但却没有做任何努力去揭示它们之间的关系或相互依赖性"。②

但通过把效用的这一切意义转化为一种驱使人们行动的单一的**力**或**能**，边沁把这种混乱的说法简化了。

"自然把人类置于了*痛苦*与*快乐*这两个至高无上的主宰的统治之下。只有它们才能指出我们应该做什么，并决定我们将会做什么。系于其宝座上的，一方面是是非的标

---

① 《边沁全集》，1843年版，第一卷，第271~272页。
② 包林：《最大幸福原则的历史》，见边沁《道义论》，第一卷，第291~294页。

准,一方面是因果的链条,它们左右着我们所做、所言、所想的一切,我们为摆脱自己被征服而做的所有努力,只会起到证明和巩固它的作用。一个人在口头上可以装作要发誓摆脱它的控制,但实际上他仍然时时刻刻地在被它征服。效用原则承认这种征服,而且假定它是那一制度的基础,其目的在于通过理智和法律之手去培育幸福的结构。试图质疑这一点的制度,都是尚空谈而不尚意识、尚幻想而不尚理智、尚黑暗而不尚光明的制度。"①

通过让私人效用与公共效用统一起来,边沁把这个问题进一步简化了,而休谟却让两者处在对立的位置上。过去休谟从自我利益(或者说私人效用)和自我牺牲(后者就是他所认为的公共效用)两方面推导出了稀缺性,现在边沁则从斯密的自我利益和丰裕性中推导出了公共效用。"最大幸福"即所有人的最大自我利益的总和。休谟的稀缺要求自我服从他人的利益,取而代之的是边沁的丰裕允许在不伤害他人的情况下扩大自我的利益。这种丰裕往往被作为一种理由,以此来引证美国人对政治和金融的腐败漠不关心。在边沁看来,除了斯密曾经与布莱克斯顿意见一致的一个特殊点(即一种原始的自然状态的正当性,边沁代之以效用)之外,斯密的理论都是正确的。但边沁的效用不是休谟的效用。前者是丰裕的效用,不是稀缺的效用。

首先,"社会"并不是一个为了共同的利益而限制个人的有组织的联合体——这又是一种假定。边沁说:"社会是一个假想体,事实上,是由被认为是构成其*成员*的个别的人组成的。那么,社会的利益究竟是什么呢?就是组成社会的个别成员利益的总和。"② 而且他用议会来代替社会。

其次,社会的财富存在于"分别属于个别人的物质财富的特定集合的总和中,这些人构成了政治社会——国家。这些个人中的任何一位,在自己的财富储备中增加的物质财富的每一个原子,只要

---

① 《边沁全集》,1843年版,第一卷,第1页(《道德和立法》序言)。
② 同①,第2页。

不是从其他个人那里攫取的，就是对国家财富储备的增加"。① 因此，边沁的财产概念是有形体的财产；他的国家财富概念排除了稀缺性和交易，只包含了私人生产的所有使用价值的总和。

由此得出结论，社会利益只是个人利益的算术总和——不是作为一个运行中的机构的成员的个人之间的一种交易预期公共效用是私人效用的*总和*。因此，边沁的效用是斯密所谓的使用价值的主观的一面，等同于边沁的"财富的享受"；与之并列的是使用价值的客观的一面，等同于边沁的"财富的内容"。② 最大幸福即最大享受，最大享受即最大丰裕，最大丰裕即最大量的使用价值（财富）。因为丰裕、公共效用和私人效用是一致的；然而，对于休谟来说，它们由于稀缺形成了对立。

在一百多年中，这一社会概念都*不是一个社会*，而是古典学派和享乐主义学派经济学家的一种*分子人口*，③ 受到马克思主义者和基督教社会主义者以及现代社会哲学的反对。从个人的苦乐出发，社会只能是个人的*总和*，财富只能是物质东西的*总和*，经济学因此得以和伦理学脱离关系。不过，在休谟那里可并非如此，原因在于，对于边沁而言，个人之间在获得财富上并不存在任何稀缺关系。为了引入伦理的考虑，经济学家们不得不从他们称之为伦理学的新的起点从头做起。对休谟稀缺性原则的忽视，演变成了个人和社会、经济学和伦理学的二元论。

但这种二元论是停留在关于伦理学起源的两种理论上的：一种是个人主义的理论，主张在一个丰裕世界中最大限度地享受快乐，在这个世界里，个人不会因为取得他所想要的一切而损害其他人；另外一种是稀缺世界中利益冲突的社会理论，在这个世界里，如果个人要获取他所想要的一切，他就*有可能*会损害其他人。在后一种理论的基础上，伦理学是一个历史过程，它是从经济纠纷的判决中发展起来的，不存在任何伦理学与经济学的二元论。在前一种理论

---

① 《边沁全集》，1843年版，第三卷，第40页（《政治经济学手册》）。
② 参阅本书第183页图5-1。
③ 参阅本书第10章关于帕累托的论述。

的基础上，伦理学变成了边沁的个人愿望，个人与社会的二元论是不可避免的。

如果我们从交易而不是个人、从稀缺性而不是利己主义出发，差别便一目了然。在这里，我们从社会关系本身出发，它不是众多个人利益的协调，而是自我利益与集团利益之间不可分割的关系，这种关系要求制定规章，就每个争议方从有限的机会中自己和他人将要获得的份额提出规范。如果个人的利益作为财产或自由得到尊重，那么个人现在就不再是*人口中的原子*，而是*国家的公民*，由稀缺性的诱因和制约把他们维系在了一起；他们的成员资格存在于与其他人之间预期的交易重复，这种交易是有序的，每天、每时、直到无尽的未来，都在决定着要生产的量，以及人们从有限的总量中可以获得的份额。

按照他关于个人利益的加总构成总人口利益的想法，边沁阐明了可以被确知的愿望计算体系。在这里，他构筑了一种共同的标准，一种快乐的单位，这也是避免痛苦的一种单位，从而应该是一种愿望的单位，不仅可以作为斯密的主观价值的衡量尺度，甚至可以作为布莱克斯顿的习俗和法律以及边沁自己的法规的衡量尺度。一切东西的价值，从食物到信仰，从"是"到"非"，都归结为以下以愿望满足单位为变量数的计算方法，这些单位构成一个给定的效用数，这就是快乐的算术和。一个世纪后，这种计算方法差不多全部变成了享乐主义经济学家的计算方法。我们概括一下他所列举的情况：①

第一，由习俗或商品引起的快乐或痛苦感的强度。

第二，所感受到的感觉时间的长短。

第三，冒险的程度，或者说是这种感觉的确定性和不确定性。

第四，预期性，或者说是在实际的感觉发生之前，预期间隔的远近程度。

第五，生命力，或者说是继这种感觉之后发生同样感觉的机会。

第六，纯粹度，或者说是这些感觉之后不产生不同感觉的机会。

---

① 《边沁全集》，第一卷，第 1~16 页（《道德和立法》）。

第七，范围，或者说是在人口普查中所列举的人数，这些人从商品或习俗中所得到的快乐和所遭受的痛苦的总量。

那么，如果一位立法者，或者是地方官员，或是平头老百姓，希望在法律、伦理、经济学方面考虑他所打算的行为的一般倾向，他就会从受此影响最近的任何一个人开始，考虑在第一个人之后所产生的那些方面的"价值"（"数量"）。也就是说，考虑第一次痛苦或快乐的生命力和纯粹度，然后他会把所有快乐和痛苦的价值（"数量"）加总起来，在考虑了有关的人数过后，如果偏向快乐的方面，一般就会形成好的倾向，如果偏向痛苦的方面，一般就形成坏的倾向。①

边沁不愧是十八世纪理性时代和十九世纪古典学派和享乐主义学派经济学的巅峰。

边沁继续阐述说，上述内容与快乐作为*目的*有关，这种目的是个人和政府应该希望达到的。但同样的快乐和痛苦又是*手段*，而它们具有达到这些目的所需要的**力量**或**能量**。作为手段，这种能量就是**动机**和**制约**。

动机在行为之先，因为个人所看到的超越了行为，一直看到了它预期的后果。我们领会，顺序排列似乎是这样的：（1）有可能会引起痛苦或快乐的预期事件；（2）事件引起痛苦或快乐的现在的信念；（3）由现在的信念所引起的现在的痛苦或快乐；（4）要避免预期的痛苦或取得预期的快乐的动机；（5）导致的避免预期的痛苦或获得预期的快乐的意志行为。

边沁没有把这种顺序与一种心灵的*结构*概念联系起来，这是由詹姆斯·穆勒完成的，穆勒是边沁的学生，是李嘉图的导师。穆勒用"观念的联合"来解释边沁的痛苦、快乐、信念、动机和意志的顺序，从而构建了他儿子约翰·斯图亚特·穆勒（John Stuart Mill）描述为"心灵的理性物理学或自然化学"②的内容，约翰所利用的

---

① 《边沁全集》，第一卷，第16页（《道德和立法》）。
② 詹姆斯·穆勒：《人类心灵现象的分析》，1828年版；引文据1869年版约翰·斯图亚特·穆勒的序言，第一卷，第9页。

是拉瓦锡（Lavoisier）① 刚发现的化学的"亲和力"，这是不为边沁的牛顿物理学所知的内容。痛苦与快乐是感觉，这种感觉可能源于同样的外部来源；但根据每个人的"意向"，观念的联合则有可能把一个人带向一个方向、而把另外一个人带向其他的方向。边沁解释了心灵的机能，② 而詹姆斯·穆勒的观念联合则解释了它的结构。其机构和作用来源于观念的感觉，然后才是伴随着痛苦、快乐、欲望或厌恶感觉的观念的联合，最后才到肌肉的动作。把一种预期的快乐和用来取得这种快乐的经济手段联系起来的正是这种观念的联合，它是洛克的微粒观念被转化为了一种化学的类比。

> "小提琴的声音是让我的耳朵快乐最直接的原因；音乐家的演奏是琴声的原因；我用来雇请音乐家的钱是演奏的原因。在这种情况下，钱是这种感觉的原因的原因的原因，或者说是隔过两道的原因……心灵……最感兴趣的是对原因的关注；如果感觉是痛苦的，那我们就可以防止或消除它；如果感觉是快乐的，那我们就可以提供或保留它。这会造成一种习惯，让我们很快就抛开感觉，把自己的注意力转到其原因上去。"③

我们将会看到，由于边沁和詹姆斯·穆勒是用物理和化学的类比来解释心灵的作用和结构的，因此他们无法引入"效用递减"的稀缺性概念在物理或化学中不会出现的这种情况。边沁注意到了这一点，但却让它束之高阁。④ 结果就是，虽然边沁*似乎*通过他对痛苦和快乐的强调引入了心理因素，但那只是与外部物质力量相关的

---

① 拉瓦锡：(Antoine Laurent, 1743～1794) 法国化学家，氧的发现者。——译者注
② 米契尔（W. C. Mitchell）：《边沁带来幸福的计算方法》，《政治经济学季刊》，1918年第33号，第161页。
③ 詹姆斯·穆勒：《人类心灵现象的分析》，1828年版；引文据1869年版约翰·斯图亚特·穆勒的序言，第二卷，第187～188页。
④ 米契尔（W. C. Mitchell）：《边沁带来幸福的计算方法》，《政治经济学季刊》，1918年第33号，第170、171页。

一种理性的观念连续，它所引起的不是痛苦和快乐，而是痛苦与快乐的*观念*。因此，当他说痛苦与快乐的时候，他实际上是在说引起那种观念的物质的东西。换句话说，边沁的效用概念本质上就是洛克和斯密的外部世界与内在拷贝的平行论。这种人类意志被动而理性的概念，为凡勃伦放肆的评论作出了辩护，他认为享乐的人——边沁所说的人和十九世纪的"经济人"——是：

"一个快乐与痛苦的闪电般的计算者，在驱使他在这个领域有所变化而却让他毫发无损的激励的刺激下，他彷徨犹豫，但又像一个快乐欲望的同种水珠。他既没有前因，也没有后果，除非受到把他移动到不同方向的碰撞力的冲击，否则他就是一个孤立的、定形的基准的人，处在稳定的均衡状态内。在自然空间中，他自愿接受围绕自身的精神轴心对称旋转，直到各种力的平行四边形作用到他头上，然后就会沿着合成的路线移动。当冲击力用完之后，他就会静止下来，像从前一样成为一个独立的欲望之珠。从精神上说，享乐主义的人不是原动力，他是外部环境强加在他头上的一系列改变的作用对象，除了这个意义之外，他并不是生命过程的中心。"①

有了意志的这种物理和化学的类比，在痛苦和快乐力量的驱使下，由此得出的结论是，驱使他采取行动的是力量本身，这种力量就获得了"制约"的名称。按照边沁的说法，制约"是强制性权力或*动机*的源泉，也就是说，是*痛苦*与*快乐*的源泉；随着它与这样那样的行为模式相联系，它会*作为动机*发挥作用，实际上也只有这些事情可以发挥作用"。②

边沁继续阐述："一共有四种可以加以区别的来源，痛苦与快乐通常是从这些来源中产生的，将它们分开来考虑，可以被称为*物质*

---

① 索尔斯坦·凡勃伦：《为什么经济学不是进化的科学?》，《科学在现代文明中的地位》，1919年重印本，第73、74页。
② 《边沁全集》，第一卷，第14页（《道德和立法》）附注。

的、政治的、道德的、宗教的；因为快乐和痛苦都具有能够给任何法律或行为规则赋予一种束缚力的属性，所以它们都可以被称为是*制约*。"①

"物质制约"是作用于个人的物质自然力量，"不受任何人类意志的干预和有目的的限制"。但是，"在后者关系到现在生活的情况下"，凡是存在其他意志干预的地方，这些制约就会被利用，甚至宗教意志也是如此。换句话说，物质的制约是土地和商品；物质制约与物质名词使用价值是一致的，它现在变成了效用，或者说，变成了预期快乐的制约或预期痛苦的避免，通过物质的东西在发挥作用。

如果这些物质的制约在没有任何其他意志的干预下发挥作用，那么它们就是财富，或者更确切地说，就是表现为生活和享受这两种形式的"财富问题"。② 如果它们"按照君主或国家最高统治权力的意志"，通过法官或其他人的意志发生作用，那么它们就不是"财富问题"了，而是变成了"安全问题"。估计边沁心里想的是监狱、弹药、枪炮、警棍之类的东西。这些都是通过物质使用价值的特殊"形式"发挥作用的政治制约。但是，如果政治制约作用的发挥

> "掌握在社会上这样一些偶然人物的手中，而如果当事的一方可能恰好在他过去的生活中与他们有关，那么这种作用就会根据各人自然产生的倾向，而不是根据什么固定或共同的规则……那么，束缚的力量就可以说是'来自道德或公众制约的问题'。"

因此，边沁的道德制约不是习俗的制约，也不是任何共同行动的规则的制约，而是一种人口分子中的个人的"偶然"相遇，与他们之间有可能发生买卖或交谈的关系。

同样，宗教制约产生于一种"至高无形的存在"对预期快乐与痛苦动机的运用，这种苦乐"不在今生，就在来世"。如果在今生，那么宗教的制约就会通过体现为"自然权力"的物质手段发挥作用，

---

① 《边沁全集》，第一卷，第14页（《道德和立法》）。
② 同①，第194页；第三卷，第41、42页。

大致是教堂、《圣经》和行头——使用价值的另外一种特殊"形式"。这里也有共同的信念和同道信徒的活动,对异教的审判,等等,这些我们都是在习俗和习惯法的名义下联系起来的,在边沁的分类中是不会出现的。这些同道信徒即"偶然的"人物。①

通过枪炮和监狱这样的物质使用价值发挥政治制约的作用,边沁的大量著作都与此有关。他的"道德制约"是作为意外事件发生的——"偶然"碰上了其他人,这些人受到了偶然愿望的鼓舞,而这些偶然愿望恰好让他们像他自己一样到处活动。

对于这些道德制约,边沁有部分是在"同情心制约"的名义下进行考虑的,这是"快乐或痛苦……这种苦乐存在于其他的一些人心中,在这些处在健康状态的当事人的心中,经历着一种关心,这是由有同情心的感情的力量产生的"。但他把这种同情当成跟斯密的交换、交易、交流的本能相类似的东西对待了。

"……除非获得他的幸福所依的那些人的友好情感,否则一个人怎么可能快乐?除非让他们相信他付出了自己的友好情感作为交换,否则他怎么可能得到他们的友好情感?除非事实上他已经给予了他们友好情感,否则他怎么能够让他们相信自己?如果他事实上给了他们,那就会在他的言谈举止中找到证明……自然法则的第一条是希望我们自己幸福;审慎而有效的善行统一的声音又加上了一条……在他人的幸福中找寻你自己的幸福……一个为自己得到幸福或免除痛苦的人,会直接影响他自己的幸福;一个为他人提供快乐或预防痛苦的人,则是间接地增进了自己的幸福。"②

因此,同情是一种有益的幸福交换。

尽管可以按照利己主义来对同情作出这样的解释,但对于义务

---

① 参见:《边沁全集》,第一卷,第14页(《道德和立法》);第二卷,第192页(《报酬的基本理论》);第三卷,第33页(《政治经济学手册》)。

② 边沁:《道义论》,第一卷,第17、19页。

却不能这样。在这里它只是一种单方面的让与,在交换中得不到任何快乐,有的只是为了他人而承受痛苦。

> "事实上,高谈阔论义务一点益处都没有;这个词本身就含有某些让人厌恶反感的内容;我们尽可以谈论它,但这个词却不会变成一种行为准则。一个人,像个道学家一样,身子陷在扶手椅里,滔滔不绝地大谈华而不实的关于义务的教条以及种种义务,为什么不会有人听他的?因为每个人都在想*利益*……在道德领域里,一个人的利益不让他去做的事情,就不可能成为他的义务。"当"从最广泛的意义上考虑利益和义务时,人们就会看到,在一般的生活进程中,为了义务牺牲利益既不可行也非所愿……即便是可以,靠它也增进不了人类的幸福……我们可以有把握地说,除非能够证明某个特定的行动或是行为的方针符合一个人的利益,否则想证明那是他的义务,简直就是白费口舌"。正因为义务不是一种有效的动机才要求有立法,这种立法是具有奖惩职能的物质制约。"以那些相关者的幸福为目的的所有法律,都会竭力使它成为一个人的利益,而他们则宣称这就是他的义务。"[①]

因此,休谟是正确的。义务的意义起源于**稀缺**,而不是起源于边沁的**丰裕**。

> 边沁说:"那么,快乐和痛苦的避免就是立法者要考虑的目的,因此,他理应理解它们的价值。快乐和痛苦是他不能不用的**手段**,因此,他理应了解其力量。从另外一个观点看,这种力量又是它们的价值。"[②]

这样,"价值"这个词就从斯密的痛苦转变成了边沁的快乐,或者干脆说是快乐减去痛苦之后的算术上的净收入。这种快乐的净收入,就是驱使人类前进的**力量**,其统治权是通过**欲望**和**享受**这两种

---

① 边沁:《道义论》,第一卷,第 9~12 页。
② 《边沁全集》,第一卷,第 15 页(《道德和立法》)。

制约来实施的。

> "在各种痛苦甚至死亡本身作为武器的情况下,欲望支配了劳动、增强了勇气、激发了远见、发展了人类所有的本领。对于那些克服了障碍、完成了自然计划的人来说,享受是每种被满足的欲望的伴侣,它形成了一个取之不尽的报酬之源……在法律观念形成以前,欲望和享受在这方面完成了最好的共同法律所能起的一切作用。"①

这样我们可以看到,边沁用三种方法排除了**习俗**:他用欲望和享受的统治权代替了习惯和习俗;他用"偶然"的个人代替了习俗和运行中的机构的集体行动;他用立法代替了习惯法。

这些代替让它们消除了他的"道德制约"和"宗教制约",于是就给了它们一种仅仅是按照自然法则彼此碰撞的个体的意外集合的形式,而且不存在任何把那些相似信念和利益的人结合在一起的重复交易的希望和预期,无论是在运行中的机构、家庭、团体中,还是在教会中,都是如此。

结果只保留了两种制约的来源,**财富和议会**——财富的物质使用价值和统治权的物质权力。财富提供的物质制约控制了人类在商品生产、交换和消费中的行为,议会提供的物质制约创造并保护了私有财产。让后来的经济学家简单化的是亚当·斯密。在个人和立法机构或地方长官之间,不存在起干预作用的集体行动,不存在习俗的规则,不存在习惯法。就如同边沁把所有的经济学、伦理学和法学合并为了个人的快乐和痛苦一样,他把所有类型的诱因都合并在了普遍的**制约**名义之下。如果作为来自于行为的外在诱因看待,制约就是任何类型的快乐和痛苦,不管它是物质的、道德的、法律的、还是经济的,都是如此。

尽管承认快乐和痛苦的普遍存在,但我们认为,对于处理它们所引起的各种情况这样一个实际的目的,这样的概括过于简单。快乐在类型和数量上都有所不同,这一点边沁也承认,但对于他来说,

---

① 《边沁全集》,第一卷,第303页(《民法典》)。

这些种类上的差异并不重要。在经济学中,他遇到了两种最重要的差异:一种是由个人彼此之间提供所基于的那些诱因,另一种是由各种类型的集体行动提供所基于的诱因。在两种诱因中都可以发现痛苦与快乐,它们都是要利用的重要动机。通过把一个称为**诱因**而把另外一个称为**制约**,就可以保留两者之间的区别。① 诱因属于个人之间的交易,制约属于*集体诱因*的习俗和规则。边沁跟斯密一样,一点也没有考虑集体行动,事实上,他根本就没有考虑买卖、管理和限额交易中的劝诱、胁迫和强制。他涉及的只是个人、统治权和商品;对于可以把个人行动与集体行动区分开来的不同类型的快乐与痛苦,他没有作出任何区别。他的最高主宰者是快乐与痛苦,不是习惯与习俗。

通过化学类比,边沁所做的是赋予了痛苦与快乐一种物质的存在。这种物质的存在就是货币。米契尔已经说明了这是如何做到的。他从哈勒维(Halévy)1901年发现的边沁未发表的手稿中引用了这样一段话:

> "如果在两种快乐当中,一种是由占有货币产生的,另外一种不是,而一个人要是对两种都乐于享受,那么就应该认为这样的快乐是同等的。但是,由占有货币产生的快乐,在量上与产生它的货币的量是相等的,因此,货币是这种快乐的尺度。而另外一种快乐与这种快乐同等,因此,另外一种快乐就如同产生这种快乐的货币,而货币也是另外一种快乐的尺度。痛苦与痛苦之间也是同样的道理,而痛苦与快乐之间也是如此……如果我们想理解彼此,那么就必须利用某种共同的尺度。自然之物所能提供的唯一的共同尺度就是货币……那些对这种手段的准确性不够满意的人,就必须找出其他一些更为准确的手段,否则就只有跟**政治**和**道德**告别。"②

这样,在其未发表的手稿中,边沁放弃了他的愿望单位,而他

---

① 参阅本书第 82 页的经济与社会关系公式图解。
② 米契尔引自《边沁全集》,第 169~170 页。

忽视了发表这些内容，对于伦理学和经济学领域的所有的享乐主义者而言，这是很不幸的。因为，就如同米契尔接下来所言的：

"只要把金钱的术语换成心理术语，那么一个关于理想完美的赚钱者心理作用的表述，就可以变成一个还说得过去的边沁的享乐主义的表述。用快乐代替利润，用痛苦代替损失，让感觉的单位代替美元，用享乐主义学说的计算法取代会计制度，把利己主义解释为净快乐的最大化取代净利润的最大化，这种转化就完成了。"①

因此，边沁的"全体的最大幸福"以生意人的最大金钱利润告终。然而，这并不是以货币量度的快乐或痛苦，这是稀缺性。但快乐和痛苦变成美元和美分的时候，它们就从快乐和痛苦转变成了相对的稀缺性，然后这些稀缺性又变成了人类行动的压力、原因和调节者。快乐和痛苦太根本了。我们的问题是比较表面化的，但其行动主义的问题却是在一种货币和信用经济中发生的，受到了稀缺性、未来性、习俗和君主的影响。边沁的快乐和痛苦模糊了这些区别。对他来说，快乐既是正的快乐的收入，又是负的痛苦的避免。但后者是两者择一的选择，前者是收入的获得。避免是选择较大的收入而不是较小的收入，或者是选择较小的支出而不是较大的支出。② 不能把获得和避免加在一起，它们是同一行动的两个方面——是一种为了在一个方向执行而避免在另外一个方向执行的行动。

边沁的快乐和痛苦模糊了个人交易和集体控制之间、诱因和制约之间、利己主义和伦理之间、幸福和稀缺性之间以及感觉和货币之间的区别。经济学的问题是比较表面的，它们摆在面上。但它们是比较明确的，它们是买与卖、借和贷、雇用和解雇、管理和被管理、原告和被告的问题。确实可以把它们归结为快乐和痛苦，但那样做太根本、太难捉摸了，因为那样一来它们都分解为了愿望。但

---

① 米契尔：《经济活动的合理性》，《政治经济学季刊》，1910 年第 18 号，第 213 页；参见博纳（Bonar）在同一本刊物中的文章，第 218 页。
② 见本书第 8 章关于选择和机会的论述。

集体和个体行动的实践和价格开启的是货币和数量。

还有,边沁的"君主"并不是个人群体的习俗或其他集体行动的结果,这些个人群体构成了他所谓的"社会"。他的个人是住在某一地区的一群人,而不是社会;他们是"偶然"的个人,而不是运行中的机构;他的君主是一位局外人,并不是社会的一个部分。他的君主显然是很专制的,因为他可以自由地选择他按他意愿制定的法律,而不受习惯、习俗、企业、工会、政党的束缚,把他摆在那儿原来还指望着他能够照他们的吩咐做呢。边沁"希望"这位君主应该采取普遍幸福的原则,但君主们却背道而驰。英国的宪法是从征服和习惯法中产生的。习惯法产生于人们的习俗,但仅限于由国王任命的法官所同意的程度。政党选择取代了国王,选择了司法制度。集体的企业组织控制了政党,左右政治家和人民的是习俗和组织,而不是痛苦和快乐。

边沁把统治权归结为安全,就如同他把快乐归结为金钱一样。按照边沁的说法,政治经济学既是科学又是艺术,它是快乐和痛苦的科学。为了"财富的最大值和人口的最大值",① 它又是以快乐和痛苦为运用手段的立法艺术。这个目的是一种"终极原因";快乐和痛苦的各种制约是"有效的原因或方法"。② 在更为详尽地查究国家幸福的内容时,立法者发现了它包含四个方面的内容:生存、丰裕、平等和安全。③ 生存和丰裕是政治经济学的范围;安全是法律的范围;平等是次要的。因为在关注安全的情况下,在一个因农业、制造业和商业而繁荣的国家中,存在一种趋向平等的持续进步。"在公平的名义下,立法者往往表现出一种遵从平等意见的倾向,在这方面更大程度上已经让位给了*公正*;但这种公平的观念,模糊而且发育不正常,似乎更像是一个本能问题,而不是一个计算问题"。④

---

① 《边沁全集》,第三卷,第33页(《政治经济学手册》)。
② 《边沁全集》,第一卷,第14页(《道德和立法》)。
③ 同②,第302页(《民法典》)。
④ 同②,第307页(《民法典》);又见威廉姆斯(A. T. Williams):《卢梭、边沁和康德著作中的平等观念》,《哥伦比亚大学教师学会丛书》,1907年,第13号。

于是，安全成了政治经济学对法律的所有要求，甚至"自由"也只是安全的一个分支。"个人自由是对抗影响个人的某种类型的伤害的安全，政治自由是……对抗政府成员不公正的安全"。对于边沁来说，自由就是摆脱习俗，把一个人的行为建立在效用之上。在其所著的《为高利贷者辩护》一文中，唯一的基础就是"盲目的习俗"，当他们阻止人们按照自己本来所想的这种利率支付和收取时，这种"盲目的习俗"，要么是其规则和戒律中的道学家，要么是其不公正中的立法者。但"习俗"是一种武断的指导，它会随着时代和国家的不同而变化。在这样的情况下，能够说明借贷双方是否都获得了最大幸福的唯一标准是，"由他们同意所表现出的当事各方的相互便利"，而不是我的邻居的习俗，也不是立法者的许可。①

那么，与政治经济学相关的生存和丰裕的特性是什么？在安全和自由的关注下，它们又是如何开始存在的呢？边沁说，它们是存在于物质对象之中而不是存在于从他人那里获得的服务之中的。这些物质对象是在物质制约的压力下创造出来的，这种物质制约就是欲望和享受。难道任何东西"通过直接的立法都不能增加这些自然动机持续而不可抗拒的权力吗？但是，通过时时保护个人的劳动，通过在他们劳动之后保护他们辛勤劳动的成果，法律可以间接地提供生存手段"。②

但这些欲望和享受要胜于生存。"……在生产了第一批谷物之后，（他们）……建起了丰裕的谷仓，一直增加，而且总是满满的……富裕……一旦开始就不会抑制这种运动"。

那么，这种富裕存在于什么呢？它在于由一个人自己的劳动所创造的丰裕，而不是在于通过其他人为他们的劳动所支付的代价。因为，"如果社会的财富不在于组成社会的个人财富的总和，那又在于什么呢？"③

我们可以说的确如此，但正如边沁以为社会是由自给自足的人

---

① 《边沁全集》，第三卷，第4页（《为高利贷者辩护》）。
② 《边沁全集》，第一卷，第304页。
③ 同①。

类单位构成的一样,他同样认为社会的财富是这些个人所拥有的物质单位的总和。这种总和相当于"许许多多的幸福"。正如货币从快乐与痛苦中消失了一样,在那里,稀缺性和"资产"也从"财富"的概念中消失了,结果是一种财富和幸福的物质概念;这也许适合于殖民时期或原始时期孤立的农夫,适合于自然资源的丰裕和有形体的财产,但对于一个个人财富("资产")来自于市场、来自于买卖活动、来自于由资本家、农民、工人、商人、银行家以及政府支配的价格体系的社会而言,这是不适合的。那么,安全,也就是法律的首要对象,提供了些什么内容呢?

> "单只法律,就已经能够创造一种固定而持久的占有,这种占有值得称之为**财产**;单只法律就能够让人们习惯于对先见之明俯首帖耳,起初是难以忍受的痛苦,但后来就惬意温暖了;单只法律就能够鼓舞他们去劳动——现在是多余的,到将来才会去享受……法律不会对一个人说'工作吧,我会奖赏你',但法律会对他说'工作吧,我会制止夺取你劳动成果的人,我确保你劳动的果实,确保它自然而充足的酬劳,没有我,恐怕你无法保持这些酬劳'。财产的观念在于一种确立的预期,也就是说,按照这种情况的本质,在于从这个对象确定的利益中得到的说服力……立法者要极为尊重这些预期……只要他不去对他们横加干预,那么他所做的一切对于社会的幸福而言就是最重要的。"[①]

因此,安全是劳动者在所有权方面拥有自己所生产的劳动成果的安全。可是,边沁说有人反对这个看法,认为劳动者没有什么财产,而且巴卡利亚(Baccaria)曾经说过:"财产权利是一种可怕的权利,也许是不必要的。"边沁说,这种话出自于一位有见识的哲学家之口,让人诧异。穷人,即便是没有任何财产,也要比他们"处在自然状态中"要好得多。所以立法者

---

① 《边沁全集》,第一卷,第307页。

"应该保持实际确定的分配……当安全和平等对立的时候，不该存在任何犹豫：平等应该退让……建立平等是一种妄想……对平等的呼唤只是一种借口，为的是掩盖懒惰对勤劳的掠夺。"①

从这些言语中我们可以看出，边沁的财产概念是土地、建筑、工具这些有形体的财产概念，由一个人自己占有，只供自己使用，无论如何都不是现代社会的无形财产，无形财产在于有权使用市场，并且通过控制服务的稀缺性强迫契约方支付稀缺价值来获得财富（资产）。他的观点对现代社会根本不适用。在现代社会夺取一个人的财产（"资产"）是靠价格，而不是立法。而且讨厌的平等学说被理解成了平均数，它不是讨价还价能力的平均化，不是机会均等，也不是公平竞争，而是对所有者物质财产的平均分配。他脑子里想的是原始的土地均分论。② 按照边沁的说法，这样一个"拉平"的制度，不只是在实践中不可能建立，而且建立这种制度的愿望让自己的根源，"不是扎根于善，而是扎根于恶；不是扎根于善心，而是扎根于恶意"。③

于是，我们可以得出这样的结论，在边沁的效用概念中，接受了斯密的丰裕理论，摒弃了布莱克斯顿的习俗和休谟的公共效用理论，从而给经济学家们如下一种分子推理方法：人是一种*被动*且*自私*的生物，在效用的名义下受到自身利益的驱动。社会是个人的总和，而个人的快乐和痛苦是可以用商品的数量进行加减和平衡的。货币是用于会计制度的快乐和痛苦的*尺度*。因为丰裕的存在，利己主义不会妨害任何人。由于观念的联合，这种快乐—痛苦被输入到了物质商品之中，因为货币是由各种制度的集体行动人为创造的，所以是*名义*的。在陈述理论的时候，如果我们用创造和构成财富的物质劳动和物质商品的单位，或是用构成效用和负效用的快乐和痛

---

① 《边沁全集》，第一卷，第311、312页。
② 参见康芒斯等著：《美国劳工史》，第一卷，第522页，关于1829年第一个美国劳工党的土地均分论的论述。
③ 同①，第358～361页（《论拉平制度》）。

苦的单位，那我们就会比较接近所量度的事物；无论哪种情况下，我们阐述自己的理论的时候，都不用货币这种名义的幸福尺度的集体单位，而是用快乐—痛苦的尺度，它们所起的作用跟物理和化学的法则一样标准。政治经济学从习惯法和习俗中得到的，只是一些无用的传统和*先辈的智慧*。它要求成文法和法典的，只是财产和契约的*安全*。这种安全必须维持事物的现状，因为提倡平等的努力既没有可能又是罪恶。倘若有安全的保障，政治经济学的法则差不多会跟万有引力定律一样准确。跟物理平衡或化学亲和力一样，它们可以从感觉、观念、快乐、痛苦中机械地推导出来。这些都是对现存的商品生产和消费的主观*复制*。

在边沁的这种计算法中，存在两处遗漏：稀缺性和习俗。它们之所以被忽略，一是因为误解，二是因为不符合当时仅知的两门科学——物理与化学——的模式。稀缺性够常见的了，但它是跟重商主义的政府、垄断、企业的共同行动连在一起的；相反，稀缺性就是私有财产本身。重商主义像这样被否定之后，稀缺性并没有呈现为财产的制度形式，而是呈现为一种预先注定的供求平衡规律的物质形式，作用于像海浪一样流动的个人原子。

习俗被视为习惯法的古老传统，在他们认为我们已经从习俗时代过渡到了自由和契约时代的时候，就如同布莱克斯顿所作的描述，法学家们甚至仍然在这样描述它。当谈及像商誉、贸易惯例、运行中的机构、契约的标准形式、银行信用的使用、现代的稳定惯例这样一些习俗的时候——尽管在习俗和惯例之间存在区别，但还是称这些东西为"惯例"。但除了它们强迫的一致性和允许的变动性的程度之外，并不存在什么区别。在美国和英国，使用银行支票的惯例的强制性，跟在封建领主土地上服役的习俗的强制性是一样的。一个生意人假如不能使用金银而又不使用支票，那他在这方面的自由，并不比中世纪的佃农跟罗宾汉一起变成逃犯的自由要多。他空有契约的自由。如果他拒绝接受或支付银行的支票，那他根本就无法继续自己的生意。这种情况跟许多其他的贸易惯例是类似的。一个工人，如果其他人都是七点上班，而他八点才来，那他就保不住自己的饭碗。这不是"惯例"就是"习俗"。但是，跟银行支票的使用一样,"惯例"跟习俗一样具有强制性。因为习俗并不仅仅是人懵懂的时候发生的一些事情,它是预期的交易重复,个人只要期望通过与其他人做生意去谋生或致富就必须遵循。而休谟归纳为**稀缺性**规律的私有财产本身,只是一种演进的习俗。因为在现行的制度下,私有财产是一切不断变化的交易的重复,这些交易能够获取、转让、准许稀缺的东西或预期会稀缺的东西的使用权。

边沁和布莱克斯顿寻找的是过去的习俗,那是真实的,但已经衰微。习俗起源于过去,但它们也改变在过去,而且现在正在改变。但这并不是习俗的唯一特征。习俗也是基于经验的*预期*,它预期将在未来重复,正是这一点给了它们共同行动的力量,强迫个人行动要一致。在这方面,现在一直用的都是习俗这个称谓,而不是个人主义的、非强制性的"惯例"和"习惯"这样的词。

当情况改变的时候,当然会有变化。正是这种变化,使得习俗的演进才成为可能。习惯法本身只不过是根据先前的习俗对纠纷所作的判决,每个判决都起着前例的作用。法官的选择机会存在于众多矛盾的前例之间,所以习惯法改变和"成长"是根据面向未来结果的"人为选择",而不是根据布莱克斯顿的上帝的声音,边沁把这描述为先辈的智慧。

边沁和分子经济学家甚至不把生活标准看做是一种习俗,这首先是约翰·穆勒的看法;在根据生活标准的差异确定工资和薪金级差的现代工资仲裁中,也一直是这样看的。对于早期的经济学来说,生活标准是一种生存的最低物质限度,跟瓦特蒸汽机运转所需要的最低限度的物质的煤一样,它不是一种习俗,而是生理学。

假使稀缺性和习俗这两项内容包含在了边沁的计算方法中,那么他的个人、社会、商品、财富、统治权的概念就要遭到破坏。那样一来,每个个人的活动就会变成所有其他个人活动的一种作用,而不仅仅是物质东西生产的一种增加和消费的一种减少。一个国家总的财富就不再仅仅是某个时点上的物质东西的总和,它会同时变成个人和机构的"资产";这种资产是通过在交易活动中对不同类型商品的所有权和生产者的不同活动按比例分配的过程获得的,他们的交易活动包括占有、把持、讨价还价、二者择一的选择,既有个人进行的,也有集体进行的。

习俗这东西,边沁仅仅把它作为先辈的智慧给淘汰掉了。但是,在敲诈、歧视和经济压迫的各种惯例中;在机会与买卖能力的不平等中;在有限公司、控股公司、各种联盟中,事实上,在决定价格和数量的一个全国性的经济机构或好或坏的一切惯例中,它都肯定会卷土重来。而统治权的作用也会发生改变,它的作用不再仅仅是保护物资的生产者和所有者,而且会重新回到重商主义政策的某些内容中,在与各个政党和主要经济利益集团认为最有利于各个阶级和国家的相关方面,去均衡个人、联合体甚至是国家的活动。

一直到了心理经济学家时代,稀缺性原则才在经济的快乐和痛苦心理中第一次取得其功能的意义。边沁曾提到"效用随着丰裕增加而递减"的原则,但他的运用跟价格、个人的买卖、贸易惯例和习俗都没有关系。他对效用递减原则的运用,仅限于他对安全和由个人占有的物质的东西在数量上的不平等的讨论。一个富人比一个穷人占有的商品的数量要大得多,但这并不同比例地增加他的幸福。在财产平均的地方的总的幸福,要比不平均的地方的总的幸福大。① 这一规律可能会导致一种累进税或遗产税制度,后者是边沁所主张的;但他或其他的物质经济学家并没有把这个规律运用到心理或价格、市场方面。因为这个原因,我们把边沁归为物质经济学家,而不是心理经济学家。他的快乐和痛苦只是商品和金属货币的复制品。

边沁排除了习俗和稀缺性,通过假借快乐的名义代之以货币,假借愿望的名义代之以统治权,他不仅为古典经济学家李嘉图和用快乐代替货币的享乐主义的商业经济学家铺平了道路,而且为空想社会主义者和马克思的共产主义者都铺平了道路。空想社会主义者汲取了边沁置于"安全"从属地位的"平等",马克思主义者则汲取了他的统治权,使之成为了无产阶级专政。习俗和稀缺性在他们

---

① "……一个国家的全部人口中,个人在作为幸福手段的总量或储备中占有的份额方面,人与人之间的不平等越少,幸福本身的总量就越大;假若在消除不平等方面什么也不做,总会对安全产生冲击"《边沁全集》,第二卷,第 272 页(《宪法法典》)。

的理论中都没有发挥作用。

通过忽略习俗和稀缺性,边沁把经济学和伦理学分解为了独立的个人的愿望。跟洛克和斯密以及十九世纪都在追随他们路线的个人主义的伦理学者和经济学家的整个学派一样,他涉及了形成道德与经济判断以及个人行为的个人作用。但如果我们考虑到历史过程——依靠这个过程习俗变成了习惯法,甚至变成了成文法和宪法,我们就会发现,从利益冲突中产生的一直是一种集体过程,这是边沁拒绝承认的。因此,我们不从个人出发,而是从个人之间的交易以及那些交易预期的重复出发——从有组织的观点看,这是运行中的机构;从没有组织的观点看,这是习俗。每一次买卖的交易在它本身都是一种集体的过程。按照其最为极端的简单形式,交易也不能分解为个人的单位,而是至少要求有五个人实际或潜在的参加,他们彼此承担着几种关系:机会平等与不平等的关系,竞争公平与不公平的关系,道德的关系,经济的关系,或者是物质权力的关系,以及对由一个第五方在可能的纠纷发生时所作判决的共同预期,这个第五方代表的是那五个人的集体。

根据几个相关的参与者,这是一个形成经济和道德判断和行为的共同过程。形成伦理学和经济学问题的个人"行为",变成了许多个人重复的、复制的、预期的交易,这几乎就是习俗演化为有组织机构运作规则的另外一个名称。由于缺乏形成经济和伦理判断的这个历史和集体的过程,因此个人主义的经济学家和伦理学者要么就像洛克和斯密一样,不得不注入天赐恩惠的原则以代替习俗和习惯法,要么就像边沁一样,不得不把这个问题留给个人愿望的范围。

但是,从交易的观点开始,我们就摆脱了洛克或斯密的人格化、休谟的怀疑主义、边沁的物质类比、布莱克斯顿的神性和先辈的智慧的约束,研究的是实际的过程。每项交易在它本身就可能是利益冲突和冲突的集体调节形成的一种利益和谐。如同斯密和边沁所设想的那样,它是利益的一种和谐,因为它是彼此提供服务的互惠关系。由于为得到有限机会的竞争和个人在运用讨价还价权力上的不平等,它又是一种利益的冲突。通过规则和纠纷判决的共同作用,它是一种冲突的伦理调节。从这一调节中产生了现行而又变化的机会均等、公平竞争、买卖平等以及合法程序的理想，这些理想结合成了合理惯例和合理价格的伦理、经济和法律问题。

因此，产生了意志的（有别于边沁的享乐主义）价值概念，但这不是个人主义伦理学那种传统的意志主义，而是集体的意志主义。这是一个在稀缺机会中进行选择的概念，因此，它是一个经济的意志概念，与之相对的是内省的快乐和痛苦的概念。这些机会是自己的和他人的财产；这一财产取决于共同的行动，不仅是国家的共同行动，而且是有限公司、辛迪加、工会的共同行动，它们通过道德、经济、物质的制约，决定一个人在选择机会、行使权力方面以及在竞争中的安全、服从、自由和风险方面承担的会是什么。它是一个成员资格、公民身份和分享合作的概念，在一个很大范围内的集体强制，只是强制的程度有所不同，而与之相对的是边沁的大量个人原子加在一起的构成他的假定的"社会"。它是一个个人和共同行动的概念，既是管理又是被管理，而与之相对的是边沁的被动的个人，受意外的制约和一位外在的君主驱使而行动。它是一个布莱克斯顿习俗、习惯法、常规、先辈智慧甚至是愚蠢的概念，这些因素在货币、信用、债务、税捐、惯例和价格领域发挥着作用，而与之相对的是边沁能够量出有"多少幸福"的一群聪明的"闪电般的计算者"。

第7章 马尔萨斯

理性时代终结于法国革命,**愚昧时代**始于马尔萨斯。1793 年,无政府主义者戈德温(Godwin)① 提出,法国革命的原则应该输入英国。1798 年,神学家马尔萨斯应之以**人口过剩**的原则和一种新的上帝观。

1751 年,本杰明·富兰克林首先建议把人口过剩作为工资制度的原因。② 他有一个实际的目的,这是针对英国殖民政策的重商主义的论点,因为这个政策妨碍了美洲的制造业。对来自美洲制造业的竞争,英国根本无须担忧,因为在这片具有丰裕自然资源的土地上不可能产生一种工资制度。富兰克林追溯到了生物学的稀缺性,但以所有权的稀缺性而告终。

> "总之,除了那些使其拥挤并干预到彼此生存手段的内容,对植物和动物的多产本性不存在任何的限制。假使地面上空无其他的植物,唯一的一种植物,譬如茴香,就会逐渐密布并蔓延开来;假使地球上空无其他的居民,唯一的一个民族,譬如英国人,几代之内就会充斥整个世

---

① 戈德温(William Godwin, 1756~1836)英国小说家、哲学家、激进分子,著有《政治公正探索》(1793)、《共和国史》(1824~1828)。——译者注
② 本杰明·富兰克林:《关于人类增长和各国人满为患的观察》(1751),引文见斯巴克斯·杰雷德(Sparks Jared)主编的《富兰克林文集》,第二卷,第311页。

界……在那些住满了人的国家……所有的土地都已经被人占据了,而且改良到了一定的程度,那些不能得到土地的人就必须为其他一些有土地的人劳作;一个家庭靠低工资养家糊口是有困难的,这种困难让许多人不敢结婚,因此,这些人长期为仆,且孑然一身——在美洲,因为土地资源很丰富且非常便宜,以致一个懂得耕作的劳动者在较短的时间里就可以存下足够的钱,去购买一片足以作为农场的新的土地,在那片土地上,他可以养活一个家庭,这样就不害怕结婚了——估计现在北美大地上的英国鬼魂都过一百万了(尽管我们能够想到,通过海路被带来的人口还不足八万),然而,由于殖民地给国内制造业提供了就业,也许在英国一个人也没有少,而是多了许多……尽管这样增长,但由于北美的土地是如此辽阔,以至于要许多代之后才能把它住满;在被住满以前,这里的劳动力绝对不会便宜,在这个地方,没有人会长期持续……做一个行业的熟练工人,而是会加入到那些新的定居者中间,开创自己的事业……与殖民地的增长成比例的是对英国制造业的巨大需求,一个广阔的市场完全控制在英国手中,难以涉足其间……因此,英国不应该过分限制自己殖民地的制造业……在这里,奴隶的劳动绝对不可能像英国工人的劳动那么便宜……(美洲人购买奴隶)是因为奴隶可以随一个人高兴爱保留多久就保留多久,或者是因为有机会占有他们的劳动;而雇用的人却不断地离开他们的老板(往往是在他事业的中途离开)去开拓自己的事业……因此,这些殖民地在依赖劳动、制造业等因素的行业干扰其宗主国的危险尚遥不可及,还不需要引起英国的注意。"[1]

富兰克林 1751 年对英国重商主义的呼吁并没有引起人们的重视。马尔萨斯也是在 1803 年为再版而修订《人口原理》的时候才注

---

[1] 斯巴克斯·杰雷德(Sparks Jared)主编的《富兰克林文集》,第二卷,第 312~319 页。

意到了这一点。马尔萨斯1798年的观点跟富兰克林的观点不同，它不是对英国利己主义的无谓陈情；不过有一点跟富兰克林是相同的，那就是它有实际的目的。它的目的是**理性时代**的觉醒和对现有制度的辩护。①

法国人已经从逻辑上把亚当·斯密的同情、利己、适当感、对共同行动的否定结合起来了，而且在自由、平等、博爱的名义下，废除了地主、教会、行会、公司和其他社团的一切集体行动。无政府主义之父——戈德温，已经把斯密对集体行动的否定变成了对**国家**本身的否定，把斯密天然的自由、平等和同情变成了一切人类平等的完全性；这种完全性只要消除政府有组织的强制就行，但这种强制却给斯密的财富提供了保障。

五年后，神学家马尔萨斯以人类天然的罪孽来对抗戈德温的天然的平等，指望靠它来废除基于假定的自由、平等、同情的所有体制。他把斯密旨在人类幸福目的的天赐丰裕，转换成了天赐的稀缺，而天赐稀缺的目的是为了让人类的心灵和道德品性从"大地的泥土"中生发出来。不仅是工资制度，就连邪恶、苦难、贫困和战争都是附带着天定的人口规律发生的，这个规律就是人口比生活资料增加得更快。马尔萨斯将它命名为"人口原理"，这不是别的，而是**稀缺**规律的生物学基础。这一原理，是他所说的"上帝的神奇作用……为的是心灵的创造和形成；一种为了把迟钝、无序的事情唤醒为精神所必需的作用；使大地的尘埃升华为灵魂；使泥土的肉体生发出轻飘的火花"②的基础。十九世纪的经济学家只采用了马尔萨斯著作前半部分中形成的人口过剩的唯物主义基础，但马尔萨斯本人却认为自己的重大贡献是在他著作后半部分中的**道德进化**理论。经济学家从人口过剩的观点出发，向雇佣劳动者鼓吹的是种族自杀。马尔萨斯则从精神结论出发，鼓吹的是后来所谓的"生存竞争"中的人类品性的道德进化。他是第一位科学的进化论者，实际上也是第一位科学的经济学家，因为他的理论不是从假定中推导出来的，像

---

① 马尔萨斯：《人口原理》，1798年，第一版，第173页。
② 同①，第353页。

亚当·斯密那样颠倒了历史的过程，他的理论来自于对过程本身的研究。从这些研究中，他发现了经济上的稀缺原理，这就是为什么达尔文和华莱士（Wallace）①读过马尔萨斯的著作后立刻就得出了他们的进化观的原因。但他的观点是**道德起源**，而他们的观点则是**物种起源**。两者都来自于**人口过剩**。②

读了马尔萨斯的著作之后，华莱士立刻陈述了他的推论过程。③他是从对战争、贫困、邪恶、苦难的*实际*控制着手的，而不是从预防性的、*意志*的控制着手的，后者马尔萨斯称之为*道德*控制。这些非意志的或者说是实际的控制，只会产生达尔文和华莱士的**生物进化**，而产生不了人类品性的**道德进化**；后者才是马尔萨斯的目标。

这是马尔萨斯对传统观念的突破，这种天赐恩惠和人间丰裕的传统观念是从洛克到魁奈和斯密一脉相传下来的。马尔萨斯说，我们不应该"假定从上帝推论到自然"，而"应该从自然推论到自然的上帝"，上帝的思想高于我们的思想，"因为天在地之上"。在道德进化的神圣过程中，首先让心灵觉醒的是肉体欲望的刺激，因为只有活动才能创造心灵。

"毫无疑问，在不产生普遍而致命的麻痹、不破坏未来进步萌芽的情况下，这样的刺激不可能从芸芸众生那里收回……为了促使人们通过充分耕耘大地来推进上帝仁慈的计划，上天注定人口的增加要远快于食物的增加。"④

---

① 华莱士（Alfred Russel Wallace, 1823~1913），英国博物学家，1848~1852 年考察了亚马逊地区，1854~1862 年考察了马来西亚群岛，独立于达尔文发现了进化中的自然选择。——译者注
② 引自马尔萨斯：《人口原理》，第一版（1798 年）。在该书的第二版中，马尔萨斯强调了预防性的抑制，后来古典经济学家采用了这个观点，用以在雇佣劳动者努力提高自己的工资时向他们作宣传。《大英百科全书》关于达尔文和华莱士的条目显示，他们的见解是怎样来自于马尔萨斯的。
③ 华莱士：《我的一生》，1905 年，两卷本，第一卷，第 232、240、361 页。
④ 马尔萨斯：《人口原理》，1798 年，第一版，第 350、359、361 页。

因此，洛克、魁奈和斯密的天赐丰裕变成了马尔萨斯的天赐稀缺。前者听任人成为懒惰、愚昧的动物，后者则让他为未来的进步而工作、思考和计划。

但是，不仅是斯密的丰裕和斯密的利己，而且连斯密的同情都起源于人口过剩。

>"人生的悲伤和苦难构成了另外一种刺激，这似乎是必需的，靠着一种特殊印象的建立，可以软化人心，使之变得有人性；可以唤醒社会的同情，可以产生基督所有的美德，而且可以让善行有余地广施天下……很有可能，道德的邪恶对美德的产生是绝对必需的。"人口原理"无疑产生了许多局部的不幸，但稍微反省一下它所产生的大量的益处，也许就会让我们大家满意了"。①

但问题接踵而至：人类不可能是同样自由与完善的。最适宜于理智和道德提升的是"社会的中间地带"。奢靡和贫穷都产生恶，而不是善；但如果没有更高的阶层和更低的阶层，那我们就不可能有中间阶层。"倘若社会中没人希望提高或者是害怕下降，倘若勤劳得不到回报、懒惰得不到惩罚，那么中间阶层肯定不会是现在这个样子"。②

马尔萨斯说："戈德温过分地把人仅仅作为一种理智的生物来看待了"，实际上，洛克、魁奈、斯密、边沁以及理性时代的其他哲学家也是这样做的。把人看做是一种"理性的生物"，就如同"在真空中计算落体的速率"一样。人是一种"复合生物"，他的"肉体倾向作为扰乱的力量作用是非常强大的"。实际上，肉体的倾向总是左右着他的理性。③

因此，马尔萨斯把情欲引入了经济学，但对于十八世纪的哲学家而言，他们称为"感觉"的东西只是理智的计算器，理性的人用它来计算力量、或然性、供给与需求、最大幸福和最大利润，在这

---

① 马尔萨斯：《人口原理》，1798 年，第一版，第 372、375、361～362 页。
② 同①，第 369 页。
③ 同①，第 252 页。

方面斯密、边沁和戈德温达到了巅峰。但是,在马尔萨斯看来:

> "这个问题……并不仅仅取决于是否可以让一个人理解一个明确的命题,或者是让他信服一种无可辩驳的观点。一个真理可以让他作为一个理性的生物认识到他的信服,但他作为一个复合的生物还是有可能决定反其道而行之的……饥饿……酒……女人,会驱使人们的行为产生危害社会普遍利益的结果,尽管他们完全信服,甚至在犯错的那一刻他们都是完全信服的。"①

如果真是这样的话,那么不仅国家的强制和惩罚是必要的,② 而且私有财产也是必要的。戈德温的错误在于把邪恶和苦难归因于人类的制度,而不是归因于人类的天性。

> "在他看来,政治制度以及已经制定的财产管理措施是万恶之源……但实际上它们是肤浅而表面的,与更深层的不洁原因相比,它们只是冰山之一角,这些更深层的原因是堕落之源,致使整个人类生活之流混浊不清……人类不能在富裕中生活。大家不能同享自然的恩赐……除非苦难和邪恶的所有原因……都被消除。战争与纷争平息,普遍的仁爱取代了自私。"浓缩一下他的观点——如果这样的话,那么婚姻就可以在没有抚养孩子义务的情况下缔结。因为按照平等的原则,如果父母不抚养孩子,社会自会抚养他们,因此,人口就会按几何级数增加,但生活资料则是按算术级数增加的。他继续论述:"事情会变成什么样呢?……已经消失的可恶的情欲会……在如此之短的五十年内就再现……暴力、压迫、谎言、苦难、各种可憎的恶行和各种形式的不幸,这些让现今社会堕落和悲伤的东西,似乎都已经由于窘迫的环境、由于人性中内在的法则产生了,而绝对与人类一切的制度无关。"③

---

① 马尔萨斯:《人口原理》,1798年,第一版,第254、255页。
② 同①,第259页。
③ 同①,第176~191页。

戈德温的社会"可称为一种习俗"。

"问题不再是一个人应不应该把自己不用的东西给别人,而是他应不应该把自己生存中绝对必需的食物给予他的邻人……在所有的事情上,窘迫的需要似乎都迫使产物要每年增加;为了实现这一首当其冲、不可或缺的重大目的,明智的做法就会是对土地进行更为完善的分配,而且确保每个人的积蓄不会违背最有力的制裁……因此,建立一种财产管理制度似乎是非常有可能的,这种制度与现今文明国家流行的制度没有什么大的不同,对于正在给这个社会施压的恶行而言,尽管这种制度还不完善,但却是最好的方式……"①

马尔萨斯总结说:"阻碍社会进步的最大障碍,是一种我们从来不指望克服的本性,这样的反省无疑让人非常沮丧……但是……任何想忽视它的努力都不可能产生什么好处……为了人类还有许多事情要做,这会鼓励我们继续不断地努力。"②

他后来的著作,也即1821年出版的《政治经济学原理》,是对李嘉图唯物主义所作的让人困惑但却是人道主义的回应。③

这样,马尔萨斯用一种虔诚的语言重述了好怀疑的休谟的结论。也就是说,不仅自利和私有财产,而且自我牺牲、同情、公正,都源自于稀缺规律,而稀缺规律不是别的,正是他的人口规律。从此以后,人的情欲与斯密的天赋自由、边沁对苦乐的理智运算一道取得了一席之地。达尔文和华莱士都承认他们受惠于马尔萨斯。为了生命和财产进行的政治斗争和战争取代了斯密的天赐丰裕,无知、情欲、妒忌、习惯、习俗、稀缺则取得了高于理性、自由、平等和

---

① 马尔萨斯:《人口原理》,1798年,第一版,第195~198页。在共产党取得胜利后,俄国农民拒绝按照命令给城市社会提供谷物,就是此观点正确性的许多例证之一。
② 同①,第346、347页。
③ 参见本书第7章关于李嘉图与马尔萨斯的论述。

博爱的地位。① 斯密的乐观主义消失在马尔萨斯所承认的"人类生活的阴郁色彩"中，但他发现，这种色彩真的"存在"。因为他是从人性的严酷现实出发的，他并没有把事实与辩解混为一谈，也没有把*现状*与自己的*希望*混为一谈，更没有把自然与自然应该怎样混为一谈。他认为上帝对待人类的方式是正确的，虽然本章我们以此为起笔，但这并不是他的著作的开头部分。这是社会哲学家关于他的《人口原理》的结论。

这样，在**理性时代**崩溃的时候，马尔萨斯宣告了**愚昧时代**。它从法国革命的无政府主义哲学，延伸到了俄国的共产主义哲学、意大利和德国的法西斯主义和纳粹主义哲学、美国资本主义的个人主义哲学。自然的概念，从洛克在伊甸园中的丰裕，变化为了达尔文的稀缺与那些幸存者的生存；他们的幸存并不是像马尔萨斯所希望的那样，是因为他们在道德上的适应，而是像已经理论化的那样，仅仅是因为他们适应了道德和经济环境。马尔萨斯发动了一个时代的幻灭，这个时代充斥的是商业周期、生产过剩、生产不足、失业、大规模移民、关税壁垒、垄断，还有地主、农民、农场主、资本家以及劳动者在政治和经济中的斗争；这个时代把经济学家分裂为了资本主义、无政府主义、共产主义、工团主义的理论家；这个时代带来了另一次世界大战，这次大战伴随的是革命、独裁、关税壁垒、帝国主义、无用的美国效率，以及美国对欧洲过剩人口的激烈排斥。马尔萨斯"阴郁的色彩"不但是得到了证实，甚至是得到了可怕的过分证实。

---

① 由胡佛（Calvin B. Hoover）详细阐述的关于纳粹德国政府的情感哲学，是马尔萨斯原理的一个特例。见胡佛：《德国步入第三帝国》（1933年出版）。

第8章 效率和稀缺

一、物资和所有权

整个十九世纪,甚至回溯到约翰·洛克,**财富**一词的双重意义都处于相互冲突的经济思想各学派的根本位置上。它是作为物资和物资所有权的财富的意义的。这就是我们所谓的正统的财富的意义。最先在物资和物资所有权之间明确作出明确区分的,是那些非正统的共产主义者和无政府主义者。但是,正统学派总是假定财富和财富的所有权指的是同一件事情。商品的意义就是标准的例证,商品即所占有的实际物资。

双重意义产生自这样一个事实:财产的习惯意义是指有形体的财产。有形体的财产显然要随着作为所有权对象的有形体的东西扩大和缩小。如果我的一匹小马驹长成了一匹高头大马,那么我的有形体的财产也就从对一匹马驹子的所有权扩大为了对一匹大马的所有权。早期的经济学家在他们的财产意义中根本没有给无形体的财产和无形财产留下位置。他们是把这两种财产作为商品对待的,可是它们只是债务和盈利的机会。而且,即便是用有形体的财产的观念来研究它们,他们也没有在物资和物资的所有权之间进行任何区分。

在十九世纪中叶的时候,共产主义者和无政府主义者揭示了物资和物资所有权相互矛盾的意义,但正统经济学家,包括后来的心理学派的经济学家,把正统的双重意义延续到了现在。

迟至 1906 年，在欧文·费希尔（Irving Fisher）①出版其名著《资本与收益的性质》时，这一双重意义才清晰地出现。然而，当时费希尔只作为自己整个经济科学体系的一个部分，追随了商品经济学家流行的用法，把财富定义为"*人类所占有的物资对象*"。② 他的分析不像前人那样，仅仅止于包括在有形体财产术语中的所有权假定；他把双重意义推向了它的矛盾结论。他说："根据这一定义，一件东西要成为财富，只需符合两个条件：它必须是物资，而且必须被占有。"

> 费希尔补充说："……一些学者加上了第三个条件，即它必须有用。尽管效用无疑是财富的基本属性，但它不是一个特殊的属性，而是被暗含在被占有的属性中的，因此在定义中是多余的。其他的一些学者，如坎南，虽然说明了一件东西要成为财富必须要有用，但却没有说明它必须被占有。因此，他们把财富定义为'有用的物资对象'。然而，这样的定义包含了太多。风、雨、云、墨西哥暖流、天体特别是太阳，我们绝大部分的光、热和能量之源，都很有用，但却不能据为己有，所以不是通常所理解的财富。"

这里有两种效用的意义，即使用价值和稀缺价值。费希尔把后一种意义给排除了，原因在于那"不是突出的"财富意义，因为它"被暗含在了被占有的属性中"。这种说法肯定是准确的，但却导致了矛盾。正如休谟所指出的，所有权的基础是稀缺性。如果预计一件东西是非常丰富的，并且每个人不用要求任何人或政府的同意就能够得到它，那它就不能变成任何个人的财产。如果在供给方面是有限的，那它就变成了私人的或公共的财产。太阳不能被据为己有，但阳光的有限供给却能被拥有有利位置的地点、工厂和住宅所占有。

---

① 欧文·费希尔（Irving Fisher, 1867～1947）：美国经济学家，提出了补偿美元理论。——译者注
② 费希尔：《资本与收益的性质》，1906 年版，第 3 页。

墨西哥暖流虽然有限，但根据国际协定，在三海里的限度之外，是归大家自由使用的。如果一国的海军能把所有其他国家的海军逐出海洋，那这个国家就有可能把它据为己有。因此，所有权经济学是世界范围的稀缺经济学。当然，在我们已经作为技术性的工程经济学和自然科学定义的内容中，对象必须具有使用价值。但有用的东西如果不是稀缺的或者预期不稀缺的，那它们就不会被生产出来，也就不会有所有权之争——它们将不会被占有，不管是私有的还是公有的。因此，我们认为稀缺价值与财产价值是一致的，我们称之为资产，而不是财富；但我们认为使用价值与财富是一致的，它在供给与需求没有稀缺的一面。我们承认，这同目前正统的"效用递减"是相抵触的，但后面这个概念就是奠定在财富与资产的混淆的基础之上的。

费希尔的观点相对于其他一些学者来说是正确的，他们坚持认为一件物品必须"是可交换的"才能成为财富，但这样就会排除公园、议会大厦和许多其他的托管财富。"尽管财富必须被占有，这是一个要素，但不断变换所有者却不是要素"。当然，财富被占有的原因是因为它是稀缺的。所有权的第一要义是稀缺，社会的集体行动则构建了所有权的交换规则。

> 费希尔说："许多学者，像麦克劳德，又一次完全省略了限定词'物资'，目的是为了留下余地，好把像股票、债券以及其他一些财产权利这样的'非物资财富'包括进去，同时也是给人类和其他服务留下余地。诚然，财产、服务与财富是不能分离的，而财富与财产、服务也是不能分离的，但它们不是财富。把所有这一切都包罗在一个术语之下，会涉及一个三重计算的问题。铁路、铁路股份、铁路旅行不是三个分离的财富项，它们分别是财富、财富的权利以及此项财富的服务。"[①]

当然，在这里费希尔承认我们所指出的区别，但他先前已经把

---

① 费希尔：《资本与收益的性质》，1906年版，第4页。

财富定义为了一种物质的东西,譬如铁路,这种东西必须被人占有。所有权就是这个权利。

我们甚至可以把这一分析进一步引申,让它有四重的计算。我们有这条铁路作为技术上运营的工厂,它生产的是一种财富的"服务",让这种服务作为一种使用价值的产品,也就是旅行。这是"财富"。我们也有铁路的所有权,一个对这种旅行收费的商业组织,这个组织因此给它的所有者带来了一种收益。这是资产和收益。但我们让"服务"这个词具有了双重意义:一种是管理交易的*产品*,它生产与价格无关的使用价值;一种是对所有者而言的货币价值的*收益*,这种收益是从与那些能够为这项服务付费的人进行的买卖交易中获得的。

这些意义的重要性会在费希尔对那些经济学家的批判中表现出来,像塔特尔(Tuttle)

> "一直致力于从具体的对象中完全脱离出来。他们主张,'财富'一词不适用于具体的对象,而适用于这些对象的*价值*。为佐证这一主张我们可以说很多话。但是,当问题主要在用词方面,也就是说,当问题不是在寻找一个合适的概念,而是为了一个概念寻找一个恰当的用词时,不偏离经济学家中流行的用法似乎是明智的。"①

假若不是因为存在两种类型的价值——使用价值和稀缺价值,以及因为作为结果的*产出*与*收益*之间的差异——这种差异停留在物资和所有权、财富和资产的差异之上,这个问题的确就只是一个用词的问题。物资的生产技术只是产出产品,与谁来占有或享用它没有关系。财产的权利把它转化成了收益。这不是一种用词上的差异,它是产出与收益之间的差异,是扩大产出的技术资本与获得其所有权、限制其需求或供给的所有权资本之间的差异。如果财富的产出(使用价值)已经把收益包含在财富的定义中了,那么把产出变成收益也作为财产权利来计算,当然就是双重计算了。可是,它之所以

---

① 费希尔:《资本与收益的性质》,1906年版,第4页。

成为双重计算,原因仅仅是因为它在先前一直就是财富的一种双重意义——财富与资产。

费希尔阐述了工程或技术经济学之外的工作,但他是在*收益*与*所有权*的概念之下阐述的,没有在*产出*与*投入*的概念下阐述。他说:

> "各个种类的财富是可以区分的。由地面构成的财富叫做土地;土地之上任何固定的建筑叫做土地改良;两者合在一起构成不能移动的财富,就叫不动产。我们把所有可移动的(除了人本身)财富叫做商品。有一种第三个类别的财富包括了人类——不仅包括被别人占有的奴隶,而且还包括自己做主的自由人。"①

这种将人类作为财富分类到其劳动力的程度的做法,如果抛开所有权、自由和收益的问题不谈,那正好就成了工程师的财富概念,他们把财富作为从自然力量的投入中得到的使用价值的产出,自然力量就包含了人性。工程师就经济学进行著述或进行哲学探讨时,这就是他们的做法。② 费希尔还引证了许多"把人包含在财富之列"的经济学家,包括达文耐特(Davenant)、配第(Petty)、丘纳德(Cunard)、萨伊(Say)、麦卡洛克(McCulloch)、罗寿(Roscher)、维尔斯特因(Willstern)、瓦尔拉斯(Walras)、恩格尔(Engel)、维斯(Weiss)、达尔根(Dargun)、奥夫纳(Ofner)、尼科尔森(Nicholson)和帕累托(Pareto)。其他像李嘉图、马克思也许已经加进去了。实际上是马克思给了这种工程经济学一个经典的结论。它是整个政治经济学十分正当且必要的组成部分,因为它是生产力和效率的概念,与财产权利和感觉无关。这几位经济学家没有清楚地认识到有必要区分出政治经济学两个对立的领域——效率和稀缺,也不具备工程术语投入与产出的有利条件(与之形成相对照的是商

---

① 费希尔:《资本与收益的性质》,1906 年版,第 5 页。
② 英戈尔斯(W. R. Ingalls):《现代经济事务》,1924 年版;泰勒:《科学管理的原理》,1911 年版;阿瑟·达尔伯杰(Arthur Dahlberg):《职业、机器与资本主义》,1932 年版。

业术语即支出与收益),有了这个有利条件才有可能让这种区分变得清晰。把社会作为一个整体看待,但省略掉了财产和所有权的支出与收益,这就是生产的社会组织,用行为主义的语言说,就是命令与服从的管理交易;其度量单位是工时投入和使用价值的产出;其经济学是效率;它所谓的人是动力机器。

费希尔认识到了把人作为财富的矛盾,但假若他已经觉察到自己正在同时用工程与商业的两种语言在说话的话,那就不需要他的道歉了。只要工程师不用它来建立商业经济或者政治经济,工程领域是不需要任何道歉的。困难是在奴隶获得解放的时候产生的。费希尔说:

> "的确,自由人通常不算作财富;实际上,他们是一种形式非常特殊的财富,这有多方面的原因:第一,因为他们不能像通常的财富那样买卖;第二,因为所有者对他自己的重要性的高估要胜于其他任何人;第三,因为在这种情况下,所有者和被占有的物质的东西是一致的。"[①]

如果意思是说工程经济,那么这种对人类的道歉就是不必要的。工程师把人的能力作为与其他自然力量一样的东西同样对待,均作为人力。然而,就工程师本身而言,他们是不能被占有的。但费希尔继续说,人类跟其他财富一样,是"物质的"和"被占有的"。

> "这些属性以及其他一些取决于它们的内容证明,把人包括在财富之内是有道理的。但是,为了尽可能地给普遍的用法作出让步,建立下面的补充定义:我们所指的财富(在更为狭义的意义上)是被人所占有的物质的东西,而且这种东西存在于所有者身外。这一定义显然包括了奴隶,但不包括自由人。但它运用起来比起初所给的更为广义的定义还要困难。因为它要求我们对介于自由人和奴隶之间的那些人武断地划分成阶层,譬如仆从、契约佣人、长期学徒、以劳役偿债的黑人奴隶……现代社会的大多数工人

---

① 费希尔:《资本与收益的性质》,1906年版,第5页。

是'被雇用的'。也就是说,在某种程度上和某一时期内受契约约束,即便时间不过是一个小时,但在这个范围内他也是不自由的。总之,有多种程度的自由和多种程度的奴役,不过并没有一个固定的界限。"[1]

如果区分清楚了制度经济学与工程经济学,那这些困惑就不会产生了。制度经济学研究的是人与人之间的关系,而工程经济学研究的则是人与自然之间的关系。工程师的财富概念排除了所有涉及所有权经济的内容,所有权经济是历史的、制度的经济,涉及权利、义务、自由、承受风险的演变。如果不包括所有权,工程师的财富概念倒是十分正确的财富概念。财富只是使用价值的自然属性,无论谁占有物资、劳动或产品,也无论*使用价值*是否供给过度以致其*稀缺价值*减少到了没有人想占有它们的程度。只要工程师只是工程师,不听命于企业家,他就会无限制地生产下去。现如今,他已经变得非常诧异:世界上的商业组织竟然不准许他用自己的能力造福于人类。但企业家们明白,工程师带来的生产企业的效率越高,财富的生产就越多。尽管如此,但他也明白,从私人的所有权、收入、供给与需求的观点看,或者从支付能力的观点看,这样做的时候,所有权的价值,或者说资产,会变得更少。

同样地,从工程学的角度看,所有的人类关系呈现的都是管理交易的单一方面,在管理交易中不存在工人的自由,而这样的关系暂时只是命令与服从的关系。国家的总人力就是总投入,而对自然力量总的物质控制就是总产出。但在制度方面,则是对产出的*分配*,以及维持机构运营的*诱因*。它们使用的是两种度量体系,工程师用工时,企业家用美元。

由于财富的这一双重意义——工程意义上的物资的产出(使用价值)和商业意义上的来自于所有权的收益(稀缺价值),让我们遭遇到的就是商业经济与工程经济矛盾暴露的局面。这正是前文提到过的"服务"一词的双重意义。费希尔把服务描述为得自资本或财

---

[1] 费希尔:《资本与收益的性质》,1906年版,第5~6页。

富的"收益"。"当一件工具的使用促进了一件有利的事情或者是防止了一件不利的事情的时候,它就提供了服务"。①

> 因此,他说,"一个造纸商……","如果他肯关掉他的工厂",他的竞争者"提出会给他一笔钱。他照办了"。而"他跟他的对手达成的契约,构成了对他们而言的一种财产;他以自己的承诺获得的财富显然是对他本人和他的工厂的补偿,而实施的服务就是两者都停止活动"。②

根据这一双重定义,当造纸厂造纸和不造纸的时候,它都产生"财富的服务"。按照同样的推理,泥瓦匠砌砖和罢工的时候都履行一种服务。开动织布机是服务,关了它也是服务。限制产出是服务,增加产出也是服务。增加商品的稀缺是一种服务,增加商品的丰裕也是一种服务。

这些矛盾,显而易见是把产出与收益、物资和物资的所有权、效率和稀缺、财富和所有制度资产给搞混淆了。产出是提供给他人的与价格无关的服务;收益则是所有者所接受的价格,其依据是在所有权买卖或等待的过程中,他有拒绝给他人提供服务的权利,直到其他人愿意支付一个让他满意的价格。*收益*是所有权上的资产获得;*产出*则是工程上的财富的扩大,或者说是克伦威尔的公共财富。产出的限制不是一种服务,那是讨价还价的能力。作为结果的稀缺也不是服务,那是获取的手段。但效率是一种服务,即使对它分文不付。

当人们用这些矛盾的意义定义财富、资本、收益和服务的时候,在此定义上只能建立起有问题的社会计划。它们是一种效率与稀缺、生产与所有权、产出与产出的限制、工程经济与商业经济、私人收益与社会产出、资产与财富的混淆。③

---

① 费希尔:《资本与收益的性质》,1906 年版,第 336 页。
② 同①,第 28 页
③ 参见康芒斯:《政治经济与商业经济:关于费希尔资本与收益的评论》,《经济学季刊》,1907 年,第 22 期,第 120 页。费希尔在后来的一篇文章中(《经济学季刊》,1907 年,第 23 期,第 536 页)申明,他只考虑了市场价值的原因,"它很少准确显露对社会的效用"。他说,这种矛盾属于"社会病理学和治疗学的范畴"。但我们正在考虑这种治疗学的需要。

不过，存在着一种私人所有权为社会提供服务的不同的见解。那不是由于*生产*，而是由于生产的*调节*。必须有人来进行调节，要么是靠共产主义的限额，要么是靠资本主义的私利。这种双重意义可以追溯到魁奈和所有的正统经济学家，他们把效率与稀缺的意义搞混淆了。同样地，如果工程师不顾下跌的价格而不愿受约束地进行生产，那么企业家（他一般能够控制工程师）就会下令限制这种产品的产出，如果有可能的话，企业家还会把生产转向价格没有下跌的产品。如果农民发现小麦的价格在下跌，而猪肉的价格却在上涨，那他就会把自己的劳动力从小麦转向猪肉。靠生产猪肉，他供给了一种更为迫切的需求，而靠生产小麦，他则只供给了一种较少的需求。

如果能够做好，那这实际上就是一种对社会的服务。十八世纪的经济学家们相信，只靠私有财产和利己主义就能够作好*生产的调节*。但他们不得不引入**神的恩惠**来引导私利，引入大地的丰裕来让利己主义无害于人。十九世纪的*唯物主义*经济学家们相信，私有财产和利己主义会作好调节，但他们不得不引入一种仁慈的"自然"法则，一种居于支配地位的自然权利，或者是一种类似于牛顿均衡律的东西。如果这还不够，他们就不得不回到十八世纪，求助于上帝和**爱国主义**。①

但十九世纪和二十世纪的现实在每一点上都跟他们是矛盾的。萧条、稀缺、苦难，变得跟**繁荣**、**丰裕**和**幸福**一样自然而神圣。因此，他们和所有其他人都转而求助于用各种集体行动来代替**上帝**和**自然**，目的是为了调节私有财产和利己主义。他们认识到，科学家们或工程师们已经把他们在控制自然属性方面的工作做得非常好了。不过，在控制人性方面，他们还得靠集体行动来找到一种办法。

然而，依靠一种理想的社会和理想的人性，在神意和自然的引导下，他们趋向于一种*不断繁荣*的假定，② 即把一些明摆着的事实

---

① 参阅本书第2章关于约翰·洛克的论述。
② 参阅本书第10章关于理想类型的论述，以及第5章关于亚当·斯密的论述。

曲解为由私有财产和利己主义对生产进行*完美调节*的规律。所有者会无目的地为社会提供一种服务,通过对社会生产力量的分配与节约,使得一种东西的生产*不多于*其需要,以免其他东西的生产*少于*其需要。

因此,生产的双重意义如同生产和生产调节是效率和稀缺的混淆一样,被混淆为了一种社会服务。如同主要由*价格变化*所证实的那样,在调节生产以适应供给与需求的意义上,精明的企业家或所有者是"生产性的"。不过,科学家或工程师也是生产性的,其意义是他们扩大了人对自然力量的控制,*与价格无关*。

正是由于生产作为扩大供给和适应供给的双重意义,我们才在各种类型的交易中代之以更为现代的术语——"活动"。活动需要引入时间、速度、比率、周转、重复等内容。在这一点上,我们把它们作为**效率**规律和**稀缺**规律来进行分析。按照管理交易的话来说,效率是指*每单位投入(工时)的产出率*,因此,它是指增加战胜自然的能力,而与生产的总量无关。按照买卖交易的话来说,稀缺是指跟从他人那里得到的*所有权收益的比率*相关的*所有权支出的比率*,是以美元为标准单位来衡量的。缺乏效率的意思是说,每单位投入的产出率*比较低*,而讨价还价能力弱是指每单位支出的收益率*比较少*。

正是专有名词从生产变为效率、从供给和需求变为稀缺,才让我们引入了速度、周转率、有形和无形供给等*时间*概念。这一时间因素的引入,使得给社会提供的两种类型的服务之间的区别更为清晰。效率趋向于增加商品的丰裕,或者减少工时成本,或者减少劳动时间。稀缺把产品分配给那些具有支付能力的人,让那些无力支付的人得不到产品,要不就是增加劳动时间,再不就是减少那些没有平等议价能力的劳动者的工资。①

为了对**效率**和**稀缺**加以区分,我们在这里分别对它们进行了抽象处理。实际上,按照限制与补偿因素的规律,它们设置了对彼此的限制。②

---

① 参阅本书第 8 章关于投入—产出、支出—收益与从流通到重复的论述。
② 参阅本书第 9 章对关键交易和一般交易的相关论述。

二、真实价值与名义价值

前面的讨论是为了揭示所有的商品经济学家，无论是古典的客观学派还是享乐主义的主观学派，都默认财产制度，并把它作为他们对财富进行定义的出发点，结果产生了马克思和蒲鲁东的革命学派以及稀缺与效率的混淆。如果转换成"活动"这个词，那么财产的概念，以及买卖交易中的权利、义务、自由和风险承担，就是稀缺的意志的等价物；而物资以及管理的交易，就是效率的意志的等价物。一种类似的意志与物质的混淆，贯穿于真实价值和名义价值的意义里。区别的出发点是人们认为什么东西重要或不重要，以及当一切事物在变化的时候什么东西似乎是真实的。如同我们在第2章中曾经谈到的，每个学派的经济思想在今天都有其追随者。因为每一学派都选择了整体中的一个部分，然后在此基础上建立了自己的体系，而把其他的部分看成是不证自明的或者是不重要的。实际上，每个政治经济学的研究者都在自己的心里重复着这些学派的历史演进，而对经济学说史的研究并不是一种学术上的好奇，而是在概括我们自己的思想演进。

在我们的文明中，实际上每个人都是作为一名重商主义者开始自己的工作和生活的。因为货币是他赖以谋生的熟悉而至关重要的手段；他能够获取的货币越多，他就越富有和越成功；一个国家从其他国家获得的货币越多，而且这个国家必须支付给其他国家的货币越少，则这个国家似乎就越是繁荣。如果他是成功的，国家是繁荣的，那他就会一直充当重商主义者。

但如果他善于思考，或者是不成功的，或者国家不景气，或者债务国无力偿付，他就开始问，货币背后的**真实价值**是什么？有什么东西比货币更重要？然后他开始把货币区分为名义价值或制度价值，而把其他某种东西区分为真实价值。到了这里他又开始疑惑了。实际上，所有伴随或追随重商主义的经济思想学派，都已经陷入了个人从名义或制度价值中区分真实价值所面临的困惑。

我们所谓的真实价值是不是说，各方之间因为不存在强迫或曲解，其价值就是公平而合理的？如果是这样，那么名义价值就是实际的价格，而真实价值则应该是那种一直充当这个价格的东西。这是阿奎奈为首的神学派的答案，也是制度经济学家的答案。

或者我们所谓的真实价值是指一种"自然"价值，要是没有政府的垄断或干预，所有的价值在这样的情况下都由劳动和资本的完全自由竞争来确定，真实价值也就随之发生了？如果是这样，那么名义价值就是稀缺价值，而真实价值就会是以劳动为唯一的价值尺度的价格。这是亚当·斯密、李嘉图、马克思以及阿奎奈的答案。

我们所谓的真实价值是指我们从消费中享受的幸福，或者是在生产中承受的痛苦？如果是这样，那么名义价值又成了实际的货币价格，而真实价值则是我们的满足或牺牲。这是心理学派和亚当·斯密的答案。

我们所谓的真实价值是我们能够用货币所购买的商品的量？如果是这样，名义价值就是货币价值，而真实价值则是付出货币所得到的商品和服务的量。这是现代经济学家的意义。

最后，对于要求即刻偿付债务或购买食物、或者不能把自己的产品或服务卖出足够的钱来偿付债务或购买食物的人而言，名义价值本身就是非常真实的价值。这是所有商业经济中的意义，也是人们为什么是重商主义者的理由。

当遇到真实价值的各种意义总是与名义价值的制度学派或货币学派的意义相对立的情况时，当我们发现商品经济学家的各个学派在名义价值的意义上意见统一而在真实价值的意义上意见相左的时候，我们猜想必须对名义价值和真实价值的这些意义作进一步更深入的探讨。经过考查我们发现，他们所谓的名义价值实际上是稀缺价值，这一价值取决于财产制度，而量度财产制度的单位是另外一种稀缺价值制度——货币。而他们所指的真实价值则是任何被认为是重要的东西，包括货币本身。由于已经想当然地把稀缺当成是一种不变的因素，因此当他们遇到任何不同于这种不变性的可变性时就称之为名义价值。

困难在于传统的稀缺性的尺度的不稳定性。它可以是黄金，可以是纸币，也可以是信用。金元作为二十五点八格令、百分之九十的成色，在其使用价值的物质性质方面是稳定的，但它的稀缺价值是其平均的议价能力。只有在现代指数发明以后，衡量货币在稀缺价值方面的变化才变为可能。每种商品，包括货币，都有自己不断变动的稀缺价值。在任一或所有的买卖交易中，稀缺性本身都是一种所需要的总量和所得到的总量之间的一种变动的社会关系。所需要的总量和所得到的总量被含糊地称之为供给与需求。但我们却没有办法直接衡量需求与供给，我们只能量度它们对交易的影响。这有点类似于对热量和重量的衡量。通过测度它对水银柱的影响（水银柱不是任意标记，而是按照固定的长度单位标记的），我们可以间接地测量热量的变化。同样，通过稀缺性对以一种稀缺商品的单位（这种单位不是任意表示的，而是以美元和美分为单位的）支付的价格的影响，我们就可以衡量稀缺性的变化。

但这些单位本身不像长度单位那样固定，它们更像是重量单位，在海拔高的地方物品的重量要轻于在海平面位置上的物品的重量，因此，必须按照数学的方法矫正到它们在海平面位置上的同等重量。货币的单位也是这样。它的可变性必须矫正到它在某个时点（比如说1913年或1926年）上的平均议价能力的假定水平，然后其稀缺价值的变化就是其平均议价能力高于或低于这个水平的变化的倒数。从这个基准水平出发，个别商品在相对稀缺性上的变化就变成了其价格与平均数的"离差"。

因此，将名义价值与真实价值区分开来的努力，在统计学上是用平均议价能力来代替的。它只是货币稀缺价值的一种计量单位，货币的稀缺价值是与其平均议价能力呈反向变化的。价格上涨，货币的单位价值下降；价格下跌，货币的单位价值上升。被用作基线的正是这个平均数，而不是任何真实价值的观念，以这个平均数可以量度个别价格的离差。它是一种计量学说，而不是真实价值或名义价值的学说。

因此，统计学家以1913年货币的平均议价能力为一百，对其后个别商品的相对稀缺度的变化进行了计量，无论发生这种变化的*原因*是什么，都是按照它们与平均数的离差来计量的。在接下来的一段时期内，同一商品的价格平均数也许上涨了百分之十，这就表明货币的稀缺度相对于其他所有商品的稀缺度的平均数已经下降了百分之九。

由于缺乏平均数和离差的指数这种数学工具，早期的经济学家们寻求的是某种别的东西，这种东西不仅应该比货币更稳定（货币无论如何只量度名义价值），而且应该更为实质性地量度真实价值。起初，与其自然丰裕和自然恩惠的学说相一致，他们不认为稀缺性是自然的，而是重商主义政策强加的人为稀缺。在决定商品的真实交换价值的时候，重农主义者代之以不同的自然生产力。亚当·斯密则用平均的一般劳动量来代替，财富的所有者可以用他的货币来购买这种劳动量，或者是用可以转化成货币的财富来购买。对他来说，平均的一般劳动不仅是价值的尺度，而且可以量度其他人的劳动从自然资源中为自己生产的商品和服务的真实价值。

斯密的观念乍一看对我们是有吸引力的。我们真正享受必需品、便利品和奢侈品的程度，显然取决于我们所能支配的其他人为我们提供服务的劳动量。但要脱离斯密一直在考虑的人为的稀缺的观念，这显然是不够的。一家垄断公司的所有者，如果与他在竞争性的企业中相比，可以支配更多的劳动，就如同他可以支配更多的货币一样。

李嘉图纠正了这一点。真实价值不是我们所能够*支配*的来自其他人的劳动量，甚至不是商品的量，而是生产商品和服务时已经耗费的劳动的量；他的名义价值是按照用货币计算的波动的价格生产或购买的商品量，或者是由垄断和限制贸易所产生的人为的稀缺。

这种说法有某种真实性，又对我们产生了吸引力。凡是有价值的东西都是劳动生产的。实际上，李嘉图给生产的这种劳动成本起了个价值的名称。他显然假设这是唯一的真实价值，它适用于金银以及一切的商品和服务，适合于区分纸币与真实货币、人为稀缺与真实价值。假如不存在政府创造的纸币，不存在任何人为的限制或特权，那么一切东西，包括金属货币，都会按照生产它们时所耗费的劳动的量成比例地相互交换。实际上，这是经过修正后的李嘉图之前五百年的经院派经济学家的学说。如果没有人为的限制、强迫、歪曲，商品和服务就会以按劳动成本衡量的真实价值成比例地交换。

在生产时耗费较多劳动（不是工资）的商品与耗费较少劳动的商品相比，具有更多的价值，因此，等量劳动要交换等量劳动。

在这里，李嘉图通过把真实价值的意义由对劳动的*支配*变化为生产的*劳动成本*，驳斥了重农主义和亚当·斯密的谬误，也驳斥了存留至今的"*自然*在农业中是生产性的"谬误。他还揭露了"在制造和运输中自然是生产性的"谬误。实际上，所有使用价值是劳动的产物这一假定，与"自然帮助人类生产财富因此自然也是生产性的"这一通常的假定是相悖的。我们随处可见自然的力量在发挥作用，蒸汽机、瀑布、土壤的肥力、随着年代增加价值不断增加的酒的改良，凡此种种，都是自然在发挥作用。说自然和人是生产性的，这似乎只是常识，在驳倒这个观念上，李嘉图是最伟大的经济学家，这一点甚至没有被人理解。

他不过是把对投入与产出比的解释颠倒了过来，我们可以称之为神学派的经济学家。他坚持认为产出是靠自然的帮助而增加的。而我们现在可以称之为效率派的经济学家——以李嘉图为首——则坚持认为产出率增加是因为在人类发明的帮助下自然的阻力被克服了。关于人与自然的关系，旧的观点可以追溯到约翰·洛克、魁奈、亚当·斯密、马尔萨斯的神学假设，他们的观点是与李嘉图的唯物主义假设相对立的。到底自然是有益于人类的，因而会帮助人们生产财富，还是自然是对人类不利的，因而会阻碍人们生产财富？无论哪种情况，自然的益处或阻碍都是与可比事物间的差别。在某些方面，自然对人类的益处或阻碍会比它在其他方面多一些或者少一些。用同样的劳动，如果一英亩肥沃的土地产出了二十蒲式耳的谷物，而一英亩边际土地只产出了十蒲式耳，则神学派的经济学家会说，在前一英亩土地上，自然的产出是最贫瘠的土地上的两倍；但以李嘉图为首的效率派经济学家则会说，在前一英亩土地上，自然的阻力是边际土地的一半。当电流在不到一秒钟的时间内把一条讯息传送了三千英里而蒸汽机要用四天的时候，神学派的经济学家会符合逻辑地被引导着说，自然用电力对人的帮助比它用蒸汽膨胀对人的帮助更多。但效率派的经济学家则会说，当人类发明和使用电力的时候，人力胜过自然的程度要比人类发明蒸汽机的时候更大。

这是产出对投入的两种数学比率的同样比较，但在前一种情况下它被解释为自然对人的不同益处，而在后一种情况下，它则被解释为人力胜过自然对人的不同阻力的程度。

李嘉图清楚地进行了区分，他没有把机器和土地肥力作为资本和土地来分类，而是作为人的劳动所增加的生产力来分类。① 当我们说一片沙地不生产的时候，我们的意思是指人耕种了沙地但却不生产庄稼。这片土地是不生产的，只有人的智力、体力和管理劳动是生产性的。而人寻找的是他们的劳动更具生产性的自然地点和自然物资的所有权。如果重农主义者和亚当·斯密视自然与仁慈的上帝为一体的看法是正确的话，那么神就是把财富无偿地给了某些人，但却强迫其他人为此劳作。如果李嘉图是对的，那么自然就是人类出于自己的目的而去努力占有和控制的物质力量，而差别就不是由于上帝而是由于财产制度造成的，这种财产制度给了某些其所有权是其他人所委托的所有者以保护，不让从他们那里夺取超过边际土地的那部分级差利益。人们寻求占有的不是自然的生产力，而是自然的级差阻力。马克思理解了这一点，他把地租变成了一个私有财产的问题，而不是自然生产力的结果。

但李嘉图的真实价值概念并没有解决所有的细节问题。这是由卡尔·马克思完成的，他用工时代替了李嘉图的工月或工年，这使得从生产力到效率的转变更为清楚。自此以后，我们得以看出共产主义和资本主义的根本差别在于对**价值**的量度单位的选择。共产主义用工时来量度价值，因此是**一种级差效率**理论；② 资本主义则是以美元来量度价值的，因此是一种**级差稀缺**理论。

在前文已经提到的财富与资产的区别中可以看到这种差别。1921年，一个大制革厂主发现，由于平均价格的下跌，他的皮革的价值突然跌落了百分之五十。为了弥补他在资产上的损失，他不得不借了五百万美元。但悖论在于，他的以机器、建筑、皮革和工厂的效率形式体现的财富，无论是在量上还是在质上都根本没有减少。

---

① 参阅本书关于李嘉图的论述。
② 关于共产主义和社会主义的差异的相关内容，见本书第9章。

对于李嘉图和马克思来说，财富的真实价值是生产财富所需的劳动的量，这也没有减少。但这些**资产**的价值是一种名义价值，它只是按照他所能卖出的皮革来估价的财产制度。

当然，名义价值和真实价值的区别在这里被打破了。资产在一种意义上跟财富在另外一种意义上都一样真实。为了符合事实，除了现代统计经济学家的用法之外，我们放弃名义和真实这两个词，代之以制度术语——稀缺价值和使用价值。使用价值是（体力的、脑力的、管理的）劳动所生产的财富，同样，它不会随着价格的下跌而*减少*，也不会随着价格的上涨而增加。它的可变性在于它的磨损、损耗、折旧、废弃和发明。但稀缺价值是对以货币衡量的合法控制所支付的价格。价值本身是资产，或者说是所有权的价值，是一种使用价值的数量*乘以*美元价格的美元倍数。①

价值的这种复合意义既不是名义的也不是真实的，它是统计与会计。它没有回答这个问题：按照我们根本的真实观念，究竟什么才是真正有价值的？它只是一种习惯公式，把使用价值和稀缺价值这两种高度变化的量，结合成另外一种高度变化的量：**价值**。因此，这种价值的意义只在于计量的方式，而且计量不是根本的——它没有告诉我们什么才是真正真实的——它只是一种按照人为单位表示的数字语言，这种单位在自然界中是找不到的，它是为了方便交易由集体行动规定的。

这样，我们就把计量理论与真实性的理论区分开来了。以后我们就可以按照自己的伦理假设来理解我们认为重要的任何计量结论，无论这种结论是共产主义的、社会主义的、资本主义的、无政府主义的、法西斯主义的、纳粹主义的、工会主义的，还是其他什么东西的。李嘉图和马克思构建了他们认为是真实价值的内容，但那不过是工时的单位，在通过自然资源创造使用价值的过程中，这个单位可以用来计量人类能力的效率变化。

李嘉图对他的劳动的意义没有进行仔细分析。劳动似乎是一种商品，像机器和马一样，可以由资本家买卖并加燃料或饲养。但马

---

① 包括折扣；见本书第9章关于麦克劳德和未来性的论述。

克思对他进行了纠正，马克思不但把劳动定义为一种社会的劳动力，而且把它定义为脑力、管理和体力的劳动。但马克思和他的信徒跟李嘉图一样，继续强调了体力劳动的重要性。直到十九和二十世纪革命性的发明以及科学管理在最近的兴起，才使得脑力劳动和管理劳动在生产理论中得到了一个比体力劳动更为重要的位置。因为，在现今的科学家和工程师看来，自动机器、像面粉厂这样的自动工厂、现代的农业机械，甚至是土地所保持的肥力等，除了是过去几代人脑力劳动的自我重复外，还能是什么呢？它们是几个世纪脑力劳动的结果。据说，存在二十万种自然所不知的化学合成品。这些都是脑力劳动而不是体力劳动在克服自然阻力之后所生产的，而且体力劳动者本身必须是脑力劳动者，否则猴子也能做他们的工作。管理劳动也是一种与制度相结合的脑力劳动，而制度则决定着命令与服从的范围。

这种体力、脑力、管理劳动在发展中的重复与调和，可以称之为**社会人力**，或者是马克思所谓的**社会劳动力**。这个词是为了与体力劳动一起给脑力和管理的能力赋予一个合理的权重，它的目的是为了把工程经济与所有权经济区分开来。马克思第一个清楚地进行了这种区分，不过，它并不像马克思所主张的那样可以决定产品的交换价值。因为这些都是由稀缺性和买卖的能力决定的。不过这个词表明，采取集体行动的人类能力通过创造社会使用价值而在克服自然阻力方面发挥着作用。

因此，对于**人类能力**，我们有两种意义：一种是生产的能力；一种是买卖的能力。生产的能力是脑力的、管理的、体力的能力，它是一种创造财富的能力；而买卖的能力则是所有权的能力，用来保留产品或生产，以便让财富*所有权*的转移达成协议。尽管在全社会中这两者是分不开的，但它们都是人类在行动中的能力，可以靠分析或劳动分工来区分它们，而且可以对它们进行分开计量。

三、平均数

首先，我们如何创立一种单位才能计量所有使用价值的总量？

这样的单位有数百种，例如计量小麦的蒲式耳、计量建筑的尺寸、计量服装的套数、计量钢铁的吨、计量土地的英亩以及计量电力的千瓦时，各种单位不知道有多少。但是，有一种单位对于它们来说是共同的，就如同货币是它们共同的单位一样，而这种单位，按照李嘉图和马克思的主张，就是生产它们所需要的劳动力的单位。

这种单位是时间单位也是数量单位。它计量的是过程，它把经济学从"静力学"变成了"动力学"。李嘉图并没有固定的特定的时间单位，他使用了工时、工月和工年。马克思把它定为工时，从而首次对它进行了明确表达，现在它已经变成了计量个别劳动者、一家工厂或一个国家中所有组织的一切劳动效率的科学管理单位。

但马克思的工时是一种*平均*的工时。关于平均数的使用，存在两种互相对立的谬论，可以称之为个人主义和共产主义的谬论。对这两种谬论应该加以检验，因为在经济学中我们要用很多的平均数。美元的价值是其平均议价能力的倒数。劳动的效率是其平均的议价能力。经济学中需要平均数，因为我们要处理大量的活动，而平均数是日常一般的说法。但平均数只是一种心理的公式，并不存在像平均的人或平均议价能力这样的东西，存在的只是个别的生产者和个别的价格。因此，个人主义的谬论完全否定了平均数的使用，因为只有个别的人或个别的价格才有真实的存在，而科学不能研究虚构的东西，它必须研究具体的真实。

但在使用平均数的时候，我们并没有坚称它是真实的存在。我们只是为了研究和行动的方便才把它作为一种心理公式在使用。它作为公式的有效性，取决于它对特定问题的适用程度。牛的平均和人的平均对于某些目的而言也许不是一种有用的平均数，但人的平均寿命则是人寿保险的基础。

共产主义关于平均数的谬论正好相反，它完全抹杀了个人，把个人简化为了整体中许多相等的部分。在这一谬误的基础上，卡尔·马克思构建了他的**社会劳动力**的概念。个人就这样消失了，而重新出现时，是作为整个社会劳动力等分部分的倍数或分数出现的。一般的劳动者工作一小时是他的总劳动时间的等分部分。熟练工人是两到三个等分部分，童工是半个等分部分，妇女是男人的三分之二，如此等等。个人主义的谬误否定了平均数，因为只有个人真实存在；共产主义的谬误否定了个人，因为只有社会劳动力是真实的存在。

但个人的确存在，而且他们是作为社会的劳动力存在的。这就是我们所指的运行中的机构的意思。他们作为交易的参与者存在。他们在管理交易中的参与是"营运中的工厂"，靠他们的社会劳动力生产使用价值。他们在买卖交易中的参与是他们"营运中的生意"，各人在世界的社会劳动力所生产的使用价值中取得各自的一份。他们参与管理交易的结果是他们共同的效率。他们用买卖交易实现对其产品的分配是通过相对稀缺的控制来决定的。

那么，显而易见，如果我们要把一个工厂的效率与另外一个工厂的效率进行比较，或者是在不同的时间改变同一家工厂的效率，或者是把一个国家的效率与另外一个国家的效率进行比较，那我们就必须创造一个心理单位：平均工时。如果我们要比较参与者得到的份额，那我们就必须创造另外一个心理单位：货币的平均议价能力。

马克思的共产主义的谬误造成了个人的消失，认为只有社会劳动力是真实的存在，对这个谬误进行检验，我们发现，他正在不知不觉地构建一种加权的平均数。熟练的技工算作三，普通工人算作一，妇女算作零点六六，童工算作零点五。个人并没有真正消失，但在加权平均数中却赋予了他们不同的用数字表示的价值。共产主义的谬误给真实的存在赋予了一种加权平均数。对于这种谬误，有时候称之为**形而上学**，或者是称之为心理公式的"具体化"。它是轻信者和毕达哥拉斯信徒的共同错误，他们认为那些数字是真实的存在，而且可以解决争议。

但在加权平均数的创造中也许存在一种更为重要的谬误，那就是混淆了效率与稀缺。给予年薪两万美元的总经理的权重是不是就该是他的年薪为一千美元的速记员的二十倍？假如我们构建的是平均收入的公式，这就是正确的加权。但如果是在构建平均效率的公式，那我们就不能说是不是这个经理的效率就比那个速记员高，他们从事的是不可比较的不同类型的工作，然而每个人都是整体的一个基本部分。我们知道经理得到的工资比较高，但也许那只是因为经理人才是稀缺的。如果经理跟速记员的人才供给一样充足，那他们的工资可能就不会更高了。对于"白领"工人来说，让人烦恼的是，这一点已经变得很明显了。科学家和发明家的脑力劳动设计了机器或进行了规划，这项工作对工厂效率的提高也许比其他所有人的工作合起来还要高，而可能他们得到的工资要比经理少，原因是科学家和发明家比经理多，或者是他们所具有的议价能力比不上经理的议价能力。我们所知道的是，对于这个特定的机构或者是作为整体的这个国家的社会人力资源的有效率的运行而言，他们的比较效率每一项都是必需的。所以，当我们构建一个简单的平均数、把每个个人都算作"一"的时候，没有犯任何错误，这是值得花点时间纠正的。实际上，在当做同种类型的工作的时候，个人是可以跟其他人进行比较的。但当做不同类型的工作的时候，唯一可以量度的差别就是他们的工资，而工资量度的是相对的稀缺，而不是相对的效率。因此，平均工时是一个简单的平均数，在这里每个个体都算作"一"。

对于生产不同种类或不同数量使用价值的不同企业来说，我们也不能比较它们的效率。我们无法把一家汽车厂的效率与一家服装厂的效率进行比较。我们可以用"美元"来比较，但这样就变成了赢利能力或议价能力的比较，偏离了效率。我们只能对生产同种类型和数量产品的不同公司的效率进行比较，我们也可以把同一家公司1920年的效率与它在1929年的效率进行比较。

这种用平均数来比较的方法是否有用，最终取决于我们的**政治经济学**概念本身。经济学是一个*过程*，还是各种力量寻求其标准的一种*均衡*？如果它是一个过程，那么我们所量度的东西就是*变化*。这就是平均数和离差的指数问题。在量度效率变化的时候，*工时*就是恰当的单位。在量度相对稀缺性变化的时候，*美元*就是一个恰当的单位。一个引起的是脑力的、管理的、体力的劳动在平均生产能力上的变化；另外一个引起的是在货币平均议价能力方面的变化。

创立了平均工时作为量度单位以后，这个公式如何用于生产过程呢？卡尔·马克思是第一个分析这种技术的社会过程的人，这个过程我们现在称为*效率*，但他称之为"*剩余价值*的创造"①。为了提出他的剩余价值理论，马克思创造了两个概念，即"不变资本"和"可变资本"，但这两者合在一起形成的只是效率的概念。他说：

"……一方面是生产资料，另一方面是劳动力，这只不过是原始资本的价值在放弃货币形式转化为劳动过程的各种因素时所呈现的不同的存在形态。由生产资料（原材料、辅助材料和劳动手段）表示的那部分资本，在生产的过程中不会发生价值量的变化。因此，我称之为资本的不变部分，或简称为*不变资本*。

"另一方面，由劳动力表示的那部分资本，在生产的过程中则会发生价值的改变。它不但产生自己价值的等价物，而且还产生一个超额，也就是一个剩余价值，这个价值自身是可以变动的，根据情况可以更多，也可以更少。这部分资本不断地由不变量变为可变量。因此，我称之为资本的可变部分，或者简称为*可变资本*。资本的同样因素，从劳动过程的观点看，各自把自己表现为客观因素和主观因素，表现为生产资料和劳动力；从创造剩余价值过程的观点看，把自己表现为不变资本和可变资本。"②

不应该按照马克思所用的"不变"和"可变"两个词就推论出，马克思意指的是像古典经济学中"固定"资本和流动资本的东西。他所说的"不变"资本，是指固定资本折旧、废弃加上"流动"资本向工厂或农场的产品中的转移。因此，用他的解释来说，一套机器形式的固定资本的总价值也许是一千零五十四美元，但在生产一定量的产品时，机器的磨损只有五十四美元。这磨损的价值就是他所谓的"不变"资本，这是资本家在生产那种产品中的预付。按照这样的方法，比方说，资本家在生产过程中预付了五百美元，

---

① 这一点在图5-4中没有表现出来。这个图表现的是市场上的交换过程，而不是工厂里的生产过程。
② 马克思：《资本论》，1909年译本，第一卷，第232～233页。

这时，这个预付就可以按如下情况进行"划分"："不变"资本四百一十美元，"可变"资本九十美元，生产过程完成的时候，原始资本已经从五百美元（C）增加到五百九十美元（C）了，这增加的九十美元的部分，就是"剩余价值"。

可是，不变资本（四百一十美元）本身包含了三个组成部分：三百一十二美元是原材料的价值；四十四美元是辅助材料的价值；如上所述，五十四美元是机器磨损的价值。我们把这些称之为原料和折旧。总价值（四百一十美元）是"为价值生产而预付的不变资本"。

由于所使用的机器的价值被假定为一千零五十四美元，而在这个过程中只用了五十四美元，所以，剩下的一千美元价值"仍然保留在机器中"。磨损的价值是"不变的"，就因为它不是"固定的"。它"流动"，就如同原料价值的流动。他所谓的"流动"跟魁奈一样，是"价值"不增不减的*转移*。出于同样的原因，原料的价值（包括原材料和辅助材料）也成了"不变"资本。经过工厂的生产过程，这些价值的总和（四百一十美元）毫无变化地"被转移"到了产品的价值中。

可是，购买劳动力付出的那九十美元是"可变"资本。它的可变在于它是一个活动的力量，正在不停地把不变资本转入一个"可变的量"。他把这个活动的过程称为"主观因素"，而"生产手段（原料和折旧）"在这个过程中则是"客观的"因素。从资本家所购买的"资本要素"的"观点"来看，它们是生产手段和劳动力；从"创造剩余价值的过程"的观点来看，同样的"要素"则成了"不变资本和可变资本"。

扩展到一个时期的整个社会过程后，马克思认为与原料和折旧同一的"不变"资本的部分，耗尽了全部的"残余机器"（在他的例子中是一千美元），把自己的价值都转移到了整个社会产品中。因此，通过"磨损"或折旧的概念，所谓的"固定"资本被马克思简化为了跟"原料"一样的"不变"资本的概念。按照这样的方式，两种*价值*在没有增加或减少的情况下被转移到了社会产品中。

我们效仿近来的经济学家的说法,把这个社会过程称为**社会的技术周转**。马克思的理论显然是以回归到魁奈的"流通"概念为基础的;当斯密代之以劳动分工的时候,这个概念已经被斯密悄悄地放弃了①。跟李嘉图一样,他的"价值"一词被他看成是体现在产品中的劳动力的量,贯穿于把原料和折旧的"不变价值""转移"进产品"价值"的整个社会过程中,我们把这种价值转换成了他的社会使用价值的*产出*,而他的社会使用价值是与他的社会劳动力的工时*投入*相对的。这又是效率的现代意义。

显然,这里的效率概念是他的"剩余价值"概念的起源。如果使用价值的"产出"被称为"价值"的原因是因为使用价值是由按工时衡量的劳动所创造的,而"投入"被称为"可变资本的价值"的原因是因为它是生产过程中供给劳动者生活的工时成本,那么产出与投入的差额就可以被称为"剩余价值"。因为它属于雇主,而不属于劳动者。

马克思的一个难题是如何处理工厂*外面*发生的变化。他的创造剩余价值的过程,只发生在生产所进行的工厂或农场的内部。他靠两个理由来处理这些外部的力量:一个是*社会必要*劳动时间;一个是不变资本与可变资本之间的*不变比例*。

他给了"必要劳动时间"一种双重意义,并且清楚地为之作了辩解。② 一种是生产全部社会产品所必需的劳动时间,包括"剩余价值"。这会包括由于折旧而耗尽"固定"资本所必要的时间,③ 其余的是仅仅生产"他的劳动力的价值,也就是他的生活资料的价值"所必要的时间。无论哪种情况,"社会必要劳动时间"都"受到社会条件的限制"。

单个的工厂之外的这些社会条件,我们可以依照他的说法区分为三重情况:自然条件的变化;发明与废弃的变化;一般物价水平的变化。

---

① 参阅本书第 8 章关于从流通到重复的论述。
② 马克思:《资本论》,1909 年译本,第一卷,第 240 页。
③ 参阅本书关于庞巴维克的"生产期"。

他以农业生产中的变化情况作为自然条件变化的代表。

> "假如生产一种商品的社会必要劳动时间变动了——比如要生产一定量的棉花,在歉收以后就要比丰收以后需要更多的劳动——先前存在的所有同类商品都会受到影响。因为它们跟这种商品一样,只是这个种类商品中的个别商品,其价值在任何特定的时点都是按照社会所必要的劳动量来衡量的,也就是按照当时存在的社会条件下生产它们所必要的劳动量来衡量的。"①

这意味着他的**不变资本**在价值上的一种变化。它是"不变的",不是说它在价值上不变,而是说它不会把多于或少于自己当时价值的价值转移到产品中去。②

> 他说:"假如一磅棉花的价格今天是六便士,明天由于棉花歉收的原因涨到了一先令。在价值上涨后,先前按六便士购买的一磅棉花,加工以后转移到产品中去的是一先令的价值;在涨价前已经加工并且也许正在市场上作为棉纱流通的棉花,同样会把两倍于它原来价值的价值转移到产品中去。"

如果棉花的价值不用货币而是用工时来衡量,那么同样也是正确的。不变资本的作用就是通过原材料和折旧中损耗的价值,把生产产品所需要的若干工时的价值,在多变的自然物质条件下,转移到产品中去。而"社会必要"劳动,不过是按照耕作边际生产产品中最贵的部分时所必需的李嘉图的*最高*劳动成本(工时)。这一最高劳动成本,由于自由竞争的过程,在同样的时间和同样的市场上,赋予所有竞争的单位以相似的交换价值,这种交换价值与每个单位的工时成本无关。因此,当注意力放在整个社会生产过程和对社会效率变化的衡量上的时候,个别企业的*级差*效率或级差效率利润是没有被考虑的。这就是马克思对李嘉图的**地租**理论不予考虑的原因。

---

① 马克思:《资本论》,1909 年译本,第一卷,第 233~234 页。
② 同①,第 233 页。

他的"社会必要"劳动就是李嘉图的边际劳动者,而边际劳动者的劳动成本决定着一切超边际产品的交换价值。①

机器的发明和废弃是个别工厂之外发生的另外一个"社会条件"。

> "如果因为一项新的发明,特定种类的机器可以用减少了的劳动耗费生产出来,旧机器就变得多少有些贬值了(变得过时了),因此,转移到产品中去的价值也同样较少了。但在这里,价值的变化又是在机器作为生产手段发挥作用的这个过程之外发生的,一旦参加这个过程,那么机器能够转移的自己所占有的价值,并不比它远离这个过程所能转移的价值更多。"②

这里说的"过程之外"的这个词,指的是科学家和发明家的"脑力劳动",这是包括在马克思的"社会"劳动力的意义之内的。对于他来说,它不是工厂过程的一个部分,而是发明与废弃的整个社会过程的一个部分,这种作用通过自由竞争的中介作用于单个的工厂。

最后,在工厂的生产"过程之外"是价格的一般涨落。这是或多或少同样影响原料、资本设备和劳动力生活资料的一种"社会条件"。在这里,它变得很清晰了,如同马克思有关其他"社会条件"所主张的那样,他所构建的体系的基础并不是不变资本和可变资本之间的绝对差异,而是两者之间的一种"比例"或相对差异。如果所有的货币和工资都同等地涨落,那么,很显然,生产全部产品所必要的社会劳动力的量和生产劳动者生活资料所需要的量之间的比例是不会变的。

因此,如果想确定社会效率的变化(也就是他的"剩余价值"的变化)究竟是多少,就必须排除特定价格或全部一般物价方面任何的变化,这肯定是正确的。那他所谓的来自于发明和废弃的技术条件的外部变化,对于所有的价格变化也是对的,这中间包括在农

---

① 参阅本书第 8 章关于李嘉图和马尔萨斯的论述。
② 马克思:《资本论》,1909 年译本,第一卷,第 234 页。

业条件上丰收和歉收的变化。不过*比例*不会变。

他说:"劳动过程的技术条件可以彻底改变,过去十个人用价值较小的工具加工的相对少量的原料,现在也许一个人在一件价值昂贵的机器的辅助下,就可以加工百倍于过去的原料量。在后一种情况下,由所使用的全部生产方式代表的不变资本(折旧和原料)大大增加了,而与此同时,投资于劳动力的可变资本(生活资料)则大大减少了。然而,这样大的变化改变的只是不变资本与可变资本之间量的关系,或者是总资本划分为不变资本和可变资本的比例,它丝毫也没有影响两者之间的基本差别。"①

因此,马克思是第一位阐明了所有必要因素并排除了不必要的因素因而达到现代效率概念的经济学家。他的推理遭到否定,并不是因为其不准确,而是因为他的社会哲学,以及他提出来支持这一哲学的用词的古怪意义。难怪马克思的共产主义信徒在俄国会把他们的全部命运都寄托在一种技术革命上,全然不顾马克思已经正确省略的许多"社会条件"。我们真希望当时要说明的只是一种效率理论,而不是一种包含诸如人们的习惯与习俗、国际复杂性、货币与信用、价格涨落等"外部因素"的多方面的学说。受限于效率作为社会过程因素之一的一种纯粹表述的这一更为适度的范围,他阐明的只是开始从"外在的"工程专业进入经济学的一种原则。但当这些工程师进一步把一种社会哲学附加到其效率概念上的时候,如同我们所见到的,他们实际上也得出了与马克思同样的结论,即共产主义,或者是被称为法西斯主义的倒置的共产主义。

当我们可以看到它作为全部政治经济学说的一个部分在流行的时候,我们开始把马克思的学说改造为一种纯粹的效率学说。

四、投入—产出,支出—收入

某服装厂 1920 年生产一套标准服装要十个工时的*操作*时间,但

---

① 马克思:《资本论》,1909 年译本,第一卷,第 234 页。

在1929年每套标准服装只要五个工时，效率提高了百分之一百。同一时期，平均工资从每小时八十美分增加到了每小时九十美分，批发价格则从每套三十三美元降低到了每套二十四美元。可以看出，效率是用工时来衡量的，而劳动的稀缺性或者服装的稀缺性则是用美元来衡量的。

假如我们用投入和产出两个词的时候，投入的意思是指美元，而产出的意思是指产品的美元的价值，那么显然就会产生效率与稀缺的混淆。投入会是每工时八十美分或九十美分，而产出则会是每套衣服三十三美元或二十四美元。因此，我们用支出和收入两个词来代替，以表明以美元来衡量的稀缺的比率，而用投入和产出来表示以工时衡量的效率的比率。每单位投入的产出从十个工时下降到五个工时，表明效率增加了百分之百。雇主的资产中劳动的支出从每小时八十美分增加到了每小时九十美分，表明劳动的稀缺性增加了百分之十二又二分之一；销售服装的收入从三十三美元下降到了二十四美元，则表明服装的稀缺性减少了百分之二十四。

然而，在常识上用美元而不是用工时衡量效率的地方，就产生了效率与稀缺的混淆，在这些地方，经济学家不加区别地用货币的"投入"代替了货币的"产出"。最近，布莱克（J. D. Black）在其《生产经济学导论》[①] 中对经济学家们使用"货币投入"来衡量效率的理由作了说明，它可以追溯到李嘉图用英镑衡量工时的类似用法。为了在计算中消除货币，他们没有使用*真实的*货币投入，而只是用了一种象征性的稳定的货币议价能力。对于分析和分离各种因素的目的，这样的做法是足够正确的，但却导致了社会的各种谬见。

布莱克将"物质的"投入与"价格"的投入进行了区分，而且认为"当物质投入都转化为一种价格的基础时，它们可以合并为一个投入的数字"。他举例说：

"如果使用三十二分钟机器的价格是六十四美分，使用三十二分钟劳动的价格是五十六美分，使用六百四十马力

---

① 布莱克：《生产经济学导论》，1926年版，第314页。

的一台机器的一分钟的价格是一美元二十美分,而一百一十五蒲式耳小麦的价格是一百四十美元,产出的是二十五桶面粉,那么,每桶面粉的投入就是一百四十二美元四十美分除以二十五,或者是五美元六十五美分。像这样,把投入的数据转化为一种价格基础,就克服了物质投入数据的两种缺陷。"①

根据布莱克的说法,这些缺陷如下所言:

第一,"把生产二十五桶面粉所使用的三十二分钟的机器、三十二分钟的人工以及所使用的一分钟的六百四十马力机器和一百一十五蒲式耳的小麦加起来"是不可能的;第二,"……物质投入数据的缺点是它们本身不包括价格波动的任何影响……在工资高、机器便宜的时期,工厂主往往会尽可能地少用劳动力而代之以机器;但反之亦然,在许多工作中劳动都会趋向于取代机器"。②

在这些价格计量的基础上,布莱克构建了一个"单位产出的最低成本组合"公式,这就是最大效率点。这些最低成本是由所有固定的或不定的"每单位投入按货币计算的单位产出"的总和的最低点来决定的。因此,在上述的面粉厂中,生产面粉的"机器投入的最低成本组合"按每蒲式耳的不变价格计算,是小麦投入为六千七百五十蒲式耳的那个点。按照支付给各个生产要素的不变价格计算,这个点是每蒲式耳货币投入总和的最低点,这些投入包括利息、折旧、税收、修理和保养的货币投入。如果把投入的其他因素也按照假定的不变价格考虑在内,例如建筑、劳动力、监管、固定机器、变动机器,那么,每蒲式耳小麦的最低成本组合会在投入稍低于九千蒲式耳的货币成本中出现。③

布莱克所作的这些计算对于农业企业的私营管理是非常重要和

---

① 布莱克:《生产经济学导论》,1926年版,第315页。
② 同①,第314页。
③ 同①,第391和392页。

有用的，实际上，对于任何企业也都是这样。我们以此为出发点揭示所采取的改变，目的是为了从私人的视点转移到集体或社会的视点。

首先是物资和所有权之间的区别。这是先前考虑过的。但"物资"这个词不够恰当，我们代之以"使用价值"这个词，为的是在一个名义下把某个科学技术种类所能提供的一切有用的服务都包含在内，而不管对象是谁。按照这样的方式，劳动所提供的"个人服务"跟商品所提供的"物质服务"一样，都是使用价值。两者都是由劳动提供的，一个是直接的干预，另外一个是通过物资的干预。

在集体行动中，"所有权"这个词也包括了所有权的一切转移在内。这里所说的所有权转移不是物资所有权的转移，而是由劳动所增加的使用价值所有权的直接或间接转移。

这些意义与任何主观或心理的评价是完全分离的。主观价值是个人主义的，客观"价值"只能由类比来评价。它们只是关系或者过程，服从于任何原因所引起的变化。"客观性"的意思是指与个人意愿无关的事物。因此，存在两种客观价值，即物质的使用价值和所有权的稀缺价值，一个来源于集体的劳动力，另外一个来源于个人之上的集体权力，这种权力我们称之为制度。其中一种制度是货币，在这个意义上货币是个人用于债务形成、流通、免除的一种集体手段。

因此，财产或所有权跟物资、劳动、使用价值一样客观。换句话说，所有的情绪、感情、意志我们都不予考虑，我们暂时采取了纯粹科学应该采取的立场，用一种纯粹理智的态度不带情绪或目的地去分析劳动力在控制自然活动时的集体行动，以及分析制度在控制个人活动时的集体行动。

所以，劳动成本与所有权成本存在区别。后者可以称之为制度成本。这二者就是大家所熟悉的"生产成本"的双重意义。为了把它转化成活动术语，让区别更清楚一些，我们用"投入"代替了劳动成本，用"支出"代替了所有权成本。劳动成本有三种，即体力、脑力和管理的投入。所有权成本有两种，即使用价值所有权的转让和流通工具（货币）所有权的转让。①

这一分析的结果就是使用价值的三重关系。它可能是指产出，也可能是指支出或收入。作为*产出*，它是与劳动投入相关的效用的技术特性。在这里，它意味着为"社会"创造*财富*。作为*支出*，它是合法控制权的转让，这种转让是由生产使用价值的劳动者或者是由已经从劳动者那里获得使用价值所有权的人来进行的。在这里，它意味着个人的*资产*因为转让而减少。作为收入，它是所有权的取得——要么是从劳动者那里取得，要么是转让它的前一个所有者那里取得；还有就是劳动者从雇主或商人那里取得。在这里，它意味着个人资产因为取得而增加。

既然**货币**作为一种制度在技术的意义上是非生产性的，那么它在个人之间的关系就只有两重：一重是*支出*或转让；另一重是*收入*或取得。而且，由于现代社会主要是一种"货币—信用"经济，所以我们习惯于认为所有权成本与货币成本是一回事，只要我们牢记货币成本始终是一种转让成本，与任何使用价值所有权转让的类型并没有什么不同，这样的省略就是可以的。

用我们前面所举的服装厂的那个例子可以进行这种区分。制作一套服装的*劳动成本*从十个工时降低到了五个工时，减少了百分之五十。我们称之为劳动产出（使用价值）的单位劳动投入量的减少。但对于雇主支付劳动的平均工时来说，货币成本从八十美分增加到了九十美分，增加了百分之十二又二分之一。我们把这称之为劳动产品所有权交换中的货币支出。它是生产力与议价能力之间的差异。增加的生产力让每工时*财富的产出*（使用价值）翻了一番，而劳动者增加的议价能力让每小时的劳动*收入*增加了十美分，但让雇主的*资产*同样每小时减少了十美分。如果效率是用"美元"来计量的，那么压低工资的雇主就要比提高工资的雇主更有效率，这跟他引入机器和更好的组织形式更有效率的情况是一样的，后者能够减少产品的单位劳动投入量。

因此，当用美元来计量时，效率就有了减少工资和减少生产商

---

① 参见本书第9章：《未来性》。

品所需的劳动量的双重意义。前者是议价能力，利用的是相对稀缺性；后者则是生产力，利用的是相对效率。两者都是生产的"成本"，但却是不同类型的成本。我们把一种区分为所有权成本，或者叫支出，决定于买卖的交易，以货币来计量；另外一种不是作为成本，而是作为一种投入，决定于管理交易，以工时来计量。

同样的矛盾也存在于他的商业销售一端。如果效率以美元来计量，那么能够高价卖出的雇主就比以低价卖出的雇主更有效率，就如同他增加了单位劳动的产出时更有效率一样。提价也许是垄断的或者是人为稀缺的，李嘉图称之为"名义"价值；但增加单位劳动的产出则是减少李嘉图的"真实"价值。现在我们应该说，提高企业家的售价就增加了他的资产，但增加他工厂的产出则增加了财富的生产率。现在就可以进行区别了，这种区别是福尔曼（Foreman）在他著名的关于对法庭判决在效率利润和稀缺性利润混淆的分析中完成的。[①] 效率利润是通过增加*单位劳动*的产出得到的，这跟减少*单位产品*的劳动投入是一样的。[②] 但稀缺性利润的形成，则是通过提高收入的价格或减少所支付的价格和工资取得的。

因此，在生产力、议价能力或购买力之间不存在相似性，当两者都用同样的单位"美元"来衡量时，暗含着一种相似性。它们之间的差异，就如同人与自然的关系以及人与人的关系之间的差异。这种差异要靠计量单位来检验。如果这个量是用工时来计量的，那它就是控制自然的能力；如果用美元来计量，就是人控制人的能力。必须创造术语来配合这种区别。投入—产出表示的是人控制自然的能力，而支出—收入则是人控制人的能力。正是这一点形成了工程经济与所有权经济的区别。投入—产出是从物理学和工程学中得出的术语，支出—收入则是适合作为资产的所有权减少或扩大的术语。所有这些术语都混淆在成本与价值这两个通常的术语中了。

---

① 福尔曼（Foreman）：《效率与稀缺性利润：关于剩余利润的经济与法律分析》，1930版。

② 这必须跟通过增加劳动投入量来增加产出率区别开来。见本书《效率和稀缺》一章中的有关论述。

投入和产出这两个相对的术语在它们所得自的物理学和工程学中是适当的。它们表明,作为投入的一种"能"的量,转化为了作为产出的另外一种能的量,但是对于科学家、工程师和政治经济学家各自使用的投入和产出这两个词的三重意义而言,在这里还必须加以区分。

科学家感兴趣的是能量在宇宙中的守恒。一种形式的能量可以转化为等量的其他形式的能量。如今它可以作为电力、引力、化学作用、食物或衣着、活着的人体等转化为其他形式的死了的人体出现,什么都没有损失,什么都没有浪费。实际上,在许多情况下,科学家都能实实在在地说明等量而形式不同的能量,这些都是反复的能量投入与产出。因此,一马力气压每秒的输入与每秒把五百五十磅重量举高一英尺的输出是相等的;它作为输入,等于七百四十六瓦特电力每秒的输出;而将它作为输入,又等于一百七十八卡路里每秒的输出,依此类推,它甚至等于人体的化学输入与输出。这些等量我们可以称之为科学的理想效率。因为如果能量守恒学说是正确的话,那么所有的能量都在它从一种形式转变为另外一种形式的时候解决了,丝毫也没有损失。

但是,区别于科学家,对于工程师而言,大多数能量都损失和浪费了。他感兴趣的是有用的能量(使用价值),而不是没用的能量。他满足于实际的效率,因为他把人类的控制引入了宇宙的运作。据说,蒸汽机的最大效率大约是煤所含潜在热量的百分之十;混合压缩蒸汽机大约是百分之二十五;汽油或煤油发动机差不多是气缸所释放热能的百分之四十;而发电机则可以把机械能百分之九十的输入作为电能输出。据说,在一季庄稼期内,太阳输送到一英亩土地上的能量差不多相当于把一万五千吨的重量举高一英尺,但人力只能从这一英亩土地上生产的五十蒲式耳小麦中得到它所储存的能量的十分之一,相当于把一吨的重量举高一英尺。人力的效率仅仅是七万五千分之一。科学家试图在热力、电力、振动、杂草、麦秆、小麦等中说明一万五千吨的重量举高一英尺的能量,而农业工程师则满足于把每英亩的庄稼产量从三十蒲式耳增加到四十蒲式耳。他感兴趣的是有用的工作,而不是无用的工作。

这取决于工程师想要的东西。如果他想要噪声，那么在对发动机配置装置的时候就会尽可能地制造噪声，而其他的各种产出都是浪费。如果他想驱动一台缝纫机，那么在噪声和摩擦中消失的能量就浪费掉了。这就是我们所谓的工程经济和使用价值。使用价值不是什么被动的东西，它是人类智力指导下的自然活动的结果，这种活动是为了人类的目的，而且要尽可能地减少浪费。

但政治经济学家更进一步地限制了投入和产出的意义，因为引起他兴趣的是人类能力。工程师的自然投入对于经济学家来说变成了人类能力的产出。它们是被人类能力转化到建筑物、土壤肥力、化学合成品中去的自然力量。工程师不在乎哪种人类能力可以让他作为投入来使用。无论哪种能力，只要是在创造使用价值时与其他的能力相比更有效率，那他就会采用。诸如付给劳动力、原材料或能量价格这样的事情，他也不感兴趣，那是企业家要面对的难题。如果在现有的技术状态下蒸汽机比劳动力更有效率，那他就会使用蒸汽机。每个人都是一部机器，因此我们就有了可以称之为工程师的"劳动机器论"的内容，以区别于商人的商品论。劳动商品论的关键在于由于劳动的稀缺或丰裕而必须付出的价格。这是古典经济学的理论。而劳动机器论的关键则在于劳动与其他机器相比的效率的大小。这是工程师弗雷德里克·泰勒的理论。但是，个人作为公民对于发生在一个运行中的机构里的管理、买卖和限额交易的参与，这才是政治经济学家的劳动论的关键所在。人类劳动是作为一个人出现的，也就是说，是作为一个公民而不是商品或机器出现的，公民自身就有权利、义务、自由和风险承受。①

因此，经济学家与工程师不同的地方在于，他只挑选了一种能力，也就是以工时投入来衡量人类的能力，然后再把所有其他类型能力的投入都转化为了人类能力的产出。自然经济学家把**生产资料**、

---

① 自己所领导的工会就仲裁和失业保险与雇主达成协议后，这个工会的一位领导声称，现在他的会员同事觉得自己是整个行业的"公民"，他们甚至比雇主自身还要关心这个行业的效率和持续繁荣的状况。见康芒斯：《行业的组织治理》，载 1903 年《评论的评论》。

土地和**人力**的货币价格都合并成了一种单一的投入,从而忽略了人与自然之间的这一区别,尽管他有可能发现这种区别对他自己的目的是有用的。① 因此,生产资料的投入就是为使用工具、机器、建筑物、公路、制造过程的原料、燃料、马、牛、农作物、组织和货币而支付的价格。土地的投入就是为使用人工和自然的作物、森林、牧场、建筑地基、铁路通行权、矿山、采石场、水、石油、天然气而支付的地租。人力的投入则是为体力、脑力、管理方面的努力所支付的工资和薪水。实际上,当有可能把一切都归结为生产的货币成本(或者归结为所谓的货币"投入")的时候,这些就是历史上的区别和分类,与工程师的方法相反,他是按照货币之外的标准进行分类的。工程师和企业家都对人力和机械力未作任何区别。两者的产出都是机器的产出。

李嘉图和马克思最先进行这种区别,不过并不是因为他们将劳动者视为具有财产权利的公民,而是因为他们试图把真实价值和名义价值区分开来。因此,目前除了共产主义者之外,还没有其他什么人追随他们。但是,假如我们仅仅把他们的理论视为是计量学说,而不是关于真实价值的学说,那么他们所阐述的就是效率的计量。经济学家的效率原则——劳动产出与劳动投入的比率——所适用的活动是千百万的管理交易,通过组织和一致的行动,管理交易形成了每个工时的生产率,财富(使用价值)就是按照这个生产率生产的。所有管理交易和所有财富生产之间一切关系的这种总和,马克思称之为**社会劳动力**和**社会使用价值**。**社会使用价值**是总产出,而**社会劳动力**或者干脆说**社会人力**(包括脑力、管理和体力的劳动)则是总投入,它是国家的效率的尺度。因此,可以举例,我们粗略推测在过去一百二十年间,尽管美国的总人口增加了十七倍,平均劳动时间从十二小时下降到了九小时,使用工时提高了十倍,但财富(使用价值)的生产总额却增加了五十倍。如果真是这样,那么以工时作为衡量,国家的效率大约增加了五倍。与 1810 年的生产率比较,1930 年每个工时所生产的使用价值(财富)大约增加了五

---

① 参见布莱克:《生产经济学导论》,1926 年版,第 383~467 页。

倍。这一估计是使用价值产出与社会人力的比率。

这肯定是一种稳健的估计,但也只是一种猜测。首先,有自然科学的发明,比如轧花机,它把劳动者的产出提高了一千五百倍。其次,有能量的发明,例如水能、汽能、电力和汽油的使用;再次,有科学管理在人事和心理方面的各种发明。甚至在过去三十年中,由于机械能和人事管理的运用,平均工时的效率肯定已经增加了两倍,说不定还是三倍。

现在我们作进一步的发现——社会观点和个人观点的差别。使用价值是社会的**财富**概念,稀缺价值则是个人的**资产**概念。我们的制革公司,在价格下跌百分之五十之后,所拥有的以皮革形式体现的社会使用价值,与价格下跌之前是完全相同的。但是,如果按照时价卖出的话,那么它只能给公司带来一半的货币收入。因此,我们又一次看到,使用价值是社会财富,稀缺价值是价格,而经济学家的**价值**则是企业家的**资产**,是使用价值和稀缺价值的一种倍数。当我们说到"富人"的时候,我们本能地感到存在这种区别,但我们也本能地混淆了这种区别。他富有是因为他占有大量对社会有用的物质的东西,还是因为他能够从社会中获得大量其他的东西?如果他能够获得其他的东西,那我们说他富有;如果国家财富中他的那一大部分实际上买不到多少东西,那我们就说他贫穷。当我们用生产财富所需的社会人力作为财富的尺度以及用货币作为资产的尺度的时候,财富的这种双重意义是可以加以区分的。资产是稀缺性,财富是丰裕性。

这就是我们所谓的**资本主义**的意思。这是一个双重的过程,一方面为他人创造使用价值,另外一方面又限制其供给以创造稀缺价值。因此,资本主义不同于马克思式的**共产主义**,① 它需要工时和美元两种计量单位,一种用来计量其所创造的使用价值的量,一种用来计量其稀缺价值。一个衡量的是财富,另一个衡量的则是资产。

---

① 列宁和斯大林的共产主义没有把货币作为买卖活动的手段,而是作为限额活动的手段。在他们所允许的自由买卖的范围内,货币才变成了一种买卖的手段。

资本主义既是生产的社会,又是贪得无厌的社会。在以美元为计量单位的时候它似乎是贪得无厌的,但它又不仅仅是贪得无厌的。用工时的时候它是生产的,用美元的时候它是贪得无厌的。

这就要求我们回到生产、生产力和效率的意义区别上。按照古典经济学家及其追随者的用法,生产与相对于需求所生产的量相关,从他们所用的"生产性"和"非生产性"这些词中就可以看到。但生产力和效率与生产的*速率*相关,与所生产的总量或所需求的量无关。更准确地说,效率是生产的速度,它的计量方法是每个工时的产出率,也就是说,是"工时成本";而生产力则是这一速率乘以工时数。对于效率相同的两个工厂来说,有一千个雇员的厂的生产力是另外一个有一百个雇员的厂的十倍。①

由此产生的一个问题是,如何把货币计量转变成工时计量。我们又在跟平均数打交道。从事生产、运输、交货的一切体力、脑力和管理的劳动(不是在买卖和融资中耗费的劳动)的平均小时工资,就是当天的工时单位。忽略了平均工资在其他日期的变动之后,平均工时就变成了一种恒定的计量单位。这样的话,如果平均工资是每小时九十美分,而后来又变成了每小时一美元,那么这个意思就是说在确定工时的时候是忽略工资的变化的。这是一种简单的平均,因为我们无法区分机器操作工和主管的效率。所有的工人都是必需的,大家都是整个机构的一部分。

"生产"的意义过去属于研究供给与需求的所有权经济的范畴,这就是它在早期的经济学家区分生产劳动与非生产劳动的时候的意义。对于他们来说,生产性的劳动是为了销售或交换而进行生产,这是对效率和稀缺的一种混淆。可是,效率与工程经济相关。同样地,工程师对所生产的数量不感兴趣,他感兴趣的是生产的*速率*。但企业家感兴趣的是所生产的*数量*。当他的价格预计要下跌时,他会限制生产;价格预计要上涨时,他会增加生产,同时总是努力地让自己的工程师提高生产的速率。实际上,后者是工程师的问题,他并不关心价格,他所关心的是投入与产出的比率;但企业家感兴

---

① 参见托尼(R. H. Tawney):《贪得无厌的社会》,1920年版。

趣的是收入与支出的比率——收益的速度。投入与产出的比率是效率或生产率。收入与支出的比率是价格，决定于产品在市场上的供给相对于与市场上收买它的出价的比率。工程师越是能够提高产出相对于人力投入的比率，他就越是能够支配自然。企业家越是能够提高收入相对于产出的比率，那他的生产相对于需求的比率就越小，而他支配他人的能力则越大。人支配自然的能力就是生产力，是以工时来衡量的。他的产出就是财富（使用价值）的增加。人支配他人的能力是以美元（稀缺性价值）来衡量的，它是生产量相对于需求量的比率，而对产出的限制就是价格、价值和资产的增加。

正是生产与生产力的这种混淆，才允许经济学家放弃李嘉图的人力，而代之以美元作为效率的尺度。这就混淆了生产能力和交易能力的概念。低价买进高价卖出变成了效率的定义，其实它是交易能力的定义。后者存在于对市场上劳动和商品的相对稀缺或相对丰裕的利用，前者则存在于在农场里和工厂中对人支配自然力的相对能力的利用。如果想把"效率"这个词用在两者身上，那就应该问一声，究竟是指哪种效率？是指以工时衡量的人支配自然的能力，还是指以美元来衡量的人的支配他人的能力？是投入与产出的工程经济，还是支出与收入的所有权经济？是生产的效率，还是交易的效率？

古典经济学家把稀缺和财产视为是理所当然的事情。没有人会愚蠢到让生产超出按有利可图的价格售出时所需要的量。因此，"生产"这个词具有生产和限制生产的这种对立意义。这就混淆了获取利润的两种方式：一效率利润，这是通过减少相对于产出的工时投入来获得的；二稀缺利润，这是通过增加相对于支出的收入而获得的。结果引起了*商品*或财富的生产与*价值*或资产的"生产"的更进一步的混淆。正是因为生产的这种双重意义，我们才要对"工程经济学"和"企业经济学"进行区分。工程经济增加的是产量，它不考虑产品在市场上的货币价值，企业经济则会为了维持或扩大产品的货币价值而限制和调节所生产的数量。这两者的混淆是从财富作为物质和所有权的双重意义开始的。

古典经济学家没有把收入与产出、支出与投入区别开来。这一区别隐藏在成本与价值的双重意义中。当然，他们假定了一个人的产出就是他的收入。或者说，假如他们看到了这之间的不同，那他们就不会用它了。在收入与产出混淆的背后，是个人自由和所有权的伦理假设。布莱克说："在这个词的一般意义上讲，*人的努力不能被另外一个人占有*。"① 对于现代社会而言，这个假定的确是对的。但问题是，即便是现在，在工资制度下，人类努力的*产出*也是被别人所占有的。劳动的产出是附加在雇主财产上的使用价值。按照约定原则（这个原则把雇主对劳动产出的获得理解为雇主对雇员的一种负债），它属于雇主。发生的情况是双重的——既是物质的过程，又是所有权的过程。物质的过程是劳动力的投入与产出，与所有权和资产无关；所有权的过程是雇主资产中的货币支出，这对劳动者而言是货币收入，会扩大他的资产。同时，当产出的所有权转移给雇主时，又是劳动者资产中的货币价值的支出，对雇主而言，它变成了一种扩大其资产的收入。

物质经济学家之所以没有利用工程经济学与所有权经济学之间的区别，并且因而想当然地认为投入就是产出，如上所言，原因是建立在他们恰如其分的假定的基础之上的，即除非预期自己使用价值的产出会变成他使用价值的收入，否则没有人会愿意工作。当他们从一个与世隔绝的鲁滨逊出发的时候，这一点可以不证自明。他的产出当然是他的收入，因为不存在任何居间的交易。但是，当有鲁滨逊和礼拜五两个人在工作或者说是有几百万人在工作的时候，产出就不是收入了。这取决于谁占有产出。奴隶的产出是主人的收入，工人的产出是雇主的收入。工人的投入是劳动力，他的产出是使用价值。雇主的货币支出和工人等量的收入是货币工资。在使用价值和货币之间，不存在任何必然或自然的联系，它们由不同的计量体系计量，这些体系是不能相互变换的。产出与投入成反比例变动，作为产出的使用价值与作为投入的工时的比率是对效率的衡量，但一方的货币收入与另外一方的货币支出是等值的。一个是可以变化的速率，使用价值（财富）就是按照这个速率增大的；另外一个

---

① 布莱克：《生产经济学导论》，1926年版，第447页。

是支付给单位使用价值的可以变化的价格。

"支出"和"收入"这两个词的恰当之处在于，对于稀缺性因支出而增加却又决定于收入的过程，它们是最适合于进行描述的。它涉及商品与货币之间的区别。如果一个所有者手里有一批存货，他把一部分存货交付给了顾客，那么所交付的那部分存货的货币价值就是他的商品支出。它减少了手中的商品量——他的存货——因此增加了这种商品对他的稀缺性。但如果他从批发商或制造商那里购进了一批托卖的货物，那么他所接受的就是他的商品收入，这一商品收入扩大了他手里的存货，同时也增加了这种商品对他而言的丰裕性。

货币支出和收入同样如此。他手里有一笔现金或银行存款形式的可支配货币，如果他把这笔货币的一部分支付给了批发商，那它就是货币支出，这会减少他的可支配货币量。但当他从顾客那里收到一笔支付的货币并把它存入银行时，那他就收到了一笔货币收入，这笔收入扩大了他在银行可支配的货币量。

因此，对于个人而言，支出和收入这两个词适合于商品和货币变化的稀缺性。它们的意义是所有权。收入扩大所占有的量，而支出减少所占有的量。因此，对于"成本"这个意义模糊的词，是作为货币支出的所有权还是作为商品支出的所有权，必须按照它们的货币价值进行区分，从而减少所占有的资产价值。而收入获得的恰当的双重意义，是所取得的货币或商品的货币价值，从而增加所占有的资产价值。收入与支出的比率表示的是获得资产的速度。

因此，当经济学家把所有的投入都归结为货币投入的时候，他们得出的是混淆的结论，认为最小成本或最大效率即是利息、劳动、折旧、税金、维修、材料等几个因素的最小货币成本。① 这种混淆是以货币来衡量一切的常识性混淆，其情有可原的托词是，经济科学理论还没有吸取马克思和科学管理所用的工时计量法，没有足够的时间来领会工程师的投入和产出的概念，以及与之相对的收入和支出的所有权和商业概念，因此，还没有把财富与资产完全区分开来。

---

① 布莱克：《生产经济学导论》，1926年版，第391、392页。

李嘉图在一百多年以前曾经明确地指出过这之间的区别，但是当经济学家们在1845年信奉约翰·穆勒之后，他们就悄悄地丢掉了李嘉图的劳动力价值尺度，代之以货币价值尺度，这时候，有别于共产主义经济学家们的正统经济学家们已经接受了流行的谬见，把最大效率定义为生产的最小货币成本。其实，最大效率是最小工时成本，最小货币成本是每单位收入的最小支出，而最小工时成本则是每单位产出的最小劳动投入。

这一点可以回到我们服装厂的例子中加以进一步说明。服装厂减少了操作工的平均时数，要求生产标准服装的时间从每套十小时减少到每套五小时。按照工时成本的意思，在这里，我们可以说劳动成本减少了百分之五十；反过来说，这等于工厂的效率提高了百分之一百。

对于同样的内容，还有其他一些说法。以前一小时的平均劳动生产十分之一套服装，现在则可以生产五分之一套服装，增加了百分之一百。或者说，过去五小时的劳动生产一套服装的百分之五十，现在五小时可以生产一套服装的百分之一百。这就是说，五小时生产一套服装增加了百分之一百，这跟效率提高了百分之一百是同样的意思。一种表述方法是另外一种表述方法的反面，之所以有这样的可能，是因为效率是一种比率。如果每套服装的劳动时间减少了百分之五十，那么每套服装的单位劳动时间就增加了百分之一百。这跟说效率提高了百分之一百一样，两种表述的是同样的意思。

这里完全没有说到货币、工资、利润、价格、货币成本或货币收入。后面的这些概念都是商品相对稀缺性的商业问题。但是，我们现在考虑的只是工作的不同生产方式和不同的劳动意愿，这是生产者的技术问题。美元是生意人的稀缺性计量单位，工时是生产者的效率计量单位。我们是按照每单位工时投入的产品产出来量度效率的，而用以美元支付的价格或工资来量度稀缺性。我们既不能以价格或工资来量度效率，也不能以工时来量度稀缺性。

这就是生产者与销售者、制造商与商人之间的明显区别。同样地，生产者或者"制造商"是技术专家、工程师、经理、工人。现在他们的问题是如何提高每一工时投入的产出。也就是说，如何提高工业和农业的效率（产出与投入的*比率*）。但是，当他们变成一个销售者的时候，他们就变成了商人。也就是说，他们变成了一个生意人。现在他们的问题是价格和工资——如何提高他们销售的东西的价格。或者说，如何减少他们为自己所购买的东西而必须支付的价格和工资。企业可以按照两种方式形成利润，即靠效率和稀缺性。如果完全作为生产者，经理和他的工人们可以提高每小时劳动投入的小时商品产出，于是他们就会成为成功的生产者——效率方面的专家。但是，如果完全作为销售者和购买者，雇主们会通过提高所接受的价格或降低所支付的价格和工资来增加他们的按美元计算的净收入，这样他们就会成为成功的生意人——稀缺性方面的专家。

然而，这两者都是在同一企业的控制之下的。这种企业控制到底将会导致用哪种形式的活动来谋取更大的利润呢？它将会作为生产者，还是作为购买者和销售者呢？

但我们首先要把生产者与效率跟企业与稀缺性进一步区分开来。人们常说，现代效率的大幅度提高源于机器对劳动的替代，而且机器是排斥劳动的。但除了暂时性情况或者是价格下跌减少了利润的时候，一直以来，机器都没有替代劳动，也没有排斥劳动，所发生的情况不过是直接劳动转化为了间接劳动。一百年前，需要有九个农户去养活包括他们自己在内的十个家庭，现在，只要三个农户就可以养活包括他们自己在内的十个家庭。在这一百年中，农业的效率已经提高了大约三倍。实际情况是，农户由农产品的*直接*生产转向了农产品的*间接*生产。现在，他们生产煤、铁、木材、肥料、铁路、公路、轮船、农机，把货物运送到仓库，等等。过去九个家庭从事农产品的*直接*生产，一个家庭从事*间接*生产，而现在只有三个家庭从事直接生产，七个家庭从事的是农产品的间接生产。农业的效率不是由直接劳动的产出来衡量的，而是由直接劳动和间接劳动两者的产出来衡量的。整个国家都对农业效率的提高做出了贡献，就如同农业效率的提高解放了劳动，也提高了整个国家的产出。

但是，这只适用于作为一个整体的国家，而不适用于任何特定的农业机构。特定的农业机构从一家设备厂家买来农业机器，后者从其他的所有者那里购买原材料，并且雇用劳动者制造并运输设备。特定的农民购买的是特定量的间接劳动，这些劳动是由前面的产业"储存"提供给他们的。这种储存起来的劳动，被他们作为国家的间接劳动中的自己的一份来使用，连同他们自己的直接劳动，一起生产他们的小麦。①

这种间接劳动储存在农具、肥料和其他改良的措施中，因使用或废弃而折旧，必须用新的或更有效率的农具、肥料和改良措施来取代。如果它是在平均五年内用坏或者是过时的，那么他们就必须算出，他们一年中正在使用着的储存的劳动总量的五分之一，或者说是百分之二十，是由他们从其他产业中获得的。于是，要搞清楚他们实际使用的劳动，他们就必须在每年直接劳动的工时数上，再加上储存在他们的农具、肥料和改良措施中的劳动的工时数的五分之一。

适合这一区别的一套术语是"活劳动（operating labor）"和马克思的"物化劳动"。农民所用的物化劳动等于其农具、肥料和改良措施的折旧或废弃。如果这些东西平均每年折旧百分之二十，那么他们就把自己手里的总的物化劳动用了百分之二十。这是间接劳动或物化劳动的数，他们必须把它加到直接劳动或活劳动的时数上去，目的是为了搞清楚在生产小麦的时候他们实际使用了多少劳动量。加在他们自己的直接劳动上面的，正好是国家*间接劳动总量中*的每年用在他们的小麦庄稼上的他们的份额。

但是，要是我们只以活劳动来衡量它，那么对一家农业机构或是一家服装厂的效率提高的计算显然是被夸大了。我们的除数——劳动对投入——必须增加，不仅要把直接劳动或者活劳动包括进去，而且还要把间接劳动或物化劳动包括进去。

当增加的机器使用被考虑进去之后，这种算法减少了效率表面上的提高。上述某服装厂效率增加百分之百的计算，只是基于直接劳动或活劳动的计算。效率的增加其实要比这要少，因为新增加的物化劳动的折旧和废弃在计算中并没有包括在内，后者是以加总的

---

① 参阅本书第9章关于原材料的论述。

机器形式出现的。要是包括了直接劳动和间接劳动两方面效率的提高，那它就要少于百分之百，因为已经引入了物化于机器中的间接劳动。如果每工时直接活劳动的产出增加了百分之百，那也并不意味着*活劳动*的效率已经提高了那么多，因为我们还没有计算制造机器所要求的另外的劳动量。在提高农业效率的情况下，我们必须承认，一些过去用于生产经营的劳动，由于建造用于小麦直接经营生产的轮船和农业设备，因而被转化为了其间接生产。

这种由于物化劳动而形成的间接生产也许可以称之为**技术资本**过程。这种资本的量应该按照工时来衡量，然后通过把它增加到作业工时上的办法，作为折旧和废弃来分配一般费用。

我们把这种资本称之为**技术资本**，从而按照工时来计算，目的是为了把它跟以美元来衡量的**商业资本**区分开来。尽管称为"资本手段（capital instrument）"和"存货"要更恰当一些，但它已经接近于古典经济学家的资本的概念了。

商业资本有时候被考虑为工厂或农场的市场价值和设备，但这是随着价格、利润和工资的变化而变化的。或者有时候把商业资本看成是投资量，但这是随着股票、债券和土地价值的市场价值而变化的，取决于预期的利润和租金。商业资本赚取的是我们将称之为金融边际收益的利息和利润,[①] 而技术资本则不赚取任何东西，它是*产出*，不是*收入*。商业资本取决于*未来的*价格和产出量，这意味着不同产出的预期稀缺性是以美元来衡量的，而技术资本的量则取决于全部劳动——包括物化劳动和活劳动——的过去和现在的数量和效率，是以工时来衡量的。

因此，我们有两种不同种类的"一般费用"：一种是商业的利息和税收的一般费用，也就是大家所知道的"固定支出"；一种是技术的物化工时的一般费用，也就是大家所知道的折旧和废弃。按照国家的劳动力在各个行业由直接劳动转化为间接劳动的比例，也就是说，按照活劳动转化为物化劳动的比例，每种类型的一般费用就都

---

① 见本书关于金融边际收益的论述。关于没有把地租包含在内的原因，见本书关于李嘉图和马尔萨斯的论述。

变得日益重要起来了。

这两者又一次处在了同一企业的控制之下。按照利己主义的观点，公共政策应该朝着哪一方向引导商人们指导自己的机构呢？是朝着扩大商业资本的方向，还是朝着扩大技术资本的方向？这就是说，是朝着扩大利息和通常利润的固定费用的方向，还是朝着扩大折旧和废弃的固定费用的方向？

还有另外一种劳动的一般费用的重要性也在增加，它就是"白领"的一般费用。这也许可以称之为**活的一般费用**，以代替**物化的一般费用**。所有科学家、工程师、经理、职员、会计、设计师、监工、领班，凡是继续和扩大行业效率所需要的，都是人力资源的一部分，合在一起，可以简单地称之为**管理**。管理的重要性的提高，意味着劳动力从体力劳动向办公室和管理劳动转化的提高。

这些内容无疑都提高了劳动的效率，但如果把它们排除在计算之外，如同通常在提到提高劳动效率时所做的那样，那就会犯两个错误，即它不仅是体力劳动在提高自己的效率，而且它还是脑力、管理和体力劳动在一同提高效率。而实际上，它们必须一起计算，否则在劳动从体力劳动转化为管理和脑力劳动以后，对效率提高的计算就会被夸大。无论这种劳动是活劳动、活的一般费用的劳动，还是物化的一般费用的劳动，衡量效率提高的"平均"工时的都是所有体力、脑力和管理劳动的一种平均。

而且，在计算平均数的时候，每个个体都算作一，无论他是总经理还是役童，是男人、女人还是孩子，就如同我们已经说过的，事实上，我们无法说出经理是不是比役童更有效率。我们知道他会得到更多的工资，但那是因为经理是稀缺的，而不是因为他更有效率。如果他像役童的供给那么充足，那他的工资可能就不会更高了。这种增加了的供给的充足性，就是今天"知识分子"的状况，也许还是法西斯主义和纳粹主义兴起的最大因素。如果知识分子和白领雇员得到的工资要少于体力劳动者的工资，那不是因为他们的效率变得更低了，而是因为他们的供给变得更充足了。关于他们的比较效率，我们所知道的就是，他们都是机构作为整体有效运行所必需的。①

有了这些解释之后，我们再回到服装厂的例子，这个厂在只计算直接的活体力劳动的情况下，效率提高了百分之一百。但在计算了活劳动、管理以及物化劳动的折旧和废弃之后，我估算出这个机构效率的提高是百分之七十五，而不是百分之一百。换句话说，制作一套衣服所需要的工时数在比率上减少为了十比七又二分之一，而不是十比五。因此，所有平均劳动每工时在产出上百分之七十五的提高，是制作每套衣服的工时数减少了百分之三十三又三分之一，而不是减少了百分之五十。无论按照哪种算法，效率都是增加了百分之七十五，而不是百分之一百。

在这些计算中，产品*质量*的提高被认为与产品*数量*的扩大是相等的，因为质量往往也能按照工时数来计算。如果质量的提高*没有*增加工时，那么效率就有了同样的提高。如果它要求相应增加工时数来提高质量，那么效率就没有提高。"标准"服装是质量没有改变的一套服装，所有其他服装和质量上的改善，都已经被该厂的会计按照与标准服装相同的工时数进行了折合。因此，把质量折合为数量，就可以计算出该厂作为一个整体效率提高了百分之七十五；或者，倒过来说，每单位标准产品的工时数减少百分之三十三又三分之一。

当效率提高到百分之七十五的时候，该厂发生了两种情况。一种情况是每套衣服的价格被降低了，但不足以使生产者丧失他们在效率上的收益。工人体力上的速度并没有增加，因为计件工作已经让他们加过速了。因此，效率的提高都是来自于更好的机器与更佳的管理。第二种情况是劳动时间大大减少了，但每小时的工资和薪水却大大增加了，而且该厂的利润也肯定增加了。当效率提高百分之七十五的时候，假定服装的价格减少了百分之三十三，那么服装的*购买者*就会得到效率提高的全部利益，而生产者从缩短的工时、更高的工资、更高的利润以及增加投资所增加的利息量上就不会有

---

① 关于这个问题，参看克拉克（J. M. Clark）的《一般费用成本：商业的社会控制》，1923年版。

什么收益，而这些都是来自于他们更高的效率。①

五、从流通到重复

从魁奈到二十世纪，经济学理论在很大程度上都受到他的商品和货币流通比喻的主导。在十九世纪的后期，周转的比喻得到接受。一个是"流水"的比喻，另外一个是"车轮"的比喻。车轮的比喻保持了流通比喻的一个方面——轮子的大小代表一个相对不变的总量，但还要加上另外一种量，一种驱动、减速或者停止轮子的动能。这就是说，改变流通速度的动力。舍去物质的比喻后，周转的意思就是交易的*重复率*。

为了构建这个公式，需要有一个过程开始与结束的人为概念，但这个过程却是无始无终的；需要一个总的但却是变动的量，即轮子的大小，这个量要持续一段时间；而且要有足够的重复，其总和在这期间就等于总量。按照一个有用的物质比喻来讲，它是"速度"或"周转"率，但如果没有比喻，它就是重复率，或者是再现率。

上述公式不是自然的"拷贝"，它只是由统计想象所创造的一种人为的解释，目的是为了有助于自然或企业的控制。在这方面，周转率，或者更准确地说，重复率，实际上已经破坏了经济机制所有旧的物质比喻，譬如均衡、流动、倾向、循环，其时间因素是无法量度的。它为过程、趋势、周期、变化率、速度、滞后、预测等数理理论开辟了道路。按照这些理论，个人或采取一致行动可以在某种程度上控制这个过程。实际上，这个重复率的概念，差不多已经湮没了商品和享乐主义经济学家们所使用的一切术语的旧的意义中了。这个概念始自于实际的商业行为，后来才是经济学家们的理论分析。

周转这个词好像最先是用在零售业中的。在这个行业中，周转率被描述为与手中存货的平均总价值相等的销售价值所要求的平均时间。手中存货的价值是商业"资本"的一个部分，销售价值是这

---

① 参阅本书第10章有关价格的论述。

个时期的总收入。如果包括原材料和资本设备的总资本价值的周转率是每年五次,那么与周转率只有一次的竞争对手相比,其资本赚取的利润就是它的五倍,结果前者就能以更低的价格或更高的利润进行销售。近年来,这种观念已经用于劳动周转率了,但我们现在主要关心的是它在所有权和产业周转上的运用。周转率即重复的速度。

所有权周转率是所有权权利转移的比率。一个相对恒定的银行存款量,比如说三百亿美元,要是在一年中完成了七千五百亿美元价值的所有权的转移,那就是说,总量的周转率是每二十五天一次。它表明,平均地说,为了支付商品和证券所有权的转移,银行款项的总额一年被记入存款人的借方十二次;假使没有这个公式,货币的数量就会像流通一样,似乎是保持不变的。这种所有权的周转率,或者说是交易的重复,可以区别为资产的周转,它是以美元来计量的,是稀缺价值的周转。

但技术资本或产业的周转是以工时来计量的。我们在前面已经作了估计,这个国家的效率在过去一百二十年间增加了五倍,这是由发明和管理带来的,其中的大多数发明要求大型设备来生产。为了建造作为中间产品的这些设备,又牵涉到涉及许多劳动的资本手段,之后最终的消费者才能得到消费物品的增加量。因此,老现象以新的重要性出现了——折旧和废弃。财富的总量似乎每年都有可能以百分之四的比率在增加,但它是由取代折旧和废弃的新的手段构成的。产业周转率就是旧的消失、新的替代的比率,与庞巴维克的"平均生产期"是一致的。米契尔已经作过估计,"美国人口用于工作的人造设备所代表的价值,相当于其赚钱者三到四年的努力"。[①] 既然对其他国家的估计高达六到七年,既然我们不仅把设备而且也把原材料都包括在内了,并且直到送到最终的消费者手中,因此用不着等到更进一步的研究,我们就可以估计原材料的周转率是每五年一次。

换句话说,如果按照工时计算的产品的物质周转是五年一次,

---

① 见米契尔:《商业循环:问题及调整》,1928年版,第98页。

那么按照美元计算的所有权的周转大约是五年七十次。买卖交易的所有权速度是技术方面速度的七十倍，合法控制权转移的速度是货物生产速度的七十倍。

使得运行中的机构成为可能的正是产业和所有权周转的这一双重公式，而运行中的机构则包含运行中的工厂和运行中的生意两个方面。运行中的工厂就是全部固定资本和存货，可以用生产它们的工时数来衡量，尽管其中的各个部分在按照不同的周转率在变动，但相对而言，它们是保持不变的。运行中的生意则是全部的资本资产，这是用货币来衡量的，尽管各个部分根据买卖在不断变动，但它们也是相对不变的。按照限制和补充因素的原则，① 所有权周转率和产业周转率、运行中的工厂和运行中的交易之间的相互关系，即运行中的机构。

有时候人们用"内部经济"和"外部经济"来区分运行中的机构的这两个方面。② 但"内部经济"的结果是管理交易的工程经济，生产使用价值；而外部经济则变成了买卖交易的所有权经济，只要可能，它就会维持或扩大资产的总值。这两者相互依赖，但它们之间又彼此不同，就如同效率与稀缺彼此不同一样。

在使用价值意义的起源中，我们也许可以发现对周转率比喻的其他一些应用。过去它的意思是从物质东西的使用中得到的快乐，因此无法衡量，被经济学家所摒弃。但快乐有双重意义，可以是享受一个人的全部财产，也可以是享受其中的一部分，比如享受糖或面包。一个人全部的快乐有可能会随着财产的丰裕而增加，但实际上，从糖或面包中所得到的部分快乐是随着其丰裕而递减的。因此，使用价值这个词过去指的是"全部"，后来在递减效用的名义下开始有了"部分快乐"的意义，而且按照递减的各个部分的变化和补充，尽可能地让全部保持相对不变。

由于未能理解全部与其各个部分之间的这种关系，导致心理学

---

① 见本书第9章关于关键交易和一般交易的相关论述。
② 福尔曼：《效率与稀缺的利益：剩余价值的经济与法律分析》，1931年出版，第100页。

派的批评家们最初否定了"效用随着丰裕的增加而递减"的原则，因为快乐显然是随着丰裕而增加的。周转的比喻调和了这一矛盾。作为一个整体，快乐随着丰裕而增加，但各种不同的快乐却随着它们自身的丰裕而递减，因此，会按照不同的再现率重复自身。① 直到十九世纪中叶，部分与整体的这种关系才被快乐主义的经济学家们所发现。这是周转率比喻的一个特例。②

但递减效用的发现又引起了其中的另外一种双重意义：使用价值的意义。任何一种商品，无论是土地、机器、劳动，还是食物，都受效用递减规则的支配。由于损耗、折旧、废弃、消费，它们的使用价值也在递减。两者之间的不同应该是显而易见的，但用货币来计量时，这种区别就模糊了。因此，使用价值或财富这个词被赋予了双重意义，既是生产的物质过程，又是获得的买卖过程。一个是按照工时计量的物质周转，另外一个则是按照美元所计量的所有权的周转。

显而易见的事实是，使用价值和稀缺价值二者都取决于购买者的意愿，这就进一步隐瞒了意义上的这种混淆。没有满足需求的使用价值是无用的；如果所生产的东西在供给的充足性方面远大于所需求的话，也是无用的。但这是无用的双重意义。因此，"需求"这个词本身就有一种双重意义，我们区分为**文明价值**和**稀缺价值**。除了用于娱乐，弓箭不再有使用价值，炸药和枪炮取代了它们的位置。有裙撑的裙子不再有使用价值，贴身的裙子取代了它们。在发明和时尚这两种意义之下，我们可以按照过时来区分文明方面的这些变化，它们通过竞争的力量发挥作用。发明所创造的新的使用价值由于有更高的效率或更大的变化，导致了旧东西的过时。这些都是文明方面的变迁，而文明只不过是作为一个整体考虑的所有习俗的总称，我们称之为文明的价值。因为它们有一种心理的基础，而文明的变迁就是旧的使用价值的淘汰和新的使用价值的发明。

---

① 普莱恩（Carl C. Plehn）提过"再现率"可适用于"作为再现消费收入的收益概念"，参见《美国经济评论》，1924年，第14号，第1~2页。
② 参见本书第5章亚当·斯密中的相关内容。

构成文明总变迁的习俗方面的这些变化,不像绵延了千百年的古代习俗。它们也许是突如其来,荡涤一切。据说,安德鲁·卡耐基(Andrew Carnegie)在建成后六个月内就拆除了一座价值百万的鼓风炉,为的是代之以新发明的连续生产法,以便在铁矿石冷却为生铁前就把它变成炼成的钢。以前的习惯生产方法在六个月内就过时了,他所有的竞争者都被迫适应并采用新的生产方法,否则就会被逐出这个产业领域。

除了废弃之外,使用价值也会由于折旧而减少,但稀缺价值却会由于丰裕而减少。根据使用价值的性质,折旧有各种名目,它是机器的磨损、地力和其他一些自然资源的枯竭或损耗。这就是使用价值的"耗尽",必须用人力来代替。这种折旧、废弃和再创造,就是技术周转的意义。

我们照例在研究平均数。周转率或周转速度对于整个机构或国家来说,就是一个平均率。因此,它可以分成许多单独的周转率,这些周转率构成了整体的平均率。进行这种区别的古典和通俗的术语就是流动资本和固定资本。流动资本是原材料、半产品和停止流动的制成品,因为它们已经到了最终消费者手中。固定资本是地力、建筑、机器、公路、桥梁等。

但这种区别并不准确地符合这个过程。根本不存在什么固定资本,一切都在流动,只是以不同的周转率在流动罢了。仓库里的一堆煤是"固定的",但这是暂时的。按照大小及在机构中的用途,其周转率因产出而耗尽,因投入而扩大。比如,可以说每年十二次,或者说是每月一次。所有其他流动资本项都是如此。但建筑物或机器要折旧和废弃也许需要一年、十年、二十年或者三十年,其周转率可能是三十年一次,或者说是每年百分之三。其他的固定资本也是这样。通过废弃和折旧,设备固定资本平均的周转率可能是十二年一次,或者是每年百分之八。

在固定资本和流动资本流行的区别方法中,折旧和废弃这一重要的事实被掩盖了,这是老派的经济学家所作的区别。许多生意兴隆的合作制的电话公司由农民经营,对自己的会员收取很低的费用,当其虚假的"固定"资本由于折旧和废弃必须更换时,突然之间发现自己破产了。为了修建必须在十年内更替的水泥公路，有些县郡往往发行三十年的债券，于是为了另外一个十年的周转，就必须发行另外一次三十年的债券，最终这条路负担了三倍于路的成本的债务。往往一些公司派发很高的红利，而公司的财产却正在折旧或废弃，于是在新资本引入歧途的诱惑之下，发行了债券或新的股票，去扩大他们声称兴隆的生意。

在所有这些案例中，他们所做的事情一般都被认为是"将本付息"。更准确点描述，这是在支付股息，而不是利用即将开始的新发明去维持或提高效率。如果工程师发现工厂的平均周转率是十年，那就必须设法从分红中每年扣除工厂总价值的百分之十，否则红利就是"从资本中支付"，而不是从销售总额中支付。对铁路和公共设施进行公共管理的一项重要的成果就是禁止这种"将本付息"的惯例。这是所谓"高风险投资（high finance）"的欺骗手法之一，但这只是金融家利用"固定资本"的普遍错觉代替了资本设备的快速周转。

另外一方面，现代大公司的一个显著的优势是其"折旧准备"，还有就是在有超额收入时董事会拒绝宣布超额红利，而是在折旧准备之外，建立一个"公司盈余"，然后宣布所有权的"股份股利"以替代每年收益的红利。我们将用"利润垫支（cushion）"来考虑近来出现的这种现象。①

因此，"固定资本"的周转等于折旧和废弃率。由于现代机器所具有的高速度，特别是因新发明而造成的废弃，体现在机器中的劳动工时可能很快就用光。因此，当我们只以活劳动的工时衡量时，在效率方面就会夸大。在上文服装厂的例证中，活劳动的效率在十年中提高了百分之百；反之而言，劳动投入减少了百分之五十。不管哪种说法都是言过其实了。新的改良后的机器已经采用了。夸大的程度取决于固定资本的工时量及其折旧和废弃率。我们遵照马克思的说法，把这种工时量及其折旧率称为按工时衡量的"物化的企业一般管理费用"。

---

① 见本书第9章关于利润垫支的论述。

因此，关于周转率的类比，我们把马克思的以工时衡量的"不变和可变"资本，转化成了运行中的设备，其大小是循环但可变的劳动投入和财富产出。他的"可变资本"变成了仅仅是劳动投入和劳动产出的可变比率，这是设备变动的效率。"固定"资本和流动资本（原材料）合并为了单一的平均周转率的概念，这里的周转率是指把宇宙中的物质能量转化为有用的产出活动中的周转率。设备的变动效率是在固定资本和原材料被用完的平均时期内活劳动和物化劳动的总产出与总投入的比率。

这样，我们就可以对财富扩大和资产扩大的过程加以区分和衡量。财富是由于产出对投入的比率的增加而增加的，资产则是由于收入对支出的比率的增加而增加的。如果服装的套数（也就是财富的产出）每工时增加了百分之七十五，那么这种增加就是那种形式的财富所增加的*比率*。

如果按照工时计算，农民的联合收割机、打谷机、装袋机，要比他们从前分开使用的马匹、收割机和打谷机的成本低，但两个人每小时所能打出的小麦，却比过去二十人每小时打出的还要多。由于过去所积累的脑力和体力，致使效率提高后减少了现在的人力。但在专利期满之后，却不存在对财产权在脑力上的继承。因此，工时所要求的对技术资本量的计算，仅仅是创造此项技术资本时实践使用的工时。

使得财富周转和资本周转之间的区别重要起来的是伴随着这些交易的欺瞒和错觉。它涉及资本这个词的双重意义：一个是它的技术意义；一个是它的所有权意义。一个过去被称为资本；另外一个被称为资本化。但企业家把资本化叫做资本。这是资产意义上的资本；另外一种是财富意义上的资本。一个是稀缺性价值，或者叫做预期*收入*；另外一个是使用价值，或者叫做预期*产出*。混淆产生自采用了同一个计量单位的"美元"。美元衡量的是企业家资本的大小，这是资产（稀缺性价值），但美元又用来衡量社会意义上的资本，后者是财富（使用价值）。按照工时计量的时候，固定资本和流动资本都是财富，而所增加的产出对投入的速率增加了效率。按照美元来衡量的时候，两者都是资产和负债，所增加的收入对支出的比率，是企业资产增加额的一种增加比率。

六、能力和机会

(一) 物质的和法律的占有

因此,我们形成了能力和机会之间的区别。能力是行为的才能,机会是有限的可供选择的对象,人们在行为的时候在其中进行选择。但能力是在两个方向发挥作用,一种是对自然的力量,一种是对其他人的力量,可以区分为生产能力和买卖能力。因此,选择是在自然机会和所有权机会之间进行的。

这种区分虽然明显,但由于财富的双重意义,却在经济理论中被隐藏了起来。我们已经指出,财富的双重意义是指物质的东西和它们的所有权。可是,所有权这个词因此被赋予了物质占有和法律占有的双重意义。布莱克是这样使用这种双重意义的:

> "我们的许多欲望肯定是与东西的所有权而不是东西本身的某些特性相关的。在许多情况下,所有权是那种物品恰当地满足我们的欲望之前所必需的。在衣服、牙刷和哈巴狗这样的案例中,没有人会不同意这一点。对于土地、房屋、汽车、书籍、图画、乐器,在很大程度上也是如此。因此,占有实际上必须被视为是决定满足欲望能力的第四种情况。① 同样的归类也可以适用于服务和物质的东西。"②

在这里,所有权和占有这两个词在使用的时候,也许可以进行这样的区分:一个是物质的意义,指拥有自然的物资在生产或消费中供某个人使用;一个是所有权的意义,即它在经济上恰好相反,

---

① 他的有关其他三种情况是:形式(包括物质)、地点和时间。
② 参阅布莱克:《生产经济学》,第29页。又见本书第8章《门格尔》中的一节关于类似的双重意义的论述。

排斥他人并扣留他们想要但却不占有的东西的权利。① 我们不能悄悄地走到街上或钻到邻居的田里,因为生产或消费就捡拾我们需要的任何东西。我们必须与所有者达成协议。因此,占有的双重意义如经济学中的用法,既是物质上的控制,又是法律上的控制。在获得物质上的控制之前,必须拟定法律上的控制。

这似乎一直都被物质的和享乐主义的经济学家们所疏忽了。他们总是指物质上的占有,而不是法律上的占有。这都包含在了他们将财富作为物资和所有权的双重意义上了。但是,假使经济学家们没有事先获得法律上的占有就试图去生产或消费的话,那恐怕他们就得蹲监狱了。如果我们事先获得了法律上的占有,那么由于物质上的占有,我们就有机会去增加财富的生产或消费。由于法律上的占有,我们就有能力排斥他人并为所有权的转移而讨价还价。物质上的占有是持有,法律上的占有是赋予持有或扣留的权利。一个是在自然的力量中间进行选择的机会;另外一个是在买者之间或卖者之间进行选择的机会。

事实上,在这一区分的基础上,我们不仅在**物资**和**所有权**之间作出了区分,而且还在**财富**和**资产**、**财产**和**财产权利**之间作出了区分。财富是由脑力、体力和管理能力附加到否则就毫无用处的自然原料之上的使用价值。但如果自然界的物质资源非常丰富,像空气那样,不用要求就可以拥有,它们当然就没有什么稀缺性价值,也不会有人傻到将其作为自己的财产而主张排他性占有的程度。空气尽管在一切自然界的物质资源中是最有用的,但由于丰裕而不具有任何价值,因此没有人会对它主张排他性占有。但如果空气变得稀缺,像北方人工取暖的空气或是南方人工降温的空气,或者是用于无线电通讯的波长,那就会产生带有冲突性质的所有权的主张。其

---

① 就这里所考虑的经济意义而言,*所有权*和*占有*之间*法律上*的技术性区别不是实质性的。两者都指排除了他人未经所有者或占有者同意就进入(就是使用)财产的权利。由于法律上的这个区别,我们使用了一个范围更广的词即"法律控制",意思是指法律上的所有权或法律上的占有。

至创建了一个无线电委员会,以便把有限的波长分配给个人,供他在有限的时期内排他性地使用。波长是财富,但其法律上的占有是资产。

这样,我们就可以在财产和财产权利之间作出区分。财产是对稀缺或预计稀缺的自然界物资的排他性控制的主张,这种控制是出于一个人自己使用的目的,或者是出于如果支付价格就给他人使用的目的。但财产权利是政府或其他机构的集体活动,在任何预期会稀缺到足以对排他性使用产生冲突的东西的使用中,这种活动分配给个人的是针对其他人的排他性主张。因此,财产不仅是一种权利,而且是一种针对稀缺之物的权利冲突,但财产权利却是规范冲突的共同行为。

当然,我们在这里的区分是在分析与辩护之间进行的。分析是指稀缺性、财产和财产权利之间的关系,对财产权利的辩护是为了维护或改变它们而提出的理由。分析旨在揭示"占有"的双重意义:在其物质的意义上,它是一种支配自然力量的能力;在其所有权的意义上,它是授予个人的集体能力,它可以让个人保留对自己使用的东西的主张而不让他人使用。在一种意义中它是效率的必要条件;在另外一种意义中,它是买卖能力的必要条件。①

(二) 选择

但不管哪种情况,能力都可以把自己分解为选择,而选择是指稀缺机会之间的选择。在物质的意义上,选择是在自然——更确切地说——是在物质或物质的机会之间的选择。在所有权的意义上,它是买者或卖者之间、借款人或贷款人之间、工人或雇主之间、出租人或承租人之间的选择。它是在所有权的让与和获得之间进行的选择。在物质的意义上,选择属于一种支配自然力量的能力的增加。在所有权的意义上,它属于支配其他人的能力的增加。一个是相对的效率,另外一个是相对的稀缺性。

在物质的意义上,财富的生产或消费靠的是在自然机会中间所

---

① 财产和财产权利的区分引申自麦克劳德的论述,见本书第9章第3节。

进行的选择。布莱克说:"选择"是一种"生产的形式"。如果我们所谓的选择的意思是指选择的行为,而不仅仅是对导致这种行为的选择对象的主观评价,那么布莱克的术语学就恰当地把消费包含在了其生产的意义中。

> 他说:"在可以吃东西之前,必须要做的决定或者选择是吃什么……所选择的对象可能是在用品生产或服务生产等方面所需要用的物品或服务……这些都是生产,这是毫无疑问的。但为了自己的衣食、娱乐进行选择同样无疑也是生产。"①

如果我们要研究选择行为是如何生产财富的,那就必须更加仔细地分析在不同选择对象之间进行选择的意义。它是一种对我们所用的脑力、体力、管理能力等人力的方向和力量的选择。在这种意义上,每种选择在其对自然物资作用的各个方面就是三重的。在选择的那一刻,它就是履约、废止和展期,如下面的公式所示:②

选择图式

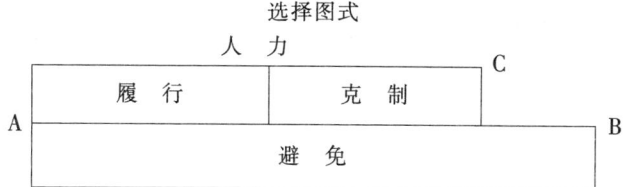

可以认为,在 AC 这个方向,人力或者说是控制自然的能力,要大于 AB 这个方向的选择。但在那个方向施展个人能力被认为是没有用的。因此,在两者之间就作出了选择,放弃某个方向我们称之为**废止**,选择另外一个方向我们称之为**履约**。

但是,只有在危机时期或者危机剧烈加速的时期,**履约**才等于那个方向的全部人力。实际履约与可能履约之间的差别我们称之为**展期**。因此,每个选择都是一种对选择对象的双重选择,即一种既受**展期**限制又受次优的被避免的选择对象限制的**履约**选择。履约

---

① 布莱克:《生产经济学》,第 41 页。
② 参见康芒斯:《资本主义的法律基础》,第 69 页。

是对当时推动可获得的某一选择因素的实际努力；废止是对认为无益于所抱目的的选择因素的舍弃；展期是履约所运用的程度，不是其全部的潜能，而是受到意志的限制，因为人们认为使用太多的能量会阻碍其目的的实现。

因此，每个选择都有三重的限制。第一，能力，也就是说潜在的能力，无论是管理的能力还是体力，都受脑力预见的指导。第二，在更多或更少程度的力量之间的选择，在某种情况下履约要少于那个方向上的潜在的能力。第三，在某个方向上的履约而其他方向上的废止之间的选择。

我们这样所归纳的仅仅是人类能力的物质方面的内容。然而，我们还有由于意愿而形成的意志指导，这样选择就是市场性的，我们称之为**意志行动**。它是对自然能量将要发生作用方向的控制，可以选择人类力量在实际履约中所使用的程度，展期对不必要的力量的使用，废止把它用在各种选择对象上。因此，选择是生产性的，因为它是履约、展期和废止。

正是对选择行为的这种分析，给限制和补充因素的原则赋予了意义，可以在财富生产中作为管理交易的一种指南。如果有远见的话，那么我们会选择一种受展期限制的履约，这种展期施加在决策的当时当地的那个被认为是限制因素的因素上，而且要暂时避免补充因素,① 尽管其后它们有可能陆续被选为当时的限制因素。在自然力量的限制和补充因素之间选择的这个过程，我们就可以作为自然机会或财富生产的选择加以区分。

然而，这种区分如同布莱克所做的那样，必须在合理的、习惯的和偶然的选择中进行。② 实际进行的选择未必真是限制因素，在那种情况下努力就被浪费了。合理或科学选择所完成的程度，与习惯或偶然的选择是相对的，我们称之为**时效性**（timeliness），其范围是脑力和管理能力。它在人与人之间有很大的差别，在纯粹的体力劳动上达到了最低限度。就在正确的时间和正确的地点上以正确的形

---

① 参见本书第9章关于关键交易和一般交易的有关论述。
② 布莱克：《生产经济学》，第41页。

式和正确的数量选择可变的限制因素而言，**时效性**就是人类能力施展的有效程度。

因此，人们在自然物质力量之间进行选择的三个限制性因素就是人力、机会与时效性。人力是脑力、体力和管理的能力；机会是自然界的各种力量之间的限制因素和补充因素；时效性是在正确的时间、和地点上，以正确的形式、数量和人类能量的程度所进行的履约、展期和废止。这种工程的选择过程特别适用于管理交易，但其原型是鲁滨逊，对于他来说，要考虑的只有物质占有。按照可以获得的最高效率进行衡量，在现有的能力限制、可获得的自然机会、对时效性的最佳判断的范围内，它是人力的最少投入或者使用价值的最大产出。在对自然力量的控制上，我们把选择的这些方面的结果称为效率。

但非常奇怪的是，在经济能力或相对稀缺性的领域，也会发现选择的同样内容，这就是占有的所有权意义。在这里，**买卖能力**的各个方面也是履约、展期和废止。由于它们提供的机会是相对稀缺的，所以我们称之为**经济机会**或**所有权机会**，而把其他的称之为**物质机会**。在那里，相对效率提供了机会。机会是能力的客观的一面，而意志的一面是选择。机会选择的分析已经逐渐融入了经济学理论，虽然人们总是假定这是显而易见的，因此并不需要研究，但在这里，我们将会划分其各个发展阶段。因为机会的选择是价值的法律意义，它与生产成本的物质概念和享乐主义的快乐与痛苦的概念是相对的。

(三) 机会

1. **服务成本**和**产品成本**。庞巴维克对西尼尔（Senior）① 节欲论②的批评是现代"效用成本"和"机会成本"学说的发端，后者我们发现相当于司法上的合理服务成本学说。庞巴维克使用了来自

---

① 西尼尔（Nassau William Senior, 1790~1864），英国经济学家和法学家。——译者注
② 庞巴维克：《资本和利息：经济理论史批判》，1884年出版，引文据斯玛特（W. H. Smart）1890年英译本第275页。

物质服务的享乐主义的快乐说法,即"效用成本",对此我们很容易就它转换成了所有权的货币语言,或者说是"机会成本"。

他区分了两种类型的福利损失:一种是"正的",即"我们让自己所遭受的实际的伤害、痛苦或麻烦";一种是"负的",即"没有幸福或满足我们就做了,否则我们也会有幸福或满足"。这种选择对象的废止就是他的效用成本。

这两种量度成本的方法不是累加的。两者不能相加,它们是二者取一的选择。庞巴维克说,"既然在今天的经济生活中,我们拥有无数的可能性把我们的工作变成富有成效的利益",以劳动痛苦来衡量牺牲"几乎根本不会存在"。现在"在绝大多数情况下我们都不用工作的痛苦来进行估计,而是用我们所放弃的利润或利益来进行估计"。①

这样,他把自己的经济哲学从西尼尔节欲和稀缺的痛苦经济,转变成了一种快乐和丰裕的经济,这种经济是在较大和较小的快乐之间进行选择的经济。这一原则的普遍性是毋庸置疑的。我们选择的是较大的快乐,拒绝的是较小的快乐(有些修正以后再考虑)。我们获得了一种快乐的剩余。

对于这种放弃的利益,庞巴维克冠以了一个自相矛盾的名称,即"负成本"或"效用成本";而对于亚当·斯密和西尼尔的牺牲、痛苦或麻烦,他称之为"正成本"。然而,"正"和"负"这两个词在这里被赋予了一种不同于数学上的正负的意义。因为,这里的意思显然是指在不同的快乐之间进行选择的那种意志上的意义,我们采用他描述被避免的选择性快乐的"效用成本"一词,与古典学派数学上的"正成本"或正痛苦进行对比。当从快乐的正"收益"中扣除痛苦的正"支出"时,正的成本或痛苦得出的就是*净收入*的观念。但是,当所避免的快乐较少而所获得的快乐较大时,效用成本的概念得出的就是*剩余*的观念。

当我们从庞巴维克关于物质和快乐的自然经济转向关于货币社会的所有权经济时,这一点会显得更为常见。在这里,每一种东西

---

① 庞巴维克:《资本和利息:经济理论史批判》,1890年英译本,第284页。

都归某个人所有，在个人有权利利用自然之前，他必须跟所有者谈条件。因此，我们把"效用成本"这个心理学术语变成了"机会成本"这个金钱术语。在这里，活动不是物质的，而是行动主义的，它是以同意法律控制权的转让而结束谈判的行为。[①] 机会成本是从充裕的卖出机会的选择中产生的。因此，在我们的买卖交易的公式中，[②] 在卖家 S 面前，有卖给两个竞争买家的两个机会。他不能在一次交易中卖给两个人，因此，在一项交易中，他只提供一种商品出售，无论如何，他必须从两个买家中进行选择。买家 B 出价一百美元，而买家 B1 只出价九十美元。如果卖家 S 不能诱使买家 B 支付比一百美元更高的价格，那么卖家 S 就接受一百美元以卖出他的商品，从而放弃了 B1 九十美元的出价。对于 S 来说，这九十美元就是他的机会成本，而且在意义上是"负的"，甚至是似非而是的。因为它不是实际支出意义上的成本，而是选择意义上的较小的份额，这是他所避免的在用钱购买的供给丰裕的商品中的较小份额。

但是，对于 S 来说，正的成本比方说是八十美元，这个成本他作为买家，已经在*前一次交易*中支付给了卖家，因此，"机会成本"跟"正成本"不是累加的。事实上，它们是*正的支出*和*选择性的收入*之间的差别。买家 B1 代表的是对 S 销售其商品所能利用的一切所有权机会中的那个*次优*机会，而买家 B 则代表的是当时可获得的全部所有权机会中的那个最优机会。因为这个原因，我们称之为机会成本。

因此，我们对"剩余"和"净收入"进行了区别，这通常是人们不加辨别的。净收入是在两次交易中，S 的总收入（他从 B 那里得到的一百美元）和他的总支出（他付给前一个卖家的八十美元）之间的差额，在这个案例中这个差额是二十美元。但在这个案例中，剩余是一次交易中的两个*总收入*之间的差额，B 出价给 S 的收入是一百美元，而 B1 出价给 S 的收入是选择性较小的九十美元。在这个案例中，*剩余*是十美元。剩余和净收入不是累加的，要能累加就是三

---

① 参阅本书第 2 章关于谈判心理的相关论述。
② 参阅本书第 2 章关于买卖交易的相关论述。

十美元。它们是按成本衡量价值和按选择机会衡量价值的两种方法。

在"剩余"的情况下,剩余收入十美元是一种"不劳而获的"收入,或者说是"准地租",它纯粹是由选择的自由产生的。这种选择是所代表的两个所有权机会之间的选择,在*同一时间和同一市场*体现在两个所有者 B 和 B1 身上,没有成本。但净收入二十美元是正的支出八十美元与正的收入一百美元之间的差额,这是在*不同时间的两个市场上*的差额。换句话说,剩余是在一次交易中两个卖出机会之间的差额,但净收入是在两次交易中正支出与正收入之间的差额。

我们将会看到,法庭把自己的合理服务成本的概念构建在了这种剩余的大小而不是净收入的大小之上,构建在了对机会成本的量度而不是对正成本的量度之上。它也是数理经济学家在其统计学的理论运用中唯一开始领会的一种区别。①

然而,为了保持这种区别,就需要有一个词来表示正的成本,并把它跟机会主义的服务的机会区别开来。我们将把它区别为"产品成本",而机会主义的概念是"服务成本"。产品成本是古典的或痛苦的成本,作为正的货币*支出*或痛苦,交换的是正的物品的*收入*或是快乐。但服务成本是所避免的意志上的*选择性收入*,因为个人是有限的,不能一次有两种收入,因此选择了较大的一种。因此,产品成本是*支出*,但服务成本是一种*选择性收入*。所有买卖实际上都是在选择性收入或服务成本的原则基础上进行的,而产品成本仅仅是"标高价格"中的一个因素,卖家只要有可能就想得到这种"标高价格"。

我们把对机会成本最先系统而确切的陈述,归功于格林(D. I. Green)和达文波特(H. J. Davenport)②。但达文波特说,尽管

---

① 见莫顿(W. A. Morton)给埃利斯(L. S. Ellis)的《糖税》一书所作的附录,1932 年 12 月由罗利基金会出版。
② 格林(D. I. Green):《痛苦成本和机会成本》,《经济学季刊》,1894 年第 8 号,第 218 页;达文波特(H. J. Davenport):《价值与分配》,1908 年版;《企业经济学》,1913 年版。

格林是"第一个完全明确地阐述这个学说的人",但他不是"第一个对其进行系统运用的人"。这一点达文波特通过对古典学派和享乐主义学派的主要经济学家们的仔细研究做到了,这方面读者可以参考其著作《价值与分配》。他发现庞巴维克和奥地利学派已经认识到了这个原则,但他们却没有"毫不犹豫"地坚持这个观点。后来的几个经济学家也以"替换成本(displacement-cost)"、"准地租"的名义说明或暗示过这个学说,特别值得一提的是马歇尔(Alfred Marshall)的"替代(substitution)"成本。

我们已经理解了达文波特详尽的分析以及他与旧理论的对比,把它归纳为前述的交易公式,并且用他的"机会成本"、"分配的成本"或"分配的份额"的名称来称呼这个公式。这些术语都非常准确地描述了发生在每项交易中的主动的选择过程。每个卖家选择的都是社会总产品中所有可选择份额中最大的那一项,这些份额是买家以货币形式出价给他的。这可以称为他的"分配的份额",也就是他接受的那个份额。然而,在进行选择的时候,他先行拒绝了社会总产品中居于第二的那个较小的份额,这个份额是由次优买家以货币形式出价给他的。这是"分配的成本",它跟替代成本、替换成本或格林和达文波特的机会成本差不多是一样的。"分配的份额"是他作为"货币收入"的购买能力实际接受的社会产品份额的要求权。机会成本是他放弃的一个较小份额的要求权,因此,这个份额变成了一个"成本",从意志的意义上说,这是为了得到所接受的较大的份额而放弃的一个较小的份额。两者之间的差额是一种准地租、一种剩余、一种不劳而获的收入,仅仅由于选择就获得了,没有成本,但作为组成部分之一起到了扩大其净收入的作用。

2. **服务价值和产品价值**。但是,如果个人由于有机会在两个总收入中选择较大的一个而获得一种剩余,这个剩余扩大了其净收入,那么他就不能因为具有在两种总支出中选择较少的一个而扩大其净收入吗?我们从凯雷1837年至1847年的著作中找到了这一分析的开端。他的分析在1850年被巴师夏接受并宣扬,但后者甚至在文字和说明中都没有注明出处。① 他们真正所做的是回到了亚当·斯密的"劳动节省"的概念，斯密已经让劳动节省等同于"劳动成本"和"所支配的劳动"。② 他们两个人都利用了斯密的"劳动节省"的概念来推翻李嘉图的成本与地租学说，但凯雷用它来支持保护性税则，而巴师夏则用它来驳斥无政府主义者蒲鲁东和支持自由贸易。

凯雷和巴师夏用"服务价值"这个词来区别他们的"劳动节省"的意义。在研究美国法庭和商人们（法庭是从他们的习惯中得出其理论的）的价值理论的时候，我们发现，这恰恰就是他们的"价值"的意义。法律和资本主义的价值理论是*劳动节省理论*，因此，在古典学派或正统经济学家的"正的"成本或价值理论中是看不到其踪影的，在共产主义、无政府主义、享乐主义或非正统的信徒以及反对者的理论中，同样也是不见其踪影的。

然而，"劳动节省"是货币或货币价值的一种人格化，而法律资本主义理论则是一种货币价值理论。尽管凯雷和巴师夏为了得出其劳动节省的概念而省略了货币，但他们也把劳动节省转化成了货币节省。因此，在解释其理论起源的时候，我们就是在解释法律和资本主义的价值理论。然而，我们发现，他们的理论包含在了我们的交易公式中，在这个公式中，它显然是一个关于机会选择的意志理论。

巴师夏跟凯雷一样，是从与庞巴维克相反的社会哲学入手的。巴师夏不是从机会的一种丰裕性入手，在这中间，我们选择的是最有利的机会，因而可以漠视牺牲的痛苦；他是从机会的一种稀缺性入手的，因此也是从牺牲的痛苦入手的，在这中间，我们选择的是最少麻烦的机会，忽略了货币或快乐的正收入。他正确地指出，这

---

① 凯雷：《政治经济学原理》，1837 年版；《过去、现在和未来》，1847 年版；巴师夏：《经济和谐论》，1850 年版，引文自 1860 年英译本。见凯雷的《社会科学原理》1858 年版第一卷第 3 页对优先权的主张，引文自 1868 年的版本。凯雷的主张得到了吉德和李斯特（见其《经济学说史》，1913 年译本，第 327 页）以及汉尼的证明（见其《经济思想史》，1911 年版、1930 年版，第 304 页）。

② 见本书第 5 章关于斯密的论述。

出于稀缺性的普遍规律，也就是说，那种欲望超过了供给，因此，就要求劳动生产出一种供给。但既然劳动是令人不愉快的，因此，对于在交换中获得产品的买家而言，产品的价值并不跟生产产品时买家*自己的劳动成本*成比例，而是跟假如他自己生产产品而不是从别人那里获得产品时*可能耗费*的劳动成比例。因此，他的价值是按照亚当·斯密的劳动*节省*来衡量的，而不是按照李嘉图的劳动*成本*来衡量的。他用劳动的形式来说明，但实际上它是可以用货币的形式来说明的。

> 巴师夏说，"……价值并不与提供服务的人*所完成的劳动*形成一定的比例"，像李嘉图的劳动成本学说和后来的马克思和蒲鲁东所说的那样，"更正确地说是跟让*接受价值的人节省的劳动*成比例，就我所知，价值的这种一般法则并没有受到理论家们的注意，但在实践中却是普遍流行的……其原则和基础不在于服务的人的努力，而在于对他来说被服务的人所节省的努力"。①

因此，我们可以称巴师夏的"主观价值"为一种"负的"价值，或者用似非而是的话说，叫做一种无效价值，对自身来说是*避免*一种更重的可选择的痛苦的*价值*，正如庞巴维克的负成本或"效用成本"对自身来说是*放弃*一种较小的可选择的快乐的*成本*。转换成货币术语，这就是法律上说的一种"反机会价值（dis‑opportunity‑value）"，在法律的概念上（也就是凯雷和巴师夏的概念）等于服务的价值。

这跟通俗的"障碍价值"的意义是一样的，障碍价值是一个人为了让另外一个人消除正在减少其所拥有的财产价值的损害而支付给他的代价。作为一种对商誉价值要求权的驳斥，这个词已经获得了法律上的承认。②

这种法律上的反机会价值，或者说通常的障碍价值，我们一直

---

① 巴师夏：《政治经济学的协调》，1860年译本，第114页。
② 见康芒斯：《资本主义的法律基础》，第202页。

视为是价值的"分配"意义,而不是价值的负的意义。对自身来说,它是一个人有机会选择一种较小的支出而避免了对他人而言较大的支出的价值。如果必须为这个机会进行支付,那它就是一种障碍价值。在买卖交易的公式中可以看到这种情况(见本书第2章关于买卖交易的有关论述)。

在我们的公式中,买家B或B1有两个选择对象,即他可以从S那里以一百一十美元购买其商品,或者是从S1那里以一百二十美元购买其商品。作为买家,为了他自己的利益,在从强加给他的不愉快的选择对象中选择时,他会选择讨厌程度少点的一种,付给S一百一十美元。差额就是一种障碍价值。因此,这个卖家以一百一十美元完成了对他的服务——一种把他从支付一百二十美元的次一级最坏的选择对象或者障碍中解救出来的服务。对于扩大其净收入而言,服务的大小就是因此而"节省的"剩余,即十美元。如果他没有办法购买S的东西,那么这十美元就是他要付给S1的障碍价值。在后一种情况下,它不是一种"不劳而获的收入",而是一种不劳而获的"节余",一种"准地租",产生于无须付出代价的自由,这种自由就是从强加给他的正的成本(支出)的两种选择中选出较小的那种自由;法律制度之所以强迫他支付这个正的成本,就是因为他所需要的商品供给有限而且被他人占有。

正是在"两害相权取其轻"的概念之下,法庭建立了自己的"服务价值"和"障碍价值"的概念。但在另外一种情况下,由于存在价值的两种意义,一种是预期货币收入的正价值,一种是避免选择较高货币支出的分配价值或负价值,我们又得需要一对术语来保持这一区别。这对术语就是"*产品价值*"和"*服务价值*"。产品价值是古典学派和享乐主义学派的观念,作为交换物品或痛苦的正支出而接受的预期的货币或快乐的正收入。但服务价值是*所避免的*较高支出的意志选择,或者是不能避免的障碍价值。因为个人是有限的,不能同时承受两种支出,因而在没有可选择的办法的情况下,他会选择支付较少的一种,或者支付障碍价值。因此,*产品价值属于收入,但服务价值则属于二者择一的较高支出。产品价值是净收入的一个因素*,与之相对的一个因素是产品的成本。但服务价值是另一种意志的*剩余*，与之相对的则是服务的成本，两者都是净收入的增加。

服务价值这个概念在经济学理论中算不上什么新东西，它不过是李嘉图国际贸易中"比较成本"学说的一种新名称和新应用。李嘉图曾经说过："在一个国家调节商品相对价值的同一法则，不能调节两个或更多国家间所交换的商品的相对价值。"① 凯雷以李嘉图的"两种法则"为基础，在这些法则之上构建起了自己的保护税则理论，与李嘉图和巴师夏的自由贸易相反，他说，在一个国家，比如说美国，实际的劳动量也许如李嘉图所坚持的那样，是一个相对价值的尺度，因为所有的劳动都有"支配各种自然服务的相等能力。纽约或费城的两个木匠的产品一般都可以用来交换两个泥瓦匠的产品"。法国、英国、印度不同地区不同劳动者的产品也是差不多相等的，都是以与国内劳动时间成比例的比率在进行交换的。

但在国外贸易中却不是这样。"在价值上，波士顿一个劳动者的时间差不多等于匹兹堡、辛辛那提或圣路易斯另外一个劳动者的时间，但却不能假定这就是巴黎或哈莱的劳动者的时间……意大利人付出一年的努力，所得到的价值还不到英国人的一半"。② 凯雷的这种说法就是李嘉图的比较成本学说。

然而，正如李嘉图在拥护自由贸易时所坚持的，国外贸易是有利可图的，因为每个国家都可以出口自己的劳动效率更高的产品，而进口自己的劳动效率较低的产品，从而它*节省*了本国高成本产品所要求的自己本国的较高的劳动量，而把这些劳动用于本国低成本的产品以供出口。它与我们下面要谈的这一学说仅一步之遥：在这个意义上，由外国人所提供的服务的价值尺度，就是所选择的国内劳动"节省的"量，否则的话，就会要求用这种劳动来生产所进口的物品。③ 这就是凯雷的说法。这一在两种劳动成本中选择较低的一

---

① 麦卡洛克编：《李嘉图全集》，1988年版，第75页。
② 凯雷：《社会科学原理》，1868年版，第一卷，第155页。
③ 凯雷在其最早期的理论化过程中是一个自由贸易者，但后来他看到了这种价值学说会支持保护税则政策从而抵制外国的廉价劳动。

种的观念,被凯雷和巴师夏扩展为了一种普遍的价值法则,在国内和国外贸易中都可以适用,因此,把李嘉图和马克思以实际劳动成本作为价值尺度的学说,改变成了李嘉图以比较成本作为价值尺度、以斯密的"劳动节省"作为价值尺度的学说。由于称之为以所避免的可选择的较高的劳动成本来衡量的"服务价值",而不是称之为以其自己的劳动成本来衡量的"产品价值",他们把它当成了某种普遍的东西,而李嘉图只在国外贸易中看到了它的存在。但是,它把整个价值概念由古典学派和共产主义学派的实际劳动成本,改变成了对较少的可选择成本的一种竞争性选择。

相当奇怪的是,达文波特非常英明地发展了机会成本学说,但却没有发展与之相对的反机会价值学说。可能的原因是,他跟大多数经济学家一样,把凯雷和巴师夏作为文不对题的怪物而未加考虑,而是把自己的注意力专注于古典学派和享乐主义学派的经济学家们身上。他把反机会价值作为"竞争"而不加理会。可是另外一个学说也是起源于竞争的。达文波特的确利用了凯雷的一个贡献,这一点立即就被所有的经济学家所接受了,这就是他用"再生产成本"代替了老派经济学家的"生产成本",[1] 但他却没有对此给予什么特别的关注。事实上,凯雷的"再生产成本"是一个完全崭新的概念,不仅仅是等于李嘉图和马克思的"生产成本",而且是其对立物。它根本就不是劳动成本理论,而是在两种可选择的劳动成本中选择较低的一种的普遍机会理论,但经济学家们和法院没有注意到差异就普遍接受了他的理论,就如亚当·斯密没有注意到劳动成本和劳动节省之间的差异一样。然而,如同一般的用法那样,它变成了一种空想主义的意志选择概念,在想象中构建了一种"理想类型",[2] 即只要存在自由竞争,不管先前生产的实际劳动成本是什么,价格都会是这种形式,显然如同李嘉图的主张。然而,其普遍性却是毋庸置疑的,在归纳为经济理论的根本单位——买卖的交易——的公式时,很容易就可以看出来,其中的四个竞争性的参与者都在努力选

---

[1] 达文波特:《价值与分配》,第322页。
[2] 见本书第10章有关理想类型的相关论述。

择，不仅是作为卖家在总收入中选择较大的一个，而且也作为买家在总支出中选择较小的一个。

这就让人想起了达文波特忽略反机会价值的另外一个理由。那是因为他始终都未能利用*总收入*和*净收入*之间的区别。假定他脑子里一直装着净收入的两个组成成分，即总收入和总支出，那么就会需要在两个总支出中选择较少的一个和在两个总收入中选择较大的一个的概念。换句话说，他的确小心翼翼地解释说，在总收入之间进行选择的机会成本，不应该跟我们称为*职业成本（occupation-cost）*的概念混淆，后者是*两种净收入*之间的选择，代表的是两种不同的职业。他说："……机会成本学说，如果正确理解的话，基本上不是指在某些二者择一的职业或活动中可以实现多少收益的问题，而只是一个在职业或活动中必须实现的收益问题……目的是为了保证其持续性。"① 换句话说，选择不是变换职业的选择，而是对惠顾同一机构的买家的选择。卖家选择的是支付更高价格的买家，而被拒绝的买家所量度的是对于卖家而言的机会成本，或者说是服务成本。但不知何故，存在着同一个人的被忽略的一系列相伴的选择。现在作为一名买家，他是在两个卖家之间进行选择，这些卖家是原材料或劳动之类的卖家，在那里被选择的是以较低的价格出售的卖家，而被买家*避免*的卖家所量度的是反机会价值，或者说是服务价值。

达文波特似乎将这一点作为不证自明的竞争事实给避开了。买家*的确*会选择相互竞争的卖家中要价较低的价格，他把这叫做"竞争"，但卖家却会选择相互竞争的买家出价较高的价格，这也是竞争。根据达文波特的观点，机会的选择不应该和竞争混为一谈，因为他把卖家视为竞争者，但他的机会成本是一个卖家在两个买家之间的选择。但我们从公式中可以看出，这些买家也是竞争者。竞争是买家之间的对抗，同样也是卖家之间的对抗；买家在卖家之间进行选择，正如卖家是在买家之间进行选择一样，竞争和机会是在交易的两个不同侧面出现的。

---

① 达文波特：《价值与分配》，第 92~93 页。

对法庭在服务的合理成本和服务的合理价值方面的判决进行研究，可以提供更进一步的说明。这两个概念都出现在法庭的判决中，如上所述，对这些判决的研究揭示，他们舍弃了李嘉图和古典经济学家们实际生产成本和实际产品价值的观念。因为这些东西被认为是私人的事情，除非被指控存在不公平竞争或歧视的时候有一个公共机构被引入。为了显示后面的公共福利问题的大小，法庭求助于比较的方法，对同一市场上其他人所接受或所支付的可选择的价格进行衡量，在现存的供给、需求、习俗以及人们在同样情况的通常惯例下，如果买家和卖家可以自由地进行选择类似的对象，那么就可以证明它是对买家和卖家都开放的合理的选择对象。如果分解为经济学术语，这就是李嘉图的比较成本、凯雷的再生产和服务价值或者是更专门的反机会成本价值（dis-opportunity-value），还有就是达文波特的机会成本或服务成本。在这里，在法律的论坛上，比较和分配的概念——服务价值，与类似的比较和分配的概念——服务的成本，同样经常发生争论。①

对于服务价值被忽略的一个更为可能的解释是，凯雷和巴师夏把一些荒谬的意义赋予了这个概念。对于他们来说，这个词是李嘉图留下来的一种老旧的认识，与他通常的学说是很不一致的，但却突然发现，在被滥用的巴师夏的**资本主义**和凯雷的**贸易保护主义**的头上，这个词投下了一个新的光环。要找出这些荒谬意义的根源，我们就得研究，按照在可选择对象中进行选择的意志概念，什么才是其合理而正确的意思。

3. **难以企及的选择对象——自由意愿和自由选择**。当巴师夏解释自己的服务价值概念的时候，他把一直反对地租、利息和私有财产的蒲鲁东带回到了"一片原始森林，而且临近致命的沼泽"。② 他对蒲鲁东说："这里是一片恰如第一批拓荒者们所遇到的那种土地，

---

① 关于这种法律学说的历史发展，参见本书第 10 章关于稀缺、丰裕和稳定的相关论述。
② 巴师夏：《政治经济学的协调》，1860 年译本，第一卷，第 201 页。凯雷一直用类似的例证来反驳李嘉图的地租理论。

你爱怎么占有就怎么占有……耕种靠你自己。你能让它产出的一切都归你所有，我只提一个条件，那就是你不会支持那个社会，对于那个社会你是作为牺牲品在代表自己……即作为一个劳动者在代表自己。"他继续说，现在用十五天的工作所获得的一定数量的物品，他"过去用六百天的工作去生产都有困难"。① 因此，六百天的工作就是地主和资本家以食物的形式提供给劳动者的"服务的价值"。实际的劳动成本，或者说是*生产*成本，是十五天的劳动。这就是李嘉图和蒲鲁东的价值观念。但是，由于更低的*再生产*成本——这是由"社会"从其作为沼泽的原始状态带来的——*所节省的*劳动是五百八十五天的劳动，而这个差额——五百八十五天的劳动——对于劳动者来说，就是由地主和资本家作为"社会"的代表提供的服务的价值，因此，地租、利息或利润作为这种价值的回报，当然是一种微不足道的支付。

在铁路运费规则处于在其幼稚期的时候，出现的也是同样的情况。铁路公司的法律代表把农民带回到了七十五年前，并且争辩说，铁路公司所提供的服务的价值，*就是在假使没有铁路的情况下*，农民在土路上用马车运输小麦的花费。据估计，这项花费至少是每吨哩五十美分，而铁路的运费只不过是大约每吨哩三美分钱。铁路提供给农民的服务的价值因此是五十美分钱，而铁路只收取了微不足道的三美分钱，农民获得了四十七美分钱的剩余。因此，如果要减少他们的铁路运费是不公道的。

在用提供就业来说明其服务的价值，或者是通过强调"服务"而不是降价来宣扬其服务对消费者的价值时，这也是企业家本能的论点。

论点不错，但很有可能成为谬误。这种谬误被称为是*非同时发生的选择对象*，或者是*难以企及的选择*。它实际上是一个关系到人类意愿的谬误。意愿受限于此时此刻。巴师夏的劳动者不是在现在的食物成本和一千年前的食物成本之间进行选择。铁路线上的农民不是在铁路运输和五十年前的土路运输之间进行选择。这会是用铁

---

① 巴师夏：《政治经济学的协调》，1860 年译本，第一卷，第 201~202 页。

路和用马车把他的小麦拉到市场上去的难以企及的选择之间的一种选择。这是"非选择"。在空间上他不会在可以达到选择对象和难以企及的选择对象之间进行选择，在时间上他也不会在过去已经消失的选择对象和现在仍然存在的选择对象之间进行选择。他是在同一时间同一地点在两个麻烦最少的可以达到的选择对象之间进行选择。如果其次的选择对象麻烦到不合理的程度，那就是他的不幸。但如果是那样，那却是在当时各种情况下实际的服务价值，尽管就常识而言这有点骇人听闻。

在这种情况下，就只能在想象中构建一个"伦理的典型"作为一种"合理的"服务价值，按照一种可选择但却是想象中的铁路，在现有的条件下，这是一种想象的"再生产成本"。很快人们就发现，铁路公司的论点跟巴师夏的论点一样是荒谬的，其荒谬性在于，按照常识观察的结果，我们不会选择难以企及的选择对象，这是一种自由意愿的荒谬，而不是自由选择的荒谬。合理性也许是想象出来的，但事情总是这样开始的。要落实这一点，也许还需要进行大量的研究。①

正是这些难以企及和非同时发生的谬误，给了凯雷和巴师夏"乐观主义"学派的名声。他们是乐观主义者，因为他们不涉及一种有限的人类意愿。与巴师夏难以企及的选择相比，比较正确的是他对可以达到的选择对象的另外一种解释，这就是法庭从中得出的自己的合理价值理论的价值学说。他说：

> "我在海滩上漫步，偶然发现了一块精美的钻石，这就让我占有了一种巨大的价值。为什么？难道是我将会给予人类一种巨大的利益吗？难道是我奉献了一种长期而艰辛

---

① 过去四十年关于服务成本和服务价值理论的这些争论，请专门参考瑞普莱（W. Z. Ripley）的《铁路：价格与管理》，1905 年版，第 167 页。沙夫曼（I. L. Sharfman）：《铁路管理》，1915 年版；《美国铁路的问题》，1921 年版；《州际商务委员会》，1931 年版，第二卷。格莱瑟（M. G. Glaeser）：《经济学公共效用论纲》，1927 年版。请参考这些书的索引。

的工作吗？都不是。那么，这块钻石为什么拥有如此巨大的价值呢？之所以没有疑问，是因为当我把这块钻石转让给别人的时候，他认为我给他提供了一种巨大的服务；之所以是一种巨大的服务，是因为许多富人都想得到它，而只有我能够提供它。他判断的背景也许可以辩驳——尽管这样。他的判断也许是基于高傲或虚荣——我们又假定如此。可是，这个判断却是由一个有意据此行动的人形成的，对于我的论点来说，这就足够了。"①

我们的术语适用于此。有三种决定价值的方法：

第一，钻石的价值对于卖者来说是"产品的价值"，这是在一切供求状况下的价格，他可以根据这个价格实际地把钻石卖给一个买主。对于卖者来说，"产品的成本"是发现它所耗费的微不足道的劳动，差额就是卖者的净收入。按照减去"实际"成本的"实际"价值，这是古典学派和正统学派的说法，它是一种*净收入*的概念。

第二，可是，对卖者而言，"服务成本"或"机会成本"是第二富有的人愿意支付但却被卖者所拒绝的*较低*的价格，因为他有了更好的选择。差额对于卖者而言是一种*剩余*。这是庞巴维克、格林、达文波特的说法。

第三，另一方面，对于买主而言，"服务价值"或"反机会成本价值"，假如不是钻石的发现者愿意以较低的价格出售而"省了"他的花费的话，那么就是他被迫支付的*较高*的价格。两者之间的差额就是*剩余*，但这次是对买主而言的。这是凯雷和巴师夏的说法。

把巴师夏的分析再往下推一步，尽管钻石的发现者找到钻石的"实际"成本是微不足道的劳动，但仍然存在一种以采掘钻石的更大的劳动成本来衡量的"反效用价值"。这就是*海滩*所提供的"服务价值"——自然的许多"无偿服务"中的一种——对于发现者来说，这相当于*节省*了他采掘所需要的更大的劳动成本。巴师夏虽然是用比喻说这话的，但却说得很郑重。或者说，适用于庞巴维克的说法，

---

① 见本书第10章关于理想类型的相关论述。

毫无疑问，钻石的买主从钻石上获得的满足（收益）要大于从相等的食物消费中获得的满足。对于他来说，被放弃的食物的"效用"，就是他选择享受钻石而不是可选择的食物的"效用成本"。

难以企及的选择或非同时发生的选择对象的谬误，让我们想到了与服务价值相关的一个谬误。据说，在选择个人所拒绝的麻烦最小的选择对象时，不仅包括"次差"的选择对象，而且还包括*所有的选择对象*，从次差到"最差"都包括在内。因此，对于他来说，服务的价值是所有被避免的选择对象的总和，理所当然，这就有可能增加到无限大。

这种谬误可以被称为是*无限选择对象的谬误*。在同一时间和地点，只有一个无限的生命才能享受所有可能的选择。但如果是那样的话，那他就不会选择了，他会不顾时间或空间立刻接受它们。经济学家对于自由市场的著名分析将会矫正这一谬误。

致使凯雷和巴师夏的"乐观主义"学派显得荒谬可笑的，正是难以企及、非同时发生和无限的选择对象。但是，当像达文波特那样，将其运用到经济学家们所研究的一个市场上的有限的人身上的时候，它就变成了对经济学理论的一个突出贡献。一个有限的人，一个经济学家所研究的人，在选择的那一刻，是世界上无限的可能性中有限但唯一的一个。对于什么是最优和次优、什么是较差和"最差"的判断，他也许是错误的，但那是他自己的错误。如果他富裕，这个对象的数值可能比较大；如果他贫穷，这个数值可能比较小。但无论如何，在一个时间点上他只能选择一个。在同一时间和地点，他不能鱼与熊掌兼得。

因此，他被迫陷入了选择的困境。在选择行为之前的心理过程中——这个过程我们称之为谈判心理，如果这个过程是本能的，那就更是如此了——他已经放弃了所有遥远的选择对象，而把自己的选择对象缩小到了两个，这两个对象，不是他认为"最优的两个"，就是他认为"最不糟糕的"两个，但由于其有限的资源，他只能得到其中的一个。这就是对最终困境的解决以及谈判的结束，但这都是靠"行"而不是靠"思"。这种"行"就是选择的行为，必须把它跟前面的"心理行为"或者是"选择"心理区分开来。它是实际的选择行为，从行动主义的观点的角度看，我们已经将其分解为了履约、废止和展期。

在选择中，对于这一主动优势的衡量尺度，要么是他所放弃的次优的*收入*（因此，对于他来说是被迫选择的"成本"），要么是他所避免的次差的*支出*（这对于他来说是避免次差的选择性支出的机会的"价值"）。经济学上有限的选择，是行动主义的从两种可能的选择对象中对较好的一种的选择。通过避免或放弃两者中的一个，他已经把所有其他的选择留给了整个世界。

一种相反的谬误出现在庞巴维克对西尼尔节欲论的批评中，上面已经提及过。由于现代条件下他关于机会丰裕性的理论，导致了庞巴维克在经济学的研究中排除了痛苦和牺牲，所以我们不是在痛苦中选择，而是在快乐中选择。因此，对于他来说，一切的成本都是效用成本——次优的可选择*收入*被避免了。但他所做的，并不是事实上排除了实际的痛苦和实际的成本，而是用通常的手段，通过假设它们是恒定的，从而在实质上排除了它们，正如巴师夏是实质上而不是事实上排除了实际的快乐和实际的收入，他也假定它们是恒定不变的。我们认为，这种疏忽是因为没有觉察到净收入是总收入和总支出这两个*变量*的结果所引起的。通过假设*支出*是恒定的，那么对于庞巴维克而言，变量就是快乐的效用或者是总收入。但通过假设*收入*是个衡量，那么对于庞巴维克而言，变量就是反效用或者是总支出。

达文波特的机会成本显然也是同样的情况。他实质上是把支出或痛苦作为常量给排除了，以致他的选择成了可选择收入中的一种。

但是，实质上的排除只是一种心理的方法，是对实际排除的实验室方法的一种代替。实际上，在每次转移中，都存在一个变化的总收入，对一方来说是总收入，但对另外一方来说却是相等的总支出，因为被转移的仅仅是它的所有权。但一次交易是两种转移，如果其中的一种由于被当成了衡量，从而在实质上被排除了，那么其他的就成了变量。在卖的重复中，被认为是变量的是总的货币*收入*；在买的重复中，被认为是变量的是总的货币*支出*。但正是两种交易中的两个变量的结合产生了净收入的实际大小。

在这里,我们又重新提起了选择对象的第三种选择概念,这是前面提到过的,即两种净收入之间的选择。这种机会的净收入概念完全不同于总收入的概念。机会成本指的是卖者在两个买家中提出的两种*总收入*之间的单一选择,但净收入之间的选择则是一个既是买家又是卖家的人,在作为买家的两种总支出和作为卖家的两种总收入之间的两种选择。由于这个原因,我们把这种净收入的选择称之为*职业成本*,而不是"机会成本"。因为,你可以考虑一下,一个人既通过卖得到总收入,又由于买而负担总支出,这是一种什么样的情形。他显然是一个具有某种地位的人,比如说一种工作,甚或是整个运行中的机构,从事着购买原料和劳动力、销售制成品的一切相关活动。在社会机制中的这种地位就是他的职业,因此"职业成本"必须是*两种职业间的一种选择*,在其中选择者放弃的是净收入较少的职业,选择的是净收入较大的职业。他是在各种职业中进行选择的,而不是在他产品的买家之间进行选择的,也不是在劳动力和原材料的卖家之间进行选择的。他改变的是职业,而不是他的顾客、工人或原料。

对于这样一种经济情况———一个人离开了一个工作而取得了另外一个工作,或者是整个机构都放弃了一个行业(比如说自行车制造业)而转移到另外一个行业(比如说汽车制造业),这个概念虽然颇为恰当,但当这个人在从事同一种职业时,它却掩盖了实际发生的情况。这里发生的是讨价还价的社会现象和卖者与买者之间的社会关系,提出来决断的各种问题都是建立在这些现象和关系之上的。这样,"职业成本"就掩盖了作为社会成本为所提供的服务支付的总收入,也掩盖了提供给其他人的服务的总支出。因此,它使得对效用成本、机会成本、服务成本的法律概念的分析,以及对反效用价值、反机会成本价值、巴师夏和法庭的服务价值的分析,都是不可能的。只有在总收入和净收入恰巧相等的时候,实际的成本已经被合同排除了,就如同在合同利息和合同地租的情况下所做的那样,总收入和净收入才会一致起来。因此,在那种情况下,职业成本才会恰好和我们所定义的机会成本相一致。但在所有这样的工作和运行中的机构的情况下,都是总收入和总支出两个变量决定着净收入,因此在理论上必须把买与卖分离开来，因为它们在实践中确实是分开的。①

现在我们可以总结庞巴维克和达文波特为什么会让他们的机会论有始无终了。通过诉诸*分配成本*（效用成本或机会成本）将正的成本（痛苦或货币支出）排除之后，他们未能排除正的价值（快乐或货币收入），因此就不能求助于*分配价值*（反效用或反机会价值）。原因在于未能区分作为净收入的价值和作为总收入的价值。

在这种疏忽后面有两种理由，前面已经提过，为什么反机会成本价值这个概念没有被发掘出来，如同它被凯雷和巴师夏所发掘的那样。原因之一是我们生活在一个丰裕而快乐的经济中的客观假设，因此不会在痛苦中选择。其二是古典理论的个人主义假设，即我们会不顾其他人的影响而追寻最大可能的*净*收入。第一种情况排除了正的成本，原因在于假设它们是相等的，因此可以忽略不计。第二种情况则是在净收入的个人主义观念中掩盖了正的成本。但它们是无法掩盖的，如果我们从社会的交易概念而不是个人入手，那么劝诱、胁迫和讨价还价能力等社会关系就显露出来了。

这就是机会与职业之间区别的意义。如同这里所定义的，机会而不是职业的观念，使得被掩盖的总收入和总支出的观念显现了出来。这就揭示了被掩盖的利益对立问题，以及因而发生的法庭的需要或可以带来一种合理利益和谐的类似的裁判。个人概念是一种个人可以从他的私人职业中得到*净收入*的概念，它是一个个人问题，涉及不到与其他人的冲突，涉及不到在他们之间进行判决的裁判，也涉及不到公共利益的问题。

但交易的概念是对两个人而言总收入对于总支出，这就存在利益的冲突。在一次交易中，卖者的总收入就是买者的总支出，而净收入或净损失只是*一个人*在两次交易中总收入超过总支出的差额。当用同义的术语价值和成本表达的时候，也是同样的道理。正的价值，也就是总收入，对于卖者来说，是他卖出的时候接受的价格；正的成本，也就是总支出，对于交易中的买者来说，是他所支付的

---

① 参见本书第9章对于利润的边际的分析。

同样数量的价格。因此，在总收入上的增加，对于卖者而言是一笔收益，对于买者而言则是一笔相等的损失。在每种价格下，利益的冲突是难以抑制的。在调和利益的冲突中，这就是讨价还价、妥协折中和国家干预的理由。

但是，*净收入*的增加掩盖了买和卖的这种利益冲突。后者是一种把社会产品中的商品和服务的一个份额的合法控制权进行转移的法律事实。同样地，它们涉及谈判对别人的出价和要价的选择，部分或完全地控制供求、诱导、劝诱、胁迫、强迫——总而言之，进行讨价还价。从魁奈时代起，经济学理论中所用的一些熟悉的术语，如货物的"流通"、收入的"流转"、"交换"等，都是从物理学和工程学的比喻中得出的，因此它掩盖了讨价还价这种经济行为和利益的冲突。这种掩盖没有被注意到，部分是因为所有权的转移没有跟实物的交付区别开来，部分是因为净收入从个人主义的观念出发，决定净收入的买卖没有被包括在问题中。

但是，由于是从不断重复的总收入和总支出的观念出发的（这意味着从一种交易的重复而不是从自我为中心的个人出发），买卖的交易、管理的交易、限额的交易以及因而形成的固有的利益对立，都被带了出来，而且可以在某种程度上进行计量。尽管在各种净收入间选择的观念（这是指买者和卖者*双方*的个人主义观念），掩盖了讨价还价的活动（这种活动也许可以、也许不可以调和对立的利益），但要么是各种总收入，要么是各种总支出间选择的观念（这是用"机会成本"、"服务成本"、"反机会成本价值"、"服务价值"来衡量的），却是各种买卖交易本身中一个人从另外一个人那里得到的收益或损失的衡量尺度。利益的冲突也存在于管理和限额的交易中，因为在这些交易中，稀缺规律也扮演着一个角色。

前述关于买卖活动的分析，使得我们能够更加全面地区分善意和竞争的意义。如果剥离了买卖交易中一切的误导性广告、欺诈、偏袒、垄断和强迫——目的是为了形成一种愿买愿卖的价格概念，因而让买卖双方都有选择的自由——那么我们就形成了善意和公平竞争两个概念。消费者的善意是自由的买家为相似的服务支付*同样或更高*的价格的意愿，这是与他会在别处支付的价格相比较而言的，也就是说，是一种"公平的价格"。但自由竞争是这个买家为相似的服务只支付*同样或更低价格*的意愿，这也是与他会在别处支付的价格相比较而言的，也就是说，是一种"削价"。在这里，个人在彼此交易中损益的大小和社会后果，逐渐变成了一个具有公共重要性的问题。

因此，我们要问，导致这些机会选择观念代替古典的生产成本观念的历史环境究竟是什么？这就把我们引向了十九世纪前半叶进行的引人注目但当时却被视为是异端的转变，这种转变就是从个人到社会的转变。

4. 从劳动分工到劳动联合及其公共目的。在十九世纪四十年代的那十年间，"劳动联合"简直是"风行一时"。我们在其他地方说过，这十年和前面十年是"美国历史的空谈时期"，所有的经济学家、改革家和实干家都开始考虑"联合"。① 在阐述的时候，按照其鼻祖的不同倾向，采取了不同的名称和形式。他们中的大多数人称之为合作；无政府主义者称之为"互助论"；罗伯特·欧文或卡尔·马克思称之为社会主义或共产主义；奥古斯特·孔德称之为"社会学"；实干的企业家称之为形成法人组织的自由；工人称之为工会主义；凯雷和巴师夏称之为"劳动的联合"。对于他们的所有人而言，这是区别于政府的"社会"。生产财富的是社会，而不是一种个人的集合。

在这方面，这一时期不仅是针对亚当·斯密用来替代政府的重商主义的**劳动分工**的一种反应，它也是针对斯密对抗一切控制个人的社团和联合形式的一种反应。斯密的劳动分工使得每个个人都成了独立而唯一的财富生产者，尽管他的联合概念跟边沁的概念一样，仅仅是把一个人的产品*加到*其他人的产品上去，然后用它来跟其他人交换。但现在是一个合作的社会的新联合主义生产财富，然后归个人占有，再将其彼此转让。

---

① 参见康芒斯等：《美国劳工史》，第一卷，第493页；康芒斯：《霍勒斯·格雷和共产党的工人阶级起源》，《政治经济学季刊》，1909年，第二十四卷，第225页。

从这些新阐述的社会概念中滋生出来了种种天真而不可思议的谬误。凯雷和巴师夏把他们的社会看做是一个从石器时代到现代为止的社会服务的无限的历史积累，相当于土地、固定的改良和机器形式的价值积累。但是，非常奇怪的是，在他们看来，社会就是资本家和地主占有了所有这一切财富的历史积累。然而，他们认为，所有这种社会价值积累都是过去不曾拥有它的现在的劳动者可以无偿得到的，作为个人对过去的社会历史的重复，从而为他们"节省了"要不然他们就得被迫完成的劳动，目的是为了获得现在的必需品和奢侈品。无论他们称其为社会财富、社会价值还是服务价值，这都无关紧要。因为它的价值跟李嘉图和马克思的价值一样，是历史上物化在其中的劳动力的数量。[1] 由社会价值积累对现在劳动的节省几乎是无穷大的，例如在前面提到的那个沼泽的例子中，巴师夏估计它积累的价值六十倍于现在生产庄稼所需要的活劳动的量。从当今这一代任何有限的生命可能做到的角度来说，它的确是无穷大的。我们称之为社会价值无限积累的谬误，从个人的角度看，这就是我们又称之为难以企及或非同时发生的选择的东西。

凭借这一谬误，凯雷驳斥了李嘉图不劳而获的地租和马尔萨斯悲观的人口法则。在农业社会，人口不是从较高的生产力边际向较低的生产力边际扩张的，而是从较低的生产力边际向较高的生产力边际扩张的。从定居点不那么肥沃但原始工具易于垦殖的丘陵顶部开始，向着更为肥沃、要求大型的资本设备的土地扩展，这系过去社会劳动的创造，用于排水、筑路、伐木、深耕等。这是社会所创造的物质资本的积累，与之相伴随的是控制自然能力的增加。在现有的耕作环境下，个别的定居者根本不可能再复制出同样肥沃的土地，因为要想做到这一点，他一个人就得把他的祖辈从古至今的各个历史阶段再重演一遍。即便是李嘉图不劳而获的地租的增长，无论它有多大，都无法跟这样的价值相提并论。这一价值就是在人类

---

[1] 参见更为近代的安德森（B. M. Anderson）对社会概念的阐述，见《社会价值：对经济理论的批判与建设性研究》，1911 年版；《货币的价值》，1917 年版。

的历史长河中，由社会把所有者的土地提高到它现在的产量上所耗费的一切所带来的价值。因此，凯雷、巴师夏的推理，跟马克思的推理一样，忽略了地租、利息和利润之间的区别。社会产品的这些职能划分中的每一项，以及将所有这些汇集起来，对于社会在历史上投入到土地和资本中的现时价值而言，显然都不是一种公平的回馈。①

但是，财富社会积累的物质概念，将凯雷和巴师夏卷入了到了关于私有财产的新意义的一种矛盾当中。约翰·洛克和亚当·斯密凭借着他们个人作为人们自己生产的东西的所有者的概念避开了这一矛盾，而马克思凭借其公有财产的观念也避开了这一矛盾。按照凯雷和巴师夏的说法，个人所有者不但占有了他自己生产出来的东西，而且他也占有了社会已经生产的东西。洛克和斯密不这样看，他们的说法是，个人彼此之间交换他们先前已经生产出的东西，而社会的总产品仅仅是所有个人产品的总和。

显而易见，凯雷和巴师夏陷入了对新发现的劳动联合原则的一种天真运用。公正地看，他们落入了卡尔·马克思的股掌之中。他们的论点是一种谬误性质的特殊辩护，而不是对现在的所有者以地租、利息、利润形式获取的任何东西的合法性证明，目的是为了对抗新出现的社会主义者、无政府主义者、共产主义者眼前的攻击，后三者的观点基于同样的社会生产，而不是个人生产。②

现代经济学家，从李嘉图的时代开始，更多地受十九世纪四十年代各种社会理论的鼓动，越来越忙于关心对有限的个人和机构提供社会产量的有限服务的衡量问题，忙于用现在的和延迟的补偿来比较它们的价值，而这些补偿是指个人因各种服务而从社会中接受的补偿。在几种新的概念和办法中，可以找到揭露十九世纪四十

---

① 必须注意，凯雷、巴师夏以及以前的经济学家都没有关于城市地租的学说。这一理论的出现，缘于对机会成本理论的运用。见本书第10章关于赋税的管制权力的论述。

② 对凯雷和巴师夏的其他评论，见庞巴维克的《资本和利息》，1933年修订本；吉德和李斯特的《经济学说史》；汉尼的《经济思想史》，1933年修订本；斯考特（W. A. Scott）的《经济学的发展》，1933年版。

代各种联想性谬误的心理工具。这些新的概念和办法包括观念的积累而不是财富的积累;① 使用会计账册来表示个别机构未补偿服务的一种*净*积累,② 而不是使用会计账册来表示过去所有服务的无穷大的总积累;因折旧而形成的财富的*周转*,而不是财富的累积。③

以*再生产成本*代替李嘉图的*生产成本*,作为现在这代人为过去服务支付的价格,这一点挽救了凯雷和巴师夏他们自己。除非是出于替私有财产进行谬误性的辩白的目的,否则他们不可能认为过去社会服务的无限积累会被物化在土地和资本设备全部的现在价值中。过去的服务,因为折旧、磨损、损耗和废弃,已经消失了,取而代之的是重新出现的新的服务和旧服务的改良,这并非基于财富的积累,而是基于观念的重复和积累,还有就是财富生产中大幅度提高的效率。因此,说到我们的买卖交易公式,任何积累的财富的现在的价值,都不能超过现在再生产那种财富的成本(一百一十美元)。原因是显而易见的,任何过去所积累的财富的购买者,无论生产时它特殊的劳动成本是大是小,*现在*都有了一种选择,可以按照现在的再生产成本(一百一十美元),从一个竞争的卖家那里购买同样的东西。这是凯雷和巴师夏服务价值(或反机会成本价值)的基线,而且量度了劳动的*节省*,这种节省是由于得以使用一个可选择的生产者,这个生产者是按照现在较低的生产成本销售的,因为他利用的不是社会财富而是社会效率的历史性增加。

因此,凯雷的再生产成本救了他自己和巴师夏,使他们脱离了他们先前在伦理上为私有财产的所有权进行辩护的谬误。这里所说的所有权是指由社会生产出来的东西的所有权,而不是指所有者的所有权。这是他们对共同所有制鼓吹者的答复,也是对他们利用李嘉图生产成本的一种必要的纠正。因为他们曾经用后一种概念来谴责社会生产出来的东西的私有制。但是,对凯雷来说,私人所有者从社会财富中所取得的或所付出的,并不多于或少于现在的再生产

---

① 康芒斯:《资本主义的法律基础》,第203页。
② 见本书第10章对于凡勃伦的观点的论述。
③ 参见本章有关从流通到重复的相关论述。

成本，这同样适用于地租、利息、利润以及工资。

因为，很显然，有了他们关于自由、平等和及时竞争的假设，卖者索要的价格与买者所支付的同样价格之间的均衡点就是再生产的成本。因此，在这些均衡假设的基础上，从卖者的观点看，后来庞巴维克、格林和达文波特的机会成本学说，与从买者观点看的凯雷和巴师夏的反机会成本价值学说是一致的。在我们的买卖交易的公式中，尽管从表面上看，机会成本是按一百美元的买者和九十美元的买者之间的差额来计算的，反机会成本价值是按一百一十美元的卖者和一百二十美元的卖者之间的差额来计算的，但如果一百一十美元是再生产的成本，而且自由、平等和及时的竞争让价格降至了再生产成本的水平上，那么机会成本对卖者而言，就是按九十美元与一百一十美元之间的差额来计算的，反机会成本价值对于买者而言，就是按一百二十美元和同样的一百一十美元之间的差额来计算的。每个人都在一百一十美元处的交易中获得了利益，但这种利益不是痛苦和享乐经济学家们不可计量的心理利益，而是可以计量的经济利益，这种利益是对再生产成本的选择，而不是对可选择的次优的卖者所要求的价格（一百二十美元）或次优的买者所出的价格（九十美元）的选择。

但是，如果成为均衡学说的三个假设即自由、平等与及时性，被否定了的话，那么我们将会发现，我们的公式就完全适用于法律上的强迫限度学说。① 通过把凯雷和达文波特的学说与"新古典学派"或均衡经济学家的巅峰代表阿尔弗雷德·马歇尔的理论作对比，我们就会看出是怎么一回事了。

5. **替代法则**。当假设存在自由竞争的时候，机会成本（或者说服务的成本）与反机会成本价值（或者说服务的价值）这两个概念，可以不看其差别而交换使用，这一点在马歇尔所谓的"伟大的替代法则"中可以看到，他常常说，这一法则"关乎竞争的作用"。② 他

---

① 见后文关于强迫的限度的论述。
② 马歇尔：《经济学原理》，1891 年，第二版（这一版跟 1930 年的第八版没有实质上的区别），第 401~402、414~415、554~559 页。

陈述了替代原则的两个方面，即"以*一定的支出*获得更大的结果，或用*较小的支出*获得*同样的结果*"。我们可以看出，第一个方面采用的是卖者的观点，也就是达文波特的机会成本；第二个方面采用的是买者的观点，也就是凯雷和巴师夏的反机会成本价值。

于是，马歇尔将这两个方面作为等价物来使用。他说，企业家"在不断地比较不同的但却可用于获得*同样结果*的生产要素的效率和供给价格，目的是为了碰巧发现一种组合，这种组合可以产出与*特定费用*相配的最大收益；或者，换句话说，他在不停地运用**替代法则**"。①

这就是达文波特的机会成本，在这里，*费用是不变的*，而收入则是可变的。

但马歇尔接下来说："所用的这些要素的供给价格的总和，通常都少于可以用来替代它们的其他一系列要素的供给价格的总和。只要生产者发现不是这么回事，他们通常就会用*较少支出的方法*来代替。"②

这是凯雷和巴师夏的反机会价值，或者说是"再生产成本"，在这里，*收入是不变的*，而费用则是可变的。

因此，结果就是，马歇尔的"替代法则"不过就是与李嘉图的"*生产成本*"相对的凯雷的"*再生产成本*"。布朗③对达文波特的机会成本和凯雷的反机会价值进行了类似的证明，尽管后一个概念来自于凯雷而不是达文波特，但两者都相当于"再生产成本"。

执著于马歇尔替代法则的这些双重意义似乎有点过于吹毛求疵，但当我们从个人主义的观点转到社会的观点，再进一步转到必然采取社会观点的法庭的价值理论的时候，事情就不是这样了。马歇尔考虑的是个别企业家以及他的净收入，这是不存在任何利益冲突的，但法庭是在把作为原告或被告的个人与处于类似情形下的所有个人

---

① 马歇尔：《经济学原理》，1891年，第二版（这一版跟1930年的第八版没有实质上的区别），第414页。
② 同①，第554页。斜体是作者加的。
③ 见本书第10章关于赋税的管制权力的论述。

的惯常情况进行比较。法官或仲裁者在问,如果法律面前人人平等的话,那么各方*可以得到的 合理的*选择会是什么?① 这就要求要对当时当地的惯例进行调查研究。合理的服务价值是处于类似情况的其他*买者*为所提供的服务会支付的价格;合理的服务成本是处于类似情况的其他*卖者*对所提供的服务会接受的补偿。马歇尔的自由竞争和均衡的边际效用或边际利益(但是,这种利益在实际的惯例中有可能是破坏性的、强取豪夺的、歧视性的)问题,让位给了公平竞争、平等机会、合理价值的问题。在这方面,当时当地的一切习俗和机会都要与原告或被告的情况进行比较,他们会要求社会用集体的力量针对对方或其他所有方的意愿来实行人们自己的意愿,而这里的社会是以法官或仲裁者来体现的。

还有一点,就如同马歇尔所说的那样,似乎我们已经开始过于小心地坚持经济学家们归因于竞争的各种显著的关系了,但在与均衡理论相反的情况下,也就是竞争并非完全自由、平等、及时的情况下,如果我们注意到各种选择对象的这种选择在所有情形下所造成的最基本的变化的话,那情况就不是这样了。更进一步地说,如果我们注意到,机会的这些概念标志着一种从古典的实际生产成本观念和享乐主义的实际苦乐观念,到各种对象意志的选择观念的一种转变的话,那么情况也就不是这样了。在绝大多数利益冲突的情况下,律师是制度观点的缩影,他既不问感情,也不问"基本原则",他把一切都看成是货币的事情。他问,由于对方的行动,我的委托人面对的次优选择是什么?损害肯定不能用感情来估计(国内法中的"安慰物"是个例外),但却可以用货币这种可选择的对象来计算,这里的货币将会在财力上给他的委托人带来与其对手的平等,这种平等是指享受社会应该平等地提供给其所有成员的机会的平等。假如像非制度主义者所假定的那样,竞争总是完全自由的,那么在竞争和可选择的机会之间,就不会存在任何可计量的差异。律师与经济学家相比,尽管更"机会主义"、更缺乏"原则性",但却因此更接近各个阶层的人的不平等的日常经验。在一个仅仅因为不存在

---

① 见本书第10章关于理想类型的论述。

完全的自由、平等或及时的竞争就不存在以再生产为代价的不平等的世界里，他直接跟个人经验打交道，处理的是由其他个人占有、控制、把持的社会机会的关系。因此，我们必须转向人们所面对的更为现实的各种选择对象。这些对象我们称之为强迫的限度。

6. **强迫的限度**。这里，我们开始处理买卖交易第三方面的一个内容，我们称之为买卖能力，而不是生产成本。在我们的公式中，很显然，卖者 S 不能强迫买者 B 支付超过一百二十美元的价钱，因为在这个限度之上，他的竞争者 S1 就会取代他卖方的地位。同样，买者 B 也不能强迫卖者 S 接受少于九十美元的价钱，因为在这个限度之下，他的竞争者 B1 就会从 S 那里购买了。一百二十美元和九十美元这些限度，对于这一假设的交易，就是**强迫的限度**。在这种情况下，它们是 S 和 B 所拥有的*自由*但不平等的机会。

我们把这些限度设置得很宽，这对于那些惯于按照自由、平等和及时竞争来思考的人来说，似乎有点荒谬，因为他们认为自由、平等和及时的竞争使得成本和价值在*再生产*成本处取得了均衡。但这些极端的限度恰好就是中世纪所面对的稀缺的情况。当时*公开市场*、同业公会、君主都在用自己的规则在管理贸易，他（它）们一直是相比较而言的弱势买卖者的多种情况的典型，这些购买者是现代规则制定过程中试图处理的问题。那么，在有可能的选择对象决定的这些强迫限度的范围内，价格将在哪里决定呢？如果 S 是实力更强的讨价还价者，控制了一种供给有限的商品，而且拥有丰裕的资源，能够让他比买者 B 坚持更长的时间，那么他就可以迫使价格涨到由实力次强的竞争者 S1 提供给 B 的自由机会的限度；反过来说，如果买者 B 是实力更强的讨价还价者，买的需求没有 S 卖的需求迫切，那么他就可以迫使价格降到这样一个限度上，即 S 以九十美元的价格卖给 B1 的自由选择。在一百二十美元到九十美元这些强迫限度中间的某一点上，人们将找到卖者 S 和买者 B 都同意的实际价格。这就是自由竞争和平等机会之间的差别。

这里出现了由于现代经济学的两个特性而出现的两个问题，也就是一致行动的增加和利润边际缩小的问题。在过去的三四十年间，这些问题开始以变化万端的形式出现在法庭上，这种情形要求建立多个具有调查权力的委员会，这些权力是法庭所得不到的。它们都是一些关于合理或不合理的歧视、自由、公平竞争以及合理价格的问题。我们的买卖交易公式也许可以解释这个问题。

这些问题都跟劝诱和强迫的谈判心理有关，并且是对强迫起始和劝诱终结点的一种研究。在我们的公式中，如果公司 S 以一百美元的价格卖给 B、以九十美元的价格卖给 B1，那么产生的问题就是：九十美元较低的价格是不是一种合理的服务成本，因而从 B 那里获得的十美元是不是针对 B 的不合理的区别对待，但却有利于 B1。在两种情况下，古典经济学的生产成本和凯雷—巴师夏的再生产成本都不会出现。或者说，如果买者 B 支付给 S 一百一十美元、支付给 S 的竞争者 S1 一百二十美元，那么问题就成了那一百二十美元是不是合理的服务成本，一百一十美元和因此而少的十美元是不是有利于 S 却不利于其竞争者 S1。我们将会看到，这一区别对待和服务的合理价值或成本的经济和伦理的问题，一直到 1901 年才由美国的最高法院找到了一种解决的办法。[①] 在经济上，这是一个确定合理的强迫限度的问题。类似的问题也大量出现在一切劳动交易、对借贷者索要的利率等问题中。它的研究也许采取的是以生产的实际成本作为考虑因素之一的形式，但社会的问题却是合理与不合理的差别待遇。

或者，拿另外一个自由和公平竞争的问题来说，从我们的公式来看，这是一个与合理与不合理的差别待遇密不可分的问题。任何一个问题的变化都会引起另外一个问题的变化。这两个问题在数百年前的*商法*和习惯法中可以追溯到，但在现代大公司和狭小的利润边际中，它们才达到了极端的社会重要性。在我们的公式中，如果卖者 S1 想为自己的产品索价一百二十美元，但却指责其竞争对手 S 不公平地削价到了一百一十美元；或者说，如果只承担得起支付九十美元的买者 B1，抱怨他的竞争对手 B 通过出价一百美元拉走了他的工人和原料供应商，那么，不管是哪种情况，出现的问题都是自由竞争是不是公平竞争的问题。在卖者的竞争中，问题是对于卖者而言的，一百一十美元或一百二十美元是不是合理的服务成本；在

[①] 见本书第 10 章对于稀缺、丰裕、稳定的论述。

买者的竞争中，问题是对于买者而言的，一百美元或九十美元是不是合理的服务价值。除了作为证据，生产成本和再销售的价格都没有成为这个问题的一部分，因为得失攸关的社会问题是，在这一交易中，竞争者针对彼此采取的行动是不是公平的。

正如我们前面所讲过的，在这两种情况中，存在合理价格的第三个问题，因此，在这里出现了劝诱和强迫的谈判心理，享乐主义的经济学家有可能将这两方面作为其苦乐原则的一个特例而使之一致起来。然而，这是完全不同的情况，享乐主义的概念没有任何意义，它只是一种必须用货币单位来计量的一种心理。在劝诱和强迫之间必须划定界限，法庭按照美元和美分这样的货币单位划定界限的努力，仍然是**合理价值**的问题。以愿买愿卖的双方同意的价值作为合理性的标准，从这个标准出发，就必须确定一个点，在这个点上，双方都被说成是在劝诱对方，因此当然不会被说成是在强迫对方。在这种情况下，法庭真正要判决的，是采取社会的观点看，一个人从社会总产品中获得的较大的份额和另外一个人获得的较小的份额，与每个人合理的服务成本和合理的服务价值相比，是不是正当的。如果一方获得的较大的份额超过了这种正当的范畴，那他就是在强迫对方，对方就受到了强迫。一方的*支出*当然对应于另外一方的*收入*，这是古典经济学老生常谈的问题。但社会的问题是，因一方放弃而另外一方所接受的较大份额的社会产品，是不是超过了"合理的"标准。如果双方获得的份额都被其合理的服务成本和合理的服务价值证明是正当的，那么无论对他来说实际成本或实际收入有多大，价格都是劝诱性的，价值也是合理的。

我们必须承认，劝诱和强迫之间这个点的确认和计量，是一件既困难又复杂的事情，而且部分受感觉和情绪的左右，但主要取决于讨价还价能力的历史发展。正因为如此，它是重要的，因为通过决定是用这种方法还是另外一种方法，司法意见把价值数十亿的社会产品从一个或一类人那里转移给了另外一个或一类人。事实上，关于**合理价值**这个问题的一个单独的判决，就决定了是否将百亿美元高昂的货物和旅客运费划到铁路公司的钱柜里，还是让数百万人享受低廉的运费。

为了区分成本与价值的各种意义，我们用了机会成本和反机会价值这样的术语，但它们只是一些技术术语，代表的是伴随着买卖交易的谈判中的那些为人所熟悉的内容。一个接受了五千美元薪水的大学教授，另外一家机构给他提供了九千美元的薪俸，他开始为增加他那五千美元的薪水跟聘请他的大学进行谈判。最后他决定留下来，接受五千美元的薪水。他留下来的成本是什么？成本是四千美元，不是因为他的*支出*成本增加了四千美元，而是仅仅因为他选择留下来，他就损失了*另外*四千美元的收入。

但他的服务对于大学的价值是什么？他的服务值多少？除了跟他在别处能够获得的报酬相比较而外，没有人能说得出来。大学以五千美元得到了另外一个买家认为值九千美元的服务。在谈判中，这些可以说成仅仅是"论据"，因为还有金钱之外要考虑的东西，那些也是论据。但"论据"是谈判心理的基本要素。如果如同通常的买卖交易中的情况那样，除了金钱再没有其他的任何论据，那我们在计量服务成本和服务价值的时候，就只有对金钱的考虑。这个教授"值"九千美元，原因是他提供的服务对于别的地方的大学值九千美元。这个大学赢得了一种剩余，因为它付给这个教授的，要比他服务的价值少四千美元。对于*这个大学*来说，这九千美元是一种反机会价值，或者是他服务的价值。对于公众或社会而言，这个教授是不是值那么多钱，那是另外一个问题，即服务的*合理*价值的问题。

另外一方面，相当于教授把四千美元捐给了大学，因为通过选择留任，他牺牲了这笔可选择的收入。对他来说，这九千美元是他的机会成本，或者说是他所提供的服务的成本。

还可以给出另外一种解释。一个挣工资的人急需能到手的现金，但只有两个星期后他才能有望得到二十美元的工资。他用他的工资作为担保跟一家收买工资的信贷机构作了一个转让，后者支付给他十八美元。他为提前两星期支付工资而使用十八美元实际付给了借贷者两美元，相当于为两星期支付了百分之十一的利息或每个月支付了百分之四十的利息。按年息计算，他所付的利息是每年百分之二百四十到百分之二百八十。

因为小额借贷者同样或类似的经历，出现了一个服务的*合理*价值的问题。人们设计出了所谓统一的"小额信贷法"，创立了特许的公司，授权它们对总额不高于三百美元的贷款，按照未付余额收取百分之三又二分之一的月息或百分之四十二的年息。在小额信贷上任何超过这个限度的利率都属非法，很多州都采用了这条法律。这是信贷公司给贫困的小额借贷者提供服务的*合理*价值的标准。这就是有组织的社会试图给贫困的借贷者提供的一种选择，这种选择社会的代言人，司法机构认为是合理的。

然而，给人的第一印象是这些州让进行高利剥削的利息合法化了。但是，这个阶层的借贷者不能从商业银行那里按照通常合法的利息借贷，考虑到以前他们能够得到的只有这样一个选择，因而月息百分之三又二分之一要大大低于他们以前的选择。在上面提到的那个例子中，使用十八美元两个星期的利息按照百分之三又二分之一的月息支付，差不多只会是三十二美分钱，而不是两美元。

这又是反机会价值的一个特例，或者说是一个人有机会避免更高支出选择的价值。尽管与具有银行可以接受的良好信用的人支付给商业银行的利息相比，百分之三又二分之一的月息是比较高的，是高利贷，但对于没有信用又处在窘困中的人来说，这个利率肯定要低于他可以选择的更糟的利率。他的境况要好过在他实际的经济状况下的境况，尽管百分之三又二分之一的月息对他而言确实牺牲很大，但还是比按照百分之十、百分之二十、百分之四十的月息所要付出的牺牲更小。①

在这里，我们无须对于机会、竞争、价格之间的这种相互依存的关系作更进一步的解释。这个公式是普遍性的，适用于所有的情

---

① 关于小额借贷的法律，参见瑞安（F. W. Ryan）：《高利贷和高利贷法》，1924 年版；金（W. I. King）：《1929 年新泽西的小额借贷状况》，新泽西工业借贷协会，1929 年出版；费希尔（C. O. Fisher）：《小额借贷问题：康涅狄格的经验》，《美国经济评论》，1929 年第 19 号，第 181 页；《个人财经新闻》，华盛顿特区美国个人财务公司协会出版；杰耐维夫·唐森德（Genevieve Townsend）：《威斯康星的消费贷款》，1932 年版。

况。三个因素以巨大的多样性和复杂性不断重现，原因在于在亿万的交易中，每一个因素都是高度可变的，而这个公式则对此提供了线索。按照古典经济学和享乐主义经济学的假设历史的方法，我们逐步走向了这个公式。

7. 从鲁滨逊到运行中的机构。从庞巴维克假设的历史开始，假定鲁滨逊独自在一个岛上。这是一个从实质上消除社会的非常恰当的方法。鲁滨逊必须工作才能果腹。果腹是效用，选择兔子而不是鱼是对更高的效用的选择，兔子是对前述较低的效用——鱼的牺牲。① 对鱼的避免是选择兔子的效用成本，而差额就是剩余的效用。

把这种情况变为凯雷和巴师夏的说法。因为没有鱼，鲁滨逊必须吃兔子。他可以用陷阱或追捕来获得兔子。他选择陷阱作为一种更容易的捕猎办法。他"节省"了追捕的劳动。这种避免劳动的量，对于他来说，就是用陷阱诱捕这种较容易的劳动的反效用价值，而诱捕与追捕之间的差额则是"节省的"纯剩余劳动。

但假设岛上有两个人——鲁滨逊和礼拜五。每个人除了必须跟另外一个人打交道外，别无其他选择的机会，否则的话，他们就谈不上是自己孤立的劳动。不存在执行权力或保护自由的政府，每个人都只能依赖自己的能力，每个人作为自己的产品所持有的东西都是另外一个人所需要的。

有两种胁迫是可以想象到的，我们区分为**强迫**和**胁迫**。两者都诉诸暴力。强者掠夺弱者，这是强迫。然后在没有暴力的情况下，强者继续用暴力的威胁来掠夺弱者。强迫不仅仅是暴力，它还是暴力的威胁。暴力是另外一种选择，是诱因。被强迫的人被给予了两种选择，他会选择较轻的一种。我们可以说他"别无选择"。但他有选择，他选择的是痛苦较轻的工作。对于他来说，所避免的较大的暴力的痛苦，就是服务的价值，这就是鲁滨逊提供给他的奴仆的较小的痛苦。礼拜五得到了一种剩余，境况会更好一些。

但假设双方实力相当，有两个鲁滨逊。暴力和暴力的威胁由于

---

① 庞巴维克：《资本与利息》，1922 版，第 278 页；《资本实证论》，第三卷，关于价值的论述。

平等而变得无效,每一方都想要或都需要另外一方生产或占有的东西,但各人都有同等的实力而不让对方染指。选择每个人提供给对方的都是一套不同的选择。现在选择不再是暴力的强迫,而是缺乏他需要但却由对方把持的东西而造成的现实的稀缺。

但稀缺的力量跟强迫的能力一样,也可能是不同等的。这就是我们所说的**胁迫**,它取决于对方的相对需求和资源。但是,由于资源只不过是满足相关需求的手段,而由于需求的满足终有一天会耗尽资源,因此,各方的能力决定了交换的比率,这些比率取决于他们等待对方妥协的相对实力。具有更多资源或更少需求的一方可以比另外一方等待更长的时间。他拥有更为丰裕的能力,这种能力给了他更大的等待的能力,并且最终给自己的产品附加了一种更高的价值,可以换来对方更大数量的服务。因此,如果实际的持有能力是同等的,而且没有其他的选择机会,那么交换中的价值就是由所有物的相对稀缺性和与其相反的经济上的等待的能力决定的。但无论哪种情况,当交换最终达成的时候,每一方提供给对方的服务的价值,都是比他实际遭受的痛苦更大的痛苦,而他实际遭受的痛苦是他给对方作出让步时他真的放弃的东西。他所避免的这种更大的痛苦,就是一方提供给对方的服务的价值。它是李嘉图的比较成本,是凯雷和巴师夏的服务的价值。

但我们最后假设,相对于需求的资源是相等的,于是,每一方都有同等的等待的能力;因此,稀缺的经济能力被平等抵消了,恰如实际的强迫的能力被平等地给抵消了一样。于是,每一方都必须求助于我们称之为"劝诱"的道德的能力。各方都必须给对方提供一种服务,这种服务是对方可以自由拒绝的,这样,各方就必须通过诉诸对方选择的自由才能把对方争取过来;必须依靠"善意";必须依靠劝诱;他们必须达到法学上的"理想典型",一种"愿买愿卖"的"意见一致"。

但假定鲁滨逊和礼拜五的劝诱能力是不同等的。一方与另外一方相比是一位更好的推销员,但仍然存在欺骗、歪曲、无知、愚昧的不平等。可以想象,这些也能被平等消除掉,就像假定骗子遇到骗子、守财奴遇到小气鬼时所遇见的情形一样。

这样，我们已经通过排除法对心理学的四个阶段进行了分析。第一个阶段是人与自然力的关系。在这个阶段，效用成本和反效用价值这样的术语在学术上似乎是比较恰当的。第二个阶段是人与人之间的关系。在这个阶段，机会成本与反机会成本价值这样的词似乎是比较恰当的。但这个阶段呈现出了人类能力的三个不同层次：自然能力、经济能力和道德能力。第一种能力我们称之为强迫，第二种能力我们称之为胁迫，第三种能力我们称之为劝诱。强迫是自然能力直接的强制，或者是威胁要这样进行强制；胁迫是经济上抑制能力的间接施压；劝诱是道德的诱导能力。

所有这些假定都被假设的均等给一一消除了，因为当它们因均等的假设而达到均衡时，就不表现为能力、实力或强迫了。

但为了得到这种理想的均等，我们就必须离开我们的孤岛，重新开始。假设鲁滨逊和礼拜五周围有了一些人口，因此有一个政府在管理他们。自然的强迫现在均等化了，不是因为假定，而是因为政府。礼拜五也许就是鲁滨逊的奴仆，这不是因为鲁滨逊在自然上、经济上或道德上更优越，而是因为政府迫使礼拜五服从，这样不但减轻了鲁滨逊对自己靠不住的优越性的依赖，也排除了第三方给礼拜五的其他选择机会。鲁滨逊是否劝诱、胁迫或鞭打礼拜五都是无关紧要的问题，因为礼拜五是件东西，而不是一个公民，他们之间唯一的关系是管理交易中命令与服从的关系，而不是买卖交易中买与卖的关系。

但假定国家赋予了礼拜五人身与财产的权利——通过了第十三和第十四修正案，把他变成了一个公民。从经济的观点看，国家赋予的是持有服务与产品的平等的自然能力。自然力量大概被公民的平等和司法制度消除了。私人暴力和私人暴力的威胁受到了禁止，威胁和实施自然强迫的只有统治权。每个人现在都必须求助于经济上的胁迫等待对方屈服。

但是国家不能实行经济胁迫的平等，它最多只能设定较高的和较低的限度。为了实行经济的平等，就有必要实行需求的平等、痛苦的平等，甚至是关于事物价值意见的平等。可以想象，国家有可能如同苏维埃正在进行的那样，准许资源的平均分配，用一种共产主义的限额方式来代替私人的讨价还价。但尽管让资源可以在数字上相等，并按照一种假定的会计货币进行计量，不过，这种数量上和质量上的相等，在人们的心理上实际是不相等的，因为欲望和个人好恶的差异立刻就会赋予事物价值上的差异。

即便国家认可私人买卖，但它也不能使劝诱平等化。劝诱是一个人胜过另外一个人的那种心理能力，不用强迫或胁迫，每个人都可以靠它诱使对方按一种有利的交换比率提供服务。正如欲望和好恶促使行动的能力在程度上有所不同一样，以及能言善辩促使行动的能力在程度上有所不同一样，事实上，构成人格的正是在欲望、好恶和说服力上的这些差异。国家不是把它们平等化了，而是在避免它们平均化，以便扩大人格利益的范围；国家可以设定胁迫或欺骗的较高的和较低的限度，在此限度之外，不准许用经济的能力代替人格。如果一个国家没有在人格的劝诱和经济能力的胁迫之间设定这些限度，那么私人的协会就会试图在诸如商业伦理、工会伦理、职业伦理、商事或劳动仲裁等①的名义下做到这一点。如果法庭采纳并实施了这些规则，那么习俗就变成了习惯法。

因此，我们现在转到了法官和仲裁者与买卖交易相关的心理方面。这就有必要采取一种历史的特性，而不是前述的推定的特性。对于因利益对立而产生的纠纷，必须迅速作出判决，目的不是为了获得公道，而是为了避免无政府主义和暴力，这样就可以保持交易不断进行。无论从历史的角度还是从逻辑的角度看，公道都是一种事后产生的想法。因此，法官的心理上遵循的是处于支配地位的习俗和现在的实用性，而不是幸福和公道，正如边沁反对布莱克斯顿那样。

历史地看，十七世纪在英国是一场斗争，这场斗争是为了让法官们脱离国王的支配，可以自由地将自己的意见建立在公共的立场上（当时是指全体国民），针对的是当时所认为的国王和朝臣的私人立场。从那时起，在英国和美国，法庭代表的是跟我们检验过的经济学家的理论同样的社会观点。从李嘉图开始，这个立场就提出了

---

① 参阅本书第 10 章对人格和集体行动的相关论述。

这样一个经济问题，即作为诱使个人做出贡献的社会成本，分配给个人或阶级的社会产品的份额，与这些个人或阶级对总产品所做的贡献是否成比例；换句话说，私人财富与私人对国家的贡献是否成比例。

然而，社会财富的这种分配要由司法判决来讨论，而司法判决主要是出自于个人交易中固有的利益冲突，它是建立在个人财产、自由和人格的假设之上的，因而法庭和仲裁者必然会忽视个人所获得的*净*收入。因此，当这个胁迫的问题出现的时候，他们必然会采取比较的方法，以便确知在发生争议的交易中，一方所获得的*总*收入或所承担的*总*支出，与类似交易的通常情况是否具有相似性。这样，就出现了比较成本和比较价值的原则，我们将其区分为反机会价值和机会成本。一旦有别于私人计量方法的社会计量方法被人们所理解，那么这些方法中的自相矛盾方面就失去了。这也是一种推理的方法，但不是通过心理经济学家的个人苦乐观，不是通过无政府主义伦理和公道的方法，也不是通过生意人的净收入，而是通过这种社会的方法，客观地确定什么是合乎惯例、处于支配地位、因此才是合理的东西。

如果法庭觉得有必要为自己的意见给出理由，那么它们的心理就会上升到理智的水平，对它们在本能和直觉上觉得适用于手头这个案子又属于公共福利原则的内容加以合理化、社会化并为之进行辩护，这或多或少地就像是它们在英国和美国的情况。因此，较低级的法院考虑所涉及的社会问题的必要性被消除了，因为它们只需要遵循清楚表达的判例就行了，或者在出现疑问的时候向最高法院提出建议。在美国，这一点已经得到了更进一步的发展；立法机构和国会的一切法案对于最高法院都是尝试性的建议，关键在于有没有可能让后者认为法案符合公共利益。之所以会这样，原因在于，即便是只要求法庭判决立法法案是否与最高宪法相冲突，成文的宪法仍然具有高度的伸缩性，很容易由于词语意义的改变而改变。其实一直以来往往都是这种情况。

在经过许多的试错后，最终经杰出的法律头脑明确表述，从法院这种遗传和制度的心理中形成了某些概括、规则或原理，人们相信，这些东西能够调和前述千百年来的直觉性决定，而所提供的这些直觉性决定是用来随时解决纠纷的。这其中最普遍的一项，是将自由的讨价还价描述为对愿买愿卖想法的满足，据说这项原则可以在最大范围内调和在买卖制度下产生的各种纠纷中的公共和私人利益。意愿的这些术语又是通过与成为惯例和处于支配地位的东西的比较来定义的，但一般而言，它们的意思是指对现在据说是强迫、胁迫和不道德的劝诱的合理消除。①

将这种推理模式运用到我们的交易公式中，如果卖者 S 以一百美元卖给 B，而把类似的商品以九十美元卖给 B1，那我们就触及到了不平等的机会、不平等的自由或歧视的推论。这也许有、也许没有社会意义，取决于它是否符合惯例。如果人们认为合乎惯例，那就会赋予它平等机会的意义。

同样，如果 S 以一百美元销售，而他的竞争者 S1 正在以一百二十美元销售，那我们就触及了不公平竞争的推论，其社会意义还是取决于被认为是合乎惯例的东西。如果人们认为合乎惯例，那它就会获得公平竞争的经济名义。

在这两个例证中，我们触及到了两个术语，即平等的机会和不平等的机会：平等的机会是合理的服务价值或合理的服务成本，而不合理的机会是不合理的服务成本或价值。

或者说，最后如果 S 利用 B 的弱点占便宜，因为那是他自己的最佳选择就迫使他支付了一百二十美元；或者 B 利用 S 的弱点占便宜，因为那是他自己的最佳选择强迫他接受了九十美元。从上述我们可以推断出，这里显然存在胁迫，然而，其社会意义还是取决于人们拿它跟合乎惯例又处于支配地位的交易所进行的比较。

我们还会看到，在任何交易中，都存在三个可变的方面。我们必须注意到，这些方面包括了被提出来由法庭判决的关于合理性问题的一切经济争端。这就是歧视、平等和不平等机会的问题；自由竞争与公平竞争的问题；平等或不平等买卖能力的问题。

对于四个参与方中的任何一方而言，都有可能提出三个争端中

---

① 参见康芒斯：《资本主义的法律基础》，第 57 页。

的一个，或者是全部都提出来。我们的卖者 S 可能会以歧视或敲诈的理由起诉 B，以不公平竞争的理由起诉 S1，这要取决于这样一个点，在这个点上，三个可变方面中的任何一个似乎都受到了最明显的冲击。对于其他的参与者也是这样。

我们还会看到，如果给三个问题中的一个作出了决定，那它就会改变其他两个的经济数值。关于公平竞争的决定会让歧视和价格两方面都作出更改，关于其他问题的决定也是这样。当我们经过了后一点，从假设过渡到了真实的历史的时候，这种功能关系就会在一个典型交易的四方之间以及价值的三方面之间出现。①

8. 讨价还价的能力。② 在一致的经济行动获得法律支持之前，讨价还价的能力在经济学说中并没有表现为一个独特的主题。一致行动的两种主要形式是法人组织和管制。在法人形式中，个人授权，让董事会与经理订立种种在法律上约束股东的契约。个人的讨价还价被排除了。但在管制的方法中，参与者无论是个人还是法人组织，都必须服从规章、法律或规则。这些法规决定着个人或法人组织讨价还价能力的限度。个人的讨价还价继续存在，但却受到了限制。

个人主义、共产主义以及无政府主义经济学家的假设不曾包含讨价还价能力的假设。亚当·斯密在将自己的经济学说建立在个人对自由、平等及财产的合法权利的基础之上，他强烈反对一致行动的两种形式。为了反对一致行动，他提出了一种自然神论的半机械式的竞争，这种竞争在买卖活动中控制了个人。③ 受到他如此强烈抨击的"法人组织"属于管制类型的性质，④ 还有对成员的个人买卖行为为施加限制的行会。政府赐予个人或某些阶级的重商主义的税则、奖励金以及贸易特权也都是如此。通过让受惠的个人免于国外竞争的损害，它们增强了公民在国内的个别或一致的讨价还价的能力。

---

① 参见本书第 10 章关于稀缺、丰裕、稳定的论述。
② 经《社会科学百科全书》的同意部分重印。
③ 参见奈特（F. H. Knight）：《现代资本主义问题中历史与理论的论争》，《经济与商业史》，1928 年 11 月号，第 121 页。
④ 以下称为工团资本主义，参阅本书第 11 章。

斯密的这种个人主义和机械的假设，主宰了古典学派和心理学派的经济学家们，而且还被无政府主义者推向了极端。共产主义的经济学家们又完全废除了它们，后者的假设是消除个别和一致的买卖活动，代之以国家的限额活动，这恰恰与买卖活动相反。

只要个人主义、无政府主义、共产主义的这些学说盛行，那么关于个人和社会之间的那种起调解作用的过程，也就是关于个人一致的讨价还价的能力，就不可能有什么科学的理论。所有这些行动，个人主义者和无政府主义者斥之为垄断，而共产主义者则斥之为仅仅是治标的手段。

但与此同时，也就是十九世纪五十年代的十年中，在英国和美国——出乎斯密、马克思和蒲鲁东的预见，也是后来的经济学家和法庭闻所未闻的——一种新的权利得到了立法认可，即自由、平等、财产权利之外的普遍的联合权利。法人组织并没有如亚当·斯密和反垄断主义者要求的那样被禁止。它们不是由立法机构的专案来创立的，而是由一种公司法给普遍化了。在同一时期的英国和美国，劳工组织放弃了它们关于合作生产或者社会主义的观念，采取了集体谈判的观念。

上述组建公司的权利被规定为了所有选择组成公司的人的平等权利，不是因为这样的设计能够增加他们讨价还价的能力，而是因为它会用有限责任的保证来吸引资本，提高其生产能力。工会忍受了存在的痛苦，直到二三十年后，人们才发现它因此而获得了新的讨价还价的能力。差不多在同一时期，人们发现法人组织通过一致行动，也获得了类似的讨价还价的能力。因此，在十九世纪末期的美国，我们进入到了将《反托拉斯法》同时运用于公司和工会的时期。

在这些法律之下，经过一定时期的严格贯彻之后，法庭最终发现，在彻底废除一致行动的这些框架的努力中，它们恰恰在打击财产和自由的真正基础——把持别人需要但却不拥有的东西的权利。因此，在 1911 年，① 法庭在判决中引入了"合理的贸易限制"的字

---

① 见 1911 年对新泽西标准石油公司、美国烟草公司等的诉讼资料。

眼，重复了十七世纪期间习惯法方面发生的类似变化。接着，在1911年合理性的观念再次产生之后，在1920年解散美国钢铁公司的诉讼中，① 人们发现公司只是实行了合理的贸易限制，于是讨价还价的能力在法律上获得了承认。

在维持价格的情况下，这种认可变成了一种更为明确的判决，人们发现，如果把维持价格的禁令实施到其有效限度，公司就必定被迫将自己的商品交给任何前来购买的人，这不但剥夺了它的自由，而且也导致了政府对价格的限定。② 这已经在公用事业领域实行了。在价格由法律确定的同时，法令还强制性地要求它们提供服务，但在维持价格的情况下，保留服务的权利因合理的贸易控制而受到了限制。在劳工问题上，过去也发现过类似的情况。人们发现，在工人签订工作合同的前提下，通过特别履行的法令禁止他们拒绝提供服务，也是在美国《宪法》"第十三修正案"下对个人自由的一种否定。③ 工商企业如果签订了供货合同，就有可能在不违反《宪法》的情况下，被迫进行特定的履行。但除非是公用事业，否则在法律上就不能强迫它们签订这样的合同。这样，由于有了最终为法律所认可的拒绝提供商品和服务的合法能力，根据法庭与《反托拉斯法》相反的合理性的观念，合理的贸易限制终于有了法律地位，与其相应的买卖的能力或者无形资产，在经济学上有了地位。因为贸易限制*即*买卖能力，合理的贸易限制即合理的买卖能力。

容许合理的买卖能力引入法律与经济领域的作用，让过去三十年的过渡期成为了突出时期，在诸如稳定产业、稳定价格、有序销售（orderly marketing）、稳定就业或生产的名义下，这个作用本身获得了一种普遍的注意。这些稳定方案迎合了抑制个人无限制的讨价还价的愿望。"稳定"和"有序销售"这些词的内涵，与劳动经济

---

① 见1920对美国钢铁公司的诉讼资料。
② 参见大西洋及太平洋茶叶公司诉麦乳公司、美国政府诉高露洁公司、联邦贸易委员会诉坚果包装公司等案件。
③ 维特（E. E. Witte）《劳动纠纷的管制》（1932年版）中对这些情况进行了详尽的概述。

学中过去的所谓的"竞争区域内买卖能力的平等化"的内涵类似。在这种情况下,目的是为了防止竞争中的雇主和工人通过个人的讨价还价减少工资以及增加劳动时数,从而不利于那些支付更高工资或每天工作较少时间的竞争者。事实上,在这种情况下,为这些管理交易确定规章法则的是个人或集体的买卖交易,而管理交易则已经变成了"科学管理"这一新学科的专门研究对象。

延伸到商业社会,在商业伦理的名义下,借助于这种新获准的买卖能力,其目的是为了防止竞争者个人的讨价还价,这种讨价还价会通过削价赢得顾客,或者通过提高工资赢得劳工。现在人们已经相信——早期的经济学家并不完全相信这一点——公众的购买能力和劳动力的供给两者都是有限的。因此,新的"有饭大家吃"的伦理准则指出,正当的程序是在有限的购买力或有限的劳动力中只取得合理的份额,而不是个人买卖者那种为了从竞争对手那里拉拢顾客或劳工而采取的低价或高工资的竞争惯例。没有稳定和合理的贸易限制,这一点是做不到的。上面所引证的解散钢铁公司和维持价格的案例,为这一合理购买力的学说铺就了康庄大道。

因此,在今天的美国,实用的理论不是陈旧的个人竞争、个人财产、个人买卖的自由、自由竞争的机制,甚至不是禁止买卖的共产主义学说,而是合理购买力的学说。这些学说出现在经济学和法庭面前,是四组内容:个人买卖的歧视或是不平等;公平竞争,而不是自由竞争;合理价格,而不是标准的或自然的竞争价格;不同类型购买能力的平等与不平等待遇,诸如劳工和雇主、农民和资本家的购买力,等等。

如果要概述合理购买力学说的历史进程,就会涉及对每种经济方面的合理性的案例进行类比和引证的问题。要关注其历史发展,对各种类型的买卖能力进行分类就足够了。劳工组织是第一个通过集体行动迈向了后来的合理讨价还价学说的组织,因为它们头一个感受到了有限的工作数量和因而发生的歧视以及破坏性竞争的压力。其次是铁路和其他公用事业,在法律的迫使下,它们不得不服从这一学说。因为其服务显而易见是有限的,而其庞大的公司形式使得它能够制定自己的规则,并施行于托运人和旅客的个人买卖中。

接下来纳入这一学说范围的是制造业,在它们的案例中,争端在上述引用的案例中达到了顶峰。然后是所有产业中包含内容最多的银行业被纳入了这一过程,在联邦《储备法案》下,八千家银行在十二家储备银行的指导下,在管理银行信用索取的价格和发行量方面获准采取一致行动。然后是农民,通过以合作生产和合作营销扩大合作的意义,他们进入了按照自己集体的讨价还价能力在世界购买力中获取一个较大份额的奋斗过程。最后,联邦政府通过《国家产业复兴法案》和一些农业方面的法案,以及在总统指挥下制定的一些法规和章程,通过集体行动,事实上将合理性学说整个延伸到了所有的制造业者和农业人员头上。

从所有这些案例中可以看出,在不同程度上,过去经济学家和法庭高度拥护的旨在增加财富生产的一致行动,已经历史性地转向了过去他们高度反对的旨在限制财富生产的一致行动。因为,这是从生产能力向购买能力的转移,这种能力一旦获得法律的认可,就变成了合理的贸易限制。我们已经注意到了在公司和工会中发生的这种转变。在意义的改变中也注意到了类似的过程,上文提及了农民合作从科学农业的改良到购买能力的改良。1913年创立联邦储备制度的时候,是为了"方便企业和商业",但在1922年,这个制度已经转变为了限制会员银行在私下交易中的自由授信,1919~1921年间已经证实了此种自由是灾难性的。①

我们还注意到,买卖能力所发生的历史性转变,不仅是趋向于公司形式的合并、控股公司,而且更趋向于管制形式,对个人和法人的买卖、贷款、雇佣以及排除竞争的契约确定最高或最低的标准。从这个角度去看,在美国首先突破古典经济学自由贸易学说的,是1842年的保护税则,这个税则提高了制造业者在国内的购买能力。与此一致的是对移民的限制,这种限制显著地增加了有组织和无组织劳工的买卖能力,不过这是八十年之后的事情。

这些案例中体现的是积极的政府行动,在其他一些案例中则是消极的政府行动,比如在联邦储备制度、竞争性产业的稳定政策、

---

① 见本书第9章对世界范围的偿付社会的论述。

农民合作社和工会的集体讨价还价中，依靠买卖能力，消极行动准许人们做政府认为合理或无关紧要的事情，同时积极地限制政府认为不合理或有害于公众的事情。在政府准许的消极案例中，对于私人一致行动的有效性而言，保留下来的只有利润损失、被市场排斥、失业等经济制裁措施，这些措施也许会对那些试图脱离和自行其是的顽固分子产生影响。

1914年的《联邦贸易委员会法案》准许人们利用这些经济制裁，根据法案的附文，不应该认为"对抗竞争"是非法的。如果在这种准许下行动，去对抗竞争，甚或是威胁要对抗竞争，那么一个竞争者不愿受约束的行动就很容易在经济上对他自己造成更大的损失，还不如服从其他人所遵循的惯例和价格更好。根据附文，对于一切更小的竞争者而言，"追随领导者"并不是不合理的贸易限制——领导者通过声望或经济实力将价格削减到小的竞争者难以为生的地步从而获得了领导地位。因此，集体买卖能力在经济上的强迫性制裁变得越来越有效力，甚至不用求助于法人形式，只要求助于稳定的形式就行了。

与增强其买卖能力附带发生的其他的惯例，是新的、更为准确的统计预测方法，个人依靠这种方法，可以与其竞争者相呼应，更快地抑制或扩张生产。从所有对高保护性税则的抵制差不多完全消失中可以看出，买卖能力的原则获得了广泛的普遍接受，并且为普遍的互助合作所替代，农民向针对制造业者买卖能力的高度保护作出了让步，换来的是对农民的买卖能力的高度保护。同样，当人们看到开发新土地用于耕种或者是用于新矿山和新油井的开采，降低了自然资源的所有者的买卖能力的时候，自然资源的节约吸引了新的感兴趣的成员。

还可以举其他一些例子。一致的买卖能力，连同它经济胁迫的制裁，与曾经让人恐怖的政治能力及其肉体的压迫相比，将声名提高到了更为复杂且波及四海的程度，因为它实际上控制着国家。事实上，国家变成买卖能力的工具之一，不是经由它自己直接的行动，就是经由它所准许的一致行动。通过对这种政治工具的运用，为买卖能力而进行的斗争得以脱颖而出。自由竞争和放任主义的经济理学说,是从自由、平等、自利、个人财产以及竞争机制的假设中推导出来的,现在它在一切情况下都让位给了合理使用买卖能力的实用主义的学说,而这种买卖能力可以由个人、阶级或国家平等或不平等地分享。

关于一致的买卖能力的这些学说,所关注的是不公平歧视、不公平竞争、不合理价格以及买卖能力的不平等待遇等经济、法律和伦理的问题,这些都是制造业者、农民、工人、商人、银行家以及其他一些人的联合组织的问题。正是这些从买卖能力新的显著特征中出现的问题,近年来前所未有地吸引了最高法院对于有关价格、价值、惯例和交易的经济、法律、伦理学说的关注。①

七、李嘉图和马尔萨斯

在斯密之后,随着马尔萨斯和李嘉图的出现,经济科学开始了其在十九世纪的意见冲突,这场冲突以现今稀缺性和效率的区别而告结。马尔萨斯和李嘉图是密友,但他们在每个观点上意见都是相左的。十九世纪的政治经济学就是在他们滑铁卢战役之后的萧条和失业时期的谈话和著作中发展起来的。

马尔萨斯一直被认为是个头脑不清的人,而李嘉图则一直被称为是经济学界最伟大的逻辑学家。但马尔萨斯之所以头脑不清,是因为他发现政治经济学是一门非常复杂且矛盾的学科。李嘉图之所以具有逻辑,是因为他避免了各种复杂性,假定了一种非常简单的单一原则,从这个原则中可以推导出一切。然而,他的原则并不简单,它包含了物资和所有权的矛盾。古典经济学、共产主义经济学、工团主义经济学、单一税经济学,从逻辑上说都是出自这一矛盾。困惑在于,如何用一种简单化的方法把马尔萨斯的复杂性和李嘉图

---

① 在构建买卖能力的学说方面,第一项值得注意的努力是约翰·戴维森(John Davidson)的《工资的议价理论》,1898年出版。在历史学派和制度学派经济学家的理论中,可以看到对此学说的进一步发展。见康芒斯:《资本主义的法律基础》。

的逻辑性结合起来。他们每个人都是新见解的天才，但每个人的见解又都受到了由他们的习惯性假定而形成的不同社会哲学的影响。马尔萨斯是一位福音牧师、人道主义者，他所在时代的贫困与失业让他倍感痛苦，而李嘉图则通过自己在股票市场上的精明运作成为了拥资百万的资本家。马尔萨斯是有神论者，李嘉图是唯物主义者，他们从相反的角度看到了同样的事物。

他们的分歧源于地租学说，进而扩展到了他们关于劳动、供求和失业的理论。两个人差不多都是在同一时期发现自己的地租理论的，但马尔萨斯是在 1815 年发表自己的理论的，而李嘉图则是在 1817 年发表了他相反的看法。马尔萨斯 1821 年在自己的《政治经济学原理》中对此给予了答复。两人在同一时期讨论这一问题的证据见于 1816 年至 1823 年李嘉图致马尔萨斯的书信。[1]

他们的地租理论也许可以区分为马尔萨斯的级差丰裕论和李嘉图的级差稀缺论。它们产生的结果其实是相同的，但它们采取了相反的供求观，而这些观念一直持续到了今天。李嘉图的理论经过卡尔·马克思和工程师弗里德里希·泰勒之手后变成了科学管理的效率理论，经过亨利·乔治之手则变成了单一税。马尔萨斯的地租论经过心理经济学家之手，变成了克拉克（J. B. Clark）的特殊生产力论。

马尔萨斯的地租理论是由斯密和魁奈的学说引发的，如同马尔萨斯所言，他们把垄断的特性赋予了地租。[2] 但是，马尔萨斯感兴趣的是维持对小麦的保护性税则，以维护农业和拥有地产的人的利益；而李嘉图感兴趣的则是为了减少制造业者的生产的工资成本而让小麦自由进口。

因此，马尔萨斯区分出了三种垄断：如同专利这样的人为垄断；像某些法国葡萄园那样的自然的"完全"垄断；"尚可适用于"地租的局部垄断。[3]

---

[1] 马尔萨斯：《论地租的性质与发展》，1815 年出版；《政治经济学原理》，1821 年出版；博纳编著：《李嘉图致马尔萨斯的书信集》，1887 年出版；麦卡洛克编著：《李嘉图选集》。
[2] 马尔萨斯：《论地租的性质与发展》，第 3~7、15~16、20 页。
[3] 同②，第 8 页。在其《政治经济学原理》第 110 页对此进行了重述。

马尔萨斯说，土地的稀缺不足以说明原材料的高价格，这种高价格可以用人口原理来解释。土地的生产力所产生的生活必需品，要多于土地上从事劳动的人的生活所需。由他的人口理论进行推论，这些必需品具有"养活与所生产的必需品的数量成比例的众多需求者的"特殊性质。

因此，地力的这些特性与那些人为或完全自然垄断的性质是不同的，因为后者并不创造自己的需求，而土地的地力却可以为自己创造需求。所以，垄断者所接受的价格随着丰裕而降低，随着稀缺而增加，原因在于"需求存在于生产本身之外且独立于生产"。但是，"就严格的必需品而言，需求或需求者人数的存在与增加，必须由必需品本身的存在和增加来决定"。因此，食品和其他必需品形成的高于生产成本之上的高价格的原因，"要从其丰裕性中去找，而不是从其稀缺性中去找"，所以"与人为造成的……自然的……垄断所引起的高价格有本质的不同"，后者见于其稀缺性，而不是其丰裕性。

有了这一重大区别，马尔萨斯问：是不是地租不是一种垄断？名义价值也不仅仅是一种转移？"相反，是上帝赐予人类的土地最难以估量特质的一种明晰的标志，这种特质是指土地能够养活的人数要多于耕种土地所需要的人数"。[①]

马尔萨斯对第三种特性作出了让步，这也是从他的人口论中引申出来的——更为肥沃的土地的"相对的稀缺性"或"局部的垄断"。这是由人口的扩张所引起的，这种扩张迫使人们不得不去耕种那种不那么肥沃的土地。

> 他说："肥沃的土地丰裕的时候，当然不会有人向地主缴纳地租。但是……土壤和地点的多样性在任何国家都存在……在资本积累超过将其用在最为自然肥沃的土地上的手段并超过最有利的地点时，必然要降低利润；而人口增加的趋势超过生存手段时，在经过一定时期之后，必然会降低劳动的工资。"结果，"生产费用将因此而减少，但农

---

① 马尔萨斯：《论地租的性质与发展》，1815年出版，第12~16页。

产品的价值,也就是劳动的数量,以及除谷物之外的其他劳动产品的数量,不但不会减少,反倒会增加"。①

因此,对于要耕种的最后部分的土地不会支付什么地租,即便是那部分土地的利润和工资低也是这样。但是,根据交换中"支配"劳动的能力,由于食物的价格已经增加了,而这一价格将会为较肥沃土地的耕种者所接受,因此后者要么是给地主缴纳地租,要么不再是"单纯的农民",而是变成了既是地主又是农民,"一种绝非罕见的双重身份"。

然而,即使地主们在地租的名义下所接受的这些"局部垄断","既不是一种单纯的名义(稀缺)价值,也不是一种既非必要又有害处地从一类人转移到另外一类人的价值",如同完全垄断的情况一样,那么它们也是"国家财产的全部价值中最实际、最基本的部分,被自然法则放置在它们所在的地方,也就是在土地上,而不管由地主、君主还是耕种者他们谁来占有"。②

因此,马尔萨斯在根据稀缺性原则解释人为垄断和自然的完全垄断时,却根据一种级差丰裕性的原则来对地租的局部垄断进行了解释。级差的丰裕性只用于地力;土地的地力创造人口,但垄断却不创造人口。他的人口原则可以用来解释由于趋向较低的耕种边际的压力而形成的食物的高价格,但用以解释优于边际土地地块上的地租的是上帝的恩惠。

李嘉图一读到马尔萨斯的地租理论就马上写信给他说:

"我认为……地租绝不是一种财富的创造;地租始终都是已经创造的财富的一部分,人们享受地租必然会以股份的利润为代价,但却不会因此而对公共利益有所不利……那些主张谷物自由贸易的人保持着他们最初所具有的完全的影响力,因为地租一直都是从股份的利润中抽取的。"③

---

① 马尔萨斯:《论地租的性质与发展》,1815 年出版,第 12~16 页。
② 同①,第 18~20 页。
③ 《李嘉图致马尔萨斯的信》,1887 年版,第 59 页;《李嘉图选集》,第 243 页。

他还写道:"地租始终都是财富的一种转移,绝对不是财富的一种创造。因为在作为地租支付给地主之前,它必定已经构成了股份的利润,而其中的一部分已经转移给了地主,唯一的原因就是有人耕种了质量较差的土地。"①

因此,利用农业报酬递减的事实,在维持较多的人口这个问题上,马尔萨斯视地主利益与公共利益为一体,但在这方面,李嘉图在其后来的著作(1817年)中,使得

"地主的利益……与消费者和制造者的利益始终对立……除了地主之外,所有的阶层……都会由于谷物价格的上涨而受到损害。地主与公众之间的交易不像是贸易中的交易,在贸易中交易双方都可同样获益,但实际上他们之间的交易却是损失完全在一方,而获益的则完全在另外一方。"②

与此同时,李嘉图开始构建自己的价值和地租理论,这一理论应该符合他跟马尔萨斯之间的分歧。他不得不发明一种新的"地租"定义。他对土地可耗竭的属性与"原始的、不可破坏的"属性之间进行了区分。*可耗竭*的属性不是马尔萨斯所主张的神对人无偿的恩赐,它必须要靠构成土地改良的同样类型的劳动来恢复它们。可耗竭的属性似乎如法国的葡萄园那样,其地力必须恢复,但其阳光、地形和位置却是取之不尽的。地租理论应该只适用于这些取之不尽的属性,它们才应该被看做是马尔萨斯的"局部垄断"。两者之间的差异在于,马尔萨斯认为地租是对神造地力的一种报酬,而李嘉图则认为地力是人造的,对地力的回报就是利润和利息。但是,李嘉图的地租却并非人造。

因此,按照李嘉图的看法,马尔萨斯在价值论方面是错误的。他的观念实际上是将价值起源置于消费者欲望中的"流行"观念,

---

① 《李嘉图致马尔萨斯的信》,1887年版,第59页;《李嘉图选集》,第155页。

② 麦卡洛克编著:《李嘉图选集》,第202~203页。

但李嘉图却选择将其置于了劳动的努力中。这就是马尔萨斯按照其在交换中支配劳动或货币的能力来衡量价值的原因,但李嘉图却认为,价值是在生产产品的过程中*所物化*的劳动成本数量。马尔萨斯的地租是按照它*支配*的货币或劳动的数量来衡量的,而李嘉图的地租则是按照生产地租所*耗费*的劳动的数量来衡量的。李嘉图说,流行的观念将价值混淆为了财富或财产,而且

> 导致了矛盾的说法,即"减少商品的数量,也就是说,如果减少了人类生活的必需品、便利品和奢侈品的话,那么财富就有可能增加"。但是,如果你"把效用的数量增加一倍……也就是亚当·斯密所谓的使用价值的数量增加一倍",如果生产它所要的劳动量却没有增多的话,那你并没有"把价值量增加一倍"。然后他继续阐述说:"一国的财富可以通过两种方式得到增加……一种是用较大份额的收入来维持生产劳动,这不仅会增加全部商品的数量,而且会增加其价值;或者,在不增加所用的劳动量的情况下,通过让同样数量的劳动具有更大的生产力,也可以增加国家的财富,这样增加的是商品的丰裕度,而不会增加商品的价值。"①

李嘉图在这里一方面就"价值"、另外一方面就"效用"、"使用价值"、"财富"所作的区分,迷惑了一些经济学家,以至于他关于"价值和财富"的章节似乎有一种混淆。但是,麦卡洛克却认为,这一区分是李嘉图对经济学的一项重大贡献。我们认为,大家一直以来也都是这样认识的。实际上,它是作为私人财产(与公共财富相对)的财富或财产,与作为生产的劳动成本的价值(而不是交换中支配劳动的能力)之间的区别。

> 麦卡洛克说:"它的发现,给过去隐藏在令人费解的神秘中的东西带来了一片光明……洛克和斯密进行的是财

---

① 《李嘉图选集》,第166~169页,关于"价值和财富及其特性"的章节。

富生产的研究,而李嘉图所做的则是财富的价值及分配的研究。"①

在这一分析中,李嘉图试图获得的是作为使用价值和稀缺价值倍数的价值的意义。但是,他的稀缺价值是自然对劳动的生产能力的阻力,而价值过去指的则是消费者的欲望。他认为,"使用价值",按照亚当·斯密的意思,是指效用,它的意义是指一个国家财富或财产的丰裕度。原因在于,如果你把使用价值增加一倍,你就把必需品和便利品的数量增加了一倍。因此,使用价值是直接随着物质量而变动的,就如同两百万蒲式耳小麦在使用价值的数量上是一百万蒲式耳小麦的两倍一样。使用价值指的是必需品和便利品,这些东西构成了各国国家的财富或财产。

但如果生产两百万蒲式耳小麦用的是同样数量的劳动,而李嘉图的两百万蒲式耳小麦的"价值"保持不变,若是这样的话,那么一蒲式耳小麦的价值就降低了一半。因为只需要一半的劳动就能生产它。因此,对于其他价值没有改变的东西,它只能交换一半那么多。尽管其使用价值没有变,但其交换价值已经下跌了一半;或者反过来说,虽然其交换价值没有变,但其使用价值已经增加了一倍。因此,李嘉图的"价值"既不是单独的使用价值,也不是单独的交换价值,它是用蒲式耳计量的使用价值的量乘以按劳动力计量的单位交换价值的一种倍数。

与马尔萨斯的交换价值概念相反,李嘉图的交换价值概念是从他的"自然对人类劳动的抗拒"的概念中得出来的。他从马尔萨斯本人那里得到了这种观念,但他从逻辑上贯彻了马尔萨斯人口过剩的理论,将自然的哲学从**丰裕**变成了**吝啬**。到了这里马尔萨斯显然犯迷糊了,因为他试图把神的恩惠与地租调和在一起。但李嘉图是合乎逻辑的,因为他是一个唯物主义者,认为稀缺性和"自然抗拒人类的努力"是一回事。

我们可以像李嘉图那样说,在自然阻力较大的地方所要求的劳

---

① 麦卡洛克编著:《李嘉图选集》序言,24~25页。

动力的数量,也就是马克思所说的"被物化的劳动",要比自然阻力较弱的地方多。或者我们可以说,劳动的生产力与自然阻力成反比例变化。如果生产力增加了一倍,那就意味着自然阻力减少了一半。所以,也可以像李嘉图所说的那样,说交换价值与劳动生产力成*反比例*变化,或者说它*直接*随自然阻力而变化。

因此,李嘉图把他的价值作为使用价值的数量乘以其交换价值的倍数的概念,与他的劳动作为劳动力数量乘以自然阻力的概念进行了比较;或者,如同他实际所表达的那样,是劳动力的数量*乘以劳动生产力的倒数*。因此,一种全部产品的价值,比如说一百万或两百万蒲式耳小麦的价值,可以说要么是其使用价值*乘以*其交换价值的倍数(省略了消费者的欲望和所有的供求问题),要么是劳动者的数量*乘以*自然对其劳动力的阻力。这种阻力的尺度变成了克服阻力所要的*劳动时间*,因为特定的劳动力与生产特定产品所要的时间成反比变动。

李嘉图这样设计的价值概念,将消费者的欲望以及商品的供求抛在了一边,这显然不是价值的概念,而是效率的概念,因为效率是使用价值的产出与劳动力工时的投入的比率。① 因此,对李嘉图来说,效率是稀缺性的一种人格化。斯密和马尔萨斯曾把稀缺性人格化为劳动痛苦,作为在一个丰裕世界里对罪孽所施加的惩罚,而李嘉图则把稀缺性人格化为一个稀缺世界里自然对劳动力的阻力。这两者人格化恰好相反。痛苦随着能力的增加而减少;如果自然资源由于人口的压力而趋向于更低的边际,那么克服自然阻力的就是劳动力,而不是劳动痛苦。这并非因为罪孽而支付给上帝的代价,而是由于稀缺而偿付给自然的代价。因此,克服自然阻力所需要的劳动力的数量就是商品的"自然"价格。就水或空气来说,自然基本上不提供什么阻力,或者根本就没有阻力;而拿小麦或黄金来说,自然提供的阻力就较大。这些对劳动力的相对阻力就是李嘉图的"自然"交换价值。

李嘉图像斯密,不像马尔萨斯,他必须摆脱重商主义———一种

---

① 参阅本书上文关于投入—产出和支出—收入的论述。

基于货币、垄断的人为稀缺以及贸易限制的政策。因此,他像斯密一样,不谈这种人为的稀缺,而代之以自然的稀缺,但跟斯密不一样的是,他用自然的阻力代替了斯密的人类的罪孽。按照孔德的学科谱系,他从神学过渡到了科学的形而上学阶段,或者我们应当说,从人格化过渡到了唯物主义。

这是两种类型的稀缺性的人格化。马尔萨斯所追随的斯密考虑的是可以*购买*的劳动痛苦的数量,而李嘉图考虑的是*生产*产品所要的劳动力的数量,不过两者都是作为一种"自然的"价格,而不是"人为的"价格。但是,既然价格是每单位的价格,而价值是一种产品所有单位的价格的总和,李嘉图由此得出结论认为,"价值量"是由两方面复合而成的——使用价值的数量和每单位的劳动力。后者就是他的劳动价格,两者的倍数就是**价值**。

因此,当"生产力增加一倍"时,其意思是使用价值(幸福、财产)的数量增加了一倍,而劳动力仍然一样。拿货币来说,如果小麦的数量从十亿蒲式耳增加到了二十亿蒲式耳,那么世界上的财富、财产或幸福就会由于这种商品增加一倍;但如果价格因此从每蒲式耳一美元降到了五十美分——因为劳动的生产力提高了一倍,那么"价值量"仍然跟以前一样。这是消费者的财产或财富的增加,但并非是生产者价值的增加。

但是,由于排除衡量相对稀缺性的货币,同时由于代之以衡量相对阻力的劳动力,因此李嘉图混淆了稀缺性和效率,实际上是把价格人格化为了与自然的交换,而价格其实是与人的交换。

然而,李嘉图的发现激发了麦卡洛克的热情是不足为奇的。事实上,在当时经济学所处的神学和形而上学的阶段,这是具有革命性的。他把稀缺性人格化为生产中的劳动力的等价物,这有助于驳斥马尔萨斯以及出自重商主义的种种谬误,后者把价值人格化为了交换中能够被支配的劳动痛苦的倒数。

这种稀缺性的观念曾经被与重商主义的垄断联系在了一起。李嘉图在劳德戴尔(Lauderdale)和马尔萨斯这些人的著作中看到了同样的观念。按照李嘉图的说法,劳德戴尔曾经说过,如果水变得稀缺而且由某个人绝对占有,那你就会因为水有了价值而增加其财产;

如果财富是个人财产的集合体,那你用同样的方法也可以增加财富。① 这恰恰是重商主义的谬误,如同我们已经指出的那样,李嘉图通过区分垄断稀缺和自然稀缺作出了回答。垄断是人为的稀缺,但自然资源的稀缺是自然的。就垄断而言,个人垄断者会对同样的供给索取更高的价格,因此就会变得更富有,而其他人则会更贫穷。因为"所有的人'必须'放弃他们独自占有的一部分财产以换取对他们的水的供应,而过去他们一个子儿不花就能得到这种供应"。② 同样,在没有被垄断的水普遍稀缺的情况下,所有的人都会每况愈下,在这种情况下,他们不得不牺牲一部分劳动来获得水,因此他们只有少生产其他的商品。"不仅是财产的分配会有所不同,而且财富也会有实际的损失"。③这就是说,在普遍稀缺的情况下,水的价值会因为获得水需要更多的劳动而变得更大,但社会的财富则因为更大数量的劳动生产了较小的使用价值的量而变得更少了。这就是麦卡洛克所热衷的"一片光明"。

这样我们就可以看出,李嘉图在其"价值与财富"中所谓的混淆来自两个根源:首先是李嘉图将货币和稀缺性人格化为了劳动力,没有人格化为效率真正的意义;其次是在李嘉图的效用的意义中曲解了后来的效用递减的意义。其实他和斯密所谓的效用是物体的物理或技术属性,这些属性是用吨或蒲式耳这样的物理单位来计量的,因此不会随着需求的减少或供给的增加而按照单位递减。④ 作为使用价值,效用的这种意义即**财富**或**财产**,庞巴维克给它起了个"物质服务"的名称。⑤ 它在价值上其实也会减少,但这种减少是物质上的消耗、磨损,被区分为了物质上的"折旧",而非主观的"递减效用"。

---

① 李嘉图误解了劳德戴尔,后者把公共财富等同于丰裕,把私人财富等同于稀缺。参见劳德戴尔:《公共财富的性质和起源》,1804 年版,引自 1819 年版,第 7 页。

②③ 麦卡洛克编著:《李嘉图选集》,第 167 页。

④ 参阅本书上文对于心理平行论的论述。

⑤ 庞巴维克:《资本和利息》,第 223 页。

然而，也存在主观的意义，过去甚至提到过这种物质的"使用价值"，也就是"人类生活的必需品、便利品和奢侈品"。但我们把这种类型的意义称为**文明的价值**或**文化的价值**，这跟李嘉图和斯密的用法一样，因为它不会随着供求而变化，而是随着文明在改变，例如从弓箭到火药的变化，从马到汽车的变化。

效用作为使用价值的这种意义，也被边沁看成是**幸福**，因为即便是对边沁而言，幸福也不曾完成递减效用的意义。这里所说的递减效用是随供给增加或需求减少而递减的效用。效用数量的增加就是**幸福**数量的增加。因此，对于斯密、边沁、李嘉图来说，效用的意义是一种文明的价值，这种价值会随着发明创造而增加，随着陈旧废弃而减少，因而它的增加等同于财产、财富和幸福的增加。这就是李嘉图的意思，他是这样描述的：如果你把效用的数量加倍，你就会让财富的数量加倍。这跟边沁加倍幸福的数量也是一样的。我们把这种效用的意义区分为使用价值，它也可以区分为丰裕价值。因为每个单位的这种价值不会因为数量的增加而减少。

李嘉图显然将这种效用的文明概念（斯密的"使用价值"或"丰裕价值"）视为了一种主观的评价。他跟亚当·斯密持同样的观点，认为"由生活的必需品、便利品和奢侈品构成"的财富是主观的，因此无法计量。李嘉图说："一类必需品和便利品不允许和另外一类进行比较；使用价值无法用任何已知的标准计量；不同的人对它的计量是不同的。"①

但有一种方法可以让李嘉图把所有的使用价值归结为一种共同的尺度，那不是量度人为稀缺的货币，而是量度自然稀缺的劳动力。但引入这种比喻性的计量方法时，它所量度的并非是财富，而是**价值**。交换价值变成了和自然的交换，它跟生产被交换的数量所需要的劳动力呈反比例变化。

在商业中实际所用的是一种简单得多的方法，这种方法既不用人格化也不用比喻，这是一种按照物质单位和技术特性衡量使用价值的方法，比如说，一蒲式耳一级或二级小麦。李嘉图和所有物质

---

① 麦卡洛克编著：《李嘉图选集》，第260页。

经济学家都是有常识的人，他们没有用这种客观衡量使用价值的常识性的方法，转而求助于劳动力、劳动痛苦甚至是货币，这似乎有点奇怪。① 物质的计量单位随手可得，随处可见，但他们却试图显示渊博。他们一定是受到了理性时代形而上学的折磨，这种思维对原因和计量标准不加区分。实际上，劳动力是原因，使用价值是其效果，但它们有各自的计量体系。效果（使用价值、产出）的量度标准与原因（劳动力，投入）的量度标准之间的比率，不是价值的尺度，而是效率的尺度。差不多用了一个世纪，直到科学管理时期，才摆脱了李嘉图的形而上学。

但就他所处的时代而言，李嘉图的观点是一种新颖的见识。他看到了前辈经济学家们的**自然的**丰裕价值与马尔萨斯自然抗拒劳动的稀缺价值之间的区别。他对价值意义的改变的确是革命性的。这不仅是改变了劳动和生产的意义，而且也改变了政治经济学所使用的所有术语；或者干脆说，它是所有术语双重意义的始作俑者，这种状况持续到了今天。

它从根本上改变了自然的意义。马尔萨斯用他的人口过剩学说引发了这一变革，但他没有始终如一地贯彻这一学说，因为他在自己的地租理论中保留了神学的恩惠与丰裕的痕迹。但李嘉图是一个唯物主义者，一个悲观主义者，一个演绎经济学家，他从逻辑上贯彻了自然的吝啬，因此，地租的双重意义时至今日仍在延续。李嘉图省略了地力，那是马尔萨斯理论的基本部分。马尔萨斯看到的是，生产力较大的地力，每劳动工时生产的产量要大于边际地力的产量；但李嘉图看到的是，生产力较大的非地力需要的劳动投入，要少于边际土地所需要的劳动投入。

李嘉图看到的第二个主要区别是随着地租理论的这种差异而产生的，那是供给、需求和市场在意义上的差异。李嘉图在 1814 年写信给马尔萨斯说："我有时候怀疑我们没有给'需求'一词赋予同样的意义。如果谷物涨价了，你也许会归咎于人口的较大的需求。"马尔萨斯的确如此，他将之归因于人口的增加。"我会把它归因于更大

---

① 参阅本书第 9 章有关交易的货币和价值论的论述。

的竞争"。李嘉图所说的"更大的竞争"的意思是指更大的劳动生产力。

> "我认为,如果消费的数量减少了,尽管购买比这小的数量也会花更多的钱,但我们也不能说是需求增加了。如果要问1813年和1814年英国葡萄酒的需求是什么状况,得到的答复会说,头一年这个国家进口了五千桶,次年进口了四千五百桶,我们都不会同意1813年的需求更大。然而,真实的情况也许是付给四千五百桶的钱翻了一番。"①

其实,这就是马尔萨斯和李嘉图之间的区别,它是生产和买卖活动之间的区别。对于马尔萨斯来说,价值是由买卖活动决定的稀缺性的价值,其根本诱因是消费者的需求,其尺度是价格。但对于李嘉图来说,由买卖活动决定并用货币来量度的稀缺性的价值,只是一种"名义价值","真实价值"是使用价值的数量,以生产和营销葡萄酒的劳动成本来计量。对李嘉图来说,为葡萄酒支付的较高的价格是一种名义价格,在这里稀缺价值等于"名义"价值。马尔萨斯的兴趣在于由供求决定的价格本身,认为数量会随着价格变化。但是,李嘉图的兴趣在于数量和数量的劳动成本,对于价格是由什么变来的并不关心。对李嘉图而言,尽管价格有可能从两美元跌到一美元,但葡萄酒(使用价值)从四千五百桶增加到五千桶是财富的一种增加。但对于马尔萨斯而言,降价是财富的一种减少,因为生产财富的诱因因此而减少了。

这种区别将自己分解为了*生产*财富的能力与*诱致*其生产的能力之间的区别。

> 李嘉图说:"我们赞同有效需求由两种成分组成:一种是购买的*能力*;一种是购买的*意愿*。但我认为,在能力存在的地方,很少欠缺意愿,因为积累的欲望会引致需求,恰如消费的意愿能够引致需求一样,它会改变的只是需求本身发挥作用的对象。如果你认为随着资本的增加,人们

---

① 《李嘉图致马尔萨斯的信》,1887年版,第42页。

会变得对消费和积累都不感兴趣，那么你在反对穆勒先生的观念方面就是正确的，这个观念讲的是一个国家的供给永远不可能超过需求。"①

李嘉图引证了詹姆斯·穆勒发展了斯密从非递减的使用价值中发展而来的观念，这个观念认为，创造有效需求的既非消费亦非货币，而是生产。②

李嘉图说："在描述人类欲望和爱好的作用方面，我比你更进了一大步，我认为它们是无止境的；只要给了人们购买的手段，他们的欲望就永不知足。穆勒先生的学说就是建立在这一假设基础之上的。"③

但对于马尔萨斯而言，欲望是有限的。他说："毋庸置疑，财富能够产生欲望，但还有一条更为重要的真理，那就是欲望也能产生财富。"④

因此，马尔萨斯和李嘉图之间的区别在于：前者谈的是日益增加的人口会带来的日益增加的欲望，从而主张稀缺性价值；而后者谈的是所有的生产者日益增加的生产力，从而增加的是所有使用价值日益增加的数量。

需求和供给这两个概念之间的问题产生自拿破仑战争之后普遍的萧条、失业和物价下跌，这引起了马尔萨斯和李嘉图之间的这番讨论。为了增加一个国家的财富，马尔萨斯需要实际的需求，无论这种需求产生自货币的占有、劳动力的占有、人口的增加、地租的占有，甚或是对谷物的保护税则，这种税则增加了购买力，因而增加了地主对劳动的需求。但没有这种需求，就不会生产出任何东西。他把当时的萧条和失业归咎于需求的下降，或者说是消费者购买力

---

① 《李嘉图致马尔萨斯的信》，1887年版，第43~44页。
② 詹姆斯·穆勒：《为商业辩护》，1807年出版；又见本书上文《亚当·斯密》一章。
③ 同①，第49页。
④ 马尔萨斯：《政治经济学原理》，1821年版，第363页。

的下降。

因此，马尔萨斯不会困扰于*利润*的下降。让他不安的是价格的下跌。如果利润过高，相对于现有的需求而言，所生产的东西就过多了。必须有一种能够维持价格的消费增长，而不是增加竞争而减低价格的生产的增加。所以，马尔萨斯主张的是通过提高税收和增加公共工程来增加消费，作为对失业的补救措施。但李嘉图写道："我提出异议正是这——……学说，对此我给了了坚决的反对。"①

马尔萨斯提出，为了增加消费，要做的事情就是增加税收、增加小麦的税率、扩大公共工程、让富人在不动产上增加花费，所有这一切都是"非生产性的消费"，因为它生产的不是能够走向市场且能降低价格的商品。

一百年之后，紧随着另外一次世界大战，这个主张差不多原封不动地成了一个"国家失业会议"所提出的补救措施，这个会议由哈丁（Harding）②总统召集，在胡佛（Hoover）国务卿的主持下召开。会议建议，在失业期间增加公共工程，以挽救私人部门就业的不景气状况。③哈丁会议体现出马尔萨斯的经济学与李嘉图的经济学是背道而驰的。马尔萨斯会把他们的提议称之为"非生产消费"，但他的意思跟会议所指的公共工程是同样的事物，都是指非销售产品的生产。它之所以是"非生产的"，是因为它创造的产品不会出现在市场上，因此不会因减少私人雇主所接受的价格而增加现有的失业。

为了增加一个国家的财富，李嘉图也需要实际的需求，但他的需求与马尔萨斯的需求相反，必须是资本家在较低的价格水平上增加生产，当资本家在那些较低的价格水平上无法获利时，这种增加就会受到阻碍。因此，当时失业存在的原因不是需求下滑导致的价

---

① 《李嘉图致马尔萨斯的信》，1887年版，第186页。
② 哈丁（Harding, 1865～1923）1921～1923年期间任美国第29届总统。——译者注
③ 《美国劳动评论月刊》，1921年11月号，第129～132页；《关于失业会议的总统报告》，政府出版局1921年出版。

格下降，而是高地租、高税收、高工资以及最后一项是由劳动者的固执所造成的。"给工人的劳动支付过多的报酬，他们就必定会变成这个国家的非生产性的消费者"。如果工资可以减少，那么"所生产的商品的数量不会有什么减少，不同的只会是分配，即归于资本家的会更多，而归于工人的会更少"。①

因此，马尔萨斯和李嘉图主张的是两种观点，这两种观点资本家通常是作为失业的补救办法提出的。提高税赋、增加公共部门就业的观点来自马尔萨斯，降低税赋和工资的观点则来自李嘉图。

从同样的效率比率相对的术语出发，他们将其变成了相对的供求概念，并且因此变成了在国家财富和失业与生产过剩补救措施上的相对的概念。马尔萨斯认为，能够增加需求并因此而增加国家财富，是购买力上的丰裕。但这种购买力把持在地主和富有的纳税人手里。他们应该改进自己的不动产、修建公共工程，这样就会在不降低价格的情况下创造对劳动的需求。

但李嘉图认为，创造劳动需求的是生产能力，而来自资本家的生产诱因则因高地租、高税收和高工资受到了抑制。

马尔萨斯认为，因为需求是有限的，所以存在普遍的生产过剩、物价偏低和失业。李嘉图则认为，不存在对需求的限制，而生产过剩的表象下面是资本家在低物价、高工资、高税收、高地租的条件下无力赚得利润。

因此，马尔萨斯和其他一些人将自己的财富的意义建立在了稀缺性价值之上，这种价值取决于消费者的欲望和需求；而李嘉图则把自己的财富的意义建立在了由生产者提供的使用价值的总数量之上。但是，矛盾在于需求与供给的两种意义，这一矛盾一直持续到了今天。马尔萨斯增加需求的意义，是*较低的价格*、较低的税赋、较低的关税、较低的工资、较低的地租，所有这一切都是指更大的购买力对财富更大的消费。李嘉图增加需求的意义，是在较低的价格、较低的税赋、较低的关税、较低的工资、较低的地租但较高的利润条件下*生产的较大的数量*，这样做的目的是为了鼓励资本家雇

---

① 《李嘉图致马尔萨斯的信》，1887年版，第189页。

用工人。两者之间形成的僵局百余年来一直在上演。作为失业的补救措施,这是更大份额的国家财富归于消费者和更多的利润边际归于资本家之间的矛盾。①

需求与供给的双重意义最终开启了市场与交换的双重意义。李嘉图坚持认为,营销和交换是生产过程,马尔萨斯则认为,它们是一个买卖的过程。如果营销和交换活动是一个生产的过程,那么它显然是一个直到最终消费者的劳动过程。如果它是一个买卖过程,那么它就是一个低价买进高价售出的所有权过程。但马尔萨斯和李嘉图都排除了用货币作为价值尺度,而是代之以劳动作为价值尺度。因此,它们必定是两种"劳动"的意义,霍兰德(Hollander)正确地将其区分为"所支配的劳动"和"物化的劳动"。②

但是在霍兰德所作的区分的背后,是市场作为生产性的实际交货过程与作为稀缺性的买卖过程的差异。霍兰德似乎认为,李嘉图将稀缺性包含在了他的使用价值的意义中,③ 这一阐释硬把后来的效用递减的观念加在了李嘉图的身上,其实这个观念在奥地利享乐主义经济学家之前是不存在的。把使用价值与效用递减或稀缺性联系在一起的既非斯密、马尔萨斯、边沁,亦非李嘉图,对于他们来说,使用价值是指财富的丰裕以及相应的心理上的快乐,这种快乐具体是用吨和蒲式耳来计量的。诚然如此的话,那么斯密和马尔萨斯"所支配的劳动",就是买卖过程中人格化的稀缺性尺度用所支配的劳动作为尺度的;但李嘉图和马克思的"物化劳动"是生产能力中的人格化的稀缺性尺度,这种生产能力是劳动克服自然阻力的生产能力。

尽管斯密的意义是基于劳动痛苦的数量,马尔萨斯的意义是基于消费者的需求,但马尔萨斯在"所支配的劳动"的概念上追随了斯密的这个事实,却是由所欲数量与可得数量间稀缺性比率的两个

---

① 见本书第9章有关利润边际的论述。
② 霍兰德:《李嘉图价值学说的发展》,《经济学季刊》,1904年第18号,第455页。
③ 同②,第458~459页。

方面来解释的。如果价值是指稀缺性价值,那么它就是所欲数量(需求)与可得数量(供给)之间的一种社会关系,① 这可以用两种数量的*比率*来表示。这种稀缺性比率可以因需求方面或供给方面的变化而改变。斯密跟李嘉图一样,都假定需求是无限的,因此其稀缺性的原因、调节者、尺度都是劳动痛苦,而劳动痛苦限制了稀缺性的*供给*方面。但马尔萨斯断言,需求受现有的食物供应、土地或货币占有所能维持的需求者数量的限制,因此,他把自己的注意力转到了稀缺性的*需求*方面;他的原因、调节者和尺度是消费者的"意志和能力",而消费者的"意志和能力"能够扩大或减少需求。因此说,斯密稀缺性价值的调节者是按照供给方面的变化计算出来的,而马尔萨斯的调节者是按照需求方面的变化计算出来的,这是需求与供给之间同一稀缺性比率的一体两面。

他们两个人所注意的都是同一种稀缺关系的限制因素。在马尔萨斯看来,稀缺性价值的原因是消费者需求的增加;而在斯密看来,那是限制供给的劳动痛苦。马尔萨斯认为价值的调节者是对于劳动需求而言的恰当的比例关系,这种比例关系存在于按照人的意愿集体划分的不同职业当中;斯密则认为,价值的调节者是劳动痛苦的自动均衡,这种均衡存在于按照个人各自划分的职业中。马尔萨斯和斯密都认为,稀缺价值的人格化尺度是可以用商品或货币*购买*的劳动来计量的,因此,作为一种购买力特例的"所支配的劳动",在斯密和马尔萨斯看来,就成为了稀缺价值的尺度,而无论这种稀缺价值是由斯密的劳动痛苦造成的,还是由马尔萨斯的有限的消费者需求造成的。

但李嘉图的稀缺价值的原因不是消费者的需求,他认为这种需求是无限的。他所认为的原因是自然的阻力,而这种阻力与克服阻力需要的劳动量是同一的。因此,"物化劳动"变成了其"自然的"稀缺价值的尺度,但物化劳动与劳动生产力是成反比的。所以李嘉图认为,使用价值的数量是由劳动生产力来调节的,而稀缺价值的度与劳动生产力成反比。劳动生产使用价值,但劳动的不情愿导致

---

① 参阅本章有关门格尔的论述。

稀缺价值。这就是具有双重人格化稀缺性的市场的双重意义。如果市场活动是买卖活动，那么所支配的劳动就是稀缺价值的尺度；如果市场活动是生产，那么物化劳动就是效率的尺度。

李嘉图和后来的马克思都认为，市场是整个生产过程的一部分，不是买卖活动的一部分。市场存在于劳动过程中，这个过程从原料的取得一直到把它制造成新的形式、运输、实际交货给批发商以换得另外一次实际的交付，以及最后由杂货店的小伙计把制成品交送到最终消费者的手中——而消费者本身就是另外一个劳动者，他实际生产或交付回报他自己的商品或服务。货币也是这些可以实际交付的物质商品之一，也同其他的商品没有什么两样。

用更为现代的术语来说，这种市场活动的意义，作为运输而言，是劳动所创造的"地点效用"，它不同于劳动创造的"形式效用"。但在这种意义上，效用是物质的使用价值。劳动并不真正"创造"任何东西，它只是改变自然所提供的基本物资的形式与地点，把它们变成使用价值。因此，市场活动和交换活动是一种劳动过程，它们增加了物资的使用价值，直到最后交付给最终消费者。市场机制的这一技术过程，是作为生产使用价值过程的一部分来考虑的，我们区别为市场活动的技术。另外一种意义是买卖的制度。这些意义就是管理交易和买卖交易之间的差异。

因为买卖活动不是一种实际的交付和交换的过程，它是一个有关价格和数量谈判的商业过程，这些数量其后会由劳动过程实际交付。在买卖的这个商业过程中交付的东西不是实际的商品，而是法律上对所有权的主张。因此，我们已经把通过劳动的实际交付与通过买卖的法律上的交付区别开了；市场和交换的双重意义是交付和交换使用价值的劳动过程，以及作为与稀缺价值一致并按照这些价值交割所有权的买卖过程。

市场活动和交换活动的这种双重意义是马尔萨斯和李嘉图之间形成差异的根源。它在现代经济学中依然存在，而且伴随着实际的后果：一种是市场的技术；另外一种是关于市场的定价和估值。其关键在于使用价值和稀缺价值之间的差异。这种双重意义贯穿于马克思和蒲鲁东之间的争论，而且在过去一百年中赋予了关于合作性市场活动讨论的双重意义。在合作性市场活动的技术意义上，通过一种由合作方式占有的市场活动手段来*代替*中间人是目的。在买卖的意义上，合作不会代替中间人，而是着手与他们进行*集体谈判*。农民的"合作社"正在经历对合作性市场活动与集体买卖活动进行区分的过程，正如劳工合作组织在八十年前从旨在取代资本家的社会主义的合作性生产和市场活动，突然转向了较少革命性的集体谈判，与资本家开始了关于工资、工时和工作条件的谈判。农民所处的地位不同，因为他们需要仓库来进行储藏，所以他们实际上是取代了中间人。但两个过程是可以辨别的。在市场和交换活动的第一种意义上，如同李嘉图和马克思所采用的方法，这两个词通过实际的交付和实际的交换表示了财富生产的最后一个步骤，这个步骤通过增加使用价值的量增大了财富的*数量*。在第二种意义上，如同斯密、马尔萨斯和蒲鲁东所采用的方法，市场活动是在价格上取得一致的买卖活动的第一步，因此改变的是财富的所有权。

八、马克思和蒲鲁东

我们将会看到，李嘉图所有的双重意义的词语关键，都在于他关于货币购买力稳定的假设。他所有的阐述都是以货币来说明的，这样做之所以可能，是因为通过假定货币的购买力对于每种特定的商品都是稳定的，他实际上已经排除了货币。按照这个做法，他实际上不是提出了价值论，而是提出了效率论。他的计量单位是一种人力单位，象征性地用英镑来说明。是卡尔·马克思用工时代替了李嘉图的工时、工月、工年，然后提出了他自己也认为是价值论的东西，其实那是效率论。

与此同时，除了1886年麦卡洛克的事后哀鸣，李嘉图的劳动价值论在古典政治经济学中逐渐销声匿迹了。[①] 当穆勒1848年悄无声息地用货币成本取代劳动成本的时候，劳动论算是真正被埋葬了，

---

① 麦卡洛克1818年开始阐释李嘉图，他的《经济学原理》的最后一个版本是1886年出版的。

而他根本没有意识到自己做了些什么。① 但与此同时，在卡尔·马克思手里，这一理论却实现了奇妙的复活，他正确地宣称自己是真正的李嘉图派。从反戈一击的黑格尔派哲学家马克思那里，② 对于平凡的生意人李嘉图让人混淆的语言，我们得出了自己的最佳理解。

在他与另外一个黑格尔派哲学家蒲鲁东的争论过程中，马克思完成了自己的分析。正是这场争论第一次把李嘉图的劳动价值论分裂为了无政府主义和共产主义。在这场讨论之前，甚至是在之后的十九世纪五十年代，无政府主义和共产主义都是被视为同样的东西，即社会主义。讨论以马克思用在蒲鲁东身上的"空想社会主义"和用在自己身上的"科学社会主义"而告终。但两者都是空想的，没有哪一个是科学的。③ 它们都是黑格尔的形而上学。

黑格尔的方法论不是建立在假设、调查、实验、证明基础上的科学方法，不适应不断变化的可以观察到的事实；它是一种哲学的方法，从一个注定要在将来实现的大的观念入手，然后把它分解为若干个小观念，而这些小观念不可避免地要引导出那个大观念。这种辩证的方法呈现出两个方面：蒲鲁东所支持的分析的方法，马克思所支持的起源的方法。这是同一宇宙观的两个版本。分析的方法包括正、反、合的思想过程。而起源的方法是文明的历史变迁——从原始共产主义的正题，到十八世纪个人主义的反题，最后回归到未来共产主义的必然的合题。这实际上是黑格尔世界精神的倒置。有鉴于黑格尔的"精神"将会在未来的德意志世界帝国中登峰造极，因而马克思的唯物主义也会在未来的世界共产主义中达到顶点。④

---

① 穆勒：《政治经济学原理》，1848年和1897年版。
② 胡克（Sidney Hook）在他的近作《走向对马克思的理解：革命的阐释》（1933年版）中，将马克思的学说解读为了现代的实用主义学说。他做了一个很好的案例。但如果马克思在行动上是"实用主义的"，那他在理论上就是黑格尔派的。
③ 参阅马克思和恩格斯的《共产党宣言》，1848年版。
④ 关于黑格尔的形而上学，见《大不列颠百科全书》第十四版"黑格尔哲学"的条目。关于"左翼"的黑格尔哲学，见《社会科学百科全书》卷六第21～22页关于"费尔巴哈"的条目。

但蒲鲁东跟斯密和李嘉图一样，是从为自己生产使用价值的个人的观念入手的；然后这个人会转向其他的个人，提出用他自己不需要的*剩余*进行交换。因此，蒲鲁东把为自己进行的生产，与为了在市场上与其他人买卖而进行的生产，分隔开来了，而且使得使用价值成了与稀缺价值对立相反的东西。因此，*经济矛盾*一词是其哲学基础。蒲鲁东的"效用价值"就是斯密和李嘉图的物质的使用价值，它随着丰裕性而增加并且由劳动所生产——被蒲鲁东描述为"一切自然或产业的产品所具有的服务于人类生存的能力"。因此，它可以等同于边沁的*幸福*。蒲鲁东的交换价值是随着丰裕性而*减少*的稀缺价值，被描述为同样的产品"被赋予的可以彼此交换的能力"。这种能力因而取决于在买卖的过程中两种使用价值的相对稀缺性。所以，他的使用价值是正题，他的稀缺价值是反题，他的把两者统一为一体的"综合的价值"，就是他所谓的"设定价值"，决定于他所谓的"意见"。但就"意见"而言，他实际上是指我们所说的谈判心理，即人们在*自由*的买卖交易中，就价格、数量、交货时间所达成的一致。

这种买卖的交易应该免于政府的一切物质胁迫，也免于"财产"的一切经济压迫。由于财产本身是政府创造的，为了破坏财产他就得破坏政府。蒲鲁东认为"财产就是掠夺"，因为它是用物质胁迫的能力来支持经济压迫的。必须消除这种财产的压迫，目的是为了完全按照买卖者自由、平等的"意见"，就价格和数量达成买卖协议。

因此，蒲鲁东和马克思的区别就是买卖活动和限额活动的区别。蒲鲁东想的是通过消除政府来得到自由和平等的买卖；马克思想的是通过消除买卖来得到完美的限额。

蒲鲁东自由而平等的买卖，不过是与英美习惯法中"合理价值"类似的概念，其"构成的价值"即法庭的合理价值，因为它是"愿买愿卖"的双方所同意的一种估值。但蒲鲁东不熟悉历史上习惯法的理想，所以不得不将它黑格尔化为"综合的价值"或"构成的价值"，在双方完全自由的情况下，这就调和了使用价值与稀缺价值的对立。①

但为了在愿买愿卖的基础上对两者进行调和,蒲鲁东必须消除国家执行财产权利对买卖双方进行掠夺的权力。在买卖交易中,这种掠夺是以参与者得自*劳动*以外的所有货币收入的形式出现的,例如,利息、利润、地租以及资本家索取的高价和额外的薪俸,这些都是财产,同时也是掠夺。

因此,必须看到,按照其把财产视为"掠夺"的意思,蒲鲁东指的不是一个人因自己的劳动或与他人的自由谈判而拥有的个人财产,后者的财产也来自于他们自己的劳动。他并不是想要废除这种财产,但他认为,即便废除了政府,但这种财产仍然会存在。实际上,倘若将其建立在劳动和自由而平等买卖的基础上,无政府主义意味着最为极端的不能让与、可以交换而且是*个人*的财产。著名的俄国无政府主义者克若包特金(Kropotkin)② 在爱荷华州的农场和乡村集市中发现了一种无政府主义的典型。③ 这与蒲鲁东是一致的。经济学家在地租、利润(包括利息)、工资之间所作的区别对他而言毫无意义,正如它对爱荷华州的农民毫无意义一样,这是就他靠农民们共同劳动的使用价值供养自己的家庭、然后在市场上靠乡村集市自由而平等的买卖活动销售其剩余而言的。经济学家不可能将农民剩余价值的收入分解为地租、利润(利息)和工资,对蒲鲁东是这样,对农民也是这样,那仅仅是农民因自己复合的所有权、管理和劳动而得到的联合的报酬。如果在乡村集市上一个农民与其他农民就自己的剩余产品的交换价值达成一致,而双方又都没有受到任何强迫,那么"构成的"就是那个农民的所谓的"综合的价值"。但按照习惯法的语言来说,这就是双方愿买愿卖的"合理价值"。

对此的解释是,蒲鲁东的理论是基于**商业资本主义**和**地主经济**

---

① 参阅蒲鲁东:《经济矛盾体;贫困的哲学》,两卷本,第一卷,第 2 章,1846 年版,1850 年再版。
② 克若包特金(Pyotr Alexeyevich Kropotkin, 1842~1921):俄国无政府主义者,地理学家,革命家。——译者注
③ 克若包特金:《与农业、脑力工作和体力工作相联系的田地、农场、工厂、作坊或产业》。

的，而马克思的理论则是基于雇佣资本主义的。支配法国的是商业资本主义及其商业金融，而支配欧洲其余部分的是地主经济和佃农制度。在美国，后者逐渐演变成了广为人知的"自耕农"和"地主"、"小企业"和"大企业"之间的区别。蒲鲁东代表的是自耕农和小企业。他的立场是反对商业资本主义和银行家的，这两种人控制了市场通路，因此将小企业沦为了血汗工厂竞争的境地；他还反对向佃农勒索地租的地主。针对这些，蒲鲁东愤慨地将财产定义为掠夺，当然他针对的不是靠血汗谋生的农民、工匠和零售商那微不足道的财产。1849年，他在自己的报纸《人民报》上说："我们期盼人有其产。我们希望的是没有高利剥削的财产，因为高利剥削是财产增长和普遍化的绊脚石。"他所指的高利剥削不光是过高的利息，而且还是一切过高的价格、利润、地租和薪俸。在1848年的革命中，到准备其补救措施并建立人民银行的时候，人们才弄明白他所主张的一切原来是自愿的合作营销及合作信用（更近的是"信用联合"），但并不是相应的合作生产，因为后者必然让个体生产者臣服于合作生产者。[①] 蒲鲁东的无政府主义是他在世界范围内对个人财产与营销和借贷中自愿合作的综合。因此，他的正题是伴随着*丰裕*增长的使用价值；他的反题是伴随着*稀缺*增长的交换价值；他的综合价值是买卖的交易中平等自由的*合理价值*。在为这些革命性的主张入狱三年之后，蒲鲁东接受了政治家拿破仑三世，这对蒲鲁东来说没有任何矛盾之处，因为后者解除了他的牢狱之灾，而且把蒲鲁东的自由平等当成了他自己独裁统治的口号。

但是，马克思把雇主作为资本家看待，而蒲鲁东则把商人和银行家作为资本家看待。马克思的目光关注的是英国的工厂制度，而蒲鲁东的目光则放在了法国的手工业制度上。马克思期望地主所有制会变成工厂制，蒲鲁东则期望把（法国以外其他国家的）地主所

[①] 参阅1923年版的帕尔格雷夫（Palgrave）《政治经济学辞典》中关于"蒲鲁东"的一条；查尔斯·丹纳（Charles A. Dana）《蒲鲁东和他的人民银行》，1850年出版；亨利·科恩（Henry Cohen）的《蒲鲁东的社会问题解决方案》，1927年出版。

有制分裂为小农私有制。在马克思所看到的英国的工厂制中，雇主已经把蒲鲁东的自主工人（master workman）变成了工头，把靠工资生活的人变成了一群同质性的劳动者。① 因此，蒲鲁东会用自愿的合作与个体的买卖活动将批发商和银行家排除在外，而马克思则会用共同所有制与政府的管制来排除雇主、用共产主义的限额制度来废除买卖活动。当支付给小生产者的时候，蒲鲁东没有对地租、利息、利润和工资加以区分，它们被混在了一起作为劳动者的一项报酬。马克思对待社会化的生产者也同样是如此。不仅是李嘉图的地租，包括他的雇主资本家的利润和支付给银行家与投资者的利息，都被财产所有者混入了一项共同的剥削基金中，由此而言，劳动力所生产的社会的使用价值从劳动者那里被人剥夺，并不像蒲鲁东所认为的那样，是在买卖活动的过程中，而是在生产过程中的物质所有权关系里发生的。蒲鲁东是李嘉图的无政府主义化，马克思是李嘉图的共产主义化。马克思把他的社会劳动力比做一巢蜜蜂，把相关的雇主资本家比做是蜂巢的所有者，他们通过对政府的控制来攫取蜂蜜；蒲鲁东把他的千百万个个体劳动者描绘为财产所有者本身，而把商人、资本家、银行家和地主作为他们的掠夺者，他们在政府的帮助下在买卖活动的过程中对劳动者进行掠夺。

因此，当谈到蒲鲁东生产与交换的对立以及相应的使用价值与稀缺价值的对立时，马克思同时否定了两种对立以及这种综合的需要。蒲鲁东建议的是一种自由平等的买卖制度，而马克思建议的是一种强迫的限额。前者是无政府主义，后者是共产主义。

他们的区别部分在于市场活动的双重意义中。对于马克思来说，市场活动本身就是一种生产过程，直到商品送达最终消费者之前，社会劳动力都是靠此增加更新的"地点效用"（使用价值）的。对于蒲鲁东来说，市场活动意味着讨价还价的能力，这种能力通过经济上的强迫，在买卖的强者与弱者之间达成了货币和商品相对稀缺价值的一致。马克思认为，商品是为了交换而生产的，正如斯密、马尔萨斯、李嘉图的意思，他们把"生产性"劳动与"非生产性"

---

① 参阅本书第 10 章有关商人、雇主和金融资本主义的论述。

劳动进行了区分，前者是其产品注定是为了交换的劳动，后者是其产品由一个人生产后注定用于家庭消费的劳动。马克思抓住了"生产性劳动"的意义，并且让它在现代工厂和运输制度下普遍化，在这种制度下，没有人消费自己生产的东西，而总是在消费他人生产的东西，所以这种制度下的产出不归其生产者所有。

因此，马克思声称，不存在超出家庭消费的剩余产品，他不像蒲鲁东所假定的那样，把用于自身的生产过剩转换成了卖给他人的一种剩余。现在产品是"社会的"使用价值，不是个人的使用价值，而社会的使用价值包含了运输、批发、零售和通过所有的社会劳动力所进行的实际的交货，这种社会劳动力通过生产、运输和实际的交货把世界结合到了一起。① 生产与交换是生产过程中的同一劳动，后者是指实际交换的意思。在考虑到交换之前，生产是没有结束的，但交换自身是两种物质商品两项实际交货的劳动过程，这其中包括了仅仅为商品增加使用价值的那些"服务"。

这是由于劳动分工的缘故。但马克思从劳动分工中得出了共产主义，而斯密则从中得出的是个人主义。在两种情况下它指的都是同一个事物——交换。马克思说："在你假定生产中多于一个人做帮手的那一刻，你就已经假定了整个生产体系都是建立在劳动分工的基础之上的。"② 因此，你就假定了生产是建立在实际交货的交换之上的。如同蒲鲁东追随斯密所提出的那样，其他的个人实际上是"合作者"。但他们并非蒲鲁东或斯密所说的*自愿的*合作者，后者的合作在于他们的买卖交易。这种合作是*强迫*劳动者适应技术体系的合作，目的是为了让每个人的劳动仅仅变成世界范围内机器程序的一个代表性的式样的一部分，在"交换"的名义下，这个程序将使用价值的增加额运送给了彼此。③ 因此，马克思说："合作者、不同

---

① 在运输是否总是"生产性的"这个问题上，马克思有点麻烦，这是因为他缺乏更新的增加地点效用（使用价值）的观念造成的。

② 马克思：《哲学的贫困》，1847年译本，第34页，这是马克思对蒲鲁东的《贫困的哲学》的答复。

③ 凡勃伦将此观念接受为了"机器程序"。见本书第10章对凡勃伦的论述。

的职业、劳动分工以及交换,它想表达的内容都已经有了……幸好首先就已经设定了交换价值。"①

马克思构建这种劳动分工并进而消除蒲鲁东买卖活动的方式,可以从其著名的价值公式 C—M—C 的图解中看出。② 在这里,他用黑格尔的方式区别了**价值实体**、**价值形式**和**价值种类**。"实体"只是劳动力**乘以**劳动时间。价值"形式"是其交换价值,体现在没有任何使用价值的货币中。价值的"种类"是以货币为媒介所交换的商品的种类。

在图 5-4 中,横向量度,每种生产中的劳动时间都是十小时。纵向量度,劳动力即劳动的效率,与自然的阻力成反比例变化。时间和效率相乘就是价值的"实体"。

这种实体在交换的过程中取得"形式",而按照马克思的意思,这种交换是指产品的实际交货,不用经过买卖活动。在这种实际交货中,无论帽子、货币和皮鞋在数量上的差别有多大,都是相等价值换取相等价值。货币没有使用价值,它完全是按实际交货进行的交换过程中的价值的"形式"。

但是,这种价值的"实体"是在资本家和工人之间进行分配的,而分配活动是在生产过程中发生的,不是在市场上的买卖活动的过程中发生的。这就是"剥削"发生的地方,因为资本家占有一切生产设备,而且产品也归他们所有,甚至在工人对原材料进行加工之前就归他们所有了。

这样就可以看出来,资本家剥削的部分(也就是马克思的"剩余价值")是如何在两个方向上扩大的——增加效率和延长时间。效率的增大可以源自于新机器或者是工人加快工作速度,这就延长了代表劳动力的直线;但更大的数量也可以源自于更长的工作时间,这就延长了横线;两者相乘扩大的是完全归资本家所有的剩余价值。因为工人没有任何讨价还价的能力,能够获得的只是最低限度的生活资料。实际上,这是李嘉图学说的必然结果,这不是别的,正是

---

① 马克思:《哲学的贫困》,1847 年译本,第 34、35 页。
② 参阅本书第 5 章图 5-4。

当今社会的这样一个问题：从产业的机械化改良中获益的是谁？

所以，我们的发现，是马克思正在构建一个效率公式，同时也在构建工人作为一个阶级、所有的资本家作为一个阶级两者之间的分配效率收益的模式。劳动力的数量不仅仅是活劳动的数量，也是"物化"在固定资本中由资本家占有的劳动的数量。这样他就避免了现代只按照活劳动来计算效率的种种谬误。通过将活劳动和物化劳动的"间接费用"两者都包含在其社会劳动力的意思里，他创造了一个效率公式。

因此，蒲鲁东和马克思之间的争论，跟马尔萨斯和李嘉图之间的争论一样，关键都在于效率和稀缺之间的区别，其相关的使用价值和稀缺价值分别是从斯密的劳动力和劳动痛苦这两个意义上传承下来的。就李嘉图和马克思而言，稀缺性都被预设为了一个常量，因此被省略了；但就马尔萨斯而言，消费者的需求被置于了支配地位；而就蒲鲁东而言，效率和稀缺都被当成了彼此对立的东西。

由于马克思迫使蒲鲁东亮出了他所隐瞒的稀缺性原则，因此蒲鲁东实际上被迫放弃了其以劳动力为价值起源的学说。马克思说："蒲鲁东的困境仅仅是因为他忘记了*需求*，而只有根据需求状况，才可以说一件东西是稀缺还是丰裕。一旦把需求抛在一边，他就把交换价值等同为了稀缺性，把使用价值等同为了丰裕性。"[①] 他说，李嘉图已经在其价值的意义中清楚地假设了稀缺性。马克思说，因而当蒲鲁东在把交换价值等同为稀缺性、效用（使用价值）等同为丰裕性之后，"令人惊讶的是，他既不去从稀缺性和交换价值中寻找使用价值，又不去从丰裕性和使用价值中寻找交换价值"。"只要把需求排除在外"，他将永远不会发现它们在一起。蒲鲁东的"丰裕性"似乎是"某种自发的东西。他突然忘记了有人在进行生产，而绝不忽视需求是符合利益的"。[②]

换句话说，马克思的"生产者"不仅生产使用价值，而且他生

---

① 马克思：《哲学的贫困》，1847年译本，第40页。
② 同①，第41、42页。

产的东西的数量是有限的,以便预期的需求赋予其交换价值。通过在生产过程中抑制供给,他的使用价值已经是一种稀缺价值,并且包含了作为生产过程的一个部分的实际的交货。

我们认为,这种有限数量的生产就是马克思所谓的社会化的"必要"劳动力。"必要"一词的意思是必然供给消费者的需求。在这里,马克思在其劳动力的概念(其原则是效率)中隐含了对立的买卖能力(其原则是稀缺)的意思。我们的方法则不同,通过"实际上"对另外一方的排除,我们将两者分开了,然后再根据限制和补充因素将它们结合在了一起。因此,对于我们来说,工程师像这样无限地增加生产,不会考虑价格;但企业家为了维持价格则会抑制或调节生产。这两者就是限制和补充因素。①

马克思和蒲鲁东之间的矛盾又一次表现为了物资和所有权之间的矛盾。在近代,当凡勃伦将工程师和企业家区分为物资和效率专家以及所有权的稀缺性专家的时候,他也说出了这一矛盾。

其关键在于历史上使用价值的双重意义。马克思在与蒲鲁东发生争论的二十年后说:"……如果不成为使用对象,任何东西都不可能有价值。如果这个东西一无用处,那么其中包含的劳动也就一无用处;劳动不能算作为劳动,因此也就不创造任何价值。"②

这就出现了问题:它是因为其物质属性不能用(像烂苹果那样)而无用呢,还是因为所生产的数量大于所需求的数量(像过多的好苹果那样)而无用?它是作为贬值的使用价值无用,还是作为递减的稀缺价值无用?

前者是蒲鲁东使用价值的意义,后者则是其交换价值的意义。正如我们刚刚已经说过的,马克思甚至有一种使用价值的双重意义。在追随李嘉图的时候,他把稀缺价值的所有意义都从使用价值中排除了。使用价值是按照物质单位来计量的,例如几打表、几码布、几吨铁。在这方面,他重复了李嘉图对价值和财富的区别,他说:"由于价值和财富(或财产)观念的混同,有人才坚称,通过减少人

---

① 参阅本书第9章有关关键交易和一般交易的论述。
② 马克思:《资本论》,1867年译本,第一卷,第48页。

类生活必需品、便利品和奢侈品的数量，财富便可以增加。"①

这又恰恰是蒲鲁东的说法，他把使用价值定义为能够增加社会财富的丰裕性，而把交换价值定义为可以增加私人财富（资产）的稀缺性。

但马克思还有使用价值的另外一种意义，其关键在于计量的物质单位，如吨或码。使用价值"与充当其有用属性所要求的劳动量无关。商品的使用价值提供给物资的是一种特殊的研究对象，也就是商品的商业知识"。"交换价值把自己表现为与其使用价值完全无关的某种东西"。"使用价值只有在使用或消费的时候才能变为一种现实"。②

换句话说，在这里，使用价值的意义不是变成了劳动或技术的产品，而是变成了商品物理计量的一种属性，目的是为了进一步的制造或用于消费。但如果是这样，那么使用价值显然就是劳动的产物、工程师知识的产物、制造家和消费者所需要的物质有用属性的产物。工人及其管理者不会生产对生产链中下一个生产者而言的无用的东西。无论下一个使用者所要求的是形式、时间还是地点效用，劳动只是增加了物资的有用性（使用价值）。马克思在这里背离了斯密在批评魁奈时所划定的劳动力的意义。劳动并不生产体积重量，它只是给物资的体积重量增加了效用（使用价值）。

然而，马克思其实并不需要把使用价值在物理计量上与他的"劳动力"分离开来。劳动所生产的*是*物理上可以计量的使用价值，他只需要创立作为产出的使用价值量与作为投入的工时量之间的一种*比率*就行了。

使用价值确实是一个技术概念，马克思并不是唯一一个将技术和使用价值排除在经济学之外的人。几乎所有十九世纪的经济学家都把技术以及它的使用价值的产出排除在政治经济学之外。凡勃伦在"创造性劳动的本能"的名义下让它回到了政治经济学。我们是用效率的观念让它回到政治经济学的，这个观念包括产出、投入、

---

① 马克思：《哲学的贫困》，1847 年译本，第 38、39 页。
② 马克思：《资本论》，1867 年译本，第一卷，第 42、45 页。

使用价值、管理的交易、限制因素和补充因素等。

我们认为,这种排除技术的根本原因,是经济学的心理和唯物的基础,而不是意志的基础。从心理学或唯物主义上推衍出来的观念,是将整个经济学体系甚至整个社会哲学建立在单一的原则(如劳动或欲望)之上,而主题却是一个多原则的复合体。现代经济学很大程度上关注的是所有工业和农业中技术的研究。这并不是说经济学家这样一来就成为了化学家或物理学家,它只意味着,经济学家把科学家和工程师的*活动*作为一种显著的贡献包含在了使用价值或财富的生产中,而他这样做的目的,是试图在这个复杂的整体中赋予他们一个恰当的定位。从历史的角度讲,他们的贡献是累积的。他们从十八世纪的物理科学开始,接下来是十九世纪的化学科学,然后又是二十世纪能源生产与能源运输的惊人发展,最终他们有了用于人事管理的心理科学,后者为管理交易提供了基础。在最后这个领域,技术挤进了经济学的领域,而科学管理的支持者批评经济学家们对解决他们的管理问题无所贡献,这种批评是正确的。

如上文所言,当马克思说使用价值在政治经济学的研究领域之外,它属于"商品的商业知识"这样一个特殊的研究对象,他其实是在陈述十九世纪经济学家们的观点。但如果使用价值是管理交易的产物,如果这些产物从买卖交易中区分出来了,那么它们就不仅仅是商业知识的问题了,它们绝对是真正的工程过程,控制着自然的力量和人类的劳动力,目的是为了创造使用价值。这个过程也许会受到商业、金融或劳工利益的阻碍;但恰恰是这一矛盾要求将管理交易、技术和使用价值包括在了整个研究对象的复杂性之内。

马克思说,同样的使用价值可以有不同的用途,但可能的应用范围却受其独特属性的限制。更进一步地说,这样的限制不仅是在质上的,而且也是在量上的。①

所谓"质量",马克思只是指不同种类和等级的使用价值;而"数量",他显然不是指供给数量或所需求的数量,而是指技术上的数量,例如,一辆马车是不是能用五个轮子,或者是它是不是只需

---

① 马克思:《资本论》,1867年译本,第一卷,第44页。

要四个轮子。显而易见,在这样的情况下,轮子的使用价值与其稀缺价值之间存在一种相互依存的关系,不过两者总是可以区别开来的。轮子的稀缺价值是其以货币来量度的*价格*,但当用体现在它们之中的劳动力数量来量度的时候,它就是效率或无效率。可是,轮子的这种使用价值是其文明的价值,而按照李嘉图的观点,因为这是主观的,所以是不可量度的;但马克思却用三个轮子、四个轮子或五个轮子来进行量度,这取决于那种类型的马车或汽车在运输技术的那个阶段所需要的轮子数。这个概念属于限制因素和补充因素的理论。①

然而,马克思完成了对李嘉图的两点改进,因此给现代效率理论提供了一种基础。他置换了斯密和李嘉图主观的因而是不可量度的使用价值,代之以客观的因而可以用蒲式耳、码、吨以及手表或轮子的数量来量度的使用价值。而且他澄清了劳动力的两个方面:劳动强度、力量或能力;劳动发挥作用的时间。他的劳动力单位是一个小时的简单非熟练劳动,因此当他说劳动力或劳动时间的时候,他所说的完全是同样的内容。② 但与劳动力投入相关的这种使用价值的产出是对效率的衡量。

这是必然的情况,因为效率与稀缺是彼此相关的限制因素。但是,既然交换价值具有买卖活动和实际交货的双重意义,那么马克思要把使用价值排除在经济学之外就会有困难。正如上面所引证的,他说得很正确,商品的交换价值(买卖)"表明自己是与它们的使用价值完全无关的东西"。使用价值是"与所要求的充当其有用属性的劳动量无关的东西"(就买卖活动而言)。

因此,显而易见的是,马克思在追随李嘉图但将金属货币简化为生产的劳动成本的时候,混淆了后来区别得比较清楚的效率和稀缺性。他把创立一种效率学说所需要的一切概念都准备齐全了,但他赋予了"生产力"这个术语以双重意义。因为属于技术学而遭他拒绝使用的价值(财富)的生产,和用劳动数量来量度的价值的生

---

① 参阅本书第9章对关键交易和一般交易的论述。
② 马克思:《资本论》,1867年译本,第一卷,第45页。

产，后者对他来说才是政治经济学的研究对象。一个是可以增加供给的使用价值的生产，另外一个是对立的稀缺价值的"生产"，后者可以因自然的阻力而限制供给。当我们用效率这个词代替生产力这个词并且在上文中将买卖交易从管理交易与限额交易中区别开来的时候，我们就避免了这种双重意义。

但是，为了把马克思的专有名词转换成适用于效率的名词，如上所述，我们就要把产出与投入这两个词跟收入与支出这两个词区分开来。产出与投入是使用价值和劳动力的技术上的术语，是用来量度效率的。收入与支出是买卖的名词，相当于法律名词取得与让与、财政名词货币收入与货币支出，或者是与其意义相同的按照货币价值计算的商品收入与商品支出。这就是财富与货币之间的差别。

九、门格尔、维塞尔、费希尔、费特

上述讨论已经预先考虑了心理经济学家的某些派别。尽管戈森于1854年、杰文斯于1862年、门格尔于1871年、瓦尔拉斯于1874年独立创立了心理或边际效用价值论，但我们还是选择了门格尔在奥地利学派初期的阐述。因为他的心理分析是用数量的对象名词提出的。①

为了让一件物质的东西在其所具有的效用的意义上成为一件经济上的物品，门格尔区分了四项先决条件，即

第一，一种人类需要的知识或预期。

第二，使物质适宜满足这种需要的一些客观属性。

第三，关于这种适宜性的正确或错误的知识。

第四，对这件东西或其他作为工具的一些东西的这类控制，以便能够得到这种东西且用它来满足这个需要。

第一和第三这两个先决条件，我们已经用**意义**这个词区分出来了，原因是它们所表示的并非是精确的知识，而是附属于此东西对

---

① 门格尔：《国民经济学原理》，1871年版。其儿子在1923年编辑的第二版保留了原有的分析，但辑入了门格尔对其批评者的答复。

人类目的重要性的情感过程。第二个先决条件我们称之为使用价值，因为它是不随丰裕性减少、也不随稀缺性增加的一种物质属性，相当于李嘉图和马克思的财产或财富的意义。第四个先决条件我们是作为物质控制或所有权控制的双重意义来区分的，门格尔认为前者等同于技术，后者等同于经济。①

至此为止，稀缺性的概念还没有出现在门格尔的先决条件中。他是用需要与需要量之间的区别来引入这个概念的。② 需要，就严格而言，它是主观的，但需要量却是客观的。需要仅仅是程度上差异的感觉，需要量则是对环境的适应。需要量是当时当地所需要的某种特定使用价值的数量，③ 因此，它总是特定的人或特定社会在一个特殊的时间地点上的一种有限的需要量。门格尔说，过去的经济学家们坚持需要是无限的，其错误在于他们未能区分出需要的种类、时间和地点。所有种类的需要作为一个整体也许是无限的，但特定种类的需要量在当时当地却是一个有限的数量。

门格尔用了大量的篇幅来证明，他新阐明的"需要量"的概念既是一个熟悉的概念，又是一个客观的量上的意义。需要本身纯粹是程度的感觉，与客观的需要量没有任何理智的关联，后者在一定的时间地点下对于一个当时环境中特定的人而言，总是一个有限的量。需要量与实际确认的需要有关，这种需要不是对一种无限量的需要，而是对于一种有限量的需要，这种有限的量是指当更大和更小的量在这种均衡中与相关的其他东西更大或更小的量进行权衡的时候同样需要的量，而且还要考虑在当时当地获取所有需要量的有限能力。我们在特定的晚餐中并不需要无限量的牛排，我们需要的只是恰好够吃的合适种类的牛排，而且还需要其他可吃的东西跟它一起搭配着吃。制造商在一时一地需要的不是无限量的生铁，他需要的只是适合生产钢材产品的恰当的数量，顾客会以让他有钱可赚的价格买走这些钢材产品。

---

① 门格尔：《国民经济学原理》，1871年版，第3页；第二版，第11页。
② 同①，第32页；第二版，第32页附注。
③ 同①，第35页；第二版，特别见第32页附注。

但门格尔的研究要比这个更深入一步。他的需要量是社会的需要，他的可获得的量是由社会提供的，两种数量之间的关系即是他的稀缺性的"社会关系"。用数学术语来表述，就是社会需要量与社会可获得量之间的稀缺比率，这个比率就是价格。这种社会关系的每个方面都是独立的变量。如果需要量增加了，价格就会升高；如果需要量减少了，价格就会下跌。如果可获得的量增加了，价格就会下跌；如果可获得的量减少了，价格就会升高。

当然，这不是别的，正是人们所熟知的需求与供给的社会关系。门格尔持有的看法是，这是与经济学相关的*唯一*的社会关系，他用演绎的方法从中总结出了一套完整的政治经济学学说。他的独到之处在于将这种关系与个人的主观感觉联系在了一起。

这些事实太普通和太熟悉了，但门格尔与戈森、杰文斯、瓦尔拉斯的不同之处在于，他把这个问题用真正的数量术语表述出来了，而这些术语是他从主观的感觉术语中推衍出来的。两者的确是密不可分的，而且他们的说法跟门格尔的说法一样普通和熟悉。但他们是通过边沁获得自己的概念的，后者认为感觉可以按照幸福的不同单位和"不同组别"进行分类，但他们没有发现，所有这一切都包含在这样一个事实中，即这些幸福的单位在强度上是随着商品数量的增加而减少的，或者反过来说，在强度上是随着商品数量的减少而增加的。因此，他们是从决定于数量的主观感觉出发的，但门格尔却是从感觉所依赖的数量出发的。事实上，两者都是感觉与数量互相依赖性的一种机能心理学，但他们的心理学是主观的一面，而门格尔的一面则是客观的。

不过，即便是门格尔的数量也不是能够直接量度的，它们只能通过量度其效果来间接量度。它们的效果就是构成门格尔经济学研究对象的社会关系，即一种特定商品所需要的数量与可以获得的数量之间的社会关系。显而易见，这种关系不是别的，正是**稀缺**关系或者**价格**。

因此，门格尔的经济学的研究主题是**稀缺性**而不是感觉。他使用了效用这个模糊的名词（这个名词其他人是用边沁的快乐的意义来解释的），这个事实不但掩盖了门格尔的真正贡献，而且把人们的注意力转向了个人主义的、需要的感觉随所需要的东西的数量的增加而递减的强度上，但实际上他是在发展递减或递增稀缺性的社会观念，而稀缺性的递减或递增则取决于两个变量之间不断变化的关系，这两个变量就是社会所需要的数量与社会可以得到的数量。因此，他只是把一种适用于所有商品的较为特殊也较为普遍的意义，赋予了旧的、用货币表示的**需求**、**供给**及**价格**的公式，不过是没有用货币而已。他的所需要的量就是**需求**，可获得的量就是**供给**，而他的边际效用便是**价格**。边际效用是社会需要量与社会可获得的量之间可变关系不断变化的结果，这种结果在货币经济中就是**价格**，而结果是由**需求**与**供给**之间的不断变动的关系产生的。在货币经济中和在门格尔的商品经济中一样，**需求**与**供给**都不能直接量度，但其变化的*结果*是可以量度的。对结果的这种量度手段就是价格，因此价格不但是稀缺性变化关系的尺度，而且也是其边际效用的货币等价物。

这的确是一项重大而新颖的见解，它将心理学从**幸福**变为了**稀缺性**。

享乐主义递减的感觉强度，与门格尔需要量与可获得量的关系之间，存在一种功能关系，对这种功能关系进行分类的是维塞尔。他承认，自己所澄清的不过是门格尔过去已经发现的东西，但是由于他使用了效用这个模糊的术语，所以也误导了奥地利的信徒们。假如他和门格尔用的词是"递减的稀缺性"而不是"递减的效用"、是"价格"而不是"边际效用"，那么他所做的工作显然就是在阐释一种完全客观且可量度的稀缺性学说。

维塞尔对门格尔分析的解说，关键在于**价值**与**价格**的区别，以及他关于两者之间功能关系的观念，这种关系他称之为**价值悖论**。①在**价值**概念中，有两个可变因素，这一点我们在李嘉图与马克思那里已经看到了。然而，对于维塞尔来说，一种是强度递减的需要的感觉，所谓的递减效用；另外一种是所需要的东西的递增的量。效用是按单位随着可获得量的每一次增加而持续递减的，所以说，如

---

① 维塞尔：《自然价值论》，1889年版，1893年译本。

果只考虑效用,那么它会递减到零,甚至会变成一种负效用——一种损害。因此,他采用的是改变之后的"效用"的意义,即从使用价值变为了稀缺价值。

但是,在另外一方面,可获得的量(效用)有它自身独立的变化性。将两个变量结合起来,如果单位效用的减少不如可获得的量的增加那么快,那么增加量的*价值*就会提高。但如果单位效用的减少要比可获得的量的增加更快,那么增加量的*价值*就会减少。

这就是"价值悖论",原因在于价值是效用单位和数量单位的倍数,而后两者都是独立变化的。

如果现在回到我们先前讨论过的效用的双重意义,我们就会发现,按单位递减的效用只是价格的人格化,它的意思不是别的,正是递减的稀缺性。也就是说,是递增的丰裕性,其尺度是递减的价格。但是,效用的另外一个意义是物质的使用价值,这是既不会因丰裕性按单位减少也不会因稀缺性按单位增加的。因此,维塞尔的"价值"是稀缺价值(以货币为尺度)和使用价值(以吨、蒲式耳等为尺度)之间的功能关系。它是所有职业、工业和农业中所熟知的价值悖论。

显然,这种边际效用可以折合为美元和美分,这种使用价值可以折合为若干蒲式耳的小麦。一批小麦的价值是两种变量的函数,一种变量是其以价格(边际效用)为尺度的稀缺价值,一种是其以蒲式耳为尺度的使用价值的数量。如果没有任何收成,其*价格*会象征性地涨到无穷大,但其*价值*则会跌到零。如果数量是十亿蒲式耳,价格跌到了一美元,那么收成的价值就提高到了十亿美元。如果收成进一步变成了十五亿蒲式耳,价格跌落到了八十美分,那么收成的价值就会进一步提高到十二亿美元。如果最后的收成是二十五亿蒲式耳,价格跌到了四十美分,那么收成的价值就跌到了十亿美元。

这的确是一个悖论,但从两个世纪前的格理高里·金(Gregory King)① 的时代起,这就是一个为人所熟知的悖论。维塞尔本人指

---

① 参阅帕尔格雷夫:《政治经济学辞典》有关"格理高里·金"的条目。

出,这与导致蒲鲁东形成其自相矛盾的价值的悖论是一样的。① 但蒲鲁东是以黑格尔的正题、反题和合题来表述的,维塞尔则是以效用和数量之间的功能关系来表述的。然而,这既是价格和数量之间的功能关系,又是稀缺价值与使用价值之间的功能关系,它们之间相互依赖的变量就是**价值**。

两个因素的这种变化性可以用图 5-2 中图解过的另外一种方式来描述,② 这是那些追随戈森和杰文斯的人的做法,而不是门格尔和维塞尔的做法。

从效用的角度讲,曲线从一种想象中完全没有任何供给的状况开始,比如说无水的荒漠中的水,然后继续表示单位的增加和它们递减的效用。在没有任何水的地方,每个单位实际上都有无限的效用,因为这是事关生死的问题。但水的*使用价值*丰裕性的增加,就是每单位*效用*的减少,在某一点上就会是边际效用;在这个点上,全部水的价值就是边际效用*乘以*水的量。

显然,这只不过是一个拘泥于文字的公式,表示的是显而易见的**稀缺性**和**丰裕性**的意义。丰裕性的增加和稀缺性的减少是一回事。用价值来表述,使用价值的增加,就是每单位稀缺价值的减少;而使用价值丰裕性的减少,就是每单位稀缺价值的增加。效用这个词在这里表示的是其稀缺价值和使用价值的双重意义。稀缺价值因为有价格,所以是可以量度的;使用价值因为有加仑,所以是可以量度的;价值是可以量度的,则是因为每加仑价格下的加仑数。

从边际效用或价格的倍数和商品或使用价值的数量的角度讲,现在我们可以看到这是跟李嘉图和马克思以"劳动工时数乘以每小时自然阻力"描述的价值具有同样的意义。价值从以货币为尺度的稀缺性的角度看,是价格*乘以*商品数;价值从递减效用的角度看,是边际效用*乘以*商品数;而价值从劳动力的角度看,则是工时数*乘以*自然阻力。但后者是效率,前者是稀缺性。

---

① 维塞尔:《自然价值论》,第 55、237 页。维塞尔说:"交换价值的自相矛盾。"

② 见本书图 5-2。

关于维塞尔**价值悖论**的最近的讨论是费希尔与费特之间关于价格定义的争论。① 费希尔曾经对维塞尔精确公式中的价格与价值进行了区分，但他用的是"价格"而不是边际效用，用的是财富而不是使用价值。对他来说，价格是用于协议的交易意义上的单位价值，而"价值"则是作为"由于用价格乘以数量而得到的特定数量的财富（我们应该称为资产）"。他说："这种价值的定义如其所起的作用一样，适用于财富（资产）的集合而不是适用于一个单位，这在某种程度上背离了经济学的用法，但却非常符合企业家和应用统计学家的用法。"在对经济学家所提出的各种主观与客观的意义进行评论之后，费希尔接着说：

> "似乎最为可取的是使我们关于价值和价格的定义尽可能地符合商业上的用法，这种用法不但是本能地而且是一贯地将'价格'这个词用于单位、将价值这个词用于集合。"②

因此，他得到的是"财富的数量、价格和价值"这三种数值，相当于维塞尔的数量、边际效用、价值，也相当于我们所说的使用价值、稀缺价值和价值。

费特从心理学的角度对费希尔提出了批评，他说：

> "……'价值'在这里变为了一种已经满足的用途。不管是价格还是物品数量，任何单位都具有武断性，只要说到一种价格，就必须明确地或含蓄地表示出来，譬如说用分来表示价格、用盎司来表示金银、用每蒲式耳、每车、每吨来表示谷物、棉花、铁等。反过来说，集合这个词也是武断的，如果你愿意，可以认为它是一个单位，这样一来，一蒲式耳小麦只不过是许多粒小麦的集合体。因此，

---

① 费希尔：《资本与收入的性质》，第 11~16、45~47 页；费特：《价格的定义》，《美国经济评论》，1912 年第 2 号，第 783~813 页。
② 引自费特：《价格的定义》，《美国经济评论》，1912 年第 2 号，第 797 页。

无论是用于传统的单位，还是用于单位的集合，价格这个词都可以没有混淆地使用，这种创新没有什么意义。另外一方面，当价值这个词脱离了其不可或缺的主观用法的时候，术语学上的损失就大了，因为那样一来，理解最近人们对于价值的讨论就毫无希望了。"①

费特的批评关键在于与"武断"、"集合"、"传统"这些词的个人主义意义相对的*惯例*。计量单位比如吨、米、码、美元，的确都是"武断的"，因为一个国家有和其他国家有不同的单位。然而，当一个国家是"武断的"或者一种方法是"传统的"时，我们称之为习俗、习惯法或成文法。实际上，所有的制度都是传统的甚至是武断的，因为这个原因，边沁在经济理论中没有考虑它们，费特在"最近的价值讨论"中也没有考虑它们。但它们是武断而传统的，并不在于个人主义的意义上，而是在于集体的意义上，法庭会用这种意义来裁决利益冲突。如果一个买卖人或一个工人"武断地"让自己的意愿对抗集体的法律单位，企图用自己主观的计量单位来做生意或获得报酬，那么他就不可能继续经营买卖或得到工资。如果经济学家忘了习俗和法律，将自己跟在交易中支配个人的这些用法分隔开来，那他可以称它们为武断。对于经济学而言，"传统的"这个词的意思就是习俗、习惯法和成文法。

维塞尔的"价值悖论"满足了费特心理解释的需要。这是一个"价值"这个词被赋予"主观用途"的术语，实际上，是对"理解近期关于价值的讨论"的一项重要贡献。维塞尔的"递减效用"是主观的，"边际效用"是主观的，他的关于效用对数量的机能依赖是主观的，结果"价值"也是主观的。困难在于，它们跟费希尔的"数量、价格、价值"的数值一样，既不能计量，也不能在法律上执行。它们与法律上可以执行的计量单位不符合，而一切交易为了准确和安全都有赖于这些计量单位。当"边际效用"变成价格的时候，大多数人觉得它是自己特定的交易中供求结果的尺度，对于经济理

---

① 费特：《价格的定义》，《美国经济评论》，1912年第2号，第798页。

论而言，这就是稀缺原则。当若干数量的物品被生产或保留时，一般认为这对社会而言，是增加或保留了效用的数量或者经济学家的使用价值。当一千吨生铁按照每吨二十美元销售时，人们一般说其价值量是两万美元，这就是用交易的、习惯的和习惯法的方式看待这个问题的方法。

毫无疑问，用历史的观点来看，为了脱离李嘉图和马克思的唯物主义，经济理论必须经过享乐主义的心理学阶段。这番讨论在使用价值和效用的意义上引起了革命性的变化，对人对自然的依赖有了更好的理解。但是，回过头看，我们认为它是"万物有灵论"的阶段，这是每个学科都要经历的。它的数量和力量被人格化了，因此无法量度。当拉瓦锡摒弃了神灵而量度数量的时候，炼金术就变成了化学。当神灵观变成牛顿的运动律时，占星术就变成了天文学。所以，当费特的主观效用或边际效用变成价格，费希尔的价值变成资产，以美元、蒲式耳、数量规范为尺度，并且这种规范由习俗和法律来执行的时候，经济学上的人格化就变成了经济科学。

十、从绝对论到相对论

因此，稀缺性和效率是两种变化的比率，经济学科学就始于这些比率。它们可以区别，但密不可分，它们需要另外的比率来量度彼此之间变化的关系。稀缺性的概念源于斯密和马尔萨斯，效率的概念则源于李嘉图和马克思。它们的相对性是由马歇尔的新古典主义用演绎的方法来解决的。

靠着让不证自明的公理发挥作用的方法，古典学派、共产主义者、奥地利学派排除了这个或那个与这些比率对立的术语，他们的做法是假定其大小随着其他项的变化而成比例地改变，这就变成了一种绝对的而不是相对的概念组合，有几分类似于物理学中欧几里德的空间和时间的概念，而不是非欧几里得的空间和时间的概念。

斯密和李嘉图排除了消费者（购买者）欲望的可变性，他们假设这些欲望随着物资和服务的供给而同样地扩大或缩小，而这些物资和服务是由消费者在他们作为生产者（销售者）的作用中提供的。

因此，在他们的概念体系中，决定性的变量对斯密来说是劳动痛苦，对李嘉图和马克思来说是劳动力。

通过关于"快乐"经济的假设——相当于斯密的丰裕假设，奥地利学派（门格尔、维塞尔）把生产者（销售者）的劳动痛苦和劳动力都给排除了。但对他们来说，这种快乐与消费者（购买者）欲望递减的程度是并驾齐驱的，因此欲望在他们的体系中是决定性的变量。

但马歇尔通过引入变动比率的相对概念，将两个学派协调在了一起。变动比率是两个相对变化的量——消费者（购买者）需要的量与生产者（销售者）供给的量——之间的比率，按他们自己的理由，两者是独立可变的。

但有另外一个所有这些学派都认同的共同的公理，这个公理使得从斯密到马歇尔的所有理论都成了绝对的而不是相对的。这是从通常的*有形体*的财产中引申出来的假设，这个假设认为一切有价值的东西都被人占有，因此，所有权是一个不变的因素，只精确地随着被占有的物资的数量而变化。因此，所有权跟物理科学中的空间和时间一样，变成了一种绝对的"范畴"或基本的结构，它自己是不能主动改变的。所以，对他们而言，在对物资的所有权的关系中，决定性的变量是可变的物资数量，这种不考虑所有权的做法，可见于他们默许的（奥地利学派）或明确的（古典学派）假设；他们假设生产与销售、消费与购买具有同一性，所有生产的东西都可以售出，所有消费的东西都是购买的。同一性的假设被掩藏在了他们的"交换"这个词的双重意义中。如果这个词的意思是销售和购买，那么它就意味着所有权的让与和获得的法律过程。如果它的意思是物资或服务的交换和接受，那么它就意味着给自然力增加"地点效用"的生产过程。因此，如果所有权（合法控制）转移本身是高度变化的，与被占有的物资（或服务）的交换既独立又密不可分，那么就必须构建另外一个相对的概念，我们称之为交易，无论是不是跟物资进行交换，它都受转移*所有权*的集体行动行为准则的支配。

还有另外一种产生于法律控制体系的独立变量——货币与信用，它们被排除在了古典和享乐主义学说关于价格稳定性的假设之外，以致货币和信用价格的一切变化都等于劳动痛苦、劳动力或者是快乐与痛苦的变化。货币变成了一种绝对的"基本结构",它本身是不会变动的,变动发生在产品的生产、交换和消费过程中。

从相对论的观点看,稀缺性和效率可以视为可变的社会"力量"在决定人类交易中所发挥的作用。稀缺性基本上可以作为控制他人的能力加以区别,效率可以作为控制自然的能力加以区别。如果它们是各种力量,那么对于每次交易而言,它们的区别就在于力量*程度上*的差异,这就是上文提到过的在*程度上*衡量各种差异的不同的*比率*。归纳为其最简单的要素,就是买卖交易中收入与支出的稀缺比、管理交易中产出与投入的效率比。所以,在经济学中,使用的是两种计量体系:一种是物资、服务、劳动、货币、债务*数量*的计量;一种是对作为数量间比率的力量*程度*的计量。在这些社会"力量"的程度的计量中,我们将会发现**合理价值**的问题。

科恩从一个更为宽泛的、哲学的观点上,将上述的相对论学说表达为"极性原则"。[①] 他把这个原则用于几种科学与哲学中,特别是用于了各种"社会哲学"中。一般而言,这个原则意味着"相对的范畴",例如,个别性和一般性、唯名论和唯实论、个人主义和社会主义、世界主义和国家主义,等等。它们并非是"互不相容的二者择一的选择",只是运用于具体案例时其*侧重点*的程度具有差异;同样地,是价值上的差异而不是"真正的矛盾",就如同人们在"传统的哲学争论"中对它们的假设一样。我们认为,这种极性原则是一种相对性选择,它反对更早时期那种因为假设、公理或"视为当然"的事物而排除各种因素的做法,在合理价值的概念中,在一切事物都因其自己的力量不断变化且彼此相关的体系中,它发现了自己具体的经济学论据。

我们已经提出,上述经济学科学史的梗概,与从欧几里得到非欧几里得的物理科学的历史有几分相像,但存在着一些重要的差别,这些差别会让"欧几里得和非欧几里得经济学"的说法产生误导。正如瑞西巴赫(Reichenbach)证明过的,非欧几里得物理学关注的

---

① 科恩:《理智与自然》,1931 年版。

是"用显微镜可见的"和"肉眼可见的"宇宙关系,这些关系影响基本的时空概念。但是,经济学是在物理学的这些极端问题中的"中观维度"的世界里,关注人类普通平凡的经历。① 只有在经济科学从我们所谓的绝对论观点到相对论观点的过渡中,我们的类比才是适用的。经济学中所采用的通常的时间和空间的观念,并不依赖于显微镜或望远镜。

我们的意思并不是说更早的经济学派没有让**变化**成为其理论体系的基本原则。事实上,他们试图解释的正是自美洲发现以后由货币的、工业的、经济的和政治的各种革命带来的真正的变化。他们的绝对论在于,贯穿于其整个经济学体系的,是在众多矛盾和同时或相继的变化中,他们只让其中的*一种*发生变化。

另外一个变量,大家认为是某种客观的东西(这种客观的东西可以用构想的适当的计量单位衡量),不是某种主观的、个人主义的因而是不可量度并且绝对的东西,我们按照其最为抽象的形式,将其概括为**未来性**原则,这个原则与**稀缺性**和**效率**在思想上是可以分开的,但在事实上是分不开的。

时间的概念,在经济科学中有别于自然科学,它已经从古典和共产主义理论的*过去时*,转变为了享乐主义理论的*现在时*,最终它还将变成等待、冒险、目的和计划的*将来时*。这些都是未来性的问题,它是另外一种经济"力量",在自然科学中找不到这种力量,不过在合理价值的一切差异性中,这种力量差不多都是可以量度的。从后天性到未来性的过渡没有涉及矛盾,它是科恩"极性"的另外一个论据,或者是经济哲学的不同学派侧重点程度的差异。

---

① 瑞西巴赫(Hans Reichenbach)在《原子和宇宙》(英译本 1933 版)中以通俗的形式说明了这些区别。

西方经济学圣经译丛(超值白金版)
晏智杰◎主编

Institutional Economics its Place in Political Economy

制度经济学（下）

［美］康芒斯◎著
赵 睿◎译

目 录 Contents

第9章 未来性 419
  一、债务的流通 419
    （一）债务与商品 419
    （二）债务市场和债务金字塔 424
    （三）财产和财产权 427
    （四）有形体的、无形体的、无形的财产 431
      1. 时间以及时间的尺度 431
      2. 辩护与经济学 438
      3. 义务与债务，权利和信用 440
      4. 交换性 445
      5. 信用的双重意义 446
      6. 无形财产 452
      7. 从有形体的财产到无形财产 455
      8. 商品市场和债务市场 457
      9. 贴现和利润 461
      10. 从心理经济学到制度经济学 471
      11. 债务市场的分离 476
  二、债务的解除 491
  三、债务的创造 507
  四、债务的稀缺性 519
    （一）金属货币的稀缺性 519
    （二）资本和资本品 523
    （三）等待的稀缺性 537
  五、利息和利润贴现 544
  六、货币和价值的交易制度 548

七、利润的边际 564

(一) 利润份额 567
　　1. 消费和储蓄 571
　　2. 股息延迟 573
　　3. 销售延迟 576

(二) 销售预测 577

(三) 就业延迟 589

(四) 供给和需求 593
　　1. 消费者的供求法则 594
　　2. 商业的供求法则 595

(五) 边　际 600
　　1. 总收入和销售总额 603
　　2. 营业边际 606
　　3. 损益边际 609
　　4. 应税边际 611
　　5. 财务边际 615
　　6. 价格边际 617
　　7. 利润缓冲 624
　　8. 既定权利和利润边际 625
　　9. 边际与生产成本 627
　　10. 顺序和弹性 628
　　11. 结论 631

八、世界范围的偿付社会 631

(一) 长期利率和物价 632

(二) 短期利率和价格 637

(三) 从边际生产力到资本收益 639

(四) 公开市场利率和顾客的利率 648

(五) 风险贴现——负债过多和萧条 650

(六) 实证检验 652

(七) 战争周期 652

(八) 自动的复苏和管理的复苏 653

九、社　会　654
　　（一）从成本到份额　654
　　（二）整体及其部分　661
　　　　1. 机制、有机体、机构　661
　　　　2. 重复的速度　663
　　（三）关键交易和常规交易　670
　　　　1. 效率　670
　　　　2. 稀缺性　672
　　　　3. 机构　675

第10章　合理价值　693

一、凡勃伦　693
　　（一）从有形财产到无形财产　693
　　（二）从财富的增长到观念的增长　700
　　（三）从管理交易到议价交易　717
　　（四）时间流和时间间隔　718

二、从个人到制度　722

三、从自然权利到合理价值　726

四、统治权　729
　　（一）行政权　730
　　（二）立法权　731
　　（三）司法权　731
　　（四）分析的、机能的法律和经济学　738
　　　　1. 暴力　740
　　　　2. 稀缺性　742

五、习惯的假设　743

六、理想类型　765
　　（一）教育学的理想类型　771
　　（二）宣传家的理想类型　775
　　（三）科学的理想类型　779
　　（四）伦理的理想类型　789

七、集体行动　796
　　（一）政　治　797
　　　　1. 人、原则和组织　797
　　　　2. 管辖　802
　　　　3. 限额　802
　　（二）商业资本主义、雇主资本主义、金融资本主义——产业阶段　812
　　（三）稀缺、丰裕、稳定——经济的各个阶段　821
　　　　1. 竞争　821
　　　　2. 差别待遇　828
　　（四）价　格　836
　　（五）课税的警察权力　853
　　　　1. 私人效用和社会效用　853
　　　　2. 地基、成本、预期　857
　　　　3. 课税的标准　863
　　　　4. 静态和循环　882
　　（六）意外事故和失业——保险与预防　889
　　（七）人格和集体行动　922

第11章　共产主义、法西斯主义、资本主义　925

第9章 未来性

一、债务的流通

(一) 债务与商品

十八世纪,当政治经济学开始作为学科出现的时候,与当时居主导地位的"人类原本自由理性"的学说站在了一边。让这一学说广为传播的是卢梭①的名著《社会契约论》(1762)。人原本是自由的,但政府却使人成为了奴隶;人还是一种理性的存在,只要是自由的,他就会按照理性行动。这就是《独立宣言》和法国革命所倡导的理论,也一直是古典派、乐天派和心理学派的主要假设。他们的理论是建立在这样一个基础之上的,即只要允许一个清楚自身利益的、绝对自由的个体自由行动,那么所有行为的总和就成为了各种利益的和谐体。

这些自由理性的学说在推翻君主专制、废除奴隶制度和建立普及教育方面取得了非凡的成就,但这并非因为上述学说在历史上是真实的,而是因为它们建立了未来的理想。如果从历史的角度看,这样说也许更为准确一些:绝大多数人都生活在难以解除的负债状

---

① 卢梭(Jean Jacques Rousseau,1712~1778),法国政治哲学家,出生于瑞士,著有《论人类不平等的起源和基础》(1755)、《社会契约论》(1762)、《爱弥儿》(1762)、《忏悔录》(1781)等著作。——译者注

态,而自由是伴随着逐渐取代可解除的债务而到来的。如果从历史的角度说,马尔萨斯那样的说法也许更为准确一些:人类原本是充满情欲且愚蠢的生物,对于他们而言,自由与理性不过是道德品质与被政府强化的纪律缓慢进化的问题。

随着现代历史研究的发展,特别是由于有了现代社会学、人类学和法学史的帮助,人们才可能彻底修正十八世纪关于自由和理性原有表述中的错误观念,并且在从属阶级的实践和目标的基础上,揭示可解除的债务演变成现代资本主义基础的那些真实但又具有抗拒性的步骤。政治经济学不是变成了个人自由的学说,而是变成了一门债务创造、流通、解除以及稀缺的学说。

现在我们所了解的工商阶层,也就是那些买进卖出、给人饭碗炒人鱿鱼、借入贷出的人,因为拥有对产业的合法控制权,如今成了其他阶层的"发薪人",但这些人过去原本不过是些没有公民权利的奴隶、农奴、小贩,他们依赖于能够赐予和支持基本公民权利的封建领主和君王的意愿和能力。他们最想望的基本公民权利是自治,也就是他们自己成员的集体控制,由此可以免于封建领主的专横暴力。有了这种集体的豁免,他们就可以建立自己的法庭,制定自己的法规,判决他们之间的纠纷。

商人同业公会和**商业法**就是按照这样的方式创立的,然后又创立了**行业同业公会**;适应买卖、制造和对外贸易的契约和习俗,就是由他们自己的法庭因此发展和实施的,与我们现在看到的商事仲裁与劳动仲裁非常相似。

但商人和制造商需要的不仅仅是免于侵扰,他们还需要君主创建的法庭来执行他们的契约和习俗,正如商事仲裁运动现在进行的争取立法、让法庭执行他们自己的仲裁庭所作出的裁决一样。后一种运动是四百年前发生在英国法庭的那些场景的奇妙重演,美国法庭的习惯法方式就是由此而来的。

在十六世纪以前,买卖活动相对很少,这种活动仅限于集市和商业性的自治市镇,只有地主和富人能够订立契约,习惯法法庭会保证其执行。这些人高人一等之处在于,他们每个人都有一枚印信,他们可以用蜡盖在冗长的文件上,作为他们保证偿付的证据。这就是所谓的"盖印契约"。这种交易要求时间并注重正式的手续。在今天的房地产的出售和抵押中还保留着这种交易，但在源于澳大利亚的托伦斯制度①下，甚至连这些正式的手续都废除了，取而代之的是一种类似于汽车所有权登记的一种简单的登记制度。

但买卖商品的商人却不拥有闲暇、财富或政治权力。他们的"口头"契约在法庭上不是总能执行。但是，在十六世纪，他们变得不可或缺而且富有影响。现在法庭必须设计出一种办法，以执行他们成百上千的契约。经过若干年的试验之后，法学家独创性地发明了一个简单的假设，他们用这个假设来解释交易方的意向。他们假设商人没有抢掠、窃取或歪曲的意图，只想做正当的事情。这意味着，如果一个商人把一件商品实际交给了另外一个人，打算让这个人成为商品的所有者，那么另外这个人就打算为这件商品付款。即便是没有提到价格，他也打算合理支付。他接受了偿付的义务。

这是一种"口头"契约，或者干脆说是一种行为契约。自从颁布**《欺诈法》**之后，它只限于小额契约。然而它依然存在于证券交易所的规章中，在那里，仅仅凭着疯狂的交易员的几个手势，价值数百万的财产在几分钟之内就易主了，契约是由证券交易所自身执行的，但在写下来之前，还没有变成法庭可执行的契约。当一个工头接受一个工人的产品的时候，或者从一个供货商那里接受原料的时候，那就意味着公司要为此付钱。现在我们把这种付钱的打算当成是一种自然法则，视为是理所当然的，但它却是四百年前法学家的创造。尽管在心理上也许还没有想支付的打算，但仅仅接受商品就产生了一种法律上的负债。

但这对于商人而言还不够，他们还需要买卖债务的法律权力。法学家用整个十七世纪的时间才完成了对债务流通性的创造。商人所需要的是把他们的债务转换成货币。在早期的历史中，货币一直只作为一种记账用的货币（例如希腊的牛），后来它变成了一种金属商品，再后来国王们在金属上打上标记，使之成为了纳税和支付私

---

① 指《托伦斯不动产登记法》，即财产转让采取登记和发给证书而不立出让契约的一种法规。——译者注

人债务的合法手段。于是铸币就不再是商品，它变成了一种制度，即法定货币，那种共同的支付公共和私人债务的手段。

因此必须赋予铸币两种属性，目的是为了把它跟商品区分开来，这又是法学家的创造。一种是流通性，另外一种是债务的放弃。

一个信誉良好的商人，如果从小偷那里接受了支付货款的偷来的钱，这钱就变成了他的财产，对全世界都是这样，包括被偷的人在内。那个贼窃取了令人惊异的法律权力，这是对原来他并不拥有的东西的有效的所有权。这就是流通性的意义，必须将其跟可转让性区别开来。一个人转移给另外一个人的是不能超过自己有效所有权的东西，他可以转让的只是自己的"资产净值"，购买方仍然对这项财产的任何的留置权负有责任。这就是转让性。但是，铸币这种所谓的商品的"买方"，也就是货物的卖方，却获得了对货币的完全的权利，而且没有任何责任证明其权利。这就是流通性。因此铸币不同于金银，甚至不同于外国钱币，在输入国它并不是法定货币。金银或我国钱币可以被人偷走或卖掉，但合法的所有者可以重新获得它们。货币可以被偷走，如果是因为一个信誉良好的卖方"因为如数收讫"而接受的，那就不能重新获得。合法的所有者只能起诉其他的人要求赔偿损失。

因此，如果要想让商人的债务跟货币一样，那么就必须让它们也可以流通。这里还有另外一个拦路虎，即过去约定被认为是完成约定事项的一种义务，但这只是对于受约人的义务。这是个人的事情。工作之约、① 婚姻之约甚至至今也不能卖给一个第三方。如果以契约自由为幌子，那就成了奴隶制、劳役偿债制和纳妾制。可是，按照特定数量和特定日期支付法定货币的约定，即使这笔钱不存在，为什么就不能在货物的交换中出售给第三方呢？不仅是十七世纪，而且是随后的几个世纪，人们才创造出种种办法，让这类约定成为可流通。最终，《可转让票据法》变成了一整套法律论据，把纯粹的货币预期转变成了货币本身。②

---

① 在不可替代的劳动（如演员和棒球运动员）的情况下一直有例外。
② 康芒斯：《资本主义的法律基础》，第 235~261 页。

与债务流通性发展的这段漫长的时期相并列的是自然权利到私有财产观念的发展。直到1689年的革命将**统治权**与财产权分离开以前，这项权利才在英国生效。只要君王对自己臣民的生命和财产可以主张任意的权威，就不存在任何不可侵犯的财产权利，即便是人们声称这种权利是"自然的"或"神圣的"也枉然。我们在费尔默和洛克的争论中已经看到了这一点。

可是，又过了一百五十年，财产权本身才包含了商品对立的两种意义——物质的东西和物质东西的所有权。古典经济学家才华横溢的成果之所以能够一以贯之，完全是因为他们在自己身上掩盖了一种看不见的矛盾。直到1840年到1860年这二十年间，当从正统经济学派中产生出四个非正统的经济学派时，这个矛盾才凸显出来。蒲鲁东把这种矛盾转化成了无政府主义，马克思将它变成了共产主义，凯雷和巴师夏将它变成了乐观主义，但麦克劳德则采用了商品的所有权意义，而将其物质意义留给了生产和消费。

商品的这种双重意义总是包含有普通的意义和经济学家的意义。商品是可以被买卖的有用的东西，但在它被使用的时候，无论是用于生产还是用于消费，都不是商品。它在这时候只是物资，包括土地、设备、生产过程中的半成品，或者是最终消费者手中不再出售的消费资料，只有在市场上它才是商品。

麦克劳德所做的是创造了可以在市场出卖的"经济量"的概念，用它替代了古典经济学家具体的物资。这种经济量被他变成了**债务**，即法律**义务**的经济等价物。这个"经济量"的概念太奇怪了，以致经济学家们都不能理解，但我们发现，它跟现代意义的**资本**是一回事。这种现代意义本质上是一个法律概念，因为它是完全以所有权为基础的。它对于古典经济学家的奇怪之处在于，它包含了**未来性**作为自己的一个方面，同时还包含了过去学派的使用价值和稀缺价值。然而，未来性是商品所有权发明的要素，他们以前认为理所当然如此。

因此，对于法学家麦克劳德来说，通过让与和获得的法律程序买卖的不是物资，而是它们的所有权。因此所有权，而不是被占有的物资，才是"商品"。一种类型的所有权是物质的东西的所有权——有形体的财产；另外一种是债务的所有权——无形体的财产。

因此这两种所有权都是"商品",原因在于两者都可以被让与和获得,不过一种是在商品市场上,另外一种是在债务市场上。

这样,麦克劳德,这位首屈一指的法律经济学家,在1856年第一个提出了债务市场的观念。他把商品市场上所有权的交换和债务市场上所有权的交换恰当地集合在了一项概括中。因为这个原因,他使得"交换性"成了经济学家不得不研究的唯一原则。他说得非常正确,这种交换性实际上一直是古典经济学家的主要原则。

然而,正如麦克劳德自己所说的,他认为,在所有权的双重转移中,两种经济量的交换是彼此对立的,而我们一向总是把这种转移理解为"交易"的意义,以区别于"交换"。每种经济量事实上都是交易所的一种债务:一种是卖家在不久的未来交出的一种具体的物资(譬如说一千吨钢)的债务,这个我们区分为一种*履约*的义务;另外一种债务是买家要为钢材付款,譬如说在六十天内付款,这个我们称之为支付的义务。这些债务就是法律义务的经济等价物。这两种义务都不是物质的东西,但它们在交换中都具有价值。麦克劳德的"经济量"的概念就是从这里出来的,债务相当于他的法律义务的概念,这当然不是一个物质的量,但仍然是一个可以出卖的量,因此是一种经济量。

(二) 债务市场和债务金字塔

正是在麦克劳德债务市场与商品市场区别的基础上,我们得以建立**债务市场**和**债务金字塔**的公式,这个公式让他的理论适应了1924年6月29日联邦储备制的情况。虽然债务市场是由于债务的流通性才成为了可能的唯一的市场,但通常我们都称之为"货币市场"。它的每日记录就是联邦储备银行制度的贷方和借方,从各赢利行业的四百八十万买家和卖家中,将这些买家和卖家把因交易形成的债务的所有权,都转移给了会员甚至是非会员银行。如果需要,它还可以转移给十二家储备银行,这些储备银行本身是由联邦储备委员会和美国财政部协调的。

非会员银行,甚至是"金汇兑"体系中其他国家的中央银行,都可以通过将自己的商业债务出售给会员银行而得以进入储备银行,从而让整个世界都因债务的流通性而拴在了一起。在我们要进行的研究中,这一点会在很多地方出现。

因黄金储存于中央银行而形成的这个令人惊讶的上层建筑,被正确地命名为"债务金字塔",下图9-1和图9-2描绘了其复杂

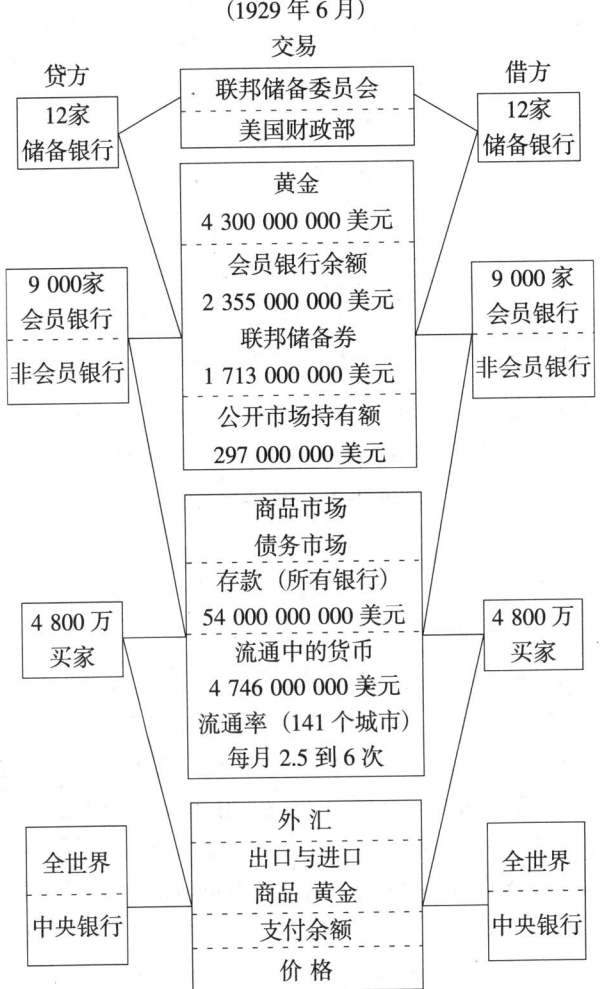

图9-1 债务市场中的贷方和借方

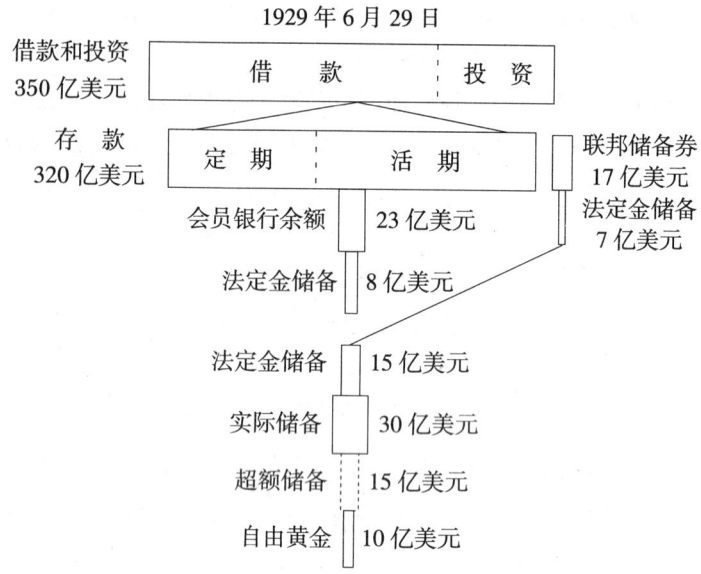

资料来源于1929年7月和12月的《联邦储备公报》。其中"自由黄金"的数字承蒙联邦储备委员会的美意得以引用。

图9-2 债务金字塔

性。这一基于最低限度黄金的庞大债务市场上的各种相互作用,可见于其他地方出版的各种专著中,但我们必须对麦克劳德提出的基础进行批评性的检验。

麦克劳德的推理中有几个缺点,部分是法律的,部分是经济的,主要源于围绕着他的古典经济学家的唯我主义概念,同时也源于他努力构建的"经济量"(这个概念应该不是唯我主义的)这个新奇概念时所面临的困难。我们将追溯这些困难的解决办法,从麦克劳德的债务流通性(1856),到西奇威克(Sidgwick)货币市场与资本市场的区别(1883),再到维克塞尔(Wicksell)的世界债务支付共同体(1898)、卡塞尔(Cassel)的等待的稀缺性(1903)、纳普(Knapp)的债务解除(1919)、霍特里(Hawtrey)的债务创造和费希尔的负债过度与萧条(1932)。这些都是从1856年麦克劳德的著作中发展而来的。

(三) 财产和财产权

麦克劳德说:"如果有人问,什么发现对人类财富的影响最为深远,可能比较符合实际的说法是,人们发现债务是一种可以出售的商品……当丹尼尔·韦伯斯特(Daniel Webster)说'信用在增进国家财富方面的作用胜过全世界所有矿山的千倍'时,他的意思就是指债务是**可出卖的商品**或**可出卖的动产**的发现,也就是说,它可以像货币那样使用,而且会产生货币的一切效果。"①

按照麦克劳德的观点,这种可出卖的商品就是"财富",我们则称之为"资产"。

实际上,债务和所有权都不是财富,它们是制度。按照数量的观点,我们称之为资产和负债,我们认为这就是商人的资本的意义。由于法律上创造了流通性,加上十七世纪的时候逐渐接受了商人的习俗,因而债务成为了像商品的所有权那样可出卖的东西,而且特别像法定货币商品——铸币。当银行家买进一笔债务时,他不是在买一种具体的物资,他买的是被称为债务的制度。当一个制造商买进具体的物资时,他买的不是物资,而是物资的所有权。

人们一直指责麦克劳德把同样的东西计算了两次:一次是作为具体的东西计算的;另一次是作为财产权计算的。由于这个原因,他的名字一直不见于权威的经济学家的名单中,② 尽管他关于银行贴现的原则在调节黄金的流入和流出方面是一项伟大的发现,后来被英格兰的银行所采用。

麦克劳德的确把某种东西计算了两次,但并不是*东西*和对这种

---

① 麦克劳德、亨利·顿宁(Henry Dunning):《银行业的理论与实践》,第二卷,1856年第一版,引用见1923年第六版,第1章,第200页;《经济学原理》,第二卷,1867年版,引用见1881年改编版。在其《经济学入门》(1884年版;引用见1900年第6次印刷)中有简略的阐述。

② 他的名字在1923年前都没有在帕尔格雷夫的《政治经济学辞典》中出现过。

东西的*权利*，因为他在经济学中完全排除了有形的东西，他计算的只是债务和商品的所有权可转让的权利。然而他把其他的东西计算了两次，也即他计算的是两种类型的财产权——有形体的财产权和无形体的财产权，他把它们在一年中算作了两种存在物。他把无形的财产算作一种债务，其实那是对债务的否定。

既然他是第一个，实际上也是唯一一个分析法律权利经济学的经济学家，而且他的分析是基于一个法学家渊博的法律知识进行的;[①] 既然他的谬误和他的批评者的误解让经济学家们坚信，要用边沁的痛苦与快乐代替布莱克斯顿的法律和习俗，那么我们就应该找出麦克劳德的谬误所在，从而发现并纠正它们。因为我们认为，只要排除了他的物质比喻和双重计算，那么建立关于财产权的经济理论的思路就清晰了，就如同他试图做到的那样。

麦克劳德体系所基于的基本观念，尽管由于物质的比喻让人混淆不清了，但却是在**权利**与**义务**的法律意义中所包含的**未来性**原则。对于麦克劳德来说，未来性将自己客观地体现在了现在的"经济量"中，也就是体现在了**信用**中，信用在这里相当于债务。

要对麦克劳德恰当定位，也许最好是从庞巴维克所作的批评开始，后者本身在所有的经济学家尽了最大的努力将**未来性**引入主观的经济学之中的时候，把自己主观的**未来性**与**效率**的技术概念重叠在了一起，恰如麦克劳德将自己法律上的**未来性**与物质的比喻重叠在了一起一样。他把"权利与关系"排除出了经济学理论，就如麦克劳德后来把庞巴维克的心理学的东西排除出了经济学理论一样。在麦克劳德看来，心理的欲望虽然是基本的，但不能量度，因此不能作为科学的基础。但在庞巴维克看来，权利是社会关系，包含了双重计算。

庞巴维克评论说,[②] 经济学家向来是在从单个的物质对象（例

[①] 麦克劳德曾受聘于一个皇家委员会，整理一部关于票据、纸币的法律汇编，在《银行业的理论与实践》和《经济学原理》中都有转载。

[②] 庞巴维克：《权利与关系》。他的"关系"就是我们所谓的商誉、商标等无形财产。除非参考庞巴维克在1881年奠定这一基础的较早期的著作，否则他接下来的著作就无法理解。

如新鲜的饮用水）中得出的四个独立概念间进行选择的：第一个是物质的东西，例如水；第二个是其内在的客观属性，即有用性和效用；第三个是它对人类有用的服务；第四个是对水的权利。

这些概念中的第一个，即物质的东西本身与其属性无关，庞巴维克正确地否定了它，因为除了作为有用属性的载体外，它不可能成为经济学家的研究对象。经济学家们所做的事情就是选择某些特定的属性，从其他属性中抽象出来。麦克劳德的属性就是交换性，他认为这跟"财富"是一回事，而这是庞巴维克所有四个概念所共有的。

这几种意义就这样融进了"财富"这个词中，同时被庞巴维克区别为了第二、第三、第四个概念，要是对此进行检验的话，那我们将会发现，它们实际上是不同学科的出发点，而每一个都是在"经济学"的名义下进行的，但其中每一个在现代的研究和教学中都是被区分开的。庞巴维克的"内在的客观属性"——有用性和效用，我们称之为技术的使用价值——是工程经济学和家政经济学的研究对象。这是使用价值的生产，与麦克劳德的交换性或"将之引入商业"的检验无关。庞巴维克的"对人类有用的服务"是财富的生产与消费，其中居于支配地位的是欲望的满足，而这已经变成了家政经济学的研究对象。① 他的"对水的权利"是法律控制的研究对象，就是法律通过权利、义务、自由、承担风险对人的控制，这是制度，麦克劳德是其创始人。

重农学派和李嘉图是农业和工程经济学家；包括庞巴维克本人在内的享乐主义者，是家政经济学家；制度学派则是所有权经济学家。由于词的双重和三重意义，由于类比、比喻和人格化，这些不同的学科在历史上一直都是混淆和重叠的。这是不可避免的，因为每个"属性"都是在包含其他属性的"领域"中发生作用的，对其中任何一个属性的选择都是分析、试验、判断和目的的精神作用。

麦克劳德的前辈，也即重农学派和古典经济学家，选择了第二

---

① 原来属于家政经济学家的"农场经济学家"，近来接受了市场，所以称自己为农业经济学家。

个属性,也就是使用价值,但却把它跟其他的属性混在了一起,而它们的"嫡系"真传是工程经济学和农业经济学。心理学派的经济学家,像庞巴维克本人,则选择了第三个属性,即对人类有用的服务,而它们的嫡传是家政经济学。但那些被称为是制度经济学家的人选择的却是第四个属性,也就是财产的权利。

对麦克劳德的误解部分地源于"财产"的双重意义。麦克劳德对此进行了澄清,但并没有被理解。

> 他说:"大多数人,当他们说起或听到**财产**时,想到的是某些物质的东西,例如土地、房屋、牲畜、货币等。"但这并不是**财产**的真正意义。"**财产**这个词,按照其真实而本来的意思,并不是指物质的东西,而是指使用和处置某些东西的绝对权利……**财产**……在它真正的意义上,完全是指一种**权利**、**利益**或**所有权**;因此,把物质的东西叫做**财产**跟把它们称为**权利**、**利益**、**所有权**同样荒谬。"①

他继续说,经济学要研究的并非"土地、房屋、牲畜、谷物",而是土地、房屋、牲畜、谷物"以及一切其他的物质的东西"中的"财产"。财产跟财产权利是一样的,除了因为它们能被合法地占有,并能被合法地转移空间位置,物质的东西对于经济学没有任何价值。其他任何类型的持有或转移就是侵占、掠夺、偷窃。其他学科研究的是物,经济学研究的是对物的合法权利。这样,他就把物质的东西推给了未来,取而代之的是他的"经济量",那种对物的未来使用的现在的权利。

既然麦克劳德如此排除了来自其前辈的物质的东西和这些东西的所有权的双重意义,那么他完全是在未来东西的权利的意义上在研究财产,所以对他的理论的批评就不应该针对他所假设的对*物*和*权利*的双重计算,而应该针对他关于*权利*本身的双重计算。这产生于他的**信用**一词的双重意义,以及他不能让自己完全摆脱前辈和经济学家的物质类比。对财产和物质进行了两次计算的正是他的批评

---

① 麦克劳德:《经济学入门》,第23、24页。

者，而且他们忽视了麦克劳德的声明，那就是他根本就没有把物质的东西算作经济科学的研究对象。

然而，他把误解留给他们的原因，在于他用他们的物质概念来表述自己的意义。他把同样的东西只计算了一次，是作为财产权利的交换性来计算的，他称之为"财产"，而且赋予了一切财产权利一个他所谓的经济量（"信用"）的意义。经济学家想当然地认为商品就是财产，因此，作为一个常量，这样他们就可以让自己致力于研究物质的具体生产、运输、交换和分配，而不用考虑假设的等价属性——财产权利——的任何变化性。但麦克劳德排除了属于其他学科的物质的东西，让自己专心致志地研究那些东西的权利的变化性。事实上，一个特定种类的财产权利，"可出卖的债务"是独立地变化于在它自己的债务市场上的，对他来说，这个事实就是他的体系的出发点。可是，在这方面，可出卖的债务与普遍意义的财产权利没有什么不同，他认为，一切财产都是信用和债务，原因在于那是从别人那里接受某种有价值的东西的预期，而这不过是可以买卖的预期罢了。

（四）有形体的、无形体的、无形的财产

1. **时间以及时间的尺度**。在区分现在、过去、未来方面，麦克劳德的麻烦在于一个地方，即现在是时间的*零点*，但在同样的关系中，它又是未来的*一年*。① 这就是他的"有形体的"财产与"无形体的"财产之间的区别。有形体的财产向未来延伸了一年，但无形体的财产却在有形体的财产停止之后完全延伸到了未来。无形体的财产在一个地方是从时间的零点开始的，而在另外一个地方却是在未来的一年后开始的。

首先，谈谈他的时间的零点。

> 他说："财产如同两面神，② 具有背对背的两副面孔，它关系到过去和未来"，因此是"对立的属性……现如今，

---

① 麦克劳德：《经济学原理》，第一卷，第154~159页。
② 罗马神话中掌管门户出入与水陆交通的门神。——译者注

用相反的符号表示相似但对立的属性,这一直就是习惯。因此,为了便利起见,而且也为了遵从自然科学中不变的习惯,如果我们把这类权利中的一项表示为正的,作为区别的标记,那我们就可以把另外一个表示为负的……如果我们把过去时间获得的一件东西的财产表示为正的,那我们就可以把*未来*时间*将会*获得的东西的财产表示为负的。"①

他说,现在"数学家知道,我们可以用负号做跟正号同样的运算"。所以麦克劳德用正号*加*(+)来代表"过去生产的财产",他称之为有形体的财产;用负号*减*(-)代表"未来要生产的财产",他称之为无形体的财产。他是这样表示的,见表9-1:

表9-1　　　　　　　　可转移财产总额

过去生产的财产	现　在	未来生产的财产
有形体的财产	0	无形体的财产
正　的　（+）		负　的　（-）
土地、房屋…………	…………	永久的年收益
商人已经赚到的货币…	…………	他的信用
带地基的房产、店中的存货…	…………	商誉
专业人员赚到的货币	…………	实务
出版的书籍………	…………	版权
制成的机器………	…………	专利
商业公司的资本……	…………	股份；各种年金；基金；收费权；摆渡权；地租,等等

如同在上述计算表中所看到的,有形体的财产是存在于已经生产出来的物资中的财产权利。但在同样的关系中,他说有形体的财产存在于未来的一年中。

"……尽管土地每年的生产物只有在未来的时间段才会存在,但只要当它们存在时,其中的**权利**或**财产**就是**现在**

---

① 麦克劳德:《经济学原理》,第一卷,第154~155页。

的，而且可以像任何动产（例如一张桌子、一把椅子或者是若干谷物）那样买卖。这就是说，这些永久的年生产物都具有一个*现在的*价值：土地的购买货币只是这一系列未来的永久产品的**现在价值**的总和。再有，尽管这一系列的未来产品是无限的，但一个简单的代数公式就可以证明它具有一个限定的界限，这个限定的界限主要取决于当时的平均**利率**。当一般的利率是百分之三时，总的**土地价值**大约是它的年产值的三十三倍，因此，**土地总财产**三十三份中的三十二份是无形体的，只有剩下的一份是有形体的。"①

在这里，*有形体的*财产是一年的预期，而*无形体的*财产直到第一年年末才体现。这与他表格中的说明是相反的。在表格中，无形体的财产是以现在的时间为零点开始的，但在这里，他的有形体的财产似乎没有任何未来性，甚至连一年的未来性都没有。当然，事实是他的有形体财产的价值包括了他未来全部的"三十三倍于其年价值"的价值。如果是这样的话，那么他的有形体的财产本身也就是"无形体的"财产，应该转换到表格的负方。②

有形体的或者正的一面，尽管都*作为财产*和*作为价值*，但都消失了。它在过去*也许*是财产，过去*也许*具有价值，但那是因为*过去是当时的现在*，而且还有未来在它前面。但是到了现在，当过去已经随风而逝时，在现在的时间零点上，财产权利和那些权利的价值也与之一同远去了。

实际上，有形体的财产的意义是双重的，两重意义面向的都是未来，它意味着占有行为是为了一个人自己未来的用途，它还意味着把持住其他人需要但却不占有的东西。前者就是麦克劳德谈起永久年产物的现在权利时的意思，但它们不仅仅是*每年的*产物，它们是拥有*一切*未来产物供自己使用的权利，这里所说的未来包括眼前或遥远的未来。

---

① 麦克劳德：《经济学原理》，第一卷，第 156~157 页。
② 我们下面称之为"无形的"而不是"无形体的"。

第二种意义就是"交换性",这是一种在谈妥一个价格前不让他人获取某种东西的权利。正如他所表述的那样,这种权利不会等上一年,它是一种在他现在的时间零点就立即开始的权利。可是,交换性的权利就是他的无形体的财产和有形体的财产都具有的流通性或可转让性的意义。

由于他相当粗略地把**时间**跟时间的计量混淆在了一起,也就是说,把年跟"每年的"收入混淆了,这就给他带来了未来时间的双重计算。他说:

> "跟任何物质财产一样,债务和信用是可以买卖的商品;为了销售的便利,必须把它们划分成一定的单位:煤按吨销售,谷物按夸脱销售,糖按磅销售,其他东西按盎司销售。**债务单位**是从今以后的一年要求支付一百英镑的**权利**。为购买这一债务单位所支付的货币总额就是它的价格。当然,购买固定的**债务单位**所支付的价格越低,**货币的价值**就越大。"①

这样一来,如果债务是一年末要偿付的一百美元,而银行家为此支付的价格是九十五美元,那么银行家货币的价值就是略高于每年五美元;但如果银行家所支付的价格降低到了九十美元,那么他的货币每年的价值就会略高于十美元。

当然,正如他了然于心的,这只是一种年率,但它是一种货币市场的语言,这种语言将货币的"价值"和货币的"价格"说成是每年的利息率。然而,在债务市场上作为"贴现"对待时,这种贴现实际上是在现在的时点上发生的,虽然未来的时间间隔也许是一天或九十天,但为了便利,都会折合成一个时间单位,也就是一年。但是他的"债务价格"的概念,还是让麦克劳德作出了自己的重要发现,这个重要发现就是英格兰银行在控制黄金的流出与流入方面正确的贴现政策。②

---

① 麦克劳德:《银行业的理论与实践》,第一卷,第57页。
② 参阅本书后文关于贴现与利润的论述。

结果，麦克劳德的"现在"这个概念，在他的表格中是从过去和未来之间的一个时间零点开始的，现在被转化成了两个时点之间的一个时段——一年的起始和终了。由于在未来时间的一年中这种令人奇怪的重叠，批评者似乎有可能重复计算物质的东西和这种东西的权利。但他根本就没有计算物质的东西，他计算的是这种东西的所有权。他的双重计算是对未来时间的双重计算，而且是在这样一种情况下才这样计算的：在未来的一年期间，有形体的财产只供一个人自己使用。

麦克劳德不幸的未来第一年期间的这种未来的重叠，必须作为来自于商品经济学家的唯物主义遗迹来看待，同时要看作是他自己不能始终一贯地把他们的有形体的*东西*与他自己的有形体的*财产*区分开来；前者发生在过去，而后者跟他的无形体的财产一样，肯定只面向未来。

事实上，如同上文所提出过的，在他自己的经济理论体系中，他并没有使用过这种双重意义，因为他的核心观念是交换性。他说，经济学只研究交换价值，不研究使用价值，后者他认为是心理上的，只有交换价值可以用货币来衡量。因此，他的真实意图所在的有形体财产的权利，并不是使用这种东西的权利，而是这种东西的*所有权让与*并给购买者一个有效的所有权的权利。

正如他自己所说的，这种让与的权利不用等一年，也不涉及时间或有形体和无形体权利的任何重叠。如果所有者现在具有合法的所有权，那他*现在*就可以给别人有效的所有权。尽管他可能要等一年才能让自己获得土地将要出产的谷物的所有权，但他*现在*就可以得到他对土地或其他任何"有形体的"财产的权利的交换价值，不用等上一年。但让与的权利——只有麦克劳德才研究它，却是从现在的时间点开始的，而且正是它才使得对于土地的交换价值、其未来的产物或其他一些东西的现在的权利成为可能。他的"可转移财产总额"确实是他自己更为正确的描述，在那个表中，现在是一个时间零点，而不是未来一年的时间。

在同样的关系中可以看出，他的确没有把未来一年的时间包括在自己有形体的财产的意义中。

他说，我们可以拥有"一种**财产**或**权利**，这种财产或权利与任何特定的主体或被占有的东西是完全分隔开的。它在现在这个时间甚至都可以不存在。因此，那些占有土地、果树、牲畜等的人，拥有的是对它们未来产物的**所有权**。尽管产物本身只会在未来的一个时间才会存在，但当它成立时，对它的**财产**或**权利**却是现在的，可以像其他任何的物质财产一样买卖。或者这个对象也许现在就存在，但现在它可能是其他某个人的**财产**；只有在未来某个时间才会归我们所有。这样，一个人就可以有权在未来的某个时间向另外一个人要求一笔钱。毫无疑问，这笔钱现在可能已经存在，但只是还不归我们所有，它甚至可能还不归将来一定要支付这笔钱的人所有。在支付给我们之前，它可能经过了很多人的手。不过我们要求这笔钱的**权利**却是当前的、存在的，我们可以当它是物质财产一样出卖和处理。因此，它是**财产**，但在罗马和英国的法律里，它却被称为**无形体的财产**，因为它只是一种抽象的权利，与任何特殊实体都是完全分隔开的。"①

因此有形体和无形体的财产都是在现在的时点开始的，都是希望在未来获得的现在的估价。

古典学派的商品经济学家忽视了经济学理论中的时间因素，因为对他们来说，时间只是一种心理的抽象作用，没有任何经济价值。而从他们的观点来看，他们是正确的，因为他们的研究单位是物质的东西（假定有形体的财产与物资是一回事），而他们的研究方法类似于牛顿的物体运动定律。

时间不存在于这些自然科学的研究对象中，它是由人类的经验放置在那里的。物质的东西，甚至动物，都没有任何时间观念，它们只管延续下去，不用考虑时间。但由于语言的社会活动，以及为了未来的用途而制造工具的活动，构造了一种未来时间的序列，他

---

① 麦克劳德：《经济学原理》，第一卷，据第 152~156 页重新整理。

从自己本身中得出了这个序列,然后用来理解自己周围的世界。最后,他从自己的活动中构造出了抽象的时间观念。

第一个困难就是**时间**与**时间计量**的混淆。由于这个原因,在过去、现在与未来之间无法进行准确的区分。麦克劳德是第一个试图将时间引入经济学理论的人,对于他来说,"现在"的观念飘忽于一个时点和一年的时间之间。经济学家跟历史学家一样,现在一直就是现时的事情,没有任何准确的延续期。

经历了整个十九世纪,甚至直到二十世纪有了数理统计学,经济学家才在经济理论中为**时间**及其**计量**找了个位置。从这些结果中,我们推演出了一个时点和一段持续时间的区别,同时也推演出了物资及其所有权的区别。

如果我们把"现在"定义为一个动态的时间零点(麦克劳德,数学派),或者定义为一个没有计量尺度的时间瞬间[佩尔斯,伯格森(Bergson)],存在于即将到来的未来和即将离去的过去之间,那么就没有对物资和所有权的双重计算。物资只是从过去到现在的时间点的积累;直到现在的时点开始把未来性赋予它们为止,它们对于人类而言都不能作为*所有权*或*价值存在*。因为所有权(有形体和无形体的财产)总是对物资的一种未来使用或销售的现在的权利,这个未来可以近在眼前,也可以是遥远的未来。物资仅作为自然的存在,它总是处于过去,它本身没有什么未来性。但那些物资的所有权和估价总是面向未来的。当物资终结的时候,两者被一个移动的时间点——现在——分隔开了,因为在它们自身中没有什么预期,它们也没有什么自己的预期;因为它们的所有权和价值是在那个移动的时间点——现在——开始的,因为这是人类关于它们的预期。

在过去四十年中,这个将物资变为所有权和价值的移动的时间点,一直被描绘为一种时间"流"。在自然科学里,时间流是事件的连续。但经济学是关于人类预期的一门科学,在经济学中,"时间流"是一种所预期事件的连续。

但另外还有一个差异很大的未来时间的概念,就是一个现在时点与一个未来时点*这两个特定瞬间之间的时间量*(interval)。这种时间量通常被区分为一种时间的"连续性的间隔(lapse)",但经济学家在人类事件中对它作出了更为准确的定义,这个定义就是现在时点与未来时点之间的一个*预期的*时间量。1889 年,庞巴维克第一次分析了这种未来的时间间隔的心理上的基础。但它的实际运用是在所有权权利转移的交易中进行的。这种交易在一个现在的时点上生效,比如说在 1932 年 9 月 1 日 12 点生效。它创造了两种债务(无形体的财产):一种是未来*履约*的债务,或者说是物资、服务的交割,这时候物资和服务的所有权已经通过交易让与了;一种是未来*支付*的债务,由通过交易获得所有权的那个人欠着。换句话说,每次交易都会发生在所有权让与和获得的一个时点上。但交易只与未来相关,而未来会单独赋予所有权*价值*。

正是有预期的时间"流"(在此期间接连发生的是各种交易)和预期的时间"间隔"(在此期间发生的是等待行为)之间的这种区别,才最终准许了对利润和利息所作出的区别,人们过去一直将两者混为一谈。利润和亏损是在相继时点的重复交易中发生的,但利息却是在两个时点之间的时间量中自然增长的。①

2. 辩护与经济学。作为一门人性的科学,如果经济学研究的只是单给现在的所有权赋予价值的未来,那么*过去的*物资、*过去的*所有权和*过去的*估价变成了什么?它们不过是变成了个人在现在或打算在未来所做的事情的*种种辩护*。

在每个连续的时间瞬间,我们都必须将自己严格地置于人类的位置之上,这种人类的位置就是佩尔斯提出的记忆、活动和预期。在那一时间的瞬息,过去已逝,但记忆却让它在两个角度复活了:一个角度是到现在已经积累起来的物资,另一个角度是"现在"为"未来"而即刻主张的所有权的辩护;一个是过去劳动的增加物,另外一个是由于过去的合法活动而主张的既定的权利。后者就是约翰·洛克的"自然"权利、麦克劳德的"财产"。

如果我们看到的是过去,那么所有积累到现在时点的有用的物资,都是马克思的社会劳动力在过去发挥作用时形成的社会使用价

---

① 关于人们未能区分时间"流"与时间"间隔"的原因,见本书后文《凡勃伦》。

值。它们的*所有权*在历史上也一直被划分为公共的和私有的财产。然而它们在已逝的过去一直在消失,现在已经不再有任何价值;而作为财产,在即将到来的未来它们又重新出现了,未来单独给它们赋予了一种现在的价值。它们作为价值、资产、负债、所有权、交易和债务重现,目的是为了未来的生产和消费、未来的让与和获得。如今,它们在动态的"现在"中,不再像李嘉图和马克思的劳动论所归因的那样,具有从过去积累的任何价值,因为价值只是未来收入与支出的一种预期。

它们的确具有马克思所谓的社会使用价值,这是他的财富的代名词,但那是一个社会概念,在这个基础上他构建了自己的未来共同所有权的辩护。如果生产与替换继续,那么那种类型的价值将会继续,但它并非是对个人的一种价值,除非这个人现在就预期拥有供他个人使用的社会财富的份额。这种预期的份额是私有财产。

因此,财产、所有权与价值是同样的情况;如果物资是过去的财产或价值,那只是因为,在连续的时点上,过去是*当时*的现在,面向着*当时*的未来。

因而,现在的所有者从他对过去的打算中能够得出的,是某种对他现在主张的所有权权利的理由、论据或辩护。如果出现疑问和争执的话,那么在法庭上他可以在论据中就自己对现在所有权的主张进行证明,他现在的权利不是把一种有效的权利转让给他人,就是将物资自用。他向法庭陈述的辩护是按照他预期法庭会接受的这种形式进行的。这些可以按照流行习俗的一般理由进行,再结合他自己过去的合法行为的特殊理由,比如说,他过去的劳动和勤奋;或者是他过去在运用所有权权利时没有异议;或者是他在通过其他合法的所有权权利的让与获得所有权时的合法交易;或者是任何其他在过去发生的事情的基础上的有效辩护方式。这是所有权的辩护,不是所有权本身;是现在和打算要进行的经济活动的理由,而这种经济活动就是经济科学的研究对象。

辩护和经济学的这种混淆,在大众的、经济的、法律的语言中几乎普遍存在,而且是经济科学开端时的主要困难。只要是一种经济分析没有形成统一的结论,不同意的那个人便很容易立刻从经济学偏向于辩护或指责。他会诉诸"自然权利"、既得权利、他在过去根据法律和习俗获得的东西,但那是辩护,不是经济学。经济学要问的是,一个人现在和今后获得的对他人的权利是什么?那种权利在现在的*价值*是什么?从与其他人权利冲突的角度或者对他人具有那种权利的社会后果看,这种权利或其价值*应该*是什么?

因此我们可以得出这样的结论,麦克劳德的代表过去的*加号*(+)是辩护;代表未来的*减号*(-)是有形体、无形体和无形的财产;他代表动态的现在的零符号(0)是交易、估价和未来的折扣。这个零时点(0)把辩护从经济学中分离出来了。

但麦克劳德在他对未来性的分析中有两个其他的缺陷:一个是缺少了信用和债务;另一个是贷方作为债务和销售的双重意义。

3. **义务与债务**,**权利和信用**。与麦克劳德把过去与未来的时间重叠在一起相比,更为严重的问题是,他没有考虑到未来相对立的两个方面在现在是一同存在的。

债务的流通性因为英国习惯法中的一种古怪的偶然性(这种偶然性重现于美国法律中,但在大陆法中却不见其踪影),将信用的存在与相应的债务的存在分开了,认为*信用*在交易的当天就存在了,而债务要到后来*个人支付的义务*到来的那一天才会存在。在支付债务的日子到来之前,"信用"就可以进行买卖。

这样就未能将一种法律的义务与麦克劳德本人称为"经济量"的债务一致起来。当然,法律上的权利和义务,经济上的信用和债务,同时存在,也同时消灭。债权人六十天中收到一千美元的权利,与债务人六十天中付出一千美元的义务是一回事。然而,在债权人从法庭获得给行政司法长官的命令之前,行政司法长官在法律上不存在强迫债务人履行支付义务的职责。但信用是作为同一个数量存在的,一个企业的"资产"方就是另外一个企业的"负债"方。而且,从预期的角度看,现在以**一致**状态存在的义务,就相当于现在以**安全**状态存在的权利。①

麦克劳德古板地面对这个问题,选择了错误的推理。他实际上

---

① 参阅上文关于经济与社会关系公式图解。

引证的是与自己对立的著名经济学家们的看法。① 塞纽希②曾经说过:"每个人的资产负债表都由三种账目组成:现存货物、贷方与借方。但如果我们把世界上所有个人的资产负债表收集在一张表里,那就只会剩下一个账目:现存货物。"

但麦克劳德作为一位习惯法专家,对此的回应却是将"义务"与"债务"区分开来。"债务不是债务人所欠的钱,而是支付货币的个人义务"。他说,罗马的法学家认为,当一个商人购进货物并保证三个月内付款时,这个商人是"负了债,但补偿被延迟了"。不过,英国法律"似乎"采取了一种不同的见解。

> "在信用到期之前,如果就支付问题引起了诉讼,那么英国法律的原则是,未到期的信用可以按照一般问题进行辩护。这就是说,被告可以答复他根本没有欠债。"而这对于麦克劳德来说似乎是"正确的见解。当一个商人同意用三个月的票据交换货物并且也接受了票据时,他的货款就得到了支付……因此在票据到期之前,不存在什么**债务**,或者是没有支付货币的**义务**……货物已经变成了购买者的实际财产,他三个月后支付的义务并不减少他现在的财产。在此期间,他对此货物具有绝对的处置权;而**债权人**对此却没有任何**权利**,或者说没有任何权利阻止他按照自己喜欢的方式处置它。因此,**债权**与货物或货币两者都存在,而且在商业中同时流通"。③

显然,麦克劳德在作出断言的时候,依赖的是法律错误的偶然性,这个断言就是信用及其债权现在就存在,而债务和它服从于债权的义务现在是不存在的。但两者现在都因同样的原因而存在,这个原因就是预期和法律地位。

美国法院把土地和抵押作为同时存在的两种经济量,一种是债

---

① 麦克劳德:《经济学原理》,第一卷,第 303 页。
② 塞纽希(Enrico Cernuschi, 1821~1896):意大利经济学家。——译者注
③ 麦克劳德:《经济学原理》,第一卷,第 290~291 页。

务的价值,一种是土地的价值,对此进行双重征税,这种普遍的法律谬误的根源似乎就是这个错误造成的。它们的确是存在于两个市场中的,但土地所有人偿付的个人义务尚不存在。如果土地在不动产市场上值一万美元,抵押票据在金融市场上值五千美元,五千美元的"债权"和一万美元的"货物或货币"两者"同时在商业中流通",那么总的应征税的价值就是一万五千美元。只是因为管理上的困难,而不是因为认识到了经济上的谬误,人们才开始废除对抵押的征税。

在这里,我们通过引入一次交易形成的*两种*义务,以及交易条件取得法律效力之后各方所居的"经济地位",来努力纠正麦克劳德的错觉。交换所有权的每一项交易都产生两个法律义务:一个是卖主身上的履约义务;一个是买主身上的支付义务。履约的义务就是卖主交货的义务,比方说,在规定的时间和地点,按照规定的质量、形状和尺寸交割一千吨钢材。他接受了交货的义务,如果他的交货不符合规格,买主就有麦克劳德所谓的"债权",可以强迫按规定交货或者获得赔偿金。转移钢材合法权利的合同也许是在纽约签订的,但钢材的交货却有可能是在中国进行的。这样就形成了麦克劳德的"经济量":一种是由卖主未来交割的债务;一种是相等的"信用",或者说是买主一方所具有的交割的权利。权利是在纽约转移的,但交割则约定以后的日子在上海进行。①

与此同时,买主可以将与卖主相对的执行的权利(执行甚至可以是在公海上进行的)卖给第三方,因为那是拥有未来钢材的权利,也许在中国或到世界其他地方交割的时候,要比他在纽约已经支付或保证偿付的更值钱。

他在纽约为所有权所支付的是一种偿付的义务,比方说,每吨付二十美元,或者说六十天内付清两万美元。这是另外一个经济量,对于作为债权人的卖主而言值一万九千八百美元,在金融市场上他可以将它卖给另外一个买主——银行,用以如数换取银行的即期债

---

① 我们将会看到,在"匹兹堡附加"案例基价和交割价之间的问题中,这是一个部分。见上文关于从公司法人到运行中的机构的论述。

务或者是活期存款。在这里,信用工具的众多种类与我们无关,与我们相关的只是一般的事实,那就是每笔交易都产生两种债务和两种信用,经济上相当于两种权利和两种义务:一种是履约的权利和义务;另一种是支付的权利和义务。

但这些权利和义务、信用和债务都只是预期。它们是"经济量",有别于物质量,完全是因为它们只存在于未来。但它们不是头脑中的存在,它们存在于目前的活动与计划的调节中。按照社会预期调节行为在历史上被称为一种"地位(status)"。① 地位是行为准则的一种预期,个人在行为准则的范围内调节自己现在的行为。债权人的地位是安全的预期,债务人的地位是服从债权人的安全。从法律的观点看,它们是权利与义务;从数量经济的观点看,它们是资产与负债;从支配与管理行为的行为主义的观点看,它们是安全与服从。

通过引入"经济地位"的观念和麦克劳德自己的经济量的观念,我们试图纠正他的错觉。

地位是一种预期,个人在预期范围内调整自己现在的行为。债权人的地位是安全的预期,但债务人的地位预期的是对债权人安全的服从。这就是资产与负债这两方面的经济地位。

正是这两方面的地位,而不是物质的商品和个人主义,使得经济学成为了所有权和制度的经济学。然而,由于麦克劳德接受了英美法院对法律与经济学的分割,他使得交易中的信用的方面成为了一种独立的经济量,可以在金融市场上买卖,直到通过执行偿付债务的义务的时候,这个经济量才会消灭。

这导致了对麦克劳德的误读,以为他把同样的东西计算了两次,一次是作为物质的商品,一次是作为由物质商品抵押担保的偿付债务的预期。但他根本就没有计算物质的东西。他的错误是没有按照负债方与资产方同时存在来进行计算。

这个失误让麦克劳德蒙羞,导致他的名字不见于经济文献,他的重大发现被记在了他人的名下。庞巴维克说得没错,麦克劳德是

---

① 参阅本书上文关于经济与社会关系公式图解。

古典经济学家合法的弃子,① 我们应该说,之所以这样,是因为法律上流通性的创造把债务的地位转变成了麦克劳德所谓的商品。但是,债务—债权仅仅是一种流通制度,一种安全与服从的经济地位,一个将未来性作为其维度之一的经济量,人们使其像商品一样可以销售,因此它愚弄了从斯密到穆勒的所有经济学家,直到麦克劳德对它们认真思考之后,才显出了其荒谬。

麦克劳德说,例如亚当·斯密,"把明确包含了**纸币**、**汇票**和其他一些**证券**"的东西与鞋、谷物一同归到了"流动资本"的名下。"所有的现代学者都把**纸币**称为**资本**"。但麦克劳德说:"这些都只是权利或信用。"

> 而且"**纸币**不过是**权利**或**信用**,当它被认可为**资本**的时候,这门定义为财富的生产、分配、消费的科学就变得难以理解了。因为谁会去理解**债务**或**信用**的**生产**、**分配**和**消费**的意义呢?然而,每个人都知道,所有类型的**债务**都可以像任何一种商品一样买卖。**信用**体系是现代商业中最庞大的部门,它完全由债务的买卖活动构成;跟物质商品可交换的关系一样,**债务**的可交换关系也受同样的普遍**价值法则**的支配"。②

然而他的可转让的债务是资本的现代意义。麦克劳德说,经济学家"从来没有用哪怕是吹灰之力将**信用**和**银行业务**这一研究对象纳入这门学科的一般体系之中;事实上,在不可救药的绝望中,他们已经把整个**银行业务**的研究领域都放弃了"。③ 通过把物质的东西转移到未来,并且代之以智力行为和法律作用——后两者引出了财产权利,麦克劳德解决了这个难题。如果财产权利本身就是信用,

---

① 庞巴维克:《权利与关系》,第 5 页;又见克尼斯《货币与信用》,1876、1895 年版。
② 麦克劳德:《经济学入门》,第 13 页。
③ 在穆勒关于**信用**的绝妙篇章中可以看到这一点,但这与他把价值解释为基于生产成本的理论基础没有任何关系。他的信用理论的基础是心理学,在李嘉图的价值和成本学说中,这是不被承认的东西。

那么银行业务就不过是信用买卖活动普遍原则的一个特例而已。

4. **交换性**。麦克劳德说,亚当·斯密的**财富**这个词在用法上有双重意义。在其著作的前半部分,财富被定义为"土地和劳动的年产物",但在后半部分它却变成了可交换的任何东西。李嘉图效法了斯密,但他的意义仅限于以出卖为目的的劳动产品。穆勒曾经把财富定义为"一切具有购买能力的东西"。在这方面他追随了斯密,斯密曾经将纸币、汇票和其他证券都包含在了财富之中。麦克劳德说,这些都是债权或者说是信用,与基金、股份、商誉、专业人员的业务等没有什么区别(除了与"其发源的根源"有关的东西),所有这一切都是"可交换的权利"。① 因此,麦克劳德遵循的是他们包含在财富意义中的所有内容,而且他让交换性成为了财富和价值的要素。但正如我们说过的,这样做混淆了财富与资产。

此外,根据麦克劳德和其他一些把交换性作为经济学唯一研究对象的物质经济学家的观点,只有像物理学那样简化为数学方程式的时候,才能形成一门精确的科学。

> 他说:"自然科学是确定的现象体系,这些现象所基于的都是最普遍本质的单一观念或者特性……在这门科学中,任何数量,只要其中能找到那个**特性**,就是一个要素,或者是一个成分,无论在这个特性中是否还有其他什么**特性**……力学是**力**的科学,而力被定义为"导致或会导致运动或运动变化的任何东西。"在经济学中,这个**力**就是**需求**。②

他继而说,但同样地,经济学家不研究需求,因为那样"会把整个心理学都引入经济学中"。

> 事实上,价值"在其最初的意义上是一种心理的特性或愿望,它意味着尊重或判断,比如我们说起一位非常尊贵的朋友。但这样的**价值**并非是一种经济现象。要把价值

---

① 麦克劳德:《经济学原理》,第一卷,第 75~89 页。
② 同①,第 3 页。

引入经济学，它必须表现为一种可感知的形式，正如一个人通过提供某种东西而交换他想占有的东西时所表现出的愿望、判断或**价值**一样……因为一次交换的发生要求两种心理同时存在……因此价值显然是一种比率或等式。跟距离一样……一种东西的价值始终都是外在于自身的某种东西……单个的物体不可能具有**价值**。我们不能说绝对的、内在的距离或绝对的、内在的相等……任何**经济量**都根据其他的经济量才可以具有**价值**"。①

通过将经济学归纳为交换的各种比率，麦克劳德把经济学简化为了当时自然科学的概念，而这些比率就是**价值**。他证明，这门交换比率的科学，就是古今所有经济学家意之所指。对于重农主义者、斯密和李嘉图来说，"财富生产"这个词的意思，就是从土地或劳动中得到某种东西，目的是为了"*将其引入商业*"之中。这就是"生产劳动"，而"非生产的劳动"则是其产品不进入市场的劳动。"消费"是从市场上带走某种东西，而他们没有正确地把消费法则包含在经济学中。麦克劳德揭示了他们的前后不一致，而且通过不再讨论他们模糊的生产、分配、消费术语，也通过将这门科学缩小为他们真正的意图——交换价值的法则，他揭示了如何能够避免这些不一致。

但交换的到底是什么东西？是物质的*东西*，还是这些东西的*权利*？是债务的无形体的财产，还是债务*所有权*的权利？是买卖权利的无形财产，还是无形财产的*所有权*？

按照麦克劳德的说法，经济学家认为交换的是物质的东西，但法学家却清楚，那是存在于所交换的东西或债务中的财产权利。通过用一种经济量（信用）代替物质的东西，麦克劳德解决了这个难题。这个经济量可以被占有、买卖和出售，这样他就开创了**资本**的现代意义。

5. **信用的双重意义**。但麦克劳德有一种矛盾的信用意义：它意

---

① 麦克劳德：《经济学原理》，第一卷，第 53、54、55 页。

味着从债务的未来支付中得来的货币收入；也意味着从未来的产品销售中得来的货币收入。简而言之，它既意味着债务收入，又意味着销售收入。跟他一样，他们将第一种称为无形体的财产，第二种我们给它起了个更为现代的名字，称为无形财产。

这种矛盾的意义似乎是他从银行债务或存款的创造中得出来的，后者具有一般的购买力。一个制造商让与自己产品的所有权，所接受的所有权的全部付款是一笔六十天内付清的商业债务，他按照一定的折扣，以商业本票的形式，把债务卖给了一个商人或者是银行，而且全额接受了一笔即期支付的银行债务，因此支付时不用贴息。

两种债务都有购买力。商业债务是一种"特别的债务"，交换的是银行的即期债务；而银行的即期债务或者存款，也是一种银行欠存款人的"特别的"债务。然而，后者具有一般的购买力，但六十天的商业债务也有购买力，尽管要按照它的票面价值贴现。因此，第三方在销售自己的商品的时候也会不打折扣地接受银行的债务，跟接受金属货币一样。麦克劳德说，金属货币也是一种一般信用，他的意思是指一般的购买力。

在货币和信用两种情况下，所谓的债务人就是"整个世界"，也就是说，在他们所销售的东西的支付中，没有贴现就接受货币或信用的，根本就不是债务人，而是东西的销售者。货币跟信用是类似的，因为两者都可以流通，所以不承担从其票面价值中扣减的利息。尽管银行家和生意人的存款只不过是过期的可转移的债务，但他们自己在存款时是作为货币或现金来谈的，因此接受的时候也没有贴现。麦克劳德只不过接受了他们的语言。

所以他不得不在"一般"信用和"特殊"信用之间作出区分。一般信用是任何购买者在购买商品时未来可能承担的债务；特殊债务是将一个个体的购买者从整个购买者的世界中挑出来时实际承担的债务。然而"特殊"信用只是债务，而"一般"信用则是一般购买力。

他将经济学从东西变为可流通的东西的所有权时，如何得出了如此矛盾的信用的意义，也许可以从他对货币和信用的说明中看出来：当我购买一匹马或一块地的时候，我购买的并非是物质的东西，而是未来使用马或地的一切权利,这种权利"全世界都不得侵犯"。他说,这些权利就是"信用"。由于购买了那些"信用",我变成了销售者的一个债务人。如果如同在物物交换的经济中那样,我马上用一些牛和猪来支付,我卖给他也不是这些牲畜,而是我未来使用和销售这些牲畜的权利。按照麦克劳德的说法,这是另外一种类似的信用,彼此可以进行交换。

即使在物物交换的经济中,如果"信用"的这种交换是相等的,那么交易就结束了。如果不相等,那么就会给一方或另外一方留下一个收支差额。这个收支差额可以立刻用货币支付,或者是拖延一段时间。货币和信用就起源于此。

有了货币或"一般"信用,接受者就可以通过*购买*其他产品或服务的形式,从世界上其他的人那里"要求对自己的债务付款"。因此,世界上的其他人也是他的"债务人",或者是这样一种情况,如果交易中特定的债务人没有立即用货币支付差额,那么他的支付义务就延后一个时期,这又是一种信用。但是,由于这种信用是可以出卖的,所以其余的人又成了他的"债务人"。货币和信用都是分别针对所有的人而言的"一般"信用。

但是,债务的创造中,涉及两种完全相反的经济关系:一种是债权人—债务人关系;另外一种是卖方—买方关系。麦克劳德最关心的是卖方—买方关系,也就是说,是债务的流通性或交换性,而且他让自己用语的意义适应了他从经济学家那里接受过来的基本事实。正如我们已经看到的,由于他接受了英国法庭的错误,所以他在债权人—债务人关系方面是非常脆弱的。但是,让所有权的交换性取代实物的交换性成为自己学说体系的中心,这的确是一个全新的真知灼见。然而,将债务及其交换性都称为信用,犯了一个跟那些经济学家类似的错误,那些经济学认为生产劳动就是产品以交换为目的的劳动,而非生产劳动就是产品用于家庭消费的劳动,其实两者都是生产性的劳动。所以麦克劳德把授予个人的特殊信用当成是两人之间的私事,但通过提高交易的速度,这种信用的流通性变成了一种生产性的事务,这种生产性的事务增加了"商业中赚到的"财富的数量。

这很有点类似于斯密把劳动作为价值尺度的矛盾意义，即这个尺度是交换中可支配的劳动的数量，也是增加了水平数量的劳动力的数量。一个指的是稀缺性，另外一个指的是效率。在李嘉图采用劳动力作为价值尺度、把可支配的劳动留给马尔萨斯和斯密的其他信徒去处理后，这两者才区分开来。所以，对于由两个人之间的特殊交易所产生的债权人—债务人的关系，以及由流通手段产生的针对"所有的人"的交换价值的关系，麦克劳德是不加区分的。

对于"支配"一词，麦克劳德也有双重意义：一种是经济的意义；一种是法律的意义。通过在交换中给生产者提供货币或信用来支配服务或商品，与由国家提供给债务人的履约或支付的命令，他是没有进行区分的。前者是买卖活动中的经济能力，后者是强迫履行义务的法律能力。

但它是两种类型业务的进一步混淆，从他对"行为"和"不履行法律责任"这些词的法律用法中很容易推论出这一点。履约和支付的义务是产生债权人—债务人关系的义务，而宣告无效的义务（duty of avoidance）恰好是与之相对的自由关系，是义务的缺失。买者没有任何购买的义务，卖者没有任何出卖的义务。但是履约或支付的义务是不能随便承担或保持的，除非"所有的人"都有一种遵守避免干涉的义务。他根本没有使用这种宣告无效的义务，因为那只是一种不履行法律责任的义务，或者说是"不作为"的义务。事实上，这在他的具有积极交换行为的经济体系中是不要求的，而这个体系让债务的流通性成为了可能。

债务人实际上有*两种*权利，这两种权利与旨在保证其债务人一定会偿付的*两种*义务是相关联的。他具有针对债务人的积极的偿付的权利，也有针对"所有的人"的消极的宣告无效的义务。履约或支付的义务是债务，但宣告无效的义务却是所有其他人不得干涉债务人履约或支付义务的义务。麦克劳德所谓的针对所有的人的"一般"信用并非履约的义务，它是一种宣告无效的义务，而这种宣告无效的义务也是一种"所有的人"不得干涉卖者对其顾客的接近权的义务。

信用作为来自债务偿付的未来收入和作为来自销售的未来收入

的矛盾意义，以及他的有形体财产的重叠的意义，阻碍了麦克劳德的批评者理解他的主要观点。因此庞巴维克，麦克劳德的这位最下工夫的批评者，尽管其本人在所有经济学家中尽了最大的努力想把**未来性**引入*主观*经济学之中，但却未能理解麦克劳德，后者在他之前三十年就将**未来性**引入了*主观*经济学之中。如果经济学只研究财产，也就是财产权利，那它显然就只会讨论**收入预期**问题。如果这些预期将具有一种现在的存在形式作为可以量度的经济量，而不是一种只能举例说明的心里感觉，那么麦克劳德在信用和货币的流通性中就会发现这种经济量的客观存在。他只需要将它延伸到一切财产权利中就可以了，无论是商品、货币还是信用。

如果信用这个词在想象中延伸到了购买力之中，那是因为麦克劳德在信用的观念中有一个正确的原则——未来性，在同一个主题下，这个原则将商品、货币、信用和特殊债务所有权的所有特殊案例联系在了一起。尽管庞巴维克理解了主观的物资的未来性，但他未能理解的却是运用到具体物资上的这种客观的未来性。体现在银行业务和投资中的时候，它是非常清楚的，但具体物品中的财产权利也只不过是客观表现于财产中的**未来性**。这是怎么一回事呢？他把麦克劳德称为当时主流学说嫡传的弃子，这没说错，但他的嫡传关系不被认可，是因为他研究的经济量是债务而不是物资的东西和劳动，由此给他的批评者产生了这样一种错误印象，即他把物和债务都算作是"物"了。

由于债务是用数量表示的，在市场上以交换率来量度，如果让经济科学以债务为基础，那么我们就有了一个普遍的经济量来建立经济科学。债务的现值以美元和美分来量度的时候的定量性，就如同用蒲式耳量度麦子、用夸脱量度水这样的物质的东西时的定量性。

因此，当麦克劳德说被交换的是财产权而不是物的时候，他的意思是说从经济上讲，被交换的是以美元来衡量的债务。对他来说，一切财产权都是债务的所有权。在他把信用既作为债务又作为购买力的双重意义中，不仅像期票这样的特殊债务是债务，而且包括有形体的财产、银行票据和银行信用在内的一切财产权都是债务。被交换的不是物质的东西，被交换的是出卖那些物质的东西所获得的未来的货币或信用收入的全部或部分权利。那些权利是特殊的或一般的债务的所有权。

直到现代"无形"财产的概念与麦克劳德"无形体"财产开始有了区分之后，交换性或者买卖权利的意义，包括不受干涉进入市场的权利，在法律上才得以与未来强迫债务履约或支付的无形体的财产分离开来。在这里，从销售中获得的未来收入——无形财产，与从债务支付中获得的未来收入——无形体的财产，是有区别的。

依据后来这种无形体财产的概念，借助于后来霍菲尔德（Hohfeld）的分析，我们可以看出，麦克劳德要对把**权利**这个词用作**权利**又用作"**无权利**"或**自由**的双重意义负责。或者，按照经济学术语，他所使用的信用这个词有双重意义，一种是要求债务人偿付债务的权利，一种是要求购买者为商品偿付的权利。前者我们称为是债权人和债务人的权利—义务关系，后者我们称为是卖方和买方的自由—风险关系。

对麦克劳德陷于混淆这种对立社会关系方式的解说，将揭示这些词语在法律和经济学意义上的一个非常普遍的谬误，这种谬误具有必然的灾难性的社会后果。但它也将因此导致人们作出重要的区分，目的是为了阐明对交易和运行中的机构的正确的法律和经济分析。

作为麦克劳德出发点的命题是，政治经济学是一门关于"财产法则"的科学，而不是一门关于物质的东西或心里感觉法则的科学。接下来，他把研究对象缩小为这些财产权利的交换价值，因为如果不这样的话，那它就不可能成为一门始终研究数量和计量单位的"科学"。但如果他排除了从过去积累起来的物质的东西，只研究预期具有一种未来存在形式的数量的话，那么那些在市场上具有一种现在的存在形式的未来数量的本质会是什么呢？它们必然是预期其他人会为所有者所做的某些事情，这些事情是其他人通过给所有者提供"未来的产物"来做的。这种预期在现在的市场上具有一种现在的存在形式。他说，对于这种预期的最普遍的术语就是**信用**。

因此，信用有三种形式：（1）一切有形体财产权利的**现值**。这就是他的"商品信用"。（2）未来金属货币的**现值**，这个他称为是

"金属信用"。(3) 针对特定债务人的特殊信用的**现值**。最后一种才是信用的真正意义，我们将这种信用区分为无形体的财产，一种债务。前两种是无形财产——宣告无效的权利，这是一种在未来买卖交易中不受干预的权利。

如果我们坚持追寻麦克劳德推理将普遍的信用概念作为一切财产权利的数量纬度的线索的话，那我们就会看到，他是如何试图完全颠覆古典经济学家和重农学派的**时间**因素的。在这门科学的整个主题中，他用**未来的时间**代替了**过去的时间**（除了在一年的有形体财产问题上所犯的不幸的错误外），但他把**未来的时间**像对拉后到现在市场上的商品那样来对待了，这就如同他们提前到现在市场上但却以现在的方式对待**过去的时间**一样。正因为这样，他的学说是那个时代主流学说"嫡传的弃子"：说它是嫡传的，是因为针对未来收入的权利跟商品一样，是可以交换的；说它是弃子，是因为主流学说并没有把所有权与所占有的物资分开。

6. **无形财产**。对麦克劳德的"可转移财产总额"① 进行的检查揭示，他所谓的"无形体的财产"中只有两项基于债务的意义，即"年金"和"基金"，其余都是未来产品的所有权，或是从未来的服务或产品*销售*中获得的未来货币的现在的所有权。

从他的现在的有形体的财产中获得的"永久年收入"，不是预期供自己使用的产品或预期从产品的未来销售中获得的货币收入，就是未来的"地租"。"他的信用"不是针对一个债务人的特殊的信用，而是一个生意人一般的"良好信用"。也就是说，是预期愿意通过购买其支付保证而借钱给他的投资者和银行家的商誉，其生意的"商誉"是预期的与客户的有利可图的交易；"业务"又是律师的客户或医生的病人愿意为其服务付费的商誉；版权和专利是对特惠或独占的销售收入的预期；商业公司的"股份"是预期分红或所有费用之外的赢利机会的现值；"税费"和"运费"跟专利一样，是从特权中产生的预期特惠价格。

按照现代判例，这些都应该称为"无形财产"。唯一的无形体的

---

① 见上文关于可转移财产总额的论述。

财产，或者说作为债务人偿付义务的那种经济学意义上的信用，是"年金"和"基金"，后者是预期债务偿付的现值。

这些区别不只是学究式的遁词，它们具有重要的社会意义。因为，正如我们在其他地方所指出的，由于人们一直未能对工人的"勤劳的善意"和"工作的义务"加以区别，也就是说，未能把无形财产同无形体的财产区别开来，这才引起了大家对美国最高法院核准的"黄狗合同"① 的怨恨。② 这个问题以及类似的问题，可以追溯到法学家同时又是经济学家的麦克劳德的信用的双重意义。无论是债务的偿付还是价格的偿付，他的信用的意义作为一个经济量完全就是一切预期收入的现值。

然而，这一双重意义却是现代运行中的机构的混合意义，也就是对债务人会偿付其债务、"所有的人"会为物资或服务支付能够产生利润的价格的预期。如果我获得的只是一个企业的物质设备，而不是这个企业作为运行中的机构的所有权，那么我获得的不过是废料的价值，通过拆除工厂，把其中的部件按照当时的废旧程度拿到商品市场上去出售，我就可以实现这些废料的价值。但如果我是作为一个运行中的机构来购买它的，那么我获得的就不是对被拆除的物资的所有权，而是一个正在生产具体物资的运行中的工厂的所有权，还有这个机构所有的债权和自由进入市场权利的所有权。我获得了预期的、尚未确定的未来的全部收入，这些收入将分配给我的雇工、债权人、房东和我自己。

然而，由于我不是一个个体，而是股份持有人和债券持有人的联合体，不仅如此，还是一切雇工、代理人和所有出卖原料的人的联合体，而且，既然所有我们这些人都期望从这个机构的总收入中得到报酬——获得这些报酬是因为我们预期会对这个机构做出贡献，那么总收入就是从我们的共同产品的购买者和机构的所有债务人那里获得的，这个总收入就是我们的共同收入。在个人之间，这个总收入是通过一系列的交易分配的，每笔交易都在当时形成了无形体

---

① 以不参加工会或退出工会等为条件的非法雇用契约。——译者注
② 康芒斯：《资本主义的法律基础》，第 294 页。

财产的债权人—债务人关系,但每笔交易的继续和重复,则有赖于所有人参与的意愿。这种预期的参与就是一种无形财产。

所有这一切就是一个运行中的机构,它是所有参与人的共同意愿:雇工和经理维护和经营工厂的意愿;顾客愿意购买、投资者和银行家愿意贷款、原料供应商愿意出售、其他人愿意参与的意愿。每个人参与并因参与而获得报酬的所谓的"权利",就是自由和承担风险的无形财产。但是,每个人的权利都会因他先前的服务单独获得报酬,这个权利就是债务的无形体财产,而这个机构就是债务人。麦克劳德称之为信用,即运行中的机构的价值。他把它视为一个时点上静止的经济量。事实上,当会计制作他的年度报表的时候,作为一个运行中的机构的横截面,它确实是静止的经济量,但它是经过了一个预期的时间流之后的持续的过程。

从技术上看,出于立法和管理的目的,这个运行中的机构表现的是股票和债券在一个时点上的现在市场价值,或者是各种证券没有报出的一种估价。这些东西表示的是预期净收入除去税捐后的现值。但从经济上来看,运行中的机构的价值是所有参与者全部预期收入的现值,包括了征税机关在内,所有这一切说明的是从销售中获得的总收入。①

由此产生了三种道德和法律义务,通过维持这种愿意的态度,起到保持这个机构运行的作用。履约和偿付的义务是所有参与者承担的,这是**债务**的无形体的资产。宣告无效和不干预的义务是由包括国家在内的局外人承担的。在干预不可避免的地方承担的是容忍的义务,特别是在垄断、公用事业或工会法规的情况下更是如此。使得他们所有的契约都在这个范围之内的预期是无形的财产;构成无形财产的,正是履约、宣告无效、容忍的权利和义务。而且,在这个范围内,参与者可以自由地参与或者不参与,他们的愿意或不愿意就是自由和承担风险的无形财产的道道和法律意义。

因此,运行中的机构是一种无形体财产和无形财产的连续,它不断地被创造出来,并且延续和流逝着。麦克劳德称之为特殊信用

---

① 康芒斯:《资本主义的法律基础》,第 182~213 页。

和一般信用。特殊信用是履约和偿付的义务；一般信用是宣告无效和容忍的义务——它们根本不是信用和债务，而是预期的买卖交易中的自由和承担风险。他的特殊信用是无形财产。考虑到**时间流**和**时间段**之间的区别，无形体的财产是一种预期的时间段，而无形财产则是一种预期的时间流。

7. 从有形体的财产到无形财产。这样，制度结构给了我们这个运行中的机构的观念，这个运行中的机构是靠对参与者对工作、等待和冒险预见的诱导进行运作的，其运作受限制其买卖交易、管理交易、限额交易的规则约束。但技术结构给我们的是在工程师指挥下的营运中的工厂的观念，工厂在技术效率的规则下，为最终消费者生产着物品和服务。两者是不可分离的，但是它们给我们的是以不同的社会哲学和政府概念为结果的两种社会概念：一种是参与者变化的资产与负债，另外一种是在国家财富的创造中变化的投入产出比率；一种是可转移财产和自由的所有权经济学，另外一种是关于投入产出的工程经济学；一种是不但份额而且更为重要的是保持机构运行的体系，另外一种是创造出一种被分享的产物的结果。

老派的物质学说和享乐主义学说的困难在于这样一个事实，那就是他们在对所有权经济学关上大门的过程中，却不能避免从后门把它引进来。他们甚至把财富定义为物资及其所有权。但他们的概念是静态的，没有包含依靠交易改变所有权的动态的方面。正确的方法应该是，首先区分经济学的两种要素，各归其位，然后在集体活动的概念中将两者合为一体。根据传统的用法，这似乎可以通过运行中的机构的观念加以满足。

这样做的意义与其说是引入了新的概念，还不如说是打破了旧概念的双重意义。这样一来，商品和财富这两个词就具有了所有权的财产意义和物质的东西的技术意义；"成本"这个词就有了产出的所有权意义和投入的技术意义；而价值这个词则具有了所获得的收入的所有权意义和所提供的支出的技术意义。

过去几十年重构经济学理论的过程中，从前一个时代的静态的物质和享乐主义概念，转变到二十世纪的制度的活动概念，往往只要求对基本概念的些许改变就可以做到。1907年，费特将奥地利学派的效用概念转变为了意志的选择概念,尽管表面上这个是一个很小的变化(因为效用总是具有快乐和在快乐间进行选择的双重意义),但通过引入活动的概念,这个变化仍然使他得以从庞巴维克的快乐经济完全转变到了现代制度主义的"活动",不过他硬说自己坚持的是他的心理学。他真正引入的是活动的经济学,这也是无形财产的活动概念。① 美国最重要的数理经济学家费希尔也是这样做的。1907 年,他按照历史传统把财富定义为人类占有的物质对象,② 而这个定义一经变为活动的概念,结果是形成了财富既是产出的增加又是产出的限制的矛盾意义。

正如我们已经说过的,这个矛盾的意义是由于未能把财产制度与生产技术区分开来。如果把制度经济学与工程经济学区分开来,就不会有这样的疑惑了。制度经济学是人与人关系中的交易活动,而工程经济学则是人与自然关系中增加产出的活动。国家的总人力是其全部的活投入,而对自然力的全部的控制则是产生于活动中的总产出。但制度的方面是对产出进行*分享*和*预测*的活动,这种活动决定着机构本身是将继续还是将终止。

因此,社会的制度结构是个人和机构变化的资产与负债,它们又是未来的经济诱因,这个诱因会导致工作、等待和冒险活动。买卖、限额、管理以及预测的制度,会按照不同的方向扩展、限制、终止、改变投入与产出,或者是按照未来远近的不同时间来进行这些活动。位于生产之前的是买卖、限额和管理交易的结构,它们不但决定着利益和负担的分配,而且还提供保持社会机构正常运行的诱因。但社会的工程结构是物理的、生物的和心理科学的进展,它提供给人类的是对自然的支配,按照世界上各种制度的集体行动,将这种支配用于幸福或是毁灭。在财产的意义仅仅是指静止的有形体的财产时,两者是非常不同的。因此,我们用物资的*产出*和劳动的*投入*代替了"物资"③ 这个词,用无形财产预期的物资*产出*和货

---

① 参见费特的最新著作:《垄断的伪装》,1931 年版。
② 见上文关于效率与稀缺的论述。
③ 包括"服务"。

币*收入*代替了有形体财产和无形体的财产。

8. 商品市场和债务市场。二十年前在费特的重要文章《价格的定义》① 中，哈德利（Hadley）② 是一百七十位经济学家中唯一一位把价格定义为一种"权利"价格的人。根据费特的引文，哈德利说："从最广泛的意义上说，价格是用于交换另外一种东西的一种东西的数量，可以定义为一件东西或一种服务的*权利*所交换的货币的数量。"③

费特分析的只是物质学派和享乐主义的经济学家，而不是哈德利这样的制度学派的经济学家，而且他在找寻一个他们有可能同意的价格定义，他没有考虑这些学说是主观学说还是客观价值学说、是货币学说还是非货币学说。他所得到的定义是："价格是与另外一种物品交换时所付出的或接受的物品的数量。"

但麦克劳德的价格定义显然与哈德利的定义是相同的。价格是为所有权的权利支付的代价，它既适用于商品市场也适用于债务市场。

在商品市场上，我递给你一本书，你交给我一美元，这是一种双向的身体行为，其意义跟动物彼此帮助时所做的动作没有什么不同。但是，在人类社会，如果我不拥有那本书，我就不能合法地把它交给你并接受你为它付的钱。即使在那时，我也不能不顾所有其他人认为无效而让你成为书的所有者，除非法律把我身体的行动解读为另外的行为——一种心理上的"意志的行为"——我的目的是让你成为所有者，还有另外一种心理的行为——你的目的是成为所有者。然后，法律会执行意志的双向行为，或者是预期会执行那种双向的行为。经济科学研究的是那种双向的身体行为呢还是那种双向的心理行为呢？显然身体的行为是技术上的，而且是由体力劳动

---

① 费特的论文见《美国经济评论》，1912年第2期，第783~813页。
② 哈德利（A. T. Hadley，1856~1930），美国经济学家和教育家，1899~1921任耶鲁大学校长。——译者注
③ 哈德利：《经济学：关于私有财产和公共福利关系的说明》，1896年版，第70、72页。

者在所有者的命令下实施的；但心理行为是所有权，而且是在法律的作用下转移了所有权。

还有，我给你一本书，而你拿了书却没有给我那一美元。法律现在把书的转移解读为两种意志同时存在的心理行为——我的目的是让你拥有那本书，而你的目的是占有它。但法律也把同样的物质转移解读为另外一种物质转移——这一次是一美元从你那里到我这里的一种预期的物质转移，而我所预期的是带着预期的目的拿走那一美元，让它归我所有。经济学家们将如何处理这一对双向的身体行为呢？它们跟前面的举例一样，是同样的物质转移，但发生了一种时间的间隔。

麦克劳德说，经济学家们在绝望中放弃了对它们的处理，陷入了无望的混淆中。①

混淆是从这样一个事实中产生的：存在着"商品"市场和"债务"市场两个市场，而"货币"这个词将商品的物质意义延展到了债务市场，而后者由于类比变成了一种"商品"市场。然而，正如我们说过也将要看到的，*铸造*的货币并非商品，它是一种债务支付制度。② 由于其信用的双重意义，麦克劳德本人未曾有效地将商品市场与债务市场区分开来。在这个问题上，他遵循了普遍流行的物质主义的错觉：当银行家不过是接受了顾客或其他银行家欠他的债务在供给上的增加时，他会说成是他增加了贷给顾客的"货币供给"。顾客和投机者问"货币价值"几许时，他们的意思实际上是债务价值几许。

如果用真实的债务市场代替比喻的"货币市场"，麦克劳德和其他人也许已经避免了这种物质主义的困扰。正如麦克劳德所正确描述的那样，甚至"商品市场"也不是交换商品的地方，那是交换商品*所有权*的地方。"货币市场"也如麦克劳德所描述的那样，那不是交换货币的市场，而是交换债务所有权的地方。

---

① 后来克尼斯把它处理为了一种带有一种时间间隔的交换。见克尼斯的《货币和信用》。
② 见上文关于债务的解除的论述。

无论什么情况下，价格都是转移某种形式的合法控制权在"报酬"方面所付出的代价。它是所提供的服务的"补偿"，不是当下的补偿就是延时的补偿。这是权利和义务让与的制度意义，不是物质的交换意义。

假如麦克劳德真能把他的债务是"可出卖的商品"的这一思路有效地探究到底，不是把债务所有权与商品所有权等同视之，而是一以贯之地把债务市场与商品市场区分开来，那他就会正确地描述现代企业，并且会避免双重计算。那就只会有两个市场，而不是一个市场上的双重计算。

证券交易所和货币市场**债务市场**的两个轮子：股票和债券是面对未来若干年的大轮子，银行贷款和存款是面对未来若干时日的小轮子。尽管股票并非像债券那样是法律上的债务，但它们在经济上甚至在法律上都在逐渐演变为债务，因此某种意义上符合麦克劳德对"可出卖债务"的描述。股票是企业对股票持有者的"负债"，甚至股息也正逐渐被看做是欠股票持有者的通常的债务。在依法管理的公用事业中，这一点甚至获得了法律的约束。在这些部门中，公众是预期的债务人，公众必须支付的费用，是按照股票与债券以及现行的利息和利润率的总价值来计算的，目的是为了让债券持有者得到利息，而让股票持有者得到股息。所谓"公众"，指的是债务人和股票持有者，以及债券持有者和债权人。在特殊情况下，给股票持有者支付股息正在变成公司的一种法律责任，差不多类似于给债券持有者支付利息的法律义务。债券持有者不过是优先的债权人，而股票持有者则是延期的债权人。在作为债权人的债券持有者和作为准债权人的普通股票持有者之间，已经纳入了中间层次，比如说各种"优先股"。

即便是在没有法律约束必须给普通股票支付股息的地方，也出现了属于投资者商誉性质的一种经济约束。在美国资本主义周期性发生的通货膨胀时期，董事会并不承认支付股息和维持股票市值的任何道德或经济义务，更不用说法律义务了。但是，随着千百万分散投资者的到来，以及全部所有权的经营管理权集中于一小部分人手里的公司银行家时代的到来,① 维持投资者商誉的经济必要性要求挂名的董事会采取一种按惯例支付分红的政策。显而易见,还需要某些法律的责任——在旨在保护股票和债券投资者的所谓《蓝天法》中,这种责任已经开始了。

因此,证券交易所是按照法律和经济约束度对长期债务进行分级的市场,最受法律约束的是债券,其次是约束程度稍差的优先股和多种纯粹的"权利",然后是法律约束度最低但主要靠经济上约束的合乎道德的债务,历史上称为普通股。

在这个有限的范围内,麦克劳德对一些特殊情况的预言是正确的,但他并非普遍正确,因为他用"债务"或"债权"代替了一切财产权利,并且把经济学分解成了一组债权人—债务人的关系。只有在支付股息的经济和道德约束变为由法庭执行的法律约束时,它们才能成为这种关系。但这是不可能的。资本主义制度既需要股票这样的无形财产(其价值决定于边际利润),同时也需要债务这样的无形体的财产。②

但不能由此得出债务就应该称为商品的结论。如果是这样描述它的话,那我们就只能说麦克劳德是在作比喻,而不是在讲科学。他把债务跟购买力搞混了,前者是无形体的财产,而后者是无形财产。

然而,发生在商品市场上的情况跟发生在债务市场上的情况是类似的,它们都是一种为了未来货币收入而形成的市场;这种未来的收入麦克劳德称之为"信用"。它不是用来换取物质货币的物质的东西,它是未来货币收入所有权的凭证,是从现在商品的所有权中得出的,而出售现在的商品则是为了获得未来货币收入的所有权凭证。按照麦克劳德的观点,每种预期都是一种信用,出售商品信用是为了获得货币信用。但它们是不同的,因为一种是债务,另外一

---

① 见瑞普利(W. Z. Ripley):《主街与华尔街》,1927年版;布鲁金斯(R. S. Brookings):《产业所有权》,1925年版;邦布莱特(J. C. Bonbright)和米恩斯(G. C. Means):《控股公司》,1932年版。
② 见后文关于利润的边际的论述。

种是购买力。但两种都是未来货币收入的预期。

这就正确地解释了**资本主义**。生意人购买一件商品的时候，他买的不是物质的东西，他买的是通过卖出这种商品而获得的一种未来货币收入的预期。① 当银行家买进这个生意人的债务时，他买进的是一种未来货币收入的预期，这种货币收入是在债务人卖出商品并偿付其债务时获得的。麦克劳德认为，两者购买的都是一种信用。

因此，商品市场是伴随着债务市场发挥作用的。在这里，两个轮子分别是产出的所有权和短期债务的所有权。在商品市场上，短期债务一经创造就会立即在债务市场上卖出，目的是为了换回银行家的即期债务或存款。创造商业债务的目的就是为了出售，因为你可以把它们卖给银行家。所以，商品和债务之间的唯一区别就在于交换银行家的即期债务时所占有的和所出卖的对象。就债务而言，对象是对债务市场上偿付的未来货币收入的未来的合法控制权。就商品而言，对象是为了换取未来货币而出卖的物质的东西的未来的合法控制权。商品和债务期望的都是货币收入，两者都是一种未来货币收入的所有权凭证，一个是一种信用——无形体的财产，另外一个是未来利润——无形的财产。

两者之间的差别就是两种类型价格的差别：一个是债务市场上短期的货币*使用*价格；另外一个是商品市场上偿付所有权的一种交换价格。这一区别是麦克劳德混淆利息和利润的基点，我们对这种混淆的评价是在他认为贴现和利润相同的情况下进行。

9. **贴现和利润**。（1）*两种价格*。

> 麦克劳德说："**债务**的**单位**是一年后要求对方偿付一百英镑的**权利**。购买这一债务单位所付出的**货币**总额就是其**价格**。当然，购买固定**债务**单位付出的价格越低，**货币的价值**就越大。但是，在**债务交往**中，通常不用购买**债务**的价格来估算**货币的价值**。因为货币自然要产生一种**利润**，付给一年后应付债务的**价格**显然必须少于**债务**。**价格**和**债**

---

① 见后文关于投机的供求法则的论述。

务额之间的**差额**，就是购买它形成的利润。这种**差额**或**利润**，术语叫做**贴现**。显然，随着债务价格的减少或增加，贴现或利润就会增加或减少。在**债务交往**中，通常总是用贴现或其产生的利润来估计**货币的**价值的。因此，在各种**债务交往**中，*货币价值与贴现是成正比的*。这个法则包含了商业的两个分支——*货币的价值与价格成反比，与贴现成正比*……在**商品交往**中，**货币的价值**指的是它能购买的**商品的数量**；在**债务交往**中，它指的是**利润**或者是购买**债务**形成的**贴现**……*利息率或贴现率是给定的时期内（比如说一年）形成的利润额*。"①

这两种类型的价格，我们区分为短期价格（或贴现，但不是利润）和交换价值（或购买力）。

（2）*两种制成品*。

麦克劳德说："银行家开始的时候绝对不会用**现金**购买**票据**。通过在记录**债务**总额的账簿上给顾客记下一笔减去贴现的信用，他买进了**票据**；这种票据是未来应该支付的一种**债务**，那是顾客所具有的一种行动的权利，顾客的这种权利就是只要愿意就可以要求付款。也就是说，通过创造或发行一种即期支付的行动**权利**，他买进了一种未来才支付的行动的**权利**。"②

麦克劳德认为，从这一点出发，就可以得出这样的结论，那就是银行家"并非是想贷款的人和想借款的人之间的中间人。实际上，银行家是一个商人，他的生意就是通过创造其他的债务来买进**货币和债务**"。

因此，银行家的利润并不在于"他为借入的钱所付的利息与他为贷出的**钱**所收的利息之间的差额。事实上，银行家的利润，完全在于他创造或发行超过他所持有的备用

---

① 麦克劳德：《银行的理论与实践》，第一卷，第 57、58、59 页。
② 同①，第 325 页。

金属货币的信用所能产生的利润。一个只为交换**货币**而发行**信用**的银行，从来不会产生也没有任何可能产生利润。只有当创造和发行可交换未来应付**债务**的信用时，银行才开始产生利润……**银行**和**银行家**本质上与众不同的特征就是**创造**和**发行**即期支付的**信用**；这种**信用**旨在投入流通，发挥货币的所有效用。因此，银行并非是一个货币*借贷机构*，而是一个**信用制造厂**"。

（3）*商品价格和短期价格*。未来债务偿付的这种贴现价值就是为债务支付的价格，但贴现本身则是为了使用银行家的货币而支付给他的短期价格。银行家"无中生有地制造了"他自己的即期债务或存款（一种"过期"债务）来作为货币发挥作用，他用这种方式买进了客户的定期债务，同时为他自己的过期债务的使用索取一种短期价格。短期价格接近到期的时候数值会减少，随着这种减少，定期债务后来在价值上会增加，这种价值上的增加就是"利润"。

他说："商人获得利润靠的是从别人那里低价买进货物，然后又用较高的价格卖给其他人。同样，一个银行家从别人——即他自己的客户——那里以较低的价格买进一笔商业债务，然后以较高的价格卖给另外一个人——也就是承兑人或者债务人。所以，银行家所购买的**债务**，从他买进的那时起价值每天都在增加，直到还清为止。所以说，它产生利润并因此而成为**流动资本**，无论在方式还是原因上，都与任何商人开的店中的普通商品别无二致。"①

当然，对于价值是由于债务接近到期而增加，还是由于贱买贵卖而增加，在这里是无法区分出来的。后者是从*两次*交易中得到的利润；前者是从*一次*交易中得到的贴息。在两次交易的情况下，*价格*这个词指的是*买进*的价格和*卖出*的价格；在一次交易的情况下，*价格*这个词指的是同一交易开始与结束时的贴现率。为了形成对照，我们把这种贴现称为"短期价格"。

---

① 麦克劳德：《银行业的理论与实践》，第一卷，第358、359页。

麦克劳德之所以混淆利润和贴现,是由于债务的流通性。债务是从债权人——银行的顾客——那里买来的,到期的时候似乎是卖给了顾客的债务人——承兑者。表面上是银行家谈判了两次交易,实际上只有一次交易。

这一谬误是由于先前提到过的另外一个谬误形成的:信用*现在*就存在,但债务要到未来偿付义务到期的时候才存在。其实两者是同时存在的,银行家买进的是未来债务人偿付的*义务*。这一次,银行家不再与债务人谈判偿付的事情了,他只是执行自己的权利。

这种情况就要求我们提出更为准确的买卖交易概念,区分清楚"交易的终结"和"谈判的终结"。谈判是在所有权因交易而转移的那一刻结束的,但在未来履约和偿付都完成之前,交易本身并没有结束。

在现金交易中,谈判和交易是一起结束的:就商品方面而言,不仅商品的所有权要转移,而且商品也要移交;就货币方面而言,不仅所有权要因谈判的结束而转移,而且货币也要支付。

这样一来,交易就产生了两种债务:履约的义务和偿付的义务。如果两者都立即履行,那么谈判和交易就都结束了。可是,要到两种*义务*履行之后*交易*才能结束;如果中间有时间间隔,那么交易要到两种义务中的*最后*一种履行之后才能结束;如果那是偿付的义务,那么交易要到债务人偿付之后才会结束;如果那是履约的义务,那么交易要到服务完结或物资移交并接受之后才会结束。

因此,在土地或劳务还债这样的长期债务情况下,一次交易可以延续几年,但就货币市场上的短期债务而言,一次交易也许只会延续几天。一次交易的确是一个创造的过程,它创造的不是商品,而是一种经济量和经济地位,直到由于履约和偿付使得债务偿清、交易结束的时候,经济地位才会从负债变为自由。

所以,麦克劳德表面上的第二次谈判(在这次谈判中,债务被卖给了债务人,换取了债务人的现金)并不是谈判,那是法律义务的履行,这种法律义务通过偿清债务结束了交易。银行家仅仅是"收取"了应得的东西,并通过把债务人的债务所有权还给债务人并提供全部付款的证据。

正是未能注意到交易开始与结束之间的这段间隔,才使得麦克劳德把贴现等同于利润。贴现是因*等待*预期服务而收取的一种"短期价格",这种等待是指一次交易开始与结束之间的时间间隔,但利润(或亏损)是一种价格买进而另外一种价格卖出时的*差额*。

但利润(或亏损)也可以由*买进和卖出债务*的两次交易形成,它们跟*买进和卖出商品*的两次交易是一样的。商业银行按百分之六贴现顾客票据进行零售,然后再按百分之四重贴现率进行趸售,这样就可以获得利润。这里实际上有*两个市场*、*两次*谈判,即零售和趸售市场,因此也有两次交易。银行家在零售市场上按百分之六卖出的是他以百分之四在趸售市场上买进的东西。①

麦克劳德著述的时候,商品经济学家们还没有把利息与利润区分开来。隐含在"时间流"双重意义中的,正是我们已经注意到的这一区别。利润是在买卖行为发生的时间流的不同时点上形成的,但利息是在时间间隔或"时间流逝"之中赚得的。所谓时间间隔,是指发生没有补偿的等待活动的两个时点之间的间隔。

当然,麦克劳德对利息和贴现进行了通常的区分,它们指的是同一个东西,但按照两个不同的日期来算;它们又是不同的——按递增的利息计算跟按递减的贴现计算其实是一回事。预付全款并等到年底,"利润"就是利息;在预付的时候就保留利润,"利润"就成了贴现。②

从数学上看,贴现和利息只是同一个利率的两种计算方法,即便这种说法是正确的,但在贴现和重贴现的实践中,还是产生了差别,这一点麦克劳德本人也注意到了。在使用银行家的货币的时候,如果支付给他的代价是预先支付的,也就是说预先扣除利息,那就更接近麦克劳德的支付商品价格的观念。银行家对使用*其*信用索取一种价格,而支付给因使用*其*信用而进行重贴现的银行的是一种较低的价格。

严格地讲,它不是一种"价格",而是一种会延展到未来的一个

---

① 这一区别直到后来才由西奇威克(Sidgwick)搞清楚,见后文。
② 麦克劳德:《银行业的理论与实践》,第一卷,第372页。

时期的*比率*。因货币的使用而形成的未来的增量、"地租"或利息，被折换成了一种现在的"资本化"的价格，这就是贴现额。通过区分商品价格与短期价格，我们就可以保留麦克劳德所作的区别。商品价格是支付给商品或证券的交换价格；短期价格或贴现，则是通过扣除货币使用的利息而预先支付的价格。

正如麦克劳德所言的，它们是反向变化的，而且运用广泛，例如，债券的价格与购买债券的货币的利息成反比例变化，但债券的收益却与市场上货币的长期价格成正比例变化。货币的短期价格也是如此。短期商业票据的价格与贴现率成反比例变化，但贴现率却是银行因购买短期商业票据使用货币而支付的短期价格。

因此，债务或证券的价格就像商品的价格，它是为了换取债务而支付的货币。但贴现是因*使用*他购买的货币或信用而索取的价格。正是短期价格的这一意义，才使得麦克劳德发现了贴现率在英格兰银行控制黄金进出口方面的正确用途。

（4）*英格兰银行*。安吉尔（Angell）说过："麦克劳德是……第一个看到贴现率是汇率*主要*决定因素的作者，它可以按照矫正外汇兑换的方式进行操纵。这一发现的荣誉人们通常都归功于戈森，实际上他六年后才进行这方面的研究。"[①]

在英格兰银行将麦克劳德的理论付诸实践之后，戈森才有所著述，当然，他"并非有意地想标新立异"。但麦克劳德已经说过，金属货币外流的主要原因是三重的，"国家负债、纸币贬值以及任意两个国家之间*贴现率的差额*，大过了运输金银要支付的成本"。麦克劳德还"十分接近"于"对按照银行储备金和贴现率的变化来解释货币和价格之间的短期关系"。后来，在1883年的时候，西奇威克赋予了它"完全而明确的形式"；1888年，马歇尔又进行了进一步的完善。[②]

通过他的"债务制造"理论，通过他论述英格兰银行公众效用

---

① 安吉尔：《国际价格理论》，1926年出版，第138页。
② 见上文。贴现与价格之间的这种关系，一直到了1898年才由维克塞尔作了充分的说明。见后文关于维克塞尔的论述。

而不是私人利润的学说，麦克劳德提出了操纵贴现率的学说，这种操纵可以对金属货币外流和国内价格水平进行调节。私人利润可以由债务的"制造"产生，但当这一利润导致黄金外流时，作为反对私人利润的手段，英格兰银行的公共义务就是抵消这一利润。

首先，麦克劳德不得不澄清那种认为银行票据不同于银行存款的混乱观念的背景。正是这种混淆支持了1884年的《银行法案》，将英格兰银行分割成了两个部分：一个是负责银行票据的**发行部**；一个是负责银行存款的**银行业务部**。根据这一法案，银行票据的发行（法令授权的原始数量之外的发行）绝对不能超过顾客等量的黄金储蓄。法案认为银行票据是具有公共重要性的事情，但银行存款是银行与其顾客之间纯粹私人甚至是秘密的事情，政府不应该对其进行干涉。

但麦克劳德主张，无论是从法律上还是经济上看，银行票据与银行存款都具有完全相同的性质。从法律上看，两者都是由银行创造的起货币作用的即期债务。银行存款是跟银行票据一样的货币"发行"，因为两者都是债务的"制造"，这种债务随时都可用于黄金支付。在经济上它们的作用也是完全相同的，因为两者都具有同样的作用，就是随时提出黄金以供输出之用。

> 麦克劳德说，存款"全部都是伪装的银行票据。它们不过是一种庞大的信用上层建筑，这个上层建筑建立在相对较小的金银基础之上，跟**钞票发行**非常相似……这些貌似的存款不是等量的现金，而是信用，或者是*行动的权利*，银行是作为**价格**来创造它们的，银行要用它们来购买现金和票据，这些现金和票据在另一方面是作为*资产*来计算的。**银行存款**的突然增加实际上不过是一种**信用膨胀**，就跟**钞票**的突然增加完全类似……因此，**存款**的这种减少并不是*现金存款*的减少，而是信用的收缩"。①

1884年《银行法案》的结局正如麦克劳德所料的那样。根据该

---

① 麦克劳德：《银行业的理论与实践》，第一卷，第329~330页。

法案，如果黄金从发行部提出并用于输出，那么银行就要按照提出的数量减少其钞票。这个理论是这样认为的：钞票的这种减少会导致国内商品价格的降低，这样一来，输出商品就要比输出金银更为有利，这样就会阻碍黄金的外流。① 但是，我们注意到，《银行法案》在银行业务部留了个"漏洞"，即只要提交支票要求支付黄金，黄金就可以从银行业务部提出并用于输出。这样一来，尽管黄金正在流出这个国家，但钞票的数量却并没有任何减少。② 他说："实际上那艘船上有*两个*漏洞，法案的制定者只察觉到了其中的一个，所以他们只提供了一种对抗措施，结果是万分惊讶地发现，因为他们忘记了另外一个漏洞，因而船很快就下沉了。"③ 《银行法案》在1847年的危机中不得不"叫暂停"，目的是为了准许银行发行超过黄金数量的钞票；这里所说的黄金的数量是指从发行部提出来交给银行业务部的数量。这样做是为了给企业家和其他银行家解危救难，让他们免于"全军覆没"。④

按照麦克劳德的观点，困难在于当时的流行理论认为"黄金只是送出去偿付因货物销售产生的差额，因此只要这些偿付完成，黄金的输出就必然自动停止。但这完全是错觉"。

> "……如果伦敦的贴现率是百分之三，巴黎的贴现率是百分之六，那么这种情况的简单意义就是，黄金可以在伦敦按百分之三的贴现率买进，而在巴黎按百分之六的贴现率卖出。但在两地间运送黄金的费用不超过百分之零点五，因此，这项业务中留下了百分之二点二五或百分之二点五的利润……当贴现率的差额太大的时候……*在伦敦的人给他们在巴黎的联系人制作汇票，目的就是专门卖出汇票套现，然后他们再把现金汇回巴黎，在巴黎又可以按百分之六的贴现率卖出。显而易见，只要保持贴现率的这种差异，*

---

① 麦克劳德：《银行业的理论与实践》，第一卷，第412页。
② 同①，第二卷，第342~343页。
③ 同①，第343页。
④ 同①，第170页。

这种外流就不会停止。再说，巴黎的商人把自己的汇票立即寄往伦敦贴现，理所当然地应当把现金汇给他们……阻止这种外流的唯一办法就是让两地的贴现率相等。"①

他阐明了这一普遍原则，从那时起，这种普遍原则就一直为人们所采用。"任意两地间的贴现率出现差异，且这种差异足以支付两地之间运送金银的费用时，金银就会从贴现率较低的地方流往贴现率较高的地方"。②

关于这一原则，他说："尽管这一原则在商人中间是人所共知的，但正如我们所看到的，却不见于任何商业著述之中。③ 而且可以非常肯定地说，在关于通货的讨论中，这一原则从来就没有被显著提及过，作为一种逆汇的原因，与国家的债务或纸币状况没有任何关系。"④

那么，当黄金流出这个国家时贴现率应该如何提高、流入时该如何降低呢？能不能把这个问题留给银行家的私人竞争去处理，让他们为了自己的利润都去跟自己的顾客订立私人合同？英格兰银行的董事们曾经主张，贴现率是他们本人跟那些将自己的储备留在银行的商业顾客或银行顾客之间的私事，在寻求自身利润的过程中，每个人都在追求他们自己的利益。但麦克劳德指出，竞争引起了银行家数量的"非正常增加"，以致在应该提高贴现率阻止黄金外流时贴现率反倒降低了。⑤ 而且，"商人的利益一直都是获得尽可能廉价的贷款"。⑥ 既然英格兰银行由于传统而不断成长，已经变成了地方银行黄金储备的仓库，那么在黄金外流的时候，其贴现政策就必须控制其他银行的政策。因此，他说，在危机之先，只要能够保证国家的黄金储备完整无缺，那么英格兰银行的董事们就不仅要不顾自

---

① 麦克劳德：《银行业的理论与实践》，第一卷，第418页。
②④ 麦克劳德：《银行业的理论与实践》，第二卷，第344页。
③ 前述关于"商人"的知识，见马吉（James D. Magee）的《交易补正》，《美国经济评论》，1932年第22期，第429~434页。
⑤ 同②，第139页。
⑥ 同②，第366页。

己的眼前利益，而且还要不顾公共商业和其他银行的眼前利益，采取相应的措施，这已经变成了他们的职责。英格兰银行的私利必须服从其公共职责。麦克劳德说："盯牢周边国家的贴现率，紧跟这些变化，以免从我们国家输出金银成为有利可图的事情，这是英格兰银行义不容辞的责任。"[1]

后来在1857年的萧条中，英格兰银行的董事们头一次按照麦克劳德过去所主张的公共职责的这一原则采取行动，通过及早提高贴现率阻止了黄金的外流。后来约翰·穆勒说过，英格兰银行在1847年之前的行为原则是，除了银行的自身利益外，它什么也不会去考虑。而1884年法案的起草人罗伯特·皮尔（Robert Peel）爵士则向银行保证："在存款的管理上，它只作为银行自己行事，其所作所为都是它自己的事情，与公众没有任何关系。"但1847年之后该银行已经认识到：

> "英格兰银行这样的机构跟其他银行不一样，后者可以不受限制地认为，自己的单个交易不可能对商界有普遍的影响，所以它们只需要考虑自己的立场就行了。英格兰银行的交易必然影响全国的所有交易，尽一个银行可以采取的一切措施防止或减轻商业危机，这是它的职责所在。这就是英格兰银行的立场。从1847年开始，英格兰银行对此有了比以前更清晰的认识，它已经不完全按照过去的原则那样行事了；过去的原则是除了它自身的安全之外不需要考虑任何其他的问题。"[2]

因此，现代资本主义条件下，英格兰银行的行动是私人企业家第一次采取的重大一致的行动，没有经过立法，他们就确认了对公众的职责，这种职责是从国家的福利已经与他们息息相关的这样一个事实中产生的。真实的情况是，该银行是作为**发行和贴现的中央**

---

[1] 麦克劳德：《银行业的理论与实践》，第一卷，第418页。
[2] 引自贝克哈特（B. H. Beckhart）的《联邦储备银行的贴现政策》，1924年版，第29页。这本书对于英国的银行利率以及由此产生的基于1797~1850年经验的贴现政策公式，作了一个精彩的历史概括。

银行在采取一致行动，它完全脱离了政府的行动，它明确表示要让它按照自己的方式追求自己的利益。实际上，英格兰银行的官员们愿意接受麦克劳德这样的经济学家的学说需要舆论的巨大压力，但麦克劳德本人在后来关于银行业的一本著作中竟然会说："有必要通过1844年的法案，这是让英格兰银行的董事们名誉扫地的事情。这表明他们没有能力管理好自己的企业。不过如果既然他们已经证明自己能够胜任这项工作了，那么法案也就没有必要了。"①

央行稳定物价以及矫正黄金流入流出的更进一步的职责，到了1898年才由维克塞尔尝试阐明。②

10. 从心理经济学到制度经济学。用心理学来表述交易公式，这是一件有意义的事情。生产者按照每单位二十的边际效用卖出了一千单位的钢的效用；或者说，总效用或总价值为两万单位减去二百单位的未来性贴现或*贴水*，产生的现在的效用是一万九千八百单位。要把它转化为制度经济学，所要做的就是引入财产权利、法定计量单位、债务的创造、流通和解除，还要引入国家、同业公会、商会、建立法律判决或商事仲裁的类似团体，这些团体的集体行动可以执行交货和支付两项义务。于是公式就可以这样解读：一千吨使用价值，也就是钢；每吨二十美元的边际效用，或者说就是价格；未来的总效用或未来价值是两万美元；未来性贴现是两百美元；现在的总效用或价值是一万九千八百美元。

对从杰文斯到费特的心理经济学家进行的一项研究表明，他们差不多已经将自己的心理学发展到了这种最终的同一性，现在他们可以像称自己是心理经济学家那样称自己为制度经济学家了。在《垄断的伪装》一书中，费特已经实现了从心理经济学到制度经济学的转变。

未来性贴现在不同经济学家的著作中表现不同。庞巴维克的

---

① 麦克劳德：《银行业的理论与实践》，第四版，第二卷，第367页。又见最近英国关于改革《银行法》的提议，改革该法案是为了提供灵活性以及更大的自主权，有点类似于《联邦储备法》授权的内容。

② 见后文关于世界范围的偿付社会的论述。

"贴水"是通过在未来增加更多的*劳动*增加上去的，目的是为了增加未来的产出。但费特的贴现是通过减少现在的劳动量让未来的产出不要增加而减掉的。庞巴维克是把前者作为"增加迂回过程"来描述的，尽管他主要研究的是*贴水*，但由此得出的结论是，通过*减少*"迂回过程"，可以实现现在与未来之间的同样关系。他的"增加迂回过程"有时候会令人误解，因为现代发明的趋势是*减少*迂回过程的长度，从而减少生产具有更大效率的机器所需要的劳动量。但我们得出自己推论的根据是，他显然忽略了这个事实。在所有劳动成本较低而效率更高的新机器*没有*被具有同样劳动成本和同样效率的老机器所替代的地方，我们关于庞巴维克迂回过程意义的推论就是正确的。

以农民为例，这种心理估价无疑是指发生到这样一种程度的事情，那就是他付出自己的劳动生产一种未来的价值，目的是为了自己和家人使用，而*不是为了出售*。它也适用于鲁滨逊和消费经济学领域，在这个领域没有什么东西是为出售而生产的。由于有经济学家"效用递减"的经验，农民都清楚，如果自己生产得太多了，那么供家用的产品的价值就会大幅度下降。他还清楚，现在工作过多就是无用的牺牲，结果是生产超过了他的未来家用；同样，如果他现在工作不足，没有生产出家里所需要的东西，那就是牺牲家庭未来的需要。

因此，经庞巴维克完善过的这种心理经济学是普遍存在的。它存在于人的本性中。在所有研究生产不以销售为目的的经济学里，肯定都有它的一席之地。因此，尽管具有普遍性，但它并不适合工商界。它研究的只是劳动、物资、预期，公然拒绝私有财产、那些与未来产品所有权相关的权利与义务，以及既转移有形物资*所有权*又创造可流通债务（其所有权也是可转移的）的交易。

如此忽视所有权，其根本原因在于出发点是不存在社会利益冲突的个人心理，而不是从谈判和交易的社会心理出发，后者会产生冲突。社会心理要求的不仅是可执行的权利与义务，它还要求客观的计量单位，以便所有的当事人可以知道未来的预期是什么，也便于决定性的权力机构可以根据数量条件给出判断。

数量的*量度标准*会被所量度的*数量*所代替，普遍的做法和经济语言往往如此。我们说起重量或温度计上的冷热度数，但这些都是看不见的物质力量的量度标准在我们面前的数量作用。对于一个经济量而言同样如此。它不是一个物质的东西的量，而是一种**能力**或**力量**的量；它是一种强有力但又看不见的社会力量，预期会在看不见的未来发挥作用，个人在他们现在的交易中对它的量度单位是货币价值。因此，尽管麦克劳德的"经济量"的概念似乎是先验而想象的，但其实不然，因为它是看不见的未来社会中看不见的压力，在现在的交易中它把自己表现为一种货币计量单位。

以货币为计量单位的这种体系引入之后，经济量就变成了现代的资本意义。货币价值是一种看不见的经济量——资本——的量度标准，于是就有了"货币市场"和"资本市场"的区分，有了"现货"和"期货"等等的区分。在这里，现在的现金和银行存款构成了"货币市场"，而债券和股票（这些都是未到期的债务）以及未实现的销售则构成了资本市场。

这些经济量，也就是现代的"资本"，其所有权是由交易来转移的。它们在世界各地的运送，就是通过电报、电缆、无线电、电话或邮局在银行或商人账册的贷方和借方所作的添加或抵消。纽约联邦储备银行对纽约货币市场上进出的"货币"随时都会报告。但这种报告只是那个市场上的贷方借方记录。只是在最近，储备体系才开始公布"寄存国外的黄金"这个项目，这些黄金*就实物而言*是在银行里，但所有权是其他国家的，因此所有权*不在美国*。所有权是经济量，而不是物资。

现代的资本意义，作为一种以货币为尺度的经济量，既非常有力又非常敏感。资本具有完全的合法基础，如果这个基础被彻底改革的话，那资本就可能整个消失。资本的数值反映的是世界经济中的一切变动或对变动的担忧。然而，这一经济量要比政府更为有力。它调节劳动就业或失业；它偿付债务和税捐；它制造战争。

但资本这种存在于未来的经济量是非常敏感的。我们先前那个例证中二百美元的贴现可以因一种不确定的风险贴现扩大。如果这种风险贴现提高到百分之百，那么资本的现在价值就会完全消失，而且远在风险达到这一程度之前产业就停顿了。但在繁荣时期,风险贴现是比较少的,而且可以用两种方法抵消:一种是提高售价;另一种是提高利率或贴现率。

如果风险不能由提高售价转移给买方,那么它就会通过接受较高贴现率的方式由卖方承担;如果根本不存在任何风险,那么利率就会下降到百分之三,或许更低;如果它跟我们前面的例证一样,是百分之三,那么现在的价值就会是一万九千九百美元,而不是一万九千八百美元。我们可以假设,在我们前面的例子中,通常承担的风险贴现是百分之六的利率,因此钢的现在价值,包括利息和风险贴现在内,如上所言,是一万九千八百美元。

在这里有必要解释一下从"交换"这个词的旧意义中继承下来的一种含糊不清的内容。古典学说假设各方都会从一次交换中获益,各方都是把对自己价值较小的东西转移给对方,从对方那里接受的是对自己价值较大的东西。从个人的观点看,这毫无疑问是正确的。在供他选择的现有各种选择中,他总会选择更好的或者是"比较而言不坏的"。无论他所放弃的或避免的选择有多麻烦,他*总会获利*。但这却把个人的心理与客观的经济量①相混淆了。一次交易中卖出的经济量跟买进的经济量完全是同一个量,实际上就是同一个东西。一种经济量的所有权,比方说,一匹马,更准确地说是一匹马预期的有效服务,在交换中被转移,换回了现金或银行存款的所有权,比方说是一百美元的所有权。事实是,一方*看重*马胜于钱,另外一方*看重*钱胜于马,这是一个主观或个人的问题。交易中发生的情况既不是客观的也无法度量的,尽管相关的个人可能对它的估价不同,但这里被转移的是一个确定的经济量的所有权。

债权和债务的相等也是如此。债权人和债务人从各自的目的出发,从主观和个人的角度看,双方对它们的估价在量上可能有非常大的差异。但从客观上看,比方说,一万九千八百美元的债权,与一万九千八百美元的债务是同一个经济量。双方朝着到期的方向等量增长,但在任意一个时点上,它们都是同一的经济量。

---

① 等同于奥地利学派的"主观交换价值"。参见本书上文关于机会的论述。

我们已经说过的关于**自由**和**承担风险**相等的问题，也是同样的情况。主观地说，工人辞工的时候，雇主也许觉得自己的损失要大于工人的收益；或者是，在辞工这件事上，工人也许认为自己的收益要大于雇主的损失；或者是，工人有可能认为，辞工比保留工作收益更大，而雇主则有可能认为，开除这个工人比把他留下来的收益更大。

但客观地讲，当工人辞工或雇主将他解雇的时候，雇主损失的是一种预期的经济量，比如说，预期的这个工人一天的工作——这跟工人现在取得并且可以在别处安排的经济量是完全相同的。双方中的一方也许比另外一方更清楚该如何更好地利用那预期的一天的工作，但这是一个工人的问题，并不能从客观上改变这样一个经济量对于双方是同一的这个事实。既然普通的工人可以随意辞工，那么"经济量"就会由于风险而减少。但是，在"合同工"或演员、棒球运动员等的职业合同的情况下，风险贴现被大大减少了。

或者，拿"商誉"或商标的意义来说——这是另外一个自由和承担风险关系的例子，我们区别为无形财产，这是现代资本主义最大的资产之一。尽管"商誉"的未来收益也许有很大的投机性，但是在交易中，其作为一种现在的经济量的所有权，可以按照金钱的估计进行转移，这种估计涉及预期的销售、价格、利息、高度的风险以及由此产生的很高的风险贴现率；一方也许比另外一方认为它更有价值，但客观地讲，它是同一个经济量，是作为资产的资本的现代意义。

甚至"运行中的机构"的意义也是类似的经济量，其现在的价值也许是它的股票和债券的变动价值，而股票和债券量度的是一种金钱的净收入的预期。

法庭或仲裁人考虑的正是一种同一的经济量的所有权的这种转移——不是私人的收益或损失、痛苦或快乐，那是个人认为他们获得或损失的东西。后者相当于价值的心理意义，但在谈判心理中，我们只把它们作为"论据"对待，它们会随着交易而结束。①

---

① 参见本书上文关于谈判的结束和交易的结束的相关论述。

经济学家们往往使用"商品"这个词,这个词包括了像物质商品、债务、股票、债券、企业的商誉、运行中的机构等如此不同的概念,而我们却遵循麦克劳德的做法,用了不同方面的"经济量"这个词,这些方面可以买卖,也可以保留为未来所用。这种分析显然类似于克拉克打算进行的分析,当时他把"资本"跟"资本品"区分开了。① 他的"资本"是一种"价值的基金";他的"资本品"是有形的物资。在这里,"生产品"和"消费品"是方便的术语,将来会用到,原因是它们明显只限于生产和消费有形物资的技术范围之内。但如果把"商品"这个词扩展到包括股票、债券、银行存款、债权、债务或其他形式的有形体、无形体和无形财产在内,那它们就是生产与消费、债权和债务的混淆(正如麦克劳德对斯密和穆勒的正确批评)。② 为了保持这种区别,我们把物质的商品称为是古典经济学家的技术资本,但把所有权称为是现代意义的资本;所有权是克拉克的"价值基金",麦克劳德的"经济量",公司财务的资产与负债。③

11. 债务市场的分离。(1) *货币和资本*。1883年,④ 亨利·西奇威克作为经济学家,第一个利用了麦克劳德对所有权和物资的区别,但通过指出**财富**与**资本**的不同,他纠正了麦克劳德,麦克劳德认为两者是一回事。西奇威克的财富是"社会效用",是劳动的结果,但**资本**是财富的私人所有权。⑤ 财富是财富,资本是资产,区别在于利息的意义。

> 西奇威克说:"利息是生产的一部分,是以这样的名义归于资本所有者的,即把财富当做'资本'的意思,这样它就可以为所有者生产一种新财富的剩余。从个人的

---

① 克拉克:《财富的分配》,1899年版。
② 参见本书上文相关论述。
③ 参见本书后文对资本与资本品的论述。
④ 西奇威克:《政治经济学原理》,1883年版。引文自1887年第二版,据作者本人说,这一版基本的重要观点没有什么改变。
⑤ 同④,第83页。

观点看，即便是财富已经用完了且并没有留下物质的结果，但可以有理由认为这样的资本依然存在，只要是将它用于为所有者取得一种合理的预期，并且这种预期是让它的等价物连同利息一齐回到他手里，甚至只是永久收取利息。"①

但西奇威克区分了三种类型的资本：股票、债券和土地价值。

"……这类公司的分红应该仅仅看做是由股东所有的**资本**的利息，正如每年付给债券持有人的钱……土地的收益是利息的一个种类。"②

在原始的投资完成之后，这三种类型的资本有可能发生很大的变动，这取决于利率的变化（假定货币的购买力是稳定的）。

"如果一块地的地租保持不变，而现行的利率由百分之三跌到了百分之二，那么这块地的价格就会*在其他条件都不变的情况下上涨百分之五十*。"③

显然我们可以说，他的其他形式的资本，也就是股票和债券，也是同样的情况。如果其他情况不变，那么利率下跌百分之三十三，就会让资本的数值上升百分之五十。

但"从社会的观点看"，资本数量的这种增加并非是资本的增加。

它们价值的增加"显然并不构成财富的真正增加。因为宽泛地说，社会所拥有的生活必需品和便利品的支配能力并没有增大，但它的生产工具的交换价值却因为利率的下降而提高了。但从个人的观点来看，财富的增加在某种意义上是实际的而不是名义上的。因为尽管资本所有者的

---

① 西奇威克：《政治经济学原理》，1883年版。引文自1887年第二版，据作者本人说，这一版基本的重要观点没有什么改变。第256页。
② 同①，第258页。
③ 同①，第259页。

实际收入并没有由于这种变化而增加，但他购买消费品的能力肯定已经增加了，虽然他只有消耗自己的资本才能行使这种购买力。"①

但这种资本如何用掉才能转化为消费品呢？把它转化为具有一般购买力的银行存款。

西奇威克着手构建一种货币的定义，这个定义符合麦克劳德可转让的债务的定义，但又避免了商品的物质类比。通过批评杰文斯提出的根本反对试图作出任何定义的做法，他直面了给货币这样一个"变动和不确定性如此之大"的词下定义的困难。西奇威克说，杰文斯曾经说，假定通过"解决一个词（货币或资本）的意义，我们就可以避免许多事物都需要分别定义的所有复杂的差异和种种不同的情况"，这是一个"逻辑谬误"。杰文斯谈到了那些被称为货币或可以称为货币的矛盾的对象，例如"金银、本位币、代用货币、兑现和不兑现的票据、法定货币和非法定货币、各种支票、商业票据、财政部票据、证券，等等"，其中每一项都"要有自己的定义"。但西奇威克答复说，"给多个种类作出定义在逻辑上是正确的，但试图定义它们共同的种类在逻辑上却是错误的"②，杰文斯坚持认为的立场是"自相矛盾的"。种类本身"在我们试图更准确地确定它们的时候，就具有同样类型的困难，正如广义的'货币'观念一样"。

于是西奇威克规定了一种"货币的主要的基本职能"，这种职能为他起到了这类货币一般职能的作用。这种职能将把货币跟"商品"、"用品"、"财富"区分开来，但准许对各种差异作出更为详尽的定义，这样就可以把一个种类的货币跟另外一个种类的货币区分开了。货币的这种一般职能是"用于交换以及财富的其他转移，这里转移的对象不是某些特定的商品，而是对各种商品一般的支配权。正是作为财富转移的媒介，货币才有资格履行它的另外一项重要职能——衡量各种价值"。③

---

① 西奇威克：《政治经济学原理》，1883年版，第259页。
② 同①，第217页。
③ 同①，第225、226页。

在贯穿各种类型货币的这一基本职能的基础上，西奇威克解释了这样一个问题，那就是商人、银行家甚至像巴杰特（Bagehot）这样著名的经济学家如何最初把货币定义为了金属货币或钞票，但在他们的大部分推理论述中，又把它说成是"银行家即期支付货币的义务，甚至在钞票中都没有体现出来这种义务"。他们的解释是，"在平常"，有实际经验的人都清楚，"他可以把自己的银行家的一部分负债任意转化为黄金或钞票，① 他只是为了自己的方便才让它保持在非物质状态……因此他自然会这样认为，把所有'存在银行中的钱'都说成是'现款'"。所以巴杰特以为英格兰比其他任何国家都有"更多的现款"，实际上英格兰拥有的是更多的可即期支付的银行债务。

后来，当危机到来信用崩溃的时候，"银行家的负债和他们支付这些负债的手段之间的差别变得过于明显了；同样的东西，他（巴杰特）刚才还称为'现金'，现在对他表现出了相对立的'信用'的特征；他（巴杰特）认为英格兰'手头的现金'是'那么微不足道，它的微小，与建立在其上的信用的庞大相比较，会让旁观者不寒而栗'"。②

在对货币的这种双重意义有所考虑之后，西奇威克决定步麦克劳德的后尘，采用货币市场上通用的术语，以便用货币来表示"全部"的普通交换媒介。他批评了穆勒，后者"轻蔑地"说麦克劳德"把信用的扩张说成……好像信用实际上就是资本"，而按照穆勒的观点，信用只不过是"使用另外一个人的资本的许可"。西奇威克注意到，在某种意义上，这同样适用于金币。

> "……它的唯一作用是'准许'或使它的所有者能够得到并使用其他的财富，只有在这个意义上，无论是票据的形式，还是以容易让人误解的'存款'的名义，穆勒关于银行家贷给其客户的信用或负债的说法才是正确的。毫无

---

① 主要是英格兰银行的钞票。
② 西奇威克：《政治经济学原理》，1883年版，第223页。又见上文关于债务金字塔的论述。

疑问，这种信用相对而言是一种脆弱而易毁灭的财富转移工具，但那并不是忽略这样一个事实的理由：在现代的产业社会，它是主要用于这一重要目的的工具。"①

西奇威克因此改变了沃克（Walker）的货币定义，以符合麦克劳德的定义。沃克曾经把货币定义为"在整个社会自由转手，用于债务的最终清偿和商品的全部偿付的东西"。②但西奇威克改变了沃克的用语，把"转手"解读为了"所有者之间的转让"，目的是为了把银行存款包含在货币之中，沃克虽然在其货币定义中包含了钞票，但却把银行存款排除在外。

"似乎是两个短语之间的差别使得沃克先生不愿意承认银行存款是货币，原因是它们不能像钞票那样'转手'。但可以肯定的是，当支付是以钞票（不是法币）为手段的时候，重要的事实不仅仅是几张纸的物质转移，而是对银行要求权的转移；而当支付用支票进行的时候，这种要求权同样可以实现。"③

这种对沃克的批评表明，西奇威克已经抛弃了物质经济学家把"交换"和"流通"当成商品"转手"那样一种具体交货的观念，取而代之的是麦克劳德的"所有者之间转让"的制度转移。

他说："毫无疑问，支票的接受者有可能要求用钞票支付，但钞票的接受者同样有可能会要求他们支付的时候把数额加到他的银行户头上。还有，前者可能会要求用黄金支付，后者也可能提同样的要求。从双方的观点看，两者之间似乎不存在什么本质的区别。我这样说，并不是想抹杀用钞票支付和用支票支付之间存在的重要的实际区别。支票不会像钞票那样流通；支票的接受者通常会毫不拖延

---

① 西奇威克：《政治经济学原理》，1883年版，第224~225页附注。
② 沃克（Francis A. Walker）：《货币与贸易和产业的关系》，1879年，第一版。
③ 同①，第226~227页附注。

地兑付它，因此会选择他同意将其负债作为货币的那家银行，而钞票的接受者一般不需要作出这样的选择，所以银行负债的转移在前一种情况下要比在后一种情况下更为复杂。原因是……银行和银行的顾客都存在变化的情况，但交易的实质依然是银行在'债务的最终清偿和商品的全部支付'方面的义务的转移。因此我认为，一种广泛包含了钞票但却排除了其余的银行负债的货币定义，实在是难以接受的。"①

找到一种"货币代用品"的定义，是西奇威克在构建货币定义时遇到的主要困难。一个经济学家的"货币代用品"的意义，肯定都是他的"货币"意义的残汤剩水。如果货币只是金币，那么转移所有权权利的其他任何一种支付和购买手段就成了货币的代用品。

西奇威克用以应对这一难题的是债务清偿和商品全部偿付中不同类型的货币的"终极性"这个标题。他得出结论，终极性是一个程度的问题，终极性的"最高程度"属于现代政府当做国内交换媒介使用的不能兑换的票据，通过两种法律手段，政府按照其票面价值接受这些票据，用以支付税捐或其他由于公库产生的债务，同时也认可它们作为法定货币来支付私人债务。这类货币甚至比黄金还"终极"。如果黄金不是法定货币，如果用金块代替法定货币来支付的契约在法庭上不可能执行，② 那么黄金在债务偿付中的终极性程度就要低于法定货币。

西奇威克说，银行票据，而非法定货币，所具有的终极性要比不能兑换的纸币更低，然而跟银行存款没有什么本质的不同。这种比法定货币更低的终极性，是因为人们有可能要求银行用法定货币来清偿它们自己的债务，但是由于银行家在交换他们自己的负债时接受了黄金或钞票，因此这种反向的交易就平衡了这种负债。所以，

---

① 西奇威克：《政治经济学原理》，1883年版，第227页附注。
② 在《宪法》针对"损害契约义务"制定的禁律范围内，人们设计了一套现代的方法，这个方法就是在抵押合同中同用"目前法定标准重量和成色的美国金币，按照纽约当前的汇兑率"偿付债务。

"银行家的负债平时在普通债务的最后清偿中是可以接受的。"①

但是,我们认为,除了流通性之外,还需要一种额外的特性。为了让债务形成一种交换媒介,在用于支付或购买时,它就一定不能受任何*定期贴现*的支配。如果受制于这种贴现,那它就不是货币,而是资本。西奇威克似乎不承认这种区别,他的货币定义以"流通性"为核心,但还没有把定期贴现作为货币和资本之间差异的基础。他说:

> "……有一些人们广为接受的证券,如某种政府债券、铁路债券等,它们运送起来要比金银方便很多,因此在国际债务的偿付中常常被用来代替金银。当这些证券买进卖出是以此项职能为目的时,如果再去否认它们*在某种程度上具有货币的最基本特征*,那就会让我们自己成为语音的奴隶。"②

没错,我们应该说,这些证券是可以流通的,跟货币没有什么两样,而且具有一定程度的"终极性"。但它们不应该包含在货币的定义中。因为越接近到期,它们的价值就越是增加,原因是定期贴现的期限缩短了。但严格意义上说,货币不具有任何定期贴现,这也是银行存款可以恰当地被定义为货币的理由。银行存款可以归为货币,因为它们是银行的*过期*债务,而"证券",无论是短期的商业债务还是长期的债券等,都是*未到期*的债务,因此都被归在了"资本"的名下。③

这符合三种类型的市场:"货币市场",包括*过期*的银行债务的转移;"短期资本市场",或*未过期*但短期将到期的债务所有权的转移;"长期资本市场",或未到期但会在一个较长的未来时间的终点到期的债务所有权的转移,这种债务的利息是一年或半年一付。总

---

① 西奇威克:《政治经济学原理》,1883年版,第227页。
② 同①,第230页。
③ 由于存在无力偿还或不安全的情况,可以按照一种"风险贴现"的方式来对待它们。但所谓的"定期贴现",我们指的是当等待行为发生时的一种预期的时间间隔。

而言之，货币市场是过期的债务市场，不受定期贴现的限制；资本市场是未到期债务的市场，因此要受定期贴现的限制。因此，货币或*过期债务*的"代用品"是"资本"或*未到期*的债务。

当然上面的论述并不是说"货币的价值"在"购买力"的意义上没有什么改变。那是另外一个问题。它只意味着货币的价值不会由于未来的时间流逝而改变。*过期*的债务不具有*未来性*，因此不是资本，而是"现金"，也就是说，是银行的"存款"账户。同样，短期或长期债务的购买力可以改变，但这也是另外一回事情。*未到期*的债务具有作为其维度的一个方面的*未来性*，因此是资本，可以成为"现金"的代用品。它们是"资本"，因为它们表示的是一种未来的价值增值，不是作为购买力，而是作为未来时间间隔的缩短，直到偿付到期为止。①

不过，即便是有了货币与资本（作为货币的代用品）的这种区别，首先消除物质的"循环"比喻和麦克劳德将债务物质地比喻为"商品"的还是西奇威克，他是靠模块的流通性或债务所有权的转移做到这一点的。现代银行的支票基本上是不流通的。支票出具、背书、存入银行、付讫，不是支付先前谈好的债务，就是支付现在按市价形成的新的债务，这种新的债务是由于商品所有权的转移产生的。在美国，只是最近才真正有可能对所发生的实际情况进行科学的计量，这是因为现在从统计学上报告并公布了"个人账户的借方"。② 这些借方是企业家大多数购买行为的记录，因此是银行家的即期债务从银行的一个债权人转移到另外一个债权人的记录。"流通"这个词并不适用于这个过程，它现在跟过去一样，始终都是一种比喻，这种比喻是从金属货币时代传下来并且是从血液循环中总结出来的。跟比喻不同，实际情况是由于所有权转移而形成的银行账簿上的借方和商人账簿上的贷方。由于这个原因，我们可以按照使它生效的行为给这种货币命名，称它为**借方货币**，从而给为数不

---

① 在这里我们并没有考虑现代资本的其他形式——"无形财产"，我们只考虑了"无形体的财产"的流通性。
② 见上文关于从流通到重复的论述。

多的纸币和硬币保留普遍使用的"流通中的货币"的名称。

当麦克劳德把信用说成是"**生产资本**"时,他脑子里想的显然是这种由于记入借方账户而形成的货币节约。他的意思并不是说信用会像劳动那样生产商品,而是说信用提高了一切交易的*速率*,而财富的生产依赖于此。他的观念跟李嘉图的观念很相似,李嘉图把机器与资本区分开了——机器提高了劳动的生产力,但机器并非资本。① 麦克劳德也是如此。他认为信用是生产性的,不是说信用*生产*了什么东西,而是说它提高了生产这些东西的*速率*。换句话说,麦克劳德所做的,实际上是把生产的意义从"生产"变为了"生产的速率",这是从生产到效率、从"流通"到重复率的改变。

麦克劳德的意思是说,信用增加了商品买卖的周转速度,超过了只有金属货币时的周转速度,不是大大提高了生产,而是大大提高了财富生产的*速率*。他的这个意思,在他认为金属货币比物物交换经济的办法更具"生产力"的比较中可以看出来。金属货币与物物交换比较、银行信用与金属货币比较的技术意义,是大大提高了商品的市场周转率,这是国民生产力的大幅度提高。麦克劳德的诠释正中要害,他说,在通常的商业过程中,货物或商品从生产者或进口商转到制造商,然后再到批发商、零售商,最后到了顾客或消费者手中。如果生产者或进口商从批发商那里得到的是现款,那么他就能够立即生产或进口一批商品,补充他已经卖掉的那部分商品。同样地,如果批发商从零售商那里收到的是现款,那么他就可以立即从制造商那里再进一些货,立即填补他已经卖掉的货物。零售商和消费者也一样。

> "如果每个人总有现款可以自由使用,循环之流或**生产**就可以川流不息地继续下去,**消费**或**需求**让它流多快它就有多快……但实际情况并非如此。很少有人甚至是没有人总掌握着他们所需要的现款……如果循环之流或生产要等到消费者付了货款才开始,那就会大打折扣……但是,假

---

① 见上文对李嘉图的论述。

定商人对批发商的品性和诚信有信心,那他就会凭**信用**把货物卖给批发商……也就是说,他卖出货物换得的是**信用**或**债务**,而不是货币……因此我们看到,信用跟货币一样,导致了完全相同的循环或生产。"因此,下一步是"让债务本身成为可销售的商品,把它们卖出去,要么换回现款,要么换回更为便利的等值的其他债务,在需要的时候可以立即换成货币,因此等同于货币"。否则的话,商人的大量债务都成了"这样的滞销货"。买进他们的"滞销货"的是银行家,他们赋予"它活性和循环……把它从滞销货转变成为了进一步的**生产力**",然后把"大量的商业债务全部都转变成了**生产资本**"。①

显然,对金属货币可以同样这么说,它把农业和工业由迟缓的物物交换过程变成了快速的市场过程。麦克劳德说:"信用是生产资本,跟货币完全是同样的情形、同样的意义。"②

这使人想起了生产的双重意义,也表明了麦克劳德的批评者未能理解麦克劳德与当时的"生产"的意义相区分开的"生产力"的准确意义。生产力是生产的*速率*。对于古典经济学家而言,"生产"指的是使用价值的生产,跟生产的速率没有多大关系。但机器、货币、信用在这个意义上是相似的,也即它们都意味着生产*速度*的提高,从而提高了国民生产力或者是生产的速率,我们称为效率。

(2) *资本收益和银行利率*。在上述的讨论中,我们只考虑了短期和长期债务的"无形体的财产",并将其作为短期和长期资本的等价物。但现代资本是由无形财产和无形体的财产构成的:无形财产是来自于*未来销售*的预期净收入的现在价值;而无形体的财产是预期的*债务偿付*的现在价值。两者共同构成了现代资本。我们已经看到了,麦克劳德并没有对这两者进行区分,西奇威克同样也没有对它们进行区分。西奇威克把债券的现在价值(无形体的财产)和股票及土地的现在价值(无形财产)都结合在了"储蓄"这一个概念

---

① 麦克劳德:《银行业的理论与实践》,第一卷,第 303~305 页。
② 同①,第 312 页。

中。他步麦克劳德谬误的后尘,把它们都作为债务对待。因此,他没有把更现代的"债务收益"与"股票收益"(或者是跟股票收益相类似的收益、资本化的土地现值产生的收益)区分开来。我们把这些收益和类似的收益——资本化的现在价值形成的收益——称为资本收益。①

西奇威克使这种区别系于资本收益和银行利息这两种利息上。

在西奇威克之前,经济学家们通常只满足于谈"平均"利率,但西奇威克把短期贷款的利率跟长期贷款的利率区分开了。西奇威克向麦克劳德发起了挑战,后者主要考虑到了短期的商业贷款。他说:

> "货币的专业贷款人贷出的短期贷款,必须为后者产生一些'管理工资'和严格的利息,因此,在这个基础上,我们可以预期,汇票的贴现率一般要高于资本的利率;另外一方面,我们不能不认为,银行家在很大程度上制造了他要贷出的货币,也就是他自己的义务,只要他的买卖兴旺,实际上绝不会逼他赎回,这使得他可以轻易地负担起通常按照低于资本利率很多的价格出售这种商品的使用权。因此,只要他增加自己义务的范围和安全性,主要把钱短期地贷给商人,竞争会迫使他让这种贷款的利息不高于甚至是低于永久但并非不安全的投资所获得的通常的资本利息。这似乎是实际情况,这样做部分地是缘于商人是银行特别重要的客户,但主要的原因在于,银行家借钱给那些经过一定的短期之后必定归还的人是很方便的,目的是一旦出现异常的情况要求他们进行大宗支付时,他们便可以很容易地随时减少放款的数量。因此我们没有理由推断说,银行家在商业票据上收取的贴现率跟一般的资本利率一样(即便是在平均的水平和风险的各种差异都考虑之后),不存在商业票据的贴现率不应该高于资本利率的经济理由,

---

① 见后文关于从边际生产力到资本收益的论述。

原因是银行家不能不为自己的麻烦收取酬劳;再一方面,如果上面提到的利益的价值相当大,那就没有理由说商业票据的贴现率不应该比资本利率低很多。因为对于银行家不费吹灰之力就制造出来的交换媒介而言,相对较低的利率就足以让他在金融资本上获得正常的利润。"①

银行家得到的这种利率,西奇威克称之为"*货币使用*的价值",但那些并非"专业的货币商"得到的利率是"为*使用储蓄*而支付的一种价格",或者相当于"所有者因为你用了他的资本而获得的价格"。

因此,西奇威克对货币和资本的区分,关键在于要区分出:支付给银行家的利率不是因为他们的储蓄,而支付给其他人的利率则是因为使用了他们的储蓄。对于他来说,这些储蓄是"资本",表现为土地价值、股票价值、债券价值这三种形式,这些都是按照现在的价值计算的;就"专业货币商"的情况来说,利息是一种银行的费用,不是支付给储蓄的;就其他的贷款人而言,利息是支付给储蓄的一种资本收益。

但在这方面两者并没有什么不同。银行费用是因为使用储蓄而支付的利率,这跟银行费用是因为使用储蓄而支付的资本收益率是一样的。西奇威克的谬误在于两种错误的观念:麦克劳德的信用工厂代替了*信用的交易*;信用的*实体*代替了储蓄的*市场价值*。

第一,*制造商还是商人*? 步麦克劳德的后尘,西奇威克把银行家勾画为自己*没有成本*的"信用制造商",他要对那些信用的使用收取一种价格(贴现)。

但银行家不是制造商。他买进自己顾客的短期或长期债务,在自己的账册上把别人所谓的储蓄转移给他们,通过出具自己的过期债务(存款),他已经让自己承担了对这些储蓄见票即付的责任。

因此,如果对于一笔六十天的两万美元的债务,他以储蓄账户的形式支付了一万九千八百美元,那么后者就是一种负债数的转移;

---

① 西奇威克:《政治经济学原理》,1883年版,第245~246页。

对于这个负债,他向其他人普遍承担的责任是,只要他们提出要求,就让他们立即得到自己的"储蓄"。为了承担这个负债,他要收取一个价格,也就是贴现率。在这个例子里,数量是两百美元,也就是年息百分之六,或者是两个月的利息是百分之一。

或者反过来说,银行家把自己*一般性*的"良好信用"的一部分(一万九千八百美元)的使用权卖给了自己的顾客,支持其信用的是他的声誉、法定准备金以及其他为强化他的信用而设计的其他法律要求。为了使用这种一般性的信用,他收取了两百美元。但这种"良好信用"完全在于他随时按要求支付储户的能力。与此同时,在让与的法律意义上,他买进了自己顾客特殊的良好信誉(两万美元),所以在这笔交易中,他的利润的边际收益是两百美元。

假如那两万美元是一种长期债务或债券,那么同样的关系也就保持了正确性。但在这里,在达成价格的时候,要按照一种存款的负债考虑支付一年或半年的利息,银行家会按照"现金"或一般的购买力,把这个存款负债转移给这个特殊的卖方,这是银行家从他对其他所有储户的负债中转移的,因为归还给他们的储蓄是按要求即期支付的。

因此,银行家不是"信用的制造商",他是一个买卖他人"储蓄"的商人或中间人,采取的是用其他人*未到期*的债务交换他自己*过期*的债务的形式。在这样的买卖交易中,决定价格的不是制造商的"生产成本",而是像麦克劳德所暗示的那样,决定价格的是商人的机会选择。这种选择我们在前面是作为机会成本或反机会成本来分析的。①

因此,在这方面,麦克劳德把制造商和商人混为一谈了。*没有成本的制造商就是商人*,成本的意思是指古典派的"正的"生产成本。正如在我们分析凯雷、巴师夏、庞巴维克的学说时所看到的那样,他是一个买卖社会"储蓄"的商人。商人的成本是由于选择一笔更大的收入而避免较小收入的"负的"成本,他的"价值"是由于选择较小的支出而避免更大的支出的"负的"价值。按照制造商生产

---

① 见本书上文关于服务成本和服务的价值的论述。

成本的积极意义，这些是"无须付出代价的"，尽管如此，这些无须付出代价的选择机会取决于银行这个机构的偿付能力、流动性和破产。

第二，*储蓄和储蓄的市场价值*。这带给了我们另外一个错觉，即关于储蓄的错觉。古典学说认为储蓄与资本是相等的，具有"正的"生产成本——节欲。① 这种在消费上节欲的强度是用利率来衡量的：利率高，节欲的痛苦或储蓄的"生产成本"就大；利率低，节欲的痛苦或储蓄的"生产成本"就没有那么大。

但储蓄具有一种跟利率一样的**资本价值**。西奇威克注意到，只有在按照股份、债券和土地当时的市场价值用储蓄购买"资本"的那一时刻，储蓄才等于资本，此后如果利率变化，那它们就会在价值上分离。

但是它们根本不能"分离"。同样，储蓄消失，别的东西，也就是资本，会重新出现。如果利率下降，"资本"在价值上就会上涨；如果利率上升，资本在价值上就会下降。"资本"现在不是变成了储蓄，而是增加或减少了储蓄的市场价值。

但是，我们注意到，储蓄的这种市场价值不仅仅决定于利率，它还决定于繁荣、投机、萧条、银行的流动性、信心、知情人对价值的操纵、货币购买力的波动等普通的情况。储蓄的价值会由于股票、债券、土地价值的下降或银行破产而消失，或者储蓄的价值会因资本价值的上升而扩大。

早期古典学派关于物质资本（物资）生产的劳动成本学说也是同样的情况。在生产的时候，劳动产品的原始使用价值可能会在折旧或陈废后减少，其使用价值也会在最初生产出来之后由于新的用途和方式而增加。

从理论上说，当把储蓄当成资本的时候也是这样。储蓄是过去发生的，但资本是贴现之后的未来收入的预期，它们之间根本没有任何的相同性。实际上，在亚当·斯密的节约和过度节俭的观念、西尼尔的节欲观念中，储蓄已经从现代资本主义体系中完全消失了，

---

① 见本书后文关于等待的稀缺性的论述。

就如同早期经济学家的劳动学说一样，储蓄变为了储蓄的市场价值，也就是说，由储蓄变为了资本。当我们说银行家在买卖"储蓄"的中间工时的时候，我们的意思并不是指储蓄，而是指对未来收益现在的要求权。这是资本的现代意义，完全脱离了过时的储蓄的意义。"储蓄"这个词变成了不过是可以称为宣传家口号的东西。①

这种排除储蓄代之以资本价值的做法，跟现代非常缺乏色彩的那些术语——债券收益、股票收益以及它们的结合体资本收益②——似乎是一致的。这些术语只是说明了资本价值与资本所有者所主张的收益费用的一种*比率*。所有类型的因果关系都会成为这个比率大小的组成部分，但无论如何这些比率都是预测的标准，而不是过去储蓄的大小。

这个比率的概念，在资本家对他们的各种资本的估价进行比较时，总是挂在他们的嘴边。这里所说的资本，是他们投在各种类型的短期或长期债务、公司股份、土地价值上的资本。这里的计量单位是每年收入的美元。取得年收入所需要的资本的市场价值的量，与利率成反比，与预期的净收入成正比。因此，在我们所举的例子中，如果年利率是百分之六，那么所取得的收益所需要的资本的数量大约是十七比一；如果利率是百分之三，那么所取得的收益所需要的资本的量大约就是三十三比一。依此类推，适用于各种不同的利率或贴现率。

这样我们就得出了麦克劳德"经济量"的一种量度标准：它是一个倍数，与每年从销售或利息支付中得到的预期的货币净收入成正比，与利率成反比。这个观念其实很久以前在欧洲伴随着土地价值的计算就发端了，那时土地的价值是按照若干年的预期年收益的购买价格计算的。③ 按照西奇威克的解释，如果利息从百分之六降到了百分之三，那么年购买价格就从十七涨到了三十三。换句话说，翻番的*不是*储蓄，而是收益的"资本化"。银行家在他们自己过期

---

① 见后文关于宣传家的理想类型的论述。
② 见后文关于从边际生产力到资本收益的论述。
③ 见后文关于杜尔哥的部分。

债务的交换中所买卖的，正是这些预期收益的资本化。他们的活期负债不是他们随时归还储蓄的承诺，而是随时以"现金"或一般购买力的形式归还的资本的承诺。

第三，**从单一的因果关系到多重的因果关系**。西奇威克说自己的分析是"静态的"，而不是"动态的"。所谓静态，他的意思是说，假定利率在研究的期间保持不变但在货币的购买力上美元具有显著的变化；① 所谓动态，他的意思是指货币、制度和生产的一切变化。这两者就是我们所谓的单一因果关系和多重因果关系。作为研究工具的一切科学都必须进行这样的区分，基础必须是奠定在一种单一的因果关系的分析中的：每个因素都是在假定其他因素没有发生任何变化的情况下相继推导出来的，但所有因素都在同时发生变化。我们将从限制和补充因素的经济概念中得出一种多重因果关系的理论。② 与此同时，我们将继续进行各种因素的研究，包括债务的创造、稀缺性、流通性以及债务的解除。

我们已经考虑了麦克劳德的债务的流通性，现在我们要考虑的是纳普的债务的解除、霍特里的债务的创造和卡塞尔的等待的稀缺性。

二、债务的解除

纳普是从他的"偿付社会"的概念开始动态分析的。偿付社会是债权人和债务人协调一致的行动，这种一致的行动确立了债务的解除程序。纳普是德国的麦克劳德。③ 他基于德国和奥地利的经验创立了"国家货币论"，就如同麦克劳德基于英国的经验创立了习惯法学说一样。但跟麦克劳德所不同的是，纳普的货币和债务不是商品，它们是具有双重意义的制度：一种是债务的流通；一种是因债务购

---

① 西奇威克：《政治经济学原理》，第259页。后来克拉克在1899年版的《财富的分配》一书中采用了一种更为广泛的静态分析，他所谓的"资本基金"其实就是西奇威克制度化的资本价值的心理等价物。
② 见本书后文关于静态和日常的交易的论述。
③ 纳普：《国家货币论》（1924年翻译并节选自德文1923年第四版。德文第一版在1905年出版）。引文自译本。

买和债务解除而形成的债务偿付社会的一致行动。他的"债务的偿付"就是我们所说的"交易的终结"。

在他的货币理论中,"基本的"属性是偿付手段,至于偿付手段是金属的还是纸的,那是"偶然的"。事实上,为了让自己躲过比喻,用"建立在政治经济学基础之上的"制度的观点"代替硬币论者的观点",他发明了一个希腊语的专用名词,就像生物学家把猿叫做"猿猴(hylobate)"一样,金属货币就是"hylogenic"——一种通过权衡物资的重量来解除债务的手段,而纸币则是"autogenic lytric"——一种通过政令、立法或法庭判决来解除债务的手段。

这种偿付手段的"本质"是什么?必须通过一种归纳方法才会发现这种本质,这种归纳将包括像 1866 年的奥地利纸币和金属货币那样的贬值的纸币。纳普说:"因为经过周密的思考之后人们发现,似乎在这种'变质'货币令人怀疑的形式中隐藏着货币本质的线索,这一点乍听起来似乎很荒谬。通货的灵魂不在于这些硬币的物质材料,而在于规范其用途的法律条例。"① 纳普说,"硬币论者"或"钱币研究家"研究的只是货币的"死体",他们不能对通货、流通或纸币作出解释。纸质货币"也许是一种令人怀疑的甚至危险的货币类别,但即便是最坏的类别也必须包含在理论中。为了成为劣币,它必须先是货币"。② 纳普专门说,他并不建议采用完全的纸币。"我不清楚在正常的情况下我们有什么理由要放弃金本位"。

纳普的支付手段的"本质"在于可解除和不可解除的债务之间的区别,以及商品和支付手段之间的区别。我们可以说,奴隶屈从的是一种不可解除的债务,这是一种一辈子为其主人服务的义务,而这种债务不是主人强加的或认可的,而是那个社会的管理势力所强加的和认可的,主人是这个社会的一员,奴隶是这个社会不情愿的参与者。但自由人——主人本身——主要服从的是可解除的债务(lytric debts),通过提供社会认为可以作为赎金、解脱或支付接受的某种东西(lytron),他可以让自己从中解脱出来。

---

① 纳普:《国家货币论》,英译本第 2 页。
② 同①,英译本第 1 页。

纳普没有从产生自不可解除的债务中的可解除的债务的这一历史发展入手，那是文明的全部历史。因此，他不研究债务的履行，他只研究可解除债务的偿付。正如麦克劳德所言，债务是经济量，其义务是个人的责任；解除债务不是履行义务的解除就是支付义务的解除。历史地看，从执行正式和习惯的履行或支付的契约（不管多么繁重），到不断扩展的解除方法，各个阶段是渐进的，解除的手段和方法自始至终都在扩展，从废除奴隶制、因债务而监禁、《破产法》和《工资免税法》，一直到爱尔兰废除地租契约、美国废除公共事业契约、逐渐废除劳工的定期和终生契约，继而代之以"任意的"契约、禁止实物工资而代之以货币支付，等等。在绝大多数情况下，代替习惯债务或契约债务的是"合理的"履行或合理的支付，这是由公共当局决定的。这样，债务和义务就因为解除债务方法和手段的扩大而减少了。资本主义是可解除债务的现在状态，而纳普关于支付手段的定义是手段和方法的普遍变化原则的一种特例，在文明为解除债务制定行为准则的整个变化过程中，这种手段和方法的变化一直都在继续着。

按照纳普的观点，这就是货币的"本质"。尽管由于历史的原因，纸币负载了**国家**的偿付保证，但它实际上并不是**国家**的债务，跟金属货币一样，它是一种解除债务的手段。

> "如果解除我们的债务，一个摆脱债务的人不需要花时间去考虑他的支付手段是物质的还是非物质的。首当其冲的，它会解除我们对国家的债务，因为国家在发行它的时候就承诺会接受它作为支付手段。税收所起的作用越大，这个事实对纳税人的重要性就越大……用非物质的货币支付，对于原发行国而言，跟其他的支付手段一样真实，它足以应付国内贸易的需要。事实上，是它使得这样的贸易成为可能。它的确不能满足某些其他的需要，但这种现象并非是不正常的。"[1]

---

[1] 纳普：《国家货币论》，英译本第52页。

纳普的次要区别，也就是商品和支付手段之间的差异，系于首要的、可解除的债务和不可解除的债务之间的差异。他从自己所认为的"十分基本的观念"出发，把商品定义为一种"交换的商品"。按照这样的方法，他清晰地表达了所有经济学家和法学家暗含在"商品"这个词本身中的意思。它指的是所有权的可转让性，而"交换"这个词没有增添这个意义。交换的商品就是商品。

但商品是一种支付手段吗？如果我们只看"一次交易"就不能这么说。

> "然而，在任何社会，譬如说一个国家，如果所有的物品都应该依靠一定数量的特定商品（例如白银）进行交换，那么当这个习俗逐渐为法律所承认的时候，白银"就是一种一般的交换商品，"一种社会交易的制度，它是一种在社会中取得了特殊用途的商品，最初是由于习俗，后来是由于法律"。①

社会所承认的一般的交换商品向来都是"支付手段"。

> "并不是所有支付手段都是社会承认的交换商品……要成为商品，除了法律规定的用途之外，它还必须能够用于工艺或产业界……举个例子，工匠的眼里看到的纸币只是一张张的纸，完全是没有任何其他工业用途的东西，所以尽管它们是一种交换手段，但却不是一种交换商品"。"如果一个人能够使用他因某种手艺而得到的这种交换商品，但却不能将它投入流通，那么他所拥有的就是一种商品而不是一种支付手段"。②

当这种金属用做支付手段的时候，获得了一个"镑"或"美元"的名称，随着岁月的推移，就原来的重量而论，这种名称完全变成了"有名无实"的东西。这种名称甚至被搬到了纸币上，以至于从原始重量的角度看，它并不是一种真实的情况，其意义已经转移到了另外一种目的中，就是充当债务支付的"有效单位"。现在给

---

① 纳普：《国家货币论》，英译本第3页。
② 同①，英译本第4、6页。

它下的定义不是从实际角度出发的,而是从历史的角度出发的。

因此,纳普把作为支付手段的货币跟"硬币"和纸币都进行了区分,他认为后两者不过是"圆片"、"标记"、"凭证"、"票证"。"'票证'这个词在当时是一种很好的表述,长期以来一直用它来表示一种能移动的有形状的带标记的东西,对此法律条例给了它一个与其物质形态无关的用途……你不能通过解读标记来认识这种意义,只能去参考法律条例"。① 过去,在法律条例生效之前,支付是通过衡量重量(pensatory)进行的,现在支付是按当众正式公布的通告(chartality)进行的。

这种法律的意义产生自习俗,然后为法律所采纳,使得它在国家司法权的范围内得到了普及。无论哪种情况,这种意义都由于纳普的"偿付社会"的概念作出了解释。银行和它的顾客"可以说形成了一种私人的偿付社会,公共的偿付社会是国家"。② 在这个"偿付社会"中发生的情况是,其成员彼此之间按照"有效单位"偿付他们的债务,"有效单位"相当于"价值单位";它们之所以是"有效的",原因在于它们为社会所接受。意思是说,社会作为一个整体,通过解除债务人更多的偿付义务而让它们有效。

因此,偿付手段与交换手段的区别就在于:后者是一种具有交换价值的一般商品的所有权;前者是一种社会认可的赎金,或者是义务的解除,这种义务是由个人作为其成员或参与者的社会以另外的方式强加给他的。一种用交换价值的单位来衡量,另外一种用债务偿付有效性的单位来衡量。一个是经济的,另外一个是法律的。尽管从历史上我们知道这种有效性单位也许具有效力但却不具有交换价值,但就它具有的交换价值而言,它也是一种价值单位。

人们立刻就可以看到,"偿付手段"或债务解除这个概念是一个普遍的原则,这个原则适用于从原始社会到当今社会的所有团体,只要这些团体一直是"运行中的机构",并且关系到带有解除债务标

---

① 纳普:《国家货币论》,英译本第32、33页。
② 纳普:《国家货币论》,英译本第134页。见后文关于世界范围的偿付社会的论述。

记的工具和行为，因而在规则上就具有很大的差异。因此，纳普的一般化的"偿付社会"的概念比麦克劳德前进了一步。

我们需要更进一步地追问一下纳普的"偿付团体"的强迫参与者所接受和使用的那种解除债务的工具究竟是什么。它们不仅是暴力的"法律认可"（"国家货币论"完全受限于此），而且也是他所指出的"私人偿付社会"的道德和经济的认可。法律认可有可能是指法律上的偿还或法律上的履行，其他的是"法律之外的"，因为它们是习惯上的偿还和习惯上的履行。举他的那个商业银行及其顾客的例子。有偿付能力的银行的即期债务是以储户支票这样一种"票证"为证据的，人们完全可以用它来偿付欠他们的债务，那么是什么东西强迫顾客接受这种支付呢？无论按照成文法还是按照习惯法，这些银行债务都不是暴力强迫的法定货币，它们是习惯意义上的偿还。然而，在习惯的范围内，债权人从经济上（虽然不是法律上）接受它们却是强迫性的，因为任何人要想在那个社会做生意或继续自己的生意，就必须接受这些支票；如果他坚持不肯接受，总是要求用法定货币支付，那么在那个支付社会范围内就没有人会跟他进行通常的商业交易。他被迫接受"良好的"银行支票这种习惯上的清偿手段来偿付欠自己的债务，就如同他被迫接受法定货币一样，这种强迫是非常有效的。它不仅是个对他便利的问题，不仅是一种自愿的选择，不仅是一种轮到他作为债务人的时候也可以用同样或相当的银行支票来支付自己的债务的预期，也不仅是用法定货币赎回的预期，而是一个经济强制的问题。竞争的经济制裁，也就是赢利或亏损的结局，或者说是成功或破产，会强迫人们接受银行支票这种习惯的清偿手段。所以，美国的债务偿付十分有九分不是用法定货币完成的，而是由习惯清偿手段完成的。

在历史上，其他的"偿付团体"也是这样的。原来作为习惯清偿手段的支付手段后来可能会变为法定货币，也可能不能变成法定货币。例如——把纳普的德国历史转变为英美的偿付社会——1300年，[1]

---

[1] 蔡斯·格罗斯（Chas. Gross）编著的《商法案例精选（1270~1638）》，塞尔登社会出版社，1908年出版，第二十三卷，第80、81页。

在圣艾夫斯（St. Ives）的集市法庭，理查德·梅指控约翰·斯坦格朗德不公平地破坏了一桩契约，用"衰老的马（crockard）和去角的牛"而不是英镑偿还他的一头公牛和猪的债务。在契约签订的当时，一匹衰老的马或一头没有角的牛照惯例估价是一便士，但在交易开始和结束的中间，国王颁布了一个在英国各地禁止用衰老的马和去角的牛进行交易的公告，"所以除非两匹衰老的马或去角的牛作价一便士，否则没有人会接受它们"。因此，集市法庭的陪审团成员决定，占上风的应该是国王的法令而不是他们自己的习俗，所以约翰应该为欠理查德的那一便士另外偿付一匹衰老的马，还有"不公平拖延"的损失，这种损失后来变为了为经济学家所熟知的利息的托词。

纳普所作的解释能够适用于这样一个案例，关键在于他的"价值单位"和"有效单位"这两个词的意义。他让它们变成了一回事，而且用了"价值单位"这个词，不去为法律的有效性和经济价值之间的差异去烦恼。他的这些词完全缺乏经济的或物质的意义，纯粹就是具有"有名无实"意义的法律名词。这种"有名无实"的意义就是债务偿付有效性的意义，它是由偿付社会来认可、命名和执行的，不管这个偿付社会是圣艾夫斯集市上的买卖人的社会、联邦储备银行制度的银行和商业客户的社会，还是一个中世纪的国王、现代的立法机构或现代的独裁者统治的社会。当"英镑"或"衰老的马"这些词所代表的物质或经济意义发生改变的时候，交易中的有些人可能会大大地损失其经济价值，而其他人则会大大地赢得同样的经济价值，正如理查德获利而约翰受了损失那样。但这并不是支付手段的法律"本质"，支付手段的法律本质是，如果支付是用习惯上的手段或法定货币进行的，那么偿付社会就解除债务人任何更多偿付的义务。

这似乎是再平常不过的道理，也许人们会不加评论地就认为是理所当然的事情，就像物质经济学家和享乐主义经济学家的所做的那样。当纸币或银行票据、银行存款取代了金属货币，并且由于战争的危急关头，由于黄金从流通中消失，或者由于封存黄金而把这些强加给国家甚至国家共同体的时候，它的意义当然就显现出来了。

就维护支付手段的认可而言,纳普摆在头等重要位置的是强迫偿付欠国家的债务的需要,例如纳税;处于次等重要位置的是可以用法定货币支付的公民之间或国家与公民之间欠债的自愿偿付。第一种我们称之为**税金**,作为所有欠政府的强制性债务的代表;第二种我们称之为**债务**,作为自愿债务的代表,包括当政府把自己当做是市场上进行买卖活动的一个私人看待时欠政府的债务。税金是强制性的债务,如各种捐、费、定额税和关税,公民欠国家这些税,不是由于买卖交易的原因,而是由于限额交易的原因,国家是按照支付能力的观念或其他的观念制定的。它们可以更准确地称为*强制的*债务(authoritative debt),因为它们是靠命令强加的,而不是因劝诱引起的。但自愿的债务是严格意义上的债务,原因是它们是按照习俗、习惯法、成文法所立规矩的劝诱而产生的,因此可以更为准确地称为*公认的*债务(authorized debt)。强制的债务是税金,公认的债务才是债务。①

对于一些私人协会如工会、卡特尔、俱乐部、商会,这种区别是一样的。由成员支付给私人协会的会费、费、捐都是机构内部税收性质的强制的债务,而成员之间根据协会的规则所进行的交易则形成公认的债务。两种债务同样都是由"偿付社会"来执行的,同样是强制性偿付的,但一种不经过买卖,另外一种要经过买卖。正如塞利格曼②所揭示的,这种区别彼此相互演变。不过这种区别也是很清楚的,足以作为下文的基础。

---

① 美国最高法院在解释《法定货币法案》的时候,认为"1862年和1863年法案的合理构架,使得美国的钞票成为偿付债务的法定货币,被司法意图包含在'债务、公众和私人'的描述之下的是公众和私人,而不是国家立法所强加的税收以及因偿付合同或移交硬币或金银而征收的税捐"。"立法意图"的这个意见适用于一个特殊的国会法案,而且与强制性债务(独断强制的债务)与自愿债务(公认的债务)更为一般的区别没有什么矛盾。关于"强制的"和"公认的"这两个词,见康芒斯的《资本主义的法律基础》第83~121页。
② 塞利格曼(E. R. A. Seligman):《财政学的社会理论》,《社会科学季刊》,1926年第41号,第193、354页注。

纳普提出的问题是，作为引入个人对其他人债务解除手段的原因，哪一个更为重要呢？是税捐，还是公民之间的公认债务？纳普的答案是前者更重要。

> 他说："因为国家一旦把一种货币（比如说国家发行的钞票）提升到了币值的地位（可以由国家接受和支付），那么在其法律地位上就不可能要求私人债务人用一种方法履行自己的偿付义务（可解除的债务），而国家作为债务人却用另外一种方法。因此，如果从政治的必要性出发，国家宣布从今以后它要按国家的钞票进行偿付，作为法律的根源，那它就必须相应地让国家的钞票满足其他的偿付……当存在争执的时候，国家作为裁判者必须判定，用国家的钞票进行偿付是必须满足需要的。如果它不这样做，那么作为裁判者，它就是否定自己行动的方向，就会自相矛盾。"①

他声称，尽管这一点在逻辑上是正确的，但历史地看，我们还应该考虑两个因素的相对重要性，这两个因素就是现行的制度和国家的紧迫状态。在一个社会，当信用制度相对于金属货币制度处于支配地位的时候，不管是由于习俗（如上述的商业银行）上还是法律（公债券、国家银行的钞票）上的原因，偿付手段就会更多地受偿付债务的需要而不是受偿付税捐的需要的支配。同时，如果国家的需要或政策受偿付私人债务之外的目的左右的话，那么支配用于私人交易偿付手段的就是这些特殊的公共需要。

因此，偿付税捐的手段和偿付债务的手段这两种用途是共同发挥作用的，但在历史上它们一直是分开的。在一千三百年前，英国的国王曾下令，在偿付所有欠国家的强制性债务和税捐的时候，只接受英镑，以实物抵款除外，但直到国王在私人交易中真正禁止老弱无用的马和去角的牛的时候，圣艾夫斯的偿付社会才在偿付中废除了用老弱无用的马进行交易的习惯。偿付私人债务的手段与偿付

---

① 纳普：《国家货币论》，第110页。

税捐的手段是可以分开的。国家规定作为偿付税捐的手段，即便是在"逻辑上"也不一定是作为偿付私人债务的手段。圣艾夫斯的商事法庭一直在延续它自己惯常的支付手段，直到国家真正下令禁止为止。

因此，我们所作的更为重要的区别并非是税捐与债务的区别，也不是谁在决定现行的支付手段上占优势，而是公共目的和私人目的之间的区别，关系到究竟哪种目的在决定税捐或债务的偿付手段方面占上风。是具有私人目的的商业习俗占上风呢，还是具有公共目的的政府政策（不管是立法的政策、行政的政策，还是司法的政策）占上风？这些公共目的不仅仅在于税捐的征收，实际上它们跟减税并不矛盾，因此它们在决定私人支付手段方面的重要性是日益降低的。

圣艾夫斯的进程在美国内战初期得以重演。国会最初发行了它的"即期票据"用于购买战争物资。这些票据可以用做纳税手段，但却不是私人支付中的法定货币。公众在私人债务的偿付中不接受这些票据，原因是在支付关税时它们会高于票面价值，所以就退出了一般的流通。因此，在战时的紧急情况下，接下来采取的措施就是通过发行具有法定货币属性的美国钞票（美钞）强迫流通，这种法定货币的性质就是可以同时偿付公共和私人债务。但是，这些货币没有成为缴付关税的法定货币。进而财政部获得授权重新发行这种纸币，用以支付政府在商品市场上的采购，但却不能用来支付公共债务的利息。

美国最高法院在解释《宪法》的时候，最初否定了国会赋予这种纸币法定货币属性的权力，但后来它又改变了自己的解释，于是作为法定货币的美钞变成了一种永久性的公共和私人债务的支付手段。这一改变的背景，首先在于战时保存联邦的需要，后来在于和平时期国会享有的宣布公共政策的最高权力。因此，在决定私人债务的偿付手段方面，人们承认公共目的要比私人目的更有影响力。

另外，1873年从复本位制改变为金本位制的时候，债务人被剥夺了过去用较便宜的白银偿付的选择权，但建立的一套相当于英德金本位制度的公共目的成功了，这样做的目的是为了便于对外贸易。

1910年，当菲律宾决定建立金汇兑本位制的时候，这个岛国政府禁止了银币的输出。一位商人在联邦法庭对菲律宾政府提出了诉讼，提出的原因是"未经合法程序"就剥夺了他的私人财产，这种剥夺是美国《宪法》以及菲律宾政府的《授权法》所不允许的。那个商人的银币在香港比在马尼拉每一元多八分钱，因此他被剥夺的不是他的银币，而是它们的价值。这种稀缺性被承认为私人财产，但美国最高法院认为，在这个案例中，"合法程序"指的是建立金汇兑本位等价物的公共目的。尽管菲律宾政府的行为可能不那么明智，但它的行为仍然是一个具有影响力的公共政策问题，因此不是由于*没有*合法程序，而是由于*有了*合法程序，这个商人才被剥夺了财产。

这些来自英美历史的例证说明了纳普所主张的一般原则，那就是国家作为最高的"偿付社会"，由于单纯的法令建立了各种偿付手段。但它们同时也说明，一般原则不是来自于税捐偿付的情况，而是来自于各种各样的情况。在这些情况之下，管理当局认为公共目的要高于私人目的。在所有这些例子中，由于政府宣告什么该作为法定支付手段的单纯的法令，私人财产——私人财产的稀缺性——从一种人（债权人或债务人、买者或卖者）的手中转移到了另外一种人（债务人或债权人、买者或卖者）的手中。

它们也更加清楚地表明了纳普的"价值单位"这个词的意义到底是什么。实际上，它是一个法定效力的单位，并非是一个经济价值的单位。他说："带有升水（例如，在美钞那个案例中的金银、菲律宾那个案例中的银币）的附属的货币类型，如果它们的金属片被用做商品，那么就是比它们作为支付手段价值更大的债务偿付能力的单位；'（在交换中）有价值'是商品的一种特性；有效力是这些权威性的金属片的法律特性。"[①] 法定效力解除了债权人对债务人的法律控制。如果按照经济术语，把这种效力描述为一种价值单位，这种"价值"是一种新的使用价值——集体行动的"使用"，我们称之为制度。一蒲式耳的小麦或一美元的实物形式的黄金，在工艺和产业方面，都是具有技术特性的物质的使用价值，用它们可以制

---

① 纳普：《国家货币论》，第164页。

成面粉和珠宝。① 但是，人类制度的使用价值——在这个特殊的案例中是债权人和债务人的有用性——对债权人有用，在于偿付社会解除了他逼迫自己的债务人偿付的负担；对债务人有用，在于偿付完成之后，解除了他进一步支付的义务。这种债务偿付的有用性，实际上是所有"社会使用价值"中最为重要的一种，资本主义就是建立在这种有用性之上的。

然而，这里却显现出了每种偿付义务相对的一面，不仅存在偿付的义务，而且在相对的一面，还存在移交商品或服务的义务，我们称之为履约的义务。

这种履约的义务是按照使用价值的单位来衡量的。按照合同移交一蒲式耳小麦的义务，相对的是与偿付小麦款的义务。在这里，法律上的效力单位是*蒲式耳*，但经济上的价值单位是那一蒲式耳小麦的*价格*。由于移交若干数量的蒲式耳（蒲式耳衡量的是商品数量），他把自己从更进一步履约的义务中解除出来了。由于移交若干数量的美元，因而他把自己从进一步偿付的义务中解除出来了。

因此纳普的"偿付"社会也是一种履约社会。在"偿付"方面，它计量的是法定或惯例的偿付；在商品或劳动方面，它计量的是法律或惯例意义上的履约。一个是法定货币，或惯例货币；另外一个是法律上的履约，或者是惯例上的履约。一种计量方法解除了买者的偿付义务；另外一种计量方法解除了卖者移交商品或提供服务的义务。无论哪种情况，被计量的都是起法定或惯例的履约手段、法定或惯例的偿付手段作用的东西。

这样我们就得到了纳普所谓的"价值单位"的全部意义。它是一种法律的或惯例的单位，是履约或偿付手段的计量方法。作为一种效力单位，它只是一种重量和测量的单位，是从被称重和测量的东西中抽象出来的。因此他所谓的价值单位的"名义"和"法令"，其实只是一种效力的单位。一"蒲式耳"也是"名义上的"、"权威性的"，因为在履约社会，我们用这个单位来计量需要执行的履约义务的履约量。在执行履约义务时，社会执行的是法定的履约单位，

---

① 纳普：《国家货币论》，第4页。

这种单位跟其他的计量单位是一样的。美元也是"名义上的",偿付社会把它作为执行偿付义务时需要偿付的量的一种计量单位,不管这种偿付量是由金、银、纸币还是由银行信用构成的,它们都是偿付的手段。

这是能够赋予纳普所谓的"价值单位"的唯一意义。由于是"价值单位",所以它只是一种计量单位。它纯粹是法定或惯例的重量和计量体系,自被测量的东西抽象而出,为法庭所采用,目的是把数字语言应用于任何类型的偿付或履约。在执行偿付或履约的时候,它是计量单位,从而解除了诉讼当事人偿付或履约的义务。实际上,计量单位是从历史而不是从逻辑的角度进行定义的,因为它们是从习俗或法律发展而来的历史的制度,旨在使司法管理更为准确。所有的计量单位都是"名义上的",正如语言是名义上的一样。但它们具有真实性,它们的真实性就是集体行动,因为它们给行为准则赋予了准确性,从而决定了个人或法人偿付或履约的多少。

这就把这些效力单位的经济意义展现给了我们:它们的制度意义在于义务的计量、执行和解除;它们是法庭所采用的单位,因此也是发生法律纠纷的一切私人交易中所使用的单位,在符合当时公共政策的前提下,可以由个人履约和偿付的相互义务决定所有的内容,法庭都是用它们来计量、执行、解除的;它们的经济意义在于在每项交易谈判的时候履约手段和偿付手段预期的相对稀缺性。

这变成了具有使用价值、稀缺价值和未来贴现价值这三个可计量维度的价值的交易意义。第一个维度是按照标准的物质单位来计量的,譬如蒲式耳,或是金元的物质重量。第二个维度是按照标准的稀缺单位美元来计量的。第三个维度是按照时间单位年来计量的。第一个维度的单位体系量度的是法律上的履约手段;第二个维度单位体系量度的是法律上的支付手段;第三个维度单位体系量度的是等待和冒险的服务。

这就把我们引向了纳普所谓的"券"的双重意义:一种是要求商品*使用价值*的委托券;另一种是要求商品*价值*的债务券。他说,"券"是一种"符号",其意义必须求之于法律文本。习惯法演进成了法律工具,或者说是演进成了"券",这与价值作为使用价值和价值的两种意义是相对应的。①

如果向一个人提出对商品的要求权只与其使用价值有关,但与其稀缺价值或贴现价值的变化无关,那么这种要求权就是一种由《委托法》所创造的"券",我们可以将其区分为"商品券"。移交商品是受托人(以栈单、提单、保管库存单、黄金或白银凭证为证)的义务,当然,移交时要保证其使用价值完好无损,但这种移交与其价格变化或任何预期的时间间隔的改变无关。但用一种商品券或合法要求权去交换另外一种合法要求权的提议,却是与其稀缺性和贴现价值相关的买卖问题,在法学和经济学上,这就是它的价值。原始银行义务中的金银凭证(商品券或委托)是由金匠发行的,当他们发行的这些凭证超出了手里的金银之后,法律便会迫使它们变成银行的债务而不是委托,它们也就不再是商品券了,而是变成了价值券。作为一种价值券,它们具有使用价值、稀缺价值、贴现价值这三方面意义的符号;② 但作为一种商品券,它们只是商品使用价值的符号。

使用价值和合法控制权的稀缺和贴现价值之间的这种区别,不仅古怪、带有比喻性质,而且还成了历史上从约翰·劳(Hohn Law)、蒲鲁东到凯洛格(Kellogg)的美钞主义的所有关于纸币的谬误和灾难的根源。他们的谬误就在于,未能把作为使用价值委托或符号的纸币跟作为稀缺价值和贴现价值符号的纸币区分开来,因此他们要求有足够的纸币去"代表"所有的商品,却未能提供针对物价膨胀的防范措施。作为委托的券的意义要求的是*商品*,而作为债务的券的意义要求的则是商品的*价值*,他们将两者混淆了。

在"市场活动"这个词的双重意义中,也可以发现类似的混淆。它可以指市场活动的机制,也可以指市场上的买卖活动。在市场活动的机制中,"券"跟栈单一样,要求*实际交割*货物。但在市场的买卖活动中,"券"和商业债务或银行存款一样,要求偿还货物的*价值*。如果委托是可以转让的,那么它要求的是商品;如果债务是

---

① 康芒斯:《资本主义的法律基础》,第 254 页。
② 见后文关于货币和价值的交易制度的论述。

可转让的，那么它要求的是商品的价值。

正因为如此，纳普的支付手段也就变成了购买手段。如果我从另外一个人手中接过了一件商品，我就变成了商品的所有者，而不是小偷、强盗或拦路贼，法律会假定我已经同意按目前法定货币计算的当时的市价付钱，或者是付给以前的所有者肯接受的等价物，后者现在被假定为卖者，而不是被害者。

所以说，在法律上，所谓的商品或服务的"购买"，是所谓的购买者因为获得商品或服务而招致的一种债务，信用销售与现金销售唯一的区别在于商品实际交割的时点与债务解除时点之间的那段时间的差别。在"现金"购买中，债务偿付发生的时间间隔不值得计量，但就一般的债务意义而言，在债务的偿付中，商品的交割与债务的偿付之间是存在一个时间间隔的。卖和买跟贷和借同样是信用和债务，如同麦克劳德所指出的，它们在法律上也是一种可转让工具的买卖。但在销售中，债务的偿付不存在可计量的时间间隔，而在信用中，债务的偿付是在一段可计量的时间间隔之后进行的。时间上的差异可以区分为债务的现金偿付、短期偿付和长期偿付。

因此纳普跟麦克劳德一样，认为一切商品所有权的转移都是债务的创造，他们是正确的，因此他们对"支付手段"和"购买手段"不作区分也是正确的。一旦"偿付社会"取代了物物交换，那么在实践、惯例或法律上就没有了任何区别，如同物质经济学家实际上所假设的那样，东西实际上不再仅仅是与所有权无关的交换，而是东西的*所有权*以偿付社会所建立的并实行的债务偿付手段为报酬的转移。

必须要注意的是，纳普处理他的问题的关键在于立法与行政之间的区别。立法是国家*保证*要做的事情，而行政则是它的*作为*。关于1866年奥地利国家的纸币（显然也适用于1862年美国的美钞），他提出了"站在法律的角度如何看待这些货币"的问题。

> "……在表面上法律也许承认它们是债务，但实际上，如果债务不打算偿还的话，它们就不是债务。就严格意义上的纸质货币而言，国家不提供其他任何的支付手段，因此，即便明确申明了，它也不是一种承认的国家负债。这

> 种申明不过是一种政治上的良好意愿，实际上国家并不会把它转化为其他的支付手段。决定性的因素不是如果可能的话国家会做什么，而是国家做了什么。因此，认为用不能兑换的纸质货币进行偿付就不是真实的偿付，这样的观点是完全错误的。尽管不是物质的偿付，但它却是真实的偿付……如果把国家机关在进行偿付的时候所接受的货币作为我们的验证，那就非常接近事实了……在这个基础上，起决定作用的不是发行，而是我们所称的*承认*。"①

正如上面所解释过的，我们在这上面增添了私人和国家官员同样的强制性的承认。

正是立法和行政的这种区别，才导致了纳普将支付手段划分为"起源性的"和"功能性的"。起源性的一类给出了它们由来的原因，而且是两个部分：重量性的，即按重量支付；公告性的，即按法令支付。这种区分引出了他的"名义"的观念，因为美元、法郎和马克用在称重和公告中是同一个词。②

但功能性的一类则是行政性的，而且由此导致了"本位"和"辅助"的区别。本位货币是本身就有效的货币，在行政和法庭上都用它作为支付手段。它可以是硬币或纸币，它的本质属性是用于偿付债务和税捐的现行法定货币。辅助货币是与完全的法定货币（本位货币）的关系中有效的货币，也可以是金属货币或纸币。本位货币（法定货币）不会作为商品发挥作用，也绝对不能买卖。不管是支出还是收入，它只是行政和法庭偿付的"最后手段"。但是辅币是一种商品，因为它最终可以用法定货币购买。③

这样纳普就比普遍的货币概念更深了一步，进入了更为根本的社会学的概念。他用可转让的制度替代了具体的商品。他说，普通人天生是"硬币论者"。例如，银行家说自己收进并增加了"货币"供给，因此银根"松"了，其实他收进的是他欠储户的债务量的增

---

① 纳普：《国家货币论》，第50、51页。
② 参见坎南（Edwin Cannan）：《1797~1821年的英镑纸币》，1919年出版。
③ 因为它最终可以用法定货币购买。

加。这些债务是支付手段,"松"的不是货币,而是过期的债务。"华尔街"号称是"货币市场"的中心,其实它是债务市场的中心。经济学家说的"货币的数量"或"货币数量论",其实不是货币的数量,而是债务的数量,这一数量的债务在某个地方总有相等数量的信用存在。货币的数量就是债务的数量,而债务的数量则是信用的数量。"真正物",那个"本体",不是货币,而是债务交易当前和预期的重复;而所谓的货币的"量",就是债务的"量"。货币的量不是物的量,而是债权人和债务人交易的重复。货币的制度本体是偿付和履约社会实行的义务和债务、自由和债务的解除;它的物质本体是商品;它的经济本体是稀缺性、有用性和贴现性。

纳普专门避开了这一经济本体和关于他的法律问题的一切"经济反映"。我们将从霍特里那里看到关于经济价值的这些反映,这些反映是适合于纳普法定效力学说的。

三、债务的创造

麦克劳德和纳普都没有把债务与商品联系起来,纳普是因为他有意识地要避开一切"经济的反映",而麦克劳德则是因为他误把债务当成了商品。1919年,霍特里不但把债务跟商品区分开来了,而且还在单个的交易中将两者结合在了一起。

霍特里说,人类所创造的人为的东西,如货币、茶匙、雨伞,都是以它们所提供的用途和目的来定义的,不像地震和毛茛①这类自然活动和对象,*目的*不会进入其定义当中。② 商品经济学家的学说使得货币的主要用途变成了价值贮藏、交换媒介、价值尺度和延期支付的标准。但霍特里跟麦克劳德和纳普一样,认为货币的主要用途是解除债务,这种债务是由不平等的交易引起的;它的次要用途

---

① 一种毛茛属草本植物,主要产于温带和寒带,有苦的汁液,齿形或圆形叶片,通常开黄色或白色多雌蕊的花。——译者注
② 霍特里:《通货和信用》,1919年版。引文自1923年第二版第1~16页;同时参阅霍特里《中央银行的技术》,1932年出版。

是交换媒介和价值尺度，所以它的"价值贮藏"不过是其他人所欠债务的市场价值。

商品经济学家对货币四种功能的描述，是建立在一种假定的、源于物物交换的货币的历史发展之上的。但霍特里把他所谓的货币的"逻辑"起源与"历史"起源进行了区分。逻辑起源是指作为一种"计算货币"所发挥的在交易者之间进行结算的作用，没有物质的存在它也可以记在脑子里或账簿上。

而且，债务和偿付保证是存在区别的。债务"基本上是一种不付出货币而付出财富的义务"，它是从生产过程本身产生的，通过这个过程"从所提供的服务中，创造出产品所属的人对提供服务的人的债务"，"从法律上说，货币的使用使得债务人结束了那笔交易"，或者如纳普所言，把债务人从他的债务义务中解除了出来。但从经济上说，要等债务人进入市场并从中获得"他已经接受的购买力所代表的那些财富"时，债务本身才能得以清偿。一次债务就是欠另外一个人的"财富"，而货币是通过偿付来提供财富的手段的。

这就是"计算上的货币"的由来。"如果他不接受债务人的货币，而是把自己在债务上的权利转让给其他人，以换取适当数量的财富，那他就选择了一条达到同一目的的捷径"。这种转让意味着他用其他类型的人欠他的债务为手段，购买了一种类型的人的商品。不过他并不能总是这样做，除非跟他打交道的所有人也把欠他们的债务转让给一个中间人。这个中间人就是银行家。他们在交换中接受从银行家那里接受的银行信用也不过是一种债务，这种债务"与其他债务的差别仅在于银行家准许把它转移给另外一个债权人所形成的便利"。他们求助于银行家，并不是为了"货币"，而是因为"计算上的货币"，因为银行家是中间人，他要为社会保留负债账目，并以自己的债务为手段，抵消彼此之间的债务并清偿收支差额。这就是纳普的偿付社会。

因此我们的经济理论的出发点并不是亚当·斯密生产并获得财富的个人自由的假定，而是霍特里生产并交割财富的义务的假定。尽管霍特里并不认为有必要贯彻其出发点的逻辑和历史含义，但他的学说与古典和享乐主义经济学的差异是如此之大，以致我们要努力表明我们所认为的差异。

对于亚当·斯密来说，个人的自由不仅是"天赋的"（他的意思是说这是合乎逻辑的），而且从历史的观点上来说也是虚构的个人原始状态。但对于霍特里来说，合乎逻辑的情况与历史的状态是有区别的。个人作为社会的一分子，衍生出来的根本的逻辑状态，就是将财富交付给生产者的义务，因为这些生产者向他提供了生产和移交财富的服务。这种交付财富的义务就是负债，经济上的债务就相当于法律上的债务。斯密认为，财富是*自由地*生产出来供其他人使用的商品，而这些人则预期会自由地生产其他商品用于交换。霍特里则认为，财富是*必须*生产出来供其他人使用的商品，因为这些人已经提供了服务但却没有获得报酬。一个是个人的自由，另外一个则是社会的义务。有一种情况是不存在生产财富的义务的，这种状态就是个人的自由与承担风险；另外一种情况是存在生产财富的义务，这种状态就是债务制度。斯密认为，信用理论与生产理论是完全分离的，因为生产只创造出了一种交换价值，所以信用必须以一种不同的理论为出发点。但霍特里则认为，生产理论同时就是生产和信用的理论，因为在获得产品的一方生产创造的是债务，而代表交付产品的一方则是相等的信用。

尽管霍特里没有着手进行历史的研究，以发现他对"根本"内容的"逻辑"分析从历史的观点来说是否也具有根本性（但斯密却假定只要他认为符合逻辑的内容就是符合历史的），然而历史的研究（而不是想象的历史）证明，霍特里逻辑的基础——债务，从历史的观点看，也是经济史的根本出发点，这种经济史不是想象出来的。原始社会往往有一种"赠与"制度，这是他们创造债务的一种方法，他们甚至因建立了计算上的货币而闻名。只需纳普关于不可解除的债务与可解除的债务的区别，同时考虑到约定、流通性、法定货币这些值得注意的法学上的发明，就会产生出一种经济理论，它不但将生产与信用统一了起来，而且将历史与逻辑统一了起来。

要得出这个结论，只需注意一下霍特里在逻辑上把他关于计算上的货币、交换媒介、价值标准等主要概念联系起来的方式，然后再看看这个逻辑跟历史过程的联系方式就行了。他的货币的逻辑起源是从假设出发的,即假设了一个"完全的有组织且文明的社会,这个社会具备了商业和工业一切的现代发展",然后再分析"不使用货币这个社会可能会存在到什么程度"。他是从社会的一个横截面出发的,他发现,如果没有作为一种起货币作用的商品,这个社会就会采用一种"计算上的货币"。非常有趣的是,现代人类学家确实发现,原始社会的确把这种计算上的货币[①]用于成员之间的交易,但这些成员与其他社会进行"对外"贸易的时候使用的是一种商品货币。换句话说,为了内部的贸易,他们创造出了纳普偿付社会和霍特里计算上的货币的一种等价物,所以霍特里从现代信用社会抽象出来的假定的逻辑,实际上就是从历史角度发现的原始社会的写照。霍特里是这样描述这种计算上的货币的:

> "商品被拿到市场上进行交换,即便是不存在交换的媒介,也不见得彼此之间就必须直接进行物物交换。如果一个人把一吨煤卖给了另外一个人,那么就会造成一笔买家对卖家的*债务*。但买家本身会成为别人的一个卖家,而卖家本身也是一个买家。市场上的买卖人可以聚在一起,以抵消他们的债务和债权。不过出于这个目的,代表各种商品买卖的债权债务,必须被简化为某种共同的标准。事实上,债务的*计量单位*是不可或缺的。在一种商品用做货币的地方,它自然就会提供债务的计量单位。在没有货币的地方,这种单位就一定是某种完全传统和专断的东西。这就是技术上所谓的'计算上的货币'。甚至在使用货币的时候,有时候也会出现这样一种情况,就是债务的计算单位与流通中的货币在某种程度上不完全一致。在那种情况下,货币与计算上的货币的区别立即就变成了一个实际的问题。标准金属货币的价值将会用做……计算上的货币,这就需

---

① 特纳(G. Turner):《在波利尼西亚的十九年》,1861年版;高登-柯明(Gordon-Cumming):《斐济故乡》,1885年版;霍伊特(E. E. Hoyt):《原始贸易:经济学的心理学》,1926年版。在希腊,这种计算货币是牛。

要有不同数量的标准金属货币来偿付一笔固定的债务。这就是我们所假定的事情的一种接近状态。"①

在一个既没有商品也没有法定货币作为货币的社会，这种机制要持续作为一种统一的日常债务计量标准，那么，这种计算上的货币所稳定下来的机制到底是什么呢？必须有一种机制替代商品，它不是由习俗就是由银行来稳定的。正如我们已经注意到的，在原始社会，社会成员之间的计算上的货币可以由习俗加以稳定，而在部落之间的贸易中采用的则是商品货币，而且是留给谈判的力量来决定的。

但是，在现代社会，如果没有商品货币和法定货币，稳定计算货币单位的责任就落在了银行家身上。霍特里说，他所描述的这种机制并不是想象出来的，因为在1797年到1812年的这十五年间，"英国普遍的支付手段是英格兰银行的钞票，那不是法定货币，只不过是银行应付的债务的证明，但那是一种不用或其他媒介偿付的一种债务"。② 这期间英格兰银行的机制就是这样的机制。它仅仅是一种银行的纸币，在经济上和银行存款没有区别，但在那个时期，在支付商业债务的时候，人们既不用货币也不用偿付货币的约定，而是用英格兰银行所管理的计算上的货币。由此可见，霍特里"计算的货币"是不能兑换的纸币，而这种计算上的货币的单位是"英镑纸币"。③ 所以英国在1931年、美国在1933年停止用硬币支付以后又出现了这样的情况。

这种没有货币或法定货币的机制等同于纳普的偿付社会。霍特里说：

"通过银行转账或交付诸如钞票等代表银行义务的证明，就可以对整个社会的债务进行清算。只要银行保有偿付能力，它们的义务就提供了一种完全适当的债务解除手

---

① 霍特里：《通货和信用》，第2页。
② 同①，第13、14页。
③ 坎南：《1797~1821年的英镑纸币》，1919年版，第17~24页。

段,因为(如同麦克劳德所言)一笔债务可以跟另外一笔债务正好抵消,就像货币偿付消灭了这笔债务一样。当然还可以这么说,如果银行家本人被告到法庭的时候,不存在法定货币可以命令他去支付。但如果他有偿付能力,他就可以从另外一个银行家那里获得信用。对一个私人贸易商偿付能力的自然的考验,就是看他有没有能力获得足够的银行信用偿付其负债;而对一个银行家偿付能力的考验,则是看他能不能很好地把自己的义务转化为其他银行家的义务。"①

但问题立刻就产生了,如果我们假定了一个没有货币的社会,既没有黄金也没有法定货币,那么我们就会发现,偿付银行的银行信用起到了跟货币同样的作用,这样一来,我们用另外一种名义引入货币,会不会跟我们的假定相矛盾呢?不会,因为我们已经引入了某种在法律和经济上都有别于货币的东西。

霍特里说:"……把银行的信用当成货币,这是我们习以为常的看法。但这不过是因为就日常的实际用途而言,银行信用跟货币的区别无足轻重……银行信用仅仅是一种债务,与其他债务的唯一区别在于,银行家允诺了种种便利,可以把这笔债务转移给另外的债权人。没有人会把贸易债务想象成货币,即便贸易货币有可能是跟银行信用同样优良的资产。"②

因此我们回到了霍特里关于没有商品货币也没有法定货币的社会的最初假定(这个社会只有一种自愿采用的计算货币),同时也回到了他最初的问题,那就是银行这种机制在没有商品货币或法定货币的情况下,能否把作为债务计量和偿付的计算货币的单位稳定下来。

结果发现,债务与价格是等量的,或者干脆说,价格的作用就

---

① 霍特里:《通货和信用》,第4页。
② 同①,第5页。

是"决定债务的大小"。因此，计量债务的单位与计量价格的单位是同一的，后者决定债务的大小。这是因为，霍特里不是从商品的观点看待价格的，他不认为价格是一种商品在交换中取得的其他商品的数量（这些商品之一是商品货币）；他是从交易的观点把价格视为一种法律所认可的义务，这种义务是由交易的各方引起的。它是习惯法口头*约定*原则的自然发展，这种口头约定是源自于十六世纪的现代契约原则的一个要素。"……任何一种商品在市场上提出报价的时候，就构成了一种出价（offer），接受这个出价，则引起了商品购买者对卖主的一种债务。价格的功能就是决定债务的大小"。①

因此，霍特里假设的社会既没有商品货币也没有法定货币，只有用于结算债务余额的计算上的货币，这不仅是说明信用与货币之间差别的一种逻辑上的设计，也是历史情形的"逻辑"，这种历史的情形使得法庭想获得有别于法律安全的经济安全，在理解和执行契约的时候，就必须要有某种内涵比计算上的货币更丰富的东西。以下是霍特里从逻辑的角度对这种必要性的阐释，但他并没有从历史的角度来阐释这种必要性。

既然债务的计量单位就是价格的计量单位，那么它也就"不可避免地成为了价值的计量单位"。所有商品的相对价值（按照价值的经济意义而言）是以它们的相对价格来衡量的，而每种商品的价格则是相对于这种单位来衡量其价值的。

在这里，价值这个词是按照交换价值的经济意义来使用的。一种商品的价格就是它与货币交换的交换价值，也就是说，是一个单位的这种商品在市场上所交换到的这种计算上的货币的量。

> "只要价值的意思是指交换价值，任何东西，不管是商品还是计算上的货币单位，其价值必定会表现为一种*比例*，即一种用其他东西来衡量的价值。正如每种商品都有一种以这种单位来衡量的价值，这种计算上的单位也有一种以每种商品来衡量的价值，它可能相当于一条裤子，或者是

---

① 霍特里：《通货和信用》，第5页。当然，霍特里在这里提到的只是债务的量的一面，其他的方面是价值的其他维度。

一吨煤。"①

这样一来，换算成习惯的货币单位，一条裤子或一吨煤的"价格"，也就是这条裤子或这吨煤的"价值"。

这里我们会注意到价值具有双重意义：一种意义是单位价值，也就是价格；另外一种意义是按照这种价格计算的一定数量的商品的价值。我们已经把这些意义区分为了价格，同时还区分为了数量和价值。从这两种意义里还会区分出价值的第三种意义，也就是商品价格的平均水平。第三种意义产生于"价值单位的首要条件是稳定性"这个事实。因此，价值的第三种意义是所有价格的平均数，霍特里对此是这样解释的："说这种单位的价值一定不变，这的确很好，但并不存在对这种单位价值的单一解释。它在煤上的价值也许是稳定的，但在裤子的价值上却可能有起有落。"但是，作为商品的黄金和假定的计算单位也有同样的情况。"如果我们能够指出以这种单位计算的*所有*商品的价格有一起上涨的趋势意味着这个单位的价值在下降，那么所有价格的下降就意味着这种单位的价值在上升，这就够了"。② 也就是说，如果所有价格的平均数上升，那就是货币单位的价值在下降；相反，如果价格的平均数在下降，那则是货币单位的价值在上升。不但是货币单位，就是没有货币时的计算单位，也都是如此。

那么如果没有货币，而只有一种支付债务差额的计算单位，"即使不受与某种特定商品等值的限制，而日复一日地连续使用这种单位，这样一个单纯的事实本身，会不会足以防止它按商品计算的价值过度起伏？"

要回答这个问题，就要看信用机制是如何运作的。"当银行家贷出的时候，我们说他提供或创造了信用，或者说是'一种债权'。这是对双重交易的一种不精确的描述方式"。真实的情况"其实是创造了两种债权或债务"：一种是银行家的债务，或者说是即期支付的"银行信用"，这是客户的财产，作为一笔"存款"归他所有，他可

---

① 霍特里：《通货和信用》，第 5~6 页。
② 同①，第 6 页。

以用命令的形式让银行家把它支付给另外一个人，用以偿付这个客户因为购买商品而欠第三方的债务；另外一种债务则是顾客欠银行家的债务，"因为在到期之前的这段时期内它会产生利息或贴现，给银行家提供利润"。①

通过创造应该支付给银行家的顾客自己的债务，顾客会从银行家那里购买多少这种欠顾客的银行债务呢？如果他是商品的购买者，那么他首先会受"当时普遍的市场价格"的支配；如果他是制造商，则会受他必须支付的原材料和劳动力的普遍价格的支配。通过创造自己的债务，他会尽可能地购买银行债务，数量则是支付前期的生产者所需要的数量，这些生产者生产货品的时间和他在市场上从一个他的商品的购买者那里收到货款的时间——中间的这段时间——就是他需要支付生产者的时期。但这个购买者和所有后来批发和零售形式的商品购买者，也必须通过创造他们自己的债务来购买银行家的债务，目的是为了完成这些支付，这样继续下去，直到最终的消费者付了钱。

但另外一个方面，这个最终的消费者一直是在这些相同的信用之外获得自己的购买力的，这些信用是银行的客户们从银行借到的。他们的购买力的供给受这些银行信用数量的控制。实际上，在银行为商人和制造商安排同样的信用以前，信用已经在他们的产品销售之前支付给他们了。尽管最终的消费者，譬如工薪阶层，并不从银行借款，但他们的雇主替他们做了借贷，这样才能在他们作为最终消费者支付最终产品之前，在几个月甚至是几年的时间里给他们支付工资。

因此，按普遍的市场价格衡量，给消费者购买力提供资金所需要的就是银行每天不断地创造足够的*新的*信用，以代替银行的客户每天不断地偿还给银行的*旧的*信用，他们用来偿还银行的，就是银行每天都在创造的这些新的信用。它是循环运行的，这是一个无尽的循环，通过创造自己的银行存款债务，银行从其客户那里购买商业债务，这样就可以让同样的客户在后来解除这些商业债务，解除

---

① 霍特里：《通货和信用》，第10页。

这些商业债务是靠创造等量的新的银行债务来支付客户的商业债务来完成的。这样，通过在货币市场上创造和解除债务，这个持续的循环就可以在商品市场上支付各种商品的价格。

如果没有所有价格一起涨落的一种趋势，日复一日地都这样运行，那么这个连续的规律就足以维持计算上的货币单位稳定的价值。"信用机构的日常活动……依靠不多不少的新的借款，就足以替代以前已经支付的旧借款……假如能够做到这一点，自然就会得到这部机器其他每个部分的稳定性"。①

但我们开始所讲的计算单位价值的稳定性又是怎么回事呢？

> 假定这种日常的运转被中断，"如果我们要证明货币单位是一种稳定的价值标准，那就必须证明如果受到任何干扰因素的干扰，这个单位就趋向于*恢复*到它先前的价值，或者说至少会达到一种新的、相对稳定的价值，与过去的价值相去不远"。②

在这一点上，首先要考虑的是由新借款缩减引起的干扰，然后再考虑新借款扩张所引起的干扰。

如果商人减少对制造商的订货，或者是减少自己的负债而不是用他们的信用去购买商品和劳动，那么就都有可能引起借款的缩减。在后一种情况下，消费者将减少商品的购买。而两种情况导致的"新创造的信用的减少都意味着制造商订单的减少"。③这种情况会在各种循环中蔓延，结果是"最初的信用限制本身会趋向于重复和加强"。

但很快有一种纠正的倾向就会开始发挥作用。

> "信用的限制意味着对银行家业务的一种限制。银行家不会心甘情愿地坐视自己利润的缩减，他们会试图诱使消费者贷款。实际上，他们会减少利息费用。"④

但降低利率不仅仅是银行家的意愿，这也是经济的强制作用。

---

①②③　霍特里：《通货和信用》，第11页。
④　同①，第12页。

> "信用的缩减引发商品需求的萎缩,而需求的这种萎缩会导致商品价格的下降。商人们会发现,自己持有的存货损失了价值,这种价值的损失会减少利润,但他们要用利润来支付支撑存货的贷款的利息。因此,他们自己的商品的价格下降降低了借贷的吸引力,也降低了借贷者愿意支付的利率,甚至银行家在诱使自己的客户按缩减了的规模(这种缩减的规模对于他们的商品周转是合理的)借贷之前,就必须相应地减少利息的费用;如果这些客户被诱使增加自己的借贷,那么利率甚至要比这样的低水平还要低才行。"①

可是,如果这些措施都没有起到鼓励借贷的作用,那么商品的价格会下跌到什么程度呢?信用业务不会缩减到一无所有,因为大失所望的商人会被迫接受任何条件的借贷,目的"仅仅是为了让自己的企业苟延残喘"。因此,旧的一套程序便会再度上演,不过是在一个更低的价格水平上,也就是说,在一个更高的单位价值上,而且不存在任何"自动恢复到其先前价值的趋向"。通过缩减新借款的新的干扰,它有可能持续下降到更低的水平。

但假定出现的是相反的干扰——某种导致信用扩张的干扰,那么

> "……这种变动在范围上甚至更加没有限制。自利不但促使进取的商人们总是多借,而且也促使大胆的银行家们总是多贷,因为对于这两者而言,信用业务的增加都意味着生意的增加……价格的普遍上涨涉及借款行为的同比例增加,目的是为了给特定的商品生产提供资金,但不包括生产增加所必须增加的资金……这个过程到什么地步为止呢?在信用缩减的情况下,银行家的自利和商人的困境会联合起来恢复信用的创造,尽管不会达到先前的水平;但在信用扩张的时候,不存在任何这种发挥作用的矫正势力。

---

① 霍特里:《通货和信用》,第12页。

信用的无限扩张或膨胀似乎同样符合商人和银行家的眼前利益。"①

首先，计算货币的价值标准完全丧失了。这是货币本身的安身立命之处。货币首先是被银行家们和他们的客户们作为了一种法律上的解除债务的手段，这是它的主要用途。"银行家的义务是必须偿付货币"，因为它本身并不是解除债务的合法手段。

其次，作为一种交换的媒介，"因为购买创造债务，而货币提供了偿付债务的手段。当偿付以现款进行的时候，不过是意味着债务的立刻解除"。因此，"交换的媒介"，从法律上和经济上来说，是债务的创造和解除。如果媒介是银行信用，那它就是靠自愿接受来解除的；如果媒介是货币，那它就是靠强制接受来解除的。

再次，作为价值标准，"一笔立即到期的债务的价值，必然等于能够用来合法偿付的手段的价值，因为稳定信用的问题与稳定货币价值的问题是一回事"。②

因此，霍特里完善了法律问题的经济学，这一经济学不但始自麦克劳德和纳普，而且也始自马克思和蒲鲁东，它开启了**财产**和**价格**的意义。对于马克思和蒲鲁东来说，财产的意义就是古典学派和享乐主义学派经济学家所主张的意义。也就是说，个人绝对占有一种物质的东西以供自己使用，任何人不得过问。麦克劳德加上了"无形体财产"的法律意义，就是一个人欠另外一个人的债务，但他把这种债务作为一种商品来对待，因为依靠法律上发明的流通性，它可以像商品一样买卖。因此，由于英国习惯法中一个纯粹的技术偶然性的误导，他把这种债务当成了一种重复的商品作为物质商品的补充，而物质商品的担保或销售创造了这种债务，他没有看到，商品市场和债务市场不过是同一市场的两面。

随后，纳普凭着他的偿付社会的概念提出了债务市场而不是商品市场的原理。最后，霍特里通过在商品市场和债务市场上追溯现代商业交易的每一个步骤，用他所讲的**价格**的双重性把两者结合在

---

① 霍特里：《通货和信用》，第12、13页。
② 同①，第16页。

了一起：商品市场上的一个价格决定着货币市场上一笔债务的大小。在法律方面，麦克劳德只引入了法律上的流通性方法，适应的是债务所有权的转移；霍特里则增加了早期法律上的*约定学说*，适应的是债务本身的创造。这种学说经过现代的发展，差不多已经演变成了所有市场上的一切交易的基础。实质上，这一学说假定在商品市场上，一个价格纯粹的报价和接受会创造一笔债务，这种债务在货币市场上的流通性吸引了麦克劳德，而它可以在银行办公室里通过进入账目的方式来解除则吸引了纳普。

因此，变成了一门科学所研究的对象的是债务而不是商品。在一种相互依赖的功能关系中，这门科学会把财富的生产、财富和货币的相对稀缺性、关于财产的各种法律结合起来。既然霍特里的银行家的债务或者所谓的用做货币的"存款通货"，是银行家账目上贷方和借方的往来账户，那我们就可以按照赋予它作用的行为来给它命名，并称之为**借方货币**。所以有三种货币：金属货币、纸币和借方货币。

1919年，霍特里研究了生产者的短期债务和银行家的过期债务，这就把货币的概念变成了"账户借方"的概念。因为历史变迁本身的缘故，我们回顾了休谟和杜尔哥这两个金属货币时期的经济学家，然后才进入对卡塞尔、维克塞尔、米塞斯（Mises）、哈耶克（Hyak）、凯恩斯和费希尔的研究，这些都是借方货币和中央银行计算货币时期的经济学家。

四、债务的稀缺性

（一）金属货币的稀缺性

劳动经济学是由洛克、斯密、李嘉图、马克思、蒲鲁东发展起来的，归结为**效率**和**稀缺**概念的心理经济学则是由边沁、门格尔、庞巴维克发展起来的，而与两者相并列的货币经济学却是由休谟、杜尔哥、麦克劳德、西奇威克、杰文斯、卡塞尔、维克塞尔、纳普、霍特里和费希尔发展起来的，最后归结为了**债务**的未来性概念。

大卫·休谟在1752年批判重商主义时引入了三个观念，这三个观念起到了将后来的经济学派分化为商品论者和货币论者的作用。第一个是**变化**与**稳定性**之间的区别；第二个是**稀缺性**与**习俗**之间的区别；第三个则是货币利息与资本利息的等值关系。

货币供给*变化*与货币供给*稳定性*是与商品和劳动相关的，休谟对此所作的区别导致后来缺乏数学方法去研究变化相对性的物质经济学家，以劳动代替货币作为永久不变的价值尺度，因而混淆了效率与稀缺性的概念。后来，当约翰·穆勒以金属货币悄然代替劳动作为价值尺度的时候，货币已经从金属货币变为了借方货币，但他认为那是某种心理的东西，与他的经济学的一般理论没有关系，休谟则只研究金属货币。

> 他说："……无论在哪个国家，只要货币开始流入并比过去更充足，那么一切都会呈现出新的面貌：劳动和产业赢得了生机，商人变得更为进取，制造商更为勤奋、熟练，甚至农民耕地时都会更加敏捷和专心……虽然金银的增加必然导致商品价格的上涨，但这种情况并不会随着金银的增加而立即出现，货币流遍全国并且影响到各个阶层的人员是需要时日的。起初感觉不到什么波动，价格会逐渐上涨，首先是一种商品，然后是另外一种商品，直到最后所有的商品价格与这个国家的货币数量达成一个恰当的比例。我认为，只有在获得货币和价格上涨的这个时间段中金银数量的增加才有利于产业。"另外一方面，休谟说："当金银减少的时候，这个时间段对产业是有害的，就如同这些金属增加时对产业有利一样。虽然在市场上买东西的价格没有变，但工人没有从制造商和商人那里获得同样的就业机会。农民虽然必须给地主缴纳同样多的地租，但他却无法卖出自己的谷物和牛羊。紧接着发生的必然是贫困、乞讨和懒怠，这是不难预料的。"①

---

① 《休谟哲学全集》，格林和格罗斯编著，第三卷，第313、315页（见《道德、政治与文学论》中关于货币、利息和贸易平衡的论述）。

货币稀缺性的这些变化将自己的作用完全施加在了商品价格和劳动价格上。决定所节省的商品数量和因此而形成的利率的是人们的"风俗习惯"。"在一个除了拥有土地的利益就别无其他的国家,由于不存在什么节俭,因而借贷者一定会多如牛毛,利率也一定会紧随着这种情况在而发展"。他把这种情况和一个商业和制造业的国家进行了对比。

>"一切勤劳的职业必然导致节俭,使得对收获的热爱胜过对享乐的热爱,这是颠扑不破的真理……要获得大量的放贷者……拥有大量的贵金属既不是充分条件,也不是必要条件,需要的是这个国家的财产或对这些贵金属数量的支配权,无论大小都集中在特定人的手中,以便形成相当大的数量或者是组成一个大的有钱的利益集团。这就会产生大量的放贷者,压低高利贷的利息;这……不取决于金属货币的数量,而是取决于特定的风俗习惯,这种风俗习惯会让金属货币分散收藏或是积聚成为巨大的价值……那些坚称充足的货币是低利率的原因的人,似乎把一种附带的作用当成了原因,因为压低利息的产业一般都会需要大量的贵金属。花色繁多的制造品,加上眼睛睁得大大的进取的商人,很快就会把钱吸引到一个国家,无论钱在世界的哪个角落……尽管充足的货币和低利息都是自然而然地产生于商业和产业的结果,但它们之间是完全独立的。"货币量的大小"对利息没有任何影响,但劳动和商品存量的大小却必然具有巨大的影响力。因为当我们由于利息而取得货币时,我们实际上是借入了这些货币"。①

这导致了休谟的第三种观念,也就是货币与节省下来的实物以及作为所节省物品的利息的实物是相等的。

>"如果你借给我这么多的劳动和商品,那么通过收取百分之五的利息,你总是可以得到相应的劳动和商品,不管

---

① 《休谟哲学全集》,第三卷,第 325~328 页。

是用金币或银币来代表,还是用一镑或一盎司来代表。"①

换句话说,如果为起资本作用的商品和劳动支付较高或较低的价格,那么就会给作为资本利息起作用的商品和劳动支付同样较高或较低的价格。因此,尽管货币稀缺性或丰裕性的变化会引起商品和劳动价格的变化,但它不会引起利率的变化。这是由生活标准的变化引起的。休谟的分析目的在于揭露重商主义者的错误,解除他们对国际贸易逆差的忧惧。当商品的进口量超过出口量时,根本不需要担心一个国家会丧失它在世界保有的金银中所占的份额,人们会矫正因金属货币的输入或输出而分别引起的国内价格的涨跌,直到所有"临近国家保有与各自的产业和工艺基本相称的货币"。如果英国的货币数量由于输出货币去偿付商品进口而减少,那么劳动和商品的价格就会下降,其他国家就会"拿回我们失去的货币",并因此而把英国的价格提高到国际水平。而物价不会永久涨过国际水平,因为"没有哪个邻国能买得起我们的东西;但另外一方面,它们的商品相对而言变得非常便宜,所以不管制定多少法律,便宜的商品都会跑到我们这里来,而我们的货币则会流出去"。②

虽然休谟的观点只限于它对重商主义为贵金属发生的国际之争的影响,但在近二百年的时间里,他的三个新观念都起到了将后续的经济思想划分为商品论者和货币论者的作用。在商品方面,如果货币只是资本和真实利息的一面变化多端的镜子的话,那么货币就是有名无实的,应该完全丢在一边,人们的注意力应该只放在物质本性以及劳动和商品上。这个学派从魁奈、斯密、李嘉图、马克思那里一直延续到了近代的管理经济学家中。

但在货币方面,如果货币数量的变化具有刺激产业或使产业萧条的作用,那么货币就不是有名无实的东西,而是决定生产、积累、营销和消费的所有交易中的一个具有因果关系的因素。货币论者的这个学派也许是追随了杜尔哥对魁奈的修正,直到黄金由中央银行集中进而金属货币绝迹为止。这些学说中显著的转变是从休谟的金

---

① 《休谟哲学全集》,第三卷,第322页。
② 同①,第333页。

属货币转为麦克劳德的可转让的债务，以及由偶然变动的观念转变为不断变动的观念。

(二) 资本和资本品

杜尔哥（Anne Robert Jacques Turgot），这位聪明绝顶的重农主义者，他与法国革命的关系就如同约翰·洛克与英国革命的关系。他是伏尔泰、休谟和魁奈的朋友与追随者，亚当·斯密在旅居法国期间曾拜访过他，他是法国一个贫困省份的行政长官和改革者，当过财政大臣，但由于把公共支出转嫁到了地主贵族的头上而遭到解职，十五年后的大革命重新实行了他的改革措施，这场大革命把那些本来他有可能挽救的人送上了断头台。

杜尔哥是他自己的学说的实践者。在大革命之前的二十五年，他还是一个省区的财政主管的时候，就已经在著述中为自己的改革和现代货币学说阐明了理论基础，① 而现代货币学说则继承自古典经济学家和享乐主义的商品经济学家。在商业银行、证券交易所和企业法人之前的时期，当时货币还是银币，土地财产还是"大事业"，封建主义正在演变为资本主义，他澄清了货币、价值、资本、利息、商品市场和货币市场的纠缠不清的状况。他说：

"在商品市场上，小麦的数量是按照一定*重量*的*白银*来估价的；在贷款市场上，被估价的对象是一定*时期*的一定*价值量*的*使用价值*。在第一种情况下，是若干白银与若干小麦进行比较；在其他的情况下，是若干价值与它本身的某个固定部分进行比较，这在后来变成了一定时期若干价值的使用价值的价格。"这种时间价格就是利息。②

卡塞尔对这段论述进行了评价，他说杜尔哥放弃了把利息作为"货币价格"的旧观念，把利息定义为"在一定时期内使用某种价值

---

① 杜尔哥：《关于财富的形成和分配的考察》，1898 年译本。引文自英译本，但我参考了 1788 年的法文本并进行了修改。
② 杜尔哥：《关于财富的形成和分配的考察》，1898 年译本，第 78 节。

量所付出的代价",从而创造了一个"此后再也没有比它更清晰明了的公式"。① 那么,杜尔哥所谓的要支付价格和利息的"若干价值"的这个"对象"究竟是什么呢?它有两个方面,麦克劳德将其区分为无形体的财产债务和有形体的财产不动产。前者是一种为白银价值的使用而支付白银的法律约定,后者是取得土地收益的一种权利。

> "一块土地,每年产生的净收入是六只羊,这块土地可以卖得一定的价值,这一定的价值总是可以用与这个价值相当的一定数量的羊来表示……那么,这块土地财产的价格不过就是其年收入的若干倍;如果价格是一百二十只羊就是二十倍,是一百八十只羊就是三十倍。因此,土地的市价是按照财产价值与年收入价值的比率调节自身的;而财产价格所包含收入的倍数,被称为年收益数。当人们为土地支付二十倍、三十倍、四十倍的年收入时,土地就是在按照二十年、三十年、四十年的年收益在出卖。"②

杜尔哥把土地财产的这种收益价格也称为"价值量",他把每年六只羊称为是所有者得到的一定比例的价值量。构成预期年收益的羊的数量,与构成"价值量"、为土地而支付的羊的数量,两者之间形成的比例就是"年价格",这个年价格是所有者因若干数量羊的使用价值而得到的,原本是购买这块地产所要求支付的。

那么是什么决定着利息和资本之间的这一比例?是需求与供给。这一比例"必定会按照希望买卖土地的人数的多寡而变动,就如同所有其他商品的价格是按照供给与需求之间不断变动的比例而变动一样"。因此,如果土地财产的买主支付的"价值量"是一百二十只羊,而他得到的年收益是六只羊,那么在购买这块土地的时候,这个买主因为一百二十只羊的使用价值而接受的价格是每百只羊每年五只羊,比率是一比二十。但是,如果土地购买者的竞争把价值量抬高到了一百八十只羊,而预期的收益仍然是每年六只羊,那么价

---

① 卡塞尔:《利息的性质和必要性》,1903年版,第20页。
② 杜尔哥:《关于财富的形成和分配的考察》,1898年译本,第57节。

格就是每百只羊每年三只羊。当买主为预期支付相当于一百二十只羊的"价值量"的时候,土地的卖主会放弃每百只羊每年五只羊的预期;当竞争迫使买主为预期支付一百八十只羊的"价值量"的时候,同一个卖主会放弃每百只羊每年三只羊的预期。

最后,杜尔哥跟休谟一样,把贷款、土地和每年的收益都转换成了等值的白银。

> "如果利息是按二十年的收益计算的话,那么商品市场上无论是两万盎司白银等于两万计量单位的小麦,还是等于一万计量单位的小麦,在债务市场上这两万盎司白银在近一年中的使用价值,仍然值本金的二十分之一,也就是值一千盎司的白银。"①

换句话说,不管每蒲式耳小麦或每只羊的价格是一盎司白银还是两盎司白银,都不会造成利率的任何差别,原因在于这是因白银的*使用价值*而用白银支付的价格,前者是借款人在*用*白银本身购买商品或土地时支付的价格。如果商品价格翻番了,那么利息仍然是一样的,因为它是货币数量之间的比率,但变化的价格是货币数量与非货币的商品数量之间的比率。一种是债务市场上资本与利息之间的关系;另外一种是商品市场上买与卖的关系。

同样的原理适用于各种制造业和商业的各部门,它是杜尔哥的"资本"与"资本品"之间的区别。"资本"是企业家和贷款人所垫支的"价值量",但"资本品"是因垫支而形成的"所积累的财富的总量"。这种区别类似于一百二十五年后克拉克所作的"资本基金"和"生产资料流"的区别。按照杜尔哥的观点,资本就是资本基金,而资本品则是生产资料。克拉克作为效用来计量的东西,杜尔哥是作为羊或白银来计量的。杜尔哥认为,它们是同一的价值量,但资本是货币在购买商品时的价值,而资本品则是用货币所购买的同样价值的商品。

正是这个区分把魁奈的"货币流通"的"真实含义"提供给了

---

① 杜尔哥:《关于财富的形成和分配的考察》,英译本,第78节。

杜尔哥,同时也让他对储蓄与投资进行了区分。

> 他说,货币流通产生了"大量的资本品,或者说是可移动的积累的财富,这些一直都是由企业家事先垫支在不同的劳动阶层身上的,每年必有固定的利润回报给他们;但资本则会在同一企业的继续经营中再次投资、重新垫支,而利润则会为企业家提供或多或少的比较舒适的生活。构成人们必须称为货币流通的东西的,正是这种垫支和资本品持续的回报;这种有用而富有成效的流通给社会的所有劳动者提供了生计,维持了一个国家的运转,所以有绝对的理由要把它比作动物体内的血液循环"。①

这就是储蓄与投资之间的区别:储蓄是存钱,但投资是花钱;一个是积累*资本*,另外一个是"形成"的*资本品*。杜尔哥说:

> "在现有资本品的总量中货币起不到什么作用,但它在资本品的*形成*中却扮演着一个重要角色。事实上,几乎所有储蓄都只以货币的形式进行;收入是以货币形式提供给所有人的,而垫支和利润则是以货币形式回馈给各类企业家的。因此,他们储蓄的是货币,资本品每年的增加也是以货币形式实现的。但是,除了立即把货币转化为自己企业赖以生存的不同种类的动产外,没有一个企业家会把它用作其他任何用途;于是这些货币又回到了流通中,而绝大部分的资本品则只以不同类型的动产形式存②……不管是来自土地的收益,还是来自劳动的工资,或者是来自勤劳的果实,任何人一年得到的价值多于他花费所需要的价值,都可以把这多余的部分存起来加以积累。这些积累起来的价值就是所谓的*资本*。"③

杜尔哥总结了以货币为手段、通过投资和"资本"回报使用

---

① 杜尔哥:《关于财富的形成和分配的考察》,英译本,第67节。
② 同①,第100节。
③ 同①,第58节。

"资本品"的不同方式。

"第一是购买地产，它会带来固定的净收益。

"第二是通过租赁土地把自己的钱投资于农业经营，而所租赁的土地的产出应该是租赁的价格之外垫付的利息，以及将自己的财富和辛劳都用于耕作的这个人的劳动的代价。

"第三是把自己的资本投资于工业或制造业经营。

"第四是把资本投资于商业经营。

"第五是把它贷给需要它的人，获得每年的利息回报。"①

投资就是这些了，它是关于花钱的积极的买卖交易，但储蓄也是积极的，它是等待的服务。

"只要看过制革匠的工作场所，任何人都会认识到，一个穷人，甚至是几个穷人一起，也绝对没有可能给自己置备生皮、石灰、鞣料、各种工具……房子……维持几个月的生计，等着皮革卖出去。"那么，谁会进行这些垫支呢？"垫支的人会是这些人中的一员：不是资本品的占有者，就是可移动的积累价值的占有者……他会等到皮革卖出去，回报给他的不仅是他的所有垫支，而且还要加上利润，足以弥补他假如把钱用于购买地产可能会获得的价值，以及他的劳动、操心、冒险甚至其才能的酬劳。"②

这样一来，杜尔哥把资本和资本品、资本基金和生产资料、货币价值和生产资料价值、消极的储蓄行为、积极的等待服务、花掉储蓄的钱以及把储蓄投资于生产资料同等看待，视为是同一的价值量。利息则变成了为等待服务所支付的代价。

有了这么多个"同一"，杜尔哥着手揭露阿奎奈的谬误。

他说："经院派的空头理论家从货币本身并不生产任何

---

① 杜尔哥：《关于财富的形成和分配的考察》，英译本，第83节。
② 同①，第60节。

东西这样一个事实作出结论,认为货币放贷的时候收取利息是不公正的①……作为自然物和若干数量的金属来看待,货币是不生产任何东西的,但货币用于企业在农业、制造业、商业方面的预付款,会获得一定的利润。人们可以用货币购置产业并因此而得到一笔收入。因此,把自己的钱借出去的人不但是放弃了对那笔货币的无效的占有,而且他让自己丧失了利润,或者说丧失了他本来能够靠它获得的收益,因而用利息来补偿他在这方面的丧失,不能认为是不公正的。"②

因此,杜尔哥的利息或利润并不是由实际成本决定的,而是决定于可选择的机会,后来格林和达文波特将其称为"机会成本"。

杜尔哥并没有一以贯之地把利息与利润区分开来,因此他也并没有始终都对债务和购买力、储蓄和投资进行区分,这些都是近来无形体财产和无形财产之间的区别。在麦克劳德用"债务"这个词的地方,他用了"抵押"这个词,而且他跟麦克劳德一样,对特殊抵押和一般抵押进行了区分:前者是债务,后者是购买力。他说:"每种商品都是全部商业对象的一种代表性的抵押。"③ 从这些特殊的抵押中产生了一般的抵押,即货币。它们在这样的意义上是抵押,即商业"赋予每种商品相对于其他每种商品的当时的价值,由此可以推知,每种商品都是其他每种商品一定数量的等价物,可以被认为是代表它的一种抵押"。④

因此,杜尔哥的"抵押"用到货币和一切商品上,就是经济学上的预期购买力,相当于法学上的"无形财产"。它不是债务,而是预期的、在买卖交易中就商品价格达成一致的能力。一个人有进入市场的自由,有靠讨价还价协定东西的价格和价值的自由,从这些不受干预的权利的意义上讲,它是一种财产。当预期的有形体的收入羊或者是小麦,变成了通过把羊或小麦卖钱得到的预期价格时,

---

①② 杜尔哥:《关于财富的形成和分配的考察》,英译本,第73节。
③ 同①,第38节。
④ 同①,第33节。

他的地产或者说是有形体的财产,就变成了无形财产。

杜尔哥最出色的创意是他的边际生产力的概念,一百六十年后,这个概念变成了维克塞尔的"自然利息"的概念,但由于李嘉图的边际生产力的概念在这个时期盛行一时,因此这个概念被人们忽视了。李嘉图的是一种劳动生产力的概念,而杜尔哥的则是一种"资本品"生产力的概念。增加储蓄的供给并因此而减少等待的报酬,就是提供给社会的服务,杜尔哥是在努力证明这一点的时候形成这个概念的。

> 他说:"所以说,贷款现行的利率可以视为是一种温度计,反映的是一个国家资本品的丰裕性和稀缺性,以及贷款可以从事的每种事业的范围……利息的价格可以看做是一种水平,在这个水平之下,一切的劳动、一切的农业、一切的工业、一切的商业都化为乌有。它像是大海覆盖了广袤的大地,山巅冒出了水面,形成了肥沃的可以耕种的岛屿。如果这片大海的海水碰巧退潮了,随着海水水位的下降,首先出现的会是山坡,然后是平原和山谷,布满了各种各样的物产。海水涨落一英尺就足以淹没大片的土地,或者是让它们适于农业。让一切事业都充满生机的正是资本品的丰裕性,货币的低利息是资本品丰裕程度立竿见影的结果和标志。"①

杜尔哥对这种解释进行了延伸,从作为整体的工业和农业扩展到了特定的企业。由于"资本品"的*稀缺*,如果利息是百分之五,那么工业和农业就会被限制在一个较高的水平上,在这个水平上,产品出售的价格是能够为资本产生百分之五的收益的,这样一笔能够产生五万利弗尔②的财产的价值就是一百万。但如果由于"资本品"的*丰裕*,利息是百分之二又二分之一,那么工业和农业就是在

---

① 杜尔哥:《关于财富的形成和分配的考察》,阿什利(Ashley)版,第29、90节。
② 古时法国的货币单位。——译者注

一个较低的水平上扩张,同样的财产的价值就是二百万。

因此,*资本品*的"边际生产力"就是广义而强化的*资本*的"边际收益",这是同样的资本品其丰裕性和稀缺性的两个方面。产出方面是"各种物产",收入方面是因产出的东西在市场上换到的白银,它们的大小在价值上是等值的,因为得到的白银是产出的东西的交换价值。一方面是*物质的*生产力,另外一方面是"价值生产力",这中间的区别往往被"生产力"的双重意义抹杀了。然而,这种价值生产力是收入,而不是产出。首先它是一种总收入。白银的净收益必须留给*资本*,目的是为了支付利息,这是预付的若干价值的使用价值的价格。因此,同样的资本品的丰裕性或稀缺性有两个方面:未来的方面和现在的方面。未来的方面是预期从商品市场上获得的白银净收益;现在的方面是*资本*市场上支付给这种预期的年购买价格的数。他说,举个例子:

> "一个有五万利弗尔租金收入的人,如果地产是按照二十年的收益卖出的,那他拥有的财产就只值一百万;如果是按照四十年的收益卖出的,那他就拥有二百万。如果利息是百分之五,一切无主的土地,只要其产出的所得不能带来比百分之五更高的收益,那么高过归还垫支和耕种者报酬的费用,就不会有人去耕种。如果不能在企业家努力和冒险的酬劳之外带来百分之五的收益,那就没有什么制造业和商业能够维持自身。如果有一个邻国,其货币利息只有百分之二,那么它不但会经营所有那个利息为百分之五的国家发现自己被排除在外的商业部门,而且它还会让自己的商品以低得多的价格充斥所有的市场,因为更低的利润就能让这个国家的制造商和商人自我满足。"①

因此,*资本品*的丰裕或稀缺对构成*资本*的价值量会施加多重的影响:它会随着出售产品带来的白银收入的数量增加或减少商品的产量;

---

① 杜尔哥:《关于财富的形成和分配的考察》,阿什利版,第89节。

反过来说，它会提高或降低地产（也就是*资本*）的现在*价值*。

由此可以得出结论，资本品的折旧和利息就如同是耕种土地的劳动者的工资和佃农的报酬一样，是必须支付的。为了保证*资本*不受损失，保持其最初的价值量，用坏的和损耗的*资本品*必须替换；必须根据资本品现有的丰裕或稀缺状况来支付利息。所有这些支出都是"非自由支配的"，也就是说，在经济上是强制性的。在这个意义上，国家不能靠暴力的强制"在不损害公众利益的情况下，为了公共的需要而挪用其中的一部分……在一个国家中，除了土地的净产物之外，不存在任何真正可以自由支配的收入"。①

因此，租税负担必须除去，不仅要从制造商和商人的头上除去，而且要从农业和贷款上除去，不能像杜尔哥的批评者假设他说的那样，把它置于农业之上，而是必须置于地主和贵族头上，这些制造商、商人和农场经营者的地租都是支付给这些人的。

他说，没错，资本家是"可移动的资本的所有者，他可以有自己的选择，看是把可移动的资本用于取得地产上，还是把它用于经营农业或工业这类有利可图的用途上"。但是，在"已经变成农业或工业领域的企业家"之后，他的选择并不比产业工人或耕种土地的农夫更多。即使他贷款给一个"地主或企业家"，跟当时的工人和耕作者不同的是，他能够"处置他自己的身体"，但关于他自己的资本，他却没有更进一步的选择，因为它已经"沉淀在企业的预付中了，无法在不损害企业利益的情况下把资本抽回来，除非用等值的资本去替代"。② 贷款者"就自己的身体而言，他属于可以自由支配的阶级，因为他不用从事什么业务工作，但就他的相关的财富的特性而言，他又不属于那个阶级"。③

另外一方面，贷款者或资本家从他的钱上所得到的利息"是可以自由支配的"，这是从他个人可以按照自己的意愿用它这个意义上来说的。但只要跟农业、工业或商业相关，那他就不能自由支配，

---

① 杜尔哥：《关于财富的形成和分配的考察》，法文版，第95节。
② 杜尔哥：《关于财富的形成和分配的考察》，阿什利版，第94节。
③ 同②，第96节。

因为它们不会无偿地给他提供利息。利息是由资本品一般的丰裕度或稀缺度决定的，因此是"垫支的代价和条件；没有了垫支，企业就无法经营下去。如果回报减少了，那么资本家就会抽回他的钱，事业也就完结了"。利息的这个数目，因此只决定于*资本品*一般的丰裕度或稀缺度，"应该是不受侵犯的，而且应该享有完全的安全性，因为它是为企业所进行的垫支的代价；没有它，企业就无法继续下去；损害它，就会增大所有企业为垫支付出的代价，这样就会减损企业本身的利益，也就是说，会减损农业、工业和商业的利益"。

它不同于支付给地主的地租，这是就他们自己并不为工资或利润在土地上的劳作而言的，或者是就不垫付资本以取得利息而言的。

> "社会中其他的阶级所得到的只是工资或利润，这些工资和利润要么是靠所有者从他的收入（像地租这样的净收入）中支付，要么是靠生产阶级的代理人从留出来满足自己需要的那部分中支付，为此他们不得不从产业阶级那里购买商品。无论这些利润是分配给工人的工资，还是分配给企业家的利润，因垫支获得的利息都不改变它们的性质，也不会增加劳动价格之外由生产阶级生产的净收入的数目；在这个净收入的数目中，产业阶级只参与分享其劳动的代价。
>
> "那么，除了土地的纯产物之外没有任何收入（交给地主的净收入或者地租）的主张仍然是不可动摇的，其他所有每年的利润不是由收入来支付的，而是构成了用来生产这种收入的费用的一个部分。"[①]

杜尔哥对此的解释不是基于魁奈的"自然权利"学说，而是基于一种历史的分析，这种分析将会被看做是一种对历史的、经济的、制度的阐述。[②]

第一，是原始的土地耕作者之间的地域分工和产品

---

① 杜尔哥：《关于财富的形成和分配的考察》，阿什利版，第99节。
② 同①，第1～26、44、63、98节。

交换。

第二，劳动者被这些耕作者所雇用，或者是工匠的产品由耕作者来支付，前提是"后者的劳动使土地的产出超出了他们自己的需要"。

第三，劳动者除了辛劳之外没有其他东西可以出卖，他们的工资"由（和耕作者签订的）契约所确定，而后者会尽可能地压低给他的工资。因为他可以在大量的工人中进行选择，所以更喜欢用最便宜的工人。而工人被迫降低价格，并且彼此竞争。这种情形在每种工作中都会发生，事实上也的确发生了，那就是工人的工资仅限于获得他自己的生活资料。"

第四，耕作者的地位不同。

"土地直接给他支付了劳动的代价，不依赖于其他任何人，也不依赖于任何劳动契约。大自然不会跟他讨价还价，不会强迫他用绝对必需品满足自己。自然所赐予的，既不对应他的需求，也不对应他工作日代价的契约性估价。那是土地生产力的自然结果，也是他用以使土地更为肥沃的各种手段的智慧的自然结果，这种智慧远胜于辛劳。只要耕作者的劳动生产超过了他的需要，那自然作为纯粹的礼物赐予他的这一多余的部分，就是他辛劳工资之外的所得，他可以用来购买社会其他成员的劳动，后者出卖劳动给他只能养家糊口。耕作者在他的生活资料之外还积攒了一笔不受他人控制、可以自由支配的财富，这笔财富不是他买来的，而他却可以出卖它。因此，他是财富的唯一源泉，这些财富经过流通，让全社会的劳动充满了活力，原因在于他是唯一一个自己的劳动所生产的高于其劳动工资的人。"

最后，当人口增长而土地变得稀缺时，耕作者本身会变为佃农，起初是作为自耕农，然后是成为资本家。

"土地人满为患，越来越多的土地被开垦，最好的土地最终全都被占了，为后来者剩下来的只是最先来的人不要的贫瘠的土地，但最后所有的土地都找到了自己的主人……所有权可以与耕作的劳动分离开来，而且很快也就分离开了……土地所有权作为商业对象，现在可以买进卖出了……不少所有者……拥有自己耕作不完的土地……他不是把自己全部的时间都用于辛勤的劳作……而是宁愿把多余的一部分给愿意为他耕作的人……耕作者现在跟所有者区分开了。由于这一新的安排，土地的产物被分成了两个部分：一部分包括耕作者的生活资料和利润，还有就是他的资本的利息；剩下来的就是不受他人控制的、可以自由支配的部分，这是土地作为纯粹的礼物赠给耕作者的，是在他的垫付和劳苦之外赐予他的。这是所有者的部分，或者说是净收益，有了它，他不用劳动也可以过活，而且他可以想把它用在什么地方就用在什么地方。因此，社会被分成了三个阶级：一个是耕作者阶级，我们可以为它保留生产阶级的名义；另一个是工匠和其他从土地的产物中获得薪酬的阶级（他们的所得都不会多于劳动的报酬）；再一个是所有者阶级，这些人不会因生计的需要而被束缚于一种特定的劳动，他们是唯一可以因社会的普遍需要而被雇用的人，譬如说，用于战争和司法管理，他们要么是亲自服务，要么是从自己的收入中支出一部分，国家或社会用这部分收入雇人来履行这些职能。因为这个原因，最适合这个阶级的名称是*自由支配的阶级*。"①

那么，这个净产物——属于地主这样的自由支配的阶级、经济上必须付给劳动阶级以及作为垫付的利息付给资本家的数量之外的净剩余——到底是从何而来的呢？它不是来自于他们的储蓄，"尽管所有者拥有较少的剩余，且他们的储蓄也比较少，但因为他们有更多的闲暇，所以有更多的欲望和热情；他们认为自己的财富更有把

---

① 杜尔哥：《关于财富的形成和分配的考察》，阿什利版，第 10~15 节。

握；他们想得更多的是如何愉快地享受它，而不是如何增添它；奢侈是他们与生俱来的"。但是，其他阶级的工薪阶层和企业家，如果他们拥有"超过自己的生活资料的剩余……就会投入自己的企业；他们忙于增加自己的财富；劳动让他们远离昂贵的娱乐和欲念；他们把自己所有的剩余都节省下来，再投资于自己的生意，所以就增加了剩余"。① 如果土地所有者的地租既不是来自于他们自己的劳动，也不是来自于他们的企业和储蓄的利息，而是来自于劳动所增加的产物、企业、他人的储蓄，那么地租的一部分就是纯粹的自然资源所有权所赐的免费礼物，而另一部分是强制性的收入，是靠压低没有土地的自耕农和雇佣劳动力的报酬得来的。

因此这些地主应该承担所有的赋税。尽管地主会受到损害，但资本家不会受损害。

> "如果固定独自承担了给靠公费维持生活的人的赋税，那么只要这种赋税一调整，购买土地的资本家就不会把留作这一赋税的那部分收入计入他的货币利息中；同样地，今天一个买了一块地的人，是不会购买教区牧师所收的什一税的，甚至是已经知道的税都不会买，他只会买扣除什一税和各种税捐之外剩下的收入。"②

难怪贵族们因为杜尔哥把他的理论付诸实践而摘了他的乌纱帽，但后来暴发的农民、工人和资本家的革命却让他们自食其果。法国大革命没收了贵族的土地；要是按照杜尔哥的做法，只会增加他们的赋税。

应该把杜尔哥关于边际生产力的描述跟五十年后李嘉图的说法进行比较。杜尔哥的理论是一种货币论，而李嘉图的学说则是劳动论。关于地主、资本家和劳动者，他们得出了相似的结论。对于他们来说，土地财产的价值都是一种财产权利，但地主作为单纯的所有者，并未因此对社会有任何贡献；而资本品的价值代表的却是为

---

① 杜尔哥：《关于财富的形成和分配的考察》，阿什利版，第100节。
② 同①，第98节。

社会所进行的等值的商品和服务的生产。而且他们都认为，没有财产的劳动者得到的只是最低的生活资料，不过他们却是通过相反的路径得出自己的结论的，这个路径关系到地租的原因，而土地财产的资本价值则是由地租决定的。就产生于"原始的、不可毁灭的"土地属性的差异而言，李嘉图的"地租"是大自然在耕作边际上较大的贫瘠与在更好的农业用地上较小的贫瘠之间存在的差异；杜尔哥的地租是从大自然给地主的免费礼物中产生的，是资本家在李嘉图所描绘的同样的耕作边际之外获得的收入。但他们都认为地租还是由工资水平决定的：工资低，地租就较高；工资高，地租就较低。

李嘉图只看到了农业中的报酬递减和边际生产力原则，但杜尔哥却认为一切制造业、商业和工业中都有这一原则。因此，李嘉图在农业中赋予了劳动的边际生产力一种因果关系的力量，这种力量调节着所有商品的价值；但杜尔哥却在所有的行业中给资本品的总的丰裕和稀缺赋予了因果关系的力量，这种力量决定着一切行业中的边际生产力的高低。

他们通过货币和非货币的路径得出了相似的结论。李嘉图省略了货币，代之以作为"资本"的劳动者的生活资料，所以资本变成了"物化劳动"的数量；而杜尔哥则保留了资本是由货币流通中所支付的价格形成的观点，因此他的资本变成了"物化的货币"。

李嘉图的*资本品*是按工时衡量的劳动力的产出，而杜尔哥的*资本品*则是以货币为尺度的投资的支出。

另外一方面，杜尔哥的*资本*是未来净收入的现在价值，而李嘉图的*资本*则是资本家投在劳动的生活资料上的过去的一部分总产品。

显而易见，杜尔哥和李嘉图从货币和非货币的假设中得出了相似的结论，但他们进行的推理都是在金属货币时代，而不是在银行信用时代；是在个人企业时代，而不是在运行中的机构的协同行动时代；是在工具时代，而不是在劳动大军操作的大工厂时代；是资本主义从封建主义或半封建主义中刚刚开始或半开始的时代。不过尽管如此，他们仍然为后来的经济学理论奠定了基础。

如果我们把杜尔哥的分析转化为后继的经济学家同等的术语，那么他的"价值量"仍然是**资本**，而不是作为一种价值的总量，是作为一种现在的估值，或者如他所言，是预期净收入的一种"估价"。这种"估价"有很多名称，例如资本、资本价值、资本化、投资资本、垫付、债务、信用。估价不是用羊或者小麦来进行的，也不是以金银来计算的，而是以银行债务来计算的。我们所拥有的不是流通中的白银的流动，而是商品市场上现在和预期的交易的重复，是把因此而发生的债务卖给银行以换取存款的信用，这些东西构成了资金、购买力、交换价值的尺度，它们相当于杜尔哥的流通中的白银的价值。信用交易的这种重复是由运行中的机构的代理人来进行的，正是这些运行中的机构继承了杜尔哥的地产。机构的所有权，或者干脆说机构的预期净收入的所有权，是用公司的债券和股票来代表的，或者是由土地财产的债券和证券来代表的。证券交易所变成了杜尔哥的"价值量"市场；商业银行变成了债务市场，代替了他的白银市场；在商品市场上，他的"资本品"的价格和数量是个体账户上的借方账目的重复；他的资本品的边际生产力以及与它同义的资本的边际收入，变成了运行中的机构的"债券收益"和"股票收益"，商业利率就是围绕着它们在波动的；他的利息对价值量的比率，变成了债券与股票价格的涨跌，与债券收益和股票收益呈反方向变化。

(三) 等待的稀缺性

1903年，卡塞尔回归到了杜尔哥的观点，他认为"价值量"和"等待的数量"是同一的，而且认为利息是支付给等待的服务的价格。[①]

杜尔哥对"资本"和"资本品"进行了区分。资本品是以货币表示的商品的价值，资本是商品中货币的价值。作为利息支付的货币是为了"资本的使用价值"而支付的。卡塞尔说，简化为一种"算术上的数量，资本的这种使用价值是一种二元的数量，它的测量单位是把一定的价值换算成使用的时间"。

但他继续论述说："这是跟等待的测量单位同样的测量单位，因

---

① 卡塞尔：《利息的性质和必要性》，1903年版，第20页。

此我们可以推论,**等待**和**资本的使用价值**表示的是*同样的东西*。事实上,它们代表的是同样的生产性的服务;'等待'用来表示提供服务的人所做的事情,而'资本的使用价值'则表示购买服务的人得到的东西。"①

因此,等待是一种提供生产手段的积极的人类服务,如同耕作的服务一样,具有根本性、重要性和生产性。卡塞尔说:"毫无疑问,煤是一种生产要素,但却不是一个独立的要素,它是由其他要素,主要是劳动生产出来的。但等待却不能按照这样的方法分解成更为基本的要素,它是一种非常不同的、特殊性质的人类努力。"②

所以说,生产的基本要素是工作和等待,衍生出来的要素是物质的东西如煤、小麦、金属、建筑甚至是土地,最后是消费品,它们是随着工作和等待这两种基本的人类服务过程所产生出的各种结果。

西尼尔(Senior,1834)③认为,利息作为对禁欲的一种支付是合理的,④禁欲是消费品使用价值的延期。但西尼尔的概念只是一种对利息的伦理辩护,而非一种经济意义上的数量。凯尔尼斯后来(Cairnes,1874)⑤试图赋予禁欲一种数量上的意义。他说,禁欲的尺度"会是……所放弃的财富的数量……乘以禁欲的时期"。⑥ 但麦克文(Macvane,1887)曾对西尼尔进行了批评,大意是"禁欲本身并不是一个主要的产业事实",它只不过是一种什么都"不做"的消极因素。"更为根本的事实是在劳动费用和成品占有之间必须经历的那个时间长度"。⑦ 于是麦克文提出,杜尔哥的"等待"一词应该换成禁欲。

---

① 卡塞尔:《利息的性质和必要性》,1903 年版,第 48 页。
② 同①,第 89 页。
③ 西尼尔(Nassau Senior, 1790~1864):英国经济学家、律师。——译者注
④ 西尼尔:《政治经济学》,1834 年出版,引文自 1872 年版,第 58 页。
⑤ 凯尔尼斯(J. E. Cairnes, 1823~1875):爱尔兰经济学家。——译者注
⑥ 凯尔尼斯:《政治经济学主要原理新解》,1874 年版,第 87 页。
⑦ 麦克文(S. M. Macvane):《生产成本分析》,《经济学季刊》,1887 年第 1 期,第 481、483 页。

卡塞尔从两个方面对麦克文进行了批评,一个是等待的数量,一个是等待的对象。他说:

> 麦克文的"'等待'这个词只包含了一个成分——一种'一元的数量',只有时间这个维度。这当然让人难以认可;当没有说明延迟的是*什么*的时候,'等待一定的时间'毫无意义。也许麦克文的意思是'等待'应该被理解为某种*具体*的东西或享受的延迟,而那样一来,我们就必须放弃等待作为一种算术数量的属性,这会使得等待成为毫无用处的概念。但如此定义等待还留下了一个更为严重的缺陷:任何具体的东西都很少存在延迟;储蓄的人通常并不知道,如果他不把钱省下来的话,那他会用自己的钱去干什么;他只是推迟了对一定数量的*价值*的消费。因此,*在事实上*,'等待'是按照若干价值数量的产品和等待的时间来衡量的。这种计量方法给出了等待的最终定义:等待在这个意义上是构成生产的具体成本的服务之一"。①

卡塞尔对杰文斯提出的两个概念,即货币的"投资数量"的心理上的"禁欲数量"② 采取了类似的方法。杰文斯认为,"投资数量"是两个可变数量的函数:一个是 M,即投资的货币的数量;另一个是 T,投资所延续的时间,所以投资的量是 MT。

但杰文斯又构造了一个"禁欲"的数量维度,这出自他最初发现的主观效用,作为快乐程度的递减,用最后的效用来平均化。因此他的禁欲的量是 UT,U 这个符号是最终效用的数量,T 这个符号是经历的时间。

但是 UT(或者说是禁欲的大小),按照卡塞尔的说法,是跟 MT(或者说是投资的大小)是一样的。那么,为什么不把它也称为 M 或货币,而要说它是 U 或者效用呢?卡塞尔的解释是这样的。

他说:"用这样一个词(像效用)似乎是……不正确

---

① 卡塞尔:《利息的性质和必要性》,1903 年版,第41、42 页。
② 见杰文斯的《政治经济学理论》,1886 年第三版,第232、233 页。

的。只要我们没有真正建立起一种可以直接衡量感觉强度的方法，它就只能是一种假想。对于经济学家来说，可以用来衡量效用的唯一尺度似乎是商品所报的价格；而且，如果我们接受这个尺度，那么在杰文斯给出的禁欲的尺度中，就必须用 M 来代替 U。于是，这个尺度就变成了与资本的尺度相同的东西。"①

这样一来，通过把所有后来的理论都简化为一种数学的数量，卡塞尔在杜尔哥的基础上建立了杜尔哥的"价值量"的等价物。我们不仅仅是禁欲，而且是通过投资参与生产；我们也不仅仅是等待消费资料，而且是等待"一定价值的消费"。

但是，这种对"价值消费"的等待是从杜尔哥那里衍生出来的失误。价值既不能消费也不能储蓄，更不能等待。后来卡塞尔提出了"资本控制"或"资本配置"这些术语，作为杜尔哥"价值量"和"价值总量"的等价物。这些词使人想到跟债务市场和商品市场中的买卖交易比较接近，他们所指的是法律上的控制，一个相当于债务的无形体财产的词。他在1918年说：

> "'等待'这个词意味着一个人一段时间里放弃对一定量的价值的支配，这样他就能让另外一个人在那个时期支配资本。因此，'等待'从算术上考虑，跟资本控制大小是一样的，也像它一样，是按照资本的产品和时间来衡量的。因此，这种理论一般也不需要用两种方式来表达。在下文中，我们将用资本控制这个词来同时表示储蓄者提供给资本市场的服务。
>
> "照这样定义'等待'，我们已经同时定义了利息作为一种算术上的数量支付给它的服务。"②

这样，假定相等的这些词的意义就清楚了：放弃一定的价值量，

---

① 卡塞尔：《利息的性质和必要性》，1903年版，第49页附注。
② 卡塞尔：《社会经济学理论》，1918年、1924年版，引文自1924年版，第184~185页；1926年德文版，第177页。

那么也就等于那个人放弃了一种可选择的购买力,这种购买力他本来有权选择在现在的任何市场上行使;他同时放弃了消费资料和资本商品的购买,这意味着他同时放弃了消费和投资。这样,他就可以让另外一个人购买消费资料和资本商品,也就是说,让其他人消费和投资。

但如果我们让自己处于面向未来的那个谈判点上,那么两者就是不相等的。

事实上,存在着两个等待的人:一个是储蓄的人;另一个是投资的人。这就是无形体的财产和无形财产的制度的区别。当我们储蓄的时候,我们会储蓄货币以等待债务人的偿还;当我们投资货币的时候,我们会购买商品或劳动以等待消费者来购买产品。不管是哪种情况,都存在一种通过规划未来承担风险和转移风险的意志的因素。法庭在需要判决交易所产生的纠纷的时候,为适应参与交易的相互冲突方的意愿,创造了不同类型的财产权利和自由权利。那么,如果我们像法庭那样描述我们自己在谈判的时候的样子,从面向未来的角度看待参与者的打算和预期,那么我们就可以分析在一切交易等待、冒险、预测、计划中需要重视的经济上的报酬。卡塞尔跟其他人一样,把这种未来性的原则区分为"意愿"——"人们等待的意愿"和他们"冒险的意愿"。尽管两者是不可分离的,"然而,在现代社会的许多交易中,风险被减小到了最低的限度,以致实际上都不用考虑它"。①

那就是说,抵押和债务这样的无形体财产,与自由权利和承担风险这样的无形财产,在交易中已经由现代社会区分开来了。

两者都是从决定交易的谈判中产生的,尽管可以区分,但却无法分离。在现代经济的运行中的机构中,它们被区分为提供给这个机构的服务,这个机构要为此欠下补偿。利息是为等待的意愿所创造的义务,工资是为工作的意愿所创造的义务,利润是为冒险的意愿所创造的义务。其后在后续履行和表达出来或暗含的意愿的一致程度方面也许会出现纠纷,但正是意志造成了特定个体之间的法律

---

① 卡塞尔:《利息的性质和必要性》,1903年版,第135页。

关系。如果没有纠纷，它就会悄无声息地生效；如果存在纠纷，它就会由法律判决明确地生效。这种"法律的作用"，不管是悄然的还是明确的，都是偿付或履行义务的解除，经济上的作用就是与债务偿付和履约相关的各个方面。

资本的货币法律概念和意志概念，作为一定数量的"资本支配"，我们称之为法律控制，就时间关系而言，与古典经济学家的资本概念是完全相反的，后者把资本视为过去为未来生产所储备的物质商品的积累。卡塞尔是这样表述从过去到未来的这种变化的：

> "储蓄的那个人无疑放弃了某些商品和服务的消费。这一事实引发了一种极为古怪的资本概念，而且导致了政治经济学的许多混乱。资本被认为只是这些没有消费的商品的总和，如同亚当·斯密所说的那样，是'储备在某处的各种存货'，因此人们才说，资本的作用是一种储备基金，目的是为了在劳动者的果实成熟之前维持他们的生活。对于这个问题的这种看法是完全错误的。实际上，'被放弃'的商品和服务根本就没有被生产出来，大体而言，只有消费者需要的东西才能被生产。如果消费者决定要储蓄，把自己的钱投资于生产企业，那这就意味着社会产业要在某种程度上从马上生产可用的东西转移到生产资本，因此，储蓄意味着把生产力向未来的目标的转移。"①

因此，意愿这种谈判心理的经济作用不是禁欲的痛苦成本，甚至都不是等待的什么痛苦"成本"。不管是因为可供选择的买主提出了一个更低的收益给卖主，还是可供选择的卖主强加给了买主一个更高的支出，它们都是前面所说的可以得到的选择的意志成本。② 但改变生产方向的，正是这种不同对象的选择。

同样的道理适用于人类预测和计划的其他方面。所有这一切，包括预期的利息、预期的利润、预期的工资等等，在现在的各种可

---

① 卡塞尔：《利息的性质和必要性》，1903年版，第134页。
② 见前文关于机会成本与反机会成本的论述。

选择的对象之间进行选择的时候都是一样的，这些选择机会都具有把生产转向或远或近的未来的社会作用。

但对各种选择对象的这种选择，仅仅是限制这些选择的经济状况的一种名义，而这不过是稀缺性的原则，由于这个原则，要想让服务唾手可得，就必须付出代价。

等待的服务要求必须支付代价，不是因为伦理的原因，而是因为稀缺。

> 卡塞尔说："利息是等待或者资本使用价值的价格……但真正支付报酬的服务是按照一年中所使用的一定数目的货币来计量的服务本身，所以服务的价格将会作为这个数目的一部分来决定。因为这个原因，等待或资本的使用价值的价格，是按照'率'或者'百分比'来报价的。然而，不能允许这种情况模糊了这样一个基本的事实，那就是利息是一种真实的价格，应该置于与所有其他价格同等的地位。"①

这种对所有价格的"同等地位"就是卡塞尔公共政策的思想。在古典学派提出的理想价格制度下（譬如说，在他们的与重商主义的歧视相对立的自由贸易政策之下），价格的社会作用或者说是公共目的，会要求任何一项同样的商品都要有统一的价格。这个统一价格的原因是供给的稀缺性，而价格会通过防止较为不重要的基本需求的满足来减少需求。但是，一个较高的价格也会"导致社会的更大部分的生产服务被用于那种商品的生产。因此，一种价格制度不仅会起到消费调节者的作用，而且也会起到这个社会的整个生产的调节者的作用"。②

利息作为一种价格也是如此，它必须高到足以带来充分的等待的供给，但又不能高到引起对需求的抑制以致最终造成等待的过剩。

既然对等待的需求与对资本支配的需求是同义的，那么所需求

---

① 卡塞尔：《利息的性质和必要性》，1903 年版，第 92、93 页。
② 同①，第 73、77 页。

的数量就"可以用一定数量的货币乘以一定的时间来衡量"。一个拥有一百万美元资本的公司"每年使用数量为一百万单位的等待",支付给它的使用价值的价格,或者说是利率,就是其稀缺度的尺度。

因此,通过卡塞尔的洞见,从大卫·休谟时代起由不同的经济学派提出的许多概念,都被简化为了同一个算术上的数量,那就是货币*乘以*一段未来的时间,而且也被归纳为了普遍的稀缺性原则。它们中的一些概念显然是主观的,例如禁欲、渴望、时间偏好、储蓄本能;有些则明显是客观的,如货币、资本、资本品、资本商品、物质资本。所有这些都被集合在了*未来性*和*稀缺性*这些意志概念中,譬如等待和投资,按照活动来说,我们将其区分为买卖交易,按照制度来说,则区分为无形体的财产和无形财产。

卡塞尔同时对长期等待和短期等待进行了区分:

"……*长期*的等待是真正的等待,也是等待的主要形式。与此相比,*短期*的等待则是一种次要的形式。这种等待所履行的服务只符合生产过程的一小部分,而最普遍的是符合一个特殊的分配阶段;只有通过人为的手段,特别是要通过复杂细致、有独创性的汇票机制,这种等待的形式方有可能实行。"[1]

1898年,维克塞尔创立了长期等待与短期等待之间的机能关系。[2]

五、利息和利润贴现

尽管从未来和现在的不同时点来看,利息和贴现通常被作为同样的支付来进行对照,但由于所有的谈判和交易都是发生在现在的,因此一切交易中的普遍事实就是现在的贴现,而不是未来的利息。我们知道,从数学上讲,同样的经济量,比如说一年百分之六作为贴现计算时要大于作为利息来计算。在心理上也是贴现原则支配所

---

[1] 卡塞尔:《利息的性质和必要性》,1903年版,第135页。
[2] 见后文关于世界范围的偿付社会的论述。

有的交易，因为未来的利息要比现在的贴现更不确定。庞巴维克把自己的理论建立在未来的利息之上，因此就要给现在的估价加上一个未来的消费*贴水*，目的是为了让现在的价值和未来的价值相等。但这只是假定未来*在现在*是已知的，其实那只不过是一种猜测。为了不冒险，较大的现在贴现会促成交易，而这种贴现可以根据害怕风险的程度而提高到很大的比例。所以说，如果我们从现在的观点出发，那就是利息贴现和风险贴现在共同左右一切交易中所作的谈判。这就是庞巴维克享乐经济与麦克劳德贴现经济的不同，前者关注的是未来的更大的丰裕性，后者关注的则是有限资源在现在的更大的牺牲，以及对未来更大的丰裕性的怀疑。

劳动者去劳动的时候不会事先得到报酬，他要等到发薪日。他在企业中是暂时的投资者。给雇主原料所增加的使用价值的每次交付，都会增加他这方面的债权和雇主方面的债务。这是一个不断重复的出价和接受的合法过程。工头代表雇主接受的使用价值的每项增加额，都是跟雇主欠雇员的债务的增加额相应的。债务会在发薪日清算，但是使用价值被融进了一种联合产品中，在商品市场或债务市场上，雇主希望这个联合产品能为他提供一个与另外一个债务人相对的债权。这里的这个原则，与原料供应商为自己原料的偿付等待三十天或六十天的原则是一样的。

劳动债务是一种短期债务，按照劳动市场的惯例，对于劳动者等待的报酬是不单独计算的，而是计算在他的工作报酬之内的。他所承担的风险也是这样。正如亚当·斯密所言，① 他对风险的预测在

---

① 参阅本书关于亚当·斯密的论述。我在斯密的冒险之外增加了劳动者的等待。劳动者的这种等待往往要比他们的工作和冒险还要难以负担，从他们宁愿支付给"高利贷者"和"小额贷款"公司的高得离谱的利息就可以注意到这种情况，这种利息高到了年息百分之三十、百分之四十甚至是百分之二百。"等待"的换算往往也出现在劳动者愿意为较低的工资工作上，他宁愿为较低的工资每天或每周发薪，而不愿意半个月或一个月发薪。我在南方看到，黑人认为每天发薪的工资要比工资的等级更为重要，他们会优先选择每天发薪的雇主，而不是那些每周发薪的雇主。见上文关于机会成本和非机会价值的论述。

他去工作之前就已经进入了他的谈判心理，而这也是计算在他的工作报酬之内的。习俗、法律、可选择的机会、讨价还价的能力，如同它们在其他交易中一样扮演着自己的角色。然而，在劳动者去工作的时候，他作为债权人，已经在一项交易中因此对工作、等待、冒险的未来报酬进行了贴现。贴现的这个换算过程可以称之为**预测**，它产生了工作、等待、冒险的未来报酬的一种现在的贴现估价。

当提到雇主市场的时候，它在劳动市场上暗含的意思现在在商品和债务市场上变得清晰了。一个制造商预计自己将在六十天内售出一件产品，到那时候会值六万美元。他向银行贷款，出具了到六十天的时候应付六万美元的期票。银行按照一年百分之六或者说六十天百分之一的贴现率将这张期票贴现，这意味着银行变成了这个制造商五万九千四百美元的一个存款账户的债务人，这个账户可以立即支取。制造商用这笔钱购买原料，他开出银行见票即付的支票付给那些原料商。要是他要支付现金，例如工资和薪水，那就要开一张支付"现金"的支票，从银行提取这笔流通纸币，然后作为工资放在工资袋里，发给那些雇佣劳动者。

无论是哪种情况，事实上都是制造商承诺为银行信用六十天的使用价值支付给银行的六百美元，目的是为了在产品卖出去之前可以提前六十天购买原料、支付工资和薪水。

这六百美元必须得有人支付，它实际上是按照这样的方式支付的：制造商现在愿意支付的原料价格和劳动力的工资，比六十天后预期得到的产品的价格要少六百美元。换句话说，原料和工资的*现在价值*是产品六十天后*贴现后的预想价值*。

但这个生意人在付给银行六百美元的利息之后还要为自己赚得利润。如果他预期的利润盈余是全部销售额平均的百分之六，那么这个边际收益就是六十天百分之一。他得到这个利润用的是同样的支付方式，就是在原料和工资上*少付*六百美元。换句话说，为了获得利息和利润的边际收益，他在原料和工资上付出的要比他在产品上预期得到的收入少一千两百美元。也就是说，如果他在六十天后预期产品可以卖六万美元，那他在原料和工资上就只能支付五万八千八百美元。这个五万八千八百美元，就是**预期价值**为六万美元的商品的现在的贴现价值或现值。

因此，现在的价值是预期价值双重贴现的结果：一个是利息贴现，一个是利润贴现。在我们的计算中，利息贴现是六百美元，利润贴现也是六百美元，利息、利润的贴现一共是一千两百美元。双重贴现的准确性取决于预期的准确性；如果预期的价值变成现值的时候少于六万美元，那么结果可能是 *亏损*；如果预期价值等于或高于六万美元，则是 *利润*。

在与商业循环相适应的动态分析中，这种不确定性与我们的关系极大，因为在这种变化的环境中，利息贴现与利润贴现是反向运行的。如果利润贴现由于预期价格上涨且销售增加而减少，那么利息贴现可能会高，如同在 1919～1920 年的那样。但如果利润贴现高，如同 1932 年的那样，由于价格下跌和销售减少的大风险，那么利息贴现就会因借款停止而变低或完全消失。

现在在我们的静态分析中，这些变化就跟我们关系不大了。如果利息、利润贴现是两千美元而不是一千两百美元，那么现值或购买力就只有五万八千美元了，而不是五万八千八百美元。更高或更低的预测贴现可以依此类推。

我们前面已经提到，同样的道理也适用于长期证券。如果以一百万美元的票面价值发行股票和债券，按照九十万美元销售，股票—债务收益的预期是每年十万美元或者是百分之十一，那么现在用于建筑目的的可用数额就是九十万美元。但如果是按照一百一十万美元销售的话，那就是现在的购买力，对于资本家来说，资本收益就是百分之九。

在时间贴现和资本化的一般原则下，费特教授令人惊叹地概括了这些贴现和价格原则，他从而认识到了庞巴维克的贴水与实际贴现过程的差异。他之所以做到了这一点，是因为他把所有未来的地租、利润、利息支付甚至是商品的未来价格，都简化为了 *预期净收益* 这个单一的概念。他跟庞巴维克一样，把这称为是"租金"，但他把它们推入了未来，而不是像庞巴维克那样，把它们保留为现在的租金，然后这些未来的"租金"统一被时间贴现简化为一种现在的价值。这种贴现过的价值就是资本化的普遍原则，这就是**资本**的现代意义。①

但费特的时间贴现恰好也是一种利润贴现。一种是经过一段时间等待的贴现,另外一种是一段预期的时间内的有利的或不利的事件的贴现。等待的报酬是预期的利息支付,冒险的报酬是利润或亏损,风险贴现是一种利润和亏损的贴现。

利润和利息往往是一起变动的。如果利润的前景由于风险的减少而有利,那么借款人就要承担更高的利率,如同1919年的情况那样。如果对利润预测的结果是一种亏损预测,那么人们就不会作出新的支付利息甚或是贷款本金的承诺,如同1932年的情况那样。总而言之,企业会放慢步伐或者是停滞不前,因为风险贴现大大减少了甚至是消灭了现在的资本价值。

六、货币和价值的交易制度

迄今为止,我们关于买卖交易周转的公式还没有包括银行家在内。然而现代所有的交易都要求银行家的参与。甚至是一般称为"货币流通"的"现金"的支付,也都是存在于从银行提取的现金之中的,而不是存在于银行即期债务的转移之中的。这个现金又"流入"银行,支付欠银行的债务。银行本身如果缺少这种"流通中的货币"的话,那它就会向联邦储备银行要求提供"货币",因而减少它在储备银行的余额。如果在流通上超买,那它就会把自己的"现金"还给储备银行,目的是为了偿付储备银行的债务,并因此增加它的储备余额。

因此,制造全部债务支付的两个买家和卖家,每个人都必须在自己的银行有一个账户,不仅如此,他还必须跟银行家有个协议,规定好他所倾向的支付手段,这个支付手段由银行家自己作为一种

---

① 费特:《最近关于资本概念的讨论》,《经济学季刊》,1900~1901年第15期,第1~45页;《旧的租金概念的消失》,同上,第416~455页;《经济学原理》,第8、10、15、17章,1904年版;《利息理论和价格变动》,《美国经济学会学报》,1927年3月,第62~122页。

存款来创造，目的是为了实施交易。

这样一来，对于一个完全的买卖交易而言，我们的公式必须有四个银行家，交易中的两个买家和两个卖家每人都有一个。这四个银行家是不是只是一个银行家，这无关紧要，因为没有哪家银行会把任何一个客户的账户信息交给任何其他的客户。即使四个不同的银行家会通过票据交换所和联邦储备银行协调一致地行动，但他们的一致的行动也不包括交换与自己的客户账户相关的信息，即便是银行检查员可以在自己的保密誓词下得到这些信息也如此。因此，就交易相关的四个参与者中的每一个而言，每个人都有一个独立的私人账户，也都跟他的银行中的一个交易方有一个独立的私人协议。

因此，每笔可能的商业交易都有可能产生各种类型的短期商业债务，这种短期商业债务可能是单名票据、商业承兑汇票、银行承兑汇票，也可能是其他的票据。所有这些票据都有一个事实，那就是商品的出售形成了一笔商业债务，而银行家则通过把自己的存款债务卖给这个商人来购进这笔债务。商业债务可以从一天持续到九十天，这笔交易要到约期届满债务支付之前才结束。在交易中，银行家创造的是"过期债务"，因而是即期支付的，在商业债务贴现的未来价值范围内，这些存款都是活期存款账户，有了这个账户，顾客可以即刻开出支票，以偿付他签约购买原材料和劳动的其他债务。

所以说每笔贷款交易都会形成自己的货币。并不存在一笔"流通"的货币基金，存在的是不断重复的创造、销售、短期债务的偿付，其数额相当于被让渡的所有权的贴现价值。所以在价值上随后会发生两种增加：由于加上了劳动的投入而形成的商品使用价值的增加；因为贴现的债务接近到期而在价值上的增加。

第一种价值增加会出现在各种商品市场上，例如，铁矿的价格变成了生铁的价格，然后变成轧钢的价格、农机的价格、刀叉的价格，这些都会由最终的消费者购买。第二种增加发生在货币或债务市场上，在这两个市场上，短期债务的价值因时间的缩短而增加，直到清偿为止。

每笔交易都是这样创造自己的货币的，因为银行家是一个积极的参与者。以往关于数量和商品的货币理论的争辩,关键在于自然的因果关系。这种关系认为,在时间顺序上在先的事件是在后的事件的因,统计上的证明或反驳,关键在于说明货币在数量上的变化是先于还是后于物价的变动。但货币和物价的交易或预测学说,是关于预期商品所有权控制转移的学说,而不是关于商品的学说,因为商品是后来才出现的。协议价值是获得所有权权利的价格,这个价格始终都是对即期或远期未来的一种预测。这种因果关系在于未来,而不在于过去或现在。米契尔的研究证明,通常是价格变化在先,然后是交货,最后才是付款,[1] 这符合价格变动的"原因"是对未来的共同预测的原理,这甚至是一种延长到超出预计的偿付日期的未来。因此,在无数的交易中都会发现适当的因果学说,创造货币的银行家是作为交易的引导者参与其中的。工程师是效率专家,商人是稀缺性专家,而银行家则是未来性专家。

在经济量的所有权的转移、发挥货币作用的银行债务的转移以及商业债务在交换中因银行债务被创造而消灭的交易过程中,以往关于货币数量和商品数量的理论是否能够适用于这个估价的过程是很难看明白的。的确,这些都是"可量化的值",但货币的物质的数量在哪里?这个可量化的值是一笔重复买卖交易中协议价格或价值的算术的表述。我们所拥有的不是货币的数量,而是银行债务的"周转",也就是三十天左右的谈判、创造、折价、再更新的总量,是一个变化的可量化的值,但这个可量化的值是随着商品、服务、债务的预期价格和数量而变化的,而商品、服务、债务的估价基本上决定着所有权的进一步转移所创造的更多的债务的数值。物质的类比不适用于这样的情况,只有对周转率、滞缓的持续时间或程度、预测等的统计进行检验和实验才方可具备条件。货币的交易和预测制度都是从对所有权的估价开始的,在估价的时候,每个银行家的估价都为所有权的转移创造了自己的货币。

这种货币交易论似乎包含了柯普兰(Copeland)的否定数量货币论的成果,而且比他更进了一步。柯普兰是通过证明价格和贸易

---

[1] 米契尔:《商业循环:问题与背景》,1927年版,第137页。

量（PT）在数量和速率之先否定数量货币论的。① 在他的"交换等式"的计算中，他证明"商品"只占支付的三分之二，其余的三分之一包含了"无形的东西"的支付，例如利息、股息、税捐、债券、股票等等。由于包含了这些"无形的东西"，他得出的结论是，"在大多数时候，PT 先于 MV 是有原因的"。

但是，如果我们用物资和所有权的双重意义来区分一种商品，那么所有权的转移就总是先于物质的生产。这种所有权就如他所提及的其他无形的东西一样"无形"，因为它们指望的都是未来有形的物资，而后者是通过所有权现在的转移来生产和获得的。在现在的交易中，转移的不是物资，而是现在对未来物资所有权的主张权。这适用于商品的所有权，就如同适用于股息、利息、税捐、股份、债券的所有权一样。它们期待的都是未来物资的所有权，无论是生产品还是消费品。如果我们把"交换等式"置于现在时点的交易中，那么永远都是所有权权利的交换等式。在这里，也就是在交易的谈判中，制订的是价格，因为价格是为所有权而支付的，而不是为物资而支付的。

恰巧，柯普兰的"无形的东西"通常关注更多的是遥远的未来，或者说是要获得的最后物资的中间交易，而商品的所有权关注的却是物资生产与消费之前的短期的未来。这使得测量所有权转移和物资出现之间的时间距离变得更为困难但也更加必要。对于区别商品所有权和其他无形的东西的所有权而言，未来时间的*长短*并非是个好的研究话题。所有这一切都是未来的，而交换等式总是一种面向未来的所有权的交换，而不是物资的交换，无论是在现在还是眼前或遥远的未来都是如此，因此我们应该总是预期 PT 要先于 MV。

上述内容表明，在现代意义上，货币是产生于交易的债务创造、转让、解除的社会制度。如果支付是在不值得计量的一段时间中进行的，那我们称之为现买或现卖，它与短期和长期债务的区别就在于省略了债务转让的中间阶段，因此，货币其次才是交换的媒介，

---

① 柯普兰：《货币、贸易和价格：对因果首位的检验》，《经济学季刊》，1929 年第 43 期，第 648 页。

它主要是一种债务创造、转移和消灭的社会手段。

但是作为一种社会制度,如果每笔贷款交易都创造它自己的货币,而且总额每三十天创造和消灭一次,那么货币的定义就应该从静态的数量观念转换为动态的观念。这个转变的过程就是有银行家参与的无数的买卖交易的过程。

我们认为,用动词代替名词的时候,可以把一个过程描述得更为准确。名词很可能引起误会,因为它们给人的是静态的数量印象,而动名词则适于买卖交易,买卖交易实际上就是定价、估价、负债的过程,这个过程创造、转移、消灭和再创造经济量,以及把它们作为价值按照货币量来进行计量。如果不是照字面的意义来创造的,那么价格、价值、债务每一个都是在这样一个时点共同决定的,这个时点就是经济量的所有权因此而达成转移的时点;按照时间顺序集合起来的所有的可变性,就是通过交易定价、估价、负债的过程。

我们已经证明,货币衡量的是稀缺性方面,而当通过把一种经济量的一个单位孤立起来衡量这个方面时,就是它的价格。价格是任何东西稀缺性大小的尺度,无论是商品还是股票、债券、服务,甚至是等待和冒险。

但稀缺性只是结合在一起的价值的几个方面中的一个,必须对每个方面都进行测量,以便确定每种可变性,并因此确定被估价的整个经济量的大小。对无形体的财产来说,这个价值的大小及其相应的债务并非价格这个单独变量的数值——那是我们对霍特里不够重视才可能得出的结论,而是等于交易中大家意见一致的总价值的数值。价值和债务的这个数值是现代短期和长期"资本"的大小,需要进行分析,我们可以把它分解为九种、十种甚至更多种独立的变量数值,每种数值都简化且隐含在每笔买卖交易和每项债务总的货币计量中。因为如费希尔所言,"货币的重要职能之一就是从多样性中得出统一的计量标准"。[①] 这些可变数值中的大部分,我们可以称之为商品或所经营的证券的稀缺性、支付手段的稀缺性、等待的稀缺性、预期的时滞、冒险、商品的数量、商品的种类和质量、财

---

① 费希尔:《资本与收益的性质》,1906年版,第15页。

产权利、买卖的能力。我们把这些简化为了三个变量：使用价值、稀缺性和未来性。

因此，有必要构建一个由这些独立变量构成的交易角度的价值定义，如此构建的价值，在数值上就会跟在这些估价中通过所有权转移所创造的债务本身的数值相同。

古典经济学家因其不能比较而省略了"使用价值"，他们只研究了交换价值，简称为"价值"。但是，如果按照他们可能的意思那样把"使用价值"理解为大家认为有用的物品的客观物理属性，那么使用价值就是容易测量的，而且人们也总在通过许多不同的物质计量制度在测量，譬如说钢以吨计，糖以磅计，面包以块计，电以千瓦时计，如此等等。而且人们还在用日益精细的"分级"制度来计量，从而使得质量上的差异标准化并分了类。

这些物质计量方法的意义在于，无论其稀缺性发生了什么变化，每单位的使用价值总是保持完全一致的（减去折旧或报废）。这个物质的方面是使用价值的产出量，它与具有同样属性的物质单位的数量成*正比例*变动，例如，十亿蒲式耳小麦的使用价值是一蒲式耳小麦的十亿倍。因此，在买卖交易中的使用价值的三个方面，所必须要考虑的是种类、等级、数量、折旧、报废，它们是用物质单位来计量的。

但稀缺性价值是呈反方向变化的，它跟数量成*反比例*变化。正如卡尔·门格尔所言，如果不考虑货币和财产，稀缺性就是所需要的数量和可获得数量之间的社会关系。① 当然，这只是供求之间社会关系的一种说法。因此，稀缺性价值是两种可变数值之间的关系。然而，这两种数值都无法客观地测量。过去，古典经济学家是用自然对人的阻力为单位来测量这种关系本身的，而享乐主义经济学家则是用自然所减少的人的快乐为单位来测量的。但这些都是人格化的。稀缺性的所有权尺度是价格，如同我的一个学生的说法，价格是"稀缺性的标签"。在这里，我们既不直接测量供求，也不测量门格尔所说的需要量与可获得量的大小；我们测量的是两者之间不断

---

① 见前文关于门格尔的论述。

变化着的关系的*结果*，这种关系展现在每笔买卖交易协商一致的价格中。这跟我们测量热量大小的方式有几分相像，我们不是直接测量热量，而是间接测量水银的膨胀和收缩。温度计是一种准确测量热量作用的人工装置，如同货币是准确测量稀缺性作用的人工装置一样。一个是机器，一个是制度。机器测量的是机械的数值，而制度测量的则是所有权的数值。

可是，如同所有计量制度的要求一样，计量的单位必须跟那些被测量的数值具有相似的方面，无论我们是直接测量这个数值，还是间接测量其作用。码直接测量长度，磅通过相似作用的比较间接测量重量。不管哪种情况，都是构建了一个人为的单位，目的是为了用数字语言来计算和比较差异与变化。稀缺性也是这样。人为的数值是支付的手段，其稀缺性也是所需要的数量与可获得的数量之间的一种社会关系。所需要的数量是因为支付而需要，可获得的数量则是由政府、银行和商业机构的共同活动来供给的。还有，我们不能直接测量所需要的数量和可获得的数量，我们能够测量的只是个别买卖、信用和"资本"交易中两者不断变化的关系的作用。因此，价格是两种稀缺关系之间的一种关系，其中之一是货币，货币被划分为了各个方面，目的是为了量度另外一种稀缺关系。

在所有这些关于数值相对变化的测量方法中，如同我们已经做过的那样，我们可以适当使用的是原因和结果的意志术语，因为我们参与的不是总的宇宙复合体，而是测量特殊因素的特殊变化，这些因素是按照限制因素和补充因素的原则从宇宙总体中挑出来的，目的是为了直接指导和控制人类行为。

价格确实是稀缺性的作用、原因和尺度，如同我们在买卖过程中所看到的那样。在这里，意志的过程为人们所熟悉，而且认为是理所当然的。我们使用了两种计量制度：一种是对稀缺性的计量；另外一种是对数量的计量。一个是稀缺价值的尺度；另外一个是使用价值的尺度。小麦的价格是每蒲式耳一美元。为了计量稀缺性，我们自然会假设使用价值的数量是恒定在一蒲式耳上的，于是小麦的稀缺性与购买小麦可获得的货币相关，按照美元的数量和份额变化，这就是它的价格。但是为了计量使用价值的数量，我们很自然地假定价格是不变的，反过来不考虑稀缺性，于是使用价值会随着蒲式耳的数量和份额而变化。当我们把两者结合在一个数值中时，它就是**价值**；价值有两个变量：稀缺价值（或价格）和使用价值（或物资的数量）。

上面所说的价值的这种意义相当于费希尔将价值和价格区分开来后所说的基本原则。① 在与"单位"的意义有关的这个问题上，费特对费希尔的批评是计量理论本身所固有的。一个要测量的东西有两个或两个以上的可变方面时，唯一的办法就是假定其他的因素不变，而对其中的一个因素单独进行测量。其他的因素并没有消失，它们仍然存在，不过它们的可变性被消除了。在买卖的过程中，人们是按照本能这样做的，或者说是明明白白地这样做的。先议定价格，然后再按照那个价格分别议定所要的数量。价格是单位数量的价格，价值是按照这个价格所取得的单位数量的总数。因此，在单位数量的情况下，价值和价格显然是指同一个数值。

但在"单位总值"的情况下，如果把总数的*价值*说成是总数的*价格*，就有悖于惯用法。一辆汽车的"价格"是一千美元，这也是协商一致的汽车的"价值"。但如果是两辆汽车，那就会有两个价格，而两个价格的总数就是两辆汽车的*价值*。如果把一家农场或整个运行中的机构作为一个单位，那么同样的用法也是适用的。为购买这家农场或整个机构所支付的"价格"，也就是这家农场或机构的"价值"。但如果是农场或机构的一个集合体，那它就是这个集合体的"价值"，而不是"价格"。

之所以产生价值和价格的这种差异，并不仅仅因为市场价值和市场价格存在数量上的差异这唯一区别，而是因为**价值**是一个有两方面内容的概念（省略了未来性），它具有两种不同的因果关系：一个作为稀缺价值（或者价格），决定于供求；一个作为使用价值产量的大小，这个使用价值是交易之后的劳动过程创造出来的。

同样的推理适用于单位完全相同的替代商品。假定使用价值的数量保持一蒲式耳不变，那么小麦的"价格"就是大家协商一致的

---

① 见前文对费希尔和费特的论述。

价值的供求，或者说是价值的稀缺性的方面。只有对这一蒲式耳来说，价格和价值才是相同的，但对于多于一蒲式耳或者说对于一批农作物而言，另外一个方面，也就是使用价值这个物质的方面，则是可变的，适用于这个单位集合体的术语是价值。

因此，在买卖过程的所有的定价和估价场合，可以说，各方都是明确地或者是按照习惯自然而然地要测量价值的两个方面的：先假设一种习惯的或法定的使用价值单位，然后用价格测量稀缺性的方面；再假设一种大家同意的单位价格，然后用物质单位来测量物质的方面。两者结合起来就是估价，其结果（包括未来性在内）则是价值、"资本"及其等值的债务。

这是货币在种类上不同于商品的原因之一。它是一种计量标准，每笔交易都涉及两种合法的计量单位：一个是支付的单位；一个是履约的单位。履约的单位量度的是必须交货的商品的数量，这是在交易中商定的；而支付的单位量度的则是必须付款的商品的单位价格。两者的乘数就是价值，等于交易所创造的两种债务。没有这些合法的计量单位，现代商业就无法进行。如果一个人想把自国王任意改变单位的那个时代以来的商业，解释为经济学家对合法计量单位以外的东西的运用，那是不被允许的。在家庭经济学中可以这样做，但在商业经济学中不能这样做。这是"制度"经济学的特点之一。制度经济学用它的行为准则来代替心理和劳动的经济学，因为计量单位是强制性的制度，而不是心理学或罗曼蒂克历史的想象。

当费希尔用一蒲式耳小麦这个说辞来举例说明他对"数量、价格和价值"的分析时，我们理解，这只不过是说明需要有一个共同的单位进行价值计量，因为就其所有的实际计量而言，所用的都是货币单位。①

甚至维塞尔在心理学领域也是同样的情况。在回应费特的挑战时，费希尔可以把维塞尔作为其"新奇建议"的"先行者"加以引证。维塞尔关于**价值悖论**的那个著名章节，② 恰好就是费希尔的概

---

① 费希尔：《资本与收益的性质》，第14页。
② 见上文关于维塞尔的论述。

念，不过它的根据是随着商品数量的递增而递减的边际效用。然而，由于他的"边际效用"只是价格的人格化，所以他的"价值悖论"不过是大家所熟悉的、取决于价格和数量这两个变量的价值概念。因为价格或者"边际效用"随着数量的增加而递减，因此我们也可以得出结论：如果数量的增加超过价格的下降，总的*价值*就会提高；如果价格的下降快于数量的增加，那么总的价值就会降低。这就是两百多年前由格利高里·金（Gregory King）根据货币计算出来的"价值悖论"公式，① 在所有的商业和统计学中，这都是公认的价格、数量和价值之间的关系。当十九世纪的劳动和心理学把经济学家引入了幻想和巫术的歧途时，是对原来格利高里·金的商业意义的一种背离，而且迫使费希尔到1907年还说他的公式"有点偏离经济学的用法"。实际上它并没有偏离商业或法律的用法，也没有偏离常识。

然而价值还有其他的意义。由于货币的一般购买力不稳定，所以有一种意义是经济学家和大众惯用法都要求的。因为货币对于量度稀缺性而言，不是一个像码或蒲式耳量度数量那样的稳定的单位，它更像是个气压计，它表示气压的指针必须随着海拔高度的每一次变化而矫正。货币矫正的方法是大家都熟悉的。经过计算消除货币一般购买力的不稳定性，关键在于把现在所有的价格都转换为一个基点的水平，比方说如1860年或1913年那样的物价水平。这种购买力的倒数被人们合乎情理地称为"货币的价值"，它随着价格平均值的上升而下跌，而随着价格平均值的下跌而上升。

但价值的这种意义不是穆勒所谓的"一般购买力"的意思，后者把货币作为同类型的"可以购买的商品"中的一种包含在内，对一种东西的所有权可以通过货币加以支配。它也不是这段话中所暗含的"价值可以用任何一种财富、财产或服务来表示，而任何东西的价格总是用货币来表示"② 的那种意思。在这里，"财富、财产、

---

① 参见格利高里·金：《英国商人》；又见其所著的《自然和政治评论》，1802年再版。
② 费尔柴尔德（F. R. Fairchild）、弗尼斯（E. S. Furniss）、巴克（N. S. Buck）合著：《经济学的基础》，1926年，第一卷，第24页。

服务"大致包含了货币，价格并不是在类型上有所不同，而是财富或财产价值的特殊案例。如此一来，价值的意思跟穆勒的意思是一样的，把货币作为可购买的商品之一包括在内了；相反，"货币价值"这个词不过是货币价格总额倒数的一个简称，表示的是货币作为一种计量单位偏离稳定性的程度，这我们可以称之为价值的购买力的意义。

与价值的交易意义和购买力意义密切相关但又有所差别的，是通常由**名义价值**和**实际价值**表示的区别，正如我们说到实际收入或实际工资时，是与名义收入或名义工资相对的。实际价值的这个意义，与穆勒把价值作为交换价值的意义最为接近，也最为接近按照"财富、财产、服务"得出的价值意义。但它在本质上是不同的，因为那些意义将货币本身作为一种可购买的商品之一包含在内了。但"实际价值"却把货币作为某种不同种类的东西完全排除了，因此它是"名义的"，尽管在交易和购买力的意义上它并非是名义的，它跟买卖、债务和资本的现代意义一样，是"实际的"。然而，农民或拿工资的人希望知道，他能够从出卖小麦或劳动中购买到多少商品。他只有把货币价格抛开才能计算出这个数量。古典经济学家和效用经济学家用劳动或快乐代替货币，实际上是努力要排除的就是这种"名义价值"的意义。这一点，现代统计学几乎要排除了，但并没有真正排除。它之所以要这样做，并不是因为货币是名义的，而是因为要到达不同的目的——测量财富分配的变化，而货币就是测量的手段。

价值和价格的另外的意义涉及像"评价价值"这样的伦理或心理因素，属于我们所谓的谈判心理，原因在于，在任何交易中，如果变为可计量的方面，它们就是货币估价。把所有这一切都考虑在内，我们就有了三种不同的价值意义，但每种意义都基于这样一个认识，那就是货币与那些所有为货币而买卖的东西在类型上是不同的。一种是作为价格、数量、未来性贴现倍数的价值的交易意义，因此是与债务和"资本"等值的。另外一种是作为价格总额的购买力的意义。第三种是作为实际价值的价值的分配意义，以货币价格作为财富分配的手段。贯穿这些意义的是这样几个原则：以价格为尺度的稀缺性，以物质单位为尺度的使用价值的数量，以及价格乘以数量为总额的价值。

但价值还有另外一个可变的内容，在前面的叙述中已经包含了这个内容，而经济学就是随着这第三个方面运行的，这就是**时间**的计量。但是在估价的交易性过程中，时间都是**未来的时间**。未来性在等待和获利（冒险）两个方面发挥作用。这两个方面都有一个贴现的内容，由于这一点，交易发生法律效果的现在的时点，假如与预期得到的结果的未来的时点之间不存在间隔，那么一个未来数量的现在的价值就会少于其货币的数值。我们已经区分了未来性作为利润贴现和利息贴现的作用，它们两者都是高度可变的。但如果两者的之一达到百分之百的贴现，那么现在的价值就完全消失了，产业就会裹足不前。1929年7月之后，导致差不多所有产业萎缩的是利润贴现，而不是利息贴现。

冒险和等待是通过两种不同的时间意义的方法发挥作用的，商品经济学家对此没有加以区分，这从他们未能对利润和利息加以区分就可以看出来。一个是事件预期发生的时点的重复，一个是产生利息的两个时点之间的间隔，这是时间"流"和时间"段"之间的区别，大家不是什么时候都能区分清楚的。预测是预期得到的风险，而等待则是预期得到的延迟，两者合起来创造了银行。**未来性**的这两个方面事实上是分不开的，因为银行家也是预测者，但两者在计量上又是可以分开的，甚至在银行家和其他生意人的劳动分工上也可以分开。

事实上，所有具有价值的商品在空间上或多或少地都有距离，在时间上或多或少地都是未来的东西，就如"欲望"、"需要"这些词所表示的那样。如同"满足"这个词所表示的那样，当不再需要的时候，它们已经从现在的时点进入了过去。

在价值的未来性这个方面显然存在"距离相隔的行动"，这就是价值的心理学理论的依据。然而，一旦经济学家认识到"效用"和"非效用"是稀缺性的心理学上的人格化，那么他们对心理学的所有需要就只是未来性的方面。因此，价值从交易角度的定义就变成了有目的的定义，原因在于它涉及了未来性。实际上，整个价值的概念显然是意志的而不是机械的,因为价值是对未来预期的某种东西的一种现在估价,无论这种未来是指眼前、短期还是长期的未来。这种心理的作用是意志的统一原则,这种原则在某种程度上把所有的可变因素组合到了一起,由于意志本身是高度变化的,因此人们也许可以称之为另外一个价值的变量。但这是多余的,因为心理的可变性无法测量,无论它有什么样的影响,在对未来性的各种计量方法的帮助下,都已经包含在谈判中了。

那么,未来性必须要栖身于主观心理上吗?存在不存在一个"客观的"心理让它可以依托?不借助于哲学的或理性的客观性学说,存不存在一个经济对象,它既是心理的又是客观的但并不是一种商品?它必须是这样一种东西:不依赖于进行估价的个人的感觉和意志就把未来与现在联系在了一起。如果存在这样一种东西,那么在构建它的时候,在每笔买卖交易中不依赖个人的意志就把未来与现在联系在了一起,那它就属于严格意义上的客观性的范围。事物不是为了"客观"就必须是物质的,它只需独立于个人意志就行。有了这样的理解,那么所谓客观的东西就是集体的行动,我们可以将它作为政治经济学的研究对象。

第一个主张这种研究对象不是物质的东西而是财产的是麦克劳德。麦克劳德是按照律师的职业语言在说话,而律师出于职业的目的,认为足以把财产和财产权利作为相同的东西看待。然而,财产这个词在适合经济学的分析中涉及了三个可分离的概念,即稀缺性、未来性以及由集体行动所造成的权利、义务、自由和风险的承担。预期非稀缺的东西都不是财产,预期稀缺的一切东西很快就都会由集体行动带进财产权利的意义范围之内。当预期的波长导致使用权利的冲突时,甚至连空气都会实行定量配给个人专用。

正如我们已经注意过的,在美国对公用事业的估价中,财产的这个稀缺性—未来性的内容已经得到了一个自己的特殊名称,这就是"无形财产"或"无形体的价值"。无形财产是拥有预期的经济量的权利,这种经济量是按照从商品或服务的预期销售中获得的价值来衡量的;一种立法行为如果"不合理地"把价格降低到了公用事业公司将来要收取的费用水平之下,那么就会被法院认为是对其财产的没收，它所没收的是预期的稀缺性价值。

这种"无形财产"与麦克劳德的"无形体的财产"肯定不同。无形体的财产现在必须区分为一种债务，这是债权人迫使债务人偿付特定数目货币的权利，其中包括作为征税权威的**国家**。但无形财产是完全不同的种预期，例如商誉、专利、铁路估价、持续经营的权利、进入劳动市场的权利，其估价取决于数量和价格的预期，而数量和价格则是从由集体行动控制下的未来交易中得到的。因此，通过这种流通性机制，甚至无形体的财产也变成了"无形财产"，因为现在债务具有了一种市场价值，也就是债务的"价格"，这个价格会随着长期债务、短期债务、即期债务的相对稀缺性的变化而起伏涨落。债务的这种市场价值就是其稀缺性价值，或者说是价格；债务市场上的"无形财产"正是这种市场价格，它如同商品、服务、劳动的预期价格既是无形财产又是其他出卖者在其他市场上的无形体的价值一样。它们的"无形"就是它们的稀缺性和未来性，其预期就是财产，它们的尺度是价格，它们的"客观性"既是资本的现代意义又是集体行动，而独立于个人意志的集体行动创造了财产权利。

因此，无论是有形体的财产、无形体的财产还是无形财产，财产的意义都是四重的：有用性、稀缺性、未来性以及权利、义务、自由、风险承担等集体的法律关系。它意味着占有、保留、让与、获得和不受干预的权利。这就是买卖交易的定义。购买财产的时候被转移的是这些所有权关系的全部或一个部分，被交换的不是物质的东西，而是一种劳动过程，更准确地说，转移的是权利、义务、自由和风险的承担；从心理学的角度说，这些都是对未来预期的转移，但这种转移在现在的买卖交易中具有一个贴现的价值。

把无形体的财产称为商品，并且认为无形体的财产可以离开对未来商品或货币的主张权而独立存在，这是麦克劳德所犯的一个错误。他跟一般律师所做的一样，没有把商誉、专利这种无形财产跟债务这样的无形体财产区别开来，原因在于两者都是可以出售的。这类无形体财产在可分配的意义上同样也是一种"商品"。麦克劳德的双重错误源自于他的不正确的**时间**概念。然而，如果像律师麦克劳德和其他所有律师所知道的那样，财产权利不过是一种制度安排，目的是为了确定对未来的预期，从而通过在将来迫使他人交割商品、支付货币、克制对市场和价格的干预等，把未来的商品、未来的价格、未来的货币与现在连接在一起，那么这样一来，财产权就跟商品本身一样客观了。因为甚至商品都只是指未来的商品，而财产权指的却是其他人交割商品、进行支付的未来行为。其他人的这些未来行为在这个意义上是客观的，这不是因为它们是物质的商品，而是因为它们不受个人意志的约束。而且，这样定义财产权就不会把一件商品计算两次了，一次是作为商品，另外一次是作为对商品的权利，它们计算的是同一个商品所有权的未来和现在。

有了对时间作用和客观性意义的这些修正，麦克劳德的基本命题就正确了。制度经济学的研究对象有别于工程经济学和家庭经济学，它的对象不是商品，也不是劳动或任何物质的东西，它的对象是确定财产权利、义务、自由和风险承担运作规则的集体行动；这些是买卖者现在的预期，在关系到商品、劳动、货币或其他任何现在预期具有未来用途和稀缺性的东西时，社会会负责他们买卖活动的估价在未来由他们本人或别人来实现。

这正是价值另外一方面的可变因素。这是对集体行动将通过习俗、法律、权利和自由来进行的活动的预期，而这些活动是通过法庭、行政当局、董事会、委员会以及包括管发行的中央银行来执行的。价值的这个可变因素通常被认为是一个恒量，因为价值是一个名词，它不是一个估价的过程。但不仅俄国证明它是可变的，而且美国的法律史也证明它是富于变化的。我们不会直接测量它，我们会通过它在现在的交易中对货币估值的作用来测量它。

因此，我们买卖的不是商品，而是它们的价值，而这些价值是对经济量的货币量度；我们买卖的不是物质的东西，而是对未来的东西合法控制的预期。这种合法控制就是预期的集体行动。

经济学家自然会反对关于价值和价格的这些法律上的定义，认为这是表面上的东西。他们所要的是其下的真实性，并且真实性是存在的，那就是人类所想望的所有"物品"的*未来的*真实性。这种预期的真实性是紧随着买卖的估价而来的。还需要两个更进一步的步骤：一个是要求偿付、履约和不干预的法律程序；一个是在所有者的命令之下进行的商品制造、运输和交货的技术程序。它们的估价变成了大家所熟悉的谈判心理，而谈判心理现在是在估价的过程中处理交易并在现在的交易中被公式化的，其当事人是在对政府、产业和银行业稳定性的期待下希望获得未来可靠的真实性。

通过价值协议进行合法控制权的买卖活动是一个非常的心理过程，只有心理学的语言才能解释这个过程，因为它的本质是**未来性**。但所需要的心理是劝说、强迫、命令、服从、恳求、争论的谈判心理，而不是商品的快乐和痛苦。交易的每一方都要面对他们自己的竞争者，也要面对对方的竞争者，而且他们是受自己的需要和各种选择所驱使的。这意味着初步的谈判；对初步谈判的法律分析可以分解为劝说或强迫、公平或不公平的竞争、平等或不平等的机会、合理或不合理的价格，所有这一切都是由稀缺性、预期以及当时当地的习惯上的和法律上的规则所左右的。于是，当劝说、公平、平等以及合理这些条件不能满足或者被置之不理时，代表集体的法庭就会通过历史上著名的损害赔偿学说，把这些谈判解读为一种报价和接受，这种报价和接受创造了债务，并且由上述的价值的各个方面来决定和衡量。

因此价值的经济概念以及实际上现代**资本**的概念，跟科学上的其他概念一样，经过了好几个历史阶段才达到了一种用数字表述的纯粹相对性的学说标准。它从通俗而原始的某种物质上客观的东西起步，然后转变为某种非常主观的东西，后来又增加了未来时间的因素，最后又接受了财产的概念，那是稀缺性、未来性以及权利、义务、自由、风险承担的客观等价物，而权利、义务、自由、风险承担则是稀缺性的集体作用和原因。有了先前为大家所接受的计量单位为基础的数学的介入，这些可变因素，不管是直接还是间接通过它们的原因或作用，开始被结合成了对人与自然、人与人之间变化的经济关系不断变动的数值用数字表示的计量。在这个过程中用了三种计量体系：使用价值的物质计量，稀缺性的货币计量，预期风险和等待的货币计量。共同的估价就是通过这些预期进行的。

估价的这九种或十种因素以及它们等值的债务，可以归纳为三项内容：稀缺性，表现为商品的稀缺性、支付手段的稀缺性、等待的服务的稀缺性三个方面；数量，表现在使用价值的种类、质量和数量上；未来的时间，表现在等待和冒险的贴现上，其中冒险可以细分为自然风险、个人风险和集团行动的风险。

因此我们得出了一个从交易的角度对价值及其等值的债务所下的定义，这甚至是对现代资本的定义，这个定义是由稀缺性、使用价值、贴现这些可变因素构成的，它们综合起来的可变性被折合成了借出和账户的借方。

这样，我们就从心理学过渡到了有形体的、无形体的以及无形的财产，这就是现代的**资本**和**资本主义**。就在美国法院构建无形财产的概念的同时，经济心理学家正在构建一种相应的心理学，这在费特身上达到了顶峰。他的心理经济学有无形财产的许多特质，但是因为它是个人主义的，所以无法具有机会均等、公平竞争、讨价还价能力均等以及正当的法律程序这些制度概念。所有这一切都包含在了交易的货币制度、价值的货币意义以及社会的集体行动中了。

七、利润的边际

关于利润在国家或世界经济中扮演的角色，有两个不同的问题：一个是动态的问题，即让机构运行的是什么东西？另外一个是静态的问题，即利润的制造者因为让机构运行在**国民收入**中得到了多大的份额？前者我们称之为*利润盈余*，后者我们称之为*利润份额*。

关于利润的两种衍生和从属的关系，我们区分为*利润率*和*利润收益*。利润率是按照所发行的股票的票面价值计算的比率；利润收益是股份的收益，或者说是按股票的市场价值计算的分红率。如果按照股票票面价值计算的利润率是百分之六，那么股票按照百分之二百卖出时，按照市场价值计算的利润收益就是百分之三，或者说是股票按百分之五十卖出的时候利润收益是百分之十二。[1]

---

[1] 关于研究的领域，见爱泼斯坦（Ralph C. Epstein）的《美国的产业利润》，1934年版，国家经济研究局出版。

从投机者和投资者的私人观点来看，这些从属的问题相当有趣，但从社会的观点来看，这些问题却是双重的——利润盈余是如何让国家运行或停滞的？**社会**为这项服务付出的代价是太大了还是太小了？一个是程序的问题，另外一个是这个程序是正当的还是有罪的问题。这两者通常是分不开的。两者都是具有社会重要性的问题，因为利润制造者是所有其他阶级的出纳。那么，让机构保持运转和公正地分配产出，哪个更重要呢？

贯穿十九世纪和二十世纪，从李嘉图和马尔萨斯在这个问题上发生分歧开始，关于繁荣和萧条更替原因的这两个基本但对立的学说就是可以区分的。一个我们称之为*利润份额*学说，另外一个我们称之为*利润盈余*学说。两者都是基于这样一个根本的事实，那就是在产业上具有法律控制权的生意人，由于有了这种控制权，成了决定生产和消费是否会继续、扩张或终止的人。左右他们的动机是**利润**。各种公司现在在制造业领域甚至控制了总生产的大约百分之九十，而且实际上几乎控制了除农业之外的其他产业的所有生产，这些公司完全是为了适应这种利润动机由法律创造出来的。个人也许有其他各种动机，但当他们进入公司之后，所有其他动机都抛开不谈了。公司是利润制度，就如同教堂是信仰制度、家庭是爱情制度一样。

按照法律上的控制权这一根本事实，利润份额论者认为，国民收入中归于所有权的收入（例如地租、利息、利润）太多了，归于消费者的收入（特别是工资和薪水）太少了，因而消费者不能买回他们作为劳动者生产的所有产品，因此才会有生产过剩，结果是商业的萧条和失业。这就是马尔萨斯的理论。

利润盈余论者认为，商业萧条和失业的原因是企业家不能在所有的费用之外稳定地获得足够的收益从而使他们获得利润，并且在免受损失和破产的情况下继续经营。这是李嘉图的理论。

马尔萨斯学派利润份额论的四个阶段，我们将区分为**消费阶段**、**储蓄阶段**、**股息延迟**、**销售延迟**等不同的论点。

另外一方面，利润份额论经历了两个主要阶段：第一个阶段假设利润盈余只有靠削减工资来维持；而后来的观点认为，只要价格水平没有降低反而保持稳定，或者比工资增加得还更快，那就有可能在工资增加的同时保持利润。前者是李嘉图的学说，后者是从维克塞尔学说中推衍出来的观点。

利润盈余是各种用途引起的全部负债总额和全部产品销售所获得的总收益之间的差额。这种边际通常被描述为"销售利润"或"净利润"，而为了销售而引起的全部负债的总额通常则被描述为"已售货物的成本"或者是生产成本。既然利润和亏损是不断变化的资产与负债的差额，那我们就可以用制度名称"负债"来代替古典名称"成本"。

可是，在这个方面，我们将对营业边际和损益边际进行区分：营业边际即营业净收益，税赋、利息、利润都是从中产生的；而损益边际则是营业并支付税金、利息之后纯损益的净收入。因此，我们要考虑几种附带的利润盈余，其中的三种我们分别称之为应税边际（付过利息之后）、财务边际（付过税金之后）、价格边际，或者说是价格变动对利润盈余的作用。①

下面的百分表（见表9－2）是一个典型的收益表，就我们现在所关心的目的而言，这个表将简要地说明这些不同的边际之间的关

表9－2　　　　　　　典型的收益表（百分数）

总收益			100
销售总额	98		
其他收益（利润缓冲）	2	100	
生产成本			90
营业费用	85		
折旧与报废	5	90	
净营业收益			8
税金			1
应税边际（含税金和利润）			
利息支出			1
财务边际（含利息和利润）			
损益边际			6
（销售利润）			
利润缓冲（其他收益）			2

---

① 其他的利润盈余将在后文考虑，这些章节的内容分别是"自动的复苏和管理的复苏"、"意外和失业"、"关键交易和例行交易"。

系，而且在某种程度上可以作为"利润的边际"之后的各节大纲。与利润份额进行比较的正是这些可变的利润盈余。

(一) 利润份额

利润份额取决于我们所谓的利润指的是什么。共产主义者和早期的经济学家并没有对利润和利息加以区分，但我们现在要进行区分。利息是由法律来执行并且在契约中加以规定的支付。法律保证债务人会偿付，只要他有资金，否则的话法律会宣布他破产。利息是债权人和债务人之间的一种法律关系，但利润不由法律来保证。利润是买者和卖者、借者和贷者、雇主和雇佣劳动者之间的一种关系，其中的任何一方都有交易和不交易的自由，而且由于其他人也有交易或不交易的自由，因此他们中的每一方都要承担获利或亏损的风险。它是法律所允许并执行的一种"自由—承担风险"的关系。利润的获得是通过低物价时的买进交易（低价购进原料，或者低工资、低利率、低地租）或者高物价时的卖出交易实现的，如果程序反了，结果就是**亏损**。

因此，那些对公司和企业拥有合法控制权的人一般总在追求利润，唯恐亏损。所以他们的工作是双重的：**预测**和**计划**，而那些获得纯利息的人只是**储蓄**和**等待**。① 利润是预测和计划活动的结果，在私有财产制度中，这是那些能够创造利润的人获得产业合法控制权的原因；如果他们不能创造利润，那他们就会通过破产而丧失合法控制权。所以，当我们问利润*份额*是多少的时候，我们实际上是在问国家给**预测**和**计划**活动付出了多少报酬；而当我们问利润盈余是多少的时候，我们实际上是在问个体的企业家和公司在偿付了他们的债务之后还剩多少。

柯普兰采用金氏（W. I. King）创造的计算方法，估算出 1925 年

---

① 正如以前我们说过的，股东在等待的同时也在冒险，如同债券的持有者在冒险的同时也在等待一样。如果统计学足够精确的话，那么我们就有可能进行更为精细的区分，但我们不得不满足于假定红利是纯利润的一部分，而贷款利息则是纯粹的利息。

商品和服务的国民总收入的可能价值是八百二十亿美元,但这包含了还没有计入货币体系的"非现金"项目,例如自有住宅的租金价值、已经估算但尚未用货币支付的利息、在家中消费掉的产品。这些非现金项目的价值有八十亿美元,所以估算的货币收入是剩下的七百四十亿美元。这些货币收入分配如下,见表9-3。①

表9-3　　　　　　　　　货币收入分配(1925年)

	项　目	单　位 (10亿美元)	百分比
1.	工资	308	42
2.	薪水	149	20
3.	养老金、津贴、补偿金	11	1
4.	雇员份额总计	468	63
5.	租金和特许权费用	58	8
6.	利息	39	5
7.	股息	41	6
8.	财产收益	138	19
9.	企业家收回利润	137	18
10.	总计	743	100

因此,根据这些计算,我们可以看到,雇员作为工资和薪水得到了国家货币收入的将近三分之二(百分之六十三),百分之八是作为租金和特许权得到的,百分之五是利息,归于利润的份额大约是国民收入的四分之一(股息百分之六,利润百分之十八)。

但是,这四分之一的国民收入包含了这样一些所有者的估算收入,例如农民和非公司制机构,他们在公司里不是股东,但如果他们曾经是雇员,那他们就会获得工资和薪水。根据金氏估价,如果他们的利润分为*纯利润*,那么与他们作为工薪阶层或律师、医生、股东所得到的*劳动收入*相比,纯利润只会是四十亿美元,劳动收入会是九十五亿美元。包括股息在内的纯利润大约会是百分之十一

---

① 柯普兰:《近来的经济变动》,国家经济研究局,1929年,第二卷,第767页。

(百分之六是股息，百分之五是利润），而利润获得者的劳动收入大约会是全部国民收入的百分之十三（24 - 11 = 13）。

可是，不理会利润与工资薪水的这种比较没有什么不对的。企业的所有者不会因为他自己的工资或薪水而变成对自己负债。他所承担的得不到工资和薪水的风险，跟得不到利润的风险是一样的。实际上，他以利润形式得到的收入的数量，可能不超过甚至远远不及他支付给其他人的工资或薪水。但那是在数字编就以后的回顾，而不是经营企业的方法。企业所有者是向前看的，他可能称之为工资或薪水的东西，如果他得到了，也是合并在他偿付完所有的债务后剩下的预期利润盈余中了。换句话说，为了经营自己的企业以谋求利润，他因工资、薪水、租金、特许权费用、利息而对他人负债，然后通过先见之明和计划，他得到了自己的机会，获得了未来的他自己的工资或薪水，当然不是以工资或薪水的形式，而是作为利润形式获得的。利润的边际不仅是纯粹的利润，它也是企业家假借利润形式投入的工资和薪水的边际。

因此，我们可以回到金氏的计算方法中，如果不求十分精确，那我们可以估算出，像在1925年的一年中，劳动所获得的工资和薪水是国民收入的百分之六十，而财产所有者和企业家则得到了国民收入的百分之四十。如果这百分之四十再细分的话，那么百分之九是租金，百分之六是利息，百分之二十五是利润。换句话说，按美元计算，如果国民总收入是七百五十亿美元的话，那么劳动的份额大约会是四百五十亿美元，财产所有者的份额是三百亿美元，后者再细分为七十亿美元的租金、四十亿美元的利息、一百九十亿美元的利润。

显然，如果劳动只获得了产品的百分之六十，那么以货币形式归于工资和薪水的这个*份额*就不能购回全部产品。

基于这个显而易见的事实，马修·沃尔（Matthew Woll）在代表美国劳工联合会讲话的时候得出了以下的推论。

"自从有了大规模生产之后，产量一直在稳步上升……工资总额已经下降了……这些趋势的结果就是购买力的总体持续减少，越来越不能满足它的需要，或者说不能靠购买来消除日益增长的产出源流……劳工政策可以用几个字来说明：必须让大众消费跟上大规模生产的步伐……国家的头等需求就是让人民大众的生活水平越来越高，不仅要提供充分且不断增加的就业，而且还要把促进社会进步作为一项国家政策。"①

这一论点的线索源自于1837年之后的罗德波图斯（Rodbertus），这个论点的两个阶段，我们称之为马尔萨斯学派学说的顺序的社会主义和工会阶段。差别在于，社会主义者在这方面追随的是罗德波图斯而不是卡尔·马克思，他们主张通过政府的行动来实现购买力的增加，而工会主义者则主张通过自愿的劳工组织来完成这一任务。

马尔萨斯创立自己的学说是作为从1815年之后的萧条和失业中复苏的手段，但罗德波图斯创立的学说则是作为萧条和失业的原因，② 后来霍布森（Hobson）和其他一些人信奉了后者的理论。根据罗德波图斯的理论，地主和资本家吸取了技术生产力日益增加的产出以供储蓄和投资，因此劳动者不能购回他们所生产的产品以供消费，结果就是生产过剩、失业、物价下降。要防止这些现象，只有通过政府建立一种标准的工作日并随时重新调整工时和工资，这样才能保证劳动者在日益提高的劳动生产力中获得相应比例的份额。

更为近代的社会主义者刘易斯（Alfred Baker Lewis）回顾了社会主义观点的三个阶段，大意是，为了防止失业，应该减少归于财产的份额而增加归于劳动的份额。我们略微修改了他的用语，将该理论的这些阶段称为消费阶段、储蓄阶段和股息延迟阶段。我们把这个理论的第一个阶段确认为共产主义阶段，第二个阶段确认为社会主义阶段，第三个阶段确认为工会阶段。我们还增加了由福斯特（Foster）、卡钦斯（Catchings）、哈斯廷斯（Hastings）共同阐述的第四个阶段，我们称之为该理论的销售延迟阶段。*利润份额*学说的整个

---

① 马修·沃尔：《美国政治与社会科学院年鉴》，1931年第94期，第85页。
② 参见马尔萨斯：《政治经济学原理》，1821年版；《李嘉图致马尔萨斯书信集》，博纳（J. Bonar）编辑，1813～1823年；罗德波图斯：《劳动阶级的需求》，1837年版；霍布森：《失业经济学》，1922年版。

序列，我们命名为马尔萨斯—罗德波图斯序列，以区别于我们称之为桑顿—维克塞尔序列的*利润盈余学说*。

1. **消费和储蓄**。在这个理论的共产主义阶段，所得出的结论是，一切财产收益，包括租金、利息和利润，都应该用共同所有制予以废除，以便劳动者以工资或薪水的形式获得产品的区别价值。据称，这一补救措施会消除失业。关于这一理论的共产主义阶段，刘易斯说：

> "关于周期性的商业萧条，人们执意主张的解释是，把这些萧条归咎于我们的产业生活中利润的地位和存在所引起的一种普遍的生产过剩。按照早期社会主义者不成熟的说法，这一理论是这样认为的：由于地租、利息、股息、利润以及工资和薪水都是从产品中支付的，所以工人们不能取得他们所生产的全部价值，因此工人们也不能买回他们生产的全部产品。诚然，工资和薪水的总额会少于所生产的全部价值，因为产业的所有者以财产收益的形式拿走了产品的一大部分。但对于早期社会主义者的这个观点，人们立刻回应说，以地租、利息、股息、利润形式获得收益的那些人同样也消费商品，实业所有者用掉的他们的收益，足以买回工人的工资和薪水无法购买的那一部分总产品。"①

刘易斯说，面对财产所有者也是消费者的上述论点，社会主义者的"回答是，跟工人相比，实业所有者倾向于花费收益的较小部分，而将收益更大的部分用于投资，正是他们的储蓄和投资容易引起与总产品相比的消费者购买力的不足，或者换句话说，引起普遍的生产过剩"。关于这一论点的第二个阶段，刘易斯说：

> "对于这一理论而言，最根本的难点在于，它认为储蓄只是目的不同的花钱方式。既然用钱不一定导致生产过剩，那么似乎不存在任何恰当的理由认为储蓄要对生产过剩或

---

① 刘易斯：《新领袖》杂志，1930年11月9日。

消费不足负责。储蓄和投资的人也在花钱,尽管他把钱花在了资本设备或者是用在了住宅这样的耐用消费品上,但这跟在消费行为中这个人把自己的钱用于立刻或至少很快就会消失的消费品上没有什么两样。甚至当一个公司通过增加自己的资本设备进行储蓄的时候,它只不过是通过支付工资给进行产业生产和装配资本设备的人来花自己的钱,它并没有把钱作为股息支付给股东,后者接下来会花掉这个钱。当然,他们是间接花掉这些钱的,方式是支付工资给那些为生产股东决定要购买的东西的工人。换句话说,储蓄只不过是用钱购买生产品(资本设备可以作为典型的例子),而不是用钱购买消费品。因此,储蓄的净效应造成了这样一种倾向,即让劳动流入生产资本设备的产业,而不是流入生产消费品的产业。

"例如,一个富翁决定用掉自己的钱,他也许会用他的部分收入购买一艘游艇,这会导致劳动流入生产享乐用的游艇的造船厂。他也许会购买国际商船公司的有价证券,那会导致劳动流入那些生产货船或客船的造船厂,而不是流入生产享乐用的游艇的造船厂。储蓄和花钱之间本质的区别是,国家的生产力流入的方向不同,无论如何,对这些生产力产出的总需求都不会必然减少。所以,这一点似乎是很清楚的,那就是增加资本设备的行为本身不会导致任何的生产过剩,或者是导致消费者购买力的普遍不足。

"如果在某一年中用于增加资本设备的储蓄比另一年有显著的增加,那么净效应就有可能造成某些生产资本设备行业的活动的下滑,但这并不是不断发生的萧条时期的特征。因为周期性商业萧条的主要特征是所有产业都萧条,它们的活动都低于正常水平,而不是某些产业陷入衰退而另外一些产业却保持繁荣。"[1]

---

[1] 刘易斯:《新领袖》杂志,1930年11月9日。

2. 股息延迟。于是，刘易斯放弃了劳动和资本的份额*同时*变化会造成就业或失业数量差异的观点，转而陈述我们所谓的这一理论的**股息延迟**阶段，作为当利润花掉时在*时间*上的一种差别。他说：

> "在派生利润的产品售出之前，利润是不可能进行分配的，因为在此之前还没有得到利润，利润甚至在此之前就不存在了。当然，适用于利润的道理也适用于股息，因为股息不过是分配公司所得利润的方式，部分地租与利息也是这样分配的。这个事实很重要，因为它意味着企业从某一特定年份（或特定季度）获得的利润，不能用来购回当年所支付的工资不能买回的当年生产出来的那部分产品。换句话说，如果1928年生产的产品的一半分给了工资和薪水，一半分给了利润和股息，那么产品的一半，也就是利润那一半，就不能用来购买1928年的产品了，因为它要到1929年才能分配。"

如果利润是每季度或每半年分配，那么适用的也是同样的原则。我们可以用"特定的时期"代替他的"年度"这个词，这样做并不影响该理论的正确性。

但是也可能有人反对，刘易斯说："上年度赚得的利润在接下来的年度分配之后会被用于那一用途。换句话说，1927年的利润不是在1927年而是在1928年支付的，然后它们被用来买回1928年的那部分产品，这是1928年所支付的工资不能买回的。"

刘易斯说，如果某一年当年的产出跟前一年的产出一样，而且两年的份额是同样的，那么这种反对意见就是结论性的。

> "假定1928年的产品是五百亿美元，其中的一半，也就是二百五十亿美元分配给劳动，另外一半分配给利润和股息，那么全部产品将会售出。因为尽管利润的二百五十亿美元要到1929年才能支付出来作为有效需求在市场上发挥作用，但1927年作为利润所赚得的到1928年才支付的二百五十亿美元，将弥补这个差额。"

但这种连续两年产出相等的情况并不是实际情况。刘易斯说：

> "让我们接下来假定,1929 年的生产有所增加,那么产品就不是五百亿美元,而是六百亿美元,分配的比例跟前面一样,一半是利润,一半是工资和薪水,那么,可用来购买 1929 年六百亿产品的是三百亿的工资加上前一年所赚得的但在 1929 年才分配的二百五十亿利润,这样,就剩下了五十亿的东西没有卖掉。"①

他把这个例子进一步运用于第三个年头,并且指出,随着每一年产量的增加,卖不出的商品就会积累起来,由此他得出结论:

> "显然,只要生产比上一年持续增加,卖不出去的商品的数量就会按照这样的方式一年一年地增加。这些商品会以不断增加的存货的形式留在零售店里,留在批发商的手里和仓库里,而成品和原料两种增加的存货也会留在制造商的手里。"

然后,刘易斯非常准确地说明,零售商手里未售出的商品是如何到处发挥不利作用的。

> "当然,手里卖不出去的商品的存货不断增加,最后的结果就是零售商削减他们向批发商的订货,接下来批发商会减少他们对制造商的订货,制造商会减少生产,将工人解雇或缩短他们的工作时间,并且大大减少他们向农业购买原材料的订单。"

刘易斯还进一步说明了商业重新兴旺的原因。他说:

> "诚然,制造商所诉诸的解雇员工或缩短工作时间的政策,会由于减少购买力和生产而加剧并延长萧条,但即使失业的人也是要吃饭的,即便是丢了饭碗他们也还是要消费东西的。他们从银行里取出自己的积蓄,靠人寿保险政策借钱,所得到的钱无论如何都会让商品在某种程度上得到流动。在相当大的程度上,工人都会从邻近的商店里得

---

① 刘易斯:《新领袖》杂志,1930 年 11 月 9 日。

到赊取的商品，这样商品就会流动，但相当长的时间都不会有货币从另外的方向流过去。

"而且，在萧条时期，有些生意还在进行，只是没有利润，甚至实际上是亏损的。这样一来，分配给消费者的购买力的数量，要比在那种情况下所生产的那部分产品的数额要大。所有这些方式会让积压的商品存货逐渐减少。购买的活动最初是以无隔宿之粮的方式进行，量大了以后，产业又开始恢复了。"①

最后，刘易斯得出了同样的补救措施的结论，这些结论是社会主义者论点在第一和第二阶段中所主张的，最初他否认了其正确性。他说：

"因此，显而易见的是，利润和其他与利润同样的支付方式，例如股息，应对周期性负责，资本主义的特征就是充斥着这样的周期性。

"从这种推理线索中得出的实际的结果是，任何类型的政治或产业计划，只要倾向于减少归于股息和利润的份额，那么增加支付给工资和薪水的份额，就会倾向于减少我们周期性的产业萧条的严重性，或者延长它们之间的繁荣时期，或者两者都延长。转移我们的税金负担，让更多的负担落在利润头上，或者增加因对利润的额外税金支付的社会服务，或者针对减少利润的管理价格，所有这些措施都会趋向于减少失业。同样可取的结果也可以来自于加强劳工组织力量的任何措施，这样就可以让他们通过有利的集体工资协议，在某种程度上增加产业以工资形式支付的产品的比例；这种结果也可以来自于扩大经营产业的非利润方式的范围，例如生产或消费合作社，或者是国有或国营。"

上述关于**股息延迟理论**的说明，很少或根本没有提到**未分配利**

---

① 刘易斯：《新领袖》杂志，1930 年 11 月 9 日。

润和公司盈余的处理。显然，还没有宣布为股息的利润并不像收藏钱币那样闲置在公司的钱柜里，它们不是由公司用来购买商品和劳动用于扩建厂房或更新折旧，就是作为存款留在银行里以便贷给其他企业购买商品和劳动，再不就是暂时投资于正在购买商品和劳动的其他公司的有价证券。当宣布股息时，唯一发生的事情就是把那么多的购买力从公司的手里*转移*到股东手里。股息延迟理论存在谬误，因为未分配的利润用于购买商品和劳动，在数量上跟利润作为股息分配是同样的。

3. **销售延迟**。因此，福斯特、卡钦斯、哈斯廷斯共同提出了利润延迟理论的第二个公式①，也就是销售延迟理论。按照哈斯廷斯发表的最全面的观点，其说法大致如下：

"……商业机构作为一个整体，除了从外部来源所得到的所有货币之外，其所支付的货币的数量，与它们所生产的东西的价值并不相等……即使商品的生产者同时按照与其产量总的销售价格提高后同样的数量增加支出，但这种购买力的增加也不会跟商品同样快地到达市场，因此，也许会有卖不掉的商品积压下来，直到新的货币流在零售市场上达到其全部的数量……既然追求利润的商品生产者不是在商品生产出来的时候就支付这一利润，而只是在商品销售之后才支付，那么在开始增加生产的时候，他们就不能支付跟商品的销售价格相等的数量……利润规模落后于生产规模的这一暂时的延迟以及商品相对价值的调整……容易导致卖不出去的商品积压……原材料的成本并不总是当时就支付的。这个事实有时候会阻碍债权人，使得他现在的支出无法跟他正在生产的商品的全部成本和利润相等……有组织的**原材料生产者**、**半成品生产者**、**批发商**、**服务和无形商品的生产者**，也无法使现在的支出与现在所

---

① 哈斯廷斯：《成本利润及它们与商业周期的关系》，1923年版。又见福斯特和卡钦斯：《货币》，1923年版；《利润》，1925年版；《没有购买者的商业》，1927年版；《富裕之路》，1928年版。

生产的商品或服务的价值相等……因此……不使用的利润和'不当'使用的利润，共同代表了商业复苏和活跃时期所赚得的利润当中的相当大的一部分，它们要对这一时期卖不出去的商品的积压负责，即使没有其他任何因素趋向于产生同样的结局，但最终不可避免的后果仍然是商业危机。"①

福斯特和卡钦斯扩展了这个论点：

"通常所谓的'生产过剩'这个令人沮丧的结果，也许称之为'消费不足'更为恰当一些。不过无论叫它什么，主要都归于两个原因：第一，是实业没有支付给消费者足够的钱，使他们无法购买增加的产量；第二，在储蓄的必要性之下，消费者甚至连实业支付给他们的钱都不能全部花掉，而且他们没有任何其他的收入来源。"②

从利润的销售延迟理论得出的结论，与消费、储蓄、股息延迟理论已经注意到的关于消费者购买力不足的那些结论是很相似的。雇佣劳动者的购买力必须增加，以便他们可以先于③企业家的利润购买全部产品，而企业家的利润则在其产品卖出之前是不能成为购买力的。

但我们可以证明，这一销售延迟的理论跟股息延迟理论同样谬误，我们取而代之的是与其相反的观点，可以称之为是利润的*销售预测*理论，或者代之以与后者意义等同的利润*风险贴现*理论。

（二）销售预测

显而易见，工资和薪水是在产品销售之前支付的，有时候是在

---

① 哈斯廷斯：《成本利润及它们与商业周期的关系》，第6、9、11、14页。
② 福斯特和卡钦斯：《没有购买者的商业》，第167页。
③ 购买力在于每天或每小时的高工资价格这个观点似乎是存在争议的，其实购买力更多地在于稳定的就业。更确切地说，购买力在于*年收入*，而不是每天或每小时的收入。见下文关于自动的复苏和管理的复苏的论述。

三十天之前，有时候是在三十年之前。那么，企业家是如何得到货币以便在产品销售*之前*支付工资和薪水的呢？不到产品卖出之后，工资和薪水的确不能支付，正如不到产品卖出之后利润无法确定、股息无法公布一样。

在产品销售出去之前就使得工资和薪水能够支付并用作购买力的，是银行制度。使得利润可以在产品销售之前就用作购买力的，也正是这种银行制度，而利润、工资、薪水、利息、地租都是从产品销售中得来的。这种银行制度是按照商业银行和投资银行两种方式运行的。商业银行供给实业*经营*所需要的资金，投资银行则供给实业*资本设备*所需要的资金。

商业银行使得企业家在产品销售之前就可以购买原料、支付工资，这是通过我们已经描述过的货币预测制度来完成的。被贴现的不仅是未来利息的支付，而且还有考虑到未来风险的未来利润，现在因支付原材料和工资的钱要少于当产品销售出去时将会被接受的预期价格，因此贴现就是通过这个过程完成的。拿我们使用过的那个简化公式来说[1]，预期六十天内可以卖到六万美元的产品，经过利息和利润的双重贴现（利息六百美元，利润六百美元，共计一千二百美元）后，现在的价值是五万八千八百美元。可能存在种种的不确定性，但为了简化起见，我们把它们都忽略了，因为在这里我们只关心一般原则，即利润是只在商品卖出去*之后*才变成购买力，还是在商品卖出去*之前*变成购买力。构成对现在的商品和劳动购买力的只是每笔交易中*已实现的*利润，还是每笔交易中的*预期的*利润？如果变成购买力的只是每笔交易中*已实现的*利润，那么很显然，归于利润的份额就会延迟于生产，这样就会有卖不出去的商品的剩余逐渐积累起来。但是，如果决定现在购买力的是预期的利润，那么与工资作为购买力的延迟相比，在生产之后，就不再存在利润作为购买力的延迟。

然而，为了理解利润延迟与利润预测理论之间存在的问题，我们还需要对银行制度的机制进行分析。我们可以问一问：是不是也

---

[1] 参阅上文。

不存在利息延迟？银行家什么时候得到六百美元的利息，当他得到利息之后会用它来干什么？通过贴现过程，他显然在产品销售之前的六十天就得到了利息。银行家已经给自己的客户贷了六十天之后偿还的六万美元款额，但在账簿上，他让自己对商品的销售者负责的只是见票即付的五万九千四百美元。① 这六百美元的差额，就是未使用的银行的信用②，这笔钱银行可以贷给任何其他的制造商，其他的制造商可以把它作为一个存款账户，然后用来购买原材料和支付工资。通过这个贴现和转移银行存款的过程，这六百美元的利息早于特定商品销售的六十天，被其他的雇主用来购买其他的原材料和工资，而从特定商品的销售中，购买六万美元商品的第一个制造商的消费者偿还给银行的本金和利息，将在六十天内支付。

因此，如果商业兴旺，就不存在利息的延迟。利息的数额是按照原材料和工资的价格 *低于* 制成品的预期价格预先规定的。而这些利息实际上是被其他的制造商在别处用于创造对劳动的需求，它不是在自己的工厂里直接创造，就是通过对原材料的需求间接创造。

利润也是如此。但在这里我们必须引入运行中的机构的概念。在前面的例子中，我们挑了一个六十天期限的单笔贷款交易，但这只是无数不断重复自身的类似交易中的一笔，如果所有的商业都照常运转，那么种种交易就会在其他的运行中的机构中发生。假定这个特定的机构每天生产和销售价值六万美元的制成品的话，那么一年中的每一天都会因提前六十天的贷款和约定实现六百美元的利润。每天能够实现这六百美元的利润，是因为制造商在六十天前预先支

---

① 而且，按照银行业的惯例会希望借款人保留一个余额，按照菲利普斯（Philips）的估计，这个余额平均达到了贷款额的百分之二十。在这个例子中，这个数量就是一万两千美元，那么留给借款人的就只有四万七千四百美元，留给银行的这一万两千六百美元随后可以贷给其他的制造商。实际上，为了拥有一个五万九千四百美元的活期存款账户，这个制造商得贷款七万两千美元。见菲利普斯的《银行信贷》，1920年版。但这些考虑均不适用于我们简化后的例子。

② 相当于霍特里的"未支用余额"（unspent pargin），见霍特里的《现金与信用》一书中的注释⑥。

付在原材料和工资上的钱，要少于他现在从制成品上得到的钱，原因在于先前的利润贴现。

他用每天的这六百美元的利润盈余来做什么呢？他会把它用掉或存起来。利润是以从向许多银行里提取出来的支票的形式来到他这里的，这些支票他存进了自己银行的贷方账户。如果他提取出来是作个人消费，那么他就把利润直接或间接地用在了雇用劳动力上面。但如果他把利润储存起来，那他可以用两三种方式：他可以把利润作为贷方存款留在自己的银行账户上，这种情况下，银行就可以把它贷给其他的企业家用于雇用劳动力；如果他已经因为贷款而对银行负债了，那么他增加的贷方存款就减少了他对银行的净负债，但是它也以同样的数额减少了银行的即期债务，而且如果银行还没有达到其法定的储备极限的话，那银行就有不小的回旋余地，可以把第一个制造商减少自己净负债的这六百美元贷给其他的制造商。无论是哪种情况，这个制造商都已经储蓄了他的利润，而且通过商业银行把它贷给了其他的制造商，他们可以用这笔钱立即雇用劳动力、购买原材料。

哈斯廷斯跟福斯特、卡钦斯一样，都反对把银行贷款的支付看做是购买商品和雇用劳动力的货币支出。他说：

"这个机构还给银行的这笔钱可以被贷给其他的制造商（或者甚至再贷给同一个制造商），以作为商品生产的资金，因此，它最终是会到达一个消费者手里的，但只有把它支付给另外的商品生产者之后才会这样。所生产的商品的价值，与商品生产者所支出的购买力之间的差额，会依旧存在。因为这个原因，我们不认为银行贷款的支付就等于货币的支出。"①

在这里，显然残留了这样一个谬误的观点，那就是认为是消费而不是储蓄创造了对商品和劳动的需求。由银行贷给另外一个制造

---

① 哈斯廷斯：《成本利润及它们与商业周期的关系》，1923 年版，第 95～96 页。斜体字非原文所标。

商的这笔贷款是利润的"储蓄",在商品的生产中,会作为购买力立即用于购买原材料和雇用劳动力,而所生产的商品在后来将会被其他的制造商销售出去,不会等到它到达消费者手里。

而且这样支出的购买力,与所生产的商品经过贴现的未来销售价值的*现在*价值,是大致*相等*的(考虑到了预测的误差)。例如,在我们的例子中,现在的价值是五万八千八百美元(减去了利息贴现和利润贴现),这是在销售之前六十天支付给原材料和劳动力的数量,所以*在购买的时候*,所支出的购买力当然跟所购买的原材料和劳动力的价值是一致的。在六十天里它会更值价,但银行机制和预测贴现关心的是这个差额。

或者制造商不让银行把等于其利润数目的钱贷给其他的制造商,出于自己企业的支付目的,他可以从自己的账户中把钱提出来,这跟他为了个人消费把钱取出来是完全一样的。他可以把它作为"未分配的利润"在自己的企业中进行"再投资",这种情况下就意味着,他在扩建厂房或扩充其他设备的时候用这笔钱来雇用劳动力;或者他可以在自己的产品销售之前直接用它来支付业务工人的工资,而不是从银行借钱来预先支付。这种情况下,在他的账簿的资产方面将会出现"在制品"或"存货"这样的项目,大致跟他支付给他们的价值相等。

或者,在最后,如果在三十天或六十天的时间里,他已经把制成品卖给了消费者,那么在他的账簿的资产方面就会出现"应收款"这个项目,但在负债方面却不会出现相应的对银行的债务,因为他每天六百美元的利润实际上已经贷给了消费者,而他对银行的债务也如数减少了。但是,由于购买了原材料却没有付款,因此在他的账簿的负债方面会出现"应付款"的项目。

如果他的债务人偿付他们欠他的债务,那就会减少他的"应收款",他们是通过付给他银行支票来做到这一点的,他可以把银行支票存入自己的银行,这样就可以增加他自己的活期存款账户,在购买原材料和劳动力时随时支用。另外一方面,如果他要通过偿付欠其他制造商的债务以减少自己的"应付款",那么也是通过自己银行的支票来做到的,其他制造商也可以把支票存入自己的银行,在购买原材料和劳动力时就可以立即支用了。

哈斯廷斯还反对这样一个观点:"应付款"的减少就是作为购买力的货币的支出。他说:

> "最后,我们会有这样一种可能性,那就是一百美元(现金方面的增加)有可能用于减少**应付款**。如果这笔钱所付给的那个机构因为成本和利润在先前所支出的货币与所生产的商品的价值完全相等,那它将不必在本期的全部支付之外再支出这笔钱。这一百美元甚至可以用来归还银行的贷款,因此就不会打乱购买力流量与商品流量之间的平衡。然而,因为这种购买力被冻结在了与其的应收款上,因此债权机构不能完全支出所需要的数量并不是不可能的,尽管现在也可以补上这个不足,但跟这笔钱已经同时用于商品生产的支出还是不一样的。"①

由于未能认识到银行机制和预测贴现,这里又是支持销售延迟谬误的储蓄谬误的残余。当这个制造商将他的一百美元用于减少应付款账户时,他通过开出自己银行的支票,把一百美元的存款转移给了他的债权人,而他的债权人把钱存了之后,在自己的银行账户上就增加了一百美元。这相当于通过增加银行对他的一百美元的即期负债,从而减少了他一百美元的银行贷款。

这一错误源于这样一个观念,那就是债权机构以前不能支出所需要的全部数额,因为它的购买力冻结在了应收款上,应收款被"冻结"的唯一理由是因为它们是"呆账"。如果它们是有把握收回的债款,那就不会被冻结,它们就是他的资产的一部分,凭借着它们,银行会按照一定的贴现预付给他购买力,他可以立刻用它来购买原材料和劳动力。

这种预付款通常可以按照两种方式获得:一种是"客户信贷";一种是把应付款按照一定的贴现出售给银行。客户信贷构成了美国

---

① 哈斯廷斯:《成本利润及它们与商业周期的关系》,1923年版,第96页。斜体字非原文所标。

国内银行业务的一大部分，尽管应收款不是卖给银行的，但银行却了解应收款，它们构成了客户资产，银行为凭此"支持"客户，通过贷款和相应的活期存款账户，在应收款支付之前贷给客户必要的数额。因此，在商品售出之前应付款并没有"冻结"购买力，它们正是银行机制在所售出的商品偿付之前预付购买力的基础。

银行预付的另外一种方式，是按照一定的利息风险贴现，把这个应收款实际卖给银行，银行给这个卖方账户创造一笔存款，大小相当于这笔款的未来面值减去贴现。这方面的一个例子是商业承兑汇票或"双记名票据"，使用这种票据的时候，商品的买卖双方在票据到期的时候都有偿付的义务。在这里，"应收款"从银行客户的资产中消失了，在它的位置上仅仅是一个"银行现金"存款，可以立即用来购买原材料和劳动力。在这里，又是利润延迟和利息延迟都不存在。银行机制的创立的明确的目的就是为了防止这种购买力的延迟，它使得人们在生产过程中以及商品销售之前就创造出了购买力。

而且，再说一次，这种购买力大致等于（考虑到预测误差）所生产商品的*现在价值*，因为它们的现在价值不是别的，正是在生产的过程中，按照它们现在的价格购买原材料和劳动力时实际所支出的购买力的数额。它将*按照现在的价值*"购回"所生产的一切，当未来价值变成现在价值的时候，也是同样的道理。预测贴现和银行机制提供了按照产品的现在价值计算的偿付手段。

因此，如果业务正常进行，那么不管是通过商业银行，还是通过在自己企业的使用，一切利润都可以立即作为购买力用于购买劳动力，无须等到商品销售出去，也无须等到利润转化成股息。我们在两个方面对利润延迟理论进行了改进：一是用*结束交易*代替了*股息分派*；二是用运行中的机构的*重复交易*代替了它自己孤立对待的单一交易。

用交易代替股息分派的这种办法，使得我们加强了过去我们已经阐明过的关于交易意义的说法。[1] 在时间上它有一个开始和终止：

---

[1] 见上文关于结束谈判和结束交易的论述。

开始我们区分为**终止谈判**，终止我们区分为**结束交易**。

开始是在人们认为两种所有权转移谈判生效的日期和时点。无论最后完成的是哪一项，交易的终止都是在履约或支付的日期和时点。这最后的日期就是交易终止的日期，因为交易创造了两种债务：一种是履约的债务，这种债务在商品实际交割并收到时解除；一种是支付的债务，这种债务是在货款收到时解除。

交易也可以立即结束，在这种情况下两种债务都立即被偿付了，而且这是一种为了得到"现金"的销售。在这里，履约和偿付之间的间隔如此之短，以至于一般都不把它作为债务看待，但它仍然是一种债务，只不过是间隔太短，不值得为了计算利息贴现或利率去计量它。在履约和偿付之间的时间过去之前，交易是不可以结束的。这样的债务是可以转让的，在我们的例子里，交易是在六十天的期满时结束的。据估计，在美国，这种商业交易的平均周转率是十五天左右，或者说是每年周转二十六次。① 这意味着，交易期间每十五天的利润盈余是能够了解的。与此同时，这些利润盈余要么变成存款贷给其他的制造商或再投资于生产扩张，要么被用作营业费用，包括资产重置。无论哪种情况，它们都被"储蓄"起来了，而这种储蓄是一种利润储蓄的持续的重复，因此也为通过生产或建设来形成利润创造了一种雇用劳动力的持续的重复。

同样的道理也适用于为建造厂房和购置机器设备所发行的长期债券。这类的交易要等到十年、二十年、三十年期满才会结束，到底多久要根据具体情况而定。在这里，如果要准确计算的话，那么我们期望贷款的期限与设备的期限在某种程度上就要相符；产品是靠设备的运转创造的，接下来设备的运转的资金，则是由短期的商业贷款交易所提供的。新设备会有折旧，如果其寿命预计是十年，那么就会发行一笔为期十年的债券，债券要承担每年偿付的利息，同时每年要为债券准备偿债基金，或者是相当于本金的十分之一的设备折旧基金，在设备用坏或报废的时候，将结束这笔贷款交易。

据说，一家大型的汽车制造商有这样一项政策，每年按照百分

---

① 见上文关于从周转到反复的论述。

之二十的比率"折价"其机器设备，所以到五年期满的时候机器设备就完全"损耗"掉了，报废是主要的理由。当竞争对手正在装配新的、更有效率的机器设备时，这家公司如果还在使用五年前的旧机器的话，那么就无法竞争。如果这家公司用五年期的债券借到了这笔钱，那它就会预期每年拨出相当于本金百分之二十的偿债基金。① 但是，既然它没有借这笔钱，那么就会因为折旧和报废的原因，从自己的资产中每年"折价"百分之二十的机器设备。无论哪种情况，这家公司都必须补偿自己的损耗，但它主要是通过在汽车定价的时候把全部的折旧和报废作为一般的管理费用分摊到每辆汽车头上来做到这一点的。如果通过每年折价机器原始成本的百分之二十的方式来完成的，那么这个数目将通过对资产负债表上的资产以及收益表上的利润的扣除来显示。如果用偿债基金的方式来完成，那么这笔账将作为一笔资产出现，它将抵消由于五年期的债券而引起的同样数目的负债，不过偿债基金资产是从减少利润配给方面获得的。

无论哪种情况都是把利润保留下来，而不作为股息转移给股东。单纯"把机器折价"就是按照那个数目"储蓄"其利润的，除了预期的时间长短不同外，这个过程与商业贷款或利润再投资没有什么区别。正是汽车的未来价格和数量，或是贴现为现在价值的其他产品，与银行机制一道，使得现在的利润被"储蓄"了起来。一般而言，这是一个减少原材料购买、减少机器或厂房建造、减少雇用劳动力或者支付更低的价格和工资的过程，这样就会把现在总的债务或负债降低下来，使其数量低于从未来的成品销售中获得的预期的总的货币收入。利润一赚得就"储蓄"起来，利润被储蓄起来之后，就会在制成品销售之前用于购买劳动力；只有没有被储蓄的余额才会宣布为股息，然后被股东"用掉"或"储蓄起来"。

因此我们得出的结论是，由于银行的利息制度和对利润贴现的预测，因而利润作为购买力并不存在什么延迟，就跟工资作为购买力不存在延迟一样。利润在生产的同时就可以用作购买力，这跟工

---

① 复利会让这个数字略微有所改变。

资在生产的同时就可以用作购买力是一样的。

销售延迟理论是因为货币的"流通"理论才看似有道理。正如我们已经看到的,这一理论是由法国的魁奈首创的,在1758年的法国,商业银行还不为人知,构成"通货"的只是金属货币。在魁奈看来,货币就是一种商品,跟谷子和小麦一样,它从买方"流到"卖方是为了换取产品。当纸币取代金属货币的时候,它也是作为一种"流通媒介"在转手"流动",使商品流向相反的方向。

这个比喻很贴切。魁奈是从血液循环中得出这个比喻的。显而易见,在只存在金属货币或纸币的情况下,消费者除非钱袋里确实有物质的金属铸币或纸币才能购买。公司的股东也只有股息以金属铸币或纸币形式宣布的时候才能将自己的利润作为购买力使用。制造商在他的产品真正卖出去并获得金属铸币或纸币之前,是无法用他的销售利润购买任何东西的。① 有了一个从金属货币时代继承下来的货币理论,如果把它发挥到极限,那么就只有雇佣劳动者在他们生产的时候才是他们产品的购买者,而且由于他们只能以制成的消费品形式购买这些产品,因而他们就不可能购买生产这些消费品时所用的全部原材料。在他们生产这些消费品的时候,他们对消费品的购买也不可能支付那些只生产原材料的其他劳动者的全部工资。

这种物质流通概念的现代形式——自魁奈以来它已经历经了几个世纪,而且是所有不理解商业银行和投资银行机制的人的日常经验——出现在下面对福斯特、卡钦斯的引用中。在绘制了一张跟一百七十年前魁奈著名的"货币的循环流动表"非常相似的图表之后,这两个作者说:

"有些货币很快就能完成这个循环,有些货币则比较慢。正如图表所示,一部分消费者的收入直接用在了个人

---

① 这是托马斯·孟(Thomas Mun)的观点,1628年他提出了债务的流通性,目的是为了在等待的那个时候回避这种需要,直到商人能够利用销售形成额外的购买并因此提高流通速度前获得铸币为止。见托马斯·孟的《英国得自对外贸易的财富》(1664年,也可能是在1628年前撰写完成的)。

服务上,而另一部分则支付给了个人,用于购买二手汽车和其他的'旧商品',也因此从一个消费者直接转给了另外一个消费者。但是消费者所花费的大部分货币,要经历一个较长的过程才能回到消费者手里,部分花在新商品上的钱,例如,花在一双鞋上的钱,到了批发商的手里;部分钱到了制造商的手里;部分钱到了制革工人的手里;部分钱到了饲养牲畜的农民手里;部分钱到了收割机的生产者手里;部分钱到了工程的技工手里。它们如此才回到了消费者手中。在从消费者回到消费者的循环中,花在这双鞋上面的有些钱经过的手要比我们的例证中还要多,有些则要少一些。鞋的零售商以周薪的形式立刻支付给其店员的那部分钱很快就完成循环。以现金形式放在一边的那部分钱,作为制鞋商的未分配利润,可能要经过比较长的时间才能完成循环。我们称为货币循环时间的是所有的货币从一种消费用途流到另外一种消费用途所需要的平均时间。"①

这种物质的类比只适用于金属或纸币时代,而不适合于商业银行及其支票账户。它是产业的"现金购物自行运送"计划,它适合于工资袋和钱夹子。这种"流通中的货币"由种类繁多的铸币和纸币构成,由于限制了供给,因此每种类型都与黄金保持了票面价值的等值,而且每种类型都是一项专门的研究,可以在过去七十年的法规中回溯自己的历史。

所有这些"流通中的货币"在购买商品和支付债务的时候,实实在在地从这个人手里转到另外一个人手里。但十分奇怪的是,这四五十亿美元的货币在流通中支付的几乎不多于全部购买额的百分之十到二十。全国全部买卖交易总价值超过百分之八十到九十的都是以银行支票支取存款为手段完成的。② 不过即便如此,但所有这些

---

① 福斯特和卡钦斯:《货币》,第306页。
② 斯奈德(Carl Snyder)在他的《商业周期和商业计量》(1927年版,第134页)中估计这个数字是百分之八十,其他人估计高达百分之九十至九十五。

流通都来自于银行，而且已经包含在存款者账户的借方了。这些"存款"是银行家的过期债务，因此是见票即付的，这种存款由银行创造，其专门的目的是为了购买企业家*尚未到期*但可在未来特定的时间支付的债务。除了在很小的程度或范围经过背书之外，提取这些存款的支票并不流通，它是一种命令，要求银行家在自己的账册上把银行的一笔见票即付的债务（存款）转移到另外一个人的贷方。这个纯粹的命令实际上在一切交易的全部价值中都是购买力，通常支票只存在一天或两天，但使得支票成为可能的贷款或贴现则能存在一天、三十天、九十天甚至更长的时间。

因此每笔贷款交易都创造了它自己的货币。例如，一笔商业承兑汇票以及单个的银行与买家或卖家的交易。一个钢铁制造商以每吨四十美元的价格卖给一个农业设备制造商一千吨轧钢，六十天付款，由农业设备制造商"承兑"的债务就是四万美元。银行家以百分之六的贴现或六十天百分之一的利息购买这笔债务，在他的账册上给钢铁制造商的贷方开立一笔三万九千六百美元的存款。已经在同一银行建立了存款账户的农业设备制造商在六十天到期的时候，用支票支付自己欠银行的四万美元的应付款，交易就结束了。

在农业设备制造商能够付款之前，这笔交易就为钢铁制造商创造了三万九千六百美元的购买力，另外的四百美元银行可以贷给（假定他在自己的法定准备金限额内）另外的制造商，这笔钱可以立刻动用。在六十天里，钢铁制造商的这笔存款作为购买力支出了，但又回到了银行被记入账户的贷方，又可以支出；但六十天到期的时候，设备制造商通过减少自己的存款四万美元偿清了这笔贷款，银行也还清了自己的储户。就这笔交易的进行而言，在交易开始的时候，它会在银行的账册上显示为一笔四万美元的贷款，一笔三万九千六百美元的存款，一笔四百美元的盈余；在贷款偿付之前显示的是同样的账目。但当设备制造商还款的时候，贷款和存款都偿清了，只留下银行自己的盈余四百美元。这笔交易创造了它自己的货币，没有任何"流通"。有的是购买力的创造、持续和消灭，简而言之，是"周转"，而这些又取决于对价格和数量的预期。

把这种假设的单独一家银行的过于简化的交易乘以一年中数以

十亿美元甚至千亿美元的类似交易的重复次数,加上全部银行及其票据交换所,我们所具有的就不是一个货币的*流通*系统,而是一个货币的*预测和重复*系统。在对生产和销售所增加的价值增长的预期中,每笔贷款或贴现交易都在创造和消灭它自己的货币;或者反过来说,在*生产时期*它自己产品未制成状态下的现在的价值,就是其*销售时期*未来价值的贴现。在基础产业中,农民、矿主、木材商预期会销售给面粉厂、鼓风炉制造商、家具制造商,这些厂商接下来预期销售给批发商,批发商卖给零售商,零售商最后卖给最终的消费者。在全部的过程中他们都在给下一个生产过程提供原料,直至到达最终的消费者手里。在全部过程中,在未来生产过程中所购买的是这些原料的*预期*价格和数量,在进行未制成商品的生产中,这些都按照较低的价格和工资被贴现的。

  银行业是跟这个生产过程齐头并进的,而且使每个生产者在他们不借款而垫付的资金之外都会*预先*得到所需要的购买力,所得到的购买力是按照其*预支的未来价值的现在价值*计算的。消费者的货币并不流通,在每笔交易中,它都会被预支、贴现和偿清,在天然资源中都可以追溯到其源头,在银行制度的帮助下,这些交易中的每一项都在创造并消灭自己的货币。

  因此不存在购回所生产的全部产品的购买力的缺乏,也不会因为雇佣劳动者没有得到他们所生产的东西的全部价值作为其工资,或者因为储蓄所引起的就业不如同样数目的钱花在消费上引起的就业,或者因为股息不支付就变不成购买力,或者因为每笔销售的利润在商品赢利之前不能变成购买力,因而造成购买力不足。认为国民收入中归于利润的份额太大是造成无法销售的货物积压从而失业的原因,基于这个认识的所有观点都是错误的。我们必须在其他地方寻找生产过剩和失业的原因,这个原因我们不会在利润的份额中找到,而是在*利润边际*和预计货币预测制度的误算中去找。

(三) 就业延迟

  我们现在需要考虑可以被称为由购买力不足造成的就业延迟理论。如果劳动者是因为技术进步而造成的失业丢了饭碗,那么劳动在全国产品中所体现的份额就会减少,所减少的数量就是如果他们会被雇用而得到的工资。因此,效率的提高不仅会取代劳动者的位置,而且这种取代所起的作用,又会起到减少他们作为一个阶级购买已经就业的劳动者正在生产的东西的购买力。

道格拉斯(Paul H. Douglas)已经对**永久的因技术进步造成的失业**和**暂时的因技术进步造成的失业**作出了重要的区别。① 关于前者,他得出的结论是,"永久的因技术进步造成的失业是不可能的"。他说:"就长期而言,经过改良的机器和更高的管理效率不会让工人永久得不到工作,也不会造成永久的因技术进步而形成的失业;相反,它们提高了国民收入,使得所赚得的钱和个人收入的水平都有所提高。"

即便技术进步不但不会引起永久失业,而且还会提高各个阶层的生活水平,但是正如人们常说的,人不是生活"在长远中",人是一天天地生活的,因为技术效率的改进而造成的暂时失业会降低生活的水平。

但这两个问题必须分开来看。一个问题是,更高的生活水平就他们自身利益而言真是他们想要的吗?另外一个问题是,维持较高生活水平所需要的较高的工资,是不是就比维持较低生活水平的较低的工资能提供更多的劳动就业?在上述关于归于资本和劳动的*份额*的讨论中,我们已经回答了这些问题。出于政治和社会的理由,更高的生活水平就他们自身利益而言是符合他们的心意的。但是,高工资并不比低工资能提供更多的劳动就业,因为在后一种情况下,归于地租、利息和利润的较大的份额所雇用的劳动力,与同样的份额如果作为工资支付所雇用的劳动力是一样多的。但现在我们要从另外一个视点,也就是从全国效率的增加的角度来考虑这两个问题。

根据道格拉斯所引用的联邦储备委员会的算法,1929年的人均产出比1919年高约百分之四十五,平均每年效率提高了百分之四点五。道格拉斯说:

---

① 道格拉斯:《技术进步造成的失业》,《美国联邦主义者》(1930年8月);又见《技术进步造成的失业》,《泰勒协会会刊》,1930年12月号。

"伴随这一提高的是制造业所使用的雇佣劳动者的人数减少了百分之十,因为1919年的就业人数是九百万,但甚至在1929年萧条之前,就业人数大约就只有八百一十万左右了……不仅唯独制造业如此,而且采矿业的人均产出也增加了百分之四十到四十五……在原煤业的就业范围内,损失的时间更是大大地超过了这个数字。如果按照每个工人吨英里来计算,那么我们的铁路工人的效率就只有略微的增加,但就业人数却减少了大约三十万,或者说减少了百分之十五。最后,由于采用了拖拉机、康拜因和其他类型的农业机械,以及使用了更好的耕种和牲畜饲养方法,因此农业方面每个工人的产出的提高都超过了百分之二十五;但根据农业部的估算,这十年中,差不多有三百八十万人离开农村去了城市,他们中间至少有一百五十万的男子和妇女是有资格就业的。

"因此,这四个基础产业的就业人数大致下降了二百八十万,假使他们按照与1919年同样的人口比例继续就业,那么就会增加二百多万工人在这些产业中的就业。"①

如果有三百万劳工由于生产效率的提高而被解雇,如果劳工得到的平均工资是每天四美元或者说是每年一千二百美元,那么很显然,劳工作为一个阶级,其购买已就业劳工正在生产的东西的能力,每天被减少了一千二百万美元,或者说,每年被减少了三十六亿美元。这种购买力的不足会持续到劳工在扩张的产业中找到工作为止。但是,由于新产业的兴起和新工作的创造都需要相当长的时间,因此就会存在一种就业延迟,在此期间,作为一个阶级的劳工,在购买保持就业的那些工人所生产的增加产品方面,其购买力是不足的。

道格拉斯对这种就业延迟给出了四种原因:(1)工厂里货物的更低的价格以更低的零售价格的形式影响到消费者需要时间。(2)新扩张的产业创造出足够数量的工作供被压缩的产业解雇掉的

---

① 道格拉斯:《技术进步造成的失业》,《美国联邦主义者》(1930年8月)。

工人就业需要时间。（3）工人从被压缩的产业转移到扩张中的产业需要时间。（4）工人不愿或不能改做扩张的产业中不同类型的工作，以及不愿或不能改变居住地点。他还增加了第五个原因，但那不是失业的原因，而是较低生活水平的原因：（5）即便是劳工最终转移到了一个扩张中的产业，但他所得到的工作往往工资较低，而且不如他所离开的那个工作那么让人满意。

最后，道格拉斯建议用七种方法减少**暂时的因技术进步造成的失业**：（1）更好的预测。（2）更好的计划。（3）劳工替代的速度放慢。（4）公共职业介绍所。（5）职业培训。（6）退职金。（7）失业保险，为此可以增加**公共工程**。近些年来，大家对这些补救措施给予关注是很正确的。这些措施的目的就是为了缩短就业延迟，使劳工可以尽可能快地在新的或扩张的产业中就业，在这些产业中不但他们的生活水平能得以恢复，而且他们增强了的购买力将会创造出一种对商品和劳动的需求。

但*就业延迟*同时也是一种*生产延迟*。回到我们的例子，如果劳工的购买力因为技术进步造成的三百万工人失业而每年减少了三十六亿美元，如果假定劳动在新的产业中的份额继续保持百分之六十，而财产所有者的份额仍然是百分之四十，那么为了恢复充分就业，从这些新的或扩张中的产业中产生的一个新的产品必须创造出六十亿美元的销售价值。如果如同我们做过计算的1925年那样，所有产品总的销售价值为七百五十亿美元，那么这就意味着销售额要增加到八百一十亿美元。但是，各种*份额*仍然是一样的，百分之六十归于劳动，现在总计是四百八十六亿美元，而不是四百五十亿美元；百分之四十归于财产所有者，现在总计是三百二十四亿美元，而不是三百亿美元。跟过去一样，所有这些新产品都会被归于工资、地租、利息、利润合起来的份额所购买的量，但现在出现的情况却是，由于效率的提高以及同样的人数充分就业，所有阶级的生活水平都会被提高。劳工的暂时失业消失了，原因是资本的暂时失业消失了，但它是在更高的生活水平的基础上消失的，因为全国的效率都提高了。

因此，"就业延迟"与"利润延迟"是迥然不同的。利润延迟是一种谬误的理论,认为在生产的时候不能用利润来买回产品。但是,就业延迟是产品数量本身的一种延迟,也是工资的一种延迟。在这里,事实上是劳工没有了购买力,因为他们没有生产任何可以购买的东西。但是,因为同样的原因,也没有任何利润可以用作购买力。而且银行的商业借款没有增加,因此在商业利息的支付上存在一种相应的延迟,这种利息本来也是具有购买力的。换句话说,由于技术改进而造成的就业延迟,完全是因为产业本身未能足够快速地扩张。有失业,当然也就会有利润的下降。

当然,由于机械发明的浪潮,这些暂时的失业也许来得太快了,以至于实际上暂时的东西看起来好像成了永久的,原因是劳动没有时间得到调整。在这样的时候,困难是非常严重的,但那不是因为归于劳动的*份额*太小,而是因为新的产业扩张得不够快。这是另外一个问题。①

现在问题又转移到了利润边际上。为什么产业不作为一个整体持续扩张,通过引入新产品,不仅吸收正在压缩的产业中所解雇的那些工人,而且提供新的日益扩大的机会去谋取利润、利息、地租以及工资呢?我们首先考虑一下所谓的供求"法则"的双重意义。

(四)供给和需求

在前面的章节中我们都是把产业和银行作为一个整体来考虑的,但现在我们要向下延伸到特定的产业中去,考虑特定商品的供给与需求,这就是大家所知道的"供求法则",但按照供给与需求功能关系的语言讲,更准确的说法应该是"供求弹性"。无论用哪个术语来描述,我们都将把"商业的供求法则"或"商业的供求弹性"与"消费者的供求法则"或"消费者的需求弹性"区分开来。② 为了让这一区分更加清楚,我们将从已经引述的道格拉斯的文章中概括出我们所谓的消费者的供给法则,然后再去关心,如果改为投机法则

---

① 见后文关于价格及合理价值的论述。
② 参见霍尔布鲁克·沃金(Holbrook Working)的《需求曲线的统计学特征》,载《经济学季刊》,1925年39期,第503、519页。

主导的商业领域,那么情况如何恰好反了过来。

1. 消费者的供求法则。道格拉斯是用印刷业来进行说明的。他假定工人的工时效率翻了一倍,过去一千名工人生产六十万册杂志,现在同样的工人在同样的时间里可以生产一百二十万册杂志。

然后,他举例说明了在假设的三种不同的"需求弹性"下会出现的情况,这三种不同的需求弹性实际上就是消费者供求法则的三个不同的方面。如果需求弹性是一,这意思就是说,如果价格减低了一半(比如从十美分降到了五美分),那么紧接着所需求的数量就会增加翻番(从六十万册增加到一百二十万册),而每周的总收入仍然是六万美元。同样数目的工人,也就是一千名工人,将按照同样的每周平均六十美元的工资继续被雇用(不包括过去已经解决了的暂时失业)。如果需求弹性是一,就不存在因技术进步造成的失业,因为"一"意味着*同样的销售总额*,即六万美元。

但是,道格拉斯说,我们可以假设需求弹性大于一。假设,当价格降低到每册五美分时,销售增加到了三倍(增加到了一百八十万册),于是,销售总额从它们所在的价格为每册十美分、销量为六十万册时的六万美元,增加到了价格为五美分、销量为一百八十万册时的九万美元。按照每个工人六十美元的工资,工人的数目从一千增加到了一千五,如果需求弹性大于一,那么在这种产业里当然就不会存在因技术进步造成的失业,相反,对劳动的需求还有相当的增加。

但还有第三种情况,假设需求弹性小于一。假设当价格降到每册五美分时,销售只增加到了九十万册,现在销售总额便会从六万美元(这是六十万册按十美分销售时的情况)降到四万五千美元(这是九十万册按五美分销售时的情况),如果周薪是六十美元,那么工人的数目便会从一千人减少到七百五十人。

但是,杂志的读者,也就是最终的消费者,现在有一万五千美元留在了他们的钱包里,这些钱过去是要花在读物上的。不管过去的读者"花掉"还是"节省"了这笔钱,但按照完全一样的六十美元的周薪,这一万五千美元将恰好雇用等效的二百五十名失业工人(并非是同样的个体)。如果他们"花掉"了一万五千美元,那么他们就正在按照六十美元的周薪雇用与二百五十名失业工人等效的工人去从事那些"扩张的"产业，像汽车、飞机、口香糖、电影、舞厅等许许多多的扩张产业。如果他们"节省"了这笔钱，那么他们的储蓄银行就会把这笔钱投资在新发行的价值一万五千美元的债券上，这些债券会按照六十美元的周薪雇用同样数量的二百五十名工人，也是在一些"扩张中的"产业，例如给铁路铺设复线、修建鼓风炉或者建造一家工厂。因此，即便是需求弹性小于一，但也不会存在因技术进步造成的失业，无论消费者是"花掉"还是"节省"了他们的钱。

当然，在这里一定不能忘了道格拉斯对永久的和暂时的失业所作的区别。他的上述例证只适用于永久的因技术进步造成的失业。正如我们已经说过的，它们证明了永久的因技术进步造成的失业是"不可能的"，但仍然存在由于这种技术的变革造成的暂时的失业，原因很简单，就是因为从雇用较少劳动力的"紧缩"的产业转变到雇用更多劳动力的"扩张"的产业需要时间。为了说明这个规律，我们忽略了暂时的失业，因为补救措施是不同的。

2. **商业的供求法则**。现在我们改变一下例证，从以零售价购买杂志的最终的消费者，变到经营印刷业以谋取利润的企业家。现在似乎存在着两种需求弹性的法则：一种是消费者的法则；一种是商业的法则。它们的作用方向是相反的。

如果杂志的价格上涨，那么消费者一般会购买*较少*数量的杂志（在需求弹性小于一的情况下），而购买*更多*的没有涨价的其他东西。因此，在这个例子中，如果价格从十美分涨到了十五美分，那么消费者就会购买*较少*的杂志，而购买*较多*数量的没有涨价的报纸；相反，如果价格从十美分降到了五美分，那么消费者就会购买*更多*的杂志。但如果需求弹性小于一，如同道格拉斯所证明的，他们就会留下一万五千美元的剩余额，这笔钱他们可能用掉或存起来，以用于杂志以外的其他东西。

这是消费者的需求弹性法则，它起源于这样一个事实，那就是最终消费者所具有的是*数量有限的购买力*，这有限的购买力来自于他们过去所得到的工资、租金、利息或利润。为了让他们有限的购买力尽可能大地发挥作用，他们倾向于*少*购买正在涨价的商品，而*多*购买正在降价的商品。

这种倾向被称为**替代原则**，① 意思等同于机会的选择。这个原则导致了这样一个有趣的现象，那就是相似的商品的价格会朝着同样的方向变动。如果杂志的价格上涨，那么消费者就会减少他们对杂志的需求，以增加对报纸的需求，结果杂志价格的上涨被需求的减少所遏制，而报纸价格的上涨则被需求的增加所鼓励。替代原则倾向于让两种价格一起上涨或一起下降。

这一替代原则具有普遍的适用性。如果苹果的价格上涨了，那么人们一般会少买苹果，而去购买更多数量的价格还没有上涨的替代品。因此，趋势就是通过减少需求遏制苹果价格的上涨，通过增加需求提高替代品的价格；或者说，如果苹果跌价了，趋势就是购买更多的苹果，因而阻止了苹果价格的下跌，但少买替代品因而也加剧了它们的价格的下跌。结果是各种替代品在价格上趋向于同涨同落，而替代原则的普遍性使得我们有可能说一说一般价格水平（无论是消费者的商品还是生产者的商品）的上涨或是下降，尽管这种一般水平只是几百种价格的平均数，但这几百种价格每一种都有自己特殊的供给弹性、需求弹性和替代弹性。

在这方面，投机的供求法则与消费者的法则是相类似的。因为替代原则，相似水平的价格趋于同样涨落，但在运动的*方向*上，投机法则与消费者法是相反的。如果价格*预期*上涨，那么商人就会*更多地*购买而不是*更少地*购买，目的是为了以更高的价格卖出以获得利润；但如果价格预期是下降，则他会*更少地*购买而不是*更多地*购买，而且要尽可能快地卖掉，目的是为了避免在较低的价格上的预期损失。

因此，在一个价格上涨的市场上，当消费者因为价格的已经上涨而*少买*而不是多买时，在类似的价格上涨的市场上，商人却是在多买而不是少买，因为*预期*价格要上涨。消费者*不预期卖出*，他只打算让自己有限的购买力在满足自己的需求方面发挥更大的作用；

---

① 见上文关于替代法则的论述。

商人却*真要预期卖出*，他的目的是要在价格上涨的市场上谋取利润。

在价格下跌的市场上发生的是相反的情况。消费者因为价格*已经下跌*而购买得*更多*，他有限的购买力在满足他的需求方面发挥了更大的作用；但商人却因为价格预期下跌*购买得更少*而*销售得更多*。*现在*他销售得更多，以后他的损失就会更少。

于是，在一个价格上涨的市场上，当所有的人都在为*先买*而竞争的时候，目的就是为了不让别人买到预期价格要上涨的东西；当所有的人都在为*先卖*而竞争的时候，目的就是为了把预期会跌价的东西"处理"给购买者，让自己"解除困境"；于是，利益的冲突加进了利己主义的内容，促使涨价成了一种"暴涨"、降价成了一种"暴跌"。

这是建立在以利润为目的的私有财产基础上的资本主义制度的特性。这是一个不正当的特性，这个特性让许多人相信，只要这个制度延续，繁荣与萧条的周期就不可避免，因此社会主义者和共产主义者的力量要求废除私有财产和利润。社会主义者主张为消费而不是利润而生产。如果资本主义不能接受防止这种内在弊端的"行为准则"，那么也许共产主义确实会更为可取，但这种选择需要进行研究和实验。

首先，在制度中，消费者的供求"法则"和商业或投机的供求"法则"，是普遍的稀缺性规律的两个不同的方面。两者对个人而言都是强迫性的——稀缺性和类似行动的强迫。最终的消费者被迫按照边际效用原则有效地利用自己有限的资源，他的家计取决于他从自己得到的收入中所付出的各种价格。商人被迫在上涨的市场上早点购买，否则别人会买走他必须拥有的东西；在下跌的市场上，他被迫早点卖出，免得自己亏损或破产。因此，人们所谈到的供求"法则"并不仅仅是一种比喻的说法，它是一种法则，因为个人必须遵守，否则就会失败。这种强迫性的法则，我们称之为"习俗"。

当然，人们要承认，最终的消费者在有限的程度上也会受到*预期*价格变化的影响。如果他们预期煤价会上涨，那么只要他们具有购买能力或者有信用，他们就会储存一批煤供过冬使用。如果他们预期价格会下跌，那他们就不会储存。但即便如此，他们的"投机"

也只限于自己预期的消费需求,而不是怀有对出卖自己所购买的东西获得利润或造成亏损的期待。

那么,商人从哪里得到钱,以便让自己超出消费者的供求法则并在此基础上建立投资法则呢?他是从银行里得到这笔钱的。假定一个商人以每吨三十美元的价格卖给另外一个商人一千吨钢,一笔三万美元的债务就因此而创造出来了。它是由买卖交易中的两个可变因素创造的:一个是钢的吨位数;另外一个是每吨的价格。两者的乘积就是**未来价值**。创造等值的三万美元债务的正是这种**价值**。

但是,这笔债务要到三十天后才到期,在此期间,它是可以转让的。一个银行家购买了这笔债务,如果它是三十天内应付的,年息是百分之六,那么在三十天到期的时候它就值三万美元,但现在却只值两万九千八百五十美元。银行家在自己的账簿上把它作为"贷款"登记时是三万美元,但作为存款时只有两万九千八百五十美元。那一百五十美元的余额是银行家资产的增加额,但那三万美元不是卖钢者就是买钢者或者是双方(商业承兑汇票)欠银行家的债务,这个债务可以卖给其他的银行家。在后一种情况下,其他的银行家欠第一个银行家两万九千八百五十美元再加上应收的利息。

但银行家已经给了卖钢者一笔两万九千八百五十美元的信用,这是他一经请求就要支付给这个钢材商那个数目的钱的保证。这种银行债务就是现代的货币。这个商人可以根据它来写支票,支票也是可以转让的,他可以用这些支票来偿还原材料、劳动和利息方面的债务。

然而,假定钢材生意很兴旺,那么商人们的预期价格就会上涨,需求的数量会更大。他们按照每吨六十美元的价格买卖了两千吨钢,现在的价值是十二万美元,而不是上面所说的三万美元。因为价格和数量都翻了一番,价值增加到了四倍,因此相应的债务也增加到了四倍。银行家购买这笔债务,比方说,他现在可以收取百分之八的利息,因为商人的生意兴隆,而他自己的准备金正在减少,三十天后它会值十二万美元,如果商人能够支付的话。银行家是按照现在价值贴现百分之八购买这笔债务的,也就是十一万九千两百美元,这样就给这个商人创造了一笔同样数目的购买力。这两笔交易创造的货币已经增加到了四倍,其他每个行业都感受到了影响。供求的投机法则在发挥作用了,那是价格看涨的希望。

然后,由于某种原因,钢的价格跌到了二十五美元,而且预期还要下跌。这个商人只买了五百吨。这笔交易的价值及相应的债务现在只有一万两千五百美元,银行家按照百分之四的贴现率购买了它。在三十天后它值一万两千五百美元,但现在的价值却只有一万两千四百五十七美元六十六美分。这是商人可用作购买力的银行债务的数目。供求的投机法则又一次发挥了作用,那是对价格下跌和无力支付的恐惧。

每笔贷款或贴现交易都创造了自己的货币,而创造货币的数量取决于将要出卖的商品的预期价格和数量,以及用同样被创造出来的其他的货币支付的商品的预期价格和数量。因为到期之后的偿付是强制性的,还会涉及破产的痛苦。偿付不是用货币完成的,而是用另外一个商人在同一家银行或另外一家银行开具的另外一张支票完成的。仅仅银行账簿上他个人账户的一个记入贷方的款项,另外的这张支票就可以消除对银行的原始债务。但另外的这张支票则变成了另外一个商人在同一家或另外一家银行账簿的账户上记入借方的款项,因此债务被债务抵消了,而银行支票在债务的偿付中则变成了一种支付手段,这并非国家权力使然,而是因为商业习俗使然。我们称之为习惯的支付手段,而不是法定的支付手段。

因此,债权人不得不接受并因此解除了他们的债务人更进一步的偿付义务的"支付手段",它共有两种类型:一种是法定的支付手段,这种支付手段纯粹是国家批准的;另外一种是法律以外的或者习惯的支付手段,这是商人们的习惯行为。凡是违反商人的这种习惯的人,都不能成为商人。

因此,有两个市场被信用制度绑在了一起,任何一个商人,甚至任何一个农民、任何一个雇佣工人,都无法逃出其罗网。这两个市场就是商品市场和债务市场。商品市场就是零售和批发商店、物产交易所、房地产交易所,甚至是劳动市场,人们在这些市场中按照协商一致的价格转移物品和服务的所有权。债务市场部分地是商业银行，商品市场上因之而创造的短期债务在那里进行买卖。债务市场也是证券市场，例如证券交易所，交易的是未来货币的长期权利，它们是靠债务的流通性与商业银行相结合的。把我们例证中钢铁市场上的交易扩大为各种市场上难以计数的各种交易，那么它们就都被信用制度结合在了一起，它们中的多数都因替代原则而朝着相似的方向运动；然后用统计学矫正了我们的例证，这样我们就有了股票价格、土地价值和商品价格的动态。

既然银行债务或存款等于货币，而且有时候非常具有弹性，那么它就可以作为易扩张的购买力发挥作用，商人可以在价格上涨时靠它来增加自己对商品和劳动的需求、在价格下跌时靠它来减少需求。它的作用跟消费者的法则正好相反。信用制度是最重要的一个因素，这个制度让商人在价格上涨时*多买*，却让消费者在价格上涨时*少买*；而信用制度作为最重要的一个因素，会*迫使*商人在价格下跌时*少买*，迫使消费者在价格已经下跌时*多买*，原因是消费者不会为未来的卖出而做生意。

因此，消费者的需求弹性受限于他以工资、租金、利息和利润形式*已经*取得的购买力的数量，而商人的需求弹性则受限于数量不确定的购买力，这种购买力*可能*是银行直接为他创造的，或者是从其他人的储蓄中转移给他的，期望他按照未来的价格销售出去时能够形成未来的利润。

（五）边　际

在上述关于"份额"的讨论中，国民总收入被分成了四份：租金、利息、工资和利润。但这却不是商业的运行方式。商人——只要他取得了利润和分红，我们就称之为商人——会首先变为其他所有阶层人的债务人。他因为工资变成了雇佣工人的债务人，因为利息变成了银行和债券持有者的债务人，因为税收变成了政府的债务人，因为所加工并作为产成品而卖给其他商人的原材料而变成了其他商人的债务人。隐含在各种份额的计算中的是创造债务的这些交换。这个商人从其他商人那里购买各种*原材料*，在支付这些原材料的价格中，隐含着以前所有的参与者的工资、租金、利息和利润，可以回溯到森林、农民、铁路、制造商、证券交易商和银行家。这个商人还要支付税捐，这些税捐如果分解为各种份额，那么主要是政府工作人员的工资和薪水。

在计算这些份额时，经济学家对全国的算法，是将整个国家作为一个整体，然后把全部收入划分为四份。这样做的时候，所有原材料和全部的税捐都消失了，被分解成为了租金、利息、工资和利润的份额。这是在统计数字收集起来*之后*要做的工作。

但是，让我们站在个别商人（或公司）在没有得到统计数字*之前*的观点来看这个问题。因为工资、利息、租金，同时也因为*原材料和税捐*，他变成了债务人，他的利润将会是他因为所有这些目的所负的债务与他的总收入之间的*边际*。

对商人的债务与他的总收入之间的边际的这个分析，将揭示关键性交易与一般性交易之间的差异有多么重要，这一点我们将在后文中考虑。商人的这些不同债务中的任意一项和边际之间的关系都会发生变化。在这些变化中，我们将会看到他的问题所在。变化的因素不是他要处理的各种债务中的这一项就是另外一项；其变化在任何时点上都最重要的那一项，就变成了当时商人必须处理的关键因素，因为它本身的利润边际很小。

为了搞清楚这种区别，我们采用了一个迥然相异的出发点。我们必须从单个机构的损益表和资产负债表开始。1927年，肉类加工商斯威夫特①公司所报告的所有产品的销售总收入为九亿两千五百万美元。为了获得这笔总收入，他们首先得为购买活牲畜支付四亿七千万美元。在这笔支付给原材料的巨款中，所有*先前的*利润、利息、租金和工资都支付给了那些提供原材料的人。然后斯威夫特公司把四百二十五万零七百五十五美元的利息直接支付给了他们的债权人、债券持有者和银行家。他们的表里没有说明支付给雇佣工人多少钱，但这对于我们现在的目的无关紧要。他们的全部生产成本，也就是他们的全部负债，包括工资、利息、税捐、原材料、折旧以

---

① 斯威夫特（1839~1903）：美国肉类加工商人，他在1877年第一个采用了铁路冷藏车厢。——译者注

及其他一切在内的债务,是九亿一千三百万美元,所以只剩下一千两百万美元可以用作利润。

但这笔一千两百万美元的利润,现在是以三种用法出现的:(1) 利润*率*;(2) 利润*收益*;(3) 利润*边际*。

作为利润*率*,它是股息与两亿美元股票的*票面*价值相比,因此利润率是百分之六。作为利润收益,或者说是"股份收益",它是股票的*市场*价值的比率,假如市场价值是三亿美元,那么利润收益就是百分之四;或者假定市场价值是一亿两千万美元,那么利润收益就是百分之十。

但是,作为一种利润*边际*,同样的一亿两千万美元就要同九亿两千五百万美元相比较,因此利润的边际只有百分之一点三。①

就我们现在的目的而言,利润*率*和利润*收益*都是无关紧要的,但利润边际却很重要。我们可以用不同的方法来说明这种边际,对于顾客所支付的每一美元的总收入,公司为得到这一美元,产生并

---

① 在斯威夫特的 1925 年的年鉴中(见第 17 页),该公司估价,每头牛的牛肉的利润,在支付利息之前是 1.95 美元;每头牛所付的平均价格是 60.98 美元;总的费用,包括运费在内,是 12.63 美元;每头牛的副产品的净收入是 11.25 美元。因此,利润边际和利息边际在 1924 年分别是生产经营成本的 2.7% 和每头牛收益的 2.6%。如果减去利息,只有利润边际还会减少。这家公司还给出了对比表,通过这个表我们算出了下列的财务边际,或者说是每头牛的牛肉的利润和利息边际。

会计年度(年)	利息未付之前的损益(美元)
1915	1.64
1916	1.65
1917	1.29
1918	1.02
1919	0.70(亏损)
1920	0.06(亏损)
1921	1.13
1922	2.52
1923	1.10
1924	1.95

支付了九十八点七美分，留下来的利润边际只有每一美元的收入为一点三美分，或者说是销售总额的百分之一点三。

这个例子似乎是有点极端，原因在于原材料上的支出太大了，而且很大程度上取决于簿记方式、周转率、隐含的利润等等。有些年度的边际比较大，有些年度则不但没有利润而且还有亏损。对于有些公司而言，边际是非常大的；而对于竞争性的公司而言，则有一种*亏损*边际而不是一种利润边际。

我们无法进行充分的调查研究去估计所有产业的平均利润边际。对于制造业公司而言，能够得到的最好的资料来源是财政部国内税收局编制的"收入统计"，他们的目的是为了评定*纯利润*（也就是我们所谓的利润边际）的所得税。在这些统计数据的基础上，我们可以对制造业企业的边际进行估价，据估计，这些公司生产并销售了所有制成品的大约百分之九十，只留下百分之十给个人和合伙制企业。[①] 我们将区分出五种类型的边际，分别称之为**营业边际**、**损益边际**、**应税边际**、**财务边际和价格边际**。

表9-4和表9-5提供了统计数据，我们下文对边际的分析将来自于这些数据。

1. **总收入和销售总额**。公司的总收入或者总收益主要是从其产品和服务的销售中获得的。但在过去十年中，它们收益的很大一部分来自于其他公司的股票和债券、政府证券、定期存款、租金和专利权，以及各色各样来源的混杂的非营业性收益。两种收益来源的关系见图9-3。

图9-3的上面部分表示的是绝对数，下面部分表示的是销售对总收入的比率以及其他收益对总收入的比率。在1922年以前，财政部的报告中只给出了总收入的数据，对于销售和其他收益来源没有作任何区分，但从1922年开始，从区别于销售的其他收益来源中获得的总收入已经高达百分之六点三（1925年）。在1922年以前，我们依据的是全国产业委员会的估计，以之作为总销售和其他收益的

---

① 国家产业委员会：《联邦公司所得税的转移及影响》，1928年，第一卷，第172页。

表 9-4　制造业公司，特定项目的数额① (单位：百万美元)

	1918	1919	1920	1921	1922	1923	1924	1925	1926	1927	1928	1929
(1) 总收入	44 167	52 290	56 649	38 442	44 763	56 309	53 995	60 921	62 584	63 816	67 368	72 224
(2) 销货总额	44 167	52 290	56 082	37 645	42 576	53 889	51 436	57 084	59 863	60 932	64 361	69 236
(3) 营业成本	38 782	46 557	52 295	37 488	40 752	51 293	49 801	55 661	57 148	59 023	61 605	65 814
(4) 折旧	1 272	1 017	1 155	1 151	1 339	1 425	1 409	1 507	1 757	1 819	1 922	2 018
(5) 营业边际	5 385	5 733	3 787	157	1 824	2 596	1 635	1 423	2 715	1 909	2 756	3 422
(6) 税收	2 424	1 769	1 384	793	860	986	937	1 078	1 139	1 065	1 118	1 161
(7) 利息	539	470	633	633	622	611	608	622	657	677	710	712
(8) 总成本	41 745	48 796	54 312	38 914	42 234	52 890	51 346	57 361	58 944	60 765	63 433	67 143
(9) 损益边际	2 422	3 494	1 770	-1 269	342	999	90	-277	919	167	928	2 093
(10) 应税边际	4 846	5 263	3 154	-476	1 202	1 985	1 027	801	2 058	1 232	2 046	2 710
(11) 财务边际	2 961	3 964	2 403	-636	964	1 610	698	345	1 576	844	1 638	2 251
报告的制造业公司的数目	67 274	67 852	78 171	79 748	82 485	85 199	86 803	88 674	93 244	93 415	95 777	96 525

包括了折旧。在1925年的数字中已经从原始的数据中减去了531亿美元，目的就是为了考虑国内税收。这531亿美元包括了1925年的税收数额。

第1项减去第2项。

第3、6、7项之和。

第5项减去第7项。

第5项减去第6项。

① 来源于美国财政部《收入统计》。可以认为这些数字代表的是自然年度。少数公司的报告是会计年度而不是自然年度。但就我们的目的而言，对于数字的使用并无多大的影响。

第9章 未来性 605

表9-5　制造业公司，各种特定项目的比率①

	1918	1919	1920	1921	1922	1923	1924	1925	1926	1927	1928	1929
(1) 销货总额对总收入	100.0	100.0	99.0	97.9	95.1	95.7	95.3	93.7	95.2	95.5	95.5	95.9
(2) 销售总额之外的收入比总收入			1.0	2.1	4.9	4.3	4.7	6.3	4.8	4.5	4.5	4.1
(3) 营业边际比销售总额	12.2	11.0	6.8	0.4	4.3	4.8	3.2	2.5	4.5	3.1	4.3	4.9
(4) 折旧比营业总成本	3.3	2.2	2.2	3.1	3.3	2.8	2.8	2.7	3.1	3.1	3.1	3.1
(5) 损益比销售总额	5.5	6.7	3.2	3.4a	0.8	1.9	0.18	0.5a	1.5	0.27	1.4	3.0
(6) 销货的损益比总收入	5.5	6.7	3.1	3.3a	0.76	1.77	0.166	0.45a	1.46	0.26	1.37	2.89
(7) 最终损益比应收入	5.5	6.7	4.1	1.2a	5.6	6.1	4.9	5.8	5.8	4.8	5.8	7.0
(8) 税收比应税边际	50.0	33.6	43.9	∞b	71.5	49.7	91.2	134.6	55.3	86.4	54.6	42.8
(9) 税收比营业边际	45.0	30.9	36.5	505.1	47.1	38.0	57.3	75.8	42.0	55.8	40.6	33.9
(10) 税收比总成本	5.81	3.62	2.54	2.37	2.36	1.86	1.82	1.88	1.93	1.75	1.76	1.73
(11) 利息比财务边际	18.2	11.8	26.3	∞b	64.6	37.9	87.1	180.3	41.6	80.2	43.3	31.5
(12) 利息比营业边际	10.0	8.2	16.7	403.1	34.1	23.5	37.2	43.7	24.2	35.5	25.8	30.8
(13) 利息比总成本	1.29	0.96	1.17	1.63	1.47	1.16	1.18	1.08	1.11	1.11	1.12	1.06

a. 亏损
b. 无穷大，假设应税边际和财务边际都为零。

① 根据表9-4计算出表9-5。

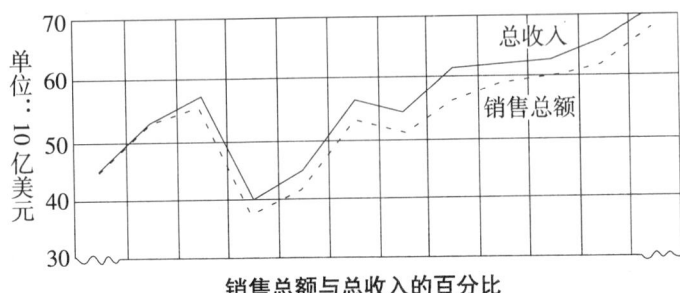

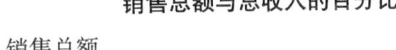
销售总额与总收入的百分比

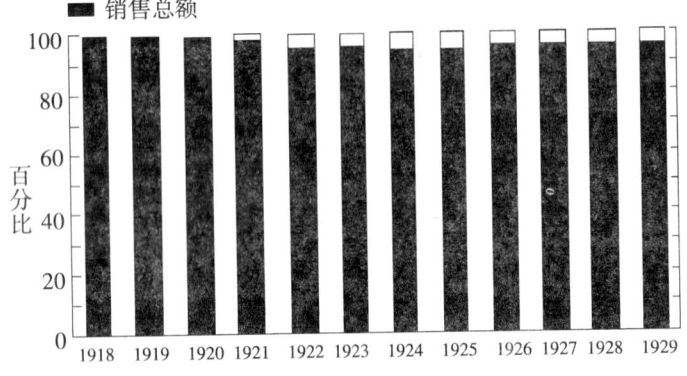

图 9–3　销货总额和总收入[1]

数据。[2] 这种"其他收益"可以部分地视为是一种利润缓冲，目的是为了照顾到销售收益无法预料的下跌，在我们对利润缓冲的分析中，将会看到它的影响。我们主要关心的是来自销售的收益。

2. **营业边际**。我们所绘制的图 9–4 和图 9–5，表示的是 1918 年至 1929 年制造企业的平均营业边际，数据来源于表 9–4 和表 9–5。所谓营业边际，我们指的是在支付了包括折旧和报废在内的

---

[1]　来源于表 9–4 和表 9–5。

[2]　全国产业委员会：《联邦公司所得税的转移及影响》，1928 年版，第一卷，第 173 页。"我们给总销售之外的其他来源的收益增长的比例赋予最大的权重，据估计，1919 年的总销售与当年的总收入相等。1921 年的总销售因为准许有来自其他来源的收入而有所修改，要比 1923 年多一半"（引文出处同前）。我们认为 1918 年的总销售与总收入相等。1920 年考虑到各种来源，总收益要比总销售多百分之一。

全部营业费用之后，留给**利息**、**税捐**和**利润**的余地。从图9-3的上部可以看出，制成品销售总额在货币价值上的变动是很大的，从1918年的四百四十亿美元增长到了1920年的五百六十亿美元，然后又下降到了1921年的三百七十亿美元，然后又猛增到了1924年的五百四十亿美元，1924年有所下降，但1929年却攀升到了六百九十亿美元。

我们称为"价值"或"产品价值"的正是这些销售总额，因为它们是由价格和售出数量这两个变量构成的。因此，"价值"这个术语在一个金钱的数字中，包含了经济学上的货币和非货币的两个因素。用商业语言来说，它是"销售总额"；用经济学语言来说，它是"价值"。

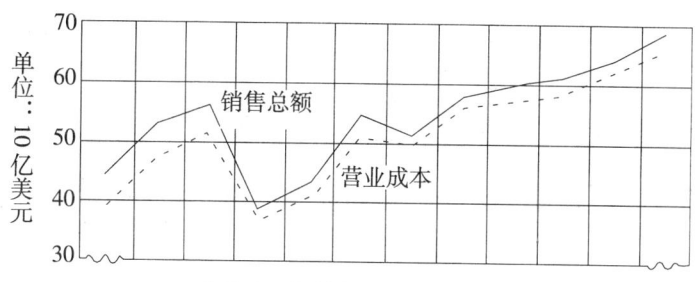

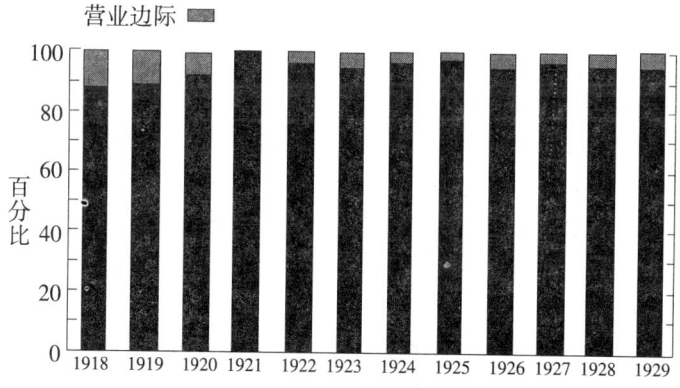

图9-4 营业边际[①]

---

① 来源于表9-4和表9-5。

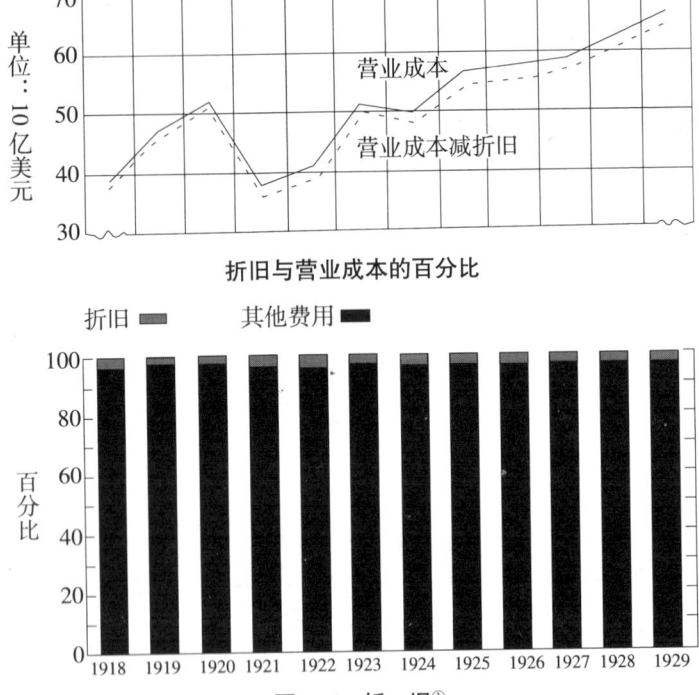

图 9-5 折 旧[1]

另外一方面，总的营业成本包括了花在工资、薪水、原材料以及固定资本维持、修理和折旧方面的钱。销售总额与营业成本之间的边际，是用图 9-4 下半部的销售总额的百分比来表示的。如果每年的销售总额都用一百来表示，那么利息、税捐和利润的营业边际在 1918 年是销售总额的百分之十二，但 1921 年下降到了百分之零点四，1922 年上升到了百分之四点三，1923 年又略有上升，到了百分之四点八；1925 年下降为百分之二点五，1926 年又上升了，在 1927 年下降为百分之三点一之后，1928 年为百分之四点三，1929 年为百分之四点九。

我们绘制图 9-5，目的是在**折旧**成本的影响下，对营业成本进行进一步的分析。折旧通常跟税捐和利息一样，都被描述为一种**间**

---

[1] 来源于表 9-4 和表 9-5。

接费用，因为三者都是不随营业成本变动的固定费用。但是我们对**技术的间接费用**（折旧）、**政府的间接费用**（税捐）和**财务的间接费用**（利息）作出了区分。而且我们区分了**真正的折旧**（技术的间接费用，包括物资设备因为缺乏维修而造成的磨损、损耗和报废）和**虚假的折旧**（包括超出真正折旧的实际成本以外隐含的利润或盈余）。由于这种区分关系到对每个机构的研究，所以我们假定联邦税务机关的估计是"真实的"，也就是说，那是技术的折旧，尽管结果也许有部分会是虚假的折旧。

真正的折旧在营业成本中可以认为是一种间接费用要素，在图9-4和图9-5中就是这样考虑的。但是它把自己分解为了营业中的工资和原材料，因此要作为营业成本的一部分来考虑。从图9-5中可以看出，折旧的费用只是营业成本的一个很小的部分，其百分比的幅度范围在1918年和1922年是百分之三点三，1919年和1920年是百分之二点二。

3. **损益边际**。上述的内容与营业成本（包括折旧）有关，但与经营企业的总成本无关。我们所谓的总成本包括三项：营业成本、税捐和利息。既然我们已经把折旧作为营业成本的间接费用考虑了，那么我们也将把税捐和利息作为总成本的间接费用来考虑。在图9-3中我们已经看到了营业成本与销售总额之间的关系，图9-6的目的是为了揭示**总成本**与**销售总额**之间的变动关系，以及因此而对平均**损益**的作用。

在图9-6中，销售总额曲线与图9-4中表示过的曲线是一样的。但总成本曲线是营业成本加上间接费用税捐和利息，与表9-4中的第8项表示的数字一样，结果就是损益边际是用销售总额的百分比来代表的。因此，拿1918年来说，来自销售的每一美元的收益，保持在百分之五点五的平均利润水平上。换句话说，在该年度，制造企业为得到一美元的收益，平均要支付九十四点五美分，它们的平均利润边际是每一美元总的销售收益赢利五点五美分。

但在情况最为糟糕的1921年，它们平均的净亏损是每一美元销售收益亏损三点四美分。在那一年，这些企业为了获得一美元的销售收益，平均付出了一点三四美元。它们在其他年份的损益边际可以在表9-4和9-5中看出。

从图9-6中就可以看出,显然不存在"正常利润"这样的东西。但我们可以讲"年销售额的平均利润",这相当于是"年平均利润边际",而且我们可以讲年销售额平均利润边际的"中位数"。这样一来,最高的平均利润边际是1919年的销售额的百分之六点七,最高的平均亏损边际是1921年的销售额的百分之三点四(见表9-5,第6项;图9-6)。中位数是销售额百分之一点七的利润边际,这跟1923年的平均边际(百分之一点八五)和1926年的平均边际(百分之一点五)非常接近了。如果计算十二年的加权平均数,就会是销售额百分之一点六的平均边际。

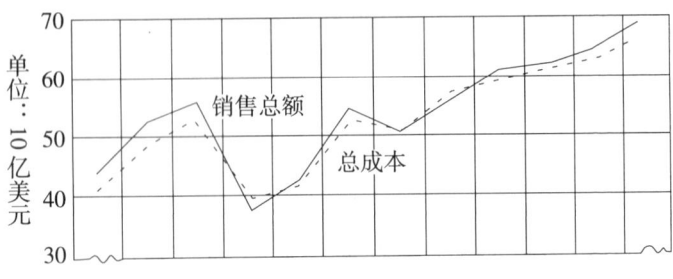

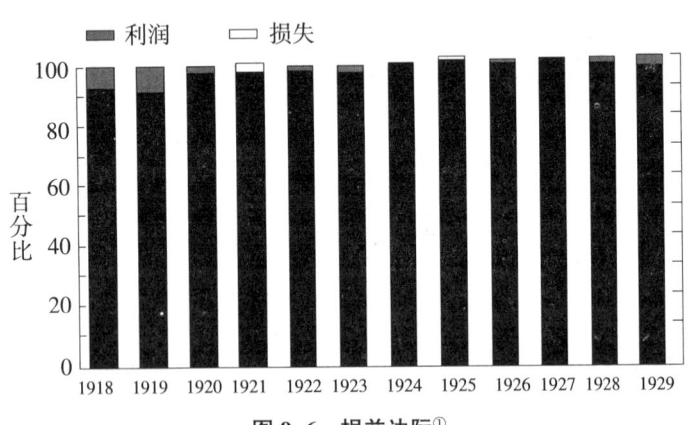

图9-6 损益边际①

---

① 来源于表9-4和表9-5。

我们发现，这个数字与我们先前给斯威夫特公司计算的利润边际很接近。开始我们以为，该公司十亿美元的销售额但利润边际如此之小是一个例外，结果却是很有代表性的，它代表了六万七千到九万六千家制造企业平均利润边际的中位数，这些企业的销售额在三百七十亿美元到六百四十亿美元之间（见表9-5，第9项；图9-6）。

然而，出于种种原因，同时也因为做到非常精确是不可能的，所以我们估计，最高与最低的平均利润边际之间的中位数是销售额的百分之三，而不是按所得税申报表计算的百分之一点七左右。换句话说，制造企业销售额百分之三的平均利润边际这样一个中位数，变成了一种基线，由此我们不但能对繁荣时期最高的平均数和萧条时期最低的平均数进行比较，而且可以对生意兴隆企业较高的边际与"边际"企业较低的边际进行比较。

这种估算的意义是这样的：在普通的时期，也就是繁荣高峰和萧条深渊的一般时期，制造业的平均利润边际大约会是销售额的百分之三。但是，在例外的繁荣时期，比方说1918年和1919年，利润边际可能是最大数的两倍。[①] 另外，在萧条的年份，比如说1921年或1924年，平均的利润边际变成了一种亏损边际。在其他年份，则有理由讲"无利可图的繁荣"。

我们下一步要关注的是关于税收问题的应税边际，以及关于银行业和债券问题的财务边际。

4. 应税边际。各种类型的税收，无论是所得税还是财产税，也

[①] 在埃梅特·鲍里斯（Emmet Boris）1930年出版的《百货商店》一书中可以找到一个边际分析的例子。他所用的术语都是商业会计的术语，但埃梅特的分析（这个分析遵循了全国零售纺织品协会理事会的分析），与我们用于制造业企业的边际分析是相似的。埃梅特的"纯利润"就是我们的边际利润。对于销售额超过一百万美元的百货商店而言，这个数字相对于销售额的比率，最高是1923年的百分之三点六，最低是1928年的百分之一点五（见其著作的表16和图2）。因此我们发现，百货商店的利润边际要低于我们所估计的制造业企业的"平均"利润。埃梅特证明，百货商店的边际利润很大程度上取决于周转率，因为较快的周转率会减少费用对销售额的比率（见其著作表37）。

无论有没有通过较高的价格转嫁之后由消费者支付了,但在每个私营企业看来,都理所当然地认为是政府强加的生产成本的固定间接费用,利息也是这样。利息是一种支付给债券持有者和银行家的相对固定的费用,我们称之为财务管理费用。于是,为了把税收和利息这两种间接费用分离开来,估算对前述利润边际的每一种影响(图9-6),我们需要把每一项拿出来分别考虑。因此,我们会有利息支付之后计算的利润的**应税边际**,还有税收支付之后计算的利润的**财务边际**。

而且,所有的税收都跟利息一样,必须从本期收入中支付。在这个例子里,本期收入就是总的销售额。因此,我们有四种比率要计算:(1)税收对销售总额的比率;(2)税收对总的生产成本(经营、利息、税收)的比率;(3)税收对营业边际(对于利息、税收和利润而言)的比率;(4)税收对应税边际(税收和利润)的比率。在表9-4中,我们列出了连续各年的税收数。通过这张表,我们在图9-6和图9-7中计算出了税收与总成本、与营业边际、与利润和税收的应税边际(在支付利息之后)相关的不同关系。

我们省略了税收对销售总额的比率,因为(如图9-4所示)销售总额和总成本过于接近,甚至又彼此交叉,以致在图上,税收对销售额比率的曲线,与税收对总成本比率的曲线,不可能有太大的区别。

税收作为总成本百分比的曲线证明,所有税收在总的生产成本中的份额实际上是多么小。在1918年,由于战时对剩余利润的高税收政策,总的税收(二十四亿美元)占到了生产总成本的百分之五点八。但是由于战后的减税政策以及1921年从赢利到亏损的转变(图9-6),从的税赋负担(七亿九千三百万美元)已经下降到只占生产总成本的百分之二。1926年,由于所得税更低而销售额更大,而税赋增加后虽然超过了十亿美元,但仍然只占到总成本的百分之一点九;1928年只有总成本的百分之一点八。总体而言,除了战时,国内税①只占到了销售总额或总成本的百分之二左右。

---

① "国外的"或对进口货的关税,已经被原材料的价格吸收了,或者是隐含在了生产的营业成本之中。

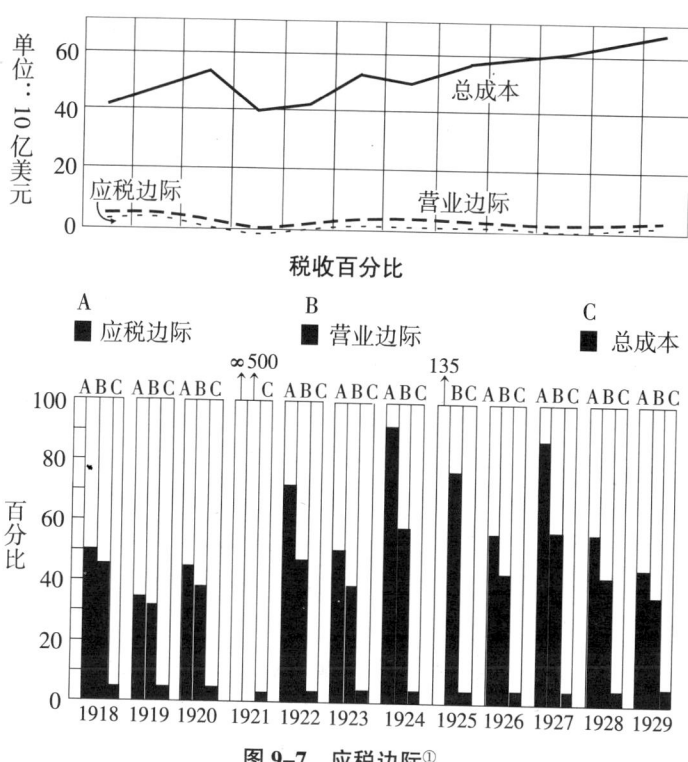

图 9-7 应税边际[1]

但这百分之二并不能衡量产业和利润所承受的税赋*负担*。产业所承受的负担必须由税赋对营业边际的关系来衡量,而利润所承受的负担则由税赋对应税边际的关系来衡量。

营业边际是*营业净收入*,从表 9-4 中可以看到,它的大小范围最高是 1918 年的五十三亿八千五百万美元,最低是 1921 年的一亿七千五百万美元。这一营业净收入或者称为营业边际,是利润、利息和税赋的来源。图 9-7 表明,在战时的 1918 年,税赋负担(二十四亿美元)是营业边际的百分之四十五,但在 1921 年它大约是营业边际的百分之五百。对后一种情况的解释是,在 1921 年,税赋负担是税赋、利息和利润的平均营业净收入的五倍。

---

[1] 来源于表 9-4 和表 9-5。

图9-7和表9-4和表9-5显示，在1925年，税赋负担是平均营业边际（对于利润、利息和税赋而言）的百分之七十六，而在十年中，税赋负担的最低点（1919年）大约是平均营业净收入的百分之三十。中间的负担从1923年的百分之三十八变动到了1924年的百分之五十七；但税赋负担的极限范围在1919年是平均营业边际的百分之三十，在1921年是百分之五百。

但税赋对营业边际的这种关系还没有充分揭示税赋负担的重要性。当我们不仅用它跟营业边际的关系来估算这种负担，而且在减去营业成本加上利息之后用它跟利润和税赋的营业成本的关系来估算这种负担的时候，我们大大地扩大了这种重要性。这不是因为利息是比税赋更为优先的费用，原因是，如果一个机构是"运行中的机构"，那它就必须同样支付利息和税赋。

支付利息之后的边际，我们称为**应税边际**，因为在已经为营业费用和利息支出作了准备之后，那里就只有利润或亏损与税赋一起的边际了。

图9-7表明，根据利润和税赋的边际（或净收入），税赋在其负担的最低点（1919年）平均占*支付过利息之后*的这种净收入的百分之三十四。在1921年，支付过税赋之后是亏损。由于利润和税赋的边际已经消失，我们可以说，平均而言，可用于支付给它们（利息已经支付了）的收益上的税赋负担，在这一年是无限大的。从另外的一个视角看，我们可以说，在这样一个萧条的年份，税赋占了销售亏损的百分之六十二。这一年属于"不正常的"。拿其余年份最重的负担来看，我们发现，最重的负担是在1925年，当年税赋是税收和利润可用边际的百分之一百三十四。这一年（1925年）招致了销售上的亏损，部分原因是因为对财产征收的税赋根本没有调整以适应萧条的年月。

因此，尽管对生产了百分之九十制成品的制造业企业征收的税赋通常要低于总的生产成本的百分之二的平均数，但在支付了利息之后，利润上面的税赋负担的平均变动范围，是从可供支付税赋和利润的净收入的百分之三十四到百分之一百三十四的范围之内。在最糟糕的年份（1921年），不要说应税边际了，甚至在税赋费用支付之前就存在着平均的亏损，就平均而言，亏损的百分之六十二是因为税赋的原因，正如以上图9-7所表示的那样。

5. **财务边际**。我们已经看到，根据上文所作的估算，利息的份额差不多是美国人民全部所得的百分之六，这个数字在1925年大约是三十九亿美元。大家从表9-4中已经注意到，按照联邦所得税报告，制造企业支付给它们的银行家和债券持有人的利息是在一个很小的范围内变动的，1918年是五亿三千九百万美元，1928年是七亿一千万美元。由于无论繁荣和萧条，所有产业所负担的这项支出都是相当固定的，因此我们称利息支出为**财务间接费用**。当我们把自己的注意力从利息在总收益中的*份额*转移到税赋支付*之后*的利润边际（我们称之为**财务边际**）上的时候，我们必须像对税赋所做的那样，计算利息的四种比率：（1）利息对总销售额的比率；（2）利息对生产总成本的比率；（3）利息对营业边际（包括利息、税赋和利润）的比率；（4）利息对财务边际（包括利息和利润）的比率。根据表9-5绘制的图9-8显示了这些比率。

跟讨论税赋时的情况一样，我们还是省略了对利息与销售总额比率的计算，只注意到了差不多相同的内容，就是利息对**营业总成本**的比率（见图9-3）。

从图9-8中可以看出，利息支出占生产总成本（营业费用、税赋和利息）的份额太小了，以致在需要代表利息的财务负担的比例上，代表它们的曲线简直都区分不出来了。利息作为一种生产的成本，平均而言，只是从1919年平均生产成本百分之一的最低点，变动到了1921年平均生产成本百分之一点六的最高点。根据可以获得的数据计算，最后四年利息对总生产成本的平均比率是百分之一点一。

如同讨论的税赋一样，利息对营业边际的关系，被认为是产业的利息负担，而利润上的利息负担，则是用利息与财务边际的关系来衡量的。

我们发现，利息对营业边际（包含利润、利息和税赋）的比率，平均而言，从1903年的百分之八的最低点，变动为了1921年的百分之四百零三的最高点。这意味着，1921年的利息超过了可供支付利润、利息和税赋的销售额的净收入的四倍。图 9-8 表明，在 1921 年到 1929 年的比较正常的年份，这个比率是在百分之二十四到百分之三十七之间变动的。大体而言，利息平均占营业边际的四分之一到三分之一。

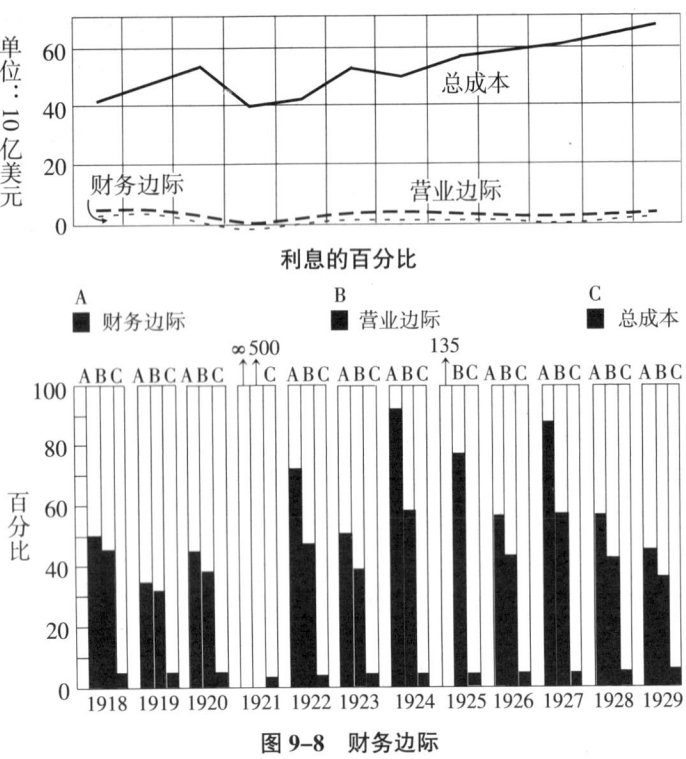

图 9-8 财务边际

当我们问"利息对利润有什么影响"时，我们必须根据利息对财务边际的比率来回答。为了得到财务边际，我们必须从营业边际中减去税赋（或者在营业成本上加上税赋），这样，我们就得到了表 9-4 中第 11 项所显示的美元数。我们发现，利息在 1919 年其负担的最低点占到了税后净收入的百分之十二。在 1921 年的最高点，我们发现，对于利润和利息的边际已经消失了，如同在讨论税赋时的情况一样，我们可以说，利润上的利息负担是无穷大的，平均而言没有净收入来支付利息和利润，只有亏损（我们认为税赋已经支付了）。然而，从这一年的销售亏损的角度而言，我们可以说，利息大约占了亏损额的百分之五十。由于这一年（1921年）是不正常的年份，让我们转而看一看负担最重的1926年，我们发现，当年的利息是财务边际的百分之一百八十。

因此我们发现，利息负担的范围是可供支付利息和利润（税后）的收入的百分之十二到百分之一百八十，这就是我们的财务边际。在最糟糕的年份（1921年），我们发现的只是亏损，而不是净收入。

这样一来，我们就看清楚了，商人的债务和他的预期的收入之间不大的边际，是如何增加这些债务中的任意一项的任何变化的重要性的，甚至它们中间任何一项似乎不大的变化，在与它对他的利润的潜在影响相比较的时候，① 在重要性上都会变得重要起来。在贷款谈判的时候，正是这种重要作用把利率提高到了限制性因素的地位。

6. 价格边际。**价格边际**要比应税边际和财务边际重要得多，因为可变的价格边际决定着可变的应税边际和财务边际。前面的图表揭示了一百四十年中不断变化的批发价格。这个图表显示了法国大革命开始之后的二十五年中英国和美国上升的价格，然后是突然下降，伴有些微的回升，一直持续到了1849年。马尔萨斯和李嘉图之间关于份额与边际问题的争论，正是发生在1810年至1820年间。各种商品的价格都在下跌，如同它们自另外一次世界大战以来一直在下降的那样。价格的下降伴随着失业。马尔萨斯认为，失业的原因是因为每种东西都生产多了，以致劳动者无法消费他们生产出来的东西，正是这个原因导致了价格下降。他主张为公共工程而征税，同时主张地主在自己的不动产上多花钱，这样一来，用以雇用劳动者的工作就不会成为竞争性市场的负担，也不会压低价格。

李嘉图却对在商人获利甚微或根本无利可图的这个当口增加税

---

① 当然，商人并不能确切地知道他以后要处理的一项因素的变化将会对他的利润边际产生什么样的改变。但他可以十分确信，他的利润边际将会非常小，所以他清楚，在减少或增加他的利润边际方面，任何变化都会十分重要。

赋的建议提出了警告,他的主张很正确,那就是纳税人会雇用的劳动力,与支付给劳动者的税款用来雇用的劳动力是一样的。他认为,失业的原因是劳工的固执,当时完全缺乏组织的劳工拒绝接受较低工资的工作。① 如果劳工愿意接受较低的工资,那么雇主接下来甚至在较低的销售价格上也会有一个利润边际,于是他们就可以雇用那些失业的人了。他针对马尔萨斯说,不可能存在普遍的生产过剩那样的事情,因为任何一种商品增加生产都会增加对所有其他商品的需求。但是,如果工资没有随着价格减少的同样比例而减少的话,那么利润的边际就有可能普遍地减少。

自李嘉图时代以来,早在一百多年前,共产主义者、社会主义者、工会主义者一直都是马尔萨斯的信徒。他们从份额的角度提出了自己的主张,而李嘉图和商人们则从边际的角度提出了自己的主张。1837年,罗德波图斯首次把工人所得的份额不足作为产业萧条的原因来分析,陈述了社会主义者的论点。② 同一时期,在1848年革命的那个时期,卡尔·马克思在《共产党宣言》中明确地阐述了自己的理论。

但是,随着1849年发现了黄金,世界物价又开始上涨了。在美国纸币通货膨胀的助长下,物价上涨持续到了1863年,其间有些微的回落。然后世界物价又开始下降,下降持续到了1897年,其间也有些微的回升。然后是持续到1920年的另外一次上升,接着是另外一次的伴随着有些恢复的不景气,直到1929年的萧条。

我们对**价格边际**的分析,是用平均批发价格水平世界范围内的波动来进行的。

让我们重新提一下前面举的印刷业中的一家公司的例子。在每册十美分的时候,销售了六十万册,获利是六万美元,或者说获利是每个工人每周六十美元。但现在让这六十美元分解成所有的生产成本——一切工资、利息、包含在原材料成本中的其他商人先于利

---

① 《李嘉图致马尔萨斯书信集》,博纳(J. Bonar)编辑,1887年出版,第187~192页。
② 罗德波图斯:《劳动阶级的要求》,1837年版。

润的租金、税赋等等，然后留出销售价格的百分之三，作为这家公司平均的利润边际。这个数字是一千八百美元，余下五万八千两百美元作为每周总的生产成本。这总的生产成本，是为了每周获得六万美元的总收入而产生的总的新债务，剩下的一千八百美元作为利润边际。

这相当于售价百分之三的利润边际，就股东所持有的股票的票面价值而言，可能是百分之十、百分之二十、百分之三十的利润*率*，到底多大，取决于所发行的票面股份是多少。那是个簿记的问题，在这里跟我们关系不大。但是，假设货币的平均购买力发生了世界范围内的上涨，那么所有商品的价格正在以每月百分之一的速度下降。如图9-9所示，这差不多是1920年夏季之后和1929年以后商品价格下降的速度。为了符合我们的例证，让我们假定那五万八千两百美元的债务是月初发生的，而产品是月末售出的。这符合通常授予顾客三十天的信用。在此期间，世界范围内的物价水平下降了百分之一。

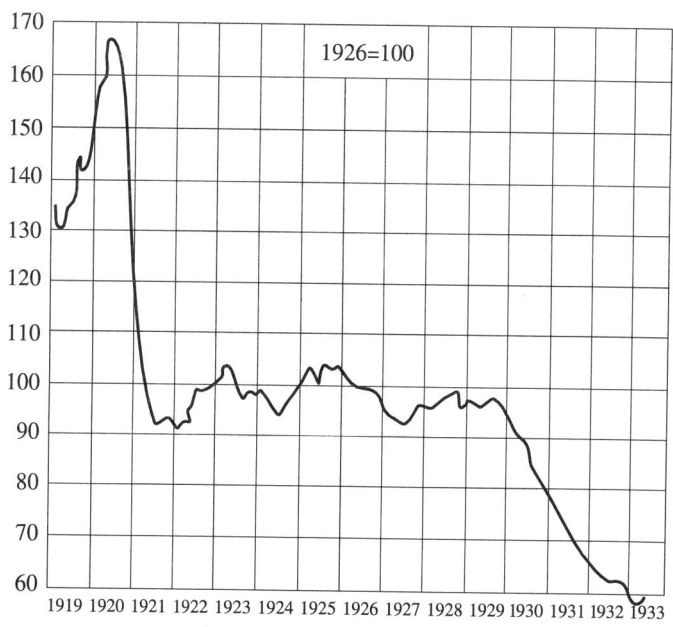

图9-9 1919~1933年美国的批发价格

因此，在我们举为例证的那个月，不说效率在技术上有什么提高，单销售所得，就从六万美元减少到了五万九千四百美元。但这六百美元是利润边际（一千八百美元）的三分之一，或者说是百分之三十三。这样一来，一次普遍的物价下降，同样实实在在地影响到了所有的商品，通过销售价格百分之一的下降，把利润边际减少到了百分之三十三。

如果其他某个公司的边际本来是百分之二，只等于一千两百美元，那么销售价格下降百分之一，边际就减少了百分之五十，那是由于世界范围的原因，不是个别企业所能控制的。或者说，对于一个比较兴旺的企业而言，如果边际是百分之十，那么销售价格百分之一的下降，就会把利润边际减少到百分之十。

有人也许会认为，如果价格下降百分之一，那么总的销售额就会从六万美元减少到五万九千四百美元，消费者就会多出那么多钱（六百美元），这笔钱他可以花在其他商品上，这样就会提供那么多的额外就业。

在这里，上述提及的错误看法的另外一面登场了，这种观点注意的是国民收入的各种*份额*，而不是利润的*边际*。那么，杂志购买者可以用来购买其他商品的那六万美元或五万九千四百美元是从哪里来的呢？他们是从那些因欠那么多钱而变成了他们的债务人的商人手里得到的。他们得到这笔钱，部分是以工资、租金和利息的形式*直接*得到的；部分是以包含在卖出的原材料中的工资、租金、利息、利润或者是以所缴纳的税金的形式*间接*得到的。因此，如果由于所有商品的售价平均下降了百分之一，从而导致所有商品的利润边际都减少了百分之三十三的话，那么这些杂志的购买者就很可能根本得不到他们的购买力。他们因为失业而不再是杂志的*消费者*了；而他们失业，是因为利润边际所发生的变化。

物价全*面*上涨和下降的这个普遍的事实，对全世界所有商人的所有利润边际，实际上发生了同样的作用。他们所有的人基本上在同样的时间都减少了雇工。无论需求弹性是一、大于一还是小于一，普遍的原因实际上发生的作用都是一样的。

当我们说"实际上同样"或"实际上同时"的时候，我们的意思是说，对于不同的机构和不同的商品而言，在时间和地点上允许有所变化。在这里，我们不需要涉及这些变化和滞后的细节。它们是这样的，在价格开始下降的几个月后，它们才会显露出自己在失业方面的作用。①

在这里，要点既不是平均数的这些变化，也不是滞后的这些变化。要点是，我们的资本主义制度是在令人惊讶的狭小利润边际上运行的，只要所有价格的平均数发生一个变化，那就只能说——不管原因是货币的还是非货币的——如果平均边际恰好是销售额的百分之三的话，那么对全世界利润边际的影响实际上会比对商品批发价格的影响强三十三倍。归于利润的 *份额* 根本都不在考虑之列了，利润的边际变成了一切。

这个利润边际，就是我们的杂志购买者找钱来购买杂志的地方。他们所有的人都是从商人那里得到自己的钱的，商人们接下来则会从银行得到这笔钱；而在现代条件下，商人们是在很小的利润边际上进行经营的。企业和就业是继续下去，是扩张，还是放慢发展速度，都取决于预期的利润边际。在维持人们就业方面，重要的既不是归于利润的 *份额*，也不是归于工资的 *份额*。这两种份额对于其他目的而言是非常重要的。但是正如道格拉斯所证明的，不管技术进步对于让资本和劳动获得使用的目的而言，无论是劳工得到了份额的一半、三分之二或是五分之四，还是资本家得到了一半、三分之一或是只得到了五分之一，都没有什么影响。道格拉斯关于份额的看法是正确的，但有价值的是 *边际*，而不是份额。

坦率地来谈这个问题，假使在1923年至1929年期间，在效率提高的时候工资有相应的增加的话，那么是不是就会防止1930年至1933年期间世界范围内的失业呢？如果世界范围内的主要的中央银行在1925年之后都进行合作的话，把货币购买力稳定在1926年的批发价格水平上，那是不是就会防止1930年至1933年期间的世界范围内的失业呢（在这里，我们没有考虑可行性的问题，而是假定两种预防失业的方法都已经实施了）？

---

① 见后文关于自动的和管理的复苏的论述。

道格拉斯对第一个问题给出了正确的答案。以减少归于利润、租金和利息的份额为代价而增加归于工资的*份额*，不会防止1929年以后的失业。

但我们必须注意到，道格拉斯的答案的关键在于，要有一些*扩张的*产业来吸纳那些被*紧缩的*产业解雇的失业者。

扩张产业的可能性是由什么来决定的？是由*投机性的利润边际*来决定的。如果价格正在下跌，而且预期还要下降，那么所有的利润边际就会被减少到价格下降倍数的十倍、二十倍、三十倍甚至更多的倍数，因此产业不会扩张。这看起来似乎是技术原因造成的失业，实际上是产业未能扩张的结果。

另外一方面，如果物价正在上涨，那么利润边际的增加就会是物价上涨的十倍、二十倍、三十倍甚至更多的倍数。有了上涨的物价，产业就会扩张，而且除了道格拉斯所谓的暂时的失业以外，不存在因技术进步所造成的失业。

但到了所有的劳工都已经充分就业的那个点的时候，物价进一步的上涨就纯粹是通货膨胀了，因为如果劳动者都已经就业了，而通过提高价格进一步增加利润边际，那就不能让更多的劳动者去工作。

因此，稳定货币购买力的建议会让某些特定的产业根据它们不同的投机性的供求弹性来扩张和收缩，但它防止了普遍的过度扩张，因为它影响了所有的投机性的利润边际。尽管李嘉图主张在价格下降的时候，要通过减少工资来维持惯常的利润边际，但稳定一般购买力的方法却主张当效率提高的时候，用增加工资的方法来保持利润边际。

这些都是另外的因素，在早期的理论中都是不被理解的——较高的生活水平和技术效率的提高。李嘉图主张，为了增加利润边际，就应该减少工资，因此就要把*较低的*生活水平强加给雇佣劳动者。这就证实，李嘉图强行降低生活水平的唯一理由就是1815年之后商品价格的普遍下降。如果他想到了一种稳定的生活水平的可能性，他也许会看到，他的利润边际是有可能在不降低生活水平的情况下维持的。

通过参考图9-9，我们所举的假设的那个印刷公司的例子，可以转化为所有产业统计学意义上的平均值。各种批发价格的这些平均值，相当于制造商、农场主、矿主以及其他控制产业的人所接受的价格，他们这些人的利润就是从中获得的。如果我们假定，平均而言，这些商品要三十天的时间内售出，而我们要把边际原则和投机原则应用于这些变化过程，同时还假定平均的利润边际是售价的百分之三，那么，1919年2月，在售价为一百三十美元的时候，卖方总的生产成本是一百二十六点一美元，他们的利润边际是三点九美元。但是由于价格在当时一直在以每月百分之二的速度在上涨，所以三十天后预期的价格是一百三十二点六美元，这个价格虽然只在销售价格（一百三十美元）之上增加了百分之二，但却在利润边际上增加了百分之六十六。

或者说，销售是在平均价格为一百六十八美元的最高点发生的，如果价格开始以每月百分之三点六的速度下降（如同实际发生的情况那样），那么三十天后，价格跌到了一百六十三美元，减少了六美元。如果生产成本已经上涨为一百五十八点零一美元了，跟前面一样，留下售价的百分之三作为利润边际（五美元），那么尽管价格的下降只是售价的百分之三点六，但边际利润却下降了百分之一百二十。

这些计算虽然只是说明性的，而且选取的是价格涨落的一个非常时期，但却给了我们一个概念，那就是商人对成本或价格的微小的增减都赋予了很高的重要性。这是因为商人是"按照财产超过其负债的剩余价额在做生意"的，并不是按照总成本或商品的价格在做生意的。支付的价格或接受的价格平均百分之二的变化，也许就意味着利润边际上的百分之三十的增减变化。如果变动是向上的，那么利润就会增加那么多；如果变动是向下的，那就会把利润一扫而空，留下一个赤字。①

---

① 这个赤字有可能发生，实际上是由于间接成本规则的缘故。无论生产是否进行，制造成本中的一大部分都会继续，目的是为了维持企业成为一个运行中的机构。为了支付这些成本，即便是利润边际已经不存在了，但只要销售额能够支付间接费用，有限数量的生产就还是要进行的。

7. **利润缓冲**。到此为止，我们一直考虑的都是制造业企业*销售额*的利润边际。现在我们要来看看，为了减轻边际利润不利的波动所造成的震动，这些企业所采取的措施。图9-3揭示了总销售额和总收益（总收入）之间的关系，可以看出来，销售额从来都不会低于总收入的百分之九十三点七，而销售额则通常都在总收入的百分之九十五到九十六之间。从其他来源获得的数量相对较小的那部分收入，我们称之为**利润缓冲**，如图9-10所示。

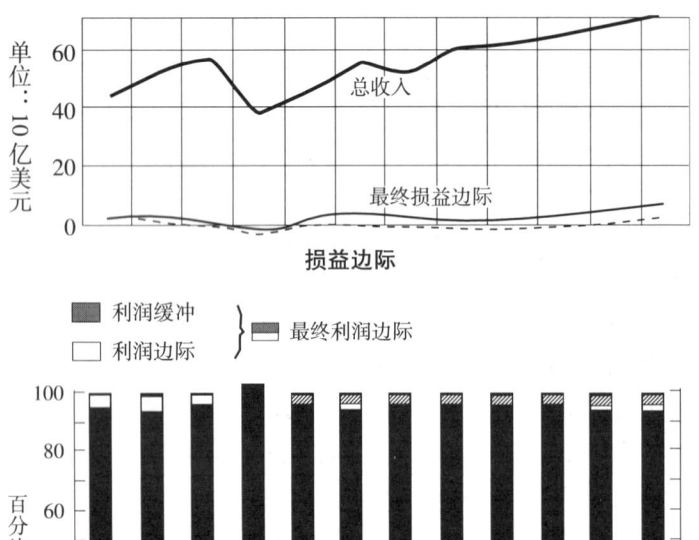

图9-10 利润缓冲①

1919年之前，制造业企业一般的惯例是依靠营业收益或销售额作为其赢利的手段，实际上排除了其他的来源。② 大约在1920年，

---

① 来源于表9-4和表9-5。
② 全国产业大会理事会，见前面的引文。

开始了一种快速成长的做法，就是通过不支付红利的基金来投资，从而形成了其他的收益来源。我们在关于总销售额和总收入的章节中曾提及过这些新的收益来源，例如其他公司的股票和债券、政府证券、定期存款、租金和特许权使用费等。美国国内税收总局报告第一次给出这些收益来源的数字是在1922年，该年度百分之四点九的总收入来自于销售额之外的这些来源。图9-6中较低的那条曲线显示的1922年的销售利润低到了百分之零点八，但是，在加上了其他收益所提供的缓冲的时候（图9-10中的阴影部分），最终利润如上面的曲线所示，是总收入的百分之五点七。我们估算了一下用于1921年的利润缓冲，证明当年的亏损从总收入的百分之三点二减少到了大约百分之一，差不多减少了销售亏损的百分之三十。利润缓冲的使用在1925年防止了亏损，从1922年到1928年，把平均的最终利润维持在了总收入的百分之四点八到百分之七之间，这样就大大地抑制了我们的损益边际在销售额上的波动。

这些关系在图9-10中都有显示，在该图中，销售的损益边际和最终损益，都是用年度总收入的百分比来表示的。缓冲是以两个曲线之间的面积来表示的，它是作为销售波动的一种缓冲器发挥作用的。

这种做法使得企业有可能让分配给股东的股息无论年景好坏都保持住一定程度的稳定。因此，我们用"利润缓冲"一词来指称这种做法。

这种利润缓冲的运用，对我们先前所作的关于损益边际的波动影响就业和生产数量的推理，不需要作任何大的改变。因为当商人或制造企业确信他们的经营正在走向亏损的结局的时候，如同我们已经证明过的，他们的倾向将会是削减生产和就业，从而我们发现，利润缓冲有利于股东，通过防止或减少损失，会使得企业在财务上稳固起来；但在价格下降的时期，相比较而言它对防止失业几乎没有什么作用。

8. **既定权利和利润边际**。上述的讨论，就一般意义而言，可以说让利润显得相当可怜。实际上，它们是一种"自由—承担风险"的关系。难怪不得，商人如果精明的话，那都会在利润溜走之前想方设法尽快把自己的利润转化为一种既定权利。要做到这一点，他往往会通过"抛售"给他人来"解除困境"，也就是在适当的时机，他会把自己预期价格会下跌的商品或证券卖给他们，而他们却对此一无所知。

商业上许多重大的成功都源出于此。公众一般并不对通过效率致富或是通过嫁祸于人致富进行区分。根据商业惯例和法律上的"货物出门概不退换"的原则，两种情况都同样是值得尊敬的。

抛售的行为通常存在于获得某种没有狭小利润边际风险的东西的活动中。这其中最为可靠的是担保良好的债券和一个发展的社会中正在增加的土地的价值。范德比尔特地产是前者的例子，阿斯特地产是后者的例子。

一个能够成功地把自己脆弱的利润在其被破坏之前就转化为既定权利的人，成就了两件事情：他让自己和子孙在未来免受损失；他迫使未来的商人更加敏锐地为他们的利润边际拼命，因为他们得被迫支付那些已经转嫁给他们的固定费用。利润的边际没有增加，但是支付债券利息和土地租金的义务的确是增加了，这使得利润边际会发生大幅度的波动。

一个承载着飘浮式付款①债券的公司，所显示的利润边际要比没有这种负担的公司低。一个由于过去的弊端而要赚到固定支出的公司，可能要比开始时就没有这个负担的竞争者所具有的利润边际更小。这些都是具有严重的社会意义的问题，因为大家普遍不理解边际和从过去传下来的既定权利之间的区别，这些问题甚至会更为严重。这是未能把份额和边际区分开来的另外一个例子。份额可以是完全公正的，也可以是不公正的，但让机构运行或停止的却是边际。

因此，利润边际对于资本主义文明具有许多的社会含义，只是随着近年来出现的对公司财务的科学研究，其意义和可测度性才变得引人注目起来。② 这不是别的，就是在"按照财产超过其负债的

---

① 分期付款中最后一笔数目特大的还款。——译者注
② 见李昂斯（W. H. Lyons）：《公司财务》，1916 年版；格斯腾伯格（C. W. Gerstenberg）：《企业的财务组织和管理》，1924 年版。

剩余价额在做生意"，或者说是"在边际上做生意"，在各种形式的股票投机中，这早已为人所熟悉了，但它却更深入地延伸到了贯穿整个私有财产制度的全部的生产过程中。

通过只涉及制造业企业，我们试图来说明它的算法。我们只取了平均数，但利润边际的意义，只有用到微分的时候，才会完全展现出来。尽管五百亿美元到六百亿美元的销售额的平均边际可能只是百分之三，但这个平均数里却包含有边际有时可能高达百分之五十的个别公司，而其他一些公司显然在百分之三以下。这些差异提出了错综复杂的累进税的问题，以及个人所得累进税和公司所得累进税之间的严重区别。在现代分配不平等的情况下，对个人所得和既定收益征收高额累进税是公平的，而且这些收益都是来自不同的来源，彼此之间没有竞争。但对于在与相似企业竞争的单一来源中获得的企业纯收入征收累进税来说，则有可能毁灭资本主义文明的社会目的，这种文明用利润动机提高了生产效率。来自股息的个人纯收益，是在所有的企业费用已经支付之后留给个人的一种剩余，它们不是暴露在竞争之下的利润边际。同样重要的是关于长期债券和从过去积累下来的各种既定权利的公共政策，它把固定支出加在了未来几代产业之上，因而减少了利润边际。有人主张，发行的债券在期限上不应该超过一代，但结果却是，它比折旧和报废所减少的现代资本设备的寿命甚至还长。也有人认为，这些由"死亡之手"强加的负担正在增加。无论这是什么情况，利润边际都是让资本主义文明不断前进的活生生的手、脑和情感。

9. **边际与生产成本。**古典经济学家的旧有的理论，受倾向于将波动的价格带回到正常成本的自动平衡的观念左右，注意的是"生产成本"。现代制度理论关注的是利润的边际，后者没有任何"标准"，而是摇摆不定地上下波动的。尽管平均数的幻觉消除了许多这样的困境，但它至少给了一个数量顺序的观念，这个观念把生产成本理论与利润边际理论分离开来了。这样一来，成本论者就会说，相当于薪金总额百分之一或百分之二的意外事故或失业保险的保险费，在引导雇主防止意外事故和稳定就业方面，可能作用很小，或者根本没有作用，因为它的数量还不到生产成本的百分之一；但雇主本身非常了解的边际分析却表明，保险费所减少的他们的边际利润，要十倍到三十倍于它所增加的生产成本。促使预防意外事故或防止失业的策略，关键不在于庞大的生产成本，而在于敏感的利润边际。①

类似地，成本论者认为，中央银行再贴现率上百分之一或百分之二的变化没有什么社会作用，②但是，如果货币和证券交易市场上竞争最高的所有交易狭小的利润边际还不到售价的百分之一的话，那么生产成本百分之一的变化可能就是利润边际的百分之百。

同样地，在资本主义的文明中，剧烈的竞争把利润边际减少到了前所未闻的地步，公共事业公司在对各个竞争者收取价格方面，或者政府在征收税金方面，若有些微的歧视或者折扣，都可以让一个公司破产。这不是因为它的成本略高，或者是因为它的效率略低，而是因为它的利润边际被消灭了。只是在利润边际日益狭小的过去三十年中，美国最高法院才认识到歧视这种新的杠杆作用，于是扩充了习惯法的意义来适应它。③

显然，对于垄断性公司会采用不同的原则。问题很大程度上在于，这个公司是通过提高自己的效率来获得利润的，还是通过享受不受竞争影响的垄断和差异的好处来获得利润的；利润到底是"效率利润"还是"稀缺利润"。④ 这是由易变的价格边际在世界范围内所引起的问题。

10. 顺序和弹性。上述类型的分析，引起了人们对狭小的利润边际的兴趣，但往往也被人们指责为是虚幻的，因为显而易见，只要轻微地改变任何一个因素，你就可以让利润边际烟消云散。我们已经用利息、税金的固定支出以及售价消灭了它，工资或所购买的原材料的成本价的变化也可以做到同样的事情。如果成本价格中的任意一项上涨了百分之一或百分之二，那么利润边际就可能减少十倍

---

① 见后文关于意外事故和失业的论述。
② 劳伦斯（J. S. Lawrence）：《物价的稳定》，1928年版，第22章。
③ 见后文关于稀缺、丰裕、稳定的论述。
④ 福尔曼：《效率利润与稀缺利润》，1930年版。见其目录。

到三十倍。因此,虽然整个分析都被称为是虚幻的,但在推理上却完全是循环论证。

这种批评忽略了时间上的顺序,以及供给或需求的不同弹性。所有的因素不会在同一时间发生同一方向的变化,即便是发生了这样的变化,但它们中间的一些因素变化的弹性度也是高低不同的。

对于商人或政治家而言,所有这些问题不会在同一时间发生,它们在不同的时间出现,根据当时哪个因素在发生变化、哪个因素变化最大或最小以及哪个因素最容易或最不容易控制而定。它们不是所有因素都同时发挥作用的问题,而是限制性因素和补充性因素的问题;在当时当地,如果人们判定限制性因素实际上限制了所有其他的因素,那么就会单独注意限制性因素,而补充性因素将来也许会一项接一项地变成限制性因素的,这要根据具体情况而定。①

这项原则不仅适用于私营企业,而且也适用于公营企业。毫无疑问,对于行动者而言,人类一切天赋中最伟大的就是我们所谓的"把握时机"的天赋,而且这也是最伟大的战士、最伟大的政治家、最伟大的企业家的杰出天赋,这个天赋足以把一个纷扰不安的国家置于他们的控制之下。对于一个政治家来说,一个时期的限制性因素也许是税赋,另外一个时期也许是物价,还有一个时期也许是过分的乐观主义,再有一个时期也许是过分的悲观主义,可能还有对外贸易、国内贸易,再不就是卫生或信用,依此类推,层出不穷。现在我们要指出的关键点在于,在现代资本主义社会,这些数以千计的因素,在自己最恰当的时机,每一项都可以让自己的强制力施加于非常脆弱、非常关键、非常狭小的利润边际上。

在这新的集体行动的过渡阶段,有了自己的数学和统计学的帮助,经济学理论一直在集中精力发掘不断变化的限制性因素,这些因素创造也解除了不断重复的经济困境。

在与国家经济研究局的合作过程中,米尔斯大大推进了时间序

---

① 见后文关于关键交易和常规交易、意外事故和失业的相关论述。

列的研究工作。① 他就着可获得的统计资料,按照距离最终消费者的远近,对物价、生产、信用和证券的运动进行了分类。这相当于庞巴维克迂回过程的各个阶段。但米尔斯不像庞巴维克那样只关注利息问题,而是把为期四十年中的所有因素都纳入了考虑之列,并因此根据它们在时间序列中的变化和在商业周期上下的变动幅度,使它们相互关联起来。

在我们的图表中,我们试图遵循米尔斯所确定的线索,把1919~1929年间这些变化因素中的绝大部分集合在一起。他所谓的物价和生产的"变化性",我们称之为供给的弹性,意思是指按照所消费的零售价格和数量来衡量消费者的需求变化,进而通过人们的预测,对或多或少有点遥远的生产阶段的价格和生产产生一定程度的影响。

如同前面所指出的,我们对价格和价值进行了区分。一个生产者的产品的价值是由两个因素组成的:一个是价格,另外一个是按照这个价格售出的产品的数量。正是从这个组合中,他获得了全部的价值或者说"总销售额",而从这中间,他就能够支付各项成本要素。如果价格在售出的产品没有增加的情况下上涨了,甚至是在产出下降的时候价格上涨了,或者产品扩大了而价格没有增加,那么他的总销售额或者说产品的价值,就会增长;反之亦然。这个情况我们在上述图表中已经看到了,并对总销售额(产品的价值)与总收入和经营成本进行了比较。这些*价值*变化,我们称之为供给弹性——在价格和数量两个方面具有弹性,结合起来一般都简化为了货币术语。

从消费者价格开始,所有其他的价格,甚至是最远的价格,都是指向它的,显而易见,处于零售商一方的产出弹性,与处于消费者一方的货币需求的弹性,是恰好相应的,实际上就是一回事。米尔斯用批发价格而不是零售价格作为消费者的需求指数,因此他用的是批发商对零售商索取的价格。我们是用批发价格作为制造商对批发商索取价格的指数。

---

① 米尔斯:《物价的行为》,1927年;《美国的经济倾向》,1932年。计算截止到1929年为止。

11. **结论**。所以，我们可以得出结论，为什么国民货币收入的*份额*理论不能说明交替变化的繁荣和萧条，最基本的理由是，因为增加一个阶级的份额而减少其他阶级的份额并不会改变所有阶级的总的购买力。除了一些暂时的调整困难，所有阶级的购买力，无论是用于储蓄还是用于消费，都会给劳动提供相同的就业。为了增加劳动者的购买力，必须通过创造*新的货币*让失业的人去工作，不能像马尔萨斯所主张的那样，把纳税人现有的购买力*转移*给劳动者，也不能由政府去借钱，那是*转移*投资，而不是增大投资。

这种新的货币不能由银行家来创造和发行，商业银行、投资银行、中央银行都不行，因为在萧条时期，利润的边际已经消失了，在创造新的货币方面，没有商业借款人愿意跟银行家合作。为了创造*消费者的需求*（企业是靠它销售的），政府本身必须创造新的货币，然后跨越整个银行体系，把它直接支付给失业者，要么作为救济，要么用于建筑公共工程，就像政府在战时所做的那样。除此而外，这种新的货币还必须归于农场主、商业机构以及几乎所有的企业，还有雇佣劳动者，因为它们大家一起构成了总的消费者需求。

消费者需求的创造，要么通过银行信用的膨胀，要么通过发行政府纸币，这一困境要求我们必须对**中央银行**政策的理论和实践进行研究，维克塞尔在 1898 年用新的方式对此进行了阐述。战后时期，全世界不同国家的中央银行或多或少地都是照此行事的，我们称之为利润边际学说的桑顿—维克塞尔（Thornton – Wicksell）序列。

八、世界范围的偿付社会

桑顿—维克塞尔序列是一种利润边际序列。在英格兰银行停止硬币支付之后（1797 年），1802 年从桑顿开始，这个序列可以追溯到图克①（1844 年）、维克塞尔（1898 年）、战后经济学家霍特里（1919 年）、凯恩斯（1930 年）、费希尔（1932 年）、1921 年之后联邦储备银行制度的政策，以及 1931 年英格兰和瑞典银行在停止硬币

---

① 托马斯·图克（Thomas Tooke）：英国经济学家。——译者注

支付时的政策。

桑顿的理论是一种中央银行贴现论。他说，1797年英格兰银行停止硬币支付以后，① 对于纸币信用（钞票）数量向上的限度而言，主要在于英格兰银行所取的利率与当时的商业利润率的比较。如果银行的利率低于这一利润边际，那么商人们就会增加他们的借款，而英格兰银行则由于不再受法定黄金储备的约束，所以只通过借款者的偿付能力就决定了银行信用的创造，这样就会继续扩张其纸币发行，去满足有偿付能力的企业在物价水平上涨时的"合理"需求。但是，如果因为银行提高了利率，而流通手段的数量停止了增长，那么"额外的利润就到头了"。这一理论在图克那里又重现了，② 1898年又在维克塞尔那里获得了一个新的起点。回想一下西奇威克把货币市场上的短期利率与证券和不动产市场上的长期利率区分开来的做法，③ 这种理论的意义就显现出来了。后两种市场上的低利率，是美国"绿背纸币"论的基础，1849年由爱德华·凯洛格率先提出。

（一）长期利率和物价

1919年，联邦储备银行制度是遵照先前称为"绿背主义"的纸币理论行事的，绿背主义的创始人是爱德华·凯洛格，著名的倡导者是杰出的制造商彼得·库珀（Peter Cooper），1876年"绿背党人"的总统候选人。凯洛格与同时代的欧洲人蒲鲁东和马克思是极为相似的人，他们这些人都主张把利率降低到经营银行业所需要的劳动成本的水平。

凯洛格和库珀的理论被称为是可转化债券的货币制度。④ 两个

---

① 亨利·桑顿：《大不列颠的纸币信用》，1802年版；同时参见康芒斯的《稳定物价》，载《社会科学百科全书》。
② 图克：《1793~1856年的物价史》（六卷本），评论和总结散见于六卷中。
③ 见上文关于货币与资本的论述。
④ 爱德华·凯洛格：《劳动和其他资本》，1849年版（1843年初版，1861年以《新货币制度》的书名重印，我们引用的是1883年的第八版）。彼得·库珀1867年开始写作，其《关于优秀政府的科学观念》于1883年结集出版。

人的目的都是减少他们所宣称的因银行家对黄金和钞票的垄断而收取的高利贷利率,以及恢复企业机构和土地财产的价值,就凯洛格来说,这二者的价值自1837年之后一直都在飞速下降,而就库珀来说,则是自1865年以后都在飞速下降。

这一理论忽略了货币"价值"的双重意义,也就是利率或贴现率,以及货币的一般购买力。凯洛格及其信徒采用了前一种,而且坚持认为:

"货币的价值取决于它将积累的利息,而一切财产的价值取决于因它而可以获得的租金……任何财产的租金在借钱出去的短时间内,如果不足以与一笔与财产本身所估算的价值相等值的话,那么财产在价格上就会下跌,一直下跌到租金对财产价值的比例与利息对本金的比例相同为止……财产的价值,按照衡量财产的美元价值的增长成比例地降低,凡是货币价值因为利息的上涨而增加的时候,财产的价值都会相应地减少……没有人会把自己的钱投在财产上,除非他推想财产所产生的收益与购买财产的货币所产生的收益同样好。因此,只要货币利息增加,财产的价格就必定下降,这样财产收益与货币收益才有可能相等。"①

凯洛格提出,应该防止利息涨到百分之一以上,他估计,百分之一是管理银行体系的劳动成本。全国劳联中他的信徒和绿背党分别于1867年和1876年把这个估计提高到了百分之三。② 政府会印制法定货币,这个法定货币可以按百分之三的利息抵押借贷,贷款额可以达到土地价值的百分之五十,然后借款人会用法定货币购买商品、支付劳工的工资,通过这种手段,钞票会进入一般的流通之中。收到法定货币的人也可以不去购买商品,而是把它借给其他人,或

---

① 爱德华·凯洛格:《劳动和其他资本》,1849年版,第153~154页。
② 见康芒斯及合作者的《美国工业社会的历史纪实》,第9章,第180、213页。

者投资于政府的中期国库券,后者不是法定货币,但可以产生百分之三的利息。同样,一个拥有中期国库券的人,如果发现在工业或农业中有赚得超过百分之三的机会的话,那他就可能要求财政部把国库券转换成法定货币,以便他用来购买原材料和劳动力。

按照这样的方法,利率不可能涨到百分之三以上,原因在于,如果私人贷款者向借款人要求百分之三以上的利息,那他就可能以百分之三的利息向政府借款,或者向另外一个同样可以按百分之三利息借款的人借钱。另外一方面,利息也不会跌到百分之三以下,因为贷款人总是可以用自己的法定货币去购买国库券来获得百分之三的利息,国库券是可以产生这个利息的。照此方式,全国的利率就会稳定在百分之三的水平上,而不会像过去那样波动,在低潮的时候徘徊在百分之一二之间,而在繁荣或者货币紧缩的时候,地产、商业或短期贷款的利率可以高到百分之十、百分之十五、百分之一百甚至更高。

凯洛格的可转化货币和债券计划在国会或纸币提议中屡屡重提,往往被当成一个新的发现,但却没有意识到它最初是在1849年出现的。自1929年物价下降以来,最近它又作为一种农业救济计划重新出现了,通过没有利息的美国法定钞票(纸币),并且通过把这些钞票转化成所发行的百分之三的政府债券,以此来获得对农业土地抵押的控制。如果债券的市场价格超过票面价值,那么财政部长将受命卖出债券以收回等值的美国钞票;如果债券的市场价格低于票面价值,那么财政部长将会购买债券以交换法定货币。如同凯洛格的计划那样,按照这样的方式,人们预期当债券的价格高于其票面价值时,债券的供给会增加,通过发行债券换回纸币,就可以暂时收回货币,从而把它们的价格压低到票面价值的水平上;当它们的价格低于票面价值时,债券的供给就会减少,通过再发行纸币换取债券,就可以暂时收回债券,从而把它们的价格提高到票面价值以上。

凯洛格声称,他的纸币不会像法国大革命时期所发行的纸币或美国在独立战争时期所发行的货币那样贬值,因为那种货币不是"财产的代表",而他的可相互转化的货币却以不动产抵押的形式实实在在地代表着财产。他说,如果政府"以价值为贷款两倍的生产性土地作为抵押并贷出了货币,并且提供能够产生利息的钞票作为这笔钱的担保,那么这样的纸币就会是财产的代表,而且一定是优良货币"。①

并且凯洛格还认识到,土地或任何债券,如果其实际的租金或利息高于百分之三的话,那么只要能够随便且不断地按百分之三的利率借到钱,它们的价值立刻就会上涨。但他却没有把它的通货膨胀的结果追究到底。

在市场利率为每年百分之六时,如果一块价值一千美元的土地产生了六十美元的地租,或者是一种债券按照票面价值每年产生了六十美元的利息,那么同样的土地或债券在利息是百分之三的时候其价值就会涨到两千美元。土地或债券的购买者,在一项两千美元纸币的投资上每年赚了六十美元,与把两千美元纸币投在国库券上赚得的钱一样,但那是百分之三,而不是百分之六。

因此,如果土地涨到了两千美元,那么它用于抵押用途的价值就是过去的两倍,并且它的所有者按照新的土地价值的一半借到的钱也是过去的两倍。当土地价值一千美元的时候他借到了五百美元,那么现在土地价值两千美元了,他就可以借到一千美元。

与此同时,土地的产物——小麦、谷物、牲畜——的商品价格也会上涨,原因是法定货币的丰裕性增大了,凯洛格也认识到了这一点。在土地价值上涨了百分之一百之后,如果发生了这些东西的价格上涨了百分之一百的情况,那么六十美元的租金按照纸币计算的话,大概就是一百二十美元的租金。如果租金是一百二十美元的话,那么土地在价值上就能涨到四千美元,而且继续按照其市场价值的百分之三支付地租收益。它的抵押价值按照它的市场价值的一半计算,现在变成了两千美元,借款人以百分之三的利率可以借到两千美元。只要没有给法定货币的数量或利息为百分之三的可转换国库券的数量设置限制,那么这种螺旋式的作用就会继续下去,先是提高土地价值,然后是土地产物的价格,再然后又是土地的价值,接着又是土地产物的价格,如此反复,直到无穷大。

---

① 爱德华·凯洛格:《劳动和其他资本》,1849年版,第280、281页。

凯洛格推理的谬误是双重的：一是混淆了货币价值作为利率和作为购买力的双重意义；二是像古典学派那样混淆了生产力和购买力。按照他的解释，生产力不仅是产品的数量，而且也是产品的价格。把稳定货币价值作为一种稳定的*利率*，导致了货币作为*购买力*的价值不稳定，起到的是恰好相反的作用。

1919年，联邦储备银行按照凯洛格的理论采取了行动。财政部按照百分之四点二五的利率发行了**胜利公债**，当时市场的平均利率是百分之五点七五到百分之六。债券是通过会员银行卖出的，允许购买者借钱来支付债券的价款，但要把债券留在银行里作为担保。为了给债券的面值创造一个有利的市场，储备银行采用的规则是，会员银行用政府债券作担保在储备银行借款时，再贴现率要比用商业票据（百分之四点七五）担保低百分之零点五（也就是百分之四点二五）。① 结果是，会员银行用政府债券作为附属担保的借款占到了百分之八十五，用商业票据作为附属担保的只占到了百分之十五。政府附属担保的利率成了有效利率。

1917年，纽约商业票据作为附属担保的再贴现率一直是百分之四，后来在1918年和1919年期间提高到了百分之四点七五。同一时期，政府附属担保的利率在1917年是百分之三点五，在1918年和1919年期间提高到了百分之四点二五，保持着有利于政府附属担保的百分之零点五的差额，直到1921年5月为止。②

结果便是，如果一个银行家委托保管了政府债券作为附属担保，那他就可以从联邦储备银行以百分之四点二五的利率获得一笔贷款，但却可以在一般货币市场上按照百分之六到百分之八的利率再借出去（公开市场商业利率，见图9-11）。

这样一来，用政府债券担保的借款数量，在1917年几乎是零，但在1919年5月却增加到了十七亿美元，而当时正在发行胜利公债。结果，在1919年3月到1920年5月期间，储备银行给会员银行的信用总额度从二十五亿美元增加到了三十二亿美元，所有会员银行的

---

① 见后文图9-11。
② 图9-11中没有表示。

活期存款从一百二十七亿美元增加到了一百五十三亿美元。①

对物价的影响是值得注意的。② 到 1919 年底，批发价格上涨了百分之十五，这股推动力到 1920 年 5 月的时候又把它推高了百分之十三。在战争史上，过去从来没有过战后的通货膨胀，这是凯洛格的理论人为地把短期利率保持在市场利率之下的结果。

最后，在 1919 年 11 月胜利公债售罄之后，纽约的储备银行开始反复提高再贴现率，在 1920 年 6 月，达到了让人恐慌的商业票据的百分之七、政府附属担保的百分之六的高峰（图 9–11）。

显然，如果储备银行在 1919 年 4 月就把它们的利率提高到百分之五或六，比它们实际所做的早十二个月达到那样的利率水平的话，那就有可能防止商品价格战后的通货膨胀，甚至是在 1919 年而不是 1921 年就压低了物价。但是它们所实行的却是凯洛格的可转换债券和货币的理论，目的就是让胜利公债的利率一般低于商业贷款和资本的市场利率，以便让债券按票面价值卖出去。假如不是按照凯洛格所指示的那样人为地降低利率的话，那么一种百分之四点二五利率的债券的市场价格，在银行和贷款者可以从其他贷款上获得百分之六的利息时，一定会低于票面价值很多。采用这种通货膨胀性的低利率，就是为了避免这种情况。

（二）短期利率和价格

与凯洛格的理论颇为相对的是源自于桑顿和维克塞尔的理论。③他选取了货币价值的另外一个意义，不是利率，而是货币的一般购买力。他宁愿稳定货币的购买力，而不是货币的利率。

1856 年，麦克劳德逐步阐明了银行利率变化对黄金输入和输出影响的理论。1898 年，维克塞尔逐步阐明了这类变化对一般价格水平影响的理论。维克塞尔的理论直到 1922 年才被人们注意到，当时货币性质的黄金已经差不多消失了，现在过量拥有黄金的联邦储备

---

① 图 9–11 中没有表示。

② 见上文图 9–9。

③ 维克塞尔：《利息与价格》，1898 年版。

银行发现,以公开市场出售证券为后盾,中央银行的利率可以用来防止物价暴涨。

在个人主义的物质理论和战后中央银行的一致行动理论之间,维克塞尔占据了一个过渡地位。旧的理论对他仍然有影响,那就是他认为"自然"利率与李嘉图、杜尔哥、庞巴维克的边际生产力是一回事。这是他比1802年桑顿理论进步的地方。他不但努力把央行的利率与由商人支付的桑顿的商业利率联系在了一起,而且他还把它跟*生产*的全部技术过程和融资联系在了一起。现代理论所表现出的三重关系就是由他确立的,他确立了基于生产力的这种自然利息的变化、商品价格平均值的变化、各个中央银行在控制贴现率变化方面的一种世界范围内的一致行动三者之间的关系。

如果通过世界范围内的行动,中央银行的利率降低到了资本的边际生产力之下,也就是降低到了"自然"利息的水平上,那么就会促使银行的客户增加自己对银行信用的需求,由此他们就增加了对商品和劳动的需求,从而提高了一般物价的水平。

反过来说,如果世界范围内的一致行动把央行的利率提高到了物质资本的边际生产力之上,那么因为狭小的利润边际,商业顾客就会减少他们的借款,减少他们对商品和劳动的需求,结果就是物价和就业的下降。

但是,通过相似的世界范围内的行动,如果央行的利率保持在了与物质资本的边际生产力差不多相等的水平上,那么物价平均值和就业的数量就会趋于稳定。

这一理论与财政部和储备银行在1919年和1920年的官方行动是背道而驰的,正如我们已经注意到的,它们的行动与凯洛格的理论是一致的。按照维克塞尔的说法,1919年,银行的利率要比市场利率低很多,这会导致物价上涨,实际上紧接着就发生了这样的情况。但是,在1920年和1921年早期,银行利率开始高于市场利率,但按照维克塞尔的说法,这会导致物价的下降,随后这种情况也发生了。① 官方的理论以及普遍坚持的理论都指出,银行理论应该*追随*

---

① 见图9-9、9-11。

市场利率，因为它们没有关于利息与物价关系的理论。维克塞尔主张，为了防止物价的涨跌，银行利率应该先于市场利率。

按照维克塞尔的观点，世界范围内的一致行动的需求，追随的是为大家所认可的麦克劳德和英格兰银行在1857年之后的原则，这个原则说，一个国家的贴现率如果比其他国家高的话，那么通常会从其他国家吸取黄金，但如果所有的国家都一起行动，那它们就都会同时提高或降低自己的贴现率，然后每个国家再根据国际贸易支付差额和先兆的黄金输入或输出情况，将自己的个别利率略微调整，使之高于或低于世界范围的利率水平。

黄金的这种输入和输出表现在银行的储备上，费希尔总结维克塞尔的贡献时说，维克塞尔学说的关键在于让贴现率"与其他利率合拍了"。他认为，在这方面，维克塞尔做出的有价值的贡献"比其他任何人都多"，他认为"除了黄金储备以外，在存款通货左右物价水平的地方，一种商品的价格水平会完全受银行贴现政策的支配"。[1]

因此，维克塞尔的贡献的意义就在于，在一个金属货币和纸币都服从于商业银行债务货币的文明阶段，他提出了旨在稳定世界范围内商品物价一般水平的各国的集体行动。三十五年前维克塞尔如何提出了这种乌托邦式的理论，以及这个理论如何等待战后资本主义文明的悲剧去进行实证的研究和检验，还有这个理论如何必须加以修正才能符合这些实验，这是重建经济理论中悬而未决的经济、政治、外交的问题，只有一百多年前的另外一次世界大战之后的理论重建能够与这次理论重建相提并论。

（三）从边际生产力到资本收益

在维克塞尔关于预测和中央银行控制的理论中暴露了三个缺陷：边际生产力的可测性，公开市场的利率与顾客利率的偏差，风险贴现。

历史上已经有了三个版本的与利率相关的边际生产力，维克塞尔又增加了第四个版本。杜尔哥的解释系于储蓄的丰裕与稀缺，储

---

[1] 费希尔：《美国经济学会学报》，1927年3月号，第108页。

蓄的丰裕程度越高，导致利率越低，并进而导致生产朝着更低的边际扩展。因果关系在于储蓄方面。李嘉图的解释是从人口扩张这个相反的观点出发的，人口扩张会把劳动和资本推向农业生产的较低水平，与之相应的就是利息率和利润率的降低。他的因果关系在于自然和人口方面。庞巴维克的理论是那种现代物质技术优越性的理论，这个理论假定，一定数量的劳动现在投入于各种迂回的方法，在第一次使用之后，生产的产量就会随着时间的推移而不断增加。①

这些理论都没有充分考虑到通过发明和完善组织而产生的资本的技术效率的变化。他们关心的主要是资本的数量。杜尔哥是用他的"温度计"——长期贷款的利率——来量度资本的数量的。李嘉图和庞巴维克是用生产资本所需要的工时数来量度资本数量的。维克塞尔放弃了用工时量度资本数量的方法，回到了杜尔哥的货币计量法。但是，他采用的是区别于资本数量的资本工具在*效率*上的变化。实际上，李嘉图曾经以效率变化作为自己的理论基础，但那是一致下降的效率，因此也是下降的利息率和利润率，原因在于人口压力趋向于更低的农业边际。他没有任何关于发明的有效理论，这些发明实际上在各行各业提高了劳动的效率，克服了趋向于更低的农业边际的人口压力。卡尔·马克思用递增的劳动效率代替了李嘉图的递减效率，但是他的效率是一种剩余产品的上升趋势，这种剩余产品属于所有者，而不属于劳动者。

但是维克塞尔注意到，在一个具有革命性发明的时期，资本的边际生产力，也就是效率，会提高，从而对储蓄有一种更大的需求，自然的利息率也会提高。但是在技术进步放缓而储蓄持续增加的时期，边际生产力趋于下降，因此对储蓄的需求也会减少，自然的利息率也会下降。因此，维克塞尔尽管跟杜尔哥一样用货币来量度资本的数量，但在量度资本的"自然利息"的时候，用的却是生产资料在技术效率上的变化。

但维克塞尔进了一步，认为主观学派的心理利息与边际生产力和储蓄利息是相同的东西。我们注意到，卡塞尔在他的可量度的

---

① 见上文关于从心理经济学到制度经济学的论述。

"等待"的数量以及因等待而支付的价格里，也作过与此相同的认同。同样出现的还有杜尔哥的下降的"利息价格"，不过维克塞尔把它修正成了效率的*变动*。但是，杜尔哥的"利息价格"不是被他描述成了一种低利率——这种低利率促使农业、工业、商业中的劳动力的山峦海岛出现在退潮的海平面之上，就是被他描绘成利息率（"价格"）的提高，这种提高让它们又消失在了涨潮的海平面之下。

边际生产力的概念，现在由维克塞尔转化成了一个社会效率的概念，变成了两个变量构成的概念：一个变量是社会产出推进时增减的*速度*；一个变量是新积累的储蓄增减的*速度*。自然的利息率随着社会产出的增加而增加，随着社会产出的减少而减少，同时也随着储蓄供给的减少而增加，随着储蓄供给的增加而减少。

还有另外一个变量要考虑，这就是一般物价水平的波动。这样的波动会改变商品的价格，也会改变所有参与技术过程的商品和劳动的服务的价格。因此，为了作出他的理论说明，他跟李嘉图、庞巴维克以及所有的理论家一样，通过假设价格水平保持不变，从而省略了这个变量。有了这个假设之后，那么我们就有了四个变量：社会产出、资本或储蓄的数量、市场利息率和央行的利率。不管效率的变化如何，我们假定社会产出是按照不变价格售出的，资本储蓄和利率也因此按照货币的不变购买力来衡量。有了这些假设，在生产的各种边际上涨或下降的时候，物价的涨落对于产品的生产中所有参与者的社会产出和货币收益的均衡均不会有任何干扰，边际生产力变成了均衡水平。在这里，按照稳定的物价水平衡量，物质生产力的剩余部分，与储蓄的利息是相等值的，而且同样不受一般物价水平变化的影响。

然后，维克塞尔提出了生活资料价格水平（零售价格）的变动、生产资料（批发价格和工资）价格水平的变动、资本和劳动的边际生产力的变动、银行利率和市场利率的变动、货币数量的变动。这些变动是按照不同的变化速度在不同的变化时间内发生的，在他对不同变动的滞后和先兆情况的研究和测量中，他得出了自己的结论，这就是以负责发行和再贴现的各国中央银行一致的预测行动为手段，一般的物价水平是可以稳定下来的。

1931 年和 1932 年，维克塞尔的边际生产力理论在凯恩斯、哈耶克、霍特里之间引发了一场引人注目的争论。① 哈耶克认为，凯恩斯在自己的货币理论中没有给利润留下空间，以致他的理论纯粹是一种货币理论，没有考虑到技术资本的物质生产力中的非货币变动因素。

在后一种情况下，哈耶克求助于庞巴维克关于延长生产周期可以加大技术优越性的理论，也就是说，延长了迂回过程。如果投资于更大数量的技术资本，迂回过程就会延长，于是未来的资本边际生产力就会增加。但如果投资于更小数量的技术资本，这个过程就会缩短，那么未来的资本边际生产力就会降低。正如维克塞尔已经证明了的，这些可供选择的办法在商业周期中的确发生了，在中长期利率（债券收益）比较低的萧条时期，会发行更多的债券用于新的建设项目，而在高利息或债券收益比较高的繁荣时期，发行的债券就比较少。

但事实却并没有追随庞巴维克的主张，后者认为延长迂回过程会增加生产力，缩短迂回过程会降低生产力。现代发明的全部特征就是专注于缩短迂回过程，比方说，按照过时的方法，建造一幢摩天大厦要几年的时间，甚至根本就不可能建成，现在要在十个月的时间里建起来。相对于预期产出来看，在这种更为有效的资本设备上的投资，实际上要比旧式设备上的投资要少很多。建造一组庞大的发电机以及附带的改良的机器，它生产的产品与以整套蒸汽机和旧式机器为电源的机器的产量是相当的，就单位预期产出而言，它的花费和用时都更少。从一个观点来看，现代技术正在缩短迂回过程；从另外一个观点看，如果我们所指的迂回过程就是未来一个*给定的*产出比率的话，那么它要求发行的债券要少于过去新的建设

---

① 哈耶克：《凯恩斯纯粹货币论商榷》，《经济季刊》，第 11 期，第 270 页；第 12 期，第 23 页。凯恩斯：《反驳》，见《经济季刊》，第 11 期，第 378 页。又见哈耶克：《物价与生产》，1931 年版。霍特里的评论，载《经济季刊》，1932 年，第 12 期，第 119 页；以及他的《中央银行的诡计》，1932 年版。凯恩斯：《货币论》，1931 年版；《劝说集》，1932 年版。

项目所要求发行的债券。

但是，这些未来的产出率、未来的边际技术生产力、未来的利润，是迄今为止引入的任何统计手段完全无法度量的。因为这样那样的原因，霍特里没有考虑用"生产周期"正确地代之以对时间间隔的一种解释，而这种时间间隔主要取决于生产者承诺的状态、未完成的订单、手头的存货，以及让额外的资本和劳动投入工作的便利性等。

因此，我们必须到别的地方去寻找商业社会实际预测的数量证明，这个商业社会不但考虑了现在的一切情况，而且也考虑了维克塞尔和霍特里所强调的预期的变化。如果我们让自己置身于一个现在的时点上，而在这个时点上，谈判正在进行，未来不是短期就是长期的原材料和劳动的约定和购买正在进行，正如霍特里所设想的那样，那么对于每个机构而言，我们就有它自己的经验和目前的经营状况，以及类似的机构和大众对未来的预期所作的判断，作为它的预测指南。

这些预测涉及两个变量：一个是预期的物质产量；一个是预期它将售出的价格。它的目的是为了获得未来的利润边际，银行家有可能愿意据此垫付现在的购买力。因为银行体系不是在物质产量的基础上进行的，它是在*预期的物质产量乘以*预期价格的基础上进行的。换句话说，那是预期的"总销售额"。对产量*和*价格的这些预测是不断变动的，但对于长期预测的当前趋向，可以通过股票市场上支付给股票和公司债券的当前价格，以及不动产市场上支付给土地权利的当前价格来确定，这些价格都与当前股息、利息、租金的净收益进行了对比。这些"股票收益"、"债券收益"、土地价值的"租金收益"的计算，是与预期产量乘以预期价格最为接近的可测量的内容。股票和债券的价格最具有投机性和变动性，而且往往受操纵和宣传的支配，但即便是这样，它们也还是能够显示在什么程度上，那些投资和投机的人，暂时出于某种原因，愿意扩张未来的生产以降低产量*乘以*价格的边际，或者是对现有的回报率不满意的程度。如果一种票面价值是一百美元的百分之五的债券是十分安全的，并且其市场价值达到了二百美元，那么投资者购买债券，就是愿意让这个企业的所有者增添设备，把生产扩展到更高的销售总额水平上。这会是一种只有百分之二点五的债券收益，也是未来物质生产力更低的边际乘以较高的预期价格水平。然而，如果市场价值只是五十美元，那么债券收益就是百分之十，投资者就不愿意让这个机构增添设备并按照超过百分之十限度的预期价格扩大预期的产量。

同样的原则也适用于投资于股票或土地价值的意愿，但在这里，风险要素变成了决定性的因素，它比利息的变动大得多，实际上就是预期利润因素。由于预期风险而形成的折扣可以高达百分之百，因此在这种情况下，票面价值为一百美元的股票现在的市场价值降为了零，尽管还会因投票的权力而"持有"它，但它已经绝迹于市场了。或者说，如果由于预期产量按照预期价格上涨而增加，预期的风险被消除了，那么股票的价格就会涨过票面价值很多。

这些原则非常简单，也易于理解，但这里要注意的要点是，它们把预期产量和在那种产量下可以接受的预期价格两者都结合在了一种估价（总销售额）中，因此，它们让"自然的"利息退居次席，这种自然利息只是基于技术资本或者是迂回过程的延长或缩短。所有这些可变的未来物质产出，连同未来可变的价格、利润、利息，已经在买卖股票和债券的现在的过程中在资本市场上进行过折算了。

我们在给所有这些来自于长期投资的收益命名的时候，追随的是西奇威克的"资本收益"，而不是维克塞尔的"边际生产力"。因为它们是利润和利息两者相结合的收益率，在利息和股息预期的长期收益的所有权现在的购买者所作的全部估算中，范围是在最保险的利息为主的收益和最不保险的利润为主的收益之间变动的。如果能够创立一种平均资本收益的加权指数，那么我们就应该有了一种指数，这种指数不是维克塞尔的"自然利息"——自然利息对于银行业务和投资目的而言是不可测量的，而是那种完全的制度结构的指数，这个指数根据所有参与者当时所作的精明的或愚蠢的、满怀希望的或充满恐惧的判断来扩大生产或限制生产。

用现有的统计数据，我们能够做到的最接近这个平均资本收益指数的东西，是纽约证券交易所经过挑选的普通股、优先股和债券，再按照新发行额加权后的平均收益。这样的指数包括预期的供给和预期，或者说是价格，以及以那些价格售出的预期的技术上的产出。我们的计算见图 9-11 的"资本收益"。

因为不完全,所以这种计算方法存在许多缺陷,但即便如此,在统计研究的现状之下,它还是给出了一个大略的线索。如果像在图9-11中所作的那样,把这种指数与公开市场的商业利率以及纽约储备银行的再贴现利率作一番比较,那么对于维克塞尔所进行的分析的意义,我们就开始有了一点线索。"资本收益"没有忽略非资本因素,它把技术上的产出倍数与产出的价格结合在了一起,正如资本市场上实际所进行的那样。

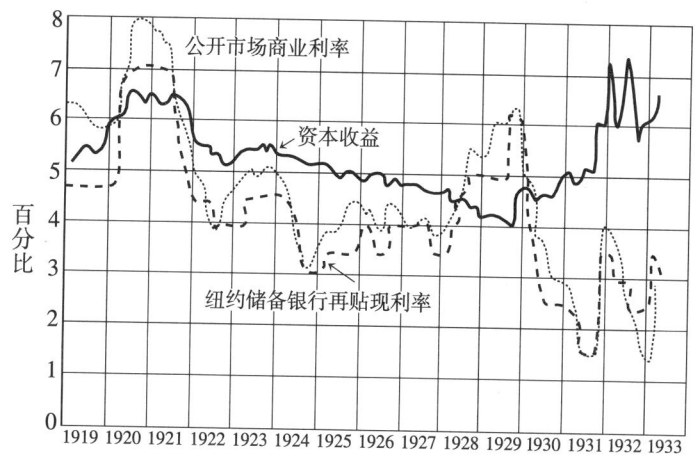

图9-11 资本收益,公开市场利率,重贴现率①

---

① "资本收益"是15种公用事业债券、15种铁路债券、15种工业债券、20种工业优先股票、90种工业普通股票的平均收益;加权是按照1919~1933年的《商业和金融编年史》给出的新发行的公司债券、优先股票、普通股票进行的;不同类型证券的收益是按照"标准统计公司"的计算进行的,此数据目前在《现代商业概览》中引用过。

"公开市场利率":期限为4~6个月的最佳商业票据的平均月息,资料来源于《联邦储备委员会年报》,1927~1928年,1931年;《联邦储备银行公报》,1932年1月~1933年5月。

"纽约联邦储备再贴现率":来源于《联邦储备委员会年报》,1924年和1931年;《联邦储备银行公报》,1932年1月~1933年5月;1919~1921年期间的再贴现率涉及60~90天的票据的利率;1922~1933年的再贴现率,则涉及所有类型的票据。

于是，在用这种资本收益的公式代替维克塞尔以技术资本的边际生产力为基础的"自然"利率之后，他的理论就可以进行如下表述了。他假设在维持货币平均购买力的目标指引下，负责发行和再贴现的各国中央银行在世界范围内采取了一致的行动。由于这种一致的行动，运送黄金来支付差额的干扰，可以通过在国与国之间转移信用或指定资金用途的方式来抵消，这样一来，黄金储备实际上就可以搁置在一旁，远离国内和国际兑换。

有了这种假设，如果平均的世界范围内的资本收益（它的自然利率）低的话，那么就表示投资和投机活动比较充分，证券会按较高的价格售出；这些较高的价格会成为增加新证券发行的诱因，从而会增加可以按现行的工资和价格购买劳动力和原材料的数量，用于扩张和新的建设。用所购买的劳动力和原材料的数量来衡量，总的社会投资和商业活动会因此而增加，最终接踵而至的是产出的增加。

现在，如果在资本收益（它的自然利率）因为证券价格较高而较低的同时，银行的利率被定得比资本收益还低的话，那么同样的趋势也会转移到现在的经营上。在这种更低的银行利率的刺激下，会促使借款者扩大他们用于立即交货的短期借款的数量，改变对长期收益的购买。这些较大的短期借款，能够发挥跟较高的证券价格同样的作用，因为它们可以让借款人增加对劳动力和原材料的需求。这种趋势，首先会增加为眼前的生产而购买的营业中的劳动力和原材料，甚至在所有的劳动力都充分就业的时候也会因此而提高物价和工资，以致不能再额外增加产出的数量了。这一点，我们在1919年的例子中已经看到了。

但是，另外一方面，如果资本收益（自然利率）比较低的话，而银行利率又被提高到了资本收益之上，那么较高的银行利率就会趋向于抵消较低的资本收益。借款者倾向于少从银行借钱用于当前的业务，他们把更多的钱投入了长期证券，因此价格和产出的数量都不会像银行利率低于资本收益时那样上涨或扩大。

完全按照同样的推理，影响产量和价格平均变动的不是银行的*绝对*利率，而是与资本收益相比较的银行利率的*相对*提高或下降。

如果资本收益是百分之六,那么像1919年①那样百分之四点二五的银行利率就是一个较低的利率,这样将会引发一种商品价格平均值上升的趋势。如果资本收益降低到百分之四,如同1929年那样,那么同样的百分之五的银行利率就是一个较高的利率,这将会引入一种商品价格下降的趋势。

这里,维克塞尔运用借钱和购买物品之间机能关系的意义就可以看出来了,所有的机构对这种关系都很熟悉,但在古典学派和享乐主义学派的理论中却没有加以利用。他们省略了货币,仅仅把它作为一种对交换过程没有任何作用的"形式",作为一种"交换媒介",这是先前在生产或者快乐与痛苦的过程中就已经决定了的。但维克塞尔说,货币并非仅仅是"形式"上的一种差异,它不是只扮演一个被动的角色,而是一种"实体"上的差异,扮演着一个主动的角色。

古典学派和共产主义学派的经济学家的假定就是货币扮演的是一个被动的角色,只不过是物品转让活动中一个便捷的交换手段,与公路作为运送货物的手段没有什么区别,因此利率仅仅被描述为一种"自然"的利率,可以用另外一种一般的商品——货币——来支付。如果他们的假设是正确的话,那么货币只是一种形式的商品,是黄金或白银,其价值是由决定和衡量其他商品价值的同样的劳动力工时来衡量和决定的,那么他们的假定也许是最接近现实的。但是,用银行债务货币制度替代了金属货币制度之后,就如同西奇威克已经证明过的那样,银行利率可能和实际的变动,会既不同于他们假设的由资本的边际生产力决定的"自然"利率的变动,也不同于按照资本市场价值计算的收益的变动。换句话说,在这里,在西奇威克的两种静态利率中间,维克塞尔在这里引入了一种多重的因果关系,其中的银行利率并不总是跟资本收益一致,这种一致性的缺乏,在产品数量和价格的变化中得到了反映。

维克塞尔关于银行利率和资本边际生产力相对性的学说,使得

---

① 见图 9-11。

费特所谓的"维克塞尔令人诧异的贴现政策"① 的批评难以自圆其说。费特拒绝了维克塞尔的边际生产力,因为它是一种"价值"生产力,它的确是,但边际生产力总是被公认为一种技术的或产出的生产力。维克塞尔的"边际生产力"包括产量和此产量下所接受的价格,这是作为资本收益来衡量的金钱上的价值生产力。之所以如此,那是因为出卖物质产品是为了获得货币,价值不是精神上的,它是货币的价值。

更让人费解的是,费特居然忽略了维克塞尔关于不同利率*相对性*的基本学说。费特把自己的注意力完全集中在了维克塞尔学说的另外一半上,也就是假定银行利率*低于*"自然"利率。他同意维克塞尔在这上面的观点,那就是这种情况会导致物价的普遍上涨。然后他假设,维克塞尔的意思是货币利息应该*一直*保持在自然利息之下,在这种情况下,就会发生费特所谓的"持续的银行信用膨胀和持续的价格上涨,继而创造出追求更多商业贷款的动机直至*无限*,就如同俄国和德国纸币膨胀的情况那样"。费特忽略了维克塞尔学说的另外一半,即把银行利息提高到"自然"利息之上,就会带来物价上涨的停止,甚至是下降。

费希尔在他对费特的答复中,② 表现出了对维克塞尔更为全面的理解,他同意维克塞尔的学说,认为把银行利息降低到自然利息之下容易引起信用膨胀和价格上涨,但他指出,把银行利息提高到"自然"利息之上,就会引发信用紧缩和物价下降;通过让贴现率"与其他利率合拍",就会出现保持平均价格水平稳定的趋势。③

(四)公开市场利率和顾客的利率

维克塞尔并没有强调短期利率和长期利率的区别,因为他认为两种利率在市场上是趋向一致的。如果所谓的短期利率是指"顾客

---

① 费特:《利息学说与价格变动》,《美国经济学会学报》,1927年3月号,第62、98页。
② 同①,第106、107页。
③ 同①,第108页。

的利率"的话，那么他在这方面的见解就是非常正确的。实际上，只要拿我们的"资本收益"与里夫勒（Riefler）在其名著中提出的"顾客的利率"的平均值作个比较就会看出来，两者是非常一致的，以至于在我们的图 9-11 中都分不出差别来，因此顾客的利率在图中都省略了。它跟我们的"资本收益"差不多是一回事。

但从图中就可以看出，它不同于公开市场利率。公开市场利率是一种全国范围内的利率，通过证券经纪公司，那些庞大而著名的制造企业的短期票据被卖给了无数的银行，在这个过程中，产生了公开市场利率，银行买断的是这些企业没有在其他方面投资的"剩余资金"，因此公开市场利率是高度竞争的市场利率。所以如我们在图 9-11 中所看到的那样，它是受中央银行直接影响的。

另外一方面，顾客的利率实际上是单个的银行与其个别客户之间达成的一种秘密的利率，按照这样的方式，银行期望"赢得"顾客，顾客则赢得了自己在银行的余额。银行更为直接地受到证券上的其他投资收益的引导，因此，顾客利率要比中央银行的利率更为接近"资本收益"。正是公开市场利率与顾客利率之间的这种差异，大致解释了维克塞尔把短期利率和长期利率合并为一种平均的市场利率的做法，他让这种平均市场利率与物质生产力的*自然*利率形成了对照；其他的人，如霍特里，则更为强调短期公开市场利率与长期投资利率相比较的不同。受中央银行贴现政策影响最快的也是最直接的是公开市场利率，顾客利率与其实际上的等价物的资本收益利率所受到的影响要慢一些。

因此，我们不得不考虑*两种*生产力的边际，一种是营业边际，一种是建设边际。营业边际大致相当于"货币"市场上的短期贷款，而建设边际则相当于"资本"市场上的长期债券和股票。两种边际不会总取得一致，原因在于，短期利息和风险虽然与长期利息和风险步调一致地上下变动，但它们的运动是脱离而滞后的。如果利息和风险的短期双重贴现低于长期贴现，那么对制造商的诱惑，也就是把当前的商品生产扩张到在短期约定方面营业利润较低的边际，而且他会停止扩充厂房设备，尽管后者在长期约定方面仍然具有相对较高的边际。当长期利率低于短期利率时，就会发生与上述相反的情况。有一个情况是大家所熟悉的,即工厂在生产能力之下经营的时候会减少*用于经营*的借款,这个时候,它会通过发行债券和股票来*扩大自己的生产能力*,因为此时股票和债券价格较高而资本收益较低。

(五) 风险贴现——负债过多和萧条

但是,还有其他几个波动比较大的因素,维克塞尔却假设它们是不变的因素,因而把它们给忽略了。这些因素可以概括为**风险**。维克塞尔考虑的只是不同*利率*的变化对价格的作用,因此他忽略了风险方面的变化。后者是"信心"和"缺乏信心"方面的变化,一个百分之百的"风险贴现",会让企业完全停顿。这是因为风险并非作用于全部生产成本,而是作用于非常狭小且波动很大的利润边际。①

这些风险贴现把自己体现在商人愿不愿意承担债务的意愿上,不管是长期债务还是短期债务。我们求助于费希尔最新的著作中对风险和债务之间的这种关系的生动描述。

费希尔出色地描述了债务市场所扮演的角色,在他关于繁荣和萧条的九大因素中,他给了债务市场恰当的定位。② 我们的解释与费希尔的解释是一致的,读者可以参考他的解释,不过我们跟霍特里一样,都是从*创造债务的交易*入手解释的。但费希尔说,其他的因素,按照重要性排序,分别是通货量、价格水平、企业资产负债净值、利润边际、生产指数、乐观主义和悲观主义的心理上的因果、包含积蓄和利率的通货周转。

在风险较小的上升的市场上,债务产生得比较快。如果债务人借款过多,特别是在他们对到期日错误判断的时候,他们就陷入了

---

① 见后文关于自动的复苏和管理的复苏的相关论述。
② 费希尔:《繁荣与萧条》,1932 年版,第 82 页。该书是迄今为止出版的关于这个问题的最为重要的著作。读者参考过此书之后,我们就不用浪费笔墨在此赘述了。根据米克(Royal Meeker)的计算,他把美国的总债务确认为两千三百四十亿美元,相当于国民财富的一半。

困境。最先的征兆是较弱小的债务人"廉价抛售",这会迫使价格下降。这样就影响了所有的竞争性的价格,最终整个社会都有可能卷入廉价抛售,由此产生的后果就是降低一般物价水平。"廉价抛售歪曲了供求法则",因为这种抛售不是为了获得利润,而是为了支付债务和维持偿付能力。

这种恐慌式的清算实际上减少了银行存款通货的数量,现代商业的十分之九都是靠存款通货进行的。当一笔欠商业银行的债务用存款余额之外的支票支付时,就意味着同样数目的通货存款的消失。在正常的时候,通过新的借款,一种相反的趋势会恢复银行的存款。但在风险很大的降价时期,这种恢复就不会发生了,而且"信用通货"也会收缩。因此,我们把费希尔的"债务循环"作为改变信用货币量和一般物价水平的一个主要因素。

所谓预期风险,就是指那些控制产业、让自己对所有其他的参与者作出种种偿付的人的担忧或信心。在现在的估价中,风险贴现是最重要的因素。如同费特所证明的那样,如果时间贴现以等待的形式渗入进了所有的价格中的话,那么时间贴现会以*利润预测*的形式更为强有力地渗入到所有的价格中。利润预测在波动剧烈的普通股的价格上最为明显,在政府债券的价格上最为不明显,但众所周知,它会影响所有的价格、证券和商品。涨价的良好预期会减少风险贴现,从而扩大对其他所有参与者服务的需求。不利的预期会增加利润贴现,减少需求和对其他参与者的报价。

商界在不同的时间地点赋予利息贴现和风险贴现的相对权重,是一个至关重要的问题,特别是自战后以来,这已经导致了一个关于预测的新行业的兴起。在经济学的历史中,未来性首次在经济理论中获得了一个数量上的维度。[①] 有了维克塞尔所建议的各国中央银行世界范围内的垄断性的一致行动,有了贴现率从低至百分之一到高达百分之六至十甚至更高的大范围的可能的变动,毫无疑问,维克塞尔的建议在导致价格紧缩方面要比导致价格膨胀方面更为有

---

① 见考克斯(Garfield V. Cox)所写的《预测》一文,载《社会科学百科全书》,那本书里也给出了参考书目。

利。由于现代的利润边际非常小,因此很少有产业能在世界范围内百分之十的银行利率的基础上继续经营;反之,如果风险是不利的,那么低至百分之一的银行利率本身显然无法刺激价格上涨。对于维克塞尔的批评不应该偏向在银行利率永远较低的假设上,而是应该转向预测行业现在的幼稚性,以及把控制银行利率这样重大的权力托付给各国中央银行的一致行动的政治危险性上。

(六) 实证检验

上述关于桑顿—维克塞尔理论的分析,在某种程度上得到了英国和其他国家在1931年9月停止黄金支付时所采取的政策的实证检验。英格兰银行回到了1802年的桑顿理论上,这是1797年之后桑顿批评它的政策时所做不到的。瑞典银行采取了同样的措施,而且更为接近瑞典经济学家维克塞尔的主张,但是在防止价格膨胀的决定中,它们夸大了桑顿—维克塞尔的理论。它们分别把银行利率提高到了百分之六和百分之八,在这样的利率之下,利润边际很小的企业就无法承受借款和扩张。的确,它们成功了,特别是在瑞典,把物价稳定在1931年9月的水平上达两年之久,但却没有带来充分的就业和生产。美国的黄金价格反倒是持续快速地下跌,伴随的是就业和生产的减少,直到1933年3月再次停止黄金支付时这种减少才被止住,这次是由总统颁布的行政命令停止的。

(七) 战争周期

但是,我们应该注意到,也应该清醒地认识到,自1920年以来的物价的通货紧缩,实际上迫使各国放弃了金本位制,这不是什么"自然的"趋势,而是战时通货膨胀和后续的紧缩的结果。

实际上,在维克塞尔的稳定物价的理论中,他已经明确地排除了战争以及出于战争目的的黄金储存,而且他也未能预见到战后各国中央银行的黄金储存。我们对他和其他人理论的考虑,主要在于他们对短期"信用周期"的解释,就长期趋势而言,信用周期是随着价格的上下波动而运动的。

但如果对这些所谓的长期趋势进行检验,那么它们也不过是大约三十年左右的信用周期。在以纸币和中央银行的商业信用为手段、为了战争的目的而创造对商品和劳动需求的战时财政措施方面，它们并不过多地依赖发现金矿或银矿的偶然事件。在1815年到1849年的下降趋势中，紧随着的就是英国用桑顿的"纸币信用"为一场二十五年的世界大战筹措资金。[①] 1865年到1897年的下降趋势中，紧随着的是一场美国革命，即南北战争，以及把硬币让与其他国家而在美国国内则代之以政府信用。1920年之后的下降趋势，在获得信用资助的一场战争之后，可能同样被期望能再持续三十年，到1950年，除非被世界范围内的一致行动所阻止。在写作本书的1933年11月，各国已经肯定不能就国内和国际利益冲突的所有问题坐在一起了，无论是经济问题、货币问题，还是军事问题，未来变得更加难以预料，风险贴现是百分之百的。

但有一点，自维克塞尔提出建议以来，所有的理论实际上都是看法一致的，即通过一致行动从长期萧条中*开始复苏*，与通过类似的行动*阻止通货膨胀*（导致通货紧缩相继发生的通货膨胀）相比，要困难得多。

（八）自动的复苏和管理的复苏

我是1933年11月完成本书写作的。在过去的八个月中——历史上首次——一个伟大的国家，已经指引它的领导人，给人们展示了一条通向管理的复苏的道路，这条道路不是过去各次萧条之后的那种自动的复苏。过去只有两次，在两次重大战争周期结束的时候，也即1847年和1897年，曾达到过如此的深度。但这一次，距离战时决定性繁荣的顶点不到十三年，而不是三十年或更长的时间，各国已经着手实现一致的管理的复苏，而不是让它听命于自然法则。从列宁的共产主义、墨索里尼的法西斯主义开始，扩展到罗斯福的民主主义、希特勒的纳粹主义、日本的军国主义，不同的国家，按照它们自己的方式，都在寻找一种从资本主义文明的战争中恢复元气的管理的复苏的办法。

[①] 见上文图9-3。

在美国，国会已经授予总统暂时的权力去维护资本主义制度，所依靠的手段就是从法国大革命后的世界大战中传承下来的两大利润学说——利润份额学说和利润边际学说，总统可以只用其一，或者是两者并用。如同任何一位伟大的领导人一样，在危急时刻，他选择了当时似乎关键的因素，然后在此基础上作出了决策，把日常的实施留给自己的下属，而他自己则立刻转向了下一个关键因素。但这样的因素过多又过复杂，以致到处都出现了敌意。资本主义要素转向了会维护其利润边际的法西斯主义，其他一些则转向了共产主义或者是自愿的集体议价和法规，这些法规将针对日益增长甚至已经废除的利润边际重新分配各种份额。

在每天发生的五花八门的变动中，没有哪本书或者哪套书的出版能够跟上文明的脚步。这是个每周、每日、每时出版的问题。一本书只能提出一般的原则和研究方法。作者和其他所有的人，必须在他们所选择的原则和方法的指导下，关注那些迫在眉睫的紧急问题，这些大量涌现的问题多少都有些相似。没有人能够预言一个伟大的领导人或者各个国家会采取些什么举措。在这一点上我们只有任其所为，而我们每个人则待在自己的小角落里观察、参与，日复一日，周复一周，等待着可以建言献策的机会。

九、社　会

（一）从成本到份额

用制度的资本收益的概念替代物质的边际生产力的概念，是基于比上面讨论过的实用主义理论更为深刻的社会哲学基础。它涉及把社会本身作为经济科学有效概念的社会的性质。它要求我们回答这样一个问题：究竟谁是社会？是资本家？是地主？是劳动者？维克塞尔的理论继承自李嘉图、杰文斯、庞巴维克，他的理论把社会人格化为了资本家对利息和利润的追求，因此，社会有一种生产成本，而它的净收益就是利息和利润。

实际上，所有的经济学家均采取社会的观点，无论他们是个人主义者、共产主义者、法西斯主义者、资本主义者，或是其他的什么主义者。这就要求他们要看穿制度上的买、借、习俗、法律、资本化，其目的是为了触及物质的实体。一切社会生产都关注的最重要的实体是消费品，但同样的消费品也是必要的生活条件，人们在这个基础上才能生产出更多的消费品。消费品是社会过程的开端和结尾，这些消费品构成了真实工资、真实利润、真实利息、真实租金，以区别于名义的或制度的工资、利润、利息、租金。

李嘉图提出的观念是，社会资本不是工具或机器，而是由资本家和地主提供给劳动者的消费品的数量。这就是社会的生产成本。但利润、利息、租金则是资本家和地主获得的消费品的"净收入"。因此，李嘉图所描绘的"社会"是由资本家和地主而不是劳动者组成的。由资本家提供给劳动者的消费品的数量是真实资本，然而机器和地力却是人类的发明，劳动的生产力就是据此提高的，以便在劳动的生活成本之上还可以要求获得一种利润、租金、利息的净收入。他在"劳动、资本和机器"之间作出了区别。机器不是资本，它是生产力，正如地力是自然的生产力一样。社会资本就是由资本家提供但由劳动者消费的商品。①

卡尔·马克思采用了同样的观点。他的资本家和地主是占有消费品"总收入"的所有者，他们预付给劳动者维持生存所必需的最低限度的消费品；在生产结束的时候，在他们最初提供的东西之上的是资本家和地主留给自己的也是留作租金、利息、利润的消费品的剩余。马克思的"剩余"就是李嘉图的资本家和地主的"净收入"，但对马克思而言，它完全就是不劳而获的。

杰文斯遵循了李嘉图和马克思的思路和想法，但却用货币而不是用工时作为计量的单位。对于杰文斯而言，社会资本同时也是提供给劳动者的消费品的数量，相当于资本家的"投资"，但租金、利息、利润则是资本家和地主所获得的消费品社会净收益的货币价值，是在他们支付给劳动者用于购买消费品的货币工资之外获得的。

但是，通过用货币替代工时，杰文斯用全新且重要的"自由"

---

① 麦卡洛克：《大卫·李嘉图文集》，1888年，第5页，序言。

资本和"投入"资本的概念，替代了古典的和共产主义的"固定"资本和"流动"资本的概念。按照杰文斯的概念，自由的资本或者说未投入的资本（后来被维克塞尔所采用），在定义的时候，不应该包含以前的经济学家曾包括的五花八门的流通商品在内，比如说原材料、消费品、存货、货币，在这一点上，经济学家们被形体上可移动的东西的比喻误导了，唯一应该包括的是劳动者用资本家付给他们的货币工资所购买的消费品的数量。这些货币工资就是资本家投资的全部，① 但用它购买的消费品的数量，不仅是*真实的*工资，而且也是社会的生产成本，因此它在"自由"资本的意义上是社会的资本。劳动者的消费品是自由资本。

然而，一旦劳动者把自己的工作附加到资本家所有的自然材料上，那么这种附加的价值就变成了资本家的财产，于是那么多的由劳动者的同量消费品所代表的自由资本就消失了，而它的等价物则变成了所有资本家的投入资本。在杰文斯和维克塞尔的理论中，利息、利润、租金现在变成了劳动者在他们自己过去的消费之外生产的额外的消费品的数量，这个看法跟李嘉图和马克思相同。这些额外的消费品就是资本家的"剩余"。

现在庞巴维克出现了，他在李嘉图、马克思和杰文斯的学说上作了两处改变。光靠劳动——包括那些以利润作为"管理工资"的人的劳动——不能生产财富。劳动和管理必须得到自然力所提供的"物质服务"的帮助。因此，从社会的观点看（这个观点表面上忽略了财产所有权），在生产之前不仅要给劳动者和管理者提供消费品，而且那些提供物质的自然力使用价值的人也必须在生产能够开始之前就支付给他们消费品。这些物质服务的"使用价值"，庞巴维克称之为"租金"，这不是狭义的经济意义上的李嘉图的不劳而获的增量，而是历史上的租金的意义，是任何东西使用价值的报酬，是利润、房屋的租金、机器的租金、农场的租金、马的租金、雇工的工钱，但这不是支付给资本的使用价值的利息。不过这些租金并非货币租金，因为他已经省略了货币。而如果真的是这样的话，那么他

---

① 维克塞尔：《利息与价格》，第117页及其后的内容。

的租金就必须是消费品，而在资本品的使用可以开始之前，消费品是不能预先消费的。

维克塞尔采用了庞巴维克的这个概念，因此消费品不仅是一个工资基金（包括管理基金），而且也是一个地租基金。① 它们的意义在于，它们必须在生产之前就提供，目的是为了让工人和物质的自然力（这是劳动在生产中所需要的）两者都开始发挥作用。庞巴维克曾说过，资本主义经济的构成，不仅在于雇用了包括管理在内的劳动力的劳动，而且还在于旨在创造未来消费品的土地及改良的使用；反过来说，现在的消费，大部分都是从过去劳动和土地的使用价值中获得的。物质的固定资本和流动资本，是劳动和自然力两者的产物。正如拥有劳动力的劳动者必须在生产之前提供给他们消费品一样，自然生产力的所有者也必须在生产之前支付给他们消费品：一种是消费品的工资基金；另外一种是消费品的租金基金。②

庞巴维克把工资基金与租金基金联系在一起的观念，被维克塞尔所采用，但这种观念是现在对未来消费品的低估，因此*现在的*较少数量的消费品，就等于*未来的*较大数量的消费品。既然靠工资为生的人和靠租金为生的人认为现在消费品的价值要高于未来的同样种类和同样数量的消费品的价值，那么给他们提供现在的消费品的资本家，按照他们现在的估算，在换取更大数量的未来消费品的时候，也会获得作为利息的*贴水*。

对这种区别的检验，就是看消费品是在生产期之前得到的还是在生产期之后得到的。如果是在之前得到的，那它们就是消费品的社会资本；如果是在生产期的末期得到的，那它们就是生产期之前所消费掉的消费品数量之外的消费品的自然利息。"自然利息"，就是说，给资本家的消费品，*不是*事先获得的，而是在生产过程已经产生了必要的剩余*之后*获得的；但是，"自然的"工资和租金，就是说，靠工资和薪水生活的人和靠租金生活的人的消费品，是事先获得的。因此，它们是杰文斯的"自由"资本，但任何作为利息获得

---

① 维克塞尔：《工资和地租》，第114、115页。
② 庞巴维克：《资本实证论》，1891年译本，第420页及以后。

的消费品都不是事先获得的,所以不是社会资本。

未来性的采用,标志着庞巴维克成为了最伟大的经济学家中的一员,没有他的真知灼见,要得到现代各种问题的线索是不可能的。

然而,结果却是一种唯物主义的社会概念,在这个概念以及李嘉图、马克思、杰文斯的学说中,劳动者是动力机器,资本家用消费品给这些机器添加燃料,目的是为了给资本家生产出更多的消费品。但是庞巴维克在这个体系中引入了未来性,他认为,在生产进行之前,"租金"或者是"物质的使用价值",也必须以某种方式事先提供。因此,他对地主、靠工资为生的人以及其他所有提供原材料的人与从未来的生产中获得收益的资本家进行了区分。

然而,就排除经济科学中的"权利和关系"并把这门科学完全建立在物质和快乐之上而言,这是一个非常有趣的高招。① 在物质方面,庞巴维克回归到了李嘉图之前的生产力概念,这种生产力是与人一起辛勤劳作的自然力的生产力;而劳动本身是一部动力机器,必须用煤和其他消费品来喂饱它。在心理方面,他让那些花了一段时间来等待消费品的人成为了未来的消费品贴水的唯一收益人。因此,对于那些随着连续时点的交易获利的人,他没有给他们留下任何实际的位置,他完全从利润产生的时点上转移到了利息积累的时段上。

通过让自然具备跟生产性的劳动一样的生产性,他回归到了魁奈和斯密的仁慈的自然的观念。这跟他的一般哲学是完全吻合的。他的一般哲学认为,现代生活已经从李嘉图、西尼尔、马克思的"痛苦经济"改变为了"快乐经济",类似于十八世纪**理性时代**的神的恩惠、现世的丰裕、世间的幸福,但是他用迂回过程更强大的技术生产力代替了神的恩惠。

他处心积虑地从经济科学中排除出去的私有财产和关系,又被他从一个偏门中带了回来。因为可以肯定的是,消费品不是支付给"自然"的,它是支付给自然的*所有者*的。因此,他排除了财产就等于排除了经济科学中的稀缺性,这还是跟他的快乐和丰裕的哲学

---

① 庞巴维克:《权利与关系》,1881 年版。

相一致的，因为只有稀缺的东西才会被占有。

从同样的技术丰裕的哲学出发，庞巴维克得出了他的选择学说，这是在效用成本或者是说在较大或较小的两种快乐之间进行选择的名义下提出的学说，在这种情况下，快乐是指现在消费的快乐和未来消费的快乐。在这个推导中，他没有留意凯雷—巴师夏关于在较大和较小的两者痛苦之间选择的稀缺性学说。

问题出来了，为了让所有者等待，为什么社会不把利息也以消费品的形式事先支付了？毫无疑问，从个人的观点看，获得利息的人不得不走在现在消费的前面去等待未来的消费。在未来降临之前，他不会得到消费品的*真实*利息。但从社会的观点看这是不是正确的呢？

还有利润要考虑在内。在早期的理论中，"利润"这个词一方面没有跟利息清楚地区分开来，另外一方面也没有跟管理工资清楚地区分开来。作为管理工资，它们后来被归为劳动，以此作为管理劳动的报酬，这样一来，它们就必须预先被支付。这是马克思、杰文斯、庞巴维克的分类方法。但即便是如此，如果继续假定利润承担着一种与利息的平衡的关系，利润随着利息的提高而提高，利润随着利息的下降而下降，那么利润还是没有跟利息进行有效区分。这个假设是不正确的。

但是，利润仍然是*未来的*利润。从个人的观点看，它也跟利息一样，不到未来不会支付，甚至都不会知道。只有到了那时，它才会变成消费品的*真实*利润。但是，从社会的观点看，为什么利润就不能跟工资和租金一样，在生产之前就支付出去，以便促使那些具有商业才能的人承担起风险以及未来向其他人支付工资、租金、利息、贷款本金的责任呢？

这些问题看起来似乎微不足道，但却涉及社会本身的性质。如果将社会人格化，那么社会就有一种以消费品为形式的生产成本，这个成本必须在生产之前就预先支付，结果社会变成了资本家，等待着构成利息和利润的消费品。但如果社会只是一个名词，那它的意思就是指一个运行中的机构里所有的参与者的一致行动，那么它的成本就不是成本，并且如果这个机构还在运行的话，那么无论从个人的角度还是从集体的角度看,它都不过是参与者能够支配的总产出的份额。而劳动者不再是跟自然力一样的动力机器,他们跟具有一切法律权利和义务的地主和资本家一样,是公民。当然,社会对痛苦、成本、等待、收益、价值、利润是一无所知的,它什么也不知道。所有要知道的东西,都是由个人知道并采取行动的。他们所知道是,如果他们被认为是这个机构的一个部分,如果他们的参与让机构保持着运转,那么他们在社会的产出中可以获得多大的*份额*。

因此,社会成本并非一种成本,而是个人通过现行的财产制度所取得的社会产出的一个*份额*。作为一种份额,它不会预先支付,但会预先*拟定*,目的是为了促使所有的阶级避免保留他们占有而其他人需要的东西。份额是"劳动所得"还是"不劳而获"无关紧要,它不过是财产、自由、政府的各种制度在绵延不断的未来要求支付的一个份额,目的是为了让这个机构可以继续经营下去。所有的参与者,不仅仅是资本家,正在进行的一切行动都是在对未来的期望中进行的。因此,一切*预期的*消费品,不管是最奢侈浪费的生活方式,还是最穷困的劳动者最为窘迫的消费,甚或是孩子、乞丐、精神病患者的消费,都没有被看做是社会成本,而是生产的社会份额。从制度上讲,最后提及的内容是作为税赋出现的,在全社会中,它们是用税金购买的消费品。因此,在现有的财产和政府的制度下,所有的消费品都是要被不断消费的社会资本,目的是为了让生产可以按照它实际所进行或还没有进行的方式继续下去。

因此这就暴露出了两种对立的社会观——一种是机械的,一种是制度的。机械的社会观没有考虑私有财产,但却让所有权从一个边门进来了,目的是为了确立一种诱因,引导人们为了生产未来的消费品去工作、储蓄、承担风险。制度的社会观则是所有权本身,赋予权力让有组织的社会提供诱因,保持机构运行。机械的观点具有物质的东西通过触摸可以感知到的实体,可以被处理、消费、享受、生产,它诉诸常识,是经济学家中的机械论学派和心理学派坚实的基础。制度的观点是无形的,因为它所关注的所有的物质的东西都在或远或近的未来,它们只存在于对集体行动稳定性的现在的预期之中。这些现在的预期我们称之为谈判心理,那是一种集体的预测活动。

然而，没有一个参与者能够靠*未来的*消费品过活，他们中的每一个人都必须现在就有过活的消费品。现代的制度组织如果运转得顺利的话，那么就可以通过利息和风险贴现两种手段*现在*就提供消费品。庞巴维克的未来性就是财产权。

(二) 整体及其部分

1. 机制、有机体、机构。怀特黑德①评论说，十八世纪的科学方法，在部分与整体变化的关系中，没有任何整体的有机统一的观念。因此，在阐述现代科学方法的时候，他构建了一个瞬间发生的"事件"和随着事件的时间序列变化的"有机机制"。"事件"具有保留、持久、反复的特性，可以说，是运动的机制在一个时间瞬间的横截面。但机制本身是"有机的"，因为它是一种延长的变化中的事件的交织，按照怀特黑德的话来说，在其现在的事件中，具有过去的、现在的实现，具有未来的生命。②

显然，怀特黑德把"有机机制"和"未来生命"这些观念注入自然科学的时候，从质子到宇宙，他引入了一个从生物体和人的心灵转移过来的比喻说法。因此，我们需要把物理机制与生命机制区分开来，把有机体跟相应的社会制度区分开来，后者我们称之为运行中的机构。少点用比喻的说法，怀特黑德的"有机机制"就是一种运动的机制；但一个生命体，从微生物到人，是一个存在的又会死去的有机体；而社会制度是一个有目的的运行中的机构，这个机构生活在未来，却行动在现在。如果我们试图进行对应的话，那么机制就是丧失了生命的事件的连续；在一个有生命的有机体中，与

---

① 怀特黑德（Alfred North Whitehead, 1861~1947），1924年移居美国的英国哲学家、数学家。——译者注
② 怀特黑德：《科学和现代世界》，1926年版。又见斯马茨：《整体论和进化》，1926年版。埃克雷：《物理学和哲学整体而复杂的统一》，载《哲学杂志》，1927年，第24期，第589页；《知其一不知其二，电和热的前提》，《工程教育》杂志，1928年，第207页。

物理学中的事件相对应的是新陈代谢，它把没有生命的物质变成了有生命的物质，然后又回到了无生命的物质之中；在社会组织中，对应的"事件"是交易，交易预期的重复和运行法则就是运行中的机构。

如果我们要寻找区分的标志，通过这些标志，让这些不同类型的"部分—整体"的关系能够在它们自己的领域中统一起来，那我们就要寻找每种类型关系特有的原则。这种分析遵循的是前面关于理想类型的讨论中建立的方法模式。就这个目的而言，自然机制的原则是一种盲目的压力；有机体的原则是生存竞争；运行中的机构的原则是一致行动，而一致行动是为了未来所预知的各种目的。换句话说，自然机制的原则是**能量**，有机体的原则是**稀缺性**，运行中的机构的原则是**意愿**。

之所以要探索这些统一的原则，原因要在部分与整体的关系中去寻找，但这只是相对性学说的另外一种表述方法。在维持整体的存在方面，每个部分都发挥着一种作用，所以一个部分发生的变化紧接着就是其他所有部分的变化，从而会导致这个机制、有机体、机构发生变化。在各个部分之间进行的这些机能性的变化，其本身分别而言就是事件、新陈代谢、交易；无论可能处在多么特殊的行动规则之下，它们的重复就是机制、有机体、机构。当然，我们所谓的**能量**、**稀缺性**、**意愿**这些词，指的并不是一种物质或者实体，而是一种贯穿于一切变化中的部分的相似性，实际上是由研究者的意识构建出来的，目的是为了把各个部分维系在一起，形成一个持久稳固的统一体。

但这些运行中的机构有两个部分，它们并非机制或有机体，因为每个部分都代表着两种类型的人类意志的控制。一种我们称之为**运行中的工厂**（going plant），或者说是对自然的预期技术控制；另外一种称为**运行中的商业**（going business），或者说是交易的预期连续，适用于利益冲突、相互依存以及在冲突之外带来秩序的行为准则。

因此，"运行"这个字眼，与我们在上面提及的适用于自然科学的"运动机制"具有不同的意义。一个运行中的机构只有存在预期才能存在，它实际上生活在未来，行动于现在，因为它是在现在面向未来结果行动的人类的意志。但是，在适用于自然物质力量的运动的机制中，却不存在这样的原则，它只是"运行"，却不会预期朝着某个方向运行，而且也不会在现在使用某种手段，导致将来产生任何后果。但是，运行中的技术工厂和运行中的商业，都是由人类意志建造的，这种意志会预期它们将去往何方；如果预期停止了，那它们就会停止运行。

如果不按照这两者与**运行中的机构**（运行中的机构是这两者作为部分的更大的整体）无关的思路进行构想，那么运行中的工厂和运行中的商业，都可以按照它们自身的利益各自作为一个整体来看待，这样在某个时点上它们就会有自己的"事件"。

由于这个预防措施，"机制"这个词用于人类控制下的自然力的时候是令人误解的。更为准确的术语应该是一种人为机制，它从石器开始，到无线电为止，到顶就是"机器时代"一词；与这种人为机制并行的是运行中的商业，两者都取决于集体意志。因为这些原因，我们创立了两种类型的经济：一种是工程经济，其原则是效率；一种是所有权经济，其原则是稀缺性。

"经济"这个词本身的意义是指整体的活动，这种整体的活动能够让各个部分取得均衡，目的是为了得到最大的结果，或者是付出最小的努力。因此，"经济"这个词一直都意味着一种部分与整体的关系。但是，在过去四十年中，经济学家们已经提出了这种部分与整体关系的更为准确的和可量度的准则，它们是关于**周转**和**限制与补充因素**的两个相关联的准则：第一个标志着从旧的物质流通的观念，转移到了现代重复速度的观念；第二个标志着从机械的平衡论，转移到了对自然力和其他人活动的意志控制。周转是重复的速度，但限制因素的控制，则是在引导未来的变化达到想要的目的的过程中，从这些或慢或快的重复中所获得利益的范围。

2. **重复的速度**。在以前关于**周转**的讨论中①我们注意到庞巴维克作出的一个估计，那就是从消费品供应给参与者到消费品通过生

---

① 参见关于从流通到重复的论述。

产的"迂回"方法生产出来,其平均的生产期是五年时间。庞巴维克是按照李嘉图的劳动力的数量来解说这一点的,而杰文斯则是按照因劳动力的使用价值而支付给雇佣劳动者的货币投资来解说的。维克塞尔采用了杰文斯的概念,创立了平均投资周期的观念。这个平均投资周期就是为了建立资本而发行的长期债券的平均时间长度。

这正是维克塞尔的平均投资周期。那么,在工资、利润、租金以及利息都已经支付过,由此所生产的物质的东西作为原材料立即被用掉,或者是作为折旧被逐渐用掉之后,留给资本家的还有什么呢?留给他的不会是他已经作出的货币支付,当然,所有那些因自己的贡献而获得报酬的人所购买的和消费掉的消费品也不会留给他,留下来的只是一个往来账户,上面按照当时的价格记载着因生产的技术资本所发生的所有费用。这个往来账户就是维克塞尔的个人"投资",但所有这类投资的平均期限既是生产的平均周期,又是投资的平均周期。

由于他的社会周转的概念,大家要求维克塞尔把作为自然资本出现的消费品的总量,与在周转期中作为自然收益出现的更大的消费品的总量进行比较。周期结束时超额的较大数量,是由资本的边际生产力决定的。这就是他所谓的自然利息。为了获得一个稳定的消费品的数值作为自然资本的概念,他引入了一个稳定平均价格的概念,其中的意义可以由此看出。① 由于假定价格在生产周期中保持稳定,因此货币实质上会被忽略了,留下来的只是周期开始与结束时消费品数量上的变化。增加量的或大或小,取决于资本的边际生产力,并且将作为利息和利润归于投资者和企业家。这样,用维克塞尔的例子来说,假定投资者在周期开始的时候支付了一百万美元作为工资和租金,劳动者和地主以此购买了价值一百万美元的消费品,但是,一年结束的时候,由资本家出售给劳动者和地主的物品只带来了一百万美元的回报,假定物价平均数保持稳定不变,也就是说,在这种情况下没有给利息和利润剩下任何东西。但是,如果

---

① 李嘉图关于价格稳定的假设是特定价格的稳定,而不是平均价格的稳定,原因在于他把货币价格等同于工时了。

边际生产力使得消费品在一年终了卖给劳动者和地主的时候产生了一百一十万美元，假定物价稳定，那么边际生产力让消费品的数量就会增加百分之十，而这百分之十的增加就会作为"自然利息"归于投资者。如果边际生产力影响消费品的数量增加了百分之六，并且物价平均数保持稳定，那么自然利息就是百分之六，依此类推。

然而，我们必须注意到，李嘉图、马克思、庞巴维克用他们的"平均劳动力"达到了同样的目的，创立了恒定的资本数值的概念，维克塞尔是用物价稳定性来达到这个目的的。他们是用假设货币购买力不变这一同样的手段达到这个目的的，但他们用平均劳动力代替了平均购买力。

因此，我们要注意的是，维克塞尔的自然利息理论并不像有些人所坚称的那样混淆了物质生产力与价值生产力，① 他充分考虑到了价值的两个可变维度，即数量和价格。物质生产力是数量的生产，但"价值"生产力是按照当前的价格出售那些数量时所获得的货币收入。维克塞尔的理论没有忽略价格，只是通过假定有一个稳定的平均价格而假设价格保持不变。有了这个假设，可变的数量就成了边际生产力。忽视了维克塞尔稳定平均物价的概念，人们就有可能被误导，认为维克塞尔混淆了价值生产力和物质生产力，其实他并没有混淆它们，不过是假定了一种不变的平均物价，而他的价值生产力是与他的边际生产力同比例变化的。

李嘉图的"自然资本"是指定给劳动者的消费品数量，用生产这些消费品所需要的平均工时数来衡量。他不认为机器或地力是资本，它们只不过是工具，这些工具增加了劳动者用于制造业和农业的生产力，使之高于这个过程中所消费的商品的数量，这是按平均工时来衡量的。对于李嘉图来说，资本是劳动者所需要的消费品的数量，它那不断变化的数值是用一个恒定的单位来衡量的——生产它所需要的平均劳动力。由机器或土壤地力的生产力所创造的高于这个恒定数值的消费品的剩余，就是提供给租金、利息、利润的。②

---

① 参阅关于费特和费希尔的论述。
② 参见麦卡洛克：《大卫·李嘉图文集》，1888年，第348页。

但是，资本的物质意义像财富的传统意义一样，具有物资和所有权的双重意义。马克思继承了李嘉图的观点，但是采用的是所有权的意义，而不是物资的意义。他有一个类似的恒定的衡量单位——平均工时，这个单位给了他与产出的劳动价值相类似的东西。但他的"资本"是所有权的价值，而并非李嘉图的物资的价值。

在这本书中，我们努力纠正的是这些静态的双重意义，代之以用活动表示的术语。与物资相应的活动表示的术语就是劳动的投入和使用价值的产出，与所有权相应的活动的术语就是作为投资的货币支出，以及作为产品销售额的货币收入。

因为劳动投入所创造的毕竟不是物资，它是物资的使用价值，而这些使用价值是已经销售出去的产品，因此总的社会产出是从土地到零售商所创造的全部的新的使用价值，我们用以取代那些折旧、报废、消费掉的使用价值。如果技术上的周转每五年发生一次，那么其意思就是，全部体力、脑力和管理劳动所创造的全部使用价值，平均而言，在五年之中就要用光或再创造一次；或者说，折旧、报废、消费结合起来的比率等于每年总量的百分之二十。在平均生产周期中，为了替代折旧、报废和消费，每年必须创造出所有各种使用价值的五分之一。

但正如我们已经说过的，所有权的转移大概是按照七十到一百倍的速度进行的。把全国作为一个整体来看，完全可以假定所有权的周转要比物质产品的周期快一百倍，在投机时期可能要快两百倍，但在极端的萧条期间则可能只快五十倍。

有关我们在这里所说的区别于技术周转的所有权或财务方面的周转，有三件事是必须注意的：一是货币要跟所有权的价值相一致；二是记入借方的款项的周转；三是授权这些借方款项的贷款的周转。

所有权或法律上的控制权的周转，和所有权货币价值的周转是一致的。证券市场上一张一百万美元的支票，跟商品和劳动市场上一千张每张金额为一千美元的支票，在速度上的价值是一样的。或者说，用于给五千名雇员发工资的十万美元的现金，并不比用来购买证券的一张十万美元的支票更值价。所谓的"流通中的货币"，主要是支付给劳动者和零售商的，正好就跟存款人账户的借方一样多，次一级的"手到手"流通是受借方账户所左右的。

因此，每个借方都是贷款人资产的"支出"，目的是为了换取证券、商品、劳动产出的所有权权利，而劳动过程慢慢地把使用价值附加给了原材料，现在同样的原材料由于所有权变成了商品，因此在原材料本身没有任何改变之前，同样的原材料也可能在中间商手里变更了十到十五次所有权。

货币市场上发生的情况是一种存款的数量，比方说，五百亿美元，这似乎是一种货币的数量，但其实是债务交易的重复，平均而言，估计每十五天到二十天发生一次。债务的数量是由交易中所作的所有权的估价创造的，由从银行里开出的支票代表，在购买其他所有权权利的时候，用于支付其他的债务。如果银行所欠的存款债务的平均额度是五百亿美元，周转率是每年二十次，那么在买卖的交易中，所转移的所有权的实际价值就是每年一万亿美元。

所有权的每一次出售都是银行的一笔新信用，也是一组新的借方账户。这些借方账户只有部分是一种购买商品的支出，如同研究可以证明的，大概有三分之一到一半是用来支付无形或无形体的财产的。由于周转迅速，证券交易所需要大量的借贷。到期利息的支付不代表任何商品价值的转移，税捐的支付也一样。实际上，任何类型的交易创造的全部债务的所有支付，都可以浓缩为一个单一的说法，即"在估价时与借方相等的所有权权利的转移"。这些被转移价值的记录如果完全的话，那就会是全部的借方账户，而借方代表的是债务的创造、转卖和灭失，这些债务与买卖交易中所作的所有权权利的估价是等值的。

财务或所有权周转的另外一个部分是贷款本身的周转，这种周转创造了存款。我们可以估计，贷款交易的速度是每年十二次或者每月一次，因而技术的周转也许是一千五百天一次，而贷款的周转则是三十天一次，借方的周转是十五天一次。每种周转在时间、地点和类型上都是高度变化的，但这些数字是按照它们通常的相对速度所进行的一种猜测。

尽管借方账户可以简化为所有权按照它所显示的估价的转移，但它们掩盖了被占有的对象之间的差异，由于这个原因，需要更进一步地进行分析。一个重要的差别就是新商品的创造与现有商品所有权转移之间存在的差异。新商品的创造是一个劳动过程,只是把使用价值的形式、时间、地点附加给了自然的物资,它的可计量的等价物是工时投入。

但是,同样的这些工人是其劳动力的所有者,必须付给报酬,不是因为他们的产出,而是因为他们的劳动的投入。他们的产出消失在商品市场上了。对他们的劳动投入的权利仅限定于劳动力市场里,但在所有像自我雇用这样的情况下,它被隐藏在了产出的价格里。这些可以被称为是潜在的或者转换的工资。

在股票市场上,这是为大家所熟悉的发行"新的发行"和偿还老旧发行之间的区别,新发行意味着新的建设或设备扩充。因此,工资无论是明晰的还是潜在的,都是为创造新的使用价值的"新发行"。但是,在商品市场上,这些工资都是由对新的使用价值的权利的转移来偿还的,附带还有利润、利息和租金的预留。

这相当于杰文斯和维克塞尔在他们的投资概念中所作的区别。投资是支付给劳动力的明晰的或潜在的工资或者说是投入,它创造新的使用价值;但商品的销售是投资的转移,是一种旧的发行的偿还。

因此,通过周转的概念或者说是通过重复的速率,我们达成了一个看起来自相矛盾的解答,这个解答认为,全部的社会消费品既是社会资本又是社会收入。如果我们把庞巴维克的平均生产周期的概念作为一个可用的经济概念,但是给它加上制度的所有权概念,那么它就是这样一种周期,即在这个周期内,所有的固定和流动资本,也就是我们所说的技术资本——用货币购买时的投资的等价物——从归于全体参与者的消费品转化成了收入,而且通过所有参与者在预期消费品诱使下贡献出来的一切工具的使用中,被再生产为了可销售的产品。

在这个平均的生产周期中,比方说,五年,所有的社会"储蓄"——现在我们可以称之为物资商品的所有权——也消失掉了,但是它们却作为新产品的所有权重现身形。由于采用的时间是所估计的五年而不是一年,因此在其技术形式和投资的所有权形式上,甚至所有的使用价值大概平均五年都会消失和更新一次，而它们的所有权却是平均十五天更新一次。因此，只有一个按照不同速率进行的双重过程：一个无始无终的过程——消费、生产、消费的过程；投资、债务偿还、债务更新的过程。这是一个取得所有权和进行清算的过程。

正如我们已经说过的，周转率的概念跟一切人类的解释一样，只是人脑子中的一种设计，目的是为了给无始无终的事物确立一个开端和结尾，从而让我们能够更好地为之作好准备。如果平均而言大家所知道的一切人类产品都是在五年之内生产和消失的，那么人们对折旧和报废需要大量的费用就有了更好的理解，对把债务延续给下一代的罪恶也有了更好的理解，而对通过削减价格增加债务负担而不是维持价格让你在前进的时候足以支付折旧和报废的罪恶也有了更好的理解。而且，如果由于贷款交易，货币一年被创造和再创造三十次，那么它就不是人类不能控制的物质的东西的流通，而是一种不断灭失的数量，可以根据集体的人类意志让它重现或不再出现。

因此我们可以看出，维克塞尔关于通过银行的一致行动变更银行利率从而调节一般价格水平的学说是有意义的。比方说，只要三十天的时间，全部的存款额就会由于银行利率的升降而改变。这种存款数量的改变，可以反映所有权转移量上的变化，或者是所有权转移价格上的变化，或者是短期贷款和贴现数量上的变化。

因此，制度上的社会组织是个人和机构变动的资产与负债，这种资产与负债接下来会成为经济的诱因，导致工作、等待和冒险等活动。买卖、征税、预测的制度通过集体行动产生作用，从而在不同的方向或者是未来或远或近的不同时期，扩大、限制或转变投入与产出。在法律的许可下，决定社会产出的份额并维持社会机构运行或不运行的，是买卖和限额交易的组织。但是，社会的工程学组织是物理、生物、心理科学的进行曲，这首进行曲按照全世界偿付和履约社会的集体行动被用于幸福或毁灭，它赋予了人类对自然和人性的支配力。

(三) 关键交易和常规交易[①]

周转规则给了我们对经济交易之间的部分—整体关系一个统计上的测量标准，与此同时，**限制和补充因素**规则在变成关键交易和常规交易的时候，则显示了意志过程本身，这些结果就是通过这个过程达到的。这种限制和补充因素的规则，从李嘉图时代以来就一直在逐渐构建，到现在已经变成了一种非常重要的研究工具；依靠这一工具，旧的均衡的类比让位给了人类能力通过交易控制物质和社会环境的实际过程。因此，这个规则有两个用途：通过管理交易控制物质的力量，导致效率的增加或减少，它以产出对投入的比率来衡量；通过买卖交易控制其他人，以支出对收入的比率来衡量。一个是运行中的工厂，一个是运行中的商业。因此，我们把一个叫做**限制和补充因素**的效率意义，另外一个叫做**限制和补充因素**的稀缺性意义。一个是对自然的控制，另外一个是对他人的控制。在关键交易和常规交易的意志意义上，两者的结合就是运行中的机构的意义。

1. **效率**。正如人们通常所说的，人类当然不是从虚无中创造出来的，他们不过是控制自然的力量，使之为自己服务。这种工作的结果就是使用价值。因此，使用价值不是什么被动的从属于外在对象的东西，它是人类按照自己的目加以控制的积极的自然能量。它们的化学、物理、生物能量都是自然的要素，或者说是使用价值的"实质"，通常称为"基本的"效用，或者干脆说是基本的使用价值。但是，这些元素不过是未利用的自然活动，在未被使用之前，它们不会完全变成使用价值，这意味着，在人类没有让自己的脑力、体力和管理能力作用其上对其加以控制之前，它们还不是使用价值。如果有二十万种化合物是大自然所不知晓的，那么这些化合物就正是使用价值。自然元素对人类没有用处，除非运用人类的体力、脑力、管理能力让它们按照人类需要的方式发挥作用。人所做的一切就是驱动它们，以便改变它们的形式、时间或地点，在让它们得出

[①] 见本书上文关于交易和机构以及下文关于意外事故和失业的论述。

自己的结果所需要的期间之内，不受干涉地占有它们。通过体力劳动，人用自己的体力直接地驱动它们。通过脑力劳动，人用驱动其他事物的方式间接地驱动它们，目的是为了它们自己的活动会针对广阔的空间和未来的时间得出结果。通过管理劳动，人驱使其他的人来驱动它们。

这种通过劳动力来控制一个关键因素的意志过程，目的是为了让它或它自己的能量可以控制众多其他的自然能量，从人最初发明工具的时代，到让空中的波长执行人的指令的时代，这是一个普遍的现象。它的普遍性就是"限制和补充因素"的规则。限制因素是这样一种因素，即在适当的时间地点，按照适当的形式，它的控制会让补充因素发挥作用并带来想要的结果。很少一点钾肥，如果它是限制因素，那么也许会让谷物产量从每英亩五蒲式耳翻到二十蒲式耳。所谓精明的工匠，就是那种让自己忙于控制限制因素的人，他知道补充因素会得出想要的结果。手忙脚乱的人则把自己的时间都浪费在了补充因素上。

但是，限制因素和补充因素是不断换位的。本来是限制因素的东西，一旦受到控制，就变成了补充因素，然后另一种因素又成了限制因素。在一辆汽车的操控中，限制因素有时候可能是电火花，有时候可能是汽油，有时候可能是把握方向盘的人。这就是效率的意义——在正确的时间、正确的地点，以正确的数量和正确的形式对可变的限制因素进行控制，目的是为了通过预期的补充因素的作用来扩大总产出。

我们把这些变化的控制因素浓缩为一个意志术语：**及时**。理想效率的最高境界，就是通过恰到好处地在正确的时间和地点、以正确的形式和数量控制可变的限制因素，从而控制所有的补充因素。

既然所有的一切对整个生产活动都是必要的，那么从限制因素和补充因素之间的这种关系中，我们可以得出的结论就是：最大的效率就是在时间和地点上对所有因素的最佳配比。一家农场或工厂的明智的管理者会敏捷地搞清楚什么是限制因素；当他迅速地控制了限制因素以致所有的因素都平稳地共同发挥作用的时候，他就会满怀骄傲地指点他所谓的"令人满意的组织"。他的意思是说，不存在任何抑制某个因素或其他所有因素的限制因素。在现有科学和艺术条件下，他已经达到了最大的效率，因为他把所有的限制因素都置于了他的控制之下，这些因素接下来都会变成补充因素。

因此我们可以正确地说，关于人类意愿的作用，整体大于部分之和。整体不是一个总数，而是一个倍数。如果把一堆煤按照适当的时间、适当的数量、适当的间隔和数量加到炉子中去，那么自然的力量会把一个司炉工微不足道的能力倍加为按照每小时六十英里的速度飞驰的火车头。大自然对限制和补充因素一无所知，人类把它们曲解为了自然，它们完全是人为的。自然的力量前进的时候是盲目而不可避免的，但人类按照自己的目的干扰了它们；如果人类知道整体所依赖的部分是什么，那他们就会倍加它们的作用，转化为它们从没有过的产出。但如果人类要知道它们成倍地增加了多少，那他们得用工时而不是美元美分来衡量结果。最大的效率是每工时的最大产出，或是每一给定的产出最小的工时投入，它成倍地增加了劳动和自然的力量，使之远大于把它们简单叠加在一起的数字。因此，在人类活动的过程中，整体要大于部分之和。

2. **稀缺性**。但是限制和补充因素的稀缺性意义不会倍加自然的力量，它只会转移它们的所有权。整体不会大于它已经形成的现有的效率。但是，整体所必需的某些部分可能要比其他部分具有更大的稀缺性，而且由于它们是被不同的人所占有的，因此它们的相对稀缺性就会决定购买它们的价格。由于任何运行中的机构都需要大量的限制和补充因素，而且所有这些因素都是被人占有的，因此要拥有占有、使用、控制它们的排他的合法权利，就必须支付代价。为了保持补充因素运行，现在限制因素就成了相对稀缺的因素，必须大量购买或以高价购买，我们把它的购买称为关键交易。

因此，必须按照各个因素的相对稀缺性支付不同的价格。与护路工人、供差遣的仆人或者农业用地相比，机车工程师、总经理、邻近市场的土地就是相对稀缺的。因此，从限制因素和补充因素的稀缺性意义中得出的普遍规则是，增加比较慢而且相对不可替代的生产因素的所有者，与增加比较快而且容易替代的生产因素的所有者相比，在买卖的交易中要吸取产品的总的货币价值中的一个较大的份额。这也是帕滕论述过的。① 限制因素是那些相对稀缺且不可替代的因素，补充因素则是那些相对丰裕且可以替代的因素，它们的相对稀缺性和丰裕性不是用工时而是用货币来衡量的。

因此，在限制因素和补充因素或者是其意志的等价物关键交易和常规交易的普遍规则的两个意义之间，不存在任何不变的或者可公认的关系。实际上，它们属于两种不同的经济学，一种是管理交易的工程经济学，一种是买卖交易的所有权经济学。少许钾肥就会大大增加*产量*这个事实，并不是说钾肥的*价格*将会是一种垄断价格或折扣价格。工程经济学是人与自然的关系，在这里，少许的钾肥可以起到很大的作用。所有权经济学是人与人的关系，在这里，少许的钾肥可以花费小代价，也可以花费大代价。在工程经济学中，限制因素的价格与其效率完全没有什么关系，它只跟稀缺性有关。我们不能说工程师的劳动、总经理的劳动或城市的土地要比普通劳动者、供差遣的仆人或者农村的土地生产出更多的财富，原因仅仅是因为它们的所有者可以从这些东西的销售和使用中获得更高的价格。当我们用工时衡量生产力、用货币衡量稀缺性的时候，这种差异就被保留了下来。

因此，限制因素和补充因素的效率意义和稀缺意义之间的区别在于：在前一种情况下，对限制因素的控制会扩大产出；而在后一种情况下，对限制因素的控制只是以其他人的较小份额为代价转移了较大份额的产出。

这个问题让我们想起了门格尔和维塞尔之间的一个争论。门格尔认为，对限制因素的控制会扩大产出，维塞尔则认为不会扩大。门格尔说的是效率，维塞尔说的是稀缺性，这是显而易见的，不过尽管如此，对此的解释是他们两个人都没有把效率与稀缺性区分开来，两个人的都是"补充因素"。② 但如果我们把他们的说法转化为意志的过程，那么限制因素就是这样一种因素，即对它的控制是为

---

① 帕滕（N. S. Patten）：《动态经济学理论》，1892年版，第18页。
② 门格尔：《国民经济学原理》，1871年版，第11页；维塞尔：《自然价值》，马洛克译本，1930年版，第101页。

了寻求在两种意义上控制补充因素——一种是扩大产出的效率,一种是转移所有权的稀缺性。

这里,在买卖的交易中,又一次出现了**及时**原则,它不是作为管理交易中财富的增加,而是一个人资产的增加和其他人资产的等值减少。生意人在低价时买进,高价时卖出,等到价格下跌时才买,价格上涨时才卖,那些按照正确的时间和数量进行买卖的人,与在错误的时间上进行买卖的竞争对手相比,会增加他们的资产。他们所需要的所有因素对于作为整体的生意而言都是补充因素,但它们的价格是变化的。正是他们的判断能力决定着他们买进补充因素和卖出补充或替代因素的及时性。但这样做他们并没有扩大共同财富,他们只是转移了所有权。

能够让我们看清"营销"一词双重意义的就是效率与稀缺之间的这个区别——一个是劳动过程,一个是买卖过程。劳动—管理过程是通过把产品送达其他的劳动者而创造出地点效用,但买卖过程则是产品所有者和购买力所有者之间就价格和价值达成的一致。这种区别在讨论"合作营销"时变得非常重要。合作是指按照工时衡量比所取代的中间商更有效率的营销,还是指按照货币衡量有更大的能力把持供给的较高的稀缺性?如果它是指第一种情况,那么合作营销就是合作的财富生产;如果它指的是第二种情况,那么合作营销就是集体的买卖活动。如果它意味着前者,那么它就是通过增添地点效用(使用价值)增加使用价值的管理过程;如果它意味着后者,那么它就是通过相对买卖能力增加一方的稀缺性价值而减少另外一方稀缺性价值的所有权过程。①

因此,限制因素和补充因素准则的双重意义就是其效率意义和稀缺意义。在生产过程中,限制因素是这样一种因素:对它的控制可以确保补充因素朝着扩大使用价值产出的方向运动。在买卖的过程中,限制因素是这样一种因素:它的所有权可以让所有者获得总收益的一个较大的份额作为自己的收入,同时却让他人所得的份额减少。

---

① 见后文关于政治学的论述。

无论是哪种情况，部分与整体的关系都表现在周转和限制因素的这两个准则里：一个代表的是统计的结果；另外一个代表的则是意志的控制。这种控制的利用造成了这种结果。因为"原因和结果"这样的词不适用于自然的力量。在自然界，事物只是"发生"，但是从纷繁复杂的事件中，人类为自己的目的选择了限制因素；如果人类能够控制这些限制因素，那么其他的因素就会得出想要的结果。"原因"是通过管理或买卖交易对限制因素或关键因素的意志控制，"结果"是补充因素的运作和常规交易的重复。

无论哪种情况，意志控制都取决于对部分与整体关系的认识。整体相对而言是不变的，但部分却在以或大或小的速率在变化，但是，只有对变化的控制因素的控制明智而及时，整体才会相对不变。在均衡和周转的比喻中剥离了引起误解的内容后，我们就得出了管理和买卖交易重复的意志过程：财富的创造、替代、扩大、减少，原因在于管理活动；资产的创造、替代、扩大、减少，原因在于买卖活动。这些都是通过对各个容易变动的限制因素的关键控制进行的。

3. **机构**。尽管限制因素和补充因素的效率意义和稀缺意义截然不同，但运行中的机构的意义就是整体，管理交易和买卖交易都是其组成部分。从李嘉图所说的劳动在农业中的递减效率，或者从杜尔哥所说的资本品在所有产业中的效率递减，经济学家们已经慢慢地意识到了限制因素和补充因素所暗含的部分与整体关系的原则。1871年，卡尔·门格尔在他关于互补物品的规范理论中已经明确地提出了这个原则。在这个理论中，他提到，在土地、劳动、资本的一个整体互补中，缺少一个因素就会让其他因素无法运用。[①] 这是边际生产力的效率意义，但它很容易就转变成了关于满足程度的边际效用理论。边际效用理论是限制性因素和补充因素规则的稀缺性方面，两种理论都是关于产生想要的结果所需要的一切补充因素数量上的配比原则。按照这样的方法，将得到最大的使用价值或者是最大的稀缺价值，从数学上讲，这样的配比就是让各种边际单位相等，

---

① 门格尔：《国民经济学原理》，1871年版，1923年第二版，第23页。

这样每种因素的主观效用就都会随着其供给的增加而递减。如果供给太大，那么它所提供的额外的主观效用就要少于其他因素（这些因素现在变成了限制因素）的数量增加时所能获得的效用，并且它们的主观效用会因此而递减。

如果用价格代替它在效用方面的主观人格化，那么这个原则显然是对的。如果一个补充因素的价格下降，其趋势就是购买更多的那种因素，但是如果所生产的数量太大，并因此与其他因素比例失衡，那么从全部因素中所得到的净收益就可能减少。补救的措施不是限制对现有的这种补充因素的购买，就是增加对现有的限制因素的购买，这就使得从每个货币单位中所获得的边际增加量是相等的，因而就会从全部费用中获得最大的净收益。这也是著名而且普遍的技术上的原则，我们称为"最优化"、"各因素的最佳配比"或者"令人满意的组织"；按照更加专业的术语讲，这是一个控制限制因素的过程，目的是为了让全部补充因素可以生产出最大的净产出。

因此，具体表现在运行中的工厂的实际交易中的效率价值的意义，是人们归因于那些据认为将变成限制因素的东西的相对的重要性，在现在的时间和地点上对这些因素的控制，不仅是期望获得或保持对想要的补充因素的控制，而且也是为了从整个运行着的机构中得到最大的净产出。各个因素本身不断地在改变着彼此之间的关系，现在是限制因素的东西，一旦被控制，就变成了补充因素，然后另外一个因素就变成了限制因素，目的是为了保持或扩大过去一直是限制因素的那个因素产生的结果，但另外这个因素现在还是补充因素。

限制因素和补充因素在客观的意义上的这一规则，或者是关键交易和常规交易在意志意义上的这一规则，可以说是政治经济学理论的全部要旨，正如在人类寻求对环境的控制的活动中它是人类意愿的全部要旨一样，因此这个规则是关于这个意愿的经济学说。在这个方面，这个规则可以区分为具有三种运用性的东西，三者在细节上大为不同，但事实上却难以分离，这就是稀缺性、效率和运行中的机构。稀缺性和效率的运用我们已经讨论过了，认为稀缺性方面和效率方面不加区分会导致混淆。运行中的工厂和运行中的商业在限制因素和补充因素的较大范围内是共同发挥作用的，它们之间的区别（我们发现法庭也混淆了它们之间的区别）构成了单个企业乃至整个国家这样的运行中的机构。① 最佳的运行中的工厂，是技术因素被管理交易适当配比的工厂；最佳的运行中的商业，是买与卖被买卖交易适当配比的商业；最佳的运行中的机构，是技术和商业适当配比的机构；最好的国家，则是权利、义务、自由、风险承担在个人和阶级之间最佳配给的国家。技术经济是效率；商业经济是稀缺性；运行中的机构的经济是技术和商业；国家的经济是政治经济。每个都是关键交易和常规交易中的一个特例。

技术经济是有别于自然机制的一部"机器"，因为限制因素和补充因素的规则完全都是建立在意愿原则的基础之上的，在控制环境的具体方面，它甚至是意愿的全部要旨。这个规则不适用于自然机制，在自然机制中，只有向心力和离心力，或者说只有能量的守恒和损耗，没有任何未来的目的或计划，因此也没有未来事件取决于对其控制的限制因素。一种自然的机制，比如说原子或者宇宙，根本不知道什么稀缺性、欲望、人口过剩、有限资源、有效利用、目的、未来性，因此它也没有什么限制因素和补充因素要从中去选择履行、避免或克制。它不过是牛顿的运动定律，或者是爱因斯坦的时间和空间的相对论，或者是热力学的定律，或者是能量守恒所解释的能量。但是从人类的观点看，这些都是非常浪费的。

但是，当人类的智力构建并运作一种机制的时候，它就不再是**机制**，而是**机器**了。机器是人类通过语音、数字、习俗、重量、测量制度代代相传下来的人类意愿。在这里，各种因素——不是怀特黑德的自然机制，而是人为的机器——变成了限制性的和补充性的，因为人的意愿已经把未来性、目的、经济、效率置入了它们。现在限制性因素就是像杠杆、节流阀电线、汽油之类的东西，这时候整体的运转都是依靠它的，因为这个整体是由全部补充因素组成的。如果操作者按照适当的时间、适当的地点、适当的数量具体控制了限制因素，如果他控制的一台机器是其他机器的一个限制因素，那

---

① 康芒斯：《资本主义的法律精神》。

么他占有的就不仅仅是机制了,他所占有的是作为整体的一台机器,或者是作为整体的一个运行中的机构。例如,在农业种植中,限制因素在一个时候也许是钾肥,在一个时候也许是氮肥、人类的劳动、管理的能力,等等。这些都是"投入",它们最佳的相互关系会产生"最优化",也就是与全部投入相关的最大产出,这可以作为"效率"来加以衡量。而且,不像是十八世纪因果相等的旧的学说,我们所拥有的限制因素这个"因",一旦被人类所采用,就会把想要的"果"扩大到远超自然界所知的程度。当自然恰好不能提供的时候,给土壤中加入少许的钾肥,就会把全部因素联合的产出从每英亩一、二蒲式耳增加到二十、三十蒲式耳。但这是人类的意愿,不是自然的"经济"。

在生物机制中,从阿米巴虫到人,与机械装置中的活动和运行中的机构的交易相对应的是新陈代谢,新陈代谢的重复与相互作用就是有机体。这是全新的关于**生命**与**死亡**的科学,它是达尔文的巨大荣誉,他创立了有机体的科学,没有从牛顿的机械科学中借用任何比喻。迄今为止,还没有发现任何的科学原理可以说明有机体起源于机械装置。因此,达尔文的问题是**物种起源**,而不是**生命起源**。他的和机械装置不连贯的概念是一个全新的概念,是一个**有生命的有机体**的概念。而且,如果我们检验达尔文有机体概念的组成细节的话,那我们就会发现,它们不是我们一无所知的"**生命**",而是**生命发生作用的各种方式**。生命发生作用的这些方式是可变的运动,这些运动是以有机体——在这些有机体中能力本身是有限的——跟同样有限的机械装置和有机体的环境为条件的,这个环境我们称之为是"有限的自然资源"。有机体和环境之间的这些作用与反作用,我们不称为**生命**,而是称为**稀缺原则**,它们是**遗传**、**过剩**、**变异**、**斗争**、**死亡**,以及那些当时得到并利用这些有限的自然资源的有机体的**生存**。这个有机体的概念完全不同于机械装置的概念,后者的基本原则是**能量**,可以表述为对**压力**、**体积**和**时间**三种成分的概述。牛顿和他的继承者们得出了**能量**原理作为机械装置发挥作用的方式,达尔文则得出了**稀缺**原理作为有机体发挥作用的方式。

但是,即便如此,达尔文还是在"自然选择"和"人为淘汰"

之间作出了区分。**人为淘汰**对**自然选择**的关系，如同**机器**对**机械装置**的关系。它之所以是"人为的"，完全因为它是**目的**、**未来性**、**计划**，它的被注入在很大程度上控制着生存竞争。达尔文承认，他的"自然选择"这个词属于用词不当，后悔自己求助于比喻的说法。用盲目选择要更为准确一些，而人为的类型则是一种有目的的选择。自然选择，是"适者"的自然生存，产生了狼、蛇、毒物、有害微生物，但人为淘汰则把狼转变成了狗，把天然的毒物转变成了药品，消除了有害微生物，繁殖了有益的微生物。如果听任自然选择的话，那么荷尔斯坦因牛①是不可能生存的，它是人为淘汰的为了它在未来给人带来益处而创造的一种异常的动物。它真的不是怀特黑德所谓的有机机制，而是一种人为的有机机器，从自然的稀缺原则中解脱出来，从而转变成了人类的私有财产制度。

然而，达尔文自然选择的成就是如此强而有力，以致当经济学家和社会学家遇到社会和文明问题时，达尔文的自然有机体的概念又一次通过比喻，变成了他们的社会概念的基础。在斯宾塞②手里，这个概念达到了荒谬的顶点，社会成了"社会有机体"，让它保持运转的能量是食物、感觉、本能、感情、生理以及后来的各种腺体，所有这些都是在天然选择的原则之上运行的；忽略带修辞色彩的规则，更为准确的比喻不会是包括狼和蛇在内的自然的有机体，而是由人类的目的转化过来的人为成分很高的狗或牛。

在这里，当提到目的的时候，贾德③在批评和概括前人在各种社会科学中所做的工作时明确提出了另外一个概念——**制度主义**，这个概念跟达尔文的概念也是不连贯的，它是按照自己的原则——**意愿**——出现的，与牛顿的**能量**和达尔文的**稀缺**都有区别。因为，在检验构成制度主义这个概念的成分的时候，我们发现，它们的主要

---

① 荷兰的一种乳牛，呈黑白花色。——译者注
② 斯宾塞（Herbert Spencer，1820~1903）：英国实证主义哲学家。——译者注
③ 贾德（C. H. Judd）：关于《社会制度和个人》的章节，见《社会心理学》，1926版，第56~77页。

特征就是出于经济目的对未来的预期,可以区分为**未来性**、**习俗**、**主权**、**稀缺性**和**效率**。这些内容与**压力**、**体积**和**时间**完全不同,但又以之为基础;而压力、体积和时间伴随着能量原理构成了牛顿的机械装置,这些内容跟遗传、变异、过剩、斗争、死亡和生存不同,但又以之为基础。达尔文的稀缺原则就是由后面那些内容构成的。

因此,引领经济理论经过机械和有机阶段而进入运行中的机构的阶段的,不只是诗一般的比喻。在相似的机能关系产生的相似性的科学意义上,这些比喻的理论甚至是对类比的正确运用,但类比的方法过于狭隘了。它们没有包含人类的目的所引入的人为事物,因此它们变成了比喻。现代经济学按照一种实用的方法,让能量和稀缺性这些原则服从于更大的意愿原则,而它的主要问题则是把它们作为一个机能整体的部分再次组合在一起。

因此,从克服自然阻力生产使用价值的观点看,一个运行中的工厂不是一种"机制",而是一种机器,而人类能力投入与使用价值产出的比率,是按照水力投入与电力产出同样的比率计算的。这就是运行中的机构的效率维度,也就是工程经济学家认为是整体的一面。它是机器论,而不是机械论。

同样地,运行中的商业也类似于一个有机体,因为稀缺原则贯穿于它的全部交易中。这个原则采取的是冲突、变化、竞争、生存的形式,但也如同休谟所指出的那样,它还采取伦理、财产、司法的形式。因此,它是人为的淘汰,而不是天然的选择。

这是因为,运行中的机构所接受的效率和稀缺原则的特殊方式,是贯穿于**未来性**原则的诸多方面的,这些方面合在一起不是别的,正是**意愿**的原则。实际上,这些个别的领域的分离是不可能的事情,但是,在思想上必须用它们自己的术语把它们分离开来,正如达尔文对有机体、牛顿对机械装置所做的那样。实际上,要用斯密的劳动分工把它们分开之后,才能在思想上和事实上把它们在运行中的机构的机能程序中组合起来。所有的有机体都是机制,但是附加了稀缺性;所有的机构都是有机体和机制,但是附加了目的。正是这附加的目的变成了一般性原则之后,要求在它自己的领域并且用自己的术语来得出,所以它所附加的机械论和有机论的原则变成了本身的附属，而且变化很大，但在它们改变了的形式中却是必要的。

这种在思想上和事实上的分离，以及在整体概念中的重组，完全适用于各种交易，这些交易预期的有秩序的重复就是运行中的机构。管理交易有关于机构的机制和效率；买卖交易有关于贯穿整个机构中的稀缺性原则；行政、立法、司法程序有关于机构的统一和延续。它们是通过合理配给利益和负担让成员服从于整体来做到这一点的。这些交易，由于有稀缺性原则贯穿于其中，与达尔文在有机体中发现的事实有非同寻常的相似之处。习俗，也就是交易的重复，类似于遗传；交易的重复和增加起因于人口压力。它们的变异性是显而易见的，而且从变异性中产生了习俗和习惯的改变。但是，在这里，习惯是良好习俗的"人为选择"和对不良习俗的惩罚，它是人为的，这不过是运行中的人类意志把机制转化成了机器，把有生命的有机体转化成了制度化的理智，把无组织的习俗或习惯转化成了有秩序的交易和运行中的机构。

因为人的头脑不光是一个有生命的有机体。作为有机体，它不过是一个高度发达的大脑，在变成"制度化"之前，大脑不过是动物有机体的一个部分，[①] 因此，它需要一个拓宽的活动范围，这个活动我们称之为思想和意志。它最初的制度是符号、单词、数字、语音、文字，这就是我们所谓的字与数的语言，这就是对个人而言的习惯，也是从世世代代中留传下来的强制性的习俗。简而言之，这是一种制度。人类其他的制度有火、工具、机器、家庭、政府等等，[②] 这些制度的持久重复，有赖于配比限制因素和补充因素的人为原则，我们称之为运行中的机构。

因此人不只是有机体，他是制度体系，只有制度化的头脑才会进化为经济活动中非同寻常的时间维度，这个时间维度我们称之为

---

① 见约旦（E. Jordan）在《制度化的头脑》中具有启发性的讨论，参阅《个性的形式：对人类关系秩序范围的探讨》，1927 年版，第 133~187 页。
② 见萨姆纳（W. G. Sumner）和科勒（A. S. Keller）在《关于社会的科学》（1927~1928 年，第四卷）中对制度详尽的研究。

未来性。未来性是制度上的,与世隔绝的婴儿或人跟动物一样,对未来性知之甚少或者是一无所知。有机体的大脑像这样制度化地延伸到遥远的未来时间,与延伸到遥远的未来空间是密不可分的。正是大脑活动的这两种制度化的延伸,才使得产业和政府中的现代高度发达的运行中的机构对世界和未来的世代发号施令成为可能。

至于**时间**,机械装置的能量运行完全不涉及时间的流逝,将**时间**因素引入产出的计量,完全是人类大脑的外在运转,不是机械装置本身的内在的东西。**时间**的概念只不过是制度化的大脑构想出来的。

但是,对于有机体本身而言,稀缺性本质上是一个时间流逝的问题,因为即便是在最低等的有机体中,在获得一份有限的食物供给与从这份食物中得到的欲望满足之间,总是存在着一个间隔。在动物的生命中,这个时间间隔是如此短暂,以至于对欲望刺激的反应一直都被恰当地描述为本能。本能的努力是由遗传和稀缺提供的,但是努力与满足之间的时间间隔是如此之短,以至于用力学作比喻,这个反应被说成是自动的或者直接的。但是,严格意义上的自动或直接的反应是没有时间间隔的,只有机械装置才会如此,因为它们不会经历欲望和努力,在努力和满足之间也没有任何间隔。它们的能量只管流动,根本不考虑在外部对象之间对满足和没有满足欲望的对象或者是必须避免的对象进行区分。

因此,在有机体中也是二中择一的选择,但机械装置却不会选择。而且,这种时间间隔当然是现在与未来之间的间隔——作为反应的现在的行动以及进行刺激的未来满足。但是,这个间隔的时间非常短,以至于靠遗传和本能就能衔接起来,根本不需要理性和社会制度的帮助。这是本能的时间,不是制度的时间。

因此,在稀缺原则中,我们会发现后来描绘为**意愿**原则特征的所有内容的萌芽,而稀缺原则则是伴随着有生命的有机体来到世上的。也许在这一点上,可以让关于制度的科学与关于有机体的科学连接起来,在新陈代谢把无生命的物质转化为有生命的血肉之躯的情况下,这一点还一直不为人们所理解。然而,在制度预期所提供的现在活动的未来性方面,人类有机体把未来的事件转变成了现在的行动。从生理学的角度来说,我们不知道这是如何发生的。我们所说的关于**时间**的内容,对于**空间**也适用。只有制度化的头脑才能理解世界,它们是通过运行中的机构和作为工具使用的机器做到这一点的。

在向未来的时间和遥远的空间的延伸中,由于几乎是永存和无处不在的,所以运行中的机构不只是机械装置和有机体,它就是日常人们说话时经常提及而且已经被法庭采纳了的内容;并且一个非常珍贵的运行中的机构,会让人们对有益交易的预期具体化,而且要求人们忠诚、爱国、成为典范。

前面我们曾经指出,一旦以履行、避免、克制来分析行为时,所谓的"行为主义心理学"就应该在经济学理论中占有合理的一席之地。这三者是行动中的意志的维度,而行动中的意志把法律和经济学连在了一起。那些纯粹以个人主义的方式把个人作为生理学和解剖学的机理对待的人,借用了"行为主义"一词。① 但是,在经济学中,个人是交易的参与者和运行中的机构的成员。在这里,让我们感兴趣的不是他的生理、"腺体"和"大脑模式",而是作为一个完整的人格,他是否会履行、克制或避免。最近的"行为主义"在儿童心理学和广告方面有不少作为,但在运行中的机构的行为主义方面却贡献不大。在这里,意志就意味着在自然和经济的三个方面——履行、避免、克制——的个人和集体的行动,这种行为不为任何自然科学所知,在生物学中也只是初露端倪,但是却可以像电子或重力一样分析与计量,特别是就其本身而言。

自然科学摆脱"力"、"能"之类的比喻性的存在,并不是靠对这种观念的否定,而是通过把它从未经分析的灵魂、精神或存在改变为了可变的运动维度。意志也是这样。我们脱离它,不是因为对它的否定,而是因为对其运动的分析和测量。因为意志是"形而上的",在摆脱它的时候,"行为主义者"跨过了意志的外在行为,跳跃到了新陈代谢的内在行为,在意志作为一种行为、心理作为一种假定的类似类型的行为之间,他们认为自己没有留下任何形而上的

---

① 沃森(J. B. Watson):《行为主义》,1924年版。

缺陷。但实际上却存在着一个无法克服的缺陷。它们不是连续的，只有依靠形而上学，或者干脆说是依靠比喻，这个缺陷才能弥合。来自其他学科的教训告诉我们，这种比喻性的跳跃是不应该被采用的。我们应该说，要把个人意志按照其自己的行为范围作为一个整体来对待，让心理学家和解剖学家把有机体的内部作为另外一个整体来对待。

但是为了我们现在的目的，让我们忘掉生理学和解剖学，或者更确切地说，忘掉心智这种类型的主观性是如何进入或走出另外一种主观性的，也就是生理学上的身体。让我们来分析一下作为结果而发生的整体实际的作为，这个整体不是别的，正是意志，它作为一个整体履行、避免、克制，而且它是联合其他的意志的，怀着对共同结果的期望，通过交易和运行中的机构这样做的。作为整体的机构行动，通过履行、克制、避免，个人意志因此成了个人的行动主义的连接方法，它把我们称之为交易和运行中的机构的行为规则的所有特殊的适用性连接了起来，表现为机会、竞争、权力、权利、义务、自由、风险承担、使用价值、效率、稀缺、预期。这个把它们全都连接在一起的总的原则我们称之为意愿原则。

在对人类行为的这种分析中，时间和运动的概念完全不同于其他学科中时间和运动的概念。我们把麦克劳德所有的谬误都追溯为一个根本的缺陷——他的**时间**概念。我们将把凡勃伦的谬误追溯为他未能对**时间**进行分析。非常荒谬的是，尽管麦克劳德具有**未来时间**的概念，但他却没有**运动**的概念。我们通过物质的类比，把运动描绘为一种**时间流**；从数学上来说，时间流是时间的零点，也就是**现在**——在即将到来的**未来**与正在逝去的**过去**之间没有维度因而也没有生命向前移动。这是麦克劳德所没有的概念，尽管在一种关系中他曾用零来代替**现在**。但从心理学的观点来说，**现在**是一个时间瞬间，正如佩尔斯对它的描述那样，它不那么明显地在两个方向上逐渐变化：一个是朝着**过去**，一个是朝着**未来**。**过去**的是**记忆**，**现在**的是**感觉**，**未来**的是**期望**，它们都是一起存在于脑子里的，就像曲调里的音符，在现在的**时间**点上不是零，而是现在的事件，这个事件就是现在的交易。按照这样的方法，佩尔斯把休谟的怀疑主义转变为了**实用主义**，把数学转变为了意愿。

这种实用主义的时间概念，让我们能够对不同的未来时间可测量的维度作出区分，这是符合习惯法的。现在是**立刻发生的未来**，从制度上是可以按照秒、分或许是一个或两个小时来测量的，但是时间的间隔是如此之短，以至于实际上不涉及什么等待和冒险的感觉。短期的未来，范围从证券市场上的"隔夜"利率到通常商业贷款的三十、四十或九十天的期限，在这里等待是可以被感知的，因此也是可以测量的。长期的未来是超过短期未来的持续时间。这些区别可不是那么任意的，因为它们是合乎习惯的，所以在对行为的实际分析中更加有用。麦克劳德假定，**时间**由于某种原因是客观的，具体表现为他的可销售商品的一个方面——债务，因此它是按照时间的滴答声到来的，跟使用价值和稀缺价值一样，是按照债务的期限而变化的。但是**时间**完全是制度性的，机械装置和有机体根本不知道**时间**。时间在预期中出现，预期左右着现在的行为，依据的是不同阶级人们的习俗，以及同一阶级在不同交易中的习俗。对未来时间最准确的测量是在短期和长期债务市场上进行的。但是，在消费、游戏、锻炼、工作和其他常见的情形下，主导活动的是即刻产生的未来的预期，它如此短暂，以至于都不值得进行测量。

因此，客观地说，"时间流"是**瞬间**的**运动**；而从主观上来说，时间是关于**瞬间**的记忆、感觉和预期，以及生命体生理上的新陈代谢。由于我们了解这些运动只能靠经历这些运动的有生命的人的运动，因此时间流就是个人按照履行、避免、克制等维度表现的行为。我们有一种运动——个人的履行、避免、克制，它介于两种类型的运动之间并联系着两种运动——包括其他人类在内的宇宙的外在运动，以某种方式伴随着记忆、感觉和预期的内在的生理运动。这种人类行为的流动，作为一个整体，介于宇宙和其他人的外在运动的流动和心理的内在流动之间，后者某种程度上伴随着神秘的**记忆、感觉**和**预期**，在经济学中，我们把它叫做受**意愿**原则驱使的**交易**和**运行中的机构**。指向未来的是**人类的时间流**，以它为基础的经济学理论，既不是唯物主义的商品论，也不是主观的感觉论或心理论，而是指向未来目的的经济活动的意志论。

至于对古典派和享乐派的经济学家，我们需要进行类似的评价。按照未来的观点，我们把行动中的意志按照履行、避免、克制来分析是非常肤浅的，但是最近的事物总是最后才研究。这种分析摆脱了只选择意志的一个属性进行研究的不合理的简化，即这个属性通过快乐、痛苦或递减的效用比喻性地跟商品联系在了一起，而且在这个比喻的基础上建立了一套数理的经济理论体系。但是，个人的意志是一个整体，这个整体按照自己的人格在机构的范围内通过交易运行，这些机构接下来又是一致行动的其他整体。

因此，从交易角度对意志的分析，使得这样一种经济学理论成为了可能，这种经济学理论避免了一边是伦理和法律、一边是经济学的二元性，这种二元性是从斯密和边沁开始的。因为这一经济学理论在**意愿**这一个概念里，把履行、避免、克制的权利、义务、自由和承担风险的伦理与法律关系，跟对**价值**和**估价**的经济学分析结合在了一起。估价在这里是作为冒险价值和稀缺价值的未来贴现的。

这些铺垫，使得我们有可能把限制因素和补充因素的原则作为法律和经济因素运用于交易和运行中的机构。稀缺性和未来性两项原则解释了这种适用性。对于那个要为自己获得利益的个人而言，限制性因素是自己或他人在当时当地的特殊行为，其他人的补充行为是依赖这些行为的。在法律诉讼中，限制性因素可能有时是法官，有时是陪审员，有时是治安官。在一个制造性的机构中，限制性因素可能是技工，可能是监工，也可能是主管，甚至可能是勤杂女工，对他们的控制通过的是命令与服从的管理交易，而交易的总额就是依赖于这种控制的。这种控制的结果就是"运行中的工厂"，而运行中的工厂作为一个整体具有可测量的结果——效率。控制个人行为的这些社会关系，以集体控制的制裁为后盾，从中产生的命令服从的权利，从直接的"行动权利"的意义上，可以变成一种限制因素。

上述的"效率"关系与"稀缺"关系是密不可分的，因为这里的问题有关于限制性因素和补充性因素在需要的时候是丰裕性的或稀缺性的，因此也有关于为获得它们所必须支付的价格和税赋。效率和稀缺性在分析中是可以分开的，但在现实中是分不开的，因为它们构成运行中的机构时在机能上彼此作用。驾驶小汽车所需要的汽油的数量，运行中的工厂所需要的技工和监工的数量，开办法院所需要的法官的数量，在思想上是价格、工资或薪水，这是可以分开的，但在实际上却是分不开的。

因此，就人类意志为了一个目的而努力发挥作用这个主题而言，限制性因素和补充性因素原则的普遍性出现于一切学科之中。与其他因素相比，数量上有限的因素就被认为是重要的，它们都必须在预期中出现，但只有假定的限制性的因素才会在行动中出现。就相关的行动而言，补充因素是在未来出现的，如果能够保证在需要的时候就能够得到它，那就没有人会去注意它，在机构中，它就处于了常规交易的地位。因此，一个人的"权利"是现在存在的，而且他"拥有"权利，但在无数的交易中，它都是日常性的，而不是关键性的。如果它有保证，那么它只有在万一的情况下才能够变成限制性因素；如果是没有保证的，那么就把一切事情抛在一边，全力以赴地去控制限制性因素。

限制性或关键性、补充性或常规性因素和交易的这个学说，可以用效率、稀缺性和未来性来测量，而在形而上学的"本质"和"存在"的问题中，似乎一切都包含了。本质是靠得住的补充因素的预期，而存在是限制因素的不牢靠状态，其他因素的牢靠状态取决于现在对它的控制。然而，柏拉图的"本质"与这些预期还是相去甚远的，因为它是永远不指望被认识的永恒的实体，在与其各个变化的部分完全分离的一个外在整体的关系中，它遵循着本体。但在"本质"的现代意义上，它是一种外在存在的某种东西，甚至是一种"绝对"，它在等待着"下凡"并体现于真实行为中的时间上面。如果这就是它的意思，那么"本质"不过是对补充因素的预期。用单纯预期对"本质"的这种替代，似乎在康德的纯粹理性、山塔亚纳（Santayana）的纯粹本质以及新康德派对本质与存在的区分中已经完成了。在实际的交易中，麦克劳德和法学家的"自然权利"，似乎也是一种类似的预先存在的本质，等待着被作为一种存在去发现。

但是，如果我们检验一下这些非实体在实际的交易过程中所具有的意义，我们就会发现，本质或者抽象只是一种当需要的时候会重复的预期的相似性，它并不是一种先前存在的关于永恒的、绝对的或外在的不存在的事物的观念的"下凡"和"显身",它是把自己体现在现在的各种价值和估价中的未来性,它构成了一种现在的的预期。事实上,它是非常真实的预期,然而却不被人注意,因为它是靠得住的,很像空气是一种真实的预期一样,没有人会注意它,除非它变得太热、太冷或者太稀薄。

因此,凯尔森(Kelsen)正确地认为,法律关系的"本质"是建立在"有效事实"和官方的"执行"这两点上的,在纯法学的意义上,他否认权利、义务、权力、自由等术语是"合法"的术语。它们表示的是社会或伦理关系,而不是法律关系。① 在这一分析中,凯尔森的贡献是很具启发性的,也是很正确的,但通过实用主义的未来性学说和限制因素与补充因素的经济学学说的方式,我们也得到了类似的结果。麦克劳德现存的抽象权利,变成了凯尔森的法律强制的预期,这种法律强制可以用"诉讼权"来表示,为了从另外一个人那里获得所主张的商品、服务或货币,这样的诉讼权是必要的。假设一种已经确立的法律体系预期可以继续,那么法律关系的"本质"不过是对相似性重复的预期,这种重复是官方在迫使公民服从的强制性交易中造成的。如果预期如此,那么在无数的交易中,对价值现在所归因的东西而言,它不是一个限制因素。限制因素是私人各方的直接行为——他们的约定,对经济物品的种类、质量和数量等,根据具体情况而定。官方行为预期的相似性在对现在价值的任何估价中都具有高度的决定性,但是如果它的预期是靠得住的,那么在诉讼的时候它就不是限制性因素。法庭的判决在价值上会产生很大的改变,而且会让价值发生个人和阶级之间的大转移。这样创造的预期就是我们叫做权利、义务、自由和风险承担的东西。事实上,这些就是基于预期的公民政治权力的社会和经济预期,这种政治权力就是集体或个人对立法者、法庭和行政部门行为的控制。这不是柏拉图主义、新康德主义或绝对主义,这是善于分析的实用主义。

---

① 佛哥林(Erich Voegelin):《凯尔森的纯法学理论》,载《政治科学季刊》,1927年6月号,第276页。

本质与存在之间的和谐存在于**未来性**的实用主义学说之中。在行动的时刻，**权利**和**价值**是*现在的*存在，但它们是作为未来事物存在的。它们构成了一种预期状态，如果不加行使，那么法律权力在行动中就不会存在于现在，不过它却在预期的可靠状态中存在，这同样起作用，甚至更好。它是未来的行为，权利是它现在预期的名称。**法律权力**是未来本身，**权利**是其未来性。价值是对未来有限供给的商品的现在预期，这种商品是以权利为手段而获得的。

这些不是抽象，它们是预期——集体行动的预期。这些权利、价值和权力全部都存在于现在的时间之中，但是它们只作为现在的预期状态存在，准备在需要的时候体现在交易中，到那时候，它们将作为那个时候的现在的限制因素。这些心中的预期是洛克的"观念"和柏拉图与康德的"本质"，与时间无关，因此它们是怀特黑德"永恒的"、"不受时间影响的"原则和概念。但是具体地从实用主义和时间（timefully）的观点来说，它们是作为行动的时刻的限制和补充因素存在的，甚至在那个时候补充因素也只作为未来性存在。然而，未来性是人类产生影响的唯一"对象"，它们是佩尔斯的"本体"，它们的"本质"是**未来的时间**，它们现在的"存在"是**预期或状态**，而它们现在的外在本体是交易流和运行中的机构。

这些关于未来性和限制与补充因素的学说，正是经济学家对自大卫·休谟以来的哲学家形而上学问题的答案。休谟进一步详述了柏克莱的观点，他坚持认为，我们所知道的只是当时对物体的感觉，靠我们身体的感觉，我们既不知道感觉之间的关系，也不知道我们的感觉所产生的外部世界的事物之间的关系。自休谟以后的一个半世纪里，所有哲学的不变主题一直都是给各种关系一个得体的地位，最出色的解决方案一直都是康德的先验论。但是，他的解决方案把一个只由关系组成的绝对的世界，与一个只由经验组成的经验主义分割开来了。后来在詹姆斯的极端的经验主义中——也就是佩尔斯的实用主义的引申，先前来自于斯图尔特、霍奇森和佩尔斯的经验主义学说，都被发展为了一种心理学，其中内在的"已知"和外在的"已知"是同样的功能过程的两个方面。这样一来，不仅感觉和被感知的对象是同一的，而且对象之间的反应与这种关系之间的感觉也是同一的。在最近的格式塔①心理学中，有了更进一步的发展，这是美国实用主义的德国复制品。这些经验主义、理想主义、现实主义、实用主义、格式塔主义等不同的哲学和心理学，无论如何，都可以证实是意志的最终本质。② 关于意志的经济学学说，坦白地讲，是一种环境的或者制度的意志，其中限制因素与补充因素之间变化的关系是通过经验教训直接知道的或预期的。在这里，杜威的心理学差不多是最符合这种情况的。人类意志体验了各个因素之间的各种关系以及这些因素本身，否则它就不可能知道如何通过控制关键因素来得到远期的结果，这些关键因素转而会修正其他因素；机器和制度所取得的成就，要远大于个人所能取得的成就。

实际上，大脑从限制因素与补充因素的关系中得出了因果关系的观念。通过在适当的时间、适当的地点以适当的数量控制限制因素，它就控制了其他的因素，结果就是运转中的机器、运行中的商业和运行中的机构。这种控制有一个综合的名称：**及时**。实际上，及时是靠经验得来的，而且是适当感的一部分，这种适当感不能光靠智力给予，而且它提供了艺术与科学之间的区别，提供了**意愿**的抽象概念与在特定的时间、地点和环境中行动的**具体意志**之间的区别。科学家或者哲学家可以不顾**时间**而投入于抽象的概念，但事务缠身的人却必须注意他们的及时性。**因**与**果**在自然科学中已经被恰当地排除了，取而代之的是各种方程式。数理经济学也倾向于把因

---

① 格式塔：物理的、生物的、心理的或象征的结构或形态，其构成因素并不是各组成部分间的简单相加，而是一种完整的结构或形式。——译者注
② 参见《斯图尔特全集：1854～1860》；霍奇森的《实践的理论》，1870年版卷二；佩尔斯的《极端经验主义评论》；约翰·杜威的《人类的性质和行为》，1922年版；布莱德利（F. H. Bradley）的《逻辑原理》，1883年、1922年版，卷二；埃文斯（D. L. Evans）的《新现实主义和旧现实主义》，1928年版；斯马茨（J. C. Smuts）的《整体论与进化》，1926年版；科勒的《猿的智力》（1927年译本）和《格式塔心理学》；考夫卡（K. Koffka）的《精神的成长》，1924年译本；佩特曼（Bruno Peterman）的《格式塔理论和结构问题》，1932年译本。

果从经济学中排除出去。可是,因果是经济学与其意愿原则的本质,它通过及时控制现在的限制因素成就了未来的目标。

因此,我们有了一个经济学的**意志**概念——受目的和预期指引的行动中的**意志**。由穆勒阐明的经验主义的因果论和由布莱得利阐明的绝对论,① 都在这种经济的**意志**论中认识到了,这种意志控制了限制因素,目的是为了给大家增加未来的产出,或者是为了通过减少其他人的收益而为自己取得更大的收益,或者是通过控制公司或其他机构,把意志延伸到遥远的空间或遥远的未来,公司和机构在自己的范围内,依赖的是交易手段对全部限制和补充因素按照想要的目的进行最佳配比。

---

① 穆勒:《逻辑体系》,1848 年第一版,引文自 1925 年第八版,第 211~241 页;布莱得利:《逻辑原理》,1922 年第二版,第 583 页及其后内容。

第10章　合理价值

一、凡勃伦①

（一）从有形财产到无形财产

自1890年以来，已经有两种不同的现代无形财产的理论：一种是凡勃伦的剥削论；另外一种是法院的合理价值论。两者都是建立在把财产作为未来可获利交易现在价值的新观念之上的；但是凡勃伦把产业和金融巨头在1901年之前在美国产业委员会的证词作为自己的资料来源，②于1904年出版了他的《工商企业论》。司法观念的发展比较缓慢，仅见于1890年之后最高法院的判例。

从美国产业委员会的听证和裁决中，可以得出如下一些例子：安德鲁·卡耐基（Andrew Carnegie）③在钢铁产业占据了关键地位，因为他的生产成本最低，而且他拥有铁矿、煤矿以及把原材料运送到他在匹兹堡的熔炉和制造厂所需的驳船和铁路。他不曾让自己的产品涉入马口铁这个产业终端；但他宣布，他打算在伊利湖畔建立

---

① 参见泰伽特（R. V. Teggart）：《凡勃伦》，载《美国经济思想》，1932年版。
② 《美国产业委员会报告》，1900年，第一卷；1901年第十二、十六卷；1902年第十九卷。凡勃伦：《工商企业论》，1904、1932年版。
③ 安德鲁·卡耐基（1835~1919）：1870年创立卡耐基钢铁公司，美国著名慈善家。——译者注

一座拥有最先进设备的工厂。那些了解卡耐基毁灭性竞争手法的人都清楚,这个新的工厂将把他们逐出市场,于是他们要求摩根公司和他们的律师组建一个庞大的控股公司,这个公司应该接管组成一个完整的整体所需要的所有工厂,这个整体包含了这个产业的所有企业和部门。这一合并需要买下整个卡耐基利益集团,其价值作为有形财产,在重建的基础上估算大约是七千五百万美元。但是由于卡耐基在市场上的胁迫地位,按照黄金债券,他能够支配三亿美元。这两亿两千五百万美元的差额,不能按照传统经济学理论描述为的价值,它也不是无形体的财产,因为它不是欠卡耐基的债务;能够赋予它的唯一名称是"无形财产",这个名称是由金融巨头自己起的。凡勃伦很正确地把这种无形财产解释为一种纯粹的剥削或"劫持"的价值,因为它完全出自于所有的竞争者消除卡耐基削价竞争的需要,人们都很清楚,他会发动这样的竞争。

至于被控股公司接受的其他公司,它们都愿意用自己的股票去交换控股公司的股票。按照控股公司的股票价值对它们进行估价,同样也超过它们财产的实际的有形价值,以致当美国钢铁公司最终组建时,它拥有的总资本达到了二十亿美元,其中包括三亿美元欠卡耐基的债务以及十七亿美元的普通股和优先股;而按再生产成本计算,有形财产大概还不到十亿美元。这种无形的估值是在利润之外增大的,最终变成了在价值上与最初的无形价值相等的有形的工厂。这高于有形财产价值的超过原始价值的十亿美元的估值,被人们称为"无形财产"或者"无形价值",因为大家断言,控股公司所增加的预期赢利能力会证明这个估值是合理的,最终证实这个断言是对的。

凡勃伦在1904年就正确地表示说,基于预期赢利能力的无形价值,照字面的意义理解只是一种"金钱上的"估值,而不是传统经济学的"产业上的"估值。传统经济学认为,价值趋向于设备和商品的再生产成本。而这家钢铁公司显然不是一个垄断者,因此它是在经济学家所谓的竞争的生产成本标准之下出现的,原因在于控股公司只收购形成一个完整的产业所需要的若干公司;它纯粹是私有财产权利的行使,没有任何垄断,而且1920年美国最高法院也是这样判决的。

因此,凡勃伦把"资本"定义为有形财产的价值,但是,他把无形价值或者无形资本定义为企业家纯粹的金钱估值,依据的是企业家"劫掠"社会和"不劳而获"的基本能力。在这一点上他是正确的。

因此,凡勃伦是建立现代无形财产概念的第一人,他是从使用这个术语的企业家的习俗中直接得出这个概念的。实际上,凡勃伦并没有理会原始社会以及古典学派、马克思学派和享乐主义经济学家的有形财产概念,也没有理会麦克劳德的债务无形财产概念。他的无形财产的新概念完全基于资本家未来买卖能力的现在价值。

但是他没有研究最高法院的判例。当案件出现的时候,美国最高法院把自己的判决同样建立在无形财产这个新概念上,但是并不是基于凡勃伦的剥削观念,而是基于它自己历史上的合理价值概念。在有些案例中,这一原则支持了资本家的论点,例如美国钢铁公司解散诉讼案(1920年)。在另外一些案例中,它大大减少了资本家所争取的价值。还有一些案例,它对财产的估价要远远高于资本家所反对的数额。法院对无形财产的估价,无论如何苦苦折磨原告和被告双方,总是包含着一个公共的目的,而凡勃伦则竭力主张经济学和其他学科一样,不允许引入目的这个因素才是正确的。

法院开始承认无形价值的新概念是在1890年,① 当时法院宣布,明尼苏达铁路委员会降低铁路运费是"财产的剥夺",尽管剥夺的不是有形财产,而是定价权这一无形财产。法院还宣布,对财产的这种剥夺是一个司法问题,不是立法问题,按照联邦《宪法》"第十四次修正案"的规定,禁止州政府未经合法程序剥夺财产。在先前类似的玛恩(Munn)诉伊利诺伊的案子中(1876年),当时法庭对财产的理解是有形财产,法庭曾坚持,州立法机构降低运费不是对财产的*剥夺*,那只不过是对财产*使用*的调整。② 但是,在1890年,铁路公司的律师诉请法院撤销自己的判决,而且他们认为,遵照《宪

---

① 康芒斯:《资本主义的法律基础》,1924年,第15页。
② 同①,第15页。

法》，通过降低运费剥夺财产的"价值"也是对财产的"剥夺"。他们在这一点上是对的，现在被剥夺的不是公司的有形财产，而是无形财产，这种无形财产就是按照公司的意愿和能力收取的这样的价格的权利。换句话说，律师们代表着凡勃伦的无形财产的意义。法院接受他们的论点到了这样的程度，即认为对新定义的无形财产的剥夺是一个司法问题，应该由最高法院来判决，而不应该由明尼苏达州来决定，因此该州决定的运费是无效的。

按照这样的方式，1890年，在把财产的意义从有形财产变为无形财产的方面，人们迈出了第一步。伴随着意义的这种改变，最高法院夺取了对公共事业所收取的价格进行调整的权利，过去人们认为这是各州的权利，这是在玛恩一案中确认过的。

认识到无形财产作为一种价值完全不同于经济学家的有形财产，这方面的下一个重大步骤就是亚当斯快递公司诉俄亥俄州一案。[①] 这是个税收案件，最高法院不顾这家公司的抗议，把有疑义的财产价值从两万三千美元提高到了四十四万九千三百七十七美元，目的是为了在俄亥俄州征税。经济学家和习惯法的有形财产是马、马车、保险箱、钱袋子及类似的通过触摸可以感知的财产。无形财产是股票和债券的全部市场价值，这些价值的基础是这家公司作为一个经营中的企业预期的赢利能力，而在这方面，俄亥俄州在各州中应该分摊的合理份额是四十四万九千三百七十七美元。在这个案子中，无形财产是有形财产的十八倍。法院在复审时说："它是财产，尽管是无形财产，但它有价值，能够产生收益，可以在世界各地的市场上通用，这就足够了。"

在这个案例中我们看到，法院承认的恰好是凡勃伦所作的区别，这种区别就是"资本"作为有形财产的价值（两万三千美元）——实际上与当时经济学家们的流行理论相对应——与无形财产价值（四十四万九千三百七十七美元）这个新事物之间的区别。但是，法院不像凡勃伦那样，把这个问题纯粹留作一个经济学的科学假设而对其无所作为，而是在税收问题上要一视同仁的这个公共目标原则

---

① 康芒斯：《资本主义的法律基础》，1924年，第172页。

之下进了一步，提高了用于课税目的的合理价值，从原来的有形财产的价值提高到了十八倍大的无形财产的价值。

还有一个案子可以显示凡勃伦"科学"地处理无形财产与法院从公共目的出发处理无形财产的区别。圣华金和金氏河道及灌溉公司（San Joaquin and King's River Canal and Irrigation Company）建立了一套灌溉系统，按照凡勃伦的无形财产原则，这个公司将其估值为一千八百万美元。加利福尼亚州政府进一步同意该公司可以按照这一估值的百分之十八的收益收取水费。美国最高法院在这个对下级法院已经作出的有利于该公司判决的案件的上诉中，把这个价值从一千八百万美元降低到了六百万美元，并且把从这笔已经减少了的无形财产获得的投资回报，从最初合同规定的百分之十八降低到了合理的百分之六。换句话说，法院把公司准许的赢利能力降低了大约百分之九十，而且命令相应地降低水费。所以说，尽管最高法院承认凡勃伦的科学研究成果，认为资本家确实建立了无形资本，但在这个案子中它认为过高了，并且把赢利能力减少到了它认为是合理的赢利能力的水平。该院在为自己的判决进行辩护时说：

"以实际用于供水目的的财产当时的价值为基础，按保证百分之六的收益确定水费，不是没收，不是对财产缺乏合法法律程序的剥夺，也不是对平等的法律保护的否定，尽管在此之前，该公司获准的收费会保证它按照实际投资于该项事业的资本每月获得百分之一点五的收益……原来的成本也许过大了；建筑上的失误即便是非欺骗性的，也必然加大成本；就设定的目标而言，它们所获得的财产也许超出了必要的范围之内。"①

我们因此可以看出，在1890年法院承认之后，凡勃伦和最高法院同时都在研究，但他们就这个新降临的无形财产的概念，得出了

---

① 惠滕（R. H. Whitten）：《公共服务公司估价》，1912年版，第59页。法庭在决定合理价值时所用的语言，由现在的作者草拟，1907年为威斯康星州《公共事业法》所采用，其他各州模仿了这一语言。

大不相同的结论。凡勃伦的结论得到的是一种剥削论,法院的结论得到的是一种合理价值论。凡勃伦是在一本著作中冷不防地得出结论的;而最高法院是通过调查研究、通过法官人选的更迭造成的错误和纠正用实验的方法得出的结论。

对新资本主义同一现象所得出的结论的这种显著差异,如果我们对其根本加以探寻将会发现,它是由科学自身在概念上的差异造成的。凡勃伦的科学概念是传统的自然科学的概念,在对事实的研究中,它将一切*目的*都拒之门外。法院的科学概念是一种制度的概念,在那里,研究必须从一个公共的目的入手,这被作为科学自身的一项根本原则。这是自然科学和社会科学之间的差异。

凡勃伦把目的排除在科学的范围之外,是基于他对当时詹姆斯和杜威所提出的实用主义的理解。① 他似乎不了解佩尔斯的实用主义,佩尔斯的实用主义只研究自然科学;他也不了解法院的实用主义,法院的实用主义更多地追随的是杜威的步伐。詹姆斯和杜威接管了实用主义这个名称之后,詹姆斯将其用在了个人心理学上,杜威将其用在了社会心理学上。在这个领域,他们认识到,目的是人文科学的主要问题。因此他们甚至被佩尔斯本人所否定,凡勃伦也同样否定了他们。后者认为,科学是"事实"的科学,产生自现代机器的发明,在那里,科学家排除了包含在炼金术、占卜术概念中的一切关于目的或"万物有灵论"的旧观念,只采用了"连续变化"或"过程"的观念,没有什么"因果关系",也没有什么"最终目标"或"目的"。他说:"现代技术跟现代科学利用的是同样范围的概念,按照同样的术语思维,运用的是同样的有效性的检验。"②

如果真是这样的话,那么就不会存在任何关于人性的科学,科学就只变成了自然科学。因此,根据凡勃伦的观点,实用主义运用

---

① 凡勃伦:《为什么经济学不是一门进化的科学?》,1898年;《现代文明中的科学的地位》,1906年;《观点》,1908年。再版于《现代文明中的科学的地位论文集》,1919年版。

② 凡勃伦:《现代文明中的科学的地位论文集》,1919年版,第17页。

于人性的时候：

> "除了创造自私自利的行为准则外什么也不创造"；反之，"科学除了理论之外什么也不创造。对于政策或效用、更好或更坏，它一无所知……实用主义类型的智慧和成就，对促进与事实相关的知识无所助益……世俗智慧的心理态度和公正不阿的科学精神是志趣相反的，对世俗智慧的追求会导致理智的偏见，与科学的洞察力难以共存"。①

然而，在制度经济学中，我们作为整个经济过程的一个部分来研究的恰恰就是这种偏见，甚至当凡勃伦在实用主义的名义下汇集起对这种世俗智慧态度的特定性质的说明时，结果证明，它们只是他所谓的制度行为的一般观念的特例。他说，因为世俗智慧的理智产物

> "是一套精明的行为准则，在很大程度上旨在利用人类的弱点。它的关于标准化和有效性的习惯术语，是人性的术语，是人类偏好、偏见、热望、努力和无能为力的术语，与之相伴随的思维习惯跟这些术语是协调一致的。"②

在我们检验这些"世俗智慧"的术语时，我们会发现，我们不是在含糊不清的人性概念中对其进行概括，而是在交易和运行中的机构的行为准则的概念中对其进行概括，在这些机构中，集体行动控制着个别的交易。在法学领域，这些术语止于合理价值和正当的法律程序的理论，而且总是由各方的集体目的所引起，而各方为判决时要考虑到的公共利益冲突制定了规则。但是，凡勃伦的理论不是从司法判决中推衍出来的，而是从资本主义交易在不受法律约束的情况下显而易见的剥削中推衍出来的，现存制度优越论变成了资本家可以发明和利用的实足的剥削工具。

换句话说，我们总是在佩尔斯作为研究方法的科学意义上使用"实用主义"这个词，但我们认为，佩尔斯用这个词只是因为在自然

---

① 凡勃伦：《现代文明中的科学的地位论文集》，1919年版，第19页。
② 同①，第19~20页。

科学中既没有未来又没有目的,而詹姆斯和杜威总是把它用于人文科学;在人文科学中,研究对象本身就是一种实用主义的存在,这个存在总是注视着未来,因此总是受目的的驱使。因此,我们不是让各种列举的剥削特例悬而不决,而且把它们归结为一个总的概念,在这个概念中,所有类型的集体行动在控制个人行动时,所依据的都是各种习俗和机构不断演进的行为规则。这些规则和机构也可以用科学的实用主义方法进行研究,就如同自然科学的技术规律可以被研究一样。因此,在演进的法院判决和法庭仲裁中,在变化的合理价值的意义中,以及在凡勃伦所谓的不受节制的剥削中,它们都是可以作为"事实"加以研究的。

我们跟凡勃伦一样,在这些包括习俗和经营中的企业在内的集体规则的变化中发现了进化的经济学理论。为什么正统的经济学家不能提出一种进化的理论,最好的证明莫过于凡勃伦对奥地利经济学家关于人性的错误观念的特性描述。跟边沁的概念一样,这一点我们在上面已经引证过了。① 但是,通过把个人的交易和集体行动的经营中的企业作为经济学的研究对象,我们避免了这个错误。

(二) 从财富的增长到观念的增长

我们已经注意到了②在十九世纪三十年代到四十年代这十年间的社会观念的到来,以及与之相伴随的过去的社会服务无限增长的天真而不可思议的公式,过去的社会服务是物化在现在的物质商品和固定资产中的。但是,当那些物化的过去的服务久已磨损、折旧、过时的时候,当它们必须不断地由新的劳动所代替、被新的发明所改进的时候,是不是物质增长带来了周转的概念呢?是不是还不如说,是文明之初到现在的蒸汽动力、汽油、无线电的各种*物化观念*的积累?今天的科学家、工程师、机械师不过是在重复阿基米德的杠杆概念、伽利略和牛顿的引力作用概念、富兰克林的电学概念,以及文明世纪科学家、工程师和机械师无数的观念。

---

① 见本书上文关于边沁的论述。
② 见本书上文关于从劳动分工到劳动联合的论述。

在"创造性劳动本能"的名义下,凡勃伦用这种进化的观念制度过程代替了物质资本增长的物质的概念,因此给近年来的周转概念赋予了一个恰当的位置。① 然而,他的创造性劳动的"本能",我们应该称之为管理交易的习俗和法则,导致了商品和服务不管数量、价格和所有权的有序生产。但正如我们所看到的,控制这种习俗和法律的,一是对原始法律教义关于*损害赔偿之诉*、*支付合理报酬原则*的现代理解,二是所有者支配他人行为的权利,这是凡勃伦在他自己的前提中承认了的。

凡勃伦已经看到了卡尔·马克思试图把传统的财富或资本作为物资和物资所有权的双重意义分离开来,分成两个对立的实体:一个是社会劳动;一个是集体的对物资的资本主义所有权,这种物资是由劳动转化为使用价值的。但是凡勃伦觉得,马克思如此构建的两个实体只是两种形而上学的本体:一个来自于黑格尔的辩证法;另外一个来自于经济学家的自然权利和自然自由。② 黑格尔的计划指向一个预定的目标,在黑格尔本人的精神层面,这个目标是这种精神的演变,直至达到一个统一的和自由的日耳曼世界帝国;但是在非正统的层面(以费尔巴哈为首),③ 则变成了马克思的唯物主义的生产模式的演变,直至达到一个无产阶级的世界帝国。马克思的基本解释是资本主义所有制注定的腐朽,以及无产的失业的阶级用革命的手段夺取这个体系。按照凡勃伦对马克思的理解,这些阶级会自始至终拥有一种对其全部劳动产品的自然权利。

因此,根据凡勃伦的观点,马克思的方案是前达尔文主义者的方案。因为达尔文的进化论并没有预先注定的目标,它是一个因果的连续,没有任何趋向和任何最终期限,也没有什么最终目的,它是"盲目累积的因果关系",是各种文明的起伏,而不是任何一种文明的演进发展成了马克思的劳动所有制宿命。结果也许是最终被资

---

① 见上文关于从流通到重复的论述。
② 凡勃伦:《现代文明中的科学的地位论文集》,第411页。
③ 见《社会科学百科全书》第六卷第221~222页中关于"费尔巴哈"的条目。

本家所控制，也许是最终被劳动所控制，在其中凡勃伦预言了法西斯主义和共产主义的可能性。这些变化性会是达尔文的进化论，而不是预先注定的，凡勃伦企图把它们作为没有目标的纯粹的过程加以解决。

但是，在这些变化性中，达尔文有两种类型的"选择"：**自然选择**和**人为选择**。我们的理论是人为选择，凡勃伦的理论是自然选择。

凡勃伦认为，由于当时达尔文的"自然"选择理论进入了经济学领域，而马克思主义的理论家在难以压制的阶级冲突不可避免的问题上进入了一个怀疑时期，诉诸暴力是他们所反对的，因此主流的马克思主义者对爱国主义作出了让步，同时也对他们正在卷入的变化的国际形势作出了让步。在这里，凡勃伦预言了在世界大战开始的时候他们的态度的改变；在世界大战中，爱国主义胜过了他们的阶级斗争的观念和无产阶级终将统治世界的观念。

为了满足连续变化且放弃预先确定目标的这种达尔文式的新观念，凡勃伦简单地代之以**过程**观念，并没有可确定的目标。但是这样做的时候，在增加国家物质财富的劳动过程和把持、保留以及让劳动者失业的资本主义过程之间，他造成的对立甚至要大于马克思自己造成的对立。

凡勃伦指责马克思从黑格尔的形而上学中推衍出来的注定进化的概念是达尔文之前的概念，这没有错，但是很难想象，在只奉行有形财产古典派概念的时候，马克思会在其他基础上建立自己的学说。如果财产只是单纯的物质所有权，如果财产的价值仅仅是物化在其中的社会必要劳动的量，那么马克思可以采用的唯一的*变化*的概念，就是劳动所生产的物资的增加，当然，与之并行的还有所有权的增加。

但这可不是达尔文的微不足道的变化过程，那个过程的最终的结果是不同的物种。因此，从有预定目标的形而上学的实体转变到达尔文的过程观念，凡勃伦只要将马克思主义者和正统学派的有形财产的概念，变化为新的、实际上是后马克思主义者的无形财产的概念就行了。后者是一个买卖、借贷以及增加财产权利的金钱价值的过程本身；而有形体的财产本身没有任何的买卖能力，它的增加只是工作和发明的劳动过程所带来的使用价值的增加。

因此,按照马克思的观点,如果这种物质的东西的单纯的所有权集中在少数人手中的话,那么所有权本身就会变成一种实体,完全独立于社会劳动力这种实体。当凡勃伦从实体改变为过程的时候,他必须将不包含任何金钱的买卖过程的有形体的财产,转变为不是别的、正是金钱过程本身的无形财产。相应地,他要脱离马克思的社会劳动力,就必须代之以一种创造物质财富的规则过程,不受金钱过程的控制。对此,我们称之为**管理交易**预期的有规则的重复,凡勃伦则称之为**创造性劳动**（workmanship）**本能**。

凡勃伦所了解的泰勒的科学管理理论只停留在其初期阶段,当时它还没有对包含在管理交易分析中的人道主义的内容产生影响,我们已经从亨利·丹尼森那里引证了对管理交易的分析。① 科学管理也没有影响到一般的社会福利,近年来管理经济学家把它作为了一个目标。② 泰勒的科学管理的观念完全是运用于劳动的工程师的计量观念,就如同它被运用在机器上一样,管理者凭着自己高高在上的地位就决定劳动者应该生产什么、生产多少、怎样生产。凡勃伦在1914年叛离了这种观念,建立了与之相反的理想化工人的观念,无论是体力的、科学的或者是管理的创造性劳动 都发扬着优秀的创造性劳动的传统。

出于这些原因,凡勃伦变成了一切现代方案的理性创始人,这些现代方案将把工程师而不是资本家置于了社会过程的首要地位。③

在这里,凡勃伦的学说又一次成为了一种替代,它取代了经济现实均衡和谐的各种正统的静态学说,代之以关于财富生产者的知识、科学、艺术、习惯、习俗的进化学说,没有考虑资本主义所有制的蓄意破坏。因此,正统派和马克思主义者的物质的东西本身,例如机器、商品、自然资源,作为经济学的研究对象已经不复存在,它们重新现身是作为创造性劳动本能的应用知识和后天的各种习惯,

---

① 见上文关于管理交易的论述。
② 泰勒协会:《美国产业中的科学管理》,1929年版。
③ 见其《工程师与价格制度》,1921年版。

这些都是以工程师为首的。

事实上,在这一点上,凡勃伦是非常正确的,因为老派的经济学家的物质的东西只是使用价值,而使用价值的出现或消失是由不断地重复或周转来更新和创造的,这些重复和周转我们归结为管理的交易。但延续和重建新物质的是知识、习惯和发明,因为这是人类能力的展现,是经过多少世代通过教育、传统、经验、实验、研究来展现的。这种知识完全是技术性的,如同凡勃伦所言:

> "关于物质的自然行为的实质的知识,是人类的谋生时不得不涉及的……我们说矿物、植物和动物是有用的,换句话说,说它们是经济物品,是指把它们引入了关于方法的社会知识范围之内。"①

这一点甚至赋予了构成正统经济学基石的物质的东西本身以制度的特性。这就是我们用"管理交易"来代替"物资"和"劳动"的物质概念的原因。物质的东西由于折旧、报废和消费,来来往往的周转很快,但是保持其更新和增长效率的,是在不断演进的管理交易的特性中世代相传的传统、习俗和发明,不过由于一种"具体化",凡勃伦把它们称为"产业的非物质设备,社会的无形资产"。②这种"非物质的设备"是继承下来并可以遗传的,因为它是"对目标的不断追求,而这个目标是我们正在谈论的本能使之值得追求的"。

由于这个原因,凡勃伦把这种不加思考或没有深思熟虑的动物或人类的行为起了个"向性"③或"向性活动"的名称,他把"本能"这个词留给了人的意志。出于这个原因,我们按照他的想法,称之为习俗,而不是本能。他说,这种本能是"是源自于过去的传统问题,是通过历代经验积累起来的思想习惯的遗产,它属于习俗的路线,获得了习俗和规定的连贯性,所以呈现出制度的特性与力量"。④

---

① 凡勃伦:《现代文明中的科学的地位论文集》,第325、329页。
② 同①,第330页。
③ 向性运动:生物体或其一部分做的趋向或远离外部刺激(如光、热、重力)的运动。——译者注
④ 凡勃伦:《创造性劳动的本能,产业技术的状况》,1914年版,第7页。

这些做事和思考的习惯方式是"获得了社会习惯的认可的,于是变得正确而恰当,上升为行为的原则。由于习惯,它们与当时常识性的办法混为了一谈"。尽管这样的本能不是因为被教育而遗传,但是它们受变化、选择和生存竞争和奋斗的支配,主要是作为各种适应性去满足生活的物质要求和文明的文化变迁的需要。①

按照凡勃伦的看法,创造性劳动的本能或者如同我们应该说的创造性劳动的习惯,贯穿于所有其他的习性当中,因为它是适合性的意识,与成就最终目的的方法和手段相关。在艺术中,"美感之所在就是原动力之所在",创造性劳动的本能提供了技术;在宗教中它是仪式;在法庭上它是诉讼程序和法律的专门事项;在产业中它是生产过程和职工力量的组织。为了获利的目的,企业家在操纵市场和人的需求的时候,也表现出了创造性劳动的本能。"所以,在某种意义上可以说,这种本能对其他一切都有助益,它关系到生活的方式和手段,而不是跟任何人特定的不可告人的目的有关"。"它包括坚持一个目的"。它关系到"实际的对策、方法和手段,关系到效率和经济的设施和装置、熟练程度、创造性的工作,以及技术上对事实的掌握。它是一种煞费苦心的倾向"。②

因此,凡勃伦被迫把*目的*引入了他的创造性劳动的本能中,由此也从达尔文的"自然的"选择变成了达尔文的"人为的"选择。

凡勃伦居于第二的补充概念是他的运行中的机构的概念,这个概念把物质的资本转化成了进化的过程。然而,他的概念是我们称之为技术上的"经营中的工厂"的东西,把"经营中的企业"这个术语预留了下来,包含了经营中的工厂和经营中的商业两方面的内容。凡勃伦的经营中的企业,或者干脆说经营中的工厂,是物资、机器、厂房的周转,在管理者、专家、工头和工人的经营和维护下,它生产出使用价值。卡尔·马克思把自己的注意力放在了物质的东西和"物化劳动"的设备上,凡勃伦注意的是工厂中创造性劳动的组织,我们称之为管理交易的层级。因此,马克思是在"资本的有

---

① 凡勃伦:《创造性劳动的本能,产业技术的状况》,1914年版,第16页。
② 同①,第29~33页。

机构成"这个被动的、比喻性的方面表达这个概念的,而凡勃伦则是在管理过程这个方面表达这个概念的,它是"工头式的监督与这项工作的种类、速度和数量的相关性"之下的管理过程,它是一种"功能,这种功能是工头对技术状况的大量的掌握,以及他让一个产业生产过程与另外一个产业生产过程的要求和影响成比例的资质"。①

这就是"效率",尽管凡勃伦拒绝"目的"这个词,但与拒绝效率这个字眼的"现代科学家"却是分道扬镳的,后者拒绝这个词据说是因为它包含了形而上学的"因果"概念。我们赞同凡勃伦的观点,效率确实是一个因与果的概念,因为它是"由工人所有者(master-workman)、工程师和厂长实施的"有目的的控制,它"决定着特定的物质设备在多大程度上可以被有效地当做'资本货物'"。②

我们肯定应该把这个称为目的,而凡勃伦的物质资本不再是东西的数量,而是变成了有用性的变化过程,这个过程是受"流行的思想习惯"支配的。"物资的物质特性是不变的","变化的是人的原因"。资本不是储存劳动过去产品的积累,这些都是昙花一现且漫无目的的,它是在工人所有者的指导下为人类服务的具有产业知识和经验的经营中的工厂;资本是亨利·福特和他的十万工人,是福特的著作《我的生活和工作》,是行动中的凡勃伦。

但是,凡勃伦和福特认识到了另外一种本能,并且了解到了**资本**的另外一个意义。若不是斯密在其中看到仁慈的无形之手的话,那么这种本能可能已经从亚当·斯密"互通有无、物物交换以及相互交易的倾向"中推论出来了,而凡勃伦在其中看到的是恶毒之手,为了"不劳而获",③ 这只手妨碍了技术生产过程。这种"金钱的本能"就是财产。财产是资本,正如凡勃伦的资本家不是通过"使用的权利"而是通过"滥用的权利"获取金钱收益一样,所以法院判决的结果是,福特符合凡勃伦的理论,他买下股东的产权,剥夺他们对利润和利息的合法主张权,以便真正变成凡勃伦所谓的受创造性劳动本能驱使的"工人所有者"。

---

①② 凡勃伦:《现代文明中的科学的地位论文集》,第345页。
③ 凡勃伦:《既得利益和产业技术的状况》,1919年,第100页。

根据凡勃伦的观点，亚当·斯密的财产概念是属于早于机器生产方式成熟之前的手工业和小商业体制的，当时工人还是生产和销售自己产品的工人所有者，当时商人是靠让自己适应商品的供给和需求的变化来赢利的，对于这种供求他们却没有任何控制。当时，现代的企业财产是一种投资，不是投在周转于生产者和消费者之间的各种商品之上的，而是投在产业本身的机械生产过程之上的。① 我们注意到，斯密的财产概念溯源于约翰·洛克，洛克基于工人对于自己的身体和劳动产品的所有权，用财产和自由的自然权利替代了基于英勇、仪式和效忠的高高在上的权威，这个权威可以从世俗的权威中回到神的权威中。② 在斯密时代，经济生活"在工作质量和价格"方面已经变得标准化了，但现代企业在保留自然权利和自由观念的同时，已经放弃了洛克关于财产的起源在于工人创造性的效率这一结论，在预期赢利能力资本化中找到了自己的基础。财产并不仅仅是对自己生产的东西的所有权和自由处置权，它还是预期要获得的他人将要生产的东西的现在的价值。因此，财产是货币化的赢利能力的资本化，而这种资本化就是现代的**资本**。

这是因为机器生产方式已经取代了手工生产方式。"机器生产方式"的规模要比机器本身大很多。它是整个国家，它是基于所使用的各种力量的系统知识的过程。农业和畜牧业是机器生产方式，它大于单个的工厂，因为没有哪种生产方式是自给自足的，而是"产业运作的整个协奏曲将按照机器的生产方式进行"。因此，凡勃伦总结说，必须有工厂内部的调节、工厂之间的调节、产业之间的调节，有物资和装置的计量单位，有标准化的尺寸、形状、等级、规格，不仅商品与服务如此，时间、地点和环境也如此。它是一种世界范围的"全面的、均衡的、机械的生产方式"——是工程师而不是资本家。

这种生产过程均衡得非常精细，任意一点的任何的失调都会很快传播到其他点，可能会由于停滞、浪费和困难搞垮整个生产过程。

---

① 凡勃伦：《企业论》，第22、80页。
② 同①，第74~80页。

凡勃伦说，这里是企业家挺身而出的地方。"通过商业交易，几个产业单位经营关系的均衡得以维持或恢复、调整和再调整，每个产业单位的事情都是在同样的基础上按照同样的方式进行调节的"。所有这些关系"总可以简化为金钱的"单位，因为企业家作为企业家而言，感兴趣的不是作为产业设备的"工厂"，而是作为金钱"资产"的工厂。① 对于他而言它是一种"投资"，而投资是一种金钱的交易，其目的在于价值和所有权方面的金钱收益。他不是靠对社会有用的创造性劳动来赢得自己的收益的，而是靠没有用的企业。

区别出现在两种类型的资产上，即"有形的"和"无形的"资产；前者是"有特殊用途的资本物品"，后者是"非物质的财富，非物质的事实，在对拥有它们而获得收益的评价的基础上，被占有、估价和资本化"。这些无形资产产生于这样一个事实，即社会的物质设备的所有权使得资本家成为了"社会所积累起来的关于方式和手段的知识的*事实上的*所有者"。也就是说，是在工程师和工人的技术能力中发现的社会的"非物质设备"的所有者。但是，所有权赋予资本家的不仅是工人的技术能力的使用权，而且还有"滥用、少用和不用的权利"。②

因此，法律上所禁止的"贸易限制"并非是滥用的唯一形式，最为典型且广为流行的滥用，是在获得金钱收益的时候靠"工厂的故意闲置"、靠"尽现有情况所许可的情况收费"、靠"旨在阻碍商业对手效率充分发挥的妨碍策略"、靠"逼走"竞争企业、靠哄抬物价，所以，"在资本体制下，社会不能把自己方法和手段的知识变成对维持生活手段的说明，除非在这样的时候就对物价的行为而言，能负担得起给有形的设备的所有者一个级差利益（differential advantage）"。

因为"危害的能力也许跟有用的能力一样容易资本化"。不用提及为了保护贸易的海陆军的军事机构，或者是在赛马场、酒吧等方面的投资，或者是浪费的、假造的商品，这里涉及的"所用的技

---

① 凡勃伦：《企业论》，第18页。
② 凡勃伦：《现代文明中的科学的地位论文集》，第352页。

术上的权宜之计的不当使用"，其实还存在着所谓的"商誉"这种典型的无形资产的资本化。这是凡勃伦给商业上的级差利益所起的名称，不仅包括原来的"顾客方面的信任和尊重等好感"，而且还包括更现代的意义，它适用于垄断和工商机构的合并这种特殊的利益。由把持供给的能力所造成的正是这些对社会和竞争对手的级差利益构成了无形资产的主要内容，这个特性给我们提供了从有形和无形资产中得出的区别。尽管无形的和有形的资产因为对所有者的收益生产能力都是有价值的，但这个假定中的前者对于社会是潜在有用的，它代表了"物质上的生产性工作"，这种工作提供使用价值；而无形资产"总体上和平均而言"是"对社会大体有用的"，原因在于它只给所有者提供货币价值。

实质的差别在于，有形资产是社会的技术上的熟练程度的资本化，也就是说，是生产方法的资本化；而无形资产是对产业和市场之间的调整和失调——对供给的不同控制——的资本化，也就是说，资本化的是"应急手段和方法，不生产财富，只影响财富的分配"。因此，无形资产是企业的金钱上的特权，只产生于对供给的控制以及在价格不满意时控制供给的能力之中，因此与工人的生产性的效率恰好是相对的，后者增加供给。

因此出现了"产业的"职业与"金钱的"职业之间的区别。[①] 古典学派把生产要素分为土地、劳动和资本已经被证实不够了，经济学家们引入了第四个要素——企业家——作为领取特殊类型工资的特殊类型的劳动者。与此同时，凡勃伦说，原来的按神的旨意发生的自然秩序的前提仍然存在，仍然具有其自然或正常均衡的法则，这种均衡解决了"生产服务和报酬之间的相等"。因此，对于经济学家来说，利润就变成了企业正当的等价物，如同地租、工资和利息一直都是土地、劳动和资本的等价物一样。

后来，一个特殊的商人阶层也即所谓的投机家，进入了人们的视野，他们对于"任何实业性质的企业或者是实业性的工厂都没有兴趣或者没有关系"。五十年前，企业管理者也许被解释为"以监督

---

① 凡勃伦：《现代文明中的科学的地位论文集》，第279页。

机器生产过程为职业的代理人"。当时，投机的功能还被认为是与实业的功能密不可分的，因此还可以在"合法的"投机和"非法的"投机之间作出区分：前者跟"某个具体的实业性的工厂的成功运转"有关；后者对社会没有什么贡献。但是，凡勃伦认为，近一段时期来这种关系已经分开了，所以从产业和机械的职业中，已经有条完整的界线把商业的职业和金钱的职业分离开了，因此，"这条界线并不是落在了合法与非法的金钱交易之间，而是落在了商业和产业之间"。也就是说，它是落在了抑制供给的能力和增加供给的能力之间。

凡勃伦接下来说，商业活动是"有利可图的，但未必就会对社会有用"。这类活动包括证券投机家、地产代理人、律师、经纪人、银行家和金融家的活动，它们渐渐地发生了细微的变化，从"不易觉察的从没有任何产业效率作为远期目的的*真正的*投机家的活动，演变成了经济书刊上照习惯要提到的实业巨头或者企业家的活动"。这些活动的特征就是"主要跟价值现象有关，即跟交换或市场价值、购买和销售有关，跟机械的生产过程，即使有任何关系，也只是间接的和次要的关系"。它们无关生产或消费，只跟分配和交换有关，也就是说，跟财产制度有关，后者"在经济学理论中根本不能归类为生产或产业的活动"，原因在于私有财产的功能完全在于其抑制供给的能力。

实际上，产业是"严格受商业制约的"，原因在于财产所有权意味着"对财富的任意控制"。企业家决定将要生产什么、生产多少，但他的目的不是为了生产或有用，而是为了"市场价值"。通过扰乱或者是促进产业，他往往一样赚钱，或者说至少避免了损失。简而言之，来自于凡勃伦的金钱职业的收益，是从财产制度所允许的阻碍和抑制生产的能力中产生的，而来自于他所说的实业职业的收益，则是从创造性劳动本能所允许的生产的增加中产生的。

这些金钱的收益，凡勃伦定义为既得利益。"既得利益是可以买卖的不劳而获的权利"，既得利益是"非物质的财富"、"无形的资产"。它们是三种主要商业方法的派生物，即限制供给、阻碍流通和似是而非的宣传。三者都是以有利可图的销售为目的的。它们是

"推销术的策略,不是创造性劳动的策略"。然而,它们并非是不诚实的,"它们严格在商业诚信的范围内行事",它们不过是法律所允许的不劳而获的收益。由于这个缘故,它们被称为是"无代价的收入",因为它们的接受者是在社会的机械生产之外获得这些收入的,它们凭借的是把持供给和把持机会的能力,而不是通过增加商品的供给和就业的机会来提供一种相当的服务。

那么,以金钱职业为业的目的是什么呢?早期的经济学家如魁奈、李嘉图、马克思,完全排除了货币,或者把它简化为一种商品,而且他们把地租、利润和工资描绘成在物物交换的经济中被交换的商品的数量,仅仅把货币作为一种计量单位,与其他的量度单位没有什么不同。但凡勃伦的现代企业家完全以获得货币本身为职业,或者干脆说以获得各种合法的手段如股票、债券、银行的经常账户等为业,这些手段在交换中具有支配商品和劳动的能力。这些合法的手段是所有权的证据,不是创新性劳动的产物。它们和商品没有任何必要的关系,实际上根本不是商品,而是控制商品供给的合法手段。以前的工人或商人带来的是实际的商品,先生产,然后带到市场上来。但是,这些现代的无形财产,作为一个整体来看,凡勃伦认为是对还没有生产出来的某种东西的权利或主张权,即一种预期的净收益的能力,也就是说,是超过预期工资支出的级差利益,这个利益的大小,决定于限制供给从而保持价格的生产过程,以及限制需求并增加劳动供给从而压低工资的生产过程。由于这个原因,凡勃伦的无形财产是对级差市场利益的主张权,当这种权利在各个要求者之间分配时,采取的是利润、利息和地租的形式。它们在产业的机械生产过程中不具有任何必要的基础,完全取决于所有权权利和作为结果的供给控制。

我们将会看到,在这个方面,凡勃伦所遵循的是历史的路线,而且他所作的区分与美国高等法院 1896 年在亚当斯快运公司一案中最后所作的区分是相同的。① 他和法院一样,扩大了财产和资本两者的定义,从有形的财产扩大到未来预期的赢利能力,正是这种赢利

---

① 见上文关于从公司到经营中的企业的论述。

能力的买卖活动构成了"可买卖资本的交易"。① 这种可买卖的资本，正如我们在亚当斯快运公司一案中所看到的，与物质的资本没有任何确切的关系。按照凡勃伦的观点，它是一种"货币价值的基金"，"与旧式的产业资本概念的……产业设备的关系疏远且飘忽不定"。资本化的旧的基础是"特定机构所占有的物质设备的成本……现在这个基础不再由所占有的物质成本来提供，而是由公司作为一个运行中的机构的赢利能力来提供"。换句话说，"资本化的分子不是工厂的成本，而是这个机构所谓的商誉"。

凡勃伦说，"商誉"的意义已经被扩大了，目的是为了满足现代商业方法的要求，即"性质各异的各个项目都应该囊括在商誉的名下，但这些项目却有这么些共同点，即它们是'非物质的财富'、'无形的资产'。要附带提请注意的是，它表示在其他的东西中，这些资产对社会没有用处，只对它们的所有者有用"。他进一步列举了他认为现代适用的商誉的成分。

> "商誉……包含这些东西：已经建立的习惯性的商业关系，诚信交易的名声，特许经营权和优先购买权，商标，品牌，专利权，版权，受法律保护的或保密的特殊方法的排他使用权，特殊原料来源的排他控制权。所有这些项目都给其所有者以级差利益，但对于社会而言却没有什么较大的好处。它们对于相关的个人是财富——级差财富，但是却不构成国家财富的组成部分。"②

如果能买卖的或非物质的资本和商誉是一样的，而商誉只是所有权的权利，那么被占有的物质的东西是什么呢？必须有一个坚实的所有权基础。原始的工人所有者拥有自己的房屋、原材料、工具和产品，现代的企业家拥有自己的有形设备，可是与设备的技术财产无关。现代企业家拥有的是"可买卖的资本"，但这也必然涉及某种有形的东西，这个东西能够像房子、马、机器一样拥有和占有。

---

① 凡勃伦：《现代文明中的科学的地位论文集》，第380页。
② 凡勃伦：《企业论》，第139~140页。

因此，凡勃伦的有形财产的概念，导致了费希尔坚持认为企业家拥有自己的顾客，① 也导致凡勃伦断言企业家拥有自己的工人。② 无形资本或商誉跟物质资本或商品一样，唯一的区别就是无形资本的所有者拥有自己的工人，而物质资本的所有者拥有建筑和工具。由于拥有自己的工人，他们就拥有和经营中的工厂密不可分的生产组织，生产组织是附属于运行中的工厂的。这使得量化的差别成为可能，因为交易是可以买卖的，也就是说，无形资本的交易是可以买卖的，它所进行的交易的规模要比物质产品的交易大得多，而且产生了更大的利润。③

在法院对希奇曼（Hitchman）一案的意见中④我们已经看到了同样的形象化的说法，确认了后来变成以"黄狗"⑤ 合同著称的东西。在该案中，法院这样定义"商誉"这个词是为了在其雇员的服务方面给予雇主一种"所有权"的权利，这种权利不仅反对强制和胁迫，甚至反对工会的劝说。凡勃伦的概念与法院在此案中的概念相去不远。

但是必须记住，根据我们的相等权利的公式，⑥ 所谓的消费者所有权和工人的所有权根本不是所有权，而是买者和卖者之间的"自由—风险承担"的关系。

这些单纯的所有权权利或者"可买卖的资本"具有一种赢利能力，因此具有一种价值，这种价值是机械的工作程序赋予物体的价值之外的价值，这是怎么回事呢？凡勃伦认为，所有权在现代的"大企业"形式中只有一个价值源泉：对生产者和消费者*抑制*物质商品供给的权力。虽然创造性劳动会增加商品的供给，但所有权会抑制供给。它是一种任意终止产业的权力，这种权力迫使生产者和

---

① 费希尔：《资本和收入的性质》，1906年版，第29页。
② 凡勃伦：《现代文明中的科学的地位论文集》，第346页。
③ 凡勃伦：《企业论》，第166页；《现代文明中的科学的地位论文集》，第380页。
④ 康芒斯：《资本主义的法律基础》，第296页。
⑤ 黄狗：不参加或不协助工会的工人。——译者注
⑥ 见上文关于经济和社会关系的公式图解。

消费者都要对所有者作出妥协，并且给他们支付代价，目的仅仅是为了获得许可使用土地、机器和原材料，但信用还不包括在其内。这种使用许可权具有巨大的价值，因为它可以被任意拒绝，而没有它将一事无成。如果不为使用许可权付出代价，那么产业可能随时被终止，工人可能随时被解雇。但这又是一种自由—风险承担的关系，而不是权利—义务的关系。

因此，单是这些使用许可权就能和任何物质的东西一样买卖、借贷。根据目前可以使用的目的，它们采用了各种各样的名称。从信用制度的角度看，它们是股票、债券、公司债券、银行存款，这些构成了对这些使用许可权的预期的赢利能力的主张权的基金，凡勃伦称为是"贷款基金"。但是从产业运转的本身而言，它们是高于所支付的工资的级差利益的，其中包含最多的是被人们称为"商誉"的无形财产。

在这里我们将看到，凡勃伦对于级差利益的解释再现了卡尔·马克思对李嘉图地租法则的解释，他把这个解释扩展到了所有的级差利益和所有的净收入。李嘉图认为地租是由于劳动在较好的土地上有更大的生产力，但马克思认为地租是由于土地的私有制。无论哪种情况，所有者都不生产任何相当于所获得的地租的东西。李嘉图认为地租是财富的"转移"，而不是"财富的创造"。在这方面，李嘉图、马克思和凡勃伦的看法是一致的，但李嘉图认为不劳而获的土地的增量是由于劳动投入在较好的土地上因而具有更大的*生产力*，而马克思和凡勃伦则认为是由于私人所有者在*终止生产方面*具有更大的权力，因为他*占有*了劳动所产生的更大的生产力的工具。马克思得出自己的结论是通过黑格尔的方法，把公有财产与私有财产进行对比。如果所有的土地都公有，那么级差的*生产力*就不会对任何人产生地租，人们就会对总产品进行平均，就如同农民把自己农场里的好地和劣地的总产品进行平均一样。马克思同样把自己的平均方法用到了全国的总资本上，因此，他把利润、地租、利息折合为了一种平均利润率，而且同样把它扩展到了全国的总的社会劳动力上，把熟练劳动换算为了非熟练劳动的倍数。资本不是变成了个体的资本家，而是国家总的所有权权力的能整除的部分；劳动不是变成了个体的劳动者，而是国家总的生产力的能整除的部分。①

另外一方面，凡勃伦当然不会犯平均数的错误，他把级差利益的原则从李嘉图的地租扩展到了同时包括利润、利息和地租在内的全部的范围，无论这些收益是从商誉、专利权、特许权、土地还是从什么所有权权利中得来的。马克思认为资本是平均的取得收入的能力，而凡勃伦则认为是许多级差的取得收入的能力。但是无论什么情况，它都跟李嘉图的地租完全一样，即不同程度的"不劳而获"的能力，或者说如同李嘉图说过的那样，是不同程度的财富的"转移"，而不是"创造"财富的能力。

这样，凡勃伦就揭露出了古典学派和享乐学派关于财富的定义中所固有的物资和所有权的双重性，这种双重性过去曾受到蒲鲁东和马克思的批判。在一个方面这种双重性通向管理交易，在另外一方面则通向议价交易。我们首先来考虑管理交易。

在凡勃伦提出其效率理论的那一年，工程师弗雷德里克·泰勒提出了他关于时间和动作的研究成果。② 泰勒跟亚当·斯密一样有一个"基本条件"，即通过极大地增加劳动的生产力就可以达到**利益的和谐**。他反对工人限制产量的学说，但不是在其有组织的工会形式方面加以反对，而是在其害怕削减计件工资率和害怕失业的本能形式方面加以反对。③ 他看到了工人和雇主之间使用暴力而不是说服的冲突习俗、讨价还价而不讲效率的习俗，以及人们实际生产的东西与他们可以舒舒服服地生产出来的东西之间的差距。他看到了疲劳的最高限度和愚笨的、浪费的工作方式。他的主要的兴趣在于生理上的疲劳问题以及工程上的最大产出问题。以前的学者一直都没有超越一种宽泛的生产力的概念。泰勒不得不找出点办法来，把

---

① 见前文关于平均数的论述。
② 泰勒：《科学管理的原理》，1911年版；考普莱：《泰勒》，两卷本，1923年版；郝克斯：《科学管理和劳动》，1918年版；《泰勒学会年报》；克莱古：《物质生产力的理论和计量》。后文主要是克莱古关于泰勒论文的摘要。
③ 马修森等：《未加入工会的工人的产量限制》，1931年版。

问题定义得足够窄，以便成为经得起检验的测量，并且普遍适用。

这些限度是在提高人类能力的工程问题和引起更大意愿的经济问题中发现的。对于泰勒来说，前者跟任何的机械工程问题完全没有区别：人类不是一种商品，而是一种机器。但按照尤恩·克莱古的话说，经济问题是向工人"推销"科学管理的问题。

> 泰勒说："问题应该是非常清楚的，人的努力外加自然资源、机器、建筑等形式使用的资本的成本，只有当其合起来的支出最小的时候，该机构完成工作的时候才会带来工人的最大的幸福和雇主的最大的幸福……科学管理的普遍采用将来很容易就会让从事产业工作的一般人员的生产力翻番。想想吧，对于整个国家而言，生活中必需品和奢侈品两方面的增加都变成了唾手可得的东西，在适当的时候就有可能缩短劳动时间，而这意味着增加教育、文化和娱乐的机会。科学管理将意味着……差不多一切产业纠纷的原因的消失。一个合理的工作日由什么构成，这将是个科学研究的问题，而不是一个讨价还价的对象……我们不争执太阳是不是在东方升起，我们改为测量它的升起。"①

这样一来，经济学被简化成了人与自然之间的工程问题。泰勒跟马克思、凡勃伦一样，他小心翼翼地排除了一切扰乱物质经济学家生产力概念的所谓的生产要素，例如土地、资本、机器，这些都只是工具。生产力是产出和劳动之间的关系，包括工厂的管理和装置在内，它是每工时的产出率。这就是效率。

不断增加的效率会在不增加疲劳的情况下创造出一种剩余。资本家本应该与工人一起分享它，但如果工人获得了现行的工资率，那他就没有权利得到它了。它不是一个权利的问题，而是一个管理的问题。

从马克思的形而上的社会劳动力、凡勃伦的生物的创造性劳动的本能、泰勒的劳动的机械化，转变到了管理交易这个社会问题，

---

① 泰勒：《科学管理的原理》，第11、142页。

下一步我们要转向亨利·丹尼森，也就是转向雇主—所有者—经理。丹尼森的分析在上面已经出现过了，他①跟福特一样，收购了股东的主张权，而且更进一步地使得董事和经理的选举变成了上层的"工人—所有者"集团的职责，而不是"投资者—经理"的职责。在这里，管理不只是泰勒的工程科学，也不只是凡勃伦和福特的创造性的劳动和权威，它是一个意志的过程，也是一种工头和熟练工人之间的交易。在这里，选择的既不是工人也不是工头，而是"共同的设计"。

（三）从管理交易到议价交易

管理交易由法律上的上级和法律上的下级关系产生。心理学上的这种关系在法律上是命令和服从，但是议价交易却产生于那些法律上的平等的人际关系。心理学上的这种关系是劝说或胁迫。正如凡勃伦的创造性劳动的本能后来分解成为了丹尼森的运行中的工厂的"合理的"管理交易一样，凡勃伦的金钱的贪婪性后来也分解成为了美国最高法院的合理价值，如同在一个经营中的企业里"自愿的"买卖双方会同意的那样。构成经营中的企业这个概念两者都是需要的，它们彼此作用——一个生产的组织，一个买卖的组织——可以使得两种类型的交易都是合理的，而不是压迫的、没收的或者剥削的。

我们必须注意到，在这里，凡勃伦的创造性劳动的本能也是一种贪婪性和金钱估价的本能。由凡勃伦的技术工人创造的体面的干扰方法，例如罢工、联合抵制、劳工流动率、暗中破坏以及高度熟练的工人为了更高的工资而讨价还价，让我们想到了工人和企业家都有的同样的贪婪本性。他的效率和议价的对立是有效的——效率是供给的增加，议价是供给的抑制。然而，创造性劳动的本能不会不顾工资而持续生产商品，除非条件满足否则抑制供给。这种权力实际上就是凡勃伦的金钱动机和他的财产权利，它也是一种制度、历史的事实，它也具有演进的习俗。工头或劳工不会认为原材料和

---

① 见前文关于管理的交易的论述。

劳动由自然提供并随手可得,他们会发现,它们是被原材料的所有者和劳动力的所有者所占有的,在使用之前,必须获得所有者的许可。也许正是由于这个原因,凡勃伦才会像他反对资本合并一样反对工会,两者都是对贸易的集体性的抑制,两者都是金钱的本能,都是议价能力的无形财产。资本家和工人的区别并不是前者有金钱的本能而后者没有,而是财产的法律和习俗所赋予的那种抑制的能力,也许在资本家的组织中要大于在工人的组织中。但是,这是一个程度问题,而程度问题就是合理性的问题。如果在管理或议价的交易中它们是能力的程度问题,那么就可以在那个基础上对它们加以研究,没有什么更好的理由要把它们分成两个实体,即一个是理想化的创造性劳动的本能,一个是破坏性的获取的本能。

凡勃伦把商业和实业愤世嫉俗地对立了起来,历史的解释是他没有像探索技术的习俗那样去探寻商业习俗在法庭的判决下的演进。这样一种研究揭示了他的"无形财产"的演进,而他的无形财产存在于商誉和特权之间形成的区别,商誉是抑制权力的合理使用,而特权是那种权力的不合理使用,这样的研究是凡勃伦所不允许的。只有在对议价交易的分析中,才能找到这种演进的经济基础。从心理上讲,它是劝说与强迫之间的区别;从法律上说,它是权利、义务、自由和承担风险之间的区别;从经济上说,它是自由竞争与公平竞争之间、机会平等与歧视之间、合理与不合理的价格之间的三种区别。所有这一切都包含在正当的法律程序意义的演进中了。这些心理的、法律的、经济的方面是密不可分的,这一点,从我们前面从经济学家的市场概念和法学家的法律关系的概念中推导出来的议价交易的公式中可以看出来。① 这些对于工人和资本家一样贴切,他们都是贪婪的、金钱的,也都是有技巧的。正是因为凡勃伦没有注意到法庭判例的演变,所以他没有得出合理价值的概念。

(四)时间流和时间间隔

管理和议价交易之间的区别就是效率和稀缺之间的区别。对于

---

① 见上文关于议价交易的论述。

两者而言，共同的进化的事实就是财产制度，这是从征服和习俗中发展而来并成为法律的。管理的范围从奴隶制、农奴制、劳务还债制、主人和仆人到工头和工人，议价从物物交换和货币到信用，从个人议价到集体谈判和稳定，但两者之间还是有另外的抑制区别的，那就是**时间**的概念。

从魁奈、李嘉图、马克思、麦克劳德到凡勃伦，他们的物质学说的一个显著缺点就是他们都无法处理好流和时间*间隔*之间的区别。"流"是即将到来的未来的和正在离去的过去之间的一个运动的时间点，没有可测量的维度，但时间间隔是两个时间点之间的区间，这个区别成为了过程和估价、管理和议价、效率和稀缺、利润和利息、风险和等待、无形财产和无形体财产之间的差别的基础。

没有一门自然科学要求在时间流和时间间隔之间进行这种区分，因为它们都不涉及未来的时间，然而，对于作为一种意志科学的经济学来说，**时间**完全就是未来的时间。但对于经济理论而言，时间流不仅是一种预期的时间流，而且也是一个现在的时点与一个未来的时点之间的预期的间隔。

凡勃伦在从各种均衡理论到一种过程理论的真正科学的进步中，正是由于这个原因，未能进一步地把人类的过程与自然过程区分开来，他的物质的假设不可能把一个预期的时间间隔与预期的时间流区分开来。这是无形体财产与无形财产之间的区别。对于他来说，就如同我们在麦克劳德和所有物质经济学家身上所看到的，这种对**时间**的误解是一个根本的谬误。

实际上，他的"无形财产"的确看到了未来的赢利能力，称之为无形也是恰当的，但那种赢利能力完全是一种伴随着危险的时间流的商业交易的预期的*重复*，不是在一个时间间隔中收益的预期的*延缓*。他所用的"间隔"这个词的意思，实际上是"流"的意思。我们已经看到，这恰恰就是无形财产与无形体财产之间的区别：无形体财产是债务偿付之前的等待；无形财产是从未来的交易中将要获得的利润的预期。实际上，两者都是"能买卖的资本"，如同我们在股票和债券的区别中所看到的那样，而且利润和利息是难分难解地彼此交织在一起的。但是，它们是预期的有利可图的交易的重复与预期收益等待之间的区别，前者受自由与承担风险法则的支配，后者则是从一种权利的实施及相应的职责中得出的。

毫无疑问，这种差别很微妙，对于那些按照现代自然科学或者是按照法律上的可转让性来思考的人而言，对其进行解释是很困难的。凡勃伦拒绝接受这种区别的情况，可以从前述的"时间间隔"的双重意义中看到，也可以从他把"可买卖的产品"与"可买卖的资本"对立中看到。产品或者说有形的东西，跟无形的商誉和无形体的债务一样，都可以买卖，从买卖中得到的要么是利润要么是亏损。他说，这种利润或亏损在两种情况下都可以"在时间单位的百分比的形式下出现，也就是说，作为时间间隔的函数"。"但是……商业交易本身并不是一个时间间隔的问题。时间不是这种情况的本质。一项金钱交易的大小不是商定交易所耗费的时间的函数，也不是从交易中积累起来的各种收获"。[①]

完全正确。买卖交易的条件是在一个时点上取得一致意见的，这时想法吻合，权利得以转移；但是，如果双方在谈判和未来的履约或支付之间商定的是一个时间*间隔*问题，那么时间间隔就是这种情形的要素。在每笔交易中，利润或亏损的增加都是在一个时点上发生的，而一连串这种增加就是时间*流*。因此，时间*间隔*不是利润的要素。但是，如果产品是*现在*购买，那么从现在算起三十天后出售，时间间隔就是利息的要素。

实际上，这个间隔是同时作为风险和等待出现的，两者对于现在的估价都有影响。但凡勃伦排除了等待，只注意了风险。他说：

> "在庞巴维克'现在的物品要优先于未来的物品'的命题中的那么点真理……以'预期的安全要优先于预期的风险'的公式出现会表达得更清楚些……其实，考虑再三，'现在的物品要优先于未来的物品'这个看法实质上一定是作为错误让人感兴趣的……即便是为了个人的利益，'现在的物品要优先于未来的物品'也只是就财产权利有保障的

[①] 凡勃伦：《现代文明中的科学的地位论文集》，第379页。

地方而言的，而且只是出于未来的使用的目的。人们期望的对象是现在的'财富'，而不是'现在的物品'；人们期望现在的财富主要是因为它的预期利益。"①

凡勃伦的所谓的"现在的财富"，是到现在为止的财产权利的现在的价值。但这种现在的价值有两个方面的内容：预期的风险和预期的延迟。显而易见，在凡勃伦的"时间间隔"的双重意义中，需要一种相当于预期重复与预期延迟的区别，前者包括变化和风险，后者是指商品或偿付的延迟。当凡勃伦用"变化"代替"均衡"的时候，他确实对经济学理论作出了显著的贡献，他因此使得**时间**成为了经济学的一个基本的事实，但他未能看出*变化*与*等待*之间的差别——那是经常存在的移动的时点与一个现在时点和未来时点之间的间隔之间的差别，前者是变动发生的时间，后者是等待发生的时间；前者可以称为时间流，后者可以称为时间间隔，两者是分不开的。但凡勃伦认识不到这种区别，这让他忽略了债务这种无形体的财产，把它跟预期的有利的交易这种无形财产混为了一谈。直到1932年费希尔在《繁荣与萧条》一书中才给无形体的财产债务在经济学理论中赋予了恰当的地位。②

因此，凡勃伦虽然是仅次于麦克劳德制度经济学的先锋，但在十五年的时间里，他却没有超越由法院和立法机构在实践中所得出的结论。他的批评和建设性的工作覆盖了1898年到1914年这段时间，此后他的著述主要是阐释他先前已经完成的远见卓识。在他的开拓时期，在法院从有形财产到无形财产的实际的做法中，财富作为物质及其所有权的双重意义正在被打破，但弄清合理价值的行政上的研究工具还没有在行动上确立起来。直到1908年**州际商业委员会**的权力扩大时这才开始，随后各州成立了形形色色的关于公平竞争、合理差别待遇、合理价值以及产业方面的委员会，1911年后，后者在劳资冲突中确定了各种合理关系。

还有，走向科学管理的运动才刚刚开始，在管理交易的各个方面

---

① 凡勃伦：《创造性劳动的本能，产业技术的状况》，第46、47页附注。
② 见上文关于"风险贴现——负债过度与萧条"的相关论述。

致力于确定并建立合理条件的一支专业队伍尚未发现自己能胜任工作。

无形财产原则的其他方面的应用,特别是在稳定物价方面,甚至连想都没有想到,更不要说设计管理机构了。凡勃伦在他的理论体系中排除了债务这个无形体的财产,也包括级差利率,这使得他不可能(像同时代的瑞典经济学家维克塞尔所做的那样)奠定这样一个基础,提出管理同样的无形财产的建议,从而通过贴现率的集中控制和公开市场运作来稳定物价。

在经济学中,凡勃伦在物质和无形财产之间确立的二元论的问题,直到最近才受到经济学家们①的抨击,他们所做的工作,我们概括为交易、经营中的企业、稳定价格和合理价格等术语。每笔交易都是一种估价,但不是对物质的估价,而是对凡勃伦的物质的所有权的估价;每个机构既是凡勃伦的经营中的工厂,又是企业家的经营中的企业;一般物价的每次波动,都是凡勃伦所谓的剥削;每种更好的理解合理价值的方法,都会减少这种剥削。这些都是科学的,不是在凡勃伦的自然科学的意义上说的,而是在活动中的人类意志的意义上说的。

二、从个人到制度

凡勃伦以一种愤世嫉俗的物质和所有权的二元论告终。意大利、奥地利、美国的其他一些杰出的经济学家,他们生活的时代从十九世纪末享乐主义学说的人占主导地位延续到了战后二十世纪享乐主义的集体抑制,也未能调和这种二元论。他们或默默地或公开地放弃了自己早期的个人主义的理论,完全转向了利益冲突中对个人的集体控制,制度经济学就是在此基础上建立起来的。

奥地利著名的经济学家维塞尔在1889年完成了他的《自然价值》一书,② 差不多四十年后(1926年),他又完成了《强权的法

---

① 参阅泰勒:《制造商品和制造货币》,1928年版,序言,第7页:"……随着时间的流逝,在制造业中,为了赚钱而制造商品正逐渐变得有必要。"
② 《自然价值》,1893年译本。

律》这一著作。在头一本书中，他修正和阐明了门格尔的伟大著作。在战后的第二本书中，他回归到了自己在战前的历史研究中。这两本书如同两个不同的世界，在他后来的书中，维塞尔没有做任何努力去调和这两本书中的理论或建立起一套完整的政治经济学体系，以给这两本书一个合理的地位。① 结果第一本书是个人主义的，第二本书是集体主义的；第一本书是人对自然的关系，第二本书是人对人的关系；第一本书的单位是满足欲望的商品，第二本书的单位是对个人进行集体压制的道德、垄断、暴力的力量。一个是**价值**法则，另外一个是**力量法则**。在价值法则中，所有的个人都是相似的、平等的、自由的，因为他们是孤立的，并且与自然有着相似的关系；在力量法则中，个人是被情欲所支配的，愚昧的群众要由精明的领袖来组织。在价值法则中，维塞尔寻求的是在一切历史和制度的变迁中永恒持久的东西；在力量法则中，他寻求的是在自古以来就可变且强制性的东西。在价值法则中，他发现自己符合个人主义学派；在力量法则中，他坚称自己既不能追随古典学派，也不能追随享乐主义的个人主义学派，更不能追随对人的身体的有机的比喻，他只能按照他在历史中实际看到的那样对待事物。他认为，历史就是集体压制个体的历史。

与此非常相似的是，被墨索里尼尊为法西斯经济学创始人的意大利著名经济学家帕累托跟维塞尔强调的是相似的东西，他也创立了两种对立的社会哲学。在其《政治经济学手册》（1909）中，社会是一个彼此发生作用的"分子"的世界；"效用"是这些分子的个人主义的欲望，强度上是递减的，这种递减导致他们的行为。从这

---

① 在他的《社会经济学中》中（1914年完成，1927年翻译），与之相反，他开始从一个假定的孤立的人的"简单经济"转向了相反的"社会"、"国家"、"世界"经济，某种程度上如同我们完成的从鲁滨逊到经营中的企业的转变。但这只是说明性的和学究式的，按照科学的方法，我们跟凡勃伦所做的一样，我们从一个过程的横截面出发，这个横截面无始无终，也就是在一个时点上，然后进入那个过程变化的复杂性，某种程度上如同会计对一个时点的资产负债表和一段时期的损益表所做的那样。

些相互作用中，产生了帕累托对数理经济学家"均衡"学说的举世闻名的贡献。

但在他十年后的《社会契约》中，帕累托明确地否定了他自己的"分子"社会概念。他用"社会效用"和"集体欲望"代替了个人的"效用"和个人的欲望。"社会效用"是"非逻辑的"、"非数理的"、"不能测量的"，恰好跟他的"个人效用"相反。因此，他认为，它被用做了政治和金融腐败的掩饰，这种腐败改变了现代民主，尤其是在意大利、法国和美国，变成了一种"蛊惑人心的财阀统治"。它在国内外都蜕化成了暴力。

实际上，帕累托是另外一次从**理性**时代到**蒙昧**时代的马尔萨斯主义的转变。正是因为社会效用是非逻辑的、非数理的、不能测量的、愚昧的、被情欲所支配的，但它却是对个人的集体支配，所以他才提倡用一种法西斯的独裁来代替他的所谓的"蛊惑人心的财阀统治"。在美国，除了我们正在趋向的法西斯主义，我们还有社会效用的形成和分配的选择问题，这种社会效用需要一种关于*合理*价值的社会理论和实践。①

当我们探寻法西斯哲学之所以建立的基本的研究单位时，我们可以在大家所公认的日耳曼法西斯主义的重要经济学家斯班（Othmar Spann）的著作中找到它。他的经济制度的结构是建立在*服务*和*价值*这两个基础上的。② 当我们分析斯班详细论述过的这些基础时，我们发现，它们不是分解为了**管理交易**就是分解为了**限额交易**，这是**上级**与**下级**的社会关系。如果对于私有经济而言它是个人的价值，那么这种关系就是**管理交易**的关系；如果对于国家经济而言它是社会的价值，那么这种关系就是一种**限额交易**的关系。

在这方面，法西斯主义的基本社会单位跟马克思的共产主义的基本社会单位是一样的，它们唯一的区别就在于谁将是管理者和限

---

① 见后文关于塞利格曼的"财政学的社会理论"的论述。
② 斯班：《国民经济学基础》，1923、1929年版。他的"普遍主义对个人主义"的基本哲学源自于费希特，在他的《经济学史》中有所概述（译自1930年德文版第十九版）。

额者，是无产阶级还是资本家。例如，在帕累托、斯班和维塞尔的著作中，和在凡勃伦的著作中一样，都没有对限额交易的分析，这些交易是从英美习惯法的判决中发展起来的，这种法律源自于人们的习俗。管理交易和限额交易在法律上都是基于**上级**和**下级**，这导致了一种独裁的社会哲学以及**命令**与**服从**的社会心理。但议价交易则是基于自愿的买卖者的概念，因此是建立在一种劝说对压迫的观念基础之上的，这种劝说对压迫是据认为在法律面前平等的人与人之间的关系，这导致了一种自由意志的社会哲学，这种意志体现在无差别的机会选择、公平竞争以及合理的议价能力中，这些都受合法程序的保障。

后来英美这种从个人主义心理到集体观点的转变，在美国经济学家费特四十年的工作中都可以明显地看到。与众不同的是，他非常出色地发展了个人主义经济学的心理基础。但是，当他转向应用经济学和法庭的判决的时候，他激昂地论述了他的制度经济学关于《垄断的伪装》（1931），这个词在他来说，相当于帕累托的蛊惑人心的财阀统治、凡勃伦的资本主义所有制的蓄意破坏。

毫无疑问，许多经济学家都对这些制度的变迁置若罔闻，我们刚才提到的那些人肯定是少数派，然而他们是典型，代表的是二十世纪大规模的集体主义运动公开或悄然地被迫进入经济学的内容。

但是，在他们能够很容易就适应维塞尔的*强权*、帕累托的*社会效用*、费特的*伪装*这些更新的集体主义的学说的时候，有没有必要以失望和厌恶的态度放弃那些老套的个人主义、分子的、均衡的学说呢？水波要寻求自身的平衡，当水面因水位升高十英尺或因水位降低十英尺时，其寻求水面自身的平衡是非常自然的事情。老旧学说的困难在于如何确定"边际效用"所在的位置往上有多高、往下有多低。如果劳工组织把工资水平提高了百分之一百，那么资本家、雇主、工人就要在那个较高的水平上调整他们个人的竞争；或者说，雇主的组织把工资压低了百分之五十，那么资本家、雇主、工人就要在那个较低的水平上调整他们的竞争。尽管集体行动、帕累托的蛊惑人心的财阀统治、企业家的煽动性的民主，按照它们左右游戏规则的能力降低或提高了社会效用的水平，但在这些个体的分子之间，总是存在着一种趋于均衡的倾向。

我们发现，旧的分子和边际效用的学说，把一种伦理上的*机会均等*学说，延伸为了一种经济上的*个人平等*的学说。对于所有的人而言，也许存在着均等的机会，但有些人却可能具有比其他人大得多的能力去利用或者享受这些机会。人性太善于适应了，无论那些均等机会的水平有多高或有多低，但在相当长的时期里，个人之间都可以作出说得过去的竞争调整。如果需要作出的只是调整旧的学说以适应更新的集体主义经济学的学说，那么抛弃旧的个人主义的经济学的学说就没有什么必要了。

三、从自然权利到合理价值

合理价值的学说正在取代**自然权利**的学说。本书的作者在自己五十年的生涯中一直关注着它的出现。上述章节也许已经给出了这一结果的前兆。自然权利的学说从十八世纪和法国革命开始，一直流行到了十九世纪的美国内战，那是真正的美国革命。在二十世纪初叶它老迈的时候，自然权利学说还在继续着它各种矛盾的诠释。单一税制把自己关于自然权利的提议建立在了人对自然恩赐的自然权利的基础之上；魁奈把自己的主张建立在自然秩序之上的地主所有权上；土地的所有者对于他们已经取得的土地拥有一种自然的权利；企业家对于经营他们认为适合的企业拥有一种自然的权利；个人对生命、自由、幸福拥有完全的自然权利，这些后来被理解为指的是财产；立遗嘱之人对他撒手人寰后的几代人都有处置自己财产的自然权利。通过修正和诠释，自然权利被写进了《宪法》。

许多事情都起到了剥夺自然权利主张的作用。哲学家对其提出了质疑，这方面的文献汗牛充栋。但是，哲学家们相互抵牾，没有任何行得通的代用品，直到下层阶级组织起来，直到世界大战之后的历次革命，才使得亿万民众认识到，我们所拥有的这些权利来自于国家和其他的集体行动，而并非"自然而然的"。

第10章 合理价值

本书前面的章节把我们引向了**公共政策**和**社会效用**的问题。这些问题跟**合理价值**和**合法程序**的问题是一样的，问题源自于一切交易基础的三个原则：冲突、依赖、秩序。每项经济的交易都是参与者共同的估价过程，其中的每一方都是受不同的利益、对他人的依赖以及行为准则所驱使的，这种行为准则要求交易要服从于集体行动，这种服从是暂时的。因此，合理价值就是合理的交易、合理的习惯以及相当于公共目的的社会效用。

合理价值这个名词让人想起的第一个观念是个人主义的、主观的、理性的观念，这个观念是由约翰·洛克阐明的，通过十八世纪的**理性时代**传导给了现代社会：人是理性的存在，人类为了服从才需要学习真理。理性只存在于个人的头脑中，合理价值就是每个个体认为是合理的东西。因此，有多少个体就有多少种合理价值的意义。在逻辑上，这一理论是以法国革命和戈德温无政府主义为结果的。

但是，理性跟合理性是两码事。人并非像十八世纪所认为的那样是理性的动物，而是像马尔萨斯所认为的那样是愚昧、热情且无知的一种动物。因此，**合理价值**包含了大量的愚昧、热情和错误。按照马尔萨斯的历史分析，理性和道德品质是一种缓慢的演化，源自于人口过剩、利益冲突以及作为结果的必要性，这种必要性就是要有一种法律和秩序的统治来调节冲突。

然而，在整个**理性时代**的这些年月里，习惯法法庭在判决利益冲突和从起初的无政府状态带来的秩序的过程中，一直都在发展一种**合理性**和**合理价值**的制度观念。这种制度的理性和合理价值的观念一直都是集体的、历史的，但理性主义的观念却是个人主义的、主观的、理性的、静止的。毫无疑问，制度的观念实现自己最清晰的进化演变，是在用习惯法的方法制定新法律的过程中，在这个过程中，习惯法接受了当时占优势的那部分人变化的习俗，在一种辩明的合理化的过程中，把它们阐释为了未来集体行动的行为规则，以控制个体的行动。由于这个过程是在美国最高法院的权力中达到顶点的，所以合理价值观念的这种演进，要求对从行政权力到立法权力然后到司法权力的历史的演变有一个了解，以此作为其制度的背景。①

　　进一步回溯一下，这种制度的发展是从手工到机械加工，然后是机械集合为大规模生产的技术发展，是从挖土的印第安人到亨利·福特的技术发展。与此相伴随的是从封建主义的农业阶段到资本主义的市场交易阶段的跃迁，后者是按照商业资本主义、雇主资本主义、世界范围的银行资本主义的顺序演变而来的。同样重要的是，征服和人口过剩导致了自由土地的终结，这就关闭了独立精神的出路，并且由于国家范围内甚至世界范围内的竞争减少了利润边际，因而这就反过来发生了另外一个技术过程，即蒸汽、电力、汽油和无线电形成的市场和市场信息的扩大。

　　在这些历史阶段的每一个时期，关于权利和合理习惯的新的概念一直都在快速地冲击旧的概念，直至我们在一个继承了旧概念的世界中形成了现在关于合理价值的相互争论的各种概念。不过由于经济的失调，这个世界被迫从逐渐消亡的*旧*概念中演化出了一种未来的*新*概念。

　　被著述的大多数历史都缺乏历史的意义，它们都是在先前的事件中寻找人类活动的因果关系。但如果我们把自己置身于参与者的地位，那么某种程度上如同现代传记历史的做法那样，并且采用他们的谈判心理的立场观点——这种心理要求我们想象那些参与者在他们行动的时候的想法，那么这种因果关系就在于未来。② 参与者面对的是引起他们预期的东西，无论它是议价交易的劝说与强迫，还是管理交易的命令与服从，还是限额交易的请求和争论。他们都考虑到了那些他们正在研究的人的个性，无论是他们的动机、理论还是社会哲学，这些都已经用他们希望或害怕的预期结果"承载"了他们的经验。他们考虑到了对自己和他人都开放的选择，这些选择承担了自由或无自由选择的机会，以及其他的许多情况，这些情况在当时设立了他们在自己的全部交易中从中选择和行动的条件。决

---

① 见后文关于权力的论述。
② 贝恩维勒（Jacues Bainville）的《拿破仑》（1933 年译本）就是一个好例子。

定行动的不是社会的一种合理状态,而是参与者在交易中遇到的一系列的非常不合理且复杂的预期。这是一种日复一日、年复一年变化的情形。在这种变化的复杂性和不确定的未来性中,他们必须*现在*就行动。正是在这些复杂性和不确定性的范围内,合理的习惯和合理的价值的概念出现了,并日复一日、年复一年地改变着制度本身。

在斯密瑟(Smythe)诉艾姆斯(Ames)一案中,[①] 美国最高法院给**合理价值**作出了一个令人费解的定义。然而,这是一个常识意义上的定义,在这个定义下,所有的理性和半理性的生命都是尽自己所能地发挥作用的。这个定义与法院的合法程序的观念是一致的,合法程序在不同的情况下会有许多不同的变化。在一个铁路估价的案例中,谈到由争论者提出的许多相互冲突的价值学说时,最高法院说,在这种情况下,对于每种学说必须赋予"合理的权重"。通过这样一种合理评价的程序,最高法院一旦最终作出了对一项争执的判决,那么在美国的制度结构下,这项判决暂时就是关于**合理价值**的定论。在类似的情况下,所有的参与者都必须遵守它。合理价值是关于所谓的合理的事物的一种进化的集体决定,所谓合理,是考虑到所有变化的政治、道德、经济环境,以及由此产生的法官人选的个性。在合理价值的决定中,自然权利丧失了它们的不变性甚至开始消失。对于制度和其他方面的变化,我们只能给出一个大概的轮廓,从历史的观点上说,这些变化就是不断变化的合理价值概念的理由。

四、统治权

统治权是从私人交易中抽出的暴力,它由我们称为国家的机构独占。但统治权一直被视为一个实体和程序。作为实体,它是**国家**的化身,似乎是远离人民存在的。作为程序,它是暴力的惩罚,是从一直被认为是私人的事情中抽出的,这种惩罚在官僚统治集团的

[①] 见康芒斯:《资本主义的法律基础》,第196页。

手中专门化了,这种专门化是在行为准则和习惯假设的指导下进行的。因此,统治权是一个授权、禁止、调节在人的事情上使用暴力的变化着的过程。①

在这个过程中,有值得注意的三个变化时期表现了英美统治权起源的特征,可以区分为行政权、立法权和司法权时期。第一个时期始于1066年诺曼底人对英格兰的军事征服,它使得国王超越官僚统治集团成为了最高权力;第二个时期,从1689年的英国革命开始,它使得立法成为了最高权力;第三个时期,从1787年美国《宪法》以及"第五修正案"和"第十四修正案"(1791年和1868年)开始,经过司法解释之后,它使得美国最高法院超越联邦和各州的官员成为了最高权力。

(一) 行政权

在第一个时期的早期,暴力惩罚和经济惩罚之间没有任何区别。统治权跟财产是一回事。国王是唯一的君主和唯一的所有人。他把土地赐予给一个佃农,或者是把营业执照赐予给一个公司,就是赐予在土地上对次级佃农的统治权,或者是赐予对那些从事这个行当或职业的人的统治权。后来,人们开始对统治权和财产权进行区分。统治权,现在可以被区分为对下属身体的暴力的管辖权,这一点被从这些受赐者那里拿走了,只留给了他们所有权,或者是对其交易的经济上的管辖权。我们可以引证这种类型的案例,例如像土地的授予,附带权力去建立具有暴力管辖权的法院;或者行业协会的营业执照的授予,这个营业执照在其管辖权的范围内具有对人的暴力和经济的控制。②

这种统治权授予的残余,其现代的案例出现在美国。在美国,

---

① 关于这个主题的早期的论述,见康芒斯的《关于统治权的社会学观点》,载《美国社会杂志》(1899年7月至1900年7月)。
② 参见博纳姆博士一案。在这个案子中,亨利三世把暴力关押权限授予了内科医生和外科医生,但法院在1608年宣告其无效,只留给他们经济上的权限。见康芒斯:《资本主义的法律基础》,第228页。

公司从郡治安官那里获得一个副治安官的许可证，它们的雇员就可以在公司的管辖权下使用暴力。

（二）立法权

在开始于1689年的第二个时期，由于跟前述的博纳姆（Bonham）一案类似的案例，财产权跟统治权已经早已可以清楚地区分了。现在革命把一个财产所有者组成的议会置于了国王和他的司法体系和行政官员之上。这是由1700年的《定居法案》所保证的，这项法令使得司法独立于王权，而且为内阁任命所有官员铺平了道路，这个内阁可以在议会中支配多数。①

（三）司法权

在第三个时期，由于美国《宪法》特有的规定，财产和自由的定义因此被置于了最高法院的管辖权之下。"第五修正案"经过最高法院的解释，赋予了最高法院对国会的司法权；"第十四修正案"根据司法解释，赋予了最高法院对各州的如下司法权："各州不得制定或实施法律剥夺美国公民的基本公民权利或豁免权；各州非经合法程序不得剥夺任何人的生命、自由或财产；各州在其管辖范围之内不得拒绝对任何人平等的法律保护。"

所谓"州"，是指一个州的某些官员。自此以后，任何平民百姓在法律面前都被置于了与官员平等的地位，尽管官员们对他们具有以暴力为特征的司法权，但他们可以按照法律起诉任何一个官员或为自己辩护，如同他们可以起诉任何平民百姓一样。然而，现在的主题变成了在命令服从的时候暴力的实施。因此，在司法权阶段，我们有公民玛恩针对伊利诺伊州的辩护和上诉，或者公民霍尔登对县治安官哈迪的诉讼。对所谓的司法权的主张，第一次是在1803年平民马伯理对美国国务卿麦迪逊的一案中。

在对公民使用暴力的问题上，我们理解《宪法》第五和第十四修正案所用的"公民的基本权利"和"豁免权"这两个词的意思，

---

① 见康芒斯：《资本主义的法律基础》，第50页。

正是根据法律面前官民的这种平等权利。从上述对法律条文的解释中，显然可以看出，公民的基本权利具有和豁免权不同的意义。公民的基本权利和豁免权都不可剥夺。我们得出的结论是，公民和官员关于后者对前者使用暴力的两种不同的关系。

只有两种这样的关系可以想象，即权利和自由。两者都有同等的相关的一方。公民的权利就是官员的义务。在这种情况下，要求官员按照公民的利益使用暴力是公民的权利。要求警察逮捕一个小偷并追回赃物的权利，是跟警察可以这样做的同等的义务相关联的。或者说，要求法院审理自己的案子、作出判决，如果判决对自己有利，那么命令治安官对债务人的物品进行扣押，这是债权人的权利，这个公民接下来的权利就是要求治安官执行法院的命令。这个债权人在必要的时候要求使用暴力收债的权利，不大不小，恰好等于法院和治安官判决案件并按照他的利益使用暴力的义务。权利和义务是相关联并且相等的——它们实际上是一回事。如果义务不能执行，权利就不存在，那么，很显然，《宪法》中所用的"公民的基本权利"，就是指公民在必要的时候要求官员对公民履行他们的义务以及对其他人使用暴力的这些权利。

当时权利和义务这些词，通常是暗指一个公民的权利和另外一个公民的义务，除了自卫之外，两个人谁也不允许使用暴力。只有公共官员有此授权。因此，由于争论中的问题是暴力的使用，而不是经济权力的使用，由此我们推断，公民的基本权利这个词要被权力这个词所替代，尽管权力这个词往往可能被用来指公民针对官员的一种权利。然而，要是准确的话，我们建议权力这个词应该在这个意义上使用：即权利针对官员的不是在于使用暴力的公共能力，而是在于他们私人的经济能力或者是他们跟其他公民进行的其他的私人交易。①

这种解释可以由相反意义的豁免权来证实。在这里，豁免权指的是免受官员使用的暴力。在玛恩诉伊利诺伊州一案中，该州提出在有必要迫使玛恩服从的时候要对他使用暴力，玛恩则提起上诉，

---

① 参阅上文关于经济和社会关系的公式图解。

要求法院阻止该州官员使用这种暴力。他声称,他作为理由提出的东西一直就是公民的豁免权之一。雇主霍尔登也是这样起诉县治安官哈迪的,他要求的是对这个治安官建议的豁免权,后者建议使用暴力来阻止他按照自己的喜好经营自己的企业。

但是,法律术语中常用的"公民的基本权利"这个词有另外一个意义,即相当于豁免权。同样地,它的意义跟"无义务"是一样的,它在经济上意义就是行动的自由,用自由贸易、自由进入市场等词来表示。因此,自由是一种由于义务的缺失而享受的"公民的基本权利"。

"公民基本权利"的这三重意义要求我们作出选择,否则就用其他字眼来代替。公民的基本权利要么意味着一种权利,跟官员使用暴力的义务是对等的;要么意味着一种对官员执行的暴力的豁免权;要么意味着一种跟其他公民从事交易的自由。第一种意义我们用**权力**这个词来表达,第二种意义用**豁免权**这个词来表达,第三种意义用**自由**这个词来表达。

就第一种意义来说,它是指**政治权力**,归属于公民的这种权力要求法院、行政机构和立法机构通过使用拟定的统治权的暴力,从而在别人身上实行自己的意愿。"剥夺"公民的基本权利,就是剥夺他们的那份政治权力,要不然的话,他们就可以凭着这种权力要求公共官员用暴力在其他人身上执行自己的意愿。

就第二种意义来说,它是指对统治权暴力的豁免权。剥夺公民的这种豁免权就是剥夺*其他人*的那份政治权力,要不然的话,他们就可以凭着这种权力要求公共官员用统治权的暴力在他身上执行*他们的*意愿。

就第三种意义来说,它是指**经济自由**,这是指公民关于其他公民买与不买、卖或者持有、雇用或者辞职的自由,这些都依照的是当时的一个人的自己的倾向、环境和可供选择的办法。

因此,权力这个词用不同的方式去看会被认为是**能力**、**才能**、**自由**、**公民权**或**资格**。在**能力**或者**才能**、**权力**的意义上,它是一个公民的权力,公民用这种权力可以发动法院和主权国家的其他官员执行一个人当做自己的权利或自由来主张的东西。在古代的"全体市民的自主"、行会的自主、法人的自主的意义中,这跟**自主**是一样的,它指的不是自由,即义务的缺失,但它主要包括一种才能,这种才能可以为了一个人自己的利益而发动机构的集体力量。这就是**公民权**或**成员资格**的意义。一个公民或者是任何一个机构的成员,就是一个具有权力或者具有公认的"才能"的人,这个人要求这个机构的集体力量保障和维护他针对其他人的所有主张,这些主张是机构的规则都承认了的和坚持的。权力就是个人的那份集体权力。

因此,完全缺乏这种权力,可以用不同的名称来表示:没有成员资格、没有公民资格、没有才能、无能力。无能力这个词包含了其他几个词。无能力是对发动统治权的集体暴力维护个人利益的否定。

但是,如果官员不承认对等的义务,那么这份集体权力就没有意义。这种官员的义务最广泛的意义就是**职责**,但这个词太宽泛了,它听任官员自行决定,依据的是他的荣誉感或责任感、冷漠的程度、偏好甚至任性等偶然性。需要有一个更高的权威,具备较高的政治权力,来迫使官员作为。这个更高的权力就是最高法院。经济和法律上适合用来表示的术语是**责任**,也就是在官员不作为的时候,人们预期这种更高的权威会对这个官员采取措施。

因此,与**权力**相关且对等的是**责任**。公民的权力要求官员所进行的行动既不大于也不小于官员的责任,这是最高法院迫使其行动的。

所以,由此可以断定,与**无能力**相关的是**豁免权**——不是本人的豁免权,而是要对其使用统治权暴力的其他人的豁免权。他作为法律上完全无能力的人,按照同样的道理,也没有权力要求法院为了他的利益而命令对其他人使用统治权的暴力。他们的豁免权就是他的无能力。他是非公民,是奴隶或者侨民。

美国《宪法》的第十三和第十四修正案确认了这些词的意思。"第十三修正案"(1865年)解放了奴隶,但没有让他们成为公民。三年后,"第十四修正案"使他们成为了"美国及他们所居住的州的公民"。它改变了他们的地位,从政治上的无能力变成了政治上的权力。它把其他人的豁免权变成了责任,用联邦政府的暴力给各州官员施加了责任，强迫他们为了现在已赋予公民权的公民的利益使用他们的暴力。

但是，"第十四修正案"同时也要求"平等的法律保障"，因而断定，在与官员的这种关系中，所有的公民在同样的情形下具有同等的权力、责任、无能力、豁免权的关系。从这种平等性中产生了相互性，可以用下列公式来表示：

最 高 法 院

公 民	问题官员	官 员
权 力		责 任
无能力	**暴 力**	豁免权
豁免权		无能力
责 任		权 力

上述内容跟麦克劳德的"诉讼权"相关，我们现在把它跟经济权利区分开了。诉讼权只是"在法庭上执行一个人要求的权力"，它是一种"**权力**"，而不是一种"**权利**"。但经济的"**权利**"是在经济交易中对其他人执行一个人的意志的权利。实际上，经济权利和诉讼权是对等的，因为只有公民具有在法庭上起诉的权力，他才具有让经济价值得到保障的权利。

因此，偿付债务的义务，就是债权人起诉的权利。由于这个原因，它具有了能够买卖的经济价值。同样地，当霍尔登针对治安官哈迪诉讼的时候，经济的问题是这个治安官是否拥有《宪法》赋予他的权力，以及对这个犹他州的矿主执行八小时工作制的法律。最高法院的判决不利于霍尔登，有利于治安官。根据上述公式的术语，法院判决，雇主霍尔登在其意志的这一特定的运用中，处于无能力状态，因而治安官如果要对霍尔登的财产执行法律的话，那他就可以享有豁免权，并且不用赔款或者被监禁。但是，反过来说，法院也判决治安官拥有《宪法》赋予的*权力*，因此霍尔登处于相应的*责任*之下，如果他违反了八小时的法律，治安官就可以强行介入他的房产，经济的后果就是霍尔登无能力等于"无权利"要求八小时以上的劳动。在经济上，我们称之为一种**风险承担**。这个判决还意味着霍尔登的雇员相应的豁免权，治安官把他们逐出厂房的行动，就等于"无义务"八小时以上；在经济上，这种无义务就是他们的自由。因此，霍尔登的无能力就是治安官的豁免权，而在经济上，这就是霍尔登对他的雇员的自由的风险承担。

假如法院的判决是相反的，那么霍尔登从最高法院所要求的权力，就是治安官的责任，如果他侵入了霍尔登的财产，那他的赔款就应归于霍尔登，或者会因为对法庭的藐视而被监禁。在这个案例中，经济的后果就是霍尔登有权利按照自己的自由意志要求他的工人工作八小时以上；与此相关的是，他们如果进入他的厂房工作，就处于了服从霍尔登的这个意志的法律义务之下。

在法院关于宪法的任何判决中，上述的分析可以也能够进行其他的应用。当我们注意到，法律上的权利和自由在经济交易中所扮演的角色，只限于公民能够获得法庭的审理并得到一个命令行政官员执行法庭意见的判决的时候，这时候就发现了上述分析的意义。①这种审理和判决不过是听取起诉和争议，并给这些词赋予一个意义；由于这些词语意义的变化，权利、自由、义务和风险承担在变化的经济环境中都被改变了。因为法院在公民与官员的这些争执中，如同它在公民与公民之间的争执中所做的那样，是根据变化的条件和相互冲突的习惯假设，用司法程序来进行对习惯、习俗、前例、法令和宪法的权衡的。这个程序要求改变第五和第十四修正案中所有词语的定义以适应过去六十年中经济和伦理的各种变化。变化的程

---

① 律师无疑会质疑上述词语的意义，认为这些意义不在与现在的这个行业相适应的技术意义的范围之内。但当律师们试图把他们的术语统筹成一个一致的逻辑体系时，在他们中间的差异是如此之大，以至于可以准许经济学家仔细地剖析并统筹这些意义，前提条件是经济学家这样做不是通过抽象概念，而是通过证明法庭所做的事情，从而让这些词语适应各种经济结果。至于律师们的主要的差异，见霍菲尔德、库克、考克瑞克（Kocourek）的著作，参见康芒斯的《资本主义的法律基础》第 91 页。考克瑞克在他的《法律关系》一书中已经对他的术语进行了统筹。在他们的讨论中，唯有司法才提供这个主题。我们现在研究的是《宪法》，在《宪法》中，在最高法院的司法统治权之下，政府官员被置于了一个跟平民百姓平等的地位之上。

序一直都在进行着，更进一步的变化无法预测，但对于经济科学而言，更为重要的是过去如下这些词语在意义上一直以来的改变：人、自由、财产、合法程序、平等保障。

由于所有这些词语的意义都是来自于人民和法官的习惯、习俗和习惯性的假设，而这些习惯、习俗和习惯性假设发生的改变，随之会带来这些词语意义的变化。于是，当公民和官员发生冲突时，法院本身必须把握这些词语在前例、法令、宪法中所建立的意义，目的是为了把它们运用到条件和假设变化中所产生的新的争议中去。法院这样做，不是想试图阐明永远适用的学术或科学定义，而是用"排除和吸收"的实验程序，这是人类心智的普遍程序，语言本身就是因此而变化的。通过"排除"，这些词语早先的意义被认为不可适用于现在的争议；通过"包含"，现在的争议中的问题被引入了早先的意义中，在此之前，人们一直不认为这个意义中没有包含这个问题。这样一来，宪法、法令甚至前例都会随着时间的进程而通过人类的专门语言渐进却普遍地改变，这个改变过程排除了旧的意义包含了新的意义，目的是为了让语言适应变化中的习惯和习俗，这些习惯和习俗要求语言要一致。

这个过程悄无声息地在律师和法官的起诉、辩护、争论和意见中进行着，只有在时间过去数年之后，这种变化才能被明确地表达为"作为前例援引的例案"。[①] 因为美国最高法院在它手里行使着统治权的两种权力，这种统治权创造、修正、扩大了个人和个人联合体的权利、义务、自由、基本的公民权利以及豁免权。用通俗的语言说，这些都是命令或禁止的权力，或者是执行令和禁止令。命令的权力是命令个人、个人联合体、政府官员做*必须*做的事情的权力，他们*必须*偿付他们的债务；法院和治安官*必须*执行债务的偿付，他们*必须*不干预其他的人。正是这些命令构成了个人和个人联合体的权利、自由、基本的公民权利和豁免权。通过《宪法》，它们延伸到

[①] 米契尔诉雷诺的案子就是一个例子。这个案子对随后的《公平竞争法》之前的三百年的案例作了理性思考。见康芒斯：《资本主义的法律基础》，第 266 页。

了立法和行政机构以及个人。如果立法机构*必须不干涉*一家控股公司，那么公司就有了豁免权，在法院立法确定的不干预的范围内，按照它自己的意愿行事。这个程序可以在这些词语改变了的意义中看到，这些改变了的意义，导致了过去六十年来对经济情况和习惯假设各种变化的适应。

但是，很显然的是，以上对权力、责任、无能力和豁免权的分析，适用于任何经营中的机构的行为准则，这些机构建立了一个司法体系来决定该机构的行政人员是否应该强迫隶属于该机构的成员服从。它适用于自愿的商务仲裁、劳动仲裁、教会组织、证券交易所和物产交易所的司法委员会，或者任何形式的集体"自愿"行动，这些行动利用的是经济的或者道德的制裁，求助或者不求助于统治权的暴力制裁。在所有的机构中，成员彼此之间相处的伦理关系，用权利、义务、无权利、无义务这样的词来表示；成员之间相应的地位用安全、顺从、风险、自由这样的词来表示；上级对下级的关系则用权力、责任、无能力、豁免权这样的词来表示。后面这些词意味着集体行动中对暴力、经济、道德制裁的使用，这些集体行动加强了个人在私人交易中被认可的安全、顺从、自由、风险的关系。

（四）分析的、机能的法律和经济学

在前面的法律、经济和意志关系的公式①中，我们已经用权利、无权利、无义务和义务这些词区分了法律关系。这些法律关系可以用法律与安全、风险、自由和顺从等相应的经济关系之间的机能关系来表明。因此，这些法律术语半是经济的半是政府的。但如果法律完全与经济分离，而且各就其自身的领域来分析的话，那么在它对个人的控制中，半法律的关系背后就是纯粹的统治权本身之间的关系，特别是在美国的制度中会产生这样的关系，因为政府官员来到法庭面前时跟所有没有官方职权的公民是一种平等的关系。正是这一点，才有必要有一套不同的术语来表示在公法和宪法中建立的各种关系。

---

① 见上文关于经济和社会关系的论述。

正是这些公法确立了公民和官员之间的各种关系，这就提供了暴力的制裁；没有暴力的制裁，个人就不会有前面说过的那些私人的权利和义务。这些关系是用公民的"基本权利和豁免权"这些词来表示的，未经"合法的法律程序"。也就是说，未经司法判决，肯定不得剥夺它们。举个例子，它们可以跟实际使用暴力的最基层的公共官员和公民的宪法关系相关，而公民可以被实施暴力，也可以不被实施暴力。这是管理交易的一种类型——治安官和公民之间的关系。但是，在前面的公式中，它可以作为权利、义务等等的公式的延续来表示。同样的公式也适用于最高法院管辖权之下的所有其他官员。

合 法 程 序

公　　　民		治　安　官		
公　法	私　法	交　易	私　法	公　法
权　力	权　利	机　会	义　务	责　任
无能力	无权利	竞　争	无义务	豁免权
豁免权	无义务	议价能力	无权利	无能力
责　任	义　务		权　利	权　力

在这里，被区分的两种关系可以称为**暴力**和**稀缺**。正如我们已经证明的，"交易"这个词，表示的是个人之间相对稀缺关系的结果。权利、义务这些词以及与它们相对和互补的词，表示的是暴力和稀缺之间的中间关系。但公民的基本权利和豁免权这些词，如同我们先前所说的，是用于宪法的两个词，如果加以延伸，把官员和公民包括进来，那么就等于**权力**（公民的基本权利）、**无能力**、**豁免权和责任**。后面的这一套术语，尽管不同于与法理学家的用法，但我们认为它们在逻辑上是相关互补的术语，适用于最高法院对一切官员和公民的统治权。

通过分析的方法，从这些术语中可以得出合法程序的整个体系。从机能上看，它们就是权利、义务、无权利、无义务，而权利、义务、无权利、无义务冲击了个人在交易中的经济关系。我们可以说，这些与经济学完全分离的宪法的术语，适用于纯粹分析性的关于**暴**

力的科学，而且（尽管负责分析的法学家们说起治安官的权利和义务的时候，好像他们是私人公民，而且跟私人公民一样受法庭的支配）治安官作为个人有两套关系：一个公民对其他公民的普通关系；最高统治者对公民的特殊的关系，在这里有什么讨价还价的，只有上级对下级的管理关系。我们用权力、责任、豁免权、无能力这些词来表示的正是这种纯粹的管理关系。在这个统治权的案例中，它们是管理交易，即社会的有组织的**暴力**的制裁。

1. **暴力**。我们已经指定权利、义务等作为对物资和其他自然力的未来控制的现在的预期，这里说的其他自然力是指用于财富的生产、运输和消费的力。但是，权利也等于助动词"能"，这是在个人可以要求国家执行他的权利的意义上说的。正是这个"能"字，意味着经过"合法程序"，他就有权要求治安官对负有义务的对立方执行他的意愿。

因此，"权力"和"责任"这两个词也是着眼于未来的，而公民所主张的权利在未来将会无效，除非他有"权力"让治安官行使*他的*暴力统治的权力。

实际上，对方当事人也不会受义务的支配，除非这种义务能导致治安官履行*他的*义务。假设他不强迫公民履行自己的义务，那我们就称之为他的*责任*。另外一种对立而交互的关系可以通过图表用分析的方法加以解答。一个主张权利的人可能会发现自己具有的是*无权利*，法律上的原因是他没有权力要求统治权暴力。换句话说，他跟治安官的关系是"无能力"，而对方当事人——与此相关，在此特定的争议中没有任何义务——却享有对治安官暴力的"豁免权"。对于治安官与公民的相互关系也是如此。如果公民没有义务，那么当治安官拒绝使用暴力的时候他就享有豁免权。①

治安官的这些权力、责任、豁免权、无能力都是从政府组织中衍生出来的，而政府组织从最高法院直到各地州法院，都可以用

---

① 见鲍维尔（Bouvier）《法律辞典》"治安官"词条对这些权力、义务、豁免权和无能力的详解。又见克罗克（J. G. Crocker）所著的《具有实际形式的治安官、验尸官、警官的义务》，1890年版。

"合法程序"一个词来概括。研究这个组织及其权力、无能力等应用于个别官员的学科就是分析法学，它是这个社会的社会暴力关系，限定于各级官员的手中。分析法学正确地包含了军事科学和政治科学。它有自己的历史演进，从部落组织到征服和秩序；从外交、现役部队、保安部队、警察、治安官，都是为了维护法律的秩序和执行。[1]

这种所谓的分析法学的"权力"，完全是一种授权，目的是为了确立运转中的统治权暴力，它不仅仅是要求处罚或赔偿的诉讼，而是作为**补正权**（Remedial Power）加以区分的。它还包括对公民发出特殊的命令或指示的授权，这些命令或指示改变了他本人或其他人的法律关系；如果必要，这些命令可以在将来执行，就如同它们是统治者本人的一般命令一样。这些可以称之为公民的**实体权力**：当一个公民接受了一个要约，就会因此产生一个契约，或者当他立了一个遗嘱或指定了一个律师或代理人的时候，他就等于向法院和官员发出了指示，将来必要的时候，可以使用社会的暴力来执行契约、承认这个指定、转移所有权或者在他死后执行遗嘱。这种指示治安官做什么的实体权力，最终是跟治安官这样做的责任相关的，这就是造成公民的权利与义务的实体。同样的分析也适用于**无能力**和**豁免权**。无能力造成经济上的风险承担，豁免权造成经济上的自由，两者合在一起我们称为自由或公平的竞争。

法律对经济的关系，我们称为机能法学。人们将会发现，法学的机能的一面跟严格意义上的分析法学是密不可分的。统治权在其分析式的赤裸裸的状态中不会孤立存在，它是一种有组织的暴力工具，个人试图用这个工具来对他人实施他们自己的意愿，或者防止他人把意愿用在自己头上。[2]

---

[1] 关于法学的各种著作有霍兰德的《法学要件》；霍菲尔德的《运用于法学推理的基本概念和其他法律问题》，库克1923年主编；奥斯丁的《法学讲义》，1832年版。

[2] 参见海尔曼的《法学与经济学的关系》，载《加州法律评论》1932年5月号，第20期，第379页；《法律分析体系的构建基础》，《伊利诺伊法律评论》，1932年4月号。

有时候有些人会反对这种观点，认为这种"机能的"法学观似乎把统治权说成是普遍存在于它的活动中的，是一种总在使用的"大棒"，而实际上在绝大多数交易中都是不用它的。他们说，在决定人类行为的时候，更为广泛的是经济的、伦理的或者其他的社会动机。

我们认为，这种反对的观点没有看到所有人类动机运行的基点——对未来的预期。力量的普遍性并不是说统治权的暴力会实际运用于所有的交易，如果真那样的话，不是无政府状态就是奴隶制状态。它强调指出的是，暴力被置于特定的程序规则的范围内，只要在经济交易中按照规则行事，对这些规则的信任就会让个人和团体在举步前行的时候不用担心治安官。

对这种普遍性的验证非常简单，只要让国家以及它的法庭、治安官和类似的官员销声匿迹就是了，那样一来，所有经济、社会、伦理的动机理所当然就会大相径庭。统治权的普遍性不过是人类的未来性的作用，它基于对暴力在未来所要采取的形式的预期来指导现在的交易。让法学和经济学相关的正是未来性，两者都是整个经济社会的组成部分。

2. **稀缺性**。分析经济学只跟稀缺性的作用有关，正如分析法学只跟暴力的作用有关一样。其最高的孤立状态一直都是所谓的"经济人"的那种状态，那是稀缺性的一种抽象，就如法学上的人是暴力的抽象一样。两者都是抽象的，不是来自于其他人的抽象，而是来自于对其他人的所有功能关系的抽象。

古典学派（斯密、李嘉图）的分析经济学把稀缺性视为是理所当然，分析并完善其公式的是享乐主义学派（特别是奥地利学派）以及"新古典"学派，尤其是马歇尔。他们用相等的数量对需要及所需要的数量之间的稀缺关系进行了演绎、详述、分解和组织，将其作为了市场均衡的先导，正如善于分析的法学家对上下级之间的暴力关系所做的那样，后者是作为现代法庭的先导。尽管分析学派的经济学家为了发展一种"纯科学"的经济学而排除了一切"阻力"，这是基于所有个人都是完全自由、无限聪明且绝对平等的假设，而法理学的分析是假设相当于下级而言存在作为统治者的上级的。

因此，很显然的是，在法学和经济学之间必须得出一种机能的关系，在这种关系中，两者在它们自己暴力和稀缺的领域内都不是分解的，而是彼此在机能上结合的。只有当时间因素特别是未来性和预期引入这种关系的时候，才能做到这一点。这个因素总是意味着预期的结果，这个结果是从现在的交易中得出的，尽管分析的方法既没有时间也没有未来性，它是纯粹静态的关系，也没有活动和预期。未来性变成了曾经预期的权力、责任、豁免权和无能力，如果社会是在有秩序的行为规则下运用其暴力的，那么个人就可以把这些视为是理所当然的事情。稀缺性变成了现在的机会、竞争和议价能力，个人的各种能力就是在这些能力中进行发挥的。权利、无权利、义务、无义务是一种机能性的干预关系，这种关系存在于公民意愿的实施和预期的统治权权力之间，前者是在面向预期的经济生产或消费的现在的时间实施的，而后者将会让这些预期得以实现或无法实现。

五、习惯的假设

出于这些原因，了解最高法院的法官是什么人要比了解法律是什么更为重要。宪法不是自己说什么就是什么，而是最高法院说它是什么。一切经济研究都是对人的经济活动的研究，为了理解他们*为什么*要如此这般行动，有必要去发现那些他们认为理所当然的假设；他们对这些假设太熟悉了，以至于不需要用文字来明确地表达。就是这些假设相当于伦理史和经济思想史中许多词语的意义，例如信仰、神权、自然权利、自然秩序。这些意义并没有在自然中预先确定，而是在交易参与者的习俗和习惯中预先确定的。

在一个机构中，每个个体都占据了一个上级或下级的位置，不是暂时的就是连续的。如果他已经具有了和许多机构或只跟一个机构打交道的经验，那么他在作出决定的时候就已经获得了看待事物的各种方法，就可以作出他的选择并在交易中跟其他人打交道。这些看待事物的方式我们称之为习惯的假设，按照约旦的说法，因此而训练出来的他的"头脑",我们称之为"制度化的头脑"。①

当一个新工人进入一家工厂或者农场的时候,或者当一个新手开始从事一种职业或一种买卖的时候,一切都有可能是新奇而难以预料的,因为在他的经验中先前没有遇到过。逐渐地,他学会了按照人们对他的预期做事情,对它们变得得心应手了。他甚至无法对外人解释它们。他忘记了开始时它们是新奇的,它们已经变成了例行公事,理所当然如此。他的头脑已经不需要考虑它们了。在现代机器的极端例子中,他只进行一两项操作,对这些工人的访谈表明,他们一般不认为自己的工作单调。他们的体力和脑力结构已经变成了自动的,他们的思想愉快地流逝到了一个记忆、想象、空想或者什么也不是的世界里。

我们把这样的头脑说成是制度化的头脑。但所有的头脑都是被他们已经获得的或者认为理所当然的习惯假设所制度化了,以至于他们根本不去关注这些习惯假设,除非出现了某些限制因素以及与他们按照习惯预期时背道而驰的东西。

因此,在工人赖以谋生的这个机构中,不仅是身体的物质结构,而且是头脑的精神结构,都变成了在制度上习惯于占优势的做事情的方法。假如不是这样,如同大家非常了解的,那么这个头脑就不可能应付自如地处理好预料不到的事情。一般而言,习惯的假设对他的环境中的补充因素或者日常交易是适合的,而理智的活动只让自己跟限制因素或关键因素相关。如果这些因素不断变化,那么理智就必须积极地控制住关键因素;但如果它们按部就班地进行,那么习惯的假设就足以兼顾到补充因素和日常因素了。

但如果习惯与习俗不相吻合,这就靠不住了。因为习俗是控制个人行动的集体行动,也是控制个人意见的集体意见。个人的意见是习惯的假设,但如果这些个人一起工作,那么集体意见就是个人

---

① 约旦:《个性的形式》,1927年版,第172页,这是一部具有非同寻常洞见的著作。见康芒斯的评论,《美国律师协会会刊》,1928年第14期,第561页。关于习惯在原始社会中的社会目的的论述,见布朗的《安达曼的岛民》,1926年版。

习惯必须服从的假设。太多的不合习俗的个性是要不得的。

然而，在科学研究中，意见和行动是分不开的，因为行动是行动中的意见，而科学是在推断意见的时候衡量行动。惯常的假设和习惯的假设，是按照惯例和习惯的举动来解读的。在这里，研究的过程类似于心理分析，但是，社会科学不是个人主义的科学，后者研究的是神经和梦，作为对个人行为的一种解释，而社会科学研究的是惯常的假设和习惯的假设，作为对交易的解释。

习惯和惯常的假设可以分为技术的假设、所有权的假设、伦理的假设。技术的假设与使用价值的生产相关，随着文明的变化而改变，跟种类和数量、惯常的手段和工具都有关系。凡是其意见与当前有用的意见不相符合的人，不管是关于产品还是关于生产产品所用的方法和原材料，都不能正常获得，甚至不能生存。关注利润、利息、租金、工资获取的所有权假设也是如此。凡是个人的假设不符合其他人的那些惯常的假设的人都不能参与交易，当议价的习俗改变的时候，他的假设就必须改变。伦理的假设是从判定利益冲突的当前的惯常假设中产生的，凡是其意见导致他按照不适合前例的方式行为的人，都会发现自己会受到惩罚。

是非、义务、自由等观念都是从这些伦理假设中产生的。跟其他假设一样，它们包括目的和完成这个目的所需要的工具。在这里，我们又一次注意到了"权利"的双重意义，它可以区分为伦理的假设和交易的本体。伦理的假设一般被描述为"是"的"形容词"的意义，其对立面是"非"。但是交易的意义一般被理解为它的"本质的"意义，这是跟义务相关的。① 交易的意义可以是"是"，也可以是"非"，这要根据伦理的假设来定，但它不过是所有的买卖据以进行、争执据以判定的意义。

对于这些技术的、议价的、伦理的假设，就它们是惯常的假设和习惯的假设而言，卡尔·马克思称之为"阶级意识"，凡勃伦称之为"本能"。的确，它们是不同阶级在习惯和习俗方面各种差异的特征。马克思有特别的宣传上的理由，所以把他的名词仅限于两个阶

---

① 布莱克斯顿由于混淆了两者而引来了边沁的批评，见上文。

级,但是根据个人所意识到的利益上的相似性,可以把它分为利润意识、工作意识、工资意识、租金意识、职业意识。但我们选择把它称为习惯的假设,基础是从利益的相似性和所从事的交易的相似性中产生出的习惯和习俗。

最高法院跟个人一样,都是受当时当地所盛行的习俗中所产生的习惯假设所左右的。由于法官的更迭,新的案例给旧的假设提供了新的看法,经济或政治条件的改变,甚至是由于革命,法院的意见都会改变。1771年,英国最高法院基于把*自由*解读进英国《宪法》的假设,释放了一位黑人,这个黑人是一位牙买加的合法主人所拥有的奴隶,只是转运的过程中暂时监禁在英国。法院说:

> "奴隶制的状态有这样一种性质,那就是不能因任何道德或政治的理由而引入,只能由制定法引入,在把它创造出来的理由、场合和时代过去很久甚至已经被从记忆中抹去之后,制定法仍然保持了自身的影响力……因此,无论本院的判决带来什么麻烦,我都不能说英国的法律可以准许或认可这样的情况,所以这个黑人必须被释放。"①

1856年,美国最高法院以票数很接近的多数解读了《宪法》中的*奴隶制*假设,命令把一个已经暂时处于自由状态下的黑人恢复到奴隶状态,归还给在一个州的奴隶制法律下主张所有权的主人手中。法院说:

> "在今天,要认识有关这个不幸种族的舆论状态是很困难的,在宣布独立和美国《宪法》制定及采用的时候,这种舆论流行于这个世界文明和开明的部分……没有哪个国家比英国政府和英国人民更坚定地选择或更一致地遵循这种民意……因此,在英国接受并被遵循的这种舆论,自然也给了它在大西洋彼岸建立的这些殖民地打上了烙印。"②

---

① 黑人詹姆斯·索墨赛特(James Sommersett)一案,见1771~1772年的国家审判,第1~82页。
② 法院当时没有注意到1771年索墨赛特一案的判决。

后来行政当局解放这些奴隶的时候等于没收了价值大约四十亿美元的财产。由于1863年的宣言和1865年与1868年在第十三和第十四修正案中美国所表述的主权,1856年的"自然"权利观念变成了"不自然"的权利观念。

因此,随着习俗改变,司法当局的习惯假设会随着改变。我们把导致个人行动的诱因区分为了个人的诱因和集体的诱因。我们把个人对个人的诱因简单地称为诱因。我们把集体行动对个人行动的诱因称为**制裁**。① 诱因是个人的劝诱、胁迫和命令,它会比较容易地得到它们的结果。制裁是集体的诱因,它要求个人让自己的行为服从他人的行为。两者都是建立在简单的习惯假设的基础之上的,但后者是制度的意义。制度就是集体行动对个人行动的诱导。尽管存在各种制度和制裁,而且这些制度和制裁在文明的历史中是不断变化的,但对它们而言,共同的一般原则是习俗以及由此得出的习惯假设。

习俗确立了两种类型的标准:**计量的标准**和**合理性的标准**。这些标准起初是冲突和不确定的。最终立法当局迫使计量标准变得准确,使之成为了指导法院的法定标准,例如美元或蒲式耳。但是,合理性的标准大部分是在法院对争议的判决中逐步建立的,它们可以区分为**交易标准**和**生活标准**:前者跟财富生产、营销、分配中的管理交易、议价交易、限额交易相关;后者是**消费的标准**。**制裁**是引导个人服从这些标准的集体的诱因。

因此,**习俗**的原则就是诱导个人服从各种标准的**强制**的**相似性**。自然科学中的"运动法则",或者是动物的本能,或者是个人的习惯,在以个人在他们的交易和生活模式中面向未来的各种不确定意愿的冲突为研究对象的学科中,就是习俗和习惯的假设。它们要求有计量标准和合理性的标准。不肯使用过去已经发展起来的银行制度的商人,拒绝和别人同时上班的人,可能也很勤勉,但却无法在产业社会中生存。这是大家都熟悉的情况,因此用不着研究了。但当习俗发生改变,或者法官和仲裁者通过纠纷的判决加强了某种习俗,或者当工人或农民为了修正商业习俗而举行罢工,或者当一场

---

① 见上文关于边沁的论述。

革命没收了资本家的奴隶或其他财产,或者当法令禁止了一种习惯的生活模式,或者当控股公司把一种旧的习俗延伸到了一个新的领域,那么大家就会认识到,习俗的强制性是自始至终存在的,但没有成为问题也没有受到干扰。

原因在于**习惯**。个人不是*重新*开始,他们开始时是婴儿,然后是幼儿,然后参加工作,一直都在学习让自己适应习俗。如果他们的习惯不适应,那么他们就不能靠自己的努力谋生,而是成为施舍或惩罚的领受者,或者是《遗产法》的受益人。如果他们确实适应了,那么他们所适应的习俗就会给予他们各种有保障的预期。

正如我们已经看到的,在亚当·斯密出版《国富论》的那一年,习俗的法则已经在边沁对布莱克斯顿的批判中从经济学中给排除了。自此以后,经济理论解决问题是以**个人**、**商品**和**国家**三种单位为基础的。一方面,它导致了个人主义,甚至是无政府主义;另外一方面,它导致了共产主义和独裁主义。但习俗还是要比个人甚至国家更有力量。

"习俗"这个词对不同的心理传递的是不同的意义,因此需要我们作出两种区别:一种与对个人不同的强制*程度*有关;另外一种把原则跟它本身的*辩护*区分开了。作为一种从各种事实中推出的原则,相似是强制的相似物,它不过是一种行为规则。作为辩护或者谴责,它是希望靠集体的强制完成或防范的任何事物。当边沁批判布莱克斯顿的时候,他的习俗的观念是"传统"或者"先人的智慧",他认为作为一种对**普遍幸福原则**的障碍,法庭把这些东西永久化了,而普遍幸福的原则是他希望用做立法和司法指南的东西。从此以后,法律和经济学分离了。经济学家走向了寻找快乐、避免痛苦的个人利己主义,但法院继续奉行布莱克斯顿的学说,在习俗的基础上判决着纠纷。

差别在于对于人性本身的不同观点。边沁和早期的经济学家把人类视为理性的动物,可以按照快乐和痛苦的单位来计算最大的幸福,如同商人按照美元和美分来计算一样。[①] 但马尔萨斯在其《人

---

① 米契尔:《边沁带来幸福的计算法》,《政治学季刊》,1918年第33期,第161页。

口原理》中对这种观点进行了抨击，此时，这个观点已经被第一个伟大的无政府主义者戈德温所采用了，他把它上升为了一种主张废除一切对个人强制的哲学。① 马尔萨斯说，人并非是理性的存在，他们是情感和愚蠢的存在，他们的所作所为与**理性**建议他们要做的事恰好相反，否则就不会有人口过剩、苦难、战争或罪恶。因此，没有强制人类就无法共同生存。实际上，这是对习俗和针对无政府主义的统治权的辩护，人的意志是靠不住的，它必须通过习俗和政府来加以强制。

与无政府主义相反的另外一个极端，是从费尔默到今天的那些人，他们把习俗神化为了**上帝之声**。② 通过细查就会发现，他们的意思只是好的习俗与坏的习俗之间的区别。好的习俗是**上帝之声**，坏的习俗是魔鬼之声。这些都是习俗的人格化。

当意指的内容是习惯的时候，这跟"自然"或"自然的"这些词的用法在某种意义上是相似的。"人的自然权利"据说是生命、幸福、财产、名誉等权利。可是，这些是习俗，而习俗是变化的，但如果它们改变缓慢，那么个体的幼儿足以学到适应各种习俗的种种习惯和希望。于是它们显得是自然、不变、不能剥夺的，尽管它们是人为的、集体的、暂时的、会丧失的。

比这些人格化和比喻更具有历史的，是关于现代产业社会已经从**习俗和地位的时代**过渡到了**契约与竞争时代**的学说。③ 据说，在古代社会，人们会保留他们出生时的地位或社会阶级，但在现代西方文明中，他们可以通过买卖、雇用、租借等竞争性的契约自由地确定和终止他们在社会中的地位。

但如果习俗的标志是它对个人的强制，要求服从，那么契约在

---

① 戈德温：《关于政治公平及其对一般美德和幸福影响的质疑》，1793年出版，第245页。
② 卡特：《法律及其起源、成长与作用》，1907年出版。
③ 亨利·梅恩爵士（Sir Henry Maine）：《古代法律及其与早期社会的联系以及与现代观念的关系》，美国的第一个版本出自伦敦第二版，1870年出版。

过去的三百年里也是一种新的习俗。一个拒绝像他人那样让自己受契约约束的人，将无法从事也不能继续从事商业和其他职业。契约已经变成了习惯，因此是强制性的。

从经济上说，所发生的这些情况是习俗从不可免除的债务到可免除的债务的一种改变。因为如果习俗是集体的强制，那么它就是通过把义务强加给个人来发挥作用的。经济的义务是债务，可以用服务、商品或购买力来偿付。如果是靠获得控制先前属于他人的服务、商品或购买力来取得生计的话，那么任何个人都不能拒绝变成债务人。在现代产业社会，无人能用任何其他的方式来获得生计。最强有力的制裁是**稀缺**，稀缺会迫使他服从当时当地的习俗，只要从他们那里取得的东西对他来说是稀缺的，那么这些习俗就会把他认定为债务人。

当法官或者仲裁人寻找一种习俗作为其判决的指南时，他所做的事情就是对习俗的应用给了一种另外的认可，他甚至可以不去看他的习惯假设是否符合这种习俗。在商事和劳动仲裁中，这种额外的认可是经过组织的一致行动，这种行动是创建了仲裁人这个职位、希望用机构一致的经济力量来执行仲裁人的判决的那些人的行动。

同样的道理也适用于法庭。在判决一起纠纷的时候，法庭如果从周围的习俗或相关阶级的人中去寻求标准，或者没有正式的证据就采用了"司法认定"，或者按照习惯就接受了各种标准，那么法庭就用暴力对习俗给了另外的认可，要求交易必须符合习俗。

但是，在寻求判决争议的指导时，仲裁人或者法庭更进了一步。他们会回顾自己先前的判决以及其他仲裁人或法庭在类似案例中的判决。这就是**判例**。如果不存在判例，或者判例是相矛盾的，或者认为判例已经过时了，那么仲裁人或者法庭就会再去寻找一种习俗，或者是寻找一种他们从习俗中推论出的原则，通过排除和吸收的过程，使自己的判决符合这个原则。

如果他们不去看判例或者习俗，那么他们另外的选择就是去看法令、规章制度或者宪法，通过身居要职的人的协商行动，这些东西已经对习俗或判例进行了修正。但即便是这样，这些成文的法律也是抽象的和一般的，在一起特定的纠纷中实行之前，必须加以诠释，以适用于这起纠纷。因此，这种解释本身就会回溯习俗或判例、习惯的假设，目的是为了指导成文法运用于特殊的案例。因此，在判决纠纷的司法过程中，即使是成文法、宪法、规章制度，也要通过习俗、判例、排除和吸收活动的详细审查。在这个过程中，习俗、判例或者习惯假设甚至会废除或者修正成文法和宪法。当这种情况完全发生时，这部法律就是"一纸空文"；当发生得不完全时，这部法律就是在"被解释"。

所以，习俗、判例、成文法、习惯假设就是通常被称之为"行为规则"的那种东西被阐明的过程。成文法与从法令到行政命令、立法法规、成文宪法、书面合同、规章制度以及集体谈判的贸易协议，大相径庭；判例从司法的、行政的、管理的、立法的到宪法的，各有不同；习俗从封建的、农业的、商业的、产业的到家庭的、宗教信仰的，各式各样。判例和成文法是经营中的机构的区别性标志，但习俗和习惯假设却是一切人类关系的根本原则。甚至每一种都可以称为"法则"，但不是在"自然法则"的意义上，而是在人性法则的意义上。由于这个原因，我们称之为"行为规则"，从而也显示了它们服从于经济、政治、伦理条件演变的暂时而变化的特征。

它们是一种人性的法则，因为它们定位于一种基础与根本的原则——**安全预期**的原则，没有这种原则，人就无法在社会中生活。重要的不是公正，甚至也不是幸福，而是安全，甚至是不公正和贫困的安全。因为不安全不是无意识的自然力量产生的偶然事件，不像具有物质或议价能力优势的那部分人的有意、疏忽、反复无常产生的不安全。如同我们已经看到的，前一种不安全在很大程度上可以通过控制自然力的技术进步加以避免，但后一种不安全只有通过稳定那些拥有权威的人的意志去加以避免。任意意志的极端例子就是奴隶制。新的习俗、判例、成文法约束奴隶主的意志及假设到什么程度，自由渗入奴隶制就到什么程度。

判例的法律原则更进了一步。它是逻辑一致和待遇平等的法律原则。如果仲裁人或者法庭对现在的一起纠纷的判决不同于过去类似纠纷的判决，那么他在逻辑上就是自相矛盾的，在同样的情形下，他对待一个人的方式也就不同于他对待其他人的方式。这就是差别待遇,或者是机会不平等。因此,判例的法律原则是安全、自由、平等的三重原则——**安全**,是因为它导致了未来的纠纷会跟过去的纠纷同样判决的预期;**自由**,是因为下属的个体不会受到上级反复无常的意志支配;**平等**,是因为同一阶级的所有个体在类似的情况下会被平等对待。

因此,判例的法律原则作为对当权者任意意志的一种束缚,涉及了人类三个最根本的愿望:安全、自由、平等。在全人类一切的社会关系而言,它都具有普遍意义。甚至孩子都会诉诸前例,抱怨父母把他们的其他儿女跟自己差别对待,或者抱怨他们昨天和今天对自己差别对待。当工头的朋友得到了工人们没有得到的优待时,工人们会认为自己成了牺牲品。《文职法》试图在公共服务领域为所有的公民打开平等的机会之门,而不是把这些机会留给政客的朋友。企业家在控诉铁路公司用低于所要求的运费来优惠其竞争者的时候,也求助于前例。法庭限制于前例的法律原则,只是一般道德原则的一个特例,这个原则就是每个人在类似的情形下都应该像对待自己那样对待他人,否则的话他就是反复无常、任意而为、前后矛盾。假如每个人在各方面都是完全平等的,假如有无限的选择机会,那么这也不是什么罪过。前例的法律原则是平等相待不平等的人的原则,在一切经济交易中它是最根本的,因为它是安全、自由与平等的基石。

但是执行并不需要一个被指派的机构当局用权威来执行,它可以靠竞争来执行。用有偿付能力的银行的支票购买商品和支付债务的现代习俗对个人而言是强制性的,尽管支票不是法定货币,但任何人如果坚持拒绝接受或签发支票,那就无法继续经营,甚至进不了生意的门槛。支票账户是一种习俗,习俗与竞争是不矛盾的。竞争是执行习俗的手段。那些执行习俗的人都是同样行事的个人,但那些执行前例的人都是指派的机构当局和代理人,他们是为了这个目的被挑选出来的。因此,现代经济社会并没有从习俗过渡到契约,而是从原始的习俗过渡到了商业的习俗。

上述论述表明,任何运行中的机构的历史发展都表明,它无法把习惯、习俗、先例、法规、习惯假设割裂开来,无论这个机构是国家或是经济的和道德的机构,它们作为可选择的习惯肇始于个人;当顾客和竞争者迫使个人服从的时候就变成了习俗;当争执被判决的时候就变成了判例;当行政或司法当局正式宣布的时候就变成了法规;在特殊的纠纷中法规被解读的时候又变成了习俗;在运用于特殊的交易和纠纷的时候,自始至终都存在不断变化但却习惯了的假设。它们共同推进。新的习惯是从现有的习俗、前例、法规中产生的,而法规本身则只有通过习惯、习俗、前例和假设这些媒介才是有效的。一般而言,前例被描述为"不成文法",而法规、规章制度、公司章程是"成文法"。但成文法只是文字,"不成文的"法律是写在纠纷的判决中的,它在特殊案例中解读了成文法。习惯、习俗、前例,总而言之,不成文的法律,就是活生生的法律。这就是习惯法制定法律的方法。

在英美法系中,在习惯法、商事法、海事法、衡平法之间作出了某些专业的、历史的区分。但从社会经济的观点看,这些都是习俗、前例、假设的特例。技术上的"习惯法"源自于封建主义时代的农耕习俗;"商事法"是从商人的习俗中吸收过来从而由法庭来执行的。其他类型的法律也是如此。它们都有一个相似点,那就是都是在习惯假设的指导下通过参考习俗和前例的过程在纠纷的判决中一点一滴地成长起来的。同样的道理也适用于经济机构的行为规则。它们也是习惯、习俗、前例、法规(规章制度)和假设的混合和连续。

因此,当我们说起习惯法的时候,我们的意思不是指法律专家所说的专门的习惯法,而是**用纠纷判决制定法律的习惯法方法**。这种方法并不限于法庭,它是商事仲裁和劳动仲裁的方法,这里的制裁并非指统治权的制裁;它是在家庭、教会、工会、商业机构中制定法律的方式;它是一种关于前例、习俗的选择、不成文法和假设的方法。习俗通过习惯法判定纠纷的方法变成了习惯法,从而在谴责或者不执行那些被认为是恶劣或过时的习俗的举动中,认可了习惯上认为良好的习俗。因此,习惯法是习俗的不成文法,不成文是因为它建立在前例和习惯的假设中。

因此,大家所宣称的从习俗到契约的变化,其实是朝着运用习俗的强制性的方向变化的。这种变化也许是重大的,但这并不是因为习俗消失了。习俗作为习惯的假设,在不同的形式、名称、方向以及强制程度下会重新现身。

除了在极端的案例中对个人的强制程度划分得不是那么清楚,并且在分类的时候彼此搅和在一起,还可以按照三种分类原则来区分它们:制裁的种类、标准的准确性和公开性、实行制裁的组织程度。

1. *制裁的种类*是三重的:道德的、经济的、暴力的。它们通常是密不可分的,但在极端的情况下可以把它们区分开来,并且在习俗的历史中,它们实际上变得差异化、专门化了。道德的制裁是强制让意见相似。它的专门化是某些国家的教会。在这些国家,教会已经跟国家以及用于商业目的的私有财产分离开了。过去教会是大地主或者金融家,拥有经济权力,或者本身就是拥有暴力权力的国家。这些经济和暴力的制裁被剥夺之后,教会只能停留在意见强制的基础上,拥有的只是对异端的审判权。戈德温的无政府主义哲学会把一切企业和政府简化为教会的状态,使之在控制上只具有道德的制裁。于是,习俗的强制就会只是成为对好的意见和坏的意见的强制,政府本身的意见就会只是成为公众的意见。

站在无政府主义的对立面,但实际上与之并不矛盾的是暴力的制裁,这种制裁的专门化我们称之为**国家**,而国家的制裁我们则称之为**统治权**。因为集体的暴力跟集体的意见一样,是一种习俗。出自于封建主义的现代国家的演进,是一个从私人交易中抽出暴力的诱因并将使用暴力的专利权置于统治阶级官员手中的过程,从维护公正及和平的治安官到总统和最高法院,为了使用和管理暴力的目的,赋予了他们不同于他人的权力。

与意见和暴力的制裁一起的,是经济的制裁,经济制裁专门化于公司、行业协会、工会的控制中,出于调节经济交易的目的,经济制裁一直都在多种损益形式中改变着运用稀缺性制裁的习俗。

道德、经济、暴力这三种类型的制裁是密不可分的,除了极端的情况,很难搞清楚在制裁个人作为或不作为的时候哪种类型更为有力。

2. *交易标准*的准确性和公开性的范围很广：最不准确但大家都知道的，因而也是最没有强制性的，我们称为**习惯**（practice）；较为准确且众所周知的，我们称为**惯例**（usage）；最为准确也是人人皆知的，因而最有强制性的，我们称为**前例**（precedent）。任何个人、公司或协会的习惯都可能是变化多端、对其他人无关紧要的，因为没有足够的人去仿效，以致引起普遍的效法，例如，一个人惯于厉行节约，而另外一个人却惯于铺张浪费。但是惯例已经变得有足够的人去仿效，所以跟语言和银行支票一样，它的使用实际上对于所有参与交易的人而言都是强制性的。前例具有特殊的约束力，它是一个具有控制权力的地位较高的权力机构在判决纠纷和管理行为时所使用的标准。它可以从习惯和惯例中推演出来，但是它在权威方面却高于它们，因为它让它们更为准确、公开，可以由有组织的行动来实行。

我们所定义为**习俗**的，正是这些**习惯**、**惯例**、**前例**以及**习惯**。习俗在集体行动作用于个人行动的强制程度方面是变化的，从最没有强制性的习惯，到较具有强制性的惯例，到最具有强制性的前例。习惯、惯例、前例以及习惯假设合在一起，形成了习惯法通过利益冲突的判决来制定法律的方法。

3. 但是还有另外一种习俗，即**社团的习俗**。在通过行为规则来控制个人行动的时候，这也是变动的，依据的是从松散到集中的*组织化程度*。这种社团的习俗以及规章的制定，在它们履行道德、经济、暴力制裁方面的职责时，我们称之为**经营中的机构**。从前公司被视为统治权的创造物，只存在于法律的考虑中。但是现在形成法人组织的各种执照，被认为只是更为准确且正式地把统治权的暴力制裁加在了一般社团的习俗上。当社团的习俗得到了指导暴力实施的官员的认可的时候，曾经被诬蔑为阴谋集团的东西就变成了公司或者其他各式各样的合法团体。

习俗正是在这三个变化的方向上对个人进行着或大或小的控制的。不管是道德的、经济的还是暴力的制裁，都是随着类型的变化而变化的；随着准确和公开的程度以及作为习惯、惯例和前例的变化而变化的；在其判决纠纷和强迫遵守方面，是随着从松散到机制的组织化程度而变化的。

在所有这些变化当中发生的事情,是那些拥有选择和执行权力的人对习俗的一种选择;习俗的演进就如同人为淘汰,在几个世纪中,它把狼变成了狗,或者是驯养了牛。通过新的冲突或纠纷的方式,新的习俗中旧的习俗中产生,变化着的习俗的总和就是文明。

习惯和惯例只有通过对争议的判决才能转变成前例,在有关对个人的控制趋势的逻辑分析方面才能变得足够准确。在我们关于方法的章节中,我们已经提出了这种用于**议价交易**分析的公式。类似的公式也适用于**管理交易和限额交易**。

在三种类型的交易中,存在着对立、相关和依存的三种关系。纠纷发生的时候,集体的强制就要进行判决。只有通过定义义务才能进行判决。定义了义务之后,权利就跟义务一致了,不过是更有利于一个对立的人罢了。从经济上讲,一个人身上的义务是要他服从的;在关于纠纷的问题上,对于对立的一方而言,这就是他对安全的预期,其法律上的等价物就是一种**权利**。法学中所用的**相关**这个术语,正是这种关系的同一性,而不是利益的对立。权利与义务是相关而平等的,但双方当事人是对立的。一笔信用就是一笔债务,一笔销售就是一笔购买,一笔资产就是一笔负债,一笔收入就是一笔支出,一笔付款就是一笔收款,一项权利就是一项义务,而一项义务也是一项权利。但是,它们都附属于对立的人,这种附属就是它们之间的关系。

定义一项义务,就是定义这项义务的界限。如果它是无限的,那么权利就是无限的,习俗强迫奴隶去服从主人无限的意志。但如果义务是有限的,那么哪怕是稍微超出了那个点,就完全是"无义务",当然也就没有相关的权利。在经济上,这对一个人来讲是自由,而对另外一个人来讲却是风险,就是要承担那种自由所产生的赢利或亏损的风险。在这个程度上义务和权利是有限的,在那个程度上自由和风险被扩大了,直至到了无政府主义的哲学,个人之间唯一假定的关系就是自由和风险。

但是,这一点被相互依存的原则修正了。风险跟暴露于日光下一样,可能是有益的,也可能是有麻烦的。交易这个词本身就意味着相互依存，各方都给他人做点事情，哪一方也都不可能会被完全满足，通常哪一方都不满足。然而，交易是"意志的汇合点"，相互依存跟平等或者公正不是一回事。它的确是互惠，因为它是一点程度的彼此依存。但如果双方不平等的话，那它有可能是非常不公平和不公正的，无论他们是借者和贷者、买者和卖者，还是地主和佃农、雇主和雇工。谁来判决？习俗通过习惯、惯例、前例和假设来判决。决定依存、平等、互惠公正还是不公正程度的，是习俗的制裁。

因此，习俗是竞争的稳定器。两百年来经济思想所提出的完全竞争学说，是建立在个人方面完全自由、平等和了解的假定基础上的。在这些假定的基础上，每个个体都清楚自己的最大利益是什么。在能力、财产以及不受强制的自由方面，他跟其他人是平等的。他只对自己的行为负责，而且他必须承担自己行为的后果。这些假定非常正确，是一切科学的方法，通过假定某些干扰因素是恒定的，从而排除了这些因素，然后只在被研究的这个单一因素中导入各种变化。

但是，这些假定不只是一个纯理论的问题，而且还是一个实际习惯和实验的问题。证券交易所、产品交易所、同业公会以及类似的有组织的市场，试图要做到的正是经济学家假设他们排除了干扰因素和"摩擦"之后的那些事情。这些交易所试图建立一个尽可能接近完全竞争的市场。它们的规则所指，就是要通过公开性和准确性来建立自由、平等和相互依存。它们所要做的事情，就是消除那些被认为阻碍自由竞争、被认为容易有不平等和隐瞒倾向的习惯和习俗。

这些市场中的每一个本身就是一个值得研究的问题，但是，它们所基于的普遍原则，则可以从芝加哥交易所①提交给美国最高法院的一个案例中看出来。该案的事实和法庭的一致意见，可以用布兰迪斯法官所陈述的意见概括如下：

联邦司法部起诉芝加哥交易所，试图取消该交易所的一项规定，

---

① 芝加哥交易所：1848年成立，世界上最大的谷物交易所。——译者注

这项规定禁止该所的会员经纪人在交易所闭市期间进行实际上的秘密的买卖。问题在于，这项规定是否来自于贸易限制？所有的贸易限制都是《反托拉斯法》明令禁止的。法院判决这种限制是合法的，因此否决了一项法令的严格的用语。根据布兰迪斯法官所陈述的意见，我们可以概括出如下的一些推论：

第一，通过对产生利益冲突的纠纷的判决，最高法院用习惯法的立法方式建立起了一套"不成文法"，只跟同样或类似团体的习惯和习俗有关。法院认识到，这是在为未来类似的冲突制定法律。

第二，国会制定的成文法（《反托拉斯法》），只有等法院在一起特定的纠纷中加以诠释，而且要等这种诠释变为对类似纠纷的判例时，才能成为法律。成文法是"一纸空文"，它的生命是习惯、惯例、前例以及习惯假设。成文法的字面意义必须服从应该实现的经济目的。

第三，结社权是最高法院授予私人团体的权力，私人团体可以用这种权力制定对其成员的各种交易具有法律效力的规章，然而，这种规章是通过获利、亏损等经济制裁以及拒绝入会的方式来执行的。

第四，在获得法院批准之后，那些制定规章的人的私人目的变成了公共的目的。成为标准的不是良好的意图而是良好的结果。有问题的规章剥夺了个人有价值的财产权，但是个人和团体都无法判定其后果是否好，它要由一个更高的权威来判定。

第五，通过对现存习惯和习俗的选择，最高法院判定什么是公共的目的、什么不是公共的目的。一个对眼前纠纷感兴趣的法官是不会参与这种事情的。地方的习惯变成了全国的习惯法，是因为在当时的情况下，它排除了被认为是坏习惯的东西。

第六，因此最高法院变成了美国**政治经济学**的一个有权威的学院。如果不是有根据的事实，那它就有权威断定某些东西是否合理，因为多数法官说是合理的东西暂时*就是*合理的东西。人们想要的不是真实，而是有序的行动。机构必须保持运转。法院深入到了法律的字里行间中去研究产生利益冲突的经济环境。每起纠纷都是一个独立的案件，具有它自己的事实，虽然这些事实可以归纳到一般原则的范围内,使其跟在类似案例中所发现的特定判例一致起来。考虑了这些原则和判例,对所研究的所有事实进行心理的权衡,是一个判定在一切情形下什么是合理的东西的过程。所有各方的经济利益,不管是眼前的还是长远的,都必须作为整个公共目的的一个部分来进行估价。

第七,竞争并非是自然界的"生存竞争",而是得到集体行动的道德、经济和暴力制裁支持的一种人为安排。由经济学家提出的自由竞争的学说,不是趋向于力量均衡的一种自然倾向,而是一种被法院所采用的公共目的的理想,是通过对自然界的生存竞争的意志来实现的。经济学的术语是"通过合理的贸易限制来提高竞争的水平"。

第八,每起竞争案件的判决确立的都是竞争性贸易的标准,目的都是为了让否则就不确定的习惯变得更为准确。在芝加哥交易所的案例中,这些标准关系到被批准的交易的*时间*和*地点*;所适用的交易和商品的*种类*;交易各方的*资质*;能提供的*公开性*。

第九,由最高法院判定的应该达到的这个目的是有益的,在于它们趋向于:a. 公开性,或者是在情况许可的范围内,各方差不多完全了解全部的事实;b. 机会均等,或者由于防止垄断、差别待遇和市场外的秘密交易而平等地进入市场;c. 在营销产品方面有更高的效率;d. 对商品生产者和消费者而言更大的利益;e. 限制不正当类型的自由,从而有更多的正当类型的自由。

美国的这种习俗、判例和假设对于欧洲经济学家和法学家是很难理解的,他们是在原来由独裁者所构建的各种法典之下操作的,这套法典是独裁者建立在完备的《罗马法》的基础之上的,只能由立法机构进行变更。甚至英国人都难以理解,后者的立法机构是凌驾于司法机关之上的。

同样地,美国的经济学家和法学家也很难理解欧洲的经济学家和法学家。在美国,我们具体是依照个案和判例的习惯法方法进行思考的,这跟我们的司法权是统一的;而欧洲人是按照自东罗马帝国皇帝、拿破仑、亚当·斯密或李嘉图传承下来的演绎的关系抽象地思考问题的。如果我们加以概括,如同在这本书中所做的那样，那么我们所讨论的也只是一般的原则，把它们的运用留给了对特殊案例的研究。美国的习惯法方法就是按照这样的方式产生的。

美国有四十八个州和一个联邦议会制定各种法律，对于联邦和州的法律有冲突的领域，是由联邦《宪法》泛泛地加以概述的，美国最高法院由此变成了决定全国法律一致性的最终权威。因此，最高法院有必要找到某种高于一切立法机构的东西作为一致性的标准，这种东西大致可以描述为习俗、判例以及习惯假设。甚至《宪法》本身，这一最高法律，也是根据不断改变的商业和工业的习俗来解释的，与之相伴的是集体意见的道德制裁以及获利或亏损的经济制裁。习俗被转化成了一种新的法律——各州共同的法律——这是由纠纷产生时的判决转化而成的。每个判决都是一个判例，这个判例可以在人们认为相似或者不相似的案例中加以遵从或者加以区别的，一种少数派的意见可以以及时变成一种多数派的意见。①

大陆法系的法学家遵循的是杰尼所谓的法国法院的"传统方法"，对其著作的分析会让一个美国人发现，在他们摆脱法典的左右以及立法机构的法案部分，存在着一种难以理解的困难。② 如果引入习俗、惯例、杰尼的"自由判决"或"自由的科学研究"作为法律的一个根据，那些法学家似乎会提出歉意。判例似乎没有任何约束权，后续的案子必须回到法典上。

但是对于美国最高法院来说，来自于成文法和法典的这些变化几乎或者完全不会带来什么麻烦。成文法在剥夺财产或者自由的时候，只要*未经*最高法院所宣布为合法的法律程序，那么在与美国《宪法》相冲突的时候，就会被宣布无效。即便是不被宣告无效，那

---

① 在斯维舍和菲尔德的《法律的艺术家》（1930 年）中可以看到对于这个过程的一项引人注目的研究。菲尔德1872 年关于宪法法律的习惯假设，通过改变"合理过程"的意义，在 1896 年变成了一致同意的意见。见康芒斯关于斯维舍著作的评论，载《政治经济学》，1931 年 11 月第 34 期，第 828~831 页。

② 为了纪念南溪大学民法学教授弗朗西丝·杰尼，朱比利出版社专门为这些论文制作了摘要和精选集。

也要对它们加以解释，在有争论的特殊纠纷中，要让它们符合最高法院关于财产、自由、人以及合理程序可以改变的意义，以后的法庭和下级法院都要遵循这些判例。在某些案子中，具有不同意见的法官非常正确地把这些多数派的判决称之为一种法令的"废除"，或者是"司法上的侵犯"，或者是"否决"。在法国的法典中，下一个判决显然不会回到判例上去，它们会回到法典本身。因此，法国的判决不是对法典的废除。

于是，在美国，通过"排除和吸收"的渐进的过程，这些意义本身有时会被公然地改变，所以只要改变经济和法学名词、财产、自由、人以及合法程序的意义，《宪法》自身就会随着岁月的推移而被修正。既然不存在对最高法院的上诉，除了《宪法》修正的极端程序，那么这就要四分之三的州都投票同意，或者是像1861年的内战那样，这场战争由于蔑视对德雷德·斯科特（Dred Scott）① 的判决释放奴隶而引发。由此得出的结论是，法院在不断地通过判决纠纷的司法程序来制定和重新制定法律。对于英美而言，这就是制定法律的习惯法方法。但是，在美国，它达到了一个不为别处所知的权威地位，因为无论什么情况下，只要在最高法院本身声称自己对这些词汇给出的意义有别于其他地方所给出的意义时，那么最高法院就是最终的权威，它要高于各级立法机构，高于各州，高于各级行政机构。

从上述的内容中我们看到，美国要比其他国家更急于发展与经济学、法学以及伦理学相关的基本理论。在《宪法》"合法程序"的条款下，在所有关于财产、自由和个人的法规中，州和联邦最高法院是关于立法机构法案的最终权威。问题通常是在一个公民或者机构在最高法院面前对于州或联邦官员或者立法机构提出诉讼的时

---

① 德雷德·斯科特（1795~1858）：美国黑奴，他在被《密苏里协议》禁止使用奴隶的地区与自己的主人住了四年之后，向法院提出诉讼，要求获得人身自由。1857年，美国最高法院作出裁决，认为《密苏里协议》不合法。最高法院认为，一个黑奴如果没有一定的法律程序是不能从他的主人那里获得自由的。——译者注

候出现的，公民或者机构请求用正式文件禁止这项法律的实施，理由是它跟联邦《宪法》及其《权利法案》冲突了。于是，最高法院在下级法院对事实的裁决和结论的基础上——无论是州的最高法院还是较低级别的联邦法院——对立法机构的法案或者行政命令发表意见，看它是否跟《宪法》这一最高法律相冲突。所有这一切都在于最高法院对财产、自由、人以及合法程序赋予的意义。

按照习惯法制定法律的方法，最高级的法院实际上并一定要精确地依据以前它们赋予这些名词的任何意义，它们会公开宣称，自己的方法是一种"排除和吸收"的方法。这就意味着，在以前的判决中所赋予的一个意义有可能太宽或者太窄，导致在对一个案件的考虑中不适应这个问题。如果太宽，那么来自以前案件的判例就不能使用，也就不能约束这个法院。这就是"排除"的过程。如果过去的意义太窄，那么那个判例就可以扩展，以便为现在的案件提供规则，这种扩展会约束这个法院。这个过程就是"吸收"的过程。当然，这是一个基本的类推过程，杰尼对此作了清晰的阐述，而且如同在叙述各种案件的习惯法方法中所一直遵循的那样，对于这种排除和吸收的思想过程，法院在它冗长的主张中倾注了太多的关注。正是按照这种类推的过程，财产、自由、人以及"合法程序"的意义已经被逐渐改变了。

这些主张总是作为少数派的意见跟多数派的意见一起发表，因此，这就有可能看到，个别法官的习惯假设是如何引导他们在同一事实的陈述上得出不同结论的。在任何对这些少数派和多数派意见的比较研究中，"法官的个性"明显都很突出。事实上，对"合法程序"这个术语进行全面的阐释，就是阐释一种完全的社会哲学。①

只有较低等的法院才会受已制定的法律的约束，这些法律是由多数派的意见确定的，尽管他们往往提出一些创新，这种创新如果

---

① 例如，在赫塔多（Hurtado）诉加州人（People of California）这个重要的关于合法程序的案件中就是这样做的。见康芒斯的《资本主义的法律基础》，第 333 页。

获得最高法院的肯定或者批准，就会变成新的判例。① 但是，美国最高法院自身事实上并不受这种约束，它可以而且的确创造了新的法律，从而在严格意义上贯彻了杰尼的"自由判决的方法"。最终它有可能发生，而且往往就会发生，如同在1872年的屠宰场案件中那样；以及少数派的意见变成了多数派的意见，如同1897年在那类案件中发生的情况一样。出现这种情况，是因为用排除和吸收的方法改变字义的简单过程。

有了这种文献材料的帮助，美国的经济学家对于最高法院的分歧和不断变化的价值理论给予了极大的关注，这些价值理论产生于财产和自由不断变化的意义，最终落脚于它们的社会哲学和习惯假设。美国联邦和州的最高法院实际上践行了杰尼似乎给法国法院树立的*应该*去实现的理想：它可以称为**推理和评价的过程**：

第一，在促进公正和一般效用方面有相对重要的"直觉"。这些直觉我们称之为习惯假设。

第二，用排除和吸收的过程对事实进行选择，这是一个类推的过程，受这些假设的指导。

第三，根据这些对它们具有相对重要性的假设，在心理上权衡这些事实。

第四，根据这些选择和权衡对事实进行归类。

第五，按照指导这些选择、权衡和归类的习惯假设进行逻辑推理。

第六，整个过程受杰尼"实用常识"的指导，但这只不过是我们作为出发点的习惯假设的另外一种说法。

如果这是一个循环的过程，好像它不仅是法庭的而且是作为法官的人的推理和评价的过程，那么按照杰尼在法庭的习惯假设和演

---

① 一个例证就是由一个低等法院（统一汽油公司诉纽约市一案）提出的对"善意"这个词的意义的改变，最高法院肯定了这种改变（维尔考克斯诉统一汽油公司一案），尽管在这样做的时候，最高法院推翻了这个曾经遵从最高法院过去判决的同一低等法院的意见。关于这些案件，见康芒斯的《资本主义的法律基础》，第191页。

绎推理之外寻找某种东西的做法，就会出现实际问题。他关于需要"科学研究"的断言，产生于源自从个人主义到集体主义、从个人到公司、从较老的人性观念到较新的人性观念的变化，这使得旧的假设有可能不适用于现代的"运行中的机构"。但是，法院不是这样构建的，或者没有机构去进行所要求的这种广泛的研究。因此，某些美国的立法机构和联邦议会一直试图通过创建委员会来恰当地提供这种科学的研究。

一个例证性的案例是威斯康星州的产业委员会。这个委员会对于雇主和雇员的大多数交易具有裁判权。它不仅有专业的研究员队伍，而且有雇主、雇员、医生、工程师、建筑师、经济学家组成的各种咨询委员会，全部数量差不多有近二百人。关于卫生、安全、意外事故赔偿、童工、劳动时间以及最近关于失业保险的研究、决定和结论，都是受法院所解释的"合法程序"的规定所支配的。因此，规定都是由法院来再审理的。但是，在这种再审理中不允许有任何过去未曾向委员会呈交过的新的证词。如果要提交新的证词，就会要求法院把案件提交回委员会，给委员会重新考虑和修改自己决定的机会，前提是委员会决定这样做。按照这样的做法，负责审判的法庭会按照自己严格的合法证据的规定，不作任何调查，也不采纳任何类型的证词，它只听从辩论，而且它只按照委员会议事程序的合法程序进行宣判。

这些委员会背后的理论，是将合法程序转入到事实研究的法律理论中，其大意是说，如果受法律影响的一切利益都准许自由地通过它们公认的代言人来协商，那么这些公认的代言人达成一致作为结果的对事实的决定就会是合理的，依照这些决定颁布的命令就是国家对公民的合理命令，会支配他们彼此之间的交易。

按照类似的方法，遵循上面提到过的斯密瑟诉艾姆斯一案中的意见，公共服务委员会、州际商业委员会、各种市场和贸易委员会通过对各方的调查和听证，来确定各个参与方在他们的交易中的合理价值和合理习惯。然后，通过法律的运用，这些决定将会被在纠纷中接受。这些纠纷是在委员会所宣布的一般或特殊的规定之下产生的。①

　　美国的这些委员会正在扩展，以致在实际上包含了马克思可能称之为"阶级斗争"的全部领域。但是，这些斗争可以划分为劳动和资本的冲突、买者和卖者的冲突、农民和批发商的冲突、借者和贷者的冲突，以及不同阶层纳税人的冲突。这些委员会是一种手段，立法权、行政权和司法权的分立虽然是成文的宪法所要求的，然而这种手段通过在法律上把既不是立法也不是行政和司法的一个程序结合进一个团体中，试图以此来废除这种分立。委员会有时候被描述为准司法或准立法团体，但是它们的职能却是调查研究。法律不过是这些委员会从自己对事实的发现和权衡中得出的结论，只要法院认为这些结论符合合法的程序，那么这个程序就要求所有相关方的听证。简而言之，这些委员会是美国在过去三十年中发现的一种实际的方法，这种方法依靠杰尼的"对事物本质的科学研究"，把法律、经济学和伦理学联系在了一起。②

　　尽管这些研究和发现在自然科学的意义上是不"科学的"，但是在政治和经济科学的意义上却是"合理的"，因为它们基于自然科学中看不到的三种情况，也就是利益冲突、相互依存以及秩序法则。人们认为，这些法则对于在合理照顾公共和私人利益的同时保证产业的运行是必要的，当新的事实从技术的、政治的、经济的、伦理的变化中出现时，它们可以随着时间的推移而被改变。这就要求**合理价值**的意义要有不断的变化。

六、理想类型

　　上述的讨论通向在一门科学中科学研究所扮演的角色。在这门

---

① 这个程序，通过把法院排除在"对事实的科学调查"之外，在某种程度上减少了律师的司法权，在纽约州提交给美国法院的一个重要案件中，曾经被质疑。
② 参见康芒斯、约翰（R. John）和安德鲁斯（J. B. Andrews）的《劳动立法的原则》，1927年，第三版，第4章。

科学中，**未来性**扮演着重要的角色。这个研究对象跟自然科学中的研究对象是完全不同的，后者对各种物质不作任何预测，因此，研究方法必定不同于精确科学，因为它的成果是人类意志在一种历史的演进中一致却冲突的行为，这种历史研究决定在不断变化的经济、政治和伦理序列范围内什么东西都是行得通的。然而，它是一切科学中部分——整体关系的一个特殊例子，不过它是在一个社会的未来理想中展现自身的，现有机构中的参与者或多或少地都把自己的交易和规章指向了这个未来。通过检验德国法学家和经济学家马科斯·韦伯的学说，我们可以得出指向这种方法的线索，他的著作对于后来的制度学派的经济学家有很大的影响。①

韦伯所面临的问题是德国的演绎学派和历史学派的争执，主要的代表是门格尔和施姆勒。门格尔陈述了极端个人主义的假定，他探索在与过去的自然科学类比的基础上，从所有其他的现象中抽象出最为简单的"典型的"特性和"典型"的关系，认为应该在此基础上构建一种"精确的"经济科学。他的典型特性就是利己和效用，而他的典型关系是个人和社会所需要的有用物品的数量与当时当地可自由支配的这种物品的数量之间的关系。这种典型关系给了他有别于"非经济"物品的"经济"物品的意义。在这个原则的基础上，门格尔要建立"精确的"经济科学。事实上，它是达尔文已经为所有的有机体建立起来的**稀缺性**的科学，在达尔文的手里，我们称之为**生物的稀缺性**，但是门格尔把它转移到了人类的有机体上，转化成了我们区分为**心理的稀缺性**的东西。门格尔没有把它建立在其他方面的稀缺性之上，其他方面的稀缺性我们称之为**所有权的稀缺性**，是从休谟那里推导出来的。

但是施姆勒声称，这种利己的抽象给予我们的只是一个"模糊的幻影"，一个"想象中的鲁滨逊"，是从揭示政治经济学的全部真理所要求的复杂的历史、社会、法律和经济特性中抽象出来的。实

---

① 参见康芒斯等：《关于索马巴特资本主义的评论》，载《美国经济评论》，1929年第19期，第78页；康芒斯等：《托尼的信仰和资本主义的崛起》，载《美国经济评论》，1927年第17期，第63页。

际上，施姆勒在他对门格尔的方法的批评中可能走得更远。门格尔为了得到他关于个人心理学的"精确"科学，不仅排除了诸如是非、公正、义务这种作为伦理感觉的动机，不仅排除了所有对习俗的遵循、所有对强制力的服从或行使，而且还排除了愚昧，他所假定的是绝无谬误的无限的知识，然而在实践中是靠对"误差"的估计来矫正的。

但是，门格尔和施姆勒不仅同意抽象是必要的，而且还认为为了查明全部的真理需要大量的抽象。法学家作出了财产权的抽象，生物学家或者经济学家作出了稀缺性关系的抽象，心理学家作出了感情、智力或意志的抽象，化学家作出了原子的抽象，等等。我看见了我屋子里的桌子。老派的物理学家从这张桌子的其他特性中抽象出了重量；化学家抽象出了化学成分；生物学家抽象出了有机结构；现代的物理学家抽象出了电子、质子和真空；伦理学家抽象出了是非以及关于这张桌子应该尽到的义务；经济学家抽象出了使用价值、稀缺性价值以及和这张桌子有关的那些人的预期；心理学家抽象出了对这张桌子感兴趣的人的感觉、概念、情感、习惯、意志。就这些概念的每一项而言，理论学家抽象出来的特性都应该是*实体*，他们可以采用因此而抽象出的这些实体，然后把它们中间的每一项分别构建成一门精确或近似精确的科学。问题是，这些抽象的实体，在每一项都被构建成它自己的科学之后，当我的桌子待在我的屋子里的时候，如何才能在一门单一的科学里把它们结合在一起？

当然，门格尔和施姆勒都同意，所抽象的某些东西跟生物学家、化学家、物理学家所抽象出来的东西是不同的。他们都同意抽象出了心理学、伦理学、习惯、稀缺性、使用价值等，除了财产权；施姆勒包含了财产权，门格尔拒绝了财产权。所有这一切对于经济学家而言，早晚都会变成可以分离的抽象问题。但即便如此，把它们本身跟生物学家和物理学家分离开后，他们如何将这些包括法律、经济学、心理学、社会学、伦理学等在内的迥异的科学综合为一个整体，包含在对经济科学而言是真正的实体的这个整体中？

经过研究我们发现，他们都是从一种自己认为具有重要性的心理的因而也是主观的抽象出发的。门格尔是从追求外界的物质的东西的自私的欲望和从那些东西中衍生出来的自我满足出发的，施姆勒的出发点是伦理的情感，也就是考虑到其他人的欲望和满足以及自己的欲望和满足*应该*是什么。于是，门格尔把他的心理学发展成了一门关于递减效用和边际效用的精确的科学，而施姆勒则只能把他的心理学发展成为对习俗、法律、制度演进的描述。因而，把两者结合在一个关于单一实体的综合单位中，这个单一的实体应该既是门格尔演绎意义上的理论的实体，又是施姆勒历史意义上的经验的实体。这样的努力似乎是没有希望的，这样，二元论就会继续存在于演绎学派和历史学派之间、经济学和伦理学之间、理论和实践之间、科学和艺术之间。

在这里，韦伯步哲学家李克特的后尘，用他的"理想类型"来加以干预。他推翻了这个问题的陈述，认为它不是在不同的学科已经各自通过抽象加以构建*之后*如何再把它们结合起来的问题，而是在它们各自被构建*之前*如何表述将它们结合起来的问题。这种预先的陈述就是理想类型。它跟门格尔的"典型的"特性和关系有怎样的不同呢？

第一，理想类型不是一种实体，或者更准确点说，不是一种实体的*拷贝*。根据门格尔的说法，实体是可以在观念上当做真实存在来理解的某种事物或者行为，比方说，商品、用这种商品来满足自己欲望的个人、可以获得的商品的数量、所需要的数量，总之，门格尔的典型的特性和关系是一种实体，这跟一个人骑一匹马是一个实体是一样的。门格尔从这些典型的特性和关系中所得出的边际效用理论的"法则"，跟引力的抽象一样，也是一种实体。

韦伯回答说，实际并非如此。牛顿可以那样做，是因为他能够为引力隔离出来一个单一的原则，引力实际上是在隔离的情况下发挥作用的。但是利己主义的问题要复杂得多。门格尔所做的事情是设计出一个"理想类型"，而不是一个实体的观念。他的理想类型不是*真正*设计出来的东西，而是如果有可能把门格尔的个人主义的人跟其他一切事物隔离开来的话*就会*设计出来的东西。那是不可能的，因此门格尔的观念实际上是一种抽象，而不是在实体的全部复杂性方面对它的理解。

这一点我们认为是韦伯所做的贡献的核心。在实体的逻辑一致性的旧的意义中，它把在经济上创立学说的整个过程从一种"理论"转化为了一种纯粹的方法论，这种方法论构建了用于研究的理智工具。在理论和实践之间不再存在对抗性的问题，因为理论只是一种研究实践的工具，就像是一把挖掘事实的铁铲，可以把事实转化为对农业制度的一种理解。实际上，一门科学并不是一个知识体，它不过是一种研究的方法，而它的理论就是它的方法。

第二，这种对一种理想类型所作的系统而确切的陈述是每门科学都在做的事情，不能因为这个原因而批评门格尔。韦伯的批评是这样说的：在社会科学中，不能把各个部分孤立起来，因此这个理想类型应该包括*所有的*后来要结合起来的特性和关系，而且，既然所有这些都只能从历史的角度加以确定，那么理想类型就必定是一个历史的概念。

第三，并不是全部的历史都跟创立经济学说有关。因此，经济学家必须从历史的经验数据中进行抽象，跟需要相比，所抽取的经验数据不多不少，并且可以建立一个多方面的理想类型，用于他作为一个经济学家所涉及的特定历史阶段。

第四，即便如此，从历史中抽象出来的这种理想类型还是不会符合实际的，如果只是把跟经济学相关的因素作为一切都在其理想化的关系中的一个整体来抽象，那么它将会是个"乌托邦"，一种关于历史制度*会*是什么样的心理的诠释。这样一来，他诠释的是一个关于中世纪自治的市镇或行会、资本主义的公司或者工会等组织的纯粹理想化的概念，不是当做实际存在状况的一种"理论"来用的，而是当做试图理解这种状况的一种思想工具来用的。

第五，韦伯的理想类型不是一个关于*应该*是什么的伦理理想，而只是一种研究性的或者工具性的理想，科学家可以用它来从事研究、选择事实以及对他实际发现的状况进行比较。

第六，因此，理想类型不是一个"平均值"，像一条贯穿于经验事实的数学上的直线，严格地说，它是假如不相关的事实都被排除的话事实会是什么的一种"理想"。它也不是一种假设，它是一种综合，这种综合有助于阐明一个假设，因为它提出了下面这个问题：

在彼此之间的关系中，什么才是活动的*意义*？这样它就提出了选择事实和衡量其相对重要性所需要的那种假设。它是全部因素的一种综合，我们从中阐明了假设。它不同于门格尔的理论，因为综合和分析是不一样的。

第七，绝对不能指望这种对人类活动意义的探索，作为一种理想类型来阐述，能够产生出一门"精确的"科学，甚至连接近其他科学的量的要求都做不到。但这无论如何都不是人们想要的东西。经济学家想要的是*理解*，他需要计量手段只是作为理解的一种辅助手段。一个经济学家所研究的对象不是一种机械体或者有机体，它们的运动是一般研究者不能*理解*的。经济学家的研究对象是人类，他们的活动他可以很好地理解，只须把自己置于"他们的位置"上，从而在时间地点全部可变的条件下，在他们活动的动机、目的、价值的意义上，构筑"各种理由"。

这就是李克特和韦伯所提出的基本理由，这种基本理由把社会科学或者经济科学与自然科学分离了开来。在后者的各门学科中，要问的问题只是"*要怎样*"、"*是什么*"、"*有多少*"，完全是因为我们无法知道理由。但在经济科学中，我们包括了"*为什么*"，因为我们想要的是对发挥作用的*动机*的理解。[①]

第八，在社会科学的理想类型中，将要考虑的因素的数量不是预先确定——经济学家在研究时发现的一切相关的事物都包含在内。因此，不经过长期的事先研究，经济学家是无法构建他的理想类型的。整个文明的范围对他都是开放的，但是，在研究上，各种文明可能是按照这样的方法对自己进行分类的，那就是一种文明可以通过在不同理想类型的比较中加以比较，同时，附属的类型同样也可以进行分类和比较。这样，经济学家就可以得出资本主义的理想类型、个人主义的理想类型、封建主义的理想类型、重商主义的理想类型，这些类型都是理想类型的特例，而且都可以提出从一种类型到另外一种类型的历史发展的假设，或者在任何特定的组织内对要

---

① 坎伯·扬（Kimball Young）在《社会心理和社会改革》中提出了反对的观点，见《科学月刊》，1932年第34期，第252页。

研究的各种因素的相互关系提出假设，通过研究来加以验证。

韦伯在如此构建他的理想类型方面做出了重要贡献。然而我们相信，他和他的信徒们所利用的这种方法，在其中的有效性被用于对经济事件的科学研究之前，必须进行谨慎的分析。它的用处在于澄清了我们关于社会科学的思想，把它们跟自然科学区分开了。他引导我们质疑是否可能存在另外一种可供选择的方法，或者是存在韦伯方法的一种特殊的应用，这种方法或者应用尽管在用于自然科学和有机科学的意义上是真正科学的，然而，由于韦伯提出的主观价值的同样的属性，把人类行为的科学跟非人文的科学区分开了，因此韦伯认为这种主观的价值不能归纳为一门科学。因为*价值*本质上是主观的、情感的、个人主义的、不能量度的，因而他谈到了中世纪城市的"精神"、工会的"精神"，他的理想类型就是围绕这些精神构建的。

我们是通过区分理想类型的四种不同意义来着手处理这个问题的，这种理想类型是从韦伯、桑巴特和托尼构成它的专门运用中出现的。我们可以把这些区分为用于教育学、宣传、科学、伦理四种目的的理想类型，我们将把它们叫做教育学的、宣传者的、科学的、伦理的理想类型。

（一）教育学的理想类型

作为一种教育学的工具，理想类型是一种理智的解释，依靠的是一种历史环境、历史制度以及个人的最深处的灵魂或者精神，可以加以合理化，以便根据使其充满活力的人类动机来加以理解。经济学和其他社会科学对这样一种工具的需要，是从**估价**这个事实中产生的。估价活动严格意义上是一个情感的过程，这个过程每个人均不同，同样的人在不同的时期也不同。它不仅仅是经济的估价，而且也是宗教的、性别的、有爱国心的估价，实际上，它是整个文明所产生的全部情感，德国人称之为*文明*（Kultur），这是一个没有英语同义词的术语，因为我们把文明当做一种结构，而不是当做一种可以热爱的东西。由于估价是这样一个内在的情感过程，因此不能把它简化为对所有个人都一致的重复，如同科学所要求的那样。

但是，如果我们真要理解人们为什么要按照他们的所作所为来行为的理由，那就必须诉诸这个非常真实的情感的过程。这种诉诸只能通过创建一种心理的画面，这个画面揭示的不仅仅是人们*怎样*行为，而且揭示的是在所选择的特定的环境下他们为什么要按照自己的惯常所作所为那样来行为。这就是我们所谓的"历史意识"。

我们并没有说这种情感的过程不能归纳为科学的一致性，但是它属于心理学这门科学，具有教育学的艺术，而不是经济学的艺术，无论是历史的经济学还是演绎的经济学。经济学是建立在情感的过程之上的，就如同它建立在法学、物理学、化学的基础之上一样。而且，当韦伯在它之上建立自己的理想类型的时候，他确实是建立在真实的基础之上的，但是他建立的是教育学的科学和艺术，而不是经济学的科学和艺术。

但是，他的贡献是更加重要的，因为这些贡献让我们能够把某些所谓的经济理论不叫做经济学，而是叫做教育学。因此，是韦伯用这种理想类型的意义对门格尔的利己主义的情感作出了正确的解释，这种情感是在增加供给的情况下发挥作用的。门格尔的"递减的效用"，还有它的边际效用的"精确的"科学，从来都是既不"精确"也不是一个实体，而且永远也不能变成真实的或者精确的。但是，对于*为什么*人们获取商品的时候，在商品充裕时不比同样的商品稀缺时迫切，它给了我们一种*理解*，因为它投合了在类似的情况下我们自己的情感变化的经验。因此，门格尔的公式不是经济科学，不像门格尔自己所认为的那样，我们应该说，它是教育学，因为它是一种构筑起来用于解释人类行为的某个方面的理想类型。同样地，它对教育学的例证是有用的，但因为它从来都不能靠自己发挥作用，所以不能用在一门必须考虑各种因素的科学里。因此韦伯不会全然拒绝门格尔的分析，如同当施姆勒把它称之为漫画时历史学派的所作所为那样。即便它是一种幻想，一种乌托邦，韦伯也会保留它，这完全是因为它能帮助我们理解人类行为的一个方面，但是，这个方面必须跟其他的方面结合起来，然后整个人类行为科学的真实性才能被人们所理解。它确实是一种有用的乌托邦，但却是为了教育学的目的。

但是，经济学的历史学派也有自己的乌托邦——它的理想类型。在这里，我们应该说，韦伯也指责它们是教育学，而不是经济学。历史学派构建了一幅文艺复兴时期的画面，以达·芬奇作为君士坦丁堡沦陷之后进入欧洲的那种新的精神的代表，或者是一幅早期的基督教的画面，以使徒保罗作为它的典型。在这里，没有自利之心的上帝和人类纯粹的爱，渗入到了皈依者的行为之中，它是理想类型。对于当时的罗马帝国的整个文明而言，这些就跟门格尔的"经济人"一样是不真实的。但是，我们如果不构建这些从中世纪或者罗马帝国时期所有其他现象中抽象出来的心理画面，那么我们就不能*理解*文艺复兴时期或是早期基督教的精神。

这些教育学的理想类型全都是纯粹的乌托邦、纯粹的幻想，但是，当我们试图理解或者是试图引导他人理解我们正在研究的这种行为的时候，它们恰好就是我们要用的东西；实际上，就在那个时候，我们试图把自己置于了他人的位置之上并获得那种"历史感"，如果经济学家要解释他人的经济行为——不光是在过去的行为，还有在不同于他现在所处的环境之下的行为，那他就必须具有这种历史感。我们不能把自己置于一个机械体或者有机体的位置，以便理解它要如此这般行为的自身的"原因"，因为它并没有像我们一样的情感。我们不知道电流有什么理由要击伤张三而不是李四。实际上，我们确实知道，在这个问题上，它没有*任何*理由，因为它没有情感。我们不知道，一只母鸡能不能给自己一个解释，它为什么要在鸭蛋上孵四个星期。实际上，我们知道它没有我们所能理解的那种价值感，但是我们理解本杰明·富兰克林所追求的东西，以及为什么农夫要把这只母鸡放在那里。处在当时当地的一切环境之下的是他的价值感、感觉、情感、目的和好奇心，这是社会科学，包括经济学所特有的，在自然科学中却没有听说过它应该包含在社会科学里，否则它就变成了只是机械论的东西了。

然而，我们认为它是教育学，而不是经济学。因为有了这个意义上的理想类型，它是一种思想工具，我们构建它，是为了理解*为什么*像我们自己一样有情感的人会如他们惯常的所作所为那样行为。在关于机械体和有机体的科学中，我们构建思想工具，回答的只是它们做了*什么*、做了*多少*以及我们可能*期望*它们做些什么。在关于人类行为的科学中，我们做的是同样的事情，但我们更进了一步，我们注意的是价值、动机、情感、目的。总之，我们注意的是"原因"和"精神"。换句话说，我们寻求的是理解，而不仅仅是分类、测量和机械化。这就是李克特对社会哲学的贡献，以及韦伯对制度经济学的贡献。

但是问题仍然存在，当我们寻求理解的时候，在韦伯所采用的意义上，我们是否在科学的领域之内呢？韦伯说得对，"不是"，而且构建乌托邦那样的理想类型有一个明确的目的，就是要解释他说"不"的理由。如果是这样，那么这种理想类型就不是一种科学的工具，而是一种教育学的工具。

现在我们必须注意到，理想类型因此不过是一种**人格化**的方法，它是政治经济学的祸根。事实上，如果我们在内心情感的意义上去理解，那么我们就在人格化。在其他科学中，这种人格化是占星学、炼金术、活力论。① 这就是说，占星家、炼金术士、活力论者用来描绘自己的是他的感觉、意志、智慧、理性。总之，是他的理想类型，而不是用观察到的行动来描绘自己，而且还要问它们*为什么*要这样运动，而不是像天文学家、化学家、生物学家后来所做的那样，仅仅问它们*怎样*运动、运动了*多少*。

我们已经指出了先于对科学的稀缺性原则进行阐释之前的两种人格化。李嘉图把稀缺性人格化为自然对人类劳动的阻力，因此，"劳动"变成了稀缺性的人格化，结果通过马克思、蒲鲁东、庞巴维克、克拉克、民粹主义者、绿背党人，产生了一系列古怪的劳动学说，而不是稀缺性学说。他们试图消灭货币这种稀缺性的科学尺度，货币告诉我们的只是*怎样*和*多少*；他们把自己的事实置于了韦伯*为什么*的乌托邦之上——一种真正的理想类型，一种经济的占星学。

稀缺性的另外一种人格化在戈森、门格尔、瓦尔拉斯、杰文斯

---

① 活力论：一种关于生命过程的理论，认为生命的过程来自于或包含有一种非物质的生命原则，不能完全解释为物理的和化学的现象。——译者注

的效用递减理论中,在理想类型这个文雅的名称下,韦伯正确地把它描述为了乌托邦的性质。边沁曾经用与商品的成本收益相伴的痛苦和快乐对应这样一种理想类型,进而把经济学和伦理学人格化了,其他这些享乐主义的炼金术士则求助于众所周知的快乐递减、痛苦递增的感觉。但是,它毕竟是一种人格化,采用的是一种乌托邦的、稀缺性关系的理想类型,这种稀缺性关系,我们实际上是用货币的稀缺性尺度来衡量的。

(二) 宣传家的理想类型

上述的人格化源自于古典学派、社会主义学派、无政府主义学派、享乐主义学派的演绎的或者分子的经济学,它们都排除了货币。来自于历史方面的一种相似的人格化,是韦伯自己的"资本主义的精神",被桑巴特和托尼所接受。现在它是一种人格化——不是没有货币,而是有货币——由此才使得货币价值的无限积累成为可能,但是也支持了李嘉图和门格尔的同样的理想类型,也就是说,为了给自己取得收入而完全不考虑对他人的责任和义务;与此相反的是韦伯和桑巴特中世纪的市镇经济的"手工业精神",在那里,体力工人和手工工人采纳了他们行会的规章,意在防止行会会员以同一行会其他会员的利益为代价自己致富。

在这些案例中,出现的情况是资本主义的人格化和行会与工会的人格化,每种人格化都给出了自己的特殊的理想类型,不是因为真有什么远离一切交易的这样的"精神"的实际存在,而是为了让我们这些具有相似情感的人,可以把自己置身于典型的资本家或者典型的行会会员的地位,从而"理解"他。

这样很好,我们巴不得如此,但是必须注意到,当我们在这种同样情感的意义上"理解"他人的行为时,我们必然是在爱恨、反对、褒奖的意义上理解他们的。因此,我们的理想类型很容易建立在我们自己的情感基础之上,就如同当韦伯和桑巴特忽视了行会和工会对外人的暴力和排斥时,他们所选择的只是其对行会或工会会员公正的那些属性;或者当他们忽略了本着良心的偿债或对顾客的好意服务或者资本家的其他与伦理有关的态度时,集中注意的只是无限的金钱上的利己主义。

因此,既然又是教育学又是人格化,那么理想类型的解释正是可以用于宣传的合适的思想工具,它不是吸引人的广告宣传,就是诽谤性的政治宣传。对于韦伯和桑巴特所阐释的意义,经济学家可能不承认自己要么是"劳工"经济学家要么是"资本家"经济学家,但事实却是他们选择作为自己的手工业精神的理想类型的,只是整个精神中朝着行会会员的公正性看的那部分,而遗漏了朝着利己主义和排除异己看的那部分;他们为资本主义精神选择的理想类型,只是朝着以货币为手段无限追求利己主义看的那部分,而遗漏了朝着公正、平等、善意看的部分。这个事实必然会给经济学家盖上正在建立宣传基础的印记,尽管他们自己不承认这一点。

韦伯不承认这种宣传家的偏见,是基于他在*应该是什么*这个最终目标与用以达到目标的工具或手段之间所作的区分。他的理想类型既不是一幅关于应该是什么的画面,例如共产主义的理想、无政府主义或者个人主义的理想,也不是一幅关于人类的最终状态应该是什么的画面,无论是直觉主义者说的**善**,还是功利论者说的**普遍的幸福**,它完全是一种作为工具的理想类型,这种理想类型取自于被认为与特殊程序运行有关的事实,不考虑研究人员认为什么才应该是最终目标。他从自己所研究的事实中客观地发现了这种作为工具的目的。资本主义的"精神"、手工业的"精神"或者是早期基督教的"精神",并不是研究者所认为的是或非的东西,而是他在研究中所发现的精神作用的方式,这种作用方式的前提是没有其他精神或其他情况在作用的时候加以阻碍或者帮助。严格意义上讲,它是有助于理解的一种工具式的理想类型,而不是转变或者离间任何人的宣传家的理想类型。

但是我们应该注意到,研究者的偏见不仅表现在对最终目标的不同意见上,而且也表现在*权衡*方面的差异,也就是说,归于组成整个过程的不同因素的相对*价值*。一个研究者也许会给劳动、工资、工时赋予较大的权重;另外一个研究者也许会给投资、利润、利息赋予较大的权重;又有一个研究者也许会给文明的长期趋势赋予较大的权重;还有一个研究者也许会给人性赋予较大的权重;再有一个研究者也许会给企业赋予较大的权重。实际上，在估价上的这些差异，都会受最终目标理想差异的影响，而且跟最终目标密不可分。因此，韦伯的"工具性的"理想类型以及他的理想的最终目标，也是主观而感情用事的。在"权重"上的差异主要体现在意义上，以及可以概括为韦伯试图避免的那些非常主观的估价上的差异。根据一个人的主观估价，研究者不仅会选择他的理想类型的因素以排除其他的因素，而且跟其他的研究者相比，会对那些他们有可能在选择上一致同意的因素赋予较大的或较小的*权重*或者*价值*。

因此，从一切科学的目标这个立场看——这个目标是称职的研究者的一致意见，在他们的理想类型的公式中，通常不能指望有什么一致意见。他们不但在所选择的因素上不同，而且在属于各自的相对重要性上也有差异，正如在韦伯的资本主义的精神与手工业的精神或者工会的精神之间不公平的对比一样。这就是偏见和宣传。

显而易见，出于这一原因，理想类型在因素的选择和各个因素的相对权重方面都必须是非常有弹性的，目的是为了取得研究者的一致意见。在韦伯的理想类型中缺乏这种自发的一致，这是它的一个弱点。这就允许每个参与者通过选择和估价的活动来构建自己的乌托邦，这种乌托邦跟历史上的或者同时期的事实可能符合，也可能不符合，而且不可能给维持机构继续运行的集体努力创造机会。在经济科学中，弹性很大的理想类型也许不是毫无希望的，但这也可能不是大家所期望的。因为经济学家并不像陪审员那样，没有人迫使他们就一项裁决取得一致意见，在一个自由的国度里也不需要意见一致，所以，在选择他们所选定的任何事实并赋予其所想要的任何的重要性方面，他们是自由的。

但是，经济科学家并不是经济科学的研究对象，研究对象是经济活动中的人类。人类既是主观的又是跟环境有关的，主观体现在他们的情感、动机、愿望、痛苦、欢乐、理想上，与环境有关的是在他们跟他人的交易中。所有的人都有自己的主观偏见。为了"理解"他们的行为，除了量度这种活动及其结果之外，研究者必须"设身处地"，在想象中做他们在所在的时间地点条件下做的事情。无论如何，这是韦伯的理想类型所做的真正贡献。可是，研究者在阐释自己的理想类型的时候，又必须以假定自己能够理解的资本家或者工人的动机或情感的形式来进行，于是对于资本家和工人而言，动机，或者更正确地说是韦伯所谓的"价值"，被认为是他们行为的原因。如果研究者选择了其中之一的动机，比如说利己主义，那么他就处于门格尔的立场，采用的是他的典型特性和关系。他无法囊括他们*全部的*动机，因为那会让他变成超人。他必须为经济学选择足够又不过多的动机。不过，这就又把他置于了韦伯的立场。

或许便是到了这儿，处在经济学中的研究者仍然没有一个可操作的理想类型，因为它太宽泛了。他必须区分出各种动机，把利润的动机跟利息、地租、工资、市场或者消费的动机区分开来。因此，正如我们已经指出的，在构建资本主义的理想类型中，韦伯以及紧随其后的桑巴特和托尼，创立了资本主义的动机，这解释了他所谓的"资本家精神"。资本家精神"创造"了资本主义，这跟卡尔·马克思的资本主义创造了资本家精神的说法是背道而驰的。正如上面所指出的，韦伯的资本家精神在于以货币或货币价值形式积累的形式，追求无限的利润，在这个过程中，根本没有任何对他人的责任或义务的意识；与此相对的是中世纪行会的手工业精神，这种精神只在于追求足够的物品来满足各种需求，不会剥夺他人的合理份额。当资本家精神受到各种规章制度的约束时，它就如同手工业精神受到行会规则的约束一样，资本主义作为一种理想类型，便开始"腐朽"。当然，韦伯看到的是这已经到来，他的信徒们也这样认为。资本家精神是对无限利润毫无公平意识的追求，手工业精神，也适用于工会精神，是以利润为代价对公平的追求。

很明显，如果这是解释理想类型方法的结果，那么它毕竟是研究者在选择构成他的理想类型的因素时的偏见。显然，这种结果是从寻找适合各种特殊行为类型的专门动机的努力中产生的，因此对待每种动机的方法就好像它是可以被描绘的——乌托邦式的方法——作为一种可分离的理想类型本身，在行为中找到自己的答案。

这个缺陷显然是可以纠正的，只要创造一种理想类型，把*所有*行为中所表现出来的*一切*动机都包含进去就可以了。但这会是科学的理想类型，而不是教育学的、宣传家的、人格化的类型。在科学中有用的正是这种形式的理想类型,在所有以"主义"结尾的词语里都可以找到它。作为无视对他人的影响而追求无限金钱收益动机的资本家"精神"被取代了,这种资本家"精神"会消失殆尽,只有"作为一个特殊的历史阶段的资本主义"会在各种类型的动机、情感、环境的驱动下,成为这种理想类型。实际上,关于情感、资本家的主观估价以及资本主义或好或坏的作用方面,研究者中间的意见还是大相径庭的。因此*为什么*这个问题不会有答案,但是会有一个跟所有科学的目标比较接近的东西,那就是研究者在*怎样*和*多少*的问题上的意见是一致的。

理想类型的这种意义就是它的科学意义,但是它产生了两个问题,这两个问题是韦伯着手创立他的理想类型时所要解决的问题引起的。第一,这种科学的方法完全消除了主观的东西,但是不是会再次把经济学还原为古典经济学家、共产主义经济学家、享乐主义经济学家那种纯粹机械的科学?什么是**科学的**理想类型?在这里我们将找到一种研究的方法。第二,这种科学的理想类型这样确定之后,是不是跟那些机械的类型一样,会排除韦伯试图跟经济密切结合起来的经济学的伦理问题呢?什么是**伦理的**理想类型?在这里我们将发现**合理价值**的意义。我们首先来考虑科学的理想类型。

(三)科学的理想类型

韦伯的理想类型的主要贡献是它产生了一种分类原则,可以用于大家已经共同使用的一整套观念体系,可以含糊地表示部分与整体的关系。这种分类包括了诸如资本主义、工会主义、共产主义、社会主义、商业、"经济人"、"供求法则"等术语。这些概念所取得的地位是作为普遍的理想类型概念的特例,这种理想类型不是作为科学的研究工具建立的,而是作为各种描述想象某种部分与整体关系时的心理上虚构的事物建立的,这种关系就是以后要详细研究的对象。于是,为了让这些含糊而不明确的概念可以变成科学研究的手段,我们要求检验作为理想类型,为什么它们不适合科学,以及怎样才可能把它们变成经济科学能够使用的思想工具。如同我们在前面关于**方法**的章节中已经解释过的那样,我们把这种理想类型简称为**公式**。

如同韦伯所阐释的那样，只要让它对所有的研究者具有充分的弹性，而不是把它固定下来，那么理想类型就可以对研究者的偏见加以矫正。它可以对研究对象加以矫正，使之在动机和情感中占主要地位的是交易的，占次要地位的是主观的，而不是相反。假定这两种矫正都可以做到，但仍然还存在第三个缺陷，那么正如韦伯所阐述的以及他和桑巴特所使用的那样，即便把理想类型变得具有弹性且客观，它仍然不是交易的。因此，它本身不包含**时间**的概念，没有把运动、重复、可变等主要特性包含在内，特别是没有在它身上包含一种客观的未来时间的公式。我们认为，当经济学家回归心理学的时候，这就是他们所指的意思。理想类型，作为部分与整体的关系，是由研究者形成并在研究中用于指南的，但是它是*在研究之前就已经确定了的*。因此，如果发现事实不符合这种类型，那就如同韦伯所言，类型本身不会改变以符合事实，事实是作为他所谓的对抽象的类型演化的"障碍"和"帮助"而被引入的。然而，如果这种类型可以被视为一个公式，用于对一个运动的、变化的过程进行研究，尤其是如果把它看做是一种表述不确定的未来预期的一个公式的话（这种预期左右着人类在永恒的运动中的现在的活动），那么这些障碍和帮助便属于这种类型的本质的东西。

所以，我们必须弄清韦伯的理想类型中这种时间缺陷的理由。首先，未能从一种经济黏合剂的角度出发发展经济理论，这种经济黏合剂把个人维系在了一起，如交易、债务、产权，这是历史学派或者社会学派的经济学家以伦理、统治权、人格化或者有机体的类比等非经济黏合剂的形式提供的一种黏合剂。其次，未能区分三种可分离的经济学理想类型——工程经济学和消费经济学，这是人与自然的关系；所有权经济学，这是人与人的关系。第三，缺乏时间和空间的相对论，这是最近才在物理学中提出来的。第四，一种错误的习俗概念，认为习俗是某种来自于过去的东西，而不是某种面向未来的东西。这些缺陷获得矫正后，未来性的概念就变成了客观的甚至可测量的概念，因而完全取代了从内在去寻求那种不可知的个人情感的需要。未来性成为了韦伯内在精神的科学的替代品。

于是，如果我们能够构建的不是一种可能适合也可能不适合事实的理想类型，而是一种作为研究工具的纯粹的*公式*的话（这个公式将包含一切研究者可能列入的所有的可变因素，但是这个公式可以根据整体起作用的时间和地点，用各个部分高度可变的重要性进行加权），那么它就有可能在一个不断发展的洞见中，把韦伯的理想类型中所包含的富有成效的研究方法结合起来。这一点我们认为是可能的，只要我们从一个恰当的因而是复杂的交易公式出发，它的预期的重复、同时发生以及变化就是一个运行中的机构。

韦伯的理想类型的另外一个富有成效的贡献，在于它瞄准了理论和实践之间的关系。理想类型不是一种理论，它是对各种因素之间的关系问题的一种阐释，这个问题是理论试图解决的问题。但是，为了阐释它，要求先有一个理论。因此，它不过是理论阐释中的一个阶段，那个阶段我们称之为假设。假设是一种陈述，陈述的是我们现在*预期*从我们关于各个因素的现有知识和我们现在对它们之间的相互关系的理解中得到的东西。根据这种预期所采取的形式，我们可以称之为科学的理想类型。在研究和实验上，当我们"试验"这个假设——我们的公式——发现它不完全符合的时候，如果我们不是教育的、教条的、宣传的，那么我们就会改变这个公式，以便更好地适应。那么，这种适应会是一种经过修正的理想类型的另外一个阶段；而后，更进一步地，如果我们考虑到各种因素本身的变化性并试图构建一个关于*过程*的公式，而不是一个关于结构的公式，那么我们会有另外一种理想类型，这是一个关于运动、变化的整体的类型，我们必须再次反复修正，以符合研究所发现的各种变化。

因此，我们所采用的不是一个固定的理想类型，这种类型韦伯称为乌托邦，实际上，在我们进行研究的时候，如果这种类型保持固定不变的话，那它会变得更加不切实际；我们所拥有的是一个不断变化的假设，吸收了新的因素，或者停止使用了较老的因素，总是寻求使我们打算构建的乌托邦具有较少的空想。因此，理论不仅变成了一个用于事实研究的思想过程，而且也变成了一种事实的诠释、相关性和预期。总之，理论变成了一种与韦伯的"理解"的不同的意义——不是教育学的同感的意义，而是实用主义的洞察力的意义，我们在此基础上预期并行动。

然而，由于理解部分与整体的关系的努力是一项全新而复杂的工作，而且考虑到韦伯的理想类型是作为研究那种关系的一种根据，因此这就要求我们不仅要让自己的思想过程的意义更准确一些，而且要求我们要把这个过程所涉及的环境关系的意义搞得更准确一些。这应该给我们一种思想的工具，如同洛克所打算的那样，应该让我们能够把自己的思想过程跟所研究的对象分离开来——这不是别的，而是让偏见远离理论的一种工具。因此，我们给出了我们作为词语的意义来理解的东西，目的是为了阐明关于这个科学过程的一种理论，这个过程达成了对经济学中将要获得的部分与整体之间关系的一种理解。

首先，关于理论的真正的出发点，也就是**事实**本身的意义。我们自称自己的理论是基于**各种事实**的。但事实是什么？一个事实在其最初开始的时候，不过是来自外部世界的一种最初的印象，我们称之为对象或者关系。接下来，它开始有了意义，但那只是因为我们从自己先前的知识和经验中构建了那个意义，这个意义我们称之为习惯假设。我们用自己的生活史来解读事实，而且有可能我们从一开始就搞错了。在这个阶段，事实是一种**感知**，它跟现实的整体完全不一致，它只跟整体的某个特殊的属性一致，因此，它对于我们而言只是接近下一个阶段的一个开端，下一个阶段是概念阶段。

概念是各种属性的一种相似物，例如使用价值、交易、个人、运行中的机构这些概念。那么，概念是不是一种部分—整体的关系呢？它是不是一个整体，这个整体的各个部分——是各种感知——是不是整体的要素？这里出现了**整体**这个词的第一种双重意义，或者不如说是**部分**这个词的一种错误的意义。一种感知，也就是说，一种对象或者关系，不是概念作为整体的部分，而只是作为一种特殊的属性——例如像黄色，或者只是一种各种属性的特殊的复合体，像一朵黄色的花——属于作为整体但尚且未知的某种东西；而概念不过是另外一种注重实效的便利，依靠它，我们就可以在一个名词中概括出感知的相似性。

其次，我们要区分各种**原则**。概念是各种属性的相似性，而原则则是各种活动的相似性。在这里，我们把原则的主观意义与实际意义区分开了。原则的主观意义是一种原因、理由、法则的意义，可以说是迫使的相似的一种意义，例如，我会说"这是一种自然的法则"，或者说"这些是我不会放弃的原则"。这种主观意义是韦伯的理想类型的源头。当时，原则的实际意义只是所预期的行动的相似性。由于这后一种意义，每种活动本身，无论是简单的还是复杂的，都是一个事实，一种感知。它不是一种部分—活动，这种部分—活动的原则是整体活动；原则是部分—活动或者整体活动的一种重复的相似性。对于用一个词来概括相似性方面它是一种便利，但是，由于赋予它的是一个名词而不是动词的名称，因而语言的另外一种便利便使它容易令人误解。使用价值是一个概念———种品质的相似性；但是使用或者估价是一种原则———种活动的相似性；交易是一个概念，但交易活动的相似性是一种原则；运行中的机构是一个概念，但意愿是它的原则，更确切地说，是它的预期的交易的相似性。亚当·斯密是一个关于一个人的复杂概念，但**斯密化**是关于推理的某种相似性的原则。

对于我们在"限制性因素和补充性因素"这个短语中所用的"因素"这个概念，也是如此。作为概念，一个概念就是一个单位、一个个人、一个物体，比方说，碳酸钾或者斯密；但是，作为一种原则，一个因素是类似的各种活动的散布者。农业中的限制性因素不是碳酸钾，它是碳酸钾的化学、导电或者其他活动，是一种用特别的一致性作用于其他物质的活动。人不是一个名词，他是一个动词，代表的是在与自然或者他人打交道的过程中期望他显现的所有活动。这些活动是限制性和补充性因素，是关键交易和一般交易，而它们的相似性就是原则。

因此，我们还没有达到部分—整体的关系。复杂性不是一种部分对整体的关系，它只是复杂性而已，不存在关于"怎样"、"为什么"、"为何"的理解。也许存在相似的复杂性，像各种花，或许存在相似的简单性，像黄色。实际上，我们所谓的概念或者原则的体系、分类，就是这个意思。"属"是一种关于更为简单的属性或者活动的广泛的相似性；"种"是关于更为严格的属性或者活动的一个特殊的案例。动物是属，人是种。后者不是一个部分，前者不是它的整体。凡勃伦会说，这种关系是分类学的关系，不是函数的关系。

所以，为了朝着部分—整体的关系继续下去，我们需要给心理过程另外一个名称，我们称之为**公式**。公式有点像韦伯的理想类型，它是一种纯粹的思想工具，构建它的目的是为了研究和行动，它是对各部分的相互关系以及部分与整体的关系的公式化。各个部分是它们自身的整体，需要它自己的公式，一直到我们认为是特定学科最基本的各个部分也都是如此。

但问题是，它是一种概念的公式，还是一种原则的公式？

举运行中的机构这个概念为例。它是一个关于彼此相互联系的个人、工具、机器、产品的不同相似性的公式，还是一个关于行动和交易活动的不同相似性的公式？

或者，举作为这个机构的一部分的个人本身的概念为例。他是关于斯密的概念，还是关于斯密化的原则？或者，举交易的概念为例，它是个人意愿的彼此关系，还是不同类型的相似的意志活动彼此之间的关系？

在这里，我们可以说，是韦伯的理想类型的实际应用，它把概念和原则陈述为一个公式，经过修正之后，这个公式将作为工具被用于对事实的研究。它是常见的定义问题，可是没有一个关于各个部分在最终的结果中所起的作用的理论，就不可能陈述定义。有人说假定我们总是按照同样的意义使用一种定义，那么这种定义就会跟另外一种定义一样。这样的说法是不能让人满意的，每种定义都必须跟我们心里已经考虑过的研究和行动的问题相符合，只有这样，运用它的时候才会或者才可能会不改变意义。

然而，我们首先需要区分的是，我们是把它作为一个概念或者一个原则来用，还是把它作为相互依存的概念或者原则的一个公式来用。例如，我们认为，经济学理论的基础是五个"部分概念"，它们彼此之间的关系以及它们与整体的关系，我们称之为**意愿**。它们中的每一个既是概念又是原则。

上面所提出来的稀缺性的概念，是由门格尔明确表达出来的。它是一个纯粹数字的概念，只存在于人的脑海里，它是当时当地所需要的东西和可以得到的东西之间所存在的一种比率。作为这样一种典型的关系，或者说是理想的类型，它是由两个相互依存的部分构成的整体，其中每个部分本身又是另外的整体，由它自己的相互依存的部分组成。而这个纯粹的数字——这种比率——既是相互依存关系本身的概念，又是其量度标准。但是，当我们认为它是与所需要的东西的数量和价格相关的人的买卖交易中的变化具有相似性的时候，**稀缺性**同时就又是一个原则；正是这个原则，而不是这个概念，变成了意愿这个整体公式中的一个机能部分。

效率也是如此。**效率**这个概念也是一个纯粹数字的概念，只存在于思想当中。它由两部分的比率构成，这两个部分就是一个时间单位之内的产出与投入。但是，效率原则是人类管理交易中具有变化的相似性，这种相似性跟所使用的设备和所生产的产品的化学的、电力的、重力的或者其他的运动相关。

习俗这个概念是指个人组成的团体对个体成员所具有的约束力的概念；但是，受习惯假设指导的行为准则原则，在团体的这种约束力继续发挥作用的范围内，是个人行为和交易带有变化的重复。统治权的概念跟习俗的概念一样，所不同的是以暴力的限量使用作为约束力的；但是统治权的原则是上级对下级的限额交易带有变化的重复，下级必须服从对他们所使用的暴力。

未来性的概念是预期事件的概念，但是未来性原则是交易及其估价带有变化的重复的相似性，这种重复是在人们在不断移动的**现在**实施的，关系到所预期的阻碍、帮助或者结果等未来事件。

这五项"部分原则"在它们的相互依存中，构成了**意愿**原则这个整体。作为概念，这是人类的复杂属性。作为原则，在稀缺性、效率、行为准则、统治权、未来性各项原则限制和补充的相互依存性的范围内，它是人类全部行为和交易活动带有变动性的预期重复。这种机能关系之所以如此，是因为一方面的变动会改变其他所有方面，从而改变了整个交易或机构。如果效率增加，那么稀缺性就会减少；如果行为准则发生变化，那么对未来的预期也会发生变化，也许统治权的使用也会变化。在买卖交易的公式中我们曾经注意到，机会、能力、竞争力中的任何一个方面的变化，都会导致其他两个方面的改变。它的机能部分的任何一个方面的改变，都是意愿这个整体的一种改变。

因此，我们触及到了运行中的机构的这个概念，作为预期的相互依存的交易的重复，运行中机构的原则是**意愿**，给它的公式就是前面提出的心理公式，这个心理公式就是其全部限制和补充原则不断变化的相互依存关系。

我们认为，这个公式符合韦伯的理想类型的概念，但我们称它是"科学的"，而不是教育学的、宣传家的或者人格化的。因为它是一个包含了*所有*因素而不是几个挑选出来的因素的公式，因此在它的确切表达中不依赖任何经过挑选的主观情感；还因为它提供了一个关于所有因素相互依存关系的有弹性的轮廓，这些因素今后必须既作为"部分—整体"的关系在它们自己的权利中各自进行研究，又作为限制性和补充性因素相互依存地进行研究。作为一种用于研究的思想工具，它所要求的科学的有效性，是基于韦伯对哲学或者形而上学和方法论所作的同样的区分。它完全是一种方法的工具，而它的方法就是明确地把人类活动的科学同机械装置和有机体的科学分离开来。依靠对科学的这种分离，韦伯避免了哲学和形而上学。因为方法论是概念和原则的逻辑结构，每门科学就是在它自己的领域内用它来陈述自己的知识或者知识手段的。方法论的界限就是特定的科学跨越其他科学的那些点，而跨越这些界限的尝试，就是哲学或形而上学上的扰动。在我们现在的知识状态下，一旦感觉到这些界限是无法跨越的，那么方法论的问题就不会跟哲学或者形而上学的问题发生混淆。正是这种区分，才使得我们能够像我们现在所做的那样，实用主义地定义**意愿**、**习俗**、**未来性**和**价值**，而不带有形而上学或者哲学的含义。

例如，意志是"自由的"还是"被决定了的"问题，从我们的实用主义的观点看，是一个"形而上学的"问题，因此就超出了政治经济学的方法论的范畴。但是，从心理学或者神经学的观点来看，它就不是形而上学了，这两门科学是依靠其特有的公式在研究心灵和身体之间的关系。我们认为，意志就如同我们所发现的那样，也就是说，是人类在行为和交易中的全部活动。然后，我们构建了概念、原则、公式，基于我们现在的知识来看，这些概念、原则、公式将有助于对政治经济学所有问题的研究，不需要引进所谓的形而上学，但实际上是自由和决定论的问题。

然而，在这里，我们认识到，如果意志是自由的，并且在人类的意识中是完全多变且不确定的，那么就不可能有政治经济学这门科学。如果我们还想要有一门关于**意愿**的经济科学，那么这就要求我们必须在意志的作用中寻求一致性。我们寻求这样的一致性，并非仅仅是在*怎样*和*多少*这种科学的意义上——这两者适用于自然科学，而是在意志的*为什么*的意义上。这种意志的意义，我们可以按照韦伯所给的意义加以"理解"。但是，我们的*为什么*不同于韦伯的*为什么*。他认为，**价值**是一种纯粹主观、变化无常的情感，不受任何逻辑规则的支配。对于个人而言，这无疑是正确的。在这方面它是主观的意志。如果我们把自己的科学建立在主观情感之上，那么我们就不可能有任何社会科学，那就必须求助于形而上学，或者是完全以个人为研究对象的科学，那就是教育学。这就是韦伯的困境。对于社会科学的目的而言，他在自己的方法论中引入的是个人主义的实体，是主观的价值，或者个人的意志。而这个实体，就我们所知，无论是"自由的"还是"被决定的"，都是十分反复、无法解释、特别个人主义的。但是，如果我们把自己对一致性的探索放在众多运行中的机构的交易上，而不是放在个人的情感上，那我们就的确把握了许多的相似性；在我们自己的意识中，我们可以理解这种交易的相似性*为什么*是一致的，因为它们是我们靠经验就可以了解的相似性。

这些一致性之一就是**习俗**。尽管个人的情感、主观的估价、主观的意志有可能变化无常、大相径庭，以致任何科学的一致性都不能以它们为依据，然而，当我们注意的是交易而不是情感时，我们确实发现了行动的一致性。不过，在这里，形而上学的问题或者更确切地说是心理学而不是经济学的问题，为经济科学的方法论设定了一个限制。心理学或者神经学，发现了被称为**习惯**的某种个人主义的一致性，从休谟时代起，这些一致性就没有跟**习俗**区分开来。但习俗不过是众多个人习惯的相似性。从前，经济科学把这当成了一种不需要研究的假设,但是近来,经济科学的方法论要求我们看远一点。实际上,要确立一种社会力量或者压力的理想类型或者公式,这种力量或者压力会迫使个人按照不同的服从程度去遵从,而它本身则能按照它自己超越这种习惯假设的权利去加以研究。

这样的研究是历史的研究,其富有成效的资料来源是在法律和仲裁的判决中,习俗在这些判决中被转化成了习惯法。在这里,陈述习俗的定义变成了方法论的功能,不是基于心理学和个人主义的**习惯**基础,而是基于这种社会压力,这种压力迫使所有的个人在司法权范围内行动一致。由这样的来源得出的这样一个定义表明,强加给那些情感、估价、意志都变化无常的人头上的处罚或者制裁,并不符合我们所谓的习俗的"行为准则"。有了这样一个习俗概念,经济科学能够而且的确可以作为一种研究工具而发挥作用,而且它有助于解释和理解。

但是,它之所以能够如此,是因为它引入了社会科学中特有的另外一种原则,这是旧的**习惯**或**习俗**概念中所没有的。这就是我们称为**未来性**的预期的原则。习惯是行为的重复,决定于——如果它们是"被决定的"——发生在过去的生理作用。但是,习俗的约束力或者"决定的"力量是想象的未来损益的预期的相似性。这种"未来性"尽管从主观的观点看属于个人主义的心理科学的范围之内的内容,但是从交易的观点看,它不是别的,正是基于社会制裁的现有的安全、服从、自由和风险的承担。

这一未来性原则同样提供了价值或者目的概念的一切客观意义。因此,韦伯变化无常、不守规矩的主观价值或者意志是不可能有科学所要求的一致性的,它被估价和意愿的这些相似性所取代,而估价和意愿是法学和经济学的研究对象。但是,任何科学都不能为了成为一门科学而要求绝对的一致性,甚至连天文学都对可变性留下了余地,经济学更是这样。真正的事实是,我们有一个庞大的力量复合体,或者说原则复合体,共同发挥作用,这样就阻碍了其中的任何一种的精确的重复;经济学的难题是为了让这些变化性可以被解释和理解,因而就得让各种原则相互关联,但不是因为个人价值和意志的莫名其妙的反复无常，而是因为构成意愿整体的几个原则的不断变化的相互关系。可以说，这种变化性是各种因素功能性的相互依存中尚未解决的问题。

(四) 伦理的理想类型

韦伯不认为伦理的理想是其理想类型所认可的一种意义。但是伦理的理想有双重意义，它可以指*达不到的*事情，也可以指*能达到的*事情。我们认为，后者就是**合理价值**的意义。在给定的历史发展阶段，在现有的各种情况下，在一个运行的机构中可以看到与他人福利相关的能够达到的最高的理想主义，这就是合理价值和合理惯例，它可以被称为**注重实效的理想主义**。

韦伯将能够达到和不能够达到的*目标*都拒之门外，这就是伦理的目标。但是，在习惯法的合理性意义中，被拒绝的只有不能达到的理想主义，可以达到的最高的伦理目标——这也是对一个人的社会责任而言可以达到的最高的动机——是被实际存在的事实所证明了的，在当时存在的生存竞争中留存下来的最好的机构的惯例中，这些伦理目标可以作为事实被研究和证明。

排除在考虑之外的伦理的理想类型，只是那种不能达到的类型，例如，我们可以说是天国、共产主义、无政府主义、普遍的兄弟般的友爱、普遍的美德、普遍的幸福。但如果它是可以达到的，如同留存下来的最好的例子那样，那么可以达到的理论就跟已经达到的理论一样科学。因为在被研究所能发现的最好的个体的例子和集体的例子中，它不但已经达到，而且可以保持。一个"太好"和"太坏"的个人或者机构都可能在商业中失败，因为它被当时的集体行动的行为准则排除了。但是，一种合理的理想主义是最高水平的可以实行的理想主义，不仅被像边沁笔下的那些人的个人的愿望证明了，而且被对那些制度的研究证明了，那些制度不但实践了这些理想主义，而且仍然存在。一直都存在高于一般标准的个人和机构，通过集体行动来实现的社会的理想主义的问题，在于让等于"平均"或低于"平均"的那些人提高到平均的水平之上。

在这种对*高于一般标准的人*的研究中，在他们对他人的社会动机中，必须要进行研究的限制性因素，和对那些处于一般标准或者处于一般标准之下的人，要进行研究的限制性因素是一样的。这些限制性因素是效率、稀缺性、矛盾、现有的习俗和统治权的行为准则、习惯假设等等，这些因素将伦理的上限置于当时当地能够做到的水平之上。[1]

因此，同时顾及到个人的私利和社会福利的经济的意愿论，是一种关于*已经*达到的上限的理论，因此是一种尚未完成但可以达到的*未来*的理论。当未来被生生不息的过去终结时，同样的意愿论就变成了一种关于*已经*达到的情况的历史论。经济活动的伦理学是**意愿**原则的未来，但历史是同样的原则的过去。

这种**合理价值**的理论——也是**合理惯例**的理论（之所以如此，只是因为它们以**合理价值**而告终）——对于那些在自己的脑海里勾画着韦伯的乌托邦的理想主义者而言，似乎可能会大失所望。韦伯明确地把自己的理想类型称为"乌托邦"，因为他认为这"不存在"。但我们认为它*不会*是乌托邦，因为在我们可以发现的范围内，它实际*存在于*那些事实上保持生存的机构中的最好的惯例之中。真正的乌托邦是无法达到的，我们已经目睹了太多的空想家梦想破灭之后变成了悲观主义者和极端保守派，这就保证了我们在朝着社会理想主义迈进的时候，不会越过能够证明是切实可行的最好情况这个雷池。在这个有限的领域内，为各种的热忱和宣传活动留下了足够的空间，因为马尔萨斯主义者的激情和愚蠢设置了一道令人绝望阵线，针对的甚至是能够证明切实可行的社会理想。

然而，在切实可行的最佳情况的限度内，这种伦理学的意义是一种理想类型，构建它的目的是为了客观地研究和理解交易和运行中的机构的本质。但是，必须把它跟主观的伦理学区分开来，因为后者是变化无常的、个人主义的。我们的伦理的理想类型基于一种可操作的多数派意见，这是从对所有参与交易的人能够达到的最佳的福利关系的研究中推演出来的。尽管它意味着*应该*与*是什么情况*和*现在是什么情况*或者*过去是什么情况*相对照，但它不是反复无常

---

[1] 见后文关于意外与失业的论述。

的个人主观上的"应该"。大多数人，当他们面对"合理价值"这个词的时候，在主观的情感上都把它当成是一种个人主义的理想，因此这种主观情感就跟有多少个体一样千差万别。但是，我们的合理价值的观念，是那些一起工作的人的意见一致的理想主义，他们彼此依赖，目的是为了让他们的合作进行下去。它不是"我认为"应该是什么，而是作为一个运行中的机构，"我们认为"应该是什么，而且要能够达到。

当韦伯将目标拒之门外之时，他的脑子里想的是"我认为"的东西，而不是大家共同行动时的"我们认为"的东西。然而，在可以达到的限度内，这种伦理上的意见一致的公式，是类似于韦伯所发明的理想类型的。它在一切的司法推理中都随处可见。它存在于原理、标准、假定、人格化、类比等内容中，人们从智力上构建它，是为了实施公道。在过去的三百年中，人们构建并随着新的案例的产生而不断重构的最基本的理想类型，也许是愿买愿卖的理想，它是习惯法作为一种经济关系的理想类型而设立的，合理价值就是因它而生。

同样，十六世纪的习惯法所创立的理想类型，现代的信用体系大部分都是以它为基础的：*约定*是这样的，即"假定每个人都保证做法律上公正、正确的事情"。在没有明确契约的场合，这种假设也许不过是一种默认契约，或者可能是一种纯粹的假定，法学学科就是以之为基础的。事实上，边沁如此顶礼膜拜的几乎所有"假定"，都是伦理上的理想类型，目的是为了调整旧的法规以适应新的情况。因为它们是法律上的假设，这些假设认为，某种东西是或者也许是从错误的观点出发的，但其实是对的。它们显然是基于意志作用中经验的相似性，而不是反复无常、不可知的主观意志。因此，严格地说，它们是科学的。

例如，用于法律推理的*约定*这个假定，无论它是那种"默认的"契约，还是那种技术意义上彻底完全的假定，都只是一种作为跟过去变化无常的任意的意志观念相对比的假定。先前的这种观念适用于过去的封建或专制的时代，那是暴力、掠夺、多变而专制的政府的时代。但是，当和平的产业开始到来的时候，由于商人在买卖和履约中的习俗，为人们观察资本主义交易的这些相似性提供了各种缘由，这些缘由意味着，作为交易一方的个体的原告或者被告，不管他自己心里真正的想法是什么，但他的确打算做合理行为的相似性原则所暗示他要做的事情。

社会科学，特别是经济学和法学，如果伪称虚假的东西是真正正确的，那就不能成其为一门科学。除了因为诗歌的原因外，物理学和生物学都不能曲解电或者蚁群有任何要做什么或者不做什么的目的、意图、默许、契约。这是李克特和韦伯洞见的坚实基础，他们提出的理想类型是社会科学所特有的，从而把它们跟自然科学区分开了。这门科学在方法论上所要求的只是运动的某种相似性。对于经济学和法学而言，英美的习惯法提供了这一点，它的基础在于习俗，而不是别的，这是所预期的强制的交易的相似性。

经济或法律科学不能曲解个人变化无常的主观估价或者意志，认为它有什么可靠的目的去订立契约，或者一旦订立契约就会履约。但是，如果兴起了一种商人的习俗，也就是交易的某种预期的相似性，那么基于这种相似性，众多的暗示、假设、假定就可以解读个体的原告或者被告的思想，而不管在那些人主观的思想深处这些含义是不是真的存在。

经济学中也是如此，跟在法学中一样。"经济人"的假定不过是意志的某种一致性的假设。这个假定的缺陷是它假设这是经济理论所需要的*唯一*的相似性，但它却不断被限制性因素和补充性因素所修正。所有这些因素，就它们是相似的而言，我们称为"原则"。事实上，经济和法律的假定以及隐含的保证、目的、意图、动机等——基于相似性的原则，但在物理和有机科学中是不可想象的——只是研究的思想工具，这种工具的使用能够使得经济学或者法学成为一门科学。所有这一切都可以在韦伯的理想类型这一个概念中加以概括，无论这种类型是运用于过去或现在的什么情况的科学的一面，还是在最佳的习惯性的惯例的范围内运用于应该是什么情况的伦理的一面，都是如此。

在美国，伦理的理想类型最引人注目的运用，是在铁路和其他公用事业所谓的"自然估价"中。在这里，基于"现有条件下的再生产成本"的理想，工程师、会计师、经济学家、法学家和法院在想象中构建了一个可供选择但却不存在的运行中的机构，目的是为了让历史中的真正的机构符合大家认为合理的资本投资的价值。这种估价扩展到了向公众收取的合理价格，以及提供给公众的合理服务。① 另外一个理想类型，是在可以达到的范围内，就同样能够完成货币购买力的稳定的理想类型。

这些以及类似的理想类型，都是基于韦伯对经济学研究方法的重大贡献。然而，它们不是建立在被韦伯正确地排除在外的个人主义的情感之上的，这种情感是一种主观意志的价值情感，所有这些情感都是大相径庭、反复无常和缺乏一致性的。它们是建立在共同意愿的某种相似性假设的基础之上的，为了一个明确的目的，就是支配、控制、带来一种不同的估价，以符合大家认为是伦理的理想类型，这种类型是在同类的交易中已经完成过的。正是这种相似性，才使得经济意愿的理论成为可能，无论它是已经发生过的、预期会发生的还是应该在将来发生的一种科学理论。

问题现在又回到了我们出发的原点：我们的交易和运行中的机构的公式，相当于韦伯的方法论而言，是不是提供了一种可供选择的方法，即这种方法不仅在运用于物理科学和生物科学的意义上是科学的，而且还结合了使经济科学区别于自然科学的特有的属性？答案是：我们的公式是科学的，因为它并非基于魔术、炼金术、价值、意志等主观而易变的本质，而是基于行为的相似性，跟所有的科学是一样的；它之所以是经济学，是因为它是通过发现人类意志运转中经济上的相似性而有别于物理学和生物学的，而其他科学发现的是物体运转中的相似性。对于经济科学而言，这些相似性的关键全都在于**未来时间**这个原则，这是一个在物理科学和生物科学中找不到的原则；在经济科学中成为可能，完全是因为语言、数字、财产、自由以及保证预期安全的行为准则等各种制度。

毫无疑问，出于教育和宣传的目的，这些科学的原则需要一种

---

① 马丁·格莱瑟：《公用事业经济学大纲》，1927年版，第102~114页；康芒斯：《资本主义的法律基础》，第143页。

不同的方法论，即人格化的方法。但是，说人格化与科学是完全对立的同样也是正确的，而且正在痛苦地消除人格化的最后一门科学，就是以人的意志本身为研究对象的那门科学。

因此，我们触及到了我们所认为的韦伯的贡献，这是韦伯继哲学家李克特之后，对政治经济学这门科学及其研究对象"合理价值"的贡献，那是**分析和洞察**。过去的经济学家的方法取自于自然科学家，可以区别为**分析**和**综合**的方法。这纯粹是一种理智而数理的过程，这个过程把整体分解为了部分，然后再用相关性、系数等把它们结合起来。但李克特把**自然科学**跟**历史科学**区分开了。历史科学中是人类意志在发挥作用。因此，按照李克特和韦伯的观点，历史科学不能简化为可以量度的数量，它是靠一种面向未来的目标在起作用的。但是，尽管这种未来是可以量度的——实际上在信用和债务的经济体中已经进行了量度，尽管整个运动过程的所有部分都可以分析，然后用一个合理化的方法加以综合，——但这个过程对于正在发生的事情却不能给我们一个真正的洞察。历史科学的方法，因而也经济科学的方法，是一个分析、溯源、洞察的过程，通过一种更好的分析以及更好的关于序列的知识，我们接近了一种更好的理解。分析和溯源是理智的合理化过程，但洞察是一个用分析和溯源解读生活、意志、目的、原因、结果、预期的情感过程。

从历史的观点看，如果我们所指的自然科学不是一种知识体系，而是通过掌握关于自然力量运行方式的更好的知识而对自然的力量达成控制的一个过程的话，那么这个过程并不是一个真正的不同于自然科学的过程。但是，这并不是科学这个词汇的通常意义，更正确地说它是**工程艺术**的意义。想象中，"艺术"不同于"科学"，因为它意味着人类的控制，而科学只意味着人类的知识。然而，如果把自然科学的研究对象不看做是一个知识体系，而看成是科学家通过试验和研究获得知识的一个体系的话，那么李克特对自然科学和历史科学所作的区分就是虚假的。从这个观点可以得出的一个例子是化学科学，因为化学已经创造了大约二十万种自然界没有的产品。自然科学家已经对这个问题变得惴惴不安了，特别是因为爱因斯坦和爱丁顿①已经把物理学推向了哲学家曾经想象过的最为极端的形而上学,而这些哲学家是自伽利略时代起就被他们所蔑视的。②

他们的出路似乎是把科学的研究对象从一种知识体系改变为一个科学家的团体。如果果真如此的话,那么自然科学就变成了经济学家所了解的"机械过程"一样的东西,而宇宙也不再是一个独立于人类意志的一种无限的"机制",而是一个由科学研究者所构筑的有限的"机械"。像这样的事情也许会发生。杜威似乎勾画出了一个轮廓,他说:"在改变世界面貌的行动中,将要实施的工作计划的各种观念是必备的因素……一旦哲学接受了科学的教导,认为观念不是现在或已有情况的说明,而是将要实施的行动,那么,一种真正的理想主义——一种跟科学协调一致的理想主义——马上就会出现。"③

与此同时,如果接受自然科学作为一个知识体系的通常的意义,那么它的研究对象就没有未来、没有目的、没有理想类型,因此就会跟经济科学完全不同。所以,对于后者而言,我们需要的不仅是分析和溯源,而且还有对发挥作用的人类意志的理解。

如果我们把自己的方法论建立在这些区别的基础之上,那么经济科学的研究对象就是人类在彼此交易、控制自然力以及彼此控制这三种可变性上的作用,也就是习惯假设、合理化、洞察。习惯假设产生自习俗,能够继续发展,而且的确也在继续发展,不需要多少推理或者洞察。合理化是严格的理智过程,它可以跟假设和洞察区分出来,但是不能与之分离。洞察是一个情感的、意志的、估价的、直觉的甚至本能的过程,部分是习俗,部分是合理化,它的最高限度就是关键交易和日常交易的及时性,这是旨在控制和适应自

---

① 阿瑟·斯坦利·爱丁顿(Arthur Stanley Eddington, 1882~1944):英国数学家、天文学家和物理学家,相对论的早期拥护者,在星体演化、结构和运动方面有很深的造诣。——译者注
② 赫伯特·尼科尔斯(Herbert Nichols):《科学的危机》,载《一元论者》,1923年第33期,第390页。
③ 约翰·杜威:《确定性的探求》,1929年版,第138页。

然力与其他人的行动中的及时性。这三个方面共同构成了我们所说的**意愿**的内容。

关于**意愿**的这种分析,不存在什么绝对或根本的东西,我们只是觉得它是一种有用的公式,可以用来分析和理解个人在经济交易中的行为。但是,由于它有计划地包含了心理学和经济学之间充满争议而且可能无法跨越的鸿沟,因而我们采用了心理学和经济学的"两种语言假设"。把这种语言运用到对**意愿**的分析上,我们就可以区分几个词汇的双重意义,或者更正确地说是双重方面。因此,"资本主义"有双重的方面:一方面是"资本家精神"(如同韦伯、桑巴特、托尼所提出的那样);一方面是作为那种精神可量度行为的商业交易。习惯假设具有无思想的印象的一面,也有交易的习惯性重复的一面;稀缺性有稀缺意识的一面,也有有限资源的一面;意原有预期的一面,也有有所预期的交易的一面;目的有打算的一面,也有有所打算的效果的一面;责任有良心的一面,也有后果的一面;理性有理由的一面,也有合理的一面——在理论和数学中展现的分析的理由,以及在**合理惯例**和**合理价值**这些术语中所理解的作为行为的合理性。最后,洞察这个词本身具有**智慧**和**及时性**的双重意义——智慧因为主观性和未来性而无法量度,但及时性是可以量度的,可以通过在"正确的"地点、"正确的"时间,用正确的力度以及研究对象的"正确的"数量来完成"正确的"事情的程度来量度。正是在对**及时性**及其关键交易和日常交易的现代研究中,经济学从洛克和边沁抽象的推理中,过渡到了那些参与运行中机构操作的人的现实主义的洞察或者缺乏洞察之中。

七、集体行动

出于这些原因,如果有可能的话,那就有必要对集体行动本身运作的原则加以研究和确定,因为个人必须在这个范围内活动。我们把这种集体行动区分为**政治**,以及作为社会经济结果经历的历史阶段。

（一）政治

1. 人、原则和组织。我们所指的政治是一个机构内的一致行动，旨在取得并保持对这个机构及其参与者的控制。交易是管理的、议价的、限额的交易，机构是道德的、经济的、统治权的机构。道德机构是那些没有经济或物质权力的机构，在现代，它们是诸如宗教、慈善、教育、共济会以及类似的协会，这是就它们单纯依靠说服来制裁而言的。经济机构是诸如商业组织、工会、农民合作社、物产和证券交易所之类的机构，这是就它们依靠经济上的强迫制裁而言的；这种制裁通过参加交易，或者排除在交易之外，或者不干预交易，保证了收益，强加了损失。统治权机构，无论是地方的、国家的、联邦的还是帝国的，都是通过暴力的强制来使用强制的制裁的。因此，机构的政治是冲突的和领导行为的内部活动，制造通过对机构可以获得的制裁的控制，来阐明行为准则，维持对个人的管辖权。

在机构本身的范围内，因为把机构作为一个整体来看待，因此，机构的政治，就机遇可能的暗示而言，也是以道德力量、经济力量、物质力量三种制裁手段中的一种或者全部为基础的。而且，根据在获得机构控制中占优势的制裁手段是哪一种，我们给出了劝说、强迫、强制三个名称来描述诱因；同时用领导、老板、首长来表示相应的领导类型。

在这种受限制的意义上，领导是完全靠说服和宣传来吸引和领导他的追随者的人；老板，① 像工头、雇主或者坦慕尼协会②的管理者，靠的是通过控制追随者的工作、合同、生计、利润来强迫他人服从的；首长，③ 像警察的长官或者军队的领导，靠的是通过他对暴力的控制来强制别人服从的。这三种制裁也许是也许不是由同一个

---

① 老板（boss）这个词是德文"bass"的一种直译，跟经济上的控制是同样的意思。这个词1836年首次出现在纽约。见康芒斯等的《美国产业社会文献史》，第4章，第277页。
② 坦慕尼协会：纽约市的民主党组织。——译者注
③ 来自于苏格兰一个部族的*首领*。

人来运用的,但是成功的首长通常善于使用强迫和说服,老板也是善于运用强迫和说服的,而领导,则单靠成功地运用说服,就可以变成老板或者首长。没有领导、老板或者首长的群众的行动就是一群乌合之众,有了领导、老板或者首长,它就是一个运行中的机构。

还有另外三个词,一般用来区分靠它们达到领导地位的这几种制裁的不同组合:人、原则和组织。人在身份上是不同的,从儿童到成人,从女性到男性,从愚蠢的个性到专横的个性,它是遗传和所获得的性格的组合,在杰出的人物中,根据暂时属于他的小人物的习惯和假设,使个人适合变为领导、老板或者首长。

原则同样有区别,但它们的区别是不同的政策,这些政策是领导根据他们对各种倾向的判断、阐明或提出的,小人物们可以在一致的行动中在这些倾向的基础上团结起来。后者不过是从理智的角度观察到的行为或目的的相似性,就像法学、逻辑学、物理学、电学、重力、或者经济学的原则一样。但是,政治原则处理的是意志问题,它是有目的的行动方针,例如自由贸易、保护贸易、商业伦理、工会原则、宗教或道德原则、爱国主义、忠诚乃至经济和效率,根据这些原则,可以产生趋向于一定目标的一致行动。在这里,领导之所以成为领导,是因为他能够用语言说出他人感觉得到但却说不出的东西。

最后,组织有别于人和原则,因为当它趋近于完美时,它是一种平稳运行的、有效的层级,这个层级包括了所有大大小小的领导、老板或者首长。在某些案例的比喻中,这个层级已经变成了众所周知的"机器",因为尽管成员在改变,但它在持续运行,这是从可代替的部分来类推的。没有一个人是不可或缺的,但个体的领导者可以在层级中产生,或者由替代者取代,根据的是建立起来能够起作用的选举、调任、提拔以及政治策略的方法。按照组织所达到的平稳完美的程度,我们赋予它的名称不是物理学上的名称"机器",也不是生物学上的名称"有机体",甚至不是那种模糊不定的名称"集团",而是社会活动的名称"运行中的机构"。一个完善的运行中的机构,其显著的特征是随着变化的人物和变化的原则持续下去的能力，这种持续不依赖于任何特殊的人或者特殊的原则，它改变自己的人或者原则，以适应各种人群变化的倾向或者冲突的倾向，让自己跟环境相适应，而这些人群的忠诚和支持是机构的延续所需要的。实际上，它跟人一样具有行为，而且在事实上往往被人格化，但最近这种比喻被物化在机器这个术语中，尽管"运行中的机构"这个不用比喻的社会术语要更确切一些。

因此，经济社会是一个不断变化的人、原则和组织的复合体，后三者实际上不可分离，而且在运行中的机构这个概念中结合在了一起。一个机构内的这种复杂性，我们称之为政治，以便把它跟从前的各种经济理论的简单性区分开来，后者被恰当地称为个人主义。我们所假设的不是平等的个人，而是大为不同的各种人物：领导者和被领导者、上司和下属、军官和士兵。我们所具有的不是从前那种简单的假设，因为每个平等的个人都在追求他们自己的个人利益，同时我们所具有的是千差万别、相互矛盾的各种原则，因而不平等的个人就是在这些原则的基础上追求一个共同的利益的；我们所具有的不是无节制的个人，而是管理他们的各种层级。这种复杂活动的整体就是政治，而且它不是跟无政府主义或者个人主义相对的社会主义或者共产主义，它是**政治**。

"政治"这个词的意义，通常被限定在旨在控制对有统治权的机构的活动中，这个机构就是**国家**。但是，随着现代数不清的各种形式的经济和道德上的一致行动的出现，人们发现，在所有的机构中都存在类似的关于人、原则和组织的复杂性。统治机构使用暴力制裁这个事实，似乎已经给了这种机构以支配地位，如同"统治"这个词所表示的那样。但这是虚幻的，因为如同我们已经看到的，统治权是渐进的但不完全的，是从私人交易中提取的暴力，而其他各种机构左右着国家。

因为国家存在于使用暴力制裁的强制中，否则的话，私人方面有可能试图通过私人暴力来强制实施这些东西。因此，不用诉诸私人暴力的方式，在政党的名义下，发展起来了一种形式一致的行动，这种形式作为统治机构内部的一种组织，目的是为了选择和控制立法、行政、司法人物所组成的集团，这些人物的一致行动决定着一切经济交易中的法律上的权利、义务、自由和风险承担。因为这些术语所表示的法律关系,不过是专门用于控制目的的社会的暴力制裁,它有别于"法律之外的"经济和道德力量的制裁,后者甚至也许比暴力更有力量。

政党和其他运行中的机构一样,都是通过人、原则和组织的可变组合演化而来的。在美国共和国的早期,当时各种人物似乎都处于支配地位,政党被视为"小集团",它们肆无忌惮的争斗似乎危害到了迄今各个独立的殖民地的民族团结。但是人们最终发现,像汉密尔顿和杰斐逊这样的最主要的人物代表了经济和政治的原则,终于,当这些和其他一些冲突的原则达到持久组织的阶段时,他们实际上改变了选举总统的方式,从一种不牢靠的杰出公民的大会(宪法起草人建议的竞选人协会),变成了旨在提名和推选竞选人的政党大会,① 这种改变甚至是违反宪法的。

原来那种由公正无私的公民冷静讨论的幻想,产生于十八世纪理性时代的天真的谬误,这种谬误认为人是理性的存在,人唯一需要的就是为了要做正确的事情而去留心它。政党跟所有的一致行动一样,是建立在群众的激情、愚昧和不平等的基础之上的,并且它们有非常实际的目的,那就是获得并保持对阐释国家意志的官员的控制。所以,是政党,而不是国家,变成了经济机构,通过这些机构,暴力制裁被指向了经济上的获取或者损失。在其他一些机构(诸如企业组织、劳工组织、农场主组织、银行家组织)中,这些内部的协调一致的斗争,目的是为了获得对机构的控制,这些都是在"辛迪加"、"圈内人"、"机器"、"派系"、"左翼"、"右翼"这类不同的名目下进行的。然而,它们在人、原则和组织方面却具有相似的现象,它们在总体上可以用一个一般性的术语来表述,那就是"机构的政治"。

---

① 关于汉密尔顿和杰斐逊,见鲍尔(Claude Bower)的《杰斐逊和汉密尔顿》,1925年版。关于大会制度的缘起,见布雷斯(James Bryce)的《美利坚合众国》,1921年、1929年版。见康芒斯在1907年《比例代表制》第二版中的有关章节的讨论。

从一个机构内部劳动分工的事实来看，碰巧最主要的人物作为专家出现了，经验和成就让他们非常适合指导机构的某些特殊活动。如同我们已经描述过的，政治家是心理方面的专家，凭着经验和眼光，他知道他能够把个人的激情、愚昧、不平等、习俗、习惯假设，以这样一种方式组织成群众行动。就如工程师是效率方面的专家、企业家是稀缺性方面的专家一样，政治家是人类心理方面的专家，所有的乌托邦，以及过去一百年来的企业经济学家和管理经济学家，一直都忽视了政治家的这种专长。他们宁愿让社会哲学家、"知识分子"、企业家、工程师置于控制集体行动的位置上，但"物竞天择"却让政治家们待在了那儿。有政治意识的正是他们。

在一个机构内部，尽管协调一致的政治行动是建立在激情、愚昧、不平等、群众行动的基础之上的，但它跟其他一切学科的复杂性一样，是能够科学地加以研究的。对于特定的情况，我们无法事先告知复杂性究竟意味着什么，但是，就像在其他学科中那样，通过观察和实验，我们可以构建某种科学的原则，或者是假设行为的各种相似性，然后就可以把这些特殊的情况用于研究的目的。这种学术的方法，是科学的头脑在所有研究活动中据以发挥作用的方法，我们称之为分析、溯源和洞察的方法。

分析的方法在于把复杂性分解成所有假定的行为的相似性，然后给每种相似性一个名称，作为一种被提出的科学原则，让它通过研究加以验证。溯源的方法在于发现过去发生的变化，作为对现有情况之所以如此存在的解释。洞察的方法在于理解领导和追随的方式。

在上面关于人、政治原则和组织之间的区别中，我们已经提及了这种学术方法。每一项都是科学的原则，因为它们都是观察得来的一种一致性，它的演进就是溯源，它的理解就是洞察。但还有另外四种科学原则，这些原则有自己的细分和研究对象，在对政治整体的分析中就显露出来了。在特定的具体案例中，我们可以把这些原则整合在一起，目的是为了在分析、溯源、洞察中发现它们的相对重要性。这些原则就是**管辖**、**限额**、**稳定**和**辩护**。

管辖权的细分就是对区域、对人、对交易的管辖。限额过程的细分就是"滚木头"、① 独裁、合作、集体谈判、司法判决。稳定过程的研究对象是惯例、价格和就业的标准化。辩护的细分是宣传和习惯性假设。实际上，这些都是彼此密不可分的，而且所有这一切完全都包含在更为宽泛的政治原则之下。因为所有这些都是一个机构内的一致行动的一般原则的不同方面，这种一致行动旨在控制机构，因而也控制个人的行动。它们彼此融和，但通过选用极端案例的分析过程可以加以区分；通过溯源的过程，从历史的角度可以揭示它们如何从一种情况变为了另外一种情况；通过综合的洞察过程，可以在某一点上看出来这个或者那个是关键因素，其他的是普通的或者辅助的因素。

2. **管辖**。所谓管辖，我们指的是控制个人行动的集体行动的*范围*。② 它意味着某种类型的权威，通过解释旧的规定或者作出新的规定，这种权威可以判决个人之间的纠纷；它意味着因违反规定而施加给个人的某种类型的处罚或者制裁。极端的处罚或制裁是统治权所施加的暴力惩罚，但是也有由现代经济机构施加的工资损失或者利润损失的处罚。而且，一旦经济上的管理没有强有力地组织起来，那么还会有毁誉评价的制裁，个人的生活或者得益取决于这种制裁。因此，管辖是处于一个限定范围内的集体行动，它通过暴力、经济和道德力量的制裁控制着个人的行为。我们仅仅提到了管辖的三个方面——其差异是可以理解的——把它们称为**区域的**、**人的**、**交易的管辖**。在制度经济学领域，最后所说的这种管辖是我们主要要关注的管辖。

3. **限额**。（1）*过程*。限额交易是实施管辖的过程，它们可以区分为"滚木头"、独裁、合作、集体谈判、司法判决。大家共同的经济原则是明确表达规则，这些规则将支配从属的参与者的交易，在他们之间分配生产的责任和利益、分配财富的享用。限额交易不同于管理交易，因为后者是这些规定的执行，因此是经过授权的；它

---

① 政客之间相互投赞成票以通过对彼此都有利的提案。——译者注
② 见康芒斯1928年版的《维瑟曼产业关系讲座系列》中的关于"管辖纠纷"的论述。

们不同于议价交易,因为后者是假定平等的个人之间的协议,这些协议是规定所准许的,由管理者加以执行。

这三种类型的交易——限额的、管理的、买卖的交易——在它们各种各样的组合中覆盖了经济行为的全部范围,要想区分它们,就要有历史的分析。因为它们所呈现的是从原始的或者荒蛮的社会的简单条件到高度发达的产业文明。在这里,我们可以把它们区分清楚,然后就可以追溯到它们在简单社会中的萌芽状态。

因此,"滚木头"作为一个限额的特殊案例,可以作为民主的一致行动的原则加以区分。尽管这个词源于美国俚语,但跟"工作"、"老板"这些词一样,它从没有文化的普通老百姓嘴里产生,当人们发现它适合于表达这种语言中难以提供的区别时,就进入了学术性的文献资料。虽然自然科学从希腊文或者拉丁文中借用了自己的技术术语,但这样的途径对于社会科学而言却会是极其危险的。在这个例子中,"滚木头"这个词表示的是一种原始的民主过程,因为在试图把它跟议价、管理、合作、独裁区分开来的时候,没有一个字眼会如此确切。它基本上是平等的人之间自愿达成合伙协议的过程,目的是在一项共同的事业中分享利益、分担责任。美洲的开拓者同意彼此帮着滚木头、抬木头来建他们的木屋。跟其他最终用于文字的词汇一样,这个词始于体力过程,然后通过类比,扩展到了包括"选票交易"在内的立法过程。但是,在那里,它错误地得到了一个令人厌恶的意义,那就是为了获得那些想象中的无原则的人的选票而背离了一个人的道德原则。①

但是,对"滚木头"的这种责备混淆了目的和过程。过程是普遍的,但目的可能有好有坏。当两个人为了共同的事业在合伙协议中商妥了彼此的利益分享和责任分担的时候,或者当一个立法机构的成员商妥了一个联盟协议中为彼此的措施投票的时候,它看起来就像是集体谈判或者是合作,但如果让这些词的意义准确到了足以符合真正的差异的程度的话,那就并非如此。尽管"滚木头"是谈判,但它不是议价。在这方面,它跟合作、集体谈判或者任何交易

---

① 见布雷斯:《美利坚合众国》,第二卷,第160页(1921、1929年版)。

一样，这些都需要就协议将要承担的各种条件进行谈判。谈判对所有的交易都是普遍的，但如果单凭这一原则对它们进行分类的话，那么各种社会的区别就模糊了。然而，"滚木头"的结果差不多就是一切冲突的利益的一种合理调和，就如同代议制民主在议会制国家中所能够达到的调和一样。

"滚木头"是一个极端，独裁是与之相反的另一个极端。因为"滚木头"是平等的人之间的协议，因此他们不是由于压迫或者威胁而被迫同意的。但独裁是下属之间的协议，他们由于首长或者老板而被迫同意。因此，可以说，"滚木头"是就经济责任和利益的限额活动达成协议的民主过程，但独裁却是专制的过程。

但即便是独裁者也不是完全专制的，他必须得有一个有效的少数派围绕着他，这些人由于他的人格、原则和组织而愿意保持对他的服从。就这一点而论，与其说他是一个人，还不如说他是独裁的制度。

如果说"滚木头"是分配责任和利益的民主过程，而独裁是专制的过程，那么前者的效率低、后者的效率高就是显而易见的。在平等的人中间在达成规定的协议之后，紧随的就是对财富的生产分配方面的利益以及责任方面达成协议，人类的努力在这个"滚木头"的过程中被浪费、耽搁和削弱了。但是在专制的过程中，由于对一个工人的上级的服从，人类的努力被节省、加快并加强了。在"滚木头"的过程中，许多独立的意志必须取得一致，在专制的过程中，各种意志并非是独立的。正是由于"滚木头"和独裁这两种极端之间的这一困境，所以人们尝试了两种中间状态的一致行动的过程——合作和集体谈判。这些术语的意义一直不够清晰，实际上，经过十九世纪四分之三的时间和二十世纪的俄国革命才完成了各种实验，现在才开始澄清它们的意义。

在十九世纪五十年代之前，特别是在三十和四十年代，基于斯密、边沁、李嘉图个人主义的新资本主义的弊端臭名远扬，以至于对立的哲学、联想说，① 赢得了广泛的认可。它采取了几种形式：在

---

① 认为联想是一切心理活动的基本原则的一种心理理论。——译者注

一个极端是无政府主义,意味着自愿的合作;在另外一个极端是共产主义,意味着强迫的合作。用合作代替竞争是它们都具有的基本教条。劳工组织一点一点地吸取了这一观念,加以实验,一直尝试到十九世纪末期。它们尝试了合作营销,通过设立自己的批发商店来取代商业资本家。它们尝试了合作生产,通过组织自己的工厂来取代雇主资本家。它们甚至尝试了合作银行,以取代金融资本家。它们尝试了消费者合作社,以取代零售商人。

这些实验中有一部分留存至今,尽管在形式上已经削弱。建筑和贷款协会、信用联盟是五十年代合作银行的遗物。在七十和八十年代,劳工协会和农民互济会对合作企业作了最后的大规模尝试,但是所有这些尝试都破产了。劳工合作大多都不成功,因为实践证明,劳工们不善于选举他在工场里必须服从的老板。选举都落在了合作社里的政客手中,事情变成了"滚木头"的一种,看谁应该控制管理人员,以及制定那些他会让成员实行的规定。

各种合作社也不能选出能够把握市场错综复杂情况的企业家。成功的企业家不可能靠普选反复选举,他是从竞争和对抗的斗争中脱颖而出而得到晋升的。

即便是合作社顺利,它们也还是不会成功。成功意味着它们的业务要扩张,这样它们就不得不吸收新的工人,但那些在合作社内的人不愿意把新的工人作为合作者吸收进来,他们把这些人作为雇佣者吸收了。因此,成功的合作社变成了商业公司,而劳动者则作为一个阶级却保持了它原有的地位。合作社失败了固然是不成功的,但顺利了仍然是不成功的。

但是,始于五十年代的工会运动,放弃了用合作社取代资本家的一切尝试。工会主义者退回到了他们现在用一致行动还能做的事情,就是在资本主义制度中获得较高的工资和较短的工作时间。他们变换了自己的哲学,从生产的力量变成了讨价还价的力量。他们让雇主负责工场,自己只致力于确定工资、缩短工时、建立工作细则。

但即便如此也不是集体谈判,它是劳动仲裁。我们通过引证旧金山劳工组织①最能证明其双重意义。几年中，这些劳工组织都控制着建筑行业，它们确定了自己的工资、工时和规章，然后拿着制作好的一览表个别地去找雇主，要求雇主个别地签字。它们把这叫做"集体谈判"，但实际上这是劳动仲裁。

在这场游戏中，雇主最终还是会比工会玩得高明。雇主们会突然把工人拒之门外，而且当工会试图打破雇主的联合时，它们发现不会有独立的雇主可以与之打交道。银行跟雇主沆瀣一气，一个独立的雇主不可能获得信用。商人和原料商沆瀣一气，一个独立的雇主不可能卖出自己的产品或者得到原材料。雇主们把这叫做"美国式的劳资交涉法"，但实际上它是雇主的独裁。

这些集体的独裁都不是集体谈判。所谓集体谈判，是指双方是平等地组织起来的。雇主和雇员都不会个别地行动。双方的代表会拟订一个共同的协议，以确定工时、工资和工作细则。此后个别雇主和个别工人之间的个别劳动合同都受共同协议的控制。这就是所谓的**劳资协议**。直到二十世纪初它才被人们所理解。集体谈判是劳资协议的操作惯例。

劳工的这段历史在农民的合作社运动中得以重演。为了对付这场运动，农产品交易所的经纪人在全国范围内组织起来了。他们获得了全国总商会的支持，这个商会代表了遍布全国的数百家商会。他们还取得了银行的支持，总商会由会长出面，向美国总体和联邦农场管理委员会提出了抗议。他们知道，管理委员会的计划就是完全取代中间人，政府为取代他们提供了金融上的支持。

只要有一位能干的总统和一位能干的总商会会长来负责，那么农民就能抵制全国资本家势力的这种反对。但是当总统和会长退休或厌倦的时候，农民们就必须选出他们自己的管理者，否则政客们会乐于见到把一些能力较差的人放到农场管理委员会中去，再不国会就会削减这方面的拨款。当农民们被留下来孤军奋战的时候，他们能不能选出胜任的管理者呢？这是政治。

---

① 见哈伯的《建筑行业的产业关系》（1930年版），第14章关于"旧金山的美国式的劳资交涉法"的一节。

问题的关键在于"营销"的双重意义。首先，它既意味着"财富的生产"，也意味着为财富的分配而讨价还价。

中间人就是生产者。他管理装配产品和具体分配产品的技术程序。用经济语言说，他创造"地点、形式和时间效用"。某些人必须履行这个程序。合作社能够比商人们更有效率地履行这个程序吗？后者通过持续存在已经证明了自己的能力。商人们能够被群众选举有效地取代吗？这些都是集体行动和制度经济学需要严肃思考的问题。

营销的另外一重意义是谈判和定价。在这个例子中，集体谈判意味着代理人会被作为一个组织认可，而组织起来的农民则会通过自己的代表与它就价格、交货、支付和其他条件订立贸易协议。他们不是依靠合作社取代中间人，而是用集体谈判来和他们打交道。

竞争制度的一大优越性，就是它把破产转移到了个人头上，而合作社的破产是转移到整个社会阶层的全部或者一部分人头上。如果单个的商业机构都失败了，那么它的竞争者就会吸纳它的消费者，但商业作为一个整体照样运行。不过如果一个合作社失败了，那么它所有的成员也就都失败了，而最糟糕的是，他们会丧失彼此的信赖，甚至会丧失对政府的信赖。

集体谈判跟合作社一样有它自己的困难，但它在这方面做了很多，它让破产的机会留在商人的头上。有一个农业方面一致行动的领域，它似乎是成功的。生产鲜奶的农场主没有用合作社的营销管理和程序来营销，他们只就价格和业务跟中间人订立贸易协议，后者仍然做营销的工作。他们没有取代资本主义，也没有靠农业独裁来任意确定自己的价格。他们靠集体进行谈判，必要的时候诉诸仲裁。在个人或者集体的争议中，仲裁靠的是司法制度来实行定量配给。

因此，仲裁是第五类**限额交易**的一个分支，我们称之为**司法判决**。当一个仲裁员或者法官在判决原告和被告之间的一起纠纷时，他会把一定数目的钱或者物品从一个人手里转移到另外一个人手里，钱或者物品可能是现在就有的，也可能是预期的。他这样做，不是由于"滚木头"，而是因为他的地位高于诉讼人；不是由于独裁，而是因为他本人要受习俗、前例或者法规形式的成文法、规章制度、贸易协定的约束；不是由于合作，而是因为他的行为带有权威性；

不是由于集体谈判，尽管他要听取双方代表的辩护和争论；不是由于个别谈判，因为这会成为贿赂。他在权衡过所有的事实和论据之后，会凭着提出纯粹意见的司法程序做到这一点，在对诉讼人的全部正式通知程序的约束下，按照习俗、前例、成文法来听取他们的证词和论点，权衡事实和论据。因此，司法判决就是司法上的财富配给。

（2）*经济后果*。现在我们已经看到了五种不同形式的限额交易，它们都是通过一致行动来制定规则的不同方法。下一步我们要关注的是它们作为**数量限额**、**价值限额**、**价格限额**在财富的生产与分配中的经济后果。

数量限额就是用直接的权威分配的行为，把一定数量的劳动或者劳动的产品，分配给特定的工人或者特定的消费者，没有谈判也没有货币，而是通过下属管理人员执行的必须服从的命令。在司法的限额中，它被称为"特定的履行"，但这也是所有的数量限额的特征。它是对个人发出的命令，命令他们履行特定的服务或者移交特定的产品，没有关于数量的讨价还价，也没有货币的介入。数量限额是特定的履行，其大规模的组织就是苏联的共产主义。

但价值限额是货币的支付，由于具有一般但是变动的购买力，因此它是劳动或者产品的间接的、反比例的限额。如果货币的价值提高了，那么一笔特定的货币支付就是总财富的一笔较大数量的支付；但如果货币的价值下跌了，那么这笔特定的支付就是总财富的一笔较小数量的支付。因此，我们称之为价值限额。*直接地*，它是货币限额；*间接地*和*反比例地*，它是数量限额。①

价值限额可以称作是特定的*支付*，而数量限额是特定的*履行*。价值限额是发布给个人的要求他们支付或者接受命令的一笔特定数量的货币，没有讨价还价的余地。它的大规模的运用就是各种**税赋**，它的小规模运用就是司法判定。大规模运用受立法的"滚木头"交

---

① 德意志共和国的宪法是这样构建的，总统可以暂时地（实践证明它甚至可以永久地）把它转变为一种独裁，并由于"滚木头"而解散立法机构，任命一个想象中不受"滚木头"影响的独裁者。通过这种规定，在不违反宪法的情况下，它变成了一种法西斯的独裁。

易或者独裁的指挥。

价格限额介乎数量限额和价值限额之间，因为价值是产品的数量*乘以*它的价格。它不同于数量限额，在于每单位的价格是固定的，但个人按照那个价格所买卖的数量是可以选择的。它不同于价值限额，在于它关系到一种特定产品的一种习惯*单位*的价值，而价值限额让人用一定限额的货币量任意选择可以购买的服务或产品的数量。所有的价格确定的都是价格限额。举个邮局的例子，不同的服务的价格都是由国会用"滚木头"程序确定的，相对而言，信件的价格比较高，报纸的价格比较低，农业收成方面的报告免费，官员有"邮资"特权。结果，在信件上获得的大量利润用来支付报纸和农业收成免费报告上的亏损，而不足部分则由纳税人分摊。①

最广泛的价格限额方案是苏联在数量限额无效的情况下推行的方案。政府的"托拉斯"通过规定低价收购农民原材料，高价把制成品卖给农民，积累了庞大的购买力，用于资助宏伟的**五年计划**，去建筑铁路、建设工厂和电气化。价格限额就是价格的确定。在这个例子里，价格限额是通过限额进行的强制"储蓄"，而不是通过销售债券进行的资本主义的自愿储蓄。

（3）*辩护*。因此，限额不管是程序还是结果，都是制定各种规则的一致行动的特有的特征，而这种规则是为个人在生产与分配财富中的管理和买卖交易制定的。就它侵犯个人权利而言，它通过强加义务而剥夺了他们的自由。对于对立的个人，这种方式具有减少其风险承担并增加其权利的相关和同等的影响。既然经济后果的发生并没有经过个人的同意，而是对负担和利益的命令式的分配，所以可以说限额交易表示了**争取权力的斗争**，而买卖交易则表示了**争取财富的斗争**。在苏联，限额交易已经取代了买卖交易，胡佛教授注意到：

"在资本主义世界里有能力的人消耗在积累财富方面的精力，至少有一部分被导入了权力斗争之中。在国有托拉

---

① 见后文关于警察的征税权力的论述。

斯内部，在党内，权力斗争要比资本主义制度内部更为尖锐。今天的正统党员，明天就会发现自己的正统已经受到了憎恶或者害怕自己的党内同僚的成功抨击，他被无情地开除出党了。'清洗'的制度已经进化了，在俄国的每个机构都毫无约束地用于猜疑、嫉妒、虐待……可能大多数苏联的劳动者根本没有觉得自己被剥夺了自由。只要一个人没有出人头地的企图，普通工人所感觉的那种自由就完全不会减少……尽管权力斗争要比资本主义世界剧烈得多，但大多数老百姓不会感觉到那种捍卫或者提高他们个人经济地位的需要，也不会通过提升到担负更多责任的岗位来保全或者增强他们的赚钱的能力。"[①]

这是限额代替买卖的极端的例子。但类似的权力斗争有别于财富斗争，在或大或小的程度上，表现出来的特征都是一个机构内的一致行动，无论是哪一种，都旨在控制其限额交易，我们把它总称为**政治**。

正是因为这个原因，限额交易要求辩护，目的是为了得出实施它们所需要的一致行动的数量。而这种辩护随之带来了对那些不遵守所强加的规则的人的责难。这些辩护和责难就是政治的语言。

根据安全预期的习惯假设，我们可以对辩护以及它们外在或者隐含的责难进行归类。我们曾经看到，是与非的观念都是从习惯假设中得出的，都是从安全预期的希望中得出的，是稳定的原则。两者是并行的，因为每个稳定的程序都会被证明为"是"，而违反了它会被责难为"非"。只有在习惯假设和安全预期的范围内，政治的一致行动才可能发挥作用。在其历史的发展中，我们可以把这些范围陈述为标准化或者稳定性原则的不同方面。

最包罗万象的稳定原则是习俗。已往有过的情况就是人们所预期的东西。政治不能任意践踏习俗，因此辩护靠的是前例。但当习俗改变或者彼此冲突时，稳定的原则会首先集中于度量衡的标准化，

[①] 胡佛（Calvin B. Hoover）：《俄国共产主义的某些经济社会后果》，载《经济学月刊》第60期，第422页；《苏联的经济生活》，1931年版。

从而取代了利益各方采取的私下里任意改变的做法。这使得下一个步骤成为可能,也就是商业债务和债务执行的兴起,而没有把它们留给荣誉和异想去处理。这导致了现代寻求政治、企业和就业稳定的政治运动,在俄国达到了它的极致。最终是通过外交或者世界法庭来达到国家之间的关系的稳定的。

必须承认,这些是理想的典型,容易招致我们已经提出的那些批评。它们可能无法获得大家的一致同意。因此我们实际上已经退回到了任何行为准则都要靠施行有秩序的暴力这种最终权威来认可的程度,除了约翰·洛克的"诉诸上天"之外,从中不存在其他任何更进一步的求助。到了这种程度,私人暴力被消除,于是所达成的惯例和估价就当时、当地和当时的文明而言,都必须认为是合理的。不管个人或者后来的文明看它们是多么讨厌和可恶,但它们是"自然的",因而是合理的,就如同魁奈关于"自然权利"的主张一样,① 对于当时、当地和那时的文明而言,它们"显而易见"是自然且合理的。它们完成了保持机构持续运行的主要目的,如果它们因革命和征服而改变,而这种改变代之以另外一个机构,那么理性和合理的概念就会因新的秩序变成习惯而被改变。

谁能说有了对于权威的要求,在一个现代资本主义国家中,千百万人民的苦难和贫穷不归于对天赋权利或自然权利的承认,就归于对交易、估价和限额中的合理性的承认,这会胜过对安达曼岛民的迷信、对希腊或者南方各州的奴隶制、对意大利或者俄国的独裁的承认? 它们不过是各种制度的复合物在当时当地发挥作用的方式,没有什么人能够神奇到足以确立自己的自然和理性标准的程度——不同于集体行动已经为他和其他人确立的标准。合理价值不是理智的或者理性的,它是对愚昧、热情、无知以及控制个人行动的占优势的集体行动的估价。人们天真地希望在美国和全世界可以改进这些惯例,但即便如此,关于这到底是改进还是退步,都可能会有争议。

无论如何,占优势的制度都是靠集体行动来判定什么东西是否是合理的,不会顾忌个人想些什么。达成这些判定的过程我们称之

---

① 见上文关于魁奈的论述。

为**政治**。

(二) 商业资本主义、雇主资本主义、金融资本主义——产业阶段

前述自然权利和合理价值的相对意义,是进化的历史意义。它们是表示进步还是退步,那是个人或者集团意见的问题。它们是伦理的,不是在主观伦理学的意义上,而是在制度伦理学的意义上,后者为集体指导带来了理想的典型,带来了冲突中的秩序。它们从总体上保持运行,历史的命运决定着它们的是与非。

决定幸存者的历史阶段可以区分为**产业的**和**经济的**,它们是密不可分的。我们要往前走就不能不让它们有所交叉,但产业阶段是技术上的各种变化,马克思和他的信徒们称之为唯物史观。经济阶段是制度上的各种变化,我们宽泛地把它们叫做**稀缺**、**丰裕**和**稳定**的阶段。

我们不打算回到人类学上的阶段,而是将自己限定在由封建主义到资本主义的进化阶段里。在这里我们不得不忍受那些我们称之为社会哲学的"高见"。

资本主义不是一个单独的或者静态的概念,它是一个进化的概念,包括三个历史阶段:**商业资本主义**、**雇主资本主义**、**金融资本主义**。最后所说的这种资本主义现在占优势,因为信用制度盛行于世,而第一种起因于市场的扩展,第二种源自于技术。

不同的产业以不同的速度走向最终的结局。一个典型的美国产业——制鞋业,[1] 其产品是可运输的,以之为例,可以从技术和所有权的变动方面阐述这种进化。对其他的产业也可以作类似的研究和比较。附随的表10-1是这些产业阶段和与之相伴随的产业阶级、

---

[1] 见附随的"产业的阶段"的图表。见康芒斯:《美国的制鞋商,产业进化概览》,载《经济学季刊》,1909年第24期,重印于康芒斯的《劳动与经营》,1913年版第14章。这些例子重印于《美国产业社会的文献史》,第三卷。又见布赫(K. Bücher)的《产业进化》的1901年译本,他第一个提出这种市场阶段的进化来自于技术的进化。我个人已经注意到了类似的进化,即在二十年前,也就是1900年后,在芝加哥的服装业工人身上的"重演"。又见桑巴特的不朽的著作《现代资本主义》,1928年版,第六卷。

第 10 章　合理价值　813

表 10-1　　产　业　的　阶　段

1	2	3		4	5	6	7	8
市场的范围	契约的种类	资本所有权		产业阶层	工作类型	竞争威胁	给予保护的组织	案　例
1. 流动的	工　资	顾客兼雇主 原材料 家务 食宿	工匠	农民家庭 技术熟练的帮手	熟练的监督	家庭工人	无	1648 年流动的个人
2. 个　人	顾客订货	商人兼师傅兼工匠 原材料 手工工具 家庭工场		商人兼师傅兼工匠	"预订"	"劣质品"	手艺同业公会	1648 年波士顿的 "鞋匠公司"
3. 本　地	零　售	商人兼师傅 原材料 制成品 短期信用 销售商店	工匠 手工 工具 家庭 工场	商人兼师傅兼工匠	"工场"	"市场"操作	"广告者"的拍卖 零售商协会	1789 年费城的 "鞋匠业主协会"
4. 水　路	批发订货	商人兼师傅 原材料 制成品存货 长期信用 堆栈	工匠	商人兼师傅兼工匠	"订单"	"工贬" 跨州生产者	工匠协会 师傅协会	1794 年费城的 "鞋匠工人联合会"

续表

1	2	3	4	5	6	7	8
5. 公路	投机性的批发	商人兼资本家 原材料 制成品存货 银行信用 大零售商店"制造商" 承包人 工场 工匠 手工工具	商人兼资本家 承包人 工匠	工作小组	监狱 血汗工场 "外国人" "高速化"	工匠协会 制造商协会 雇主协会	1835年费城的"皮匠工人福利联合会"
6. 铁路	投机性的批发	商人兼资本家 原材料 制成品存货 银行信用 大零售商店"制造商" 签约制造商 工场 工匠 脚踏机器	商人兼资本家 计件工批发商 "制造商" 工匠	工作小组	生手 中国人 妇女 儿童 罪犯 外国人	工会 雇主协会 制造商协会①	1868~1872年的"鞋匠工会"
7. 世界	工厂订货	制造商 原材料 股票 信用 动力机器 工厂 工人 无	制造商 纵向整合 雇佣劳动者	计件工作	童工超时工作 移民 外国产品	产业工会 雇主协会 制造商协会	1895年的"制鞋工人工会"
8. 世界	租赁 股票 债券	银行家 投资者 工人 无	投资者 管理人员	标准化	价格和工资削减者	控股公司 协会卡特尔 专利商誉工会	1918年的制鞋机械公司 1920年的美国钢铁公司

① "制造商协会"是以商人或者价格确定职能为基础的协会。

所有权和组织的进化。

在早期的农业时期，鞋匠是流动的熟练工人，带着自己的手工工具到他的雇主农民的家里，后者的家庭做那些不需要熟练技术的工作，顾客是资本的所有者；鞋匠作为劳动者的工资用食宿和货币支付。

后来，出现了城镇，鞋匠的顾客就到他那里去了。他设立了工场，这个工场也许就在他家里，他把后来才分开的所有者、商人、雇主、工匠或者熟练工人的职能都集中在了自己身上。他拥有原材料、工具、工场。在工作*之前*，他会谈好质量和价钱，因为这个原因，我们把这个时期称作产业的顾客订货阶段。他是自己的雇主和雇员，他是自我雇用。非熟练的工作是由学徒或者帮手来做的，学徒跟他受服务合同的约束。按照这个合同，他有一种父母的权利，同时他有教会学徒学这门生意和基本知识的义务。他既是师长又是东家。

这是产业的手工艺同业公会阶段，是主仆的阶段。在美国保留下来的只有两个手工艺行会的记录，1648年波士顿的"鞋匠公司"和"桶匠公司"。在鞋匠的要求下，当局给它们颁发了营业执照，授权它们共同设定质量和手艺标准，并通过向郡法院的起诉来查禁"劣质品"和拙劣的工人。当局禁止它们抬高鞋靴的价格和工资，禁止它们阻碍前一阶段的流动鞋匠用属于顾客的皮子制鞋。在十五和十六世纪，在欧洲进行过类似的保留。排除劣质品和不合格的鞋匠是义务也是特权。作为一种特权，它排除了不能胜任竞争的工人。在欧洲，这种特权最终超过了义务。这种同业公会最后被查禁，它们的特权也被收回。在波士顿，营业执照用了三年之后便再没有换发新照。

接下来是零售商铺阶段，它是商人职能跟师傅和劳动职能分离的开端。这也是*商人*联合会的开端。现在这种联合会旨在防止公开市场上拍卖、广告、削价的竞争。这种"商人兼师傅"积存了一批在生意清淡时以低工资生产的鞋子，不像以前在顾客订货的阶段工作未做*之前*先讲价，而是在工作完成*之后*再讲价。因此，投机市场的开端以及商人职能重要地位的赢得，是以雇主职能和雇工职能为代价的。

但是这种分离还没有完成。随着水路交通的扩展,这种"商人兼师傅"开始寻找远处的零售商。他带着样品,接受货物的订单,然后再制作和交货。达到这个阶段的时间大概是美国《宪法》形成的1787年,"制造商"和技工庆祝这个法律文件的热情和游行,表示了他们对废除殖民地关税的要求,这种关税阻碍了批发订货业务。自由市场的扩大带来的巨大的繁荣,证实《宪法》是深得人心的。

可是不久,一个新问题出现了。现在工匠是为三种不同竞争水平的市场在做鞋子。同样的鞋子用同样质量的原材料和手艺以及同样的手工工具制成,但顾客的订货的市场价格可能比零售市场还要高,而在批发订货的市场里,还存在着运输和招揽业务的额外费用。因为工具或者手艺不存在变化,因此如果要保持同样的质量,"师傅兼工人"在遇到这些不同的竞争水平时,只能是支付给为零售市场制作鞋子的工人的工资,要比支付给为顾客订货市场制作鞋子的工人的工资低,而支付给为批发订货市场制作鞋子的工人的工资就更低。产生的问题是,在同样的时间里为同样的工作支付给同样的工人的是三种价格。

正是这些同样的工作而工资水平不同的情况,激起了鞋匠们在1794年到1806年之间成立了他们的第一个工会。工匠们组织起来,目的是为了排除"工贼",从而迫使"师傅兼工人"给所有市场生产物品的工人都支付最高的工资,或者说是支付顾客订货的工资。于是,师傅们为了防范也组织了一个*雇主*协会,目的是为了压低给零售和批发市场工人的工资,但他们没有压低给顾客订货市场工人的工资。等闹到法庭上的时候,工匠们被判有罪,并按照习惯法的法规因共谋受到了处罚。习惯法反对工人们联合起来谋取自己的利益或者损害他人。①

接下来我们到了这个行业投机性批发的阶段,出现了商业资本

---

① 见康芒斯的《美国的制鞋工人(1648~1895)》,《经济学季刊》,1909年第24期;沃尔特·内勒斯的《美国的第一个劳动案例》,《耶鲁法学》,1931年第61期,第165页。

家和商业银行。费城保留下来的文件显示,这个阶段从1835年开始。商人资本家不同于师傅兼工人的地方在于,他们不是一个从学徒到工匠然后变成师傅的一个技工,而完全是一个商人,一般是从外面来的,不熟悉制造技术。技术留给了师傅兼工人去管,后者现在变成了一个小工场的小承包人,跟他的工匠和学徒一起工作,把自己的产品卖给商人资本家。商人资本家拥有原材料和大商店,在那里他雇用了设计师、制模匠、切皮工,然后将这部分制成的样子提供给小承包人,后者彼此竞争,只做加工劳动,就是把原材料转化为鞋子。这是产业的血汗工场阶段,过去的师傅兼工人变成了血汗工场的老板,因为他赚取的利润不是靠手工工具的改良,也不是靠原材料的购买和鞋子的销售,而是完全依靠工人的血汗,也包括他自己的血汗。

出现这种情况是因为商人资本家在讨价还价方面的优势。由于市场的扩大,他有选择完全不同的制作方式的权利。他可以让远处的工场制作他的鞋子,也可以从外国的市场进口。他可以跟政府签约,利用罪犯的劳动力。他自己雇用工匠、妇女、儿童在他们自己的家里工作。他可以雇用小承包人,就是过去师傅跟工人角色集于一身的那些人。他强化了他们的竞争。他剥夺了零售商的雇主职能。现在这个雇主变成了血汗工场的老板,没有资本。商人资本家创造了商业银行,而他的"资本"不再是古典经济学家的技术资本,主要是短期信用的"业务"资本,预付给零售商,由银行提供资金。由于这个原因,我们把他的出现称为产业的批发投机阶段。

在商人资本主义阶段期间,人们从戈德温的"政治正义"中吸取了无政府主义的哲学,并把它转入了经济学,在法国和美国尤其如此。法国的蒲鲁东,以及美国在1850年之前从傅立叶那里采纳的所谓的联想主义,都提出用"师傅兼工人"和小农场主的自愿合作——在农业中相当于工业中的"师傅兼工人"——来取代商人资本家。他们建议合作商店,以及原材料的合作购买。他们建议产品的合作营销。他们建议在血汗工场的承包人或者在小农场主的竞争性的小工场或者农场中进行合作生产。在法国和美国以外的其他国家,例如爱尔兰、西班牙、意大利、俄国,那里的农场主是支付高额租金给大地主的农民的，无政府主义则采取了分解不动产、按小块土地把所有权转给农民的革命形式。1789年法国的大革命已经做到了这一点，而美国北部农场主的小块土地则是从殖民时代流传下来的。因此，在这些国家，无政府主义的哲学不是被用来废除地主所有制的，而是用于废除商人资本主义的。

到了把无政府主义哲学付诸实践的时候，所有的实验都失败了。① 可是，在这个时期，马萨诸塞的鞋匠赢得了法院的一次判决，修正了费城案例中的习惯法原则，判决认定，工人们旨在为自己谋取利益的联合，即便罢工的目的是为了在工场中排斥非工会会员从而提高工资，那也不是一种非法的共谋。② 在此判决之前，法院已经认定了一个组织起来针对鞋匠工会进行攻击的雇主协会是合法的，现在，类似的带有攻击行为的工人的联合显然变成了合法的联合。

这些判决为从无政府主义者的联合哲学转到工会主义的行会哲学奠定了基础，用法语翻译过来是工团主义。③ 工会主义或者工团主义，无论是雇主和制造商的联合，还是雇员的联合，都是无政府主义哲学的延伸，因为它把国家不干涉的法律原则用到了社团身上，而这一原则早期无政府主义者只用在了个人身上。通过法庭的判决，在这个程度上，国家拒绝干预并且反对个人用私人协会的规章制度去干预，在那个程度上，无政府主义的理想被纳入了习惯法，习惯法中认为是共谋的东西变成了合法的结社权利。然而，无数的纠纷判决不断地在社团的合法与非法、干预它们的人所用的惯例合法与非法之间划出了界限，结果，即便是无政府主义者主张的废除国家的这个完全不干预主张的本身，也只能在国家出来干预以防止干预的时候才会出现。④

---

① 见康芒斯等：《美国劳工史》，第一卷，第496页及其后。
② 康芒斯等：《马萨诸塞州报告》，第三卷，第1842页。
③ 关于法国工团主义的论述，见埃斯蒂（J. A. Estey）的《革命的工团主义：曝光与批判》，1913年版。
④ 关于这段程序比较完全的历史以及分析，参见威特（E. E. Witte）的《劳动纠纷的治理》。

下一个阶段是机器的到来,这个阶段通过铁路和电报使得市场的扩大成为可能。我们已经指出,这个阶段是十九世纪五十年代。这个判断适用于所有的产业,但制鞋业是比较典型的。在十九世纪六十年代,制鞋方面的发明只是手工工具的改进——是对手艺的提升,而不是替代手艺。1857年发明的钉鞋机,1862年发明的麦凯缝鞋机,就完全不同了。在分布广泛的市场和战时高物价的基础上,工厂制度突然出现了。紧随着1867年之后的崩溃,出现了第一个大的劳工组织——鞋匠工会,这个组织有五万名会员,包括来自顾客订货的工场、零售和批发工场、商人资本家的血汗工场的成员,该会有两个重点,一个是抵制削减工资,一个是拒绝把操作机器的方法传授给"新手"。① 现在小的承包人变成了"制造商",但他没有市场或信用,在这两方面,他仍然依赖中间人,这个中间人就是商人资本家、经纪人、掮客或者批发商。劳动者丧失了他的工具,中间人控制着市场和价格,"制造商"这个名称的意义照字面意义理解从手工艺者变成了雇主,劳动者从"佣工"变成了"雇工",这个组织开始从熟练工人的同业工会变成了所有劳动阶层的产业工会;制造商分裂成了两个协会——旨在压低工资的雇主协会,以及旨在保持价格的制造商协会。

共产主义的哲学就是在这个动力机器的阶段出现的。卡尔·马克思第一个彻底研究了英国的工厂制度,这种制度是雇主资本主义的开端,是一个在纺织和金属工业方面比其他国家差不多先进五十年的制度。他预言,所有的产业,甚至包括农业,都会发生同样的情况,实际上许多产业的确如此。在过去三十年中,笔者目睹了美国的男子成衣业从商业资本主义进入了雇主资本主义,从血汗工场进入了工厂,从承包人变成了工头。

在这个过程中,制造商试图让自己摆脱商人资本家的身份,他的做法是建立直达最终消费者的自己的市场,如果可能的话,要回到自己控制原材料来源的状态。这种所谓的"产业的纵向整合"在

---

① 见莱斯康黑尔(Don D. Lescohier):《鞋匠工会》,《威斯康星州公告》,1910年第355号。

制鞋行业是十九世纪八十年代从道格拉斯公司发端的,通过设立自己的零售商店,建立顾客的好感,他们从中间人的市场控制过渡到了制造商的市场控制。

在制鞋行业,接下来的产业阶段是比较特殊的,特殊在于机器的所有权跟鞋厂的所有权分开了。联合制鞋机器公司利用《专利法》,制造并拥有差不多所有的制鞋机器,并且把它们租给鞋业制造商。1918年,政府申请解散这家公司,但是由于有三位最高法院的法官不同意,最终最高法院认定这种安排并不违反《反托拉斯法》。七家制鞋机公司已经合并,法院发现,在某些类型的鞋子的不同机器上,它们合在一起的专利覆盖了差不多一百种不同的操作方法。这家公司经营了一百五十到两百种不同类型的机器,尽管所有的专利实际上只有一个所有权,但这种联合并没有压制竞争;所有的投资都是用公司的股份和由此获得的既得权利进行的;公司保有的是新机器而不是过时的机器以及专利过期的机器的专利权;公司维持着一支修理人员队伍,为制鞋厂保养机器;它教会了数以千计的雇工如何使用这些机器;它提高了这个行业的效率;原来对贸易的限制在于授予实施这项发明的专利本身,而不在于这些专利的共同所有;要求承租的制造商完全使用这家公司的机器,以及只能向该公司而不是其竞争对手租用非专利的机器。这个"约束条款"并不是压制性的,因为承租人是"愿意的",而且有机会在一个公司租用所有的机器对承租人有利。由于这种租赁制度,没有多大财力的制造商能够获得自己没有资本购置的机器。

尽管制鞋工业最近阶段的特点在于制鞋机器的制造受到了控制,但鞋子的制造是高度竞争性的,其他工业业已达到了差不多类似的整合阶段。① 一般而言,在竞争的各州颁发的营业执照的约束下,它们都是从控股公司的做法开始的,结果是它们把自己的做法置于了美国最高法院的管辖之下。法院用判决纠纷的习惯法的方法制定法律,在某些案例中解散了这些公司,但是在后来的其他案件中,像制鞋机器公司的案例(1918年)和钢铁公司的案例(1920年),不

---

① 见上文关于从公司到运行中的机构的论述。

过是认可或者不认可它们的惯例。正是这种工厂的整合和合并带来了金融资本主义的阶段。

在十九世纪的商人和雇主资本主义期间，经营短期信用的商业银行是典型的银行。在二十世纪，银行辛迪加或者投资银行，一般跟商业银行有密切联系，从过去专门发行公司和国家证券的断断续续的活动中我们发现，如果投资银行能够保持投资者对它们的好感的话，那么就会出现投资银行在产业合并中、在向公众销售外国和本国的证券中、在对董事会的控制中（这些公司的证券是由它们销售的，所以实际上变成了它们要对这些公司负责）的主导地位。它们拯救了萧条时期濒临破产的企业，它们把这些企业接管过来，对它们加以改组，供给资金，以待繁荣的恢复。千百万分散的投资者自动地接受银行家的领导，把他们的储蓄转为信托银行所推荐的投资。当银行家的财力达到极限而无能为力时，像1932年那样，政府本身会组织起一个庞大的复兴财务公司，以减轻银行家们的负债。与此同时，银行家们所控制的中央银行提升到了一个新的重要地位，金融资本主义取得了对产业和国家的控制。

（三）稀缺、丰裕、稳定——经济的各个阶段

1. **竞争**。产业的不同阶段起因于技术上的改变，在商品的大规模快速运输和知识与谈判在世界范围内的及时传送中，这些阶段达到了自己的顶点。采取一种历史的观点，我们区分了三个相应的阶段："产业革命"之前的稀缺时期，它始于十八世纪，通过集体行动，今天仍然在以加速度继续；丰裕时期，伴随着这种产业革命，供给过剩和供给不足交相更替了一百多年；稳定时期，始于十九世纪资本家和工人的协调一致的运动、竞争条件的平等化、美国二十世纪的"互相容忍"政策。

这些历史时期据以构建的基本原则，是实体控制和法律控制之间的区别。实体控制是技术，法律控制是在现有的效率、稀缺、习俗、统治权的暴力的条件下由社会分派给个人的权利、义务、自由和风险的承担。

在稀缺时期——无论稀缺是由于低效率、暴行、战争、习俗或

者迷信——法律上的控制与转移跟丰裕和稳定时期都大相径庭。在极端稀缺或者战争时期，社会通常对人力的投入与产出都诉诸限额的方式，只有最低限度的个人自由，通过暴力强迫的共产主义式的、封建制度式的或者政府的控制达到了最大。在接下来的极端丰裕和承平时期，有最大限度的个人自由，通过政府的控制则最小，个人买卖取代了限额。在稳定时期，对个人自由又有新的限制，像俄国或意大利，主要由政府的制裁来执行，但在美国，直到今天都是通过协会、公司、工会，以及制造商、商人、工人、农场主和银行家等的集体一致的行动，由经济制裁来执行，不管这种行动是秘密的、半公开的、公开的，还是仲裁的。

在历史上的稀缺时期，对物品的法律上的控制与实体控制是分不开的。一个所有者在实体上把一件商品或一项服务转交给另外一个人，习俗和习惯法就理解为实体的转移就是法律控制的转移。但是在丰裕和稳定时期，法律上的控制和转移在企业家和金融家的手里被分开了，而实体的控制和实体的转移归到了工人的手里，他们受命于企业家和金融家，通过管理活动来传输。上述两种控制始终都是相关的，但在稀缺、丰裕和稳定三个时期，相关的程度、方式、影响和滞后是完全不同的。

我们不会努力回归到以共产主义限额制度为特征的原始的稀缺时期，而是会从现代买卖制度从封建制度中的产生以及它作为重商主义或者商业资本主义的第一次出现开始。在这个早期资本主义的稀缺时期，习俗和习惯法在商品和服务这两种类型的产出品上本质上是不同的。

商品的转移不用转移生产者这个人，但服务是在人身上转移的。在这个早期时代，商品的转移跟服务的转移一样，是所有者随着商品一道进入市场的运动。由于政府的软弱以及人民的暴行和伪证，必须鼓励有势力的领主建立市场，保护他们免受强盗和骗子的侵害。由于这个原因，市场通常都是源自于一种特殊的独占特权，也就是"一种自治权"，这种权利赐给一个有势力的个人或者教会的要人，授权他举行买卖者的集会，他有抽取税费作为承担保护义务报酬的特权。这样建立起来的市场，最终是由习惯法法庭在判决纠纷中订立的规则来管理的，但起先却是按照他们自己制定的规则来管理的。法院在判决中形成了"公开市场"的原则，或者说是公开的、自由的和平等的市场原则，正如我们在芝加哥交易所案例中所看到的那样。这个案例就是现代的"公开市场"。此后这些原则扩展到了零售商店，直至公开市场的独占的特权最终被取消，但公开、平等、自由的原则却扩展到了所有的市场。这些原则并不是什么天生和自然的东西，实际上是从当时或好或坏的惯例中构建出来的。早期的重农学派和古典学派的经济学家认为它们是由神的天意或者自然秩序授予并留传下来的。

首先，举办"公开市场"的权利被授予人必须提供度量衡标准和一位司秤。他授权也要求司秤设立一个特殊的法庭，以便迅速判决纠纷和执行契约。源于共同的权利，每个人都被宣告拥有"携带自己的物品到公共集市上销售的自由"，因此土地或者集市的所有者、地方市政当局，都不能因为没有支付租金或者税费而自己扣押货物，而是必须"自己提出追索租金的诉讼"。任何导致市场产生有形障碍的扰乱行为，都会由此把人们排斥在部分市场之外，因此都在被禁止之列。①

这些都是市场的主人或者保护者有关货物的实体转移的责任，但是比这更进一步的是有必要提供各种关于市场上的买卖者之间的法律控制权转移的规则。这些规则后来也扩展到了所有的零售市场。科克爵士概括了有关公开市场所有权转移的习惯法，事实上，这是他编纂自己的《法理概要》三百年之前的事情。他说：

> "习惯法确实认为，集市和公开市场应该备足并充分提供各式各样有销路的商品，满足人们生活和使用的需要，这是大的政策要点，有益于全体国民。但为了这个目的，习惯法规定（也为此鼓励人们），集市或者公开市场上任何有销路的产品的一切销售和契约，不仅要有利于当事双方，而且应该约束那些因此而拥有权利的人。"②

---

① 科克（Coke）：《法理概要》，第一部分，第220~222页，1642年版。
② 科克：《法理概要》，1642年版，第713页。

换句话说，为了鼓励买者到市场上来，法院有必要建立各种标准，买者可以据此获得他们所购买的货物的清晰的所有权，这样就针对第三方提供了保护，后者有可能声称那些货物是偷来的。在一个暴力、偷窃和欺骗盛行的年代，公开市场是一个能够获得对商品的清晰的所有权的地方。因此，像在科克所引证的案例中的判决那样，商品的销售必须是"公开而开放的，不应该在货栈的密室等地方"。在这个例子里，"公开"这个术语的意思是"适当而充分的，就如同坦诚地销售金银餐具不会是在公证人或者类似的人员的商店里，而应该坦诚地在金匠店里进行"。这笔买卖不应该在夜里进行，而应该在"日出以后和日落之前"。夜晚的买卖"对当事人双方都是有效的"，但不能"约束拥有权利的陌生人"。这种销售不能"由双方聚在一起故意地用时效限制拥有权利的那个人"，而且"契约必须一开始就完全在公开市场上订立"，不能"在市场以外的地方开始，而在市场里面完成"。我们看到了，这就是芝加哥交易所案例中获得认可的规定。但是，如果卖方又取得了那批货物，合法的占有者则不受时效限制，因为卖方"是做错事的人，他不得利用他自己的错误"。此外，即使买方知道卖方是不正当的占有，"这也不会约束他所拥有的权利"。

这些规则建立了可让与性，或者可以用类推的方法称之为**商品的流通性**，适用于**稀缺**和**不安全**的时期，这个时期物质的商品要实实在在地运到市场上去，没有任何信用制度，没有将来才交货的制造和销售，也没有报纸公布价格。如同科克所说的以及我们在芝加哥交易所看到的，法庭所采用的这些规则显然是为了鼓励买卖双方聚在一起，把他们的产品带到市场上去，保证有良好信誉的购买者因普遍接受的价值可以获得所有权，而不受世界上任何人的干涉。实际上，这种可让与性或流通性是建立一个自由、平等和公开的市场所必需的首要法律规定。后来它得以扩充，既包括无形体的财产也包括有形的财产，"流通性"的名称被用于此术语的技术意义中以作为一种扩充。

此外，独占、囤积、转售等违法行为都是习惯法所禁止的，因为它们存在于大宗商品的购买或回购中，这种购买或者回购超出了他们自己所能使用或者所能零售的数量，所以被认为是富人们企图抬高价格的行为，因此是对买卖者之间平等的一种否定。①

但是，习惯法所认定的这些违法行为，实际上禁止了除外国进口之外的一切批发业务，这样的批发业务被判定为犯罪行为的这一事实说明，在早期的稀缺时期，人们所从事的产业规模有多么小，而进入市场的一般供给品又是多么缺乏。有些针对批发的法令早在1772年就给废除了，而习惯法有关独占、囤积、转售等违法行为的全部条款在1844年也被废除了。这个法案的序言重申了1772年的序言，序言对重申给出的理由是，经验证明，通过阻止已列举的商品的自由贸易来"对必需品买卖进行限制"，具有"阻碍增长且抬高价格"的倾向。它们实际上所禁止的是批发业务，因此1884年的这项法案完全放开了英国的批发市场，制止的只是意在散布谣言抬高或者压低任何商品价格的违法行为，以及用暴力或威胁阻碍任何商品进入集市或者市场的违法行为。在一个丰裕的时代，旧的规则已不再被需要，实际上旧的规则是对自由和平等的一种否定，这个时候所需要的应该是按照批发的形式买卖商品，并且迅速地把商品从远处运过来。

自从1772年开始废除针对独占、囤积、转售的法律之后，批发市场的建立明确地起到了把对货物的法律上的控制与实物控制分开来的作用。实际上，法律已不再要求卖方亲自把自己的货物以小批量带到市场去，如同在芝加哥交易所的例子中那样，在现代农产品交易和批发市场所产生的地方，仅凭样品和规格，对商品的法律控制就能够通过电报或电话加以转移，按照从"现货"到"期货"的不同形式，这样的法律控制的转移可以在任何地点或任何时间生效。

与此同时，实际的交货或者实际控制的转移，是在雇员手中进行的，从农场或者工厂一直到铁路和最终消费点都是如此。出于买卖的目的而在任意的时间或地点控制物品处置权的合法权利在法律上的转移，跟雇员或者消费者手中出于生产和消费的目的的物品的实际交货分离开了。从此以后，商品的价格不再是这种商品的价格，

---

① 科克：《法理概要》，1765年版，第195~196页。

而是变成了这种商品在指定的时间地点实际交货的可执行的约定的价格。

古典经济学家没有把这种区别包含在他们的学说里。他们的价值的"劳动学说"就是公开市场理论,在当时就开始变得过时了。

除了独占、囤积、转售之外,习惯法还禁止其他一切对贸易的限制,把这些都作为对公共福利的损害。因为这些做法阻碍了个人自由进入市场,阻碍了自由提供自己的产品或服务,阻碍了自由增加产品或服务的供给,而这些方面的自由都是为了人民的利益和生计。对其他这些贸易限制的禁止——并不专指对批发贸易限制的禁止,不仅一直留传到现代,而且扩展到了新的限制方法已经出现的地方,不过在稳定时期已经被大大修正了。

这样一来,在稀缺时期,直到十八世纪中叶,习惯法用排除(排除大家认为的不良商业惯例)和赋予合法性(对大家所认为的好的惯例赋予合法性)的方法,建立了一种自由、平等和公开市场的基本原则,即度量衡的统一、商品的可让与性、任何人和任何商品都可以自由进入市场以及秘密交易的公开性(或者说交易的公开知识)。在十八世纪之后,在政府能够确保安全、新发明带来了丰裕时期的时候,尽管稀缺和不安全时期所需要的一些习惯法被废除了,但自由、平等、公开市场或多或少地保留了下来,也就是度量衡的统一、可让与性、可达性、公开性保留了下来。这些内容构成了我们所谓的无形财产。

但是,这个丰裕时期带来的恰是邪恶的、毁灭性的、不公平的、你死我活的竞争。这种情况导致了法院早在十七世纪就开始支持和提供对贸易的"合理"限制的各种措施,这就是后来所谓的商誉、商号、商标,最近被称为"不公平竞争法"。[①] 但是,尽管有这些对贸易的合理限制,但十九世纪和二十世纪还是经历了周期性的和普遍的商品过剩,而且是以各种无规律的趋势和周期发生的。这些过剩导致了破坏性的竞争、制造业中的价格战和运输业中的运费战、力量薄弱的竞争者的毁灭、竞争者合并或吞并成为庞大的联合体。

---

① 康芒斯:《资本主义的法律基础》,第263页。

起初这些防止运费战和价格战的联合体遭遇到了重新修订的古老法律，这些法律是针对垄断、针对共谋、针对限制贸易的其他惯例的。这就是十九世纪最后十年的《反托拉斯法》。但是人们发现，在运输、制造、劳工、银行这四个重要领域，这些法律都是不起作用的。

在运输领域，美国在1887年的《**州际商业法**》中不加掩饰地以成文法的形式采取了稳定的政策，因为人们认识到，削价和秘密回扣的惯例跟垄断和过高要价的惯例一样有害于公众。但是这种稳定的政策在制造业的案件中并没有被认可，直到1914年颁布《联邦贸易委员会法案》和《克莱顿法案》时才被认可，这两个法案对削价的惩治差不多犹如旧的法律对抬价的惩治。最后，在联合制鞋机器公司解散案（1918年）和美国钢铁公司案（1920年）中的两项判决中确立了稳定的原则，以作为全国法院的现行政策。因为公平地看，在钢铁公司的案例中，这家钢铁公司尽管是协调一致地行动的，类似于过去被认为是贸易限制的那些行为，但这次是一种控股公司的行动，近来一直没有被诉诸破坏性的价格战以消除涉及公众的竞争。法院宣判，该公司未曾获取运费回扣，未曾减少工资，未曾降低产品的质量，未曾造成人为的稀缺，未曾威胁或者压迫竞争者，未曾在一个地方以低于竞争者的价格抛售而在其他地方维持原来的价格，① 未曾用秘密回扣或偏离公布的价格来争夺顾客。法院说，竞争者和顾客都不能证明公司方面有任何威胁或压迫的行为，而且，事实上，法院证实的是，大家普遍满意于这家公司所追求的价格和交货方面清楚明晰且事先公开的稳定政策。

因此，对于运输和制造业，很清楚的是，贯彻公开性的稳定政策至少已经部分地被采用了，作为指导习惯法制定方法的方针。

一种类似的稳定方法在劳工组织的历史上已经得到了缓慢的发展。这种情况头一次集中的努力发生在1886年，当时遍及宾夕法尼亚州、俄亥俄州、印第安纳州、伊利诺伊州，竞争领域的烟煤经营

---

① 这种情况在"匹兹堡附加案"中证明有误，但这是在联邦贸易委员会而不是在联邦法院出现的情况。这种情况构成了费特的《垄断的伪装》（1931年版）的基础，参见上文关于从个人到制度的论述。

者和煤矿工人公开赞同工资和工资级差,这样一来,经营者不用秘密或个别削减工资就可以进入这个市场。这种竞争条件的稳定对劳动的雇佣者已经变得跟对铁路的顾客一样重要,而且如同美国钢铁公司类似的做法一样,也许正在被完全认可的过程中。

一个更近的而且同样重要的运动,同时又与丰裕时期的习惯法或成文法相去更远的运动,是趋向于稳定货币和信用购买力的运动,在这个领域最重要的经济学家是美国的费希尔、瑞典的维克塞尔和卡塞尔、英国的霍特里和凯恩斯,而在美国的转折点是1914年建立的联邦储备制度。

2. **差别待遇**。在运输、制造、劳工、金融这四个领域,稳定原则是作为一种对被认为是否定自由、平等、公开市场做法的补救措施发展起来的,一般而言,这是指那种被称为**差别待遇**的做法。

我们在上文已提及在稀缺时期管理公开市场的法律规定,那是自由、平等和公开市场的开端,在那里,买卖者在市场统治者的保护下聚集在一起。但是,有另外一类卖者,他们不把自己的产品拿到中央市场上去卖,他们无差别地为公众服务,随着顾客上门到他们做生意的地方而提供这种服务。这些人相当于销售自己产品的现代制造商,通常在制造地按照离岸价格销售,但往往在交货地交割,如同"匹兹堡附件案"中的做法那样。

现在,考虑到早期这种类型的生产者非常大的稀缺性,并且因为有技术和经过训练的技工的稀缺性,对于凡是自己立业向公众无差别地出售自身服务的人——与之相对照的是只为自己工作或者专为一个老主顾或地主工作的人——早期的习惯法逐渐形成了针对他们的规定,设立了三重的义务:(1)服务所有的来者;(2)只收取合理的价格;(3)假如自己没有技术或者没有发挥出技术,就对赔偿损失负有责任。受这些规定管辖的职业名单很长,包括医生、裁缝、铁匠、木匠、食品供应商(食品杂货商)、面包师、磨坊主、客栈老板、摆渡者、码头老板,此外还包括全部可以被归为"公共承运人"的经营者。实际上,"公共承运人"一般是指对出现任何人都提供自己服务的人。在同样的意义上,所有这些职业都是"公共职业"。法律对于一个人是否拥有实际的独占没有作出区分。事实上，在那些年代，"独占"这个词只用于那些必须由统治者赐予特权或者许可证的这类职业，例如摆渡者，因此这些职业是基于特殊的授予或"自由"的法律上的独占，而不是基于私有财产的经济上的独占。

怀曼和阿德勒在其脚注所提及的引文中，① 提出了两种似乎相反的理论来说明早期习惯法关于"公共职业"的态度。怀曼的解释是基于稀缺性原则，阿德勒的解释则是基于公开性或者公共职业的原则。但这两种解释都不过是稀缺性和习俗两种易变的作用。这些"公共职业"是随着封建制度的崩溃而出现的，不过是存在于这样一种变化当中，那就是从单独一个主人控制下的职业，变成了任何可能出现的主人控制下的职业；过去为一个封建领主工作的铁匠，现在无差别地为任何或者所有的主人服务。既然法庭代表的是统治阶级的观点，那么在习惯的意义上，它们应该把为任何主人服务的义务强加给那些没有特权的工人，这几乎是件很自然的事情。类似的态度也展现在美国对奴隶制的废除上。在《宪法》"第十三修正案"下，过去的奴隶虽然已经变成了"自由人"，但却不能像他们可能希望的那样可以自由地拒绝工作，为了授予他们与过去主人平等的自由，就需要《宪法》"第十四修正案"。② 所以，同样地，在从农奴身份向自由身份过渡的早期，所有工人和商人阶层都承担着服务的义务。

稀缺的原则也是适用的。因为，假如工人富余或者过多的话，那么他们彼此之间的竞争就会使他们服从强制的服务规定变得没有必要。习俗和稀缺的两个原则并不是截然分开的，直到后来某些职业（像在特定的时间和地点拥有排他特权的公共承运人或者摆渡者）在旧的公共服务的强制原则下得以保留，而其他的职业在竞争的丰裕原则下得以解放，两个原则才得以清楚地区分开来。然后，在更

---

① 怀曼和比尔：《铁路运费调节》，1906年版；阿德勒：《商业法学》，《哈佛法律评论》，第28期；《商法中的劳动、资本和企业》，《哈佛法律评论》，1919年，第29期。
② 康芒斯：《资本主义的法律基础》，第119页。

近的年代，稳定的原则伴随着工会、协会、公司、辛迪加，以及类似的以协调一致的行动限制个人自由而保障团体中其他成员自由的种种方法，在某种程度上又回归到了稀缺时代的限额原则，作为对丰裕时代买卖原则的一种修正。

在美国，适用于所有公共职业的原始规定偶尔也运用，但在早期就已经过时了，只有区分为公共服务的职业或公司例外。在这些行业，法律一直都在发展，直到各种规章完全覆盖了甚至包括政府确定收费、服务和资本化在内的内容，此外还有禁止差别待遇的内容。这是因为，尽管丰裕时期机械的发明和机械动力的使用大大增加了，但这些公共服务行业不仅是基于特殊权力授予的法律上的独占，而且是基于普通的私有财产的经济上的独占，原因在于它们占据了关键的位置，只把有效的机会留给其他人从事竞争性的事业。

对于制造性企业和商业企业而言情况不是如此。此时，在丰裕时期的公共利益中，不需要用一种义务来约束那些从事这些行业的人按照一种合理的价格来给所有的顾客提供服务。当时总是保持着生产者和生产设备的供给过剩，在顾客能够轻易找到可供选择的买卖者时，强迫一个制造商或者商人按照合理的价格服务所有的顾客，并不符合公共的意图。因此，这些职业严格作为私人企业来对待，法律只满足于维持自由、平等、公开、竞争性市场四大特征，也就是计量、可转让性、可达性和公开性的标准。

在早期稀缺时期的条件下，现代伦理或者法律上的"差别待遇"的观念是不可能产生的。这个观念是伴随着稳定时期产生的，它标志着新的习俗和狭小利润边际的重要性。

在早期的自我雇用时期，公众或者购买者并不依靠有规律地购买这些商品或者服务来谋生，他们只是在赶集的日子里偶尔购买，或者是在需要他们自己不能提供的服务时购买。但是，现代的企业和生计一直都依赖于现代运输业者、现代的原材料或半成品的制造商、大规模装配的现代工人、现代的金融和信用公司或者辛迪加。

因此，现代的企业家作为购买者其利益受到损害，倒不是由于他必须付出高价，而是在进行大宗而基本的购买时，他的竞争者付出的代价比他低。做生意的利润边际是如此之狭小而数量是如此之大，以至于如果他的竞争者付出的比他少，那么他在竞争中就要出局了。但如果他的竞争者付出的跟他一样多，即便是两者所支付的价格都是过高的垄断性的价格，那他也可以把这个价格转嫁到最终消费者的头上。因此，现代企业家认为重要的是竞争条件的均等，这只有通过稳定来完成。

但是，在早期的普遍稀缺时代，对购买者利益带来损害的不是我们所理解的差别待遇，而只是高昂的价格。因此，即便是用了"差别待遇"这个词，那也绝不意味着一种有差别的*低价*，它通常表示一种有差别的*高价*。换句话说，早期的习惯法运用于公开市场以及差不多所有无差别地服务公众的职业时，并没有任何针对一切像这样的差别待遇的规定，它的规章都是针对过高要价的。

迟至1897年，这显然都是美国最高法院的理解。在那一年，最高法院受理了一起诉讼案，一个住在爱荷华州的原告要求一家铁路公司给予赔偿，理由是这家公司对原告居住在内布拉斯加州的一些竞争者给予了偏爱和优惠，按照搬运距离的长度比例计算，向他们收取的运费要低于向原告收取的运费。① 最高法院认为，本案并未证明原告被收取的运费本身是过高要价。"他只是想收回他认为应得的钱，不是因为任何不合理的收费，而是因为被告的不正当的行为"。于是法院着手调查这种所谓的不正当的行为按照习惯法看是不是不正当，所采用的检验不是一个顾客收费少于另外一个顾客的社会后果，而只是对这家铁路公司私有收入的影响。法院是这样说的：

> "假定被告公司的负责人只向原告收取了一种合理的运费……而在同样的时间里，没有任何正当的理由就给予了他对街的邻居免费运输，这样就会因一种偏袒和不公平的行为而获罪。这是一种趋向于减少铁路公司的收入而达到一定程度会减少股东分红的行为，就他们那方面而言，即便是没有成文法，这样的偏袒也不会给原告以权利，让他可以继续要回自己已经支付的运费，因为这样会进一步减少

---

① 1897年帕森斯（Parsons）诉芝加哥西北铁路公司案。

股东的分红。所以，如没有《州际商业法》的规定，只要公司收取的运费是合理的，那么即便是看起来通过铁路公司的负责人方面的不正当的或者有偏袒的行为对内布拉斯加州的托运者收取了较低的运费也没有关系，原告不能收回他运货到芝加哥的运费。"①

这就是1897年差别待遇的司法概念。它仅仅是一件私人事件，没有社会的后果。

在此宣判四年后，同一个法院由同一个法官（布鲁尔）宣告，维持最高法院对内布拉斯加州一案的宣判，这次是"依据习惯法"，认为不仅所取运费本身必须合理，而且运费必须"相对地合理"；"没有正当而合理的差别待遇的理由"，就不应该在收费上有差别；只有在收费的差异与所提供的服务和条件的差异在相当的范围内，差别待遇才算是合理的。②

换句话说，在1897年到1901年之间，最高法院改变了它在习惯法意义上关于差别待遇的看法，从显然是早期意义的观点，改变到了更为现代的观点，前者没有对过高要价和差别待遇作出区分，后者则认为差别待遇本身就是不合法的，不管是否存在过高要价。根据早期的观点，对差别待遇的纠正只是把较高的价格降低到了相应较低的价格水平就行了。根据后来的观点，对差别待遇的纠正无妨提高较低的价格（或者禁止免费运输）到相应较高的价格水平上。在后来的观点之下，要纠正的弊端是偏袒或者徇私，这种弊端会给一个竞争者提供免费服务或者按照较低的价格提供服务。在早期的观点之下，要纠正的弊端只是收取了不合理的高价，而向竞争者收取的较低的价格本身并没有被视为差别待遇，而只是作为一个证据得到了承认，证明所投诉的较高的价格的确是过高要价。

差别待遇两种截然不同的意义竟然没有区分清楚，显然是因为吸收和排除是一个缓慢的过程，习惯法用这种方法扩大了古老名词的意义，使之覆盖了过去不这样认为的一些新的弊端。1901年，最

---

① 见上述引文，斜体字是后加的。
② 1901年西部联合电报公司诉电话公司一案。

高法院显然扩展了差别待遇的习惯法意义，目的是为了应对一种真正的要该院来判决的滥用，到现在，歧视性*低价*的弊端已经变得臭名昭著和众所周知，让该院1901年的宣判和1897年的宣判相协调的努力已经没有任何必要了。

关于有意识也是故意地扩展差别待遇的意义，以便禁止向竞争者收取相对*低*价或者相对*高*价，我们能够确定的最早的宣判，是1873年麦克达菲（McDuffee）诉波特兰和罗彻斯特铁路公司（Portland and Rochester Railroad）一案，法院的推理揭示了从差别待遇古老的*实物*意义改变为现代的*经济*意义的过程。在这个案件中，法院指出，按照习惯法，差别待遇在于无条件地拒绝"运载乙，如果他运载甲的话"，或者实际上对"某些不喜欢的个人的旅行或者运输实行禁运"，或者在于使得一条公路"绝对无法通行"从而损害了公众的权利。我们可以看出，这些关于差别待遇的习惯法的观念，在性质上是物质的，新罕布什尔州法院把它们的特征描述为"直接"行使不合理的差别待遇。然后该院又继续把差别待遇的意义扩展为了经济上的差别待遇，法院把它称为"间接的"差别待遇，存在于一种"迂回的侵害"中，例如令人不快的条件、价格的差异、不给某个人便利而对另外一个人提供便利。①

结论是，直到上面提及的最高法院1901年在铁路这个案子的宣判为止，才可以说，各个法院普遍改变了差别待遇的意义，从单纯的证据（这个证据关注的是证明某种*高*价或者其他的不利条件是过高要价，也就是说，它"本身"是不合理的）转变到了一个完全不同的意义上，这种意义认为，差别待遇是针对其他竞争者而对某些竞争者的偏袒，这是由*相对的低价*来证明的，无论两种价格的绝对水平是高还是低，这都构成了差别待遇的弊端。

法院得出这种新意义是非常缓慢的，一般的原因是因为它们早期的见解，如同上面所引证的1897年帕森斯案件中所证明的那样，如果这家公共运输公司选择降低自己的收入，那么其方法是向某些

---

① 对差别待遇意义的这种发展过程的进一步证明见怀曼的《公共服务公司》，第1280页。

顾客低收费而向另外一些顾客高收费，这完全是一件私人的事情，至于这种做法在其客户之间压制竞争、促成垄断的社会作用，是不会被考虑的。这种观点导致的结果就是，一个受到差别待遇的人，当他反对被迫支付与自己的竞争者相比相对较高的价格时，在习惯法中却没有任何补救办法，除非他能证明所说的高价*本身*是过高要价或者是不合理的，但这跟他与一个竞争者支付的价格相比是否*相对*较高无关。尽管如此，有些法庭还是曾经宣告，优待竞争者的低价制度有一种不可避免的倾向，那就是压制竞争，把这家运输公司的顾客的业务集中到了那些受优待的个人手中。一家联邦法院甚至迟至1889年还宣布，一家木材公司没有受到任何不公正的对待。当时，一家铁路公司向这家木材公司的竞争者收取了较低价格运费，这个价格甚至低于运输成本，而且有可能将原告公司完全拒之于市场门外并导致它陷入破产，但倘若原告公司被收取的价格"本身是合理的"，那么这家木材公司就没有受到任何不公正的待遇。

这样一来，与公众和立法机构在差别待遇意义方面的改变相比，最高法院滞后了差不多十五年，而这种滞后一般被大家看做是最高法院的习惯性滞后。

前述习惯法关于差别待遇意义滞后的原因，不仅仅适用于所谓的公共运输公司，而且它还适用于所有可以被称为"公共职业"的行业。在1876年玛恩诉伊利诺伊州一案中，最高法院部分地采纳了这一原则，纽约最高法院在回顾了所有案件之后，在纽约民众诉巴德一案中又作了很好的陈述。两个案子都跟堆栈或谷仓有关，在习惯法中这两者从来都没有归类为公共承运人。在这两个案子中，人们都承认，堆栈一直都被认为是一种私人经营行为，从来都没有在特许或者法定专利的条件下经营，这两个特权附带的是由司法程序所决定的合理价格的公共权利。事实上，与这些案子有关的芝加哥和布法罗的几家谷物堆栈，虽然明显地在一致行动，但却被认为在积极地彼此竞争。法庭认为，在禁止差别待遇或者过高要价的问题上，决定性的不是垄断或竞争的问题，而是谷物的运输者，也就是堆栈的顾客，被谷仓经营公司的价格和贸易惯例置于了不利地位的问题。

在这两个意见相左的案例中，被巧妙而正确地争执的问题是，公众没有任何独立的法律权利去利用这些谷仓，因为它们不是公共承运人，没有向任何顾客都提供服务的义务。然而，法院还是认为，在谷仓生意中还是存在着这类"公共性"的成分的，部分地是由于这门生意的性质和范围，部分地是由于它们跟本州和国家的商业关系，部分地是由于这样一个事实：虽然它们是竞争者，但在当时的情形下，它们享有达成有关价格谅解的特殊便利。①

因此，差别待遇和过高要价区别的产生，是伴随着稳定时期的到来而产生的。在丰裕时期，差别待遇算不上是一种罪恶，因为人人都有可供选择的机会。在稳定时期，由于协调一致的运动、"自己活也要让别人活"的政策、微薄的利润边际，它变成了一个严重的问题。因为稳定意味着选择机会的缺乏，接下来，这就会意味着差别待遇和过高要价的稳定性，跟公平合理的价值和价格的稳定性差不多。

因此，通过判决纠纷来制定法律的这种过程，迟缓地配合着不断变化的经济条件和不断变化的关于公正和不公正的伦理意见。它考虑了稳定时期最有意义的事实，也就是未来性和微薄的边际利润这两项原则。现代企业大部分都是靠借入资本来经营的，竞争者都是债务人，它们必须通过保持和原料供应商、工人及顾客的商业联系来维持自己经营中企业的未来偿付能力，所有这些关系可以恰当地概括在"商誉"这个术语中。商誉尽管是无形的资产，但却是现代企业最重要的资产，破坏商誉的竞争是"掠夺性的竞争"。因此，视运行中的机构的未来安全为关键的"自己活也要让别人活"的原则，正在带来**稳定性的习俗**以及符合这种习俗的纠纷判例。商誉这个概念如同法院所构建的那样，是以稀缺性为基础的。因为它假设机会是有限的，而利润是微薄的，因此，每个竞争者都应该努力保持他现在的顾客和现在的商业份额。这已经变成了认为削价不利于

---

① 见1889年纽约民众诉巴德一案。关于美国钢铁公司匹兹堡附加的惯例，联邦贸易委员会在1923年也作出了类似的判例，但这个案例没有诉至法院。见费特的《垄断的伪装》。

顾客的现代"商业伦理"的一部分——这种伦理认为削价不利于顾客,并且它已经由通过纠纷判决来制定法律的习惯法方法或多或少地转化成了"不成文"的法律。

人们将会注意到,对**稀缺性**、**丰裕性**、**稳定性**的这种历史的分析,有点像马克思的辩证法,从他的原始部落共产主义的"正题",到他的十八与十九世纪个人主义的"反题",最后回到了他的未来全世界范围内的共产主义的"合题"。但是,马克思的理论是一种基于技术的唯物主义的阐释,这种阐释我们在前面关于"产业的各个阶段"的部分已经总结过了,而我们的理论也是一种经济的进化,从解释共产主义和重商主义的原始的稀缺,到解释个人主义的丰裕,然后再到现代众多的各种规划,这些规划让个人部分地或者完全地服从于集体行动,从而调节交替发生的丰裕与稀缺。马克思的共产主义是预先注定的,但现代的稳定可能是共产主义、法西斯主义、金融资本主义或者任何一种致力于从冲突和不稳定中带来秩序的协调一致的运动。

(四)价 格

毫无疑问,在所有的稳定中,影响最为深远也最为困难的是银行的稳定。银行家的控制是世界范围内的,而且涉及全世界中央银行的一致行动。它涉及国际主义,与国家主义的民众关税保护暴力行为背道而驰。第一个稳定银行的举措不是来自于银行家或者经济学家,而是来自于政治家。1833 年,在世界范围内的物价下跌中,自 1833 年至 1868 年任英国国会下议院议员的斯克鲁普(G. Poulett Scrope),首先在他给选民的宣传册而后来又出版的著作中①发表了矫正"法定价值本位"波动的主张,他提出定期公布"一种可信的价格趋势",以便所有的商业阶层能够"通过参照这种按物价指数确定币值的货币制度来调节它们金钱上的债务"。这种按物价指数确定币值的货币制度后来由杰文斯按照数学原理创立,称为物价的平均

---

① 斯克鲁普:《从社会福利的自然法则及在当代英国的运用中得出的政治经济学原理》,1833 年版。

趋势指数。①

在斯克鲁普之前也有其他人的观点,但多半是出于好奇,而不是对商业契约的实际建议,而斯克鲁普关注的只是长期契约中的自愿协议。直到维克塞尔在1898年和费希尔在1911年提出稳定法定的货币标准本身的主张时,即维克塞尔认为要对贴现率实行金融控制,费希尔认为要控制美元衡量制的变化,这样一来,不仅商业金融的长期协议,而且短期协议,才都置于了稳定价格水平本身的集体控制之下。

这些主张突出了公共政策和合理价值中所有最重要的问题,因为它们是世界范围内伦理问题的一个方面,起因于利益的冲突:个人和各个阶层应该通过提高自己的效率还是应该通过利用稀缺性量度单位在价值上的变化来致富?在资本主义文明"发薪人"控制一切的做法中,它们是效率利润对稀缺性利润的问题。

从1920年到1932年,美国的批发价格的一般水平跌过了百分之三十三,而农产品的价格水平则跌落到了差不多百分之五十五。但是,拿百分之三十三作为平均值,那么一切长期债务的负担就会增加到百分之五十。这意味着,为了偿付欧洲对美国的黄金债务,与1925年这笔战争债务确定时的数量相比,外国要向世界市场多出口百分之五十多的商品。

对于我们自己的人民也是如此。在1932年,为了偿付1929年签订的公私债务的利息和本金,与债务签订时相比,要多生产和销售百分之五十的商品。

这意味着对国内和国外生产者的金融剥削达到了其产品的百分之五十,为了用货币支付债务和税赋,现在必须要求他们销售这么多的产品,这个数量要高过三年或更多年前协议签订时所要求的数量。

任何人只要想到美国工业和农业在效率方面的惊人提高,自然就会想到的第一个假定就是应该期待供求"法则"会带来价格的相

---

① 杰文斯:《黄金价值的一次严重下跌》,1863年版;《货币与金融研究》,1884年版。

应下降。比方说，如果钢铁工业或者小麦种植业的效率在十年内增加了百分之十，那么这就意味着同样数量的劳动和管理在一个确定的时间内多生产了百分之十的产量，然后我们自然应该预期它们的价格会下降，平均而言，每年大约下降百分之一，或者说十年内下降百分之十。

这些数字是为了说明问题而随意举的。联邦储备委员会估计，从1919年到1927年，制造业效率的增加要比这大得多，效率增加了百分之四十七，因此，平均每年增加了百分之五。但是，拿我们举例的数字来说，想一想，如果钢铁产业和小麦产业*两者*的效率都按照同样的速度在十年内共同增加了百分之十，而如果在这十年内两者的货币价格都下跌百分之十的话，那么会发生什么情况？

我们可以扩大这个假设。假设钢铁业代表一切的制造业，它们都按照同样的速度一起提高效率；小麦业代表一切的农业，它们也按照同样的速度一起提高效率。那么，现在所有的农民正在把他们全部的农产品都销售给全部的制造商，而制造商正在把他们所有的工业品都销售给所有的农民，这两方面各种东西的价格都已经同样地下降了百分之十。

但是，交换价值下降了吗？这就是"名义"价格和"实际"价格之间的区别。名义价格是一单位的这种商品可以购买的*货币量*，实际价格是这个商品单位可以购买的*其他商品的量*。但我们没有用"名义的"这个字眼，而是用了"制度的"这个词。名义价格就是制度的价格，我们简单地称为价格；实际价格我们称之为交换价值。这是因为，衡量名义价格的货币只是一种买卖的制度，然而它是资本主义文明的根本制度，我们通过这种制度获得了我们真正需要的其他商品和服务的所有权，这是用我们自己的商品去交换的。

因此，我们不说用商品去"购买货币"，而是说我们在"卖出商品以换取货币"。我们不说我们在为获得商品而"交换货币"，而是说我们在"用货币购买商品"。我们首先要为获得货币这种制度而卖出商品，然后才开始购买我们所需要的一种或者全部商品，直到此时我们才清楚实际价格或者交换价值。因此，对于用一个*单位*自己的商品得到的另外一种商品的数量，我们不称为我们的商品的"价格"，而称为它的交换价值。不考虑货币的古典经济学家就是这样做的。对于用我们的单位商品获得的货币的数量，我们不称为交换价值，而称为它的价格；交换价值是"实际价格"。价格是资本主义的价格，价值就是商品的数量乘以按货币计算的它的单位价格，工资、利润、利息和地租都是如此。然而，在这里，我们所占有的"商品"——如果我们这样称呼它的话，我们是不出卖的。我们出卖的只是它在一个时期的*使用价值*，这种使用价值才是我们出卖的真正的商品。就劳动、债务和投资来说，我们称之为一种服务——工作的服务、等待的服务、冒险的服务。名义工资，或者干脆说制度的工资，是货币工资，也就是说，它是通过出卖劳动服务或者劳动力的使用价值而获得的价格，目的是为了按一小时、一天、一周或者一件的计算来取得货币的这种制度。名义工资是资本主义的劳动价格。

但实际工资或者说是劳动者的劳动力的使用价值的"实际"价格，是货币工资将要购买的衣食和其他商品，我们称之为"实际工资"，但它们跟我们在这里所称的为他人工作的这种服务的交换价值是相同的。

同样，名义或者制度的利息，是在一个时期内货币的所有者因为自己的货币的使用价值作为购买力而获得的货币的数量，它也是对一种服务——等待的服务——的报酬。因为这种等待服务而获得报酬的人，是把自己的货币储蓄主要用于购买各种债券的债权人。在货币市场上，这就是所谓的"货币的价格"或者"货币的价值"。它是名义的或者货币的利率，也就是说，是支付给等待服务的资本主义的价格或者制度的价格。但支付给等待服务的实际利率或者"实际价格"，是债权人用他作为名义利息接受的货币所能购买的商品的数量。这个商品的数量就是他的等待服务的实际价格，也就是说，是他的等待服务的交换价值。

利润也是如此。名义利润是一个商业机构在一段时期内支付了名义利息、名义工资以及其他所有的价格之后，所获得的货币这种制度的数量，它是一个企业承担风险以后因为这种服务而从公众那里得到的资本主义的价格。但实际利润是这种资本主义的利润在市场上将能购买到的全部商品的数量。实际利润和承担企业风险的服务的交换价值是一回事。

地租和租金也是这样。名义的制度的地租或者租金,是因为出售土地、建筑、马匹或者任何物质的东西的一段时间内的使用价值而得到的货币价格,但实际地租是名义地租可以购买的商品的数量。实际地租跟物质的东西的*使用价值*的交换价值是一样的,但名义地租是资本主义的价格,这个价格是支付给同样的物质的东西的使用价值的。

那么,一般而言,价格是商品、服务或者使用价值的所有出售者所获得的制度的价值或者货币的收入或者资本主义的收入,而交换价值是实际价值,是这样的出售者所获得的实际收入。

但是,尽管价格是制度的和交换价值是"实际的",但价格在资本主义的意义上的确是非常实际的,它决定着谁将获得效率的结果。自1921年以来,技术效率方面的总的增长一直以非同寻常的速度进行着,这就日益重要起来了。

美国劳工联合会在1925年的大会上采用了一项决议,希望跟雇主在提高产业效率方面进行合作,前提是劳工要在两个方面得到所增加的效率的适当份额:一个是作为生产者要获得高工资;一个是作为消费者要获得低价格。①

要求这些较高的工资率(有别于年收入),是因为它们能让劳工购回增加的产品从而防止失业呢,还是单纯因为它们意味着较高的生活水平呢?第一个理由是不充分的,因为更高的工资率也不会防止1930年到1933年的失业。但第二个理由是合理的。为劳工自身的利益更高的生活水平和更短的工作时间都是值得要求的,即便在效率上没有任何增加,但在许多产业方面也值得要求。

不过劳工获得这些较高的生活水平,应该依靠作为*生产者*获得的较高的工资呢,还是应该依靠作为*消费者*获得较低的价格呢?美

---

① 美国劳工联合会1925年第45次年会《会议报告》,第231页:"……我们号召全国各地的雇佣劳动者,反对一切减少工资的措施,强烈要求管理者消灭生产浪费,以便销售价格更低而工资更高……"。

国劳工联合会要求的是作为生产者的较高工资和作为消费者的较低价格两者。

这里体现的是利润边际的重要性。如果雇主的价格下跌按平均数计算跟增加的效率成比例，那么利润边际仍旧跟以前一样，雇主的地位并不比效率没有增加时强，这样他们就不能同意增加工资率和缩短工作时间。对于劳工的这些要求，他们的答复一定会是：他们作为消费者已经得到了效率提高的好处，已经没有什么可以留给作为生产者的他们了。最终的结论就是鼓吹一种限额制度或者"动摇"有限就业量的悲观困境，这样就可以让所有的劳工做半工或者"短期配给"。这就迫使劳工作为一个社会阶层去负担自己未就业的成员，而不是稳定充分的就业。这就使人想起了一个可供选择的结论：平均而言，商品的价格应该是稳定的，劳工应该作为*生产者*按照较高的工资、较短的工时、常年的稳定就业来获得自己的较高的生活水平，而不是作为*消费者*按照较低的工资和失业来获得这样的生活水平。

由于未能非常清楚地保持对利润*边际*、利润*率*、利润*份额*之间的区别，以及每小时或每天的工资*率*跟每年总的*工资收入*之间的区别，有些学者在讨论这个问题时，从一个观念滑向了另外一个观念，但却并没有意识到自己做了什么。福斯特和卡钦斯有一种利润*边际*的观念，这个观念引导他们提出了稳定一般物价水平的主张，但他们转到了利润率，然后从归于消费者的*份额*的不充分得出了自己的结论。[①] 他们说，产业在繁荣时期没有给消费者支付足够的钱去购买所生产的商品，如果物价随着效率增加而成比例地下降，那么这一点显然就会得到纠正。在这方面他们遵循了十九世纪马尔萨斯、罗德波图斯、共产主义者和工会主义者的理论。但如果人们真正领会到了利润边际的话，那么就不仅应该尽可能地防止价格在商业循环中的涨跌，而且应该防止价格的长期的下降趋势，像1815年到1849年的发现黄金，还有从美国南北战争到1897年提炼黄金的新发明，或者从1920年到1933年那样的长期价格下降。为了防止价格过

---

① 见上文关于利润边际的论述。

度下跌，必须事先防止价格上涨。

正是这种预防揭示了效率这个词的双重意义。它意味着让工人快马加鞭，它还意味着用机器代替劳动。在1919年物价过度膨胀的时候，劳动者可以非常容易地从相互竞争的雇主那里获得工作，以致他们对自己的工作毫不在意，甚至把他们的卡车都抛弃在了大街上，目的是为了从竞争的雇主那里得到更高的工资。他们"把这份工作放弃了"。在笔者了解的一个例子中，他们的效率降低了三分之二，但工资却是原来的三倍。当1921年物价暴跌时，同样的数以百万计的工人失业了。然而，当1922年商业开始复苏时，劳工已经受过了1921年的"洗礼"，由于害怕再丢工作，所以又加紧干活了。

因此，用1919年作为比较的基点，所谓效率方面百分之四十七的增长，也许主要归因于人工速度的增加，就如同把它归因于机器的引进和工场组织的改良一样。商业循环1919年挫伤了工人的意气，1921年让他们一贫如洗，1922年又威胁到他们。这都是雇主的利润边际发生变化造成的。

因此，如同我们所做的，假定所有的产业中真实的效率都有一个*同等的*增长，总计十年中每年增长百分之一，如果所有商品的价格同等地下跌百分之十，那么交换价值或者实际价值也会下降百分之十吗？不会，它们仍旧和过去一样，一蒲式耳小麦交换到的工业品跟过去完全一样，一套衣服交换到的农产品也跟过去一样。农产品和工业品的货币价格都有一个百分之十的下降，但是农产品和工业品之间的交换价值或者实际价值并没有下降。

那么，我们是不是可以说，无论物价水平是什么，也不管物价水平如何变化，都没有什么影响呢？就我们假设的例子来说，显然可以说没有影响。但采取一种相反的假设，假定所有商品的效率都*同等地*增加了百分之十，那么所有的物价水平不是下降了而是上涨了百分之十；同时，工业品和农产品的交换价值或实际价值仍然没有任何变化，而*价格*会高百分之十。不过，一蒲式耳小麦仍然会换到和以前同样数量的工业品，一套衣服也会换到跟过去同样数量的农产品，差别在于所有的价格都会高百分之十，这意味着要么小麦和衣服多卖得百分之十的货币，要么少于百分之十的货币会买到同样数量的小麦或衣服。

如果一切价格下跌百分之十时对工业品和农产品之间的交换价值或者实际价值没有影响，而价格上涨百分之十时在实际价值方面同样不会有影响，那么谁获得了效率方面的这百分之十的增加呢？

假设另外一种情况。假定周围的效率同等地增加了百分之十，而平均价格水平并没有变动，那么小麦卖得的美元数跟过去是一样的，同样数量的美元买到的衣服也跟过去一样多。因此，当价格水平保持稳定时，货币价格上涨百分之十或者下跌百分之十时，它对交换价值或者实际价值是一样的。但现在谁获得了效率方面的百分之十的增加呢？

当一切价格下跌百分之十而一切效率同等地增加百分之十时，所增加的效率归谁呢？显然，我们必须在生产者和消费者之间作出区分。这是通常的说法。有些人是生产者，其他人是消费者。但这种说法不适合这种情况。在我们所假设的案例中，所有的农场主和农场工人、所有的制造商和制造业工人，他们*既是*生产者*又是*消费者，因此我们肯定不是好像他们是不同的人那样在生产者和消费者之间进行区分，可以说，我们是在同样的人的生产销售作用和购买消费作用之间作出区分。

这种区分很重要。效率的增加归于千百万的参与者，是在他们的生产销售作用方面，还是在他们的购买消费作用方面？让我们看看上面假设的关于价格的三种不同情况。先看第一个例子。如果所有的价格下跌百分之十而所有的效率正在增加百分之十，那么农场主和农场工人、制造商和制造业工人是作为生产销售者还是作为消费购买者来获得这效率增加的百分之十的好处呢？显而易见，实际的情况会是各方都获得好处，不是由于它自己增加的效率，而是由于交易的对方增加的效率；各方都会失去*它自己*增加的效率可能带来的好处。在这个假设的例子中他们扯平了，因为每一方从另外一方增加的效率中获得的利益，跟由于价格下跌未能从自己的效率增加中获益的损失是一样的。换句话说，当假定价格下跌和效率增加的程度相同时，各方在购买消费作用中的获益和它在生产销售作用中的损失是一样的。

举相反的极端情况作为例子。假设价格同等地增加了百分之十,同时效率也全都增加了百分之十,[①] 那么正如我们已经看到的,实际价值或者交换价值会保持不变,但价格会全面上涨百分之十。上述哪种作用从增加的效率中得益了,哪种作用受到了损失呢?显然生产销售的作用获得了两种利益。它由于效率增加获得了百分之十的利益,由于价格上涨又获得了百分之十的利益。它的总获益是百分之二十。另外一方面,消费者购买的作用遭受了百分之十的损失。因为假定价格上涨了那么多,那么购买者可获得的一定*数目*的货币所能购买的商品就会比以前减少百分之十。但是作为销售者,他们已经得到了多出来的百分之十的货币以用于购买。因此,我们又得把我们的生产者—销售者的作用分为两部分。生产者—销售者的作用得到了两种利益:一种是从增加的效率中获得的百分之十的利益,一种是从更高的价格中获得的百分之十的利益。这意味着,它依靠生产者的作用获得了百分之十的利益,依靠销售者的作用获得了另外百分之十的利益。没有任何东西可以抵消或者扣减作为生产者在效率上得到的这百分之十的利益,那是纯粹的净效率利润或者净效率工资。但是,当它作为购买者发挥作用时,对它作为销售者作用的利益就会有一种完全同等的抵消。

在这里,我们必须进一步在两种类型的消费者之间作出区分:一种是最终消费者;一种是商业消费者。最终消费者是最后的购买者;商业消费者是一种中间的购买者。为生产机器和农具而购买钢铁的制造商协会称自己为"轧钢消费者协会",但它们不是消费者,而是生产者。它们组织起来,目的是为了获得支付更低的价格购买自己所需要的半制成钢产品的特别待遇,它们购买这些产品不是用于消费,而是用于进一步把半成品钢制成为制成品。因此,确切地

[①] 穆勒:《美国的经济趋势》,1932年版,第38、99页指出,从1899年到1914年,当工业品的价格增加大约百分之二十二时,制造业每个工人的产出增加了大约百分之三十。这就反驳了通常的观念。通常的观念认为,至少就一段时间而言,导致效率增加的是下跌的价格而不是上涨的价格。

说，应该称它们为购买者—生产者，而不是生产者—消费者。在这里我们将把它们作为购买者—生产者来考虑。

因此，生产者可以在三个方向扩大自己的利润：首先，作为*销售者*，提高产品的价格；其次，作为*购买者*，减少为获得原材料和劳动而支付给他人的价格；再次，作为*生产者*，提高自己的效率。

为了测量这三种增加利润和工资的方法，我们需要两种计量制度。对于第一种和第二种提高和减少价格的方法，我们的计量单位是美元。对于第三种方法，由于作为生产者增加了效率，因而我们的计量单位是工时。第一种和第二种方法取决于供求关系，也就是说，取决于商品的相对稀缺性，而我们的相对稀缺性的尺度是美元。第三种方法依赖于同样数量的劳动所生产的产品的数量，也就是说，依赖于增加的劳动和管理的效率，而我们的相对效率的尺度是工时。

前面我们已经考虑了这些计量标准。在这里我们要看一看，在我们关于价格全面同等上涨的假设中，对于从销售者作用中获得的利益存在一种完全同等的抵消，这究竟是怎么回事。这种抵消来自于价格上百分之十的增加，而这种增加是*作为购买者*不得不支付的。因此，尽管作为*生产者*的每一方都从增加的效率中获得了百分之十的利益，而作为*销售者*的每一方又都获得了另外百分之十的利益，但作为*购买者*的每一方又都损失了他们作为购买者获得的利益，虽然保留了他们作为生产者获得的利益。

大家将会发现，这些细致的差别是很重要的。某个企业家着手证明化学和电气科学可以引入商业，从而形成巨大的利润。他的理想显然是效率利润，而且他获得了巨大的成功。突然有一天他发现自己终止了生产，并且解雇了自己的工人，因为他正在等待和预期那些给自己供应原材料的生产者的破产和存货倾销，此后他也许可以期望按更低的价格买到原材料。为什么他会改变自己的第一个理想，从依靠增加效率来赢利，变为依靠抑制生产并打压原材料的价格来赢利？在1921年和1931年的物价下跌期间，所有的企业家都在做同样的事情。他们所有的人都彼此在等待别人被下跌的价格榨干，因此他们都处在与那些有名的岛民们同样的位置，后者竭力维持的是一种靠不住的生计，他们的办法就是强迫每个人都在家里给别人洗衣服。他们大家都试图赢得靠不住的利润，所兜的圈子就是作为*购买者*在价格下跌的时候彼此从对方那里获利。

或者，当相反的情况出现并且价格正在上涨时，每个企业家和股票投机者都认为自己是非常精明的，只要他们能在市场上的最高峰卖出，又恰好在价格开始下跌前"解除困境"的话。"解除困境"的意思是让购买者独自承担价格下跌的全部责任。那么，为什么在价格上涨的时期，雇主和雇佣劳动者都"放弃了这个工作"并降低了自己的效率呢？这是出现在1919年的情况。那是因为，作为*销售者*，他们试图彼此从对方身上获得自己的利润和工资，而不是作为有效率的生产者来从自己身上取得。这时候，这一过程就把自己分解为了彼此从上涨的价格中获利的靠不住的循环。

第三种增加利润和工资的方法是效率的方法。在这种方法中，他们不去尝试靠价格的普遍涨跌从彼此身上获利，而是通过提高自己的效率从自己身上获利。考虑一下第三种的情形，价格保持同等的稳定，而实际价值或者交换价值跟从前一样，也是稳定的。现在，很显然，作为销售者或购买者的任何一方都没有赢利或者损失，价格和交换价值都保持不变，但每一方作为生产者（而不是购买者或销售者）获利了，所获得的恰好就是他自己在效率上百分之十的增加所代表的利益的数量。

因此，在我们假设的平均效率同一的增加中，有三种可能的价格情况，而且我们要被迫检验第一种自然假设：可以预期所有的价格都会随着效率的增加而下跌。现在问题转入了一个不同的方向，即现在的问题不是"当效率增加时，我们应该*自然地*期望供求法则对所有的价格发挥了什么作用"，而是"我们会预期哪一种价格情形对所有的相关者而言是最有利的，以及从生产者创造的效率中获得的利益归于作为购买者的其他人，这样做是不是对各方面都更好"。如果是这样，那么下跌的价格会做到这一点；或者说，生产者作为销售者是不是应该获得一个不是基于效率的额外的利益？如果应该是这样，那么上涨的价格会做到这一点。最后，或者要这么说，从效率中获得的利益应该由生产者自己保留，而没有必要作为销售者或者购买者的获利或损失。如果是这样的话，那么一种稳定的物价的一般标准会做到这一点。

那么，我们实际上有三个问题要回答：一个是经济的问题，一个是政治的问题，一个是行政的问题。经济的问题是，当效率增加时，不加管理的供求法则对于价格会有什么影响？政治的问题也是伦理的问题，即在利益的冲突中，谁应该获得效率的利益？行政的问题是，如果获得政府的授权，那么中央银行和财政部能不能稳定价格的平均变动？

在这里我们将不考虑第一个和第三个问题。我们已经考虑过第三个问题了。当然，如果我们肯定知道第三个问题不可能从正面去回答的话，那就不值得考虑其他的问题了。但是，我们的确清楚，自世界大战以来，全世界的政府和它们的中央银行或多或少地一直都在努力研究价格的一般标准的巨大波动的问题，都试图在减少这些波动。现在我们不是在考虑它们是否能够减少这种波动，而是在考虑，在管理这个世界的信用制度时，它们应该采用什么样的公共政策作为它们的指南？我们在考虑的是**合理价值**的问题。问题是，它们是不是应该把促进效率作为它们的指南？同时，对于公共政策而言，这是不是一个合理的指南？

我们还必须记住，效率跟生产或者生产过剩是不一样的。效率不过是生产率，以工时来衡量；增加效率不一定是增加总产出，它也许意味着由于*每小时产量的增加而工时减少*，而不是按照减少的价格把增加的总产出投向市场。

我们可以和亚当·斯密一样假设在买卖、生产、消费的经济活动中，每个人都在寻求自己的私利，而不顾对他人的影响。这在于尽可能多地获得利益而尽可能少地遭受损失。每个人这样做的时候都没有顾及对他人的影响，除非他受到了某种自己无法克服的方式的限制。如果有人声称自己从商是为了公共利益，那么我们可以像斯密一样，把这种话归于空谈。因而，公共政策的问题就是**合理价值**的问题：对某个人自身而言，他最大的私人利益和最小的损失得到了银行制度的担保，不过他应该是作为生产者、销售者、购买者，还是作为最终消费者？

实际上，一个人要自私地寻求自己的最大利益，又不靠剥夺他人而不劳而获,唯有一种办法,那就是靠增加效率,即要么通过加速工作,要么通过不加速工作的脑力劳动。如果他获利完全是靠提高别人支付给他的价格,那么他的获利就完全来自于他人作为购买者的同等的损失。他不仅是不劳而获,而且比不劳而获所付出的代价更少。然后,其他人如果也是生产者—销售者,那么就只能用两种办法中的一种来补偿自己,要么是作为销售者提高自己的价格,其提高的幅度与自己作为购买者的损失同等,要么是作为生产者增加自己的效率,增加的幅度与自己作为购买者的损失同等。如果他们作为销售者提高了自己的价格,接下来又通过剥夺他人而不劳而获,那么他们就因此而扯平了。如果他们提高了自己的效率但却得到了相应较低的价格,那么别人就从他们那里夺取了他们效率的利益,他们就不能扯平。如果双方都同样地提高自己的价格,但却没有增加自己的效率,那么他们就会从彼此不劳而获的赌博中尽力扯平。最后,如果双方都增加了自己的效率但却没有提高自己的价格,那么他们也扯平了,但每一方都是从自己的效率中获得利益的,并没有在交换中从他人那里不劳而获的中间步骤。

对于政治和伦理问题的答案似乎是,每个追求增加利润或工资这一纯粹私利的人,都应该作为生产者通过增加自己的效率来获得最大的利益,而不是作为销售者赌价格上涨,或者作为购买者赌价格下跌。

如果过去制作一套衣服的货币成本是三十三美元,而现在的货币成本减少到了二十四美元,那么我们无法断定,货币成本百分之二十八的减少是由于较低的工资、较低的利息、较低的利润、较低的原材料价格,还是由于效率方面的提高。但如果工时成本减少了百分之三十三,那么我们就可以说,留有作为较短的工时或者较高的工资、利润或利息的一个差额要分配。

从公共政策的观点看,哪一个更好一点?答案的关键在于以前问过的另外一个问题。考虑到生产者—销售者和消费者—购买者双方都遵照尽可能地为自己获得最大利益的纯粹自私的动机行事,没有任何对他人的义务或责任意识,因此,他们喜欢较为容易的方法,即靠收取更高价格或者支付更低价格和工资的方式从*别人*那里获取利益，而不是靠提高效率从自身获取利益的艰苦的方式。那么，对商业的诱因应该置于何处呢？

在上面这个例子中，如果回答这个问题时说，这套衣服的价格应该下降百分之二十八，那这些人采取的就是购买者—消费者的立场，认为购买者应该自私地从生产者那里拿走效率的利益。这是合理的吗？回答说价格不应该减少的那些人，采取的就是自私的生产者—销售者的立场。无论如何这都是合理的吗？双方都不值得从公正、正义、同情等伦理方面去考虑，因为每一方都是在不顾他人利益的情况下寻求自己的私利的。消费者恨不得用较低的价格从生产者那里拿走全部的利益，生产者只要可能，也会用较高的价格从消费者那里或者用较低的价格和工资从原材料销售者和劳工那里拿走利益。生产者除非必要不会增加自己的效率，如果他们能够用更容易的方法获得利益的话，例如，靠较高的价格从消费者身上取得利益、靠较低的价格从上游的原材料生产者那里取得利益、靠较低的工资从自己的工人身上取得利益，那么他们就不必增加效率。

鉴于双方都不值得从公正、道德、正义、同情的角度去考虑，因为每一方都是带着同样龌龊的自私自利的双手进入我们的政治经济学的法庭的，那么社会的问题就必须转向别的地方。作为一个整体，哪种情况对国家会更好些呢？哪一种情况是国家作为一个整体需要的，或者应该需要的？国家应该让消费者获得效率提高的全部利益，还是应该让生产者获得全部的利益？

当问题按照这样的方式提出来时，许多人都会倾向于回答：他们应该分配这个利益。但在这里，某些其他的问题被提出来了，即谁的效率将被分配？如何进行分配？什么时候分配？应该进行分配的是其中的多少？

我们不需要猜测或者思索这些答案，也不需要让我们的供求"法则"给我们答案，我们可以靠经验来判断。《专利法》是政府对供求"法则"责任作用的一种人为干涉，通过禁止他人使用这项专利以获得增加的效率来增加供给，让经营这项发明的人和制造商维持产品的价格。《专利法》的目的，如同国会代表所同意的那样，显然是要把发明家和制造商从自己特殊的、获专利的效率增加中获得的全部利益都给他们,他们作为生产者的效率却根本不与购买者—消费者分配。他们取得效率完全是为了自己。

但是有一种供求"法则"所强加的限制因素。他们不能把价格抬高到效率较低的竞争者所收取的价格水平之上,后者销售的是同样的产品,但却没有同样的获专利的效率工具。因此,供求"法则"继续在发挥作用,它防止了他们把价格提高到那些效率较低的竞争者之上从而获利。他们必须完全作为有效率的生产者获得自己的利益。供求法则会照顾到这一点。供求"法则"是不能废除的,它能加以利用。

但是,如果他们想,而且他们的效率也能让他们做到的话,那么他们就可以降低自己的价格,这样就可以让效率较低的竞争者出局,就可以为自己决定在所增加的效率中,有多少会用较低的价格与作为消费者的购买者分配。他们显然也把供求"法则"用于了这个目的,在自己想这样做的时候增加供给。

但是过了若干年之后,法律会让专利期满,然后任何人都可以用获专利的设备增加自己的效率。供求"法则"又一次发挥了降低价格的作用,这样最终会把从增加的效率中获得的全部利益转交给购买者—消费者。

当然,在《专利法》中存在着瑕疵和滥用,但上面所讲的是它的社会哲学,也是它在实践中主要的作用方式。最初它把效率上的全部利益都给了生产者,后来终于又把全部的利益都给了购买者。《专利法》是靠用三种方式控制供求"法则"来做到这一点的:第一,让生产者限制效率设备的供给。第二,允许生产者靠增加产量减少价格的方式驱逐竞争者,这样就可以按照他自己希望的多少与购买者分享增加的效率。第三,当专利期满的时候,剥夺生产者过去对供求"法则"的控制,这样就把所增加的效率的全部利益都转移给了购买者—消费者。

因此,在《专利法》的这个例子中,最初的想法——每个人都会自然想到的——随着效率的增加应该期望供求"法则"带来价格的下降,只有在下面的情况下才是正确的:我们要加上国家的集体目的,最初把效率的利益完全都给生产者,然后逐渐给消费者;我们还要加上国家的权力,授权专利人在有限的时间内控制供求"法则"。

从经验上看,还有一点也是很显然的,那就是政府没有权力单独这样授权给专利权人,让他控制供求"法则"。事实证明,实际上所有的政府都已经靠条约或者其他方式联合起来了,它们在所有的国家都把同样的专利权给予了同一个发明家或者制造商。在现代运输和电讯体制下,供求"法则"是世界范围内的,也是迅捷的,如果生产者要得到所增加的效率的利益,那就必须依靠这些专利法在世界范围内控制供求。

然而,有许多效率方面的改进是不能取得专利的。更好的工厂规划,更好的劳动力组织,更好的原材料购买,更好的员工激励,更大的机器设备——这些都不能取得专利。在这里是很显然的,甚至连十七年的专利都得不到,生产者无法靠专利来实现他们增加效率的利益。这种利益必须靠其他方式获得,不能靠专利法的帮助,而是必须日复一日地随着我们前进的步伐获得,而且要尽可能地快,要赶在竞争者仿效改进之前获得。

但是,即使在这里,也存在着由习惯法的判决发展而来的其他的方法,依靠这些方法,这种日复一日的效率利益可以得到保护,并且得到及时发挥。习惯法保护商业秘密,如果一个雇员把一个秘密的方法泄露给了竞争者,那么法律会让竞争者承担损失,这种承担是以他靠窃取这项秘密所创造的全部利润为范围的——对于这一点国家的法律会非常仔细地确认,不让供求"法则"发挥作用,以免某种方法的发明者在效率的增加中占有全部好处。

还有另外一种对效率的保护——习惯法和立法机构对一个企业的商誉和商标的保护。如果一个制造商因为提供良好的质量和良好的服务而赢得了声誉,那么法律就会禁止竞争者"盗窃"他的美名,不让他们使用任何与他的声誉看起来相似的名称或者标记,实际上这也是对效率的一种保护。因为质量或者服务的改进在效率上的增加和在数量上的增加是差不多的。

在这些方法中,通过立法机构和法院,国家的公共目的所呈现出来的,是对纯粹自私动机下供求"法则"的自由运用所作的各种可能的限制和约束,目的就是为了生产者,以免他被迫把自己的效率所创造的利益按照较低的价格转让给购买者，从而保护了效率。

现在有人主张应该有一种世界范围内的货币平均购买力的稳定，也就是说，价格平均变动的稳定，而且世界各国的政府应该授权各国的中央银行去稳定货币的价值，这跟成为专利法和商业秘密、商标、商誉、企业声誉保护基础的伦理主张和公共目的是同样有效的。但它更进了一步，保护了那些自己的效率没有受到这些法律保护的人。这些稳定措施至少有一个目的，那就是所有产业中效率增加的利益，应该尽可能地首先归于生产者，而不是购买者；生产者应该是作为有效率的生产者创造自己的利益，而不是仅仅作为销售者靠较高的价格从购买者那里得到利益；而且，不管是作为最终消费者还是中间消费者，他们都将赢得自己的利益，但不是靠作为购买者支付的较低的价格，而是在他们作为有效率的生产者的其他作用中取得。

这种主张的完成不像专利法、类似的法律和法庭的判决那样简单，也不像我们为了简化理论在上文所构建的假设的例证那么简单。然而，这不过是把公共政策对个别生产者的保护扩展到了*所有的*生产者。其合理性取决于深一层的各种条件，例如阶级优势和阶级对抗，或者是国际上的各种复杂因素，这使得它*能否*完成充满了疑问。如果因为这些原因以及其他的各种原因，稳定不能作为一种"理想的典型"被实现，那我们还可以瞄准一切条件下最实用的稳定性。这是合理的稳定性。但必须得有一个某种类型的"目标"作为一种理想的类型，否则就没有任何可号召的一致行动去尽可能地接近它。

靠效率而不是靠稀缺性来缩短工时、增加利润和工资，这种社会理想把我们带向了将被用做一种指南的指数的理想典型的问题，而且带向了将要实施这个指南的行政机构。一般而言，资本主义文明最严重的问题是失业，效率增加一倍、两倍甚至三倍，仍然摆脱不了就业和失业的大轮替，这种自相矛盾使得战争、共产主义、法西斯主义也许比和平与自由更可取。因此，由于绝大多数人正在变成无产阶级，因此在所有的稳定的指南中，最重要的就是维持充分而稳定的就业。1919 年和 1923 年急剧上涨的物价水平很快就恢复了充分就业，1920～1921 年和 1929～1933 年物价水平的急剧下降大大增加了失业。这是因为产业是在微薄的利润边际上经营的，全线上涨的物价水平即使很轻微，但也有一种扩大利润边际从而增加需求的倍加效用，而价格边际的下降则会减少对劳动的需求。

但如果让价格水平涨过充分就业的水平，像1919年那样，那么它就成了单纯的物价和工资的膨胀，因为在全部都充分就业的时候，除了减少工作时间，不可能靠生产来增加就业。充分就业是合理的膨胀限度，这个问题在1923年处理得比较好。在当时的产业和金融条件下，通过出售证券和提高贴现率，价格没有涨过充分就业的恢复点。

(五) 课税的警察权力

1. **私人效用和社会效用。警察权力**是**行动中的社会效用**的美国名称，它是一种立法机构和法院的权力，而不是一个行政人员——警察——的权力。在联邦立法中，它包括在管理州际商业和外国商业的权力之内。它是指挥个人行动趋向一个方向而不是趋向于另外一个方向的权力。在这方面，它和课税没有什么两样，两者都是以这样一个事实为依据的，那就是没有一个个体本身可以自给自足，人们都是通过交换从他人那里获得自己的收入的。

有两个问题一直是从这个社会事实中产生的：财富的分配和维持机构的运行。自李嘉图时代起，在财富的分配中一直都对劳动收入和非劳动收入进行了区分。但最近一百年已经改变了这些词的意义。一切都是非劳动，一切又都是劳动的，但程度上有所不同。人们需要一个比较明确而又不那么招致不满的术语。我们详细阐释了李嘉图的线索，把它们区分为个人收入、资本收入、地价收入。而与我们有关的运行中的机构有时会运行，有时会慢下来，有时则会停顿。这些情况本身大大影响了财富的分配以及税赋和利息两项固定支出的负担。

我们已经看到，制造业公司所支付的税赋的*总额*，在若干年的一段时期内，只占平均生产成本的百分之一和百分之二左右，[①] 然而，平均利润的税赋负担是在1919年的百分之三十三到1921年的

---

① 见上文关于利润边际的论述。

"无穷大"的范围内变化的；1930年、1931年、1932年无疑又是同样的情况。因为这三年的统计数据还没有得到。这些公司生产了全国制造品的百分之九十，它们的税赋负担要比1926年的利润边际高百分之三十五，在其他年份是在利润边际的百分之三十三到百分之九十之间变动。

在资本主义制度的二十世纪阶段，决定商业是否继续、繁荣、放缓与停滞的，正是这种公司利润的边际，而不是十九世纪个人主义经济学的生产成本。而税赋和利息一样——一种固定的经常开支——占了美国人总收入的百分之十到百分之十二，[①] 但是，从制造业机构的平均数来考虑，它们至少是利润边际的三分之一，而多的时候远远超过了利润边际。

老派的经济学家主要关注分配的问题，也就是说，关注的是社会产出在个人之间的*份额*。但是，根据狭小而波动的利润边际发行巨额证券的公司取代了个人之后，二十世纪的经济学家变成了关注这个问题：是什么因素使得这种法人资本主义的运行和停滞甚至比旧的个人主义的资本主义还要剧烈？在所有给出的答案中，我们把它们主要归结为价格、税收和利润边际，还有其他的利益集团，例如工人阶层，但这些人可以解雇，不占固定费用。尽管法人资本主义毫无疑问的是资本主义最强有力的阶段，但也是最脆弱和险恶的阶段，因为它是在狭小的损益边际上运行的。个人资本主义，譬如今天的农场主，或者是斯密和李嘉图时代的制造商，对利润、利息、地租、工资不作任何区分，当利润、利息、地租消失的时候，他们会勒紧裤腰带甚至靠减低全家的工资来继续维持生活。但是，当利息、税款、地租、工资让利润边际耗竭的时候，法人资本主义就会破产。因为这个法人变成了一个债务人，欠工人的工资，欠借款人和银行家的利息，欠地主的地租，欠国家的税收，所以利润只不过是销售收入支付完这些负债之后剩下的差额。当法人资本家反对高度累进的个人所得税和遗产税的时候，他们混淆了自己的私人利益

[①] 主要隐藏在公共雇员的工资和薪水以及公共负债的利息中。见上文关于利润边际的论述。

和法人利益，因为这两种税不是来自于法人的利润边际；但当他们反对对较高的法人利润边际征收累进税时，他们是很聪明的，正如在近年来的悲惨状况中所见的那样，在这个时候，大公司和小公司的收支平衡同样脆弱。

这种脆弱性、重要性以及社会威胁已经变成了金融资本主义的特性，用塞利格曼（E. R. A. Seligman）① 教授的术语来说，这种特性需要的是"财政学的社会理论"。②

塞利格曼是按照个人*需求*的性质来给他的所谓的"团体"分类的，而我们则是把它们作为"运行中的机构"来分类的，依据的是集团行动用于控制个人行动的行为准则和制裁。异同点从他的分类中很容易看出来：

塞利格曼对团体的分类

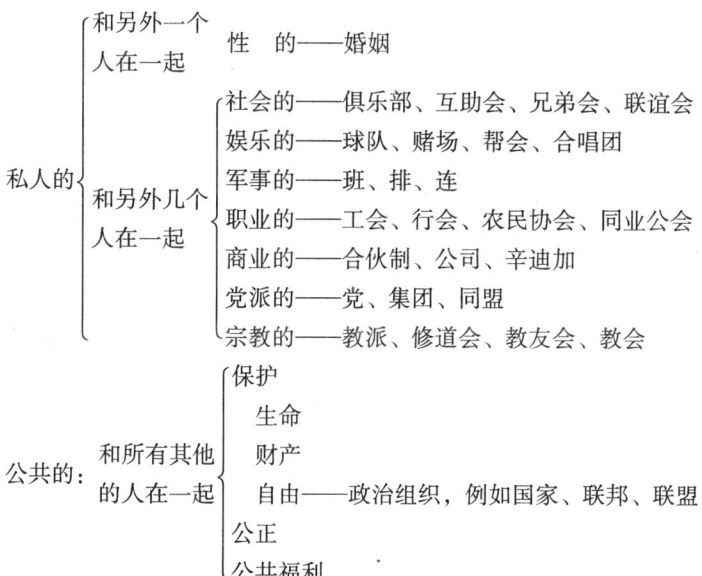

---

① 塞利格曼：美国经济学家。——译者注
② 塞利格曼：《财政学的社会理论》，载《政治学季刊》，1926年第41号，第193、354页。

有了这种团体或者运行中的机构的制度,塞利格曼就回到了古典的个人需求的概念上,把它作为经济学的因果关系因素来看待,但他跟帕累托一样注意到了当转向这些团体中的任何一个的集体需求时,需求本身就改变了且无法量度。这种需求之间的区别不是基于"其原始的心理特性",而是基于个人或集体"满足需求的手段"。这些手段是"独立的"、"相互的"、"集体的",而集体的满足需求的各种手段又可以进一步分类为"私人需求和公共需求,依据的是看它们是由私人团体还是由公共团体来满足的"。公共需求及其满足它们的手段不同于私人之处,在于它们是基本的、普遍的、强制性的、永久不变的,因为公共团体的成员资格是强制性的。这就造成了公共团体和私人团体之间的差异,因为对公共团体而言不存在任何互惠,如同我们在与限额交易相对的买卖交易中所看到的那样,而且对个人的利益也是不能分割和不能量度的。因此,以税赋形式为满足集体需求的公共服务所收取的价格,并非是基于成本或者利润原则,而是基于程度上变动的特殊利益原则、偿付能力的原则,甚至是跟利益或能力相反的如消费税。

塞利格曼的结论是,财政学是广义社会科学的一部分,它起源于公共需求,它把私人需求跟公共需求区分开了;然而,两个团体在要求个人为满足集体需求而付出方面是相似的;*偿付能力*与*所得利益*之间长期矛盾的基本原理必须作为彼此排斥的东西而放弃,因为两者都有其适当的作用范围。

我们断定,由于这些原因,在分配社会负担和利益给个人以及通过财富生产来保持机构运行的过程中,通过限额而不是买卖、更不是管理来决定各种界限的,是休谟的公共效用,或者帕累托的社会效用,或者是同样不可测量而且更具煽动性的"公共政策"或者警察权力和课税权力。

这种课税的权力在其实施的过程中,考虑的是对个人的诱导和抑制以及税收的数额,它在经济上是限额交易的一种特殊情况,支配着买卖和管理两种交易。它做到这一点是通过在特殊的利益集团之间"滚木头"的民主制度,或者是通过独裁或者占优势的利益集团同样的"滚木头"的活动。由于这个原因,它主要考虑到冲突的利益集团的压力，而且根本不遵从基于个人主义的私人效用学说才提出的原则，除非到了这样一种程度，那就是这些学说符合为支配"滚木头"而斗争的相互矛盾的利益集团的政治原则。

这一点可以从这样一个事实中看出，那就是随着商人和制造商利益集团相对地主利益集团的崛起，帕累托的社会科学的"分子"原则最终可能会被政治性所采纳，如同英国在1846年采纳了斯密和李嘉图的自由贸易原则一样。但是，即便是这个原则，在一百年后经过另外一次政治冲突之后也会被放弃，取而代之的是凯雷和李斯特等其他经济学家的保护原则。①

2. **地基**、**成本**、**预期**。实际上，保护原则远不止关税征收，所有的税赋或多或少地都是通过在另外一个方向上的抑制，来诱导在另外一个方向上的扩张的，单纯*获得*财政收入不是它们唯一的目的。但通过把这种负担转嫁到其他人头上来获得那种收入，这是明显可以看出的目的。财政学之所以是经济科学，就在于它分析了这些让他人纳税的集团的努力的手段和作用，而这种分析的关键很大程度上都在于"资本"这个词的意义的历史变化。

我们已经注意到了这个意义的历史变化，从过去李嘉图的生产的劳动成本，到现在的凯雷的再生产成本，再到金融资本主义的商业债务、股票、债券和土地价值的所有权获得的预期的未来净收入的现在价值。② 在这种意义的转换中，李嘉图关于非劳动所得和劳动所得的工资、利息或利润的区别消失了。这种消失是从凯雷和巴师夏开始的，因为土地的"再生产成本"包括生产与现有土地价值相等的另外一块土地所需要的全部社会和个人成本。③ 李嘉图的非劳动所得的地租的差别也消失了——如同费特就1901年资本意义最后转变的转折点所说的那样——因为一切的未来收入，无论是多么垄断、歧视或者不公平，都被视为了为使用任何类型的财产而支付的未

---

① 李斯特是从他被放逐到美洲期间的经验中得出自己的理论的。李斯特：《政治经济学的国民体系》，1841年版。
② 见上文关于西奇威克的论述。
③ 见上文关于服务的价值的论述。

来的"租金",所以资本变成了那些未来租金在现在的贴现价值。①

大家将会看到,而且常常已经注意到,**资本**意义的变化取决于**租金**意义的变化。租金,在费特对这个词的通俗用法中,与"工钱"或者为了在一个时期*使用*任何东西而进行的支付有着同样的意义。不管土地财产所有权中包含着多少经济差别,不动产的租金都是一种单位时间的支付。利息是为了货币的使用而支付的租金,工资是为了劳动的使用而支付的工钱,租金和利润是因为使用了所有者的马匹而支付给他的租金。整个十九世纪直到进入二十世纪,经济理论都一直忙于把这种封建的、法律上的、通俗的租金的意义分解为它的种种经济差别;随着城市土地价值的增高以及农业土地价值的下降,作出这种区别的需要变得更为急迫。

资本家和封建领主在关于小麦的保护性关税上的利益冲突,促使李嘉图第一个作出了租金的经济区分。在这样做的时候,他不得不改变租金的意义,从因土地的使用而付款的历史意义,转变为因土地"固有且不可毁灭的"的性质的使用而付款。因此,他把租金变成了地主的一种"非劳动收入",他们并不为这种收入提供等值的服务,而利息、利润和工资则成了劳动收入。

卡尔·马克思在把李嘉图的劳动意义从个人劳动扩展到社会劳动时,消除了李嘉图的这种区分,因为他认为地租像利息和利润一样,是由于私有制而不是由于在生产力上的差别而支付的非劳动收入;而这种差别在公有制下就会消失,如同在苏联所做到的那样。约翰·穆勒在他关于土地国有化的建议中,部分地承认了李嘉图的这种区分,但却没有承认马克思的资本的社会化。② 亨利·乔治在他关于土地单一税的建议中也只是部分地承认了这种区分,因为他包括了地力,而李嘉图则并没有包括它。③

---

① 费特:《旧的租金概念的消失》,载《经济学季刊》,1901 年第 15 期,第 416 页。
② 穆勒:《政治、哲学及历史的论述与讨论》,1875 年版,第五卷,第 223 页,《土地所有制文集(1870~1873)》。
③ 乔治:《发展与贫困:关于产业萧条的成因以及需求伴随财富增加而增长的成因探索》,1879 年版。

穆勒和乔治都没有利用李嘉图对地力和土地不可毁灭的性质之间所作的区分。乔治在他最初的著作中（在其后的著作中并非如此）甚至都没有追随魁奈的单一税，魁奈认为，只有土壤固有的地力才是神对人类的恩赐，但保持和扩大地力则是地主和耕种者预先垫付的。乔治起初跟斯密和马尔萨斯一样，认为由于神的恩惠，土壤的全部地力生产的财富超过了劳动和资本（魁奈所谓的垫付）所生产的财富，因此应该征收单一税，目的是为了解除生产性的资本家和劳动者的税赋。我们跟魁奈和李嘉图一样，都清楚这是不正确的，乔治在其后期的著作中也这样认为。地力大部分是可以耗竭的，而且到了这个程度就必须再生产，如同任何形式的"资本"或者魁奈的*垫付*一样。

但是李嘉图的区分本身还可以进一步加以区分。他所谓的土地"固有而不可毁灭的"性质可以分解为社会需求所赋予它的*地基*价值，以及由生产者和耕种者所赋予它的*基础*价值。① 地基价值不过是稀缺性价值，因为它完全来自于进入市场的机会，因此主要是由社会需求以及需求集中地的有限供给所决定的。但基础价值是某种可以通过个别所有者的努力而产生的东西，而个别所有者是根据他对收入是否能够补偿生产成本的计算来决定如何努力的。在这方面，基础价值也类似于李嘉图的易毁坏的、改良后的或者经过保养的地力，其价值是劳动成本的价值。对他来说，成本价值是所包含的"资本"量或劳动量的一种尺度，但稀缺性价值是一种"名义价值"，因为它不是多于就是少于成本价值。在其反对关税的宣传中，由于他对城市土地的关心不及对农业土地的关心，因此他并没有把基础价值与地基价值区分开来，但这种区别是贯穿整个城市土地与农业土地的。

如同杜尔哥在他对"地产"的描述中所提出的那样，② 土地的资本价值是由五个不同的因素组成的变量：用于产品买卖的市场地

---

① 参见作者早期关于这一原理的组成的论述，见《政治学季刊》1922年第37期第41页的"裸地价值累进税"一文。
② 见上文关于资本与各种资金的论述。

点；用于建筑和地力的基础；建筑物本身的折旧或报废情况；固有的地力；经过改良、保养或消耗的地力。在地产交易中，或多或少地都考虑到了每一个因素，但是经济学科或者财政学科的职责就是根据各种变化性区分不同的原则并赋予合理的权重；如果在利益冲突和估价的种种困难中是行得通的话，那么会将它们用于具体的商业估价和税收估定中。

地基价值差别巨大，从大城市金融区的每英亩数百万美元，到李嘉图的难以接近市场的偏远地区的耕作边际的一钱不值,① 地基价值会因良好的公路、铁路、电讯和邮电服务而增加，但如果这些设施所起的作用是让人口、产业和商业迁徙到其他地方的话，那么也会因同样的设施减少而减少。因此，它是一种特殊的社会价值，依据交通手段方面的技术变革分配给个别所有者，或者从他们那里拿走，而交通手段的设置是受公共政策的鼓励或者限制的。

可是基础价值是地基价值中的一种扣除，这个价值是视它适于建筑和丰产所要花费的成本而变动的。如果基础不适宜，就必须通过削平山岗、炸掉岩石、挖地窖、填埋沼泽、打入木桩、建筑灌溉堤坝和沟渠来对它加以改良。这些花费是加在个别所有者的头上，还是普遍地加在纳税人的头上，取决于控制公共政策的占优势的利益集团或者习惯假设。

这些道理同样适用于城市土地和农业土地。农业上的这个基础部分用于建筑，但主要还是用于让它具备丰产的能力。如果是沙质土壤，其具备丰产的能力就低；如果是高一等级但却是"易毁坏的"粉沙石土壤，而且由于破坏性的耕种已经消耗到了李嘉图所谓的不可毁灭的状态，那它还是有能力被恢复到原有的地力的。在上述两种情况下，决定值得把多少肥料和耕作投入到这片土地中去的都是土质、地形、地的"位置"以及市场的准入权。地力、肥料以及以前的耕作成果都有可能耗竭，既频繁又经济地让这片土地具备比它原有的地力更多的地力是不可能的。但通过良好的耕作，让它具备差不多或稍好点的地力是可以的。在某些情况下，像商品蔬菜园，

---

① 见康芒斯：《财富的分配》，1893年版，第136页。

增加地力到超过原有地力的程度是有利可图的，这个超额的部分可以恰当地称为"改良的地力"。然而，要是保持在原有的地力水平上，按照农民的说法，就是维持"平均水准"，原有的地力就是"平均水准"，但改良或者耗竭的地力是高于或低于平均水准的。

美国农民在自己大面积的土地上有一种决定他们所谓的"平均水准"的方法。在他们拖运肥料的马厩附近，土地维持着平均水准。由于拖运的成本，在远一些的地方，他们让地力下降到平均水准之下。但在经济上是否值得让它保持或者高于平均水准，这取决于跟良好的道路和良好的市场的接近情况。① 如果适于作蔬菜园又方便进入市场的话，那么农民甚至可以通过追施粪肥、化学肥料让它改良以后超过原有的地力，转而种植各种绿色庄稼。总而言之，要靠精耕细作和良好的管理。

无论如何，农业土地都很像城市土地。对于城市建筑而言，好的地基都接近某种产品生产和销售的良好市场，在最好的地点提供的是建造摩天大厦的机会，而在其他地点建造的则是两三层的建筑，还有一些地点建造的是接近工厂和商业区的住宅，而且在这些建筑中都备有能够移动的商品的存货。如果这些为提高土地等的价值而增加的设施以及存货不靠近市场，如果所有者为现有的市场所建造和储备的东西太多了的话，那么这些设施或者存货就浪费了，它们的价值就会缩减到成本之下。

因此，在土地地基的稀缺性价值、建筑及基础改进的成本价值之间，以及有利于增加土地价值的存货之间，大致存在着一种相关性，它和地力是完全一样的。在耗竭的农业土地的地基价值和地力与其他改良的成本价值之间也大致存在着相关性，而这些改良是有利于把地力保持在平均水准或者平均水准之上的。如果土地远离市场的话，那么让它发展为牧场会更有利。如果它靠近市场的话，那么把土地投入快速消耗地力的作物是比较有利的，通过精耕细作和精细的管理，这种消耗可以被有利地抵消。

任何一块特定的土地是否会遵从这种相关性，这要取决于它的

---

① 关于好的价钱的问题，见下文关于静态和循环的论述。

所有权和管理状况。租佃和拙劣的管理可能耗竭土地，但良好的管理甚至会让它高于平均水准。城市土地也是类似的情况。一个所有者会建一幢摩天大厦，另外一个所有者会让它空闲着，或者会让一座破败或废弃的建筑占着地方。地基价值和建筑或基础改进的价值之间或者改良后和所保持的地力之间大致的相关性，并非总是实际上已经做到的事情的相关性——因为存在着各种各样的变化——而是那些做起来经济的（也就是说有利可图的）事情的相关性。土地所有者的个别差异是很大的，支配课税制度的公共政策所影响的恰恰就是这些差异。

城市土地的地基价值和建筑价值之间这种大致的相关性，在布朗以意义上相当的机会成本①的名称使用凯雷—巴师夏的"再生产成本"的概念时，显露得更为清楚，他不但用这个概念衡量了改良的成本价值，而且还衡量了城市土地的地基价值。有了"机会成本"这个工具，要确定城市土地的地基价值，就不需要求助于李嘉图的农业耕作边际了。然而，像布朗那样接受李嘉图将地租作为"非劳动收入"的概念（这是凯雷和巴师夏不接受的），这种非劳动收入的预期就会被资本化为土地现在的地基价值，从社会的观点看，同样是非劳动的。那么，如果一个人想建造一所房子，作为所有者，这所房子会带给他劳动所得的利息和利润的一种未来净收益，这个净收益等于地基价值未来的非劳动所得的地租，建造这所房子的替代成本将决定地基价值的上下限。在那个点上，地基的销售者或购买者将愿意接受或者支付一笔与建造这个建筑的替代成本相当的钱，这个建筑预期会在这个地基价值的基础上产生一个利润和利息的净收入，相当于地租的净收入。② 因此，地基和地基上所增加的设施的两种估价，通过购买地基或者建造将会产生等值的未来净收入的设施的选择，在某种程度上保持了相关性。

对凯雷—巴师夏的再生产成本概念的这种利用，解释了商业社会以及法庭是如何从单独的估价中排除李嘉图的地基价值的。对于

---

① 见上文关于替代法则的论述。
② 见布朗：《税收经济学》，1924年，第五版，以及前面提到的他的文章。

企业家或者银行家而言，他购买或者抵押的东西，是一种对未来的*非劳动*收入（因为它完全是一种稀缺性价值，生产获得它的手段不会耗费任何人的成本）的要求权，还是一种要耗费工人和管理层的工资、利息、利润去生产的*劳动*收入的要求权，是无关紧要的。一美元就是一美元，不管在它后面隐藏的是什么样的社会歧视或者个人牺牲。销售者所要求的、购买者所支付的、银行家以地基作担保所贷出的，不过是投资自己的钱的可供选择的机会，目的是为了获得未来的等值的利润边际。

我们已经注意到了，在地基价值和建筑价值之间一种更为准确的相关性的缺乏，部分是在个别所有者的差异中发现的。这些个别的差异，以及上述组成土地的五个因素中的每一个，都受课税制度的影响：一个是个人的能力，这是国家的人力资源；其二是发挥能力和利用自然资源的机会；其三是施展各种能力和保存或扩大各种资源的诱因。这些是不能分开的，但又是可以区别的。它们都不能精确地计量，因此必须按照"理性的准则"来表述，亚当·斯密称为课税的"标准"。

3. 课税的标准。能力方面的差异当然是非常大的，但从诱因的观点看，主要的差异是"静态的享乐主义的"工人或者农民跟"动态的"企业家或者资本家之间的差异，熊彼特把这种差异当成了他的经济进化论的核心。一方面是工资、利息、地租，另一方面是利润，这些差异构成了基本区别的基础。利润是动态因素的诱因，工资、利息、地租是静态因素的诱因。利润指望的是未来，是投机性的，敢于冒险，在这样做的时候，它鼓舞了经营才能，这种经营才能吸引或者命令劳动者、投资者、土地所有者唯自己马首是瞻。其他人必须由企业家通过提供工资、利息、地租来诱导，但经营才能是靠利润前景来自我诱导的。利润是建设性的因素，其他都是被动的因素，等待着利润的主动性。从社会诱因的观点看，① 我们可以正确地说，生产财富的不是"土地"、"劳动"、"资本"，而是预期的利润。

---

① 见上文关于马尔萨斯和李嘉图、利润边际的论述。

这是对私有制和报酬不平等的辩护。如果人们真能够按照社会主义者"各尽所能，按需分配"的原则自觉自愿地工作，那么私有制和利润就可以废除了。① 但实际上人们通常是按照营利的原则在工作的，*所尽*能力和买卖能力成反比，*所得*分配与买卖能力成正比。这是利润的突出属性，是对经营才能的报酬。其他人可以按他们的需求成比例地支付报酬，或者按拥有企业家所需要的东西的地位的关键性成比例地支付报酬，但经营才能主要是受利润边际前景的诱导，依据的是降低支付给他人的价格和抬高让他人支付的价格的能力。

但是经营才能受让这种能力发挥作用的机会的限制。这些机会也有级差的利益，跟能力的差别一样大，而这种级差利益正是私有制的原因。我们已经说过，与李嘉图相反，卡尔·马克思甚至主张是私有制而不是生产力的差异引起了地租现象。的确，如果所有的财产都归公共所有，那么生产力上的这些差异就会融和为一项单一的基金，就可以根据社会主义的原则进行定量配给，而李嘉图的级差生产力就会变成马克思的社会劳动力的"平均"生产力。李嘉图强调的是自然的差别，而马克思强调的是所有权上的差别，但两者都从属于利润上的差别。所有类型的私有制，无论是地基价值、建筑改良以及固有的、保持的、改良的地力，恰恰都是因为它是级差利益所以才是有道理的，这种级差利益给动态因素提供了有效的诱因，使得所有的利润成为了可能。因为只有报酬上的差异才能让经营才能涌现出来，让静态的参与者获得就业。运气、机会、自然的恩赐，无论是存在于个人自己的能力中还是存在于自然或社会的资源中，都是一样的，因为从它们身上获得的级差利益对企业家是巨大的诱因，可以促使他找出最好的设备，把它们用到最好，从而扩大自己的利润边际。

这跟课税有关。课税是私有财产的反面，因为税是从利润、工

---

① 参见列宁的《国家与革命》（1918年版）、《帝国主义》（1929年版），列宁在著作中指出，无产阶级专政会一直续到人类自觉自愿地按照这个原则行动为止。

资、利息、地租中扣除的，因此，在私有财产和自由的制度下，如果认为利润边际不够大，那么利润制造者本人或者他的雇员就会在他的命令之下，抑制自己才能的发挥，抑制自己的自然资源和资本设备的利用。由于课税会大大减少利润边际，因而他会*直接*根据税赋负担来抑制自己的才能和自然资源的使用，但这种做法却与预期的利润*相反*。这就是说，他最大限度地利用自己的才能和自然资源，与预期的利润成*正比*，而与税赋成*反比*。

人们常借助"支付能力"来为个人所得税和遗产税辩护，更确切地说，这是对个人*先前*获得的收入课税。① 这是非常正确的。人们还借助于它为一般的财产税辩护，更确切地说，这是对*预期*获得的收入课税。在前一个例子中，支付能力导致了累进课税，这是很正确的，方法是随着收入或者遗产的增加而增加税率。② 在后一个例子中，它基于所占有的财产价值衡量的是未来的支付能力这个观念，导致了对财产价值的一种统一税率。

这是普遍的平等观念。投资于地基价值的一美元，跟投资于基础、建筑、存货、固有的地力、改良的地力、所保持的地力的一美元是完全相同的。每一美元所衡量的未来的支付能力跟其他的一美元是等值的。一个人投资十万美元于一个*未经*改良的农场，另外一个人投资十万美元于一个*经过*改良的农场，为什么应该对两者之间的课税形成区别呢？或者说，一个人投资十万美元于空着的地基价值，另外一个人投资十万美元于建筑、基础、机器和存货，两者之间为什么应该有税收差异呢？他们都有相似的预期纳税能力。支付能力跟所投的美元数成比例，而美元之间是没有任何差别的。

差别在于一个人用来致富的方法。关于致富方法的一个相似的问题，在建立英联邦时期的开端就被提出来了。在1602年判决的垄断权一案和那一时期类似的案件中，③ 君王所赐专利、特许或公司执照等特权的持有者，与不持有也不享有这些特权的商人和制造商，

---

① 塞利格曼：《课税论》，1895年、1900年版，第54~59页。
② 塞利格曼：《累进课税的理论与实践》，1899年、1908年版，第138页。
③ 见康芒斯：《资本主义的法律基础》，第266页。

两者之间存在着争议。作为后者代言人的习惯法法学家争辩说,当一个业务熟练的商人或制造商增加自己的财富的时候,也就是在增加"共同的财富",而当一个国王的专利权所有人以他排他的特权为手段增加财富时,不过是从共同的财富中攫取了那部分财富,并没有让财富有相应的增加。**十七世纪**的财富和共同财富之间的这种区别,相当于**二十世纪**的私人效用和社会效用之间的区别。

李嘉图涉及地租的定义时使用了同样的区别。完全从地租(李嘉图所定义的地租)中获得收入的人,是从资本家和工人身上攫取了财富的人,他们没有创造相应的利润,不像资本家和工人,交付给他人的财富数量与他们从他人那里得到的财富的数量是相等的。①

地基价值从农业土地到城市土地的现代转变也是如此。一个人如果他增加净地的供给,增加建筑物、摩天大楼、木材、森林、果园、排水系统、道路改良、土壤肥力以及其他产品的供给,甚至他靠管理、用于基础的开支以及更易进入市场的道路开支而增加裸地的供给,那么他就是在增加自身财富的同时也在增加国家财富的供给。但如果看到一个人自身的财富完全是因为土地地基价值的增加而增加,而不开垦、不改良、不管地力、木材、建筑,同时也不管交通条件,那么就如同看到一个人的财富只是靠机会从共同财富中攫取,而没有对共同财富做出成比例的贡献。这两者财富上的增加是相似的,并且支付能力上的增加也是相类似的,但一个是私人财富(资产)的增加,而另外一个则是私人财富和共同财富两者的增加。

不过,普通支付能力的观念甚至比一般财产税更为不当。税赋只能从收入中支付,支付能力与收入成比例;裸地不产生收入,因此支付能力由于土地的闲置而减少。联邦所得税试图纠正这种反常状态。当土地或者证券在经过一段时间以高于买进价出售时,土地或者股票、债券价值的*增加*被理解为收入,而这种增加是要作为收入课税的。但如果没有从这块土地上得到每年缴纳的地租,那就没有可以课税的所得。如果在资本价值上有所*损失*,那么准许受损人

---

① 见上文关于马尔萨斯和李嘉图的论述。

从他的其他收入中扣除损失,这样就可以完全逃避*所得*税。

同样地,"土地贫瘠"的人的纳税能力,不及靠肥力、建筑或者改良自己土地的人的纳税能力。实际上,就全国来说,平均而言,当按复利计算时,那些仅靠持有土地等待地基价值投机性上涨而不改良土地的人所创造的利润,可能比不上从事其他生意或者进行改良的人创造的利润。从凯雷开始,这种可能的事实就被经济学家用来证明对地基价值的课税不应该高于对建筑、存货、地力、基础改良的课税,但它采取的是私人利润而不是社会效用的观点,好像仅仅保留社会需要但不拥有的东西是对社会有利的。

因此,如果"支付能力"是唯一的课税原则,那么得出的结论就是,对空地所有者的课税应该低于对生产性土地所有者的课税,即使他的未经改良的空地的价值等于或者高于邻居包括了各种改良设施的土地价值。当地方估税员因为没有生产性而相对低估了未改良的土地的价值,但又按照统一的税率课税时,这个目的往往就实现了。

但是,如果有另外一种课税原则可以适当应用,也就是在有利于财富生产的公共目标的指导下,根据对财富生产的影响来课税,那么只靠地基价值上涨获得财富的人,与靠工业或者农业获得财富的人相比,就应该成比例地支付更高的税赋。一种情况是他从共同财富中攫取财富而没有增加共同财富;另一种情况是他直接贡献于私人财富和共同财富的增加。因此,从共同财富或者社会效用的观点看,存在着两种支付能力:一种是与共同财富增加成正比例变化的能力;另一种是与共同财富的增加成反比例变化的能力。第一种我们称之为**贡献能力**;第二种我们称之为**支付能力**。①

既然两种能力共同存在于同一个人身上,那么虽然对不同的人和不同的机会的比例不同,但这样的差异也只是不能衡量的程度上的差异,所以课税的原则可以解读为:纳税应该与一个人的支付能力*成正比*,与服务共同财富的能力*成反比*。

---

① 类似于泰勒的《制造商品与制造货币》中的观点,见上文有关该方面的论述。

这种暂定的原则或者说是理性的准则，基于一种相对的课税概念。我们看待一种税赋或者看待一般课税，是从过去已经发生的事情的观点看，还是从作为税赋的作用未来将要发生的事情的观点看？如果我们从以前已经发生的事情的观点来看，那么我们就应该强调平等、支付能力、自然原有的或无偿的恩赐、好运的偶然性，总之，过去赚的钱，应该作为税赋的适当量度标准；而且我们将非常正当地把所得税、遗产税或者对过去的各种积累征收的统一的财产税作为适当的课税方法。但如果我们从警察权力的观点看一项税赋，也就是从这项税赋的预期经济结果是什么的观点来看，我们就会问：让个人通过自己的财富来增加共同财富，什么才会是最好的诱因？这就是我们所谓的课税的警察权力。警察权力关注的是未来，课税的权力关注的是过去以及从过去得来的各种积累。

实际上，人们已经清楚地认识到，税赋和税赋的免除发挥着像警察权力一样的作用，往往被有意识地用于产业、道德或福利的调节，而不是用于财政收入的获得。塞利格曼教授已经证明，在美国，课税权力和警察权力的区别，在很大程度上是一种由我们的政府制度发展而来的一种法律上的假定，而且从经济和财政的角度看是不必要的。① 并且我们可以补充说，在我们的法院的判决下，课税某种程度上成为了一种警察权力的特殊运用，因为考虑到课税是征收岁入的主要手段，而岁入又是国家的生命所系，所以法院并不会总是吹毛求疵地细察税赋附带的调节作用。这一点，从法院对保护性关税的宽容态度中就可以看出来，保护性关税显然不是一种旨在岁入的税赋，而是一种把价值从一类人转移到另外一类人的税赋。这就是警察权力在用保护性关税控制对外贸易的外衣下所做的事情。

因为警察权力不是别的，就是一种统治权，就是被占优势的利益集团用来抑制或者压制不利的事情，以促进他们认为对共同财富有利的事情，所以，课税是警察权力最普遍的和最特殊的运用。由于战时产生的税赋方面的巨额增加，伴随着它对利润边际的巨大作用，因此课税正在变成一种警察权力最有效的运用。即使不是有意

---

① 塞利格曼：《课税论》，第 273、296 页。

识地用于调节的情况,税赋仍然在调节,因为它们像保护性关税一样,通过决定人们不可以致富的方向,从而决定了人们可以致富的方向。它们告诉企业家:这儿有利润,那儿有损失。税赋的这些作用是不可能避免的,因此课税的警察权力也是不可能避免的,也因此不可能把任何类型的税赋仅仅视为一种依据平等的原则、支付的能力、财富的积累以及完全指望过去积累的标准来获取岁入的一种手段。实际上,课税是一种通过按比例分配获得利润的诱因来获得财政收入的过程。它总是有这些作用,而且实际上所有的立法者和估税员确实要考虑这些预期的作用。可是,如果财政学试图想要指导实践,建立一种社会效用的标准,也就是按照与支付能力*成正比*、与提供公共利益的能力*成反比*来分摊税赋,那么唯有公开地去做那些税务当局已经私下或者盲目甚至腐败地在做着的事情。

当然,这样一个行为准则,为个人和各阶级在政治、立法以及课税权力的行政管理上的偏见、激情和权力之争打开了大门,所以总是遭到反对。每个人都或多或少地把自己的私人利益等同于公共利益,而且有许多人反对说,公开承认个人和阶级主张支配税赋分配的机会,这种做法以阶级立法取代合法程序的方式违背了宪法。

但是,人们已经在这样做了,而且随着税赋负担的增加,还会更加大张旗鼓地这样做。人们有意识地、无意识地、盲目地、无知地凭着贪婪和隐瞒、蛊惑人心的财阀统治或民主在做这些事情,与其欺骗自己,还不如公开承认,这样我们就可以事实上总是采用与任何特殊的税赋措施都有关的做法,把我们的问题建立在看它的经济作用是不是所声称的公共利益这个判断之上。我们可以随同私人财富的标准明确地建立共同财富的标准。关于现在正在采取的特殊措施,也就是一般的财产税,包括土地税在内,我们可以从自然权力的教条、自然资源生产力的古老观念,过渡到制度的学说,对个人通过增加共同财富来获取财富的诱因进行分摊。

如果我们从过去已经发生的事情来看,我们就可以说,固有的地力是自然的恩赐,而不是管理的产物,因此它的所有者应该按其价值纳税,如同魁奈和亨利·乔治在第一本中所建议的那样。但如果我们从未来将发生的事情来看,那我们就会问:对于农场主来说,让他清除树木和乱石，从而提高它的基础价值，保持这种原有的地力，并且加以改良，公正的诱因会是什么？容易进入市场和税赋的分摊，是国家提供给农场主的两个诱因，促使他们通过为自己创造利润来增加国家的财富。

因为这个农场主是一位企业家，所以生产财富的不是他的体力劳动，而是他的预期利润。作为一个单纯的劳动者，他也因为他在最近或者遥远的过去所完成的工作获得了报酬。作为企业家，在他将来会赢利的预期中，他雇用劳工，并且亲自工作。利润指望未来，工资指望过去，生产财富的是预期的利润。利润的增加，部分地是以他为土壤准备的各项基础设施价值的增加来衡量的，部分地是以预期利润从中产生的土地地基价值的增加来衡量的。相应于人口的增加以及他预期自己的土地具有接近市场的便利条件，这个农场主会有一个较大的诱因促使他去精耕细作，为未来的收成借贷或者投入更多的储蓄，新建更多的建筑或者基础设施，改进公路，以便让这块土地更加便利。

因此，对于地基价值和改良的成本价值之间大致的相关性有一种心理上的解释。土地越是紧邻市场，利润就越有可能，作为结果的房屋、工厂、栅栏、道路以及其他建筑和基础改良的供给就会越大，这些都是制造商和农场主受其诱导在这块土地上建造的。有市场便利的土地带来的有利可图的改良，要比没有那么多便利的土地带来的更多。地力也是如此。土地对于市场越是便利，农场主就越有可能开垦土地、精耕细作、改良地力、保持原有的地力。他做到这一点，是通过从森林变为牧场，从牧场变为耕地，从耕地变为奶酪场，从粗放耕种变为精耕细作，从消耗土壤变为施加粪肥和其他肥料并且各种庄稼轮作。因此，成本价值与改良和增加地力的供给随着地基价值的增加而增加，随着改良和地力所基于的地基价值的减少而减少。

实际上，地基价值和成本价值没有绝对的区别，差异唯有程度。两者都是总的共同财富的限制因素。地基价值对于农业和工业是必要的，通过为工业和农业的使用开发道路，一个人会增加可利用的裸地的供给，从而增加共同的财富，尽管他甚至有可能减少了另外的土地的地基价值，因为后者现在变得不那么便利了。因此，关于单一的普遍真理或者自然权利不可能有任何教条的陈述，只会有一种原则或者理性的准则，在差异明显地大到足以是实质而且重要的程度的点上，就可以把两者区分出来了。出于这个原因，课税的准则应该按照允许把比例的区别观察清楚的方法来陈述。这个原则也许可以恰当地解读为：根据利用各种才能和资源增加共同财富的程度，反比例地分摊税赋。

这种准则不过是亚当·斯密作为其课税的第二原则陈述的内容。他说：

> "设计一切税赋的时候，从老百姓口袋里掏出来的钱，应该尽可能地不多于国家的公共财政收入。从老百姓口袋里掏出来的钱如果大大地超过了公共财政收入，那么是按照以下的四种方式……其次，税赋会妨碍人们的勤劳，阻碍他们把勤劳用于某些可能给芸芸众生提供生计和就业的企业部门。"①

这种原则似乎与霍布森所接受的把纳税能力作为"经济和公平的最高原则"是一致的，但是，却伴随有下列两个"负面条件"中的第一项："（1）切不可消除或损害基本或有用的生产过程中的任何工具或者诱因。（2）切不可消除或损害任何基本或有用的消费要素。"② 它似乎实现了塞利格曼对一般财产税的批判，以及他用"产品"代替"财产"作为课税基础的想法，如同他所承认的，要以对非生产性的不动产的课税来补充。③

这是过去谈到过的一个事实，即一方面是改良和地力两者的成本，另外一方面是土地的地基价值，两者之间有大致的相关性，这为地力和裸地的独立估价提供了一个原则。就城市土地而言，不存在任何困难，那里的土地除了几百年前给它而现在已经摊销的价值

---

① 亚当·斯密：《国富论》，1904年版，第二卷，第311页。
② 霍布森：《新国家的课税》，1920年版，第12页。
③ 塞利格曼：《课税论》，第58页。

外，没有价值，因而也不再重要。① 它甚至都被用光了，价值成了纯粹的地基价值。但是就农业土地的情况而言，必须找到一个把地力的价值跟土地的地基价值分离开来的简单准则。威斯康星州立法机构提出的《格里姆斯塔德法案》，② 国会提出的《科勒法案》，③ 包含了这个准则，那就是地力的价值应该按照完全用于农业目的的土地的公平市场价值的一半来决定，"如果保持了一般的标准的话"。"公平的市场价值"是通常的课税标准。公平的市场价值，或者"一般标准"，或者能够保持在原有地力状态的情况，也是农民所熟悉的概念。"耗竭"的土地要打折扣，例如，在某一项交易中，一个农场主按照每英亩一百美元的价格购买了一块耗竭的农场，期望在十年内把它的价值增进到每英亩二百美元，这是马路对面的农场的价值，后者有着完全一样类型的土壤基础，当然，也有同样的进入市场的便利。根据上述法案（这些法案排除了建筑和地力的价值）的规定，那个较好的农场会有每英亩一百美元的土壤地力价值和每英亩一百美元的地基价值，而耗竭的农场只有同样的每英亩一百美元的地基价值，但却没有地力或改良的价值。遵照李嘉图的地基价值原则，两者严格意义上的平等应该是每个农场都按照每英亩一百美元的基础征税，而不是改良的土地按每英亩二百美元、耗竭的土地按照每英亩一百美元征税。

威斯康星州的土壤调查表明，耗竭的土地，也就是已经消耗到耕种无利可图点的土地，*在化学上*已经丧失了其*全部*植物养料的百分之三十三，当然，在经济上其*可利用的*植物养料已经百分之百地丧失了。产生的问题是，新的地力的价值，是不是应该根据*再生产成本学说*，按照化肥、运输、施肥的现行成本来计算？如果是这样的话，那么距离市场远的、价值低的土地的成本价值，就会大于同

---

① 在格里姆斯塔德（Grimstad）和科勒（Keller）的法案中，这些改良设施是按照每年百分之三的比率分期清偿的，这个比率适用于建筑的清偿。到三十年结束的时候，它们会因此而变成只是地基价值的一部分。
② 1921年4月提出。这里呈现的理论是威斯康星州立法机构的农业委员会在1921年提出来的。
③ 1924年1月提出。

样地力但更接近市场的土地的成本价值，它甚至会超过耗竭情况下每英亩值十美元的偏远土地的价值，不过只是具有相似地力但仅地基价值就值每英亩一百美元的便利土地价值的一小部分。

这样的成本计算不仅是不可行的，而且在理论上也是站不住脚的。这种理论把成本变成了价值。① 成本是一种限制，价值是一种诱因。真正的问题是，要做到把可利用的植物养料总是保持在一般标准甚至高于一般标准的成本之上，到底需要多少价值诱因？这个诱因必须超过准备基础设施的费用、化肥和粪肥的费用、运输和施肥的费用、庄稼轮作的利润损失。这种预期价值的诱因，整个儿就是在私有财产和自由的制度下，为了未来的收成诱导人们去保持和改良地力，以获得一个高于成本的合理的利润边际的预期是什么的问题。当我们考虑到由于天气、收成、严寒、霜冻、洪水、干旱，农业存在巨大的不确定性，当我们考虑到农场主没有能力像企业家那样，通过突然停止生产来控制市场，我们就有理由认为，如果城里人没有新建设成本百分之十到二十的利润预期就不会投资于建筑、工厂、机器和原材料的话，那么就不应该预期农场主在没有超过总成本百分之二十到三十的利润预期的时候增大或者保持地力。可以预期，利润边际的误差差不多就落在这个限度内。因此，我们可以认为，把所有因素考虑在内，让一般标准的地力占百分之五十的比例、地基价值占百分之五十的比例，这样所作的估计差不多是合理的。

这种决定方式类似于管理货运和客运运费或其他公用事业公司收费标准的情况。关于"物质估价"，也就是这些公用事业的"成本估价"问题，一直有许多争论，如关于价值是否应该按照"新的再生产成本"或者"现有条件"或者"原有成本"或者"累积的投资成本"来评估，② 以及在计算获利所允许的利润率时是否会包括某

---

① 四十年前，我徒劳无益地试图按照古典的成本理论解决这个问题。见拙著《财富的分配》，1893年版。

② 参见鲍尔的《控制公用事业投资回报的估价基础》，载《美国经济评论》，1916年第6期，第568页；格莱瑟的《公用事业经济学大纲》，1927年版。

些高于获利时通用的利润率的东西。这些计算的关键在于公正问题，它关注的是所有者由于过去所做的事情而在现在所主张拥有的权利的内容。在农场主要求农产品的价格应该等于生产成本的问题上，一直也有类似的争论。

但是，当这些投资者或者农场主的公正问题归结于收费标准和价格的实际确定时，支配甚至操纵这些计算的主要因素就是一切情况下的经济诱因。问题所采取的形式是：什么样的收费标准或价格能够使管理层获得利润，从而吸引必要的投资和劳动，以便给公众提供他们所要求的服务？

但诱因的问题必然走向循环。价格越高，公众作为消费者所吸纳的产品的供给通常就会越少；价格越低，管理者作为生产者所提供的供给就越少。唯一的解决办法是习惯法中所规定的"理性准则"。在听证了所有的事实和辩论之后，通情达理的人所组成的陪审团认为合理的东西是什么？"合理性"不过是习惯法和良好的判断力，正是在这种合理性的基础上，铁路委员会和法院来决定客运收费将会是两美分、三美分还是四美分。合理性是判断和公道的问题，因为它关注现在行为的未来作用，而公道本身只关注过去，作为对现在的各种权利要求的证明。

在土地的地力价值和地基价值之间寻找一个合理的比例也是如此。能够找到的这个比例不可能像一座建筑物的价值和建筑物的地基的价值之间的比例那么精确，因为在这里不存在被估价的地力。就地力而言，总会存在不同的意见以及一种误差的边际。但是，如果把维持在一般标准上的地力价值的比例规定为大约百分之五十以免于课税，而对于土地的百分之五十的地基价值予以课税，那么考虑到土壤调查的结果和保养地力所需要的利润，这个比例是合理的。

还有一种考虑，这个考虑可以看做是一种政治的权宜之计，而不是一种合理性，但在现实中这是农场所有者和城市所有者的一种假定的平等待遇。就城市土地的情况而言，所有者的物质资本有别于其土地的地基价值，完全由建筑和基础的改良构成。就农场主的情况而言，他的资本由类似的改良以及地力构成。现在，在1919年的威斯康星州,各项改良和土地是分开估价的,土地、地皮①以及各种改良的估定价值显示,平均而言,城市中建筑改良的价值是全部不动产价值的百分之六十,裸地的地基价值是百分之四十。在乡下,建筑改良的价值只是百分之二十,可是土地的价值*包括地力和地基价值*,是全部不动产价值的百分之八十。② 这表明,就1919年的平均水平而言,用于课税的地基价值按百分之五十计算,这样就把农场主与城市的土地所有者置于了一种平等的地位。按照这个比率,在农村地区,各项改良和地力的成本变为了不动产价值的百分之六十,而土地的地基价值则是百分之四十;在城市地区,单各项改良的成本就是全部不动产价值的百分之六十,而地基价值则是百分之四十。平均而言,在这两种情况下,不动产价值的百分之六十会免税,而百分之四十会作为地基价值课税。③

当然,我们将会看出,这种理论所起的作用有利于农场主,与通常的单一税的观念正好相反,后者对地力和地基两者都征税。事

---

① 有特定边界的一块土地,尤指组成城市、乡镇或街区的一部分土地。——译者注
② 1919年威斯康星州土地和改良的估定价值:

	农村(美元)	百分比(%)
不包括各项改良在内	1 289 332 819	79.08
各项改良	340 771 127	20.92
	1 630 103 946	100.00
	城市(美元)	百分比(%)
不包括各项改良在内	460 256 606	40.13
各项改良	686 795 320	59.87
	1 147 051 926	100.00

③ 公共福利税务联合会的沃尔克给我提供的十六个州的1930~1931年的数据证明,城市的地基价值是全部不动产价值的百分之四十五,各项改良的价值是百分之五十五;而农村土地的地基价值是(包括地力)是全部不动产价值的百分之七十六,改良价值是百分之二十四。在这个例子中,为了使城市和农村社会的土地地基等值,对免税的地力价值的平均津贴会是农村土地价值的百分之四十,而不是1919年威斯康星州的百分之五十。

实上，1921年的《威斯康星州法案》获得了差不多所有农场主的拥护，而众所周知，单一税受到了农场主的强烈反对，正如我们的分析所证明的那样，他们反对得很正确。

人们都清楚，在一般财产税方面，农场主们遭受了与城市很不一样的不平等的待遇。如果上述的分析是正确的话，那么地基价值税是农场主可以接受的，因为它把他们置于了跟城市所有者平等的地位。它把农场主作为保存国家自然资源的真正的资本家来对待，就如同企业家靠建筑房屋和工厂同样有益于国家一样。而且，如果这种分析是正确的话，那么它没有有利于农场主而歧视城市的所有者，尽管事实是，与面积成比例，这种税的较大部分收益会来自于城市土地，即城市里巨大的地基价值集中在很小的面积上，高达每英亩数百万美元，而在农村，土地分散且地基价值较低，每英亩不过是从一两美元到五十、一百美元不等。无论哪种情况，运用的都是一般财产税的原则：根据支付能力分配赋税，而且与公共利益成反比。

这个原则基于这样一个事实，那就是在一般财产税的制度下，被课税的不是*土地*或者*财产*，而是*土地的所有者*，因为税赋由所得支付。在法律的意义上，对土地的课税是一种对财产的课税。但在经济的意义上，如果确定了，那么税赋就不是一种税赋，因为它已经被打了折扣了，购买者是按照减去这个税赋的预期收入的资本化的价值购买这块土地的。然而，无论哪一种观点，土地税似乎都是一种财产税，而不是对所有者征税，所有者宛如一个收来税捐然后交给国家的代理人。

然而，这不是物质和商业概念的混淆，就是资本与收入概念的混淆。土地不付税，它是所有者按照其土地的价值比例地付税的；税通常是从所得中支付的，而不是从资本中支付的。如果土地没有产生必要的收入，那么所有者就必须从其他地方赚或者借这笔钱。因此，对土地征税就是对所有者"预期可获得的"收入征税，无论他实际上是否获得了这个收入，也就是说，无论他使用土地是有利可图还是无利可图。的确，税的估价是以土地为对象的。可征收的对象是土地，对不缴纳税的这种情况所采取的补救措施针对的也是土地。然而，税是由所有者从他自己或者别人的收入中支付的，和他缴纳所得税或者遗产税完全一样。

因此，累进税的原则适用于巨大的地基价值财产，无论这块具体的土地是连在一起的还是分开的。纳税的是所有者，他们的纳税能力不是随着实际收入的增加而累进增加的，如同在所得税和遗产税中所设想的那样，就是随着地基价值所包含的预期收入的增加而累进增加的。

在这里我们没有考虑给缺乏训练的能够把地基价值和地力价值区分开来的估税员造成的执行上的困难，但这个困难可能并不比美国发明的特别税已经遇到且仍然有影响的那些困难大。在这类税中，美国民众久已①采用了这里所主张的原则，那就是课税应该跟纳税能力成正比，跟贡献能力成反比，它体现在地基价值和改良价值的区别上。

特别税不同于一般课税，正如法院所说的："因为它们是基于这样一个假设建立的，即社会的一部分处于与公共资金的一项预期支出相关的特别的位置上，将在财产价值的增长中获特别的收益。"或者，如同塞利格曼教授所言的："特别税可以定义为一种强制的捐献，按照所得的特别利益成比例地征收，用于支付一种特殊的改良成本，这种改良是针对承担公共利益的财产进行的。"②

但是，在对这些特别利益数额的区分中，不包括改良和建筑所创造的价值，因为这些改良的价值显然是某个人劳动、投资和经营的成果。可是，对于价值因公共改良而增加的地基价值，早在1830年就有一个州的法院确立了一个原则，那就是所有者所支付的不应

---

① 在纽约从十七世纪就开始了。见塞利格曼的《课税论》，1901年，第284页。

② 塞利格曼：《课税论》，第283页。关于这个问题的权威著作是罗斯沃特的《特别税：关于地方财政的研究》，哥伦比亚大学，1893年、1898年版。关于特别税管理的腐败和不正规性，见布里格斯的《伊利诺伊州调查》，1933年经威斯康星州大学公共建设工程编辑部审查之后，由伊利诺伊州工程部门出版。虽然美国存在着非常沉重的特别税负担，但关于这个问题几乎没有进行过调查。

多于附加于财产上的价值的增加部分,当然也不应该多于他在公共改良的建设成本中所负担的份额,其他法院或多或少地都遵循了这个原则。①

在这里,课税的原则得自于《宪法》对未经合法程序剥夺私人财产的禁止,而且它对征税权力的使用确立了两个上限:额外的价值和公共改良的成本。通过确立这些限度,可以说社会效用的改良尽管在经济理论中是模糊且难以计量的,但还是被归纳为了一种合理的计算单位。一条公路或者其他公共改良所创造的社会效用的总量,简单地说就是它的实际建设成本,额外的社会效用的成本可以摊派给受益的私人所有者的上限,就是其财产价值上所估价的增加额。如果所取过于此数,那就是没收;而如果所取少于建设成本,也即没有超过增加的价值,那就是以支付公共改良成本的广大纳税人为代价,把特殊的优惠给了个别人。

结果就是,特别税受"税赋分配与支付能力成正比、与贡献能力成反比"的原则所支配,支付能力因受益地基价值的增加而增加,贡献能力因所有者或者之前的所有者附加在公共财富上的改良而增加。

除了少数情况而外,这种特别税的原则不能用于汽车所需要的大规模的公路系统的建设。在这种情况下,并没有特别受益的国家或者州的广大纳税人和汽油的购买者,支付了由那些享受优惠的地基所有者所吸收的特殊利益的成本。未能采用特别税原则的理由之一可以清楚地从我们的分析中看出来。在少数试行这种原则的场合,它所起的作用对于农场主极不公平,在他们的抗议声中很快地就被放弃了。它的不公平在于把农场主的地力作为土地价值来对待,根据我们的李嘉图式的分析,这使得农场主与城市土地所有者相比,支付了双倍份额的特别税。因此,这种特别税没有被扩大到所有的受益财产之内,包括城市土地的价值,而只扩展到了紧邻的土地所有者之中,大多数是农场主。

---

① 见罗斯沃特:《特别税:关于地方财政的研究》,1893年版,第97、98页。

这种地基价值和地力价值之间的李嘉图式的区别，实际上在美国的特别税法律中从来就没有形成过。这说明了这个原则在地方财政中被广为接受的事实，因为在那里没有地力要估价，而且这个原则一经被用于农业，就差不多完全用于灌溉和排水项目上了，在这些地方的地力显然是由公共改良实际创造的。在特别税法律中，尽管认为建筑改良不吸收公共改良对私人财产所增加的任何价值是正确的，因此被免除特别税也是正确的，但农场主的土地价值被认为是包括了农场主所维持的地力及其地基价值，而城市土地完全是一种地基价值。只有地基价值，而不是建筑价值或者地力价值（灌溉和排水的情况除外），能够受益于公共改良，因为建筑让建筑和地力价值保持在再生产成本之下，而地基价值则完全是由对有限地基的社会需求所决定的，与再生产成本无关。如果特别税只以受益的地基价值为对象，而不以未受益的地力价值为对象，那么与城市地基价值的所有者所承担的份额相比，农场主因道路和公路而承担的特别税的份额显然会少于现在的份额。也许可以期待这种对受益和未受益财产更为准确的经济分析能够克服接受特别税课税原则的一个主要障碍，那它就会更为精确地实现美国法院关于特别税的课税原则，即按照与支付能力成正比、与对共同财富提供贡献的能力成反比分摊税赋。

但树木不能长到天上去，它们会在疾风中枯萎，一种单一的真理像单一税一样，会由于与其他利益集团所支持的其他真理的冲突而以自身的毁灭而告终。真理有一种递减的效用，跟牛肉有一种递减的效用一样。同样类型的真理太多的话，真是既讨厌又不真实。为了得到一种在冲突的世界中发挥作用的最恰当的真理，各种真理必须彼此成比例。政府必须让岁入的数量增加，不是因为它们的腐败与无能——这些缺点是可以弥补的，而是因为在一个日益进步的文明中，教育、伦理、道德、自由、对弱者的保护、公路、卫生、娱乐方面的社会需求，比食物、奢侈品、炫耀的私人需求增长得更快。征税的权力实际上是破坏的权力，正是因为这个原因，课税的原则不能像数学那样精确，而只能像法院的理性准则那样，给支付的能力和对公共财富提供贡献的能力赋予成比例的权重。

然而，在调查研究的基础上，这个原则已可以用于日益进步的文明所需要的其他收入来源上。如果单独考虑支付能力，像在所得税评估中的正确情况一样，似乎跟累进所得税同样的税率应该用在个人收益、资本收益和地基价值收益上。但如果考虑到贡献能力，就会对归因于个人能力的所得征收最低的累进税率，对归因于资本改良的所得征收中等的累进税率，对归因于土地的地基价值的所得征收最高的累进税率。

在联邦所得税中考虑了这些区别中的两项。在帕克（L. H. Parker）的领导下，① 国会的一个国内税收征收委员会对这两项内容进行了详尽的研究。该委员会从纳税人之间的公平、提供给生产因素进而去增加共同财富的诱因这两方面对这个问题进行了讨论。这两方面实际上是分不开的。

委员会的研究对劳动所得、投资所得、资本收益作为用于联邦所得税中的术语作出了区分。"劳动"所得，或者干脆说个人所得，是"从劳动中获得的收益，例如薪水、工资、从事专门行业的费用以及由于纳税人个人努力获得的利润——有别于从资本的运用中获得的利润"。"投资所得"是"从资本中获得的收益，像利息、分红、租金以及从持有不到两年的资产的出售或者财产转换中获得的收益"。"资本收益"被定义为"从持有超过两年的存货之外的资产出售或者财产转换中获得的收益，例如，在持有的时间符合规定的条件下，从股票、债券、专利权、不动产等的出售中获得的收益"。② 后两项我们可以不理会，并且可以把"投资所得"区分为资本所得和地基价值所得。

"劳动所得"这个专用名词相当于我们的"个人所得"。委员会的研究人员陈述的论点中赞同对个人所得课征较低的税率，比方说，比投资所得低百分之十二点五到百分之二十五。他提出的理由是：

---

① 《关于劳动收入的初步报告》，《国内税收征收联合委员会报告》（1928年，第一卷，第三部分）；《联合委员会致众议院税收委员会的报告》（1931年）。
② 《关于劳动收入的初步报告》，《国内税收征收联合委员会报告》。

"投资所得的生产手段也就是资本,在现有法律的周密保护之下,通过折旧、损耗、有用价值的报废和亏损补贴,没有承担什么税赋。因此,劳动所得的生产手段,也就是个人,应该通过类似的给予个人劳动能力消耗的津贴予以保护。"在引证了全国税务协会的论点之后,他接下去陈述:"医生的技术、律师的智力、行政人员的精力,并不是固定而不可毁灭的,不可能永远产生所得,然而他们产生的所得却按照与资本同样的比率课税。通过折旧、报废、损耗来提取所得,准许资本弥补自己的损失,但人们在赚取薪水、酬金和类似的报酬时所损失的活力、健康和力气,却不能作为折旧、报废或者损耗从劳动所得中扣减。"①

因此,从公平中得出的原则相当于从公共利益中得出的原则。个人是一种生产媒介,他提供增加自己的财富来增加共同财富。但他是一个有生有死的个体,会遭受疾病、意外、衰老的失业。因此,符合公平的要求,也符合对他二十到五十年的活动提供更大的诱因的要求,通过让他尽自己所能赚取较大所得,与任何合理的平等待遇和对生产的刺激相比,他的所得税大概都应该比从资本投资中所获收入的税额低百分之二十五。后者尽管也是生产性的(并非如联邦法律中所说的是"非劳动所得"),但在所有者患病、衰老、不能生产或者死亡之后,还能继续产生所得。

我们所谓的课税与贡献能力成反比而累进地与支付能力成正比,就是这个意思。较大的个人能力具有较大的支付能力,但只有当个人能力在投资、控制、操作资本投资的时候,个人能力才会比资本投资为国家提供更大的财富生产。因此,应该按照较低但累进的税率对个人所得征税。

但是投资有两种:一种是在生产资本上的投资;一种是在土地地基价值上的投资。上述委员会并没有对此进行区分。如果我们的发明和管理能力能够为一家资产两千万美元的工厂创造需求和机会,

---

① 《关于劳动收入的初步报告》,《国内税收征收联合委员会报告》。

那么我们就应该对那种能力和投资提供诱因，这对这个州或者国家来说是很重要的。但是我们不应该对地基价值的所有者提供什么诱因，因为他们的价值是一种社会需求，而其增加没有相应的个人能力的努力或者是新投资可能形成的新建筑。

今天，由于工业和农业上的发明和技术变革，新建筑要远比过去重要，它们可以更快地折旧，特别容易过时。据估计，新的建筑平均在十年到十二年之间就会折旧完并报废掉，因此平均八年或者十年就必须全部重建。最近已经有人建议，对资本投资的所得税应该允许有每年百分之十的折旧和报废。在现代资本主义企业中，考虑到折旧和报废大大增加，这并非是不公平的扣减，所得税上的这样的扣减对资本建设所提供的诱因，大概不足以超过通过折旧、损耗、报废等因素所要恢复的快速消耗的价值。

但是，在现有的官方定义下，投资包括了裸地的地基价值。很难说地基价值作为一个整体是否比其他可征税的价值增加得更快，但是，可以毫无疑问地说，一直都有地基价值从农业和小的社区到商业、制造业、城市金融区的巨大转移。这种现象的进行，没有所有者的任何生产性的努力，也没有他们的个人能力，或者新投资所支持的新建筑，而是完全由于人口增加以及产业和金融在有利地点的日益集中产生的需求的增加。这样一来，这个社会就不能对地基价值的所有者提供任何诱因去增加生产。这些纯粹的地租所得，按照李嘉图的意思，完全都是非劳动的；但是，个人能力的所得，建筑改良、机器、原材料以及土壤地力保养上的资本投资的所得，都是劳动所得，因为它们使国家的财富增加了。

不用讨论管理细节的复杂性①我们就可以得出结论：从通过增加个人财富来增加共同财富的诱因的观点来看，累进的所得税需要这样一种分类：对个人所得按照最低但累进的税率征税；对投资所得按照中等但累进的税率征税；对地基所得按照最高税率征税，而且在巨额的财产上也是累进的。

4. **静态和循环**。当今天的需要因为生产过剩似乎变成了一种普

---

① 在上文提到的《共同委员会报告》中对这些内容都有详细的考虑。

遍的产量限制时，课税政策应该基于增加国家财富的诱因，就如同古典经济学家反对重商主义时曾经所主张的政策那样，这无疑是荒谬的。实际上，这是资本主义文明的悖论。但我们认为人们混淆了两种政策：稳定物价旨在抑制周期性的一般生产过剩或者预防萧条；税赋分摊旨在增加生产。这是现代的集体行动面对微薄而变动的利润边际时所出现的两个重叠的问题。

这种两难处境要求对税赋的作用作进一步的分类，不过这要看我们正在研究的是物价、生产、就业的静态运动还是循环运动。上述分析与一种假设的静态环境有关，是从古典传统中得来的。在这种环境下，假设每个因素都得到了充分使用，且与其他因素处于一种均衡状态，而参与者有一种理想化的选择自由。不过这并不是实际的历史环境。在价格上涨和繁荣的时期，每个因素所起的作用跟它在停滞或者繁荣和物价都在下降的时期所起的作用是不同的。扩张和抑制波浪般地此起彼伏，静态的分析被这种循环所隐蔽了。

有四种可以辨别的方式可以让纳税人逃避税赋负担：偷漏、迁移、转移、抑制。这些方式随着循环而变化。偷漏是指隐蔽或低估应征税的财产或收入。迁移是指财产或者人从高税赋地区迁移到低税赋地区。偷漏和迁移迫使政府为了得到所需要的收入而把负担增加到其他纳税人的头上。不过这些负担如同政治或财政腐败的负担一样，在普遍繁荣的时期并不引人注意。

转移是指用较高的价格把税赋负担向前转嫁给购买者和消费者，或者用较低的价格和工资向后转嫁给销售者和生产者。抑制是指减少作为课税对象的生产数量。转移和抑制不是总能被区分开的，但它们的不同就如同价格和数量的差异一样，两者不是并行的，因为也许存在并没有抑制的转移或者并没有转移的抑制。但甚至税赋的这些影响在普遍繁荣的时期也很少被人注意到。

转移和抑制要比偷漏和迁移微妙，这从后者中可以看出来。以无形体的财产或者无形财产为对象的较旧的税种，由于偷漏已经被放弃或者减少了，或者变成了所得税。以有形财产为对象的税赋可以靠低估来逃避。所得税可以靠移民来逃避。这些主要都是管理的问题，但转移和抑制需要经济的分析。

无论如何，四种逃税的方法随着普遍的繁荣或萧条的变化是高度可变的，为了应对这些变化，税收政策本身也被改变了。在涨价的时期，如同我们在应税边际表中所看到的那样，① 转移税赋是非常容易的，因为每个人都可以简单地"标高"自己的价格，甚至高于税捐的数目。据说这种税赋是"金字塔形的"或者"雪球形的"，而且由最终消费者来支付。消费者起初并不抱怨，他能够支付，是因为他是充分就业的，或者作为一个生产者，在普遍标高价格的时期，他完全能够标高并获得自己的价格。如果总销售曲线上升，如同我们在图表中所示的，显然税赋对于抑制生产数量并没有什么影响，或者根本没有影响。但在相反的降价以及销售和就业减量的时期，税赋负担耗尽甚至超过了利润边际，因为价格"标高"到那时候也只是一种无用的状态，只有抑制生产和就业才能避免税赋。

因此，对税赋转移和抑制作用的静态分析，必须和一般的物价涨落的循环结合起来。在一个时期，转移很容易做到，它不是一种负担，不是抑制，"没有人纳这个税"——在乐观的利益和谐当中，公共政策是无关紧要的。在另外一个时期，转移几乎是不可能的，负担无法忍受，生产与就业已经受到抑制，"每个人都在纳这个税"——把税赋强制性地转移到其他阶层的人们的头上产生的矛盾撕裂了公共政策。

这些概括需要通过对不同类型的税赋的特别研究来加以修正。我们可以用两种极端的情况加以说明：一种是保护性关税；一种是地基价值的课税。保护性关税旨在让国内价格高于世界价格，目的是为了诱导被保护的产业的国内的扩张。地基价值税旨在"鼓励买卖和改良，同时通过减低对建筑物的税赋而增加对未改良土地的税赋来阻碍土地投机"。② 两者都是保护性的——关税的保护是指阻碍进口业、鼓励国内制造业；地基价值的保护是指阻碍标高地基价值

---

① 在上文提到的《共同委员会报告》中对这些内容都有详细的考虑。
② 威廉姆斯（Percy R. Williams，匹兹堡估价员理事会成员）：《匹兹堡分级税的全面实施》，《国家市政评论》，1925 年第 14 期，第 726 页。这里所描述的"匹兹堡计划"与地基价值税相似。

的买卖、鼓励制造业的工厂、办公楼、公寓和住宅的建设。在两种情况下，对任何一方的鼓励都受到了对另外一方的一种选择阻碍的影响。一种可以被区分为积极的保护，因为它通过提高被保护行业的价格而提高了利润；另一种可以被区分为消极保护，因为它通过减少被保护行业的平均课税而提高了利润。无论哪种情况，可选择的活动都受到了约束或抑制，在利润边际已经消失的普遍萧条时期，这种抑制是最遭人怨恨的。

就关税而言，被保护的企业预期会以较高的价格把税赋转移给购买者，尽管最终会通过增加效率来减少价格。与上述情况相符合的税赋，在繁荣时期实际上都随着它们的普遍涨价而转移了，对购买者没有难以承担的作用，因为它们也可以通过金字塔形的成本提高自己的销售价格。但在萧条和价格普遍下跌的时期，被保护的产业不能仅仅依靠标高价格来转移税赋，因为消费者本身不能以标高自己的销售价格来弥补增加的生产成本，而且想象中被保护的产业没有受到保护。①

正是因为这些原因，在物价持续上涨的时期，自由贸易的政策格外引人注目，并且通常能够减少关税；但在普遍降价的时期，大众对较高关税的要求是压倒性的，整个国家都抬高了它的关税壁垒，针对的是来自其他国家的进口货的降价。如果可以的话，那么这个国家的生产者集团会更进一步地组成卡特尔以排除削价者，并且限制产出。美国和外国历史上的大多数保护性关税都是伴随着或紧随着一个降价的时期的。近年来，尽管有来自不同国家的专家的意见，甚至有国际间善意的外交协议，但高关税仍然是全体人民针对降价的普遍的抗议方式，它使得各级议会和国会拒绝了代表国际联盟的著名经济学家和专家提出的关于低关税的建议。

因此，征收关税的公共政策尽管经常受到把关税成本用金字塔形渐增到最终消费者头上的静态分析的谴责，但实际上却并不总是这样。政策有点追随世界范围内的一般物价运动的起伏。在价格的上涨趋势中，例如1897年到1914年间，人们听到的是消费者对生活

---

① 基于罗利基金会对农业和制造业关税的调查研究。

成本上涨的抱怨，他们能够引致关税的降低（1913年的《威尔逊税则》）。但在降价的时期，人们听到的是生产者的抱怨，他们引起的是越来越高的关税（1920年，1930年）。变化的政策在转移上有效还是无效，或者在抑制上有害还是有益，以及什么时候发生这些作用，这需要研究一般物价运动的上涨和下跌中所发生的各种变化之间的关系。

把税赋转移到地基价值上，从而免除对建筑改良和生产过程中原料的课税，也是同样的情况。预期各种改良在供给上最终都会增加，从而会减少因利用这些改良而付出的利息和利润费用。但由于这些改良是由新发行的长期证券来提供资金的，因而税收政策的作用被繁荣和萧条的交替掩盖了。新的建筑取决于长期的预测。一般而言，在长期利率较低的萧条时期，新建筑是增加的；在长期利率较高的繁荣时期，新建筑是减少的。无论如何，新建筑数量的增加受物价循环和物价趋势的调节，超过受税捐免除的调节。①

因此，无论是偷漏、迁移、转移还是抑制，税收政策的作用实际上都被投机的上下波动所隐蔽、混淆甚至被颠倒了，这种波动使经济科学从静态变到了循环。可是，即便如此，这种循环还是可以大大强化回归到李嘉图对地基价值地租和结合起来的利润、利息、工资之间所作的区别的需要，这种区别是他对地主制度和资本主义制度所作的区别。最近，一家庞大的资本主义组织，经营着五百五十五家药房的理盖特公司，分别写信给它的每一家房东说：

> "本公司已经尽……一切所能来减少亏损……除了租金之外，一切开支要素都削减到了极点。职工们已经经受了三次艰难的裁员，但他们在工作中一直都忠诚地回馈以加倍的努力……不能要求职工付出进一步的牺牲，又不可能进一步削减经营费用……唯一没有按接近现在的价值的某点来变现的成本项是……各药房所占据的这个空间的成本。"②

---

① 参见海格（R. G. Haig）：《加拿大和美国对各种改良的课税免除》，1915年版，书中介绍了关于引入和维持这些免除的几种困难。
② 《纽约时报》，1932年9月27日。

这里的情况类似于法国革命之后的那个时期的情况，以及李嘉图提出其矛盾的利益集团理论时期的价格的极端运动时的情况。但现在的资本家是理盖特公司，而地主是五百五十五个城市的地基的所有者。根据我们以前使用的金氏的计算方法，① 1925年房东所获得的租金只占美国人全部货币总收入的大约百分之九，但是在这个例子中，在萧条时期，在各种效率的全部增加和工资与就业减少之后，固定的租金费用占用了超过百分之百的剩余利润边际，带来的是一个庞大而有效率的公司的不可避免的破产预期。尽管存在着资本主义的商业循环，但李嘉图的资本主义制度的意义不一定就该跟他的地主制度的意义相混淆。在李嘉图的地基价值的意义上，地主制度从公共财富中榨取私人财富，却不提供相应的服务。但在李嘉图的意义上，资本主义制度则通过增加私人财富的诱因来增加共同财富。纳税与支付能力累进地成正比、与服务共同财富的能力成反比的课税原则，大致相当于李嘉图对地主制度和资本主义制度所作的区别。

但是，经济分析从静态到循环的转变，是从李嘉图的以静态的生产的劳动成本作为价值尺度，转变到以投机循环的未来货币收入作为价值尺度的。一切资本主义的估值都是投机性质的，土地价值上的投机，其投机性并不超过在商品、股票、债券上的投机。由于这个原因，李嘉图在地租和利润之间所作的区别又变得混淆了。

这种混淆出现在金氏的论点中，② 他认为，不仅土地的所有者，而且产品的所有者，获得他们的利润，不是根据生产成本，而是根据生产成本之外价值上投机性质的增加。这些价值上的增加全部都是"投机性的或者机会收益"；如果一个是"非劳动所得"，那么另外一个也是"非劳动所得"。因此，对它们区别对待，对地基课税却对改良和产品免税，这是不公平的。

从企业的私有观点看，这种论点是有道理的。但从地基投机对

---

① 见上文关于利润的份额的论述。
② 金（W. I. King）：《劳动收入和非劳动收入》，《美国政治与社会科学学会年报》，1921年，第九十三至九十五卷，第251页。

工业和农业影响的社会观点看，对它们作出的这种区别对待它是不承认的。事实上，一切利润都是在或多或少的边际上的投机收益，一切亏损都是投机性的亏损，部分地取决于运气和机会。这恰恰就是资本主义文明中利润的理由。从制造业和农业上获得的收益，跟从土地的地基价值上获得的收益是一样的。事实上，由于循环和误算，作为结果伴随土地投机的很可能是亏损而不是利润，如同工业或农业中所伴随的投机的亏损一样。如果我们的评判标准仅仅是个别机构管理的好坏、运气的好坏，那就如同金氏所言，"区分土地价值上的收益和为利润或者投机而持有的证券或商品的价值上的增加，没有任何合理的理由。如果一个是非劳动的增值，另外一个必定也是非劳动的增值。"

但如果我们的原则也是投机对国家财富的经济影响，那么伴随着股票、债券、工业或农业总建筑、机器、地力等的价值波动的利润或亏损，与伴随着社会而不是个人根据这种循环创造的或减少的地基价值的波动的利润或亏损，两者之间会存在一个差异。单一税的个人主义的自然权利学说，或者个人主义的单一税反对者的同样自然的买卖或使用的权利——不管投机性的买卖、使用对共同财富的影响——都解决不了这个问题。按照习惯法，一个人对他过去合法劳动所获得的一切东西都拥有权利，但不能由此得出结论说不可以用警察权力或者课税权力在合理的范围内决定有利于公众的方向，他可以在这个有利公众的方向谋取自己的投机性利润，在不利于公众的其他方向谋取这样的利润就会有征税负担。就工业和农业而言，个人在增加衣食住行供给的活动中形成的利润或者亏损，就是对"共同财富"的贡献。就地基价值而言，他是在不增加共同财富的投机中创造的利润或者遭受的亏损。

一切投机都是如此，无论是股票、债券、土地价值还是商品。为了公众的利益，也许有必要设计出其他的方法，例如，通过制定稳定物价的措施来预防在一个上涨的市场上伴随着债务增加的过度投机，这种投机会消灭下跌的市场上的利润边际。这些补救措施是警察权力的其他应用，例如限制股票市场的投机，不是防止有利于共同财富的投机，而是防止不利于共同财富的过度投机。

因此，尽管静态分析让我们把复杂的课税因素分解成了它们的基本要素，并且提出了关于其可变作用的一般法则，但是在课税的公共政策和与之相伴的个人行动上的易变作用两个方面，繁荣和萧条的分析却给了我们各种实际的历史变化。

（六）意外事故和失业——保险与预防

我的同事莫顿（Morton）教授对于威斯康星州《失业救济法案》的尖锐批评，促成本书提出了一些基本原则。① 它让我有机会用一种更为个人和实际的方法来解释此前对于本书的读者而言显得高度抽象但又往往矛盾和迷惑的内容。此外，对于实现任何旨在促进普遍福利却又与私人利益冲突的计划所存在的各种异乎寻常的困难性，它提供了一个例证。

莫顿教授所作的批评，在过去十年中差不多都由威斯康星州制造商协会的代表在不断听证的过程中向立法机构提出过。这个计划最初是由我提议的，② 第一个法案 1921 年由州参议员休伯（Henry A. Huber）提出。③ 雇主们的批评是非常切合实际的，所以必须要以切实的方法来应对。在后来的法案起草中都试图做到这一点，直到 1932 年在州议员格罗夫斯（Harold M. Groves）的领导下才最终得以落实并制定了法律。经过这样修改之后，制造商协会尽管反对，但认为与提议的其他法案相比这个法案要更可取一些，所以跟威斯康星州劳工联合会一样，最终还是接受了该法案，于是这项法案就变成了法律。

失业保险的提议者本身分成了两个阵营，提出了两项对立的法案。他们中的一方主张建立一个"州基金"，由州政府的官员来管

---

① 莫顿（Walter A. Morton）：《失业保险的目标对＜威斯康星州法案＞的特殊涵义》，载《美国经济评论》，1933 年第 23 期，第 395～412 页。
② 我与福斯伯格（A. B. Forsberg）完成了草稿，此后编入了《失业保险选集》（1926 年版）。
③ 康芒斯：《失业——救济与预防》，《调查》杂志，1921 年 10 月 1 日，第 5～9 页；关于《休伯法案》的评论见《对失业征税》一文，载《调查》杂志，1921 年 3 月 19 日，第 880 页。

理，因此倾向于莫顿教授所倡导的"社会责任"论。另外一方提议建立"企业基金"，在雇主组织、劳工组织、州产业委员会的集体监督下，由每个企业自己管理，因此倾向于休伯参议员和格罗夫斯议员主张的"雇主责任"论。

当然，在这些听证和辩论中，以及在全州各地召开的公开会议中，发言者们的语言和基本社会哲学都没有形成抽象的概括，不像现在莫顿教授作为经济学家所做到的那样。然而哲学和理论问题仍然摆在那里，如同莫顿从倡议者的宣传中所提炼出来的那样。辩论双方所涉及的都是所有经济弊端中最紧迫的一项，这一点他们和全体人民都认识到了，但现在要解决的是这么一个实际问题：可以让谁来负责？谁处在减轻或者预防这种弊端的位置上？事实上，正是依靠十年来这些讨论的帮助以及我亲身参与其中，才使得我最终完成了对更为抽象的"制度经济学"理论的阐述，现在我知道了把这个理论定义为集体行动对个人行动的控制、解放和扩展。[1]

莫顿的批评是促成我的经济责任论的基础，因为威斯康星州的法案差不多完全是基于每个雇主对失业的个人责任论的基础之上的，而莫顿认为雇主作为一个个人，并不比其他人具有更多的责任。这种责任是一种"社会责任"。

我认为，这是"个人主义"和"社会主义"之间的根本冲突。莫顿对个人主义立场的批评，意味着支付失业救济金的负担应该按照一种"三方计划"——雇主、雇佣劳动者、州政府——定量分配，而不是由个人雇主提供资金的一批"单方计划"。

如同他所指出的，这项法案的设计是要让每个雇主都应该对*他自己的*雇员负责，而不是对其他雇主的失业员工负责。这使得这项法案脱离了任何"社会保险"甚或"产业保险"的哲学，而且使得法案所要求的公积金变成了个别企业的公积金，不会跟来自其他企业的贡献合并在一起。它传递的是雇主个人应对失业尽最大可能负责的观念。

---

[1] 我最初是在《制度的经济学》一文中阐释的，该文载《美国经济评论》，1931年第21期，第648～657页。

这与把该法案作为一种"预防"措施的理论是分不开的。这一理论旨在促使雇主*预防*失业,而不是仅仅作为旨在向那些无辜的失业者支付失业救济金的一种*救济*措施。但是按照莫顿的看法,从薪金总额中抽取百分之二的保险金率实在是太低了,而作为一种*救济*措施,该法案是完全不充分的,而作为一种*预防*措施,它又是完全没有效率的。

在这里,莫顿的根本社会哲学是要让整个资本主义的私有财产制度负责,因为在这个制度下,失业是不可避免的。因此,只要资本主义存在下去,*救济*而不是*预防*就是立法的唯一目标。他说:

> "失业是我们的经济制度运转不完善的结果。只有承认失业是社会而不是个人、公司或者产业的责任,评估方法才能扩大到负担得起足够救济的范围。只有经济制度作为一个整体,才能支撑起它所造成的负担。"①

接下来,莫顿把这种社会责任的哲学与成为这项法案倡导者论点基础的个人责任的哲学进行了对比。他说:

> "因此,在威斯康星州,人们求助于严格的资本主义精神。欧洲的制度受到谴责,因为它们为了一场假定不能避免却又不努力去预防的灾祸而向社会征税。也有一种斯宾塞的*社会静力学*的复活。一个普遍的疑问是,'为什么一个雇主要因另外一个雇主造成的失业受到处罚?'这让雇主们觉得被估定的税额并非是不可避免的税捐。这不是州政府干涉他们的企业,而是对竞争制度有信心的一种表示。他们得到了保证,就不会强迫他们去养活别人工厂里或者其他地方的失业者。因为许多雇主都认为欧洲的计划体现的是有害的'失业救济金',所以据说格罗夫斯的法案有根本上的不同。前者寻求的是减轻失业,格罗夫斯的法案则寻求的是预防失业。"

但是,我们应该注意到,在这种关系中,斯宾塞的哲学不仅是

---

① 莫顿:《失业保险的目标对〈威斯康星州法案〉的特殊涵义》。

斯密、边沁、李嘉图自由放任的*政治哲学*,同时也是为他们反对*所有形式的私人集体行动*以及国家行动奠定基础的哲学。个人主义的经济学家声称,私人集体行动总是垄断性质的,也是跟公共福利相对立的。

但是,这项法案的倡议者对个人主义哲学的利用,并不是在这种自由放任的历史意义上作为与*一切*集体行动的对立,他们诉诸个人主义的恰好是在相反的方向上,也就是说,私人和公共的集体行动都应该被认可为让个人雇主对失业负责的手段。他们诉诸业已存在的制造商协会、现有的州劳工联合会以及作为一个州立法机关的纳税人组织。它 *不是* 诉诸 *没有* 集体行动的个人主义,它是 *通过* 集体行动来诉诸个人主义。当我们在下面解释这个法案的行政特性而不是莫顿的注意力所局限的严格的立法特性时,我们将会看到用这种吁求的方法预期所解决的问题。

我同意莫顿的观点,我们的资本主义制度是建立在*个人主义责任论*的基础之上的,但是它们也是建立在*个人进取论*的基础之上的。没有自由的进取,就不可能有个人的责任。

而且,美国人民占主导的心理向来是且到现在还是个人主义的,并且还相当顽固,以致社会责任就其有效存在而言,一直都是一点一点实现的。

我所谓的有效的社会责任,是指纳税的意愿和能力,以及坚持一个足以胜任的*文官制度*,这种制度足以维持和管理这种"社会服务"。所需要的这些社会服务数不胜数,例如义务教育、保健、防止童工、组织集体行动的自由以及其他的许多工作,现在还包括一种没有施舍意味的新类型的失业救济,和一种让那些能够使之负责的人预防失业的新观念。

在过去的时候,每当有任何新建议的社会服务提出,总是会有一场痛苦的斗争。有一个例子,国家对奴隶的自由和公民权的保护,冲突是以四年革命性的南北战争为结果的。但这场冲突的发生,实际上不是受黑人与白人平等的社会哲学的驱使。事实上,这样一种社会哲学过去和现在都是不为多数美国人所接受的。这场冲突的目的是为了推翻奴隶主在控制全国性政府的立法、行政、司法机构方面的政治优势,代之以一个基于资本主义原则的政府。个人主义的奴隶自由的原则是附带提出的,先是作为一种战时措施,后来又作为一种无效的行政问题。

对于代表白人和有色人种劳工两者利益的这些政治斗争,我作过广泛的历史研究。[①] 我对一些人的天真理论的批评,主要是基于这样的研究,以及我在集体行动方面的亲身经验。一百年来,这些人一直都在按他们假设的所谓"社会"在行动,一旦有人证实"它"有一种重大的社会弊端,他们就会迅速接受减轻或预防这种弊端的责任。在这些历史研究和我个人的接触中,见过许多这种具有公共精神和肯于自我牺牲的领袖和宣传家,从罗伯特·欧文到现今的一代,但最终梦想都破灭了。根据性格和环节,他们或许变成了最保守、最反动的资本主义的得力拥护者,或许变成了认为"一切不可为"的沮丧的悲观主义者,或许变成了一种自然神论或者唯物主义的信仰者,认为可以信赖一种主宰一切的天意或者自然法则的内在的伟大力量去作出这些改革(不管是个人主义的、共产主义的、社会主义的、单一税的,还是其他什么内容),他们曾经献身于这些改革。在研究这些转变时,我按照一种冷血的"科学"方法,追根溯源到了早期在他们头脑中创造的一种理想化的社会、理想化的工人、理想化的资本家,因为是在他们自己的人道主义的幻象中创造的,所以远离了实际。他们忽略了*方法*和*原因*的细节,这就导致税捐负担大大增加、文官制度只受讲实用的政治家和如饥似渴的求职者左右,以及为控制作为政治机器的政治家组织进行幕后谈判等实际问题。[②]

在所有这样的例子中,我一直都在问:你所谓的"社会"是指什么?[③] 你是跟十九世纪中叶的社会主义者和类似的非正统学派一样,[④] 是指一种抽象的实体?还是如同你在各种形式的集体行动中所

[①] 康芒斯及合作者:《美国工业社会文献史》,1910年,十卷本;《美国劳工史》,1918年,两卷本。
[②] 康芒斯:《格瑞莱·贺瑞斯与共和党的工人阶级起源》,《政治学季刊》,1909年第29期;关于政治机器的论述见1896年的《比例代表制》。
[③] 见上文关于社会的论述。
[④] 见上文关于劳动分工和劳工协会的论述。

实际经历的那样，指"行动中的社会"？如果你是指后者，那么你就是指纳税人社团、雇主组织、劳工组织、公司、运行中的机构、政党等等，就是指他们在各种利益协调和冲突中的实际行为表现。行动中的社会是习俗、政治、法人，总之，是当时任何形式的集体行动对个人行动的或大或小的有效控制。

但是，如果在多年的冲突之后，最终建立了"社会责任"，那么，例如在义务教育的问题上，最初的提议一百多年前是被作为"社会主义的"提议受到它的反对派指责的，① 但对过去历史上的斗争一无所知的美国人民，现在最终可能愿意征收巨额赋税来支持它。而且，如同他们在教育方面所实际所采取的措施那样，他们可以建立一套遴选教师的文官制度，尽可能地独立于政党政治和个人偏好。反对义务强制教育的论点是个人主义的论点，认为这种做法剥夺了父母对子女的控制，但产生的结果却是实施父母教育子女的社会责任。即便如此，在这个经济萧条的时期，人人皆知，由于在纳税、维持自愿捐助、让"政治"远离文官制度方面有心无力，因而国家的"社会服务"和私人的"社会中介"都在遭受损害。

这向来就是个人和社会责任之间的历史冲突，但它并不是基于一种哲学或者"社会对个人"的学术问题，与经济、政治、行政管理和个人主义的障碍无关，而是基于这样一个非常实际的问题，要在个人主义盛行、政治上分歧、行政上无能的环境中，让一种新的社会责任得到有效的承认和实施。

因此，在我的历史研究和五十年来对旨在控制个人行动的各种集体行动的参与中，我发现，我的推理方法要溯源于马尔萨斯，而不是斯密、边沁、马克思、蒲鲁东、斯宾塞或者任何一位"逻辑的"经济学家。这些学派更多地属于十八世纪的**理性时代**，而马尔萨斯则明确地表明了**激情与愚昧的时代**。② 但是，我称之为**习俗**，而不是

---

① 参见康芒斯及合作者：《美国劳工史》，第一卷，第 182~184、229~230 页；第二卷，第 228~229、323~324 页。《美国工业社会文献史》，第五卷，第 27~29、115~118、107~114、116 页。

② 见上文关于马尔萨斯的论述。

激情与愚昧，目的是为了避免招致不满的反应，同时虑及不愉快的经验所激发的理性的缓慢渗透。

然而，逻辑的经济学家在各种类型的旨在促进共同福利的集体行动方面"遭遇到的"正是这种马尔萨斯式的感情用事、愚昧无知、个人主义甚至是无政府主义的动物。资本主义和独裁政治与政党政治一样，都是靠人类的愚昧兴旺起来的。因此，为了心灵的安宁，预先认清资本主义的基础，与最终梦想幻灭、丧失希望、反动、革命或者满足于"自然法则"而不是更好地组织集体行动相比，岂不是更好？

那么，如何要求这种马尔萨斯式的个人自愿而有效地加入进来？是通过立法、行政或者任何其他形式的集体行动，借助缴纳税赋、消除政党政治、遴选能干的行政人员，把一种新形式的社会责任施加给他本人和他的同伴？

尽管有相对少数的社会主义分子集中在密尔沃基，① 但威斯康星州人明显是个人主义且信奉宗教的。正如莫顿所言，他们会诉诸两个方面：一个是诉诸他们的个人主义的社会责任；一个是诉诸他们预防意外事故的经验。莫顿不承认后一种诉诸，认为它是一种"令人质疑的类比"。他说：

> "该法案被比作工人的意外事故赔偿法案。正如这项立法通过按照意外事故的比例来处罚雇主一样，它会诱导他们采取安全措施，产生的结果就是意外事故显著减少，所以一种失业处罚会提供一种对稳定工作机会的刺激。这种类比虽然是一种令人质疑的对比，但却是《威斯康星州法案》的基础……处罚个别雇主，会促使他用有效的劳动管理来避免失业。"②

接下来他给出了某些细节，指出这个法案旨在创造雇主责任和企业公积金，而不是社会责任和由国家管理的一种共同基金。

---

① 美国威斯康星州东南部港口城市。——译者注
② 莫顿：《失业保险的目标对〈威斯康星州法案〉的特殊涵义》。

我并不把这种诉诸经验的做法视为一种"令人质疑的对比"。演绎地说也许如此,但实际上它是一种带来此项法案制定的有效的诉诸,因为它事实上代替了这项法案所有的细节和不完善之处。莫顿用的是逻辑经济学家的推理方法,没有考虑产生自过去经验的习俗。在这个案例中,所谓经验,是有组织的但冲突的利益集团的领导人共同参与对预防意外事故的法律的管理。在威斯康星州人民、该州的雇主组织、雇员组织看来,这是最好的推理,尽管不一定合乎逻辑,甚至也许在有些点上非常不协调,但这种推理是他们的经验和实践知识的一种表述,会引导他们在所建议的失业法规的执行方面产生期望。冲突激烈的雇主组织和雇员组织,都有从跟州产业委员会合作的经验中得来的习惯假设。它们不仅能事先知道这个委员会会让它们在执行法案时如何提供帮助,而且,更重要的是,它们实际上还可以预先提名某位最重要的雇主,这名雇主将由委员会来任命为威斯康星州制造商协会的代表,它们还可以提名某位劳工代表担任州劳工联合会的主席,它们还可以预先知道产业委员会某位私人代表的名字,这位私人代表将在法案的执行中充当调解员。

在执行意外防止法律方面,上述这三位被提名的人已经共同工作了大约十年或十五年。实际上人们假定他们会共同执行就业公积金和失业预防的法律。虽然在法案中没有规定,但这个假设证明是正确的。因此,他们的经验对他们来说不是一种"令人质疑的类比",而是有实际经验的人在冲突和疑问中的现实主义推理。就这个案例的性质而言,这些保证不可能写进法规的字里行间,但假如不是二十年来它们在威斯康星州已经成为劳工管理的"不成文法",那就不可能制定这个法律。在起草新法律的过程中,支配新法律规定的差不多的每个要点,不仅仅要有科学家的令人质疑的类比,同时还要有具有实践经验的人的亲身体会。

因此,莫顿的批评所针对的失业法规本身就是一种具有最低标准的*授权法*,大家期待的是由州委员会、州制造商协会、州劳工联合会都来关注法案的*共同执行*。这是有实践经验的人的推理方法。这个人不是抽象地推理相关法规,对他来说那些不过是难以解释的文字,他的推理建立在将法规理解为"不成文法"的方式以及由谁来执行法规的基础之上。在他看来，执行是"行动中的立法",[①] 他以 *预期的行动* 而不是逻辑和文字作为自己现在的行动的基础。

结果恰如所料，产业委员会任命了一个"咨询委员会"，正如大家所熟悉的，这个委员会在威斯康星州是主要的执行当局，负责草拟一切规章制度，向雇主和雇员解释这项法案冗长而详细的规定，甚至要宣传说服本州的雇主自觉遵守这项法案。委员会本身实质上只是批准的权力机构，对咨询委员会的"建议"给予合法性。

而且，在有了二十年的集体预防意外事故的经验之后，大家都清楚，代表"资本"和"劳动"的咨询委员会的成员，不是由州委员会按照官僚政治或者文官考试制度的方式选拔的，而是由有组织的利益集团来选拔的。这些代表不由州政府发薪，而是由他们自己的组织发薪。在预防意外事故的法案中，众所周知，这条规定消除了州委员会在挑选雇主和雇员代表中的"政治"，甚至消除了挑选它自己的代表、统计员和稽查员中的"政治"，而后面三种人都是被期待与雇主组织和雇员组织在一起工作的人。事实上，一种新的文官制度已经被结合进了《劳动法》的管理中。那是一套州一级的官员体制，实际上由相互冲突的"资本"和"劳动"组织的共同行动来任命，因此受到双方的信任。同样地，这些州一级的官员不是作为来自上级权威——州政府——的强制性的"仲裁人"，而时作为自愿的"调解人"，他们的任务是让对立的利益集团在双方都清楚的"事实"基础上坐在一起，从而帮助他们草拟"行为准则"，使他们作为个人必须在这个行为准则之下各自行事。因为这些规则会随进一步的研究和经验而随时发生改变，所以它是一个不断冲突的利益集团的持续调解制度，不存在独裁的情况。

当应用于失业公积金和失业预防的时候，这个结果可以在迄今为止州委员会核准和发布的两份公报中看出来，这两份公报实际上是咨询委员会和他们的助理起草的。这些公报对最新采用的法规给出了全部的解释，经济学家要看法律实际上的运作方式，就应该去

[①] 参见康芒斯和安德鲁斯《劳动立法的原则》中关于执行的章节，1916、1923、1927 年版。

看这些公报,而不是去看《授权法》。最近的公报是 1933 年 8 月 1 日公布的,① 上面登载了咨询委员会成员的名单,这些名单揭示了冲突的利益集团在规则制定机关中的真正的"职业代表性":

"雇主代表:克劳森(Fred H. Clausen),凡·布伦特制造公司董事长,威斯康星州霍理康市;库尔(George F. Kull),威斯康星州制造商协会秘书,威斯康星州麦迪逊市;梅鲁姆(Horace J. Mellum),纳喜汽车公司秘书,威斯康星州凯诺夏市。

"劳工代表:弗里德理克(J. F. Friedrick),威斯康星州劳工联合会执委,威斯康星州;加斯特罗(Fred E. Gastrow),州木工理事会主席,威斯康星州麦迪逊市;奥尔(Henry Ohl Jr.),威斯康星州劳工联合会主席,威斯康星州密尔沃基市。

"主持会议的主席:奥特迈耶(Arthur J. Altmeyer),威斯康星州产业委员会秘书,威斯康星州麦迪逊市。"②

我们将会看到,在本书中所讨论的多种形式的集体行动中,这一种接近所谓的**集体谈判**的形式,而获得通过的工作细则,则是以**劳资协议**的形式出现的。尽管咨询委员会有七名成员,但重要的是,七人中的两人,克劳森和奥尔,十年来在相继法案的立法听证中,一直都是立法院外活动集团的主要对手。当立法法案最后草拟时,在这些讨论会中,它通过了立法。实际的情况是,雇主的"院外活动集团"成员和雇员的"院外活动集团"成员都变成了劳资协议集体谈判的谈判者,他们不能取得一致的各点是由立法机构来决定的。尽管雇主们反对这项法律,但成为制度以后,他们都老老实实地予以了支持。

但这种集体谈判更进了一步,消除了莫顿信口开河的评论所暗

---

①② 《威斯康星州失业补偿法案与经核准的自愿失业救济或保障就业计划修订手册》,关于失业补偿的 2 号公报,第 115 页,威斯康星州产业委员会,1933 年 8 月出版。

示的错误,他认为"1933年威斯康星州的立法机构延迟了实施"。而实际上部分实施并没有被延迟,但这项法案是按照原来的打算实施的,带有必要的拨款。1933年所谓的延迟不是立法机构造成的,制定这项法案是在内部讨论之后,一个由对立利益集团组成的联合咨询委员会经过讨价还价同意提出另外一个法案,然后才由立法机构一致通过。

1932的法律曾经规定了这项法律的不同阶段应该生效的三个连续的日期,它主要是关于以下几个方面:创建联合的执行机构,表决通过规章制度,批准或不批准各个机构自愿的计划,让公众熟知这项法律的各项规定。它在1932年通过后生效。这部分法律没有延迟,而且现在正在实施。

为建立各机构的基金而收取保险费的措施,原定于1933年7月1日生效。这一部分实际上不是被立法机构延迟的,而是雇主和雇员代表的共同建议。这种建议由立法机构仅仅作为例行公事批准,没有一票反对,也没有进行辩论。开始缴纳捐款的日期现在由委员会的统计员确定的时间开始,例如本州的就业增加百分之二十的时候,或者工资总额比1932年12月的水平高出百分之五十的时候。

这一延迟自动推迟了这项法律第三阶段的实施,也就是失业救济金的支付,这项支付本应在收取用于建立失业公积金的保险费开始的一年后进行。

这一延迟的理由法案中有所说明。部分原始法案读取如下:

"本州最大的雇主组织已经声明了它的成员自愿建立失业基金制度的意图,立法机关的意图是给雇主们一个公平的机会,让他们不经强制即实现本法案的目的。"

延迟的法案修订加进了这样的内容:

"因此,本法案暂不普遍而强制生效,此机会将延长至威斯康星州的商业复苏良好进行的时候。"那就是说,到法案所指出的就业或者工资总额的增加实现的时候。

而且,该州的制造商强烈支持自愿的个人主动和负责的观念,以至于假如十七万五千雇员的雇主们采取的是经过批准的自愿计划的话，那么该法律原来法案中规定的强制的特征就根本不会生效了。根据这一规定以及咨询委员会的建议，委员会甚至任命制造商的代表克劳森在州里"兼职"领薪。如同《手册》中说明的，这样做是为了"向威斯康星州的雇主解释本法案，以促进经核准的自愿计划的采纳"。后来，根据咨询委员会的建议，1933年的法案把雇员的人数从十七万五千减少为了十三万九千。如果后面这个数字的雇员在开始征收强制的保险费之前被自愿计划覆盖了，那么立法机构的强制就不生效了。

显然这种延迟是明智的，实际上也是这项法律原来的政策，那就是基金应该在相对繁荣的时期建立起来，主要应该在萧条时期支付出去。困难在于1932年的立法机构在选择1933年7月这个时间的时候，没有成功地猜到繁荣的恢复。但征收保险费的日期应该由将来的"事实调查结果"来确定，由行政机关来收集统计数据，这是完全符合该法律的精神的。1933年9月的统计表证明，与基期1932年12月的数字相比，就业已经增加了百分之三十，工资总额增加了百分之五十。按照这样的速率增加，该法律的第二个阶段可能会提前开始，除非进一步规定不能在1934年7月之前开始实施，以及如果自愿计划覆盖了十三万九千雇员的话，那么强制性的特征就不会生效。

因此，立法机构的这项法律部分地是一种授权法，它确定了一种集体谈判的管理制度，连带的还有一定的最低和最高的限度。这个制度不能理解为由一个可以向法院上诉的官僚委员会管理的纯粹的法令。就我们的宪法政府所允许的性质而言，它基本上是一种自愿的集体谈判制度，只有作为自愿的私人协会的一致行动来理解，才能理解这种制度。在这项法律制定之前，少数几家制造公司已经自愿超过了这项法案百分之二的最低限额规定。

莫顿集中批评的就是这项法令中的百分之二的最低限额，尤其是救济"不充分"和作为预防失业的一种诱因的"无效率"。这种批评实际上涉及了国家与个人关系的基本理论。莫顿是把"政治经济学"作为与"经济学问题"形成对照的东西加以区分的，如果有一种理论成为这种区分的法则的基础，那它会是这样一种理论：强制性的立法与私人能力和私人合作的自愿和主动相比，在竞争性的利润竞争中，如果后者的行为得到国家的正确指导的话，那么前者能够对公共福利所作出的贡献肯定不如后者。这涉及对整个事实范围的一种相反的解释，作为纯粹含糊不清的事实来说，我同意莫顿和雇主们的最初的批评。

从上面的叙述中可以看出，对于制造商的代表和劳工的代表而言，双方在强制性的"社会责任"的观念上的距离有多么远，而在*管制的*但*自愿的*个人责任上的观念的距离又多么近。

对于不熟悉"劳工心理"的人来说，劳工的院外活动分子1932年部分地放弃了他们对"救济"的坚持，转而支持个人主义的"预付"措施，这似乎是一种很奇怪的行为。事实上，劳工的院外活动分子在1931年曾经支持一项"州基金"形式的由州委员会管理的强制性的"救济"措施，这项措施完全不同于个别的"企业基金"，类似于莫顿所主张的社会责任的原则。他们以为"州基金"也可以提供预付性的诱因。但是，当他们认识到作为劳工组织和社会主义政党双方的代表，他们自己在思想上就分为了政党的"社会主义心理"和自愿集体谈判的"工会心理"两种矛盾的"劳工心理"的时候，他们就放弃了州基金的法案，全力以赴地支持格罗夫斯的企业基金和集体谈判的法案。

他们的集体谈判的观念，如同五十年前高普斯同社会主义者分道扬镳的时候所提出的那样，是"自愿"的工会组织与雇主的自愿组织的劳资协议，两者都远离了政治或司法的干预。而且，当他们跟高普斯一样，认识到**州基金**意味着它的管理受到政党的政客和不友好的法院的控制，而集体谈判的议案会给他们一个和雇主平等的发言权，并且在所有的雇主自愿计划的管理中，一切都会尽可能地远离州的干预强制仲裁时，因而他们就选择了后者。二十年来与雇主一道执行《意外事故预防法案》以及在州就业办公室的经验（特别是在密尔沃基市管理就业办公室的经验），足以让他们相信，在现有的条件下，他们的工会政策在集体谈判中所获得的平等地位，要优于他们在本州政治中作为一个次要政党的社会主义政策。

雇主"心理"的类似矛盾莫顿教授在他的文章中也提到了。他非常正确地指出："如果要在格罗夫斯议案和几个可选择的保险计划

之间作出选择的话,那么制造商们会倾向于格罗夫斯的议案(旧的休伯议案)"。他在注解中继续说:

> "制造商协会前主席、现在正在协助威斯康星州产业委员会促进现行法律实施的克劳森先生,在最近的一次讲话中强调要服从《威斯康星州自愿计划法案》的各项规定。他告诫他们,除非这些法案生效,否则在不远的将来就会遇到他所谓的俄亥俄计划,后者他认为是社会主义的。"

这里提及的"俄亥俄计划"是俄亥俄州立法机构根据一个特别调查委员会的建议提出的一项议案,该议案强调救济而不是预付。该议案是按照莫顿主张的"三方"路线起草的,本质上是基于"社会主义"的心理,与"工会"心理是相对的。

因此,它是社会主义原则和工会原则之间的"二者择一的选择",这种选择最终决定了劳工代表和雇主代表都选择了威斯康星州的工会原则,即由州政府核准的自愿集体谈判原则。

要理解这种"二者择一的选择"在创造有效的社会责任方面的意义,我不知道还有什么方法会比历史的方法(也就是经验的方法)更好。雇主和任何其他阶级的个人,除非面对似乎对他们而言还有比他们"自愿"接受的更糟糕的另外一种选择,否则绝不会*有效地*接受社会责任。这种历史的方法就是利害相权的历史。就这个问题来说,失业公积金和个别机构责任的主张者用作吁求的是历史的"相似物",也就是1911年的《工人赔偿和意外事故预防法案》。

1932年的《失业预防法案》尽管更为复杂,但显然非常严格地追随了1911年的《工人赔偿和意外事故预防法案》。因为在最初两年我参与了《意外事故赔偿和安全条例》的议论、制定和实施,在芝加哥的成衣市场上的一项自愿的失业公积金和失业预防的劳资协议中也有类似的经验,所以我可以从个人经验的角度谈一谈这些集体运动的实际运作方式。

在1911年威斯康星州的《工人赔偿和意外事故预防法案》的前几年,立法机构中社会主义的代表就成功地提出了一项议案,它规定建立一个州管理保险基金,让"社会"来对意外事故负责,并且强迫雇主给那个州基金捐款。

还有另外一种认为"社会"会为此埋单的学说,那就是古典经济学的生产成本理论,我称之为**讨价还价能力**。根据这一理论,如果对雇主的税赋是统一的,并且让成本最高的"边际"雇主也同样承受负担,那么所有的雇主就会根据税赋的数量来提供其产品的价格,税赋就会因"经济法则"的正常作用而转移给消费者。

纽约州的立法机构曾经制定了一项法律,但该州的最高法院因为其缺乏"合法程序"而宣告其违宪,因为它规定在雇主方没有过失或者疏忽的情况下而没收雇主们的财产。[①] 这种没收的方式是以一个保险基金为手段的,它让每个雇主都对其他雇主厂里发生的意外事故负责。以前,根据习惯法,他们只对由他们自己的疏忽引起的意外事故负责,但纽约州的这项法律却让他们还要对受伤雇员本身的疏忽、同事的疏忽或者这个产业天然的危险所引起的意外事故负责。根据古典理论和习惯法理论,最后的这项危险被认为是由雇员在签订劳动合同时所"假定的",在他作为预期风险抵偿而接受的较高的工资中已经充分考虑了。[②] 换句话说,正是基于古典经济学和习惯法的个人责任论,以及相关的"无过错者无责任"的观点,纽约州的法律才被宣布违宪的。

因此,当威斯康星州立法机构的一个委员会在1909年之后开始起草一项意外事故保险的议案时,他们决定通过提出一个"自愿"的议案来避免违宪。在这项议案里,只有那些向这个委员会登记声明接受这项新法律的雇主才能被认为"受此法律约束"。还给了他们撤销接受的选择,即只要预先通知委员会就行了。但是,为了在宪法许可的范围内带给雇主最大的经济"胁迫",立法机构在一项伤害诉讼中撤销了上面提到的雇主的某些习惯法的辩护,对于选择不受新法律约束的每个雇主而言,这项撤销的影响都是不利的。

这样,建立两种选择所创造的一个诱因开始"自动"受到这项法律的约束,每个雇主都可以在这两个选择中进行选择:一种是每

---

① 1910年阿夫斯诉南布法罗铁路公司一案。
② 见上文关于亚当·斯密的论述。

个个别的伤害诉讼中雇主因疏忽而负责的旧的法律；一种是新的对工人的所有事故都该赔偿的法律，无关疏忽、不良行为或者产业的风险。他可以自动地在现有的习惯法的个人责任和新法律的社会责任之间作出选择。

这项法律获得了州最高法院的支持。可是，当给了雇主们可以选择自己是否服从这项法律的选择权之后，只有在幽默的意义上才能将它称为*法律*。它"符合宪法"是以社会责任为代价的。在《意外事故赔偿法》施行的最初两年中，"符合宪法"的笑柄变得明显起来。"自动"选择受这项法律约束的雇主的人数，在最初的两年里只覆盖了这个州符合条件的雇员的总数的大约百分之十。

雇主的这种不愿意以及法定的强制很可能违宪，结果却是一种有利条件，而不是不利条件。它迫使州委员会开始了一场运动，诱导雇主自愿服从这项法律。1911年的《产业委员会条例》，把《意外事故赔偿法》的执行和《防止意外事故安全规则》的起草与执行，都合并在了一个委员会的手里。这个委员会把自己的精力都放在了"意外事故的预防"而不是"意外事故的赔偿"上。过去"挥舞大棒"的工厂巡视员，试图用刑事起诉来执行那些不切合实际的安全条例，现在则被转变成了"安全专家"，劝导雇主如何减少事故。雇主、他们的工头、全州的工厂主管，被组织成了一个本地和区域的"安全会议"和一个全州范围的会议。人们热情地出席了这些会议，来自外州的私人公司的专家们也应邀出席，人们突然间形成了一种值得注意的"安全精神"。雇主们证明，他们自愿预防意外事故所做的事情要比州里靠强制的方式来预防意外事故所做的事情多得多。尽管在世界大战的冲击中意外事故率后来增加了，但这些会议和针对预防的努力至今仍然跟过去一样充满活力。

在这种"安全精神"的创造中，人们用的是最大的倡导者美国钢铁公司的例子。实际上，这曾经是起草《产业委员会条例》时所用的例子。这个公司早在1907年就开始成立了自己的安全组织。[①]

[①] 参见伊斯门的《工作意外与法律》，1910年作为"匹兹堡调查"中的一卷由拉塞尔·塞奇基金会出版。这项调查是在1907～1908年间进行的。

这个委员会的广泛调查似乎证明，只有三分之一的意外事故可以靠安全设施去预防，而另外三分之二的意外事故都是因雇员和雇主的疏忽所导致的。要预防这三分之二的事故，甚至各种设施的装配和使用，只有在建立了思想上的"安全精神"后才能出现，不光是雇员和雇主的思想上，而且同样要在一般公众的思想上。

在促进这种"安全精神"的创造的过程中，最为重要的是组织小的安全委员会，这个委员会由雇主和雇员组成，还有一个州委员会的代表作为秘书，目的是为了起草规章制度，这些规章制度其后会被赋予法律效力，由州委员会作为"命令"发布。这些命令取代了许多复杂繁琐的法令，而那些法令是由立法机构制定的，并且经历了通常由利益冲突方的合法代表组成的院外活动集团的斗争。这些"命令"有这样一些优势：它们是由雇主和雇员的共同行动草拟的，而不是由对产业技术一无所知的律师和立法机构来草拟的；它们可以由最初规划命令的同样的委员会根据进一步的经验加以修改；最重要的是，它们是行得通的，并且为劳资双方所接受。

这就使得命令进入了法律上的合理原则的范畴，并且避免了《宪法》上的针对未经合法程序剥夺雇主财产的禁律。在这个例子中，就是未经雇主们的同意。时不时地发布的公告已经有数百页了，公告中刊载的这些命令具有法律的效力，跟上面提到过的《威斯康星州失业补偿法案》的手册非常相似。

历时两年的这一安全运动向雇主们证明，假如他们通过预防意外事故的同时体会到了安全精神，他们受新法律的约束，那么与他们仍然保持受旧的个人责任的法律的约束相比，能够谋取*更多的利润*。而且运动还证明，通过预防意外事故，没有人会因向工人支付《意外事故赔偿法》所规定的救济而承受任何负担，连消费者也不会因此而负担更高的价格。换句话说，人们求助于一种新类型的"效率"，即预防意外事故方面的效率，这样生产成本可以因此而降低，从而价格不需要提高。

因此，两年结束后，联合委员会和产业委员会提出建议，立法机构颁布了《赔偿法》的一个修改条例，大意是*选择权*应该颠倒过来，即现在不是他们选择接受法律的约束，而是假定他们将会接受法律的约束，除非他们提出不选择接受这项法律约束的正式申请。对选择权的这一修订使得百分之九十的工人都受到了法律的保护。最后，到了1931年，在强制性的法律符合《宪法》已经获得其他州和美国最高法院的支持之后，立法机构用一种强制性的法律取代了这种可随意选择的法律。

这样，威斯康星州历时二十年才从旧的法律过渡到新的法律。这期间建立起来的，不仅有发展安全精神的行政制度和预防意外事故的教育制度，而且还有以州政府充当调停人的对立利益集团代表之间的共同谈判制度。

由此证明了，法定的法律并不自动起到立法机构所打算起的作用，像莫顿仅仅分析法令的措辞时似乎认为会出现的结果那样。要让法令奏效，必须要有旨在创造"安全精神"或"就业精神"的利益集团组织积极的集体行动紧随才行。没有这种愿意合作的"集体精神"，那就没有什么法律可以奏效。令人惊讶的是，立法强制的必要性非常小——就意外事故的赔偿而言只占到生产成本的百分之零点五——前提是要把关心其实施的矛盾的利益集团组织起来，积极地创造这种自愿的集体精神。

在失业补偿和失业预防法律的实施中，已经有了令人满意的结果。利用广泛的失业恐惧——这是公众和经济学家过去从未考虑过的，威斯康星州的法律试图让雇主们非常清楚这一痛苦，让他们首先对这种痛苦负责。它谋求通过实施来创造"就业精神"。

"精神"这个术语像这些联系中的用法，对于古典的、享乐主义的、共产主义的或者其他的经济学家是不允许的，这些人的理论都源于机械装置、有机体、机器的类比。但以事实为基础的"安全精神"这个词，却是在那些参与有意识地预防意外事故的集体努力的人们中间自发产生的。只有那些研究集体行动的人才会这样使用"精神"这个词，它有些类似于一种宗教复兴。实际上我常常注意到，在把个人从热情和愚昧转化为"合理"的方面，集体的经济压力甚至要比宗教复兴更有影响。要科学地理解广为人知的"商业伦理"、"职业伦理"、"工会伦理"以及类似形式的集体经济学的内容，它是一个关键。

在目的和作用方面，这些方法类似于其他形式的社会压力，因此可以把它们跟禁忌、公众意见、时尚、习俗、抵制、国家产业复兴等归于一类。如果这些形式的道德和经济强制在达到理想结果方面因为遭到反对而没有完全奏效的话，那么增加一点法律的压力，仅在几个不能容忍的案件中提请起诉，就会在反对者中间以及数以千百万计的不需要被强制的人中间激发起自愿的社会责任的精神。

这些争论跟莫顿的批评有一些关系。雇主们自己常常提出，作为"一个运行中的机构"，每个企业都已经有了各种比微不足道的失业补偿"成本"更有力的保持持续经营的诱因。他们都有特别沉重的管理费用和保持顾客好感的必要措施，如果他们停止营业，那么这些都会损失掉。这些无疑都是正确的，但要看它如何发挥影响。有一家三十年来我都了解的公司，在全天候经营的时期能有一万名雇员，但一到萧条时期，他们就会解雇八千名工人，只保留大约两千人的基干组织。威斯康星州的目标是让大家关注那八千人，而不是保持机构作为一个运行中的机构继续经营的这两千人。

在威斯康星州的宣传中，另外一个很有影响的证据是一家总部设在纽约的公司，在1919年由通货膨胀引起的繁荣时期，这家公司从全国各地雇用了五千人，然后在1921年的衰退中，他们把这五千人全都解雇了，留给工厂所在地的一个小市镇的市民去养活。除了立法打击缺位股东的利润外，如何才有可能让纽约的银行家们认识到他们对威斯康星州人民的责任呢？社会责任必须通过引导那些真正应该首先负责的人的注意力来积极地创造，在现代庞大的"运行中的机构"里，这些人是远得看不见的股东。他们感觉不到对失业的责任，因此他们把责任留给了当地的民众，而民众却实实在在地看到了失业的人，因此他们通过赠予或者税捐来亲自帮助他们。我们将会看到，如果保险费率的作用直接和利润边际有关，那么一个非常低的保险费率就会被惊人地放大。

从经济学和法学理论的观点来看，威斯康星州的《意外事故和失业法》在统治权理论中把利益组织的*自愿的*代表制度结合进来了，这与旧的个人主义的理论形成了鲜明的对比；后者代表的是一种统治，作为一种代表消费者讲话的最高统治者，和无组织的生产者是分离的,但却规定着各种法律。这种旧的理论,无论是"多数派的统治",还是有组织的少数派的统治,结果都变成了专政。

但在集体谈判中,各自挑选己方领导人的有组织的利益集团的自愿代表制度,需要双方都承认并鼓励对方的动机。在目前的情况下,它意味着在各家公司现在占优势的集体行动中要承认利润动机,以及以促进整个社会福利的一种方式对这种动机的*使用*。

正如我在别处已经证明过的,① 这是十七世纪上半叶的习惯法原则,期待着一种法律和经济的原则,这种原则就是通过增加个人自己的财富来增加英国的共同财富。它实际上也是亚当·斯密的理论,但斯密认为个人的利己主义促进了共同财富或者是各国的财富,作为靠神圣的上帝和自然法则指导的结果。② 体现在威斯康星州法律中的理论对核准的自愿协议赋予了一种统治权,通过集体行动对个体行动的控制来促进共同财富。这种联合的集体行动*即法律*,而它的实施是雇主的个人行动,这种行动要符合由雇主和雇员与州委员会合作提出的行为准则。

从这种集体观点来看,合理性是理想主义可以实行的最高限度。③ 因此,在确定什么为合理的时候,我用最好的工会或者最好的协会作为例子,前提条件是它们能够作为一种运行中的机构维持自己的生存。然后,按照某种形式的集体行动——政治的或者私人的集体行动,我尽可能地努力把其他机构提高到它们的水平。

我必须承认,这种办法不一定总是符合法院判决中的"合理"的*习惯*意义。法院一般依据的假设是,凡是"通常的"就是"合理的"。对它们来说,"习惯的"*并非*是*最为适用的*,在明显可知的无能或愚蠢与异常的能干和有效之间,它是某种*平均数*。经过反复观察之后,我猜测,只有百分之十到二十五的雇主或者工会会员高于这种以习惯为"通常"的意义,而百分之七十五到九十都在这个水平之下。这就意味着,可以期望大约百分之十到二十五的雇主或

---

① 康芒斯:《资本主义的法律基础》,1924年版,第225~232页。
② 见上文关于亚当·斯密的论述。
③ 见上文关于伦理的理想类型的论述。

者工会会员会自愿为他人的福利多做贡献，它超过任何类型的强制所能期望得到的最佳结果，无论这种强制是国家的集体行动还是私人的集体行动。

这种推理将会出现在"安全"的定义中，在我的学生①和其他人的帮助下，这项定义被具体化在1911年的产业委员会的法律中。在那里，"安全"被定义为包括了对"生命、健康、安全、舒适、体面和道德安宁"的保障。法令接下来把一种义务或者"社会责任"强加给了每一位个体的雇主，要求他们提供这样的工作、这样的工作地点以及这样的安全设施、预防措施、方法和程序，将把雇员的生命、健康、安全、舒适、体面和道德安宁保障到工作的性质或工作的地点"合理允许"的程度。②

在这里，仅仅改变了合理性的意义，国家的成文法和习惯法就被改变了。"合理的"安全现在不是"通常的"安全，而是作为最高和最低安全的平均数，变成了最高程度的意外事故预防，这是由最优秀的公司真实地进行实践的。而且，不像三十年来所积累的许多不切实际的法规那样，安全的意义被扩大了，以至于必须在工厂本身进行调查研究，找出最有"社会思想"的机构中行之有效的最为切实可行的限度，目的是为了保障生命、健康、安全、舒适、体面和道德安宁。于是没有任何人在这些方面针对委员会的命令提出违宪的问题，因为它们确实是合理的，是由雇主、雇员、专家组成的咨询委员会起草的，这些人很熟悉切实可行的最优方法和措施。"合理性"变得不再是主观的、个人主义的，而是客观的，在集体主义方面是切实可行的。它可能不是"理想主义者的"，但在当时的利己主义、激情、愚昧的阶段中，它是合情合理的理想。而且，如果人的本性提高了，那它是能够达到一种更高的理想的。

一般而言，人们可以预期在自愿组织自愿协议意义上被这样证明为"合理"的事物，尽管利益上有冲突，迟早会被最高法院认为是"符合宪法的"。最高法院像欧洲的独裁者一样，很不尊重现代立

---

① 特别是伯德（Francis H. Bird），他现在是辛辛那提大学的经济学教授。
② 见康芒斯等：《劳动立法的原则》，1920年，第二版，第356、422页。

法，但它的确越来越尊重自愿的集体行动。

所以我认为，它会倾向于赞成失业预防和失业补偿。任何法规都不能仅凭其条文就产生效力。根据它所适合的环境以及在它所能够被遵守的限度内，必须对它进行解释、执行，并应用于每个机构。如果能够就什么是最佳的可执行的内容达成一致意见，再通过那些最接近事实的人的判断，那就是理想主义的最高限度。事实上，考虑到相互冲突的各相关利益集团，以及美国最高法院对《宪法》可以变动的解释范围内，这种限度不是别的，正是人们认为合理的内容。

《意外事故和安全条例》的另外一个特点在有关失业预防和失业补偿的法律中得到了模仿。意外事故法律规定了三种类型的"保险"：股份公司的保险，州内雇主的"互助"保险，以及个别机构的所谓"自我保险"。这些保险得证明自己具有财务偿付能力，付得起这种补偿。

在《意外事故补偿法》颁布之后的几年间，州委员会收集的统计数据似乎表明，意外事故的预防与法律所允许的意外事故保险的形式相关。最佳的预防记录来自于所谓的"自我保险"。这些都是"承担自己的保险"的公司，数量大约有两百家，因而它们不是"保险"，而是和"企业基金"或"意外事故储备金"完全相同的。按照预防程度的顺序，接下来是以互助保险公司形式联合起来的企业，最低的是在全国范围内的股份公司投保的企业。

1932年的《失业公积金法》拷贝了两种形式的保险："自我保险"或"企业家基金"；"互助保险"，而不是股份公司保险。目的是为了消除股份公司的私人利润动机，并选择就意外事故而言已经证明为最佳预防记录的保险模式。按照互助保险的规定，如果雇主自愿决定把他们的基金并入一个共同基金，从而变成对彼此的失业负责，那么是允许他们这样做的。

在《意外事故补偿法》的执行中，核心人物是医生。他判定工人受伤的程度，以及丧失工作的结果，因此决定每周补偿的数量以及何时截止。所以，失业赔偿的核心人物是负责公共就业的官员。负责人要作出失业和就业报告转送给州委员会。在失业补偿中他扮演的是审判庭的作用,决定着补偿的数量、等待的时间以及赔偿的开始。

这里,在州委员会的派遣下,威斯康星州已经形成了一个有效的就业办公室体系,数量大概是十个。特别是在密尔沃基市的办公室,由当地雇主组织和劳工组织共同控制的体系已经完成。这种地方的共同管理就业办公室的制度,当然会被解读为对《失业法》的预期执行。事实上,正如聘用医生的情况那样,人们预期雇主会设立并参与中介,替他们自己的失业工人在其他雇主那里找到工作。失业的时期越短,失业补偿的数量就越少。雇主们变成了他们自己的就业官员,通过诉诸利润动机,要比领取薪俸但不关心利润和亏损的州政府官员更为有效。而且,就防止弊端而言,人们已经发现,与工会共同管理的集体谈判制度会让劳资双方都比较满意。

正是一致行动的这个例子和习惯,让人们接受了1932年威斯康星州的《失业补偿法》。那部法律绝对不是从正统经济理论或者美国法律上承认的宪法理论中得出的合乎逻辑的演绎的法律。由于这个原因,同时由于需要时间来构建管理机构并在雇主中树立"就业精神",因此这个条例首先建立了机构,然后延迟了保险费的征收、公积金的创立以及最终的救济金的支付,就如在意外事故的预防和补偿中的做法一样。

前述的研究集体行动的历史方法,导致我在1921年阐明了上面所说的一项预防失业的法律中的几个原则,这种预防有别于失业*保险*。这个原则自动适应了美国的失业心理,这是1924年我应邀担任一个共同失业保险计划主席后发现的,这项计划先前已在芝加哥男式成衣业中通过集体谈判取得了一致意见。我完全不清楚,参与这项协议的七十多家公司对于我在1921年提出的内容有什么了解或理解。但在其传统的竞争、利润和利己主义的观念中,他们自动地抵制了工会对捐赠的要求,工会要求*所有的*雇主参与一个"市场"基金,通过一个单一的中央理事会来分配给他们的*所有的*失业成员。雇主们推断说,这样一种基金的合并,会迫使兴旺且高效的公司——因而也是能够提供稳定就业的公司,为没有那么兴旺也没有那么高效的公司中的失业工人贡献救济金。

实际上，这曾经差不多是整个欧洲立法机构在这个问题上的"保险"观念，芝加哥的工会要求建立一种共同基金的时候，肯定也是这个观念。在这方面达成的妥协是建立了大约七十个单独的"企业基金"，而不是一个单一的"市场基金"。这就要求有七十个不同的执行委员会来征收保险费和支付救济金，而且我发现我自己是七十个不同的委员会的"七十个主席"之一。

由于整个市场上的保险费率都是统一的百分之二点五，因此捐献给几个基金的数目有很大的不同，这是跟每个公司的工资总额成比例的。因此，*失业人数最多的*公司是最没有能力支付失业救济金的，而失业人数最少的公司却能够支付*最多的*救济金，这样，一个能够维持稳定就业（固定在每年四十七周）以及建立了一项相当于一年的未来保险费的公积金的公司，将不会有进一步的保险费或救济金的支付。因此，这种制度的正确名称是"失业公积金"，而不是"失业保险"。公积金是由各个企业设立的，而保险则会把所有企业的公积金合并为一个共同基金。

显然，"劳工心理"并不会满意于这样一个既有缺陷又带有歧视的救济金分配办法。劳动者觉得自己是彼此负责的，在工会里尤其如此。失业者不仅会激发同情心，而且也害怕对那些仍在就业的人产生威胁。这种劳工心理的最突出的证据，就是工会会员通过接受部分时间工作的做法"分担"失业负担的愿望，目的是为了让"短期就业"可以惠及到每个人。

但是，"商业心理"罕有这样的情感，这种心理会让企业在淡季和萧条时期与自己的竞争者*分享*减少了的产出量。的确，在产量和价格方面，它们可以求助于卡特尔，但是不诉诸这种补救措施，竞争对手的破产对于兴旺和高效的企业就是一种收益，因为倒闭了的竞争者把顾客和雇员都转移给了它们。这可以称为"利润心理"。而工人组织更接近于一种"团结心理"。工人们甚至不能理解，为什么兴旺而高效的公司的雇主就不应该与"边际的"、低效的竞争者*分享*他们的兴旺和效率。据我观察，普通工人想要的是*救济*，他们对*效率*或者*预防*不感兴趣，近来他们的领导人正在明白要强调预防而不是救济。

正是在这里古典和正统理论错过了关于"劳动"和"商业"心理的要点。那些理论是从小制造商时代留传下来的，那个时候，一个工匠今天变成了一个雇用工匠的"雇主—工人"，明天又变成了被"雇主—工人"雇用的工匠。因此，在亚当·斯密的分析中对利润和工资是不作区分的。同样的竞争原则对两者都适用，导致利润和工资实际上的相等。① 事实上，人们已经注意到，在血汗工场制度中，小的承包人或制造商的"利润"往往低于他的工匠的工资。

但是，在正统理论和制度理论中间还有另外一个区别。现代的雇主不是单个个人。"他"是一种"制度"——一种在一家"企业"或者"公司"中结合在一起的企业家、银行家、股东、投资者的一致行动，这个企业或者公司如果"运行"，我们就称之为运行中的机构。现代的个人主义是法人个人主义。这里适用的不是古典理论，而是"公司财务"的理论，各种标准的个人主义理论尚未结合进来。② 标准理论的关键在于"生产成本"，威斯康星州法律所规定的工资总额百分之二的保险费大约只占全部生产成本的百分之零点五，莫顿的这个估计是正确的。他认为，如此微不足道的项目，作为预防失业的诱因，对于雇主没有任何作用。

但"公司财务"的关键在于"利润边际"。在这里，承担风险的企业家（股东）总在"利用财产价值"。"财产价值"就是"利润边际"或者莫顿的"净利润"。企业家是相关联的股东，为了利息、租金和工资，他们共同变成了所有其他参与者的一个债务人，而他们的利润边际就是他们的*销售总收入*和*流动总负债*的差额，后者通常称为总的经营和管理费用。

对于利润边际的大小还没有作出令人满意的研究，但在上文我已经作过计算，③ 根据大约六万家制造公司的情况，在平均边际最高

---

① 见上文关于亚当·斯密的论述。
② 这些理论在商学院中正在纯粹以经验主义的方式发展，与经济学的"各个部门"一向是脱离的。请比较公司财务方面里昂和格斯滕伯格的著作。
③ 见上文关于利润边际的论述。

的1919年和平均亏损的1921年和1924年这样的年份之间，平均的利润边际大约是总销售收入的百分之二点五或者百分之三。

假如利润边际是百分之三，那么生产成本就是销售收入的百分之九十七。如果是这样的话，那么平均*生产成本*的百分之零点五就会是平均*利润边际*（净利润）的百分之十五左右。对于不同的公司或者同一家公司的不同时期，它的高低差别可能是很大的。

这就是*诱因*所在。资产的银行可贴现性，提供给借贷者和银行家的担保，一个企业作为"运行中的机构"的连续性，关键都在于这个非常微薄的利润边际，而百分之二的工资总额从利润边际中提取时会被放大很多倍。

否则，像他们在威斯康星州的所作所为那样，雇主们为什么会如此强烈地反对按工资总额的百分之二或者百分之三来计算微不足道的税赋呢？对于他们来说，这种税赋只有当他们"专心致志做生意"时才会有意义。当然，他们很快就会做到这一点，认识到他们所有的节约措施、深谋远虑、效率高低、讨价还价以及维持偿付能力的其他努力，都集中在这相对微薄的利润边际上。

我往往感到惊讶的是，为什么企业家在他们反对失业保险的论争中在成本这个问题上会如此明显地不一致。一个时候，他们认为，仅仅占全部成本的百分之零点五太微不足道了，作为预防意外事故或者失业的诱因不可能有什么作用。然后，在另外一个时候，他们又说，把这笔额外的成本强加给他们，会让他们在与其他不负担这一成本的企业的竞争中出局。他们肯定不是不理智的，但却是前后矛盾的。

显然，他们前后矛盾的关键在于两种价值论：古典的生产成本学说，以及企业家在维持利润边际时在选择余地中进行选择的交易学说。莫顿在对比了这两种学说之后决定赞成古典派的理论。他说：

> "应该用什么方法来表示失业税捐的大致负担和影响呢？……而与成本相比，工资总额的百分之二是一个小数目，平均约为百分之零点六；而与利润相比，它的大小是变化的，在'正常情况'下可以高达百分之二十五。那些通过拿它与利润相比较来估计税捐可能产生的影响的人，

相信它有强大而稳定的影响力。对于那些拿它跟成本相比较的人来说，它的作用似乎可以忽略不计了。这位作者认为，与利润相比较导致了种种错误的见解，因此他把这项税赋与生产成本、与风险相比较。"

他接下来给出了古典的成本和风险学说。针对这一学说，我创立了利润边际理论，他是反对这一理论的。我假设企业家是理性的，他们的前后矛盾并非实际如此，我进一步研究了他们表面上前后矛盾的原因。我发现矛盾在于我在本书中详细描述过的一些理论，也就是：凯雷、庞巴维克、达文波特的关于不同对象之间进行选择的理论；公司财务的利润边际理论；以及关键交易和一般交易的理论，这种理论是从经济学家关于限制因素和补充因素的*客观*理论中*凭意志*得出的。

通过参考交易公式，可以推断出凯雷和达文波特理论的意义。① 我们认为，这是商人的价值论，也是法院的价值论，后者是从商人那里获得自己的经济理论的。当需要谈判与其他交易分开的每一项交易时，商人最先进入脑海的想法并不是生产成本，② 而是他们在谋取利润的竞争性斗争中"面临"的直接的选择。因此，他们的价值理论不是古典经济学家的"成本"理论，而是立即在他们可获得的选择余地中进行选择的"选择"理论。如果唯一可获得的选择迫使他们这样做的话，那么他们甚至会以亏损状态经营业务，而不会完全停顿下来。

这种不同对象之间的选择，以及在亏损状态下经营的企业，实际上是莫顿在他使用运行中的机构这个概念时所强调的。与其停止营业，还不如不顾成本亏本经营。成本不是主要的，选择余地是主要的。商人们通常把这些选择余地称为供求法则，而且使这种"法则"与古典的"生产成本"对立起来。他们说："我们知道自己没有按照成本经营生意。我们是根据需求经营生意。"但正如我们已经看到的，供给与需求不过是选择余地的稀缺性。当商人说，他的交

---

① 参见上文关于买卖交易的公式的论述。
② 生产成本是买卖双方都同意的价格，我在公式中称为"议价能力"。

易受供求法则而不是生产成本控制的时候,已经转换成了经济理论的语言,这正是他的真正意思。首先是凯雷和巴师夏,其次是庞巴维克、格林、达文波特,他们把这种商业实践归纳为了价值和成本理论。我们已经把这两种理论区分为反机会价值和机会成本,它们是一种机会主义的理论,是由于商人在两种类型的交易中作为买卖者选择余地的丰裕和稀缺而产生的。[①]

但是,如果成本不左右他的交易,那么左右交易的是不是预期的利润和亏损呢?利润和亏损是他"利用财产价值"的结果。股东变成了其他所有参与者的债务人,不管参与者是雇佣劳动者、贷款人、银行家、债券持有人、优先股持有人,还是原材料供应商。他们的利润边际就是被接受的产品价格与其他参与者所招致的债务之间的差异。我们估计,这个边际平均而言是销售价格的百分之三左右。作为一种预防意外事故的诱因,全部生产成本的百分之零点五如果从利润边际中扣除的话,那么就大了三十倍。

但是,在这里加入了第三个因素,我们称为关键交易和一般交易。古典的成本理论不是静态理论就是成本的长期趋势理论。所谓前者,我们是指一切交易都被视为是*在同一时点发生的*。所谓后者,我们是指把一切交易加在一起的算术结果,就得到了*一段时期的总成本*。

但是,交易理论就是*交易本身*。当交易以谈判为结果正在实际进行的时候,每笔交易或多或少地都会占用一个短暂的时点。它是一个行为主义的理论,这个理论所谈的,是在*连续的时点*上,商人与完全不同的雇佣劳动者、原料商、贷款人和其他一些人进行大量变化多端的交易时所用的方法。在谈判的时候,每笔交易在当时对他都是*关键因素*,在考虑这笔交易中当时自己可以进行的实际选择时,他会对此倾注全部注意力。未来或过去的其他一切交易暂时都是补充性的,它们是当时正在谈判的关键交易的日常环境。其后,当时曾经是未来的但具有辅助性的另外一种交易,就变成了一种关键的交易,而前面的关键交易在一个连续的时点上现在就变成了一

---

① 见上文关于能力和机会的论述。

种日常的事情,不需要立即注意了。

面对过去,一项关键交易一旦完成,如果持续重复,那么此后就变成了一种"日常"的事情,所以我们不用"关键的"、"辅助的"这些词,而是用了"关键交易和一般交易"这样的术语。

前述的古典派的静态或长期的看待利润边际的方法,与关键的和一般的方法之间的区别,可以在莫顿的一段解释中看到。他说:

> "税赋、保险、会计成本,每一项都可能是净利润(利润边际)的一大部分,但却是成本的一小部分。说这些项目中的每一项占去了净利润的百分之二十五、百分之五十、百分之一百,会对它们的重要性和影响范围给出一个错误的看法。从这种推理形式出发,现在出现的观念是各种税赋正在侵蚀所有的利润,因此在破坏生产的动机。任何相关的单独开支项目也许都会形成同样的争论,而这些项目是生产者必须试图转移的成本的一部分。"

从古典经济学家静态或长期的观点看,这种推理无疑是正确的,但它却提出了一种荒谬的观念,那就是*所有的*成本项目——税赋、保险、工资、原材料等——在一笔单独交易中的利润边际的计算上能够加在一起。这一点在我们对利润边际的讨论中已经被注意到了。我们所谓的利润和亏损边际,① 实际上是一年这么一段时期内所有交易的总和,但它必然会从每项个别交易的表现中忽略掉,个别的交易只是总数的一个微小的部分。

"财务边际"作为税捐支付之后的利息边际,"应纳税的边际"作为利息支付后的税捐边际,还有在那里没有注意到的其他边际,诸如所有其他费用都作一般考虑之后的工资的利润边际,我们在它们之间作出区分时,同样的道理也是适用的。

显然,这些不同的边际不是在任何一项交易中累积的,每笔交易都有它自己的选择余地。最主要或者关键的交易,在于与某一因素相关的特殊的谈判,这种谈判是就它单独影响利润边际而言的,

---

① 见上文关于利润和亏损边际的论述。

是当时排除了一切一般的或辅助的交易*之后*进行的。如果把一段时期的一系列交易都加总起来——比如说把一年作为我们的利润和亏损边际——那是作为这个时期的一种统计结果，而不是交易本身。后者如果是关键性的，那就必须把每一项都作为它实际发生时的一项单独交易来对待。

这是有名的统计学错觉之一。个人消失在统计上的总和当中。①但个体的交易是实实在在的行为。一个时间，某个人在反对课税的时候也许会说，尽管税捐只占了自己的生产成本的百分之一或百分之二，但它却占了所有其他债务付清*后*的他的净利润的百分之四十或者百分之五十。另外一个时间，在他反对失业或者意外事故的时候，他可以说，也确实说了，尽管这项课税只占了他的生产成本的百分之一，但可以说是他的利润边际的百分之三十。在他进行工资、利息或者租金谈判的时候，会形成类似的论点。在他进行谈判的时候，那些谈判中的每一项对他来说都是关键的，一旦谈判完成了，它的重复就变成了纯粹日常的或者辅助的交易，因此在当时就不会受到注意。

从他出于本能反对的静态经济学的观点来说，他的逻辑是荒谬的。但是从连续交易中包含的动态的*时间*因素以及他接连谈判的连续的时间上看，他并非是荒谬的。他跟任何一个不能同时做所有事情的有限的生命一样理性，但他必须把自己有限的能力投入于一个因素之中，即便他可能是错的，但在当时对他来说，这就是关键因素或者限制因素。这里，在那项关键交易中，他被迫考虑他因这个单独的交易所"面临"的选择余地，而且他会本能地反对一种"学院派"的理论。后者实际上把他当成了一个无限的生命，能够在瞬间进行自己的全部的交易。②

这似乎跟近来对"成本会计"的强调不协调。这种成本会计是统计学家和会计学家为企业家创立的东西，作为其交易的指南或者谈判中的"论据"。但是他清楚，在个别交易中，他不能受此约束。

---

① 见上文关于平均数的论述。
② 见上文关于难以接近的选择权的论述。

在那个时点上,他知道自己受可选择的机会、可选择的反机会以及当时的讨价还价能力的约束。这三者的关系在我们的交易公式中已经作了描述。

我们正是应该按照这样的方式处理"风险"问题。跟古典经济学家的做法一样,莫顿把企业的风险与生产成本联系在一起是正确的。但与那些旧的理论相比,我的理论使风险变得更为重要。如果利润边际平均只有百分之三左右,如果生产成本因而是销售额的百分之九十七,那么风险对利润边际的影响是它对生产成本影响的重要性的三十三倍。但是在大量变化无常的交易中,这些边际是高度变化的,每项交易都有它自己的风险,这些都必须折算在特定交易中所谈判的价格和数量里。①

一段时期内所有这些不同的风险不是在每项交易中累积的,它们堆积在当时正在谈判的关键交易上,而这个风险可能如此之大,以至于在一项交易中,所有的一般交易都延缓了,业务停了下来,直到谈判完成。如果这个风险太大,如同有时候在借贷谈判中由于预期价格下跌时出现的情况那样,那么能够看到的利润边际就一定要比预期风险小的时候大很多。

于是,风险变成了"信心"和"缺乏信心"的全部问题,与利润边际相比较的时候,比与生产成本相比较的时候,要重要许多倍。

由于这个原因,在所有的争论和辩护中,人们肯定必须承认,而且实际上要考虑到,按工资总额的百分之二收取保险费,在不同的时期、不同的交易、不同的企业里,对于意外事故或者失业的预防,具有大不相同的压力。在利润边际很高的大繁荣的极端情况下,以及在利润边际很低的大萧条的时期,它的作用可能还没有"正常"时期大。在这样的极端时期,其他因素相对更为关键,意外事故或者失业预防就没有那么关键了。然而百分之二的保险费的压力始终在那里,不管它是关键因素还是一般因素。可是,在法案中有许多的通融和让步,而且为了照顾这些变化的风险,行政的谈判中无疑还会作出其他的通融和让步的。

---

① 见上文关于贴现和利润以及商业的供求法则的论述。

我们必须注意到，这项法案当然只限于威斯康星州。该州的纳税人并非处在预防失业的位置上，因为即便处于这样的位置，他们也控制不了个别的企业。所形成的争论如同莫顿选择中所重申的，对于失业的责任，整个国家，实际上是整个世界，要大于个别的雇主，因此国家应该承担救济的负担。

在听证中对此形成的答案是，当有足够多的州采取类似的立法时，它们就会有足够的政治影响力，促使国会按照各州在州内所支付的救济金的数目的比例资助该州，这种情况在其他几个社会责任的假设中已经出现了。① 特别是在萧条时期，这些全国性的补助可能会很大，人们提出的支持这种论点的具体的例证是联邦救济总署和《全国产业复兴法案》。也有人争辩说，全国性政府能够接受的失业责任，只能以其货币和信用政策对失业的责任为限，它应对这种责任的方法必须是全国范围内的或者全世界范围内的价格稳定。②

关于雇员对企业基金的捐献，也形成了一种相似的论点，这是莫顿所提倡的。在这里，人们在答复中主张，雇员跟纳税人一样，不处在预防失业的位置上，他们只能通过捐助给救济。因此，关于雇员的捐助在法案中没有任何明确的说法。人们可以假设，在"自由雇佣制企业"③，雇主会要求没有组织起来的雇员捐助，因为在劳动合同的谈判中，这是他们的习惯法权利的一个部分。人们也可以假设，在有组织的"工会"企业中，工会会要求其成员捐助，如同芝加哥的制度中那样，他们的捐助会扩大至雇佣劳动者所强调的*救济*。

因此，莫顿为了强化"社会责任"而要求三方捐助的主张，在作为这项法案先导的谈判中获得了充分的考虑。但基于对通过自愿的集体行动可能指望到的内容的预测，社会责任被留给了雇员和联邦政府未来的自愿行动上（在合法的自愿意义上）。

---

① 例如教育、职业教育、公路等。
② 见上文关于世界范围的偿付社会的论述。
③ 既雇用工会会员也雇用非工会会员的企业。——译者注

最后，我们注意到课税权力与警察权力的混淆，它们的关系我们先前曾就它的一个方面作过考虑。① 莫顿一贯认为，保险费是一种对雇主的*税捐*。如果像他所主张的那样，那么它就跟亚当·斯密的应该根据"支付能力"分配税捐的原则相抵触。他发现这一原则被用在了欧洲的失业保险制度中。在那里，雇主所支付的保险费是跟一年中劳动者被雇用的星期数成比例的，这显然是跟雇主的成功与支付能力成比例的。例如，一个生意非常顺利而且稳定的雇主，他提供了五十二周的就业，他支付的税捐是他的只提供二十六周就业的竞争者（拥有同样数量的雇员）的两倍。作为一种税捐，缴纳是与支付能力成比例的，如同工厂持续经营所证明的那样。

但在威斯康星州的法律中，缴纳是与支付能力呈*反方向*变化的。提供五十二周就业的雇主不缴纳任何保险费或者救济金，但只提供二十六周就业的雇主则要在工资总额中支付二十六份保险费。这当然是一种"递减税"，随着支付能力的减少而增加。

但如果我们仔细分析这个问题，这就是美国制度中"警察权力"的作用方式的特性，同样地，它有别于课税权力。警察权力给那些关心社会最少的人带来了沉重的压力，那些关心社会最多的人却没有被触及，因为他们会自愿对共同福利作出其他人必须受到强迫才会作出的贡献，或者他们会停止营业。既然这样，那么"关心社会"就意味着有能力且愿意常年提供稳定的就业。实际上，课税权力可以被用来发挥这种警察权力的作用，如同在关税、奢侈品税中那样，或者如同我们建议的，通过免除那些由于让他人致富而自己致富的人的税，从而把负担加到那些获得自然增值的人的头上。

因此，如果威斯康星州的法案被称为一种课税手段，那么使用"课税权力"这个术语的目的不是为了拥护政府，而是为了诱导那些没有社会意识或者个人能力的人接受与失业相关的社会责任，向那些觉得自己受社会责任束缚的人的水平看齐；后者认为自己有减缓和预防失业的社会责任，否则就不应该做生意。这样一种措施，在美国对这个词的宪法意义的使用上，是警察权力而不是课税权力的

---

① 见上文关于课税的警察权力的论述。

使用。它不是基于支持政府的支付能力,而是基于稳定就业的诱因。①

(七) 人格和集体行动②

合理价值的理论在实际中的运用,可以概括为一种依靠集体行动对人格的控制、解放和扩张来取得社会进步的理论。它不是个人主义,它是制度化的人格。它隐含的或者习惯的假设是基于私有财产和利润的资本主义制度的持续性。它是符合马尔萨斯的人性概念的,从感情、愚昧和无知出发,由此人类的作为是与理性和理性实践所规定的内容相对立的,结果就是人们对由于进取、坚韧、冒险以及承担对他人的义务而成为领袖的人的崇拜。

无节制地追求利润,让有良心的人堕落到了最没有良心的人的水平上,然而有相当可观的少数派始终在那个水平之上,无论集体行动把它提高到多高的水平都是这样。这些人显示了进步的可能性。

那么,问题就限于对集体行动的行为准则的研究,集体行动把不情愿的个人提高到了一种合理的理想主义,而不是不切实际的理想主义,因为现有条件下进步的少数派已经证明了那是可以实行的。

过去一百年来美国的各种自愿运动和政治运动都没有消除利己主义的动机。它们暴露了自己的局限性。利己主义总是存在的。据估计,《意外事故补偿法》回报给雇佣劳动者的,还不到他们所损失的工资的百分之三十。它们给雇佣劳动者施加了繁重的责任,而它们只增加了要转移给消费者的销售价格的大约百分之零点五,或者由更高的管理效率吸收。工会把一小部分雇佣劳动者提高到了大众的水平之上,并且创造了一种较高的人格,因为担忧解除了。农民合作社仅在小地区、小国家取得了成功,而且针对的是农业各阶层

---

① 关于这个问题的进一步讨论,见福斯博格的《失业保险选集》(1926年版),斯图尔特和布瑞斯《美国的失业救济》(1930年版),我在美国参议院教育和劳工委员会听证会上的证词(1929年),道格拉斯的《失业保险的标准》(芝加哥大学出版社,1933年版)。

② 参见凯伦的《个人主义,美国的一种生活方式》(1933年版)。

的一小部分人，但它们提高了成员的责任意识，让他们有了一种彼此负责的责任意识。在一个战争和经济冲突的世界里，货币的、经济的、价格的稳定运行是令人失望的，但它们却提高了个人更高的责任意识，这种意识就是要预防冲突。

集体行动具有局限性的原因在历史上是很明显的：相互冲突的社会阶层的抵抗，内部的政治、党派、猜忌，机构内缺乏领袖，大众的传统和习惯——他们宁愿选择习惯了的弊端也不选择试验的不确定性，以及紧随短暂的成功而产生的反作用力。

在经济学领域，如果能够在社会福利计划中利用利润动机，那就利用到了一个生气勃勃的因素，这要比其他因素都具有建设性，它是一种对企业家的吸引力，让他们通过让其他人致富从而自己致富；如果他们没有作出反应，那就诉诸集体行动。

这导致我们对三大实验——共产主义、法西斯主义、资本主义——的比较，自最近的世界大战以来，它们已经让世界范围内的迄今为止的经济学家的冲突的理论和不同类型的集体行动变得更富有戏剧性了，这种情况扩大或者压制了个人的特性。

第 11 章 共产主义、法西斯主义、资本主义

自世界大战以来，三种类型的政治经济体系走向了前台：一种是俄国的共产主义；一种是意大利和德国的法西斯主义；一种是美国的金融资本主义。我们可以从以下三个观点对它们进行比较：经济理论，社会哲学，世界历史。经济理论是需求与供给、生产成本、边际生产率、需要的满足。社会哲学是人性以及它所趋向的最终目的。世界历史则是从历时二十五年的法国革命到我们现在身处其中的经历四十次革命以后的世界大战为止的实际的变迁的历史过程。这三点是密不可分的，而把它们结合在一起的努力，就是所谓的**制度经济学**。

制度经济学始自于亚当·斯密的个人主义和法国革命。斯密提出了法国革命所实施的学说。这些学说抨击了公司和行会，抨击了地主，抨击了政府所创造的特权。法国革命废除了公司，分掉了地主的财产，宣布一切个人的平等、自由、私有财产不受国家或从国家那里获得特权的行会和公司的控制。

斯密以经济上的供求法则和政治上的财产、平等、自由的法则代替了重商主义。唯一需要对个人控制的是消费者的需要。正统经济学家一百多年来都在步斯密的后尘，起初是作为古典经济学家，他们的学说是以生产的劳动成本为基础的；然后是作为心理经济学家，他们的学说是以消费者的需要为基础的。这两个学派都可以称之为自动均衡派的经济学家，他们的推论都是以取自自然科学的类比为基础的。在这个例子中，这种类比变成了个人之间供给与需求的均衡，而这些个人是自由、平等和易变的。但是人们已经证实，

经济理论必须以历史为基础,就如同经济理论必须以均衡为基础一样。

在这种自动平衡的背后,是一种人性的哲学。亚当·斯密的哲学是有关神学的。人是受神的理性支配的理智的存在,这种神的理性是一位仁慈的上帝,只要人不通过政治和公司的集体行动来限制和压迫个人,上帝就会把丰裕带给整个世界。法国大革命废除了公司和地主,拥立了一位理性的女神。

但是,幻灭旋即到来。托马斯·马尔萨斯在大革命中发出了预言:人并非理性的存在,他是感情和愚蠢的存在,他所做的事情与他的理性让他做的事情完全是背道而驰的。因此,不能让他自由,必须由政府对其加以强制。

滑铁卢战役之后,所预言的幻灭降临了。历时三十年的世界范围内的萧条伴随着贫困和失业,以1848年的革命告终。现在卡尔·马克思出现了,发表了他的**共产主义宣言**。他修正了李嘉图的劳动价值论,把劳动价值论的唯物主义哲学扩充进了阶级斗争当中。如果劳动单独创造了价值,像李嘉图的学说似乎认为的那样,那么劳动就应该占有全部产品,但不是作为个体劳动占有,而是作为社会劳动量通过无产阶级的专政手段占有。供求"法则"、财产、平等和自由都被废除了,取而代之的是阶级斗争和资本与劳动之间难以控制的冲突。这种哲学的结果就是俄国革命,此后所伴随的就是马克思对没有阶级的社会的信念。

与此同时,斯密的个人主义采取了一种不同的倾向,走向了无政府主义。这种哲学最终的结果是意大利的法西斯革命。1793年,第一个无政府主义者威廉·戈德温想把斯密和法国革命进一步发扬,不但要废除公司和地主,而且还要废除国家本身,因为国家是对个人的一切强制的根源。正是在对戈德温的回答中,马尔萨斯提出了他的关于感情和愚蠢的哲学。

后来,在十九世纪四十年代悲惨的十年中,戈德温的继承人蒲鲁东在他与马克思的论战中,提出了与国家和一切集体财产相对的个人对私有财产的绝对权利。个人可以形成自愿的联合,但这样做的时候法人并不会占有个人的财产,个人可以随时脱离并带走自己的财产，不会因违约而受到处罚。

蒲鲁东自愿联合的幻想很快就证明同样是不可能的。在十九世纪五十年代，现代股份公司开始形成，变成了一个基于可执行契约的合法实体，它占有着生产手段，取代了个人所有者，最终在单独一个机构中就雇用了数以千计的无产劳动者。所以革命的无政府主义的下一个阶段就是革命的工团主义，它的哲学家是二十世纪初期法国的乔治·索雷尔。①

索雷尔接受了马克思的阶级斗争学说和资本主义必然灭亡的学说，但他改变了这一学说，从利用专政来占有国家变为了利用工会和总罢工来占有工厂。这是世界大战之后发生在意大利的情况。工人开始占领工厂，农民开始占有地产。总罢工瘫痪了整个城市，也瘫痪了铁路和电报系统。工团主义变成了有组织的无政府主义和无组织的共产主义。由于既不能从资本家那里获得原材料，又不能从银行家那里获得信用，最重要的是，由于有组织的罢工破坏者法西斯党的兴起，因而最终它还是垮掉了。

这里有马克思在他的唯物史观中忽略了的东西。他曾正确地预言了必然的趋势：自由竞争和长期的萧条将把资本的所有权巩固到了少数人的手中，从而打垮了个体生产者，把先前独立的个人变成了被他们雇用的靠工资生活的人。但是他也曾经假定，资本主义到时候会由于自身的无能而没落，广大的工薪阶层仅仅靠数量权重就会完全占有一切。

他忽略了靠工资生活的人本身有可能分化为两个阶级的可能性：脑力劳动者和体力劳动者，白领和工厂工人，靠薪水生活的职员和靠工资生活的工人。争取控制他所谓的衰败的资本主义的真正的斗争，可能是这两个阶级之间的斗争，而这两个阶级都要靠他所谓的无能的资本家获得衣食。他还过于指望小的财产所有者的必然消灭，小的财产所有者主要是指农民，也即他所谓的小资产阶级，但这些人后来却显示了有组织互助的强大力量。

---

① 乔治·索雷尔（Georges Sorel，1847～1922）：法国哲学家、政治家。——译者注

这是在俄国和意大利发生的情况。它的关键不在于单纯的数量，而在于把斗争的少数人组织起来的政治的领导和能力。领导者是列宁和墨索里尼，斗争的组织是红军和黑衫党。这两个例子中的方法都是暴力的组织——没有成功就是谋杀，成功了就是国家，所谓胜者王侯败者寇。

列宁靠"一切权力归苏维埃"、墨索里尼靠"一切权力归法西斯党"的战斗口号赢得了胜利。苏维埃就是我们所知道的主要城市中的中央工会或劳工联盟，代表的是当地的靠工资生活的人的工会。在俄国他们变成了从战争中归来的武装工人，而知识分子则作为一个阶层被排除在了苏维埃的门外。

法西斯党起初也是归来的士兵，跟美国退伍军人协会一样，也是失了业正在找工作的一些人。后来中学和高校的师生加入了进去；然后是办公室白领加入了进去；再然后是村镇中的小商人加入了进去；接着来自各个行业的知识分子加入了进去；资本家和地主的后代也加入了进去；退伍军官加入了进去；最后所有的大学教授都被迫宣誓拥护法西斯政权。从最初开始的时候，墨索里尼就得到了工厂主、银行家和地主所奉献的资金的支持，最后这些人都变成了幕后的法西斯统治者。

类似的阵容出现在德国。这个国家的法西斯党是由坐办公室的人、中等学校和高校的学生、小商人，还有就是过去的财产所有者组成的，后者发现通货膨胀让他们的储蓄损失殆尽，自己现在失了业，像体力劳动者一样在四处寻找工作。希特勒也是由银行家、工厂主、地主提供资金的，他让失业的旧政权的军官充当了他的基层单位的负责人。我们甚至在英国都见到了一个法西斯党组织的雏形。法西斯党和苏维埃实际上是现代资本主义制度下靠薪水生活的职员和靠工资生活的工人这两个阶级，他们彼此仇恨，但都是依赖资本家获得自己的工作的。

尘埃稍稍落定之后，我们在俄国和意大利发现了两个独裁者——斯大林和墨索里尼，他们所依靠的是他们对政府的控制，这种控制是建立在这两个对立的阶级中斗争的少数派之一对他们的忠诚之上的。在俄国，体力劳动者是至高无上的，他们享有更好的衣食住行、更好的医疗以及剧院中的好座位。教授、工程师、科学家、技术员、专家、艺术家、演员、上班族、昔日的资本家都是二等公民，地位较差，甚至根本没有地位，这些人正在逐渐被饿死、放逐或者消灭。

在意大利，情况则正好相反。维持对法西斯党的忠诚，靠的是安排政治方面的工作的优先权以及给私人提供工作时在公共部门就业的优先权，其他所有头脑顽固不化的人都被镇压、处死或者送进了孤岛中的监狱。在俄国和意大利，审判时都没有足够人数组成的陪审团，没有独立的司法，也没有立法机构，每项处罚都是按照行政程序给予的，取决于统治阶级的官员，而法官的任命和去职都是按照政府的行政首脑的意愿进行的。当然，不存在什么政党，只有一个党，这个党就是共产党或者法西斯党，仅占总人口的很小一部分，但是却是被棍棒、枪炮和其他暴力工具武装起来的。甚至这些党的领导人也都是由这两个独裁者任命和废黜的。

在唯物史观和自由竞争与个人自由最终会消灭方面，马克思是正确的，但是他对阶级斗争的解说却不正确。不是只有一个阶级或两个阶级，而是存在着许多阶级，结局会是共产主义、法西斯主义还是资本主义，取决于人格、领导力以及组织富于战斗性的少数人的能力。

马克思的理论甚至对美国都比对俄国或意大利更正确。这些国家主要靠的是农业，还远没有达到资本主义的产业和金融阶段，这个阶段少数的资本家就雇用着几百万靠工资生活的工人。在俄国，令人惊讶的**五年计划**试图强行把一个农业的国家转变成靠工资生活的工人的国家，在五年或者十年中要完成的事情，是马克思所推想的自由竞争要在说不清楚的未来或许是一百年才会完成的事情。

对美国来说，他的预言要更接近正确一些。一百年前，美国人口的十分之九是农民和农民的家庭，今天农民还不到五分之一，其余的五分之四已经迁移到了城市或者乡镇，在那里，他们要么变成了由公司雇用的靠薪水生活的职员和靠工资生活的工人，要么变成了法西斯主义的小商人。现在人们甚至估计，假如农业采用了已经众所周知的最好的机械和化肥，那么只需要把百分之十的人口留在农村就可以供给全部人口的衣食了，特别是战后，农民很快地就被压缩到了百分之十。农业机械、化学以及在更肥沃的土地上的集中，正在对农业做机械力曾经和现在一直还在对工业和制造业做过的事情——把农田变成资本主义的组织，由雇佣工人来经营，或者由一种按年计算的计件制度租赁给农民。连锁店和连锁银行正在对小商人做着同样的事情，正在把他们变成由大公司雇用的挣工资的白领。1929 年以来，在取消抵押品赎回权中，通过保险公司和由一个中央组织对分散的农庄的经营，已经能够看到一种类似的连锁农庄制度。这个国家有十分之九的制造业都已经掌握在了公司的手中。① 一百年前，有十分之九的人口过去是小业主和美国个人主义的堡垒，现在自动地并且靠着自由竞争的力量，正在变成另外的十分之九的人口，这另外的十分之九的人口是靠薪水生活的职员和靠工资生活的工人，是共产主义、法西斯主义的基础。个人主义变成了社团主义；私有财产变成了法人财产；剩下的小部分农民，由于公然反抗法庭和治安官取消抵押品赎回权的努力而变成了革命者。

美国固守着殖民时代个人主义的传统，尽管其经济基础正在消失，但在共和国最初的五十年里，除了那些按照立法方案获得特殊营业执照的组织之外，几乎没有什么公司。当时所有的公司都被视为垄断者。当时的反垄断运动就是反公司运动。它们实际上是合法的垄断者，因为每家公司都是按照特殊的立法方案创建的。为了得到一种组建公司的营业执照，企业家不得不让自己跟政治家站到了一条线上。辉格党②当权的时候，只有辉格党的说客才能得到营业执照。在民主党当政的时候，也只有民主党的说客才能获得营业执照。政治大佬以中间人的身份出现，代表资本家控制着两党。

后来，1848 年从纽约州开始，立法机构制定了一般的《公司法》，由此只要向国务卿提交申请，营业执照就会颁给任何群体，这样做不是为了支持资本家，而是为了消除政治上的腐败。立法机构

---

① 见上文关于利润边际的论述。
② 辉格党：19 世纪为反对民主党而建立的一个美国的政党，奉行高关税政策，对《宪法》的阐释也较松散且不严谨。——译者注

没有废除公司，而是把它们普遍化了。它们不再是垄断者，它们成了竞争者。它们确立了商人的一种新权利——联合的权利。新的权利是现代资本主义的开端。资本主义并非始自亚当·斯密，而是始自经营中的机构。

反垄断立法随后转变了方向，顶峰就是四十年前的《反托拉斯法》。任何联合，无论是公司还是个人，只要限制贸易就是非法。

然后在三十年前，又出现了一项新的发明，就是控股公司，这是《公司法》专家的发明，目的是为了规避《反托拉斯法》，最初由新泽西州的立法机构制定。它也不是全新的，因为公司向来就是可以持有其他公司的股票和债券的，但它的新颖之处在于创建公司完全或主要是为了持有其他公司的股票或者是取得投票的权利。为了这一有利可图的目的，其他州跟新泽西州展开了竞争。

控股公司被授予的权力几乎是无限的，它们在本州享有的特权在其他州也完全享有。现在对它们的唯一限制变成了美国最高法院。二十年前，最高法院解散了其中的两家公司——美孚石油公司和烟草公司。但是在十五年前，在解散制鞋机械和钢铁公司的诉讼案中，最高法院支持了控股公司，依据的是合理贸易限制的新规则，也就是说，这种限制在法庭的多数人看来似乎是合理的。这些控股公司变成了金融资本主义的巅峰，"现在正变得比政府本身更有势力"。①

由于司法权的这种发展，公司把卡尔·马克思的唯物史观合法化了，但是并不是通过废除司法而带来共产党人或者法西斯党人的独裁，而是通过将司法置于各州和联邦的一切立法与行政之上来完成的。现在是由最高法院来定义什么是财产，而那些天真地从字面上解读《宪法》的人则认为要把财产的定义留给各州来进行。共产主义和法西斯主义废除了立法和法院，取而代之的是政府行政部门的政令，而美国的制度则把行政和立法置于了美国最高法院的法令的从属地位。联邦法院变成了美国的专政的标志。

这就是美国的资本主义，它不是世界大战革命以来共产主义和法西斯主义的行政统治权，也不是英国1689年以来的立法统治权，

---

① 邦布赖特和米恩斯：《控股公司》，1932年版，第339页。

而是最高法院自1900年以来的司法统治权。它的行政手段不是独裁者的政令,而是法院的禁令。

美国和欧洲的制度还存在其他的对比。我们无法确定在俄国和意大利正在发生的事情,因为反对派的报纸都被查禁了,私人结社已经被禁止了,大学被禁止自由研究和教学,官方的统计数据则含糊其辞。但我们可以进行某种宽泛的比较。

"工团主义(syndicalism)"一词来自于法语,意思不过是"工会主义"。雇主或者银行家的联合就是雇主的辛迪加或者银行家的辛迪加。工会是劳工的辛迪加。但历史已经改变了辛迪加这个词的意义。在美国,它意味着索雷尔的革命的工团主义,倾向于推翻私有制和政府。在意大利,它的意思已经变成了爱国的工团主义,由政府加以组织,支持私有制和独裁者的无上权威。

在意大利,主要有四种类型的辛迪加:资本家辛迪加,农业辛迪加,劳工辛迪加,专业辛迪加。为了做生意或者是得到一份工作,每个人都被迫变成其中的一员,或者至少付费支持自己的辛迪加。它们制定调整工资甚至产量的规章制度,非会员跟会员一样受其约束。它们是在地方、地区和全国的基础上组织起来的。它们的官员和命令必须有独裁者批准。现在所知的全国辛迪加有**全国法西斯联盟**。最近在法人的名义下它们已经被重组,其中包括两个相互对立的**雇主联盟**和**雇员联盟**,而我们有了一个**法人国家**,一种对独裁政治的粉饰。

这些强制性的法人已经取代了议会,它们既是政治性的又是经济性的。这就像美国总统要废除一切的选举、一切的立法机构、一切的政党一样,他要通过自己对法西斯党的控制来永久地保持自己的地位。而法西斯党则不是一个政党,它是政府的警察武装,它要通过废除商务部和劳工部的部长,让自己成为各种法人的唯一代理者;它要禁止所有的罢工和停工(lockout),① 代之以强制性的仲裁;它要把这些公司召集在一起,开会制定管理工业、农业和劳工的法律;但它用的不是成文法和司法系统,而是作为政府的行政首脑的

---

① 企业主为抵制工人的要求而停工。——译者注

政令发布这些法律，由法西斯党的行政程序来执行。

这样的转变不是不可想象的，实际上，在美国的政府体制中某些东西已经为大家所熟悉了。按照《宪法》，只要宣战，一夜之间就会把美国政府变成独裁者。行政当局中止人*身保护权*就等于取消了司法。战时工业委员会、粮食公司、运输委员会、战时金融公司的创立，就是由这个**独裁者**任命的一个**公司部**。作为咨询团体出现在这个部面前的各种公司和联盟代表的不是个人，而是经济利益集团。国会暂时放弃了权力，但我们南北战争之后的建设时期证明了总统是如何控制选举的；三K党、公司独裁以及工厂主和商人的联合表明了地方和州的选举是如何被控制的。我们已经有了法西斯主义的手法，而墨索里尼仅凭开创一种永久的战争状态就扩大了它，目的是为了让意大利全国在与其他国家的斗争中团结一致。在占据统治权的利益集团的思想中，这种转移是从国内的阶级斗争转向了世界性的国家之间的斗争。

俄国也放弃了国内的阶级斗争。令人惊讶的是，这是共产主义的社会哲学。无产阶级的专政据说只是一个过渡时期，只要有从人民的脑海里消除利润心理的需要，就会继续。他们从哲学的角度所作的考虑是，当所有的人都变成了靠工资生活的人，而且没有人能指望靠利息、地租、利润生活的时候，它就会被消除。五年计划是一项宏伟的冒险，不仅要靠外国工程师的帮助把俄国提高到美国的技术水平上，而且还要同时改变人民的心理，从一种利润、地租、利息的心理改变到一种工资的心理。当这一切完成的时候，专政将会在一个全面合作的工人的国家中消失。

但是，由于环境的力量以及其他国家中资本主义和法西斯主义的阻力，马克思和列宁的早期哲学——那种期盼一种国际间的无产阶级的阶级斗争的哲学——已经被放弃，现在俄国所要求的只是世界范围内的和平以及建设自己国家的机会。共产主义变成了国家主义。

在意大利和俄国这两个国家，过去自愿性质的工会和合作社都已经被镇压，镇压的手段很简单，就是由法西斯党或者共产党来委任它们的官员并执行这些任命。在意大利，它们变成了全国法西斯社团的一个组成部分。在俄国，工会就是工人的委员会，这些委员会给工厂的管理者下命令，而合作社只不过是政府的买卖代理人。

切不可假设意大利的法西斯独裁是一种大企业的独裁，它也许跟帕累托的"蛊惑人心的财阀统治"很一致，因为大的银行、制造商、地主提供了各种资金。但它显然是一种小企业、小业主以及靠薪水过活的职业工人的独裁。在美国，与之相提并论的是全国制造商协会和诸如美孚石油、美国钢铁、通用电气、通用汽车、大通银行这些大公司之间的区别。在美国大约有六万家制造公司，生产了十分之九的制成品，但其中属于我们所说的大企业的，估计还不到两百家，其余的五万九千家相对而言都是小的制造商。一家三千万资产的公司，当它唯一的竞争者是一家三亿资产的控股公司的时候，现在就成了小企业。在商业和银行业领域也是如此。相对而言，像希尔思·罗贝克（Sears-Roebuck）连锁店、大通银行及其分支机构这样庞大的商业和银行业公司是很少的，分布在数以千计的城镇乡村的大多数是小商人、小企业家和小银行家，他们所做的相对而言都是小买卖。

在意大利，似乎控制着法西斯社团的正是这些小企业，因为墨索里尼给大企业作了一个姿态，那就是像我们的洛克菲勒、摩根、昆-洛布斯（Kuhn-Loebs）之流的大人物，也会像我们的威廉姆·格林（William Greene）、马修·沃尔（Matthew Woll）、诺曼·托马斯（Norman Thomases）一样，被投进荒岛监狱。我们因藐视法庭而把辛克莱关了九十天，他出狱后在同伙中赢得了比进去之前更大的威望和信任，只因为他拒绝作不利于他们的证词。法西斯主义者主张把他无限期地关在监狱里。

在美国还有一种类似的情况，那就是农场主和农场工人之间的关系。法西斯主义是一个包括农场所有者的政党，就好比是美国的农场主协会、农场主联合会一样，所有的农民社团都应该随制造商和银行家的"全国法西斯联盟"一起，变成"全国法西斯农业联盟"。总之，法西斯主义是企业家、银行家和农场主的专政。

至于所有的小企业家和农场主，他们处在现代技术和商业萧条的夹板之中：一方面，大企业吞并或控制着他们的市场；另外一方面，靠工资生活的工人要求提高工资和缩短工作时间。大企业付得起高工资，削减工资或者维持高工资对于它们而言只是一个策略问题。可以说，它们不在一个竞争的水平上。但是，在萧条时期，小企业家和农场主却被迫削减工资，否则他们的财产还会更多地被大企业所吞并，后者是通过取消抵押品赎回权或扣押物的拍卖来达到这个目的的。冲突是难以控制的，从人们试图在美国组建一个进步党或者第三党的努力中就可以看出这一点。小企业家、小农场主和雇佣劳动者的组织一直都在支持这些运动，但当遇到工资、工时和其他的劳动立法问题的时候，小农场主们则进行了抵制，于是该党分裂。法西斯主义的意大利靠企业家和地主的独裁、禁止罢工和闭厂、强制性固定工资和工时、独裁者的法令解决了这个问题。

但是，欧洲和美国制度的基本对照是贫穷与富裕的对照，是低生活水平与高生活水平的对照。美国的金融资本主义是从后者中产生的。这种差异使得失业在欧洲带来的是革命的威胁，而在美国带来的只是生产过剩的威胁。甚至在充分就业的时候都已经处在饥饿边缘的一个雇佣劳动者的国家，例如德国或者英国，当失业严重的时候就必定会通过税赋来支持无所事事的工人，否则就会出现一场以共产主义或者法西斯主义为结果的内战。欧洲各国已经在步入这个泥潭。法国、瑞士以及斯堪的纳维亚国家的危险最小。法国仍然是农业国家，农民尽管可能贫穷，但并不失业，在工业崩溃的时候，他们的田地还可以养活他们。在美国，过去当资本主义的产业瓦解的时候，雇佣劳动者可以占有荒地或者回归到他们以土地为生的家庭中，但现在，随着资本主义农业的到来以及农民本身的穷困，田地越来越无法成为失业者的避难所。农民害怕过多的农民，正如资本家害怕生产过剩。当一个国家十分之九的人口都变成了雇佣劳动者和领薪水的工人，而农民又在公然地反抗地方官的时候，失业和穷困就变成了比生产过剩更大的威胁了。

意大利的工团主义运动猛烈地应对了这种威胁。独裁者宣布，全国的工资和薪水一律削减百分之十二，目的是为了让企业可能有一个利润边际，让失业者能够就业。俄国的独裁者在另外一个方向上更为彻底地痛击了这种威胁。俄国所有的制造业、销售业和银行业机构都归国家所有，他们给作为销售者的农民和合作社支付低价，向作为购买者的同样的农民和工人收取高价，这样一来，利用两者之间的差额，不用借贷就创造出了资本供应源，这样就可以雇用靠工资为生的人来建立庞大的物质资本。节约是强迫的节约，因为压低了原材料的价格而抬高了零售品的价格。尽管他们贫穷，但他们没有失业。

但没有失业保险或失业救济金的资本主义的美国，过去一直都只能等饥饿迫使工人接受较低的工资，然后才能重启产业并雇用失业者，这样生活水平无疑会降低，但是因为有自动的救济，他们仍然高于欧洲的贫困水平。在过去的一年中，唯有全国复兴总署一直在致力于维持工资。

美国的资本主义以这些较高的生活水平为基础，这就驳斥了马克思提出的关于腐朽的预言。部分地由于自我复兴，部分地由于强制复兴，资本主义正在达到一个一体化的时期。这个时期显然在加强这个制度，胜过了过去的任何时期。马克思正确地预言了资本的集中，我们称之为大企业，但他没有预见到公司化和高生活水平造成的所有权的分散。各种普通的《公司法》在促使资本集中的同时已经分散了资本的所有权。大公司正在注意所有权的这种分散有多重要，原因在于在政治上它对选举的影响力，在经济上它增大了资本本身。它们有意识地把自己的股票和债券散布到数以千计的投资者手中，而且它们有意识地稳定分红，在这方面，过去"内幕人士"曾用公司化的这种新手段来剥削投资者，就如他们剥削工人那样。最近美国总商会主席估计，法人所有权拥有五千五百万个储蓄账户、六千五百万份保险单、五百万个股东。一家美国电报和电话公司的收费标准是由假定代表消费者的各种委员会来规定的，据报告它的股东超过了七万人。

这种所有权的扩大可以称为**投资者好感**的扩大，正是这一点让千百万的美国人对保留大资本主义产生了兴趣，虽然他们自己小规模的资本主义正在受到抑制并逐渐黯然失色。

但资本主义需要立法来实现这个目的。公司执照就是立法的行为，它给了公司统一、永存、有限责任的独立自主的特权。主要是依靠州的立法,像《公用事业法》、规范股票和债券发行与销售的《蓝天法》① 以及其他的类似的法律,使得善意的资本家被保护在了资本主义的主要安全措施——千百万投资者的信心——之下。但是,我们必须指出,自1929年投资者的好感被破坏以来,一部联邦的《蓝天法》业已颁布,这部立法是用来帮助自我复兴的强制复兴。

强制复兴的另外一种运用是劳动立法。劳动立法开始生效以及美国最高法院准许劳动立法扩大和实施,只有过去三十年的时间。受商业和农民哲学的影响,法院在重要的案件上已经滞后了,但大企业的确是非常敏感的,因为它不掌握得票数。一直没有预料到这样一个结果,那就是劳动立法和公共意见在大企业身上比在小企业身上容易施行。美国钢铁公司挫败了要求八小时工作制的罢工,然后又因惊慌失措的政客的请求而宣布建立八小时工作制。小企业没有这么敏感,因为它有票数但却没有利润。通用电气公司不等立法强迫就建立了失业保险。其他大公司也在通用电气之后实行了这项措施。也许在排挤小企业和农民的过程中,大企业毕竟需要赢得劳动者的好感。

资本主义的另外一种强制复兴是工团主义。美国的工团主义者只占雇佣劳动者的百分之十五,而欧洲的工团主义者则占到了雇佣劳动者的百分之六十到七十。然而美国的工团主义要比欧洲工团主义更有力量,它把成员的工资提高到两三倍于无组织的劳动者的工资水平,甚至高于小农场主的收入。然而在欧洲,有组织的工人和无组织的工人的工资差别并没有多大,小企业和小农场主在竞争的压迫之下无力支付这些工资,而大企业正在认识到,把工团主义拒之门外的最简单的方法,按他们自己的说法,就是"占它们的上风"。它们正在认识到为自己的雇员所做的事情,要跟工会给他们做的事情一样多,或者比工会做的事情还要多。它们像过去组织自己的生产、稽核、法律和财务部门一样组织自己的雇佣部门。它们自己的人事专家精通劳动心理学,它们甚至用公司的工会来模仿工会。

---

① 《蓝天法》:美国一些州为管理股票的发行、防止无价值证券上市、保护投资者利益颁行的法律。——译者注

但是,甚至这些自我复兴的措施都在1929年的萧条中受到了打击,第一个走人的就是人事专家。

更重要的是它们正在认识到不利用禁令的好处,而小的竞争性企业却竭力想保住禁令,不让工会进入自己的工厂。禁令不是别的,而是一种司法命令,产生于美国的司法权制度,类似于墨索里尼解散工会靠独裁来直接管理劳动的行政命令。大企业不需要它,它是意大利法西斯主义的美国相似物。如果法院遵守《反禁令法》,就会把法院关在政治的门外,这样就会让劳工社团与雇主社团在法律面前处于某种平等的地位。

美国资本主义的另外一种力量是按等级提拔。塞利格·培耳曼(Selig Perlman)教授在谈话中把它比做是天主教会。最低级别的是散工,来自于最贫穷的家庭,他们可以变成工头、厂长、总经理,然后是首席执行官。在我们的大公司中,这样的实例不胜枚举。在旧的个人主义的制度下,工人因为创立了自己的企业而变得富有,而这些企业在他的儿子和女婿的手里分崩离析,现在他创立的公司在他百年之后仍然存在,而他的继承者却并非是他的亲属(后者主要保持了债券持有者的身份),而是凭纯粹的能力爬到高层管理岗位的穷苦孩子。

欧洲还没有领会这种提拔的诀窍。阶级感情让体力劳动者滞留于下层阶级,较高级别的管理者出生于拥有特权且受过教育的贵族阶级家庭。但美国的首席执行官如果能表明自己出生跟散工一样寒门的话,那么他会因此而感到骄傲。我经常碰到富有斗争性的社会主义者或工团主义者转变成为资本主义的热心宣传家的事情,原因就在于美国资本主义的这种顺等级提拔的制度。付给一个能干的经理一年十万美元的薪水,对于一个一年十亿美元的经销额都取决于其日常决策的公司而言,是微不足道的。但这种薪水对于小企业和民主政府的想象而言,就太匪夷所思了。一个资产十亿美元有五十万股东的公司的首席执行官,尽管本人根本不是股票的持有者,但却可以对傀儡董事会发号施令,而他们则会言听计从。他和那些董事都是银行家摆设在那儿的。

由于这些选拔、提升和高薪的原因,公司要远比个人更多面手。

它能够聘请各种内行的专家承担自己方方面面的工作。它能雇用说客和政客来控制立法、安排投票。它可以雇用法学家起草法律，在法庭赢得判决。它本身是一个股票和债券所有人的制造商联盟，靠自己的销售部门来维持价格。它也是一个雇主联盟，靠自己的劳动部门来压低劳动成本。它拥有自己的公共关系部门，雇用了新闻专业的毕业生来说服人们。在管理才能的选择上有了如此多的功能性，因而大资本主义针对小资本家、农场主、雇佣劳动者甚至政府日益稳固了自己的地位。而在欧洲企业的案例中，还缺乏量才录用的选拔制度，对于有能力的个人缺乏任期保障，也缺乏优厚的薪俸吸引有雄才大略的人。

资本主义的主要力量是银行制度。大公司把自己的总部迁到了纽约，它们的董事会要么必须让银行家满意，要么必须自己控制银行。这种关系是过去三十年间出现的，完全出于维持投资者好感的需要。银行发行公司的证券，同时安排商业信用。它们发现，如果要保持自己对购买证券的投资者的声誉，就不能听任内幕人士操纵公司，所以它们必须控制那些它们提供资金的公司。银行家也用辛迪加的方式开展合作，他们作为国际辛迪加进行工作，但每个人都把外国政府和外国产业的证券卖给自己国家的投资者。因此美国的资本主义是金融资本主义，而不是过去的商业资本主义或者雇主资本主义。但即便如此，在通货膨胀和萧条时期，他们也曾剥削过数百万的投资者，从而失去了他们的好感。保护投资者的《蓝天法》实际上是资本主义的另外一种强制复兴，那些不理解投资者好感的人盲目反对这部法律。

后来，出于公众的利益以及有效利用分散的黄金储备以提供有弹性的通货的需要，国会把大多数银行联合了起来，组成了联邦储备体系，类似于各国的中央银行。这个体系制定自己的规则，管理它的成员和借贷者，很像一个工会。全世界的银行体系已经成为现代国家制度和国际经济管理的首脑，这不仅是因为为了自身要寻求扩大，而且因为公众有迫切的需要，要求用统一经营取代旧的竞争的个人主义。庞大的产业公司在十二家联邦储备银行的董事会有了代表，银行业和产业的联盟由此完成。

然后政府任命了一个联邦储备委员会，由它来监督它自己创造的这个银行家的政府，但这个低薪俸且任期没有保障的委员会要打交道的却是薪水奇高且能力精明过人的家伙。现代资本主义就是依靠这种能力谋取其建立无上的权威的。

在这里，当我们提到银行体系的时候，战后全世界的经济学家们正在形成一个新的阵线，这个阵线也许可以区分为买卖学派和管理学派。两者都产生于同样的原因：周期性的生产过剩和失业。但关于未来和矫正措施方面却形成了不同的结论：管理学派在得出自己的结论的时候，指望有一个庞大的经济计划委员会来通过限额防止生产过剩和失业；买卖学派指望的是一个协调一致的国际货币和银行政策，有点像国际支付银行，同时要控制全世界的黄金和白银储备，旨在通过稳定一般的价格水平来防止生产过剩和失业的复发。两个学派之间的根本区别在于：买卖学派致力于在新的条件下在决定价格的所有买卖交易中保留平等自由的旧有原则；而管理学派则停留在决定产出和效率的所有管理和限额交易中更旧的上下级原则上。一个面向的是**买卖能力**的平等，另外一个面向的是**生产能力**的限额。一个面向的是理性的资本主义，另外一个面向的则是共产主义或者法西斯主义。

由于科学管理的惊人成就，以及过去三十年来革命性地采用了动力驱动机械和大规模生产，管理学派现在占了上风。引人注目的是作为一个国家的总经理工程师，使精通大众心理的政治家黯然失色。这个理论上的非凡成就对每个人而言都是历历在目的。但买卖学派却不是那么令人心悦诚服，因为世界的价格机制是看不见的，也没有一个庞大的国际银行能把多年的成就展示给大家看。然而，巨型公司的成长可能并不是由于马克思的技术效率，而是由于金融资本主义的繁荣与萧条。

斯密和李嘉图这样的个人主义学派的老派经济学家坚持认为，不可能有*普遍的*生产过剩这样的事情发生。可能在一个产业或者某个机构中存在着*特殊的*生产过剩，与之相伴随的是那个产业的价格和工资的下降。但通过资本和劳动从那个产业自由流动到价格和工资一直都不存在下降的其他产业，这种情况就会得到自我纠正。结果就是生产过剩的产业中的生产会减少,而生产不足的产业中生产会增加,所以在不同的产业间会有一种自动的不断趋于均衡的趋势,而且它们会围绕着生产的比较成本均衡自我。一种产品供给的增加创造了所有其他产品需求的增加,因此不可能同一时间在所有的产业中都出现普遍的生产过剩和普遍失业的情形。

但是这种推理的基础从理论上排除了货币,而且忽视了现代大规模的协同买卖;相反,买卖学派的观点从特定商品的供给与需求转向了一切商品货币和信用的供给与需求。然而,所有机构价格的普遍上涨会在所有产业中引起销售的边际利润的增加,这会促使所有的雇主同时为普遍的生产过剩而彼此竞争。然后,由于银行信用的普遍紧缩或中央银行对黄金的垄断,或者由于负债过多而形成的扣押物的拍卖,会减少所有的产业的利润边际。所有产业,无论大小,都会一起停滞并解雇自己的工人,因为从一个过剩的产业转向另一个生产不足的产业的可能性不存在了。所有的产业会同时生产过剩。自 1927 年以来,法国和美国的中央银行积累和储存了全世界货币黄金的三分之二,而大多数重要的国家却因为商品的黄金价格的下跌都不得不放弃了金本位。

现代资本主义产业已经证明,普遍的生产过剩和失业是存在的。各个产业和各个国家都在同声抱怨这一现象,证据就是物价的普遍下跌。煤、石油、运输业、制造业、商业、农业的生产过剩,在所有的资本主义国家都同时存在。在旧有的个人需求与供给的各种基本结构理论中,这都是不可能的。

工会是首先认识到这个情况的,并组织起来对抗它,这是八十年前的事情。然后是铁路公司,这是六十年前的事情。再然后是制造公司,这是四十年前的事情。现在是农业,个人主义的最后一个藏身之地,正在用削减边际土地和限制生产的分配计划来加入这个阵营。

考虑到这种普遍的生产过剩,管理学派的经济学家正在经历其价值体系的三个阶段。第一个是个别企业的**科学管理**阶段。第二个是整个产业的**规范化**阶段。第三个是整个国家所有产业的**全国计划委员会阶段**。

合理化这个词在欧洲的用法，包括了这里所说的**规范化**和**全国计划**，其始作俑者是二十年前的伟大的德国企业家、在近百家公司担任董事的沃尔特·拉塞诺（Walter Rathenau），而工程师泰勒则在四十年前就在美国创立了科学管理。世界大战迫使所有的国家不得不暂时效法拉塞诺，但俄国和意大利在和平时期就正在效法泰勒和拉塞诺。

管理学派经济学家的科学管理和规范化阶段产生的结果完全相反。在科学管理阶段，价值体系是通过在工厂中消除浪费让劳动者和机器更有效率地生产来**增加产出的**。但在规范化阶段，其目的不是消除工厂中的生产浪费，而是消除市场上生产过剩的浪费。现在的管理哲学变成了产出限制，目的是为了让生产跟消费均衡，在不失去对价格控制的情况下满足实际的需求。十九世纪经济学的自动均衡变成了管理学派经济学家的管制的均衡。

管理经济学的第一和第二阶段都是科学的，因为都是基于度量制度。但度量制度的单位是变化的。在第一个阶段，这个单位是工时。在第二个阶段，这个单位是美元。通过在工厂中增加效率，每工时的产出是增加的。通过限制销售给市场的产出，按美元计算的收入就会增加。

管理学派中较为天真的人认为两种结果都是效率的增加。因此，**效率**这个词获得了**产出增加**和**收入增加**的双重意义：一个是工程师的科学管理阶段；另外一个是企业家的规范化阶段。工程师的单位是工时，企业家的单位是美元，而管理经济学家的单位则从小时过渡到了美元。

在管理学派的这个规范化阶段，当美元变成计量单位时，买卖学派也从个人主义改变为了世界物价的集体稳定。但在管理学派内部，现在可以区分出三种一般的规范化方法，它们可以称为**公平贸易资本主义**、**辛迪加资本主义**、**金融资本主义**。三种方式可能彼此融和，但也存在着模糊地带。不过就一般而言，公平贸易资本主义是小竞争者的联合，他们赞同一种**伦理的**法则，这是对其成员在道德上而不是法律上的约束，并且违反了不承担法律上的处罚的原则。

辛迪加资本主义更进了一步，采用了工会的原则，对于违反的成员施以处罚。辛迪加资本主义在卡特尔①这个含糊不确定的名称下在德国是合法的，但在美国一直都是不合法的。因此，在美国，资本主义正在变成为公平贸易资本主义或者金融资本主义。金融资本主义的方式现在被人们称为是"领导者追随法"，而领导者就是占优势的公司。

按照辛迪加的方法，整个产业都被纳入了一个组织，所有大大小小的制造商都包括在内，无论效率高低。然后这个辛迪加通过对市场和它们希望维持的价格的研究，任意地确定下一时期（例如一年）产业的总产出。总产出这样确定之后，辛迪加会对每个机构在总产出中的份额实行按比例的定量配给，依据的原则是它的生产能力或者它已有的销售量，不准许任何机构超过它的份额。在美国已经有了几个实例，最出名的一个在无烟煤行业；最近引起注意的一个新的例子是在原油行业，有人在劝说农场经营者效仿同样的做法。

但是，迄今为止这些辛迪加都被美国最高法院认为是对贸易的不合理限制，因而一直都加以禁止。因此，在过去的三十年中出现了美国的金融资本主义制度，伴随的是控股公司和领导者追随法。

根据美国的自由哲学，如果他不愿意做，那你就不能靠法律来强迫一个人去生产、销售或者竞争。他拥有*拒绝*生产的自然权利，正如他拥有*扩大*生产的自然权利一样。顺理成章，当个人变成一个由银行提供资金支持的控股公司时，公司也跟个人一样拥有同样的自然权利。剥夺公司这种拒绝的权利就是剥夺它的自由，按照《宪法》的"第十四修正案"，这是不能做的事情。所以，美国的方法不是强迫抑制生产的辛迪加方法，它是一种自愿的领导者追随法，表现为如下的形式：

美国的资本主义不需要把所有的公司联合进一个单个的控股公司，它只需要把最强的公司和关键的公司联合起来就行了。这些公司包括拥有自然资源的公司，从事中间制造和运输的公司，拥有能够让消费者光顾的商标、商誉、专利的公司，以及能够供给公司资金的大银行家。这是**整合的资本主义**或者**金融资本主义**，因为只有

---

① 它在某些情况下仅仅是指公平贸易资本主义（*Konditionenkartellen*）。

银行家能够从资金上支持整合。美国钢铁公司由一家银行家辛迪加创立,而且得到了银行家的支持,在它的某些制造业分支部门里控制了全国产量的差不多一半。但是,如果一个小的竞争者要在艰难时期以及在缺乏订单的重压下为拉走顾客而冒险削价的话,那么只要美国钢铁公司的头头宣布它打算"对付竞争",那就会让这个不安分的竞争者回到这家占优势的公司所确定的价格上去。加油站尽管竞争者众多,让这门生意变得过度拥挤,但在同一时间,大家都收取同样的费用,并且在价格上作同样的改变。

这就是美国的资本主义。它是一种银行家的经济上的政府,要比政治上的政府更有势力。它的制裁不是国家的暴力制裁,而是更为有力的信用、利润和亏损的制裁。这个制度看起来像是老的供求"法则",也像是经济学家的边际效用原则。竞争仍然是自由的,但制裁已经从经济学家所说的欲望的满足变成了企业家对破产的担忧。小资本家在意大利和德国为法西斯主义提供了广受欢迎的新鲜血液,在美国则变成了金融资本主义驯服的追随者。

让公司"对付竞争"的是《克莱顿法案》中的条款,这个条款表明的是美国资本主义院外活动力量的一次胜利。目光敏锐的克拉克在1901年就指出,当一家公司在一个地方为了扼杀一个只拥有本地市场的小竞争者而降价时,法律应该要求这家公司在它所有的市场上都同样地降价,因而这家公司就不可能用从其他市场上获得的利润来弥补它在削价市场上的亏损,这样这家公司就会被置于跟它的最小的竞争对手在议价能力上的平等地位。但是,尽管克拉克教授的这一见解在法律制定时(1913年)得到了国会议员的支持,但这些公司的院外活动家还是能够加上"除了诚意应对竞争"这么几个字。假如不加上这个例外,自由竞争的旧有理想就会被保留,并且建立在有如大小企业之间平等竞争的基础上。但有了这个例外的加入,单纯的"对付竞争"的威胁通常就只会迫使小资本家恢复到原来的价格,也使得美国的资本主义明显地成为了一种追随领导者的资本主义。

即使法律上有了这种例外,为什么**金融资本家**还容许这些小资本家存在呢?它们不会总是那么小,也不会总是那么没有效率,它们甚至会比它们的大竞争者效率更高。只要它们生产的东西不要过多，也不用削价的办法拉走顾客，那么就会让它们存在。这是经济的原因。

还有政治的原因。被整合的资本家不希望被人称为垄断者。如果他能指出那些获得大众同情的小的竞争者，那他就避免了政治上的攻击。小资本家是他的政治掩护。

结果证明，美国的这种自由追随领导者的资本主义，与德国的卡特尔、意大利的法西斯主义、俄国的共产主义的法律上的强制相比，要更为强大、灵活、有效；它更为强大，是因为它给经理主管人员的才能支付了高薪；它更为灵活，是因为它给小资本家敞开了大门，只要后者提高效率就可以赚得大的利润。美国钢铁公司已经失去了一个完整的产业分支——钢管产业，因为一个资产大约两千万美元的相对较小的资本家改进了一种程序，这要远比这家钢铁公司的旧式程序更为有效率。美国的制度迫使资本主义建立庞大的科学研究部门。也许美国最高法院抵制辛迪加资本主义并迫使美国进入金融资本主义是完全正确并合理的。

但是，在价格极度下跌的时期，**辛迪加资本主义**和**金融资本主义**都无法克服生产过剩和失业的威胁。实际上，生产过剩和失业的波动对大公司要比对小雇主更为严峻，而且有人一直声称，业务在大工厂的集中所增加的营销成本，跟它减少的生产成本是相当的。

同样重要的是巨额投资和设备的间接成本，还有熟练技工和管理人员的间接成本，即便是工厂无事可做、其他工人失业了，但也必须保留这些人。如同老派经济学家所假定的那样，工厂和管理人员因特定的产品而变得专业化，不能转向其他的产品，因此，只要能够补偿间接成本，哪怕是存在生产过剩以及边际利润被下跌的价格一扫而空，也最好还是维持生产。或者，可以设立一种利润缓冲，用于在不雇用工人、不生产用于销售的产品时支付股利。因此，金融资本主义要比小资本主义导致更多的失业。小资本主义是地方资本主义，而金融资本主义则是世界资本主义。

正是这种状况迫使管理学派的经济学家进入到其价值体系的第三个阶段——全国经济计划委员会。竞争不再是同一产业个人之间的降价竞争。产业作为一个单位在行动，无论它是公平贸易、辛迪加还是金融资本主义，竞争都变成了产业之间为拥有消费者货币的竞争。降价的旧观念变成了在不减价的情况下高压销售的新观念。因此，这个计划委员会将会把所有产业的所有资本家聚拢在一起，按照正确的比例分配资本和劳动，不仅是在规范化形成的每个产业内的竞争者之间，而且是在整个国家的所有产业之间，这是由一个包括所有产业的委员会来完成的。对于管理学派的经济学家而言，这并非是一个梦想。他们指出了例证，如苏联的最高经济委员会和法西斯意大利的新的法人国家。

但这些例证不再是自愿的资本主义，它们是独裁专政。没有国家的暴力强制，经济计划委员会就不能执行其计划，不管是规范化的计划还是国家的计划，因为它是一种配额和限额的制度。不过，并不是所有的个人或者公司或者产业都会自愿服从这种制度的。如果按照所建议的价格或者工资他们能够创造利润的话，那就不能指望他们把生产控制在分配给他们的配额之内。这个委员会必须借助于国家来防止生产过剩。得克萨斯和俄克拉荷马的法律规定，未经政府行政部门的许可，禁止钻井和扩大产量，这是我们已经看到的开端。把这个样本扩展到所有的产业，我们就能看出全国经济计划委员会的管理目标是以国家的行政独裁为后盾的。

这就给我们带来了公共政策和实际政策的根本问题。民主和代议制政府是不是有能力来管理这些世界范围内的金融政府呢？共产主义和法西斯主义已经给出了它们的答案。它们坦率而公开地废除了普选、代议制政府、言论自由和结社自由，代之以专政和强迫加入受管理的各种社团。

但俄国和意大利都是小资本主义、农民经济、低生活水平的国家，基本上没有普选的经验。而美国的资本主义则具有高薪、有经营管理才干就提拔、高生活水准、投资遍及数百万选举人、普选和一个最高法院。

美国的问题，如果我们把它跟俄国和意大利作比较，那么得出的结论就是双重的：经济的和政治的。我们可以认为将来有两件事情是确定的：在经济方面是金融资本主义的蔓延；在政治方面是最高法院的统治权。不确定的事情是立法的未来，以及工人、农民、小企业家的自愿的私人联合与政党的未来。立法机构和自愿的联合组织在俄国和意大利已经被废除了。我们可以清楚地看到，两者在美国也正在越变越弱。

企业家害怕立法机构或者国会的会期。墨索里尼的黑衫党向罗马的进军终结了一个无效的议会。共产主义者也怨恨普选。列宁的红军阻挠拥护宪法的议会的正当聚集。美国的最高法院宣告立法机构和国会的行为不合宪法，因此由它自己来决定公司及其惯例的合法性。

在普选和经济利益冲突的现代世界中，立法机构无疑是不足信的。在某种意义上，院外活动要比立法机构更具代表性，它代表的是经济利益——立法者代表的是各色各样混在一起的个人。意大利采用了比例代表制，按照它们的票数来代表多数党和少数党。第一次准许农民在议会跟他们的数量成比例地获得代表权，但这只起到了增加政党和僵局数目的作用；每个政党都代表着不同的经济利益，它给墨索里尼提供了最有说服力的镇压立法机构的论据。

另外一方面，天民党、社会党、民主党的一种按比例的代表制成功地统治了普鲁士十多年，但最后被德国的军事独裁政府给废除了。

我们知道，在南部各州和我们最大的城市里，普选都已经失败了。这些都是商界和专业人士阶层向往的建立一个企业家政府的地方，但这就是我们的法西斯主义。墨索里尼一度是工团主义者，赞同工人占有工厂。他懂得群众暴力的心理状态，当他赢得了他们的信任转而向他们要求财政支持的时候，他就适合变成商业和专业人士阶层的领袖。

在他改组多数都反对他的立法机构之前，他的第一个举措就是废除遗产税并提高了消费税。很快，他的暴力和对反对派的镇压，在立法机构中引起了对他的反抗。反对派最终完全离开了立法机构，于是他转而把所有的雇佣劳动者、农民以及雇主组织进了各种强制的辛迪加。这些辛迪加笼统地代表了这个国家的各种经济利益，其官员都由这个独裁者来任命，正是这些辛迪加取代了旧的立法制度；

而旧的立法制度原先则是由行政区域中的地区通过代表个人投票者的多数设立的。

立法机构的地区选举制度在英国曾经非常有效,当时选举权被限制在有产阶级的手中。在那个时代,在立法机构中只能有两个政党,即来自乡村的地主和来自城市的资本家。但自从实现普选制以来,实际上在美国是一百年前,在英国甚至还不到三十年,立法机构就开始分裂为了集团,出现了僵持、"滚木头"、辩论的团体,它们代表着新的经济利益集团。

但当墨索里尼在立法机构废除比例代表制的时候,他废除的是现代立法机构能够真正代表的所有经济利益集团的唯一方法。经济利益不再仅限于一个州的郡的区域,或者一个城市的行政的区域,或者一个国家的州的区域,它们超越了区域界限,它们有自己的全州的和全国的组织。比例代表制试图面对的问题是如何把这些领导人选进立法机构并且让他们留在那里。他们的领导人是像工会的冈帕斯那样的人,或者是像美国钢铁公司的加里那样的人,或者是像农民组织中的洛登那样的人,或者是像社会主义者组织中的伯杰那样人,或者是像大通银行的维金斯那样的人。这样的人仇敌太多,在一个小的行政区域里,他们不可能靠多数票不断地被选上。但在一个更广大的区域里,他们却可以靠比例代表制或者少数代表制不断地被选上。其实,只有没有敌人的人才能被选上,而美国的政治机器是发现和选出"黑马"的装置,他们作为代表性的领袖是不出名的,因为他们的敌人最少,但后来人们发现,圈子内的人都很了解他们。

辛辛那提市提供了一个例证,可以看出比例代表制能对立法机构的代表性和有效性起到什么作用。在其他国家,这种制度已经慢慢地扩展到了州和全国的立法机构中,只有在独裁政权当权的时候它才会被废除。只有当立法机构能够通过自由地选举自己的领导人来代表各个经济利益集团的时候,才能指望它有经验和有能力来控制美国金融资本主义中那些薪俸优厚的行政人员和政治机器。

但意大利的例子就摆在我们面前。让意大利议会变成充满了阻碍和僵局的无效辩论会的恰恰就是政治比例代表制,在美国也很可能如此。一家大公司的董事会只有一个经济利益要促进——利润，立法机构却有十多个甚至更多的冲突且重叠的利益集团。

但美国的立法机构和国会正在学会让自己摆脱因现代冲突的利益集团的复杂性而要求的行政方面的细枝末节，它们创立了铁路和公用事业委员会、税收委员会、产业委员会、市场委员会，以用于处理铁路和货主之间、雇主和雇员之间、纳税人的各个阶层之间、大大小小的商业竞争者之间的矛盾。这些委员会是半立法主体，人们发现它们最有效的地方就是它们设立了冲突的经济利益集团的代表作为咨询委员会，这跟墨索里尼的法西斯公司有着奇特的相似之处，所不同的是这些利益集团是自愿选举它们自己的代表的，而墨索里尼的法西斯公司则是强制的，而且代表由他自己来选择。

从这些繁重具体工作中解脱出来之后，现代立法机构正在学习把自己限定在一个更为有效的领域之内，而不是反抗有冲突的利益集团，甚至是因为它代表冲突的利益集团。它的有效领域是一般的法律和一般的行政标准。这些一般的规则是冲突的经济利益集团之间的妥协问题，而一次僵局不过是这种妥协的延迟，而半立法的行政机构却在跟以前一样继续具体的工作和执行政策。

但是，远比其他理由更重要的改进和保留立法机构的原因在于，它们可以给自愿的结社提供保护。这种保护在《民权法案》中进行了概括，这个条例来自于1689年的英国革命。然而，每个时代都必须更新它的《民权法案》，它不仅仅是言论自由、出版自由和研究自由的权利，最重要的是结社自由的权利。在我们的时代，这些权利意味着工会、农民合作社、商业合作社、政党。而在俄国和意大利，这些都被废除了，原因是立法机构被废除了。

即便如此，这些自愿的社团也已经开始懂得，它们必须把自己的活动限制在它们能够有效发挥作用的领域之内。在美国，我们有一些实验可以依照，如从早期的劳工组织到劳工协会，都试图通过自愿结社，在一人一票的民主原则而不是一股一票的资本主义原则的基础上，用合作和自我雇用的办法来代替资本主义的就业。不过这些组织在用普选的办法来选举管理人员这个问题上失败了；或者，假如它们成功了，那它们就会对新的成员关上大门，并且用工资来雇用非会员，这样就会变成通常的公司，进而朝着资本家的方面转变。

农民的合作社有着类似的经历。六十年来，它们在一人一票的民主原则上始终都是失败的。小合作社似乎都运转得不错。在小合作社里，大家都有着相似的利益，彼此都相当熟悉。但是，在成员不断变动且政治、信仰、肤色、种族、语言、个性有差异的地方，就会派别滋生，内部政治决定着管理人员的选举，而无关其管理能力。

大公司把自己限定于一项活动：利润。过去四十年，美国的工会不像其他国家的工会，它们学会了让自己仅限于争取一项利益——工资、工作时间和工作细则。它们不是试图管理企业，只是试图尽可能地在企业的成果中获得更大的份额。

农民仍然处在四十年前的劳工组织阶段。政府过来帮助他们，资助他们的合作社，给他们配上领导人。他们现在还不得不证明，规模大了之后，他们能够选举出自己的领导人并且有任期保障，还能从内部进行提拔，薪俸优厚，足以应对大公司。人们已经给了他们忠告，即要选出更好的管理人员，就必须提供更高的薪水。不幸的是，就一般而言，并不能说他们已经显示了做到这些的能力，关于这方面有几个销售合作社的例子。但是，无论我们考虑到什么领域，我们都必须面对立法去寻求对这些社团的权利的保护，不是从上面给它们派领导，而是保护它们免受外部强有力的竞争者的歧视。

从匈牙利独裁政权下跑出来的一个著名的流亡人士对我说，关于《民权法案》的这些议论都已经过时了，可我执著于此，可以说是自由主义的最后遗民了。按照他和其他欧洲人的看法，这个世界正在不可避免地朝着共产主义或者法西斯主义推进，自由主义者则会被逐渐或猛烈地挤出历史舞台。需要注意相对照的是，美国的《宪法》是以**权利**为基础的，而俄国和意大利的《宪法》则是以**义务**为基础的。义务变成了专政的伦理。从法国大革命人类的权利转变到俄国和意大利独裁政治的人类的义务，是过去一百四十年间发生的变化。人的权利是他的自由，人的义务是对其自由的否定。

这是现代经济学的问题，现在人们称之为**制度经济学**。制度不过是集体行动对个人行动的控制、解放和扩展，它可以是共产主义的、法西斯主义的、资本主义的。法国革命的经济哲学想要废除集体行动。现在，全世界的经济哲学都是集体行动的哲学。剥夺人们*经济*自由的是失业和贫困。防止革命不过是剥夺其*政治*自由的一个措施，但的确是一个必要的措施。人们通过集体行动来保留自己的自由，这种集体行动不是通过自愿结社就是通过政党。

也许美国的资本主义正在经济计划委员会的外衣下趋向于法西斯主义。这种现象已经通过压制共产主义和工团主义开始了。但只要立法机构不信誉扫地，而法官的任免不由独裁者来进行，那它就不会达到最终的法西斯国家的地步。由于这些镇压，它就压制了可能形成工会、农民协会、商业合作社、政党等自愿结社的公民的自由。现代自由主义和民主远离共产主义、法西斯主义或金融资本主义的避难所，正是这些结社，而不是旧的个人自由行动的个人主义。

但是，在现代条件下，俄国的共产主义、意大利的法西斯主义、美国的金融资本主义，到底哪一个是更佳的公共政策，作出这样一个判定还存在疑问。在这两种欧洲制度以及其他模仿它们的制度中，自由受到了压制，知识分子（包括艺术家、发明家、科学家、工程师、编辑、教授）受到了排挤，不单是因为他们受到了暴力压制，而且还因为个人的创造性和天才在一个恐怖的国家中不可能兴旺起来。

但是，这些人是人口中的一小部分，绝大多数人口是工业、农业、运输、金融等各行各业的体力劳动工人和办事员。对他们而言，物价上涨让他们沮丧，物价下跌让他们贫困，就业机会的缺乏让他们受到威胁。在这样的制度下，自由对他们是一种幻想。如果共产主义或者法西斯主义给予了他们低工资基础上的保障，那么他们是不会想念自由的。

个人节俭也是同样的情况。个人节俭变成了小资本主义的基础，后者取代了封建贵族的浪费，受到杜尔哥和亚当·斯密的热情赞同。二十世纪金融文明下的通货膨胀和紧缩，刮去了个人所有权的精华，这种个人所有权迄今为止一直在诱使个体雇佣劳动者和农民储蓄、精打细算；承担他们有机会克服的风险，以此维持着美利坚合众国。

节俭正在变成法人公积金、俄国或意大利式的限额的这样的制度性的节俭；在美国的资本主义制度下，那些为了未来的储蓄和投资而放弃自己享受的个人，受到了另外一些人的奚落，后者随时享受自己赚来的钱，而且现在的日子并不比那些放弃他们本来可以享受而不享受的人的日子更差。

如果这些节俭的个人由于变成了挣工资和薪水的无产阶级而被资本主义的文明所淘汰，那么对于绝大多数人来说，很可能共产党人或者法西斯主义者的独裁要比美国的金融资本主义更为可取。毫无疑问，这会迅速消除学术自由和言论自由；但与此同时，经济学家在俄国、意大利和美国暂时有了三个装备一新的大规模的实验室，可以对他们的古典的、享乐主义的、制度的学说进行随意的检验。